LA INFANCIA Y SU DESARROLLO

Ann Miles Gordon
Asesor

Kathryn Williams Browne
Cañada College
Redwood City, California
DeAnza College
Cupertino, California

Articulistas
Edith M. Dowley
Olivia N. Saracho
Elizabeth Jones
Jim Greenman
Louise Derman-Sparks
Jonah Edelman

Colaboración especial de
Ruth Robinson Saxton
Georgia State University
Atlanta, Georgia

África • Australia • Canadá • Dinamarca • Japón • México • Nueva Zelanda • Filipinas
Puerto Rico • Singapur • España • Reino Unido • Estados Unidos

NOTA AL LECTOR

El editor no se responsabiliza ni garantiza ninguno de los productos aquí descritos, ni realiza ningún análisis independiente relacionado con la información sobre productos aquí contenida. El editor no asume ninguna obligación, y expresamente las declina todas, en cuanto a obtener e incluir otras informaciones que las proporcionadas por el fabricante.

Se advierte expresamente al lector que debe considerar y adoptar todas las precauciones indicadas en las actividades aquí descritas y evitar peligros potenciales que se deriven de ellas. Al seguir las instrucciones expuestas, el lector asumirá voluntariamente todos los riesgos que se relacionen con ellas. El editor no es garante ni representante de ninguna clase, incluyendo, pero sin estar limitado a ellas, las garantías de idoneidad para un propósito en particular o con propósitos comerciales, ni debe considerarse implícita ninguna representación con respecto al material aquí presentado, ni el editor se responsabiliza de tal material. El editor no será responsable de los daños especiales, consiguientes ni punitivos que resulten, total o parcialmente, de que los lectores usen este material, o se basen en él.

Personal de Delmar:
Director de la Unidad de Negocios: Susan L. Simpfenderfer
Editor ejecutivo: Marlene McHugh Pratt
Editor de adquisiciones: Erin O'Connor Traylor
Asistente Editorial: Alexis Ferraro
Coordinador ejecutivo de comercialización: Donna J. Lewis
Coordinador ejecutivo de producción: Wendy A.Troeger
Editor de proyectos: Christopher Leonard y Amy E.Tucker
Editores de producción: Sandra Woods y John P. Henkel
Diseño de portada: Timothy J. Conners

Impreso en los Estados Unidos de América
1 2 3 4 5 6 7 8 9 10 XXX 05 04 03 02 01 00 99

Para más información, comuníquese con:
Delmar, 3 Columbia Circle, PO Box 15015, Albany, NY 12212-5015;
o búsquenos en la red en http:/www.delmar.com o http://www.EarlyChildEd.delmar.com

Library of Congress Cataloging-in-Publication Data

Gordon, Ann Miles.
La infancia y su desarrollo / Ann Miles Gordon, Kathryn Williams Browne; articulistas, Edith Dowley ... [et al.]. 5ª ed.
p. cm.
Incluye referencias bibliográficas e índice.
ISBN 0-8273-8420-3
Edición en Español:
ISBN 0-7668-3181-7
1. La educación de la primera infancia. 2. La educación de la primera infancia Currículum. 3. Desarrollo infantil. I. Browne, Kathryn Williams. II. Dowley, Edith. III. Título. IV. Título: La infancia y su desarrollo.
LB1139.23.G663 2000
372.21—dc21 99-21476
CIP

Contenido

¿Qué se enseña? 399

Capítulo 14 Planificación del corazón y el alma: crecimiento emocional, social y creativo 526

Sección seis ¿Cómo enseñamos para el mañana? 578

Capítulo 15 Problemas y tendencias en la educación de la primera infancia 580

Prólogo de Carol Brunson Day

Han sido muchos los trabajos sobre desarrollo infantil que han intentado respetar la diversidad, en especial, la cultural. Sin embargo, la mayoría de ellos se han limitado a realizar menciones esporádicas sobre el tema o, como mucho, a dedicarle un capítulo. En cambio, lo que encontramos en *La infancia y su desarrollo* es muy diferente.

Para progresar verdaderamente en nuestro acercamiento a la diversidad humana, tenemos que ir más allá de los enfoques superficiales que surgen de nuestro deseo de "respetar" las culturas y sus diferencias. Más que aprender a reservarnos la opinión sobre los hábitos culturales, pretendemos ir en contra de la creencia común de que los niños de ascendencia blanca europea poseen cualidades *humanas* mientras que los niños de ascendencia africana poseen cualidades *culturales*. Queremos cambiar las respuestas de nuestro subconsciente y dejar de utilizar los valores eurocéntricos de Occidente como criterio para enjuiciar o medir todo lo que nos rodea. Por el contrario, los aprenderíamos a considerar como uno más de los que coexisten en el mundo.

Este cambio de perspectiva puede resultar transformacional, ya que nos permitiría crear el nuevo conocimiento del desarrollo humano que la ciencia ha estado buscando incesantemente, aquel con el que se puedan crear modelos de actuación que favorezcan el crecimiento y el desarrollo infantil de un modo hasta ahora impensable.

Aunque un solo libro no pueda cambiar nuestras ideas radicalmente, los dedicados a nuestra materia pueden y deben comprometernos en este proceso de cambio. Con la lectura y reflexión posterior de sus obras, los autores pueden involucrarnos en la tarea de desplazar a Europa occidental del centro de nuestro universo mental. Pero quizás lo más importante es que estos autores nos pueden otorgar a nosotros "los lectores" la función de agentes de este cambio. De este modo, podemos participar en este proceso aportando los conocimientos que poseemos sobre los niños y las familias.

Para alcanzar este objetivo, podemos utilizar varias estrategias. En primer lugar, debemos agregar nuevos hechos a nuestra base de datos de desarrollo infantil, para así superar el concepto tradicional que tenemos. En este libro, por ejemplo, nos parece importante considerar que el origen de la historia de la primera infancia se remonta a la civilización del Nilo, *antecediendo* a los trabajos de los pensadores europeos. Además, hemos decidido sustituir determinadas referencias y fuentes de información por las de otros investigadores y teóricos de diferentes culturas cuyas opiniones normalmente no se tienen en cuenta. Yuxtaponiendo el nuevo material al ya existente queda claro que nuestra perspectiva del desarrollo humano es dinámica y variable, y que todo lo que "sabemos" hoy en día es incompleto e inconcluso.

Seguidamente, se nos debe recordar nuestro etnocentrismo para que así reflexionemos sobre ello. Se pueden encontrar a lo largo de todo el libro afirmaciones tajantes y directas referentes a este tema como, por ejemplo ésta: "esto vale para una cultura pero no para todas". Estos mensajes son importantes porque presentan a los niños blancos de ascendencia europea, hablantes del inglés estándar, como un grupo cultural y, a la vez, nos recuerdan que debemos olvidar la costumbre de referirnos a ellos simplemente como niños humanos. Además, el hecho de que las primeras teorías se basaban en observaciones de varones o sujetos blancos, y el consejo de que no utilicemos un parámetro de "normal", supone una invitación a cuestionar la generalidad de nuestro conocimiento. Así, se nos reta a ser conscientes del riesgo que corremos de distorsionar nuestro punto de vista sobre cómo se desarrollan los niños y las familias.

En tercer lugar, debemos cambiar de objetivo conscientemente y poner el énfasis en el multiculturalismo y no en el pluralismo. A medida que se desvela el debate principal del texto se presentan opiniones encontradas y opuestas de varios grupos culturales y étnicos. De aquí surgen importantes temas sobre el desarrollo, como la identidad de grupo y el desarrollo bicultural, que se presentan y discuten de un modo efectivo, sin caer en las redes de ninguna de las dos ni del multiculturalismo de la mentalidad tradicional. Es así como vislumbramos una nueva frontera, una situación ideal en la que la protección de la cultura doméstica es una meta importante para los niños y las familias, sin que ello represente una amenaza para el mantenimiento del conjunto de la civilización.

En cuarto lugar, hay que considerar los prejuicios como algo que favorece el subdesarrollo y se debe hablar sobre ellos en su más amplio sentido. Temas como el desarrollo de una identidad birracial y la antropofobia, que no suelen tocarse en los trabajos sobre desarrollo infantil, se plantean en éste con el propósito de conseguir modelos de desarrollo apropiados. Nos hemos permitido abordar este tema con asiduidad y hemos utilizado un vocabulario apropiado para el mismo. Poner estos temas sobre la mesa de debate aumenta nuestra habilidad para enfrentarnos a los prejuicios y los estereotipos; cómo se presentan en el comportamiento de los niños y qué debemos hacer los profesores y adultos para prevenir que se conviertan en obstáculos para el desarrollo.

En quinto y último lugar, debemos promover un activismo entre los profesionales del desarrollo infantil de una forma tanto directa como indirecta. Nuestros libros deben decirnos, tal y como lo hace éste, que eliminar la desigualdad en nuestra sociedad requeriría un acuerdo nacional de reforma. Se deben discutir en nuestros cursos de desarrollo infantil temas como los derechos de los niños y estrategias de acción social, y tenemos que dar a los alumnos abundantes ejemplos para guiarles el pensamiento hacia otros campos. Es más, debemos atender al elenco de algunas de las voces más expertas en este campo y dejar que nos guíen, tal y como hacen en este libro Louise Derman-Sparks, Frances Wardle y Jonah Edelman. Haciéndolo, estaremos asegurando una calidad dinámica en la disciplina.

Es muy alentador tener una visión de nuestro campo que pretenda hacerlo mejor de lo que se ha hecho hasta ahora. Y es enriquecedor saber que el cambio requiere la participación de todos nosotros. Ello es así hasta el punto de que esta quinta edición de La infancia y su desarrollo está tan llena de acción y energía como cabría esperar de un área en el que se están produciendo cambios; sólo falta que des el salto y te ocupes de ello.

Prefacio

Ya ha llegado el nuevo siglo y trae consigo constantes retos para aquellos que trabajan con niños. Una de las tareas primordiales es la que responde a la necesidad de que en todos los programas y escenarios destinados a la primera infancia se incluyan modelos de enseñanza que tengan en cuenta el contexto cultural y étnico, para crear, de este modo, una atmósfera proclive a la enseñanza de la tolerancia y del aprecio de la diversidad. Debemos enseñar a los niños a responder positivamente a todos los tipos de diferencias humanas. Esta responsabilidad es la base principal de *La infancia y su desarrollo*.

Si una obra muestra al punto de vista del autor, la presente edición supone el testimonio de nuestra convicción de que los asuntos sobre la diversidad deben ser un tema principal para la comunidad infantil en el nuevo milenio. Crear aulas y escenarios para la primera infancia que reflejen diversidad e igualdad ya no es una opción, sino más bien una obligación impuesta por el carácter multicultural del mundo en que vivimos en al año 2000 y siguientes. A pesar de que lo primero que llamó nuestra atención fueron los recientes cambios demográficos que se han producido en los E.E.U.U, lo que realmente nos preocupa es creer que todo niño y toda familia son únicos y que merecen el respeto y la afirmación de su identidad cultural. Por lo tanto, esta edición está *impregnada* de un tratamiento multicultural de la enseñanza y el aprendizaje que reflejen más detalladamente la amplia diversidad que podemos hallar entre los niños, las fami-lias, los maestros y cuidadores de hoy en día con el propósito de que ayuden a esos futur-os ma-estros y cuidadores a aumentar su sensibilidad hacia otros modelos y valores.

Los profesionales de la infancia que se preparan para trabajar con niños deben distinguir dos aspectos en la diversidad. Deben preparar a los niños para vivir en un mundo de diferencias y a convivir con la diversidad. Al mismo tiempo, los docentes y cuidadores deben atender a su propia formación como personas que viven y trabajan en una sociedad diversa. Los adultos debemos comprender que todos nos movemos en un contexto cultural y que nuestro pasado familiar y las experiencias de la vida influyen en lo que hacemos con los niños. El tratamiento que damos a la diversidad en esta edición pone el énfasis en este doble enfoque del multiculturalismo.

El proceso de *infusión* consiste en la integración de la conciencia multicultural en el ámbito del aprendizaje, mediante la incorporación de perspectivas culturales relevantes y marcos de referencia apropiados a cada escenario. Los conceptos de diversidad son elaborados y ampliados *en el contexto* del currículum y los modelos de enseñanza actuales. Utilizamos esta misma estrategia para incorporar al contenido actual de *La Infancia y su Desarrollo* diversas perspectivas y puntos de vista culturales, étnicos y raciales. Nuestra objetivo es que una conciencia positiva de sensibilidad por la equidad y la cultura impregne el pensamiento de los profesores, los programas que proyectan y a las personas a las que sirven.

La infancia y su desarrollo siempre ha destacado por su naturaleza integradora y por su enfoque multicultural, pero en esta edición hemos creído oportuno ampliar y perfeccionar ambos aspectos. Por ello, sometimos la anterior edición al análisis de expertos en diversidad en escenarios de primera infancia. Para ampliar nuestros conocimientos trabajamos estrechamente con una asesora de diversidad que estudió el contenido de cada capítulo para realzar el enfoque general que sobre la primera infancia multicultural presentaba el libro. Observamos cada capítulo a la luz de estas críticas y realizamos los cambios apropiados que reflejaran la diversidad cultural y étnica del mundo actual. Nuestro objetivo era impregnar esta edición de *La infancia y su desarrollo* de distintas perspectivas.

Hace quince años nuestro propósito inicial al escribir este libro fue "promover la competencia y efectividad de los nuevos profesores a través de una presentación de conocimientos, técnicas, actitudes y filosofías básicas basadas en la premisa de que los nuevos profesores deben tener oportunidades para aprender técnicas fundamentales cuando inicien su experiencia docente". En el Prólogo a la primera edición escribimos: "Creemos que si esta idea de la perspectiva y conciencia multicultural aparece en cada parte del libro quedará más enfatizada que si la tratamos en un capítulo aislado". Este compromiso se ha reforzado incluyendo material que ayudará al lector a comprender los asuntos de la diversidad y la igualdad en el campo de la primera infancia de hoy en día.

ASPECTOS NUEVOS Y REVISADOS

- *La diversidad de nuestro mundo*, identifica el contenido del texto relacionado con la diversidad cultural, el currículum sin prejuicios, y los niños con necesidades especiales.

  Una nota a pie de página ofrece información complementaria que enriquecerá el entendimiento del estudiante acerca de los asuntos relacionados con el pluralismo y la inserción cultural. Uno de los principales objetivos de La diversidad de nuestro mundo es ayudar a los estudiantes a aprender que los niños que están formando tendrán que interactuar de un modo nuevo y distinto en un mundo que se ha quedado pequeño.

- *Modelo apropiado para el desarrollo (MAD)* es claramente el tema secundario de *La infancia y su desarrollo*. Desde sus comienzos hace 15 años, realzamos la importancia de crear programas y planes de estudios basados en una comprensión de la naturaleza del niño y de los factores que afectan a su crecimiento y desarrollo. Hemos mantenido la característica "Dibujos de palabras" en el capítulo 3, que describe las principales condiciones de los niños desde la infancia y hemos ampliado estos cuadros hasta la edad de 8 años. Como aparecen a lo largo de toda la obra, los estudiantes se familiarizan con los comportamientos previsibles en los niños, tomándolos como marco de referencia para la creación de programas y planes de estudios, que responderán a los intereses y necesidades de los niños. La década de NAEYC en cuanto a experiencia en la definición y aplicación de *modelos apropiados para el desarrollo* que nos ha proporcionado un conocimiento más profundo, queda reflejada en todo el libro, pero especialmente en los capítulos 2, 7, 9, 10, y 11. A continuación, mencionamos y resumimos los artículos y cuadros de atención que complementan a MAD.

- *Artículos y cuadros de atención* siguen aportando opiniones autorizadas al texto. Profesionales reconocidos en todo el país en el ámbito de la educación infantil expresan temas relevantes dentro de cada capítulo y al comienzo de cada sección del libro. En esta edición que llega con el nuevo milenio incluimos junto con los nuevos, los artículos y cuadros de atención que ya aparecieron en ediciones anteriores. Como respuesta a las sugerencias enviadas por personas de color o por gente que podría reforzar nuestro punto de vista multicultural, hemos retomado algunas aportaciones de ediciones anteriores y las hemos actualizado con enfoques de nuevos colaboradores.

Los nuevos artículos de *Olivia Saracho* y de *Jonah Edelman* nos retan en dos escenarios distintos. Saracho nos recuerda la importancia de utilizar el lenguaje y la cultura de la familia como pilares para el aprendizaje, mientras que Edelman nos invita a salir del aula para meternos en el papel de defensa del niño. Parecía obvio y apropiado incluir en esta edición el artículo ya aparecido de *Louise Derman-Sparks* sobre cómo librar a adultos y niños de los prejuicios y los estereotipos.

Los *cuadros de atención* de esta edición, que abordan específicamente el multiculturalismo, son eclécticos en sus temas:

- *Frances Wardle* habla de las necesidades específicas de los niños y de las familias multirraciales y multiculturales, y *Hedy Nai-Lin Chang* nos anima a observar los aspectos beneficiosos del bilingüismo.
- El artículo de *Janice Hale* tomado de una edición previa traza algunos de los temas críticos que en su opinión afectan al rendimiento de los estudiantes afroamericanos, y *Stacey York* estudia el papel del profesor en la educación relevante desde el punto de vista cultural.
- *Janet Gonzalez-Meña* combina un artículo anterior con nuevas perspectivas acerca de cómo la observación de los niños está influenciada por nuestra propia cultura.
- En una conmovedora y esperanzadora edición, *Gretchen Buchenholz* describe programas infantiles, que incluyen a niños sin hogar, discapacitados o que sufren enfermedades terminales.

El tema que hace referencia al modelo apropiado para el desarrollo (MAD) está reforzado de manera significativa con nuevos artículos y cuadros de atención además de con algunos que ya aparecieron en ediciones anteriores. *Larry Schweinhart* presenta un caso dramático del aprendizaje para niños iniciados, y el artículo de *Nancy Barbour* sobre el asesoramiento a los niños traza un proceso superior e integrado del crecimiento y desarrollo infantil. Ambos son nuevos en esta edición. De antiguas ediciones hemos recogido aquellos aspectos que tienen particular relevancia para el modelo apropiado para el desarrollo:

- *Elizabeth Jones*, en su introducción a la sección tercera, define al profesor apropiado para el desarrollo a la vez que refuerza el juego como la base fundamental del aprendizaje. *Ron Lally*, en su artículo sobre el juego, señala los distintos propósitos de éste, dependiendo del niño, individualmente considerado, y de la interpretación del observador.

- Tomando la visión de Jones sobre el juego, *Jim Greenman*, al introducir la sección sobre el entorno, habla de los terrenos de juego diseñados para cada niño, el cual aprende a través su relación con la gente y con el material lúdico. La visión del espacio exterior según *Paula Carreiro* muestra la creencia de que todos los aspectos del desarrollo físico, social y cognitivo están integrados dentro del programa, tanto en espacios interiores como exteriores. La explicación de *Rebecca New* sobre el ambiente general de las escuelas de Reggio Emilia resalta la existencia de un sistema escolar convenientemente desarrollado en Italia, el cual ha alcanzado una notable relevancia a nivel mundial.
- *Elizabeth Crary* y *Cary Buzzelli* aplican principios sólidos sobre el desarrollo. Ambos escritos sugieren diversos modos en los que los profesores pueden aprovechar lo que saben de cada niño, así como estrategias para ayudarles a solucionar problemas.
- El nombre más asociado a MAD es el de *Sue Bredekamp*. En el capítulo 10, Bredekamp señala las ventajas de la acreditación como un modo de mejorar la calidad de los programas, y en el capítulo 11 articula algunos de los componentes básicos que se dirigen hacia una experiencia de alta calidad para los niños.

En el resto del libro podemos encontrar varios artículos de colaboradores que tratan sobre diversos temas. Dos mujeres aportan retratos gráficos y filmografía de importancia histórica. Desde la primera edición de *La infancia y su desarrollo*, retomamos el último fascinante relato de *Edith Dowley* sobre el centro de cuidado de niños Kaiser Shipyard durante la II Guerra Mundial. *Elizabeth Bradburn* nos agrada con el sentido más profundo de una de las mayores pioneras en este campo. *Jackie McCormick* nos ofrece un relato personal sobre el cuidado de los niños en la familia, y *John Chattin-McNichols* resalta los programas de Montessori. Los seguidores de la teoría del desarrollo *Laura Berk* y *Helen Bee* proporcionan artículos profundos sobre la aportación de Vygotsky en ese campo y una crítica sobre el trabajo de Piaget respectivamente. *Yvonne Ricketts* comparte una visión paternal del cuidado del niño, que aparece en una edición previa, y *Carol Sharpe*, una nueva colaboradora, describe un apasionante proyecto profesional de desarrollo, denominado California Child Development Permit Matrix.

Creemos que los artículos y los cuadros de atención de esta edición constituyen "Lo mejor de *La infancia y su desarrollo*".

- *Las fotografías y los gráficos* nos acercan a los niños y a su entorno. Todas las fotografías son nuevas, muestran una amplia variedad de edades y representan varias culturas y escenarios de edades tempranas. Los cuadros que se han agregado y la nueva distribución, permitirán a los estudiantes y docentes acceder a la información de un modo más sencillo.
- *El último capítulo*, "Problemas y tendencias en la educación de la primera infancia" se ha modificado para que refleje las realidades políticas y sociales de hoy en día, poniendo un énfasis especial en la demografía y otros cambios de la población. El último capítulo sirve, junto con el primero, como epílogo al texto, reflejando el constante tránsito del pasado al futuro.
- Se han modificado *los Apéndices* con la intención de dar aún mayor énfasis al material que complementa los asuntos sobre la diversidad y los temas sobre el pluralismo. *"La evolución en la educación de la primera infancia"* continúa utilizándose como registro histórico y se utilizará en las explica-

ciones que durante el semestre se realicen en la clase. La Declaración de compromiso de NAEYC sirve de constante recordatorio sobre la conducta moral adoptada por los profesionales de la más tierna infancia. Una novedad en esta edición es un extracto sobre la postura de NAEYC *En respuesta a las Recomendaciones para una educación eficaz de la primera infancia*, en la que subyace la importancia que se otorga en este texto a la enseñanza que tiene en cuenta la cultura en la que opera centrándose en el tema de la diversidad de idioma. También es nuevo el Apéndice D, una lista de organizaciones que apoyan a la comunidad de la primera infancia con recursos y abogados; por otra parte, se han agregado más entradas en los glosarios.

SOBRE LOS AUTORES

Ann Gordon ha trabajado como profesora en el campo de la primera infancia durante más de 40 años, enseñando a niños, padres y alumnos universitarios. Ha ejercido la docencia en escuelas piloto, centros eclesiásticos y en programas de preescolar y de guarderías públicos y privados. Durante su estancia en Stanford, Ann trabajó en la guardería de Bing durante 11 años y fue lectora en el departamento de psicología. Durante 10 años también desarrolló la función de profesora adjunta en cuatro escuelas universitarias, impartiendo una amplia gama de cursos relacionados con la infancia. Ann desempeñó el cargo de directora ejecutiva de la Asociación nacional de colegios episcopales durante 14 años, en el que se desarrollaron más de 1.100 programas para la primera infancia. En la actualidad, es asesora en las áreas de planes de estudio para la primera infancia y desarrollo profesional. Ann tiene ya dos hijos mayores. Como abuela enamorada de su primer nieto, Ann aporta una visión más clara sobre los primeros años de los niños a *La infancia y su desarrollo*, además de una experiencia viva en centros dedicados al cuidado de la infancia. ¡Está encantada de que su nieta esté en un centro de NAEYC!

Kathryn Williams Browne ha dedicado la mayoría de su vida a la docencia: profesora de niños, guía de los padres de las familias con las que trabajaba, más recientemente desde 1990, educadora de padres e instructora de estudiantes universitarios durante más de 15 años. Su trabajo con los niños se reparte entre un jardín de infancia, asociaciones de padres, cuidados de la infancia durante todo el día, jar-

dines de infancia y preescolares bilingües, además de guarderías y primer grado. El pasado de Kate como investigadora del desarrollo infantil le llevaron a elegir la educación de la primera infancia, porque para comprender realmente el desarrollo infantil es necesario *estar* con los niños. Durante su etapa de directora del jardín de infancia de Bing y lectora en la universidad de Stanford, Kate desarrolló una relación profesional con Ann, que tuvo sus frutos en el trabajo sobre la educación de profesores y padres. Por otra parte, *La infancia y su desarrollo* está influenciado por la condición de madre de Kate; sus dos hijos nacieron durante las dos primeras ediciones, por lo tanto, el libro creció con ellos. Su reciente trabajo como asesora y representante de la Junta de escuelas primarias le ha proporcionado a Kate nuevas perspectivas sobre las escuelas, la reforma y la colaboración. Pero quizás lo más importante es que Kate ha estado ejerciendo la docencia en dos escuelas universitarias a lo largo de la última década. El trabajo en estrecha colaboración con sus alumnos, le ha permitido obtener ideas constructivas que informan el presente texto en cada una de sus revisiones. El equilibrio profesional y familiar del trabajo *con* y *para* los niños, y los retos profesionales guían su trabajo.

Ann y Kate son también las coautoras de *Guiding Young Children in a Diverse Society* (Allyn & Bacon, 1996).

AGRADECIMIENTOS

Primero y en especial, queremos expresar nuestro agradecimiento a *Ruth Robinson Saxton* de la Universidad de Georgia por su continua supervisión como asesora de la diversidad. Nos hizo tomar mayor conciencia de nuestras limitaciones y enriqueció nuestro entendimiento de los modelos que tienen en cuenta el entorno cultural en los programas para la primera infancia. La aportación de los revisores ha sido de gran ayuda para esta edición, retándonos con sus preguntas, cuestionando nuestras creencias y, en diversos modos, ayudándonos a aclarar nuestra intención y enfoques del contenido. Agradecemos la colaboración de:

Linda Aiken
Escuela local de Southwestern, Sylva, NC

Alice Beyrent
Escuela Hesser, Manchester, NH

Martha Dever
Universidad de Logan del estado de Utah, UT

Judith Lindman
Escuela técnica local de Rochester
Rochester, MN

Colleen Olsen
Escuela local de Cuyahoga, Cleveland, OH

Ruth Saxton
Universidad del estado de Georgia, Atlanta, GA

Stacey York
Escuela técnica local de Minneapolis
Minneapolis, MN

Las nuevas ideas y opiniones y los puntos de vista que se han agregado son las principales características de los artículos encuadrados en los apartados que dedicamos a nuestros articulistas invitados y a los cuadros de atención. A los escritores que colaboraron en la presente y en las anteriores ediciones os agradecemos vuestra aportación personal a esta edición: los que ya colaboraron en anteriores ediciones, Edith Dowley, Olivia Saracho,

Elizabeth Jones, Jim Greenman, Louise Derman-Sparks, Jonah Edelman, Elizabeth Bradburn, Jackie McCormick, John Chattin-McNichols, Frances Wardle, Janice Hale, Laura Berk, Helen Bee, Stacey York, Janet Gonzalez-Meña, Elizabeth Crary, Yvonne Ricketts, Rebecca New, Nancy Barbour, Sue Bredekamp, Ron Lally, Paula Carreiro, Larry Schweinhart, Hedy Chang, Cary Buzzelli, Gretchen Buchenholz y Carol Sharpe.

Gracias también a Jim Gordon y a Barbara Glendenning por su esfuerzo de investigación, a Mara Berman de Delmar por su asistencia, y, por supuesto a Karen McLaughlin por sus innumerables aportaciones. Apreciamos la paciencia que han demostrado nuestras familias en este proyectos: David Gordon y Marty, Julia y Campbell Browne. Su voluntad de soportar otro año más repleto de fechas límite para la entrega de los originales. Por último, reconocemos el intenso placer que nos ha aportado la participación en este libro, tanto personal como profesionalmente. "El libro" refleja más de 15 años de trabajo común en un proyecto que crece y cambia con cada nueva edición. Cada uno de nosotros recibe de los demás un profundo apoyo, ánimo, y afecto, que realzan las palabras escritas, la filosofía y el producto final. Esta colaboración se ha convertido durante la vida de *La infancia y su desarrollo* en un respeto y una admiración mutua y ha influido positivamente en una amistad que se fraguó hace mucho tiempo.

La infancia y su desarrollo expresa nuestro punto de vista profesional pero también lleva nuestro imborrable sello personal. Las fotografías de nuestros niños han adornado muchas páginas de las ediciones anteriores, sobre todo las de Julia y Campbell Browne. En esta edición introducimos las de la nieta de Ann Gordon, Abra, con quien comienza una nueva generación de esta familia que colabora con este libro.

Agradecemos a nuestros leales lectores que escogieran *La infancia y su desarrollo* para sus clases.

Dedicatorias

Para Abra, mi apreciada nieta. Para que crezcas amando todo lo bueno, justo y generoso y conozcas la felicidad de vivir en un mundo de muchos pueblos, culturas y voces.—*AMG*

A aquellos que me han abierto los ojos—
A los alumnos de la especialidad de Educación de primera infancia de la Escuela de Cañada, a los padres del curso "Parenting by Heart" de la Escuela de DeAnza, a los compañeros Dianne Eyer, Kathleen Burson, Marsha Howard y Ruth Saxton.—*KWB*

Servicio en línea

Delmar en línea
Para acceder a una amplia variedad de productos y servicios de Delmar en la World Wide Web, visite la siguiente página:

http:\\www.delmar.com
o utilice la dirección de email: info@delmar.com

¿Cuál es el campo de la educación de la primera infancia?

Artículo LA EDUCACIÓN DE LA PRIMERA INFANCIA EN LOS ASTILLEROS

Edith M. Dowley

Si está pensando en elegir como carrera el trabajo con niños pequeños, tal vez se pregunte cómo se compara la educación de la primera infancia, en cuanto a prestigio e importancia, con la de la escuela primaria o secundaria. ¿Tiene antecedentes de tradición? ¿Es verdaderamente una profesión con potencial de crecimiento y de cambio? Un estudiante que hoy se esté preparando para trabajar con niños pequeños, ¿puede esperar con ilusión que la enseñanza de la primera infancia le proporcione un futuro alentador en lo intelectual y lleno de recompensas?

Mi carrera con los más pequeños comenzó durante la Gran Depresión, una época de estancamiento del crecimiento económico y desempleo generalizado. Mis asignaturas para graduarme pertenecían todas a campos en los que las oportunidades de trabajo, entonces, parecían nulas. Sin embargo, con ayuda de consejeros sensatos y algo de bastante buena suerte, pasé dos años como estudiante graduada, con profesores sobresalientes de desarrollo infantil, y trabajé como asistente con maestros de guardería elegidos como modelos de técnica artística y formadores efectivos de niños pequeños. Encontré el trabajo con niños tan interesante y satisfactorio, que hice de ello la tarea de mi vida. Cuarenta años más tarde, cuando "me retiré", pude decir con toda veracidad que nunca me decepcionó.

Todos esos años, excepto dos, transcurrieron en ambientes universitarios donde la investigación y la teoría cuestionaban, modificaban y a veces cambiaban nuestras actitudes, interpretaciones y reacciones con respecto al desarrollo y al comportamiento infantil. Fueron años de crecer y aprender, de planear, de luchar y de lograr algunas cosas. No hubo dos años ni dos días, en realidad que fueran iguales.
Pero este artículo trata sobre una experiencia diferente, inolvidable, que tuve con niños pequeños, muy lejos de un ambiente universitario, en un periodo de crisis nacional. Ocurrió durante la Segunda Guerra Mundial, en un proyecto innovador que no sólo supuso una extraordinaria solución para un problema de aquellos tiempos, sino que también es especialmente relevante y apropiado, según creo, para el presente.

A principios de 1943, Kaiser Shipbuilding Corporation debió

enfrentar la necesidad de emplear a más mujeres para cumplir con un aumento de producción de buques de guerra en sus dos astilleros de Portland, Oregón. De las 12.000 mujeres ya empleadas, una tercera parte eran madres que no tenían dónde dejar a sus niños en edad pre-escolar mientras trabajaban. El ausentismo entre las mujeres era un 50 por ciento más alto que entre los hombres y contribuía a una disminución en la producción que afectaba seriamente el esfuerzo bélico. Las razones que la mayoría de las mujeres daban para llegar tarde o faltar al trabajo eran que las niñeras no se habían presentado o que el niño estaba enfermo y no podían dejarlo en casa hasta que lo viera un médico. Henry Kaiser, según cuentan de forma típica en él, respondió al dilema diciendo que si las mamás estaban preocupadas por abandonar a sus niños, él les proporcionaría guarderías.

Decidió construir los mejores centros de cuidado infantil del país. En unas pocas semanas, los arquitectos estaban diseñando dos centros para atención infantil que estarían ubicados en la entrada a los astilleros uno en Swan Island y otro en Oregon Yard. Pagados por la Comisión Marítima de los Estados Unidos e incluidos en los costos de armado de barcos, estos centros demostraron ser no solamente excelentes, sino también los más grandes del mundo.

Edgar Kaiser eligió a la Dra. Lois Meek Stolz, famosa investigadora en los temas de desarrollo infantil y educación de la primera infancia, para dirigir los dos centros. Ella organizó todo el programa infantil y procuró la contratación de personal para los centros. Trajo a James L. Hymes hijo, que había sido editor de *Progressive Education*, al programa como gerente de los centros de atención infantil, y contrató a la Dra. Miriam Lowenberg, conocida dietista, como responsable de las necesidades nutricionales de los niños.

El personal

Cada centro tenía una supervisora que era responsable de toda la operación en los tres turnos diurno, vespertino y nocturno. Había supervisoras de grupo, maestras titulares, maestras ayudantes, dietistas y enfermeras bajo su dirección. Además, cada centro contaba con una trabajadora social que servía de enlace entre las maestras de los centros y los padres de los astilleros. La totalidad del personal se reclutó en los centros de formación para maestros de guarderías de todos los Estados Unidos. Todas las maestras eran tituladas, y las supervisoras y la mayor parte de las maestras titulares tenían licenciaturas y años de experiencia con niños. Eran mujeres jóvenes y enérgicas, "elegidas por sus buenas cualidades, además de por sus conocimientos científicos". (Jean Muir, de un artículo que escribió para el *Oregon Journal*, domingo, 12 de diciembre, 1943).

El lugar

El personal docente comenzó a llegar a finales de octubre, cuando se estaban dando los últimos toques a los centros. Encontraron, para su deleite, que los centros, a pesar de ser provisionales, eran hermosos y de diseño funcional. Cada centro se había construido alrededor de un patio grande, octogonal, con cuatro estanques someros donde los niños podían jugar lejos de los peligros del tránsito. El patio en sí estaba cubierto de césped, con un área de superficie dura alrededor del perímetro, destinada a los juguetes con ruedas. Debido a la larga estación lluviosa de Portland, unas galerías cubiertas, equipadas con mini-gimnasios, cajas de trepar, toboganes y grandes bloques huecos, conectaban las habitaciones interiores con las zonas verdes. De esta manera los niños podían jugar activamente al aire libre todos los días del año, sin que importaran las condiciones del tiempo.

Un diseño arquitectónico en forma de rueda dentada creaba 15 salas de juegos rectangulares de más de 100 metros cuadrados (26′ por 49′) que salían de un corredor central circular. Entre cada dos salas y frente a ellas había cuartos más pequeños para reuniones de maestros, juegos especiales o la hora de los cuentos. Cada una de las 15 salas de juegos tenía ventanas en dos lados para dar luz y vistas interesantes del mundo exterior. Se construyeron asientos en las ventanas, lo bastante bajos como para que se sentaran los niños, de modo que podían acurrucarse en ellos y observar los barcos, autos, camiones y grúas en el activo astillero donde estaban trabajando sus padres. Esto les proporcionaba un placer especial cuando atardecía, y los muelles se iluminaban, mostrando los contornos de los barcos y sus reflejos en el agua.

Los colores del interior eran suaves tonos pastel de azul, amarillo y durazno, dependiendo de la orientación de cada habitación. Un espacio de mesada a altura de adultos cubría los extensos estantes donde los niños podían alcanzar con facilidad los muchos bloques, juguetes, juegos, libros y rompecabezas que se guardaban allí de manera ordenada y significativa. Los armarios de los niños estaban ordenados como en un vestidor, tenían perchas para abrigos y chaquetas, un estante para gorros, guantes y trabajos artísticos para llevarse a casa, y un lugar donde guardar con seguridad las pertenencias personales. Cada sala tenía su propio baño, con tazas y lavabos de tamaño infantil. El centro proporcionaba manoplas y toallas que colgaban al alcance de los niños y estaban marcadas con símbolos individuales que se correspondían con los de sus armarios.

Había una gran sala en cada centro, separada de las salas de juegos, donde se podía atender a los niños cuando estaban enfermos. Se ubicaron cunas cómodas, como las que se usan en los hospitales infantiles, en cubículos de paredes de vidrio que proporcionaban a los niños lugares tranquilos para dormir, comer o incorporarse para jugar mientras se recuperaban de resfriados, tos, dolor de oídos o malestares de estómago. Una enfermera titulada estaba de guardia a todas horas en la enfermería, y las maestras planeaban y proporcionaban los materiales y proyectos de juego tanto para los niños que guardaban cama como para los que estaban de nuevo en pie.

En cada centro había una cocina grande y completamente equipada, adecuada para servir comidas y meriendas a lo largo de las 24 horas a unos 400 niños y sus maestras. Disponía de carros grandes, calentados, para llevar la vajilla, los cubiertos y la comida a cada sala, donde se servía a los niños en mesitas bajas. Por lo general, cinco niños y una maestra comían juntos cada día "en familia".

Los arquitectos, precavidamente, incluyeron una característica adicional: varias bañeras cuadradas, grandes, levantadas dos escalones sobre el suelo. Estas tinas permitían a las maestras, cuando fuera necesario o deseable, bañar a los niños sin tener que agacharse. Las bañeras también eran lugares seguros para que los niños "nadaran" y chapotearan y se entretuvieran con relajantes juegos en el agua.

Días de inauguración

El personal docente, del que yo formaba parte, llegó a Portland unas dos semanas antes de que se inauguraran los centros. Hasta que encontráramos un hogar permanente para vivir, nos alojaron en un dormitorio común para trabajadoras del astillero de Swan Island. Todas las noches nos reuníamos con la Dra. Hymes y las supervisoras, construyendo una filosofía común pero compartida sobre el cuidado de los niños y nuestro papel como educadoras. De día, preparábamos las salas pensando en el momento en que llegaran los niños.

El centro Oregon, donde yo era supervisora de grupo, abrió sus puertas el 8 de noviembre de 1943 a niños con edades comprendidas entre 18 meses y 6 años, de padres que trabajaban en los turnos diurno y vespertino. Aquel día acudieron al centro 67 niños en total. Nos desilusionamos mucho con esa asistencia. Nos dimos cuenta, sin embargo, de que la mayoría de la gente de la zona jamás había oído hablar de una guardería y no podían imaginarse que un centro infantil permaneciera abierto los doce meses del año, seis días a la semana y ¡veinticuatro horas al día! Así que planeamos un día de "puertas abiertas" los domingos e invitamos al público a visitar los centros. Bajamos a los astilleros para hablar con los trabajadores sobre los servicios disponibles para los niños. En los periódicos locales aparecieron artículos sobre el tema, con muchas fotografías. Poco a poco se inscribieron más niños. Para Navidad de aquel año, se estaba atendiendo a más de 100 niños en el centro. En enero comenzó el turno de noche, igual que un programa de sábados y después de la escuela para niños mayores. Para el 27 de agosto, cuando el astillero Oregon comenzó una semana laboral de 7 días laborales, el centro empezó a abrir también los siete días de la semana, con una asistencia media diaria de 370 niños.

Se hizo todo lo posible para mantener a los trabajadores en su tarea de construir barcos. Los padres pagaban una cuota mínima por los servicios infantiles: 75 centavos al día por niño y 50 centavos por otro niño de la misma familia, que se pagaban a la semana. Si el niño asistía siete días a la semana, sólo se cobraban seis.

Los niños

Los niños con los que trabajábamos en el centro eran prácticamente iguales a los niños con los que la mayoría de nosotras habíamos trabajado antes. Los niños eran diferentes entre sí, con sus características y necesidades propias. Estaban muy unidos a sus padres y familias y dependían de su cariño, aprobación y apoyo. Las mamás o los papás traían a los niños a las salas del centro todos los días antes de empezar sus turnos de trabajo, y los recogían al terminar el turno. Los niños del turno diurno pasaban con frecuencia nueve horas o más en el centro, pues era el más largo. Los padres del turno diurno siempre parecían estar con prisas, y podían dedicar menos tiempo a ayudar a sus hijos a hacer la transición de la casa a la escuela. En algunos casos, separar a los niños de sus padres era doloroso al principio. Probablemente lo más difícil de todo era que los de 18 meses y dos años se acomodaran a que los dejaran con extraños en un lugar que no conocían durante tantas horas. Algunos de estos chiquitos, la mayoría de los cuales no habían empezado a hablar, lloraban durante ratos largos y era difícil consolarlos. Algunos se rehusaban a que les quitaran los abrigos, trajes para la nieve o gorros en todo el día, y se aferraban a ellos, tal vez como último enlace con su casa y su mamá. Se quedaban de pie, separados de los demás incluso durante las horas de meriendas o comidas, sin querer sentarse a una mesa extraña ni aceptar alimentos. Con el tiempo, el hambre se imponía a su rechazo, y cuando las maestras, prudentemente, dejaban comida para picar a su vista y alcance, la devoraban rápida y disimuladamente. También les vencía el sueño, aunque se resistían tozudamente a echarse en una camita de guardería cuando se les invitaba a hacer la siesta. Todavía con su pesada ropa de abrigo, se quedaban dormidos en el suelo. Entonces, una maestra los colocaba cuidadosamente en una cuna junto a una ventana abierta. El niño se despertaba horas más tarde, descansado y más dispuesto a confiar en una maestra sonriente y cariñosa y en la seguridad del ambiente de la guardería.

Después de trabajar incesantemente largas horas bajo la lluvia y el frío, los padres del turno de día estaban agotados y con prisa al fin de la jornada, cuando venían a recoger a sus hijos. Algunos se mostraban enojados e impacientes, haciendo que los preescolares se apresurasen para no perder el autobús o el auto que los llevaría. No quedaba tiempo para comentar con la maestra cómo había pasado el día el niño. Así que las maestras informaban a los padres escribiendo comentarios breves junto al nombre de su hijo en una planilla colgada en la puerta de la sala de juegos. Nos dimos cuenta de que había que redactar estos comentarios con mucho tacto. Incluso frases como "Juan no terminó el almuerzo" o "Beatriz no durmió siesta hoy" podían producir regaños enojados o sopapos. Tratamos de recalcar los comportamientos positivos en nuestros mensajes, para hacer que cada niño pareciera más digno de cariño e interés para sus padres.

Para los niños del turno vespertino, la vida era bastante diferente. Solían llegar temprano, después de un día descansado en casa o de tiendas con sus padres. De camino al trabajo, la mayoría de los padres solían quedarse un rato en el centro, leyendo cuentos o mirando los juguetes o cosas interesantes que los niños les habían descrito la noche anterior. Había un ambiente más relajado en las salas de juego durante el turno vespertino que durante el turno de día. Esto se hacía patente en las conversaciones entre los niños, y sobre todo en sus juegos de representación. En contraste con los del turno diurno, que rara vez utilizaban el rincón de las muñecas para "jugar a las casitas", los niños del turno vespertino barrían meticulosamente el suelo, hacían las camas de las muñecas, ponían la mesa, bañaban y vestían a las muñecas, y se sentaban tranquilamente a jugar a las visitas. En cambio, los del turno de día, especialmente los de cuatro años, volcaban el fregadero y la cocina del rincón de las muñecas y hacían la "botadura" con mucho alboroto. Eran más agresivos en sus juegos y más destructivos con los materiales. Probablemente tenían menos ocasiones de observar a sus mamás haciendo camas, preparando comidas o disfrutando de las tareas del hogar.

A los niños del turno vespertino se les servía la cena en grupo; después tenían tiempo para jugar, escuchar cuentos, oír música y participar en juegos, pintar y, en verano, jugar al aire libre hasta el oscurecer. Después se cambiaban y se acostaban. Se les despertaba y vestía antes de que llegaran sus cansados padres.

Servicios complementarios

Los centros también intentaban proporcionar a los padres servicios de apoyo que pudieran aliviarles de la tensión bajo la que trabajaban. El servicio de comidas preparadas empezó en enero de 1944. La Dra. Lowenberg planificaba comidas precocinadas que se preparaban en las cocinas de los centros. A cincuenta centavos cada una, las comidas eran suficientes para un trabajador hombre o mujer, y una sola unidad bastaba para dos niños en edad preescolar. Las comidas listas y envasadas se pedían con dos o más días de anticipación y constaban de un plato fuerte y postre, alimentos que normalmente requieren más tiempo de preparación. Se incluían instrucciones para calentar y servir y se ofrecían sugerencias de otros alimentos para completar la comida.

Con el tiempo, se impulsaron otros servicios, como el arreglo de las ropas de los niños, compra de cordones para sus zapatos y cortes de pelo. En febrero, empezó un programa de vacunaciones. Los padres que no pudieron vacunar a sus hijos con las vacunas necesarias para la asistencia a la guardería tuvieron su oportunidad en el centro. Las maestras, en ausencia de los padres, llevaban a los niños, por turno, al médico del centro, manteniéndolos en su regazo para tranquilizarlos y consolarlos mientras eran atendidos.

Interacciones entre padres y maestras

Normalmente era difícil preparar reuniones de padres y maestras. Encontrábamos la manera de charlar brevemente con una de las mamás paseando con ella hasta el bus o el auto. Los maestros invitaban a los padres a las salas de juegos para que vieran las obras de arte de sus niños o construcciones con bloques que se conservaban para que ellos pudieran admirarlos.

A veces, las reuniones con los padres se realizaban al servirles la cena en una habitación mientras los niños cenaban en otra. Las supervisoras de grupo bajaban al astillero para hablar con uno de los padres cuando lo consideraban oportuno. En estas ocasiones, me encontraba rodeada de papás y mamás que preguntaban con ansiedad "¿Qué estaba haciendo mi niño cuando lo dejó?" Al irse dando cuenta los padres de cuánto conocían las maestras a sus hijos, y cómo los cuidaban, encontraban tiempo para entrevistarse y compartir sus problemas y alegrías con ellos.

Resultados del programa

Uno de los aspectos más gratificantes de la experiencia Kaiser fue el constante crecimiento y cambio que observábamos en los niños. Los juegos al aire libre, el sueño y descanso metódico y, especialmente, la óptima alimentación, forjaron una mejora espectacular en la salud y el aspecto de muchos de los niños. Antes de que abrieran los centros, algunos de los niños no comían a horas regulares sino que se alimentaban de cualquier cosa (pan generalmente) que les daban los vecinos o cuidadores. Cuando vinieron por primera vez a los centros, algunos de los niños sólo querían comer pan. Después de que los niños parecieron acomodarse a las rutinas de la guardería, la Dra. Lowenberg suprimió totalmente el pan de las comidas. Los niños, hambrientos, empezaron a probar y disfrutar una gran variedad de sabores y texturas nuevos. Más tarde, cuando el pan fue incluido de nuevo en pequeños sandwiches, lo aceptaron como cualquier otro alimento.

La paciencia y la programación redujeron la agresividad y el comportamiento destructivo y, cuando los niños se convencieron de que las maestras los querían y les importaba lo que pudiera pasarles, les confiaron sus miedos y preocupaciones y buscaron en ellas consuelo y seguridad. Surgió un sentimiento de confiabilidad que ayudó a los niños a tener confianza en sus propios cuerpos. Sus habilidades motoras aumentaron, se potenció su autoestima, y se hicieron más amables, más tolerantes entre ellos y más generosos.

También observamos un crecimiento mensurable en su desarrollo lingüístico. Las ocasiones de adquirir la habilidad de escuchar las instrucciones de una maestra, de disfrutar con cuentos más largos y complejos y de expresar verbalmente las experiencias compartidas con sus mascotas o en sus paseos formaban parte de la planificación del programa.

Ocurrieron muchas cosas buenas en los centros de atención infantil de los astilleros Kaiser para los niños, los padres, la industria, y todas nosotras. Todos contribuimos a ganar la guerra como "los campeones de los constructores de barcos", según nos dijeron, y nos sentimos orgullosos de ello. El Jefe de la Comisión Marítima dijo a las maestras que, sin su ayuda, habría sido imposible mantener en producción los astilleros los siete días de la semana. Los padres nos contaban que cuando estaban cansados e intentaban dormir más los domingos por la mañana, sus niños los despertaban diciendo "Arriba, arriba. Si no vais a trabajar, nosotros no iremos a la escuela". Cuando cerraron los centros en 1945 al final de la guerra, los informes mostraron que "fueron atendidos 3.811 niños durante un total de 250.000 días de cuidado infantil lo que dejó libres casi 2 millones de horas de trabajo a las mujeres" (Stanford University Campus Report, Interview with Lois Stolz, 30 de marzo de 1983).

Pero creo que lo más notable, lo mejor que ocurrió fue que, en una época de guerra, cuando las mamás de preescolares trabajaban ocho y nueve horas por día, seis o siete días a la semana, las vidas de casi 4.000 niños fueron felices, saludables y, en ciertos aspectos, mejores que nunca antes. Esto sólo pudo suceder como combinación de una hábil planificación profesional, fuerte liderazgo profesional y algunas de las mejores maestras que la profesión de la educación de preescolares ha preparado jamás. Creo que todos los niños se merecen las ventajas que ofrece dicha combinación, especialmente en sus primeros años. Ustedes, que están empezando a estudiar la educación de la primera infancia tienen muchas carreras abiertas por delante. La nuestra es una profesión en constante crecimiento, que se ramifica en muchas direcciones y está dispuesta a recoger los retos que surgen de maneras innovadoras y flexibles. Actualmente, las perspectivas de empleo pueden parecer desalentadoras y los salarios de maestros de preescolares, inferiores a los normales, pero estas condiciones han de cambiar. En una sociedad en la que el 50 por ciento de las mujeres trabajan para vivir, ya no podemos funcionar sin un programa de alta calidad, de ámbito nacional para el cuidado y la educación de niños menores de seis años.

Cuando esto ocurra, debemos preguntarnos si habrá suficientes especialistas preparados profesionalmente en este campo para proporcionar liderazgo. ¿Habrá suficientes maestros con conocimiento de la naturaleza y el desarrollo de la primera infancia, y sensibles a las necesidades individuales de los niños? ¿Habrá bastante personal con la instrucción y el interés necesarios para autorizar y supervisar (con formación educativa en prácticas) instalaciones y programas para los niños de toda una nación? Ustedes y quienes sigan sus pasos tienen las respuestas a esas preguntas.

EDITH M. DOWLEY estuvo relacionada con la educación de preescolares a lo largo de 50 años. Fue alumna del Merrill-Palmer Institute en 1933 y 1934 y miembro del claustro entre 1945 y 1948. La Dra. Dowley recibió su licenciatura en Desarrollo infantil en 1935, y enseñó durante 9 años en la Escuela universitaria de Aplicación de la Universidad de Michigan. Fue supervisora de grupo en los centros de atención infantil de los astilleros Kaiser, y posteriormente fue la primera directora de la guardería Bing de Stanford University, puesto que conservó hasta 1975. Prestó servicios como asesora nacional del proyecto "Head Start" desde 1965 hasta 1968, y entre 1971 y 1972 fue miembro de California Task Force on Early Childhood Education.

La Dra. Dowley fue profesora visitante en la Universidad de Victoria (Colombia Británica, Canadá) y en la Universidad de Hawaii, y condujo talleres de verano en Santa Bárbara y Berkeley, California. La desaparecida Dra. Dowley fue hasta hace poco Profesora Emérita de Psicología y Educación en Stanford University.

Historia de la educación de la primera infancia

Preguntas para pensar

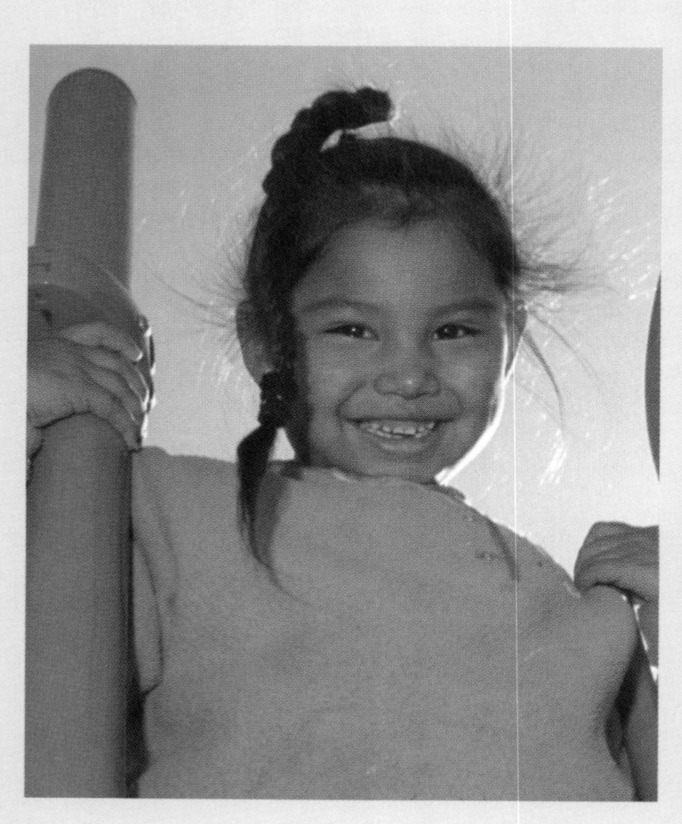

¿Qué distingue la educación de la primera infancia de otros niveles de educación?

¿Qué es importante conocer sobre la historia de la educación de la primera infancia?

¿Qué influencias ha recibido del extranjero nuestro campo?

¿Cuáles son las principales influencias americanas en nuestro campo?

¿Qué otros campos han influido en el desarrollo de la filosofía de la primera infancia? ¿Cuál ha sido su impacto?

¿Cuáles han sido los temas básicos en la educación temprana a lo largo de la historia?

¿Cómo afectan los acontecimientos del momento, políticos, sociales y económicos, la dirección de la educación?

INTRODUCCIÓN AL CAMPO

La educación de la primera infancia tiene una historia rica e interesante. La historia de su desarrollo es la crónica de personas que dieron pasos audaces para mejorar la vida de los niños. Se han producido hechos cruciales que influyeron para conformar la historia de la educación de la primera infancia. Igual que cambian las imágenes del niño a través de los siglos, así lo hace la educación de los más pequeños, y de los mismos educadores.

Ahora, imagínese que viaja en el tiempo. Al retroceder en el tiempo, recorre los siglos y conoce a la gente cuya visión ayudó a darle forma a nuestra profesión. Aprende cómo la infeliz infancia de Froebel inspiró una nueva manera de enseñar llamada kindergarten (jardín de infancia). Ve la pasión y las luchas de Montessori cuando convencía al mundo de que los "niños de los barrios bajos" pueden aprender y lograr éxitos. En la década de 1960, es testigo de los esfuerzos que se realizan en los Estados Unidos para crear un programa para preescolares conocido como "Head Start".

La necesidad y la innovación forjan nuevos modelos, cambiando lo que conocemos sobre los niños, su cuidado y su educación. Las energías de tantos en bien de los niños han producido ideas audaces, modelos creativos, e incluso creencias y prácticas contradictorias. En todo el mundo y a lo largo de los siglos, la educación de los más pequeños ha evolucionado.

¿Por qué la historia?

La mayor parte de quienes estudian la primera infancia y muchos educadores saben poco sobre los orígenes de la profesión que han elegido. Los nombres de Rousseau, Froebel, Montessori y Dewey tal vez no parezcan tener demasiada importancia hoy en día (aunque muchos maestros están familiarizados con algunas de sus técnicas) pero es importante conocer algo sobre las raíces de esta profesión.

En primer lugar, hay un sentimiento de *apoyo* que viene de conocer esa historia. La educación contemporánea tiene sus raíces en el pasado; hallar un punto de inicio conveniente para ese pasado ayuda a darle perspectiva al educador. Las ideas nuevas se mezclan con las de las tradiciones pasadas, pues la historia de la educación de la primera infancia es, en verdad, una historia de redescubrimiento. Piensen en esto, entonces: la "educación" del siglo XXI se originó realmente en la escuela de niños de hace miles de años.

Por ejemplo, las obras de Sócrates, Platón y Aristóteles forman parte de la base filosófica sobre la que se construyeron los modelos educativos.Las escuelas de las antiguas Grecia y Roma enseñaban literatura, artes y ciencias. Lamentablemente, muchos documentos históricos son obras de Europa occidental. Sería útil una búsqueda de informes históricos de diversas culturas para entender la experiencia americana. Por ejemplo, Hilliard (1997) señala

> Existen abundantes registros orales y escritos que describen la historia de la educación en el continente africano, especialmente en sus formas antiguas e indígenas. La tradición antigua mejor registrada de educación primaria, secundaria y superior en el mundo entero se encuentra en las culturas que se desarrollaron en el valle del Nilo.

Los educadores tendrían una base más amplia sobre las raíces de la educación con esta clase de perspectiva histórica.

Saber que la *filosofía* de la educación de la primaria infancia tiene raíces profundas puede ser *una inspiración* y ayudar a los maestros a adquirir *una expresión profesional*. Como educadores de la primera infancia, debemos aprender a expresar nuestras ideas, encontrando nuestra propia voz. El profesionalismo en educación "está relacionado con hacer bien las cosas, en el momento oportuno, y por la mejor razón" (Spodek, Saracho y Peters, 1988). Cuando se desarrollen programas sólidos de educación para los más pequeños se debe considerar el pasado así como el presente y el futuro. Los *principios* expresados por educadores en el pasado ayudan a desarrollar mejores métodos de enseñanza. Consultar la historia nos da una visión general de cómo se consideraba a los niños y su aprendizaje en diversas épocas, basándose en las presiones religiosas, políticas y económicas de ese tiempo. Examinar los registros profesionales demuestra cómo las necesidades de la sociedad afectan a la educación. Quizás podamos evitar algunos errores que cometimos en el pasado si nos atenemos a la historia.

Usar los conocimientos del pasado nos ayuda a *ser conscientes y entender* los cambios en educación. En la trama de la educación de la primera infancia hay tejidas muchas hebras de influencias que son las responsables de las filosofías actuales. Entendiendo y contando las historias pasadas, estaremos mejor preparados para interpretar nuestra propia historia, para adquirir un sentido de misión y propósito. "Ver historia" es una buena idea para los educadores de la primera infancia, nos dice Spodek

> Cuando [nos hacemos] educadores de la primera infancia, cada uno de nosotros acepta como propia, deliberada o implícitamente, la misión en la que se centra nuestra profesión: Nos hemos comprometido a mejorar la educación, el desarrollo y el bienestar de los más pequeños. Nuestra saga nos ayuda a renovar el sentido de identidad y compromiso hacia nuestra profesión (Spodek en Bauch, 1988).

En este capítulo, se presentarán las personas, las ideas y las circunstancias que han influido en la primera infancia, examinando las fuerzas históricas que afectaron a las tendencias educativas. *Es importante apuntar que las fuentes históricas disponibles están dominadas por trabajos europeos y americanos, y que las escuelas del pasado fueron, en su mayoría, creadas para varones.* Este prejuicio machista añadido al subdesarrollo de niñas y mujeres, como norma eurocentrista, contribuyó a predisponer la forma de pensar. Sin embargo, se han documentado programas educativos que incluían a las niñas, así como el papel de las personas de color en el movimiento por la educación de la primera infancia. Hay que pensar que todas las culturas han tenido, y tienen aún, la tarea de socializar y educar a sus jóvenes. Por eso, aunque los documentos escritos pueden decirnos algo de la filosofía de la educación y la enseñanza, no existe un monopolio en cuanto a ideas sobre la crianza y educación de los niños. Seguirán cambios educativos más recientes. Se analizan también el impacto de otras disciplinas, como medicina y psicología, y temas recurrentes sobre la educación de la primera infancia.

Definición de términos

El término **educación de la primera infancia** se refiere a escenarios de grupo pensados deliberadamente para que causen cambios de desarrollo en los niños desde su nacimiento hasta la edad de entrar en primer grado. Definiciones más recientes incluyen también los años de primaria. Para nuestros propósitos, definiremos la educación de la primera infancia como el lapso entre la lactancia y el tercer grado. En términos de la vida del niño, se extiende aproximadamente desde el nacimiento hasta los ocho años. En términos de escolaridad, incluye ambientes para niños hasta los primeros años de primaria, desde el primero al tercer grado. En términos programáticos, la educación de los más pequeños engloba unos ambientes de grupo formales e informales, cualquiera que sea su propósito inicial. Por ejemplo, abarca los programas extraescolares para jardines de infancia y primer grado, así como sesiones académicas formales.

Los educadores de la primera infancia construyen puentes entre los dos mundos del niño, la escuela (o experiencia de grupo) y el hogar. Es en estos años cuando se establecen los cimientos para un aprendizaje futuro; son los años de construir con bloques, durante los que el niño aprende a caminar, a hablar, a establecer una identidad, a escribir y contar. En años posteriores, este mismo niño con la base de estas capacidades será capaz de escalar montañas, hablar un idioma extranjero, aprender a expresarse y negociar, aprender a escribir, y entender la multiplicación.

INFLUENCIAS DEL EXTERIOR

¿Cuándo empezó la educación de la primera infancia? *Una Cronología de la educación de la primera infancia* puede verse en el Apéndice A. Es imposible señalar con seguridad los orígenes de la humanidad porque hay pocos documentos de hace millones de años. Se hacía informalmente alguna preparación para la vida adulta, más que nada por imitación. Al desarrollarse el lenguaje, empezó la comunicación. Los niños aprendían bailes, rituales, ceremonias, y se enseñaban las habilidades para sus respectivos papeles en la tribu tanto a los varones como a las niñas. Algunos documentos antiguos parecen indicar que la crianza del niño era algo tosca; DeMause (1974) incluso sugiere que cuanto más antiguo es el periodo que se analiza, más probables son los casos de abandono y brutalidad.

En los tiempos antiguos

La definición de infancia ha cambiado mucho a través de la historia. Por ejemplo, en los tiempos antiguos a los niños se les consideraba adultos a los 7 años. La definición de infancia en una sociedad influye en cómo se educa a los niños.

Los muchos de nuestros modelos están fundados en las desarrollados en Grecia y Roma. En Grecia, y, prácticamente, en todos los paises europeos, sólo se escolarizaba a los niños de las familias adineradas, mientras que las niñas y los hijos de la clase trabajadora recibían instrucción para realizar trabajos domésticos o desarrollar algún negocio.[1,2] La educación comenzaba a la edad de 6 o 7 años, aunque Platón y Aristóteles creían en la necesidad de empezar a formar a los niños que todavía no habían alcanzado esa edad. Algunos romanos antiguos sentían que la educación debería empezar en el hogar tan pronto como el niño empezaba a hablar, y destacaron el uso de premios y la inutilidad de los castigos corporales (Hewes, 1993).

Durante la Edad Media (aproximadamente entre los siglos V y XIII), la infancia no iba más allá del periodo de lactancia. Este periodo fue mayormente una época de ignorancia. Enfrentados a la caída del Imperio romano y el principio de la falta de ley y la anarquía, la gente abandonó las ciudades y pueblos por la seguridad de un lugar perteneciente a un barón o rey, y las escuelas dejaron de existir. Pocos miembros de las clases dirigentes podían leer o escribir sus nombres, y las escuelas de los monasterios se dedicaban a la instrucción de sacerdotes y religiosos únicamente. La educación de los niños antes del siglo XV era principalmente familiar; no existía un sistema educativo, y la forma de vida tampoco era complicada. El control de la iglesia sobre la escuela durante la época medieval significó que la educación proyectaba una visión del niño como básicamente malo en su estado natural. El valor de la educación residía en la preparación para la vida eterna. Los niños aprendían principalmente de sus padres o como aprendices fuera de la familia. Se esperaba que el niño avanzara lo más rápido posible a la edad adulta y se le animaba a ello. La supervivencia era el objetivo primordial en la vida. Como la creencia religiosa más común era que las personas son naturalmente malvadas, los niños tenían que ser dirigidos, castigados y corregidos constantemente.

Lo poco que se conoce de aprendizaje sistemático durante las edades oscuras se desarrolló a través de las políticas de Carlomagno, que proclamaba que la nobleza debía saber las letras, y de las escuelas de aquellos monasterios que tenían bibliotecas. Cuando los aprendices se hicieron numerosos empezó a crecer una nueva clase social, la de los gremios de artesanos. Aunque la educación era escasa, se plantaron las semillas del aprendizaje, incluyendo la introducción de conceptos de igualdad y fraternidad, que sigue siendo preocupación de los educadores de hoy.

El Renacimiento y la Reforma

Con el Renacimiento (finales del 1300 y principios del 1400) y la Reforma (siglos XIV al XVI), la sociedad se hizo cada vez más ilustrada. La noción que la sociedad tenía de la infancia como abandono o ambivalencia fue dando paso al sentimiento de que la infancia era un periodo válido de la vida. Se combinaron varios movimientos políticos, sociales, económicos y religiosos. Los primeros educadores humanistas empezaron a defender una educación básica para todos los niños, incluyendo a las niñas y a los pobres. Hoy se sabe que la petición de *una educación universal* y *la alfabetización* fueron dos efectos fundamentales de este periodo sobre la educación tal como la conocemos hoy. El interés por el hombre común estaba subiendo, al formar los artesanos especializados una especie de clase media. Para el 1500, las escuelas que enseñaban materias como lectura, escritura, aritmética y teneduría de libros eran bastante comunes en Europa.

El sistema escolar alemán afirmó sus comienzos en estos años y continuó influyendo en la educación de toda Europa. La gente cambió su forma de mirar a los niños y su educación. Las ciudades crecieron y se expandieron, y había más oportunidades de trasladarse a nuevas tierras. Las condiciones de vida mejoraron y disminuyó la mortalidad infantil. Los niños vivían más tiempo. Llegó a ser importante la adquisición de conocimientos y habilidades a edad más temprana. Si los niños se educaban, podía esperarse que ayudaran a sus familias a mejorar su situación. Los padres vieron que necesitaban ayuda para enseñar a sus niños.

LA DIVERSIDAD DE NUESTRO MUNDO LA DIVERSIDAD DE NUESTRO MUNDO LA DIVERSIDAD DE NUESTRO MUNDO LA DIVERSIDAD DE NUESTRO MUNDO LA DIVERSIDAD DE NUESTRO MUNDO

1 Los educadores de la primera infancia necesitan tener presente la fuerte influencia del pensamiento de Europa occidental en la filosofía que informa nuestro modelo de enseñanza, especialmente cuando se trabaja con niños de familias de culturas no pertenecientes a esta parte del mundo.

2 Recuerden cuántos prejuicios raciales, de clase o género (por ejemplo, la tendencia a basar nuestras experiencias e

Cornix cornicatur, The *Crow* crieth.	à à	A a
Agnus balat, The *Lamb* blaiteth.	b è è è	B b
Cicàda stridet, The *Grasshopper* chirpeth.	cì cì	C c
Upupa dicit, The *Whooppoo* saith.	du du	D d
Infans ejulat, The *Infant* crieth.	è è è	E e
Ventus flat, The *Wind* bloweth.	fi fi	F f
Anser gingrit, The *Goose* gagleth.	ga ga	G g
Os halat, The *Mouth* breatheth out.	hà'h hà'h	H h
Mus mintrit, The *Mouse* chirpeth.	ì ì ì	I i
Anas tetrinnit, The *Duck* quaketh.	kha, kha	K k
Lupus ululat, The *Wolf* howleth.	lu ulu	L
Ursus murmurat, The *Bear* grumbleth.	[mum mum-	M m

Ilustración 1.1 *Orbis Pictus*, de John Comenius, se le considera el primer libro de ilustraciones escrito para niños.

Tiempos modernos

Comenius

John Amos Comenius (1592–1670), educador checo, escribió los primeros libros de ilustraciones para niños. Titulado *Orbis Pictus (The World of Pictures, 1658)*, era una guía para los maestros que incluía adiestramiento de los sentidos y el estudio de la naturaleza. Comenius fomentó la creencia de que la educación debía seguir el orden natural de las cosas. Sus ideas incluían la "escuela del regazo de la madre", según la cual el desarrollo de los niños sigue un horario propio y su educación debería reflejar ese hecho. Comenius defendió una aproximación al aprendizaje basada en los principios de la naturaleza. Creía que "en todo el funcionamiento de la naturaleza, el crecimiento se da desde el interior", por esa razón a los niños se les debía permitir aprender a su paso. También propuso que los maestros trabajaran con las inclinaciones propias de los niños, pues "lo natural se da sin coacción". Los maestros debían observar y trabajar dentro de este orden natural, el horario, para asegurarse el éxito del aprendizaje. Estas ideas se reflejaron más tarde en los periodos sensoriales de Montessori y en las etapas del desarrollo de Piaget. Hoy se reconoce como la cuestión de estar preparado **para la escolarización**.

Comenius también acentuó un concepto básico que ahora se da por sentado: aprender haciendo. Animaba a los padres a permitir que los niños jugaran con otros niños de su misma edad. Más que promover un currículum estándar, Comenius decía que "se debía estimular el deseo de saber y aprender . . de cualquier forma posible" (Keatinge, 1896). También reflejó la creciente reforma social que educaría tanto a pobres como a ricos. En resumen, probablemente las tres contribuciones más significativas de Comenius son *libros con ilustraciones*, énfasis en la *educación a través de los sentidos*, y la *reforma social* como producto potencial de la educación.

Locke

Se considera a John Locke (1632–1714), filósofo inglés del 1600, como el fundador de la filosofía educativa moderna. Basó su teoría sobre la educación en el método científico y en el estudio de la mente y del aprendizaje. Locke especuló sobre el concepto de **tabula rasa**, la creencia de que el niño nace sin tendencias, en lugar de malvado, y de que es una "pizarra limpia" en la que se van escribiendo las experiencias de los padres, de la sociedad, de la educación y del mundo. Basó su teoría en el método científico y se acercó al niño como un médico examinaría a un paciente. Fue uno de los primeros educadores europeos que planteó la idea de las diferencias individuales deducidas más por la observación del niño que simplemente enseñando a un grupo. La educación necesitaba tomar en cuenta al educando como individuo.

El propósito de la educación, afirmó, es hacer del hombre una criatura que razone. Conocer la Biblia y manejar las operaciones lo suficiente para llevar un negocio era la educación fundamental que requerían los adultos, de modo que a los niños se les enseñaban esos conocimientos básicos. Locke sugirió que tal instrucción debería ser agradable, con actividades lúdicas además de ejercitación. La influencia de Locke sobre la educación no tuvo mucha relevancia en su tiempo. Más tarde, sin embargo, sus mejores ideas fueron dadas a conocer por Rousseau, como la idea de que el maestro debería trabajar por medio de los sentidos para ayudar a los niños a entender. Hoy día, los profesores aún recalcan el enfoque sensorial del aprendizaje. Resumiendo, la contribución de Locke se nota más en nuestra aceptación de *las diferencias individuales*, en *dar a los niños razones* como bases para ayudarles a aprender, y en su teoría de una "pizarra limpia" que resalta el efecto del ambiente en el aprendizaje.

Rousseau

Después de Comenius, hubo ideas nuevas por todas partes de Europa. Locke presentó algunos desafíos educativos, y Darwin trajo un cambio a la ciencia. El momento estaba a punto para nuevas ideas acerca de la infancia. Jean Jacques Rousseau (1712–1778), escritor y filósofo de mediados del XVIII, expuso la noción de que los niños no eran malvados intrínsecamente, sino buenos por naturaleza. Es más conocido por su libro *Emile* (1761) en el que cría hipotéticamente a un niño hasta su edad adulta. Razonaba que la educación debía reflejar esta bondad y permitir la espontaneidad de intereses y actividades en los niños. "Dejadnos establecer como regla incontrovertible que los primeros impulsos de la naturaleza son siempre correctos; no existe el pecado original en el corazón humano, . . la única pasión natural es el amor a sí mismo o el egoísmo, tomados en un sentido más amplio."

Las ideas de Rousseau sobre educación eran revolucionarias en sí mismas. Según Boyd (1997), incluían algunas tan radicales para su tiempo como:

- El verdadero objeto de la educación no debería ser principalmente vocacional.
- Realmente los niños sólo aprenden por información directa.
- Las ideas que los niños tienen del mundo exterior es bastante diferente de la de los adultos.
- Hay distintas fases en el desarrollo de la mente de un niño y deberían coincidir con las diferentes etapas de la educación.
- Los maestros deben ser conscientes de estas fases y organizar la instrucción de forma adecuada.

Aunque no era educador, Rousseau nos aportó pensamientos valiosos. Sugirió que la atmósfera de la escuela debería ser menos reprimida y más flexible para satisfacer las necesidades de los niños. Insistió en usar materiales de enseñanza concretos, dejando la abstracción y el simbolismo para años posteriores. Su invitación al *naturalismo* transformó la educación de tal manera que permitió a los educadores centrarse más, con el tiempo, en los primeros años. Por ejemplo, instó a otros a "sacrificar un poco de tiempo en la educación de la primera infancia, y se recompensará con usura cuando el alumno sea mayor" (*Emile*, 1761). Influyó mucho en Pestalozzi, Froebel y Montessori. Las teorías de las etapas de desarrollo, como las de Jean Piaget y Arnold Gesell (véase el Capítulo 4), se apoyan en la idea de Rousseau del desarrollo natural. En Europa, sus ideas tuvieron un gran efecto y su influencia atravesó el Océano Atlántico.

Las ideas de Rousseau se siguen en la actualidad en las clases de primera infancia. Los juegos libres están basados en la creencia de Rousseau en la bondad natural de los niños y en la capacidad de elegir lo que necesitan aprender. Los entornos que ponen énfasis en la autonomía y la autorregulación tienen sus raíces en la filosofía de Rousseau. Usar materiales concretos en lugar de abstractos para los más pequeños, es aún la piedra angular de un currículum apropiado para los primeros años, desde el punto de vista del desarrollo.

Pestalozzi

Johann Heinrich Pestalozzi (1746-1827) fue un educador suizo cuyas teorías sobre educación y cuidado han constituido la base de muchos modelos de enseñanza comunes en la educación de la primera infancia. Igual que Rousseau, empleó el estudio de la naturaleza como parte del currículum y creía que una buena educación significaba desarrollar los sentidos. En lugar de glorificar simplemente la naturaleza, Pestalozzi era más pragmático, e incluía principios sobre cómo enseñar las destrezas básicas y la idea de "cuidar" además de "educar" al niño. Pestalozzi recalcó la idea del **currículum integrado** que desarrollaría al niño en su totalidad. Quería que la educación se aplicase a las manos, la cabeza y el corazón del niño. Los maestros habían de guiar la actividad propia del niño a través de la intuición, el ejercicio y los sentidos. Junto con contenidos intelectuales, propuso que se enseñaran habilidades prácticas en las escuelas. Difería de Rousseau en que proponía enseñar a grupos de niños, más que dedicar un tutor a cada uno individualmente. Las obras de Pestalozzi *How Gertrude Teaches Her Children* y *Book for Mothers* detallaban algunos procedimientos para que las mamás los emplearan en casa con sus hijos. Probablemente, su mayor contribución es la mezcla de los ideales fuertemente románticos de Rousseau con su propia actitud igualitaria, que introdujo destrezas e independencia en un ambiente escolar semejante a la de un hogar sólido y cariñoso.

Froebel

Friedrich Wilhelm Froebel (1782–1852) contribuyó de manera importantísima a la educación de la primera infancia, en especial por su organización del pensamiento educativo y las ideas sobre aprendizaje, currículum y formación de maestros. Se lo conoce como el "padre de los jardines de infancia", no sólo porque le dio ese nombre, sino porque dedicó su vida al desarrollo de un sistema de educación para los más pequeños. La palabra alemana **kindergarten** significa "jardín de niños" que según Froebel expresaba perfectamente lo que él quería para los niños de menos de 6 años. Como su propia infancia había sido infeliz, resolvió que la educación de los primeros años tenía que ser agradable. Proponía la idea radical de que los niños deberían poder jugar, tener juguetes y estar con maestros preparados, de modo que inició la primera

Ilustración 1.2 Los juegos de mímica manual, actividades tan comunes hoy en día en programas de educación de primera infancia, formaron también parte de los programas de jardín de infancia de Froebel. (De Wiggins y Smith, 1895.)

escuela de magisterio. La historiadora de educación infantil Dorothy Hewes (1993) observa:

> Froebel abrió su jardín de infancia en 1836, para niños de entre dos y seis años, después de haber estudiado con Pestalozzi en Suiza y leer la filosofía que Comenius había preconizado dos siglos antes. Su sistema se centraba en la actividad generada por el niño y el desarrollo de la autoestima y la confianza en sí mismo. En su obra Education of Man, escribió que "El juego es la fase más alta del desarrollo infantil la representación del impulso y la necesidad interior". Tenía la idea radical de que los maestros de los más pequeños debían ser tanto varones como mujeres, y que deberían actuar como facilitadores, en lugar de ejercer una disciplina rígida.

Hace más de 100 años, los jardines de infancia de Froebel incluían bloques, animales de compañía y juegos de mímica manual. Froebel observaba a los niños y llegó a entender cómo aprendían y qué les gustaba hacer. Desarrolló los primeros juguetes educativos, a los que llamó "regalos". Los niños debían manipular estos materiales para aprender sobre sí mismos, la vida y la civilización. Como lo expresó el mismo Froebel:

> La vida del niño... no es, en realidad, sino una representación externa de su ser interior, de su poder, particularmente en, y a través de un material (plástico), ... incluso en su forma externa las leyes y condiciones de desarrollo interior debe ser rectangular, cúbico, en forma de viga y en forma de ladrillo. Las formaciones hechas con este material son o conjuntos externos (constructivos) o desarrollos desde el interior (formativas).

Cuando los niños están sólo haciéndose amigos del docente y de los compañeros, es muy interesante y provechoso para ellos formular sus miguitas de conocimiento en una frase, mientras cada uno levanta su pelota con la mano derecha, bien alto, y dice:

Mi pelota es roja como una cereza.
Mi pelota es amarilla como un limón.
Mi pelota es azul como el cielo.
Mi pelota es naranja como una caléndula.
Mi pelota es verde como la hierba.
Mi pelota es violeta como una ciruela.

Angline Brooks (1886), maestra de un jardín de infancia froebeliano de Estados Unidos a finales del XIX, describió los regalos de esta manera:

> Froebel consideraba toda la vida como una escuela, y el mundo entero como un aula para la educación de la raza (humana). Consideraba las cosas externas de la naturaleza como utensilio spara que que la raza conociera las cosas invisibles de la mente, como *regalos* de Dios para que los utilizáramos en el cumplimiento del propósito de esta vida temporal. Considerando al niño como la raza en miniatura, seleccionó unos cuantos objetos que simbolizaran el mundo de la materia en sus atributos más característicos, y los distribuyó siguiendo un orden que contribuyera al desarrollo del niño en sucesivas etapas del crecimiento.

Algunas de sus teorías sobre los niños y su educación influyeron más tarde en Montessori y se reflejaron en los materiales educativos que ella creó.

Todos los días, maestros en centros y hogares de todo el país practican con la idea de Froebel de que las primeras experiencias educativas del niño deberían ser como un jardín: llenos de descubrimientos agradables y aventuras placenteras, donde el papel de los adultos es sembrar ideas y materiales para que los niños los utilicen mientras crecen a su propio ritmo.

Montessori

En el cambio de siglo, Maria Montessori (1870-1952) se convirtió en la primera médica de Italia. Trabajó en los suburbios de Roma con niños pobres y retrasados mentales. Sintiendo que lo que les faltaba era una motivación y un ambiente apropiados, abrió un centro de preescolar, *Casa di Bambini*, en 1907. Su primera clase fueron 50 niños de entre 2 y 5 años. Los niños pasaban todo el día en el centro mientras sus padres trabajaban. Se les daban dos comidas por día, se les bañaba, y se les proporcionaba atención médica. Montessori diseñó materiales, aulas y un procedimiento didáctico que probó sus teorías ante el estupor de Europa y América.

Antes, nadie con formación médica o psiquiátrica había expresado con tanta claridad las necesidades del niño en crecimiento. Su carrera de medicina añadía credibilidad a sus hallazgos y ayudó a que sus

Margaret McMillan 1860–1931

Dra. E. Bradburn

Nacida en Westchester, Nueva York, Margaret McMillan pionera de las guarderías al aire libre pasó la mayor parte de su vida en Gran Bretaña, donde cambió profundamente las condiciones y el contenido de la educación de la primera infancia. En la creencia de que a través de la educación era posible construir una sociedad mejor y más dedicada, se batió sin descanso contra la suciedad y las enfermedades generalizadas que impedían el crecimiento armónico de los niños.

Al convertirse en administradora de tres escuelas elementales en 1904 en Deptford, uno de los barrios bajos de Londres, saturado de problemas, se encontró con escolares que estaban tan sucios, enfermos y hambrientos que no podían beneficiarse de la escolarización que se les ofrecía. Así Margaret vio la importancia de fomentar la salud del cuerpo antes de intentar instruir las mentes.

Más adelante, esta idea formó parte de los modelos de trabajo que estableció en Deptford, incluso en los edificios. Sus clínicas, campamentos nocturnos, escuela-campamento, campamento de bebés, guardería al aire libre y escuela de magisterio, todos reflejaron su convencimiento de que la salud debía ser la doncella de la educación. Esta idea fue una de sus principales contribuciones a la educación de los más pequeños.

Sus muchas opiniones sobre el desarrollo intelectual, social y emocional de los niños fueron tanto revolucionarias como influyentes. Por ejemplo, sostenía que los niños menores de 5 años se beneficiarían de una estimulación intelectual apropiada, y que para ello había que emplear en las guarderías a maestras bien formadas, no simplemente mujeres de actitud maternal. Además, veía a los padres y los docentes como socios en el proceso educativo. Estas y otras ideas, combinadas con su intenso amor por los niños, apuntalaban todos sus experimentos prácticos y le ayudaron a avanzar hacia su objetivo de largo plazo la creación de "una raza humana más noble dentro de un nuevo y más noble orden social".

Dra. E. Bradburn, M.Ed., Ph.D.
Anteriormente Vicepresidenta nacional de la British Association for Early Childhood Education y Vicepresidenta nacional de la Preschool Play Groups Association de Gran Bretaña

ideas se reconocieran en este país. El concepto Montessori es tanto una filosofía del desarrollo infantil como un plan para guiar el crecimiento, basado en la creencia de que la educación comienza con el nacimiento y de que los primeros años son de la mayor importancia. Durante este tiempo, los niños atraviesan "periodos sensibles", en los que su curiosidad los predispone a adquirir ciertas destrezas y conocimientos.

Dra. Montessori era especialmente observadora y utilizó sus observaciones para desarrollar su programa y su filosofía. Por ejemplo, los materiales para manipulación que usaba eran caros, de modo que siempre los guardaba en un armario cerrado. Cierto día, el armario quedó sin llave y los niños sacaron los mate-riales por su cuenta y trabajaron con ellos tranquilamente y con cuidado. Después, Montessori retiró el armario y lo reemplazó por estantes abiertos, bajos. Observó que a los niños les gustaba sentarse en el suelo, así que compró unas alfombras pequeñas para definir las áreas de trabajo. Diseñó la escuela centrándose en el tamaño de los niños. Debido a su claridad de ideas, hoy se usan muebles y materiales de tamaño infantil en las aulas. Centrándose en la *secuencia de pasos del aprendizaje*, Montessori desarrolló un conjunto de material educativo que todavía se usa ampliamente hoy en día. Una de sus contribuciones más valiosas fue una teoría sobre cómo aprenden los niños. Creía que toda tarea podía reducirse a una serie de pequeños pasos. Utilizando este proceso, los niños podían aprender a barrer, vestirse o multiplicar.

Los materiales Montessori tienen distintos grados de dificultad y su principal finalidad es el desarrollo de las habilidades de autoayuda. Para fomentarla, creó marcos con botones y cordones para que los niños aprendieran a ser responsables de sí mismos al vestirse. El diseño del aula, la distribución y presentación de los materiales insistían en este concepto. Montessori adjudicaba gran importancia al ambiente (el "ambiente preparado"), como ella decía. El sentido del orden, un lugar para cada cosa, y una clara razón de ser, son señales distintivas de la influencia de Montessori.

Sus procedimientos, igual que sus materiales, contienen características de **autocorrección**. Los cilindros de distintos tamaños que se meten uno dentro de otro, por ejemplo, encajan de una sola manera y deben usarse así. Montessori apoyó las ideas educativas anteriores de desarrollo sensorial; sentía que las habilidades cognoscitivas se derivan de la discriminación sensorial. Por consiguiente, la mayor parte de sus equipos eran **táctiles** y destacaban los sentidos a la vez

Ilustración 1.3 Maria Montessori diseñó materiales, aulas y métodos de aprendizaje para los niños más pequeños. (Cortesía de American Montessori Society, Nueva York, NY.)

que la mente. En el método Montessori, el papel del maestro es primordialmente de observador y facilitador.

Los maestros muestran el uso correcto de los materiales y se comunican sólo cuando es necesario, evitando todo acto que pueda causar que el niño se haga dependiente de ellos para que lo ayuden o elogien. Al mismo tiempo, Montessori vio el papel de la educación como de formación del niño y desarrollo del carácter. Cuando se presentó a Montessori en Estados Unidos en 1909, sus métodos no tuvieron buena acogida y con frecuencia no fueron comprendidos. Chattin-McNichols (1993) observa que "la adaptación de sus métodos de diversas maneras, el enfoque en lo académico de los exigentes padres de clase media, y un alud de "formadores" y autores ávidos de aprovecharse de Montessori, contribuyeron a la rápida decadencia de las escuelas Montessori en Estados Unidos alrededor de 1925". Un segundo movimiento Montessori americano comenzó a finales de los años 50 y principios de los 60. Diferencias entre europeos y americanos dieron origen a la American Montessori Society, fundada por la Dra. Nancy McCormick Rambusch. Según Chattin-McNichols (1993):

> Hoy, con un abanico mucho más amplio de niños que nunca, la mayoría de las escuelas Montessori son centros privados preescolares y de cuidado infantil, que se ocupan de niños de entre 3 y 6 años. Pero hay muchas que también atienden alumnos de primaria, y un número reducido (pero creciente) de programas para lactantes, niños en edad de caminar y alumnos de grados medios. . . La palabra *Montessori*, sin embargo, continúa siendo de dominio público, de modo que leer Montessori en el nombre de una escuela o de un programa de formación de maestros no garantiza adherencia a las ideas originales de Montessori.

(Véase el Capítulo 2 para más información sobre los programas Montessori.)

Rudolf Steiner

Rudolf Steiner (1861-1925) fue un educador alemán cuyo método de educación se conoce hoy en día como la Escuela Waldorf de educación. Este sistema ha influido en la corriente general de la educación en Europa y su reputación internacional se hace sentir en los programas americanos de hoy para la primera infancia. Steiner afirmó que la infancia es una fase de la vida importante por sí misma. Estableció tres periodos: el de la "voluntad" (0 a 7 años), el del "corazón" o los sentimientos (de 7 a 14 años), y el de la "cabeza" o una fusión entre el espíritu y el cuerpo (a partir de los 14 años). La primera infancia es el periodo de la "voluntad," y el entorno debe ser planeado cuidadosamente para proteger y nutrir al niño.

Al igual que Froebel y Montessori, Steiner insistía en el niño en su totalidad y creía que las diferentes áreas del crecimiento y del aprendizaje estaban conectadas formando cierta clase de unidad. El papel de la maestra es el de una figura maternal, y su objetivo es permitir que predomine la automotivación innata del niño. La maestra debe entender el temperamento de cada niño, y seguirlo; es decir, el juego ocupa un lugar importante en las aulas de Waldorf.

La autodisciplina surge de la disposición natural en el niño para aprender y tener iniciativa, y la clase necesita apoyar este proceso de autorregulación. Con todo, aunque Steiner valora profundamente la vida interior del niño, las experiencias en la primera infancia deben seleccionarse cuidadosamente. Por ejemplo, los cuentos de hadas ayudan a los niños a adquirir el conocimiento de tiempos pasados; los seguidores de Waldorf insisten en que se debe eliminar la televisión. Para Steiner, las personas con las que interactúa el niño son de importancia vital. Más adelante, en este capítulo y en el Capítulo 2, se tratarán las escuelas Waldorf.

INFLUENCIAS AMERICANAS

La Epoca colonial

El sistema educativo americano empezó con las colonias. Cuando piensa en la América colonial, la gente a menudo imagina la escuela de aula única. Por supuesto, fue el soporte principal de la educación en las colonias de Nueva Inglaterra. Aunque era común la enseñanza de la Biblia en el hogar, enviaban a los niños a la escuela principalmente por razones religiosas. Todo el mundo necesita ser capaz de leer la Biblia, razonaban los padres puritanos. Se enviaba a todos los niños a estudiar, aunque históricamente los niños comenzaban su formación antes que las niñas.[1] Además de la Biblia, se utilizaban otros materiales como los textos de New England Primer y Horn Book.

Los primeros años de vida en Nueva Inglaterra fueron difíciles, y se estima en un 60 a 70% el porcentaje de niños que morían con menos de 4 años en las ciudades coloniales durante la "estación del hambre". La disciplina era dura y se esperaba que los niños obedecieran inmediatamente y sin cuestionar. Puede que los padres quisieran a sus hijos, pero las familias puritanas demostraban poco su afecto. Los niños eran importantes como herramientas económicas, trabajaban la tierra y eran aprendices de oficios desde muy pequeños.

En el sur, la historia fue diferente. Los propietarios de las plantaciones contrataban tutores venidos de

LA DIVERSIDAD DE NUESTRO MUNDO LA DIVERSIDAD DE NUESTRO MUNDO LA DIVERSIDAD DE NUESTRO MUNDO LA DIVERSIDAD DE NUESTRO MUNDO LA DIVERSIDAD DE NUESTRO MUNDO

[1] La historia nos ofrece ejemplos de los avances que se han producido en la sociedad americana para proporcionar experiencias educativas iguales a varones y niñas, el desafío continúa.

Inglaterra o abrían pequeñas escuelas privadas para que sólo sus hijos aprendiesen a leer y escribir.[1] Aunque por otras razones, los resultados fueron similares: un porcentaje muy alto de adultos sabían leer. De ellos salieron los líderes de la Revolución americana y de la nueva nación.

La Guerra Revolucionaria trajo el establecimiento tanto de la Unión como de la libertad religiosa. Al afirmar los principios fundamentales de libertad democrática, los Padres Fundadores pavimentaron el camino para un sistema de escuelas públicas comunes y gratuitas, el primero que el mundo había visto (Cubberly, 1920). Sin embargo, después de la guerra, no hubo avances significativos en educación hasta finales del siglo XIX. Líderes como Thomas Jefferson fueron conscientes de que el conocimiento debía ser asequible a todos, pero esa opinión no era compartida por muchos. La mayor parte del periodo post-revolucionario se centró en hacer crecer las cosechas y colonizar las fronteras, no en enseñar o educar a los niños. Incluso por el 1820, el hombre común no contaba con acceso fácil a la educación. La industrialización tanto en el norte como en el sur no hizo mucho por fortalecer las habilidades de lectura y escritura. Era más importante el trabajo manual y la habilidad para usar las máquinas. Aunque en principio se aceptaban las escuelas públicas, en realidad no se fijaron impuestos para mantenerlas.

La esclavitud de los niños

Los primeros afroamericanos no fueron esclavos sino siervos bajo contrato, que al pagar su deuda con trabajo compraban su libertad. Sin embargo, hacia 1620 se trajeron africanos como esclavos al Nuevo Mundo. En muchos estados, a los hijos de los esclavos no se les consideraba seres humanos sino más bien como propiedad del dueño. Durante la guerra revolucionaria, muchos americanos se volvieron contra la esclavitud debido a los principios de los derechos naturales del individuo, incluidos en la Declaración de independencia y en la Constitución de los Estados Unidos de América. En los primeros años del siglo XIX la mayor parte de los propietarios del norte habían dejado libres a sus esclavos, pero sus condiciones de vida eran muy pobres.

Debido al elevado valor económico de los niños como futuros trabajadores, se otorgaban ciertos cuidados a las embarazadas y a los bebés. Osborn (1991) menciona una guardería en una plantación de South Carolina (alrededor de 1850) en la que

> los lactantes y los niños pequeños eran colocados en una reducida cabaña mientras las madres trabajaban en los campos cercanos. Se dejaba a cargo a una mujer mayor que era ayudada por varias niñas de entre 8 y 10 años. A la mayoría de los lactantes se los dejaba acostados en el suelo de la cabaña o en el porche y una o dos veces al día la mamá se acercaba del campo para amamantar al bebé. Los niños en edad de caminar jugaban en el porche o en el patio y, a veces, las niñas mayores manejaban al grupo cantando y bailando.

Antes de la Guerra Civil, la educación estaba rigurosamente restringida para los afroamericanos. Existían muy pocas escuelas formales, la educación se recibía mayormente en las "Sabbath schools".[2] Junto con la formación religiosa, a los esclavos se les daban clases de alfabetización. Sin embargo, muchos amos de plantaciones consideraron estas escuelas como una amenaza y las cerraron emitiendo leyes que prohibían la enseñanza a los esclavos. Se desarrolló entonces otra clase de servicio, las escuelas nocturnas o clandestinas. A causa de su carácter necesariamente secreta, nos quedan pocos documentos sobre ellas, aunque es razonable suponer que el currículum sería similar al de las Sabbath schools prohibidas para ellos.

Después de la Guerra Civil, se abrieron escuelas públicas y privadas para los afroamericanos. Se fun-

LA DIVERSIDAD DE NUESTRO MUNDO LA DIVERSIDAD DE NUESTRO MUNDO LA DIVERSIDAD DE NUESTRO MUNDO LA DIVERSIDAD DE NUESTRO MUNDO LA DIVERSIDAD DE NUESTRO MUNDO

[1] Necesitamos recordar que el desafío de igualdad de educación para niñas y varones subsiste; los educadores de primera infancia deben estar atentos a los prejuicios que aún existen en la sociedad y que se reflejan en la clase.

[2] Véase la nota al pie de la página 9. A pesar de que se han dado grandes pasos para que la enseñanza pública llegue a todos los niños de América, recuerde que las injusticias basadas en el color, la capacidad lingüística y la clase social continúan existiendo.

Ilustración 1.4 Instituto Hampton.

daron importantes colegios y universidades hacia el final del siglo XIX. Booker T. Washington, nacido esclavo, fundó el Tuskegee Normal & Industrial Institute en Alabama en 1881, dio importancia a la educación práctica y al entendimiento intercultural entre las dos razas como un camino hacia la liberación. Muchos exesclavos y graduados fundaron escuelas para los más pequeños. A propósito de las escuelas integradas, dice Osborn (1991)

> En general, sin embargo, si finalmente las escuelas aceptaban a algún negro, era estrictamente por un sistema de cuotas ... Frecuentemente se excluía a los negros de los jardines de infancia. De este modo, al crecer y extenderse el movimiento para la educación de la primera infancia en los años posteriores a la Guerra Civil, lo hizo siguiendo líneas diferentes para las dos razas.

El Hampton Institute of Virginia abrió un jardín de infancia piloto para afroamericanos en 1873 y para 1893 este centro ofrecía escuelas de magisterio y cursos en atención infantil.[1] Los graduados por el Hampton Institute ejercían su profesión en la escuela piloto, en palabras de su director, "[los] estudiantes conocen a los niños y las influencias que les rodean. . . . Su gente se siente orgullosa de verlos enseñar. Me dan lo que siempre ha sido un eslabón perdido, un enlace entre los padres y yo" (Pleasant, 1992).

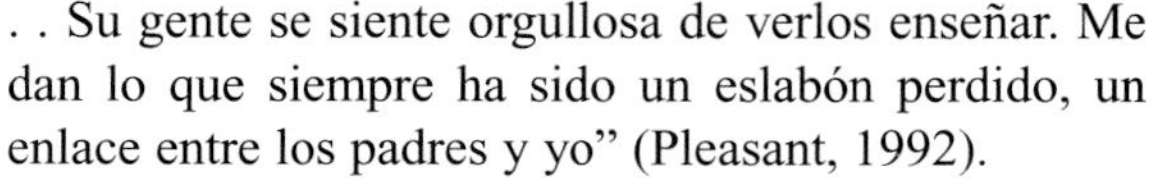

LA DIVERSIDAD DE NUESTRO MUNDO LA DIVERSIDAD DE NUESTRO MUNDO LA DIVERSIDAD DE NUESTRO MUNDO LA DIVERSIDAD DE NUESTRO MUNDO LA DIVERSIDAD DE NUESTRO MUNDO

1 Merecería la pena investigar si todas las escuelas piloto para afroamericanos copiaron los modelos europeos, como lo hicieron la mayor parte de las universidades americanas, o, si en cambio, reflejaron algunas influencias africanas.

John Dewey

A finales del XIX, sin embargo, empezó un movimiento de reforma en toda la nación. En educación, el *Movimiento progresista*, como se le llamó, recibió su orientación principalmente de una sola persona, John Dewey (1858–1952).

Dewey fue el primer americano que influyó en la educación americana. Criado en Vermont, fue profesor de filosofía en la Universidad de Chicago y en Columbia University. En años posteriores, Dewey fue el responsable de uno de los mayores impactos de todos los tiempos en la educación americana.

Dewey creía que los niños eran valiosos y que la infancia era una importante parte de sus vidas. Como Froebel, se dio cuenta de que la educación debía estar integrada con la vida y proporcionar una base de formación para vivir de forma cooperativa. Como lo hicieran Pestalozzi y Rousseau, Dewey sentía que las escuelas se debían centrar en la naturaleza del niño. Hasta entonces, a los niños no se les daba la importancia necesaria. La infancia era un periodo muy corto. Niños de sólo 7 años eran una parte habitual de la mano de obra, en las granjas, en las minas y en las fábricas. Las creencias de Dewey acerca de los niños y el aprendizaje están resumidas en la ilustración 1.5.

Las ideas de Dewey sobre la escolaridad se originaron en su propia infancia y en la vida familiar como padre. Jane Dewey, su sexta hija, declaró que "sus años de escuela habían fastidiado a John, no le gustaba el procedimiento de aprendizaje rígido y pasivo forzado con el método de la lectura-recitación constante de su tiempo" (Walker, 1997). Además, la manera de ejercer la paternidad de Dewey causaba sensación entre amigos y vecinos; a los niños se les permitía jugar activamente en la misma habitación donde se recibían visitas de personas adultas, podían andar sin zapatos ni

My Pedagogic Creed—John Dewey	Su aplicación en nuestros días
1. ". . . Creo que la verdadera educación sólo se produce por la estimulación de las potencias del niño por las exigencias de las situaciones sociales en las que se encuentra."	Todo ello nos dice que los niños aprenden a manejarse por sí mismos en grupos, a hacer y compartir amigos, a resolver problemas y a cooperar.
2. "... El instinto y las potencias propias del niño proporcionan el material y el punto de partida de toda la educación."	Necesitamos crear un lugar en el que los niños sean el centro, un lugar que valore las habilidades e intereses de cada niño y cada grupo. Preparemos al niño para el futuro enriqueciendo e interpretándole el presente. Encontremos aspectos educativos en las experiencias cotidianas.
3. ". . . Creo que la educación, por lo tanto, es un proceso de vida y no una preparación para el futuro de la vida."	
4. "... Creo que ... la vida escolar debe surgir gradualmente de la vida en el hogar ... .es asunto de la escuela profundizar y extender ... el sentido de los valores implícitos en su vida de hogar."	Esto establece la razón de ser para una relación entre profesores y padres. Los valores creados y establecidos en el hogar deberían intensificarse con la enseñanza escolar.
5. ". . . Creo, finalmente, que el docente está comprometido, no simplemente con la enseñanza de individuos, sino con la formación de una vida social apropiada. Creo que todos los maestros deberían darse cuenta de la dignidad de su vocación."	Quiere decir que el trabajo que hacen los maestros es importante y valioso. Enseñan algo más que los programas académicos; enseñan a vivir.

Ilustración 1.5 John Dewey expresó sus ideas sobre la educación en un importante documento titulado *My Pedagogic Creed* (Washington, DC: The Progressive Education Association, 1897.)

Ilustración 1.6 La escuela piloto de John Dewey implicaba a los niños en actividades de naturaleza práctica y real, como tejer pequeñas alfombras para usar en la clase. (Agradecimiento especial a Sheila Roper de MacClintock Photo Collection, Special Collections, Morris Library, Southern Illinois University de Carbondale.)

medias, e incluso "estar presentes durante el alumbramiento (del hermano Morris) mientras la Sra. Dewey les explicaba el proceso" (Walker, 1997). Su confianza apasionada en la bondad intrínseca de los niños y el incentivo de su experimentación configuraron los ideales de Dewey.

De estos ideales surgió una nueva clase de escuela. Incluso los edificios que las albergaban empezaron a verse diferentes. Muebles portátiles reemplazaron a las filas de bancos. Los trabajos de los niños, algunos aún sin terminar, se encontraban por todas partes. El currículum de la escuela empezó a centrarse en todos los temas básicos, y no sólo en unos cuantos contenidos académicos. Si uno de los grupos de 6 años decidía hacer una mesa de trabajo de madera, antes debían aprender a leer para entender las instrucciones. Después de calcular el costo, debían comprar los materiales. Durante la construcción de la mesa se aprendía geometría, física y matemáticas. Era un esfuerzo de grupo que animaba a los niños a trabajar juntos en equipo, y de esa forma la escuela se transformaba en una sociedad en miniatura. Las habilidades sociales de los niños se desarrollaban con la lectura, las ciencias y las matemáticas. El papel del docente en el proceso era el de prestar ayuda, involucrarse y animar de forma progresiva.

La contribución de John Dewey a la educación americana no puede subestimarse. Como se describe en la Ilustración 1.5, las ideas de Dewey forman parte de las escuelas actuales de varias formas. Sus escuelas orientadas al niño son un modelo de centros de cuidado infantil y hogares familiares para niños, puesto que aprender y vivir son inseparables. Como se podrá apreciar en las secciones dedicadas a los jardines de infancia y las guarderías, John Dewey tuvo una visión que aún perdura.

JARDÍN DE INFANCIA

La palabra *kindergarten*, que en alemán significa "jardín de niños", es un término encantador. Nos recuerda la imagen de una planta a punto de florecer. La semejanza entre el cuidado de las plantas jóvenes y de los niños pequeños no es accidental. Froebel, el hombre que acuñó la palabra *kindergarten*, quiso que se asociara con ese significado. Igual que una flor se abre de un capullo, así lo hace el niño si sigue un proceso natural de desarrollo. Esta idea, e ideal, forman parte de la historia del jardín de infancia.

El primer jardín de infancia fue una escuela alemana fundada por Froebel en 1837. Después de más de doce años, en 1856, Margaretha Schurz, alumna de Froebel, abrió el primer jardín de infancia en Estados Unidos. Lo hizo en su casa, en Wisconsin, para niños que hablaban alemán. Schurz inspiró a Elizabeth Peabody (1804–1894) de Boston, que abrió allí el primer jardín de infancia de habla inglesa en 1860. Peabody, a su vez, después de estudiar los jardines de infancia en Alemania, influyó en William Harris, inspector de escuelas en St. Louis, Missouri. En 1873, Harris permitió a Susan Blow (1843-1916) abrir el primer jardín de infancia en los Estados Unidos asociado con las escuelas públicas. Por la década de 1880, maestras de los jardines de infancia como Eudora Hailmann inventaban, afanosas, cuentas de madera, alfombrillas de papel trenzado y libros de canciones para usar con niños activos de 5 años (Hewes, 1993).

Mirando al jardín de infancia con perspectiva histórica, es interesante examinar los diversos propósitos de esta experiencia educativa especializada. Durante el periodo inicial en este país (1856-1890), la filosofía de Froebel (véase la sección sobre Froebel en una parte anterior de este capítulo) continuó siendo el sostén de la educación de los jardines de infancia. Al mismo tiempo, estos centros empezaron a convertirse en instrumentos de reforma social; como incluían una función de "guardería", se les llamó "charity kindergartens" (jardines de infancia de caridad). Por ejemplo, "en los primeros jardines de infancia, las maestras dirigían una clase matutina para unos 15 niños y hacían visitas sociales a las familias durante la tarde. A los niños se les enseñaba que llamaran "Tías" a sus maestras para recalcar la relación fraternal con las mamás" (Hewes, 1995).

Además, en los primeros años del siglo XX, se hacían oír voces de disensión. Las ideas tradicionales de los jardines de infancia habían sido escrutadas por G. Stanley Hall y otros, que se interesaban por un enfoque científico de la educación, y de Dewey, quien también preconizaba un aula semejante a una comunidad (más que a un jardín). Se produjo un clásico choque de ideales entre los seguidores de Froebel (conservadores) y los del nuevo punto de vista educativo de Dewey (progresistas). El apoyo a este último provenía de quienes consideraban los jardines de infancia como un servicio social. Muchos de los jardines de infancia abiertos a finales del siglo XIX fueron establecidos por iglesias y otras entidades que trabajaban con los pobres. Era un tiempo de conciencia social creciente y las razones para ayudar a los menos afortunados no eran muy diferentes de las que que condujeron a la creación de "Head Start" y "Follow-Through", 60 años más tarde.

Los críticos de Froebel objetaban su enfoque aparentemente rígido. En un jardín de infancia froebeliano, se hacía hincapié en el aprendizaje conducido por el docente. Los seguidores de Dewey preferían un enfoque más centrado en el niño y veían a los docentes como facilitadores del aprendizaje. Es la misma tensión que existe hoy en día entre el movimiento "de vuelta a lo básico" y los partidarios de la educación abierta. Los progresistas ponían reparos a los "regalos" del programa de Froebel. Los seguidores de Dewey creían que "se deberían usar objetos reales y situaciones reales dentro del propio ambiente social del niño" (Read y Patterson, 1980). A Froebel se le veía demasiado estructurado y excesivamente simbólico; Dewey aparecía más orientado hacia los niños e involucrado con ellos. Incluso los procesos que utilizaban eran diferentes. Froebel creía en permitir que se desenvolviese la mente y el aprendizaje del niño, mientras que Dewey recalcaba la intervención del adulto en interacciones sociales.

El encendido debate continuó. Los progresistas consiguieron influir en el contenido de los programas de los jardines de infancia, conservando algunos de los conceptos básicos de Froebel. La reforma de la educación que se ofrecía en los jardines de infancia continuó en las décadas de 1920 y 1930 y llevó a la creación del jardín de infancia americano moderno. Para la década de 1970, la tendencia que se estaba desarrollando era que el jardín de infancia se centrara en el desarrollo intelectual del niño; por lo tanto, un cambio programático puso más énfasis en objetivos académicos para los niños de 5 años. En los últimos años del siglo, el concepto de modelo apropiado para el nivel de desarrollo lo aconsejó el cambio a una planificación más amplia, holística, del jardín de infancia, aunque todavía abundan la instrucción en grupos grandes, dirigidos por maestras y las planillas de tareas. Además, el horario de los propios niños que asisten parece favorecer un tiempo mayor que medio día en la escuela.

Patty Smith Hill

Patty Smith Hill (1868–1946) de Teacher's College, Columbia University, fue una innovadora sobresaliente en su época y uno de los líderes más capaces del Movimiento progresista. Fue ella quien escribió la canción "Happy Birthday" y fundó la National Association for Nursery Education (NANE). Es la mayor asociación de educadores de la primera infancia y se la conoce hoy como National Association for the Education of Young Children (NAEYC). Formada originariamente en la tradición froebeliana, trabajó con G. Stanley Hall y más tarde con John Dewey. Por tanto, su filosofía de didáctica en el aula era de tipo mixto. Creía fuertemente en basar el currículum y los programas en la naturaleza y las necesidades de los niños, y estuvo entre los principales experimentadores en educación de su época. Estaba

> . . . guiada por principios de democracia y respeto a los individuos. Abogaba por libertad e iniciativa para los niños, a la vez que por un currículum relacionado con sus vidas. Fue ella quien dió origen al equipo para motricidad gruesa y materiales apropiados para trepar y construir, apartándose de las actividades de motricidad fina prescritas por los froebelianos. Patty Hill también instó a la unificación del trabajo que se realizaba en los jardines de infancia y en los centros de primer grado, pero su objetivo no era que los niños de cinco años empezaran a hacer tareas de primer grado, como podríamos suponer alegremente hoy. Más bien, se ponía el énfasis en que los niños de seis años tuvieran oportunidad de actividades creativas e independientes antes de embarcarse en el aprendizaje de la lectura, escritura y aritmética (Cohen y Randolph, 1977).

Estas ideas formaron la columna vertebral del modelo que se siguió en los jardines de infancia. Por otra parte, Hill no trabajó sólo con jardines de infancia. En realidad, durante la década de 1920 Hill reavivó las primeras ideas de Froebel para promocionar guarderías para los niños que no tenían edad para asistir a los jardines de infancia. Sin tener en cuenta la controversia interior, los jardines de infancia en general estaban todavía en el límite de los establecimientos educativos. En realidad, la misma Hill (1941) comentó que "el ajuste a las condiciones de la escuela pública vino lentamente . . . (y) hasta que se consiguió este ajuste feliz, la promoción de niños de jardín de infancia con actividad independiente a los primeros grados ha hecho posible que las peores y más formales maestras de primer grado critiquen y condenen el trabajo de las mejores maestras de jardín de infancia y de la causa de los jardines de infancia, debido a la ancha brecha existente entre los ideales de primaria y de jardín de infancia en esa época. . . ."

Al prevalecer Hill y otros y mejorar de manera continua los métodos de enseñanza, los materiales, la guía y el currículum, se pudieron ver más unificados los intereses de la educación primaria y los de los jardines de infancia.

Cuando en la década de los 60 se pusieron de relieve los problemas de los pobres y su fracaso en la escuela y en la sociedad, los jardines de infancia y los niños con edad de ir a ellos volvieron a concentrar la atención. Hoy día, aunque persisten las "brechas" entre la escolarización primaria y los jardines de infancia, éstos se encuentran, de alguna manera, en casi todos los países del mundo. Aunque el contenido del programa y los horarios varían ampliamente, en Estados Unidos hay jardines de infancia en todos los estados.

La estabilidad de los jardines de infancia, tanto del tipo de Froebel como de Dewey, ha sido desafiada en la última parte de este siglo, al irse metiendo el currículum de "habilidades básicas" en las aulas de los jardines de infancia. Los problemas que acarrea este cambio de modelos apropiados al nivel de desarrollo a un material más académico, no son nuevos. Los educadores han discutido durante años diversos enfoques didácticos y de contenido del currículum. El capítulo 2 se ocupará de la cuestión de los programas, mientras continuamos decidiendo "cómo se pueden integrar las mejores ideas del pasado con los mejores modelos de hoy y convertirlos en los mejores programas para el futuro" (Himitz en Bauch, 1988).

Guarderías

Establecimiento en Estados Unidos

El término inglés "nursery school" evoca imágenes de un vivero de niños, un jardín cuidadosamente atendido, un lugar ameno para jugar y crecer. En realidad, el nombre fue acuñado para describir un lugar donde se atendían todas las necesidades de los niños (véase la sección sobre las hermanas McMillan). Las guarderías siempre han sido un lugar de "cuidados", de necesidades físicas, estimulación intelectual y aspectos socioemocionales de la vida de los más pequeños.

Los educadores de la primera infancia tomaron muy a pecho la filosofía de Dewey. Sus escuelas reflejaban los principios de un **enfoque centrado en el niño**, aprendizaje activo y cooperación social. Por las

Ilustración 1.7 Las guarderías de Estados Unidos, desde principios de siglo hasta hoy en día, siempre han dedicado un tiempo a la reunión del grupo. (Foto de la Golden Gate Kindergarten Association, San Francisco, Calif.)

décadas de 1920 y 1930, la educación de la primera infancia había logrado status profesional en los Estados Unidos. Las guarderías y los centros diurnos iban más allá del cuidado de la salud. Promovían el desarrollo total del niño. Los niños provenían de hogares de clase media y alta además de familias de obreros. Sin embargo, hasta la década de 1960, las guarderías atendían a pocas familias pobres.[1]

La educación de los padres se reconoció como función vital de la escuela y condujo al establecimiento de **escuelas de cooperativas de padres**. Brook Farm, una comunidad cooperativa utópica de la década de 1840, tenía "el equivalente de un centro local de cuidado de niños 'para el uso de padres que hacían trabajo industrial'o para que lo usaran las mamás como 'un amable alivio para ellas cuando se vieran fatigadas por el cuidado de los hijos" (Hewes, 1993). La primera de estas escuelas con participación de los padres se creó en 1915 en la Universidad de Chicago. Un grupo de esposas de catedráticos abrió la Chicago Cooperative Nursery School. El capítulo 2 describe el modelo de cooperativa de padres en detalle.

Se crearon centros pilotos y de investigación de desarrollo infantil en muchas universidades entre 1915 y 1930. Según lo describe Stolz (1978), "el movimiento (preescolar) se integró desde el principio con el movimiento para investigar el desarrollo infantil. El propósito . . . era mejorar las guarderías y, por lo tanto, trajimos a los que estaban estudiando a los niños, a quienes aprendían más sobre ellos, para poder hacer un trabajo mejor". Vale la pena observar que profesionales como Hill, Stolz, Dowley y otros alentaron a los investigadores a que compartieran sus hallazgos con los docentes en las aulas para integrar sus descubrimientos directamente en los programas cotidianos de los niños.

Estas escuelas seguían uno de dos modelos básicos. Un modelo, que seguía el patrón del primer laboratorio de psicología de Leipzig, Alemania, en 1879, se formó para preparar a los psicólogos en la formación sistemática del estudio de los niños. Este modelo adoptaba un enfoque científico del estudio de los seres humanos, al tiempo que el campo mismo de la psicología intentaba asemejarse más a las ciencias biológicas. El segundo enfoque, como la Butler School del Hampton Institute y, después, Spelman College, se estableció principalmente para formar docentes. Este último modelo recibió la influencia casi exclusiva de los dirigentes de educación. Las escuelas piloto de guarderías intentaban un enfoque multidisciplinario, mezclando las voces de la psicología y la educación con las de economía doméstica, enfermería, trabajo social y medicina. Para 1950, cuando Katherine Read (Baker) publicó *The Nursery School: A Human Relationships Laboratory* (que va por su novena edi-

LA DIVERSIDAD DE NUESTRO MUNDO LA DIVERSIDAD DE NUESTRO MUNDO LA DIVERSIDAD DE NUESTRO MUNDO LA DIVERSIDAD DE NUESTRO MUNDO LA DIVERSIDAD DE NUESTRO MUNDO

[1] Un desafío en nuestra profesión es crear mecanismos de financiación para proporcionar educación de primera infancia a todos los niños y familias—sin considerar sus ingresos.

ción y ha sido traducida a siete idiomas), el énfasis de la guardería estaba en la comprensión de la conducta humana, para después, sobre esa base, elaborar programas, técnicas de guía y relaciones adecuadas. Según su estimación (1950),

> la guardería es un lugar donde los niños pequeños aprenden a la vez que juegan y comparten experiencias con otros niños. . . Es también un lugar donde los adultos aprenden sobre desarrollo infantil y relaciones humanas observando y participando en el programa de la escuela. . . Cualquiera que trabaje en un programa educativo para niños, incluso la persona con más experiencia, necesita aprender además de enseñar. Los dos procesos, aprender y enseñar, son inseparables.

Estas **escuelas piloto** extendieron de forma activa el conocimiento de la importancia de los primeros años del niño.

Lucy Sprague Mitchell

La educación de la primera infancia en Estados Unidos surgió del movimiento progresista de John Dewey gracias sobre todo a Lucy Sprague Mitchell (1878–1967) y sus contemporáneos. Criada en un ambiente de reforma social y educativa, Mitchell desarrolló la idea de las escuelas como centros comunitarios además de lugares para que los niños aprendieran a pensar. Como explicó Greenberg (1987), consiguió reunir a muchas personas de talento, en una empresa democrática y cooperativa, para idear, dirigir y promocionar:

- Un centro importante de experimentos educativos
- Una escuela para llevar a cabo y experimentar con estos principios
- Un centro piloto para registrar y analizar cómo y por qué funcionan como sabía que lo hacían (¡y como sabemos que lo hacen!)
- Un taller de escritores de literatura para niños (un nuevo género—varios autores hoy famosos de libros juveniles asistieron)
- Un boletín para esparcirlo todo, además de difundir lo que una plétora de educadores progresistas estaban haciendo en otras partes, *¡desde 1916!*

Fuertemente influida por John Dewey, contribuyó de forma muy importante a la idea de "experimentos educativos", es decir, tratar de planificar con los docentes experiencias curriculares que serían después observadas y analizadas "por las reacciones de los niños ante varias situaciones de aprendizaje (y) las nuevas técnicas de enseñanza" (Mitchell, 1951). Por ejemplo, Mitchell sugirió que los profesores ampliaran lo que sabían del pensamiento "aquí y ahora" de los niños.

> Por eso, nuestros paseos con niños de jardines de infancia era para observar cómo se hacia el trabajo, trabajo que estaba relacionado con sus vidas personales. . . . El crecimiento en el pensamiento y en las actitudes de los profesores les impulsaban . . . hacia el concepto de su papel como guías, diferenciándolos de un dispensador de información.

Cuando se abrió el Bank Street College of Education (y su escuela piloto), Lucy Sprague Mitchell resaltó la unión entre la teoría y la práctica, es decir, que la educación de los niños pequeños y el estudio de cómo aprenden los niños están intrínsecamente unidos.

Abigail Eliot

El movimiento de guarderías fue iniciado por Abigail Eliot (1892-1992). Graduada en Radcliffe College y la Universidad de Harvard, Eliot había trabajado con las hermanas McMillan (véase la sección en este capítulo) en los barrios bajos de Londres. Como trabajadora social preparada, empezó a interesarse en los niños y sus relaciones con sus padres. Eliot tenía una idea clara y vigorosa de lo que podían ser las escuelas buenas para los niños. Se le atribuye generalmente la iniciación del movimiento por las guarderías en Estados Unidos. Fundó la Ruggles Street Nursery School en el distrito de Roxbury en Boston, enseñando a los niños y formando docentes, y fue su directora desde 1922 hasta 1952, cuando el centro se incorporó a la Universidad de Tufts, donde funciona hoy como Departamento de estudios infantiles

Eliot fue la primera mujer que recibió el título de doctor de la Graduate School de la Universidad de Harvard, y después de retirarse de Tufts se trasladó a

California, donde ayudó a establecer el Pacific Oaks College. En toda su labor integró los regalos de Froebel, el equipamiento de Montessori, el aire libre de McMillan y sus propias ideas. Con sus propias palabras (Hymes, 1978):

> . . . la idea nueva, era programación. Yo había visitado muchas guarderías de día en Boston como trabajadora social. Puedo recordarlas todavía: paredes verdes sin brillo, ningún color claro, nada bonito, lugares impecablemente limpios, con hileras de niños pálidos y desganados, sentados, sin hacer nada. En la nueva guardería, los niños estaban activos, vivos, con voluntad para elegir.

Evolución a mitad del siglo

Si bien la crisis económica de la Depresión y la agitación política de la Segunda Guerra Mundial distrajeron la atención de las necesidades infantiles, también señalaron la necesidad de adultos para trabajar. De esta necesidad surgieron las guarderías de Works Progress Administration (WPA) de los años 30 y las de la Ley Lanham de los años 40. El programa más renombrado de la mitad del siglo fue el Centro Kaiser de atención infantil.

Los Centros Kaiser de atención infantil

Durante la Segunda Guerra Mundial, se otorgaron fondos para hacer frente a la situación de las mamás que trabajaban en industrias relacionadas con la guerra. La industria también agregó su apoyo durante la Segunda Guerra Mundial. En Portland, Oregón, funcionó un excelente modelo de guardería desde 1943 a 1945. Fueron los centros Kaiser de atención infantil. El Kaiser fue el centro de esa clase más grande del mundo y funcionó "las veinticuatro horas del día" a lo largo de todo el año. Ofrecían varios servicios. En un lugar cercano se ubicó una enfermería para las mamás y los niños. Cuando las mamás iban a recoger a sus hijos tenían a su disposición comida caliente para llevarse a casa. Lois Meek Stolz fue la directora de los centros, y James L. Hymes, hijo, el gerente. En su artículo, Edith Dowley, una de las maestras, describe con detalle el ambiente y las experiencias de este notable proyecto.

Stolz y Hymes describen los centros de esta forma:

> . . . Se trataba de que los centros tuvieran tres cualidades distintivas. Una era que no debían estar situados fuera, en el barrio, sino justamente en la entrada de los dos astilleros, lo que resultaba útil para las mamás al llegar y salir del trabajo. Debían estar basados en la industria, no centrados en el barrio. Dos, debían ser operados por los astilleros, no por las escuelas públicas ni por agencias de la comunidad. Debían ser guarderías de la industria, con el costo a cargo de la compañía Kaiser y de los padres que utilizaran sus servicios. Tres, habían de ser centros amplios, suficientemente grandes para satisfacer las necesidades. En su plan original cada centro había de servir a mil niños preescolares en tres turnos (Hymes, 1978).

Los centros atendieron a 3.811 niños. Como menciona Hymes, atendieron 249.268 días/niño. Dejaron libres para trabajar a las mujeres durante 1.931.827 horas.

Sin embargo, una vez que terminó la guerra, los trabajadores se fueron. Ya no se necesitaba que cuidaran a los niños y los centros cerraron. La experiencia Kaiser jamás ha sido igualada, ni en la calidad de cuidado total, ni en la variedad de servicios. Sin embargo, nos dejaron un legado, que Hymes ha subrayado desde entonces (en Dickerson, 1992):

> No es un gran truco tener un programa excelente de atención infantil. Solamente requiere mucho dinero y gastar la mayor parte en personal *bien formado*.

El modelo que nos proporcionaron para una guardería sigue siendo ejemplar.

Oportunidades de aprender

La Depresión fue un periodo particularmente difícil para los afroamericanos, ya que los estándares de vida de los americanos pobres cayeron verticalmente. La administración de Roosevelt y el emergente movimiento sindicalista en la industria dieron ímpetu a los negros que buscaban empleo y un cambio político. La Segunda Guerra Mundial continuó con el proceso de transformación de muchos adultos, pero la situación de los niños seguía siendo aún sombría. Como escribió DuBois (1903)

> la mayoría de los niños negros de los Estados Unidos, de 6 a 18 años, no tienen la oportunidad de leer ni escribir. . . . incluso en los pueblos y ciudades del sur, las escuelas para negros están tan abarrotadas y tan poco equipadas que no es posible ninguna enseñanza seria.

De hecho, el reto legal de la segregación ofreció nuevos puntos de vista, la lucha y, finalmente, la mejora para los niños negros. Weinberg (1977) afirma:

> La mitad de siglo marcó un punto de inflexión en la historia de la América negra. El movimiento para la igualdad llegó bajo la dirección de negros, abarcó a un número de negros sin precedentes, y llegó a ser de alcance nacional. Una iniciativa negra persistente forzó la reformulación de las políticas públicas en educación.

El ataque contra el sistema de segregación había empezado. Como se puede ver en los casos históricos de *McLaurin* (1950) y *Brown contra la Junta de Educación* de Topeka (1954 [véase Weinberg, 1977]), el concepto de "separados pero iguales" fue derrotado. Además, el Acta de Derechos Civiles de 1964 continuó la lucha por la igualdad de oportunidades y de educación, que aún persiste hoy en nuestras escuelas y en nuestra sociedad.

El movimiento "Escuela libre"

A.S. Neill (1883–1973) fue el más famoso defensor del movimiento de la "escuela libre/natural"de mediados de siglo. Su libro *Summerhill* describe 40 años de tal programa educativo, del que fue director. Neill sostenía que la mayor parte de la educación era defectuosa porque se erigía sobre el modelo del pecado original. Suponer que los niños eran inherentemente malos era la causa de que los educadores los forzaran a hacer lo que estaba en contra de su naturaleza. Neill compartía las creencias de no interferencia de Rousseau, al afirmar: "Creo que un niño es de forma innata sabio y realista. Abandonado a sí mismo sin sugerencias de adultos de ninguna clase, se desarrollará tanto como sea capaz de desarrollarse" (Neill, 1960).

La fe de Neill en la libertad se practicaba en su escuela, donde los niños se gobernaban a sí mismos y trabajaban hacia la igualdad de derechos con los adultos. Se hablaba de los beneficios de tales libertades como muy terapeúticos y naturales, y como un escape de la represión y la culpa. En estos programas educativos se distinguen claramente varias influencias: la creencia de Rousseau en la bondad innata del niño, la idea de Freud de los efectos peligrosos de la culpa y algo del idealismo social de Dewey y los Progresistas.

"Head Start"

Después de la guerra, hubo pocas innovaciones hasta que un pedacito de metal hizo su debut mundial. El satélite soviético Sputnik fue lanzado con éxito en 1957 y causó revuelo en los medios educativos. En las mentes de la mayoría de los americanos había dos preguntas predominantes: ¿Por qué no fuimos los primeros en llegar al espacio? ¿En qué están equivocadas nuestras escuelas? Rápidamente, el énfasis en educación se situó en la ingeniería, la ciencia y las matemáticas con la esperanza de alcanzar a la tecnología soviética.

Pronto llegó la lucha por los derechos civiles de principios de la década de los 60. Al señalar la difícil situación de los pobres, se destacó la educación como principal obstáculo en el camino hacia la igualdad. Era hora de actuar, y se concibió el proyecto "Head Start" como la parte educativa para hacerle "la guerra a la pobreza". Los mismos objetivos de Froebel y Montessori formaron la base de "Head Start": ayudar a los niños desfavorecidos en edad preescolar.

El proyecto "Head Start" comenzó en 1965 como programa de demostración encaminado a proporcionar servicios educativos, sociales, médicos, dentales, nutricionales y de salud mental a niños en edad preescolar de una población diversa de familias de bajos ingresos. En 1972, se transformó en un programa anual, predominantemente de media jornada. Las características claves incluían atención sanitaria, grupos pequeños, colaboración entre padres y maestros y el entusiasmo de las comunidades que se involucraban con niños de maneras novedosas. Osborn (1965) nos cuenta:

> Me gustaría saber cómo contar esta parte de la historia . . . el conductor de autobuses de West Virginia que descontaba tiempo de su trabajo

Ilustración 1.8 "Head Start" es el programa de mayor envergadura para la educación de la primera infancia mantenido con fondos públicos en Estados Unidos.

normal e iba al centro a tomar jugo y galletas con "sus" niños porque se lo pedían. . . . El granjero que vivía cerca de una reserva india y cada mañana ensillaba su caballo, vadeaba un río y recogía a un niño indio, que de otra manera no hubiera asistido al centro. . . . representan el verdadero sabor de "Head Start".

En el transcurso de los años, "Head Start" ha dado amplia atención al desarrollo de más de 10 millones de niños y sus familias.

Fue una época de entusiasmo, un reconocimiento nacional de las necesidades de los más pequeños y la esperanza de una mejor calidad de vida. Hay tres puntos principales del programa "Head Start" que merecen destacarse:

- *Educación compensatoria*—programas que compensan experiencias vitales tempranas inadecuadas.
- *Intervención de los padres*—inclusión de los padres en la planificación, la enseñanza y la toma de decisiones.
- *Control comunitario*—apoyo y participación locales.

Estos tres objetivos se combinaron para fortalecer las metas del programa de maneras reales y concretas. "Head Start" fue un intento de reparación, de compensar a los niños pobres preparándolos para la escuela y las experiencias educativas. Los padres, al serles requerida su participación en todos los niveles, se educaban junto con sus hijos. El propósito de las juntas directivas basadas en la comunidad era dejar que el programa reflejara valores y preocupaciones locales. Al mismo tiempo, los pobres y menos privilegiados eran animados a tomar parte en la solución de algunos de sus propios problemas.

El espíritu de "Head Start" era contagioso. Como resultado del interés de la comunidad por "Head Start", hubo un estallido de entusiasmo por muchos programas para los más pequeños. Debido a la publicidad de "Head Start", se produjo una inscripción cada vez mayor en programas de guardería, jardín de infancia y atención diurna. Gracias a "Head Start", hay interés nacional por la necesidad de proporcionar buena atención y experiencias educativas para los más pequeños. El programa "Head Start" está muy vivo hoy y es reconocido en todo el país como medio eficaz de proporcionar atención completa a los niños y sus familias, sirviendo de modelo para el desarrollo de la ABC Child Care Act of 1990. Trataremos de ello con más detenimiento en el capítulo 2.

INFLUENCIAS INTERDISCIPLINARIAS

Varias profesiones enriquecen el acervo de la primera infancia. Esta diversidad fue evidente desde el principio; las primeras guarderías extraían recursos de seis profesiones diferentes: trabajo social, economía doméstica, enfermería, psicología, educación y medicina. Tres de las más constantes e influyentes de estas disciplinas eran la medicina, la educación y la psicología infantil.

Medicina

El campo médico ha contribuido al estudio del crecimiento del niño a través del trabajo de varios facultativos. Estos médicos se interesaron en el desarrollo infantil y extendieron sus conocimientos a las áreas de criar y educar a los niños.

María Montessori

María Montessori (1870-1952) fue la primera mujer de Italia que obtuvo un título de medicina. Comenzó por estudiar las enfermedades infantiles y a través de su trabajo con niños deficientes mentales, encontró más atractivo en la educación. Su filosofía se trató antes en este capítulo y formará parte del capítulo 2 sobre programas educativos.

Sigmund Freud

Sigmund Freud (1856–1939) hizo contribuciones importantes a todo el pensamiento moderno. Padre de la teoría de la personalidad, cambió drásticamente la forma en que vemos la infancia. Freud reforzó dos ideas específicas: (1) las personas son influidas por sus primeros años de vida de forma fundamental y dramática; y (2) las primeras experiencias marcan la manera en que vivimos y nos comportamos de adultos. Por tanto, la teoría psicoanalítica trata, principalmente, del desarrollo de la personalidad y problemas emocionales. Los trabajos de Freud pusieron en marcha una de las tres ramas principales de la teoría psicológica que influyen en las teorías actuales de desarrollo y aprendizaje en la primera infancia. Aunque el impacto del psicoanálisis en la psicología infantil no es tan grande como hace 25 años, todavía contribuye de forma significativa al estudio de la primera infancia. Sin haber estado directamente involucrado en educación, Freud influyó en su desarrollo. Freud y la teoría psicoanalítica tuvieron gran influencia en la educación. El capítulo 4 tratará con más amplitud la teoría y su aplicación en la educación de la primera infancia.

Arnold Gesell

Arnold Gesell (1880-1961) fue un médico interesado en el crecimiento desde el punto de vista médico. Gesell comenzó a estudiar el desarrollo infantil cuando era alumno de G. Stanley Hall, uno de los primeros defensores del estudio de los niños. Luego estableció la Clinic of Child Development de la Universidad deYale, donde los datos que reunió con sus colegas constituyeron la base de las normas reconocidas sobre cómo crecen los niños. También se ocupó de animar a Abigail Eliot para que estudiara con las hermanas McMillan en Inglaterra e influyó en que Edna Noble White abriera la Merrill Palmer School.

La mayor contribución de Gesell fue en el área del crecimiento infantil. Vio el proceso de maduración como una fuerza innata y poderosa en el desarrollo. "El plan total del crecimiento", decía, "está fuera de vuestro control. Es demasiado complejo y misterioso para que pueda confiarse totalmente a manos humanas. Así que la naturaleza se encarga de la mayor parte de la tarea, y simplemente te invita a ayudar" (Gesell, Ames e Ilg, 1977). Esta creencia se conoció en los círculos psicológicos como la **teoría de la maduración** y se tratará con más detalle en el capítulo 4.

A través del Gesell Institute, se publicaronmanuales que empleaban esta teoría. Con expertos como los doctores Frances Ilg y Louise Bates Ames, Gesell escribió artículos que retrataban de manera realista el crecimiento del niño desde el nacimiento hasta la adolescencia. Estos manuales han recibido agudas críticas por su uso excesivo y la aplicación inadecuada

a niños de culturas distintas de las estudiadas.[1] Sin embargo, el material de "edades y etapas" se utiliza ampliamente como instrumento de medición del desarrollo normal.

Benjamin Spock

El libro de Benjamin Spock *Baby and Child Care* fue el principal sostén de los padres de los años 40 y 50. Utilizando un formato "cómo hacerlo", el Dr. Spock (1903-1998) predicaba un enfoque de sentido común que contribuyó a moldear la infancia de muchos adultos de hoy. Cuando su autor murió en 1998, el libro había vendido casi 50 millones de ejemplares en todo el mundo y se había traducido a 42 idiomas.

Spock consideraba que estaba dando aplicación práctica a las teorías de John Dewey (véase este capítulo) y Sigmund Freud (véanse los capítulos 1 y 4), sobre todo en cuanto a las ideas de que los niños pueden aprender a dirigirse a sí mismos, en vez de necesitar correctivos disciplinarios constantes.

Spock sugirió que las mamás utilizaran menos los corralitos y dejaran a sus hijos en libertad para explorar el mundo directamente. Con ese fin, pedía a los padres que hicieran sus hogares "a prueba de niños" un concepto radical en aquella época. El término *permisividad*, en relación con la crianza de los hijos, llegó a asociarse con los métodos del Dr. Spock, aunque él mismo describió su consejo como relajado y sensato, y preconizando, sin embargo, una firme guía de los padres.

El Dr. Spock se convirtió en un franco abogado de las causas que difunden sus ideas. Criticaba activamente las fuerzas, sean económicas, sociales o políticas, que destruyen el desarrollo saludable de las personas. En sus propias palabras:

> Resumiré mis ideas de esta manera: El cuidado de los niños dentro o fuera del hogar, si se hace bien, puede ser más creativo, hacer una mayor contribución al mundo, traer más placer a los miembros de la familia, que 9 de cada 10 empleos fuera de casa. Son sólo nuestros confusos valores materialistas los que nos hacen pensar de otra manera a muchos de nosotros (Spock, 1976).

T. Berry Brazelton

El Dr. T. Berry Brazelton (1918-) es un conocido pediatra que sostiene y comprende el desarrollo de los niños en la primera infancia. Creó una herramienta de evaluación llamada Neonatal Behavior Assessment Scale, (también denominada "la Brazelton") para evaluar a los recién nacidos. Co-fundador de la Unidad hospitalaria infantil en Boston y profesor emérito de Pediatría en la facultad de Medicina de Harvard, también es un autor conocido. Sus guías pediátricas para padres tratan del crecimiento tanto físico como emocional. Sus escritos hablan del punto de vista de los padres en la crianza de los hijos, como poner límites, o escuchar lo que dicen los niños y observar lo que hacen. Brazelton (1974) habló de los niños de 2 años y la posibilidad de compartir, de este modo:

> La comprensión de conceptos tales como justo e injusto, dar y recibir y el proceso de compartir exige cierta conciencia de sí mismo. Si un niño no está seguro de sus propios límites y sus propias fuerzas, no puede permitirse dejar que sus juguetes, equivalentes a partes de sí mismo, pasen a manos de otro con la confianza de que volverán a él. Al mismo tiempo, la capacidad de hacerlo es prueba de una conciencia del comportamiento de otros comparable al propio y denota el comienzo de una conciencia del no-yo.

Más recientemente, Brazelton ha preconizado una norma nacional de licencia paterna y está involucrado con un grupo federal de presión conocido como "Parent Action". También es un personaje popular de la televisión, como presentador del programa de distribución nacional titulado *What Every Baby Knows*.

Educación

La primera infancia es una parte del campo profesional más amplio, conocido como educación. Este

LA DIVERSIDAD DE NUESTRO MUNDO LA DIVERSIDAD DE NUESTRO MUNDO LA DIVERSIDAD DE NUESTRO MUNDO LA DIVERSIDAD DE NUESTRO MUNDO LA DIVERSIDAD DE NUESTRO MUNDO

[1] Éste es otro ejemplo de la importancia de ser capaz de notar los prejuicios socioculturales al investigar nuestro tema, aprovechando la información útil para crear un modelo sólido, y completando o desechando lo que no implique un buen modelo educativo para los niños en una sociedad multicultural.

incluye las escuelas primarias, secundarias y el "college" o preuniversitario. Junto con John Dewey y Abigail Eliot, hay otras influencias provenientes de este campo que merecen atención.

Las hermanas McMillan

En las tres primeras décadas de este siglo, estas dos hermanas fueron pioneras de la educación temprana. Es probable que se desarrollaran las guarderías de Gran Bretaña y Estados Unidos por el impulso y la dedicación de las hermanas McMillan.

Ambas mujeres tenían una amplia formación internacional. Se criaron en Norteamérica y Escocia. Margaret estudió música e idiomas en Europa. Había leído mucha filosofía, política y medicina. Rachel estudió para ser inspector sanitario en Inglaterra.

Estudios sobre salud de 1908-1910 mostraron que el 80% de los niños nacían sanos, pero para cuando llegaban a la escuela, sólo un 20% podía recibir ese calificativo. Observando las deplorables condiciones en que se encontraban los menores de 5 años, las hermanas McMillan comenzaron una cruzada a favor de los niños de los barrios bajos de Inglaterra. Su preocupación se extendió más allá de la educación, al cuidado médico y dental de los más pequeños. En 1910 establecieron una clínica en Deptford, un suburbio de Londres, que un año más tarde se convirtió en una guardería al aire libre. Las McMillan la llamaron "escuela de crianza". Más tarde, una escuela cercana de formación de maestros recibió el nombre de Rachel. Sin recursos económicos privados, las dos mujeres encararon tremendas dificultades para mantener abierta su escuela. Es mérito suyo que Deptford exista todavía hoy.

La teoría McMillan de aire libre, sueño y baños resultó un éxito. "Cuando más de setecientos niños entre uno y 5 años morían de sarampión, no hubo ni un caso fatal en Deptford School" (Deasey, 1978). Desde la creación de la escuela, una función primordial fue investigar los efectos de la pobreza sobre los niños.

De las dos hermanas, Margaret tuvo más influencia en la escuela de Deptford. En realidad, fue Margaret quien continuó como adalid de las cuestiones de educación de la primera infancia más allá de Deptford, según se describe en el cuadro de enfoque de la Dr. Bradburn, anteriormente en este capítulo. Abigail Eliot escribe sobre ella:

> La señorita McMillan inventó el nombre [nursery school] (guardería en castellano). Prestaba mucha atención a la salud: una inspección diaria, el programa al aire libre, juegos, buena alimentación, lo que ella llamaba "crianza". Pero vio que también se trataba de un problema educativo, y se puso a trabajar para establecer su propio método de educación de los más pequeños. Por eso lo llamó "school" (escuela en castellano) (Hymes, 1978).

Ilustración 1.9 Margaret McMillan, junto con su hermana Rachel, desarrollaron guarderías "al aire libre" y escuelas de formación en Inglaterra. (Reproducido de *Margaret McMillan: Framework and Expansion of Nursery Education* de la Dra. Elizabeth Bradburn, con el permiso de National Christian Education Council.)

Susan Isaacs

Susan Isaacs (1885–1948) fue una educadora de principios del siglo XX cuya influencia en las escuelas progresistas y guarderías de su tiempo fue fundamental. En 1929 publicó *The Nursery Years*, que destacaba un punto de vista diferente de lo sostenido por los psicólogos del comportamiento de la época. Interpretó las teorías freudianas para los docentes y proporcionó consejos sobre la forma en que las escuelas podían aplicar estos nuevos conocimientos sobre el inconsciente a la educación de los niños. Propuso

> la oportunidad de juegos imaginativos libres y sin obstáculos, no sólo como medio de descubrir el mundo, sino también de lograr el equilibrio psíquico, trabajando por medio de los deseos, miedos y fantasías para integrarlos en una personalidad viva (Biber, 1984).

El papel del docente era diferente del de un terapeuta, afirmaba, aquel debía "atraer sobre todo las fuerzas del amor, ser el padre bueno pero que reglamenta, dar oportunidad de expresar agresión pero de manera modificada, y no atraer las reacciones explosivas negativas de odio y opresión" (Biber, 1984).

La influencia de Isaac se nota hoy en las escuelas cuya filosofía pone el énfasis en el punto de vista de los niños y en el concepto del juego como tarea del niño.

El movimiento progresista de la educación

Como se indicó antes en las secciones sobre John Dewey y Patty Smith Hill, fue el Movimiento Progresista de finales del siglo XIX y primera mitad del XX el que cambió el curso de la educación tanto en las escuelas primarias como en las guarderías de América. Coincidiendo con el progresismo político de este país, esta filosofía destacaba un enfoque centrado en el niño que ganó adeptos tanto desde el punto de vista científico, como G. Stanley Hall y John Dewey, como los de inclinación psicoanalítica, como Susan Isaacs y Patty Smith Hill.

Algunas de las características principales de la filosofía educativa progresista eran:

1. Debemos reconocer necesidades y diferencias individuales en los niños.
2. Los docentes (deben) prestar mayor atención a las necesidades de los niños.
3. Los niños aprenden mejor cuando están muy motivados y tienen verdadero interés en el material.
4. Aprender de memoria es inútil para los niños.
5. El docente debería ser consciente del desarrollo total del niño, social, físico, intelectual y emocional.
6. Los niños aprenden mejor cuando tienen contacto directo con el material (Osborn, 1991).

Estas creencias tuvieron parte importante en la transformación de las viejas escuelas tradicionales, de currículum estricto y basado en asignaturas, a otro centrado en los intereses de los niños como fundamento del desarrollo curricular. Crear la educación de masas durante la era progresista fue una lucha entre los valores de eficiencia y los del desarrollo individual. Los progresistas, bajo la conducción de Dewey y otros, creían que la escuela pública debía fomentar las diferencias individuales, mientras que alentaba, a la vez, la resolución de problemas y el trabajo en equipo. En sus propias palabras, Dewey quería que los educadores trabajaran sobre "cómo una escuela podría convertirse en una comunidad cooperante, al tiempo que desarrolla las propias capacidades de los individuos y satisface sus necesidades" (1916). Aunque Dewey y otros no rechazaban la enseñanza las habilidades básicas, la tendencia era a alejarse de esta educación por contenidos. Por lo tanto, no hay que sorprenderse de que la educación progresista tuviera muchos críticos entre los interesados en la escolarización como preparación académica. Con todo, la mayoría de los centros para la primera infancia pueden dar gracias a los progresistas por buena parte de su filosofía y técnicas de desarrollo curricular para los niños de hoy.

La escuela Waldorf

La primera escuela Waldorf fue establecida en Stuttgart, Alemania, en 1919, por Rudolf Steiner, de quien hablamos ya en este capítulo. Siguiendo el patrón de la filosofía educativa y las creencias personales de su creador, se basaba en la premisa de que el objetivo de la educación es ayudar a todas las personas a encontrar su lugar en la vida y así cumplir su destino. Hay una atención personal minuciosa del temperamento que se está desarrollando en el niño y se valora la actividad por iniciativa propia. Los niños deben ser protegidos en su desarrollo, de modo que el docente y los padres deben adherirse a acciones específicas para protegerlos del ruido del mundo moderno y la tecnología.

Steiner concordaba con Froebel y otros en que la educación debía comenzar donde está el educando. Es preciso trabajar con lo que el niño aporte a la experiencia educativa, no en contra de ello. El currículum de las escuelas Waldorf es, por lo tanto, tanto inter-disciplinario como multisensorial, con énfasis en artes, en historias de sabiduría y en los conceptos de comunidad y respeto por las necesidades individuales de la persona. Es frecuente que un docente permanezca con el mismo grupo de niños durante 8 años.

Aunque este movimiento es esencialmente de escuelas primarias y secundarias, es de destacar como uno de los mayores movimientos independientes, no confesionales, de la educación mundial. Waldorf tiene más de 640 escuelas, 1087 jardines de infancia, 300 centros curativos (para necesidades especiales) y 60 institutos de formación docente en el mundo; además, es el modelo elegido por los sistemas soviéticos y del Este de Europa en su proceso de cambio (Caniff, 1990). Se trata de uno de los movimientos que crecen más rápido hoy en Estados Unidos. Fundada en la tradición froebeliana, con elementos de Montessori y de la educación progresista, la escuela Waldorf tiene una contribución que hacer a nuestros conocimientos sobre los niños y los modelos educativos.

El movimiento del estudio infantil

Un repaso a las influencias en la educación no está completo sin mencionar el movimiento de estudio infantil en las décadas de 1920 y 1930. Fue a través del movimiento de estudio infantil que la educación y la psicología comenzaron a tener un enfoque común en los niños. Además del Gesell Institute, se establecieron muchos centros piloto y de investigación de desarrollo infantil en escuelas universitarias y universidades de todo el país. Su creación refleja el interés de varias disciplinas en el crecimiento de los más pequeños. Las escuelas de psicología buscaban niños que observar y estudiar; las facultades de educación querían escuelas de aplicación para sus estudiantes de magisterio y para colocar a alumnos en prácticas. Las escuelas de economía doméstica querían que sus estudiantes tuvieran experiencias directas con los niños. Estas escuelas dentro de los centros universitarios proporcionaban lugares para reunir información acerca del desarrollo y de la psicología del niño.

Este periodo de experimentación educativa en el estudio infantil condujo a una impresionante colección de datos normativos que aún son la medida de las etapas normales del desarrollo. Broman (1978) resume la influencia del movimiento de esta forma:

> Desde el principio del movimiento del estudio infantil en los años 20 . . .la primera infancia no tuvo importancia primordial en la educación hasta después de la Guerra contra la pobreza y del establecimiento del "Head Start" en 1965. El movimiento del estudio infantil, no obstante, fue el ímpetu que empezó la búsqueda de los medios más adecuados para educar a los niños pequeños.

Ilustración 1.10 La historia de la educación de la primera infancia incluye contribuciones de muchos grupos étnicos. La asociación Golden Gate Kindergarten de San Francisco ha proporcionado servicio de guardería en varios barrios de la ciudad desde principios de siglo hasta el presente.

La British Infant School

Impulsada por Robert Owen a principios del siglo XIX, las British infant schools estaba fuertemente comprometidas con la reforma social (Spodek et al, 1988). En Inglaterra, el término *infant school* se refiere al jardín de infancia y a los grados primarios. Más tarde, en 1967, el informe Plowden propuso una serie de reformas para las escuelas. Estos cambios fueron paralelos a los de la educación de la primera infancia en América. Como resultado, muchos maestros americanos, tanto con pre-escolares como con los grados de primaria, adaptaron el enfoque de la escuela de infantes británica a sus clases.

Tres de los aspectos del estilo de esta **escuela abierta** que recibieron más atención fueron:

1. **Grupos verticales o familiares.** Los niños de 5 a 8 años están en la misma aula. Varios maestros

pueden combinar sus clases y trabajar juntos como equipo. Los niños pueden tener los mismos maestros durante 2 ó 3 años.

2. **Día completo.** El aula se organiza en varios centros para matemáticas, ciencias y artes. El maestro se mueve desde un niño o desde el centro a otro cuando sea necesario. El juego a menudo es la principal actividad, poniendo el énfasis en seguir las ideas e intereses de los niños a medida que surgen.
3. **Concepto fundamental.** Hay un convencimiento fundamental de que el proceso de pensar tiene prioridad sobre la acumulación de hechos. Se hace hincapié en aprender a pensar más que en acumular datos. Se valora más cómo identificar y resolver problemas que tener un producto terminado. Los maestros se centran en el aprendizaje presente del niño más que en el futuro.

Al igual que las ideas de Owen arraigaron en América en el siglo XIX, así también, la versión del siglo XX de las infant schools encendió la imaginación de los maestros de Estados Unidos. Los principios de educación abierta son adecuados al desarrollo mental tanto para las escuelas de pre-escolares como para las escuelas primarias (Bredekamp, 1988).

Reggio Emilia

Al final de este siglo, todavía otro educador y otro sistema educativo influyeron en la forma de concebir la primera infancia. Loris Malaguzzi (1920–1994) elaboró su teoría sobre la educación de la primera infancia a partir de su trabajo con lactantes, niños en edad de caminar y pre-escolares mientras trabajaba como fundador y director de Educación Primaria en la ciudad de Reggio Emilia, Italia. Su filosofía incluye crear "una escuela agradable" (Malaguzzi, 1993) que acoja a las familias y a la comunidad y favorezca las relaciones entre los maestros, los niños y los padres con la intención de intensificar y hacer más profundo el sentimiento de identidad del niño. Malaguzzi pedía continuamente a los maestros que se cuestionaran sus propios modelos y escucharan a los niños, como podemos ver en su carta (Gandini, 1994) extractada a continuación:

> Mi tesis es que si no aprendemos a escuchar a los niños, será difícil aprender el arte de estar y conversar con ellos...También será difícil, quizás imposible, entender cómo y por qué los niños piensan y hablan; entender lo que hacen, preguntan, planean, teorizan o desean. . . Además, ¿cuáles son las consecuencias de no escuchar? . . . Nosotros los adultos hemos perdido la capacidad de maravillarnos, de sorprendernos, de reflexionar, de ser alegres y de complacernos con las palabras y las acciones de los niños.

Reggio Emilia atrajo la atención y el interés de los educadores americanos debido a su respeto por las obras y la creatividad de los niños, por la orientación del proyecto y por su total apoyo a la comunidad. Reggio Emilia es un modelo a seguir en los modelos de la primera infancia. Se tratará de este programa de gran calidad en los capítulos 2, 9, 11, y 14.

Psicología

Las raíces de la educación de la primera infancia son maravillosamente diferentes, pero una es especialmente profunda: la conexión con la psicología. Particularmente durante este siglo, el estudio de las personas y de su comportamiento está ligado con el estudio de los niños y su crecimiento.

Inicialmente, el desarrollo infantil estaba mayormente limitado al estudio de las tendencias y descripciones de los cambios. Más tarde el alcance y la definición del desarrollo del niño empezaron a cambiar. Los psicólogos del desarrollo estudian ahora los procesos asociados con estos cambios. Específicamente, el desarrollo del niño se centra en la adquisición del lenguaje, en el efecto de sus primeras experiencias sobre el desarrollo intelectual y en el proceso de su acercamiento a otros. Tal es el mundo de la primera infancia que no es de extrañar que estemos unidos estrechamente al mundo de la psicología.

No existe una teoría o nombre que abarque toda la psicología del desarrollo. Por supuesto, hay muchos. En el capítulo 4 se tratarán en profundidad las teorías más importantes, sus creadores y su influencia en la educación de la primera infancia.

TEMAS EN LA EDUCACIÓN DE LA PRIMERA INFANCIA

Cuando examinamos la historia colorida y rica de la educación de la primera infancia, surgen tres temas principales. Los mismos temas reaparecen y están reflejados en la idea consiguiente y en la teoría de cada época.

Ética de la reforma social

El primer tema se refiere a la ética de la reforma social. Los programas de educación de la primera infancia han tenido a menudo la esperanza de que la escolarización de los jóvenes conduciría a un cambio y una mejora social. Montessori, las hermanas McMillan, Patty Smith Hill, Abigail Eliot y "Head Start", todos ellos trataron de mejorar la salud de los niños y su bienestar físico atendiendo en primer lugar los aspectos físico y de asistencia social de las vidas de los niños. Otros ejemplos más recientes muestran la importancia que tiene este tema en nuestro trabajo. Marian Wright Edelman (véase el artículo de la sección 6) es una excelente defensora de los niños. Graduada por el Spelman College y por la Facultad de Derecho de Yale, Edelman empezó su carrera como abogado de los derechos civiles (fue la primera mujer negra admitida en la fiscalía de Mississippi). Hacia la década de los 60 se dedicó a luchar contra la pobreza, mudándose a Washington, DC, y fundando una firma legal de interés público que con el tiempo llegó a ser el Children's Defense Fund (fundación para la defensa de los niños). La ley ABC de 1990, resultado de su trabajo incansable con el Children's Defense Fund, recibió gran parte de su ímpulso del estado de pobreza de muchos niños en América. Autora de varios libros, incluyendo *Families in Peril*, *The Measure of Our Success*, y *Guide My Feet*, Edelman también escribió regularmente columnas en los periódicos ("A Voice for Children" y "Child Watch"). Continúa su obra su hijo Jonah (véase el artículo de la sección 6), que le ayudó a organizar la reunión en Washington, DC, "Stand for Children," que agrupó a más de 200.000 personas y 3.700 organizaciones en junio de 1996. Edelman anunció la ética de la reforma social al decir, "CDF busca asegurar que ningún niño sea dejado atrás y que todos los niños tengan un comienzo sano, un comienzo con ventaja, un comienzo justo, un comienzo seguro y un comienzo moral en su vida con la ayuda de padres que los cuiden y de la comunidad" (Edelman, 1998).

Durante los 80, la Dra. Louise Derman Sparks (véase el artículo de la Sección 5), en colaboración con Betty Jones (véase el artículo en la Sección 3) y otros colegas del Pacific Oaks College, publicó *Anti-Bias Curriculum: Tools for Empowering Young Children* (1989). En este libro resumió varias áreas de la conducta de los niños influidas por prejuicios de nuestra sociedad y sugirió un montón de formas en que los maestros (y los padres) podían empezar a encarar estos temas. Estos profesionales han añadido una dimensión importante a la noción de reforma social, pues enfocan nuestra atención en nosotros mismos, en el entorno escolar, en las interacciones de los niños y en la comunidad formada por los padres y los compañeros.

A finales de siglo los educadores y los ciudadanos han defendido la reforma social más allá de la educación de la primera infancia. Robert Coles, psiquiatra y educador, ha escrito y disertado extensamente acerca de sus observaciones y trabajo con niños pobres y es famoso por *Children of Crisis: A Study of Courage and Fear* (1971). Además, Jonathan Kozol ha hablado extensamente acerca de la segregación en las escuelas, con más notoriedad en su libro *Savage Inequalities: Children in America's Schools* (1991), en el que escribe:

> Seguramente hay suficiente para todos en este país. Es una tragedia que tanto bueno no se reparta más ampliamente. Debemos permitir que nuestros niños reciban una parte de la enorme riqueza de América. Tanto si nacieron blancos y pobres de los Apalaches o ricos tejanos, negros pobres del Bronx o ricos de Manhasset o Winnetka, todos son totalmente maravillosos e inocentes de pequeños. Nosotros los manchamos innecesariamente.

Los educadores de hoy afirman que los niños cansados y mal alimentados no están preparados para aprender ni ser educados. La reforma social puede ir un paso más adelante, como con "Head Start", mejorando la situación de toda la familia y comprometiendo a la comunidad en sus esfuerzos.

Importancia de la infancia

El segundo tema es la importancia y singularidad de la infancia. De hecho, toda la noción de la importancia de la infancia descansa en el concepto del niño como una parte especial de la existencia humana y, por tanto, una parte valiosa del ciclo vital. Hasta el año 1700 aproximadamente, la sociedad occidental mostra-

Ilustración 1.11 La infancia es una etapa especial de la vida.

ba poco interés por los niños. El infanticidio era constante, si no realmente aceptado. Una vez que las familias y la sociedad empezaron a valorar a los niños, la vida cambió dramáticamente para los pequeños. El dicho "Si la planta se dobla, así crecerá el árbol" puede aplicarse a los niños y sus experiencias de aprendizaje en la infancia y a cada uno individualmente. Cuando la gente aceptó la importancia de la infancia, empezó a hacerse responsable de la calidad de vida de los niños. Desde Comenius, Rousseau y Froebel en siglos anteriores hasta Neill, Russell y el Movimiento del estudio infantil, más recientes, la sociedad ha empezado a encargarse de la salud y bienestar físico de los niños y a comprender la necesidad de cuidar de sus mentes.

Los docentes modernos de la primera infancia creen que los primeros años forman la base del desarrollo físico, intelectual, social y emocional posterior. David Elkind escribió en los años 80 acerca del síndrome de "niño acelerado", producido cuando el ritmo acelerado de una sociedad obliga innecesariamente a los niños a salir de una infancia tranquila y la presión para tener éxito y moverse con más rapidez pone en peligro a niños de todas las edades. En sus propias palabras (1982):

> Deberíamos apreciar el valor de la infancia con sus alegrías, penas, preocupaciones e intereses particulares. Valorar la infancia no significa verla como un periodo feliz e inocente, sino más bien como un periodo importante de la vida al que los niños tienen derecho. Tienen derecho a ser niños, a disfrutar de los placeres y a sufrir las pruebas de la infancia que se infringen al apresurarlos. La infancia es el más básico de los derechos humanos de los niños.

Los niños requieren atención especial durante esos años. La infancia es fundamentalmente diferente de la edad adulta; necesita comprenderse y respetarse como tal. Los estilos de aprendizaje de los niños, de dejar que "aprendan haciendo" y "aprendan descubriendo" son parte del respeto esencial por los niños y la infancia. El reconocimiento público de esa necesidad ha creado abundantes programas para los pequeños, tantos como ni siquiera se soñó en ninguna otra época de la historia.

Transmisión de valores

El tercer tema recurrente de nuestro acervo educativo es el de la transmisión de valores. Lo que los niños deberían, en último término, *hacer* y *ser* está en la médula de todos los modelos que se utilizan para criar a los niños, tanto en el hogar como en la escuela. Los valores, ya sean sociales, culturales, morales o religiosos, han constituido la esencia de la educación durante siglos. Por ejemplo, los padres puritanos valoraban la teología bíblica. Por lo tanto, las escuelas de su tiempo enseñaban a leer a los niños para que aprendieran la Biblia. Rosseau y Froebel valoraban la infancia y así crearon lugares especiales para que los niños expresaran su bondad innata y sus cualidades individuales. Los trabajos de Montessori, Dewey y Steiner reflejaban la creencia en el valor y la dignidad de la infancia. Transmitieron dichos valores a las prácticas educativas que hemos heredado. Finalmente, los iniciadores de "Head Start" (véase el capítulo 2) y del currículum sin prejuicios (véase el capítulo 9) se dieron cuenta de que la auto-valoración del niño se realza valorando la propia cultura u origen. Adquirir conciencia de la herencia étnica y apreciarla se está haciendo parte integral del currículum de la primera infancia.[1]

LA DIVERSIDAD DE NUESTRO MUNDO LA DIVERSIDAD DE NUESTRO MUNDO LA DIVERSIDAD DE NUESTRO MUNDO LA DIVERSIDAD DE NUESTRO MUNDO LA DIVERSIDAD DE NUESTRO MUNDO

1 ¡Nuestros preparados educadores de primera infancia están realmente a la cabeza en cuanto a modelos educativos pensados para *exaltar* la diversidad familiar!

Desde principios del siglo XX, el grupo de educadores de la primera infancia comenzó a desarrollar un sentido de profesionalismo, en el plano de la identidad así como de misión y propósito. Organizaciones profesionales como National Association for the Education of Young Children (NAEYC) y Association for Childhood Education International (ACEI) han estado preconizando los intereses de los niños, las familias y los educadores durante casi todo un siglo. Ambos grupos se han esforzado para crear normas para el trabajo con niños. Estos esfuerzos han dado como resultado importantes mejoras en la condición de los niños atendidos en grupo y comenzaron a establecer modelos apropiados (en los capítulos 9 y 10 se comentarán las normas de la Academia NAEYC), la remuneración y los estándares de trabajo para los docentes (los estudios de posibilidad de acceso a compensación por calidad se comentarán en el capítulo 15) y un código ético para educadores de la primera infancia (el código de conducta ética se tratará en el capítulo 5).

Enseñar a los niños a vivir en una sociedad democrática siempre ha sido valorado en los Estados Unidos. En el currículum desde el jardín de infancia hasta la universidad, se refleja esta creencia cuando educamos a nuestros hijos para la ciudadanía.[1] Los asuntos cruciales de la educación son la forma en que definimos estos valores y cómo los enseñamos.

Estos tres temas han sido el centro de la educación de la primera infancia desde hace siglos. En ocasiones, uno domina, como lo hizo en la década de 1960 cuando el deseo de reforma social condujo a la creación de "Head Start". Otras veces, parece imposible distinguir uno de otro. Juntos, han conformado la dirección de la educación de la primera infancia tal como la conocemos hoy. Al aprender más sobre los niños, la sociedad y nosotros mismos, el próximo milenio será una época para reconsiderar y volver a definir nuestros objetivos y dirección. Es un tremendo desafío—y digno de ser aceptado.

INTEGRACIÓN DE LA HISTORIA CON LA EDUCACIÓN DE LA PRIMERA INFANCIA

La historia de la educación de la primera infancia es como un tapiz—tejido por muchas influencias. Un campo tan amplio como la medicina es un hilo de la trama, como lo es la pasión de una Patty Smith Hill o de Lucy Sprague Mitchell. La historia forma la teoría en la que basamos nuestras enseñanzas y cada niño, cada clase, cada experiencia traduce nuestra historia en un modelo educativo y pone otro hilo en esta grandiosa tela.

Ha habido hechos históricos que influyeron para conformar la educación de la primera infancia. Fuerzas como la guerra (que produjo el proyecto de los astilleros Kaiser), movimientos políticos (como el progresismo) y el estado de la economía (que trajo la guerra a la pobreza y "Head Start") ocasionan cambios y desarrollo en la forma de cuidar a los niños de este país. Los ingredientes que los educadores de la primera infancia consideran hoy esenciales—que el cuidado y la educación son inseparables, que la didáctica sea apropiada al nivel de desarrollo, y que una financiación adecuada es crucial para el éxito—todos se originan en hechos históricos y en ciertas personas.

Varios campos de estudio y numerosas profesiones han acrecentado nuestros conocimientos sobre los niños y, por lo tanto, afectado la teoría educativa. Partiendo de las profesiones de educación, medicina y psicología, la educación de la primera infancia ha desarrollado una teoría sobre lo que es mejor para los niños. El modelo médico ofreció una visión de la infancia que tiene en cuenta la maduración y el ambiente. La psicología confirmó esta mezcla de naturaleza y crianza y ofreció el estudio por observación como base del modelo educativo. Como resultado, la teoría de la primera infancia incluye tanto la atención al crecimiento físico y las etapas de desarrollo como el respeto por la experiencia personal en el aprendizaje. El campo de la educación aportó a la teoría de la primera infancia componentes de un enfoque holístico del niño y la familia, agrupamientos variables de niños y actividades, y una sensibilidad a las posibilidades sociales y de reforma a través de la educación de nuestros jóvenes. Estas influencias se describirán detenidamente en el capítulo 4.

Los individuos que crearon nuestra historia han tenido un efecto profundo sobre la teoría y práctica de la primera infancia. Sus fuertes y apasionadas creencias han capturado nuestra imaginación y alimentado nuestro compromiso con la mejora del bienestar de los niños. Lo que John Dewey, Lucy Sprague Mitchell y Susan Isaacs tenían en común era el impulso a darse al

LA DIVERSIDAD DE NUESTRO MUNDO LA DIVERSIDAD DE NUESTRO MUNDO LA DIVERSIDAD DE NUESTRO MUNDO LA DIVERSIDAD DE NUESTRO MUNDO LA DIVERSIDAD DE NUESTRO MUNDO

[1] La profesión de educador de primera infancia proporciona la oportunidad de ser un agente de cambio para plasmar los valores de la democracia en la práctica.

máximo por la causa de los más pequeños. Así, la teoría de la primera infancia tiene un componente *personal*, una inversión emocional que da a cada docente o cuidador de niños la sensación de pertenecer a una causa mayor. La tarea hecha antes continúa a través de nosotros y se extiende más allá, a niños de todas las edades y en cualquier época.

De esta mezcla de descubrimientos profesionales y compromiso personal surge un desafío. La historia de la primera infancia exige que los maestros aprendan del pasado y conozcan las teorías en las que se basa la profesión. Estas teorías deben ser comprobadas continuamente en el aula y refinadas al aplicarse a los niños cada día. De esta manera, la profesión sigue siendo relevante y legítima. Finalmente, la historia de la educación de la primera infancia afianza el valor de conectarse con otros y de seguir firmemente comprometidos con la causa común de los más pequeños (véanse el capítulo 5 y el apéndice B). Como asevera el código de ética de NAEYC:

> Conoceré, obedeceré y abogaré por leyes y reglamentaciones que eleven la calidad de vida de los más pequeños.
>
> Sostendré el derecho de los niños a vivir y aprender en medios que sepan responder a sus necesidades de desarrollo.
>
> Mejoraré mi competencia para satisfacer las necesidades de los niños.
>
> Apreciaré la singularidad de cada niño, destacando así su respeto por sí mismo.

Sumario

Este capítulo delinea las raíces de la educación de la primera infancia desde la antigüedad. Conocer esta historia proporciona a los docentes un sentido de apoyo e inspiración. Un repaso a la historia ofrece conocimientos que iluminan las necesidades actuales de la sociedad y los programas e impiden errores futu-ros. Nos ayuda a apreciar el legado que nos dejaron otros.

La educación de la primera infancia se ocupa de niños desde la lactancia hasta los años de primaria, inclusive. El término en sí ofrece sus propios desafíos profesionales:

PRIMERA: ¿Cómo crecen y aprenden mejor LOS MÁS pequeños?

INFANCIA: ¿Cómo piensan, sienten y aprenden LOS NIÑOS?

EDUCACIÓN: ¿Cómo pueden los niños APRENDER y ser ENSEÑADOS?

Estas preguntas se las han hecho educadores de Europa y América a lo largo de la historia y sin duda, en otras partes del mundo, aunque en América tengamos menos documentación. Sus respuestas han influido en la filosofía y el modelo educativo y, a su vez, han sido afectadas por las fuerzas sociales y políticas de su tiempo. Los desarrollos modernos más notables en este país han sido la llegada de las guarderías y jardines de infancia, el Centro Kaiser de atención infantil en la Segunda Guerra Mundial como modelo de cuidado diurno y "Head Start".

La educación de la primera infancia es en sí misma un campo interdisciplinario. Importantes contribuciones han venido de la medicina, la educación y la psicología.

Con el estudio de su historia emergen ciertos temas de la educación de la primera infancia. La ética de la reforma social, la importancia de la niñez y la transmisión de valores han sido medulares en este campo a lo largo de la historia.

Las contribuciones de muchos pioneros nos dejan sueños para los más jóvenes de nuestra sociedad. Esto puede dar sentido a nuestras vidas como docentes, mientras continuamos creando un clima para los niños que harán la historia de mañana.

Preguntas de Repaso

1. Identifique y describa cinco personas claves que influyeron en el campo de la educación de la primera infancia. ¿Con quién le gustaría haber estudiado o trabajado? ¿Por qué?
2. Empareje el nombre con la frase correspondiente. Póngalas en el orden que mejor se ajuste a su propia teoría sobre la educación de la primera infancia. Diga sus razones.

Rousseau	"ambiente preparado"
Montessori	escuela de "crianza"
Froebel	los niños son buenos por naturaleza
Malaguzzi	padre del jardín de infancia
Dewey	enfoque de sentido común
Spock	primer libro ilustrado para niños
hermanas McMillan	Movimiento progresista
Comenius	Reggio Emilia

3. Defina la educación de la primera infancia con sus propias palabras. Incluya límites de edades y lo que usted considera su finalidad. Compárela con la definición del texto y defienda su posición.
4. Nombre tres instituciones o personas vivas que estén influyendo hoy en día en la historia de la primera infancia. Describa sus reacciones a cada una y cómo han influido en su filosofía de la educación.
5. Maria Montessori hizo varias contribuciones a la educación. ¿Cuáles son algunas de sus teorías y cómo las adaptó para su utilización en el aula? ¿Cómo se usan en su clase los materiales o los métodos de Montessori?
6. "¿Quién lo dijo?" Empareje los personajes históricos con sus palabras:

"[L]a guardería es un lugar donde los más pequeños aprenden mientras juegan y . . . donde los adultos aprenden sobre el desarrollo infantil y las relaciones humanas."	Jean Jacques Rousseau
"Lo natural tiene lugar sin coacción."	Katherine Read Baker
"El juego es la más pura y más espiritual actividad humana.... Produce, por lo tanto, alegría, libertad, satisfacción".	Loris Malaguzzi
"Mi tesis es que si no aprendemos a escuchar a los niños . . . también será difícil, quizás imposible, entender cómo y por qué piensan y hablan."	Marian Wright Edelman
"[A] ningún niño se le deja atrás y . . . cada uno tiene un comienzo sano, un comienzo con ventaja, un comienzo justo, un comienzo seguro y un comienzo moral en la vida con el apoyo de padres y comunidades que los cuiden."	John Amos Comenius

Actividades de Aprendizaje

1. Averigüe cuándo y quién fundó la escuela o centro donde está enseñando usted. ¿Cuáles eran algunas de las cuestiones sociales, económicas y políticas de esa época? ¿Cómo podrían haber afectado la filosofía de la escuela?
2. Escriba su propio credo pedagógico. Enumere cinco de las que considere las creencias más importantes que tiene sobre la educación de los más pequeños. ¿De qué manera ve expresadas esas creencias en la escuela de hoy?
3. Haga una lista de los valores que cree más importantes para enseñar a los niños. En una columna contigua, añada las maneras en las que podría ayudar a los niños a aprenderlos. En otras palabras, enumere los materiales y el currículum que utilizaría.

Bibliografía

Aries, P. (1962). Centuries of childhood. Nueva York: Knopf.

Bain, W. E. (1967). *75 years of concern for children.* Washington, DC: Association for Childhood Education International.

Bauch, J. P. (Ed.). (1988). *Early childhood education in the schools.* Washington, DC: National Education Association.

Biber, B. (1984). *Early education and psychological development.* New Haven, CT: Cambridge University Press.

Boyd, D. (1997). *Jean Jacques Rousseau.* Inédito. Redwood City, CA: Canada College.

Bradburn, E. (1976). *Margaret McMillan: Framework and expansion of nursery education.* Surrey, Inglaterra: Denholmouse Press.

Bradburn, E. (1989). *Margaret McMillan: Portrait of a pioneer.* Londres: Routledge.

Brazelton, T. B. (1974). *Toddlers and parents.* Reading, MA: Addison-Wesley.

Brazelton, T. B. (1992). *Touchpoints.* Reading, MA: Addison-Wesley.

Bredekamp, S. (Ed.). (1988, enero). NAEYC position statement on developmentally appropriate practice in the primary grades, serving 5- through 8-year olds. Washington, DC: NAEYC. *Young Children, 3*(2).

Broman, B. L. (1978). *The early years in childhood education.* Chicago: Rand McNally College Publishing.

Brooks, A. (1886). *Four active workers.* Springfield, MA: Milton Bradley.

Caniff, D. I. (1990, 28 de noviembre). Why the 'Waldorf' movement is thriving in Eastern Europe. *Education Week, X*(13).

Chattin-McNichols, J. (1993). En A. Gordon & K. W. Browne (Eds.), *Beginnings and beyond* (3rd ed., p.). Albany, NY: Delmar.

Cleverley, J., & Phillips, D.C. (1986). *Visions of childhood: Influential models from Locke to Spock* (Rev. ed.). Nueva York: Teachers College.

Cohen, D. H., & Randolph, M. (1977). Kindergarten and early schooling. Englewood Cliffs, NJ: Prentice-Hall.

Coles, R. (1971). *Children of crisis: A Study of courage and fear.* Nueva York, NY: Houghton Mifflin.

Cubberly, E. P. (1920). *A brief history of education.* Boston: Houghtin.

Deasey, D. (1978). *Education under six.* Nueva York: St. Martin's Press.

DeMause, L. (1974). *The history of childhood.* Nueva York: Psychohistory Press.

Dewey, J. (1897, 1916). *My pedagogic creed.* Washington, DC: The Progressive Education Association and Democracy and Education.

Dickerson, M. (1992, Spring). James L. Hymes, hijo: Advocate for young children. *Childhood Education.*

DuBois, W. E. B. (1995). The talented tenth. Publicado en *The Negro Problem* (1903), citado en F. Schultz (Ed.), *Fuentes: Notable selection in education.* Guilford, CT: Dushkin Publishing Group.

Edelman, M. W. (1998). *The state of America's children.* Washington, DC: Children's Defense Fund.

Elkind, D. (1982). The hurried child. *Young Children.*

Elkind, D. (1987, mayo). The child yesterday, today, and tomorrow. *Young Children, 42*(4).

Froebel, F. (1887). *The education of man* (M. W. Hailman, Trans.). Nueva York: D. Appleton.
Gandini, L. (1994, julio). Tribute to Loris Malaguzzi. *Young Children, 49*(5).
Gesell, A. L., Ames, L. A. & Ilg, F. L. (1977). *The child from five to ten.* Nueva York: Harper & Row.
Giles, M. S. (1996). A letter to students in early childhood education. En A. Gordon & K. W. Browne (Eds.), *Beginnings and beyond* (4th ed., p.). Albany, NY: Delmar.
Greenberg, P. (1987, julio). Lucy Sprague Mitchell A major missing link between early childhood education in the 1980s and progressive education in the 1890s–1930s. *Young Children, 42*(5).
Greenberg, P. (1996, noviembre). Approaching the new millennium: Lessons from NAEYC's first 70 years. *Young children, 52*(1).
Hainstock, E. G. (1971). *Montessori in the home: The school years.* Nueva York: Random House.
Hewes, D. (1993). On doing history. En A. Gordon & K. W. Browne (Eds.), *Beginnings and beyond*(3rd ed., p.). Albany, NY: Delmar.
Hewes, D. (1995, noviembre). *Sisterhood and sentimentality — America's earliest preschool centers.* Redmond, WA: Childcare Information Exchange.
Hill, P.S. (1996). Kindergarten. Tomado de *American Educator Encyclopedia* (1941). En Paciorek & Munro. *Fuentes: Notable selections in early childhood education.* Guildford, CT: Dushkin Publishing Group.
Hilliard, A. G., III. (1997, septiembre). Teacher education from an African American perspective. En J. Irvine (Ed.), *Critical knowledge for diverse teachers and learners.* Washington, DC: AACTE.
Hymes, J. L., Jr. (1978–79). *Living history interviews* (Libros 1–3). Carmel, CA: Hacienda Press.
Keatinge, M. W. (1896). *The great didactic of John Amos Comenius* (Traducido y con presentaciones). Londres: Adams y Charles Black.
Kozol, J. (1991). *Savage inequalities: Children in America's schools.* Nueva York: Crown Publishers.
Malaguzzi, L. (1993, noviembre). For an education based on relationships. *Young Children.*
McMillan, M. (1919). *The nursery school.* Londres y Toronto: J. M. Dent & Sons; New York: E. P. Dutton.
Mitchell, L. S. (1951). Our children and our schools. Nueva York: Simon & Schuster.
Montessori, M. (1967). *The Montessori method* (Trans. A. E. George). Cambridge, MA:
Neill, A. S. (1960). *Summerhill: A radical approach to child rearing.* Nueva York: Hart Publishing.
Osborn, D. K. (1991). *Early childhood education in historical perspective* (3rd ed.). Athens, GA: Education Associates.
Osborn, D. K. (1996). Project Head Start: An assessment (1965). Citado en Paciorek & Munro. *Fuentes: Notable selections in education.* Guildford, CT: Dushkin Publishing Group.
Pleasant, M. B. B. (1992). *Hampton University: Our home by the sea.* Virginia Beach, VA: Donning.
Read, K. B. (1950). *The nursery school. A human relationships laboratory.* Nueva York: Saunders.
Read, K., & Patterson, J. (1980). The nursery school and kindergarten. Nueva York: Holt, Rinehart & Winston.
Rousseau, J. J. (1961). *Emile* (Trad. de B. Foxley). Londres y Toronto: J. M. Dent & Sons.
Sparks, L. D. (1989). *Anti-bias curriculum: Tools for empowering young children.* Washington DC: National Association for the Education of Young Children.
Spock, B. (1947). *The common sense book of baby and child care.* Nueva York: Duell, Sloan & Pierce.
Spock, B. (1976, abril). Taking care of a child and a home: An honorable profession for men and women. *Redbook Magazine.*
Spodek, B., Saracho, O. N., & Peters, D. L. (Eds.). (1988). *Professionalism and the early childhood practitioner.* Nueva York: Teacher College.
Standing, E. M. (1957). *María Montessori Her life and work.* Fresno, CA: Sierra Printing and Lithography.
Steiner, R. (1926). *The essentials of education.* Londres: Anthroposophical Publishing Company.
Stolz, L. M. (1978). En Hymes, J. *Living history interviews.* Carmel, CA: Hacienda Press.
Walker, L. R. (1997, otoño). John Dewey at Michigan. *Michigan Today.*
Washington, B. T. (1995). The Atlantic Exposition address (1895). En F. Schultz, F. (Ed.), *Sources: notable selections in education.* Guildford, CT: Dushkin Publishing Group.
Weinberg, M. (1977). *A chance to learn: The history of race and education in the United States.* Cambridge, MA: Cambridge University Press.
Wiggins & Smith. (1895). *Froebel's gifts.* Boston: Houghton Mifflin

Tipos de programas

Preguntas para pensar

¿Cuáles son algunos de los diferentes tipos de programas para la primera infancia?

¿Cuáles son los indicadores de calidad en programas en grupo para niños pequeños?

¿Cuál es el ámbito de la educación de primera infancia, y qué programas se corresponden con las distintas edades?

¿A qué cuestiones principales se enfrentan los jardines de infancia hoy en día?

¿En qué programas existen controversias y por qué?

¿Cómo difiere el papel del docente en cada uno de los ambientes para la primera infancia?

¿Cómo se estructuran los programas para satisfacer necesidades específicas de los niños y sus familias?

¿En qué se diferencia "Head Start" de otros programas para la primera infancia?

¿En qué se diferencian los programas para lactantes/niños en edad de caminar de los programas preescolares, y en qué se distinguen unos de otros?

LA DIVERSIDAD DE LOS PROGRAMAS

Desde los tipos disponibles, hasta la cantidad de niños que asisten a tales escuelas, la característica que distingue a los programas para la primera infancia es la diversidad. Abundan los programas para la primera infancia; todas las comunidades desarrollan algún tipo de escolarización para los más pequeños. La variedad puede abarcar desde una guardería matutina para niños en edad de caminar, un aula de primaria, un programa de estimulación lactante-padres hasta un servicio completo de atención infantil para niños de 3 a 6 años. Algunos programas son de media jornada; otros funcionan desde las 6:00 DE LE MAÑANA hasta las 7:00 DE LE TARDE. Hay incluso otros centros, como los hospitales, que aceptan niños cuando es necesario ingresarlos o para atención durante las 24 horas. La atención infantil se puede desarrollar informalmente, en el hogar del cuidador, o de un modo más formal, en escuelas u otro tipo de centros. Puede haber escuelas a cargo de iglesias, distritos escolares, grupos de acción comunitaria, padres, gobiernos, agencias sociales privadas y empresas.

Las escuelas existen para cubrir una cantidad de necesidades relacionadas unas con otras. Entre ellas están:

1. Atención a los niños mientras los padres trabajan (por ej., casas de atención infantil en familia o centros de atención infantil)
2. Programas de enriquecimiento para niños (por ej., guarderías de media jornada o escuelas piloto)
3. Programas educativos para padres e hijos (por ej., cooperativas de padres, programas padres-hijos de la escuela pública clases para padres en el bachillerato)
4. Un terreno de actividades para niños (por ej., la mayor parte de los programas para la primera infancia)
5. Instrucción académica (por ej., jardines de infancia o muchos programas para la primera infancia)

En general, los programas reflejan las necesidades del conjunto de la sociedad. Millones de mamás de niños menores de 6 años se han integrado en el mundo laboral, como nunca antes. Las escuelas para la primera infancia proporcionan un gran abanico de servicios para niños desde la lactancia hasta los 8 años de edad, para satisfacer parte de esa necesidad. Según Children's Defense Fund (1998), sólo el 30% de las madres de niños menores de 6 años integraban el mundo laboral en 1973; para 1997, dicho porcentaje había subido hasta alcanzar el 65%. Para niños en edad escolar, las cifras pasaron de un 50% en 1973 a un 77% en 1977.

En el ciclo vital humano, la primera infancia es un periodo de máxima dependencia. Los diversos programas reflejan esta circunstancia de distintas maneras. La proporción docente-niño varía en relación con la edad del niño; los lactantes, en el punto máximo de la escala de dependencia, requieren más maestros por niño en un aula que los de 6 años. El programa mismo refleja el grupo de edad al que atiende. El tamaño del grupo, la extensión del programa y el equipamiento utilizado están en relación con las capacidades y las necesidades de los niños participantes. Incluso en los horarios diarios se ve la relación de dependencia entre el niño y el docente. Las rutinas de ir al baño, tomar meriendas y comidas, así como las necesidades en cuanto al vestido, exigen periodos más largos en un grupo de niños que apenas caminan que en una clase con chicos de 4 años.

La diversidad es evidente, también, en la filosofía expresada por el programa específico.[1] Algunas escuelas, como las que siguen programas Montessori, siguen un esquema muy claro, preciso, basado en un enfoque filosófico desarrollado por Maria Montessori hace casi 100 años. Otras escuelas son más eclécticas; toman elementos de varias teorías, escogiendo los métodos e ideas que mejor se acomoden a sus necesidades.

Indicadores de calidad

Los programas para la primera infancia varían mucho en cuanto a objetivos y modelos educativos, métodos de instrucción, e incluso la clase de "aire" social o atmósfera que crean. Sin embargo, dentro de su variedad, la mayoría de los programas para la primera infancia comparten algunos principios

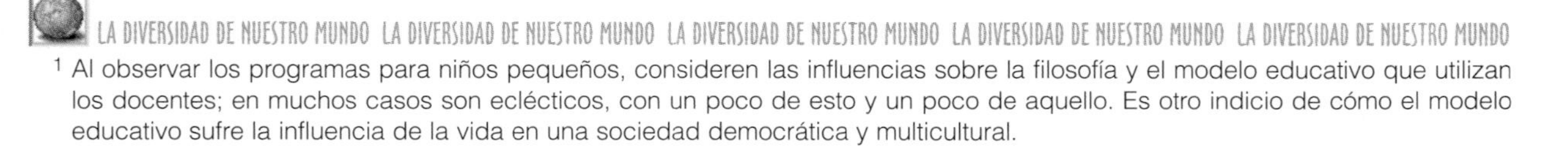

1 Al observar los programas para niños pequeños, consideren las influencias sobre la filosofía y el modelo educativo que utilizan los docentes; en muchos casos son eclécticos, con un poco de esto y un poco de aquello. Es otro indicio de cómo el modelo educativo sufre la influencia de la vida en una sociedad democrática y multicultural.

comunes. La calidad de dichos programas se basa en tres factores esenciales: (1) la proporción docente-niño, es decir, el número de niños atendidos por cada miembro del personal; (2) el tamaño total del grupo o clase, y (3) la educación, experiencia y formación del personal. No se puede subestimar la importancia de estos tres factores pues subrayan cada uno de los principios que siguen.

The National Association for the Education of Young Children (NAEYC), la mayor organización profesional para educadores y cuidadores de la primera infancia, ha establecido una lista de criterios de calidad para los programas destinados a la primera infancia, basada en el consenso de miles de profesionales de este campo. NAEYC (1998) define "alta calidad" como la de un programa que "satisface las necesidades y promueve el desarrollo físico, social, emocional y cognoscitivo de los niños y adultos, padres, docentes y administradores, involucrados en el programa". Los diez criterios siguientes sirven de norma de calidad para cualquier programa grupal para los más pequeños. Después de cada uno hay una referencia al capítulo o capítulos de este libro en donde se desarrolla más extensamente el tema.

1. *Las interacciones entre niños y docentes* ofrecen a los niños la posibilidad de desarrollar la comprensión de sí mismos y de los demás, y se caracterizan por la cercanía, el respeto personal, la individualidad, el apoyo positivo y la disposición a responder. (Capítulos 3, 5, 7, y 14)
2. *El currículum* fomenta que los niños se impliquen activamente en el proceso de aprendizaje, que experimenten variedad de actividades y materiales apropiados a su desarrollo, y que persigan sus propios intereses en el contexto de la vida dentro de la comunidad y el mundo. El programa abarca a todos los niños, incluso los que tienen discapacidades identificadas y necesidades especiales de aprendizaje y desarrollo.[1] (Capítulos 11, 12, 13, y 14)

3. *Las relaciones entre los maestros y las familias* se basan en una asociación para asegurar la alta calidad en los cuidados y la educación y los padres se sienten apoyados y acogidos como observadores y contribuyentes al programa. (Capítulo 8)
4. *El personal del programa está constituido por adultos formados en desarrollo infantil y familiar* que reconocen y satisfacen las necesidades de desarrollo y aprendizaje de niños y familias. Reconocen que la calidad y la competencia del personal son los elementos más importantes para determinar la calidad de un programa para la primera infancia. (Capítulos 3, 5 y 15)
5. La calidad de la experiencia en la primera infancia está afectada por la eficiencia y estabilidad de la administración del programa. *Una administración eficaz* incluye buena comunicación, relaciones positivas con la comunidad, estabilidad fiscal y atención a las necesidades y condiciones de trabajo del personal docente. (Capítulos 10 y 15)
6. *La estructura del personal docente está organizada* de forma que asegure la satisfacción de las necesidades individuales de los niños, facilite el cuidado solícito e individualizado y dé sostén al aprendizaje. El tamaño reducido de los grupos y las proporciones altas docente-niño se relacionan con resultados positivos para los niños. (Capítulos 3 y 5)
7. *Los ambientes físicos, tanto interiores como exteriores,* deberían estar diseñados para promover un crecimiento y desarrollo óptimos a través de oportunidades de explorar y aprender. La calidad del espacio físico y los materiales afectan a la participación de los niños y la calidad de la interacción entre adultos y niños. (Capítulo 10)
8. *La salud y seguridad de niños y adultos* se protege y mejora. Los programas de calidad actúan para prevenir enfermedades y accidentes, tienen previstas las situaciones de emergencia que pudieran ocurrir, y, además, educan a los niños en prácticas de salud y seguridad. (Capítulo 9)
9. *Los niños reciben una nutrición adecuada* y se les enseñan buenos hábitos de alimentación. (Capítulo 9)
10. La evaluación continuada y sistemática es esencial para mejorar y mantener la calidad de un programa para la primera infancia. La evaluación debería centrarse en la eficacia del programa para satisfac-

LA DIVERSIDAD DE NUESTRO MUNDO LA DIVERSIDAD DE NUESTRO MUNDO LA DIVERSIDAD DE NUESTRO MUNDO LA DIVERSIDAD DE NUESTRO MUNDO LA DIVERSIDAD DE NUESTRO MUNDO

[1] Los niños pequeños con necesidades especiales deberían tener oportunidades de realizar las actividades normales de la primera infancia.

er las necesidades de los niños, las familias, y el personal. (Capítulos 2 y 10) (NAEYC, 1998)

Estos son los diez componentes esenciales para juzgar un programa para su acreditación por la Academy of Early Childhood Programs de NAEYC.

Modelo apropiado para el desarrollo (MAD)

En todo este libro y cada vez que se hable de los principios de NAEYC, utilizamos el término *modelo apropiado para el desarrollo*. Estos principios básicos se reflejan en los componentes que acabamos de comentar de los programas de alta calidad. ¿Qué es exactamente un *modelo apropiado para el desarrollo*, o MAD, como se conoce más corrientemente?

A finales de la década de 1980, NAEYC publicó su ideario, "Developmentally Appropriate Practice in Early Childhood Programs Serving Children from Birth to Age 8", que describía modelos para el cuidado y la educación de alta calidad de los más pequeños. Las pautas se dieron como respuesta a la necesidad de un conjunto de estándares unificados para acreditación a través de la recién establecida National Academy of Early Childhood Programs de NAEYC, y a la creciente tendencia hacia la instrucción académica formal en los primeros años (Bredekamp & Copple, 1997). Tuvieron gran impacto e influencia en el campo de la primera infancia, y "MAD" se convirtió en terminología corriente en los círculos dedicados a la primera infancia. Un enfoque MAD recalcaba la necesidad de programas basados en lo que sabemos de los niños tras años de investigación sobre desarrollo infantil y lo que observamos de sus intereses, habilidades y necesidades, y pedía un ambiente de aprendizaje basado en actividades. Estas pautas proporcionaron un antídoto necesario contra el enfoque más centrado en el docente, la preparación académica y la enseñanza de habilidades, que estaba invadiendo muchos programas de primera infancia.

Aunque gozó de buena aceptación, MAD no careció de controversias. Muchos pensaron que la posición de NAEYC era demasiado rígida, no se aplicaba siempre a todos los niños, y no consideraba los antecedentes familiares ni el contexto cultural de la vida de los niños.[1] Había cierta preocupación de que un "buen" modelo significara una sola definición de "buen", en lugar de "uno de los óptimos" para apoyar el crecimiento y el desarrollo del niño (Hyun, 1998). Además, algunos críticos creían que las definiciones de MAD no dejaban margen para que los docentes tomaran decisiones que fueran congruentes en lo cultural *y* apropiadas desde el punto de vista del desarrollo (Bredekamp, en Bredekamp & Copple, 1997). Otros cuestionaban las expectativas apropiadas a la edad, porque suelen estar basadas en datos de la cultura mayoritaria (Bredekamp, en Bredekamp & Copple, 1997).

El ideario fue revisado y adoptado por NAEYC en 1996, después de un minucioso examen a cargo de profesionales de la primera infancia en un periodo de dos años. Dicho ideario de "Developmentally Appropriate Practice in Early Childhood Programs Serving Children from Birth through Age 8" (NAEYC, 1997) cita tres criterios sobre los que docentes y cuidadores deberían basar sus decisiones sobre el crecimiento y el desarrollo de los niños:

1. *Lo que se sabe sobre el desarrollo y el aprendizaje infantil*, conocimientos de características relacionadas con la edad que permiten predicciones generales dentro de unos límites de edades sobre qué actividades, materiales, interacciones o experiencias serán seguras, saludables, interesantes, alcanzables pero también estimulantes para los niños.

2. *Lo que se sabe sobre los puntos fuertes, los intereses y las necesidades de cada niño*, ser capaz de adaptarse y responder a la variabilidad entre individuos.

3. *Conocimientos sobre los contextos sociales y culturales donde viven los niños*, para tener la seguridad de que las experiencias de aprendizaje son significativas, pertinentes y respetuosas para los niños y sus familias (NAEYC, 1988).

El profesional de la primera infancia debería considerar los tres principios al diseñar buenos programas para los más pequeños, teniendo presente que cada uno de ellos se relaciona con los otros dos de manera significativa. Juntos, influyen en la forma en que docentes y cuidadores planifican y preparan experiencias de alta calidad para los más pequeños.

¿Cómo funciona esto? Veamos lo que podría ocurrir cuando se planifica un programa para niños en edad de caminar.

LA DIVERSIDAD DE NUESTRO MUNDO LA DIVERSIDAD DE NUESTRO MUNDO LA DIVERSIDAD DE NUESTRO MUNDO LA DIVERSIDAD DE NUESTRO MUNDO LA DIVERSIDAD DE NUESTRO MUNDO

[1] Muchos pensaron que las normas sobre el desarrollo reflejaban principalmente la cultura euro-americana.

¿Qué nos dice el desarrollo infantil sobre los niños de esta edad? Sabemos que quieren hacerlo todo solos, por lo general, más de lo que en realidad pueden lograr. Sabemos que les gusta sentirse independientes, aprenden rápido si se les ayuda un poco y luego se les anima a hacer lo que puedan por su cuenta.

¿Qué sabemos de cada niño del grupo? Muchos de estos niños confían en que sus padres harán cosas por ellos, como ayudarles a ponerse el abrigo o los zapatos, darles de comer o guardar sus juguetes. A otros se les anima a que prueben a realizar estas actividades por sí mismos, y a algunos se les está enseñando paso a paso en el hogar. La mayoría de los niños acuden al docente buscando ayuda y algunos la solicitan. Por otra parte, está el niño que se demora en vestirse casi 5 minutos, mientras que otro lanza los zapatos por el suelo si no puede ponérselos fácilmente la primera vez que lo intenta.

¿Qué sabemos del contexto sociocultural de sus hogares? La mayoría de los niños de este grupo proviene de hogares donde disponen fácilmente de ayuda de hermanos y parientes. Los valores culturales y prácticas de crianza dominantes refuerzan la dependencia y la comunidad, aunque hay un grupo menor de familias que desean que sus hijos se hagan independientes cuanto antes sea posible.

Considerando los tres criterios en conjunto, tenemos algunas decisiones que tomar sobre si debemos avanzar al establecer objetivos y cómo hacerlo para los que están en edad de caminar los encuentren útiles para ganar independencia. Respetar la diversidad cultural significa que empezamos por hablar con los padres, tal vez en una reunión con ellos, a la que se invita a las familias a compartir sus prácticas de crianza desde su punto de vista cultural. Una vez que hemos comprendido lo que las familias esperan y desean, tenemos la oportunidad de trabajar juntos para hallar una solución que sea buena para el niño de esta edad y para los padres.[1] A esto se refiere Hyun (1998) como "currículum negociable", en el que los docentes ya no tienen la última palabra en la toma de decisiones". Según Hyun, la diversidad de puntos de vista de niños y padres es "el agente principal en el enfoque apropiado del docente" y crea una sensación de poder compartido.

Veamos otro ejemplo del empleo de criterios para tomar decisiones sobre planificación.

¿Qué nos dice el desarrollo infantil sobre los niños de 4 y 5 años? Sabemos que son grandes habladores; les gusta jugar con el lenguaje, inventar historias, canciones y poemas. Les encanta que les lean y disfrutan dictando historias sobre sus experiencias e ideas. Sabemos que los niños de esta edad necesitan cada vez más experiencias en el empleo del lenguaje oral, para conectarlas con palabras y letras y comenzar a entender el uso de la palabra escrita en su vida diaria. Sabemos que los niños aprenden a leer dedicando tiempo a la lectura y escritura sobre lo que les interesa.

¿Qué sabemos sobre cada niño del grupo? Hemos observado que algunos de los niños crean historias más elaboradas, incluso con dibujos. Al mismo tiempo, hay varios niños que rara vez participan en alguna de las actividades artísticas o de cuentos.

¿Qué sabemos del contexto sociocultural de sus hogares? Sabemos que todos los padres han expresado interés, incluso preocupación, por que sus niños aprendan a leer y lo hagan bien al llegar al jardín de infancia. Muchos de los niños provienen de hogares donde la lectura se valora mucho y donde a todos los miembros de la familia les gustan los libros. Muchos provienen de ambientes familiares en los que los relatos constituyen un método primordial de transmitir cultura, historia y valores. A la mayoría de los niños las familias les animan a dibujar "historias" sobre sus experiencias.

Parece haber un interés común en todos los padres por fortalecer el concepto de lectura. La tarea se convierte en la de ayudar a los padres a comprender el significado de la lectoescritura en los primeros años, y desarrollar un área de actividades que ocupe a los preescolares en actividades significativas que apoyen los objetivos del programa en cuanto al desarrollo de la lectoescritura. El horario diario se ajusta para poder trabajar con grupos pequeños, en los que los niños se cuentan historias entre ellos o las dictan a un docente. Las áreas de la clase se modifican para realizar estas experiencias de lectoescritura: se agregan libros de láminas sobre construcciones al rincón de los bloques; se anima a los niños a escribirse notas mutuamente o dibujarlas, se utilizan recetas con dibujos en vez de palabras en las actividades de cocina; se colocan papel y lápices en la zona de representaciones para alentar la escritura de listas de compra y números telefónicos. También es posible integrar en la planificación proyectos a largo plazo que impliquen que los niños escriban cuentos juntos, o historias de sus vidas.

LA DIVERSIDAD DE NUESTRO MUNDO LA DIVERSIDAD DE NUESTRO MUNDO LA DIVERSIDAD DE NUESTRO MUNDO LA DIVERSIDAD DE NUESTRO MUNDO LA DIVERSIDAD DE NUESTRO MUNDO

[1] Aunque el modelo apropiado para el desarrollo (MAD) recalca la importancia de las habilidades de autoayuda, es posible que haya que examinarlo como un modelo de enseñanza que tenga en cuenta la cultura en la que se desarrollan los niños.

Se reflejan principios apropiados para el desarrollo cuando:

- Los programas y el currículum responden a lo que interesa al niño además de a sus necesidades.
- Los niños están involucrados activamente en su propio aprendizaje, eligiendo entre una variedad de materiales y equipo.
- El juego es el contexto primario en el que los más pequeños aprenden y crecen.
- Los docentes aplican lo que saben de cada niño y utilizan una variedad de técnicas, materiales y experiencias de aprendizaje para responder a cada niño como individuo.
- Los docentes consideran las expectativas generalmente aceptadas para cada grupo de edad y las conciertan con objetivos de aprendizaje asequibles, pero de cierta dificultad.
- Los docentes comprenden que cualquier actividad tiene potencial para que diferentes niños aprendan de distinta manera de la misma experiencia.
- Todos los aspectos del desarrollo, físico, social/emocional, cognoscitivo y lingüístico, están integrados en las actividades y oportunidades del programa.

Uno de los aspectos importantes de la creación y revisión de MAD es que refleja un consenso entre los profesionales de la primera infancia. Estas pautas surgieron de la necesidad existente en la profesión de establecer normas para acreditación y tener cierto acuerdo general sobre lo que constituye un "modelo óptimo". Demuestra con claridad que el campo de la educación de la primera infancia es en sí mismo dinámico y está creciendo y cambiando para mejorar la manera en que apoyamos y alentamos el aprendizaje de los más pequeños.

De diversas maneras, MAD está integrada en otras secciones de esta obra. Los dibujos de palabras del capítulo 3 ofrecen una visión de ciertas características generales de niños de diversas edades, que pueden sustentar el proceso de toma de decisiones de un docente sobre modelos apropiados para el desarrollo. En el capítulo 6 se comentan observaciones enfocadas a niños en particular y se relacionan con las MAD. El capítulo 9 bosqueja horarios diarios y entornos MAD para los más pequeños. El capítulo 10 trata de la evaluación apropiada para desarrollo de los niños y en el capítulo 11 se comentan enfoques curriculares que cumplen criterios MAD. Al leer el ideario de NAEYC (véase el apéndice B) se obtiene un razonamiento más profundo de los diversos componentes de los MAD, sus fundamentos filosóficos, y ejemplos de modelos apropiados para lactantes y niños hasta los 8 años.

Modelo apropiado para el desarrollo y la cultura (MADC)

Un modelo apropiado culturalmente implica la capacidad de traspasar el límite del propio acervo sociocultural para asegurar experiencias de enseñanza y aprendizaje que sean iguales y justas para todos. Este concepto, desarrollado por Hyun, amplía los MAD para considerar influencias culturales que ponen de relieve la capacidad de crear una "perspectiva múltiple/multiétnica" (Hyun, 1998). La preparación de docentes y cuidadores para el multiculturalismo no es sólo cuestión de sensibilizarse con la raza, sexo, etnia, religión, nivel socioeconómico u orientación sexual, según Hyun. También se relaciona con la comprensión del modo en que las historias individuales, las familias de origen y la cultura étnica familiar, nos hacen similares unos a otros y, sin embargo, diferentes. A través de tales ideas, los docentes podrán responder positivamente a las expresiones singulares de cada niño individualmente, referentes a crecimiento, cambio, estilos de aprendizaje, cultura, idioma, capacidad de resolver problemas, sentimientos y estilos de comunicación (Hyun, 1998).

Hyun recalca la necesidad de "congruencia cultural"[1] entre el hogar del niño y la experiencia escolar y sugiere las siguientes preguntas como forma de comenzar a considerar la cuestión:

1. ¿Qué relaciones ven los niños entre las actividades y tareas que realizan en clase y la vida que llevan fuera de la escuela?
2. ¿Es posible incorporar aspectos de la cultura de los niños en la tarea de escolarización sin simplemente confirmar lo que ya saben?
3. ¿Puede practicarse esta incorporación sin desvalorizar los objetos o relaciones que son importantes para los niños?

LA DIVERSIDAD DE NUESTRO MUNDO LA DIVERSIDAD DE NUESTRO MUNDO LA DIVERSIDAD DE NUESTRO MUNDO LA DIVERSIDAD DE NUESTRO MUNDO LA DIVERSIDAD DE NUESTRO MUNDO

[1] El crecimiento y el desarrollo infantil sólo se pueden entender dentro de su contexto cultural.

4. ¿Pueden tener éxito estos modelos sin pasar por alto a grupos particulares de personas como "otros" dentro de una cultura "dominante"? (Hyun, 1998)

Según Hyun, la congruencia entre el hogar y la escuela "permitiría a los niños expresar y mostrar la importancia de su propia cultura e identidad familiar" "empleando la experiencia personal del niño, la cultura familiar y expresiones lingüísticas diversas como fuentes importantes de la enseñanza y el aprendizaje". Un enfoque culturalmente congruente de los MAD respetaría las variantes en la forma de percibir y comprender de los niños, y los modelos de enseñanza se basarían en los diferentes estilos de toma de decisiones de los niños y sus capacidades de interacción social (Hyun, 1998). Los criterios de NAEYC para el respeto de la diversidad cultural, de la tabla 2.1, ofrecen ejemplos de modos de conectar el sentido de continuidad cultural del niño entre el hogar y la escuela.

LA BASE DE LA EDUCACIÓN DE LA PRIMERA INFANCIA

¿Qué aspecto tienen los programas para los más pequeños? ¿Cómo se expresan las similitudes y diferencias en el escenario escolar? ¿En dónde reside la singularidad de un programa? Se pueden encontrar las respuestas a estas preguntas considerando algunos de los programas más comunes en la educación de la primera infancia.

La guardería tradicional

La guardería tradicional ejemplifica un enfoque del aprendizaje referido al desarrollo. Las guarderías, centros de atención infantil, escuelas piloto y cooperativas de padres han tomado estos programas como modelos, en los que los niños exploran activamente materiales y donde se organizan centros de actividades o de aprendizaje acordes con las habilidades e intereses que se están desarrollando en el niño. La mayoría de estos programas atienden a niños de 2½ a 5 años de edad.

La mejor descripción de la filosofía de estas escuelas la hace Katherine Read Baker en su ya clásico *The Nursery School: A Human Relationships Laboratory.* Publicado por primera vez hace 50 años, este libro sirve como enciclopedia sobre la guardería tradicional, sus métodos y su filosofía, reflejando la influencia de Comenius, Locke, Rousseau, Pestalozzi, Froebel y Montessori.

La idea de una escuela como lugar de actividad humana refleja el pensamiento de Dewey, Piaget, Erikson y otros. Read Baker desarrolla totalmente esta filosofía, con un modelo educativo que pone de relieve las necesidades humanas, patrones de crecimiento y relaciones en la vida de los más pequeños. Con respecto al desarrollo, una guardería tradicional se centra en la competencia social y el bienestar emocional. El currículum fomenta la expresión de sí mismos a través del lenguaje, la creatividad, la habilidad intelectual y la actividad física. La creencia básica subyacente es la importancia de las conexiones interpersonales que hacen los niños consigo mismos, entre ellos y con los adultos.

En teoría, se prescriben los objetivos de las guarderías tradicionales. Las escuelas tienen algunas características en común, como el horario. El horario refleja los valores de la escuela. Por ejemplo, se dedican grandes periodos al juego libre, un tiempo en el que los niños pueden dar rienda suelta a su iniciativa para comenzar actividades nuevas y abstraerse en ellas sin interrupciones, destacando la importancia del juego. De esta manera, los niños aprenden a elegir, seleccionar sus propios compañeros de juegos y trabajar en sus asuntos e intereses a su propio ritmo. Una creencia extendida es que los niños aprenden mejor en un ambiente libre de excesivas limitaciones y dirección.[1]

Un horario típico también indica la conciencia de las características y necesidades del niño en desarrollo. Los programas prestan atención a las necesidades físicas y de salud (evacuaciones, meriendas, aire libre). Hay un equilibrio de actividades (horas para interiores y exteriores, horas libres y dirigidas por el docente). Una inspección más profunda del entorno revela una gran variedad en las actividades (juegos para ejercitar los músculos largos y los cortos, opciones intelectuales, creación artística, oportunidades de juego social).

1 Esto no es válido para todas las culturas.

Puesta en práctica de MAD — Respeto por la diversidad cultural

Usando los criterios NAEYC para diversidad cultural, estos ejemplos demuestran la forma en que MAD apoya una mayor coherencia entre las culturas del hogar y de la escuela cuando usted:

- crea un sentido del grupo como comunidad, trayendo la cultura y el idioma del hogar de cada niño a la cultura compartida de la escuela, de modo que cada niño se sienta aceptado y adquiera la sensación de pertenecer allí
- proporciona libros, materiales, imágenes y experiencias que reflejan culturas diversas que los niños no tendrán muchas posibilidades de ver, además de las que representan su vida familiar y su grupo cultural
- inicia conversaciones y actividades para enseñar el respeto y aprecio por las similitudes y diferencias entre la gente
- habla positivamente de las características físicas de cada niño, su familia y su acervo cultural
- evita los estereotipos de cualquier grupo en cuanto a materiales, objetos, idioma
- invita a las familias a participar en todos los aspectos del programa
- visita los museos y recursos culturales de la comunidad
- infunde en todos los temas curriculares perspectivas culturales diversas, evitando el enfoque de "turista"

(NAEYC, 1998)

Tabla 2.1 Todos los niños y sus familias merecen estar en programas en los que se respeten sus vidas y donde puedan enorgullecerse de su acervo cultural.

Hay, además, un claro reconocimiento del cambio y del tiempo que necesitan los niños para realizar cambios y acomodarse a ellos. Hay que dejarles suficiente tiempo para la llegada al colegio y la salida, los saludos, el aseo y tiempos de transición entre actividades. La cantidad de tiempo que se dedica a cada parte de las actividades diarias refleja directamente los valores en los que se apoya la escuela.

También hay aspectos del modelo tradicional que no resultan evidentes de inmediato, al mirar el horario. El papel del docente y los métodos de enseñanza son importantes. Las guarderías suponen que los más pequeños requieren atención individual y deben tener relaciones personales y cercanas con adultos importantes. Por lo tanto, los grupos suelen ser pequeños, por lo común, de menos de 20 niños por clase. La proporción docente-niño es baja, hasta de sólo 6 a 10 niños por docente. Los maestros aprenden sobre el desarrollo y las necesidades del niño mediante la observación e interacción directa, más que con pruebas formales. Trabajan con los niños individualmente y en grupos pequeños y con frecuencia enseñan por medio de conversaciones y materiales. Los docentes siempre alientan a los niños a expresar sus sentimientos y sus pensamientos. Este vínculo entre docente y alumno promueve la confianza en sí mismos, la seguridad y el sentido de pertenencia a la comunidad. Quienes proponen la guardería tradicional creen que estos sentimientos promueven una imagen positiva de sí mismo, relaciones sanas y un ambiente alentador de aprendizaje.

Existen varios programas dentro del marco de la educación preescolar tradicional. Tres variaciones importantes sobre el tema son las escuelas públicas para preescolares, los centros de atención infantil, las escuelas piloto y las guarderías de cooperativas de padres.

Centros públicos previos al jardín de infancia

Cada vez en más estados los distritos escolares ofrecen programas previos al jardín de infancia para

9:00	Los niños llegan a la escuela
9:00–9:45	Juegos libres (en el interior)
9:45	Aseo
10:00	Hora de cantar (en grupo grande)
10:15–10:30	Tiempo de ir al baño/almorzar (grupos pequeños)
10:30–11:30	Juegos libres (en el exterior)
11:30	Aseo
11:45	Hora de cuentos
12:00	Los niños se van a casa

Ilustración 2.1 Un horario de una guardería tradicional de media jornada es la base de los programas de educación para la primera infancia.

niños de 4 años, aunque algunos incluyen también a los de 3. Dependiendo de su objetivo, estos programas se ubican entre las guarderías tradicionales y la atención a jornada completa, sin llegar completamente a ésta. Para algunos, hay que centrarse en la preparación para la escuela; otros dan prioridad a los niños con riesgo de fracaso escolar, que provienen de familias donde no se habla inglés o de familias de ingresos bajos. En estados donde la educación de la primera infancia ha logrado cierto apoyo, todos los niños de 4 años pueden inscribirse, sin tener en cuenta los ingresos familiares.

Centros de atención infantil

Algunas de las primeras guarderías de Inglaterra funcionaban de 8:00 DE LE MAÑANA a 4:00 o 5:00 DE LE TARDE. Fue sólo más tarde en América cuando la guardería evolucionó hacia un programa de media jornada o parte del día. Por lo tanto, la atención infantil no es un fenómeno moderno. El modelo que siguen los centros de atención infantil es diferente al de las guarderías a media jornada. Por definición, un **centro de atención infantil** es un lugar para niños que necesitan atención durante la mayor parte del día. El horario escolar se amplía para acomodarse a la jornada laboral de los padres. El programa copia, aproximadamente, lo que ocurre de ordinario en la rutina de juegos del niño en su hogar. Por lo tanto, los adultos que trabajan en un centro de atención infantil tienen responsabilidades y formación algo distintas. Los centros de atención infantil van dirigidos a lactantes y niños en edad caminar, además de para los de 2½ a 5 años. Esta sección se centra en los centros para la edad de guardería.

La atención infantil posee muchas cualidades singulares.

El horario. Comparemos el horario de una guardería con el de un centro de atención infantil. La mañana comienza despacio. Los niños llegan temprano a la escuela porque sus padres tienen que ir al trabajo. El centro generalmente proporciona el desayuno; algo ligero a media mañana o a media tarde completa el almuerzo del mediodía. Una siesta de 1 a 2 horas para todos los niños les otorga el necesario descanso y equilibra su activo día social con un tiempo de silencio y soledad. El programa incluye además actividades fuera de la escuela—paseos, hora de cuentos en la biblioteca o lecciones de natación—puesto que los niños pasan la mayor parte de sus horas de vigilia en el centro. Cuando se va terminando el día, los niños se reúnen tranquilamente, con menos energía y actividad.

Autorización. La autorización es el proceso de completar todos los requisitos legales, estándares y reglamentaciones para abrir instalaciones de atención infantil. No hay estándares ni normativas nacionales con respecto a la autorización de centros de atención infantil en Estados Unidos. Los gobiernos de los estados y los locales, sin embargo, sí exigen autorización a los centros de atención infantil y hogares de atención diurna en familia. Tampoco existe una agencia central de autorización en cada estado. La competencia de autorización no corresponde al mismo departamento en todos los estados, puede correr a cargo del Departamento de Salud, Educación o Bienestar social. La certificación del personal de atención infantil también depende de opciones locales.

Los grupos de profesionales de la primera infancia están pidiendo una mayor normalización de los procedimientos de autorización para asegurar que los niños reciban el mejor cuidado posible en entornos seguros y saludables. La principal preocupación es establecer normativas eficaces de autorización que se hagan efectivas y aseguren que todos los programas proporcionan una atención adecuada para satisfacer las necesidades básicas del desarrollo infantil. Una reglamentación normalizada de la autorización protegerá a los niños de todos los estratos económicos. Todos los niños serán tratados por igual, ya asistan a una casa de atención diurna en familia en Houston, a un aula "Head Start" en Jacksonville, a un centro de atención infantil en Harlem o a un programa de jorna-

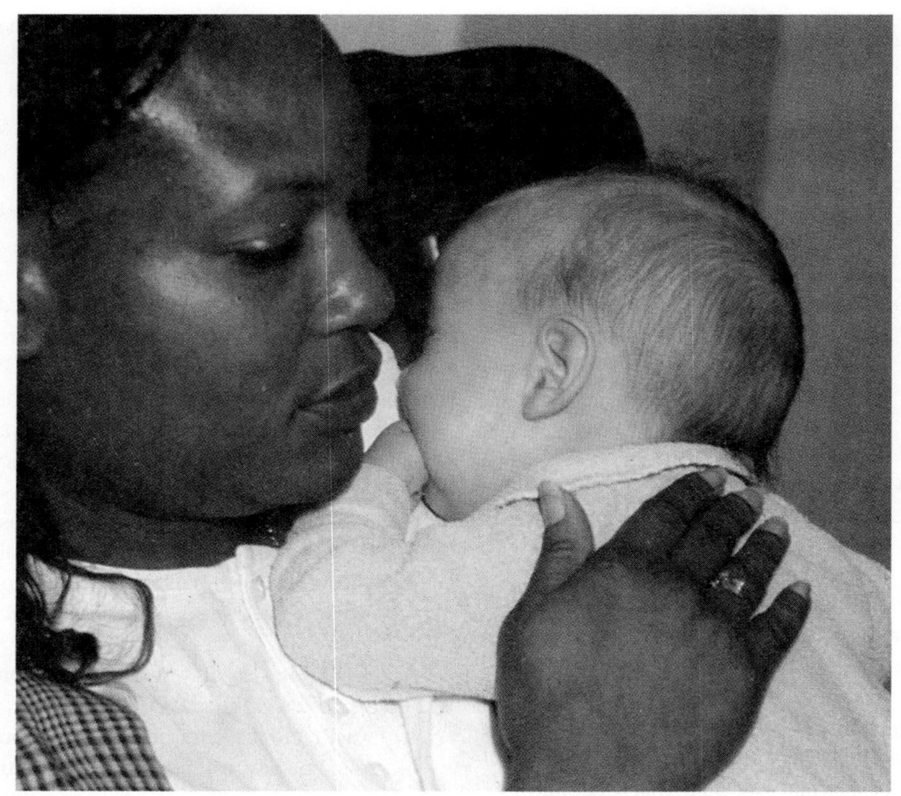

Ilustración 2.2 Atención individual y relaciones cercanas, componentes esenciales de todo programa.

da ampliada de una escuela pública de Sacramento. Los mismos estándares mínimos se aplicarán a las proporciones adulto-niño, a las precauciones adecuadas de seguridad, a las necesidades de salud y nutrición y al nivel de formación y preparación exigible a los cuidadores.

La necesidad de estándares surge de cambios recientes en el ámbito de la primera infancia. El número de niños de los centros de atención ha aumentado. Muchos son lactantes y niños en edad de caminar, una población más joven que la de antes. Los niños pasan más tiempo en atención infantil y hay más programas financiados por agencias, como iglesias, escuelas públicas y empresas privadas con fines de lucro. Con esta mezcla tan surtida, es imprescindible un conjunto común de normas de autorización que asegure el mejor cuidado posible a todos los niños que requieran dicho servicio. (Véanse los capítulos 3, 9, 10 y 15 para más comentarios sobre autorización, reglamentaciones y estándares para programas de primera infancia.)

En 1997, NAEYC hizo pública su posición en apoyo de la autorización y reglamentación por los estados de los programas de educación y atención a la primera infancia (NAEYC, 1998). Aunque la autorización necesita proporcionar protección básica para los niños, NAEYC hace otras recomendaciones en pro de un sistema eficaz de reglamentación, incluyendo las estipulaciones de que:

- Todos los programas que ofrezcan atención y educación a dos o más familias no emparentadas estén reglamentados y que no haya excepciones a este requisito.
- Todos los centros o escuelas que atiendan a 10 o más niños y proporcionen servicios al público estén autorizados.
- Los estados establezcan autorizaciones para individuos, como docentes, cuidadores y administradores de programas.

7:00–8:30	Llegada/desayuno; juegos limitados en el interior
8:30	Reunión de grupos grandes
08:45–9:45	Juegos libres (en el interior)
9:45	Aseo/ir al baño
10:00	Almuerzo ligero (grupos pequeños)
10:15–11:30	Juegos libres (en el exterior)
11:30	Aseo/lavarse las manos
12:00	Almuerzo
12:30	Cepillarse los dientes/ir al baño
1:00–2:00	Siesta
02:00–03:00	Juegos libres (en el exterior)
03:00	Tiempo en grupo
03:15	Merienda (grupos pequeños)
3:30–5:00	Juegos libres en el interior y en el exterior/ hora de biblioteca
05:00	Aseo
5:15–5:30	Partida

Ilustración 2.3 Un horario típico de atención de jornada completa. La mayoría de los programas de atención infantil combinan la educación con la atención de las necesidades básicas.

- Las reglamentaciones de licencias tengan en cuenta la salud, la seguridad, el tamaño de los grupos, proporción adulto-niño y estándares antes y durante los servicios.

De este modo, NAEYC enlaza el éxito de un sistema de reglamentación con el éxito de todo el campo de la educación de la primera infancia. Establecer estándares altos y crear pautas requiere un enfoque integrado de las cuestiones que afectan a todo el sistema de atención y educación infantil en este país. Éstas incluyen enfocar la atención infantil, la salud, el empleo y los servicios sociales como un todo, exigen la comprensión del significado de la calidad, el desarrollo profesional, las oportunidades de promoción profesional, una financiación equitativa para asegurar el acceso a todos los niños y la participación activa de todos los interesados. A menos que se incluyan estos factores, la autorización y la reglamentación tendrán poco impacto.

Personal docente. ¿Qué significa la atención infantil para los maestros? Primero, deben ser conscientes del aspecto maternal de la enseñanza y estar formados para ello. Los niños pueden necesitar más crianza afectuosa, constancia más clara en los límites y rutinas establecidas. Al mismo tiempo, requieren flexibilidad y comprensión individual y un tiempo regular de intimidad con adultos solícitos.

Las necesidades de los padres pueden ser mayores y exigir más tiempo del docente. Los maestros deberían comunicarse con los padres y darles apoyo efectivo. Los padres quieren confiar en los maestros de sus hijos y estar relajados con ellos. Los maestros de un centro de atención infantil consideran valioso el tiempo empleado en saber escuchar y comunicarse con claridad con los padres a propósito de sus hijos; así se construye la confianza y el apoyo que son tan vitales cuando se trabaja con los más pequeños. Los padres de atención infantil pueden requerir un esfuerzo adicional; tienen trabajos de jornada completa además de sus responsabilidades paternales, que minan sus energías. Es preciso un gran esfuerzo de equipo por parte del docente y los padres para asegurar que las líneas de comunicación se mantengan abiertas.

El personal docente tiene, sin duda, horarios partidos, tal vez un turno de mañana y otro de tarde. La administración de este tipo de programa, por lo tanto, es más compleja. Hay que hacer un esfuerzo para que todos los docentes se reúnan regularmente a compartir la información y detalles sobre los niños a su cuidado. Ambos turnos deben estar al tanto de lo que ocurre cuando no están, para que el programa funcione con estabilidad.

Véase el capítulo 15 para más comentarios sobre temas de cuidado infantil.

Necesidad de la atención infantil

La atención infantil en Estados Unidos era principalmente **de custodia**, ofreciendo cuidados físicos y de salud. Pero los tiempos han cambiado. La atención a jornada completa forma parte del modo de vida americano y ofrece programas enriquecidos para un desarrollo total. Miles de familias confían en los centros de atención infantil. Cada día, 13 millones de preescolares, incluyendo 6 millones de lactantes y niños en edad de caminar (Children's Defense Fund, 1998), pasan tiempo en centros de atención y educación infantil. Como se observó anteriormente, el porcentaje de niños que asisten a programas de educación temprana y atención infantil no paterna subió del 30% al

65% entre 1973 y 1997. Cuando significativamente más de la mitad de las nuevas mamás en Estados Unidos están empleadas, se establece un nuevo modelo de vida familiar.

La tasa de divorcios en alza, las familias de un solo progenitor, el movimiento femenino y la economía han contribuido a que la atención infantil sea más necesaria que nunca.

La atención y la educación tempranas de calidad contribuyen al saludable desarrollo cognoscitivo, social y emocional de todos los niños, pero especialmente a los de familias de ingresos bajos[1] (Cost, Quality, and Child Outcomes Study Team, 1995). Con todo, los datos de Children's Defense Fund (1998) pintan un cuadro sombrío para aquellos que más podrían beneficiarse. El costo de la atención infantil, que puede estar entre 4.000 $ y 10.000 $ por año, es desproporcionadamente alto para los padres pobres. La mitad de las familias americanas con hijos pequeños ganan menos de 35.000 $ por año. Casi la mitad de todos los hijos de familias encabezadas por madres solas estaban por debajo del límite de pobreza en 1996, y el número de hogares con un solo progenitor ha aumentado. Una atención infantil buena, a precio asequible y de fácil acceso, que satisfaga las necesidades crecientes de las familias americanas, es uno de los asuntos cruciales de hoy.

La distinción entre la atención infantil (con énfasis en servicios de protección y custodia) y la educación de la primera infancia (que hace hincapié en la escolarización) no está muy clara. Hoy en día, los profesionales de atención infantil reconocen el concepto de atención al niño que es inherente a todos los programas para los más pequeños, y el concepto de educación es parte integral del cuidado de estos niños.

Este deseo de enlazar los servicios de atención infantil con la educación de los más pequeños tiene su mejor expresión en la tendencia a denominar a muchos programas para la primera infancia como de "atención infantil" más que el tradicional "atención diurna".

El término implica que la atención infantil es una parte permanente de la vida americana, e incluye tanto las funciones de enseñanza como las de crianza. Elimina parte del calificativo que se asociaba anteriormente a la atención diurna como una función de custodia, de niñera.

Cuestiones de la atención infantil

Millones de niños asisten todos los días a centros de atención infantil. Las preguntas y preocupaciones, las cuestiones y las controversias se centran en los efectos sobre los niños, que pasan gran parte de sus primeros años atendidos en grupo, y en la calidad de esos cuidados.

Cada día, decenas de padres buscan programas que puedan pagar y proveedores confiables. Un estudio de Carnegie Corporation (1996) confirmó que la calidad de la atención infantil tiene un impacto duradero sobre el bienestar de los niños y su capacidad de aprender, y que demasiados niños de entre 3 y 5 años están en programas que no dan el nivel. También informaron que se ha encontrado que los niños sometidos a atención infantil de mala calidad están retrasados en habilidades de expresión oral y lectura y muestran más agresividad. Bredekamp y Glowacki (1996) resumen sucintamente las cuestiones primordiales de la atención infantil de hoy. "La parte económica de la atención infantil continúa creando un 'trilema', la calidad para los niños, la asequibilidad para los padres, y la retribución adecuada para el personal". Aunque la última década ha traído mayor conciencia del significado de la calidad y lo que cuesta, las soluciones siguen siendo difíciles de lograr.

Un estudio reciente (Cost, Quality and Child Outcomes Study Team, 1995) dijo haber encontrado que el promedio de la atención infantil es de calidad mediocre e identificó ciertas características de una experiencia educativa de alta calidad para niños en ambientes de atención infantil:

- El desarrollo cognoscitivo y el social están relacionados positivamente con la calidad de la experiencia de atención infantil.
- Los niños se benefician emocional, social y cognoscitivamente cuando los centros de atención infantil tienen una proporción alta personal docente/niño, grupos pequeños, cambios de personal poco frecuentes y mejor retribución y formación para el personal docente.

El enfoque de las cuestiones de atención infantil se encuentra en unos cuantos problemas básicos que ame-

LA DIVERSIDAD DE NUESTRO MUNDO LA DIVERSIDAD DE NUESTRO MUNDO LA DIVERSIDAD DE NUESTRO MUNDO LA DIVERSIDAD DE NUESTRO MUNDO LA DIVERSIDAD DE NUESTRO MUNDO

[1] Existe una necesidad imperiosa de que los defensores de la primera infancia sean la voz de los niños pobres y de sectores minoritarios.

nazan la *calidad* de la atención infantil en todo el país. Algunas estadísticas ponen de relieve las cuestiones:

- La tasa anual de cambios en el personal docente de atención infantil es más del 30% (Whitebrook, Howes y Phillips, 1997).
- Treinta y dos estados no exigen formación previa para enseñar en centros de atención infantil, y 39 además del Distrito de Columbia no exigen formación a los que proporcionan atención infantil en familia (Children's Defense Fund, 1998).
- Un estudio de las proporciones niño-personal docente (Snow Teleki y Reguero-de-Atiles, 1996) encontró que menos estados cumplían los estándares recomendados por NAEYC para niños de 4 años en 1995 que en 1981.
- Snow y sus colaboradores (1996) encontraron también que sólo 28 estados cumplían las recomendaciones de NAEYC sobre el tamaño de los grupos para lactantes.

Cada uno de los cuatro indicadores de calidad en programas para los más pequeños está siendo minado. Los sueldos bajos contribuyen a una gran rotación de personal. La calidad de la atención infantil se pone aún más en peligro cuando cada vez son menos los adultos que atienden a los niños.

Sin embargo, los precios para los padres han permanecido relativamente sin cambios en los últimos 15 años. El costo de la atención infantil para las familias, según la Oficina de censos de los Estados Unidos (1996), parece distribuido desigualmente. Familias que ganan 14.000 $ pagan un 25% de sus ingresos mensuales por atención infantil (Children's Defense Fund, 1998). Obtener una atención infantil económicamente asequible para quienes es una carga financiera, es una preocupación importante, que hay que resolver.

A pesar de estas amenazas a la calidad de la atención infantil, se vislumbran señales alentadoras. Un estudio del Departamento de Educación de los Estados Unidos (1990), por ejemplo, observa que el número de centros de atención infantil autorizados se triplicó entre 1976 y 1990, y que los proveedores para la primera infancia mejoraron sus titulaciones y formación.

La National Academy of Early Childhood Programs informa que, hasta junio de 1998, se han acreditado 6.038 programas, y que 11.913 están en proceso de estudio. Un ochenta y cinco por ciento de los que comienzan el autoestudio siguen el proceso de acreditación.

La ley Child Care and Development Block Grant fue aprobada por el Congreso en 1990, y es la que ofrece mayor cobertura para la atención infantil hasta la fecha. Un hito en la legislación, esta ley incluye un programa de ayuda directa a padres de bajos ingresos por medio de certificados de atención infantil que pueden usarse para adquirir servicios de los proveedores. Seguramente tendrá que pasar por los tribunales porque concede bonos a los padres para pagar la atención infantil en centros relacionados con la iglesia. Además, la ley procura la ampliación de los servicios "Head Start" a la atención de jornada completa y durante todo el año, para programas de atención antes y después de la escuela y un "crédito sobre impuestos a los ingresos por trabajo" para familias de bajos ingresos. La mejora de los estándares para la atención infantil e incentivos a las empresas que la proporcionen también están incluidos en esta legislación.

¿Dónde se encuentran los niños que están en atención infantil? ¿Qué tipo de centros eligen generalmente los padres? Se ha alterado dramáticamente un modelo que se venía utilizando hace 30 años: a principios de la década de 1960 sólo uno de cada tres preescolares de madres trabajadoras estaba inscrito en un centro de atención infantil.

En 1996, casi la mitad eran atendidos en centros de atención infantil o en casas de atención infantil en familia, y la mayor parte de los restantes están al cuidado de la familia o parientes [1] (Oficina de censos de los Estados Unidos, 1996).

El trabajo en la atención infantil es largo e intenso y los sueldos no son envidiables. Esto crea una rotación rápida de personal y una falta de entusiasmo. La atención infantil de tiempo completo es cara. A veces es demasiado costosa para que los padres mal pagados o desempleados puedan permitirse una atención de calidad. Ocasionalmente, algún centro hace recortes para que los costos sean razonables, pero tales ahorros suelen ir en detrimento de los niños.

LA DIVERSIDAD DE NUESTRO MUNDO LA DIVERSIDAD DE NUESTRO MUNDO LA DIVERSIDAD DE NUESTRO MUNDO LA DIVERSIDAD DE NUESTRO MUNDO LA DIVERSIDAD DE NUESTRO MUNDO

[1] Un desglose por etnias de las personas que utilizan la atención infantil muestra que el 46% de los hispanos, el 62% de los euroamericanos y el 66% de los afroamericanos suelen recibir atención infantil complementaria por personas distintas a los padres (Departamento de Educación de los Estados Unidos, 1995).

Las cuestiones se pueden reducir a lo esencial: cómo extender la atención infantil de calidad a un costo asequible y al mismo tiempo ocuparse de la falta de compensación salarial y las prestaciones tan urgentemente debidas a los profesionales de la educación de la primera infancia que subvencionan la empresa. En el capítulo 15 se trata la cuestión de la atención infantil con mayor profundidad.

La atención infantil en familia

La atención infantil en familia es un servicio que se ocupa de los niños evocando a una gran familia. El proveedor del servicio recibe un reducido número de niños en su domicilio. El número de niños puede ir de 2 a 12, pero la mayor parte de los hogares mantienen una proporción adulto-niño baja, aceptando no más de 6 niños. El diecisiete por ciento de las mamás de niños de menos de 5 años eligen la atención en familia, y, cuando se combina con el 25% que tienen parientes que cuidan de sus hijos, (Oficina de censos de los Estados Unidos, 1996), ésta resulta una de las opciones más populares.

La ubicación de la casa, a veces dentro del mismo vecindario del niño, ofrece a los padres que trabajan un servicio más íntimo, flexible, conveniente y posiblemente más económico. Los niños de una casa de **atención infantil en familia** pueden ser desde lactantes hasta escolares que son cuidados después de las horas normales de clase.

Trawick-Smith y Lambert (1995) han observado cuatro diferencias claras entre los proveedores de atención infantil en familia y los que trabajan en centros de atención infantil. Como suelen cuidar de lactantes, preescolares y escolares, el rango de niveles de desarrollo con el que tratan los proveedores de atención infantil en familia puede tener diferencias de hasta 12 años. Eso presenta un desafío para desarrollar experiencias y actividades para un grupo de niños de edades diversas. Los proveedores de atención infantil en familia trabajan y viven en el mismo sitio, lo que representa problemas logísticos de almacenamiento, definición de espacios y lugar de actividades. Con frecuencia, los proveedores de atención infantil en familia incluyen a sus propios hijos en sus programas, lo cual puede provocar en ellos problemas de separación y autonomía además de no poderles dedicar el tiempo suficiente como padres. Los proveedores de atención infantil en familia son administradores y gerentes además de maestros y cuidadores, ocupándose de presupuestos y cobro de cuotas.

Ventajas. La atención infantil en familia tiene muchas ventajas. Es especialmente adecuada para niños a quienes les va bien en grupos pequeños o cuyos padres prefieren que estén en un ambiente familiar. Es especialmente apropiada para lactantes y niños en edad de caminar. Las casas de atención infantil en familia suelen tener horarios flexibles para satisfacer las necesidades de los padres que trabajan. También pueden hallarse ventajas en la diferencia de edades. La constancia y estabilidad de tener un solo cuidador durante los primeros años y un grupo familiar de niños, proporcionan un ambiente hogareño que resulta especialmente apropiado para lactantes y niños en edad de caminar.

Los proveedores de atención infantil en familia dirigen su pequeño negocio en su propia casa. Proporcionar atención infantil es un recurso para que las mujeres que desean permanecer en su hogar con sus hijos contribuyan a los ingresos familiares. Satisfacer los requisitos de autorización, cumplir todas las tareas administrativas de un negocio y un programa educativo, estar al día con las exigencias fiscales federales, del estado y locales, son parte del profesionalismo necesario para este tipo de solución de atención infantil.

Desafíos. La atención infantil en familia también tiene sus desventajas. Muchas de estas casas no están reglamentadas; es decir, no las financia nadie ni hay agencias que hagan cumplir los requisitos de calidad y una gran cantidad de ellas están exentas de autorización del estado.

El control de una agencia autorizante y la formación en desarrollo infantil, son los dos factores importantes que afectan a la calidad de los programas de atención infantil en familia. Según Child Care Action Campaign de Nueva York, existen al menos un millón y medio de proveedores de atención infantil en familia, sólo un 20% de los cuales están reglamentados. La formación de carácter anual es obligatoria para los proveedores de atención infantil en familia sólo en 13 estados (Children's Defense Fund, 1998).

Los proveedores de atención infantil en familia pueden sentirse aislados del resto de profesionales del campo de la atención infantil. Una señal esperanzadora, sin embargo, es que se están incluyendo más artículos sobre atención infantil en familia en las publicaciones profesionales y las conferencias y talleres sobre la primera infancia están empezando a incluir temas sobre los proveedores de este tipo de servicio. Se ha constituido la National Association for Family Child

La atención infantil en familia

Jackie McCormick

Es temprano por la mañana, un lunes de julio. El sol entra a raudales por las ventanas de la sala de juegos, aunque pasan sólo unos minutos de las 7 DE LE MAÑANA. Mi casa ya está viva con el sonido de bloques que caen, camioncitos que ruedan como dados por el pasillo, y los gritos y chillidos de niños que juegan. Una mamá deja a su niño de dos años, en pijama, con chupete y agarrando una mantita. Carlos y su mamá han estado peleando durante semanas, porque Carlos se niega a que lo vistan temprano. De modo que recibo a este "lento para empezar" de su mamá para acurrucarlo unos minutos. Tomamos el desayuno, charlamos sobre sus nuevas tortugas Ninja, y pronto se reúne con los demás niños en la sala de juegos. Antes de salir a jugar afuera, le pongo su ropa de jugar y guardo su chupete y su mantita en su canasto hasta la hora de la siesta. Para Carlos y su agobiada mamá, un poco de flexibilidad en la rutina matinal da mucho juego para eliminar una batalla potencialmente enredada y permite que un remolón se ajuste más cómodamente a la mañana.

En realidad, la flexibilidad es la piedra angular de la atención infantil exitosa en el hogar, y un elemento esencial para construir relaciones entre el proveedor y el niño. La flexibilidad me permite adaptarme al cambiante horario de los padres, a los cambiantes horarios de sueño de los niños, e incluso modificar las actividades diarias según el tiempo cambiante. Permaneciendo flexible, en especial con las necesidades de los niños, he construido una relación personal y profunda con cada uno de los niños que cuido. Encuentro maneras de adaptarme a sus horarios lo más posible, en vez de forzarlos a encajar en la rutina del centro.

Esto no quiere decir, sin embargo, que nuestros días no estén estructurados. Pero las actividades diarias se aproximan más a las de una vida familiar bien planificada que a una guardería. Más que dirigirlo, su juego se supervisa. Las lecciones básicas de la vida se refuerzan en una atmósfera hogareña—come comida sana, descansa bien, respeta turnos, haz preguntas, crea con libertad, exprésate. En realidad, mi filosofía es tratar a cada niño como si fuera mío y construir la misma clase de vínculos que forman las familias. Aunque nunca tomaré el lugar de mamá y papá, por lo menos puedo proporcionar un refugio seguro donde los niños jueguen, aprendan y crezcan.

Si hay un lado desfavorable en la atención infantil en familia, es la intrusión del negocio en mi propia vida familiar—cómo se hace borrosa la frontera entre mis dos carreras. Para mis hijos no es fácil tener a otros niños que pasan largas horas en nuestra casa, invaden su territorio y tienen un vínculo fuerte con su mamá. La mayoría de las tardes reclaman mi atención, rebosantes de noticias de su día e impacientes por tener mi atención exclusiva. Me resulta difícil (como a cualquier mamá que trabaja) ser enérgica, entusiasta o paciente con mi propia familia después de que se ha ido mi "otra familia". Me siento frustrada, también, por no tener mucho tiempo para mí misma, ni siquiera mucha conversación con adultos más allá de las cortesías intercambiadas con mis clientes.

A pesar de estas desventajas, siento que la atención infantil en familia es una profesión muy enriquecedora. La satisfacción que obtengo con cada abrazo, con cada dibujo de crayones brillantes, de cada primer paso tambaleante o primera palabra gorjeada, es una recompensa por una tarea bien hecha. Mi familia ampliada me mantiene en continuo desafío y muy, muy atareada, pero también me conserva eternamente joven.

Jackie McCormick proporciona atención infantil en familia.

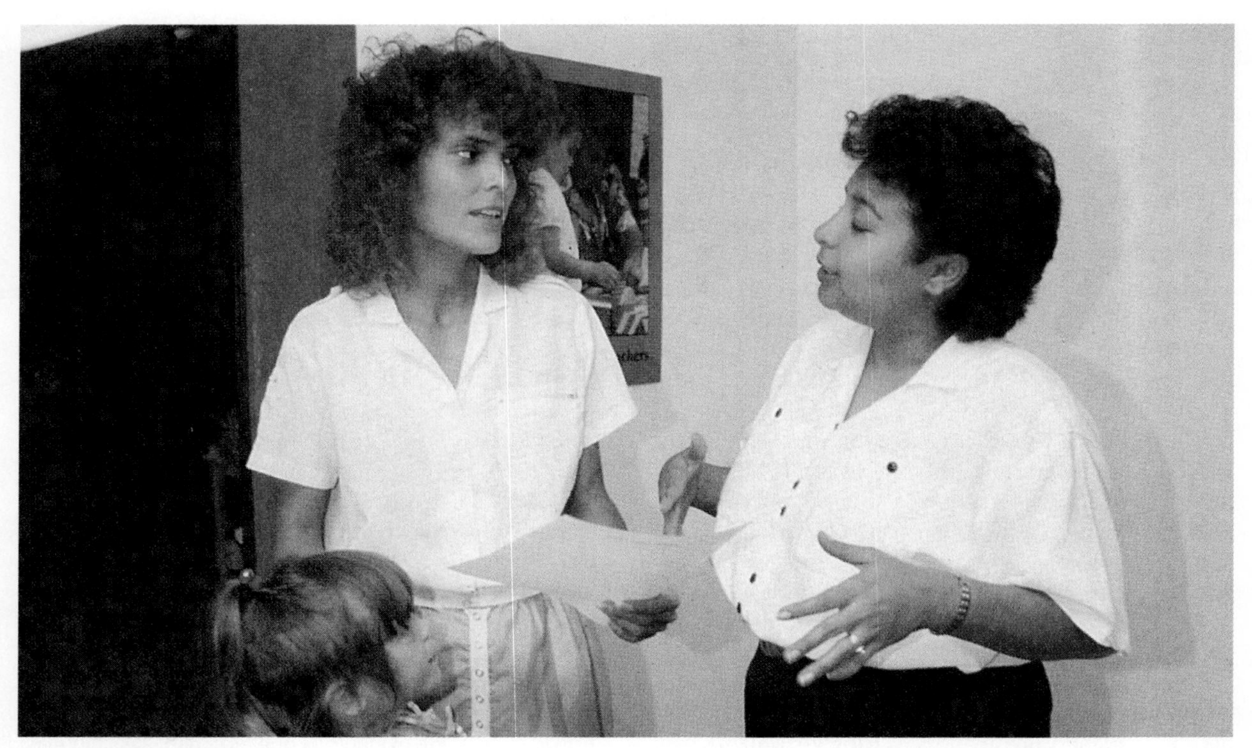

Ilustración 2.4 El proveedor de atención infantil en familia lleva un pequeño negocio en su casa. Es lo bastante flexible para adaptarse a horarios de trabajo cambiantes y a las necesidades de los niños.

Care, una red de proveedores de atención infantil en familia, que edita una publicación trimestral de interés para sus socios.

El estudio "Study of Children in Family Child Care and Relative Care" dirigido por Families and Work Institute (Galinsky, Howes, Kontos y Shinn, 1994) realizó muchas observaciones importantes con respecto a la atención infantil en familia. Encontraron que:

- Las familias escogen proveedores de su misma raza y nivel de ingresos.
- Dejando aparte los factores étnicos y económicos, los padres y proveedores acordaron que las características de una atención de calidad eran éstas: (1) la seguridad del niño; (2) la comunicación entre padres y proveedores sobre el niño y (3) las relaciones estrechas y atentas entre el proveedor y el niño.
- Las características de los proveedores que afectan a la calidad de la atención infantil eran: (1) estaban comprometidos con la atención de los niños y sentían que su trabajo era importante; (2) participaban en formación sobre atención infantil en familia e intentaban aprender más sobre desarrollo infantil y experiencias planificadas para los niños a su cargo; (3) trabajaban en colaboración con otros proveedores y participaban en el proceso de reglamentación de su estado; (4) se ocupaban de grupos ligeramente más numerosos y tenían proporciones adulto-niño más altas, (5) cobraban más y seguían las prácticas comerciales y de seguridad corrientes.

El estudio también identificó problemas, el más destacable era que sólo la mitad de los niños observados en estas casas mostraban vínculos seguros con sus proveedores y que sólo el 9% de las casas estudiadas eran de buena calidad. También encontraron que los niños de familias de bajos ingresos reciben una atención de inferior calidad a la que reciben los de ingresos altos, y que los niños de minorías están bajo atención

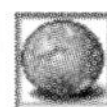

de calidad algo inferior a los de familias no minoritarias.[1] Estas dos últimas cuestiones pueden estar relacionadas con el hecho de que los centros de atención infantil para familias de bajos ingresos han sido históricamente subvencionados por el gobierno, pero los proveedores de servicios en el hogar todavía no pueden acceder a esos fondos.

Este tipo de atención podría ser una estrella en la galaxia de opciones de atención infantil. Pequeño y personalizado, ofrece a los padres una opción interesante con centro en el hogar. Es evidente, con todo, que hace falta encarar una mayor reglamentación de estándares, disponibilidad de formación para proveedores y conciencia de las ventajas que ofrece la atención en familia. Para quienes necesitan atención infantil, ésta debería ser una alternativa viable; para los que quieren trabajar en su casa, este oficio debería merecer una seria consideración.

Los artículos de los cuadros de atención contribuyen a aumentar nuestra comprensión de la atención infantil en familia. En este capítulo, Jackie McCormick, proveedora de atención infantil en familia durante largo tiempo, da ideas sobre este tipo de atención. En el capítulo 8, Yvonne Rickets ofrece la opinión de los padres sobre este tema.

Los niños en el lugar de trabajo

Atención infantil financiada por empresarios

La atención infantil financiada por empresarios se refiere a las instalaciones para atención infantil en el lugar de trabajo, o cerca, que procura la empresa o industria. Hospitales, fábricas, universidades y bases militares suelen ofrecer este servicio.

El papel de la industria y la empresa en la atención de niños en grupos tiene una historia sobresaliente, aunque breve. El ejemplo más notable en este país es el de los centros de los astilleros Kaiser durante la Segunda Guerra Mundial (véase el artículo de las páginas 1-6 sobre estos centros). Cuando la atención infantil se consideró importante para, ganar la guerra, el gobierno y la industria unieron fuerzas para ofrecer atención infantil de calidad en los centros industriales. Recientemente, este modelo se ha considerado como un modo en el que las empresas pueden ayudar a los padres trabajadores a encontrar un servicio de atención infantil de calidad.

La cantidad de mujeres que trabajan fuera de su hogar y el aumento de familias monoparentales nos llevan a considerar el lugar de trabajo como solución lógica para las necesidades de atención infantil. Los empresarios que lo han puesto en práctica afirman que este tipo de servicio mejoran la moral, la contratación y la retención de los empleados. Para los padres, está el atractivo añadido de tener a sus hijos cerca y ser parte de su proceso educativo.

La industria ha comenzado a responder a la necesidad de crear una estructura de apoyo a las

Ilustración 2.5 Cada vez son más las entidades y empresas, incluso los hospitales, que ayudan a los padres ofreciéndoles instalaciones de atención infantil dentro de sus lugares de trabajo.

LA DIVERSIDAD DE NUESTRO MUNDO LA DIVERSIDAD DE NUESTRO MUNDO LA DIVERSIDAD DE NUESTRO MUNDO LA DIVERSIDAD DE NUESTRO MUNDO LA DIVERSIDAD DE NUESTRO MUNDO

[1] La responsabilidad de satisfacer las necesidades de atención infantil de todas las familias debería compartirse más equitativamente entre los empresarios, los gobernantes y las familias.

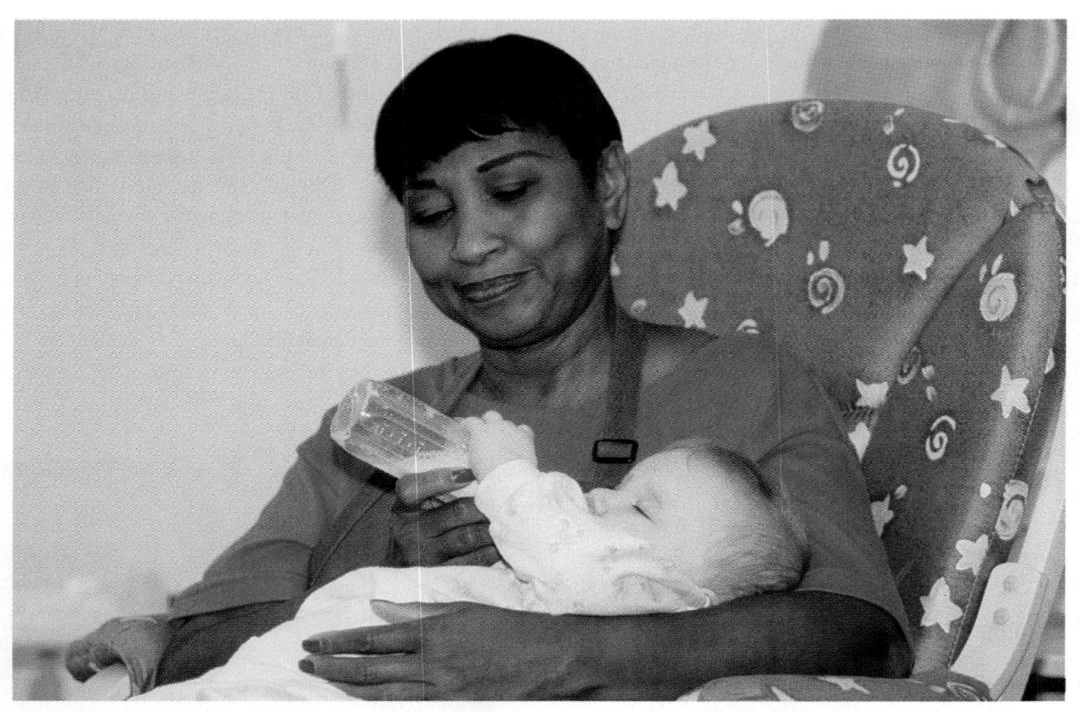

Ilustración 2.6 Las rutinas, como la alimentación, proporcionan el equilibrio en un día activo y ajetreado en el centro de atención infantil.

mujeres que combinan el trabajo y la familia. La atención infantil se ha convertido rápidamente en un asunto corporativo, llevando a un observador de tendencias a afirmar que la atención a cargo del empresario es "el nicho de crecimiento más explosivo en el ruedo de la atención infantil" (Neugebauer, 1998), con la participación de sociedades grandes y pequeñas. En 1990, el 64% de los empresarios con más de 2.000 empleados ofrecieron alguna forma de asistencia en atención infantil. En 1995, el número aumentó hasta llegar al 85%. Neugebauer (1998) define este crecimiento de otra forma. En un periodo de 8 años, entre 1989 y 1996, las grandes organizaciones de gerencia que ofrecían centros de atención infantil financiados por los empresarios aumentaron un 750% mientras que el mercado de la atención infantil en general aumentó alrededor del 50%.

Las agencias gubernamentales están entre los centros de trabajo que ofrecen posibilidades de atención infantil. El gobierno federal tiene más de mil centros y financia a casi 10.000 proveedores de atención infantil en familia para uso del personal militar (Neugebauer, 1998).

Se destacan diversas tendencias. Cada vez más compañías están contratando organizaciones de gerencia para gestionar sus instalaciones de atención infantil, en lugar de mantenerlas ellas mismas. Los empresarios también insisten en la calidad, y los centros están siendo acreditados a través de NAEYC. El estudio (1995) re-veló que los centros en el lugar de trabajo que reciben subvenciones de los empresarios figuraban entre los mejores en cuanto a calidad.

Entre las prestaciones que pueden encontrar los empleados que cuenten con esta opción están: licencia por nacimiento, horario flexible, descuentos por grupo corporativo en centros locales o casas de atención infantil en familia, servicios de recursos y derivación, reducciones en el salario antes de impuestos para atención infantil, bonos para adquirir atención infantil, espacios reservados en los centros de atención infantil financiados por la compañía.

Las compañías emplazadas cerca una de otra pueden colaborar en el costo de estas prestaciones. Estas señales de crecimiento son positivas y tienen probabilidad de continuar. A pesar del avance, la atención infantil a cargo del empresario no llega a alcanzar el 1% del total de empleados (Neugebauer, 1998).

Escuelas en el lugar de trabajo.

Una consecuencia reciente de la atención infantil financiada por los empresarios ha sido una inesperada colaboración entre empresas y los distritos escolares públicos. En Florida y Minnesota se han abierto jardines de infancia en espacios cedidos gratuitamente por las compañías, mientras que el distrito escolar proporciona el personal y los materiales. Los niños pueden ir al trabajo con sus padres y asistir a la escuela para recibir un programa de atención infantil hasta la hora que sus padres vuelven a casa. Este innovador programa, que está abierto a empleados de otras empresas locales, espera ofrecer primer grado y otros grados de primaria en el futuro, y es un modo de que las empresas se sensibilicen más con las necesidades de las familias. Es una tendencia que merece la pena observar.

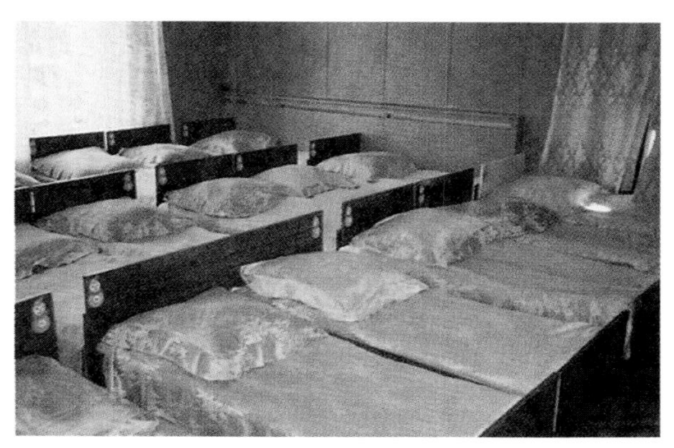

Ilustración 2.7 La atención infantil en el mundo: una habitación para la siesta en un centro ruso de atención infantil.

Escuelas piloto

Las escuelas piloto de facultades y universidades están entre los primeros centros de preescolares que se abrieron en los Estados Unidos. Suelen centrarse en la formación de magisterio, la investigación y la educación innovadora. Estas escuelas sirven como patrón para programas modelo en la educación de la primera infancia. Amplían nuestros conocimientos sobre los niños, el desarrollo infantil y los métodos de enseñanza. Parte importante de la educación en Estados Unidos, a menudo están mantenidas o subvencionadas por la entidad universitaria.

Como parte del movimiento de estudio infantil, las escuelas piloto reunieron información que antes se ignoraba sobre los niños y el desarrollo infantil. Entre las pioneras podemos destacar la de Hampton Institute en 1873, la de la Universidad de Chicago, fundada por John Dewey en 1896, Bank Street School en 1919, iniciada por Harriet Johnson y la guardería piloto de Columbia Teacher's College, abierta en 1921 por Patty Smith Hill. A finales de la década de 1920, las universidades de Vassar, Smith y Mills abrieron escuelas piloto. Poco después de la Segunda Guerra Mundial se abrió la de Stanford University, Bing Nursery School. Mucho más recientemente, los recintos universitarios de las comunidades han seguido la huella de estos pioneros. Los centros de atención infantil de los recintos universitarios han comenzado a combinar en una sola ubicación servicios de atención infantil con la función de centro piloto de magisterio. Los tipos de escuela y sus funciones varían, dependiendo de la filosofía educativa y las necesidades de la universidad y de sus alumnos.

Cualesquiera sean sus propósitos específicos, las escuelas piloto aumentan nuestra comprensión de los niños. Suelen ser excelentes lugares para que los docentes novatos aprendan formas de enseñar a los niños. Fomentan la unión de la psicología, medicina y otros campos relacionados con la educación de la primera infancia, y sirven como modelos profesionales para el público general sobre lo que es bueno en atención y educación infantil.

El aislamiento del recinto universitario restringe en ocasiones el número y el tipo de niños inscritos. El programa en sí está hecho para satisfacer las necesidades de los alumnos de magisterio que, bajo la guía de personas formadas, llevan a cabo buena parte de la enseñanza. El calendario universitario quizás no pueda acomodarse a las necesidades de los niños en cuanto a atención a jornada completa y todo el año. Además, los docentes formados en las escuelas piloto tendrán que ajustarse a las realidades de los centros escolares en los que trabajen después, los cuales, normalmente, contarán con menos recursos y proporciones personal-niño más altas.

Cooperativas de padres

Las escuelas de cooperativas de padres están organizadas y dirigidas por los padres. Este tipo de centro para la primera infancia ofrece una oportunidad única para que los padres se involucren en la educación de sus hijos. La primera cooperativa de padres, Chicago Co-operative Nursery School, fue abierta en 1915 por esposas del claustro de la Universidad de Chicago.

Ilustración 2.8 Hay similitudes entre todos los programas, pero la relación entre padres, niños y cuidadores es una consideración universal.

Las escuelas de cooperativas de padres pueden ofrecer programas de atención infantil a media jornada o jornada completa y suelen ser organizaciones sin fines de lucro. Son similares a las otras guarderías, con dos notables excepciones. En primer lugar, los padres organizan y mantienen la escuela: contratan a los docentes, compran los elementos y el equipo, reclutan socios, reúnen fondos, influyen en la filosofía de centro y gestionan el presupuesto. Segundo, tradicionalmente, se requería que los padres o sus sustitutos participaran en el aula regularmente. En vista de los patrones actuales de trabajo familiar y la imposibilidad de disponer de muchos padres, este requisito ha sido modificado en la mayoría de los programas. Se contratan más docentes profesionales, u otros padres que tienen disponibilidad reciben una retribución por sustituir a los que no pueden trabajar en el centro.

Las escuelas de cooperativas funcionan bien por muchas razones. Populares entre las parejas jóvenes, tienen costos de operación bajos, el atractivo de estar con padres en circunstancias similares y el apoyo mutuo que se genera entre socios de una cooperativa. Nacen amistades entre padres que comparten la crianza de sus hijos como partícipes de su propia educación y de la de los niños. Pero lo que una cooperativa no cuesta en dinero, puede costarlo en tiempo. Por su misma naturaleza, las cooperativas pueden excluir a los padres que trabajan, a menos que otro adulto los sustituya en la participación en el aula. El mantenimiento es en gran parte responsabilidad de los padres; deben programar sesiones regulares de trabajo para reacondicionar las instalaciones.

Dependiendo del tamaño de la escuela, los padres contratarán uno o más docentes profesionales. Estos docentes deben poder trabajar bien con adultos, tener capacidad de confeccionar planes de estudio y crear técnicas de guía y disciplina. Como muchas de estas cooperativas requieren reuniones semanales o mensuales de los padres, el personal docente también ha de ser competente en la educación de éstos. Los temas de desarrollo y crianza infantil forman parte de los debates de casi todas las guarderías de cooperativa y requieren un docente experimentado para moderarlas. El papel del docente en este tipo de centro es, por lo tanto, doble: proporcionar una experiencia educativa sólida para los más pequeños guiar y dirigir a los padres en su propio aprendizaje.

Programas relacionados con la iglesia

Las escuelas relacionadas con las iglesias son las que pertenecen o son dirigidas por una congregación u otra organización eclesial reconocida. Se las considera parte del servicio a la comunidad de esa congregación o extienden su ámbito y representan el ministerio de la iglesia a las familias. Dos tercios de los programas relacionados con la iglesia son de la iglesia local o dirigidos por ella; el tercio restante lo gestionan terceros que alquilan espacio a la iglesia pero no forman parte integrante del programa de la iglesia. Muchas confesiones diferentes albergan una variedad de programas de educación y atención infantil.

A lo largo de la historia de la nación, las iglesias han demostrado su preocupación por el bienestar de los niños y sus familias. Fueron las iglesias las que establecieron muchas de las primeras escuelas, promoviendo la educación infantil. A finales del siglo pasado, las iglesias tenían guarderías diurnas y casas de acogida para hijos de inmigrantes y mamás pobres que trabajaban. Más tarde se fundaron hospitales y orfanatos y las iglesias defendieron los derechos de los niños y la creación de leyes sobre trabajo infantil. En cada época, según las condiciones sociales y económicas, las iglesias han respondido a las necesidades de los niños.

Papel en la atención infantil

No sorprende, por tanto, encontrar que hoy en día las iglesias están profundamente involucradas en la atención infantil; hay más de 20.000 programas funcionando en iglesias de todo el país, y más del 75% lo hacen a jornada completa, respaldando la alegación de que las iglesias constituyen el mayor proveedor de atención infantil de los Estados Unidos (Lindner, Mattis y Rogers, 1983).

Los programas de las iglesias tienen una base amplia. Es típico encontrar grupos de niños en edad de caminar, clases de guardería a jornada parcial o completa, atención durante todo el día y después de la escuela. Algunas iglesias patrocinan programas para niños con necesidades especiales y para hijos de temporeros agrícolas. Sirven a la comunidad en general y rara vez restringen la participación a su propia feligresía o credo.[1]

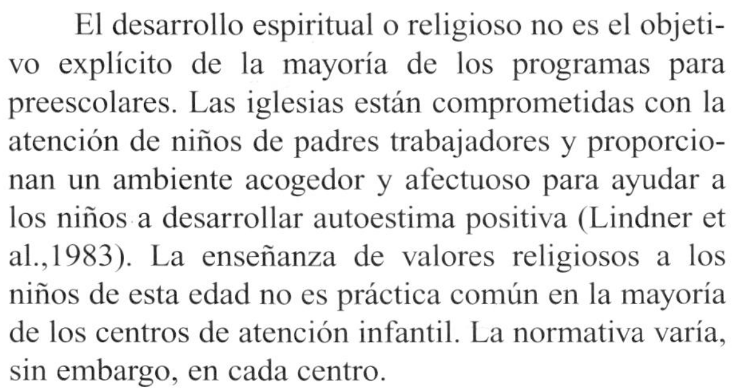

El desarrollo espiritual o religioso no es el objetivo explícito de la mayoría de los programas para preescolares. Las iglesias están comprometidas con la atención de niños de padres trabajadores y proporcionan un ambiente acogedor y afectuoso para ayudar a los niños a desarrollar autoestima positiva (Lindner et al.,1983). La enseñanza de valores religiosos a los niños de esta edad no es práctica común en la mayoría de los centros de atención infantil. La normativa varía, sin embargo, en cada centro.

El uso del espacio es el principal apoyo que las iglesias ofrecen a los programas de atención infantil. Conocidas como "benign landlords" (propietarios benignos) (Lindner et al., 1983), las iglesias normalmente ofrecen alquiler muy bajo o nulo y pueden subvencionar los servicios generales, de mantenimiento, reparaciones y algún seguro. La condición de entidades sin fines de lucro exentas de impuestos de las iglesias se suele aplicar a programas de atención infantil que existen como parte del ministerio de la congregación. Sin embargo, los programas de las iglesias sufren las mismas indignidades que otras instalaciones de atención infantil, como salarios bajos para el personal y prestaciones escasas o inexistentes.

Entre los problemas corrientes que surgen en los programas desarrollados en los centros de las iglesias se encuentran compartir espacio con otros programas de la iglesia, cambios frecuentes en la conducción del grupo que la gobierna, normativas y procedimientos confusos en cuanto a los grupos de toma de decisión dentro de la iglesia, y estructuras inadecuadas de gobierno eclesial en la reglamentación del funcionamiento del programa de atención infantil.

Escuelas académicas de las iglesias. Las escuelas de las iglesias satisfacen los requerimientos de los padres que buscan una alternativa educativa en un contexto religioso. Muchas confesiones se ocupan de niños desde la primera infancia hasta el preuniversitario. La relación con las organizaciones eclesiales individuales y la filosofía académica varían de un caso a otro.

La controversia entre iglesia y estado. Dos cuestiones controvertidas con respecto a los programas eclesiales son la autorización y los fondos gubernamentales. La concesión, que fue un hito federal, del Child Care and Development Block aprobado por el Congreso en 1990

LA DIVERSIDAD DE NUESTRO MUNDO LA DIVERSIDAD DE NUESTRO MUNDO LA DIVERSIDAD DE NUESTRO MUNDO LA DIVERSIDAD DE NUESTRO MUNDO LA DIVERSIDAD DE NUESTRO MUNDO

[1] Las iglesias y sinagogas han estado a la vanguardia en la provisión de atención y educación a las poblaciones menos favorecidas de niños y familias en Estados Unidos, incrementando la diversidad de opciones de programas para todas las familias.

permite actualmente que los padres empleen los fondos en programas de su elección, incluso en los religiosos. Es muy posible que esta decisión llegue a los tribunales muy pronto. Quienes apoyan esta cuestión citan el derecho de los padres a elegir la atención de sus propios hijos y el hecho de que nueve de cada diez organizaciones con el mayor número de centros de atención infantil son de cariz religioso. Los que se oponen al empleo de fondos públicos en cualquier centro de la iglesia arguyen que la Primera enmienda prohibe tal uso de dinero del gobierno.

La mayor parte de los grupos religiosos apoyan la necesidad de reglamentaciones y cumplen los trámites de autorización, incluso cuando su estado los exime. Los profesionales de la primera infancia, junto con muchos líderes de iglesias, están profundamente preocupados porque la exención de hasta los mínimos estándares no sólo debilita el esfuerzo nacional por crear normas uniformes para la atención infantil, sino que amenaza la seguridad y el bienestar de los niños.

La atención infantil con fines de lucro

Llamados a veces de "proprietary child care" (atención por concesionarias), los establecimientos con fines de lucro representan más de la tercera parte de los centros de atención infantil. En los últimos 20 años han crecido rápidamente varias cadenas nacionales de centros de atención infantil, algunas de las cuales controlan entre 100 y 1.000 centros. La atención infantil con fines de lucro se consideró una buena oportunidad de inversión, por lo que las empresas florecieron y crecieron. Este campo está dominado por un pequeño número de grandes compañías, creando cadenas de atención a lo largo de todo el país, especialmente como gerentes de programas financiados por los empresarios o concediendo franquicias a centros.

Los centros con fines de lucro ofrecen una variedad de programas para satisfacer las necesidades de los padres. Hay programas para lactantes y niños en edad de caminar, de preescolares, jardines de infancia, atención antes y después del horario escolar, además de sesiones de verano, para conveniencia de los padres que trabajan. Muchos programas están ampliándose para abarcar jardines de infancia y grados de primaria, y algunos están abriendo escuelas concertadas (Neugebauer, 1998). Criticada en sus orígenes por los bajísimos sueldos, falta de prestaciones y un personal docente menos preparado (Meisels y Sternberg, 1989), la calidad de la atención con fines de lucro ha mejorado; sin embargo, la preocupación principal del 80% de los ejecutivos de las organizaciones de atención infantil con fines de lucro de la nación es la escasez de maestros cualificados (Neugebauer, 1997, 1998). Una de las cuatro cadenas más grandes ha establecido como objetivo de la empresa la acreditación de sus 500 centros, y está en camino de conseguirlo (Neugebauer, 1997).

Muchos de los propietarios de estas empresas proporcionan atención en los parques industriales o se centran en la atención infantil a cargo de los empresarios. El futuro de este sector tal vez esté en el campo de la atención a los ancianos,[1] ámbito que puede proporcionar la oportunidad de crecimiento de las organizaciones de atención infantil en los próximos años (Neugebauer, 1997).

Niñeras

Originado en Inglaterra, el empleo de niñeras se popularizó durante la década de 1980 como opción para los padres que podían permitirse tener atención infantil en su hogar. Se encuentran programas de formación de niñeras en entidades universitarias de las comunidades y escuelas de formación profesional, donde los estudios pueden incluir desarrollo infantil, nutrición y relaciones familiares. Las condiciones de vida varían; algunas niñeras viven en el domicilio del niño y otras no, y pueden ser o no responsables del mantenimiento de la casa y de la comida. *Au pairs* se diferencian de las niñeras en que sólo se les permite estar un año en Estados Unidos y no reciben ninguna preparación especial para su papel en la atención de los niños.

Escolarización en el hogar

Tradicionalmente, los padres que optaban por no inscribir a sus hijos en escuelas sino por enseñarles en casa lo hacían por motivos religiosos. Un número creciente de los niños escolarizados en casa, que se calculan en 1,23 millones (Viadero, 1997), sin embargo, están aprendiendo en sus hogares debido al descontento de sus padres con las escuelas públicas, lo que

1 Ya existen muchos centros en los que un enfoque intergeneracional de la atención infantil incluye a los más pequeños y a los ancianos.

refleja sus preocupaciones por la violencia en las escuelas, la mala calidad académica y la influencia de los compañeros (Schnaiberg, 1996). A pesar de que la escolarización en el hogar es legal en los 50 estados y el Distrito de Columbia, las reglamentaciones varían mucho en cuanto a titulación de los maestros, evaluaciones y responsabilidad. National Association of Elementary School Principals y National Education Association, han criticado la escolarización en el hogar, en parte por su falta de control de calidad. Los estudios muestran que la mayoría de los niños escolarizados en el hogar provienen de familias de dos progenitores, de clase media[1] (Schnaiberg, 1996).

Un estudio de ámbito nacional (Vaidero, 1997) encontró que los alumnos escolarizados en casa tenían mejores resultados que los de escuelas públicas en la mayor parte de los pruebas normalizadas, fueran sus docentes titulados o no. El estudio indicó también que los niños escolarizados en el hogar no están aislados socialmente y participan en gran número de actividades en su comunidad, desde deportes hasta las asociaciones rurales como clubes 4-H (Viadero, 1997). Será interesante ver si, como resultado de estos datos, la escolarización en el hogar gana más apoyo como opción educativa viable.

Programas para padres adolescentes

Para ocuparse de las distintas necesidades de la gente de hoy, algunos programas para la primera infancia se centran en niños de un contexto muy específico. Muchos centros de secundaria tienen ahora programas de atención infantil en el recinto del colegio. Algunos sirven de centros piloto para iniciar a los adolescentes en los principios y prácticas de la atención infantil antes de que sean padres.

Otros forman parte de una tendencia creciente a proporcionar servicios de asistencia a padres adolescentes. Se anima a las mamás jóvenes a que completen su educación de secundaria volviendo al colegio con sus hijos pequeños. Además de sus clases académicas regulares, se exige a los padres que participen en clases de educación para ellos, donde se comentan normas de crianza y temas de paternidad. También pasan algún tiempo en las aulas de los niños, aplicando sus habilidades bajo la supervisión de profesionales de la atención infantil.

El objetivo de estos programas es ayudar a satisfacer las necesidades a largo plazo de los padres adolescentes, dándoles las capacidades educativas requeridas para obtener un empleo. Al mismo tiempo, este valioso apoyo y la formación para la paternidad ayuda a los adolescentes a tratar la realidad de los hijos en su vida.

Otros programas

Los hospitales también ofrecen experiencias educativas para los niños que están ingresados durante cierto tiempo. Las escuelas para niños con necesidades especiales[2] atienden a discapacidades específicas, ofreciendo una combinación de servicios educativos, médicos y terapéuticos. Los niños que asisten a estas escuelas pueden estar o no integrados parcialmente en otros centros escolares.

Los niños sin hogar

La difícil situación de los niños sin hogar suscita cuestiones sobre la necesidad de programas para este nuevo y trágico fenómeno. Las familias con hijos representan hoy más de un tercio de la población sin hogar (Children's Defense Fund, 1998). Estos niños asisten a las escuelas más próximas al albergue donde se quedan un tiempo breve, luego cambian de escuela cuando sus padres se van a otro albergue. Muchas veces se trata de niños que ya experimentan problemas y fracasos escolares. Se está promulgando legislación federal y de los estados para asegurar oportunidades educativas iguales y completas para los niños sin hogar.[3]

Nota: En el capítulo 15 se tratará sobre los niños en peligro de abuso y abandono, en "Infancia en peligro". En el capítulo 3 se realizará un comentario sobre niños con necesidades especiales y sus implicaciones programáticas.

LA DIVERSIDAD DE NUESTRO MUNDO LA DIVERSIDAD DE NUESTRO MUNDO LA DIVERSIDAD DE NUESTRO MUNDO LA DIVERSIDAD DE NUESTRO MUNDO LA DIVERSIDAD DE NUESTRO MUNDO

1 En los debates en clase sería interesante analizar cuál es la razón para ello.

2 Al estudiar el desarrollo infantil es necesario ser consciente de las peculiaridades de cada proceso de desarrollo, sin centrarse sólo en los niños cuyo desarrollo sigue el modelo típico. Muchos programas están intentando integrar un 75% de niños de desarrollo típico junto con un 25% de niños en los que se han reconocido necesidades especiales.

3 Los educadores de la primera infancia deberían abogar por una atención y educación coherente para todos los niños, cualesquiera sean sus desafíos económicos, sociales o físicos

ESCUELAS CON MENSAJE

"Head Start"

Comienzos

En 1965, el gobierno federal creó el mayor programa educativo para niños pequeños que se ha financiado con fondos públicos (Greenberg, 1990). (Véanse también las guarderías WPA y la ley Lanham en el capítulo 1.) "Head Start" comenzó como parte de la acción social de este país en la Guerra contra la pobreza, y las implicaciones del programa eran claras: si se pudiera exponer a niños desamparados, desfavorecidos e indigentes a un programa de mejoramiento de su escolarización, sus funciones intelectuales podrían incrementarse, y tales aumentos ayudarían a romper el ciclo de pobreza.

Durante más de 30 años, "Head Start" ha atendido a más de 16 millones de niños y sus familias (Departamento de Salud y Servicios sociales de los Estados Unidos, 1998). El éxito de "Head Start" puede atribuirse a los objetivos y principios que lo guían, expresados de forma muy destacable por:

- *Su naturaleza de amplia cobertura:* El niño se considera como un todo, que requiere valoración médica, dental y nutricional, además de crecimiento intelectual. Se ofrecieron servicios amplios de salud, educación y sociales a los niños y sus familias. Hoy, "Head Start" está "a la cabeza de los sistemas de salud para niños de bajos ingresos del país" (Greenberg, 1990), proporcionando exámenes y tratamiento médico y sanitario a miles de jóvenes.
- *Participación y compromiso de los padres:* "Head Start" redefinió el papel de los padres al esperar que fueran participantes activos. Los padres de "Head Start" toman parte en el programa en todos los niveles: en el aula como ayudantes de los docentes, en las juntas de gobierno tomando decisiones sobre el programa, además de como conductores de autobuses y cocineros. El éxito de tal enfoque es evidente. Para 1998 "Head Start" informó que el 30% del personal eran padres de alumnos o exalumnos de "Head Start" (Departamento de Salud y Servicios sociales de los Estados Unidos, 1998).
- *Servicios a las familias:* Muchos de los amplios servicios ofrecidos a los niños se extendieron también a los padres para ayudarles en su lucha contra la pobreza. Empleos rentados en el programa, formación en el trabajo, educación continua, formación para prepararlos para algunos empleos y atención sanitaria son algunos de los servicios de apoyo que recibieron las familias. La educación de los padres tomó un nuevo sentido para las familias de bajos ingresos con hijos en "Head Start".
- *Colaboración de la comunidad:* El interés y el apoyo de la comunidad local ayudaron a "Head Start" a responder a las necesidades de los niños y las familias que atendía. Escuelas públicas, iglesias, bibliotecas, clubes de servicio e industrias y empresas locales se asociaron a esta guerra contra la pobreza. Estos contactos en toda la comunidad sostenían los conceptos subyacentes de "Head Start". Promover actitudes responsables hacia la sociedad y proporcionar oportunidades a los pobres para que trabajaran con miembros de la comunidad en la resolución de problemas eran objetivos fundamentales de "Head Start".
- *Educación multicultural/multirracial:* Desde su inicio, "Head Start" ha intentado ofrecer un currículum que refleje la cultura, el idioma y los valores de los niños en el programa.[1] Los esfuerzos de "Head Start" en este sentido han sido el modelo para otros programas de la primera infancia. 
- *Inclusión de niños con necesidades especiales:* Desde 1972, "Head Start" ha ido por delante en la inclusión de niños discapacitados en sus aulas.[2] "Head Start" tiene la distinción de ser el primero y el más grande de los programas con fondos federales para niños con necesidades especiales (Greenberg, 1990). 
- *Ecología de la familia:* Los programas "Head Start" consideraban a los niños dentro del contexto de la familia en la que vivían y a la familia en el contexto del vecindario y la comunidad. Este concepto de tomar las muchas fuerzas que trabajan en contra de las familias de bajos ingresos y verlas interrelacionadas fue un factor clave en el éxito de "Head Start" (véase también "Ecología de la familia", capítulo 15).

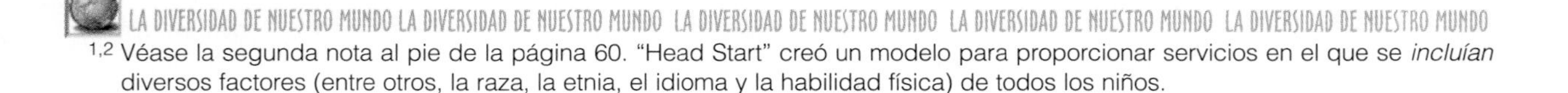

[1,2] Véase la segunda nota al pie de la página 60. "Head Start" creó un modelo para proporcionar servicios en el que se *incluían* diversos factores (entre otros, la raza, la etnia, el idioma y la habilidad física) de todos los niños.

Una imagen de "Head Start"

Niños		
Inscritos	Aproximadamente 800.000 niños	
Edades de admisión	5 años	6%
	4 años	60%
	3 años	30%
	Menos de 3 años	4%
Composición racial/étnica		
	Autóctonos	4%
	Hispanos	26%
	Afroamericanos	36%
	Euroamericanos	31%
	De Asia/Islas del Pacífico	3%
Discapacitados		13%

Personal docente	
Porcentaje del personal titulado en educación de la primera infancia o CDA	90%
Porcentaje del personal docente que son padres de alumnos o exalumnos de "Head Start"	30%
Programas	
Porcentaje de programas realizados en casas particulares	57%
Porcentaje de programas que proporcionan algunos servicios de jornada completa	50%
Provisión de fondos	
Porcentaje de financiación del gobierno federal[1]	80%
Porcentaje de financiación de la comunidad local	20%

Tabla 2.2 "Head Start" sigue siendo un programa vital que atiende las necesidades de una población diversa. (Departamento de Salud y Servicios sociales de los Estados Unidos, 1998.)

El éxito de "Head Start" llevó a la creación de tres programas específicos que promovían sus objetivos. Los centros Parent and Child, que atendían a lactantes, niños en edad de caminar y a sus familias; los programas Child and Family Resource, que suministraban servicios de apoyo a la familia, y la credencial Child Development Associate, que proporcionaba formación y educación en la primera infancia a los docentes de "Head Start".

Los objetivos descritos antes se aplican a las guarderías o jardines de infancia de calidad. Adquieren una nueva dimensión, sin embargo, cuando se miran como parte del esfuerzo total del proyecto "Head Start", que se diseñó con la suficiente amplitud para asegurar programas apropiados para los niños y lo bastante flexible para satisfacer necesidades individuales dentro de la familia y la comunidad.

Debería observarse que en su inicio, una finalidad de "Head Start" era cambiar los patrones de lenguaje y comportamiento de los niños de bajos ingresos que atendía, muchos de los cuales provenían de grupos minoritarios, y resocializarlos en los patrones culturales y valores del sector principal, de clase media. "Head Start" era un programa "compensatorio", y la implicación era que los niños de familias pobres o de minorías no estaban preparados para las exigencias de la escuela en cuanto a lenguaje y habilidades cognoscitivas, logros y motivación. Para "compensar" esta presunta falta de preparación apropiada para la escuela, nació "Head Start". Aunque bienintencionada, esta

[1] Un buen ejemplo de apoyo gubernamental a programas para la primera infancia.

actitud representa la perspectiva que prevalecía durante los primeros esfuerzos de la Guerra a la pobreza. Por supuesto, "Head Start" no era el único programa que sostenía ese punto de vista. La literatura académica llamaba a esta perspectiva corriente en la década de 1960 el modelo de la "desventaja cultural", lo que sugería que cualquier estilo de lenguaje, conocimiento o relaciones que no fuera el de la clase media anglosajona principal, va más en detrimento que en apoyo del proceso educativo. Contrastemos esta opinión con la perspectiva más reciente, pluralista, llamada modelo de la "diferencia cultural", que afirma que no se debería requerir ningún modo de "comportamiento y creencias" en particular para participar con éxito en la escuela ni en la sociedad. La "normativa multicultural" actual de "Head Start" refleja este punto de vista pluralista.

"Head Start" hoy en día

A pesar de lo que ha aportado, "Head Start" ha tenido una historia accidentada. Luchando contra recortes presupuestarios y controversias sobre su eficacia, "Head Start" ha tenido mejoras y ampliaciones en su programa.

Un grupo nacional de expertos en la primera infancia, funcionarios federales y administradores de "Head Start" formaron una comisión asesora, Advisory Committee on Head Start Quality and Expansion, antes que el Congreso volviera a habilitar el programa en 1994. Aunque reconocía a "Head Start" la eficaz combinación de participación de los padres en la educación y servicios de sanidad y sociales, este grupo de expertos criticó la desigual calidad y gestión de algunos centros del programa. Cuando se aprobó, la ley apoyó las recomendaciones del grupo para mejorar la calidad y ampliación de los servicios existentes, al tiempo que se afinaba el enfoque en las necesidades de las familias de hoy (Head Start, 1998). Los componentes claves de la ley son: (1) servicios amplios, de alta calidad, con personal formado y cualificado; (2) un programa que atienda a todos los niños aceptables; (3) respuesta a las necesidades de la comunidad, incluso servicios de jornada completa, durante todo el año para hijos de familias empleadas o en programas de formación en el trabajo, y (4) un programa que esté completamente integrado en la comunidad.

Dos programas significativos con asignaciones pequeñas se incluyeron en la nueva habilitación. Uno crea un grupo para explorar formas de atender a niños desde el nacimiento hasta los 3 años de edad, y el otro es una asignación de transición que fomenta servicios del tipo de "Head Start" en la escuela primaria. Poniendo énfasis en la responsabilidad, la ley también permite retirarles los fondos a los programas que no mejoren su calidad en el plazo de un año. Es la primera vez que los resultados anteriores de un centro "Head Start" se han tenido en cuenta para su provisión de fondos (Cohen, 1994b).

Las recomendaciones y la subsiguiente financiación indican la gran estima en que se tiene a "Head Start" en todo el país. La visión original de este programa mejoró y se amplió en la década de 1990 como modelo que desafía los efectos de la pobreza y promueve familias física y mentalmente saludables. "Head Start" se enfrenta a un reto formidable de proteger la alta calidad de su acta fundacional original al tiempo que amplía y aumenta sus servicios (tabla 2.2).

"Head Start" y el multiculturalismo

Head Start Program Performance Standards (1998) refleja un fuerte compromiso con los principios multiculturales, con referencias explícitas a la importancia de respetar la diversidad cultural, las diferencias lingüísticas y el sustrato cultural. Un ejemplo es:

- *Objetivos generales:* Proporcionar un ambiente de aceptación que apoye y respete ambos sexos, la cultura, el idioma, la etnia y la composición familiar.
- *Justificación lógica:* Fomentar y comprender la diversidad humana ayuda a los niños a crecer confiados en su identidad y a ser respetuosos con la identidad de los demás.

Las pautas de los objetivos generales definen la diversidad como "elemento clave a considerar al organizar y planificar el uso de materiales", al diseñar el espacio, el ambiente estético y los estilos de enseñanza, y sostienen que los ambientes "reflejan la comunidad y la cultura, el idioma y la etnia de los niños y las familias" (Head Start Program and Performance Standards, 1998). Los objetivos generales definen un "ambiente de respeto" proporcionado por adultos que:

- demuestran con sus acciones un auténtico respeto por la familia del niño, su cultura y su estilo de vida
- proporcionan un ambiente que refleja las culturas de todos los niños del programa de una forma natural e integrada

- fomentan el idioma materno del niño al tiempo que apoyan el desarrollo continuo de su inglés
- evitan las actividades y materiales que creen estereotipos o limiten a los niños por su sexo, edad, discapacidad, raza, etnia o composición familiar
- sirven de modelo de respeto y ayudan a los niños a demostrar su aprecio de los demás (Head Start Program Performance Standards, 1998)

Otros objetivos generales bajo la rúbrica de "Antecedentes culturales" se ocupan del equipamiento, juguetes y materiales; del idioma materno y el sustrato étnico; de las interacciones con familias, del personal y los consultores expertos en cultural y las relaciones entre padres y docentes. Bajo el título "Diversidad cultural" se articulan las áreas de comunicaciones bilingües en el aula, implicación de las familias y participación de los padres en la planificación del programa.

Evaluación de la eficacia de "Head Start"

Dos estudios han ayudado a poner de relieve el impacto de "Head Start" a lo largo de los años. Uno, Consortium for Longitudinal Studies, reunió datos de varios estudios menores con la esperanza de identificar tendencias claras relativas a la intervención temprana. Brown (1985) observó dos hallazgos significativos: (1) que los niños de "Head Start" tenían menos probabilidades de encontrarse en clases de educación especial, y (2) que los programas de intervención temprana se asociaban con un significativo incremento del cociente de inteligencia y los logros escolares. El segundo estudio, Perry Preschool Project, no fue un programa de "Head Start", pero tuvo un enorme impacto sobre los creadores de las políticas y los funcionarios del gobierno y afectó la financiación de "Head Start" de maneras importantes.

El estudio High/Scope Perry Preschool Study. Este estudio, aunque no era un programa de "Head Start", presentó las pruebas más convincentes hasta la fecha de la eficacia de los programas de intervención temprana con niños de bajos ingresos. Comenzado en los 60, es el primer estudio longitudinal para medir los efectos de la educación preescolar y hacer un seguimiento desde la preescolarización hasta los 27 años.

Ciento veintitrés niños afroamericanos de familias pobres, con cocientes de inteligencia de entre 60 y 90, se asignaron al azar a dos grupos. A los niños del primer grupo se les colocó en programas de alta calidad para la primera infancia cuando tenían 3 años; los del otro grupo no tuvieron educación preescolar. Los resultados mostraron grandes diferencias entre los niños que habían tenido la ventaja de un programa de alta calidad y los que no lo tuvieron. Los niños de bajos ingresos que habían asistido a programas preescolares tuvieron un rendimiento significativamente superior.

La última tanda de datos nos expone la ventaja más importante hasta la fecha. Los niños que asistieron al programa preescolar estaban mejor educados, pasaron menos de la mitad de años en programas de educación especial, ganaban sueldos más altos, era menos probable que recibieran asistencia social y tenían cinco veces menos probabilidades de ser arrestados (Schweinhart y Weikart, 1993). También se observaron diferencias por sexos: las niñas de programas preescolares tenían una tasa de graduación significativamente más alta que las que no asistieron, mientras que, por comparación, los varones de programas preescolares completaban una escolarización ligeramente menor que los varones que no habían asistido (Cohen, 1993b).

No sólo señala este estudio la necesidad de programas preescolares de alta calidad para niños que viven en la pobreza, sino que demuestra el impacto potencial de "Head Start" en el futuro del país.

Es el primer estudio de su clase que sugiere el impacto económico de la intervención temprana. Como la mayoría de los niños del programa de atención infantil de alta calidad requirieron menos educación de recuperación, tenían mejores perspectivas salariales y costaron menos a los sistemas de justicia y bienestar social, se demostró que la intervención temprana en la educación era una inversión redituable. El valor estimado obtenido a lo largo de la vida de los alumnos del programa preescolar "puede llegar a ser más de siete veces el costo de un año de funcionamiento del programa". (Berrueta-Clement, Schweinhart, Barnett, Epstein y Weikart, 1984). Esta valoración mantiene su veracidad hoy todavía.

El estudio High/Scope Perry Preschool Study fortalece el enfoque de la visión central de "Head Start" del futuro, y ha servido a la comunidad de la primera infancia al demostrar que los programas de calidad para los más pequeños pueden tener un impacto permanente y significativo para los niños en situaciones de riesgo.

"Follow-Through". En 1968, para construir sobre lo ganado por los niños de "Head Start", "Follow-Through" proveyó fondos para programas para niños desde el jardín de infancia hasta el tercer grado, inclusive. Utilizando muchos modelos y enfoques educativos diferentes, "Follow-Through" fue el comienzo de un esfuerzo colectivo para intentar que no se perdiera el impacto de "Head Start" y que se pudieran consolidar las ganancias por medio de planes de estudio apropiados para el desarrollo, como también por servicios de sanidad y sociales hasta los 8 años. Es un modelo singular que requiere la colaboración entre "Head Start" y la conducción de la escuela pública. Aunque, hoy en día, hay relativamente pocos programas en el país, la concesión de fondos de transición en la nueva habilitación de "Head Start" invita a una continuación del esfuerzo.

"High/Scope"

Bajo la conducción de David Weikart, la fundación High/Scope se ha convertido en una fuente importante de investigación educativa aplicada y trabajo práctico con docentes. Entre sus principales logros figura el proyecto Perry Preschool (ya descrito) y un enfoque de orientación cognoscitiva de la enseñanza y los planes de estudio, utilizando la teoría de Piaget.

El currículum High/Scope remarca el aprendizaje activo por medio de una variedad de centros de aprendizaje con abundancia de materiales y actividades apropiadas para el desarrollo. La resolución activa de problemas se fomenta cuando los niños planean, con la ayuda del maestro, lo que harán cada día, llevan a cabo su plan y repasan lo que han hecho. Justamente, a esto se le llama proceso "plan-acción-revisión". Los maestros actúan sobre pequeños grupos, alentando, haciendo preguntas, respaldando y ampliando el aprendizaje de los niños a la vez que subrayan sus habilidades de comunicación.

Hay equilibrio entre las experiencias de iniciativa infantil y las actividades de instrucción planificadas por el docente. Los docentes utilizan técnicas de observación para centrarse en los niños y comprender sus juegos. Los maestros son responsables de planificar *experiencias clave* que refuercen y extiendan las actividades de aprendizaje que los niños eligen por sí mismos. Estas experiencias clave son ocho conceptos que forman la base del currículum de orientación cognoscitiva, otra forma de llamar al enfoque High/Scope, e incluyen representación creativa, lenguaje y alfabetización, iniciativa y relaciones sociales, movimiento, música, clasificación, ordenación en series, números, espacio y tiempo (Hohmann y Weikart, 1995).

Los niños con necesidades especiales se integran fácilmente en programas High/Scope y, con un currículum desarrollado especialmente para grados K-3, High/Scope extiende su filosofía de aprendizaje activo hasta tomar los primeros años de la escuela primaria.

El enfoque de High/Scope del aprendizaje infantil tiene raíces profundas en la teoría de Piaget y adhiere a la teoría de Vygotsky de interacción social y conocimiento: los niños aprenden cuando interactúan con la gente y los materiales de su entorno. Los elementos básicos de la filosofía High/Scope son compartidos por las escuelas de Reggio Emilia. Ambas filosofías recalcan la importancia de que los niños construyan sus conocimientos sobre actividades que les interesen; la enseñanza en equipo es un concepto importante, al permitir el acceso de los niños al respaldo de los adultos; ambos enfoques emplean el proceso de planificación, actuación, registro y nueva valoración para fomentar la capacidad de pensamiento crítico.

El enfoque de Bank Street deinteración según el nivel de desarrollo

Bank Street fue fundada por Lucy Sprague Mitchell (véase el capítulo 1), y sus raíces reflejan las ideas de Freud, Dewey, Erikson, Vygotsky y Piaget, entre otros. Hay una clara conexión entre educación y psicología en este enfoque (Mitchell y David, 1992). Se mira a los niños como elementos activos del aprendizaje, que aprenden interactuando con el mundo que los rodea y transformándolo. El juego se considera el vehículo principal para animar a que se involucren unos con otros, con los adultos y los materiales. El papel primordial del docente es observar y responder a las actividades iniciadas por los niños. Las aulas están organizadas en áreas específicas, donde los niños pueden trabajar individualmente o en grupos. Se utilizan unidades y temas para enfocar el currículum. Hay libertad de movimientos y opción y el acceso a los materiales es fácil (Epstein, Schweinhart y McAdoo, 1996).

Para este enfoque, es crucial que los docentes conozcan y entiendan los principios de desarrollo infantil. Los objetivos educativos se establecen en términos de procesos de desarrollo e incluyen el desarrollo de competencia, un sentido de autonomía e individualidad, relación y conexión social, creatividad, e integración de diferentes formas de experimentar el mundo.

Open Schools (escuelas abiertas)

La educación abierta llamada a veces escuela abierta o educación informal es un término utilizado para describir entornos de aprendizaje centrados en el niño, asociados con las British infant schools (véase este tipo de escuelas en el Capítulo 1, además de las referencias a Summerhill y Waldorf). Se basa en la convicción de que los niños aprenden y crecen a diferentes ritmos, que tienen entusiasmo y curiosidad por el aprendizaje, y que aprenden mejor cuando se les deja seguir sus propios intereses. La filosofía de la escuela abierta emplea el juego como medio principal de aprendizaje. No sólo aprenden unos de otros mientras juegan en un grupo de edades mixtas; también crecen en un entorno de aprendizaje rico y variado.

Si esta descripción suena vagamente familiar, así debería ser, porque se aplica a muchas guarderías y jardines de infancia típicos. La filosofía tiene un aire conocido. ¿No habló John Dewey del aprendizaje por iniciativa propia, la cooperación social, la educación activa y el respeto por el individuo? Y antes de él, Comenius, Rousseau, Pestalozzi y Froebel preconizaron conceptos similares. En cierta forma, la educación abierta es la reencarnación del Movimiento progresista.

La British infant school ayudó a revivir la educación abierta en Estados Unidos en la década de 1970, y hoy día muchas escuelas aún imitan el modelo británico. La escuela abierta ha venido a significar un enfoque, una filosofía que se practica en muchos tipos de escenarios de primera infancia—guarderías, centros de atención infantil y escuelas primarias. A la escuela abierta no le han faltado críticas, muchas de las cuales se centran en la falta de instrucción formal. Se pone en cuestión que hayan restado importancia a la instrucción de la lectura y la escritura. Los partidarios de las escuelas abiertas replican que el enfoque centrado en el niño lleva, en realidad, a una mayor motivación para leer y escribir.

La educación abierta permite que el niño responda individual y personalmente a la experiencia. La libertad de elección, el desarrollo de habilidades de resolución de problemas y el respeto por la iniciativa, todos se basan en la convicción de que permitir a los niños este tipo de participación les da valor y dignidad. Por esa sola razón, las clases abiertas continúan siendo ejemplo de lo mejor en educación humanística (Elkind, 1993). Véase el capítulo 11, "Vuelta a la educación abierta", para más detalles.

Las escuelas de Reggio Emilia

El respeto por el potencial de investigación de los niños y de su capacidad de pensar, planear, criticar, colaborar y aprender de todo lo que hacen es el sello distintivo del enfoque de Reggio Emilia, y un buen ejemplo del enfoque de educación abierta. Esta serie de escuelas italianas, con programas separados para niños desde la lactancia hasta los 3 años y de 3 a 6, ha llamado la atención del mundo por su filosofía y por sus modelos. "En ninguna otra parte del mundo", afirma Gardner (Edwards, Gandini y Forman, 1993), "hay tal relación simbiótica y sin segmentación entre la filosofía progresiva de una escuela y su modelo didáctico".

Influida por el movimiento de educación progresiva de Dewey, las filosofías y modelos de Reggio Emilia deben mucho también a la teoría constructivista de Piaget, la fe de Vygotsky en el discurso social como método de aprendizaje y la propia teoría de Gardner de inteligencias múltiples (véanse los capítulos 1, 4 y 13). Por lo tanto, los niños están activamente ocupados en proyectos a largo plazo que ellos inician, diseñan y realizan con el apoyo del docente. El arte es el medio principal de aprendizaje.

Algunos de los componentes clave del enfoque de Reggio Emilia son: un ambiente rico en materiales estéticamente atrayente; una actitud basada en la comunidad que abarca a la ciudad entera; un sistema de respaldo a las familias y el compromiso con el proceso. Estos elementos se manifiestan en el programa a través de entornos escolares de sorprendente belleza, repletos de las obras de los niños y pruebas de sus proyectos elegantemente expuestas por todas partes; por el apoyo hecho realidad con una gran porción del presupuesto municipal; por grupos pequeños de niños que permanecen juntos con el mismo docente durante 3 años y trayendo con toda intención la cultura de los niños a la vida escolar.[1]

El papel del docente es singular: dos docentes al mismo nivel trabajan con una clase de 25 niños. No hay director ni regente de la escuela. Los docentes tienen el apoyo de un *pedigogista*, una persona formada en educación de la primera infancia, que se reúne semanalmente con ellos. También integra el personal de cada escuela un *atelierista*, una persona con formación artística que enseña técnicas y habilidades que los niños aprenden para sus proyectos.

El proceso es muy respetado como forma de planificar y trabajar juntos. Maestros, niños y colaboradores se escuchan mutuamente, alentando la var-

LA DIVERSIDAD DE NUESTRO MUNDO LA DIVERSIDAD DE NUESTRO MUNDO LA DIVERSIDAD DE NUESTRO MUNDO LA DIVERSIDAD DE NUESTRO MUNDO LA DIVERSIDAD DE NUESTRO MUNDO

[1] Por ejemplo, se suelen colocar en el sitio donde almuerzan objetos de menaje, muestras de pasta, frutas y verduras representativos de los alimentos que se producen en la zona.

iedad de puntos de vista. La exposición de temas y los debates son elementos clave en el proceso de decidir qué proyecto hacer y cómo desarrollarlo. La actitud de que un niño es un investigador natural además de ser capaz de aprender y comunicarse, ha calado en la organización y la estructura de las escuelas. Las escuelas de Reggio Emilia son dignas de conocer aunque sólo sea por la visión fuerte y poderosa que tienen del niño y por el concepto de que el educando y el educador aprenden uno de otro. Hay un número creciente de modelos americanos también.

Montessori

En el capítulo 1 se trató de la persona que inició este importante movimiento, Maria Montessori, en relación con la historia de la educación de la primera infancia. Lo que sigue es una explicación del método Montessori como programa para los más pequeños.

Maria Montessori comenzó a trabajar con niños de los barrios bajos a principios de siglo en Roma, Italia.[1] Su escuela, la Casa di Bambini, estaba abierta para niños desde los 2½ hasta los 7 años. El enfoque de Montessori sobre el aprendizaje ha tenido influencia continuada en la educación desde aquellos días. Resaltan tres características de su trabajo: (1) adaptar el trabajo escolar al individuo en vez de moldear al niño para que encaje en el currículum; (2) insistir en la libertad de los niños para seleccionar materiales y optar por actividades, y (3) adiestramiento de los sentidos y en asuntos de la vida práctica.

El programa

Un malentendido corriente es que todas las escuelas con el nombre de Montessori son iguales; no lo son. Hay muchas variaciones y tipos de escuelas Montessori en Estados Unidos, lo que refleja una infinita variedad de interpretaciones del método Montessori. Dentro del propio movimiento Montessori, hay por lo menos dos facciones que dicen ser la voz del verdadero enfoque Montessori de la educación.

Aunque la forma más común de programa Montessori es aquella en que se reúnen niños de 3 a 5 años en un grupo, existe un número creciente de escuelas para niños de 6 a 9 años e incluso de 9 a 12 años. Ahora, los nuevos programas de formación para docentes preparan maestros Montessori para el trabajo con niños muy pequeños y también con estudiantes de secundaria.

La característica más sorprendente de un aula Montessori son los materiales. Muchos son de madera y están diseñados para poner énfasis en la filosofía del aprendizaje a través de los sentidos. El color, la textura y la calidad artesanal de los materiales son atractivos para el tacto y para la vista; piden que se les toque. "Liso" y "ovalado" adquieren nuevo significado cuando un niño pasa el dedo alrededor de las piezas de rompecabezas diseñadas por Montessori.

Los materiales Montessori tienen otras características singulares, además de su atractivo para el tacto. Presentan autocorrección, es decir, encajan o funcionan sólo de una manera, de modo que el niño sepa inmediatamente si algo está bien. El currículum Montessori presenta los materiales en secuencia, desde los más sencillos a los más difíciles. Muchas de las tareas de aprendizaje constan de una serie de pasos y deben aprenderse en un orden prescrito. Ya sea que esté limpiando una mesa o usando las varillas numéricas, al niño se le enseña el orden preciso en que utilizar los materiales. Montessori desarrolló materiales curriculares y tareas que se relacionan con la vida real. Las actividades de la "vida práctica" van desde la limpieza (de manos, mesas) hasta el vestido (atarse cordones, abotonar o anudar cierres de prendas).

En un aula Montessori, los niños aprenden por su cuenta a su propio ritmo. Tienen libertad de elegir los materiales con los que desean "trabajar",la palabra empleada para describir su actividad. Los niños deben terminar una tarea antes de comenzar otra, incluso volviendo a colocar los materiales en el estante para que otros los usen.

El entorno preparado en un programa Montessori tiene muebles y equipos de tamaño infantil, una de las ideas de Froebel que usó Montessori. Los materiales se colocan en estantes bajos, ordenadamente, para facilitar que los niños los utilicen con independencia. Un conjunto de materiales—su figura, forma y la manera en que se presentan para que los utilicen los niños, son los vehículos del aprendizaje.

El docente en el entorno Montessori tiene un papel prescrito, el de observar a los niños. Los mae-

LA DIVERSIDAD DE NUESTRO MUNDO LA DIVERSIDAD DE NUESTRO MUNDO LA DIVERSIDAD DE NUESTRO MUNDO LA DIVERSIDAD DE NUESTRO MUNDO LA DIVERSIDAD DE NUESTRO MUNDO

1 Montessori ejemplificó la inclusión. Sus teorías evolucionaron a partir de su trabajo con niños considerados retrasados en su desarrollo y con niños de los barrios bajos de Roma.

SELECCIÓN DE ARTÍCULOS

Montessori en los Estados Unidos, pasado y presente

John Chattin-McNichols

La Dra. Maria Montessori fundó la primera escuela Montessori *(Casa di Bambini)* en Roma, en 1907. Montessori fue presentada en Estados Unidos por Jenny B. Merrill, Ph.D., en *Kindergarten-Primary Magazine* (Diciembre 1909).

La mala acogida o incomprensión de los métodos de Montessori por parte de los dirigentes de la educación, la adaptación de sus métodos de diversas maneras, el enfoque en lo académico exigido por padres de clase media, y un alud de "formadores" y autores ávidos de aprovecharse de Montessori, contribuyeron a una rápida decadencia de las escuelas Montessori en Estados Unidos hacia 1925 o así. J. McVicker Hunt, en su introducción a *The Montessori Method*, sostiene que existía una *falta de coordinación* entre los líderes de la educación y la psicología de la época y Montessori. En áreas significativas como la importancia de la experiencia escolar para los niños de 3 y 4 años, la convicción en lo fijo de la inteligencia (naturaleza más que crianza) y la idea de que todo comportamiento había de ser motivado (externamente) por impulsos, Montessori estaba adelantada a su época y, por tanto, en oposición total al pensamiento educativo y psicológico de su tiempo. Las ideas de Montessori de que los niños debían estar motivados por un deseo de maestría, hoy reconocido como "motivación de competencia", era visto como una tontería por los primeros teóricos. Hunt también sostuvo que el nuevo papel del docente que preconizaba Montessori y la mayor libertad para que los niños eligieran su propia actividad amenazaban las ideas tradicionales sobre la enseñanza.

A finales de la década de 1950 y principios de la de 1960, hubo padres que vieron las escuelas Montessori en Europa y. . . se pusieron a crear las suyas propias. Se contrataron docentes en Holanda, Inglaterra e Irlanda, se trajeron materiales, y comenzó el segundo movimiento Montessori americano. Una diferencia básica de perspectiva con relación a Montessori entre los expertos europeos y los americanos culminó en la controversia sobre el control de los programas de formación de docentes Montessori. La American Montessori Society surgió del conflicto, y se ha convertido en la organización Montessori más grande de Estados Unidos.

Hoy, con un abanico mucho más amplio de niños que nunca, la mayoría de las escuelas Montessori son centros privados preescolares y de cuidado infantil, que se ocupan de niños de entre 3 y 6 años. Pero hay muchas que también atienden alumnos de primaria, y un número reducido (pero creciente) de lactantes, niños en edad de caminar y alumnos de los grados medios. Unos 100 distritos escolares en la nación tienen hoy en día programas Montessori, principalmente como programas que sirven de imán. La American Montessori Society tiene su propio proceso de acreditación para asegurar la calidad de sus programas de formación docente, y la red de investigación Teachers' Research Network, dedicada a fomentar el examen continuo de las prácticas Montessori. La palabra *Montessori*, sin embargo, continúa siendo del dominio público, de modo que leer Montessori en el nombre de una escuela o de un programa de formación de maestros no garantiza adherencia a las ideas originales de Montessori.

El Dr. John Chattin-McNichols de la Universidad de Seattle es un educador Montessori y autor de renombre internacional.

stros se familiarizan con los niveles de desarrollo y habilidad y luego adjudican a los niños el material o la tarea apropiada. Hay escasa intervención del maestro, aparte de dar instrucciones claras sobre cómo utilizar los materiales. La instrucción en grupo no es habitual; el aprendizaje es una experiencia individual.

La controversia

Algo de controversia rodea el método Montessori, sus escuelas y su formación. Las cuatro limitaciones de la filosofía Montessori que se mencionan más frecuentemente son:

- *Falta de interacción social entre los niños y entre ellos y los docentes.* Una ausencia notable es la del equipo para juegos de representación que fomentaría el intercambio entre iguales. Ésta es el área de mayor discordancia entre las escuelas Montessori y las tradicionales (Chattin-McNichols, 1992).
- *Falta de autoexpresión.* En algunas escuelas, todavía no se anima a los niños a que exploren y experimenten con materiales a su manera. Las artes creativas no forman parte del método Montessori puro. No se proporcionan vehículos para la autoexpresión a través de la fantasía, la imaginación o el juego creativo.
- *Falta de estimulación para el desarrollo del lenguaje.* Como se alienta a los niños a trabajar solos y los docentes interactúan con ellos de maneras bastante estructuradas, se pierden muchas oportunidades de intercambios verbales. Otra vez, las artes creativas y los juegos de representación, si los hay, proporcionan varias posibilidades.
- *Falta de equipamiento para motricidad gruesa o de importancia de esta ejercitación.* En la mayor parte de los materiales Montessori el énfasis está sólo en la motricidad fina. El juego al aire libre no forma parte integral del currículum Montessori.

La investigación, aunque no es muy amplia, sí muestra que los niños de programas Montessori tienen tan buenos resultados como los de otros tipos de programas preescolares en la mayoría de las áreas, como preparación para la escuela e inteligencia (Chattin-McNichols, 1992). Es necesario continuar la investigación para contestar más cumplidamente las preguntas referentes al efecto de una experiencia de escuelas Montessori.

En el transcurso de los años han ocurrido muchos cambios en las prácticas Montessori, y los mejores programas Montessori de hoy son los que se mantienen fieles a las tradiciones filosóficas del método pero hacen constantemente pequeños cambios y ajustes. Muchas escuelas Montessori están añadiendo a sus planes de estudio áreas de arte, dramatización, desarrollo de motricidad gruesa y computación. Existe además mayor flexibilidad de los docentes para promover la interacción social.

Durante años, Montessori ha estado separada de la corriente principal de la educación americana. Hoy eso está cambiando, con más de 100 distritos escolares públicos que ofrecen programas Montessori en sus escuelas primarias y una interacción mayor entre partidarios de Montessori y otros profesionales de la primera infancia.

Maria Montessori se ha abierto camino en casi todos los programas de educación temprana que existen hoy. Ya sea con su nombre o no, mucho del material y equipamiento, así como muchas de las técnicas didácticas en uso hoy en día, se originaron con esta dinámica mujer, hace casi 100 años.

Está firmemente establecida en la historia de la primera infancia del pasado y del futuro. El método Montessori debería valorarse a la luz de los conocimientos contemporáneos y adaptarse a las necesidades de los niños del siglo XXI, vigorosos, entusiastas y a menudo necesitados.

John Chattin-McNichols ofrece una perspectiva actual en el siguiente Cuadro de atención.

AMPLIACIÓN DE LA GAMA DE EDADES

Programas para lactantes/niños en edad de caminar

En los últimos años se ha producido un alza espectacular de la demanda y la oferta de atención en grupo para lactantes y niños en edad de caminar. En los primeros años de la década de 1970 se produjeron gran cantidad de investigaciones referentes a estas edades, aumentando la conciencia pública del potencial de estos niños. Se dispuso de más recursos e información, creando conciencia de las implicaciones de programas que se centran específicamente en lactantes o niños en edad de caminar. Las investigaciones de Brazelton, White, Honig, Caldwell, Lally y otros nos han informado dónde, cómo y por qué podemos ofrecer enriquecimiento y oportunidades de aprendizaje a los más pequeños. Y sabemos que esto puede ocurrir en ambientes de atención a grupos bajo guía profesional.

Ilustración 2.9 La necesidad de una atención infantil de calidad ha aumentado con la incorporación de miles de madres al mundo laboral.

La tendencia a la atención en grupo para lactantes y niños en edad de caminar se vió afectada por un creciente número de mujeres en el mundo laboral, que combinan la crianza de sus hijos con sus carreras, y por el número cada vez mayor de familias de un solo progenitor en el que éste debe trabajar.

González-Mena y Eyer (1993) definen el grupo lactantes/niños en edad de caminar: llamamos lactantes a los bebés hasta que empiezan a caminar. La edad de caminar va hasta casi los 3 años.

Los centros para niños de esta edad pertenecen a varias categorías. Puede tratarse de centros a jornada completa o a tiempo parcial. Pueden ser más educativos, con programas de participación de padres, que los centros para atención en grupo. La mayoría combinan la atención física con la estimulación y desarrollo del intelecto.

Las relaciones con los padres son una parte importante de cualquier programa para los más pequeños, especialmente cuando se trata con bebés y niños en edad de caminar. La intención general de estos centros es proporcionar atenciones que complementen la vida familiar y respalden la estructura familiar del niño. Para hacerlo, el cuidador en un centro para los más pequeños hace intervenir a los padres en las decisiones cotidianas sobre la atención a sus hijos, les proporciona información sobre su día y fortalece el sentido del niño de pertenecer a esa familia en particular.[1]

La filosofía de la atención a lactantes/niños en edad de caminar.

La investigación ha aumentado nuestra comprensión del proceso de crecimiento de los bebés. Piaget definió esta época como la etapa sensoriomotora, y Erikson afirma que la confianza y la autonomía son las lecciones cruciales que se han de aprenden en esta edad (véase el capítulo 4). Por medio de estos conocimientos, hemos llegado a ver al lactante cada vez más como persona, como alguien que experimenta una gran variedad de habilidades intelectuales y emocionales. La filosofía que prevalece en los buenos programas para lactantes/niños en edad de caminar reconoce la "calidad de persona" del bebé (Honig, 1985). Esto significa que se trata al niño de esta edad con la misma consideración que a cualquier otro. Aunque parezcan seres indefensos, los bebés son en realidad personas con sentimientos, derechos y una naturaleza individual.

Esta filosofía implica que cuidar de lactantes o niños en edad de caminar no es sólo cuestión de meterles biberones en la boca cuando tienen hambre o ponerlos en un corralito para que se entretengan. El cuidador de un buen centro para lactantes/niños en edad de caminar comprenden que dar de comer, cambiar pañales y jugar son, en realidad, el currículum de este grupo de edad. Las rutinas de atención son el núcleo del programa de esta edad. El desafío para el cuidador es encontrar formas de utilizar la rutina cotidiana para interactuar, crear confianza, seguridad y proporcionar oportunidades educativas. En muchos casos, el papel del cuidador (o educador-cuidador) se

LA DIVERSIDAD DE NUESTRO MUNDO LA DIVERSIDAD DE NUESTRO MUNDO LA DIVERSIDAD DE NUESTRO MUNDO LA DIVERSIDAD DE NUESTRO MUNDO LA DIVERSIDAD DE NUESTRO MUNDO

[1] El educador de primera infancia debería responder al niño y a sus padres como individuos dentro de un contexto familiar singular y promover buenas relaciones familiares.

extiende a ayudar a los padres a utilizar estas mismas acciones comunes para promocionar el desarrollo óptimo de su hijo.[1]

Magda Gerber ha sido una pionera de la atención de lactantes. Ella acuñó el término **educaring** (educar y cuidar) para describir la relación entre un bebé y un adulto. La filosofía de Gerber se basa en el respeto por los bebés y la utilización de interacciones atentas y recíprocas en las que el bebé y el cuidador aprendan uno sobre el otro. Comunicarse a través de las rutinas de cuidado (cambio de pañales, alimentación) en interacciones centradas e intensas entre uno y otro es la cimentación del enfoque de Gerber del cuidado de lactantes y niños en edad de caminar (Gerber, 1979). Observar, escuchar e interpretar las señales de los bebés son elementos clave para realizar esta acción de educar y cuidar.

Figure 2.10 La interacciôn activa con personas y cosas ayuda a los lactantes y a los niños en edad de caminar a desarrollar sentimientos de indentidad propia, curiosidad y creatividad

Diferencias con los centros preescolares

La educación de lactantes y niños en edad de caminar difiere de la de preescolares en varios aspectos importantes. Estas diferencias surgen de la naturaleza misma de los más pequeños y sus necesidades. Según Cataldo (1983), la educación de lactantes y niños en edad de caminar es "más intensa . . . más física . . . más personal" que trabajar con preescolares. La educación de lactantes/niños en edad de caminar debe su filosofía general a los principios tradicionales de la educación de la primera infancia; estos principios básicos se extienden para satisfacer los requisitos específicos de este grupo, más vulnerable. En los programas para lactantes y niños en edad de caminar, comparados con los de preescolares, hay necesidad de:

- más cuidados físicos individuales
- respuesta inmediata de los adultos
- más seguimiento de experiencias y actividades
- uso de la rutina corriente como oportunidades de aprendizaje
- habilidades que van más allá de la enseñanza: actuar de forma maternal, ser un compañero de juegos
- aprendizaje intencional, más que por descubrimiento
- una sintonización más fina para interpretar las señales de carencias y angustias en los más pequeños

También es importante notar la diferencia entre los programas para lactantes y los de niños en edad de caminar. Del mismo modo que una versión del preescolar a menor escala no es un programa para niños en edad de caminar, tampoco una versión en menor escala de un buen día para estos niños sirve de modelo apropiado para lactantes. La movilidad del que aprende a caminar, por ejemplo, exige diferentes cantidades de espacio y tiempo en el horario que lo que necesitan los lactantes. Los bebés duermen más durante el primer año; hay que adaptarse a su ritmo de comidas, sueño y juego. Los bebés reaccionan muy positivamente cuando alguien responde a sus sonrisas y a las habilidades que están desarrollando. La rutina ordinaria, como el cambio de pañales, crea el currículum, cuando los cuidadores hablan con los bebés sobre lo que están haciendo y lo que les está ocurriendo. Los cuidadores consiguen que los bebés se centren en sí mismos involucrándose de manera suave y ampliamente personal. Los buenos programas para bebés reconocen sus capacidades y la dimensión de su conciencia de sí mismos y de los otros a su alrededor.

Las rutinas también es lo más importante para los niños en edad de caminar, pero de manera algo distinta. Las horas de las comidas y de ir al baño proporcionan oportunidades diarias de que los pequeños exploren y expresen su naciente sentido del yo.

LA DIVERSIDAD DE NUESTRO MUNDO LA DIVERSIDAD DE NUESTRO MUNDO LA DIVERSIDAD DE NUESTRO MUNDO LA DIVERSIDAD DE NUESTRO MUNDO LA DIVERSIDAD DE NUESTRO MUNDO

1 El cuidador debe tener en cuenta los antecedentes de los padres. Hay muchas diferencias culturales en la manera de cuidar a los niños, como la cantidad de vocalizaciones, cómo y cuándo se los tiene en brazos y los hábitos de sueño.

Lavarse las manos—incluso comer—se convierte en un tiempo de llenar, probar, zampar, recoger. Nuevamente, el currículum surge de una necesidad de desarrollo que tienen los que aprenden a caminar de "¡Mí! ¡Mío!" Para fomentar esa independencia, ese querer hacerlo "solito", las rutinas que permiten experimentar, equivocarse y ensuciar forman un buen currículum para niños en edad de caminar.

Los buenos programas para una y otra edad, entonces, están dispuestos de manera diferente y no son simples versiones modificadas de lo que funciona bien en un programa para niños de 3 años.

¿A qué llamamos buena calidad en la atención de lactantes y niños en edad de caminar?

Los lactantes y niños en edad de caminar necesitan atención a sus necesidades físicas y psicológicas; una relación con alguien en quien confiar; respeto; un ambiente apropiado para su desarrollo, salud y seguridad; oportunidades de interactuar con otras criaturas de la misma edad y libertad para explorar el uso de todos sus sentidos (González-Mena y Eyer, 1989).

El alto nivel de dependencia con respecto a los adultos, los cambios rápidos de crecimiento entre el nacimiento y los tres años, y la interrelación entre áreas de desarrollo (véase el capítulo 3), exigen ciertos elementos para asegurar una buena calidad en los programas para lactantes y niños en edad de caminar. Honig (1985), llamando a la atención de estos niños "el bien más escaso en el mundo de la atención infantil", enumera elementos clave para programas de calidad:

- la calidad del cuidador
- la estabilidad del personal
- la costosa proporción docente-niño de por lo menos 1 a 4
- la necesidad de una experiencia lingüística rica, integrada en la rutina diaria
- la necesidad de construir un currículum prosocial que invite a los niños a tratarse mutuamente con afecto y atención
- la necesidad de que los cuidadores dediquen su atención individual a la enseñanza y los cuidados, manteniendo el equilibrio entre el grupo y cada niño en particular
- la necesidad de apoyar y renovar al personal de modo que ellos a su vez apoyen a los padres y sirvan como alguien apropiado a quien recurrir
- la necesidad de promover el sentido de elección y de control en los más pequeños a través del currículum y las rutinas de atención
- la necesidad crucial de formación continua para los cuidadores

Cuestiones. Hay muchas cuestiones importantes en el ámbito de la atención de calidad para lactantes y niños en edad de caminar. Primero, una buena atención cuesta dinero. Los factores que se combinan para dar un programa de calidad, proporción docente-niño baja, grupos pequeños, atención individual, elevan los costos para convertir el cuidado de estos niños en uno de los programas más caros de atención infantil. Segundo, las críticas a la atención infantil, a cualquier tipo de atención infantil, despiertan temores aun mayores sobre los efectos negativos en la vida familiar y los aspectos nocivos del cuidado en grupo sobre los muy pequeños. Desechando las estadísticas, no parecen darse cuenta de que la cuestión no es si debería existir la atención infantil. La necesidad de atención a los más pequeños quedó bien documentada ya en este capítulo.

La cuestión más importante se refiere a los vínculos del lactante. Es una conclusión aceptada hoy en día que los niños que se inician en situaciones de atención infantil a la edad de 18 meses a 2 años o más, no muestran ninguna merma de sus vínculos con sus padres. Algunos estudios (Belsky y Braungart, 1991) con respecto a niños colocados en atención infantil fuera del hogar antes del año, sin embargo, han hecho surgir preguntas sobre el nivel más alto de vínculo por inseguridad que evidencian, en comparación con los bebés criados en sus casas. Berk (1994), quien sugiere que este escaso número de niños está en situación de riesgo por inseguridad de vínculo debido a la mala calidad de la atención diurna, pide cuidado diurno de alta calidad y educación de padres en cuanto al desarrollo emocional del lactante.

La tarea del profesional de la primera infancia parece clara. Saber cuáles son las cuestiones, defender las políticas que reflejen estándares altos y estar preparados a influir más para que haya atención en

Ilustración 2.11 Los niños de los jardines de infancia pueden entablar relaciones de gran amistad.

grupo de excelente calidad para lactantes y niños en edad de caminar.

Jardines de infancia

Existen programas de jardín de infancia en todos los Estados Unidos y tienen un impacto significativo en la educación de la primera infancia. Se encuentran en escuelas primarias públicas y privadas, iglesias y formando parte de centros de atención infantil para preescolares. Hace cuarenta años, sólo el 47% de los niños de 5 años estaban inscritos en jardines de infancia (Spodek, 1986). Hoy esa cifra se ha duplicado (National Center for Education Statistics, 1998), lo que significa que casi todos los niños asisten al jardín de infancia antes de entrar a la escuela primaria. Todos los estados tienen ahora jardines de infancia sostenidos con fondos públicos, pero la asistencia es obligatoria en sólo 22 de ellos.

Duración de la jornada

La duración de los programas de jardín de infancia es un excelente ejemplo de la diversidad y las divisiones en esta área crucial de la educación de los más pequeños. Los niños asisten a programas de jardín de infancia que funcionan para:

- medio día, todos los días
- jornada escolar completa, todos los días
- jornada escolar completa, en días alternos
- medio día, seguido por programa de atención infantil/día prolongado
- jornada escolar completa, seguida por programa de atención infantil/día prolongado

El debate, en muchas juntas escolares, se enfoca en si ofrecer un jardín de infancia de jornada completa cinco días por semana. Sólo unos cuantos estados dan fondos para programas de jornada completa. Con demasiada frecuencia, las discusiones sobre los costos de tales programas restan importancia a una pregunta más básica: ¿Cuáles son los programas y planes de estudio de jardines de infancia que resultan más apropiados, dejando de lado la duración de la jornada? Las áreas que se deben considerar para responder a esta pregunta y al debate sobre la duración de la jornada son:

1. *La finalidad del programa de jardines de infancia.* ¿Cuáles son los objetivos y cómo servirá el jardín de infancia a la totalidad del desarrollo infantil? ¿Cómo promoverá el programa los objetivos de la programación apropiada y los adaptará a las necesidades de los niños? El propósito de jornada completa, todos los días, no tiene por qué significar más contenidos académicos que hayan de medirse con más pruebas. Puede querer decir desarrollar un currículum dirigido a una amplia gama de niveles de desarrollo, pero que puede ser individualizado, un currículum que se acomode al niño de 5 a 6 años, que crece y cambia. El objetivo debería comenzar por el niño y construir el programa acomodándose a sus necesidades, destrezas y habilidades en desarrollo.
2. *Los efectos de una jornada completa en los niños.* Ya hay muchos niños que han permanecido en entornos de atención infantil hasta 10 horas por día y han mostrado que van muy bien con programas apropiados para su edad, estilos de desarrollo y necesidades. No se discute que la mayoría de los niños pueden aceptar un programa de jardín de infancia de jornada completa, supuesto que se adapte a su edad, intereses y habilidades.
3. *Las necesidades y preocupaciones de los padres.* Algunos padres pueden querer un programa de día completo porque trabajan y necesitan un lugar seguro y cálido para sus hijos. Otros que no trabajan fuera del hogar tal vez quieran conservar a sus hijos con ellos un poco más.[1] Está claro que los padres necesitan tener opciones sobre el tipo de programa que mejor conviene a su familia.
4. *El efecto en los docentes.* Si un jardín de infancia de jornada completa significa que la clase de un docente se extiende durante un periodo de tiempo mayor, eso proporciona la oportunidad de mejorar la calidad del programa individualizando el currículum y dando un mejor servicio a los niños inscritos y sus familias. Los jardines de media jornada, sin embargo, están atendidos muchas veces por maestros que tienen dos clases separadas de 20 a 25 alumnos, una por la mañana y otra por la tarde. Los efectos negativos sobre la planificación, continuidad, relaciones con los padres e individualización del currículum son obvias, sin hablar del agotamiento del maestro.
5. *Las preocupaciones de la administración.* El buen uso de los costos de ampliar a todo el día un programa de jardín de infancia requerirá sin duda más personal, más suministros, equipo y mayores costos en comidas. Quienes establezcan las políticas en cualquier centro escolar deben tener éstos en cuenta junto con los otros temas, pero sería de esperar que no se limitaran a ellos.
6. *Naturaleza y calidad del programa de día ampliado.* Con frecuencia, en programas en que los niños pasan sólo medio día en el jardín de infancia, la calidad de la parte de cuidado ampliado de su día no es igual a la de su experiencia en la escuela. En muchos programas de día ampliado, el personal no tiene formación, cambia a menudo y no refleja los mismos objetivos de programa que en el jardín de infancia.
7. *Resultados de la investigación.* Gullo y Clements (1984) midieron los logros académicos y el comportamiento social de niños inscritos en jardines de infancia de media jornada (todos los días) y jornada completa (días alternos) y no hallaron diferencias significativas. Otras investigaciones (Gullo, Bersani, Clements y Bayless, 1986) sugieren que los niños de 5 años se benefician social, emocional y académicamente en programas de jornada completa.

Edad de ingreso a la escuela

Cada estado establece una fecha arbitraria (por ej., septiembre) para la cual los niños deben haber cumplido cierta edad para entrar en los jardines de infancia. En Estados Unidos, la edad obligatoria para el jardín de infancia va de 5 a 8 años. Se producen debates periódicos sobre elevar o reducir la edad de ingreso; por lo común, la tendencia es a llevar la fecha más adelante en el año, con la esperanza de inscribir en el jardín de infancia niños más "maduros". Hace tiempo que se ha observado que los niños más pequeños

LA DIVERSIDAD DE NUESTRO MUNDO LA DIVERSIDAD DE NUESTRO MUNDO LA DIVERSIDAD DE NUESTRO MUNDO LA DIVERSIDAD DE NUESTRO MUNDO LA DIVERSIDAD DE NUESTRO MUNDO

[1] Esto puede tener relación con la cultura, o no.

tienen más problemas académicos en el jardín que sus compañeros, es más probable que los consideren lerdos, y se les pide que repitan el año. El "efecto cumpleaños", como se le llama a veces (Peck, McCaig y Sapp, 1998), ha causado muchas prácticas dudosas con respecto al ingreso al jardín de infancia: los padres retienen a los niños un año y los inscriben cuando tienen 6; los docentes conservan a muchos niños cada año en el jardín, y los administradores han creado un surtido de programas de sustitución del jardín de infancia con nombres de moda, como "de desarrollo", "año extra" o "de transición". Para cuando finalmente llegan al jardín de infancia, los niños se encuentran en una clase con niños de 4, 5 y 6 años—un amplio abanico de niveles de desarrollo bajo el mismo techo.

Una proporción "alarmantemente" alta de niños que fracasan en el jardín de infancia (Peck et al., 1988) ha causado esta serie de soluciones cuestionables. Pero los investigadores muestran que los niños a quienes se retiene fuera un año pueden tener peores resultados académicos en el futuro, y que los niños a quienes se mantiene en el jardín de infancia muestran efectos nocivos en su desarrollo social y emocional además de en su autoestima. Es más probable que los niños cuyo ingreso se retrasa un año pertenezcan a grupos minoritarios y a hogares más pobres que otros[1] (Meisels y Sternberg, 1989). Además, la investigación muestra que mantener a los niños en el jardín de infancia no hace nada a favor de los logros académicos posteriores, que hay un estigma social de los niños que repiten curso y que las expectativas curriculares tendrán en cuenta a los más rápidos en aprender (Shepard y Smith, 1988).

En estudios sobre alternativas al jardín de infancia, no se encontraron diferencias en cuanto a la puntuación en matemáticas o lectura entre alumnos de tercer grado que asistieron a un jardín "de desarrollo/de transición" y los que se habían inscrito en un jardín de infancia tradicional (Meisels y Sternberg, 1989). El "fenómeno de retención" de darle un año más al niño antes de su ingreso al jardín de infancia no parece justificarse a largo plazo, considerando que muchas de las necesidades del niño quedarán sin atender y que, como alumnos mayores en una clase de jardín de infancia, se aburrirán y estarán menos motivados.

Currículum: ¿De desarrollo o académico?

Asuntos cruciales como la edad de ingreso y la longitud de la jornada escolar están profundamente relacionados con cuestiones curriculares del jardín de infancia. En la actualidad, los programas de jardín de infancia van desde clases relativamente tradicionales hasta otras orientadas a logros académicos. En los 20 últimos años, el impulso por enseñar habilidades separadas, como lectura, escritura y matemáticas, ha dado origen a jardines de infancia enfocados cada vez más en los contenidos académicos, donde las hojas de tarea y las lecciones centradas en el docente son moneda corriente. Este movimiento ha causado gran preocupación en el campo de la primera infancia, porque la mayoría de dichos programas no parecen corresponder a los estilos de desarrollo y aprendizaje de los niños de 5 y 6 años, y se ven como preparación para la promoción a primer grado más que como programas de alta calidad dirigidos al desarrollo integral del niño.

Está claro que el "jardín de niños", como Froebel concibió que fuera esta experiencia, se ha desviado de sus raíces de desarrollo infantil. Los planes de estudio en los que no se respeta el juego como vehículo para aprender, se enseña lectura como habilidad separada, y se intenta acelerar el aprendizaje de los niños, no coinciden con la historia del jardín de infancia. Vuelvan al capítulo 1 y relean sobre Froebel, Dewey, Piaget, Patty Smith Hill, Susan Blow y otros pioneros y su enfoque del aprendizaje. Educar al niño en su totalidad es mucho más evidente en su trabajo, como lo es la conexión básica con la teoría y la investigación del desarrollo infantil. Los planes de estudio desarrollados teniendo en cuenta la historia, basados en la interacción y la participación de los niños en su propio aprendizaje, con métodos y materiales adecuados para la edad, forman los elementos básicos del modelo apropiado para el nivel de desarrollo. El sistema actual de encontrar con frecuencia que los niños son "inmaduros", "lentos" o "no están listos" significa que el programa no está preparado para los niños, y sin embargo sabemos que los pequeños están listos para aprender y crecer.[2] Es hora de arreglar el programa, no los niños.

Diferencias en la formación de los docentes han causado algunos problemas con respecto al jardín de

LA DIVERSIDAD DE NUESTRO MUNDO LA DIVERSIDAD DE NUESTRO MUNDO LA DIVERSIDAD DE NUESTRO MUNDO LA DIVERSIDAD DE NUESTRO MUNDO LA DIVERSIDAD DE NUESTRO MUNDO

[1] La pobreza pone a los niños en mayor peligro de retrasarse en la escuela que el hecho de que vivan con uno solo de los padres o hayan nacido de padres adolescentes (Children's Defense Fund, 1998).

[2] Si los programas han de basarse en valores democráticos e incluyentes, quizás se debería pensar en la escuela como en algo preparado para todos los niños.

infancia. La mayoría de los maestros de jardín de infancia estudian en escuelas de magisterio con métodos más apropiados a la enseñanza en la escuela primaria. Reciben una formación escasa o nula en la filosofía de la primera infancia o en la teoría del desarrollo infantil. Los docentes calificados son el corazón de cualquier reforma educativa, y es preciso darles a los docentes de jardín de infancia formación y credenciales sobre educación de primera infancia (Peck et al., 1989).

Para más comentarios sobre los efectos negativos de los contenidos académicos tempranos, véanse en el capítulo 3 la gama de desarrollo y los Dibujos de palabras para expectativas apropiadas. En el capítulo 10, se trata de las cuestiones de pruebas normalizadas y selección, relacionadas entre sí. En los capítulos 11 y 15 se examinan asuntos relacionados.

Los grados de la primaria

Se incluyen en la primera infancia los niños desde el nacimiento hasta los 8 años. Olvidada a menudo como parte de una visión amplia de este periodo, está la etapa de los grados primero, segundo y tercero, con niños que van de los 6 a los 8 años.

Los grados de primaria, tanto en la escuela privada como en la pública, se concentran en las habilidades académicas básicas de lectura, escritura, matemáticas, ciencias, estudios sociales, arte y representación, salud y seguridad, y educación física. Por lo común forman parte de una escuela más grande, con grados hasta el sexto o el octavo.

"Years of Promise: A Comprehensive Learning Strategy for America's Children", un informe de Carnegie Corporation (1996), observó que en cuarto grado, la mayoría de los alumnos de primaria no cumplían los logros básicos en lectura ni en matemáticas. Según el informe, las razones de que a nivel nacional los niños de primaria rindiesen muy por debajo de su potencial se relacionan con estrategias de enseñanza ineficaces, maestros mal formados, planes de estudio anticuados y asociaciones inadecuadas entre el hogar y la escuela. Enlazando el éxito en la primaria con una buena educación en la primera infancia y programas de alta calidad de atención infantil antes del jardín de infancia, el estudio sugiere reformas que promuevan el aprendizaje de los niños en las familias y las comunidades, la expansión de oportunidades de alta calidad para el aprendizaje temprano y la creación de un sistema educativo coordinado y de buena cobertura (Jacobson, 1996a).

Como afirma el ideario de NAEYC sobre el modelo apropiado para el desarrollo, "demasiadas escuelas . . . adoptan enfoques de la instrucción que son incompatibles con . . . la manera en que aprenden y se desarrollan los niños . . . poniéndose énfasis en el aprendizaje memorístico de habilidades académicas más que en el aprendizaje activo, por experiencias, en un contexto con significado", cuyo resultado es que los niños "no aprenden a aplicar dichas habilidades a los problemas . . . ni están desarrollando capacidades de pensamiento más complejo" (Bredekamp y Copple, 1997).

La importancia de los años de primaria y su relación con el preescolar requieren mayor atención de los educadores y de quienes establecen las normativas. Demasiado a menudo, los planes de estudio y la metodología de los años previos a la primaria son ignorados por los administradores cuando planifican el primer, el segundo y el tercer grado. Bredekamp y Copple (1997) subrayan la necesidad de integrar los modelos de enseñanza para los niños desde el nacimiento hasta los 8 años:

> Junto con el hogar, la iglesia y la comunidad,[2] las escuelas de primaria y los programas de atención a niños en edad escolar se encuentran entre los escenarios clave en donde se forja el carácter de los niños. Por lo tanto, los años de primaria son una época importante, no sólo para apoyar el desarrollo intelectual de los niños sino también para ayudarles a desarrollar la capacidad de trabajar en colaboración con sus pares; expresar tolerancia, empatía e interés por otras personas; funcionar con responsabilidad; y adquirir disposición positiva hacia el aprendizaje, como curiosidad, iniciativa, persistencia, aceptación de riesgos y autorreglamentación.

Número de alumnos en la clase

Como parte de su mensaje sobre el estado de la nación en 1998, el presidente Clinton propuso una ini-

1 Esto presenta una visión amplia, ecológica de la socialización del niño en un contexto familiar y comunitario.

ciativa de doce mil millones de dólares en un periodo de 7 años para reducir el número de alumnos por clase en los grados primero a tercero a un promedio nacional de 18 alumnos por clase. Los objetivos de esta propuesta son proporcionar fondos para más maestros y más formación docente y para asegurar que cada niño reciba atención personal y aprenda a leer independientemente para el final del tercer grado. Un informe del Departamento de Educación de Estados Unidos, "Reducing Class Size: What Do We Know?" (1998), llegaba a la conclusión de que reducir el número a menos de 20 por clase conduce a un nivel más alto de logros en los alumnos. Quienes critican la propuesta citan el alto costo de reducir las proporciones alumno-docente y la objetividad de los datos de investigación. Si la iniciativa tuviera éxito, el número de alumnos estaría más de acuerdo con los estándares NAEYC para proporciones docente-alumno en programas de primaria. El tamaño óptimo del grupo en las clases de primer, segundo y tercer grado es de 15 a 18 niños con un adulto, o 25 si hay un segundo adulto (Bredekamp y Copple, 1997).

Atención fuera del horario escolar

Los programas para antes y **después de la escuela** están destinados a los niños antes de que comience y después de que termine su jornada escolar normal. Este tipo de asistencia suele estar a disposición de niños entre los 6 y los 16 años, con una gran mayoría (83%) en el grupo de edad del jardín de infancia al tercer grado (Neugebauer, 1996). Más de dos millones de niños acuden a programas en centros de atención infantil, escuelas privadas y públicas, iglesias y sinagogas, hogares de atención en familia, centros comunitarios y lugares de trabajo. La atención en edad escolar es el segmento de crecimiento más rápido de la educación y la atención infantil, sobre todo para niños en edad de escuela media. Más de dos tercios de todos los programas para la edad escolar proporcionan servicios antes y después del horario escolar (Neugebauer, 1996).

El personal para los programas de después de la escuela proviene de sectores diversos, muchos de los cuales incluyen algo de experiencia con niños, como maestros, especialistas en recreación o especialistas en un campo de artes. Como en el caso de la mayoría de los programas de atención infantil, sin embargo, una rotación alta y sueldos bajos afectan la calidad del servicio.

Dos organizaciones nacionales, National School-Age Care Alliance y School-Age Child Care Project (llamado ahora National Institute on Out-Of-School Time) unieron sus fuerzas en 1996 para crear un sistema de acreditación para la atención después del horario escolar. Sus objetivos son establecer estándares profesionales, acreditar programas de alta calidad y respaldar el mejoramiento de los programas. Las categorías evaluadas incluyen relaciones humanas, ambiente interior, ambiente exterior, actividades, salud, seguridad y nutrición, administración, y la limitación del número de alumnos a 30 por grupo (Jacobson, 1996b).

Hay una necesidad crucial de programas recreativos sin riesgos, para la atención **después de la escuela**. Según una fuente, casi cinco millones de hijos en edad escolar de madres empleadas eran niños de "**auto-atención**", un término que reemplaza el de niños "**con llave**" (Seligson, 1997).

¿Qué sucede con estos niños después de la escuela? En el caso del jardín de infancia, la escuela puede terminar a mediodía. Entre 1:30 y 3:00 DE LE TARDE, los de primero, segundo y tercer grado acaban su jornada escolar. Con demasiada frecuencia estos niños son enviados a casa con la llave alrededor del cuello o en el bolsillo. Tienen instrucciones de cuidarse ellos mismos y posiblemente cuidar a un hermanito hasta que el papá o la mamá (o ambos) regresen del trabajo. Estos niños **que se cuidan solos**, como se los conoce, forman una población joven y vulnerable. Estudios recientes (Seligson, 1997) indican que los niños sin supervisión en el tiempo fuera del horario escolar es probable que emprendan comportamientos de riesgo, tengan malas calificaciones, falten a clase y utilicen sustancias peligrosas. La mitad de los docentes a quienes se preguntó en una encuesta citaron los "niños dejados solos después de clase" como la causa principal de fracaso escolar. También se está reconociendo el valor de los buenos programas. Seligson (1997) menciona un estudio de la universidad de Wisconsin que relaciona programas buenos para después de clase con mejoras en puntuación de lectura y autoestima. Lamentablemente, la contaduría nacional, United States Government Accounting Office (1997) estima que para el año 2002, la provisión de atención en edad escolar satisfará sólo un 25% de la demanda en algunas áreas urbanas.

Los asuntos esenciales de la atención fuera del horario escolar reflejan las necesidades de padres, docentes y niños involucrados. El horario flexible, un

Ilustración 2.12 Los programas extraescolares dan la oportunidad de hacer amigos nuevos y ensayar nuevas habilidades.

costo razonable de aranceles y líneas claras de comunicación son de importancia capital para los padres. Con el fin de asegurar una atención continua, el horario debe tomar en consideración el calendario de la escuela elemental. Hay que considerar días de fiesta, horas de conferencias y número mínimo de días de las escuelas. Las oportunidades de extender el programa fuera del horario escolar pueden originarse en el uso de recursos de la comunidad, como horas de cuentos en la biblioteca, instalaciones de natación y parques.

No se pretende que la atención fuera del horario escolar sea una extensión del día de escuela corriente. Idealmente, el programa debería complementar y respaldar el regular de la escuela. Muchos se denominan "enrichment programs" (programas de enriquecimiento) para distinguirlos del día académico del niño.

El personal docente suele ser diferente del de la escuela regular y debería tener formación especial en cómo llevar programas de extensión para los más pequeños. Deben saber cómo crear una atmósfera de aceptación, relajada y hogareña, en un ambiente que tenga grandes espacios de tiempo para juegos libres, donde los niños puedan actuar por propia iniciativa y a su propio ritmo, donde haya oportunidades de expresión creativa, donde se haga hincapié en la cooperación y se limite la competitividad y donde los niños puedan formar grupos pequeños o encontrar espacios y lugares privados para jugar.

Un estudio nacional sobre programas fuera del horario escolar compilado en 1991 ofreció el primer cuadro de estos programas a nivel nacional: había aproximadamente 1,7 millones de niños de jardín de infancia a octavo grado inscritos en casi 50.000 programas para antes y/o después del horario escolar en Estados Unidos en 1991; 84% de éstos tenían licencias o estaban reglamentados por una agencia estatal, y las tres ubicaciones más comunes para los programas eran centros de atención infantil (35%), escuelas públicas (28%) e instituciones religiosas (14%). Menos del

20% de los programas disponían del espacio necesario y 27% informaron que no tenían acceso a un patio de juegos ni a un parque por lo menos una vez por semana (Departamento de Educación de los Estados Unidos, 1993). El estudio llega a la conclusión de que formar y conservar al personal son cuestiones cruciales si se quiere conservar la continuidad y la calidad del programa.

Los programas para niños en edad escolar necesitan su propio espacio permanente para respaldar el tipo de proyectos de grupo a largo plazo que gustan a los niños de esta edad. Algunos programas pueden ofrecer ayuda con las tareas, pero la atención no debe considerarse como una simple extensión de un día ya estructurado con más restricciones.

Los niños requieren la seguridad, la oportunidad creativa y las relaciones de apoyo emocional que proporciona la atención fuera del horario escolar. Dichos programas son extensiones naturales de la atención infantil responsable y servicios esenciales para los niños y sus familias.

CARACTERÍSTICAS DE LA PRIMERA INFANCIA

Muchos factores determinan exactamente qué tipo de programa será mejor para los pequeños. Algunas de estas variables surgieron de las descripciones de los muchos tipos de escenarios al alcance de los niños de hoy. Los programas de la primera infancia se definen por

- la edad de los niños atendidos
- la filosofía o el enfoque teórico adoptado
- los objetivos que se esperan conseguir
- el propósito con el que se establecieron
- los requerimientos de la agencia que financia
- la calidad y formación del personal docente
- la forma, el tamaño y la ubicación del entorno físico
- la composición cultural, étnica, económica y social de la comunidad
- la estabilidad económica

Con estos elementos se definen los programas en los centros de primera infancia, y se debe tener en cuenta cada factor con respecto a su impacto sobre el programa. Cualquier programa dado es una combinación de estos ingredientes.

AGRUPACIONES DE DISTINTAS EDADES

Un factor que puede trascender a las consideraciones de programas es el de agrupar a niños de diversas edades, generalmente separadas un año, en la misma aula. En estas clases, los más pequeños aprenden de los mayores y éstos aprenden al enseñar a los pequeños. Esta práctica suele llamarse de familia, heterogénea, vertical o agrupación no graduada (Katz, Evangelou y Hartman, 1990) y, aunque no es una idea nueva, está emergiendo como área de interés considerable para los educadores de la primera infancia.

A pesar de que recuerda el modelo de aula abierta de las British infant schools, los grupos de edad mixta se han dado en los programas Montessori, en las escuelas de Reggio Emilia, y en las escuelas de aula única durante muchos años. Los partidarios de los grupos de edad mixta señalan un número de ventajas en cuanto a desarrollo cuando los niños interactúan con compañeros de diferentes edades:

- Se acomodan al nivel de desarrollo y al ritmo propios del niño, permitiendo que avancen cuando estén listos.
- Se quita importancia a la edad y la competitividad, poniendo el énfasis en la cooperación para aprender.
- Se fomentan comportamientos de interés, de ayuda a los más pequeños y de responsabilidad mutua.
- Se valoran la diversidad de estilos de aprendizaje y las inteligencias múltiples.
- Se dispone de cantidad y variedad de modelos diferentes de aprender y hacer amigos.
- Los niños crecen en independencia en su tarea y en socialización.

Las ventajas académicas y sociales de los grupos de edad mixta no pueden darse sin una variedad de actividades entre las cuales los niños puedan escoger libremente, ni sin la oportunidad de que grupos pequeños de niños trabajen juntos. Los docentes deben intentar animar a los niños a que trabajen con otros que tengan habilidades y conocimientos que ellos no poseen todavía. Otras consideraciones son la amplitud óptima entre límites de edad, la proporción de niños mayores a más pequeños, la cantidad de tiempo pasado en grupos de edad mixta, y la puesta en práctica de un currículum orientado a proyectos (Katz et al., 1990).

Es fácil ver cómo los grupos de edad mixta reflejan los principios de Dewey, Piaget, Gardner y Vygotsky, cuya "zona de desarrollo por proximidad" se hace más disponible a través de las interacciones entre iguales además de con adultos. La práctica de agrupar edades distintas tiene mucho en su favor y debe considerarse seriamente como algo que discutir en los programas para la primera infancia.

Sumario

Las instalaciones educativas para la primera infancia llegan a una población amplia. Atienden a niños desde la lactancia hasta la edad de escuela elemental. Hay una variedad de programas disponibles; cada uno varía por razones filosóficas y también por la edad de los niños admitidos. Los docentes de primera infancia tienen una gran gama de programas para escoger, igual que los padres. La guardería tradicional y sus programas hermanos de atención infantil, escuelas piloto y cooperativas de padres forman el núcleo de los programas para la primera infancia. Muchas agencias y personas distintas financian programas para la primera infancia, incluyendo a empresarios, iglesias, universidades y hospitales. Algunos funcionan en casas familiares sirviendo como negocio. Los modelos de intervención de las décadas de 1960 y 1970, Head Start y Follow-Through, son variaciones sobre el tema. Hay intentos específicos de proporcionar educación e intervención de primera infancia a niños atrapados en ciclos de pobreza. Otras escuelas, como las Montessori o High/Scope, se basan en principios claramente estipulados con procedimientos detallados para docentes y niños. Reflejando las necesidades de la sociedad, se han creado programas de jornada ampliada. No sólo se atiende a niños en grupo, antes y después del horario escolar; también se les agrupa en entornos de grupo a una edad más temprana. Son comunes los programas para lactantes y niños en edad de caminar, y la atención fuera de la escuela es un servicio que satisface la demanda de programas seguros, buenos y de desafío para niños que necesitan atención en uno u otro extremo de su jornada escolar. A pesar de su variedad, hay también cierta similitud entre todos los programas para los más pequeños. Se debe tomar en consideración una cantidad de factores cuando se repasan las necesidades de los niños pequeños y sus familias. Algunos de estos elementos son la edad de los niños que atenderán el programa, la titulación y experiencia del personal docente, la base económica y el respaldo financiero disponibles además de los objetivos del programa en cuanto a satisfacer las necesidades de todos los niños y sus familias. Con tantas opciones, quienes deseen atención infantil encontrarán las que se ajusten a sus necesidades específicas.

Preguntas de Repaso

1. ¿Cuáles son los tres factores más importantes para determinar la calidad de un programa para la primera infancia?
2. Empareje el tipo de programa con la descripción correspondiente.

Montessori	Experiencias clave
Lactantes/niños en edad de caminar	Horarios escalonados del personal
Atención infantil durante todo el día	Programas de gran cobertura
Relacionados con la iglesia	Formación docente
"Head Start"	En casa
Financiados por empresarios	Entorno preparado
Por concesionarias	Propietarios benignos
"High/Scope"	Con fines de lucro
Escuelas piloto	Educar y cuidar
Atención infantil en familia	Ventajas adicionales

3. ¿Por qué a algunos programas para primera infancia se les llama escuelas "de intervención"?
4. ¿Hay diferencias entre los programas preescolares y los de jardín de infancia? ¿Entre programas para lactantes y para niños en edad de caminar? ¿Cuáles son? ¿Debería haber diferencia? ¿Por qué?
5. ¿Cuáles son algunas de las características que afectan a todos los programas infantiles?
6. ¿Cuál ha sido la contribución singular del proyecto Perry Preschool Project, y cómo ve su efecto en la legislación, desarrollo de programas para la primera infancia y la profesión de la primera infancia?
7. ¿En donde está la controversia con respecto a los centros de atención con fines de lucro? ¿Está usted a favor o en contra de la idea de que los centros de atención infantil ganen dinero? ¿Por qué?
8. Describa la influencia de Piaget, Gardner y Vygotsky sobre tres tipos de programas para la primera infancia.

Actividades de Aprendizaje

1. Escoja un programa y describa cómo llevaría ese tipo de clase. Incluya el horario diario, número y habilidad de los docentes, tipos de contactos con los padres y actividades de los niños.
2. Visite un hogar de atención infantil en familia. Mire el hogar como si fuera un posible padre. ¿Qué le gustó más? ¿y menos? ¿Está autorizada la casa? Si es así, ¿para cuántos niños? Después de hablar con el proveedor de atención infantil en familia, ¿cuáles cree que son las desventajas de este tipo de programa? ¿Cuáles ve como soluciones posibles a estos problemas?
3. ¿Qué papel tendrían las habilidades sociales de los niños en este tipo de entorno? Guardería tradicional, Montessori, Jardín de infancia, Lactante/niño en edad de caminar.
4. ¿Qué reglamentaciones para autorización de atención infantil hay en su zona? Describa los pasos necesarios en su ciudad para abrir una guardería, un centro de atención infantil y una casa de atención infantil en familia.
5. ¿Qué agencias gubernamentales están implicadas en los trámites de autorización?
6. Visite un programa "Head Start" y un jardín de infancia de la localidad. Compare sus programas en cuanto a currículum apropiado o no apropiado. ¿Cuáles son las preocupaciones principales de los docentes en cada tipo de entorno? ¿Cuáles son las controversias sobre cada uno de estos programas en su comunidad

Bibliografia

Accreditation Criteria and Procedures of the National Association for the Education of Young Children. (1998). Washington, DC: National Association for the Education of Young Children.
Baker, K. R. (1955) *The Nursery School.* Philadelphia, P.A.: W. B. Saunders.
Belsky, J., & Braungart, J. M. (1991). Are insecure-avoidant infants with extensive day-care experience less stressed by and more independent in the strange situation? *Child Development, 62,* 567–571.
Berk, L. E. (1994). *Infants and children.* Boston: Allyn & Bacon.
Berrueta-Clement, J. R., Schweinhart, L. J., Barnett, W. S., Epstein, A. S., & Weikart, D. P. (1984). *Changed lives: The effects of the Perry Preschool Program on youths through 19.* Ypsilanti, MI: High/Scope Press.
Bredekamp, S. (1997). Developmentally appropriate practice: The early childhood educator as decisionmaker. In S. Bredekamp & C. Copple (Eds.), *Developmentally appropriate practice in early childhood programs.* Washington, DC: National Association for the Education of Young Children.
Bredekamp, S., & Copple, C. (Eds.). (1997). *Developmentally appropriate practice in early childhood programs.* Washington DC: National Association for the Education of Young Children.
Bredekamp, S., & Glowacki, S. (1996). The first decade of NAEYC accreditation: Growth and impact on the field. In S. Bredkamp & B. A. Willer (Eds.), *NAEYC accreditation: A decade of learning and the years ahead.* Washington, DC: National Association for the Education of Young Children.
Brown, B. (1985, July). Head Start—How research changed public policy. *Young Children,* 9–13.
Carnegie Corporation. (1996). *Years of promise: A comprehensive learning strategy for America's children.* New York: Author.
Cataldo, C. Z. (1983). *Infant and toddler programs.* Reading, MA: Addison-Wesley.
Chattin-McNichols, J. (1992). *The Montessori controversy.* Albany, NY: Delmar.
Child Care Information Exchange. (1986, November), 7–8.
Children's Defense Fund. (1991). *The state of America's children, yearbook 1991.* Washington, DC: Author.
Children's Defense Fund. (1998). *The state of America's children, yearbook 1998.* Washington, DC: Author.
Cohen, D. L. (1993a, November 10). Stress Head Start quality, but spotlight 0–3, panel says. *Education Week,* p. 20.
Cohen, D. L. (1993b, April 21). Perry preschool graduates show dramatic new social gains at 27. *Education Week,* p. 1.
Cohen, D. L. (1994a, April 24). Head Start measure appears to be on Congressional fast track. *Education Week,* p. 14.
Cohen, D. L. (1994b, February 16). Bill to authorize Head Start is introduced. *Education Week,* p. 21.
Cost, Quality, and Child Outcomes Study Team (1995). *Cost, quality and child outcomes in child care centers.* Denver: Department of Economics, University of Colorado at Denver.
Creating a 21st century Head Start. Public Policy Report. (1994, March). *Young Children,* p. .
Edwards, C., Gandini, L., & Forman, G. (1993). *The hundred languages of children: The Reggio Emilia approach to early childhood education.* Norwood, NJ: Ablex.
Elkind, D. (1993). *Images of the young child.* Washington, DC: National Association for the Education of Young Children.
Epstein, A. S., Schweinhart, L. J., & McAdoo, L. (1996). *Models of early childhood education.* Ypsilanti, MI: High/Scope Press.
Galinsky, E., Howes, C., Kontos, S. & Shinn, M. (1994). *The study of children in family child care and relative care: Highlights of findings.* New York: Families and Work Institute.
Gerber, M. (1979). Respecting infants: The Loczy model of infant care. In E. Jones (Ed.), *Supporting the growth of infants, toddlers, and parents.* Pasadena, CA: Pacific Oaks.
Gonzalez-Mena, J., & Eyer, D. W. (1989, 1993). *Infants, toddlers, and caregivers.* Mountain View, CA: Mayfield Publishing.
Greenberg, P. (1990, September). Before the beginning: A participant's view. *Young Children,* pp. 41–52.
Gullo, D. F., & Clements, D. H. (1984). The effects of kindergartenschedule on achievement, classroom behavior, and attendance. *Journal of Educational Research,* 78, 51–56.
Gullo D. F., Bersani, C., Clements, D. H., & Bayless, K. M. (1986). A comparative study of all-day, alternate-day, and half-day kindergarten schedules: Effects on achievement and classroom social behaviors. *Journal of Research in Childhood Education,* 1, 87–94.
Head Start Program Performance Standards and Other Regulations. (1998). Head Start Bureau, Administration on Children, Youth and Families, Administration for Children and Families, United States Department of Health and Human Services. Washington, DC: U.S. Government Printing Office.
Hohmann, M., Weikart, D. P. (1995). *Educating young children: Active learning practices for preschool and child care programs.* Ypsilanti, MI: High/Scope Press.
Honig, A. S. (1985, November). High quality infant/toddler care: Issues and dilemmas. *Young Children,* pp. 40–46.
Hyun, E. (1998). *Making sense of developmentally and culturally appropriate practice (DCAP) in early childhood education.* New York: Peter Lang Publishing.
Jacobson, L. (1996a, September 18). Carnegie offers reform strategy for ages 3 to 10. *Education Week,* p. 1.
Jacobson, L. (1996b, October 23). Standards for after-school care piloted. *Education Week,* p. 1.

Katz, L. G., Evangelou, D., & Hartman, J. A. (1990). *The case for mixed-age groupings in early education.* Washington, DC: National Association for the Education of Young Children.

Lindner, E., Mattis, M. C., & Rogers, J. (1983). *When churches mind the children.* Ypsilanti, MI: High/Scope Press.

Meisels, S. J., & Sternberg, L. S. (1989, June). Quality sacrificed in proprietary child care. *Education Week*, p. 36.

National Association for the Education of Young Children Position Statement. (1997). Developmentally appropriate practice in early childhood programs serving children from birth through age 8. In S. Bredekamp & C. Copple (Eds.), *Developmentally appropriate practice in early childhood programs.* Washington, DC: National Association for the Education of Young Children.

National Association for the Education of Young Children. (1998, January). NAEYC position statement on licensing and public regulation of early childhood programs. *Young Children*, pp. 43–50.

National Association for the Education of Young Children. (1998). *Accreditation criteria and procedures of the National Academy of Early Childhood Programs.* Washington, DC: Author.

National Center for Education Statistics. (n.d.). *Digest of Education Statistics: 1998.* Washington, DC: U.S. Government Printing Office.

National Institute on Out-of-School Time. (1998). Wellesley MA: Center for Research on Women, Wellesley College.

Neugebauer, R. (1991, September/October). Churches that care: Status report #2 on church-housed child care. *Child Care Information Exchange*, pp. 41–45.

Neugebauer, R. (1995, May/June). Employer child care report: Drawing and consolidating. *Child Care Information Exchange*, pp. 67–76.

Neugebauer, R. (1996, July). Promising development and new directions in school-age care. *Child Care Information Exchange*, pp. 7–13.

Neugebauer, R. (1997, May/June). How's business? Status report #10 on for-profit child care. *Child Care Information Exchange*, pp. 65–69.

Neugebauer, R. (1998, January/February). Sesame Street meets Wall Street. Eleventh annual status report on for-profit child care. *Child Care Information Exchange*, pp. 12–16.

Peck, J. T., McCaig, G., & M. E. Sapp, (1988). *Kindergarten policies—What is best for children?* Washington, DC: National Association for the Education of Young Children.

Schnaiberg, L. (1996, June 12). Staying home from school. *Education Week*, pp. 24–33.

Schweinhart, L. J., & Weikart, D. P. (1993, November). Success by empowerment: The High/Scope Perry Preschool Study through age 27. *Young Children*, pp. 54–58.

Seligson, M. (1997). School-age child care comes of age. *Child Care ActioNews*, 14(1).

Shepard, L. A., & Smith, M. L. (1988). Escalating kindergarten curriculum. Urbana, IL: ERIC Digest.

Snow, C. W., Teleki, J. K., & Reguero-de-Atiles, J. T. (1996, September). Child care center licensing standards in the United States: 1981 to 1995. *Young Children*, pp. 36–41.

Spodek, B. (Ed.). (1986). *Today's Kindergarten.* New York: Teacher's College Press.

Trawick-Smith, J., & Lambert, L. (1995, March). The unique challenges of the family child care provider: Implications for professional development. *Young Children*, pp. 25–32.

United States Bureau of the Census. (1996). *Who's minding our preschoolers.* Washington, DC: U.S. Government Printing Office.

United States Department of Education. (1990). *A profile of child care settings: Early education care in 1990.* Washington, DC: U.S. Government Printing Office.

United States Department of Education. (1993). *National study of before and after school programs.* Washington, DC: U.S. Government Printing Office.

United States Department of Education, National Center for Education Statistics. (1995). *National household education survey.* Washington, DC: U.S. Government Printing Office.

United States Department of Education. (1998). *Reducing class size: What do we know?* Washington, DC: U.S. Government Printing Office.

United States Department of Health and Human Services. (1998). *Project Head Start statistical fact sheet.* Washington, DC: U.S. Government Printing Office.

United States Government Accounting Office. (1997, May). GAO/HEHS-97-95. Washington, DC: U.S. Government Printing Office.

Viadero, D. (1997, March). Home-schooled pupils outscore counterparts. *Education Week*, p. 7.

Whitebrook, M., Howes, C., & Phillips, D. (1997). *National Child Care Staffing Study: Who cares? Child care teachers and the quality of care in America: Final report.* Washington, DC: Center for the Child Care Workforce.

Whitebrook, M., Phillips, D., & Howes, C. (1993). *The National Child Care Staffing Study revisited.* Oakland, CA: Child Care Employee Project.

¿Quién es el niño pequeño?

Artículo ¿QUIÉN ES EL NIÑO?

Olivia N. Saracho

En los últimos años, se ha visto en las escuelas americanas un porcentaje mayor de niños lingüística y culturalmente diversos (LCD). Las diferencias lingüísticas integran las diferencias culturales explícitas de diversos grupos étnicos que constituyen nuestra sociedad plural. Cada grupo étnico predominante posee su propia herencia, tradiciones, valores y convicciones sobre lo que es correcto y apropiado. Los grupos étnicos transmiten sus tradiciones de generación en generación como parte del proceso informal de socialización de la familia o el grupo de compañeros (Saracho y Spodek, 1995).

Actualmente, las escuelas americanas atienden a estos niños LCD, a quienes suelen parecer extraños los patrones de lenguaje, las interacciones sociales y las manifestaciones de valores y cultura que se encuentran en las escuelas (Saracho y Spodek, 1995). Ante el desafío de educar a todos los niños, los objetivos educativos de las escuelas americanas han forzado a los niños a abandonar su identidad cultural y el idioma de sus ancestros. Los niños LCD aprenden el idioma y la cultura de sus familias y están obligados a aprender en la escuela un idioma y una cultura que les son ajenos. Muchos niños LCD infieren que deben rechazar su idioma y cultura y reemplazarlos por los de la escuela, que son patrones de comportamiento e idioma de la sociedad de clase media, blanca y anglófona. Estas creencias pueden ser la causa de que los niños LCD experimenten perplejidad, rechazo y pérdida de identidad étnica (Saracho, 1986). Una y otra vez, estos niños se confunden en la escuela y no son capaces de conseguir una identidad nueva aceptable.

La socialización de los pequeños en la sociedad dominante es un objetivo significativo y apropiado de la educación de primera infancia. La familia es un agente de socialización integral en nuestra sociedad, aunque la escuela introduzca a los niños LCD en la sociedad predominante fuera de la familia y les ayude a aprender sus procesos sociales. Por ejemplo, los niños LCD aprenden los papeles, propósitos e interrelaciones de los individuos en la sociedad que existe fuera del hogar. Aprenden a conseguir satisfacción personal del modo que se considera correcto, y a comportarse con otros, incluso en el empleo del lenguaje y los patrones de comportamiento adecuados para llevarse bien con los demás (Saracho y Spodek, 1983).

Aunque la educación de los niños LCD ha prosperado, hace falta una mejora considerable. Los investigadores, educadores y especialistas en desarrollo infantil han aumentado sus conocimientos sobre la importancia del lenguaje y los valores culturales de la familia, especialmente la forma en que cada cultura ha contribuido a nuestra herencia americana. Es importante que en el aula se encarezcan y alaben el idioma y la cultura de cada grupo cultural. Los maestros necesitan emplear el idioma y el origen cultural de los niños LCD como fundamentos del aprendizaje. Los niños precisan experimentar el aprendizaje en más de un idioma y una cultura. Les hace falta hacerse flexibles y eficientes en el idioma y la cultura de la casa y de la escuela. Tales modificaciones pueden enriquecer la vida de los niños LCD y su socialización puede beneficiarse de un significado nuevo en un contexto así.

La Dra.Olivia Saracho es Profesora de Educación en el Departamento de Currículum e Instrucción de la Universidad de Maryland.

Referencias

Saracho, O. N. (1986). Teaching second language literacy with computers. In D. Hainline (Ed.), *New developments in language CAI* (pp. 53–68). Beckenham, Kent, England: Croom Helm.

Saracho, O. N., & Spodek, B. (1983). The preparation of teachers for bilingual bicultural early childhood classes. In O. N. Saracho & B. Spodek (Eds.), *Understanding the multicultural experience in early childhood education* (pp. 125–146). Washington, DC: National Association for the Education of Young Children.

Saracho, O. N., & Spodek, B. (1995). The future challenge of linguistic and cultural diversity in the schools. In E. E. García, B. McLaughlin, B. Spodek, & O. N. Saracho, O. N. (Eds), *Yearbook of early childhood education: Meeting the challenge of cultural diversity in early childhood education* (vol. 6, pp. 170–173). New York: Teachers College

Definición del niño pequeño

Preguntas para pensar

¿Cuáles son algunas características básicas de cada edad?

¿Cómo afecta el desarrollo de un área de crecimiento a las otras?

¿Qué implica enseñar a niños con distintos niveles de desarrollo?

¿Qué precauciones hay que tomar al interpretar las tablas de características por edad? ¿Para qué son útiles?

¿Quién es el niño en su totalidad?

¿Quiénes son los niños con necesidades especiales?

¿Cuáles son algunas de las discapacidades que podemos encontrar frecuentemente en niños pequeños?

¿Qué es una clase incluyente?

¿Qué cuestiones se relacionan con la inclusión de niños pequeños en las aulas de primera infancia?

Ilustración 3.1 Niños: similares, pero diferentes.

DEFINICIÓN DEL NIÑO PEQUEÑO

Los niños, ¿quiénes son? Al entrar en un aula, es posible que los docentes se hagan preguntas sobre los chicos que ven:

- ¿Qué dicen los niños?
- ¿Qué pueden hacer los niños?
- ¿Qué piensan los niños?
- ¿Cómo se sienten los niños?

Un vistazo alrededor nos hace conscientes del grupo en su conjunto. El contorno de los individuos se hace borroso entre una cantidad de niños, todos de la misma altura y la misma edad. En ese momento, no son más que una lista de nombres con edades. Sin embargo, pronto el docente se hace consciente de un niño aquí y otro allí. En esta variedad de personitas, emergen diferentes alturas, formas, idiomas y colores.[1]

Con los ojos del docente

Impresiones físicas

Por lo común, los maestros empiezan a definir a los niños por sus características físicas. Al principio, las diferencias son más evidentes en su aspecto.

Enrique es un niño rubio y alto. Es muy grande para los 3 años que tiene. Sus dedos son largos y finos, e igual sus brazos. Su movimiento es fluido; avanza a pasos largos y rápidos hacia el caballete.

La constitución robusta del bajito Lamar y su pavoneo constante dan la impresión de que tiene un carácter duro. La picardía de sus ojos y su sonrisa contagiosa contradicen esa imagen.

LA DIVERSIDAD DE NUESTRO MUNDO LA DIVERSIDAD DE NUESTRO MUNDO LA DIVERSIDAD DE NUESTRO MUNDO LA DIVERSIDAD DE NUESTRO MUNDO LA DIVERSIDAD DE NUESTRO MUNDO

[1] Los programas de calidad para la primera infancia pueden proporcionar la oportunidad de celebrar LA DIVERSIDAD DE NUESTRO MUNDO.

Natalia, a sus 4 años, es un estudio del movimiento constante. De ojos verdes brillantes, agitando brazos y piernas, se olvida del bulto de su pañal cuando se lanza por el tobogán. Casi no hay indicios de que el cuadro leve de espina bífida que presenta inhiba sus actividades motoras. No afecta a su osadía, por cierto.

Nada acrecienta la conciencia de la individualidad de cada niño como trabajar en el aula. Los maestros aprenden pronto lo que hace especial a cada niño. Viendo y observando a los niños, los docentes acumulan mucha información detallada. Los adultos aprenden cómo son realmente los niños cuando se mueven, cambian de expresión y toman una postura. Una maestra puede sentir si Sonia está feliz, dolida o apresurada, por la manera en que se mueve y qué aspecto tiene. El rostro de Rodrigo refleja su malestar o su placer. El docente observador aprende a leer en los niños las pruebas de su crecimiento social, emocional, físico e intelectual. Los niños expresan con mucha naturalidad estas características con todo su cuerpo; la respuesta de cada niño es única.

Los comportamientos infantiles

Los comportamientos infantiles son individuales; los niños muestran sus propias respuestas personales a la vida. Se relacionan con la gente de formas que expresan su naturaleza original. Diana tiene la habilidad de hacer que sus compañeros la atiendan; Sergio sigue a los docentes en busca de compañía constante. Sus respuestas al ambiente del aula también son singulares. Ginny se sobreexcita y pierde el control; Claudio se queda parado estudiando a los chicos durante largos ratos antes de sumarse al grupo. Los docentes reconocen las diferencias individuales en el nivel de habilidad de los niños. Observan que de los cinco niños sentados a la mesa de arte, por ejemplo, sólo uno sostiene las tijeras correctamente y está cortando papel.

En qué se parecen los niños

Las similitudes de los niños de una clase son sorprendentes. Los docentes pueden ver las diferencias, diferencias grandes, pero hay características comunes en el grupo de edad. Seis niños en edad de caminar, trabajando en un proyecto de arte, presentan seis estilos personales distintos, y sin embargo, es típico que todos se distraigan y dejen sus proyectos a medio terminar. La observación de los niños, cuál es su aspecto y cómo actúan, ayuda al docente a ver a cada uno como individuo. Cuando se observa a muchos niños en un aula, se ven claramente los comportamientos comunes a esa edad. Hay bastantes comportamientos estándar apropiados a ciertas edades que permiten ciertas generalizaciones sobre el comportamiento infantil.

Caldwell (1993) menciona tres características universales comunes a los niños del mundo. Un niño se parece a los demás en que (1) todos tienen las mismas necesidades, siendo las más importantes la comida, el refugio y el cuidado; (2) todos pasan por las mismas etapas de desarrollo, y (3) todos tienen los mismos objetivos de desarrollo, aunque la oportunidad y las influencias culturales difieran.

Las descripciones de estas características comunes se remontan a una colección clásica de investigaciones de Gesell e Ilg. Véanse los comentarios relacionados con este tema en los capítulos 1 y 4. Consulte las ilustraciones 3.5 a 3.12 para ver una serie de "**dibujos de palabras**" que muestran estas **características según la edad** desde la lactancia hasta los 8 años. Al considerar a los niños individualmente o en un grupo, estas descripciones contribuyen a la comprensión de la naturaleza del niño y el crecimiento normal.

Por qué son diferentes los niños

Observar a los niños y trabajar con ellos evidencia lo diferente que es cada uno. ¿Por qué son tan diferentes si tienen tantos rasgos en común? Mera da un gran empujón a la cubierta que hace de columpio. Ariel chilla de gusto, pero Héctor se pone a llorar y grita por bajarse. ¿Qué explica la amplia gama de comportamientos que se observa en cualquier grupo de niños?[1]

La composición genética. Explica algunas de las diferencias. Cada niño es una combinación exclusiva de **genes** que "contribuye a la aparición y naturaleza de cada rasgo humano, desde el color de los ojos . . . hasta la inteligencia y creatividad última del individuo" (Gardner, 1982). También influye en el color del cabello, la altura, la forma del cuerpo y el ritmo de crecimiento (Bee, 1997).

El entorno. Los efectos del mundo sobre los genes heredados también tienen su papel. La cantidad y clase

LA DIVERSIDAD DE NUESTRO MUNDO LA DIVERSIDAD DE NUESTRO MUNDO LA DIVERSIDAD DE NUESTRO MUNDO LA DIVERSIDAD DE NUESTRO MUNDO LA DIVERSIDAD DE NUESTRO MUNDO

[1] Al considerar el modelo apropiado para el desarrollo, piensen tanto en las características universales como en las individuales de los niños. Sean conscientes de observar y respetar (no juzgar) las características individuales de los niños

de experiencias que tengan los niños afectan a la forma

en que se desarrollan. Las actitudes con las que se crían los niños, su cultura, su posición socioeconómica, la clase de atención que reciben y su comunidad se combinan de innumerables maneras para afectar al crecimiento.[1] En el capítulo 15 se trata más a fondo este tema como "ecología de la familia". La nutrición, la seguridad, el lugar para jugar, las relaciones con adultos, el vecindario y la estabilidad familiar afectan al desarrollo individual. Ya viva un niño en el sur del Bronx o en Beverly Hills, el entorno interactúa con los genes para crear un individuo único.

El niño pequeño que está a la puerta del aula es la suma total de los factores físicos, intelectuales, sociales y emocionales del hogar y la herencia. Lo que da la naturaleza, el mundo lo moldea y le da forma. Utilizando la inteligencia como ejemplo, Gardner (1993) sostiene la interdependencia del entorno y la genética de este modo: "El límite de la inteligencia está fijado por la genética, pero la inteligencia real lograda refleja los distintos entornos."

Hay otros cuatro factores concernientes al esquema de desarrollo de los elementos, que explican las diferencias entre individuos.

Los niños crecen y se desarrollan a diferentes ritmos. Todo niño tiene un mecanismo interior que monitoriza el crecimiento. Es un horario que varía de un niño a otro. Significa que un niño está listo para aprender en un momento dado y que puede o no coincidir con el del resto del grupo. Este factor de disposición debe respetarse.

El desarrollo es predecible y sigue una secuencia. Aunque el ritmo varíe, la secuencia permanece igual para todos los niños, incluso los discapacitados (Chandler, 1994). El desarrollo físico tiende a ir desde la cabeza hacia abajo (observen cómo es de grande la cabeza de un recién nacido en relación con el resto del cuerpo) y desde el centro hacia los lados (un niño aprende a controlar los brazos antes que los dedos).

Sería útil repasar la teoría de la maduración (capítulo 4), el desarrollo y el crecimiento físico (capítulo 12). A periodos de crecimiento rápido y actividad les siguen periodos de calma y consolidación. **Los virajes en el comportamiento** en la marca del medio año son comunes en muchos niños. El agradable y equilibrado niño de 3 años puede volverse tímido y empezar a tartamudear a los 3½. La edad a la que ocurre este cambio no es tan importante como la secuencia en que sucede. Lo que importa recordar es que los niños mostrarán diferencias marcadas de comportamiento en el breve lapso de un año. Los docentes se preparan para ello y lo valoran como el curso normal de acontecimientos en un niño que crece.

Diferencias por sexo y raza. Los niños y las niñas se distinguen tanto en la rapidez como en el patrón de crecimiento, sobre todo en la adolescencia. Los niños afroamericanos y asiaticoamericanos parecen tener un ritmo de crecimiento más rápido que los euroamericanos y los criados en el nivel de pobreza o por debajo del mismo se desarrollan más lentamente que otros (Bee, 1997).[2]

Utilizar los dibujos de palabras (páginas 101-108) y repasar con frecuencia la teoría del desarrollo ayuda a recordar a maestros y padres que tomen una perspectiva amplia al considerar el comportamiento infantil. Los capítulos 4 y 7 profundizarán más en este asunto.

El cuadro de atención de Janice Hale ofrece sugerencias oportunas sobre la manera en que los docentes pueden ser más eficaces al enseñar a niños afroamericanos. Sus conceptos se pueden aplicar también a otros grupos culturales.

Implicaciones para la enseñanza

Las diferencias en el desarrollo de los niños deben ser tenidas en cuenta cuando se planifica el programa para un grupo. Los docentes consideran todos estos factores en la satisfacción de las necesidades de cada niño mientras se ocupan de las preocupaciones e intereses de todo el grupo.

Planificación del programa. Por lo general, los docentes comienzan a programar actividades individuales y en grupo según la edad de los niños de su clase, sabiendo que existen ciertos patrones de comportamiento. La planificación se inicia en las similitudes conocidas, las tareas de desarrollo y comportamiento apropiado a la edad comunes en ese grupo de niños,

LA DIVERSIDAD DE NUESTRO MUNDO LA DIVERSIDAD DE NUESTRO MUNDO LA DIVERSIDAD DE NUESTRO MUNDO LA DIVERSIDAD DE NUESTRO MUNDO LA DIVERSIDAD DE NUESTRO MUNDO

1 El resultado de esta interacción también es una comprensión creciente del mundo.

2 Vean la nota 1 al pie de la página 88 y recuerden la importancia de observar y conocer, pero sin juzgar, las diferencias individuales entre los niños.

SELECCIÓN DE ARTÍCULOS

La pedagogía culturalmente apropiada y el niño afroamericano

Janice E. Hale

Los ejecutivos de marketing y publicidad de las grandes compañías saben que existe una cultura afroamericana diferenciable. Madison Avenue ha descubierto un tópico psicológico: puedes transmitir tu mensaje con más eficacia si usas un medio que tenga relevancia cultural.

McDonald's, por ejemplo, utiliza una papa frita que hace rap, animadoras hip hop, y el McDonald's Breakfast Club, que se dirige al mercado de los profesionales afroamericanos de nivel alto. Un anuncio de Kodak, que muestra a un hombre afroamericano cogiendo a un niño en brazos tiernamente, describe una cálida relación entre un padre afroamericano y su hijo. La publicidad dirigida a la comunidad afroamericana utiliza música, baile, símbolos e imágenes que aprovechan la cultura afroamericana.

Los políticos que hablan a audiencias afroamericanas intentando ganar votos emplean los estilos retóricos con los que los afroamericanos sintonizan, llamada y respuesta, ritmo, inflexión, entonación. Se apuntan tantos con las imágenes y el simbolismo de la cultura afroamericana, por ejemplo, evocar la memoria del Dr. Martin Luther King Jr.

Los educadores son los últimos en considerar la idea de que podemos hacer llegar nuestro mensaje con mayor efectividad si utilizamos un vehículo culturalmente relevante. Sabemos que el peculiar *estilo de predicación* y mensaje del predicador afroamericano incorpora características distintivas de la cultura afroamericana.

¿Por qué habría de ser un salto tan grande sugerir que podría existir un *estilo didáctico* que inspirase, motivase y captara el interés de los niños afroamericanos?

Igual que la homiléctica, la ciencia de escribir y pronunciar sermones, se enseña con perspectiva afroamericana en los seminarios, es importante enseñar la pedagogía en los centros de magisterio con la perspectiva de la cultura afroamericana.

Una pedagogía culturalmente apropiada presentaría a los niños afroamericanos literatura anglocéntrica y afrocéntrica en cada grado escolar. La exposición a la literatura anglocéntrica les proporcionaría vocabulario, historia e información sobre la orientación cultural de la corriente general de Estados Unidos. Esta exposición es esencial para que los niños afroamericanos sean capaces de sortear las dificultades de la corriente principal.

La exposición a la literatura afrocéntrica ampliaría su vocabulario, les proporcionaría información sobre valores culturales afroamericanos, aumentaría su autoestima y les daría motivación e inspiración.

Educar a los niños afroamericanos de manera culturalmente apropiada requiere un tipo de proceso educativo doble. En esta pedagogía culturalmente apropiada, no debería haber diferencia en los estándares académicos que existen actualmente en los entornos de la corriente principal. La diferencia está en la *manera* en que se cumplen dichos estándares. Hace falta también infundir en el contenido del currículum de las escuelas privadas y públicas un enfoque multicultural para todos los niños americanos.

La Dra. Janice E. Hale es profesora de educación de primera infancia en Wayne State University.

Ilustración 3.2 Ante la diversidad de nuestro mundo, los docentes deben ser sensibles a la influencia del sexo, la raza y los patrones individuales de desarrollo.

incluyendo en la programación a los niños con necesidades especiales.[1] Se establecen objetivos para todos los niños basados en estas características generales. Al ir avanzando el año escolar, los docentes observan a los individuos y al grupo y modifican los objetivos de desarrollo según las necesidades. Las diferencias individuales entre niños se incorporan a la programación; se eligen actividades que permitan una variedad de respuestas de niños en diferentes etapas de desarrollo. Una actividad de pegar fomenta la creatividad en los niños de 3 años más diestros y aún permite que los menos aptos de esa misma edad exploren cómo se siente el engrudo en los dedos y las manos. Puede ser necesario modificar la actividad para hacerla más accesible o apropiada para niños con necesidades especiales.[2] Los programas se planifican pensando en las necesidades y desafíos de todo el grupo.

La agrupación rígida de los niños por su edad parece oponerse a nuestra comprensión de los ritmos individuales de crecimiento, factores de disposición y grandes abanicos de habilidades. Es un sistema conveniente, aunque **arbitrario**, de enseñar a los niños. Lo que esto implica para los docentes está claro: planificar teniendo en cuenta la edad, entendiendo y valorando las variaciones de desarrollo que existen incluso dentro de los márgenes de un año. Conozcan al niño; sepan qué esperar y qué desarrollo ha tenido lugar. Consideren las etapas de crecimiento para la edad inmediatamente inferior e inmediatamente superior a la que enseñan.

Respuesta de los docentes. La palabra clave para los maestros es *aceptación*. Los docentes no sólo deben aceptar las diferencias entre niños; tienen que incluirlas en su programación. Al hacerlo, muestran su respeto por la individualidad de cada niño de la clase. Aceptar la forma en que los niños se revelan fomenta la singularidad que hace de cada uno una persona especial.

Véase el capítulo 5 para obtener sugerencias específicas sobre cómo programan los docentes para acomodarse a la individualidad de los niños, sobre todo las secciones Conciencia de sí mismo; Actitudes y prejuicios; Diez puntos esenciales para enseñar con éxito y Pautas de comienzo para un estudiante de magisterio. Los capítulos curriculares, del 11 al 15, proporcionan otros

LA DIVERSIDAD DE NUESTRO MUNDO LA DIVERSIDAD DE NUESTRO MUNDO LA DIVERSIDAD DE NUESTRO MUNDO LA DIVERSIDAD DE NUESTRO MUNDO LA DIVERSIDAD DE NUESTRO MUNDO

1 Planificar para niños con necesidades especiales comienza siempre por estudiar el desarrollo típico.

2 El entorno de aprendizaje se puede arreglar para que trabajen y jueguen juntos niños con desarrollos de habilidades distintos.

ejemplos de planificación para un gran abanico de habilidades. Sería útil, además, leer el capítulo 9, sobre todo el entorno de autoayuda y el currículum sin prejuicios.

Con los ojos de los niños

Otra forma de definir a los niños es verlos desde su propio punto de vista. ¿Qué significa mirar el mundo con los ojos de los niños? ¿Qué perspectiva del mundo tiene un niño?

Los adultos llevan al aula numerosas percepciones sobre los niños. Con la ventaja de muchos más años de experiencia, tienden a olvidar lo mucho que saben. A veces ven al niño algo borroso, a través de muchísimos filtros. Estos filtros son actitudes, conceptos, experiencias y prejuicios.[1] Lo que parece banal para un adulto, como un viaje en el subterráneo, llena a los niños de alegría y de la maravilla de descubrir.

Para ver un aula con ojos de niño, es preciso dejar de lado los filtros del mundo adulto. El niño pequeño en el aula es de aquí y ahora y le gusta lo que es familiar y conocido. Al preescolar le complacen las experiencias comunes, cotidianas, aprende haciendo y utiliza los cinco sentidos. A los niños de esta edad les interesa saltar de una cosa a otra, pero cuando se les da el tiempo y la oportunidad de explorar algo que les llama la atención, son capaces de una gran profundidad de aprendizaje, como lo demuestran los niños de Reggio Emilia. (Véanse más ejemplos en los capítulos 1, 9, 11, y 13.)

El maestro aprende a ver por los ojos del niño, qué les interesa, qué evitan, quiénes son sus amigos, cómo responden en una variedad de situaciones y cómo aprenden. Cuando Cati tiene que ser prudente con un amigo menos tímido que ella o Jaime combina hechos de una forma que tiene sentido para él, el docente reconoce las expresiones de su individualidad.

Los adultos encuentran que mirando el mundo con ojos de niño consiguen una perspectiva diferente y valiosa como docentes.

GAMAS DE DESARROLLO

En su proceso de crecimiento y cambio, los niños pasan por etapas de desarrollo predecibles. Cada fase de desarrollo tiene rasgos característicos. En las páginas siguientes, algunos de los datos normativos clásicos reunidos por Gesell se combinan con las teorías de Piaget, Elkind, Erikson y Vygotsky (véase el capítulo 4) para demostrar lo que tienen en común los niños de diversas edades. A pesar de la amplia gama de diferencias individuales en todas las edades, hay algunas características que comparten los niños y que merecen consideración. Estos comportamientos comunes ayudan a los maestros a prescribir programas, proyectar actividades y planes de estudio. Dan perspectiva.

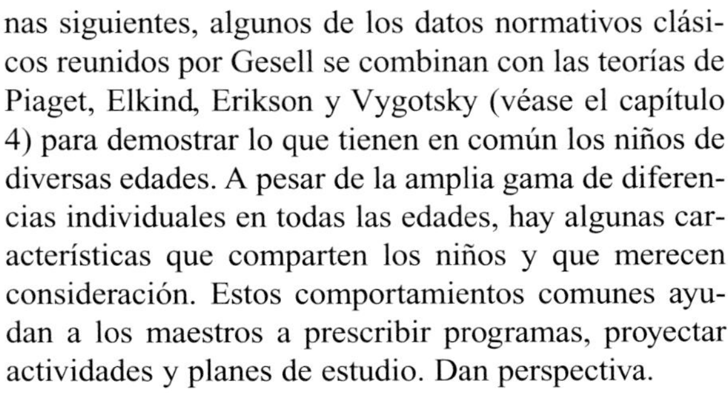

A la mayor parte de las clases se les llama "de dos", "de tres," y así sucesivamente. Las escuelas admiten niños según un orden cronológico basado en si el cumpleaños cae antes o después de una fecha determinada. Con todo, la mayor parte de los textos sobre desarrollo ya no usan el estrecho lapso de un año cuando establecen características de comportamiento. Son corrientes las agrupaciones más grandes, que abarcan más, como lactantes, niños en edad de caminar, preescolares, etcétera. La razón es que los patrones de crecimiento de los niños y las diferencias individuales pueden ser tan considerables que una definición de comportamientos llevaría a la valoración incorrecta del desarrollo de un niño. Por esta razón, es posible entender mal las tablas de características por edad si no se usan con prudencia.

El valor de los dibujos de palabras para los docentes

En el comportamiento y la guía

Algo a considerar es qué uso harán los docentes de las tablas. Es importante saber qué gama de comportamientos ocurren y poder reconocerlos como patrones normales de crecimiento, ya sea al enseñar a niños con necesidades especiales o a niños de crecimiento típico.[2] Esta conciencia ayuda a definir e interpretar la acción del niño a la luz de lo que se considera típico. La guía y la disciplina se basan en la conciencia de los comportamientos esperados que son comunes a un rango de edades dado. Muchos supuestos comportamientos problemáticos son normales en la edad a la que tienen lugar: por ejemplo, la dificultad que tienen algunos niños en edad de caminar y de dos años para compartir sus juguetes. Esto no implica un enfoque pasivo; los

LA DIVERSIDAD DE NUESTRO MUNDO LA DIVERSIDAD DE NUESTRO MUNDO LA DIVERSIDAD DE NUESTRO MUNDO LA DIVERSIDAD DE NUESTRO MUNDO LA DIVERSIDAD DE NUESTRO MUNDO

1 Los juicios individuales pueden estar basados en estos filtros. Sigan desarrollando conciencia de ustedes mismos y de sus filtros particulares.

2 Los niños tienen más similitudes que diferencias.

Ilustración 3.3 Los adultos ven a los niños a través de muchos filtros. ¿Cómo se ve a través de los ojos de un niño?

maestros y los padres no ignoran un comportamiento indeseable porque el niño "está pasando una racha". En cambio, los adultos intentan guiar y dirigir a los niños de formas que favorezcan su crecimiento general. Los niños de cuatro años ponen a prueba los límites y se resisten a los controles. El maestro prudente acepta estas comprobaciones de poder e individualidad, pero mantiene los límites de comportamiento necesarios.

Los dibujos de palabras de un niño, tomadas de las tablas de características por edad, ayudan a los docentes a saber qué esperar y cuándo esperarlo. Tomando las tablas como referencia, los docentes disminuyen el riesgo de esperar demasiado o demasiado poco a cualquier edad dada. Si, por ejemplo, es típico de los niños de 4 años decir mentiras, las respuestas de los docentes a las historias que inventen reflejan su conocimiento de esa tendencia. Se reconoce lo divertido de crear una historia y del uso de la imaginación, pero no importa que el niño mienta. Las características por edades proporcionan un marco de referencia con el que manejar situaciones diarias y una base para planear medidas apropiadas de guía.

En los planes de estudio

La expresión "niño acelerado", tan bien usada por David Elkind (1989) en su libro del mismo nombre, ha llegado a significar una falta de consideración de actividades y planes orientados al nivel de desarrollo apropiado para un niño. En cambio, los niños se ven forzados a sentarse y prestar atención durante más tiempo del que puede tolerar su cuerpo y su mente; se intenta enseñar lectura y escritura antes de que los niños tengan el desarrollo adecuado y los planes de estudio para niños de cuatro, cinco y seis años incluyen contenidos más apropiados para años posteriores. Las tablas siguientes pueden ser de gran valor para ayudar a los profesionales de la primera infancia a programar planes de estudio y actividades apropiados para niños pequeños. Las dibujos de palabras se pueden utilizar para ajustar el currículum a la medida de un niño en particular o de una clase o grupo en especial sobre la base de estándares de desarrollo conocidos. Vea también La importancia de la infancia en el capítulo 15.

Pautas

Utilicen las tablas con precaución. Es útil disponer del perfil del niño en su totalidad, pero eviten la tendencia a clasificar en exceso.[1] Miren y escuchen a los niños de la clase para interpretar la teoría. Encuentren el equilibrio entre sus impresiones y la experiencia con niños reales en el aula. La interpretación de las tablas no debe centrarse en lo que el niño *no puede* hacer. En cambio, empléenlas para obtener una perspectiva de la amplia gama de normas de desarrollo que presenta un niño en varias de las agrupaciones por edad cronológica. Miren siempre los dibujos de palabras de los grupos justamente por debajo y por encima de la edad de los

LA DIVERSIDAD DE NUESTRO MUNDO LA DIVERSIDAD DE NUESTRO MUNDO LA DIVERSIDAD DE NUESTRO MUNDO LA DIVERSIDAD DE NUESTRO MUNDO LA DIVERSIDAD DE NUESTRO MUNDO

[1] Cualquiera que sea su cultura, todos los niños crecen a su propio ritmo.

niños que están valorando. Los niños, sin duda, presentarán algunos de los comportamientos de desarrollo apropiados a los tres grupos que examina.

Deben tenerse en cuenta varias cuestiones para que las tablas de características por edad sean útiles en la enseñanza. Es muy importante darse cuenta de que estas normas de desarrollo se refieren al comportamiento frecuente o típico. No pueden aplicarse literalmente a un niño en particular. Si tuviera que considerar una clase de niños de 6 años, por ejemplo, encontraría que probablemente la mitad de ellos cumplirían la mayor parte de la descripción del perfil. Algunos no habrían llegado aún a este nivel de desarrollo mientras que otros habrían sobrepasado ya esta etapa. Susana encajaría bien en la descripción del niño de 6 años en el plano físico. Su desarrollo lingüístico e intelectual se aproximan más al de un niño de 7, mientras que sus habilidades sociales pueden ser típicas de uno de 4 años. Es muy probable que haya características que Susana *jamás* muestre. No servirá de nada utilizar la tabla como vara de medir, comparando un niño con otro, porque los niños se desarrollan a su propio ritmo y a su propia manera.

Recuerden que los niños probablemente atraviesen por la mayoría de las etapas descritas, siguiendo la misma secuencia. Pero lo harán de formas que reflejan su propio ritmo de crecimiento y sus propios antecedentes. Empleen estas características no para enfrentar a un chico con otro y ver quién se desarrolla con más rapidez, sino para comparar cada niño consigo mismo. Observando a Diego, es útil saber dónde está en relación con la mayoría de los niños de 2 años, pero, más importante es saber dónde está ahora, dentro de seis meses, dentro de un año y cómo era hace un año. De este modo, obtendremos una visión clara de su ritmo de crecimiento. Véase también Desarrollo infantil y diversidad cultural, en el capítulo 4.

El dibujo de palabras correspondiente a los menores de un año describe, deliberadamente, de una forma vaga las edades en que podrían aparecer algunas características de desarrollo. El rápido ritmo de crecimiento, combinado con patrones individuales de crecimiento, dificulta la predicción, con cierto grado de seguridad, de cuándo Gabriel será capaz de incorporarse solo, pero es probable que lo logre con un margen de uno o dos meses antes o después de la edad frecuente citada.

Derman-Sparks y la ABC Task Force (1989) señalan que los niños perciben y forman actitudes sobre diferencias raciales y culturales a una edad muy temprana. Las experiencias con sus cuerpos, el entorno social y la etapa de desarrollo cognoscitivo se combinan para ayudarles a forjar su propia identidad y actitudes. Lo que aprenden sobre sí mismos se ve reflejado en su comportamiento y actitudes hacia los demás. Al irse desarrollando cognoscitivamente, los niños se hacen conscientes de las diferencias y similitudes entre las personas. Al mismo tiempo, desarrollan sentimientos de confianza, miedo, alegría, enojo y amor. Este entrecruzamiento de tareas de desarrollo puede ser influido por estereotipos y prejuicios de la sociedad, que pueden afectar el concepto de sí mismo del niño y su actitud hacia los demás. En los dibujos de palabras se incluyen estos elementos culturales para mostrar cómo, al alcanzar los niños un sentido de sí mismos como individuos, puede haber una influencia en sus actitudes y comportamientos hacia los demás.[1]

Dibujos de palabras

En los dibujos de palabras se incluyen cinco áreas básicas de desarrollo:

- *Desarrollo social y emocional.* Incluye las relaciones del niño consigo mismo y con los demás, el concepto de sí, la autoestima y la capacidad de expresar sentimientos.
- *Desarrollo lingüístico.* Incluye las emisiones de voz, la pronunciación, el vocabulario, la longitud de las frases y la capacidad de expresar ideas, necesidades y sentimientos. Incluye el lenguaje pasivo (¿entienden lo que oyen?) y el desarrollo verbal (¿qué dicen?).
- *Desarrollo fisicomotor.* Incluye motricidad gruesa, motricidad fina y percepción motora.
- *Desarrollo intelectual.* Esto significa generalmente la capacidad de percibir y pensar. Incluye la curiosidad, la memoria, el lapso de atención, los conocimientos generales, la resolución de problemas, el pensamiento analítico, el comienzo de la lectura, las habilidades de cálculo y otros procesos cognoscitivos.
- *Desarrollo de la identidad cultural.* Esto sugiere interconexiones entre las etapas de desarrollo y una conciencia creciente de la propia cultura además de las actitudes hacia personas de culturas diferentes. En cada grupo de edad aparecen diversos

LA DIVERSIDAD DE NUESTRO MUNDO LA DIVERSIDAD DE NUESTRO MUNDO LA DIVERSIDAD DE NUESTRO MUNDO LA DIVERSIDAD DE NUESTRO MUNDO LA DIVERSIDAD DE NUESTRO MUNDO

[1] La parcialidad por raza, cultura, sexo y habilidad tiene un efecto profundo en el sentido que desarrolla el niño sobre sí mismo y los demás.

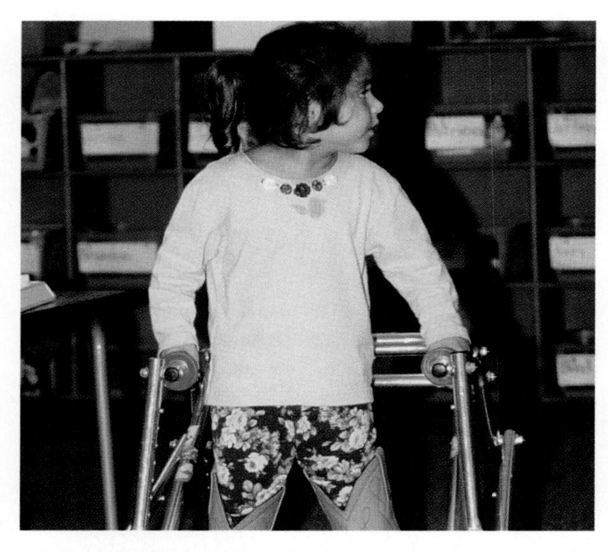

Ilustración 3.4 Hay una amplia gama de diferencias individuales en la forma en que crecen y se desarrollan los niños.

elementos culturales que, cuando se promueven adecuadamente, pueden aumentar la sensibilidad del niño ante las diferencias.[1]

Estos dibujos de palabras están destinados a ayudar a los docentes en clase. Las características enumeradas son:

- comportamientos más corrientes en el grupo de edad
- los que tienen implicaciones para niños en entornos de grupo
- los que sugieren medidas de guía y disciplina
- los que tienen implicaciones en la planificación de un currículum apropiado para desarrollo
- se trata de elementos culturales, señalados para sugerir la interacción del desarrollo infantil y su conciencia de actitudes hacia la raza y la cultura.[2]

En el capítulo 4, los alumnos llegarán a apreciar la importancia de la investigación y teorías importantes sobre las que se han creado estos dibujos de palabras.

LA DIVERSIDAD DE NUESTRO MUNDO LA DIVERSIDAD DE NUESTRO MUNDO LA DIVERSIDAD DE NUESTRO MUNDO LA DIVERSIDAD DE NUESTRO MUNDO LA DIVERSIDAD DE NUESTRO MUNDO

[1] Muy pronto, en el curso del desarrollo normal, los niños desarrollan actitudes sobre las diferencias entre las personas.

[2] Para construir actitudes que vayan más allá de la mera tolerancia, debemos ayudar a los niños a obtener imágenes más exactas de las personas y culturas diferentes de las suyas propias.

EL LACTANTE

SOCIAL Y-EMOCIONAL

0–1 mes: llora para expresar emociones; comienza la creación de vínculo
4–10 semanas: sonrisas sociales
2 meses: comienzan los juegos sociales
3 meses: distingue caras familiares
vuelve la cabeza hacia la voz humana
sonríe como respuesta a una sonrisa
patalea, sonríe, mueve las manos como respuesta
llora cuando lo dejan solo
reconoce a los padres
4 meses: risa verdadera
sonríe cuando le hablan
le encanta la atención
5 meses a 1 año: ansiedad ante los extraños
6 meses: distingue las voces
sonríe, balbucea a los extraños
desarrolla encariñamiento
comienza a jugar juegos de imitación
juega al cucú
es sensible a los cambios de humor de los padres
8 meses: se ríe alto
9 meses: chilla para salirse con la suya

El juego es una actividad sólo del momento presente.
Teme lo desconocido: gente, lugares, cosas.
Sentido incipiente de sí como ser distinto.

LENGUAJE

0-1 mes: vuelve la cabeza respondiendo a las voces
llora para expresar necesidades
6–8 semanas: arrulla
gesticula para comunicarse:
aleja cosas empujándolas, se retuerce
tiende los brazos a la gente, hace pucheros,
chasquea los labios, chilla, señala
2 meses: sonidos vocales voluntarios
3 meses: balbucea
6–12 meses: juegos de imitación de sonidos
responde a una variedad de sonidos
Emite sonidos vocálicos
adquiere lenguaje pasivo
llora para comunicarse
12 meses: primeras palabras

FÍSICO-MOTOR

Para el año: crece de 25 a 30 cm, triplica su peso, crece un 40%, duplica el tamaño cerebral, le crece el pelo
bota en la cuna,
emplea movimientos de todo el cuerpo

Ilustración 3.5 Hacia los 8 meses, el lactante centra su atención en objetos pequeños y trata de alcanzarlos.

4 meses: ve, agarra cosas
5 meses: se estudia los dedos
se sienta con apoyo
6 meses: se da la vuelta
descubre sus pies
empieza la dentición
7 meses: gatea
8 meses: se mantiene sentado sin apoyo
se iza hasta sentarse
se establece el asimiento de pinza
9 meses: se arrastra
10 meses: come solo con cuchara
11 meses: se tiene de pie solo, se desplaza ayudándose de los muebles
12 meses: primeros pasos
finales de la lactancia: puede hacer movimientos de rotación con las manos para girar perillas
la actividad motora del recién nacido es casi toda de reflejos.

INTELECTUAL-COGNOSCITIVO

0-1 mes: responde a la voz de su mamá:
siente la función, especialmente dolor, tacto
10 semanas: memoria evidente
4 meses: sonrisas de reconocimiento
7-10 meses: resuelve problemas simples (golpea en la caja para conseguir el juguete)
8 meses: comienza a creer en la permanencia de las cosas; sigue una instrucción simple
8–12 meses: intencionalidad en las acciones
11 meses: comienza la experimentación de ensayo y error
12 meses: juegos de dejar caer/recuperar, tortitas explora con manos y dedos
sonríe, vocaliza a la imagen en el espejo

Características clave de conciencia cultural.

EL NIÑO EN EDAD DE CAMINAR

SOCIAL Y-EMOCIONAL

Casi totalmente egocéntrico
le gusta llamar la atención; le encanta tener público
carece de inhibiciones
insiste en lo que quiere, asertivo
le gusta hacer las cosas solo
independiente, tiene identidad propia
Se adapta fácilmente
juega solo en el corralito
se llama por su nombre
se ríe fuerte con el cucú
llora cuando lo dejan solo
curioso
se lleva mejor con adultos que con niños
activo, entusiasta
habla sobre todo consigo
suele ser amistoso
fuerte sentido de la propiedad
imita el comportamiento adulto
experimenta y muestra vergüenza

Ilustración 3.6 A los que empiezan a caminar les encanta señalar cosas en un libro.

LENGUAJE

Algunas frases de dos palabras
le gusta vocalizar
balbucea en su propia lengua
utiliza "eh-eh" o "uh-uh" con gestos
nombra a la familia más cercana repite palabras de los adultos
señala para comunicar necesidades, deseos
mueve la cabeza para responder "no"
responde a instrucciones de recoger, señalar
obedece pedidos verbales
contesta "¿Qué es?"
comprende frases sencillas emplea de 5 a 50 palabras

FÍSICO-MOTOR

Coordinación torpe; cuerpo relleno
inseguro de pie
gatea cuando tiene prisa
camina con mayor confianza
camina con los pies muy separados, los brazos abiertos, cabeza hacia delante
le resulta difícil dar vuelta a las esquinas
sube y baja escaleras agarrándose
se respalda en la silla para sentarse
puede pasar periodos largos en cuclillas
predominio motor: en movimiento constante
le encanta jalar/empujar cosas
corre con pasos rígidos, planos
emplea movimientos de todo el brazo
llevar y volcar se hace una actividad favorita
garrapatea
da vuelta a las páginas de dos o tres a la vez
corre/descorre un cierre grande
le gusta tener objetos en las dos manos

INTELECTUAL-COGNOSCITIVO

Señala cosas en un libro
empareja objetos similares
encaja un bloque redondo en un hoyo redondo
le encantan los contrarios: arriba/abajo, sí/no
imita tareas simples
los intereses cambian rápido
lapso de atención corto
sigue una instrucción
abandona fácilmente, pero también emprende algo con facilidad
las conclusiones son importantes: cerrar puertas, cerrar libros
piensa con los pies; orientado a la acción
construye torre de tres o cuatro bloques pequeños

Características clave de conciencia cultural.

LOS DOS AÑOS

SOCIAL Y-EMOCIONAL

Egocéntrico
incapaz de compartir, posesivo
se agarra a lo conocido; resistente al cambio ritualista; insiste en las rutinas
dependiente
le gusta un adulto cada vez
abandona con facilidad; se frustra fácilmente
va de un extremo a otro
impulsivo; cambia de actividades de repente
se distrae con facilidad
empuja, atropella
melindroso y escogido para comer, tiene rachas con la comida
se refiere a sí mismo por su nombre trata a las personas como objetos inanimados
garrapatea; hace las cosas despacio
juega en paralelo
observa a los demás
le gusta la gente
entusiasmado por sus propias habilidades

LENGUAJE

Emplea oraciones de dos o tres palabras
oraciones telegráficas "lanza pelota"
tiene dificultades para pronunciar
"yo," "mío" los pronombres más destacados
lenguaje espontáneo; rítmico, repetitivo
habla constantemente; interesado en el sonido
canta frases de canciones, sin entonar
no puede expresar sentimientos
frustrado cuando no lo entienden
puede tartamudear
pregunta "¿Qué es eso?" a propósito de láminas
capaz de emparejar palabras con objetos
repite palabras y frases
utiliza de 50 a 300 palabras

FÍSICO-MOTOR

Emplea movimiento de todo el cuerpo
empuja, jala, mete los dedos
se trepa a cosas
se inclina hacia delante al correr
sube escalones uno por uno
depende de adultos para vestirse
capaz de ayudar a desnudarse ha alcanzado la mitad de su altura potencial
comienza control de esfínteres
come solo
completa oposición de pulgar e índice
agarra la taza con las dos manos
torpe con objetos pequeños
arrastra, vuelca, tumba; poco seguro
alterna las manos; se va desarrollando la preferencia
capaz de rotar para encajar objetos
expresa emociones corporalmente
orientación sensorial
salen los últimos dientes
le cuesta relajarse

INTELECTUAL-COGNOSCITIVO

Reconoce, explora características físicas
investiga con el tacto y el gusto
intrigado por el agua, por lavar
le gusta vaciar y llenar cosas
lapso de atención limitado
vive en el presente
comprende conceptos familiares
puede diferenciar entre blanco y negro
necesita que usen su propio nombre
le gusta la ficción sencilla
hace una cosa a la vez
recuerda órdenes de rutinas
recuerda donde dejan los juguetes
clasifica a las personas por su sexo
nombra objetos familiares en libros

Ilustración 3.7 El niño de 2 años observa a los demás.

Características clave de conciencia cultural.

LOS TRES AÑOS

SOCIAL Y-EMOCIONAL

Muy imitativo de los adultos
quiere complacer a adultos; se acomoda
responde a sugerencias verbales
es fácil indicarle, redirigirlo
se puede tratar y razonar con él
comienza a compartir, respetar turnos, esperar
ávido por participar "yo también"
exuberante, charlatán, humorístico
tiene compañeros imaginarios
tiene pesadillas, fobias animales
juega conscientemente, de forma cooperativa con otros
juega espontáneamente en grupos
teatraliza el juego
persigue deseos; lucha por ellos
afirma su independencia a menudo
con frecuencia en apuros, frustrado, celoso
se solidariza
fuertes estereotipos sobre papel de los sexos

Ilustración 3.8 El niño de 3 años está afinando el movimiento de los dedos.

LENGUAJE

Habla mucho, con o sin quien le escuche
capaz de escuchar para aprender
le gustan las palabras nuevas
aumenta el uso de pronombres, preposiciones
emplea la desinencia para el plural
utiliza desinencias para indicar pasados regulares
emplea oraciones de tres o más palabras
dice "¿Está bien así?" con frecuencia
habla sobre situaciones no presentes
pasa las palabras a acción
se mueve y habla al mismo tiempo
reemplaza unas letras por otras al hablar: "b" por "g"
intrigado por los susurros
utiliza de 300 a 1.000 palabras

FÍSICO-MOTOR

Líneas del cuerpo bien proporcionadas
camina erguido, ágil de pies
galopa con pasos grandes, altos
alterna los pies al trepar escaleras
arranca y para de pronto
da vuelta a esquinas rápido
balancea los brazos al caminar
salta en el lugar fácilmente
va al baño solo
pierde la grasita de bebé
controla la vejiga
anda en triciclo
se pone y quita abrigos con ayuda
desprende botones
algo de control de los dedos con objetos pequeños
agarra con pulgar e índice
sostiene la taza en una mano
vierte líquido fácilmente de una jarra pequeña
se lava las manos sin ayuda
puede llevar líquidos
actividad con impulso y finalidad
capaz de mantenerse sobre un pie

INTELECTUAL-COGNOSCITIVO

Empareja personas por características físicas
calcula cantidades
le gusta hacer elecciones sencillas
alerta, excitado, curioso
pregunta "¿por qué?" constantemente
entiende "Es hora de . . ."
entiende "Imaginemos que . . ."
le gustan las adivinanzas, los acertijos
tiene imaginación viva
a menudo generaliza demasiado
lapso de atención corto
completa de dos a cuatro instrucciones en secuencia
a menudo colorea páginas con un color
no puede combinar dos actividades
nombra y empareja colores simples
tiene conceptos numéricos de uno y dos
ve vagamente la relación de causa y efecto
capaz de reconocer melodías sencillas
distingue entre noche y día
comprende comparaciones por tamaño y forma

Características clave de conciencia cultural.

LOS CUATRO AÑOS

SOCIAL Y-EMOCIONAL

Cambia rápido de humor,
ensaya sentimientos de poder,
domina; es mandón, alardeador, beligerante,
asertivo, discutidor,
se da aires; es atrevido, ruidoso,
puede pelear sus propias batallas,
golpea, arrebata, insiste en sus deseos,
explosivo, destructivo,
es fácil de sobrestimular; excitable
impaciente en grupos grandes,
coopera en grupos de dos o tres,
hace amigos "especiales" pero cambia su adhesión a menudo
se desarrolla la pertenencia a un grupo; excluye a otros
se resiste; tienta los límites,
exagera, dice mentiras, busca coartadas,
a menudo fastidia,
toma el pelo; tiene un gran sentido del humor,
puede tener pesadillas,
parlotea con frecuencia,
tiene manías temporarias con la comida, rechaza algunos alimentos

LENGUAJE

Tiene más vocabulario que conocimientos,
gran hablador, preguntón,
le gustan las palabras, juega con ellas,
le interesa mucho la poesía
es capaz de hablar para resolver conflictos
responde a instrucciones verbales,
le gusta tomar su turno en las canciones,
le interesa representar canciones, cuentos,
exagera, practica palabras,
utiliza el control de la voz, el tono, el ritmo
pregunta "¿cuándo?" "¿por qué?" "¿cómo?"
une oraciones
le encanta que le lean

FÍSICO-MOTOR

Constitución más esbelta, más alto y delgado,
vigoroso, dinámico, acrobático,
activo hasta agotarse
"trabaja": construye, conduce, pilota,
puede saltar su propia altura y quedar de pie,
avanza en un pie,
salta con los dos, lanza una pelota grande, patea bien,
avanza y se mantiene sobre un pie,
salta sobre objetos,
camina en línea recta,
sube y baja las escaleras corriendo,
da vueltas de carnero,
retrocede juntando el talón de un pie a la punta del otro,
movimientos corporales rápidos y atinados,
copia una cruz, un cuadrado,
puede dibujar monigotes lineales,
sostiene el pincel como un adulto, empuña el lápiz,
es capaz de atarse los cordones de los zapatos,
se viste solo, salvo los botones o lazos de la espalda,
posee seguridad y control en las actividades con los dedos,
alterna los pies al bajar escaleras

INTELECTUAL-COGNOSCITIVO

Hace algo de arte representativo y de nombres, da valor personal a los productos de su arte
puede trabajar por un objetivo,
pregunta continuamente
le interesa la forma en que funcionan las cosas,
le interesan los conceptos de muerte y vida,
su lapso de atención es extenso,
puede hacer dos cosas a la vez
la representación escénica está más cerca de la realidad
juzga cuál de dos objetos es más grande,
tiene el concepto de tres; puede nombrar más,
su sentido del tiempo es correcto,
está lleno de ideas
empieza a generalizar; se equivoca a menudo,
le gustan diversos materiales
llama a la gente por su nombre,
tiene impulso intelectual dinámico
tiene compañeros de juegos imaginarios,
reconoce varias palabras en letra de imprenta

Ilustración 3.9 Tener amigos especiales es característico de haber cumplido cuatro años.

Características clave de conciencia cultural.

LOS CINCO AÑOS

SOCIAL Y-EMOCIONAL

Sereno, confía en sí mismo, reservado
sensible al ridículo
tiene que tener razón; persistente
tiene sentido de su propia identidad
puede ponerse tonto, excitado, salvaje,
disfruta con adivinanzas sin sentido, bromas
le gustan los juegos en grupo, los juegos competitivos,
consciente de las reglas, las define para otros,
escoge sus propios amigos, es sociable,
toma parte en decisiones de grupo,
insiste en el juego limpio,
le gusta la compañía adulta,
acepta y respeta la autoridad
pide permiso,
conserva la calma en las emergencias

LENGUAJE

emplea palabras largas y oraciones completas,
puede definir algunos términos,
deletrea palabras sencillas,
respeta los turnos en la conversación
tiene ideas claras y es capaz de expresarlas
usa palabras para dar y recibir información,
insiste en "ya lo sé"
hace preguntas para obtener respuestas
inventa canciones,
le gusta dictar historias,
utiliza 1.500 palabras,
relata un cuento conocido,
define palabras sencillas,
contesta el teléfono,
toma un mensaje
piensa en voz alta

FÍSICO-MOTOR

tiene coordinación completa,
su postura es similar a la de un adulto,
tiene una tremenda energía física,
le gusta emplear las habilidades de motricidad fina,
aprende a hacer un nudo de lazo,
emplea herramientas sencillas con habilidad y corrección
dibuja una persona reconocible
se viste solo completamente,
corta con tijeras siguiendo una línea,
empieza a colorear dentro de un contorno,
atrapa una pelota desde un metro de distancia,
salta alternando los pies,
le gusta saltar, correr, hacer piruetas,
anda en un vehículo de dos ruedas,
mantiene el equilibrio en una barra de equilibrio,
salta a la cuerda,
corre de puntillas,
le gusta bailar; tiene gracia y ritmo,
a veces es brusco, pelea

INTELECTUAL-COGNOSCITIVO

Muestra curiosidad por todo,
quiere saber "¿cómo?" "¿por qué?"
le gusta mostrar sus nuevos conocimientos, habilidades
algo consciente de la ignorancia,
el lapso de atención aumenta notablemente,
conoce mañana, ayer,
puede contar 10 objetos, cuenta de memoria hasta 20,
clasifica objetos por una característica,
sabe su nombre, dirección, ciudad,
hace un plan, lo sigue, se concentra en la tarea,
separa objetos por color, forma,
conceptos de más chico, menos que, mitad, puede decir la hora correctamente, por horas, sabe para qué se usa el calendario,

Ilustración 3.10 Los niños de 5 años tienen coordina-ción, gracia y ritmo.

Características clave de conciencia cultural.

SEIS Y SIETE AÑOS

SOCIAL Y-EMOCIONAL

Los seis años
Le gusta trabajar, pero a menudo lo hace por rachas,
no demuestra persistencia,
tiende a ser sabelotodo,
libre en sus opiniones y consejos,
trae a casa pruebas de buen trabajo escolar,
observa las reglas de la familia,
los estereotipos del papel de los sexos son rígidos,
pierde y gana amigos con facilidad,
se prueba y mide con sus compañeros,
hace relaciones sociales por medio del juego,
sus amigos son del mismo sexo,
cree en las reglas excepto para sí mismo,
activo, expansivo,
encantador,
orgulloso de los logros,
muestra agresividad con insultos, motes

Siete años
Más serio,
sensible a las reacciones de los demás,
deseoso de responsabilidades en el hogar,
quejoso, pensativo, impaciente,
la vergüenza es una emoción común,
prefiere huir antes que enfrentar las críticas, el ridículo, la desaprobación,
se queja del tratamiento injusto, de no gustar,
muestra cortesía y consideración con los adultos,
le gustan las actividades en solitario,
empieza la presión de los iguales: necesita estar "a la última",
quiere ser parte de la pandilla,
relaciona la competencia física con el concepto de sí mismo

LENGUAJE

Seis y siete años
Les gusta mostrar sus habilidades de lenguaje en el papel,
hablan *con* los adultos más que *entre* ellos,
charlan sin cesar,
dominan la conversación,
frecuentes irregularidades en la conversación,
aprenden a imprimir/escribir,
disminuye la adquisición de nuevas palabras,
capacidades de bilingüismo casi completas
si el inglés es su segundo idioma,
aún disponen de capacidad de aprender lenguaje nuevo

FÍSICO-MOTOR

Seis y siete años
Se desarrollan habilidades básicas; necesitan afinamiento,
les gusta probar los límites de su propio cuerpo,
valoran su competencia física,
trabajan en tareas autoimpuestas,
necesitan diariamente canales legítimos para gastar energía,
aprenden a andar en bicicleta, patinar, esquiar,
el desarrollo motor es herramienta de socialización,
bulliciosos, les gustan las acrobacias y armar camorra,
susceptibles a la fatiga,
la agudeza visual alcanza la normalidad,
con hambre a cada rato, les gusta lo dulce,
mordisquean lápices, uñas, el pelo

INTELECTUAL-COGNOSCITIVO

Seis y siete años
Trabajan por rachas, no son persistentes,
es común que inviertan el orden de letras y palabras,
aprenden a leer, empieza la habilidad matemática,
puede considerar el punto de vista de los demás,
utilizan la lógica, pensamiento sistemático,
son capaces de planear por anticipado,
les gusta coleccionar: ordenar, clasificar,
pueden secuenciar hechos y volver a contar historias,
los conceptos de ganar y perder son difíciles,
les gustan los juegos con reglas simples,
pueden hacer trampas o cambiar las reglas,
quieren cosas "de verdad": relojes y cámaras que funcionen,
escogen y clasifican información,
pueden conceptualizar situaciones,
les gusta explorar la cultura de los compañeros de clase

Ilustración 3.11 Un objetivo importante, aprender a leer.

Características clave de conciencia cultural.

LOS OCHO AÑOS

SOCIAL Y-EMOCIONAL

Expansivo, entusiasta,
enormemente curioso sobre la gente y las cosas, socialmente expansivo,
hace juicios y se critica a sí mismo y a los demás,
ambivalente en cuanto a crecer,
con frecuencia hostil pero atraído por el sexo opuesto, crece la confianza en sí mismo,
aprende sobre sí mismo a través de los demás: compañeros, padres,
consciente de las diferencias con otros niños y sensible a ellas,
comienza a evaluarse a sí mismo y a los demás por la ropa, el atractivo físico, la posición social,
le gusta conocer a personas nuevas, ir a lugares nuevos,
sensibilidad emergente a los rasgos de personalidad de los demás,
ansioso de aprobación y aceptación por los compañeros,
creciente sentido de la responsabilidad moral,
se apunta a clubes,
escoge compañeros de juego del mismo sexo,
lucha con sentimientos de inferioridad,
le gusta trabajar de manera cooperativa,
responde a estudios de otras culturas,
interés creciente en cuestiones de equidad y justicia

LENGUAJE

Habla *con* adultos,
atiende y responde a la comunicación con adultos,
fastidia a miembros del sexo opuesto,
habla sobre "sí mismo",
charlatán, exagerado,
le gusta explicar ideas,
imita el lenguaje de sus iguales,
disfruta contando historias y escribiendo cuentos

FÍSICO-MOTOR

Comienza a emprender deportes en equipo,
a menudo es un año de estirón, veloz, trabaja rápido, inquieto,
enérgico, necesita liberar energía física, juega intensamente, se agota,
madura la coordinación entre vista y manos; aprende a escribir en cursiva,
le gustan los deportes competitivos,
excelente apetito, pocas cosas que no le gusten, practica repetidamente habilidades nuevas para perfeccionarlas

INTELECTUAL-COGNOSCITIVO

Critica habilidades en todas las áreas académicas,
busca experiencias nuevas,
le gustan los trueques, regatear, comerciar,
disfruta creando colecciones de cosas,
interesado en cómo viven los niños de otros países,
piensa más allá de los límites de tiempo y espacio de aquí y ahora,
le gusta representar papeles de mayor,
pone a prueba a sus padres para aprender más sobre ellos,
necesita dirección, foco,
disfruta con todos los tipos de humor,
lleno de ideas, planes,
adquiere competencia en habilidades básicas,
las operaciones concretas se están solidificando,
industrioso, pero sobreestima sus habilidades,
interesado en el proceso además del producto del trabajo escolar,
creciente interés por la lógica y la forma en que funcionan las cosas,
se toma en serio la responsabilidad

Ilustración 3.12 Los niños de ocho años prefieren amistades del mismo sexo.

Características clave de conciencia cultural.

EL NIÑO EN SU TOTALIDAD

El concepto de "el niño en su totalidad" se basa en el principio aceptado de que todas las áreas del crecimiento y el desarrollo humano están relacionadas entre sí. Estas categorías se crean sólo para estudiar un área u otra en profundidad. Las cuatro áreas de desarrollo identificadas en los dibujos de palabras precedentes nos ayudan a concentrarnos en ciertos aspectos del desarrollo normal de un niño. En realidad, todas las áreas de crecimiento están "entrelazadas y se sostienen mutuamente" (Allen & Marotz, 1994).

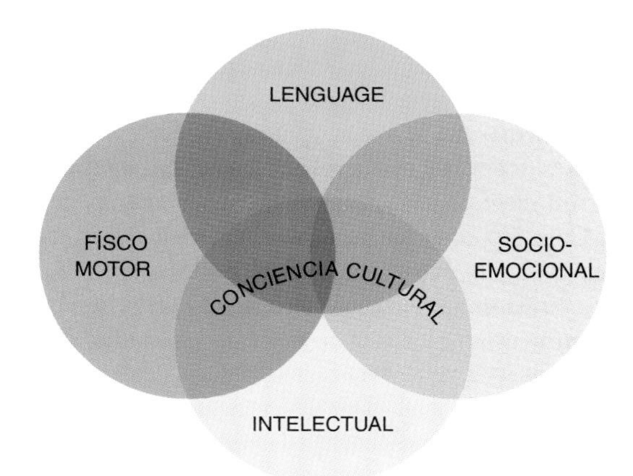

Ilustración 3.13 Cómo se relacionan entre sí las áreas de crecimiento: cada área de crecimiento es afectada por cada una de las demás áreas de desarrollo e influye sobre ellas.

Cada niño es único

Hay diversas razones para consolidar las diferentes áreas de desarrollo cuando se observa a niños. La primera es la singularidad de cada niño. Cada uno es la suma total de una multitud de partes y, como tal, es diferente de todos los demás. La naturaleza individual y los estilos de aprendizaje afectan a la forma en que los docentes enseñan a dos niños cualesquiera de la misma edad en la misma clase.

El crecimiento está interrelacionado

Un área de desarrollo afecta a la otra. Es posible que un niño con pérdida de audición tenga también retraso en el habla; así, el desarrollo físico afecta al aspecto lingüístico del crecimiento.[1] El niño que tiene dificultad para hacer amigos (social) probablemente exhiba su infelicidad (emocional) en el patio de la escuela (físico) y en el periodo de matemáticas (intelectual). La interdependencia de las áreas de desarrollo tiene también aspectos positivos. El niño que toma un buen desayuno y comienza el día escolar con el interés de sus padres está predispuesto a emprender nuevos rompecabezas y hacer relaciones nuevas. El niño de jardín de infancia que domina el uso de las tijeras está listo para intentar escribir con letra de imprenta. La habilidad en la motricidad fina favorece la tarea cognoscitiva de aprender el abecedario.

Una manera de que los docentes inexpertos consideren este concepto de desarrollo es que visualicen las relaciones. Piensen en cada área de desarrollo como un círculo. Habría cuatro: físico motor, lingüístico, intelectual y social emocional. Traten de conectarlos de manera que se superpongan, como se aprecia en la Ilustración 3.13.

Piensen ahora de qué manera cada área podría afectar a las demás o interactuar con ellas. ¿Puede el desarrollo físico afectar el modo en que los niños sienten sobre sí mismos? Por supuesto; los niños que aprecian su cuerpo y su fuerza se sienten confiados de lo que pueden hacer. ¿Cómo interactúan las habilidades intelectuales con el desarrollo del lenguaje? Si los niños dominan su lengua materna, pueden poner en claro una parte de sus procesos de pensamiento. El énfasis en la circularidad del crecimiento y el desarrollo del niño es un concepto primordial.

El desarrollo físico normal, por ejemplo, depende de satisfacer no sólo las necesidades físicas del niño (nutrición adecuada) sino también psicológicas (cuidadores/padres formadores) y sociales (juego-/exploración adecuados). El desarrollo social es asistido por la capacidad de comunicarse verbalmente; un lapso de atención bien desarrollado ayuda al niño a desarrollar su motricidad fina; relacionarse con otros da mejores resultados si se han madurado las capacidades de resolver problemas.

LA DIVERSIDAD DE NUESTRO MUNDO LA DIVERSIDAD DE NUESTRO MUNDO LA DIVERSIDAD DE NUESTRO MUNDO LA DIVERSIDAD DE NUESTRO MUNDO LA DIVERSIDAD DE NUESTRO MUNDO

[1] Sean conscientes de las peculiaridades de cada proceso de desarrollo. Recuerden seguir trabajando con el niño en su totalidad, observando en qué son iguales los niños *y* en qué se diferencian.

Los de tres años hacen con frecuencia la pregunta "¿Por qué?" como parte de su curiosidad intelectual. Un maestro empareja la compresión de las características por edades de "escuchar para aprender" y sabe que el niño entiende algunas explicaciones. Así, las áreas de desarrollo intelectual y lingüístico influyen una en otra.

Gabi, de dos años, que tiene dificultad para relajarse, responde mejor a la hora de la siesta si se le permite agarrar un objeto o juguete familiar. En este caso, el crecimiento motor y el emocional interactúan.

Valoración de la totalidad

El enfoque de la totalidad del niño se ve también desde un punto de vista médico. La medicina **holística** es, básicamente, un intento de ver la atención sanitaria desde la perspectiva del "estar bien" más que desde la enfermedad. De aquí sale la idea de la medicina preventiva, que intenta mantener el cuerpo sano, en vez de esperar a tratarlo después de que lo haya invadido la infección o la enfermedad. Esto está muy relacionado con la educación de los niños. Es una actitud que comienza con la creencia en el "estar bien" de los niños, su bondad innata y el que merezcan confianza. Un niño de dos años que dice "¡No!" muestra señales de "estar bien" y su comportamiento debe ser aceptado como normal. Los más pequeños culebrean y se retuercen en la siesta. El silencio mortal de 25 niños de jardín de infancia en una habitación indica ansiedad y preocupación, más que cumplimiento. En otras palabras, antes de ver un comportamiento como "erróneo", es importante observar y valorar si lo que está haciendo el niño es un signo de "estar bien".

El concepto de el niño en su totalidad remarca la singularidad de la persona. Aunque suelen tratarse por separado, las áreas de desarrollo (socioemocional, física, lingüística, de conciencia cultural e intelectual) no pueden aislarse una de otra. Cada una hace una contribución valiosa a la totalidad del niño.

NIÑOS CON NECESIDADES ESPECIALES

Aproximadamente del 15% al 20% de todos los niños de Estados Unidos mostrarán alguna forma de desarrollo atípico y necesitarán servicios especiales (Bee, 1997). Se trata de niños que no se desarrollaron siguiendo los patrones normales. Presentan una amplia gama de trastornos atípicos que van desde problemas transitorios de comportamiento a discapacidades a largo plazo, físicas, mentales y emocionales.[1]

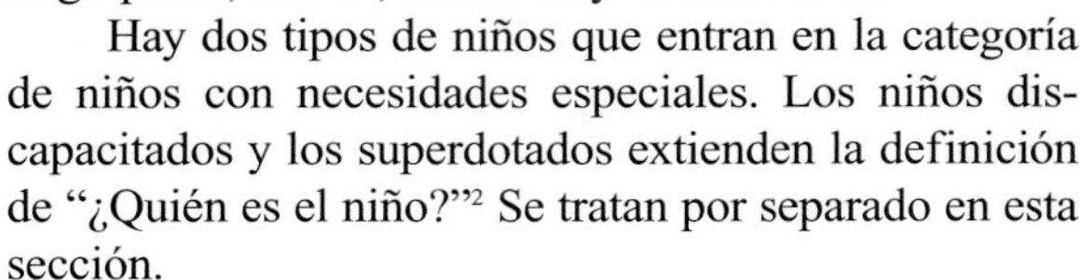

Hay dos tipos de niños que entran en la categoría de niños con necesidades especiales. Los niños discapacitados y los superdotados extienden la definición de "¿Quién es el niño?"[2] Se tratan por separado en esta sección.

Niños discapacitados

Cada vez más niños en las aulas de primera infancia tienen alguna discapacidad. Pedro, de cinco años, ciego de nacimiento, ha estado en la guardería durante 3 años. Cristina, de cuatro, con discapacidad múltiple, asiste a un programa diario en una escuela especial complementado por la asistencia al centro de atención infantil tres tardes por semana. Tomás es un niño con **síndrome de Down** y esta es su primera experiencia en una escuela no exclusiva para niños atípicos.

Estos niños tienen algunas características evidentes que los hacen acreedores de necesidades especiales. Otros niños con **discapacidades** menos notables también pertenecen a esta categoría. El término **necesidades especiales** incluye muchas afecciones que pueden ser obvias o no.

Allen y Schwartz (1996) sugieren tres condiciones en las que un niño se considera discapacitado. Para que se le designe así, el crecimiento y desarrollo normal del niño se muestra (1) demorado; (2) distorsionado, atípico o anormal; o (3) afectado grave o negativamente. Esta definición incluye las áreas de desarrollo físico, mental, emocional y social.

Los maestros de niños pequeños pueden encontrarse con una variedad de discapacidades:

- *Del habla y el lenguaje:* pérdida de audición, tartamudeo, problemas de articulación, fisura palatina, trastornos crónicos de la voz, discapacidades de aprendizaje.
- *Físico-motor:* disminución visual, ceguera, déficit de percepción motora, discapacidades ortopédicas

LA DIVERSIDAD DE NUESTRO MUNDO LA DIVERSIDAD DE NUESTRO MUNDO LA DIVERSIDAD DE NUESTRO MUNDO LA DIVERSIDAD DE NUESTRO MUNDO LA DIVERSIDAD DE NUESTRO MUNDO

[1] Los programas de educación y atención infantil reflejan cada vez más la diversidad, creando grupos de niños que muestran una amplia gama de capacidades de desarrollo.

[2] Los elementos que debemos considerar cuando pensamos en la diversidad son cada vez más, raza, sexo, etnia, clase social, capacidad física, y cognoscitiva.

como parálisis cerebral, espina bífida, pérdida de miembros, distrofia muscular.

- *Intelectual:* retrasos cognoscitivos, daño cerebral, disfunción cerebral, dislexia, discapacidades de aprendizaje.
- *Socioemocional:* comportamiento autodes tructivo, ensimismamiento grave, agresión peligrosa a sí mismo y a los demás, falta de comunicación, mal humor, pataletas, trastorno de hiperactividad con déficit de atención, ansiedad grave, depresión, fobias, psicosis, autismo.
- *Deficiencias de salud:* asma grave, epilepsia, hemofilia, malformaciones cardíacas congénitas, anemia grave, desnutrición, diabetes, tuberculosis, fibrosis cística, síndrome de Down, anemia de células falciformes, enfermedad de Tay-Sachs, SIDA (Wolery y Wilbers, 1994).
- *Discapacidades específicas de aprendizaje:* dificultades en el empleo y la adquisición del lenguaje, lenguaje escrito y hablado afectado, discapacidades de percepción, daño cerebral, disfunción cerebral mínima, dislexia, afasia de desarrollo (Baron, 1995).

Estos trastornos pueden ir de leves a graves y los niños los presentan en un abanico de habilidades y necesidades, aunque el diagnóstico sea el mismo. Para ver más información sobre alguno en particular, el estudiante deberá consultar un texto de educación especial.

En el curso del desarrollo normal, cualquier área del crecimiento de un niño se ve afectada por el desarrollo del niño en su totalidad. Esto es cierto también para niños discapacitados; la discapacidad puede haber originado problemas en otras áreas del crecimiento. Un niño con una pérdida profunda de oído suele estar retrasado en el habla o en las capacidades lingüísticas y sufre aislamiento social por su incapacidad de oir y hablar con sus iguales. Un niño con un defecto del habla o fisura palatina podría tener capacidad intelectual para hacer rompecabezas sencillos, pero no tendrá el lenguaje lo suficientemente desarrollado como para tomar parte verbalmente en canciones o cantos con mímica.

Algunas discapacidades producen o son en sí mismas minusvalías múltiples, que afectan a diversas áreas de crecimiento. Típicamente, un niño con síndrome de Down puede tener defectos cardíacos congénitos, disminución intelectual, anormalidades oculares o mala coordinación física. Los niños con parálisis cerebral, un trastorno del sistema nervioso central, suelen tener otras afecciones discapacitantes, como retraso intelectual, epilepsia y problemas auditivos, visuales y de habla (Kiernan et al., n.d.).

Discapacidades de aprendizaje

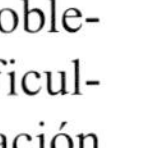

Se encuentran niños con discapacidades de aprendizaje en casi todas las aulas; no tienen una afección discernible, pero incluso así tienen dificultades para aprender una o más habilidades básicas.[1] Estos niños pueden presentar, entre otras cosas, mala memoria, dificultad en seguir instrucciones, problemas de coordinación entre manos y vista, dificultades para distinguir entre letras, números y sonidos. Les impiden guardar, procesar y producir información (Kelly, 1988). La dislexia, la discapacidad más común específica del aprendizaje, ocurre cuando los niños tienen dificultades para aprender a leer. Pueden invertir letras (como la *d* y la *b*) o palabras (como *roma* y *amor*), aunque esto lo hacen muchos niños que no son disléxicos. Un niño con discapacidad de aprendizaje puede ser bueno en un área, como las matemáticas, y tener una discapacidad en otro área, como el lenguaje. Una discapacidad de aprendizaje no significa que el niño tenga impedimentos o retraso en lo intelectual.

Como ya aprendimos en este capítulo, el crecimiento está interrelacionado y cada área influye y es influida por las demás. No será ninguna sorpresa descubrir que los trastornos de aprendizaje no suelen ser una disfunción singular. Los niños que tienen problemas para leer y escribir con frecuencia tendrán dificultades con las relaciones espaciales y la coordinación del cuerpo. Las observaciones sobre estos comportamientos pueden dar a los maestros las primeras señales de trastornos de aprendizaje.

Hay una continua controversia sobre la forma de definir e identificar a estos niños; un uso amplio del término *trastorno de aprendizaje* es común, a veces para tener derecho a fondos de educación especial.

[1] Hay niños con necesidades especiales en todos los grupos sociales, económicos y culturales.

Aunque algunos expertos consideran que un daño cerebral mínimo es la causa de discapacidades de aprendizaje, no hay consenso aún sobre por qué tienen los niños estos problemas.

Según Bee (1997), un niño con trastornos de aprendizaje se desarrolla normalmente en otros aspectos y no tiene daño cerebral evidente, pero la tarea de leer parece resaltar varias áreas de dificultad: problemas de percepción visual, incapacidad de integrar información visual y auditiva, disminución de memoria, problemas con el lenguaje y dificultad de distinguir sonidos aislados en las palabras. Este gran abanico de síntomas, el número de causas potenciales y los diversos grados en que los niños muestran los síntomas, hacen difícil el diagnóstico de los trastornos de aprendizaje.

Trastorno de déficit de atención

¿Recuerdan a algún compañero de clase que no pudiese estarse quieto, que estuviese siempre moviéndose, hablase demasiado y perturbase las actividades del aula? También pueden haber visto a su homólogo preescolar en un niño que no podía terminar un rompecabezas, dormir la siesta ni esperar su turno. Son niños típicos de una afección conocida como trastorno de hiperactividad con déficit de atención (ADHD), que afecta hasta el 5% de los niños menores de 18 años (Wallis, 1994).

Este trastorno, anteriormente llamado hiperactividad, fue rebautizado por la American Psychiatric Association en 1987. Cuando se manifiesta sin los componentes de hiperactividad se le llama trastorno de atención, o ADD. Se cree corrientemente que ADHD aparece con más frecuencia en los varones; sin embargo, según Hallowell y Ratty (1994), es posible que no se diagnostique en las niñas porque no muestran el comportamiento hiperactivo.

Igual que con las discapacidades de aprendizaje, los expertos no coinciden en la causa de este trastorno emocional, pero no parece que se deba a un daño cerebral (Bee, 1997).

Los niños con ADHD son difíciles de manejar, tanto en la casa como en la escuela. Son proclives a la inquietud, ansiedad, lapsos de atención cortos e impulsividad. Los niños hiperactivos tienen dificultades para permanecer sentados, están en movimiento constante, no escuchan bien, hablan demasiado, se distraen fácilmente y tienen dificultades con las relaciones sociales. Esta constelación de comportamientos puede aplicarse en algún grado a muchos niños, pero los maestros deben ser cautelosos al clasificar al niño normalmente activo, algo molesto, como hiperactivo. El niño con ADHD muestra estos comportamientos al extremo, por lo común antes de los 7 años.

La medicación con una medicina, Ritalin, es el tratamiento corriente para niños con ADHD, pero como sus efectos son a corto plazo y sus efectos secundarios pueden ser graves, resulta discutible como remedio. La investigación no respalda la creencia popular de que eliminar de la comida los aditivos, conservantes y azúcar refinado de la dieta del niño modificará de manera significativa este comportamiento (Kelly, 1998). No existe una solución fácil para tratar con niños hiperactivos; es claramente necesario investigar más sobre la causa de esta discapacidad y desarrollar tratamientos eficaces y no peligrosos.

Las tácticas eficaces de guía para niños con ADHD incluyen:

- Rutinas regulares y constantes: "Recuerda, Silvia, siempre nos lavamos las manos antes de comer".
- Reglas coherentes: "Así es, Elías. Camina dentro y corre fuera".
- Expectativas realistas: "Sé que te cuesta esperar mucho. ¿Por qué no vas al otro armario y ves si los lápices que quieres están ahí?"
- Contacto visual al dar instrucciones y explicaciones claras y simples: "Mírame, Tobías, que yo sepa que estás escuchando. Bien. Ahora repasemos la tarea juntos".
- Dejar tiempo para la transición y dar el plan del paso siguiente: "Dentro de tres minutos será hora de prepararse para ir a casa. Cuando los otros niños empiecen a salir, quiero que tomes tu abrigo y vuelvas aquí a sentarte con nosotros".
- Seleccionar tareas que los niños puedan realizar con éxito: "César, reparte las servilletas a esta mesa hoy, por favor".
- Reconocimiento de los logros: "Bien hecho, Connie. Le diste a cada uno una servilleta roja y después te sentaste con una para ti".

El papel de los padres y los docentes

Los padres suelen ser los primeros en notar que su hijo no se está desarrollando según la pauta normal. Puede que pidan al maestro del niño que observe si hay señales de impedimento auditivo, falta de las habilidades motoras necesarias o imperfecciones del lenguaje. Al ser importante la rapidez en el diagnóstico y la intervención, los docentes deben tomar seriamente estos pedidos y comenzar a evaluar las habilidades generales del niño.[1] Con los padres, pueden planear después un seguimiento apropiado. Esto puede incluir una consulta a un médico para más estudios y pruebas de desarrollo. Si tanto los padres como los maestros sienten que existe un problema potencial, la tarea es ayudar a identificarlo y luego conseguir los servicios necesarios.

El papel del docente es observar al niño y proporcionar información actualizada, apoyar a los padres en su preocupación, encontrar recursos apropiados para ellos (como agencias de servicio social, consultas de salud pública, escuelas públicas y privadas) que les ayuden en la ubicación futura de atención infantil, y estar disponibles para consultas con otros que trabajen por los mejores intereses del niño. El profesional de la primera infancia no es un experto en diagnosticar discapacidades de aprendizaje, pero puede ayudar eficazmente a los padres a obtener las derivaciones y tratamiento apropiados.

Reconocimiento público

La atención a los problemas de los discapacitados en nuestra sociedad ha logrado proporciones nacionales sólo recientemente. Desde mediados de la década de los 60 se ha producido un importante reconocimiento público y han llegado fondos públicos para programas educativos de personas discapacitadas. Anteriormente, las actitudes públicas, y privadas, parecían ser de vergüenza y segregación. Las generaciones anteriores escondían a sus adultos y niños discapacitados en sus hogares o los recluían en instituciones. Poco a poco, la reforma tuvo lugar. Se pasó de esconder a las personas con necesidades especiales a proporcionarles oportunidades. Se iniciaron clases, escuelas y programas recreativos exclusivos para personas con necesidades especiales. Ahora la conciencia pública es suficiente para entender que no todos los que tienen necesidades especiales son necesariamente deficientes mentales. La práctica corriente de integrar a niños discapacitados en los programas existentes en las escuelas, la corriente general de la vida americana, no sólo es más humano, sino también más práctico.[2]

En el transcurso de los años pocas escuelas habían aceptado, como rutina, a niños con necesidades especiales. La idea ganó la atención nacional en 1972, cuando Head Start requirió que un mínimo del 10% de sus plazas se reservaran para niños discapacitados. Head Start abrió el camino de la inclusión en gran escala. En 1975 se aprobó la ley 94-142 sobre educación de niños discapacitados, Education for All Handicapped Children. Llamada "Bill of Rights for the Handicapped" garantiza educación pública gratuita a las personas discapacitadas desde los 3 a los 21 años. Es obligatorio un programa individualizado para cada persona, que se concierta con los padres del niño. Los educadores de primera infancia están cumpliendo los requisitos de esa legislación. Los sistemas de escuelas públicas enfrentados con la provisión de programas preescolares para niños discapacitados se están dirigiendo a las escuelas privadas para que cubran esta necesidad cuando sus propios servicios son inadecuados o no existen.

El éxito de la P.L. 94-142 significa que miles de niños discapacitados a los que se les habrían negado oportunidades de educación están hoy en la escuela con sus compañeros no discapacitados.[3]

La Ley 99-457, Education of the Handicapped Amendments de 1986, ha tenido un impacto más profundo para los educadores de primera infancia. Los artículos de esta ley proporcionan financiación para niños que no se habían incluido en la anterior: lactantes, niños en edad de caminar y de 3 a 5 años. Antes de que se aprobara la ley 99-457, sólo seis estados ofrecían servicios a los lactantes con necesidades especiales congénitas.

Desde la ley inicial, en 1975, los padres de niños con necesidades especiales han intervenido en el desarrollo del denominado "Individualized Education Plan (IEP)" (plan de educación individualizada de su hijo). Este papel se ha reforzado hace poco para incluir un enfoque más centrado en la familia. Los puntos fuertes y las necesidades de la familia se tienen en cuenta

LA DIVERSIDAD DE NUESTRO MUNDO LA DIVERSIDAD DE NUESTRO MUNDO LA DIVERSIDAD DE NUESTRO MUNDO LA DIVERSIDAD DE NUESTRO MUNDO LA DIVERSIDAD DE NUESTRO MUNDO

[1] Los profesionales de la primera infancia necesitan ser diestros en observar cuidadosamente y documentar el crecimiento y el desarrollo de los niños individualmente.

[2] Véase la nota 1 al pie de la página 72.

[3] Necesitamos recordar que inclusión hace referencia a las capacidades y a los sexos además de a las razas y a las culturas.

cuando se conciertan servicios específicos para el niño, proporcionando una atmósfera más favorecedora para satisfacer sus necesidades singulares.

Los programas para preescolares de P.L. 99-457 son esencialmente una extensión de los servicios de la P.L. 94-142, que se ocupan de los entornos menos restrictivos para educar a los niños con discapacidad. Sin embargo, la enmienda referente a lactantes y niños en edad de caminar es nueva. Otro aspecto crucial de esta ley es que permite la inclusión de los jóvenes "retrasados en su desarrollo" y deja que las agencias locales tengan la oportunidad de incluir a niños "en situación de riesgo" en esa definición. Las definiciones imprecisas dan la oportunidad a las agencias locales de definir las condiciones de discapacidad en términos de necesidades locales.

En 1990, el Congreso reautorizó la ley 94-142 y le dio el nuevo nombre de "Individuals with Disabilities Education Act (IDEA) (P.L. 101-576)". Dos categorías nuevas quedaron incluidas, el autismo y el daño cerebral traumático, además, ahora los niños desde el nacimiento hasta los 5 años podían ser admitidos para recibir servicios.

Quienes estén o vayan a entrar en el campo de la primera infancia no pueden subestimar la importancia de esta legislación. Es obvio, la integración y transición de niños con discapacidades en los programas de primera infancia exigen docentes con muchos conocimientos. Los educadores de la primera infancia harían bien en aprovechar cursos de educación especial ahora para enfrentar este desafío. Muchos estados requieren un curso así antes de la certificación; otros los seguirán, seguramente, para cumplir estos mandatos.

Muchos programas pueden verse afectados por otro instrumento legislativo, la P.L. 101-336, "American with Disabilities Act (ADA)", aprobada en 1990. Esta ley de derechos civiles hace ilegal la discriminación contra personas con discapacidades por su disfunción y requiere que los discapacitados tengan igual acceso a servicios públicos y privados, además de proporcionar las ayudas necesarias.[1] Esta ley ha tenido un impacto sobre las prácticas de contratación en los centros de primera infancia y casas de atención infantil en familia, y puede exigir adaptaciones de las instalaciones y entornos de trabajo para hacerlos más accesibles a los discapacitados. Aunque no es específicamente una ley de educación, la ADA significa otro paso hacia el respeto de la dignidad y la valoración de todos los individuos.

Inclusión de niños con necesidades especiales

Allen y Schwartz (1996) distinguen entre los términos **inclusión** e **integración en la corriente principal**. En el pasado, los niños con necesidades especiales se integraban en las aulas sólo después de cumplir ciertos estándares y expectativas. Con frecuencia se les asignaban clases separadas de educación especial. Cuando estaban listos, se les pasaba a la corriente principal con niños de desarrollo típico. La inclusión significa que un niño discapacitado es parte de una clase regular a tiempo completo, un entorno más natural, con niños que tienen necesidades especiales y otros que no.

Sin embargo, lo que está en juego es más que la definición de una palabra. Allen y Schwartz (1996) señalan que la inclusión es pertenecer, tener un valor y poder elegir. En una clase incluyente se "acepta el valorar la diversidad humana y proporcionar apoyo para que todas las familias y sus hijos puedan participar en el programa que escojan".

Inclusión no significa simplemente colocar a una persona en la clase. Hay que emplear planificación y cuidado para asegurar que:

- Los docentes fomentan interacciones entre niños discapacitados y sin discapacidad para promover relaciones sociales sanas.
- Los docentes reconocen que todo niño con necesidades especiales tiene puntos fuertes además de carencias y construyen sobre ellos.
- Los docentes reciben formación y orientación en la tarea crucial de trabajar con niños que tienen necesidades especiales y están *discapacitados en su desarrollo* en sus clases.
- Los docentes trabajan con los padres para planificar y poner en práctica el programa individualizado del niño.
- Los niños con discapacidades se involucran activamente y son aceptados en el conjunto del programa.

LA DIVERSIDAD DE NUESTRO MUNDO LA DIVERSIDAD DE NUESTRO MUNDO LA DIVERSIDAD DE NUESTRO MUNDO LA DIVERSIDAD DE NUESTRO MUNDO LA DIVERSIDAD DE NUESTRO MUNDO

[1] Las necesidades de cada persona se evalúan individualmente.

Ilustración 3.14 La clase incluyente favorece las interacciones entre los niños

- Los niños con necesidades especiales reciben ayuda para aprovechar sus capacidades al máximo en todas las actividades que ofrezca la escuela.
- Se enfocan y consideran las discapacidades individuales de los niños en la programación y se tiene en cuenta que los procedimientos y el currículum se adapten al niño con necesidades especiales.

La inclusión es un concepto importante para todos los niños. Para los niños sin discapacidades, es una oportunidad de aprender a aceptar diferencias en la gente.[1] En el centro de educación de la primera infancia, buena parte del currículum está encaminado a promover la autoestima del niño y el sentido de su propio valor. La enseñanza se dedica a ayudar a los pequeños a verse a sí mismos y a los demás como importantes y valiosos. La inclusión presenta una oportunidad de extender ese principio a toda la gama de características humanas.

Para el niño con discapacidades es importante el gran número de niños de desarrollo típico que sirven de modelos de comportamiento apropiado. Muchos niños no han tenido la oportunidad de oír el lenguaje de sus compañeros. Tal vez no sepan jugar con otro niño ni cómo comunicarse de formas socialmente aceptables. En el aula incluyente, con maestros sensibles y preparados, los niños con discapacidades reciben ayuda para que asuman su potencial como niños que crecen y aprenden.

Los maestros son un factor clave en la integración exitosa de los niños con discapacidades. Su actitud es crucial; deben comprometerse a enseñar a todos los niños, sin tener en cuenta los distintos grados de inteligencia y habilidad y con igual atención y cuidado.

La legislación exige de los padres que se involucren completamente con el programa de sus hijos. La intervención de los padres mejora en mucho las probabilidades de éxito de los hijos (Allen y Marotz, 1994). Docentes y padres trabajan juntos sobre un conjunto coherente, planificado, de expectativas. Se refuerza la confianza del niño en el hogar y en la escuela para los mismos logros. Los padres de niños discapacitados encuentran apoyo en otros padres con quienes com-

LA DIVERSIDAD DE NUESTRO MUNDO LA DIVERSIDAD DE NUESTRO MUNDO LA DIVERSIDAD DE NUESTRO MUNDO LA DIVERSIDAD DE NUESTRO MUNDO LA DIVERSIDAD DE NUESTRO MUNDO

[1] Es preciso ver la creación de situaciones de aprendizaje diversas como una ventaja para todos, todos tienen algo que aprender. No se trata de una calle de un solo sentido, los nacidos con más habilidades no están simplemente ayudando a "otros" (por ej., en una clase incluyente de niños de 3 años, el "niño con necesidades especiales" que ha tenido numerosas hospitalizaciones puede separarse fácilmente de los padres, mientras que el de "desarrollo típico" quizás esté agarrado a las piernas de su mamá en el umbral y reciba apoyo del "niño con necesidades especiales").

parten las preocupaciones comunes de criar hijos.[1] Los maestros aprenden mucho sobre discapacidades de los padres de niños con necesidades especiales. Esto les ayuda a ser más eficaces como maestros y más conscientes de las necesidades especiales del niño.

Afortunadamente, el maestro de preescolar rara vez tiene que enfrentar la tarea de la inclusión solo. Casi todos los centros de primera infancia tienen acceso a un equipo de profesionales que pueden proporcionar al niño, a la familia y al personal docente actividades terapéuticas eficaces. Sus conocimientos combinados ayudan a los maestros a comprender la discapacidad específica y a planificar un currículum apropiado para cada niño. Juntos, los maestros, clínicos y padres elaboran un programa completo. A esto se llama **enfoque interdisciplinario** de la enseñanza.

En 1993, NAEYC apoyó una declaración sobre la inclusión, escrita por la Division of Early Childhood of the Council for Exceptional Children. Esta declaración, que sigue a continuación, ofrece pautas para su puesta en práctica.

(Reimpreso con el permiso de NAEYC)

Posición sobre la inclusión

Division for Early Childhood (DEC) of the Council for Exceptional Children

Adoptada en abril de 1993
(Respaldada por NAEYC noviembre de 1993)

La inclusión, como valor, sostiene el derecho de todos los niños, cualesquiera sean sus diversas habilidades, a participar activamente en entornos naturales dentro de sus comunidades. Un entorno natural es aquel en el que el niño pasaría el tiempo si no tuviera discapacidad. Tales entornos incluyen, sin limitarse a ellos, el hogar y la familia, grupos de juego, atención infantil, guarderías, programas Head Start, jardines de infancia y escuelas del vecindario.

DEC cree y respalda el acceso completo y exitoso, a la salud, al servicio social, a la educación y otros apoyos y servicios para los más pequeños y sus familias, que promuevan la participación total en la vida de la comunidad. DEC valora la diversidad de las familias y apoya un proceso guiado por éstas para determinar servicios basados en las necesidades y preferencias de familias y niños individuales.[2]

Para poner en práctica modelos inclusivos, DEC cree en (a) el desarrollo continuo, la valoración y la difusión de apoyos, servicios y sistemas de inclusión total **de modo que las opciones de inclusión sean de alta calidad;** (b) el desarrollo de programas de formación para antes y durante el servicio que preparen a las familias, a los administradores y a los proveedores de servicios para desarrollarse y trabajar en entornos de inclusión; (c) la colaboración entre todos los interesados para poner en práctica procedimientos fiscales y administrativos flexibles en apoyo de los programas de inclusión; (d) las investigaciones que contribuyan a aumentar los conocimientos sobre los servicios más modernos y (e) la restructuración y unificación de apoyos y servicios sociales, de educación, salud e intervención que les permitan responder mejor a las necesidades de todos los niños.

Niños superdotados

El niño superdotado muestra un potencial intelectual y creativo superior al de la mayor parte de los niños de su mismo grupo de edad y puede presentar una habilidad o conocimiento profundo excepcional en una o más áreas específicas (Bee, 1997; Lupkowski y Lupkowski, 1985). Tradicionalmente, se considera que un niño es superdotado si alcanzan una puntuación entre 130 y 150 en las pruebas normales de C.I. Hoy en día, cada vez más programas para **niños superdotados** están abiertos para quienes muestren talento en campos distintos al de la simple superioridad intelectual, niños con el don de la música, el arte y las habilidades físicas. La definición actual debe incluir a niños con discapacidades también, pues un niño puede tener un impedimento auditivo y tener otros dones, o discapaci-

1 Véase la nota al pie de la página 115

2 La familia del niño ayuda a determinar qué programa se ajusta mejor a las necesidades de su hijo, asegurando que se tendrán en cuenta sus creencias culturales.

dad de aprendizaje y otras dotes. Los niños superdotados provienen de todos los grupos sociales, económicos y culturales; sin embargo, hay una creciente preocupación porque los niños de poblaciones de bajos ingresos, los que pertenecen étnica o culturalmente a la minoría, los discapacitados y los bilingües están mal representados en la categoría de superdotados.[1]

Los docentes de primera infancia deben ser conscientes de algunas características que despliegan los niños superdotados para poder reconocer los que tengan dotes potenciales entre quienes están a su cuidado.

En las áreas intelectuales y académicas, los niños superdotados tienen lapsos de atención largos, aprenden rápido y tienen buena memoria y vocabulario amplio. Hacen muchas preguntas y son capaces de expresar con claridad sus ideas. Independientes e imaginativos, es probable que se aburran con las actividades normales.

Socialmente, sus compañeros los buscan, pero pueden estar incómodos en sus relaciones con los demás niños. La capacidad de planificar y organizar es evidente en su trabajo artístico y otros intentos creativos. El niño superdotado está contento solo y pasa el tiempo en actividades con un propósito. Su empleo del humor es más adelantado que el del resto de chicos de la misma edad; la originalidad es característica típica del niño superdotado.

Uno de los estudios más fascinantes sobre niños superdotados, en realidad, el que es la piedra angular del movimiento de los niños superdotados, es Terman Study of the Gifted, que comenzó en Stanford University en 1921. Lewis M. Terman, quien desarrolló el test de inteligencia Stanford-Binet, escogió a 1.500 niños de las escuelas públicas de California que habían dado puntuaciones de 135 a 200 en el test. Este estudio longitudinal va ahora por su séptima década; muchos de los participantes tienen más de setenta y ochenta años. Es el estudio psicológico más extenso que se ha realizado jamás. Este trabajo ha proporcionado la información más completa hasta la fecha sobre niños superdotados, yendo desde los años de primaria hasta la jubilación. Su propósito inicial fue combatir la idea, común por entonces, de que los niños bri-llantes se convierten en inadaptados excéntricos y desequilibrados.

En cambio, el estudio encontró que el niño excepcionalmente brillante es, en su vida posterior, más exitoso, mejor educado, está más satisfecho, más sano, goza de mayor habilidad social y popularidad con sus compañeros, está más centrado y es un miembro más productivo en la sociedad que el americano medio. Debe observarse que las familias de estos niños excepcionales eran de clase media, privilegiadas y con un ambiente de enriquecimiento.

Un estudio de la Sid W. Richardson Foundation resalta una preocupación común sobre los programas para superdotados y la exclusión de niños provenientes de otros orígenes que los citados en el estudio Terman. El estudio Richardson pide que se abran los programas para los superdotados a un grupo mayor de "niños capaces de aprender" (Olson, 1985), dejando las etiquetas de "dotado" y "talentoso", promoviendo a los alumnos sobre la base de su dominio de un tema o habilidad, y buscando alumnos elegibles entre poblaciones "excluidas de las oportunidades por circunstancias étnicas o económicas" (Olson, 1985). Otros informes también piden que se dé prioridad a alumnos no tradicionales en los programas para niños superdotados.

La definición habitual de "superdotado" con frecuencia limita los programas a los niños que son excepcionales intelectualmente. Otros expertos en educación de superdotados abogan por que se amplíe la definición para incluir, por ejemplo, niños con dotes especiales en música, arte y habilidad física, además de otros con discapacidades, recordando las inteligencias múltiples de Gardner (Gardner, 1993). Las ocho clases diferentes de conocimiento que enumera Gardner (véase pág. 468) fomentan un enfoque más abierto, inclusivo, de la definición de "superdotado".

Una vez identificados los niños superdotados, hay que presentarles desafíos. En algunos casos se les puede pasar a un grupo de más edad, llevándolos al jardín de infancia o a primer grado. Una táctica más común en la primera infancia se ha dado en el área de enriquecimiento del currículum. De esta forma el niño permanece con compañeros de su mismo grupo de edad para desarrollar habilidades sociales. Algunas escuelas segregan a los niños superdotados colocándolos en clases especiales exclusivas para quienes han sido identificados como tales.

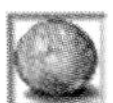

LA DIVERSIDAD DE NUESTRO MUNDO LA DIVERSIDAD DE NUESTRO MUNDO LA DIVERSIDAD DE NUESTRO MUNDO LA DIVERSIDAD DE NUESTRO MUNDO LA DIVERSIDAD DE NUESTRO MUNDO

[1] Esta información proporciona otra oportunidad de examinar el impacto de los prejuicios cuando pensamos en los niños (por ej., ¿identifican los instrumentos que utilizamos para identificar el talento sólo determinadas capacidades de un determinado segmento de población?)

El papel del educador de primera infancia

Los docentes de primera infancia están bien preparados para trabajar con niños a su propio ritmo, factor clave al enseñar a niños discapacitados y a superdotados y principio subyacente de la educación de la primera infancia. El buen maestro de primera infancia está familiarizado con el enfoque individualizado del aprendizaje, y lo respalda, pone el énfasis en aprender por descubrimiento a través de la autodirección y la independencia y acepta y aprecia las diferencias singulares e individuales en todos los niños. Son cualidades y convicciones que funcionan bien con todos los niños, incluso con quienes presentan discapacidades.

Con niños superdotados

El papel del docente con los preescolares superdotados consiste en proporcionar desafío y estimulación. Las áreas programáticas se desarrollan de forma más compleja. El niño superdotado está preparado para aprender más a fondo; los maestros proporcionan materiales y actividades añadidas que ayudan a estos niños a explorar mejor lo que les interesa. El niño sin dotes especiales de la misma clase se beneficia de este enriquecimiento; cada uno responde según sus capacidades. Los maestros de niños que tienen dotes y talentos especiales pueden satisfacer sus necesidades singulares en el ambiente regular de la escuela, al mismo tiempo que proporcionan un currículum rico para el alumno sin dotes especiales.

Los padres del niño superdotado necesitarán apoyo y aliento además de orientación para tratar la excepcionalidad de su hijo. Juntos, docentes y padres pueden explorar lo que sea más apropiado para cada niño, de modo que se alimente su don y se le presenten desafíos en casa y en la escuela.

Con niños que tienen necesidades especiales

La integración de niños con necesidades especiales en el aula puede presentar problemas si los maestros no son conscientes de cómo tratar con niños que representan ambos extremos del amplio espectro del desarrollo normal. Es necesaria la atención individual, así como un clima que apoye la autoayuda, la interdependencia y la responsabilidad. En el jardín de infancia y los primeros grados de primaria, es importante favorecer el aprendizaje en cooperación, de modo que alumnos de habilidades mixtas trabajen juntos y cada niño encuentre un ritmo apropiado para trabajar dentro del equipo. El éxito de la inclusión exige más planificación y preparación por parte del personal docente para comprobar que se satisfacen las necesidades de todos los niños. Se pide a los maestros que faciliten y apoyen la interacción de compañerismo entre los niños con necesidades especiales y los que no tienen discapacidades, de manera más frecuente y constante.[1] El docente medio de primera infancia puede aprender en cursos de educación especial, de padres de niños con necesidades especiales y de médicos especialistas, cómo adaptar las estrategias de enseñanza para un programa integrado. Saber cómo trabajar con los padres, sobre todo en la comunicación, es un factor crucial para los maestros. También es importante tener presente que la mayoría de los profesionales de primera infancia no están formados para diagnosticar, pero pueden ayudar a los padres a identificar problemas potenciales mientras observan a los niños en el aula.

Con prejuicios y estereotipos

Vicente es un fornido niño de 5 años cuyas habilidades físicas se equiparan con las de sus compañeros. Cuando nació, le diagnosticaron espina bífida, un daño en la médula espinal que lo dejó sin control sobre su vejiga e intestinos. Como resultado, usa pañales. Noel vio a Vicente cambiándose el pañal y luego se negó a que Vicente se sentase con él en la misma mesa de arte. Noel se burló: "No me gusta. Es un bebé. No es grande como nosotros. Usa pañales. No se puede sentar acá. No voy a jugar con ningún bebé". Vicente parecía sorprendido y herido a la vez (Gordon y Browne, 1996).

Una de las necesidades más grandes que tiene un niño discapacitado es que lo acepten (Chandler, 1994). Puede ocurrir que sus compañeros sin discapacidades lo rechacen. Se sabe que los niños pequeños son muy directos para comentar y hacer preguntas sobre lo que les confunde y asusta. Tal vez sientan ansiedad sobre lo que significa para ellos la discapacidad de otro niño.

[1] Las estrategias incluyen ayudar a los niños a disfrutar juntos de una actividad, proporcionando refuerzo social y enseñando a los niños a jugar.

Aunque es una reacción común y apropiada a su edad, no podemos permitir que un individuo sea rechazado por su discapacidad. Siguen a continuación sugerencias de Derman-Sparks y sus colegas (1989), junto con ejemplos de intervenciones de maestros, sensibles y útiles (Gordon y Browne, 1996).

- Es preciso tratar el rechazo de inmediato, dando apoyo y seguridad al niño que fue rechazado de que no se permitirá este tipo de comportamiento.
  Ejemplo: La maestra rodeó con su brazo a Vicente y dijo: "Noel, lo que dijiste de Vicente hace mucho daño. Explícame lo que quisiste decir". Noel empezó a negar que hubiera dicho nada, luego admitió que Vicente parecía ridículo porque era demasiado grande para llevarlos. La maestra preguntó a Vicente si le gustaría contarle a Noel por qué usaba pañales. Vicente aceptó y respondió: "Cuando nací había algo malo en mi columna y por eso no siento nada cuando tengo que ir al baño. Uso pañales para no mojarme los pantalones". "¿Duele?" preguntó Noel. "Para nada", contestó Vicente. "Tengo que acordarme de cambiarme, nada más, para que no me pique". Entonces la maestra le dijo a Noel: "Está bien que preguntes por qué Vicente usa pañales, pero no debes decirle que no puede sentarse a la mesa contigo. En nuestra clase, todos juegan y trabajan juntos".
- Es importante ayudar a los niños a reconocer en qué se diferencian y en qué se parecen.
  Ejemplo: "Noel, los dos, Vicente y tú, tienen que ir al baño durante el día. Tu cuerpo te dice cuando es hora de ir, y como el de Vicente no se lo dice, él tiene que usar protección. Los dos son buenos dibujando dinosaurios, también".
- Los niños necesitan que sus temores sobre las discapacidades sean tomados en serio y que los adultos comprendan su preocupación.
  Ejemplo: La maestra se acercó a Noel de manera que le permitió admitir parte de lo que le preocupaba. La maestra comprendió su miedo interior: "Noel, lo que le pasó a Vicente ocurrió antes de que él naciera. No te puede pasar a ti".
- Es necesario contestar las preguntas enseguida, con la verdad y de forma sencilla. Aprovechen la curiosidad natural de los chicos y dejen que el niño discapacitado conteste por sí mismo siempre que sea posible.
  Ejemplo: Antes de dejar la mesa de arte, la maestra se dirigió a Noel: "¿Quieres preguntarle algo más a Vicente?"

Todos los niños se benefician cuando los adultos están dispuestos a enfrentar la parcialidad y ocuparse de los prejuicios y falsos conceptos de los niños.[1] Este ejemplo podría haber sido sobre niñas que rechazan a varones o sobre un niño rechazado por el color de su piel. Cuando damos oportunidades para que los niños se relacionen con personas que parecen y actúan de modo diferente a ellos, fomentamos activamente la aceptación y el respeto por el individuo. Véase el artículo de Derman-Sparks en la Sección V para ampliar conceptos. El capítulo 15 profundiza en la cuestión de la diferencia de sexo.

CONSIDERACIONES CULTURALES, RACIALES, Y ÉTNICAS

La respuesta a "¿Quién es el niño pequeño?" adquiere un nuevo y poderoso significado al terminar la última década de este siglo. Una explosión multicultural ha barrido la nación, llenando los programas de primera infancia con niños de muchos orígenes culturales diferentes. Un cambio demográfico dramático es importante para el profesional de la primera infancia si se han de atender las necesidades del niño como individuo. Algunos indicadores de los cambios en la población son:[2]

- La inscripción en las escuelas públicas aumentó entre 1985 y 1991 apenas un poco más del 4%, pero el número de alumnos con escaso o nulo conocimiento del inglés aumento un 50% (Gray, 1993).
- Son más de 127 los idiomas y dialectos hablados por los alumnos del sistema escolar de Washington, D.C. (Gray, 1993).

LA DIVERSIDAD DE NUESTRO MUNDO LA DIVERSIDAD DE NUESTRO MUNDO LA DIVERSIDAD DE NUESTRO MUNDO LA DIVERSIDAD DE NUESTRO MUNDO LA DIVERSIDAD DE NUESTRO MUNDO

1 Los niños requieren información correcta, lenguaje apropiado, repuestas breves y adultos que se sientan cómodos al contestar sus preguntas y conversar sobre sus temores.

2 Los educadores de la primera infancia necesitan pasar de una orientación etnocéntrica (basada en su propia experiencia o en la de la cultura dominante) a un enfoque más multicultural. Hace falta examinar términos como *minoría* y *mayoría*.

SELECCIÓN DE ARTÍCULOS

Niños de herencia mixta

Francis Wardle

La maestra de primer grado de Trell le pidió que investigara la vida de uno de sus abuelos para el proyecto del mes sobre Historia Negra. Trell reunió con entusiasmo fotografías, cartas antiguas y recortes de periódico de su abuelo preferido. Pidió anécdotas a sus padres; también recordó sus momentos favoritos con su abuelo. Pasó horas preparándose.

Antes del día importante, Trell repasó el informe con su maestra. Sabía que ella se emocionaría como él con su abuelo, que había sido un político famoso en sus tiempos. Para gran desencanto de Trell, su maestra rechazó el informe. Trell, un niño mestizo, había escogido hablar de su abuelo caribeño de raza blanca. La maestra quería que se presentaran sólo casos de raza negra. Trell quedó desolado.

La educación multicultural, sin prejuicios, ha encontrado lugar permanente en nuestros programas de primera infancia. Los psicólogos han reconocido que una parte crucial de la autoestima del niño es contingente con una visión positiva de su acervo racial y étnico y que los niños con gran autoestima tienen mejor rendimiento en la escuela. Por ello, los programas actuales proporcionan materiales, libros, muñecas, actividades, contenidos y debates que ayudan a respaldar la identidad étnica y racial de sus niños.

Los enfoques multiculturales clasifican a los niños en cinco grupos diferenciados: afroamericanos, hispanos, autóctonos americanos, asiaticoamericanos y blancos. De este modo, los programas responden a los niños sobre la base del grupo al que pertenecen. Para niños como Trell, cuyos padres están en más de una de estas categorías, esto no funciona. Y los maestros que trabajan con el creciente número de alumnos de razas y etnias múltiples se encuentran sin instrumentos para dar apoyo a estos niños. ¿Dónde podemos encasillarlos? ¿Cómo deberían los maestros apoyar y favorecer estas identidades?

Los niños de herencia mixta, multirracial y multiétnica, tienen un acervo racial y cultural que incluye los antecedentes completos de sus dos progenitores biológicos. Los educadores deben ayudar con cautela a estos niños a desarrollar orgullo y autoestima positiva de *todo* su acervo multirracial, su cultura e identidad.

No hay días de fiesta, ni héroes, ni rompecabezas, ni familias, muy pocos libros, ningún cartel ni actividades curriculares para ellos. He aquí algunas sugerencias para ayudar a los maestros a llenar este vacío:

- Recurran a familias interraciales e interétnicas en su programa para que colaboren con información, fotografías, días de fiesta, cuentos, historias y recursos curriculares.
- Creen sus propios carteles, materiales y libros que muestren familias interraciales (incluyendo familias de acogida, adoptivas y mixtas).
- Presionen a las compañías que suministran libros y materiales curriculares para que incluyan materiales multirraciales y multiétnicos en sus selecciones.
- Proporcionen una respuesta inmediata a cada comportamiento lingüístico que de alguna manera

niegue la identidad o herencia multiétnica o multirracial de un niño, o su orgullo. Esto incluye los comentarios que impliquen que el niño no puede adoptar totalmente su identidad multirracial.

- Busquen en la historia héroes multirraciales y multiétnicos (por ej., el compositor Gottschalk, el ornitólogo Audubon) y presenten este material a sus alumnos.

- No realicen nunca una actividad que requiera que un niño escoja sólo una parte de su acervo. Si se celebran días culturales, como el Cinco de Mayo y el Día de Martin Luther King, preséntenlos de modo que se puedan beneficiar todos los niños. Asegúrese de que un niño multirracial está cómodo al identificarse tanto con el Cinco de Mayo *como con* el Día de Martin Luther King, si tiene esas herencias combinadas.

- Póngase en contacto con un grupo local de apoyo multirracial para obtener ideas, informaciones y consejos.

- No enseñe sobre razas, etnias y culturas de un modo que excluya a un niño u otras personas. Deberíamos enseñar cultura y herencias como forma de dar a los individuos fuerza, tradiciones y valores, no para agrupar y excluir a la gente.

Francis Wardle, Ph.D., es Director ejecutivo del Center for the Study of Biracial Children. Ha escrito mucho sobre este tema, incluyendo, *Proposal: An Anti-Bias and Ecological Model for Multicultural Education*, un artículo que presenta un modelo multicultural abarcando a niños de herencias multirraciales y multiétnicas.

- Uno de cada seis niños de las escuelas públicas de California ha nacido fuera de Estados Unidos, y un tercio de ellos hablan en su hogar un idioma que no es el inglés (Gray, 1993).
- Para el año 2010, los hispanos, que pueden pertenecer a cualquier raza, serán la población minoritaria más numerosa (Gray, 1993).

Para un docente de primera infancia, estas estadísticas tienen algunas implicaciones importantes. Habrá en sus clases más alumnos cultural y lingüísticamente diferentes. Si los docentes no tienen preparación ni formación para tratar estas diferencias, pueden malinterpretar la capacidad, el aprendizaje y las necesidades de un niño. Con demasiada frecuencia, las barreras de idioma entre maestro y alumno llevan a la conclusión de que el niño es lerdo o tiene alguna discapacidad.

Trabajar con los padres será un desafío mayor para la inventiva y las habilidades de comunicación del maestro. Muchos padres desconocen la cultura escolar en Estados Unidos y las expectativas que tienen las escuelas sobre cuánto han de involucrarse y participar los padres. Algunos padres son analfabetos en su propio idioma. Un docente informado y que preste su apoyo puede ayudar a los padres a que ayuden a sus hijos a tener éxito en estas circunstancias. (Véase el capítulo 8, Necesidades de los padres inmigrantes).

La falta de comprensión sobre la cultura, la historia, las creencias y los valores de los niños lastima su concepto de sí mismos (ver Derman-Sparks et al., 1989, y otras referencias en este libro). Los matrimonios interraciales han aumentado en Estados Unidos un 120% desde 1980 (Oficina de censos de los Estados Unidos, 1995). El número de niños multirraciales se están multiplicando. Francis Wardle, en su cuadro de atención de la página 115, saca a la luz algunos de los asuntos cruciales inherentes al trabajo con niños pequeños que tengan más de uno o dos orígenes étnicos. Alienta a los maestros de primera infancia a apoyar a las familias interraciales para que abracen su variado acervo y les ofrece algunas maneras de iniciar ese proceso. Cuando no existen instrumentos de evaluación o materiales de instrucción en el idioma del niño o que describan su acervo nativo, se les coloca en clara posición de desventaja. Las minorías alegan desde hace años que los instrumentos de evaluación que determinan el C.I. y la colocación en programas especiales de niños superdotados o discapacitados denotan parcialidad, pues no están escritos en la cultura predominante del niño a quien se evalúa. Como resultado, los niños de minorías están escasamente representados en los programas para niños superdotados. Sin embargo, su representación es excesiva en los programas para niños discapacitados, un hecho que algunos relacionan con una falta de sensibilidad hacia la herencia cultural y lingüística del niño.

Sensibilidad cultural

Por sensibilidad cultural y lingüística entendemos que se hace honor a la herencia de cada niño, que se entiende como única entre otras culturas y que se la respeta. Significa que los maestros deben familiarizarse con las normas culturales de los niños de sus clases y construir puentes para que los chicos y sus familias accedan a la cultura más dominante.

Los siguientes son ejemplos de diferentes grupos culturales y algunos de los valores y creencias de su cultura. Representan influencias tradicionales junto con adaptaciones a la cultura de Estados Unidos. Estos factores culturales deben ser considerados cuando los maestros trabajan con padres y niños en pro de una asociación para la educación.[1]

Una advertencia: al igual que los dibujos de palabras, estas características no han de tomarse como estereotipos. Pretenden ser una visión general, de introducción a una cultura. Tengan cuidado de no generalizar sobre las familias partiendo de los ejemplos siguientes. Hay una tendencia a usar estereotipos si creemos que *todos* los asiáticos, hispanos, autóctonos y afroamericanos están representados en tal visión general. En realidad, hay cantidad de culturas diferentes representadas en las categorías generales enumeradas acá. La coreana, la japonesa y la vietnamita son culturas diferentes que caen dentro de la general de "asiáticas", del mismo modo que las de Haití y África del Sur son culturas únicas que englobamos como "afroamericanos". El maestro con sensiblidad cultural llegará a conocer a cada familia como entidad separada y se familiarizará con sus expresiones individuales de cultura y herencia.

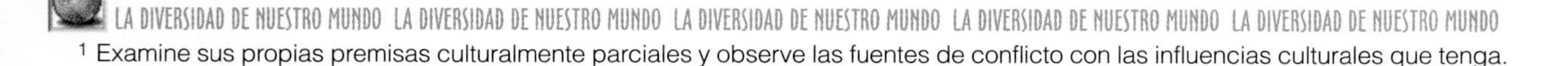

1 Examine sus propias premisas culturalmente parciales y observe las fuentes de conflicto con las influencias culturales que tenga.

Asiaticoamericanos

- Los maestros son tratados con gran respeto (Yee, 1988).
- El padre es el cabeza de familia, las decisiones deberían incluirlo a él (Yee, 1988).
- La estructura y el empleo de nombres y apellidos entre subgrupos asiáticos varía (Morrow, 1989).
- El hijo representa el buen nombre de la familia en el futuro; la familia puede tener dificultades para aceptar la discapacidad de un niño y lo ven como una vergüenza para el nombre familiar (Yee, 1988).

Hispanos

- Los niños se consideran de gran valor (Valero-Figueira, 1988).
- Otras personas muy respetadas son el clero, los maestros y los líderes de la comunidad (Valero-Figueira 1988).
- Los niños trabajan mejor en situaciones de cooperación (Beacher, Castillo y Cruz, en Charlesworth, 1996).
- Hay sensibilidad a las figuras de autoridad y a sus opiniones acerca ellos (Beacher, Castillo y Cruz, 1996).

Americanos autóctonos

- La familia favorece que los niños tomen decisiones independientes.
- Ser reconocido como parte de un grupo de iguales es más importante para los niños que el reconocimiento individual.
- Los parientes, especialmente las abuelas, tienen intervención con los niños y participan en su educación.
- Valoran la colaboración y el compartir.
- Respetan la dignidad del individuo.
- La sabiduría de los ancianos se tiene en gran estima.
- Fuerte tradición oral, especialmente narraciones (Walker, 1988).

Afroamericanos

- Los padres están muy motivados para que sus hijos logren buenos resultados.
- Los niños reciben mucha estimulación de las artes creativas.
- Los niños tienden a ser activos.
- Son expresivos en música, danza y teatro.
- Criados con énfasis en los sentimientos y relaciones interpersonales intensas.
- Aprenden de las personas más que de las cosas (Hale, 1989).

Euroamericanos

- El respeto debe ganarse en las relaciones adulto niño; a los varones se les permite ser más abiertos en sus discrepancias con los adultos; la discrepancia suele ser pasiva y escondida.
- Se anima a los niños a que desafíen las opiniones de los adultos.
- Trabajar con independencia se valora como logro individual; la libertad del individuo es el valor más preciado.
- Tanto en lo académico como en lo deportivo, a los varones se les anima a ser los mejores; en las niñas se valora la apariencia física y una disposición amistosa.
- En los varones se fomenta el pensamiento lógico, analítico; a las niñas se las ve más subjetivas e intuitivas.
- Se alienta a los niños a competir para ir adelante.
- El civismo y la libertad religiosa son conceptos culturales importantes (Della-Dora & Blanchard, 1979).

Cada uno de estos factores culturales tiene consecuencias en la enseñanza y al formar relaciones con gente de diversos orígenes y culturas. Al maestro del futuro se le pedirá que integre estas ideas en la planificación del currículum así como en las relaciones domésticas y escolares. (Véase también "Actitudes y prejuicios" en el capítulo 5).

Sumario

El niño de programas de primera infancia va desde el desvalido lactante hasta el sociable chico de 8 años. En esos pocos años, los maestros son testigos de significativos aumentos en lo físico, intelectual, social y emocional.

El niño aprende a gatear, caminar, correr, trepar, lanzar una pelota, escribir con lápiz, usar tijeras, sostener una cuchara y manejar juguetes. Entran en juego tanto los músculos grandes como los pequeños en cada etapa de desarrollo.

El desarrollo del lenguaje es igualmente impresionante. El bebé balbuceante se hace fluido, a veces en más de un idioma. Las ventajas intelectuales coinciden al ir los niños haciéndose capaces de expresar pensamientos, resolver problemas y demostrar el crecimiento de sus poderes de raciocinio.

Socialmente, el niño aprende a relacionarse con los miembros de la familia, compañeros de escuela, maestros y otros adultos. Toda la gama de emociones humanas se desarrolla durante estos primeros años, cuando los niños aprenden formas apropiadas de expresar y liberar sus sentimientos.

Los maestros notan que los niños comparten muchas características comunes a la vez que muestran grandes diferencias individuales. Las tablas de perfiles, dibujos de palabras, que describen el comportamiento normal ayudan a los maestros a comprender cuándo es probable que ocurra un comportamiento en particular. Entonces, con antelación, los maestros pueden programar actividades y planes de estudio que atraigan a niños de todas las edades; las medidas de orientación y disciplina pueden acomodarse al desarrollo específico del niño.

Sin embargo, es evidente que el crecimiento y el desarrollo no proceden normalmente para todos los niños. Dos grupos de niños tienen necesidades especiales dentro de la clase de primera infancia. Los niños discapacitados que están en la corriente principal requieren atención particular para sus discapacidades individuales, y los maestros necesitan habilidades especiales para dar atención y afecto a niños que están discapacitados y a los que no lo están. Los niños superdotados también necesitan atención; sus habilidades excepcionales deben recibir desafíos y estimulación dentro del programa regular de primera infancia.

La demografía cambiante que trae cada vez más niños de diversidad cultural y lingüística a los centros de primera infancia exige que los maestros se familiaricen con las pautas culturales específicas representadas hoy en día en América. Harán falta nuevas estrategias de enseñanza, un currículum culturalmente apropiado y esfuerzos especiales para trabajar con los padres desde una perspectiva multicultural.

Preguntas de Repaso

1. Una cada dibujo de palabras con el grupo de edad al que pertenece:

Observan las reglas de la familia	niños en edad de caminar
Juega al cucú	cinco años
Tiene impulso intelectual dinámico	seis y siete años
Les intrigan los susurros	lactantes
Necesita estar "a la última"	dos años
"Mío" es el pronombre predominante	cuatro años
Retrocede hacia la silla para sentarse	seis años
Puede ponerse tonto, excitado, salvaje	tres años
Mantiene el equilibrio en un pie	tres años
Es común la inversión de letras o palabras	cuatro años
Cambia de humor rápidamente	siete años

2. Ofrezca un aspecto que sea igual en los niños y otro que los distinga. Describa lo que implican para el docente en la planificación del currículum estas diferencias entre niños.
3. Un área de desarrollo afecta a otra. Ponga dos ejemplos de problemas sociales o emocionales que pueden afectar a otras áreas del crecimiento.
4. ¿Cuáles son algunas de las razones de usar el concepto de el niño en su totalidad en la educación de la primera infancia?
5. ¿Cuáles son algunas de las ventajas de incluir niños con necesidades especiales? ¿Cuáles son algunas de las dificultades que hay que superar para conseguir la integración de niños con necesidades especiales?
6. ¿Por qué es importante que los docentes tengan conocimientos sobre el trastorno de hiperactividad con déficit de atención?
7. ¿Cuánta importancia tiene conocer y comprender la cultura de los niños a quienes enseñamos?
8. ¿En qué se diferencia la inclusión de la integración en la corriente general?

Actividades de Aprendizaje

1. Seleccione dos niños aproximadamente de la misma edad. Compare su desarrollo físico y social. ¿En qué se parecen? ¿En qué se diferencian? ¿Qué cree usted que explica estas diferencias?
2. Repase los factores culturales observados para niños asiaticoamericanos, hispanoamericanos, autóctonos americanos, euroamericanos y afroamericanos. Sugiera una estrategia didáctica que sea apropiada como respuesta a cada una de las características.
3. Mire el dibujo de palabras correspondiente a un niño de 3 años. Compárela con un niño de tres años que usted conozca. ¿Qué comportamiento observa en el niño real de 3 años que caiga dentro del ámbito de la tabla? ¿Qué es diferente? ¿Existen diferencias culturales?

4. Observe una clase de niños con necesidades especiales en un aula incluyente. ¿Qué haría para fomentar interacciones entre los niños discapacitados y los que no lo están? ¿Qué expresiones se utilizan para referirse al estado de minusvalía de un niño? y ¿parecen entender los niños sin minusvalías que sus amigos son similares a ellos, además de diferentes? ¿Considera que la inclusión es una buena idea? ¿Por qué o por qué no?

5. Utilizando los dibujos de palabras, ¿cómo diseñaría una actividad artística apropiada para niños de 18 meses? ¿Qué clase de actividad de patio de juego prepararía a un niño de 3 años? Si estuviese cuidando a un niño de 6 años, ¿cómo planificaría el día? Justifique sus respuestas citando referencias específicas de desarrollo.

Bibliografía

Allen, K. E., & Marotz, L. (1994). *Developmental profiles: Birth to eight*. Albany, NY: Delmar.

Allen, K. E., & Marotz, L. (1994). *The exceptional child: Inclusion in early childhood education*. Albany, NY: Delmar.

Ames, L. B., & Ilg, F. L. (1983). *Your One-Year-Old*. New York: Dell.

Ames, L. B., & Ilg, F. L. (1983). *Your Two-Year-Old*. New York: Dell.

Ames, L. B., & Ilg, F. L. (1976). *Your Three-Year-Old*. New York: Dell.

Ames, L. B., & Ilg, F. L. (1976). *Your Four-Year-Old*. New York: Dell.

Ames, L. B., & Ilg, F. L. (1976). *Your Five-Year-Old*. New York: Dell.

Ames, L. B., & Ilg, F. L. (1976). *Your Six-Year-Old*. New York: Dell.

Bailey, D. B., Jr., & Wolery, M. (1992). *Teaching infants and preschoolers with disabilities*. New York: Merrill.

Baron, R. A. (1995). *Psychology*. Boston: Allyn & Bacon.

Bee, H. (1997). *The developing child*. Menlo Park, CA: Addison-Wesley.

Caldwell, B. M. (1993). One world of children. En A. Gordon & K. W. Browne *(Eds.), Beginnings and beyond: Foundations in early childhood education* (3rd ed.). Albany, NY: Delmar.

Chandler, P. A. (1994). *A place for me*. Washington, DC: National Association for the Education of Young Children.

Charlesworth, R. (1996). *Understanding child development*. Albany, NY: Delmar.

Della-Dora, D., & Blanchard, L. J. (Eds.) (1979). *Moving toward self-directed learning*. Alexandria, VA: Association for Supervision and Curriculum Development.

Derman-Sparks, L., & the ABC Task Force. (1989). *Anti-bias curriculum: Tools for empowering young children*. Washington, DC: National Association for the Education of Young Children.

Elkind, D. (1989). *The hurried child: Growing up too fast, too soon* (Rev. ed.). Reading, MA: Addison-Wesley.

Froschl, M., Colon, L., Rubin, E., & Sprung, B. (1984). *Including all of us: An early childhood curriculum about disability*. New York: Educational Equity Concepts.

Gardner, H. (1982). *Developmental psychology*. Boston: Little, Brown.

Gardner, H. (1993). *Frames of mind: The theory of multiple intelligences*. New York: Basic Books.

Gordon, A. M., & Browne, K. W. (1996). *Guiding young children in a diverse society*. Boston: Allyn & Bacon.

Gray, P. (1993, Fall). Teach your children well. *Time*, Special Issue, pp. 69–71.

Hale-Benson, J. (1986). *Black children: Their roots, culture and learning styles*. Baltimore: The Johns Hopkins University Press.

Hale, J. (1989, April 12). Designing instruction for black children. *Education Week*, p. 26.

Hallowell, E., & Ratty, J. (1994). *Driven to distraction*. New York: Pantheon Books.

Kelly, E. B. (1988, August). Learning disabilities: A new horizon of perception. *The World and I*, pp. 314–321, The Washington Times Corp.

Kiernan, S., et al. (n.d.). *Mainstreaming preschoolers: Children with orthopedic handicaps*. Washington, DC: U.S. Department of Health, Education, and Welfare.

Lupkowski, A., & Lupkowski, E. (1985, March/April). Meeting the needs of gifted preschoolers. *Children Today*, pp. 10–14.

Morrow, R. D. (1989). What's in a name: In particular, a Southeast Asian name? *Young Children*, pp. 20–23.

Olson, L. (1985, January 16). Programs for gifted students fragmented, inadequate, study says. *Education Week*, p. 5.

Ramirez, B. A. (1988, verano). Culturally and linguistically diverse children. *Teaching Exceptional Children*, pp. 45–51.

Soto, L. D. (1991, enero). Understanding bilingual/bicultural young children. *Young Children*, pp. 30–36.
U.S. Bureau of the Census. (1995, 1997).
Valero-Figueira, E. (1988, Summer). Hispanic children. In B. Ramirez, Culturally and linguistically diverse children. *Teaching Exceptional Children*, pp. 45–51.
Walker, J. L. (1988, Summer). Young American Indian children. In B. Ramirez, Culturally and linguistically diverse children. *Teaching Exceptional Children*, pp. 45–51.
Wallis, C. (1994, July 18). Life in overdrive. *Time*, pp. 43–50.
Wolery, M., & Wilbers, J. S. (Eds.). (1994). *Including children with special needs in early childhood programs*. Washington, DC: Research Monograph of the National Association for the Education of Young Children.
Wood, C. (1994). *Yardsticks*. Greenfield, MA: Northeast Foundation for Children.
Woolfolk, A. E. (1993). *Educational psychology*. Boston: Allyn & Bacon.
Yee, L.Y. (1988, Summer). Asian children. In B. Ramirez, Culturally and linguistically diverse children. *Teaching Exceptional Children*, pp. 45–51.
York, S. (1991). *Roots and wings: Affirming culture in early childhood programs*. St. Paul, MN: Redleaf Press.

Teorías sobre el Desarrollo y el Aprendizaje

Preguntas para pensar

¿Cuáles son las preguntas básicas de las teorías sobre el desarrollo y el aprendizaje?

¿Cuál es el papel de la cultura en el desarrollo y en el aprendizaje?

¿Cuáles son los principales representantes de cada escuela?

¿Cuáles son las principales etapas psicosociales de la primera infancia?

¿Cuáles son los principios de la teoría behaviorista?

¿Cómo explica una teoría cognoscitiva/constructivista los procesos mentales de los niños?

¿Cómo afecta la teoría sociocultural a las prácticas de la primera infancia?

¿Cuál es la teoría de las inteligencias múltiples?

¿Cómo se puede aplicar la teoría humanista a la educación?

¿Cómo describe la teoría de la maduración al desarrollo?

¿Qué investigaciones y otros puntos de vista teóricos son importantes para los educadores?

¿Cómo se pueden aplicar las teorías sobre el desarrollo y el aprendizaje a la clase y al trabajo con niños pequeños?

INTRODUCCIÓN

¿Por qué tenemos que conocer la teoría o la investigación?, ¿No es suficiente la experiencia directa con los niños para planificar buenos programas? Es cierto que los aspectos prácticos de la enseñanza de niños pequeños son importantes. Sin embargo, "sólo a través de una comprensión genuina del porqué se sigue un modelo puede ayudar al educador a conseguir una intervención efectiva y significativa" (Glascott, 1994). Como los procesos implicados en el desarrollo no son aleatorios, debemos intentar conocerlos. El sistema de crecimiento, pensamiento, sentimientos y comportamiento de los niños es tan complejo que no podremos considerarnos profesionales responsables hasta que entendamos la teoría que yace tras la práctica.

La educación de la primera infancia gira en torno a varios campos de estudio. La relación con el campo de la psicología es especialmente fuerte. La mayoría de lo que sabemos hoy en día proviene de las investigaciones sobre el desarrollo del niño y la psicología infantil. Como educadores, aplicamos dichos hallazgos en la clase. Nuestros conocimientos se basan directamente en los estudios psicológicos.

- ¿Cómo se desarrollan los niños?
- ¿Qué aprenden y en qué orden?
- ¿Qué necesitan las personas para estar preparadas para aprender?
- ¿Qué elementos afectan al aprendizaje?
- ¿Se desarrollan todas las personas del mismo modo?
- ¿Qué semejanzas y diferencias existen entre crecimiento y desarrollo?

Para contestar a estas preguntas, necesitamos encontrar información para después elegir y ordenar los hechos de manera que podamos entender lo que vemos. En otras palabras, necesitamos una **teoría.** Ésta ha sido la labor de psicólogos y educadores durante años y en el siglo XX se han llevado a cabo grandes descubrimientos en estos aspectos. Las teorías son especialmente útiles porque proporcionan una visión amplia y consistente de la complejidad del desarrollo humano. Nos podemos apoyar en ellas para realizar suposiciones (llamadas **hipótesis**) sobre el comportamiento y el desarrollo de los niños. Como estas teorías se basan en la experiencia, los docentes pueden comprobar la validez de las mismas observando a los niños diariamente. De este modo, la búsqueda básica de teorías sólidas sobre el desarrollo y el conocimiento, de afirmaciones sistemáticas sobre el comportamiento y el desarrollo, dan a los educadores mucho que considerar al exponer sus propias ideas sobre los niños.

Una pregunta clave que es central en todas las teorías sobre el desarrollo y el aprendizaje está relacionada con el origen de la influencia. ¿Los cambios que se producen en los niños con el paso del tiempo se deben a influencias internas o externas?, ¿los niños cambian a causa de los modelos innatos, biológicos o genéticos que poseen los seres humanos, o éstos aparecen determinados por el entorno y las experiencias (como padres, materiales, TV, escuela, etc.) de la vida? Este argumento se conoce normalmente como la **controversia naturaleza/educación,** también conocido como el problema de lo heredado frente al entorno. Como recordará del capítulo 1, esta cuestión ha sido objeto de debate durante siglos. En favor de la "naturaleza", Rosseau sostenía que el niño nace con una bondad natural o innata. Sin embargo, John Locke afirmaba que lo que importaba era la "educación". Sostenía que los niños venían al mundo con una **tabula rasa,** o "pizarra limpia", en la que se van escribiendo las experiencias y el aprendizaje. Hoy en día, la mayoría de los psicólogos y educadores están de acuerdo en que los modelos de desarrollo y aprendizaje son complejos y no se describen tan fácilmente. Las teorías modernas no se establecen en términos de blanco o negro, más bien se centran en variaciones que ponen de relieve uno u otro.

En las generaciones anteriores, había poca información científica disponible para que padres (y maestros) evaluaran la validez de las teorías. Los adultos defendían muchas creencias sobre los niños, como "Vas a perjudicar al bebé si respondes tan rápido a sus caprichos", o "Los niños que sufren un abandono y una privación temprana no podrán descubrir su potencial normal" (Segal, 1989). Dichos mitos pueden ser poderosos, particularmente cuando los transmiten las familias (y los invitados de los programas de entrevistas de la televisión). Sin embargo, algunas de las ideas de los adultos están arraigadas en los mitos en lugar de en la realidad. Los teóricos e investigadores sobre el desarrollo infantil han acumulado una gran reserva de conocimientos basados en la evidencia científica.

En un principio, el estudio del desarrollo infantil estaba limitado al estudio de las tendencias y descripciones de los cambios de la edad. A lo largo de este siglo, la esfera y la definición del desarrollo infantil ha cambiado radicalmente. Ahora, los psicólogos que tratan el desarrollo estudian cómo empiezan, cambian y se desarrollan los procesos psicológicos. El desarrollo infantil hoy en día se centra en la adquisición del lenguaje, en varios efectos tempranos en el desarrollo intelectual tardío y en el proceso de las relaciones con los demás. Los maestros de primera infancia deberían saber cómo se desarrollan los niños y cómo aprenden. Saber cómo se desarrollan los niños es muy importante para tomar las decisiones diarias sobre el currículum, el escenario de la clase y los niños. Para obtener un buen resultado con los niños, los maestros necesitan una filosofía reflexiva y un enfoque basado en lo que sabemos sobre cómo se desarrollan los niños y lo que hace que aprendan y entiendan. El maestro que está bien documentado sobre las teorías posee unas herramientas muy valiosas para trabajar con los padres, aconsejar a la familia de la variedad del comportamiento típico y hablar con los padres de las preocupaciones que están más allá de las normas. Por lo tanto, es importante poseer algunos conocimientos sobre psicología de desarrollo y teorías sobre el aprendizaje.

Ninguna serie de principios abarca todas las teorías sobre el desarrollo y el aprendizaje. Hemos seleccionado siete teorías. Cinco están comúnmente aceptadas como componentes principales del campo de desarrollo del niño. La sexta proviene de un modelo médico y da una idea general de las normas de desarrollo de crecimiento y comportamiento. La séptima no aparece siempre en los libros de psicología infantil pero pone de relieve algunos de los procesos para trabajar con niños. Las siete teorías que vamos a explicar brevemente se conocen comúnmente como (1) teoría psicodinámica, (2) teoría behaviorista, (3) teoría cognoscitiva y constructiva, (4) teoría sociocultural, (5) teoría de las inteligencias múltiples, (6) teoría de la maduración y (7) teoría humanista.

El campo de desarrollo del niño es amplio y abarca una gran variedad de opiniones y hechos, y por ello, los expertos no se ponen de acuerdo o ni siquiera piensan de forma parecida. De hecho, existen diferencias entre ellos sobre cómo crecen, piensan y aprenden los niños, y lo que les motiva. Cada teoría describe a los niños y a sus procesos de una manera diferente. Así, el maestro tiene una diversidad de opiniones sobre las que establecer una filosofía profesional.

DESARROLLO INFANTIL Y DIVERSIDAD CULTURAL

Antes de estudiar las teorías individuales, los educadores de primera infancia necesitan una orientación amplia de los niños. El desarrollo tal y como nos lo presenta Rodd (1996), se puede entender ampliamente sólo cuando "se muestra en un contexto cultural más grande. . . [De hecho] mientras que el papel importante de la cultura para esbozar la crianza del niño y la interacción con la familia se entiende bastante bien, el efecto en las oportunidades para la educación no se reconoce siempre".

Es decir, debemos tener un conocimiento del niño en su propio escenario, contexto, para conocerle tan bien que podamos enseñarle. Los niños viven "profundamente arraigados en el entorno cultural" (Hilliard y Vaughn-Scott, 1982), y la ecología de la vida de un niño se debe reconocer e incluir en el trabajo. Considere estos ejemplos internacionales de cómo la orientación cultural podría influenciar su manera de enseñar o la manera en que podrían aprender estos niños (Rodd, 1996):

> El principal énfasis curricular en Inglaterra se establece en el desarrollo social de los niños hasta los 3 años de edad y después se da importancia a la competencia académica. Educadores suizos se centran en los aspectos de desarrollo, particularmente en el desarrollo socioemocional . . . Los países asiáticos (donde el bienestar físico y la asistencia médica primaria de los niños ha mejorado hasta el punto de que ya no se consideran problemas), se centran en el logro y excelencia académica. Aunque el logro académico no se pone de manifiesto en la República Checa, a los niños pequeños se les enseña el valor y la importancia del trabajo y la estética, y participan en los programas culturales cuando tienen 3 años.

Volvamos a los Estados Unidos. Una cuestión importante para los maestros es el hecho de que "un gran porcentaje de niños forman parte de un grupo cultural mientras los miembros de otros grupos culturales les enseñan o cuidan. Aunque esta necesidad no crea problemas, las investigaciones muestran que se pueden dar una serie de problemas especiales en muchos escenarios de

Ilustración 4.1 A todos los niños les afectan las experiencias de socialización que reciben en su juventud.

enseñanza a través de las culturas" (Hilliard y Vaughn-Scott, 1982). De hecho, Lightfoot (1978) ha documentado cuatro problemas que tienden a desarrollarse:

1. Existen problemas cuando los cuidadores de otra cultura no entienden el *lenguaje* que utiliza el niño.
2. Existen problemas cuando los cuidadores establecen *expectativas* bajas para los niños basadas principalmente en el hecho de que los niños son miembros de un grupo cultural de estatus bajo, en lugar de basarse en las capacidades reales de los niños.
3. Existen problemas cuando los cuidadores no están preparados para tratar a niños cuyo *estilo de comportamiento* es distinto del de los cuidadores.
4. Existen problemas cuando se aplican técnicas de *evaluación* y *valoración* estándar a ciertos grupos culturales con un reconocimiento insuficiente de, o respeto por, los modelos culturales del grupo.

La cantidad de diferencias que existen requieren más investigaciones, también un mayor interés de los maestros en las culturas familiares individuales. La creación de una educación que responda a las necesidades de la cultura es la única manera de implementar prácticas apropiadas para el desarrollo.

Los niños se parecen en muchos aspectos. Algunos universales se dan en todos los niños, si los maestros los conocen, pueden aplicar teorías sobre el desarrollo infantil y el aprendizaje. El capítulo 3 le ayudará a identificar estos universales. Cuando lea todas estas teorías, trate de ver más allá de cualquier modelo y "trate de definir el conjunto de principios que son fundamentales para la práctica adecuada y que pueden ser receptivos e incorporar modelos y valores culturales variados" (Rodd, 1996). Este hecho es especialmente importante porque existen límites para la aplicación de universales a estas teorías.

Una limitación es el hecho de que la mayoría de las teorías iniciales se basaron en las observaciones que hicieron sujetos blancos y varones. Le recomendamos que lea estudios más recientes sobre el desarrollo que incluyan a otras poblaciones étnicas, como Ramírez y Casteneda (1974) y Hale (1986) y los trabajos de Hilliard y Vaughn-Scott (1982), Gura (1994), y York (1991). Otra limitación es que existen algunas diferencias entre niños como consecuencia de las semejanzas culturales y la singularidad de cada niño. Caldwell (1983) subraya tres áreas que permiten a maestros hacer el desarrollo infantil útil, sin tener que generalizar demasiado:

En primer lugar, todos los niños tienen las mismas necesidades y derechos, pasan por las mismas etapas de desarrollo y tienen los mismos objetivos de desarrollo. Las investigaciones sobre las culturas en la teoría de Piaget han demostrado que las etapas de desarrollo no varían y son válidas en todo el mundo, aunque las edades varían entre las culturas y entre los individuos.

En segundo lugar, los niños se parecen en algunos aspectos; por ejemplo, existen semejanzas en los grupos culturales. Algunas expectativas culturales y sociales van a proporcionar semejanzas con respecto al periodo en el que los jóvenes empiezan a utilizar herramientas de escritura o formas de expresión personal. Esto significa que, mientras todos los niños de 2 años están en el proceso de desarrollo del lenguaje, el ritmo real de aumento del vocabulario será diferente según la importancia de la expresión del lenguaje para los grupos familiares y culturales. Los elementos comunes en los niños pueden ser amplios, desde los modelos de socialización a los estilos cognitivos, pero dependen de la cultura. Los maestros que no tienen un conocimiento apropiado de las culturas de los estudiantes corren el riesgo de usar indebidamente las normas y teorías de desarrollo.

En tercer lugar, los niños se diferencian unos de otros en muchos sentidos. La singularidad proviene de la estructura genética, el temperamento, la energía, la sensibilidad sensorial, los intereses y la motivación, por citar algunos. Las teorías sobre el desarrollo infantil y el aprendizaje son limitadas. Pueden fomentar una visión global sobre los niños en general, pero hay que considerar estas teorías a la luz de la diversidad cultural y el respeto por la individualidad. Con los datos teóricos presentados en esta sección, los maestros disponen de las herramientas necesarias para abrirse camino en el mundo de los niños y de la educación de primera infancia.

TEORÍA PSICODINÁMICA

La teoría psicodinámica trata el desarrollo de la personalidad y los problemas emocionales. **Las**

Etapa	Edad	Descripción/Área principal
Oral	Desde el nacimiento hasta los 2 años	La boca (chupar, morder) es la fuente de placer La comida y el desarrollo de los dientes
Anal	2–3	Los movimientos del intestino son la fuente de placer Aprendizaje de los factores relacionados con el hecho de ir al baño
Fálica	3–6	Los genitales son la fuente de placer Identificación del papel del sexo y desarrollo de la consciencia
Latencia	6–12	Los impulsos sexuales permanecen latentes La energía se concentra en el trabajo escolar y en los deportes
Genital	12–18	Los genitales son la fuente de placer Estímulos y satisfacción de las relaciones

Ilustración 4.2 Teoría psicoanalítica de Freud sobre la sexualidad durante la infancia. La teoría de las etapas de Freud sostiene que cada etapa tiene su propia área de placer y crisis entre el niño y el padre o la sociedad.

teorías psicodinámicas, o **psicoanalíticas**, consideran el desarrollo en términos de impulsos internos que a menudo son **inconscientes** o se ocultan a nuestra consciencia. Estos motivos son las fuerzas subyacentes que influencian el pensamiento y el comportamiento humano y proporcionan la base para las etapas universales de desarrollo. En términos psicoanalíticos, el comportamiento de los niños se puede interpretar si conocemos las diferentes etapas y tareas de éstas.

Sigmund Freud

Sigmund Freud comenzó su carrera como médico y se empezó a interesar en la parte irracional del comportamiento humano cuando trató la "histeria". Su técnica, pedir al paciente que se tumbara en un sofá y hablara de algo, fue ridiculizada por la profesión médica como la "cura mediante la charla". Después, a medida que los pacientes revelaban sus pensamientos, fantasías y problemas, Freud empezó a descubrir modelos. Según Freud, las personas poseen tres impulsos básicos: el impulso sexual, los instintos de supervivencia y un impulso de destrucción. De la primera, sexualidad infantil, Freud esbozó su desarrollo en etapas psicosexuales, que se caracterizaban por una parte en particular del cuerpo. En cada etapa, la satisfacción sensual asociada a cada parte del cuerpo se relaciona con los mayores desafíos de esa edad. Por ejemplo, considere cómo algunos de los problemas de los niños en edad de caminar, como morder o chuparse el dedo, y las preocupaciones que surgen antes de ir a la escuela, como "jugar a los médicos", la masturbación o la identificación de sexo en la esquina del probador se podrían considerar en un contexto psicosexual. Cada etapa también posee los conflictos entre el niño y el padre, y la manera del niño de experimentar esos conflictos determinará la personalidad básica y los modelos de comportamiento.

En primer lugar, Freud presentó esta teoría y Anna Freud (su hija), Carl Jung, Karen Horney, y otros, extendieron sus ideas. Aunque el interés de Freud se centraba en el comportamiento adulto anormal y sus causas, sus conclusiones han tenido una gran influencia en el concepto que tenemos sobre infancia y su lugar en la vida.

Para Freud el aspecto más importante del desarrollo era la personalidad, más importante para el desarrollo humano que el lenguaje, la percepción o el conocimiento. Tres estructuras definen la personalidad. Éstas son el *id*, que es la parte instintiva que lleva a una persona a buscar la satisfacción, el *ego*, la estructura racional que forma el sentido de uno mismo de una persona, y el *superego*, la parte moral que informa a la persona de lo bueno y lo malo. Pensaba que la personalidad se desarrollaba según un modelo fijo de etapas que surgían a medida que el cuerpo maduraba naturalmente. Pero aunque la secuencia de las etapas fuera estable, la manera en la que se trataba a los niños mientras pasaban por esas etapas determinó si desarrolla ban personalidades anormales o saludables. En particular, era importante la relación madre niño en cada etapa. De esta manera, la interacción entre los deseos y las necesidades del niño y cómo se trataban estos aspectos (por la madre u otros adultos) era un punto central para un desarrollo apropiado.

Todas las explicaciones psicoanalíticas sobre el desarrollo humano ponen de relieve la importancia crítica de las relaciones con las personas y las secuencias, o etapas, del desarrollo de la personalidad. El psicoanalista Erik Erikson expandió y perfeccionó la teoría sobre el desarrollo de Freud. Las ideas de Erikson son las que más han afectado a la educación de primera infancia.

Erik Erikson

Quizás Erik Homberg Erikson sea el psicoanalista de mayor influencia que vive hoy en día, con seguridad una figura fundamental en el estudio de los niños y el desarrollo. Su interés por los niños y la educación es de toda la vida, y este interés abarca unos conocimientos en la enseñanza de las escuelas Montessori y progresivas de Europa. Tras una formación clínica en psicoanálisis, le seguían interesando las conexiones entre psicoterapia y educación. Erikson se convirtió en el primer analista de niños en el área de Boston y trabajó durante años en varias universidades de los Estados Unidos.

Teoría de Erikson sobre el desarrollo humano

La teoría de Erikson sobre el desarrollo humano, al igual que las de Freud y Piaget, expone que la vida se compone de una serie de etapas por las que pasan todas las personas, y que cada etapa es mejor que las etapas previas. Erikson propone ocho etapas de desarrollo psicosocial, y cada etapa representa un periodo crítico del desarrollo de una virtud o cualidad importante. El crecimiento positivo permite al individuo

Etapa	Descripción	Desafío
Primera etapa	El recién nacido	La confianza frente a la desconfianza
Segunda etapa	Niños en edad de caminar	La autonomía frente a la vergüenza y la duda
Tercera etapa	Infancia	La iniciativa frente a la culpa
Cuarta etapa	La escuela	La competencia (o la diligencia) frente a la inferioridad
Quinta etapa	Adolescencia	La búsqueda de la identidad frente a la confusión de funciones
Sexta etapa	Edad adulta temprana	La intimidad (amor y amistad) frente a el aislamiento (soledad)
Séptima etapa	Adultos	El paso de generaciones (interés por las próximas generaciones) frente al estancamiento
Octava etapa	Mayores	La integridad frente a la desesperación

Ilustración 4.3 La teoría de Erikson sobre el desarrollo psicosocial se centra en las crisis básicas que las personas enfrentan desde que nacen hasta que son mayores. Esta teoría de etapa de desarrollo propone que estos conflictos forman parte del proceso de la vida y que el tratamiento satisfactorio de estos problemas puede proporcionar a una persona una "fuerza interna" para enfrentarse a la vida de manera positiva. (Adaptación de Hubley y Hubley, 1976.)

integrar su desarrollo biológico y físico en los desafíos que presentan la cultura y las instituciones sociales. Cada etapa se caracteriza por un par de etapas emocionales básicas. *Equilibrio* es la palabra clave en el marco de Erikson: la formación de una balanza entre los deseos del niño y las demandas del entorno, de una dosis de mentalidad sana de cada emoción, es esencial para tener una personalidad fuerte.

Es decir, cada organismo en proceso de crecimiento pasa por ciertas etapas de desarrollo. Una etapa es un periodo en el que se producen ciertos cambios. Lo que logra cada uno en una etapa depende de los desarrollos de las etapas previas y cada etapa presenta al niño con una serie de problemas por resolver. Cuando los niños tienen éxito, continúan afrontando problemas nuevos y se desarrollan mediante la resolución de estos problemas.

Todos tienen ciertas necesidades biológicas, sociales y psicológicas que se deben satisfacer para crecer de una manera saludable. La medicina ha aprendido mucho sobre las necesidades físicas: dieta, descanso y ejercicio. El organismo también debe satisfacer unas necesidades básicas intelectuales, sociales y emocionales para ser saludable. La psicología, como la teoría de Erikson, trata estas necesidades. La satisfacción o no de estas necesidades va a afectar al desarrollo.

La teoría de etapas de Erikson se amplía a causa de su importancia en el área de la educación de la primera infancia.

Etapa 1: La confianza frente a la desconfianza (Desde el nacimiento hasta 1 año)

La primera etapa de Erikson abarca el primer año de edad y es semejante a la etapa oral sensorial de Freud. Aptitudes importantes para el desarrollo son la capacidad de confiar o desconfiar en las experiencias interiores o exteriores. Al proporcionar un cuidado constante, los padres ayudan a los niños a desarrollar un sentido básico de la confianza en sí mismos y la habilidad para confiar en los demás. Proporcionan afecto y seguridad emocional, además de proveer las necesidades físicas. Un cuidado poco apropiado o inconsistente hace que el niño no confíe en el mundo. En casos extremos, como muestran los estudios clásicos de Spitz de la privación del niño (Spitz y Wolf, 1946), la falta de cuidado en realidad tiene como consecuencia la muerte del niño. Un caso menos extremo podría ser el aislamiento o la desconfianza. Estudios recientes sugieren la existencia de un elemento hereditario en este desorden en lugar de ambiental (Myers et al., 1984). Si proporcionamos al niño una

Ilustración 4.4 Una crisis de Erikson en la vida de un niño pequeño. El niño que domina de manera satisfactoria el primero de los conflictos psicosociales de Erikson en el futuro será capaz de hacer frente a los desafíos. En este ejemplo, el niño que toma la iniciativa (agarrando el juguete) también se puede sentir culpable (lo devuelve).

base sólida de confianza al principio, el niño normal desarrolla la virtud o fuerza de la esperanza.

Al trabajar con lactantes y niños en edad de caminar, los maestros deben tener la precaución de proporcionar un entorno predecible y un cuidado consistente. Los bebés dependen completamente de los adultos para satisfacer sus necesidades; en particular son vulnerables a las dificultades porque poseen pocas habilidades para tratar la incomodidad y la tensión. Por lo tanto, es fundamental que adultos optimistas y amables los cuiden, siendo sensibles y respondiendo afectuosamente a las necesidades de los niños tan pronto como surjan. De esta manera, el pequeño desarrolla la confianza en el mundo que sostendrá su desarrollo en la próxima etapa.

Etapa 2: La autonomía frente a la duda (2-3 años)

La segunda etapa, que se corresponde con el segundo y tercer año de vida, es paralela al periodo muscular-anal de la teoría de Freud. El niño aprende a manejar y a controlar los impulsos y a utilizar habilidades motoras y mentales. Para ayudar a los niños a desarrollar un equilibrio saludable entre autonomía y vergüenza, los padres deberían considerar la manera de manejar la formación de los aspectos relacionados con el baño y la creciente curiosidad por explorar de los niños en edad de caminar. Los padres restrictivos o compulsivos pueden causar en el niño un sentimiento de vergüenza y duda, provocando un sentimiento de inseguridad. El desarrollo satisfactorio en esta etapa proporciona al niño fuerza de voluntad. "Por lo tanto, esta etapa es decisiva para la relación de amor y odio, cooperación y premeditación, libertad de expresión y su supresión. El sentimiento de autocontrol sin perder la autoestima provoca un sentimiento duradero de buena voluntad y orgullo; el sentimiento de perdidas de autocontrol y de un control exterior provoca una propensión a dudar y avergonzarse" (Erikson, 1963).

Al enseñar a niños de esta edad, los adultos preparan a los niños para que analicen el mundo mediante una gran variedad de actividades utilizando sus sentidos. Se potencia el juego, con una gran "aceptación" del entorno. La curiosidad de los amigos significa que existe una alta energía, de manera que la programación diaria debería dedicar una gran cantidad de tiempo a movimientos y a flexibilidad activa para tratar la energía y el humor oscilante. Los aspectos relacionados con el baño son un comportamiento aprendido como lo es comer, vestirse, pintar y cantar; una aptitud relajada en esta área ayuda al niño a obtener el control sin vergüenza. Teniendo en cuenta la cantidad de "dos pasos hacia delante, uno hacia atrás", hay que reconocer las dudas naturales del niño y el balanceo que se producen en esta etapa.

Etapa 3: La iniciativa frente a la culpabilidad (3–5 ó 6 años)

La tercera etapa de la teoría de Erikson corresponde a los años de los jardines de infancia y las guarderías y es paralela a la etapa fálica de desarrollo de Freud. Del sentimiento de autonomía nace el sentimiento de iniciativa. El niño está preparado para planificar y llevar a cabo sus pensamientos e ideas. El padre puede potenciar la curiosidad natural del niño para planificar y desempeñar las actividades que son constructivas y cooperativas. Un padre demasiado restrictivo puede criar a un niño con un sentimiento excesivo de culpa e inhibición. Por otra parte, los padres y maestros que no dan señales de restricción hacen que el niño no tenga una idea clara de lo que es socialmente aceptable y de lo que no lo es. La fuerza clave que se desarrolla en esta etapa es el propósito.

Enseñar a niños de esta edad es estimulante y exasperante. El niño que toma la iniciativa está preparado para enfrentarse al mundo y quiere hacerlo "él sólo", lo que puede incluir ponerse una chaqueta y golpear a alguien que ha dicho algo poco amable. El entorno que responde a los intereses del niño, en el tema y en el momento, va a ser interesante y exitoso. Al mismo tiempo, los maestros deben estar preparados con un conjunto pequeño de límites lógicos (o "reglas") y los medios para continuar amable y firmemente cuando se prueban dichos límites. A esta edad la socialización es el centro de los estados emocionales de la iniciativa y la culpabilidad; los niños deben tener suficiente libertad para desarrollar sus propias maneras de relacionarse con las personas y aún así desarrollar un sentimiento de justicia y consciencia.

Etapa 4: La diligencia frente a la inferioridad (6-12 años)

La cuarta etapa de Erikson, que comienza con los años de educación primaria y termina con la pubertad, es paralela al periodo de latencia de Freud. El principal tema de esta etapa es el control de la vida, en primer lugar adaptando las leyes de la sociedad (las personas, las leyes y las normas, las relaciones) y los objetos (herramientas, máquinas, el mundo físico). Según Erikson, el niño "empieza a prever los objetivos para los que le han preparado su sistema cognitivo y locomotor. El niño también empieza a pensar en hacerse grande y en identificarse con personas cuyo trabajo o personalidad puede entender y apreciar" (Evans, 1967). Para la mayoría de los niños esto significa encontrar un lugar en la escuela, ocupar un lugar en la clase, o en el campo de fútbol o en un club de reuniones. Los niños están preparados para dedicarse a las habilidades y tareas y para recibir instrucciones sistemáticas de la cultura. También necesitan manejar las "herramientas de la tribu" (Erikson, 1963) y experimentar las relaciones y el desengaño. En los Estados Unidos, estas herramientas incluyen lápices, libros de lectura y aritmética y ordenadores, y también pelotas y bates. El único peligro para el niño es que se sienta incompetente e inferior para realizar dichas tareas. El padre o maestro que exagera los errores de los niños podría hacer que éstos pierdan las esperanzas de aprender, por ejemplo, las tablas de multiplicar o escribir en cursiva. Al mismo tiempo, los adultos deben potenciar el trabajo de los niños para conseguir el control. Los padres no deben permitir que los niños limiten sus propios horizontes para que hagan sólo lo que saben. Especialmente en situaciones sociales, es imprescindible que los niños aprendan a hacer cosas *con* los demás, tan difícil e injusto como pueda parecer esto algunas veces.

Aplicación de la teoría de Erikson al trabajo con niños

¿Cómo pueden los maestros aplicar la teoría de Erikson del desarrollo psicosocial a los niños pequeños? En primer lugar, Erikson da un mensaje claro sobre la importancia del juego. En segundo lugar, la teoría facilita la formación de pautas del papel de los adultos en las vidas de los niños.

Los maestros de primera infancia han sostenido durante años que el juego es una parte fundamental del desarrollo completo de los niños. La mayoría de las escuelas para niños de menos de 6 años dedican algún tiempo a jugar al llamado "tiempo elegido" o "juego libre". Erikson respalda estas ideas de manera explícita y expone que los sentimientos de autonomía e iniciativa se desarrollan principalmente mediante los juegos sociales y las fantasías. Erikson propone que el juego de los niños es "la forma infantil de la capacidad humana para manejar las experiencias mediante la creación de situaciones modelo y para controlar la realidad mediante los experimentos y la planificación..."Interpretar" en los juegos es la medida de cura más natural que aporta la infancia" (Erikson, 1964).

Desde un punto de vista psicoanalítico, el adulto es principalmente una base emocional y un mediador social para el niño. Es decir, el adulto interpreta sentimientos, acciones, razones y soluciones. El adulto

Ilustración 4.5 En la teoría de Erikson el adulto actúa como mediador social para el niño.

ayuda a los niños a entender situaciones y motivos de manera que puedan resolver sus propios problemas. El adulto vigila la estructura emocional del niño y sigue el progreso a través de crisis emocionales. Dado que el niño debe aprender a confiar en el mundo, el padre tiene que ser receptivo y satisfacer las necesidades básicas de alimentación, afecto y amor. En el mundo del niño en edad de caminar, el maestro y el padre deben permitir al niño, según las palabras de Erikson:

> ... experimentar una y otra vez que es una persona a la que se le permite elegir. Debe tener el derecho a elegir, por ejemplo, si quiere sentarse o permanecer de pie, si debe acercarse a un invitado o apoyarse en las piernas de su madre ... si debe utilizar el baño o mojar su ropa interior. Al mismo tiempo, debe aprender algunos de los límites de la autodeterminación. Inevitablemente encuentra algunas barreras que no puede sobrepasar, que hay objetos fuera de su alcance, que, sobre todo, hay innumerables órdenes impuestas por adultos poderosos (Erikson, 1969).

En preescolar y en los jardines de infancia, el maestro permite a los niños tomar la iniciativa y no interfiere en los resultados de dichas acciones. Al mismo tiempo, maestros y padres establecen límites claros de manera que los niños puedan aprender qué comportamientos no se aceptan en la sociedad.

Los problemas de la primera infancia en la teoría de Erikson, en realidad, son nuestros propios problemas. Debido a que siempre queda algo de estas crisis con nosotros el resto de nuestras vidas, los maestros deben controlar sus propios procesos para apreciar completamente los conflictos de los niños.

TEORÍA BEHAVIORISTA

El behaviorismo es la ideología más pragmática y funcional de las ideologías psicológicas modernas. **Las teorías behavioristas** describen el desarrollo y el aprendizaje. El behaviorismo, que se desarrolló en la década de los 20 y se ha ido modificando continuamente hasta hoy en día, es "la contribución americana más distintiva a la psicología" (Suransky, 1982). Innumerables psicólogos e investigadores sobre el desarrollo han definido y se han explayado en esta idea, algunas de las cuales se mencionan posteriormente en este capítulo. Para resumir la teoría constructivista, hemos seleccionado cinco teóricos: John Watson, Edward Thorndike, Benjamin Bloom, B. F. Skinner, y Albert Bandura.

Los behavioristas

La teoría actualmente conocida como "behaviorismo" se desarrolla a partir de la noción de que el niño nace con una "pizarra limpia," una *tabula rasa* según las palabras de John Locke, en la que se van escribiendo todos los acontecimientos que ocurren en toda nuestra vida. Las condiciones de dichos acontecimientos causan todo tipo de comportamiento humano importante.

John B. Watson fue un teórico americano que estudió los experimentos con animales del científico ruso Ivan Pavlov. Después tradujo esas ideas de condicionamiento en términos humanos. En el primer cuarto de este siglo, Watson generalizó demasiado los poderes de este condicionamiento clásico. Watson manifestó que podía trazar la vida entera de una persona mediante el control exhaustivo de los acontecimientos durante el primer año de la vida de un niño. Una de sus ideas era desalentar lazos emocionales entre los padres e hijos porque éstos interferían en el aprendizaje directo del entorno del niño (aunque después modificó esta idea). Sin embargo, dio validez científica al hecho de que los maestros debían establecer las condiciones para aprender y compensar con respuestas apropiadas.

Edward L. Thorndike también estudió las condiciones del aprendizaje. Conocido como el "padrino de las pruebas estandarizadas", Thorndike contribuyó al desarrollo de escalas para medir los logros de los estudiantes y a marcar el comienzo de la era de las pruebas educativas estandarizadas (véase el capítulo 10). Después de trabajar con animales y sus capacidades para la resolución de problemas, llegó a la conclusión de que las personas tomaban una parte activa en el proceso de aprendizaje. Presentó la famosa técnica de "respuesta ante los estímulos". Un estímulo provocará una respuesta en una persona; ésto da lugar a hábitos aprendidos. Por lo tanto, es aconsejable prestar mucha atención a las consecuencias del comportamiento y a los diferentes modos de refuerzo.

Benjamin Bloom fue pionero en el desarrollo de objetivos educativos clasificadores. Su propósito era construir un esquema de clasificación para describir el comportamiento del maestro, los métodos instructivos y los "comportamientos de los alumnos" intencionados. Su trabajo sobre el "control del aprendizaje" y su clasificación de los resultados educativos se convirtieron en los objetivos de comportamiento en el currículum e formación americanas en las décadas de los 70 y los 80. Su trabajo todavía se utiliza para describir las esferas cognoscitiva del aprendizaje, como comprensión del conocimiento, análisis y evaluación.

B. F. Skinner desarrolló la idea de "tabula rasa" un paso hacia adelante. Creó la doctrina del "organismo vacío". Es decir, una persona es como una vasija que hay que rellenar cuidadosamente con experiencias diseñadas. Todo comportamiento está bajo el control de uno o más aspectos del entorno. Además, Skinner sostiene que no existe ningún comportamiento que no se pueda modificar.

Los behavioristas a menudo insisten en el hecho de que sólo lo que se puede observar se va a aceptar como un hecho. Sólo se puede manejar el comportamiento, dicen ellos, pero no los sentimientos y los estados internos. Este hecho contrasta con el enfoque psicodinámico, que mantiene que el comportamiento es sólo una aproximación indirecta del yo "real", el de sentimientos y pensamientos internos.

Las ideas de Skinner probablemente dieron lugar a más controversia, y produjeron más respuestas emocionales que las ideas de cualquier otro psicólogo de nuestro tiempo. Se podría alegar que los conceptos de Skinner tienden a despersonalizar los procesos de aprendizaje y tratan a las personas como marionetas. Otros dicen que la psicología constructivista ha hecho que desarrollemos formas nuevas de ayudar a las personas a aprender y a saber manejar eficazmente el mundo.

Albert Bandura ha desarrollado otro tipo de teoría sobre el aprendizaje, llamada **aprendizaje social**. Como los behavioristas empezaron a aceptar que lo que las personas decían sobre sus sentimientos y estado interior era válido, observaron cómo se socializaban los niños. **Socialización** es el proceso de aprendizaje que se ajusta a las normas sociales. Los teóricos del aprendizaje social observan cómo aprenden estas normas los niños y las utilizan en grupos. Estudian los modelos de refuerzo y recompensa en comportamientos socialmente apropiados e inaceptables.

Según Bandura:

> Los niños adquieren la mayoría de sus conceptos sociales, las normas en las que viven de los modelos que observan en el curso de la vida diaria, en particular de padres, cuidadores, maestros y compañeros. La teoría de aprendizaje social [propone que] los modelos que tienen más posibilidades de ser imitados son individuos educados, afectuosos, gratificantes y cariñosos. Las relaciones también afectan al proceso: los modelos más significativos e influyentes son personas a las que los niños están unidas emocionalmente (Fong y Resnick, 1986).

De este hecho surge un concepto nuevo conocido como **modelación**. Este concepto era conocido como el método de aprender y enseñar siguiendo un ejemplo. Por ejemplo, los niños que ven a sus padres fumar probablemente fumarán. De hecho, los estudios realizados por Bandura proporcionaron "pruebas sólidas de que la exposición a agresiones llevadas al cine aumenta las reacciones agresivas de los niños. Los sujetos que han sido expuestos a los modelos humanos y animados agresivos en las películas, muestran una agresividad doble con respecto a los sujetos del grupo de control que no se han expuesto al contenido agresivo de las películas" (Bandura, 1963). Este trabajo propone que los medios de comunicación gráficos, televisión, videojuegos y las actividades relacionadas con el ordenador, son fuentes importantes del comportamiento social. Podemos aprender cualquier comportamiento si lo observamos, desde el lenguaje (escuchando hablar a los demás) a luchar (viendo escenas violentas en la televisión).

Teoría del behaviorismo y del aprendizaje

¿Qué aspectos trata la teoría behaviorista o del aprendizaje? Se han escrito muchos libros sobre estos principios; todos los libros sobre el desarrollo infantil citan conceptos sobre el comportamiento y el aprendizaje social. La mayoría de los libros de educación de la primera infancia mencionan el sistema de refuerzo positivo: es decir, cómo hay que elogiar a los niños para que repitan el comportamiento deseado.

El aprendizaje se produce cuando un organismo se relaciona con el entorno. Con la experiencia, el comportamiento se modifica o cambia. Según los behavioristas, se producen tres tipos de aprendizaje: (1) condicionamiento clásico; (2) condicionamiento operativo; y (3) aprendizaje mediante la observación o modelación. Los dos primeros se basan en la idea de que el aprendizaje es principalmente el desarrollo de un hábito. Las personas aprenden una serie de asociaciones y forman una conexión entre estímulos y respuestas que no existía antes. El tercer tipo se basa en un enfoque social. La ilustración 4.6 resume estos tres tipos de procesos de aprendizaje behavioristas.

Condicionamiento clásico

El condicionamiento clásico se puede explicar si revisamos los experimentos originales de Pavlov. Un perro normalmente saliva cuando ve la comida pero no cuando escucha una campana. Si mostramos la comida y hacemos sonar una campana al mismo tiempo, el perro "aprende" a salivar cuando escucha la campana, aunque la comida no esté cerca. De esta forma, al perro se le ha condicionado para que salive (dar una respuesta) cuando vea la comida (estímulo no condicionado) y escuche la campana (estímulo condicionado).

Condicionamiento operativo

El condicionamiento operativo sólo se diferencia del condicionamiento clásico por el hecho de que el primero se centra en la respuesta y el segundo en el estímulo. En el condicionamiento operativo, el proceso que hace que un comportamiento se repita con mayor probabilidad es lo que se denomina **refuerzo**. Un estímulo que aumenta la posibilidad de que se repita un comportamiento se llama un **refuerzo**. La mayoría de las personas aumentan lo que les provoca placer (ya sea comida o atención) y disminuye lo que les desagrada (como castigo, dolor o la retirada de comida o atención). El behaviorista trata de influenciar el organismo mediante el control de estas clases de refuerzo.

Un **refuerzo positivo** es algo que el educando ve como deseable. Éstos pueden ser "refuerzos sociales", como atención, elogios, sonrisas o abrazos, o "refuerzos no sociales", que incluyen señales, juguetes, comida, etiquetas, y cosas parecidas. Por ejemplo, le gustaría que Clara empezase a utilizar una cuchara para comer en lugar de sus manos. Antes de condicionarla, habla con ella cada vez que come. Durante el periodo de condicionamiento, puedes prestarle atención (un *refuerzo positivo*) cada vez que coge una cuchara cuando está comiendo e ignorarla cuando utiliza las manos. Después, es más probable que utilice la cuchara más

	Condicionamiento clásico	Condicionamiento operativo	Aprendizaje social
Clase de comportamiento	Reflexivo	Voluntario	Voluntario
Tipo de aprendizaje	Aprendizaje mediante asociación	Aprendizaje mediante refuerzo	Aprendizaje mediante observación e imitación
Papel del educando	Pasivo	Activo o pasivo	Activo

Ilustración 4.6 Procesos de aprendizaje constructivistas. El condicionamiento clásico, el condicionamiento operativo y el aprendizaje social son tres maneras de desarrollar un comportamiento aprendido. Cada uno describe cómo se van a aprender ciertas clases de comportamiento y el papel que va a desempeñar el alumno en el proceso.

Ilustración 4.7 Una sonrisa compartida es un refuerzo simple y poderoso.

veces y que empiece a utilizar las manos con menos frecuencia. Éste es un ejemplo de refuerzo positivo, algo que aumenta la posibilidad de una respuesta deseada.

Los refuerzos pueden ser positivos y negativos. Un **refuerzo negativo** es la eliminación de un estímulo desagradable como resultado de un comportamiento particular. La hora dedicada a hacer círculos es la actividad favorita de Jesús en el colegio. Aún así tiene dificultades para controlar su comportamiento y perturba al grupo constantemente. Antes de ser condicionado, se le dice que si habla con sus compañeros y grita las respuestas al maestro, se le pedirá que abandone el círculo. Durante el periodo de condicionamiento, Jesús es elogiado cada vez que presta atención, canta y no molesta a los que están a su alrededor (refuerzo positivo). Cuando empieza a gritar, se le pide que se marche y que vuelva cuando sea capaz de cantar sin gritar (refuerzo negativo). Los refuerzos negativos se utilizan para impedir que los niños se comporten de un modo particular haciendo que finalicen una situación ligeramente desfavorable (en este caso, el chico tiene que abandonar el grupo) y que mejoren su comportamiento. Jesús, mediante el control de su comportamiento, podría finalizar su aislamiento del grupo.

Un refuerzo negativo es diferente a un castigo. **El castigo** es un hecho desagradable que hace que sea *menos* probable que se vaya a repetir el comportamiento; es decir, si a Jesús se le dieran unos azotes cada vez que grita, este griterío sería el comportamiento castigado y es probable que grite menos. Sin embargo, al abandonar el grupo, que es el refuerzo de los gritos, Jesús intenta dejar de gritar para aumentar las posibilidades de permanecer y no ser expulsado del grupo. *De manera que el refuerzo negativo* aumenta la posibilidad de que el comportamiento deseado se repita (permanecer en el grupo) y elimina la atención del comportamiento menos deseado (los gritos). Por ejemplo, la silla en la que permanece cuando está "fuera" se podría visualizar como un castigo o un refuerzo negativo. Si la utilizamos como una exclusión del grupo o una retirada de los privilegios del juego, un niño podría encontrar el tiempo que permanece ausente del grupo como un castigo. Si, por otra parte, un niño pudiese reducir el tiempo que permanece separado del grupo a cambio de cierto comportamiento (en lugar del comportamiento "malo"), se podría considerar un refuerzo negativo.

El refuerzo, tanto positivo como negativo, es un recurso muy útil. Es importante que los adultos se den cuenta de que se pueden utilizar mal. Es aconsejable ser cuidadoso, especialmente en el caso de los refuerzos negativos. Es posible que un adulto no sea amable con un refuerzo negativo cuando no le gusta el comportamiento inadecuado de un niño. Educadores y padres deberían ser conscientes de las posibilidades y comprobar sus respuestas.

Modelación

El tercer tipo de condicionamiento se llama *aprendizaje mediante la observación* o *modelación*. El comportamiento social es de particular interés para los profesionales de la primera infancia, ya que la mayoría trabaja con grupos de niños y son testigos del comportamiento social constantemente. Cualquier comportamiento que implique a más de una persona se puede considerar como social. Uno de los comportamientos sociales más negativos es la agresión. Albert Bandura investigó este tipo de comportamiento y descubrió que en su mayoría se aprendía observando a otros.

La agresión es una cuestión compleja porque implica varias definiciones y comportamientos. Para ilustrar la teoría sobre el aprendizaje social, Bandura y otros interpretan la agresión como un comportamiento intencionado para causar daño o incomodidad a otra persona u objeto. Bandura mostró una película corta sobre el comportamiento agresivo a niños pequeños. Los estudios originales de mediados de la década de los 60 aparecen resumidos a continuación:

> Cada niño del experimento de Bandura vio una de las tres películas. En las tres películas, un hombre golpeaba, pataleaba y abusaba verbalmente de una muñeca Bobo de una manera que los niños pequeños son incapaces de hacer de forma espontánea. Las películas se diferenciaban en lo que ocurría al modelo después de la secuencia agresiva. En una película al modelo se le premiaba generosamente con elogios y alimentos que asombraba a los preescolares, como golosinas y palomitas de maíz de caramelo. En otra película al modelo se le castigaba de una manera dramática que incluía una regañina severa y algunos azotes. La tercera película acababa simplemente después del comportamiento agresivo del modelo, sin ninguna consecuencia tras la agresión. Después de ver una película, a los niños del experimento se les permitía jugar en una habitación con una muñeca Bobo, todos los juguetes que se utilizaban en la película sobre la agresión y una variedad de otros juguetes (McClinton y Meier, 1978).

Los resultados son más impresionantes, especialmente para aquellos que trabajen con niños pequeños. La agresión que expresaba cada niño estaba directamente relacionada con lo que el niño consideraba que eran las consecuencias de la película. Cuando se les ofrecían premios, ellos imitaban casi a la perfección lo que había hecho su modelo. Además, los niños eran más propensos a atacar a los otros niños después de ver los ataques a la muñeca Bobo en la película. Estudios recientes muestran que la agresión de los niños es más elevada después de ver la película, pero es menos elevada cuando se les enseña otra vez la película 6 meses después (McClinton y Meier, 1978). Cualquiera que sea la controversia que rodee los estudios sobre la agresión de los niños, o los efectos de ver películas con escenas violentas de jóvenes, la teoría sobre el aprendizaje social merece una consideración seria. El efecto de la televisión destinada a niños es de extrema importancia y se tratará en el capítulo 15.

Aplicación de la teoría behaviorista al trabajo con niños

Las teorías behavioristas exponen los argumentos a favor de la influencia del entorno en nuestro comportamiento. Un maestro, un padre, cualquier adulto que trabaje de cerca con niños, puede utilizar este conocimiento para disponer el entorno de manera que se intensifique un aprendizaje positivo. Así, los educadores de primera infancia prestan atención a cómo ordenar los muebles, los materiales y la programación diaria. La manera en la que los maestros se relacionan con los niños es fundamental para cambiar su comportamiento.

Los adultos son refuerzos poderosos y modelos para los niños. Una situación de aprendizaje consta de muchas claves; corresponde a los adultos saber cuáles son esas claves y cómo controlarlas. Los maestros que utilizan técnicas para modificar el comportamiento saben lo que los niños van a hacer y cómo se les van a proporcionar refuerzos por su comportamiento. Los problemas al utilizar esta clase de control y las cuestiones éticas implicadas, son de gran interés para todos. La teoría behaviorista en su punto más extremo propone una instrucción y una interacción programada cosa que rechazan muchos educadores de primera infancia. Cada maestro y cada programa debe considerar el impacto de esta teoría y cómo aplicarla a la clase y al cliente. El capítulo 7, que trata el control del comportamiento y cuestiones de disciplina, contiene ejemplos de esta teoría ya que ésta se aplica a técnicas de cambios de comportamiento.

Las implicaciones de la teoría behaviorista para los docentes son transcendentales. Las circunstancias que rodean el aprendizaje determinan lo que aprenden los niños. Las experiencias agradables sirven de refuerzo. Desde el juego para hacer reír a los lactantes hasta la primera vez que monta en monopatín un niño de 7 años, es más probable que una experiencia se aprenda y se repita si resulta agradable. El aprendizaje social es particularmente poderoso en las vidas de los niños pequeños. Los adultos deben ser conscientes de su propio comportamiento ya que es una fuente de aprendizaje. Observar a niños de 2 años jugar a "familia" o "escuela" convencerá al crítico más escéptico de que todos los comportamientos se pueden aprender y pueden llegar a ser parte del repertorio de comportamiento de los niños.

TEORÍA COGNOSCITIVA

Adulto: ¿Qué significa estar vivo?
Niño: Significa que te puedes mover, jugar, que puedes hacer todo tipo de cosas.
Adulto: ¿Una montaña está viva?
Niño: Sí, porque ha crecido por sí sola.
Adulto: ¿Una nube está viva?
Niño: Sí, porque envía agua.
Adulto: ¿El viento está vivo?
Niño: Sí, porque empuja a las cosas.

¿Cómo podemos expresar lo que dicen los niños?, ¿Cómo aprenden los niños a pensar y qué es lo que pie`nsan? Una vez realizadas estas preguntas, entramos en el reino del conocimiento de cómo "saben" y "piensan" las personas y cómo aprenden a hacer esto. El centro de atención de la **teoría cognoscitiva** es la estructura y el desarrollo de los procesos del pensamiento humano y cómo dichos procesos afectan la manera de entender y de percibir el mundo de una persona. La teoría cognoscitiva de Piaget forma el pilar de los conceptos educativos sobre niños de la primera infancia; los trabajos realizados por Howard Gardner (véase el capítulo 13) sobre la inteligencia enriquecen nuestro conocimiento sobre el desarrollo intelectual y cómo convertir la teoría en modelo educativo.

Jean Piaget

Jean Jacques Piaget (1896–1980) fue uno de los teóricos sobre el desarrollo infantil más interesantes. Una de las personas más influyentes en la psicología infantil, estudió los procesos mentales y cómo éstos cambian con la edad. Las ideas de Piaget sirven de guía para la teoría cognoscitiva a causa de la rigurosidad de su trabajo. Ejerció una gran influencia en la psicología infantil, las teorías sobre el aprendizaje, el desarrollo intelectual e incluso en la filosofía. Se convirtió en el experto más importante sobre el desarrollo del conocimiento desde que nacemos hasta que somos adultos.

¿Cómo descubrió Piaget estas cuestiones? Un breve repaso de su vida e ideas nos revela un volumen de trabajo sorprendente y una amplia variedad de intereses. Nacido a finales de siglo, Piaget forjó su curiosidad infantil en la ciencia y en la filosofía trabajando con el Dr. Simon en el Laboratorio Binet (Simon y Binet crearon el primer test de inteligencia). Mientras registraba las habilidades de los niños para contestar a las preguntas correctamente, se quedó fascinado con las respuestas incorrectas de los niños. Observó que los niños mostraban una tendencia a dar respuestas erróneas similares y cometían errores diferentes en edades diferentes.

De esta manera, Piaget dedicó toda su vida a estudiar la inteligencia. Creía firmemente que los niños pensaban de manera radicalmente diferente a los adultos. También desarrolló un método nuevo para estudiar los procesos del pensamiento. En lugar de utilizar un test estandarizado, adaptó el método psiquiátrico de preguntas y respuestas. Se conoce como el **"methode clinique"**, y permite que las respuestas de las personas guíen las preguntas. Por lo tanto, se centra en las formas naturales de pensar propias del niño. Este método se trata en profundidad en el capítulo 6.

Después Piaget empezó a estudiar los procesos de pensamiento de los niños. Junto con su esposa, una de sus antiguas alumnas, observó a sus hijos. También observó con detenimiento la manera activa en la que se implican los niños en su propio desarrollo. Estudió el desarrollo de la lógica y observó la comprensión de los niños de los principios matemáticos y científicos. En sus últimos trabajos, volvió a su interés original, el estudio del conocimiento. Prolífico como fue toda su vida, Piaget nos obsequió con una teoría compleja sobre la inteligencia y el desarrollo infantil que nos va a influenciar por algún tiempo. Dejó constancia, de forma sistemática de cómo aprenden los niños, cuándo y qué es lo que aprenden.

Teoría del desarrollo cognoscitivo de Piaget

¿Cuáles son los conceptos de la teoría cognoscitiva? Es imposible detallar todas las ideas de Piaget. A continuación se muestran varios principios que explican la naturaleza de la inteligencia y sus funciones.

La teoría de Piaget se basa en factores del entorno y la maduración. Se llama de maduración porque establece una secuencia de etapas (de pensamiento) cognoscitivas determinadas por la herencia. Por ejemplo, la herencia afecta a nuestro aprendizaje (1) por la manera en que el cuerpo está estructurado y (2) por el comportamiento automático, o instintivo, como el lactante que sólo sabe chupar cuando nace. Es una teoría que tiene en cuenta el entorno porque las experiencias de los niños influenciarán de manera directa cómo se van a desarrollar.

El pensamiento y el aprendizaje son procesos interactivos entre una persona y el entorno. Piaget tam-

Asimilación: Adquirir información nueva y organizarla de manera que se ajuste al conocimiento previo de la persona.

Ejemplo: Juanita ve un avión mientras está paseando con su papá. Ella sabe que los pájaros vuelan. De manera que, sin haber visto antes esta cosa que vuela, la llama un "pájaro". Ésto es lo que llamamos *asimilación*. Está adquiriendo esta nueva información y la ajusta a lo que sabe previamente. Los niños asimilan lo que se les enseña en sus propios mundos cuando juegan. Esto ocurre cuando los niños juegan "por turnos" o en "la escuela" y en "la casa" con sus muñecas y juguetes. Otra manera de ver cómo funciona la asimilación es durante la carpintería, cuando los niños dan martillazos y clavan triángulos y cuadrados después de que los maestros les han mostrado libros y rompecabezas de figuras.

Adaptación: Adquirir información nueva y cambiar lo que se ha enseñado previamente para ajustarlo a la nueva información.

Ejemplo: Angel está en el supermercado con su mamá y su hermano recién nacido. Llama a la mujer que está delante de ellos "embarazada" aunque en realidad lo que ocurre es que la mujer está demasiado gorda. Después de ser corregido, pregunta a la siguiente persona que ve, ¿estás embarazada o simplemente gorda? Esto es lo que llamamos *adaptación*. Tras aprender que no todo aquél que tiene una barriga grande está embarazada, modifica su base de conocimiento para incluir esta información nueva. Los niños se adaptan al mundo cuando se les enseña a utilizar una cuchara, el baño, un ordenador.

Equilibrio: Se trata de un proceso mental para conseguir un equilibrio mental por el que una persona recibe información nueva e intenta continuamente dar sentido a las experiencias y percepciones.

Ejemplo: Carlos, de 7 años, coge dos vasos del armario para su amigo Abel y para él mismo. Después de echar zumo de manzana en el vaso ancho y corto decide que prefiere tomar leche, de manera que lo echa en el vaso fino y largo de Abel. "¡Mira, ahora tengo más que tú!" dice su amigo. Esto desconcierta a Carlos que está angustiado (en "desequilibrio"): ¿cómo es que hay más cuando lo acaba de echar de su vaso? Considera la inconsistencia (y echa el zumo varias veces de un vaso a otro) y empieza a entender que el hecho de echar líquidos en recipientes distintos no varía la cantidad (la conservación de líquidos). "No, no tienes más," dice Carlos, "¡solo es una forma diferente!" De esta manera, Carlos aprende a darle sentido de una nueva forma y logra el equilibrio en su pensamiento. Los niños hacen esto cada vez que obtienen información nueva que requiere cambiar los esquemas actuales, creando unos nuevos para que se ajusten a las experiencias nuevas.

bién establece que todas las especies heredan un tendencia básica para organizar sus vidas y adaptarse al mundo que les rodea. A esto se le conoce como teoría **behaviorista**; es decir, los niños construyen el conocimiento activamente sobre una base continua. Los niños se desarrollan, y revisan constantemente su conocimiento, basándose en las estructuras cognoscitivas innatas y en la experiencia. Al hacer esto, un organismo "entiende" el significado del mundo y después hace todo lo posible para sobrevivir en ese mundo. Cualquiera que sea su edad, todas las personas desarrollan **esquemas** o conceptos mentales, como una manera general de pensar o relacionarse con las ideas y objetos del entorno. Por ejemplo, el lactante tiene conocimiento del mundo en primer lugar a través de los esquemas sensoriomotores como chupar y agarrar. Los niños pequeños aprenden los esquemas de percepción y después los más abstractos como los esquemas de moralidad que ayudan a determinar cómo hay que actuar en situaciones determinadas. Desde el principio hasta el fin, utilizamos tres procesos básicos de pensamiento: éstos se conocen como los procesos de **adaptación** de **asimilación** y el proceso de balance de **equilibrio**. La ilustración 4.8 muestra cómo funcionan.

Piaget especuló que el pensamiento se desarrolla según un modelo general en todos los seres humanos. Las personas se organizan a sí mismos y a sus pensamientos para dar sentido al mundo. Estas etapas de pensamiento son las estructuras psicológicas que apoyan el intento de adaptación al entorno. Estas etapas van más allá de las diferencias individuales de los estilos de pensamiento. Se centran en las estructuras internas en lugar de centrarse en las condiciones externas como hace la teoría behaviorismo. Piaget identificó cuatro etapas principales de desarrollo cognoscitivo:

Etapa sensoriomotora	de cero a 2 años
Etapa de prefuncionamiento	2–6 ó 7 años
Etapa de operaciones concretas	6-12 años
Etapa de operaciones formales	12 años hasta la edad adulta

Figure 4.8 In Piagetian theory, the processes of assimilation, accommodation, and equilibration are basic to how all people organize their thoughts and, therefore, to all cognitive development.

SELECCIÓN DE ARTÍCULOS

Críticas a la teoría de Piaget

Helen Bee

Las críticas más evidentes de la teoría sobre el desarrollo cognoscitivo de Jean Piaget se basan en el hecho de que parece haberse equivocado en lo *temprano* que se desarrollan muchas habilidades cognoscitivas. Por ejemplo, prácticamente todos los logros del periodo de operaciones concretas se encuentran presentes de forma rudimentaria o fragmentaria en los años de preescolar. Esto puede significar simplemente que Piaget estaba equivocado sólo en las edades, que la etapa de las operaciones concretas empieza realmente a los 3 ó 4 años. Pero pienso que ahora existe un acuerdo incluso entre los entusiastas de Piaget de que el problema va más allá de este hecho. El hecho de que los niños pequeños muestren algunos tipos de lógica aparentemente compleja hace que los problemas se convierten en simples por lo que todo este asunto es muy dudoso.

Una segunda corriente de la noción de etapas completamente separadas proviene de las investigaciones en *pericia*. Si los niños aplican las mismas formas amplias de lógica a todas sus experiencias, entonces la cantidad de experiencia específica que el niño ha tenido con algunos materiales no debería suponer una gran diferencia. Muchas investigaciones hoy en día muestran que el conocimiento específico supone una gran diferencia. Los niños y adultos que poseen muchos conocimientos sobre un tema o conjunto de materiales (dinosaurios, cartas de béisbol, matemáticas o lo que sea) no sólo categorizan la información sobre ese área de manera más compleja y jerárquica; también son mejores para recordar información nueva sobre ese tema y aplican mejor formas más avanzadas de lógica a materiales de esa área.

En el estudio más conocido para demostrar este efecto, Micheline Chi (1978) señaló que jugadores expertos de ajedrez pueden recordar la colocación de una ficha de ajedrez en un tablero más rápidamente y con más precisión que los jugadores novatos, *incluso cuando los jugadores expertos de ajedrez son niños y los novatos adultos.* Así los expertos parecen muy "maduros en el aspecto cognoscitivo", muy listos y los novatos actúan de una manera que solíamos considerar como "inmadura". Y el mismo individuo puede ser un experto en una tarea y un novato en otra. Dado que los niños pequeños son novatos en casi todo, quizás la diferencia en estrategias de pensamiento aparentes o el funcionamiento entre niños pequeños y mayores es simplemente el efecto que se produce al acumular experiencias, en lugar de cambios como en las etapas en estructuras cognoscitivas fundamenta".

Argumentos como estos han persuadido prácticamente a todos los psicólogos del desarrollo de que la versión de Piaget de etapas estructuralmente distintas del desarrollo cognoscitivo es incorrecta. En su lugar, parece que el desarrollo cognoscitivo consta de un gran número de *secuencias verticales* aparentemente universales. Es decir, en cualquier área conceptual dada, como los conceptos numéricos o los conceptos de género o las ideas sobre la apariencia y la realidad o en otros cientos de áreas, los niños parecen aprender las normas básicas o las estrategias en el mismo orden.

De esta manera, aunque Piaget parece haber estado fuera de onda al hablar de estas etapas, sabe lo que dice al hablar de las *secuencias*. Aún más, estoy convencido de que Piaget estaba en lo cierto cuando argumentaba que los cambios en las habilidades cognoscitivas no son más que simples aumentos cuantitativos en el conocimiento y en la experiencia de tareas específicas. Éstas parecen ser diferencias reales en la manera en la que los niños de 2 años y los de 10 afrontan problemas que no son simplemente diferencias con respecto a la experiencia.

Adaptado de "The Developing Child", *6ª ed. por la Dr. Helen Bee (HarperCollins, 1997)*

Etapa	Edad	Lo que ocurre
Sensoriomotora	Desde el nacimiento hasta 1 año½–2	Uso inicial de reflejos inherentes (chupar, llorar), al nacer. Al principio no están al alcance de la vista, fuera de la mente; la permanencia del objeto se aprende con la experiencia hacia el primer año. De movimientos accidentales y aleatorios a movimientos más deliberados e intencionales, en toda la etapa. Aprende a coordinar funciones de percepción y motoras (como ver el objeto y después cogerlo). Aprende las relaciones entre el medio y el resultado (echa a un lado una barrera para conseguir un juguete). Primeros factores del comportamiento simbólico (abre y cierra la boca cuando le hace lo mismo a un bote).
De prefuncionamiento	De 2–6 ó 7 años	Adquisición gradual del lenguaje (palabras nuevas, como "comérselo todo", o "la cola de mi poni me molestaba"). Simbólica (jugar a las muñecas como bebé, clavarse como una espada). Egocéntrica (no tiene en cuenta otro punto de vista, sólo el propio). Características físicas, como el tamaño, sólo se juzga por la apariencia (una bola de masa *parece* más grande cuando tiene la forma de un rollo alargado, por lo tanto *es* más grande). La "conservación" se desarrolla lentamente; la habilidad para cambiar las operaciones no se entiende (no es posible visualizar la leche echándola de nuevo en el primer vaso). Incapacidad para pensar en el todo y en sus partes al mismo tiempo (si le damos al niño una serie de cuentas de madera rojas y azules, éste dirá que las cuentas azules hacen un collar más largo que las cuentas de madera).
De funcionamiento concreto	6–12	Empieza a "conservar" (puede ver que la cantidad, el tamaño, la longitud y el volumen permanecen igual sin importar la manera en la que están colocados). Pueden manejar varias ideas al mismo tiempo (si le damos una serie de objetos de varios colores y formas, pueden encontrar todos los que sean "rojos, cuadrados y pequeños"). Empieza a desechar las contradicciones (puede entender y seguir las reglas, y crear algunas por cuenta propia). Puede entender otros puntos de vista, aunque tiene que ser en situaciones reales en lugar de abstractas.

Ilustración 4.9 En su primera infancia, los niños pasarán por las etapas sensoriomotoras y de prefuncionamiento y entrarán en la etapa de operaciones concretas.

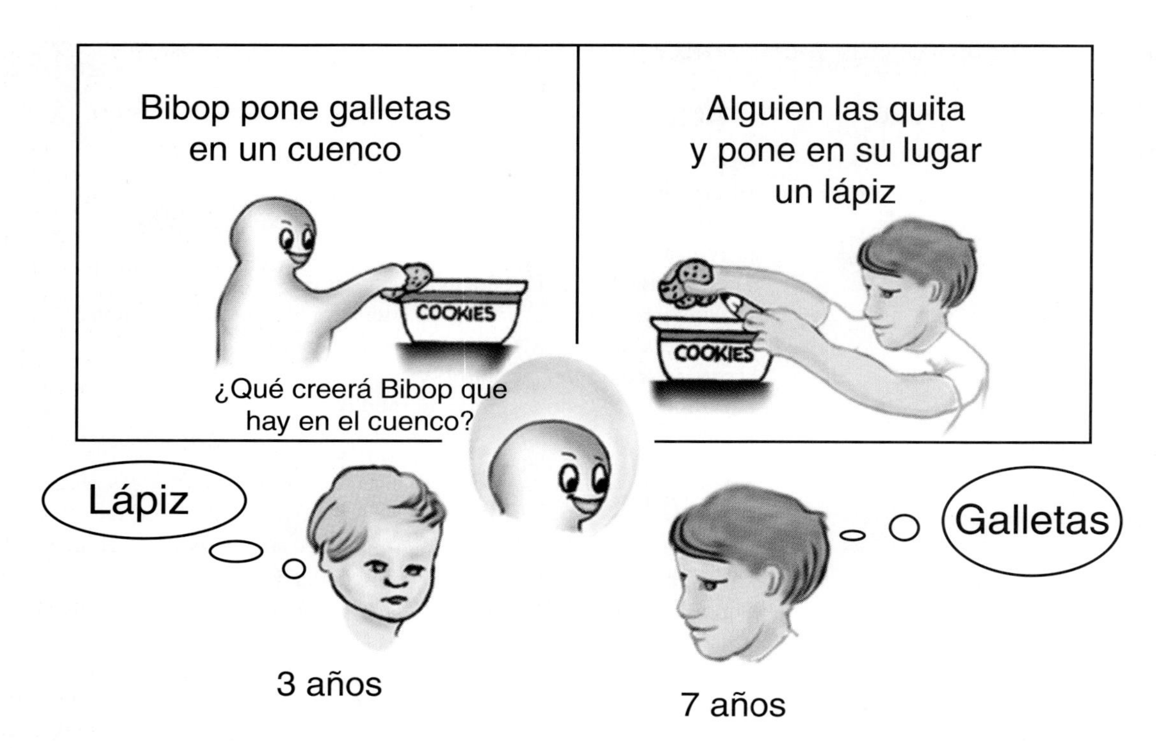

Ilustración 4.10 Los niños representan mentalmente las mismas cosas de manera diferente. Los niños mayores son capaces de reconocer el hecho de que, aunque los contenidos de la caja sólo son un elemento del mundo exterior, éstos aparecen representados en la mente humana de varios modos, cosa que los niños más jóvenes no son capaces de reconocer. (Gracias a John Flavell por el ejemplo y la investigación.)

Una persona con una inteligencia normal atravesará estas etapas en este orden, aunque el ritmo será diferente según el individuo y sus experiencias. La ilustración 4.9 expone de manera detallada las etapas de la primera infancia y la ilustración 4.10 muestra algunas investigaciones que dan validez a la teoría de Piaget.[1]

Las teorías de Piaget han cambiado radicalmente nuestra opinión sobre el pensamiento de los niños y desafiaban a psicólogos y educadores para que se centrasen menos en lo *que* los niños saben *y más en la manera en la que los niños aprenden las cosas*. Pero, ¿estaba Piaget en lo cierto? Los investigadores han analizado y debatido las ideas de la teoría cognoscitiva durante años y a menudo han entrado en lo que Piaget llamaba "la pregunta americana"; ¿se puede acelerar el ritmo en el que los niños atraviesan estas etapas intelectuales de desarrollo? Por supuesto, que hay problemas con esta teoría, tal y como se expresan en el cuadro de atención de Helen Bee.

Hoy en día los psicólogos del desarrollo creen que la teoría de Piaget sobre las distintas etapas no es correcta, pero lo es la idea de una secuencia en el pensamiento. Es más, investigaciones actuales sobre la mente respaldan la teoría de Piaget; la maduración del cerebro, tal y como se refleja en el desarrollo de las neuronas, llamada **mielinización**, parece seguir una secuencia que es paralela a las diferentes etapas de desarrollo del pensamiento. La ilustración 4.10 muestra algunos de los resultados de las investigaciones de

LA DIVERSIDAD DE NUESTRO MUNDO LA DIVERSIDAD DE NUESTRO MUNDO LA DIVERSIDAD DE NUESTRO MUNDO LA DIVERSIDAD DE NUESTRO MUNDO LA DIVERSIDAD DE NUESTRO MUNDO

1 Las etapas de Piaget han recibido validez de los estudios en todas las culturas (Dasen, 1977; Mali & Howe, 1980; Voyat, 1983).

uno de los psicólogos cognoscitivos más destacados de América, Dr. John Flavell. Las investigaciones basadas en el cerebro y sus implicaciones para los maestros de la primera infancia se argumentan al final de este capítulo.

Lo que sabemos es que los niños progresan de una etapa a otra y cambian su forma de pensar dependiendo de su nivel de maduración y de sus experiencias en el entorno. Ciertas habilidades físicas, como buena coordinación motora, determinan la cantidad de trabajo que un niño es capaz de hacer. Ciertos factores ambientales, como son las experiencias que proporcionan el mundo y los adultos, influencian el ritmo de crecimiento. Aún así, durante todo el proceso, los niños asimilan nuevos conocimientos y deciden cómo se corresponden con lo que ya saben. Cuando se asimila la nueva información, el niño aprende y se desarrolla.

Tema Especial: Teoría Constructivista

Durante la mayor parte de este siglo, ha existido un debate regular sobre cómo aprenden los niños y los mejores métodos de enseñanza. Los métodos tradicionales de enseñanza, en particular para los niños en edad escolar, se basan en las opiniones behavioristas de aprendizaje. Estos métodos, articulados por Thorndike y Skinner (véase la sección sobre el behaviorismo de este capítulo), potencian el aprendizaje mediante asociaciones y modelos de respuestas ante los estímulos. Con este **modelo de transmisión** de la enseñanza, el maestro posee los conocimientos y los transmite directamente a los niños.

En cambio, un método llamado **constructivismo** surge. Basado en las ideas de Dewey y Piaget y respaldado por la teoría sociocultural, este **modelo de transición** de enseñanza atrae al niño de una manera activa hacia tareas diseñadas a crear un significado personal. El aprendizaje es un proceso activo, basado en la creencia de que el conocimiento lo construye el educando en lugar de ser transmitido por el maestro al niño.

"El constructivismo es una teoría del aprendizaje que expone que los individuos aprenden mediante la adaptación. Lo que aprenden o las adaptaciones que realizan están influenciadas por las personas, los materiales y las situaciones con los que se relacionan" (Meade-Roberts & Spitz, 1998). Las personas se basan en el conocimiento previo, ya sea intelectual, social o moral. Uno de los principios básicos es que el "conocimiento es subjetivo; es decir, todas las personas dan un significado particular a cualquier experiencia, incluyendo lo que escuchan o leen (Heuwinkel, 1996). Otra idea básica es que los niños aprenden cuando aceptan ideas nuevas y las integran en su base de conocimiento previo. Estas ideas se corresponden con los procesos de asimilación y acuerdo de Piaget.

El papel del maestro es construir un entorno que estimule y conduzca al proceso de creación de significado y conocimiento. Las escuelas de preescolar de Reggio Emilia (véanse los capítulos 2, 9, 11, y 14) animan a los niños a crear sus propias representaciones materiales de lo que ellos entienden utilizando muchos recursos (pintura, escultura, historias, marionetas, papel). A los niveles de edad de los jardines de infancia y de la escuela, la alfabetización y las matemáticas se consideran un proceso de desarrollo que el maestro "facilita al proporcionar modelos, experiencias auténticas, minilecciones sobre temas específicos y oportunidades frecuentes para que los estudiantes hagan consultas y aprendan de los demás" (Heuwinkel, 1996). Muchas clases behavioristas trabajan produciendo normas para crear una comunidad; de hecho, dichos maestros nos podrían decir que "la única manera de ayudar a que los estudiantes se conviertan en personas éticas, en contraste a la persona que sólo hace lo que se les dice, es hacer que construyan un significado moral" (Kohn, 1993).

Cada clase será diferente porque los estilos y culturas del maestro y de los niños prevalecerá. Además, una clase behaviorista sonará de una manera diferente. Los niños harán elecciones y tomarán decisiones en momentos decisivos del proceso de aprendizaje, ya que deben participar mental y físicamente de una manera activa. Pueden existir más "argumentos" sobre la manera que tienen los niños de jugar, comportarse con otros niños en las discusiones y muchos de ellos toman parte en las soluciones. El maestro sirve de ayuda y debe realizar continuamente preguntas genuinas que desafíen a los educandos a que piensen. El maestro debe hablar menos y dejar que los educandos hablen más y debe facilitar una guía y observaciones escritas en lugar de normas y tests estandarizados.

Aunque pueden darse instrucciones directas y demostraciones como en las clases basadas en opiniones behavioristas, una teoría behaviorista mantiene diferencias fundamentales entre la enseñanza y el aprendizaje, sobre cómo aprenden mejor los niños, quién y cómo se les debería enseñar y quién tiene las respuestas. Las clases behavioristas son mejores para potenciar el desarrollo social, cognoscitivo y moral que los programas centrados en los maestros (DeVries & Kohlberg, 1990). Es una teoría que merece un estudio más detallado.

Aplicación de la teoría cognoscitiva al trabajo con niños

¿Qué pueden aprender los maestros de la compleja teoría cognoscitiva? Las obras de Piaget no se corresponden directamente con los métodos o los contenidos y, por lo tanto, se precisa una interpretación más cuidadosa. De hecho, nunca profesó ser un educador. Sin embargo, las teorías de Piaget proporcionan un marco, o filosofía, sobre el pensamiento de los niños. La teoría de Piaget tiene algunas consecuencias en el entorno y las interacciones.

Materiales

Los niños necesitan muchos objetos para analizar, para que luego los puedan incorporar en su pensamiento simbólico. Hay que hacer un balance de estos materiales en: **abiertos** (como las actividades de agua y arena, materiales básicos de construcción y de arte), orientados (cocinar con recetas, guiar experimentos, materiales de clasificación y de serie) y autocorrectivos (rompecabezas, juegos para realizar conexiones, como son algunos de los materiales Montessori). Es importante recordar que los niños pequeños necesitan relacionarse con objetos concretos, analizarlos y usarlos a su propia manera, que incluyen el juego sensoriomotor y comenzar el juego simbólico.

Programación

Los niños necesitan mucho tiempo para analizar la realidad, especialmente cuando utilizan juegos. En una clase de Piaget los niños tendrían mucho tiempo para "representar" sus propias ideas. Además, el tiempo se debería programar cuando hay que imitar las ideas que proporcionan los adultos (canciones, jugar con los dedos e historias).

Maestros

Los niños necesitan maestros que entiendan y estén de acuerdo con un punto de vista del desarrollo. El maestro que conoce los niveles y las etapas del pensamiento de los niños podrá guiar la clase hacia oportunidades nuevas que suponen un reto para aprender y desarrollarse.

¿Cuáles son las consecuencias para los maestros y padres de la primera infancia? Al trabajar con niños menores de 5 años, debemos recordar que, ya que no entienden las representaciones mentales muy bien, tendrán problemas para reconocer que otra persona puede ver o interpretar las cosas de una manera diferente a la suya. Este punto de vista **egocéntrico** es natural y normal pero se debe expresar como pensamientos del maestro cuando trabajen con niños. Por ejemplo, puedes preguntar a un niño de 6 ó 7 años, "¿cómo te sentirías si estuvieras en esa situación?" Para un niño más pequeño la pregunta es incomprensible. Por esta misma razón, el niño pequeño puede tener problemas para distinguir la apariencia de las cosas de su estado real. Como dice Flavell:

> Para ellos, si algo *parece* peligroso (la sombra amenazadora en sus habitaciones oscuras), en realidad es peligroso, y si no *parece* peligroso (el extraño que se comporta de una manera amistosa) es que no lo es. A menudo pensamos que los niños pequeños son inocentes, crédulos, ingenuos y cosas parecidas. Su entendimiento inadecuado de que las cosas pueden que no sean como ellos creen podría ser en parte responsable de esta sensación (Flavell, Green, y Flavell, 1989).

Para potenciar el razonamiento y el aprendizaje, los maestros deberían abstenerse de decir exactamente a los niños cómo deben resolver un problema. En su lugar, el maestro debería realizar preguntas que animen a los niños a observar y a prestar atención a sus propias ideas. Los maestros:

- Utilizan o crean situaciones que son personalmente significativas para los niños.
- Crean oportunidades para que tomen decisiones.
- Crean oportunidades para que intercambien puntos de vistas con sus compañeros.

Conciencia

Quizás sea más importante lo conscientes que son los adultos de la capacidad que tienen todos los niños para razonar y pensar si se les proporcionan materiales adecuados a su etapa de desarrollo. Los maestros deben recordar que los niños pequeños:

1. Piensan de forma diferente a los adultos.
2. Necesitan muchos materiales para analizar y describir.

Teoría sociocultural de Vygotsky

Laura E. Berk

Las ideas del psicólogo soviético del desarrollo Lev Vygotsky que a principios de siglo forjó una teoría innovadora concediendo gran importancia a la experiencia social y cultural en el desarrollo infantil, han ganado notoriedad en la última década. En la *teoría sociocultural* de Vygotsky, son necesarios diálogos cooperativos con miembros más conocidos de la sociedad para que los niños adquieran las formas de pensamiento que constituyen la cultura de una comunidad. Además, el lenguaje desempeña un papel fundamental en la formación de la mente del niño porque es nuestra primera forma de comunicarnos, es el mayor recurso para representar la experiencia social y es una herramienta indispensable del pensamiento.

Según Vygotsky, los aspectos de la realidad que el niño puede controlar se hayan en la *zona de desarrollo próximo (o potencial)*, una variedad de tareas que el niño no puede hacer todavía solo pero que puede realizar con la ayuda de los demás. Cuando un niño discute una tarea interesante con un mentor, esa persona ofrece indicaciones y estrategias habladas. Después los niños incorporan el lenguaje de esos diálogos en el habla dirigida a ellos mismos y la utilizan para guiar esfuerzos independientes. Escuche atentamente a niños pequeños y los oirá hablar en alto para ellos mismos mientras juegan, analizan y resuelven problemas. Las investigaciones recientes muestran que esta *habla privada* es un puente vital entre las experiencias sociales y el pensamiento interior y ayuda a los niños a aprender.

Las ideas de Vygotsky son formas nuevas estimulantes para educar a los niños que enfatizan las discusiones sumadas a la resolución de problemas. La orientación que proporcionan los adultos y que crea un *andamio* para los niños mediante la adaptación sensible a su progreso momentáneo es esencial para el desarrollo cognoscitivo. El aprendizaje cooperativo, en el que grupos reducidos de compañeros con varios niveles de competencia trabajan para conseguir un objetivo común, también fomenta un pensamiento más avanzado. En una clase de Vygotsky, el aprendizaje es altamente interactivo y al mismo tiempo considera el nivel en el que están los niños y en lo que son capaces de convertirse.

De Berk, L. E. (1996). "Infants, children and adolescents". (2ª ed.). Boston: Allyn & Bacon, y Berk, L. E. (1994, noviembre). "Why children talk to themselves." Scientific American, 271*(5), pp. 78–83.* *La Dra. Berk es Profesor de Psicología en la Universidad Estatal de Illinois, editor de consultas de la* " Young Children" *y autor de libros sobre el desarrollo infantil.*

3. Piensan de una manera concreta y a menudo no pueden elaborar algunas ideas en sus cabezas.
4. Llegan a una conclusión o toman decisiones basa das en lo que ven en lugar de ser sensatas y lógicas.
5. Precisan preguntas que supongan un reto y el tiempo necesario para tomar sus propias decisiones y encontrar las respuestas.

Las opiniones e ideas de Jean Piaget son impresionantes en cantidad y calidad. Los trabajos colectivos de este señor son extremadamente complejos y a menudo son difíciles de entender. Aún así, nos ha dejado un proyecto valioso. Claramente, Jean Piaget ha proporcionado visiones únicas e importantes sobre el desarrollo de la inteligencia y los niños.

> Es el talento de Piaget para compenetrarse con los niños, junto con el talento intelectual verdadero, lo que le ha convertido en el psicólogo infantil más destacado del mundo actual y lo que le ha destinado a permanecer junto a Freud en relación a sus contribuciones a la psicología, educación y otras disciplinas relacionadas. Al igual que los descubrimientos de Freud sobre la motivación inconsciente, la sexualidad infantil y las etapas de desarrollo psicosexual cambiaron nuestra forma de ver la personalidad humana, los descubrimientos de Piaget sobre las filosofías implícitas de los niños, la construcción de la realidad por el lactante y las etapas de desarrollo mental han alterado nuestra forma de ver la inteligencia humana (Elkind, 1977).

TEORÍA SOCIOCULTURAL

En la última década, hay una teoría (y un teórico) que ha recibido una atención renovada. La teoría sociocultural del desarrollo de Lev Vygotsky se centra en el niño de manera global e incorpora ideas de la cultura y valores en el desarrollo infantil, en particular las ideas sobre el desarrollo del lenguaje y la identidad personal. Aunque esta teoría se desarrolló en la década de los 20, no recibió atención en los Estados Unidos hasta que su trabajo más influyente, *"The Mind in Society"*, se tradujo al inglés en 1978. Desde ese momento, muchos educadores, sociólogos y psicólogos del desarrollo han observado las consecuencias que ha producido en nuestra forma de ver a los niños y la cultura. Por ejemplo, el trabajo realizado por Janice Hale (véase el capítulo 3) ha identificado y aplicado la teoría sociocultural al desarrollo del niño afroamericano. Ramírez y Castaneda (1974) han identificado modelos del lenguaje y cognoscitivos en niños pequeños en poblaciones hispanas selectas. En ambos casos, estos modelos están relacionados con estilos familiares y culturales de relaciones y de resolución de problemas.

Lev Vygotsky

Nacido en 1896 en Bielorrusia, Lev Vygotsky se licenció en Literatura por la Universidad de Moscú en 1917. En los 6 años siguientes enseñó literatura y psicología, dirigió un teatro para adultos y fundó un periódico literario. En 1924 empezó a trabajar en el Instituto de Psicología de Moscú, donde centró toda su atención en los problemas del modelo educativo, en particular los de los niños discapacitados. Con este propósito, reunió un grupo de científicos jóvenes a finales de la década de los 20 y a principios de los 30 para estudiar con más detalle las anomalías psicológicas y mentales, incluyendo las conexiones médicas. Sus orígenes yacen con la psicología experimental, el filósofo americano William James y los contemporáneos Pavlov y Watson (véase la sección sobre la teoría behaviorista de este capítulo). Un erudito interesado en el arte, la creatividad, la filosofía, la psicología y la política, Vygotsky murió de tuberculosis en 1934.

Teoría sociocultural de Vygotsky

El trabajo de Vygotsky se considera una teoría **sociocultural** porque se centra en la manera de transmitir valores, creencias, habilidades y tradiciones a generaciones siguientes. Al igual que Erikson, Vygotsky creía en la conexión entre cultura y desarrollo, en particular la conexión interpersonal entre el niño y demás personas importantes. Al igual que los humanistas (véase más adelante en este capítulo), consideraba al niño en su generalidad, utilizando un enfoque humanístico más cualitativo para estudiar a los niños. Y, aunque entendía a los principales behavioristas de su época se diferenciaba de ellos en que daba mayor importancia a la familia, a la interacción social y al juego como influencias primordiales en la vida de los

niños, en lugar de las respuestas ante los estímulos y las programaciones de refuerzo que se estaban hacien-
ılares en su época.
sky creía que el niño estaba arraigado en la
ı la cultura de su comunidad y que la may-
ɩarrollo infantil era culturalmente específi-
r de pasar por ciertas etapas o secuencias
onía Piaget), la interacción y el control de
ɜs diferente en cada cultura.[1] Vygotsky
los adultos enseñan habilidades valoradas
a una edad muy temprana; por lo tanto, el
de los niños está muy influido por lo que
ındo social. Una manera en la que explica-
o era en su teoría de la **zona de desarrol-**
Si el aprendizaje significativo se produce
to social, el aprendizaje es interpersonal y
depende de quién y hasta qué punto las
del niño se relacionan con otras. Esta
n límite superior e inferior. Las tareas en
ıon demasiado difíciles para que un niño
, de manera que necesita la ayuda de otro
ntrolado la tarea. El límite inferior de la
ıentra en el punto en el que el niño alcan-
y la resolución de problemas independi-
El límite superior es el nivel de dominio
uede alcanzar con la ayuda de una persona

puede formar parte de la zona de desar-
o del niño, compartiendo las experiencias
ndo un diálogo cooperativo con el niño?
, desde luego, la familia. Por ejemplo, una
a va con su madre al mercado aunque esté
a caminar. En el mercado la niña observa
ı cómo debe tocar la ropa, oler las hierbas,
mida y pesar y comparar las cantidades.
oso que aprenda habilidades para las
avanzadas y el lenguaje del regateo tan

ıciones recíprocas en la zona de desarrollo
niño también pueden incluir al maestro.
ı papel, por ejemplo, para ayudar a un niño
ma a aprender habilidades para la resolu-
lemas como completar un rompecabezas,
as manoplas o resolver un conflicto.

Finalmente, otros niños mayores que tengan más experiencia o compañeros que tengan habilidades superiores o simplemente ofrezcan su ayuda pueden formar parte del aprendizaje de un niño en esta teoría sociocultural. La teoría de Vygotsky establece que el aprendizaje es activo y elaborado, tal y como imponía la teoría de Piaget. Se diferencia de Piaget, sin embargo, en la naturaleza e importancia de las **interacciones**. Piaget insistía en el hecho de que el niño necesita relacionarse con los demás y los objetos para aprender pero que las etapas del pensamiento estaban sujetas a la maduración. Vygotsky profesaba que la interacción y la enseñanza directa eran aspectos críticos del desarrollo cognoscitivo del niño y que el nivel de pensamiento del niño se podría potenciar mediante dicha interacción.

Aún más, la teoría sociocultural supone un reto para las ideas de Piaget sobre el lenguaje y el pensamiento. Vygotsky pensaba que el lenguaje, incluso en sus formas más primitivas, dependía de la sociedad. En lugar de egocéntrico o inmaduro, el desarrollo del lenguaje y el habla de los niños desde los 3 hasta los 7 años está unido a lo que piensan los niños. Durante estos años de transición, el niño habla en alto para sí mismo; después de un tiempo, este "hablar consigo mismo" se internaliza de forma que el niño puede actuar sin hablar en alto. Vygotsky sostenía que los niños hablan con ellos mismos para guiarse y orientarse y que este habla privada ayuda a los niños a tener en cuenta sus comportamientos y a planificar una acción determinada. Con la edad, **el habla privada (interior)** (una vez llamada "habla egocéntrica"), que va desde hablar en alto a susurros y a movimientos de los labios, es crítica para la autorregulación de un niño.

Aplicación de la teoría sociocultural al trabajo con niños

La teoría sociocultural tiene algunas consecuencias para el maestro. En primer lugar, el maestro trabaja duro para entender e incorporar la *familia y cultura de un niño* al proceso de enseñanza.[1] Esto da crédito a

E NUESTRO MUNDO LA DIVERSIDAD DE NUESTRO MUNDO LA DIVERSIDAD DE NUESTRO MUNDO LA DIVERSIDAD DE NUESTRO MUNDO LA DIVERSIDAD DE NUESTRO MUNDO

nprendió la importancia de la diversidad hace unos 75 años.
del desarrollo de identidad racial/étnica es un campo que se está expandiendo; los trabajos realizados por B. D.
y Stacey York (1991) son de gran interés en esta sección.

la noción de educación multicultural, como se puede observar en este libro en las ideas de "La diversidad de nuestro mundo". También es una especialidad creciente en psicología, con una minoría de eruditos al frente. Muchos maestros e investigadores han observado que los niños de color de esta sociedad están socializados para actuar en "dos mundos" y de esta manera deben lograr un tipo de "**desarrollo bicognoscitivo**" junto con habilidades para el bilingüismo y biculturales. Este trabajo abrió el camino al movimiento popular de "estilos de aprendizaje" de la década de los 70 y los 80. Investigaciones realizadas a grupos culturales diferentes ha reforzado la importancia de la cultura como una parte del contexto en el que el niño vive y aprende.

En segundo lugar, ya que el aprendizaje se considera esencialmente un proceso dinámico e interpersonal, los maestros deben desarrollar *relaciones* cooperativas y agradables con los niños. El maestro y el educando se adaptan el uno al otro; los maestros utilizan lo que saben sobre los niños para guiar la enseñanza y planificar el currículum. La teoría sociocultural mantiene el "currículum incipiente" (véase el capítulo 11) y la existencia de momentos del proceso de enseñanza espontáneos como propugnan los partidarios de un currículum sin prejuicios (véanse los capítulos 9, 12, 13, y 14). Aún más, la teoría de Vygotsky respalda el poder de la relación individual entre profesor–niño, la base de este libro (véase el capítulo 5) y de los modelos apropiados de desarrollo (véanse los capítulos 1, 2, y 11). No todo el aprendizaje se produce de manera espontánea, ni es suficiente con proporcionar objetos interesantes y esperar que los niños aprendan todo lo que tienen que aprender. Los niños necesitan a los adultos como mediadores, no sólo para realizar preguntas sino también para analizar dónde se sitúa el niño con respecto a las preguntas realizadas. De esta manera, los adultos ayudan a los niños a aprender; cuando se controla una tarea de forma que el niño la puede hacer independientemente, los adultos comprueban el cambio del límite superior al inferior y pueden proponer otro reto.

En tercer lugar, los maestros le prestan mucha atención a las *"herramientas" psicológicas* que se utilizan para aprender.[1] Éstas incluyen herramientas culturales, como el hecho de que en los Estados Unidos a los niños se les enseñe a atar una cuerda alrededor de sus dedos como un recurso de la memoria mientras que en Rusia los niños hacen un nudo en sus pañuelos. También incluyen las herramientas universales de los dibujos, el lenguaje y las matemáticas. Las funciones mentales inferiores como utilizar los sentidos se realizan con un mínimo esfuerzo, pero las funciones mentales superiores necesitan la ayuda de una persona que conozca las herramientas de la sociedad para aprender. Los maestros se han dado cuenta de que el *juego* es muy valioso. Mediante los juegos los niños pueden practicar manejando los símbolos y las herramientas de la cultura. Vygotsky (1978) lo expone de la manera siguiente:

> La acción en la esfera imaginativa, en una situación imaginaria, la creación de intenciones voluntarias, la formación de planes reales y motivos propios aparecen en el juego y lo convierten en el nivel más alto de desarrollo preescolar. El niño se desarrolla esencialmente mediante las actividades del juego. Únicamente en este sentido se puede considerar el juego como una actividad importante que determina el desarrollo infantil.

Por ejemplo, los niños podrían construir una serie de bloques; el maestro les anima a que dibujen el edificio y después hacen un plano del bloque entero como si fuera un pueblo o un barrio. El adulto desempeña un papel importante como mediador intelectual, cambiando continuamente a otro conjunto de símbolos para hacer que los niños consideren las cosas de formas distintas.

En una clase de Vygotsky habrán actividades y una conciencia de las diferencias individuales. Un maestro que tenga esta perspectiva probablemente tenga actividades planeadas que potencien un aprendizaje cooperativo y asistido. Por otra parte, la clase funcionará mejor con grupos formados con niños de diferentes edades o al menos con bastantes oportunidades para que estén presentes "amigos" y hermanos menores y mayores. El cuadro de atención de Laura E. Berk ofrece una visión de la teoría de Vygotsky.

LA DIVERSIDAD DE NUESTRO MUNDO LA DIVERSIDAD DE NUESTRO MUNDO LA DIVERSIDAD DE NUESTRO MUNDO LA DIVERSIDAD DE NUESTRO MUNDO LA DIVERSIDAD DE NUESTRO MUNDO

[1] La teoría sociocultural recomienda que los maestros aprendan la cultura del niño que están enseñando.

TEORÍA DE LAS INTELIGENCIAS MÚLTIPLES

Howard Gardner

Howard Gardner, maestro de desarrollo humano en los Cursos de Postgrado de Harvard, ha ejercido una gran influencia en el debate continuo sobre la naturaleza de la inteligencia. Nacido en Pensilvania, se licenció y se doctoró por la Universidad de Harvard. Influido por los trabajos de Piaget y Bruner, las ideas de Gardner se encuentran en sus libros *Frames of Mind: The Theory of Multiple Intelligences* (1983), *The Unschooled Mind* (1991) and *Multiple Intelligences: The Theory in Prtactice* (1993).

Teoría de las inteligencias múltiples de Gardner

El viejo argumento que presenta Gardner es si la inteligencia es una habilidad amplia e individual (como se mide en un test de cociente de inteligencia) o es un conjunto de habilidades específicas (más de una inteligencia). La teoría de las **inteligencias múltiples** afirma que existe una evidencia sólida, tanto de las investigaciones basadas en el cerebro (véanse los argumentos en este capítulo) como de los estudios sobre el talento, del hecho de que existen al menos siete (ahora ocho) inteligencias básicas diferentes.

La nueva visión de Gardner sobre la mente (1993) reivindica que:

> la competencia cognoscitiva humana se describe mejor según un conjunto de habilidades, talentos o aptitudes mentales, a las que llamamos "inteligencias". Todos los individuos normales poseen estas habilidades hasta cierto punto; los individuos se diferencian por el nivel de habilidades y la naturaleza de su combinación...La teoría de las inteligencias múltiples intensifica el concepto tradicional.

La inteligencia se convierte en la habilidad para resolver un problema o para crear un producto que está en la cultura. Este es un punto clave que necesita explicación.

La resolución de un problema incluye la habilidad de hacerlo en un escenario o comunidad cultural particular. De esta manera, la habilidad que se precisa y desarrolla depende del contexto en el que el niño viva. Por ejemplo, todos sabemos que ciertas partes del cerebro están designadas a la percepción, al movimiento corporal, al lenguaje o al procesamiento espacial. Todo el que posea un cerebro funcional será capaz de demostrar alguna aptitud en estas áreas. Pero el niño que posea una "inteligencia musical" especial, por ejemplo, escuchará un concierto e insistirá en un violín (tal y como hizo Yehudi Menuhin). O el niño cuya cultura dependa de la necesidad de ir corriendo a los sitios en la vida diaria (como hace alguna gente en Kenia) es probable que tenga niños bien desarrollados en esa área de la inteligencia. Gardner escribe sobre Anne Sullivan, maestra de la niña sorda y ciega Helen Keller, como un ejemplo de inteligencia interpersonal, ya que podía entender lo que necesitaba Helen de una manera que nadie más podía entender.

Las descripciones de Gardner de las diferentes inteligencias aparecen descritas en la ilustración 4.11.

Aplicación de la teoría de las inteligencias múltiples al trabajo con niños

La teoría de las inteligencias múltiples de Gardner ha ejercido una gran influencia en las escuelas, llevando a la transformación de los métodos de enseñanza y del currículum desde preescolar hasta el centro de secundaria. Incluso Sesame Street ha aplicado la teoría al desarrollo de sus programas (Blumenthal, 1995). Los maestros de la primera infancia utilizan la teoría diariamente al individualizar los entornos, el currículum y los enfoques. Al niño cuya facilidad para completar rompecabezas exceda a las de sus compañeros se le ofrece la oportunidad de intentarlo con rompecabezas más complicados. A los niños que prosperan en los juegos de representación se les ofrece un tiempo para montar un espectáculo de marionetas para el resto de la clase. Al niño cuya mente funciona mejor con la música o la lógica o las relaciones interpersonales se le anima para que desarrolle dichos talentos especiales.

Al mismo tiempo, no existe una manera adecuada de implementar las inteligencias múltiples. La teoría depende de la cultura y el contexto, de manera que, al igual que en una clase behaviorista, "las clases de inteligencias múltiples" podrían tener maestros que desarrollen sus propias estrategias, currículum y métodos de evaluación basados en las culturas y prioridades propias y de los niños y en las inteligencias de los niños individuales. El capítulo 13 muestra ejemplos del currículum de las inteligencias múltiples.

TEORÍA DE LA MADURACIÓN

Arnold Gesell

Como se ha podido observar en el capítulo 1, Arnold Gesell era un físico que sentía curiosidad por la noción de que el mecanismo interno de los niños parecía que controlaba sus crecimientos y comportamientos. En las décadas de los 40 y 50, Gessell estableció una serie de normas para algunas áreas de desarrollo y los comportamientos que conllevan dichos desarrollos.

> La primera tarea será caracterizar los niveles ascendentes de la madurez en términos de modelos de comportamiento típicos. Dichas caracterizaciones proporcionarán una serie de retratos normativos dando una idea general sobre las direcciones y tendencias del desarrollo psicológico. Para que las líneas de desarrollo sean más evidentes, cada retrato considerará cuatro campos principales de comportamiento, llamados (1) características motoras, (2) comporta miento de adaptación, (3) comportamiento del lenguaje, (4) Comportamiento Personal-Social (Gessell, 1940).

El Instituto Gesell, que fomenta el trabajo del Dr. Louise Bates Ames y otros, continúa proporcionando directrices de cómo maduran los niños desde que nacen hasta la pubertad. Los dibujos de palabras en el capítulo 3 es un ejemplo excelente de la información y las investigaciones que la teoría de la maduración ha proporcionado.

Teoría de la maduración

Maduración, por definición, es el proceso de desarrollo físico y mental que determina la herencia. La secuencia de maduración se produce de manera relativamente estable y ordenada. La teoría de la maduración sostiene que un desarrollo excesivo está determinado genéticamente por la concepción. Esta teoría se diferencia del behaviorismo en que afirma que el desarrollo está determinado por las condiciones ambientales y las experiencias, y de la teoría cognoscitiva en que establece que el desarrollo y el comportamiento son un reflejo de la maduración y el aprendizaje.

La maduración y el desarrollo están relacionados y ocurren al mismo tiempo. La maduración describe la *cualidad* del desarrollo; es decir, mientras que un niño crece en centímetros y gramos, la naturaleza (o cualidad) de dicho crecimiento cambia. La maduración es cualitativa y describe la forma en que un bebé comienza a andar, en lugar de decir simplemente la edad en la que el bebé dio su primer paso. Crecimiento es *lo que* ocurre; maduración es *cómo* ocurre.

Algunos estudios han establecido que la secuencia de maduración es la misma en todos los niños, sin importar la cultura, el país de origen y el entorno de aprendizaje. Pero debemos tener en cuenta dos puntos fundamentales:

- Aunque la maduración determina la secuencia de desarrollo, la edad precisa es *aproximada.*[1] La secuencia de las etapas de desarrollo puede ser universal, pero el ritmo al que el niño atraviesa las etapas varía tremendamente.
- El crecimiento es *desigual.* Los niños crecen a rachas. El desarrollo motor puede ser lento en algunas etapas y rápido en otras. Por ejemplo, un bebé puede ganar 0,031 Kg. al día (1 onza) durante 2 meses, después sólo 0,015 Kg. (1/2 onza) durante un mes. Normalmente hay una racha de crecimiento en la pubertad, con algunos niños de 13 años ya tienen su altura de adulto, otros no llegan ni al metro y medio. Este dato imprevisible da lugar, otra vez, a una gran variedad individual.

Aplicación de la teoría de la maduración al trabajo con niños

La teoría de la maduración es muy útil a la hora de describir el desarrollo y el comportamiento típico de los niños. En el capítulo 3, estos datos normativos se utilizan para desarrollar los dibujos de palabras que describen las características comunes de niños de edades diferentes. Dichas plantillas van a ayudar a los adultos a entender el comportamiento mejor y los van a tener al corriente para que no esperen mucho o poco de los niños. Los maestros pueden utilizar normas de

[1] Los niños son diferentes en muchos aspectos; su maduración es un aspecto del desarrollo que es universal.

Inteligencia Musical	es la capacidad de pensar en la música, de escuchar patrones, reconocerlos y recordarlos. Algunas partes del cerebro ayudan a percibir y a producir música. Gardner cita como ejemplo de este tipo de inteligencia la importancia de la música en todas las culturas del mundo y su papel en las sociedades de la Edad de Piedra.
Inteligencia Kinética-Corporal	es la capacidad de utilizar algunas partes del cuerpo o todo el cuerpo para resolver un problema o hacer algo. Dado que los movimientos corporales se han especializado con el paso del tiempo, éstos se han convertido en una ventaja para las especies. Esto se refleja en la capacidad de una persona para el deporte (practicar un deporte), el baile (expresar un sentimiento, música o ritmo), la interpretación o la creación de un producto.
Inteligencia Lógica-Matemática	es la capacidad para pensar de una manera lógica y a menudo lineal, y de entender los principios de un sistema. Científicos y matemáticos a menudo razonan de esta manera. Gardner afirma que hay dos hechos fundamentales en la inteligencia lógica matemática. En primer lugar, en personas dotadas de un gran talento, el proceso de resolución de problemas normalmente es muy rápido, y en segundo lugar tenemos la naturaleza *no-verbal* de la inteligencia (el conocido fenómeno "Aha!").
Inteligencia Lingüística	es la capacidad de utilizar el lenguaje para expresar pensamientos, ideas y sentimientos, y de entender a otras personas y sus palabras. El don del lenguaje es universal, como evidencian poetas, escritores, representantes y abogados. El lenguaje oral, una constante en todas las culturas, y el desarrollo del lenguaje por medio de dibujos son algunas de las características distintivas de la actividad humana.
Inteligencia Espacial	es la capacidad para representar el mundo internamente en términos espaciales. Es necesario solucionar problemas espaciales para navegar, para interpretar mapas y para construir algo basándose en un dibujo. La inteligencia espacial se utiliza en juegos como el ajedrez y en todas las artes plásticas, pintura, escultura, dibujo; en ciencias como la anatomía, la arquitectura y la ingeniería esta inteligencia cobra mucha importancia.
Inteligencia Interpersonal	es la capacidad de comprender a otras personas. Los mejores jugadores de una guardería observan cómo juegan los demás antes de participar en el juego; algunos niños parecen haber nacido para ser líderes; maestros, terapeutas, líderes religiosos o políticos y muchos padres poseen un gran talento para detectar diferencias entre otros. Esta inteligencia se puede centrar en los cambios de humor, temperamento, motivaciones e intenciones.
Inteligencia Intrapersonal	es la capacidad de entenderse a uno mismo, sabiendo quiénes somos y cómo reaccionamos. La inteligencia intrapersonal se refiere al conocimiento que poseemos de nuestros aspectos internos. Estas personas tienen acceso a sus propios sentimientos, una variedad de emociones que pueden utilizar para entender y guiar su propio comportamiento. Los niños que parecen tener un sentido innato de lo que pueden o no hacer normalmente saben cuando necesitan ayuda.
Inteligencia Naturalista	es la capacidad para distinguir a los seres vivos (plantas, animales) además de ser una sensibilidad ante otros rasgos del mundo natural (nubes, rocas). Esta inteligencia es de gran utilidad en la función que desempeñamos como cazadores, recolectores y granjeros, y es fundamental para botánicos y cocineros.

Ilustración 4.11 En su libro *Multiple Intelligences* (1993) y en trabajos posteriores, Howard Gardner describe una manera nueva de considerar la inteligencia que repercute de manera decisiva en la enseñanza.

Ilustración 4.12 Los niños pequeños necesitan materiales y tiempo para explorar el mundo a su modo. (Cortesía de American Montessori Society.)

desarrollo para entender el crecimiento típico recordando que existe una gran variedad individual y un desarrollo desigual. Sin embargo, los maestros y padres deben ser cautelosos al generalizar demasiado a partir de estas plantillas normativas. Además, los datos iniciales de Gesell centraron su interés en una porción escasa de la población y se extrajeron sólo de niños americanos. El trabajo realizado durante las dos últimas décadas ha ajustado el ámbito de generaciones futuras de niños y una población más grande y más diversa. Además, la teoría de la maduración ha inspirado normas de desarrollo excelentes que ayudan a los padres, maestros y físicos por igual a determinar si el desarrollo de un niño se produce dentro del ámbito normal.

TEORÍA HUMANISTA

Los humanistas

A medida que se desarrollaba el campo de la psicología, surgieron varias escuelas de pensamiento. A mediados de este siglo, dos "campos" dominaron los círculos psicológicos americanos. El primero, conocido como psicodinámico, incluía a los seguidores de Freud y se conoce mejor por los trabajos de Erik Erikson. El segundo, llamado behaviorismo, empezó con Watson y Thorndike y más tarde lo expandieron Skinner y Bandura.

En 1954, Abraham Maslow publicó un libro que articulaba otras ideas. Lo llamó la Tercera Fuerza (o Humanistic Psychology) y se centraba en lo que motivaba a las personas a sentirse bien, tener éxito y estar mentalmente saludable.

Esta **teoría humanista** tiene su lugar en la educación de la primera infancia porque intenta explicar cómo se debe motivar a las personas. En particular, la teoría humanista se centra en las necesidades, objetivos y éxitos de las personas. Este hecho supuso un cambio del estudio de la enfermedad mental, como en psicoterapia, o el estudio del comportamiento animal, en el caso de la mayoría de las investigaciones sobre el comportamiento. En su lugar, el Dr. Maslow estudió excepcionalmente las personas maduras con éxito. Otros, como Carl Rogers, Fritz Perls, Alan Watts y Erich Fromm añadieron información a lo que se conocía sobre las personalidades saludables. Los humanistas desarrollaron una teoría comprensiva del comportamiento humano basada en la salud mental. Sin embargo, debemos observar que la mayoría de las teorías humanistas, y en particular la teoría de las necesidades humanas de Maslow, tratan de una filosofía "Occidental", aunque a menudo se presentan como una serie de ideas universales. De hecho, otras culturas podrían ver la vida de una manera diferente. Una visión del mundo africano podría ver el bien de la comunidad como el objetivo esencial de ser completamente humano. Las culturas con una gran orientación "colectiva", en lugar de un énfasis en el individuo o en el yo, podrían considerar el hecho de servir a la familia o al grupo como el objetivo último de la humanidad. La psicología humanista también se puede considerar que está enfrentada a religiones más ortodoxas que buscan una dependencia primordial de una deidad suprema y sitúan al "Dios" en lugar del "yo" en la cima de la jerarquía.

Teoría de las necesidades humanas de Maslow

La teoría de Maslow de **actualización de uno mismo** consiste en una serie de ideas sobre lo que las personas necesitan para estar y mantenerse sanas. Afirma que a todos los seres humanos se les puede motivar con un número de necesidades básicas, sin importar la edad, el sexo, la raza, la cultura o la ubicación geográfica. Según Maslow (1954), una necesidad básica es algo:

- Cuya ausencia provoca malestar
- Cuya presencia previene el malestar
- Cuyo restablecimiento cura el malestar
- Las personas desaventajadas la prefieren a otras satisfacciones, bajo ciertas condiciones (como ejemplos muy complejos de libre elección)
- Se ha descubierto que es inactiva, está baja o está funcionalmente ausente en la persona saludable

Estas necesidades, que no se deben rechazar, forman una teoría sobre la motivación humana. Es una jerarquía, o pirámide, porque estas necesidades están relacionadas entre sí de cierta manera y porque las necesidades más importantes forman la base donde se pueden localizar las otras necesidades.

Aplicación de la teoría humanista al trabajo con niños

Las necesidades básicas se llaman algunas veces **necesidades de deficiencia** porque son fundamentales para la supervivencia de una persona y una deficiencia puede causar la muerte. Hasta que no se satisfacen no se produce ningún otro crecimiento significativo. De qué manera el maestro sabe que el niño que está hambriento va a ignorar la lección o simplemente no va a ser capaz de concentrarse. Un niño cansado a menudo deja a un lado los materiales de aprendizaje y las experiencias hasta que haya descansado. Al niño que se le priva de necesidades psicológicas básicas sólo va a ser capaz de pensar en esas necesidades, de hecho, "a un hombre así no se le puede pedir que viva de pan sólo" (Maslow, 1954). Los humanistas defenderían firmemente un programa para tomar el desayuno o comer en la escuela y respaldarían un descanso regular y siestas en programas de larga duración.

Una vez que se satisfacen las necesidades fi siológicas, surge la necesidad de la seguridad y la garantía. Maslow señala a las personas neuróticas e inseguras como un ejemplo de lo que sucede cuando no se satisfacen dichas necesidades. Esta gente se comporta como si fuera a ocurrir algún desastre, como si hubiesen algunos azotes de por medio. Si proporcionamos una escuela o casa imprevisibles, un niño no puede hallar ningún sentido de consistencia y por eso se preocupa de lo inquietante y la ansiedad. Maslow aconseja a los maestros que den libertad pero con límites, en lugar de un abandono o permisividad total.

Las necesidades de desarrollo surgen cuando se han satisfecho las necesidades básicas. Las necesidades más elevadas dependen de las primarias. Nos esforzamos por conseguirlas para convertirnos en personas más satisfechas y saludables.

La necesidad de *amor y posesión* a menudo la expresan directa y claramente los niños pequeños bajo nuestra responsabilidad. La carencia de amor y el sentido de posesión reprime el desarrollo. Para saber dar amor más tarde en la vida, uno tiene que aprenderlo recibiéndolo de pequeño. Esto significa aprender desde muy pequeño las implicaciones de dar y recibir amor.

La *necesidad de estima* se puede dividir en dos categorías: el respeto propio y la estima de los demás. "La autoestima incluye necesidades como el deseo de confianza, competencia, dominio, lo adecuado, logro, independencia y libertad. El respeto de los demás incluye conceptos como prestigio, reconocimiento, aceptación, atención, estatus, reputación y apreciación" (Globe, 1970).

La actualización de uno mismo es lo que le da a una persona satisfacción en la vida. Del deseo de conocer y entender el mundo y las personas que nos rodean proviene una renovación del conocimiento sobre nosotros mismos. Para el educador de la primera infancia, estas necesidades se expresan mediante el entusiasmo, la curiosidad y el "impulso" natural para aprender e intentarlo. Al satisfacer estas necesidades, una persona encuentra el sentido de la vida, un entusiasmo por vivir y una voluntad para hacerlo. La ilustración 4.13 describe las necesidades básicas y de desarrollo detalladamente.

Los niños deberían satisfacer las necesidades emocionales básicas y las físicas antes de desempeñar estos requisitos del aprendizaje cognoscitivo más elevado. Además, el niño que parece estar estancado en un "área de necesidades" en particular probablemente permanezca ahí hasta que se satisfaga dicha necesidad básica. Un niño herido, inseguro o hambriento es un educando pobre. Los maestros deben defender con tinuamente condiciones sociales y físicas mejores para todos los niños.

La teoría de Maslow tiene consecuencias importantes en la atención infantil. Las necesidades básicas

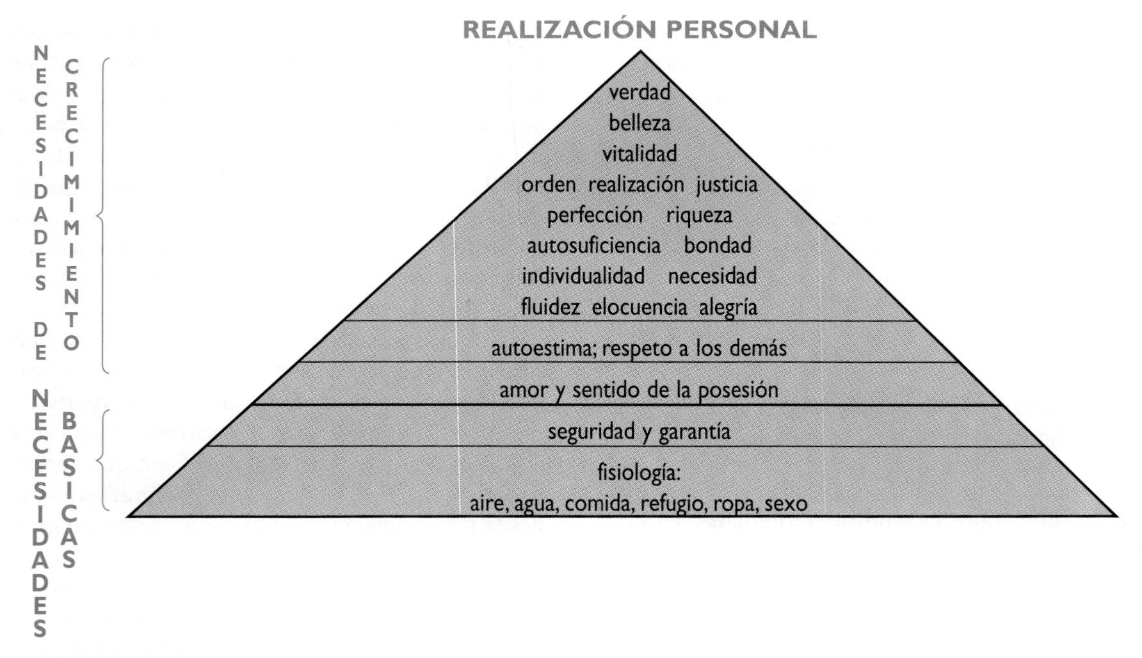

Ilustración 4.13 Abraham Maslow ha realizado estudios sobre personalidades saludables y ha afirmado que lo que las personas necesitan para desarrollarse es una jerarquía de necesidades básicas y necesidades desarrolladas. (Versión adaptada de la obra de Abraham Maslow, 1954.)

de los niños es la principal preocupación de los maestros: Los maestros deben asegurarse de que los niños están correctamente vestidos, alimentados y descansados, además de seguros. Sólo entonces están preparados para dirigir el desarrollo de las habilidades y del currículum.

INVESTIGACIONES Y OTRAS OPINIONES TEÓRICAS PARA LOS EDUCADORES

Para completar el debate sobre la psicología y la educación de la primera infancia, la contribución de otros aspectos es importante. Todos han contribuido a lo que sabemos sobre la manera de pensar y aprender de los demás, cómo se desarrollan las aptitudes sociales y la personalidad y cómo el aprendizaje y los primeros logros afectan al proceso de desarrollo del niño. El número de excelentes investigadores que han contribuido al conocimiento del desarrollo de la primera infancia es más grande que el espacio del que disponemos. Proporcionamos las siguientes opiniones para enfatizar los vínculos fundamentales entre la psicología, las investigaciones sobre el desarrollo y la educación.

Relaciones

Un concepto clave en el desarrollo del yo y el estudio de las relaciones sociales es el concepto de **relaciones**, un término utilizado especialmente en los trabajos de John Bowlby y Mary Ainsworth y un concepto utilizado en el trabajo descriptivo de Burton White y los programas para lactantes y niños en edad de caminar de Recursos para los Educadores de Lactantes (RIE) de Magda Gerber. Una relación es la conexión emocional, un "vínculo afectivo" según las palabras de Bowlby, entre dos personas. El niño o adulto que se relaciona con otra persona utiliza a esa persona como una "base segura" desde la que se puede lanzar al mundo, una fuente de comodidad cuando está afligido o estresado y un respaldo para dar ánimos. **El comportamiento según las relaciones**, es, por lo tanto, cualquier cosa que permite a una persona relacionarse y permanecer en contacto. Éste incluye reírse, contacto visual, hablar, tocar e incluso aferrarse y llorar.

La teoría de Bowlby incluye la idea de que los lactantes están programados para relacionarse con los adultos, asegurando así su supervivencia. "Ésta es una parte esencial del plan de acción de la especie humana y también de otras muchas especies para que el lactante se relacione con una figura materna. Esta figura no tiene porqué ser una madre natural sino que puede ser cualquier persona que desempeñe el papel de cuidador principal" (Ainsworth, 1979). Las investigaciones muestran que los bebes animales y humanos envían señales a sus madres desde muy pronto. De hecho, las primeras señales del lactante humano incluyen el llanto y las miradas, las cuales ejercen un gran poder en los adultos, y una serie de chupadas rítmicas que aparecen para mantener a la madre entretenida. Inmediatamente después aparece la sonrisa social, que es una emoción para los padres y un incentivo de las habilidades comunicativas para el bebé.

La naturaleza de las relaciones de los niños ha sido investigada extensamente por Mary Ainsworth y algunos colegas. De una manera gradual, los niños desarrollan un vínculo inicial, después desarrollan una relación real, es decir, aprenden y practican un "baile" entre ellos mismos y su favorito. Mary A. descubrió que, aunque prácticamente todos los lactantes desarrollan relaciones, incluyendo relaciones con cuidadores múltiples, se diferencian en la seguridad que tienen en dichas relaciones. Además, las relaciones se pueden medir en el caso de los lactantes y los niños en edad de caminar, como se puede comprobar en las respuestas que dan los niños a un desconocido en presencia o ausencia del padre. La ilustración 4.14 muestra estos modelos de relación. Esta investigación fue importante para los educadores de la primera infancia. Tal y como dice Ainsworth (1979):

> Es evidente que la naturaleza de la relación de un lactante con su madre cuando tiene 1 año depende de las interacciones previas con la madre y de varios aspectos del desarrollo que se producen después. La consecuencia es que la manera en la que el lactante organiza su comportamiento hacia la madre afecta la forma en que el lactante organiza su comportamiento hacia otros aspectos del entorno, tanto animado como inanimado. Dicha organización proporciona un núcleo de continuidad en el desarrollo a pesar de los cambios que se producen a consecuencia de las adquisiciones del desarrollo, tanto cognoscitivo como socioemocional.

Los investigadores han descubierto que la mayoría de los lactantes americanos examinados en una situación desconocida demostraron una relación segura. Aún así, cuando la relación fracasa, los niños corren un riesgo tremendo.

Por ejemplo, este baile en dos partes requiere que el lactante y el padre (o cuidador) posean la habilidad para conectar. Los lactantes prematuros a menudo carecen de estas habilidades al principio, ya que sus sistemas no están bien desarrollados y se separan en las primeras semanas o meses, causando que los padres no los consideren receptivos. Algunos de los padres de los niños ciegos, que no pueden mirar fijamente, se pueden preguntar si son rechazados por sus bebés. El fracaso de la relación también puede ser culpa del padre. Los padres que no tuvieron relaciones seguras cuando eran niños puede que no conozcan los comportamientos necesarios. Los padres abusivos no ponen todo de su parte para potenciar los vínculos. Otras condiciones negligentes, como la depresión, la pobreza extrema y otras tensiones, aumentan las probabilidades de que se vaya a producir un fracaso de la relación. La intervención puede ayudar a las personas independientes, enseñando técnicas de interacción específicas con respaldos continuos como líneas directas de crisis y orientación personal.

Además, padres e investigadores han realizado preguntas cautelosas sobre la atención infantil de jornada completa, en particular de los lactantes, preguntándose si dicha atención debilita las relaciones de los niños con sus padres. El debate, que alcanzó su apogeo en la segunda mitad de la década de los 80, ha estimulado las investigaciones sobre las relaciones entre padrehijo y los programas de atención infantil. Si las preocupaciones sobre la atención infantil son válidas o no, hasta ahora se puede concluir que los niños no corren ningún riesgo en la atención infantil de alta calidad. Este hecho pone de relieve la necesidad de dichos programas, como se va a demostrar en los capítulos 9, 10 y 15.

Diferencias relativas al sexo

¿Los niños y las niñas son diferentes en lo que se refiere al desarrollo y al aprendizaje?, ¿cuáles son estas diferencias y cómo se producen? Y aún más importante, ¿qué diferencias se producen a causa de la "naturaleza" y cuáles a causa de la "educación"? ¿deberíamos tratar a los niños y niñas igual o de diferente manera? Los hechos y los mitos que rodean las diferencias relativas al sexo y su efecto en el comportamiento desde la infancia hasta la edad adulta es tema de interés, controversia e investigación. El trabajo realizado por Eleanor Maccoby y otros ha proporcionado numerosos datos y foros abiertos a debates sobre la manera en que las personas se desarrollan y la interacción compleja entre la herencia y el entorno que hace que el desarrollo infantil sea tan fascinante.

La creciente percepción de uno mismo en el niño posee varios elementos, incluyendo la conciencia de un yo separado y en comparación con los demás (como se discute en el capítulo 14). Un aspecto del yo es la identidad sexual. Los niños adquieren genéticamente la habilidad para ponerse etiquetas correctamente a ellos mismos y a los demás a los 2 ó 3 años; desarrollan una estabilidad sexual (el entendimiento de que van a tener el mismo sexo durante toda la vida) a los 4 años y un sexo constante (una persona tiene el mismo sexo sin importar la apariencia) a los 5 ó 6 años.

A medida que se van desarrollando, los niños comienzan a desarrollar ideas sobre los papeles del sexo, lo que hacen las niñas/mujeres y los niños/hombres. El comportamiento típico del sexo comienza a aparecer a los 2 ó 3 años, cuando los niños tienden a elegir compañeros de juego del mismo sexo y prefieren juguetes típicos del sexo. Las investigaciones indican que no existen diferencias significativas entre chicas y chicos con respecto a la inteligencia o al comportamiento lógico. Existen algunas diferencias de personalidad y de funcionamiento cognoscitivo, pero lo más importante es que las diferencias son pequeñas y no existe un modelo generalizado.

Así que, ¿por qué se dan estas diferencias en el comportamiento? Teóricos de varias escuelas de pensamiento diferentes han intentado explicar los modelos. La explicación de Freud se basa en el concepto de identificación, por lo que el niño aprende a imitar al progenitor del mismo sexo y adquiere el papel adecuado. El behaviorismo pone de manifiesto el papel del refuerzo y la modelación, y parece que los padres tratan a los chicos y a las chicas de forma sistemáticamente diferente. Un modelo de desarrollo cognoscitivo, según Kohlberg, especula sobre el hecho de que los niños imitan los modelos del mismo sexo después de desarrollar la constancia de sexo. Los teóricos actuales proponen un modelo "esquemático" (véase el debate sobre la teoría cognoscitiva); es decir, los niños desarrollan teorías sobre el mundo desde muy pequeños, especialmente en la edad de la etapa de prefuncionamiento, y por lo tanto desarrollan normas generales sobre lo que hacen los chicos y las chicas tan pronto como entienden que existe una diferencia. La aplicación de dichas normas sería particularmente firme en los años de preescolar y elementales, hasta que el niño desarrolla una habilidad para ver más allá de la apariencia y puede pensar de manera más abstracta sobre las características más profundas y las categorías más amplias.

Los investigadores han descubierto dos características propias de los chicos, mejor habilidad espacial y una agresividad mayor, pero han sido incapaces de demostrar una conexión biológica clara. Dado que padres y maestros tratan de manera diferente a chicas y chicos y aparecen representados con estereotipos sobre el sexo en los medios de comunicación y en los libros sobre los niños, evidentemente reciben mensajes diferentes. Los adultos que trabajan con niños están bien aconsejados para que presten una atención especial a los mensajes que dan a los niños.[1]

En los entornos preparados para niños, los materiales utilizados y los ejemplos que se modelan, los niños crean sus propias ideas y aprenden el comportamiento que funciona en el mundo. La socialización, entonces, probablemente explica la mayoría del comportamiento típico del sexo que observamos en los niños.

Desarrollo Moral

Las personas solían asumir que a los niños pequeños había que enseñarles exactamente lo que era "correcto" y "erróneo" y esto que era suficiente. En los últimos 20 años, las investigaciones han demostrado que el desarrollo moral es un proceso más complejo con una cara emocional y otra cognoscitiva. Varios teóricos e investigadores han propuesto la manera de considerar el desarrollo moral de los niños. Aquí hablamos de Jean Piaget, Lawrence Kohlberg, Nancy Eisenberg y Carol Gilligan.

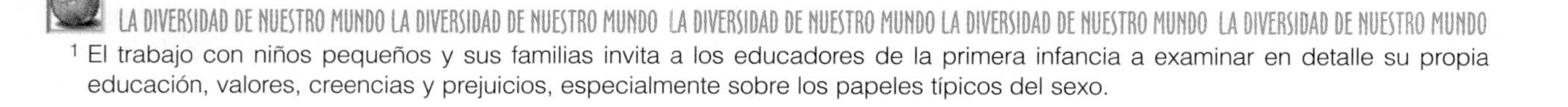

[1] El trabajo con niños pequeños y sus familias invita a los educadores de la primera infancia a examinar en detalle su propia educación, valores, creencias y prejuicios, especialmente sobre los papeles típicos del sexo.

	Comportamiento exploratorio antes de la separación	Comportamiento durante la separación	Comportamiento ante el reencuentro	Comportamiento con los desconocidos
Seguro	Se aísla para explorar los juguetes; comparte el juego con la madre; amable con los desconocidos cuando la madre está presente, toca el "lugar de residencia" periódicamente.	Puede llorar; el juego pierde intensidad por un momento; normalmente se recupera y es capaz de jugar.	Si parece consternado durante la separación, el contacto acaba con la angustia; si no, saluda a la madre afectuosamente; inicia interacciones.	Un tanto agradable; es posible que juegue con los desconocidos después de una reacción inicial de angustia.
Inquieto/ ambivalente (muestra resistencia)	Encuentra dificultad para separarse para analizar los juguetes aún cuando la madre está presente; no se fía de las situaciones novedosas y de las personas; permanece junto a la madre y lejos del desconocido.	Muy angustiado; el llanto histérico no disminuye rápidamente.	Busca la comodidad y la rechaza; continua llorando o preocupándose; puede ser pasivo, no hace ningún saludo.	No se fía de los desconocidos; rechaza las ofertas de los desconocidos para jugar.
Inquieto/ habilidad para eludir	Siempre está dispuesto a separarse para analizar los juguetes; no comparte el juego con el padre; muestra poca preferencia por el padre ante los desconocidos.	No da señales de estar angustiado; continua jugando; se relaciona con los desconocidos.	No hace caso a la madre, se da la vuelta o se va a otro sitio;el evitar el contacto se hace más patente en la segunda reunión.	No evita a los desconocidos.

FUENTE: Extraído de Ainsworth, M. D .S., y Wittig, B. A. (1969). Attachment and exploratory behavior of one-year-olds in a strange situation. En B. M. Foss (Ed.), Determinants of infant behavior (Vol. 4). Londres: Methuen.

Ilustración 4.14 Las pautas de comportamiento en los niños de entre 12 y 18 meses en la "Strange Situation" de Ainsworth muestran la situación crítica del entorno interpersonal de los niños pequeños. (Extraído de *Cómo Entender a los Niños* por Judith Schickendanz con el permiso de la Mayfield Publishing Company. Copyright © 1993 por la Mayfield Publishing Company.)

Piaget investigó el razonamiento moral de los niños presentándolos con algunas historias y preguntándoles qué niño era el "más travieso". De este hecho, descubrió que los niños menores de 6 años basan sus opiniones en la cantidad de daño que causan, no en las intenciones de los niños. Hacia la mitad de su infancia, los niños empiezan a valorar sus intenciones, de manera que se puede observar un cambio en el razonamiento moral hacia el final del periodo de la primera infancia de opiniones objetivas, basadas en los resultados físicos y las cantidades concretas, a consideraciones más subjetivas (como el propósito del autor o los factores psicológicos). La conexión con la etapa cognoscitiva de los niños es interesante y los adultos podrían considerar que las protestas de los niños sobre lo que hacen mal ("¡No quería hacer eso!") podría indicar un nivel nuevo de razonamiento, con la realización de que las intenciones de una persona *sí* importan.

A Lawrence Kohlberg se le conoce mejor como teórico del desarrollo social, tratando el modelo educativo y la constancia de sexo también. Construida en las dimensiones de Piaget, la teoría de Kohlberg sobre el desarrollo moral implica un desarrollo social y un razonamiento intelectual. Las personas pasan de etapa a etapa como resultado de su propio poder de razonamiento y ven por ellos mismos las contradicciones de sus propias creencias. Al igual que en Erikson y Piaget, las etapas de Kohlberg son jerárquicas, una persona avanza una a una y no se puede saltar ninguna etapa. Sobre la base de las respuestas de los niños a los dilemas morales semejantes a los de Piaget, Kohlberg identificó tres niveles del desarrollo moral, tal y como se muestra en la ilustración 4.15. Para los educadores de la primera infancia, las investigaciones muestran que el razonamiento preconvencional (etapas 1 y 2) es dominante en primaria.

La mayoría de las historias, o dilemas, que utilizaron Piaget y Kohlberg estaban relacionadas con los robos, las mentiras, el incumplimiento de las normas y cosas parecidas. Recientemente, la investigadora y teórica Nancy Eisenberg ha analizado dos clases de razonamientos que los niños utilizan para justificar el buen (**prosocial**) comportamiento. Pregunta a los niños lo que harían en situaciones en las que exista un dilema moral. Una de las historias implica a un niño que va camino de la fiesta de cumpleaños de un amigo. El niño se encuentra a alguien que se ha caído y está herido. ¿Qué debería hacer el niño, ayudar al niño herido y perderse la tarta y el helado o dejar al niño y dirigirse a la fiesta?

Preguntas como estas sacaron a la luz varios niveles de razonamiento prosocial. En los años de la primera infancia, los niños se encuentran en el nivel 1 (*razonamiento hedonista*) en el que sitúan en primer lugar las necesidades propias del individuo. En el caso mencionado anteriormente, el niño dejaría a la persona herida e iría a la fiesta ("No te ayudo porque tengo que ir a la fiesta".) Cuando los niños atraviesan la infancia media, tienden a pasar al nivel 2, en el que las necesidades del otro se empiezan a considerar y tienen más importancia. Las respuestas a la historia empezarían a cambiar e incluir a los demás ("Voy a ayudar porque ellos me ayudarán a mí la próxima vez".). Las etapas de Eisenberg se asemejan escasamente a las de Kohlberg y ayudan a ampliar estos conceptos sin contradecir los argumentos fundamentales.

Sin embargo, Carol Gilligan desafía el énfasis sólido que Kohlberg pone sobre la justicia y la imparcialidad y la omisión de proteger a los demás. En su libro *In a Different Voice* (1982), Gilligan señala que se estudiaron varones principalmente, y que, dado que las chicas y los chicos están socializados de manera diferente, sus opiniones morales van a ser muy diferentes. Por ejemplo, a los chicos se les puede enseñar que la idea de que la justicia y la imparcialidad son la base moral clave, mientras que a las chicas se les puede enseñar que el cuidado y la responsabilidad ante los demás es central.[1] Buzzelli (1992) también ha trabajado extensamente en el entendimiento moral de los niños pequeños y ha aplicado investigaciones recientes al desarrollo de los niños sobre las relaciones en pareja. Aunque esta declaración de ideas morales diferentes basadas en diferencias de sexo se tiene que investigar más detalladamente, es una idea importante que debemos tener en cuenta, especialmente cuando enseñamos y criamos a niños pequeños.

LA DIVERSIDAD DE NUESTRO MUNDO LA DIVERSIDAD DE NUESTRO MUNDO LA DIVERSIDAD DE NUESTRO MUNDO LA DIVERSIDAD DE NUESTRO MUNDO LA DIVERSIDAD DE NUESTRO MUNDO

1 Estas características pueden no ser *típicas del sexo* (por ejemplo, "sólo las chicas hacen esto y sólo los chicos hacen eso"), sino *relacionadas con el sexo* (por ejemplo, "muchas chicas a menudo . . . y algunos chicos pueden hacer lo mismo"). Lo que es importante recordar en la diversidad de nuestro mundo es que una forma *no tiene porqué ser mejor* que ninguna otra, sólo *diferente*.

I. Moralidad preconvencional

Etapa 1: Orientación para el castigo y la obediencia
Poder implica acuerdo; obedecer implica autoridad para evitar un castigo

Etapa 2: Orientación individualista y relativista
Fíjese en el número uno; sea agradable con los demás para que éstos sean amables con usted

II. Moralidad convencional

Etapa 3: Expectativas interpersonales mutuas
"Buena chica, buen chico"; la aprobación es más importante que cualquier recompensa

Etapa 4: Conciencia y sistema social
"La ley y el orden"; las contribuciones por el bien de la sociedad son importantes

III. Moralidad postconvencional

Etapa 5: Contrato social
Las normas han de beneficiar a todos de mutuo acuerdo; se pueden cambiar en algunos aspectos; el bien mejor para el mayor número de personas

Etapa 6: Principios éticos universales
Los valores establecidos individualmente pueden contradecir otras leyes

Ilustración 4.15 *Etapas del desarrollo moral de Kohlberg. Los datos bastante amplios de todas las culturas y las investigaciones americanas extensas muestran una universalidad persuasiva y una secuencia firme en el desarrollo de las etapas del desarrollo moral de los niños.*

Investigaciones sobre el cerebro

Algunos de los descubrimientos más interesantes en la última parte de esta década se han producido en el área de las investigaciones basadas en el cerebro. El desarrollo de herramientas de investigación nuevas está relacionado con una preocupación creciente sobre los niños en América. En las últimas tres décadas, los programas de intervención temprana y sus defensores han ejercido una gran presión para conseguir una base de conocimiento más amplia y profunda sobre el desarrollo infantil, las relaciones entre adulto-niño y los modelos educativos. La presión política ha aumentado en el frente educativo (como el Fondo de Defensa de los Niños, NAEYC, Head Start, la Fundación Carnegie) y en el frente político moral (como el debate sobre el aborto, los derechos de las mujeres, el fondo estatal frente al federal, etc.). En los círculos académicos, las investigaciones sobre las ciencias relacionadas con el sistema nervioso han desarrollado tecnologías sofisticadas, como el ultrasonido, las imágenes de resonancia magnética (MRI), la tomografía de emisión de posición (PET) y formas efectivas, no invasoras de estudiar la farmacología en el cerebro (como la hormona esteroide cortisol). Es decir, los escáner de cerebro y otras tecnologías que han hecho posible la investigación del complejo circuito del cerebro y un clima político y social favorable, han hecho dicha investigación convincente y tolerable.

¿Qué hemos aprendido? El cerebro parece que funciona según un principio "úsalo o piérdelo". Cuando nacemos, una persona posee unos 100 billones de neuronas y 50 trillones de conexiones entre ellas. Con el uso, las células se desarrollan en ramificaciones, llamadas dendrógenas, que se extienden para relacionarse con otras células. Con los empobrecimientos, uno pierde las dendrógenas. En los primeros diez años de vida, el número de conexiones empieza a decaer y en los años de la adolescencia aproximadamente la mitad se ha deshecho (este número va a permanecer relativamente estable toda la vida). Como nos dice Galinsky (1997), "las conexiones que se han reforzado por la repetición de experiencias tienden a permanecer mientras que las que no se repiten se descartan. Así, las experiencias tempranas de un niño, tanto positias como negativas, ayudan a dar forma al cerebro, afectando de algún modo la manera de pensar, de sentir y de relacionarse con los demás en la vida". La ilustración 4.16 resume estos hallazgos de los investigadores.

Cada entorno posee oportunidades para la interacción con una variedad de objetos, gente y circunstancias que estimulan el desarrollo del cerebro. A la inversa, cualquier entorno se puede empobrecer. Este hecho está menos relacionado con los juguetes que con las interacciones y la atmósfera. Cuando el cerebro percibe una amenaza o tensión, el cuerpo reacciona y se produce una clase de **regresión** (Caine & Caine, 1994) que puede poner en compromiso las capacidades del cerebro. Una amenaza crónica de vergüenza emocional, falta de respeto social o simplemente escenarios con tiempo restringido o apresurados pueden desencadenar este movimiento inferior.

La aplicación de investigaciones sobre la mente a la clase de primera infancia es importante y supondrá un desafío. En una conferencia reciente se ha propuesto un plan de acción con tres principios claves.

En primer lugar, no causar daño. Permítanos hacer todo lo que esté a nuestro alcance para prevenir a padres y educadores de las relaciones seguras y sólidas. Al mismo tiempo, es necesario proporcionar a los padres educación e información sobre lo que hace que el cerebro y el bienestar de los niños se desarrolle. Finalmente, debemos recibir educación para asegurar la calidad de la atención infantil y la educación de la primera infancia.

En segundo lugar, es mejor la prevención, pero cuando un niño necesite ayuda intervenga rápidamente y de forma intensiva. El cerebro es un trabajo en progreso y los niños se pueden recuperar de tensiones serias. Pero la lista de condiciones evitables es clara y todos deben trabajar para eliminar los traumas innecesarios.

En tercer lugar, fomentar el desarrollo y el aprendizaje saludable de cada niño. "El riesgo no es el destino," recuerda Shore (1997), "La literatura educativa, psicológica y médica contiene un número suficiente de ejemplos de personas que desarrollan o recuperan capacidades significativas después de que periodos críticos han pasado a mantener la esperanza de cada individuo". La ilustración 4.17 proporciona 12 sugerencias para los maestros de las clases de primera infancia.

USO DE TEORÍAS SOBRE EL DESARROLLO Y EL APRENDIZAJE

Como profesor, debe considerar lo que piensa sobre los niños, el desarrollo y el aprendizaje. Este capítulo nos hace reflexionar sobre este aspecto y los estudiantes a menudo están abrumados. Surgen dos preguntas críticas: (1) ¿Por qué existen contradicciones sobre las teorías?, y (2) ¿cómo puedo decidir cuál es la "correcta"? Para contestar la primera pregunta, recuerde que cada teoría demuestra un aspecto particular del desarrollo. Por ejemplo, la teoría psicodinámica se centra en el desarrollo de la personalidad, la teoría behaviorista en las condiciones del aprendizaje, la teoría cognoscitiva en la manera de pensar y aprender de los niños, la teoría de la maduración en la manera de progresar del desarrollo y la teoría humanista en las condiciones para una salud general. Cada una posee componentes ávidos con un cuerpo de investigación que la soporta. Cada opinión es bastante subjetiva y algo estrecha porque cada teoría tiene sus focos de atención y defensores. En otras palabras, ninguna teoría nos cuenta todo...y esa es la respuesta a la segunda pregunta. Los maestros considerados desarrollan sus propias opiniones. Comience a decidir lo que piensa sobre los niños, el aprendizaje y la educación. Trate de evitar la dificultad de ponerse de alguna parte. En su lugar, integre la teoría en los modelos de enseñanza mediante la comparación de las principales teorías sobre el desarrollo y el aprendizaje con las experiencias propias diarias con los niños pequeños.

Hallazgos fundamentales	Aspectos que deben tener en cuenta los educadores
"1. El desarrollo humano depende de la interacción entre naturaleza y educación."	Recuerde la controversia naturaleza/educación que hemos descrito en el capítulo 1 y en este capítulo. Además considere las contribuciones de Piaget, los constructivistas y los teóricos socioculturales en relación con la interacción dinámica entre el entorno y el aprendizaje. Sabemos que al cerebro le afectan todos los tipos de condiciones interactivas y ambientales. El impacto es específico y dramático, y afecta tanto a la dirección general como al sistema de circuitos real del cerebro.
"2. Los primeros cuidados tienen un impacto decisivo y duradero en cómo se van a desarrollar las personas, su capacidad para aprender y la capacidad para regular sus propias emociones."	Este hallazgo confirma el trabajo realizado en las las relaciones (véase este capítulo) y pone de relieve la importancia del cuidado afectuoso y receptivo. En la interacción diaria con adultos nutridos los niños desarrollan la cadena de neuronasque les ayuda a aprender a controlarse y a calmarse,cosa que en realidad ayuda al cerebro a desconectar rápida y eficazmente una respuesta sensible al estrés.
"3. El cerebro humano posee una capacidad notable para cambiar, aunque la sincronización es fundamental."	¿Le resulta conocido? Los *periodos críticos* de Montessori y la creencia de Steiner en un ciclo de desarrollo de 7 años (véase el capítulo 1) ponen de relieve la noción de sincronización. Las investigaciones sobre la mente nos ayudan a señalar con seguridad estos. Las investigaciones sobre la mente nos ayudan a señalar con seguridad estos periodos. Los experimentos muestran que hay ciertas "oportunidades" para el desarrollo apropiado de la vista y el lenguaje, y los estudios muestran ciertos periodos efectivos para el aprendizaje de la música. La capacidad del cerebro para desarrollarse está limitada y los investigadores vieron que estas limitaciones poseían periodos de tiempo que no deberíamos ignorar.
"4. Algunas veces las experiencias negativas o la ausencia de un estímulo apropiado es probables que tengan un efecto importante y continuo."	Considere el impacto de traumas y abandonos maternales, del abuso de sustancias y de la pobreza. Las partes del cerebro asociadas a la expresión y al regulamiento de las emociones muestran el mayor efecto. La actividad del cerebro y el comportamiento de los niños pueden mejorar cuando se tratan algunos de estos problemas, como la depresión maternal. Sin embargo, la mayoría de los factores de riesgo aparecen juntos.
"5. La evidencia acumulada durante la última década resalta la sabiduría y la eficacia de la prevención e intervención temprana."	Lo sabemos en el fondo de nuestros corazones y también tenemos conocimiento de este hecho por las investigaciones sobre Head Start (véanse los capítulos 1 y 2). Actualmente los estudios e investigaciones sobre la mente resaltan el valor de la intervención oportuna, bien diseñada e intensiva.

Ilustración 4.16 Las investigaciones realizadas durante décadas sobre la mente aparecen aquí resumidas y están extraídas de la Conferencia de 1996 sobre el desarrollo del cerebro de los niños pequeños, patrocinadas por el Families and Work Institute (Shore, 1997).

Principios fundamentales del aprendizaje basado sobre el cerebro

1. Cada cerebro es único. Se desarrollan a horarios distintos; los cerebros normales pueden permanecer separados hasta 3 años en las etapas de desarrollo. No deberíamos agrupar cada nivel de calidad o la edad de los educandos bajo el mismo estándar.
2. La tensión y las amenazas afectan al cerebro de muchas maneras: Reducen la capacidad de entendimiento, acepción y memoria. Reducen la habilidad para pensar de un orden alto. Los educandos están amenazados por la pérdida de aprobación, la impotencia, la falta de recursos y por la incapacidad de entregar los trabajos a tiempo.
3. Las emociones recorren el cerebro. Las emociones malas sazonan todos los intentos por aprender. Las buenas crean un entusiasmo y deseo por aprender. Pero más importante es el hecho de que sólo creemos algo y le damos significado cuando lo sentimos con fuerza.
4. Las muestras, y no los hechos, recorren el neocortex. Aprendemos mejor con los temas, los ejemplos y las experiencias completas. Los modelos de información proporcionan el entendimiento que buscan los educandos.
5. Aprendemos según un estilo simultáneo y con múltiples posibilidades. Es visual, auditivo, kinético, consciente e inconsciente. Lo hacemos peor cuando aprendemos de "manera poco sistemática" siguiendo hechos lineales, secuencias de hechos matemáticos y otras listas de información fuera de contexto.
6. Nuestra memoria es muy pobre en situaciones semánticas y de memorización. Es mejor en situaciones orientadas a acontecimientos episódicos y en situaciones dentro de un contexto.
7. Todo aprendizaje se produce teniendo en cuenta a la mente y al cuerpo. Los estados fisiológicos, las posturas y la respiración afectan al aprendizaje. Los maestros deberían aprender a manejar los estados de los estudiantes y también enseñar a los estudiantes a manejar sus propios estados.
8. Alimentar el cerebro. El desafío, la novedad y las respuestas que se dan en los entornos de aprendizaje son elementos que estimulan nuestros cerebros. La creación de más condiciones es fundamental para el crecimiento del cerebro.
9. El ritual es una manera en la que el cerebro de reptil tiene una expresión productiva. Los rituales más productivos y positivos pueden disminuir la tensión y la amenaza percibida.
10. El cerebro tiene un diseño pobre para la instrucción formal. Está diseñado para aprender lo que tiene que aprender para sobrevivir. Normalmente puede aprender lo que quiera. Centrándonos en el aprendizaje, y no en la instrucción o en la enseñanza, hacemos que el cerebro aprenda más.
11. Ciclos y ritmos. Nuestro cerebro está diseñado para las vicisitudes pero no para la atención constante. Los términos "en" o "fuera de la tarea" son irrelevantes para el cerebro.
12. Evaluación. La mayoría de lo que resulta fundamental para el cerebro y el aprendizaje no se puede evaluar. A menudo el mejor aprendizaje es la creación de prejuicios, temas, modelos y patrones de entendimiento profundo.

Ilustración 4.17 Todos los maestros de primera infancia se pueden beneficiar del conocimiento del cerebro y de cómo funciona (Jensen, 1995).

Teoría	Principales Teóricos	Hechos Importantes
Psicosocial	Erik Erikson	Énfasis de maduración Teoría de etapa del desarrollo emocional y social Crisis en cada nivel Maestro: Base emocional, mediador social
Behaviorismo	John Watson Edward Thorndike B. F. Skinner Albert Bandura	Énfasis ambiental Respuesta ante los estímulos Condicionamiento (clásico y operativo) Refuerzo (positivo y negativo) Diseño Maestro: Organizador del entorno y sirve de refuerzo del comportamiento
Cognoscitiva	Jean Piaget	Énfasis de maduración y ambiental Asimilación y acuerdo Teoría de etapa del desarrollo cognitivo Maestro: Proveedor de materiales y tiempo y sirve de soporte para los modos únicos de pensar de los niños
Sociocultural	Lev Vygotsky	Zona de desarrollo próximo Habla privada Aprendizaje colaborativo/asistido
Inteligencias Múltiples	Howard Gardner	Muchas clases de inteligencias Resolución de problemas y creación de productos
Maduración	Arnold Gesell	Énfasis en la herencia Datos normativos Maestro: Guía del comportamiento basado en lo que es típico y normal
Humanista	Abraham Maslow	Énfasis ambiental Modelo de salud mental Jerarquía de necesidades humanas Maestro: Proveedor de necesidades básicas y de desarrollo
Otras	Mary Ainsworth John Bowlby Nancy Eisenberg Carol Gilligan Lawrence Kohlberg Eleanor Maccoby	Investigaciones sobre relaciones y categorías Teoría de las relaciones Amplía el desarrollo moral a prosocial Cuestiona las categorías del desarrollo moral Desarrollo moral, cognitivo y de la función del sexo Investigaciones sobre las diferencias del sexo
Investigaciones sobre el cerebro	Neurocientíficos	Nuevas intuiciones en el desarrollo temprano El principio "úsalo piérdelo" El cuidado afectuoso y receptivo importa

Ilustración 4.18 Las teorías principales y las investigaciones sobre el desarrollo y el aprendizaje describen a los niños y su crecimiento de maneras distintas.

Semejanzas entre las teorías

Las siete teorías que hemos debatido intentan explicar la manera en la que se desarrollan los niños, más en las áreas cognoscitivas y socioemocionales que en las áreas motoras y físicas. La teoría de la maduración es la única de las cinco que incluye el desarrollo físico y motor. En otras palabras, estas teorías no intentan explicar el funcionamiento del cuerpo tanto como la mente y el corazón. En general, las teorías no establecen el currículum de la clase, aunque el behaviorismo recomienda las técnicas de aprendizaje /enseñanza. Las inteligencias múltiples de Piaget y las teorías de Vygotsky sustentan elementos programáticos importantes de una buena educación de la primera infancia, como la colaboración creativa de Reggio Emilia (véanse los capítulos 1, 9, y 14) y las recomendaciones de Gardner para el desarrollo intelectual en las escuelas (véase el capítulo 13). Cada teoría establece que el aprendizaje sigue un camino ordenado, e incluso siempre fluido, desde el nacimiento hasta la edad adulta. Todas consideran el aprendizaje tardío como un desarrollo de las experiencias previas. Todas coinciden en el hecho de que el aprendizaje debe ser real, gratificante y, excepto en casos extremos, relacionados con una persona o personas importantes en los primeros años de vida. La ilustración 4.18 resume las siete teorías principales y los teóricos más destacados.

Diferencias entre las teorías

Las diferencias entre las diversas teorías son más obvias. Las siete poseen un foco de interés particular, pero no el mismo. En términos de desarrollo, Erikson cubre el área psicosocial. Los behavioristas y los seguidores de Piaget tienden a concentrarse en el desarrollo cognoscitivo. Los behavioristas, Gardner y las teorías socioculturales ponen de relieve la importancia de la cultura en el desarrollo y aprendizaje. La teoría de la maduración se basa en el desarrollo físico-motor, aunque los teóricos han dirigido el comportamiento en otras áreas también. La teoría de la maduración de Gesell se basa en los comportamientos más duraderos que dicta la herencia. Maslow crea una base incluyendo necesidades psicológicas, afectivas e intelectuales. De las siete tres son teorías sobre el desarrollo; es decir, describen los cambios que se producen en los niños como consecuencia de la combinación de crecimiento (principalmente controlado por la maduración y la herencia) e interacción con el entorno. Las nuevas investigaciones basadas en el cerebro muestran la importancia de las relaciones e interacciones del niño, tal y como hacen las teorías psicodinámica, sociocultural y humanista. La teoría de Maslow de la realización personal trata menos el desarrollo que la descripción de las necesidades humanas generales, aunque es evidente que en la primera infancia las necesidades básicas predominan sobre las más elevadas que se producen después.

La teoría behaviorista pone de relieve los cambios que se producen en el entorno. Las ideas cognoscitivas y psicosociales pertenecen a las teorías de etapa, y explican el crecimiento como una serie de pasos por los que todos los niños pasan, sin importar el entorno. Los behavioristas describen detalladamente la manera de aprender de los niños sin importar la edad o la etapa que puedan haber alcanzado, mientras que los dos teóricos de las etapas reclaman que lo que aprende el niño y la forma de aprenderlo están asociados a una etapa del desarrollo. Los humanistas tienden a considerar el aprendizaje como un elemento paralelo a la etapa afectiva interna del niño, en lugar de una etapa de crecimiento o condiciones ambientales externas.

La mayoría de los educadores de la primera infancia son eclécticos en sus prejuicios teóricos. Es decir, han desarrollado sus propias filosofías sobre la educación basadas en algunos aspectos de cada teoría. Cada maestro tiene la obligación de desarrollar un conjunto de ideas claras acerca de la manera en la que crecen y aprenden los niños. Somos afortunados de tener oportunidades para elegir. La mayoría de los educadores están de acuerdo en algunos principios básicos basados, en parte, en las teorías sobre el desarrollo y el aprendizaje.

1. Las necesidades psicológicas básicas de los niños y la necesidad de seguridad psicológica y física se deben satisfacer óptimamente antes de que puedan experimentar y responder a los "motivos de desarrollo." [Maslow y las investigaciones sobre el cerebro]

2. Los niños se desarrollan de modo irregular y no de manera lineal a medida que crecen en madurez psicosocial y bienestar psicológico. Una gran variedad de factores en la vida de los niños, además de la manera en la que interrumpen sus propias experiencias, van a influir el modelo y ritmo de progreso hacia una madurez emocional y social más grande. [Erikson, Vygotsky, los behavioristas, teóricos de la maduración]

3. Las crisis del desarrollo que se producen en el proceso normal de crecimiento pueden ofrecer máximas oportunidades para el desarrollo psicológico,

pero estas crisis también están llenas de posibilidades para la regresión e incluso una adaptación negativa. [Erikson]

4. Los niños luchan por conseguir el control de sus mundos interiores privados además de luchar por el mundo exterior. [Erikson, Piaget]

5. Las interacciones del niño con las personas significativas en su vida desempeñan un papel importante en su desarrollo. [Erikson, los behavioristas, Vygotsky y Maslow]

Conclusiones sobre las investigaciones sobre el desarrollo

Resultados

Las investigaciones y la información que proporcionan deben satisfacer las necesidades de los profesionales para que éstas sean útiles. Los maestros pueden combinar los datos sistemáticos de los investigadores con las experiencias y observaciones personales, incluyendo el significado de las relaciones, el lenguaje y el pensamiento, los factores biológicos y las necesidades especiales (véanse también los capítulos 6, 10, y 12-14). Para tener presente al niño real bajo todas estas teorías, los maestros aplican las investigaciones sobre el desarrollo a los escenarios de la clase. La ilustración 4.19 consolida lo que las investigaciones sobre el desarrollo han descubierto y la manera de ponerlo en práctica con niños pequeños.

Además, es importante para los maestros y padres conocer algo sobre las últimas investigaciones para estar al día de las cuestiones críticas para el desarrollo infantil. Por ejemplo, ¿existen periodos críticos en el crecimiento infantil? ¿existe un momento especial para el desarrollo de las relaciones o de ciertas habilidades intelectuales u otras cuestiones? Las investigaciones muestran que los animales como los patos se relacionarán con cualquier objeto que se mueva o haga graznidos aproximadamente 15 horas después de salir del cascarón. Por lo tanto, ese periodo es un momento crítico para que los patos desarrollen un comportamiento "posterior".

¿Existen paralelos en el desarrollo infantil? Evidentemente, las investigaciones basadas en el cerebro presentadas aquí tienen muchas posibilidades. Resulta difícil encontrar dichos periodos precisos en el desarrollo humano, pero muchos psicólogos mantienen que periodos sensibles más amplios y ligeros pueden existir. El periodo que va desde los 6 a los 12 años puede ser un periodo sensible para la formación de relaciones con los padres y el periodo que va desde los 18 hasta los 60 meses lo puede ser para las habilidades motoras.

Bloom (1971) afirma que el 50% de la capacidad intelectual de un niño se logra a los 5 años, la teoría de las inteligencias múltiples puede discrepar con esa afirmación.

Sin embargo, otros psicólogos argumentan que los niños son más fuertes y flexibles que eso y dichos periodos no son tan importantes. Jerome Kagan y muchos psicoterapeutas, por ejemplo, afirman que existe un potencial para la *plasticidad* (cambio o desarrollo) durante toda la vida. Los niños que han sufrido abusos, por ejemplo, se pueden recuperar si se mejora su entorno y si cuentan con el respaldo (terapia, educación para la rehabilitación y así sucesivamente) para realizar dichos cambios.

Creemos que existen buenas razones e investigaciones para apoyar ambas posiciones. El periodo completo de la primera infancia se considera como sensible o crítico por muchas de las personas de esta área. Al mismo tiempo, los programas como Head Start creen en la validez del enriquecimiento y la intervención. Los maestros utilizan las investigaciones y teorías para ayudarles a tomar decisiones adecuadas en el proceso de enseñanza.

Toma de decisiones en el proceso de enseñanza

El conocimiento del desarrollo infantil puede ayudar a los maestros en muchas de las decisiones que toman diariamente en lo que se refiere a la clase, el currículum y, lo más importante, los niños. Los maestros constantes y eficaces tienen una base sólida en la teoría sobre el desarrollo y el aprendizaje. En lugar de basar una decisión en el capricho o exaltación del momento, el maestro reflexivo puede utilizar la teoría junto con habilidades de observación agudas para establecer objetivos realistas sobre el niño.

Considere, por ejemplo, lo útil que es la información del desarrollo infantil en las siguientes circunstancias:

Kenia y Pedro de 15 meses están llorando y un poco quisquillosos esta mañana. El maestro hace una pausa, después se da cuenta de que ninguno ha salido todavía o comido un aperitivo. La programación de horarios regulares para el

Las investigaciones sobre el desarrollo nos dicen:	Los maestros pueden:
1. El crecimiento se produce en una secuencia.	Considerar los pasos que los niños pueden seguir cuando planean los proyectos. Conocer las secuencias de crecimiento de la edad del grupo de niños.
2. Los niños de cualquier grupo de edad se comportarán de manera similar en cierto modo.	Planear actividades en relación con la variedad de edad de los niños. Conocer las características del grupo de edad de los niños.
3. Los niños crecen siguiendo ciertas etapas.	Conocer las etapas de crecimiento de su clase. Indicar a la familia cualquier comportamiento inconsistente con las etapas generales de desarrollo.
4. El crecimiento se produce en cuatro áreas interrelacionadas.	Entender que el trabajo de una persona en un área puede ayudar a otro área. Planear el desarrollo del lenguaje, mientras que los niños utilizan sus cuerpos.
5. Crecimiento intelectual: Los niños aprenden a través de los sentidos. Los niños aprenden mediante la acción; los adultos aprenden de manera abstracta, mientras que los niños necesitan un aprendizaje concreto. El desarrollo cognitivo se produce en cuatro áreas: percepción (visual, auditiva, etc.)	Tener actividades relacionadas con la vista, el olfato, el gusto, el oído y el tacto. Darse cuenta de que el habla es abstracta; hacer que los niños toquen, Proporcionar materiales y actividades para unir, encontrar semejanzas/diferencias, relacionar un dibujo con un sonido, un gusto, o con un símbolo.
lenguaje	Proporcionar oportunidades para encontrar y poner etiquetas a las cosas, hablar con los mayores, los amigos, decir lo que "parece", "cómo huele", etc.
memoria	Saber que a los 3 años, un niño a menudo puede recordar de 2–3 direcciones. Saber que la memoria recibe ayuda de la visualización, mantenimiento de objetos y personas por lo que *ven*, en lugar de lo que creen que deberían ver.
razonamiento	Reconocer que éste sólo es el comienzo, de manera que los niños juzgan por lo que *ven*, en lugar de lo que creen que deberían ver. Asegurarse de que las explicaciones de los adultos ayudan a entender las razones. Practicar para encontrar "respuestas" a preguntas abiertas como, ¿cómo puedes decir que estás cansado?"

Ilustración 4.19 Las investigaciones sobre el desarrollo analizan las teorías de crecimiento y aprendizaje para obtener información sobre los niños y su infancia.

Las investigaciones sobre el desarrollo nos dicen:	Los maestros pueden:
6. Desarrollo social:	Esperar que los niños sólo van a conocer sus ideas.
El niño *sólo* ve el mundo desde su punto de vista Para creer hay que ver.	Ser consciente de que el derecho de los otros son de mínima importancia para ellos. Recordar que si los niños no pueden establecer la situación, es posible que no sean capaces de hablar de ella.
El juego en grupo se está desarrollando.	Proporcionar sesiones para jugar libremente, con lugares para jugar de manera social. Entender que el juego en grupo en situaciones estructuradas es difícil por causa de la orientación "propia".
La independencia aumenta cuándo crece la competencia.	Saber que los niños comprueban hasta qué punto pueden llegar. Tener en cuenta que los niños van a cambiar de independientes a dependientes (tanto en el grupo como con ellos mismos).
Las personas nacen sin saber cuándo es seguro continuar. La atención que proporciona el adulto ies muy mportante. Los niños no nacen con un mecanismo interno que les diga cuando deben "disminuir".	Entender que los niños necesitan aprender equivocándose. Conocer a los niños de manera individual. Permanecer con el niño y no sólo con el grupo. Avanzar a una situación antes de que el niño pierda el control.
7. Desarrollo emocional: La imagen de sí mismo se desarrolla.	Observar el desarrollo de la imagen de sí mismo de cada persona. Elogiar a los niños para intensificar buenos sentimientos sobre uno mismo. Saber que el hecho de dar a los niños algunas responsabilidades les ayuda a desarrollar una imagen de sí mismos. Hablar con los niños mirándoles a los ojos. Los niños aprenden de los ejemplos. Modelar un comportamiento apropiado haciendo tú mismo lo que quieres qué haga el niño.
8. Desarrollo físico: El desarrollo muscular no es completo. Los músculos no permanecen quietos durante mucho tiempo. Los músculos grandes se desarrollan mejor que los pequeños. Se está estableciendo la preferencia de trabajar con las manos. Se debe realizar varias veces una capacidad antes de poder asimilarla	No debe esperar la perfección en actividades que requieren el uso de músculos tanto grandes como pequeños. Planear periodos cortos para que los niños permanezcan setados. Proporcionar muchas oportunidades para que se desplacen, tener cuidado con las esperanzas de trabajos manuales. Observar cómo deciden los niños la utilidad de sus manos. Permitir que los niños realicen cambios con sus manos mientras juegan. Tener materiales disponibles para que los utilicen a menudo. Planear proyectos para que los niños utilicen las mismas habilidades una y otra vez.
El control de la vejiga y el intestino no está completamente asimilado.	Entender los "accidentes". Si es posible tener siempre fácil acceso al baño, y hacer que sean atractivos.

Ilustración 4.19 Continuación.

movimiento activo hace que los niños estén cómodos; el conocimiento de las necesidades del desarrollo físico de los niños (teoría de la maduración) va a ayudar a estos niños.

Mario y Teresa, ambos en silla de ruedas, se incorporaron a la clase de primero el mes pasado, sus padres informan que ninguno de ellos quiere volver a la escuela. El maestro, reconociendo la necesidad de los niños de sentirse parte de la clase y la necesidad de los compañeros de familiarizarse con los recién llegados (teoría sociocultural), empareja a los niños en un proyecto para diseñar y crear juguetes con ruedas para los animales domésticos. Conociendo la necesidad de los niños de poseer una competencia (Erikson) y un nivel de pensamiento cognoscitivo (Piaget), la maestra anima a estos niños de 6 años a conseguir un entendimiento mutuo más grande y habilidades sociales.

Los preescolares Javier y Ania han estado discutiendo sobre quién ha traído el "mejor" juguete para el cuidado del niño. Conociendo su egocentrismo (Piaget), el maestro admite que los dos tienen razón, pero que ellos son incapaces de verlo por sí mismos. Elogiando a los juguetes en presencia de los niños, la maestra se presenta como un modelo a seguir (teoría del aprendizaje social y del comportamiento) y como un ejemplo de cómo comportarse adecuadamente (teoría sociocultural), cuando demuestra la manera en la que los dos niños, y sus juguetes, pueden jugar juntos.

Finalmente, el maestro que está bien informado sobre la teoría sobre el desarrollo infantil puede proporcionar esta información a los padres. Los padres pueden compartir la opinión personal y exhaustiva de sus hijos mientras que los maestros proporcionan su punto de vista en lo que se refiere al aprendizaje y desarrollo. Juntos, padres y maestros pueden tomar decisiones sobre el niño en base a una información concreta y precisa.

Condiciones del aprendizaje

Los maestros también buscan las mejores condiciones del aprendizaje. Cuidar a los niños significa proporcionar un desarrollo completo, en el mejor entorno posible. La teoría sobre el desarrollo ayuda a definir las condiciones que mejoran el aprendizaje y a partir de las cuales se crean entornos de aprendizaje positivo. Las investigaciones realizadas en todas las teorías amplían el conocimiento de los niños y el aprendizaje.

Asociadas a una aplicación práctica, tanto las teorías como las investigaciones han ayudado a reconocer que:

1. *El aprendizaje debe ser real.* Enseñamos cosas sobre los cuerpos, las familias, los vecinos y la escuela de los niños. Comenzamos enseñando quiénes son los niños y ampliamos esta información para incluir al mundo, en sus términos. Les proporcionamos las palabras, las ideas, la manera de preguntar y de entender cosas por ellos mismos.
2. *El aprendizaje debe ser gratificante.* La práctica mejora el aprendizaje, pero sólo si no hay problemas para practicar, equivocarse e intentarlo de nuevo. Incluimos el tiempo para realizar todo esto, proporcionando una atmósfera de aceptación y de refuerzo inmediato sobre lo que se ha logrado (incluso la barrera que se acaba de pasar). Además, la práctica puede hacer que una experiencia sea incluso mejor, ya que recuerda a los niños lo que son capaces de hacer.
3. *El aprendizaje se debe agregar a la vida de los niños.* Ayudamos a conectar a la familia con el niño y el profesor. Sabemos que los niños aprenden cosas sobre la cultura de la familia y miembros conocidos de la comunidad, como maestros, bibliotecarios, tenderos, etc. Conocemos eventos familiares importantes y ayudamos a la familia a sobrellevar algunos acontecimientos en la escuela. Para los niños, el aprendizaje continúa dondequiera que estén, despiertos o dormidos. Los padres pueden aprender a valorar el aprendizaje y a ayudar a que éste se produzca en sus hijos.
4. *El aprendizaje conlleva una buena etapa.* Los cuerpos sanos contribuyen a una mente alerta, de manera que una buena educación significa cuidar la salud de los niños. Ésta incluye una salud física y además una salud emocional y mental. La estabilidad psicológica y el bienestar son términos teóricos que se refieren a las visiones, la disponibilidad y la conciencia que los maestros traen a la clase. En las perspectivas propuestas para el éxito de los niños, prevenimos las distracciones por la manera en la

que están colocados los muebles, lo ruidoso que es el entorno, la cantidad de desconocidos que hay alrededor. La salud mental es emocional e intelectual. Intentamos proporcionar una variedad de materiales y experiencias y una programación flexible cuando alguien persigue una idea, crea un proyecto o pone fin a un desacuerdo. Mientras que cuidemos a niños, tendremos nuestras manos ocupadas. Con los datos teóricos presentados en esta sección, los maestros poseen las herramientas con las que abrirse camino en el mundo de los niños y en la educación de la primera infancia.

Sumario

Al siglo XX se le ha denominado "el siglo del niño". Las teorías sobre el desarrollo y el aprendizaje de este siglo forman el pilar de nuestro conocimiento de los niños. Lo que sabemos sobre la manera en la que crecen los niños, aprenden y se adaptan al mundo que les rodea es fundamental en la búsqueda de un entendimiento más grande de las personas a las que servimos. Nuestra área de conocimiento es más grande debido a las contribuciones de varias escuelas de estudio. La teoría de Erikson sobre el desarrollo psicosocial nos proporciona algunas visiones de los sentimientos de los niños y la manera en la que la vida emocional y social afecta al aprendizaje. Los behavioristas, un grupo americano distintivo de psicólogos, muestran todo lo que podemos aprender sobre los asuntos humanos aplicando los métodos científicos. Piaget, un "gigante de las guarderías" (Elkind, 1977), nos hace ver una teoría de etapas del desarrollo y nos muestra lo activos que son los niños en su propio aprendizaje. Vygotsky nos recuerda cómo los valores, creencias, habilidades y tradiciones se transmiten a las siguientes generaciones en una "zona de desarrollo próximo" basada en las relaciones con los demás. Gardner sugiere clases múltiples de inteligencias, en lugar de considerar la mente como una "caja negra" estática o una vasija vacía. Gesell nos proporciona una serie de normas del desarrollo. Maslow, un psicólogo humanista, establece una jerarquía de necesidades, recordándonos que las necesidades fisiológicas y físicas básicas se deben satisfacer antes de que se produzca un aprendizaje más elevado. Las investigaciones basadas en el cerebro abren las puertas a posibilidades nuevas y a un aprendizaje y enseñanza mejores.

Al conocer estas teorías, somos más capaces de formular nuestra propia filosofía de la educación. Al aplicar constantemente las visiones de las investigaciones y las teorías, mostramos nuestro interés por comprometernos con los niños. Lo que sabemos sobre el crecimiento y el desarrollo nos ayuda a luchar por nuestros recursos más importantes, nuestros niños.

Preguntas de Repaso

1. Una al teórico con la descripción apropiada:

B. F. Skinner	Inteligencias Múltiples
Abraham Maslow	Diferencias Relativas al Sexo
Jean Piaget	Relaciones
Albert Bandura	Aprendizaje social
Mary Ainsworth	Zona de desarrollo próximo
Eleanor Maccoby	Desarrollo psicosocial
Erik Erikson	Behaviorismo
Arnold Gesell	Normas del desarrollo
Lev Vygotsky	Teoría cognoscitiva
Howard Gardner	Actualización de uno mismo

2. Describa las cuatro etapas de desarrollo cognoscitivo de Piaget y las consecuencias en la educación de las distintas etapas de la infancia.

3. Nombre al menos tres psicólogos que hayan contribuido al conocimiento del desarrollo. Describa su reacción ante las teorías.

4. Dadas cinco teorías sobre el aprendizaje y el desarrollo, ¿cuál de ellas probablemente defendería grandes periodos para jugar libremente? ¿un programa académico de primaria? ¿preguntas abiertas realizadas por los maestros? ¿una hora temprana regular de comer?

5. ¿Quién lo dijo? Una el teórico con la cita relevante.

Lev Vygotsky	"El primer órgano que aparece como una zona erógena y que realiza demandas libidinosas en la mente es, desde que nacemos en adelante, la boca."
Erik Erikson	"Existen problemas cuando los cuidadores establecen *expectativas* bajas para los niños basadas principalmente en el hecho de que los niños son miembros de un grupo cultural de estatus bajo, en lugar de basarse en las capacidades reales de los niños."
Jean Piaget	"El sentimiento de autocontrol sin perder la autoestima provoca un sentimiento duradero de buena voluntad y orgullo; el sentimiento de perdida de autocontrol y de un control exterior provoca una propensión para dudar y avergonzarse."
Sigmund Freud	"Los niños adquieren la mayoría de sus conceptos, las normas en las que viven, de los modelos que observan en el curso de la vida diaria."
Sara Lawrence Lightfoot	"El pensamiento de los niños pequeños manifiesta una actividad considerable que es frecuentemente original e impredecible. Es notable no sólo en virtud a la manera en que se diferencia del pensamiento de los adultos sino también en virtud a lo que nos enseña."
Albert Bandura	"No importa la manera en la que nos aproximemos al problema que suscita controversia de las relaciones entre pensamiento y habla, tendremos que tratar extensamente *el habla interior*."

Actividades de Aprendizaje

1. Es usted un maestro en un centro amplio urbano de cuidado infantil. Sus niños llegan a 7:00 y normalmente se quedan hasta las 5:00 todos los días. ¿Qué es lo primero que haría por las mañanas? Utilice la jerarquía de las necesidades de Maslow para justificar tus respuestas.
2. ¿Qué opina de la influencia de la televisión en el comportamiento de los niños? Considere los dibujos animados típicos que ven los niños que usted conoce. Desde una perspectiva del aprendizaje social, ¿qué están aprendiendo?, ¿qué más les haría ver?
3. Usted es un maestro en una escuela de preescolares de clase media. ¿Qué sabe sobre las necesidades de su grupo y la etapa de desarrollo?, ¿qué suposiciones, si puede hacer alguna, podría realizar sobre el desarrollo y la clase social?, ¿qué le dice el origen cultural sobre lo que puede enseñar?, ¿cómo va a averiguar lo que puede aprender cada niño?
4. Observe a los niños en un centro de cuidado infantil cuando dicen adiós a sus padres. ¿Qué le pueden indicar sus observaciones sobre los niveles de relaciones?, ¿qué pueden hacer los maestros para respaldar las relaciones y también ayudar a que los niños se separen?

Bibliografía

Bibliografía general

Bee, H. (1997). *The developing child.* Menlo Park, CA: Addison-Wesley.

Berger, K. S. (1995). *The developing pernos* (4ª ed.). Nueva York: Worth.
Berk, L. (1996). *Infants, children, and adolescents.* Boston, Allyn & Bacon.
Cole, M., & Cole, S. (1993). *The development of children.* Nueva York: Libros americanos científicos.
Diessner, R., Paciorek, K. M., Munro, J. H., & Schultz, F. (1995–1997). *Fuentes: Notable selections in human development.* Guildford, CT: Dushkin/McGraw-Hill.
Fong, B., & Resnick, M. (1986). *The child: Development through adolescence.* Palo Alto, CA: Mayfield.
Gardner, H. (1982). *Developmental psychology.* Boston: Little, Brown.
Glascott, K. (1994, Spring). A problem of theory for early childhood professionals. *Childhood Education,* pp. 190–192.
McClinton, B. S., & Meier, B. G. (1978). *Beginnings: Psychology of early childhood.* St. Louis: Mosby.
Schickendanz, J., Hansen, K., & Forsyth, P. (1993). *Understanding children.* Mountain View, CA: Mayfield.
Segal, J. (1989, Julio). Ten myths about child development. *Parents,* pp. 96.

Desarrollo infantil y diversidad cultural

Caldwell, B. (1983). *Child development and cultural diversity.* Geneva, Switzerland: OMEP World Assembly.
Gura, P. (1994). Childhood: A multiple reality. *Early Childhood Development and Care, 98.*

Hilliard, A., & Vaughn-Scott, M. (1982). The quest for the 'minority' child. In S. Moore & C. Cooper (Eds.), *The young child: Review of research* (Vol. 3). Washington, DC: Asociación Nacional para la Educación de Niños Pequeños.
Lightfoot, S. L. (1978). *Worlds apart.* Nueva York: Basic Books.
Rodd, J. (1996). Children, culture and education. *Childhood Education,* Intenational Focus Issue.
Tatum, B. D. (1995, Febrero). *Stages of racial/ethnic identity development in the United States.* Paper presented at the National Association for Multicultural Education, Washington, DC.
York, S. (1991). *Roots and wings: Affirming culture in early childhood programs.* St. Paul, MN: Redleaf Press.

Teoría psicodinámica

Erikson, E. H. (1963). *Childhood and society* (2ª ed.). Nueva York: Norton. Erikson, E. H. (1964). Toys and reasons. In M. R. Haworth (Ed.), *Child psychotherapy: Practice and theory*. Nueva York: Basic Books. Erikson, E. H. (1969). A healthy personality for every child. En P. H. Mussen, J. J. Conger, & J. Kagan (Eds.), *Child development and personality* (3ª ed.). Nueva York: Harper & Row. Evans, R. I. (1967). *Dialogue with Erik Erikson*. Nueva York: Harper & Row. Freud, S. (1968). *A general introduction to psychoanalysis*. Nueva York: Washington Square Press. Hubley, J. & Hubley, F. (1976). *Everyone rides the carousel*. Santa Monica, CA: Pyramid Films. Myers, J. K., et al. (1984). *Archives of General Psychiatry, 41*, 259–267. Spitz, R. A., & Wolf, K. M. (1946). Analytic depression: An inquiry into the genesis of psychiatric conditions in early childhood, II. En A. Freud, et al. (Eds.), *The psychoanalytic study of the child* (Vol. II). Nueva York: International Universities Press.

Teoría behaviorista

Bandura, A. (1963). Imitation of film-mediated aggressive models. *Journal of Abnormal and Social Psychology.*

Bandura, A. (1986). *Social foundations of thought and action: A social cognitive theory*. Nueva York: Prentice Hall.

Bloom, B. (Ed.). (1971). *Handbook of formative and summative evaluation of student learning.* Nueva York: McGraw-Hill.

Bloom, B. (1973). Every kid can: *Learning for mastery*. College/University Press.

Carpenter, F. (1974). *The Skinner primer*. Nueva York: The Free Press.

Fong, B., & Resnick, M. (1986). *The child: Development through adolescence*. Palo Alto, CA: Mayfield.

Levin, R. A. (1991, Winter). The debate over schooling: Influences of Dewey and Thorndike. *Childhood Education.*

Skinner, B. F. (1953) *Science and human behavior.* Nueva York, NY: MacMillan Co.

Suransky, V. P. (1982, Otoño). A tyranny of experts. *Wilson Quarterly.*

Teorías cognitivas/constructivistas

Castle, K., & Rogers, K. (1993/94, Invierno). Rule creating in a constructivist classroom community. *Childhood Education.*

Chi, M. T. (1978). Knowledge structure and memory development. En I. M. Siegler (Ed.), *Children's thinking: What develops?* Hillscale, NJ: Erlbaum.

Dasen, P. R. (Ed.). (1977). *Piagetian psychology: Cross-cultural contributions.* Nueva York: Gardner Press (division of John Wiley).

DeVries, R., & Kohlberg, L. (1990). *Constructivist early education: An overview and comparison with other programs.* Washington, DC: National Association for Education of Young Children.

DeVries, R., & Zan, B. (1994). *Moral classrooms, moral children: Creating a constructivist atmosphere in early education.* Nueva York: Teachers College Press.

Elkind, D. (1977). Giant in the nursery school, Jean Piaget. En E. M. Hetherington & R. D. Parke (Eds.), *Contemporary readings in psychology*. Nueva York: McGraw-Hill.

Elkind, D., & Flavell, J. (Eds.). 1996. *Essays in honor of Jean Piaget.* Nueva York: Oxford University Press.

Flavell, J. H., Green, F. L., y Flavell E. R. (1989). Young children's ability to differentiate appearance reality. *Child Development*, 60, 201–213.Forman, G. (1996). A child constructs an understanding of a water wheel in five media. *Childhood Education*, Annual Theme.

Heuwinkel, M. K. (1996, Fall). New ways of learning = new ways of teaching. *Childhood Education*, pp. 313–342.

Kohn, A. (1993). *Punished by rewards.* Nueva York: Houghton Mifflin.

Labinowicz, E. (1980). *The Piaget primer: Thinking, learning, teaching* (pp. 41–46). Menlo Park, CA: Addison-Wesley.

Mali, G., & Howe, A. C. (1980, Abril). Cognitive development of Nepalese children. *Science Education*, 64(2),

Meade-Roberts, J., & Spitz, G. (1998). Under construction. Unpublished documents. Voyat, G. (1983). *Cognitive development among the Sioux children.* Nueva York: Plenum Press.

Teoría sociocultural

Badrava, E. (1992, Noviembre). *Vygotsky's theory.* Paper presented at seminar, National Association for the Education of Young Children, New Orleans, LA.

Hale, J. (1986). *Black children: Their roots, culture and learning styles.* Baltimore, MD: The Johns Hopkins University Press.

Ramirez, M., & Casteneda, A. (1974). *Cultural democracy, biocognitive development and education.* Nueva York: Academic Press.

Rogoff, B. (1990). *Appreciation in thinking: Cognitive development in a social context.* Nueva York: Oxford University Press.

Vygotsky, L. S. (1978). *Mind in society: The development of higher psychological processes*. Cambridge, MA: Harvard University Press.
Vygotsky, L. S. (1987). *Thinking and speech*. (N. Minick, Trans.). Nueva York: Plenum Press.

Teoría de las inteligencias múltiples

Blumenthal, R. (1995, November 19). Curriculum update for Sesame Street. *New York Times*, pp. 43–44.
Gardner, H. (1983). *Frames of mind*. Nueva York: Basic Books.
Gardner, H. (1991). *The unschooled mind*. Nueva York: Basic Books.
Gardner, H. (1993). *Multiple intelligences*. Nueva York: Basic Books.

Teoría de la maduración

Ames, L. B., and Ilg, F. (1979). *The Gesell Institute's child from one to six. The Gesell Institute's child from five to ten, y The infant in today's culture*. Nueva York: Harper & Row.
Gesell, A. (1940). *The first five years of life*. Nueva York: Harper & Row.

Teoría humanista

Goble, F. G. (1970). *The third force: The psychology of Abraham Maslow*. Nueva York: Grossman Publishers.
Maslow, A. H. (1954). *Motivation and personality*. Nueva York: Harber & Row.
Maslow, A. H. (1962). *Towards a psychology of being*. Nueva York: Van Nostrand.

Otras teorías de la educación

Relaciones

Ainsworth, M. (1979, October). Infant-mother attachment. *American Psychologist*, pp. 131–142.
Bowlby, J. (1969, 1973). *Attachment and loss* (Vols. I & II). Nueva York: Basic Books.

Investigaciones sobre el cerebro

Armstrong, T. (1987). *In their own way*. Los Angeles: Jeremy Tarcher.
Caine, G., & Caine, R. (1994). *Making connections: Teaching and the human brain*. Nueva York: Addison-Wesley.
Caine, G., & Caine, R. (1997). *Education on the edge of possibility*. Alexandria, VA: Association for Supervision and Curriculum Development.
Diamond, M., & Hopson, J. (1998). *Magic trees of the mind*. Nueva York: Dutton.
Galinsky, E. (1997, Winter). New research on the brain development of young children. *CAEYC Connections*.
Jensen, E. (1995). *Brain-based learning and teaching*. Nueva York, NY. Bain Store, Inc.
Neuberger, J. J. (1997, Mayo). New brain development research. A wonderful window of opportunity to build public support for early childhood education? *Young Children, 52*, 4.
Phipps, P. A. (1998). *Applying brain research to the early childhood classroom*. Nueva York: McGraw-Hill.
Shore, R. (1997). *Rethinking the brain: New insights into early development*. Nueva York: Families and Work Institute.

Diferencias relativas al sexo

Bee, H. (Ed.). (1978). *Social issues in development psychology*. Nueva York: Harper & Row.
Maccoby, E. (1980). *Social development*. Nueva York: Harcourt Brace Jovanovich.
Maccoby, E. E., & Jacklin, C. N. (1974). *The development of sex differences*. Stanford, CA: Stanford University Press.
Matthews, W. S. (1979). *He and she: How children develop their sex role identity*. Englewood Cliffs, NJ: Prentice-Hall.
Tavris, C., & Offir, C. (1977). *The longest war:* Sex differences in perspective. Nueva York: Harcourt Brace Jovanovich.

Desarrollo moral

Buzzelli, C. A. (1992, Septiembre). Young children's moral understanding: Learning about right and wrong. *Young Children*, pp. 47–53.
Eisenberg, N., Lenon, R., y Roth, K. (1983). Prosocial development in middle childhood: A longitudinal study. *Developmental Psychology*, 23, 712–718.
Gilligan, C. (1982). *In a different voice*. Cambridge, MA: Harvard University Press.
Kohlberg, L. (1981). *The philosophy of moral development*. Nueva York: Harper & Row.

¿Quiénes son los maestros?

Artículo

¿QUIÉNES SON LOS MAESTROS DEL NIÑO PEQUEÑO?

Elizabeth Jones

Los maestros de niños de 3, 4 y 5 años son personas que ayudan a los niños a convertirse en *expertos en juegos.* Cuando los niños tienen menos de 3 años, están ocupados principalmente en la *exploración* sensorio-motora del mundo, de las cosas y las personas, incluso ellos mismos, y qué puede hacerse con ellas. Cuando los niños tienen más de 5 años, están emprendiendo una *investigación* más sistemática de las reglas que gobiernan los mundos natural y social y el sistema de símbolos que los seres humanos utilizan para representarlas y comunicarlas. En preescolar y el jardín de infancia, la tarea de los niños es dominar el *juego.* En el juego representan, por medio de la teatralización, lenguaje y construcción espontáneos, los "guiones" de sus mundos reales y de fantasía. Están recreando el mundo con el fin de entenderlo por sí mismos. Marina, Rubén y Daniel tienen 3 años y van a atención infantil todos los días. A todos les gustan los bloques, y a su maestra también. En su papel de *directora de escena,* organiza cuidadosamente los bloques, los autitos, animales y figuras que enriquecen el juego de bloques, igual que hace con todos los materiales del entorno, tanto en el interior como en el exterior. Observando a los niños mientras juegan, continúa ordenando y enriqueciendo la utilería que centra la acción que tiene lugar en el escenario de los niños.

> Marina está construyendo con mucho cuidado una plataforma de bloques para sus autitos, con una rampa que sale de la plataforma. El rápido coche de Rubén choca con la rampa. Marina pega a Rubén. "¡No, no, no!", chilla. Rubén corre hacia la ayudante: "¡Marina me pegó!"
>
> "Marina, ven aquí", llama la ayudante. "No puedes jugar si no sabes compartir. Usa las palabras. No digas sólo no, no, no."
>
> Marina trata de escabullirse. La ayudante la sujeta: "Cuando te llamo, espero una respuesta." Marina se suelta y vuelve a los bloques, donde sigue construyendo. Rubén comienza a hacer correr su autito rampa abajo. Marina empuja el coche, y la rampa se cae. "Marina, recuerda lo que hablamos", advierte la ayudante. Marina corre hacia la maestra, que viene a ver qué está pasando. "Marina, ¿qué quieres decirle a Rubén?" pregunta, rodeando con un brazo a cada niño. "No me gusta. Es tonto,

tonto", dice Marina. "Estás enojada con Rubén. ¿Puedes decirle qué te enfadó?"

"¡Mi pista!" grita Marina. "¡No hace más que estropear mi pista!" Trata de golpear otra vez a Rubén. La maestra mantiene seguros a ambos niños mientras pregunta, "Rubén, ¿qué quieres hacer?" "Hacer correr mi auto ahí", explica Rubén. "Tengo un auto rápido. Ésa es una pendiente rápida". Dirige una sonrisa de ganador a Marina. "Ten cuidado, entonces", dice Marina muy seria. Él hace caso y pronto están construyendo juntos.

En su papel de *mediador*, la maestra ha mostrado respeto por la intención de ambos niños. Hizo preguntas para ayudarles a resolver el problema muy real que tenían y continuar el juego. El juego es lo importante que está sucediendo; las estrategias de resolución de problemas tienen que apoyarlo, no interrumpirlo. En cambio, la reiteración de las reglas de adultos, "No puedes jugar si no sabes compartir", corre el riesgo de destruir el juego y no les da a los pequeños tácticas útiles para resolver ni este problema ni el próximo que se presente.

Ninguno está jugando en los bloques. Daniel, que ha estado varios días enfermo en su casa, se acerca con ciertas dudas y saca un bus de los estantes. No parece saber qué hacer después. La maestra, alerta a las necesidades de los niños, trae una caja de ositos diminutos como posibles pasajeros del bus. "¿Puedo subir a tu bus?" pregunta con voz chillona, dando vida a un osito rojo. Daniel sonríe sin ganas pero no responde.

La maestra decide ofrecer más ideas. Se sienta en el suelo y empieza enseguida a construir una carretera de bloques. Daniel mira. Cuando la maestra pregunta suavemente, "Tut-tut, ¿querría viajar por mi carretera?" Daniel decide que es una buena ruta para un bus. Conduce lentamente por ella.

La maestra puede tomar el papel de *jugador* para ayudar a que el juego se encamine o para enriquecerlo con lo que parece una buena idea. Toma decisiones así mientras observa para ver qué está sucediendo. Su objetivo es apoyar el desarrollo de un juego de alta calidad, la representación, crecientemente compleja, que hacen los niños de su comprensión del mundo.

Con niños que dominan el juego de representación, la maestra está libre para pasar al papel de *escriba*, alguien que registra información sobre el juego para su propio uso *asesor* de crecimiento infantil, *planificador* de programas para niños, y *comunicador* tanto para los mismos niños como para otros adultos, incluyendo a los padres.

Ahora que Marina y Rubén están construyendo juntos, la maestra es libre para observarlos. Están construyendo una torre. Decide dibujarla; es una torre alta y esbelta.

La Dra. Elizabeth Jones es profesora de Pacific Oaks College, contribuye con frecuencia a NAEYC, y es la autora de The Play's the Thing *y* Teaching Adults Emergent Curriculum *entre muchas otras obras.*

El papel del docente

Preguntas para pensar

¿Qué hace complejo el papel del maestro?

¿Qué cualidades debe poseer un buen maestro?

¿Qué es la enseñanza en equipo en la primera infancia?

¿Cuáles son los puntos esenciales del éxito en la enseñanza?

¿Cómo se relaciona mi desarrollo personal con mi crecimiento como maestro?

¿Qué es un código de ética profesional y por qué debemos tenerlo?

¿Qué problemas comunes se asocian con el comienzo del trabajo docente y cómo puedo evitarlos?

¿Qué significa pertenecer a la profesión docente?

¿Cómo pueden ser los maestros compententes culturalmente?

¿QUIÉNES SON LOS MAESTROS DEL NIÑO PEQUEÑO?

Margarita siempre quiso ser maestra de primera infancia. Recién terminada la secundaria fue a una escuela universitaria y obtuvo su título de AA. Poco después de nacer su primer hijo, consiguió su licencia como proveedora de atención infantil en familia y cuida en su propia casa a lactantes y niños en edad de caminar. Para Margarita es importante sentir que está contribuyendo al bienestar de la familia además de disfrutar con una carrera que la satisface. Piensa estudiar para su BA por las noches cuando sus hijos sean mayores.

Pablo pasó varios años hace poco, enseñando en una escuela para niños con trastornos emocionales. Desde hace dos años es jefe de estudios para niños de 4 años en el centro de atención infantil, adquiriendo experiencia con niños cuyo patrón de desarrollo es típico. Pablo quiere seguir ejerciendo el magisterio, pero le preocupan los salarios. Se ha dado un año más de plazo antes de tomar una decisión.

Los cuatro hijos de Catalina estuvieron en guarderías de cooperativas de padres, donde ella disfrutaba de la compañía de otros padres de niños pequeños. Después de trabajar en escuelas de primaria durante varios años, ahora es directora de una cooperativa de padres y enseña a niños de 2 a 5 años. Le gusta especialmente dirigir los grupos de debate semanal de los padres.

Elba era la ayudante más solicitada por los padres en la escuela después de que empezó a echar una mano cuando sus dos varoncitos tenían 4 y 5 años. Este éxito le estimuló a conseguir un título de AA en educación de primera infancia, posteriormente una licenciatura en desarrollo infantil. Ahora es maestra de jardín de infancia en un programa bilingüe.

Aunque todos ellos tenían motivaciones diferentes, todos fueron atraídos por el aula de primera infancia. Pueden enseñar en entornos distintos, tener diferentes antecedentes educativos y habilidades, pero comparten experiencias cotidianas comunes a los maestros de niños pequeños. Planean, observan, escuchan, ayudan, aprenden, juegan, consuelan, disciplinan, conversan, confortan y enseñan a los niños y adultos que forman su mundo particular de primera infancia.

Diversidad en los docentes

El estudio National Child Care Staffing Study (Whitebook, Howes, y Phillips, 1990) da una idea de la diversidad existente entre maestros y cuidadores en entornos de primera infancia. Un censo de casi 230 centros de atención infantil en cinco ciudades distintas comparó los datos demográficos con un estudio hecho 10 años antes en el que se observaron pocos cambios. En 1998 surgía el siguiente cuadro:

- El 97% de los docentes eran mujeres
- El 81% tenían más de 40 años de edad
- El 50% estaban solteras
- El 33% pertenecían a grupos minoritarios

El porcentaje de maestros pertenecientes a minorías solía ser mayor que el de las minorías en la comunidad en general. Lo étnico también tenía un papel en el nivel de educación y la posición dentro del personal. Los maestros blancos y afroamericanos tenían más probabilidades de tener cargos de maestro o maestro/director, comparados con otras minorías. Lo más probable era que los maestros afroamericanos hubieran recibido su formación en primera infancia en escuelas de formación profesional, más que universitaria; otras minorías mostraban la tendencia a formación universitaria. El estudio observó también que muchos maestros de atención infantil, sobre todo ayudantes y auxiliares, de sueldo inferior, pertenecían a minorías (Whitebook, Howes, y Phillips, 1990).[1]

Comparación con la enseñanza en otros entornos educativos

La naturaleza de la enseñanza en los primeros años es diferente a la de cualquier otro grupo de edad. A primera vista, las diferencias en la enseñanza de preescolares y niños mayores pueden ser mayores que cualquier similitud. Con todo, existen algunos elementos comunes que enlazan a las dos. Los maestros de primera infancia enseñan lo que enseñan otros docentes. El currículum para los primeros años es rico en matemáticas, ciencias, estudios sociales, historia,

LA DIVERSIDAD DE NUESTRO MUNDO LA DIVERSIDAD DE NUESTRO MUNDO LA DIVERSIDAD DE NUESTRO MUNDO LA DIVERSIDAD DE NUESTRO MUNDO LA DIVERSIDAD DE NUESTRO MUNDO

[1] Debemos seguir reuniendo y utilizando datos étnicos sobre niños y maestros en los programas de primera infancia para asegurarnos de encarar continuamente las cuestiones de edad y justicia en el campo de la primera infancia.

lengua, arte y geografía, como en cualquier otro grado. Los maestros de primera infancia y sus colegas de escuela primaria y secundaria comparten muchas de las frustraciones de la docencia largas horas de trabajo, sueldos bajos y un ambiente de trabajo con énfasis en el personal. También comparten la alegría de enseñar la oportunidad de influir en la vida de los niños y la satisfacción de enfrentar los desafíos cotidianos que presenta la enseñanza infantil. La Ilustración 5.1 resalta las similitudes y diferentes entre los maestros de primera infancia y otros.

EL PAPEL DEL DOCENTE

Definiciones

A lo largo de los años, el papel del docente en las aulas de primera infancia se ha definido de muchas maneras. Dos descripciones de hace 30 años son válidas aún para definir la innumerable variedad de las tareas que realizan los maestros. Spodek (1972) observó que el maestro es a la vez conferenciante, narrador de cuentos, director de tránsito, mediador en conflictos, diagnosticador psicológico, custodio y empleado de archivos. Stanton (Beyer, 1968), un pionero entre los maestros de primera infancia, añadió entendido en cañerías, carpintero, poeta y músico a la lista, además de los títulos y formación en psicología, medicina y sociología. "¡Ahora, a los 83, está lista!", dijo Stanton.

Esta diversidad es exactamente lo que hace tan atractiva la enseñanza a la infancia. Los múltiples papeles que desempeña un maestro añaden desafío al trabajo. Tampoco esas descripciones son exhaustivas; la lista podría incluir educador de adultos, recurso para padres, catedrático, jefe de compras, enfermera, planificador de programas, supervisor de personal, gerente de negocio, tesorero, director de personal, empleado y empresario. (El papel del docente en relación con los padres y los programas en general, se tratará más a fondo en los capítulos 8 y 10, respectivamente).

Dos distinguidos educadores de maestros de primera infancia refuerzan el valor de tener docentes que posean base teórica e histórica. Jones (1994) nos dice que los maestros, como los pequeños, son constructivistas. Lo complejo y lo impredecible de la enseñanza, dice ella, exige decisiones inmediatas, y tales decisiones se basan en la teoría del aprendizaje y el desarrollo y se construyen sobre la experiencia y la práctica del maestro. Spodek (1994) pide que los maestros conozcan la historia y las tradiciones del campo además de la teoría, pero también recalca la necesidad de conocer "los contextos culturales, sociales y políticos en que funciona la educación de la primera infancia".

Se define la enseñanza como esos cotidianos "actos de creación" (Phillips, 1994) que se erigen sobre el propio repertorio de habilidades, conocimientos y formación del maestro, agregados a lo que observa sobre los chicos y a las interacciones con sus familias. El maestro como colaborador es parte importante de la definición del papel del docente en las escuelas de Reggio Emilia, Italia (véase el capítulo 11). La colaboración refuerza la idea subyacente en muchas definiciones de que los maestros son, primero y en primer lugar, maestros para toda la vida.

Tal vez el trabajo parecería más manejable y menos abrumador para el docente novel si se categorizaran algunas de las responsabilidades. Lo que los docentes hacen con los niños no es todo lo que implica la enseñanza. Buena parte del trabajo ocurre fuera del aula. Es útil considerar el papel del docente de otra forma. ¿Qué cosas hace un maestro con los niños? ¿Qué hace un maestro después de que los niños se van a casa? ¿Cómo interactúa el maestro con otros adultos en el entorno de primera infancia?

En el aula

Interacción con los niños

No es ningún secreto que la mayoría de los docentes encuentran sus mayores satisfacciones y desafíos en su primer papel, quiénes son y qué son con los niños. Las interacciones entre maestro y niño, las crisis del momento, la actividad intensa, las decisiones instantáneas, el cariño y el cuidado, significan mucho para hacerle a uno "sentir" como un verdadero maestro. Ayudar a Rocío a agarrar bien el martillo, calma a José y Benito que han chocado con la cabeza y hablar con Alejandra sobre su dibujo, es la base de la enseñanza a niños pequeños. Estos encuentros son agradables y proporcionan momentos para oportunidades in terativas de

Elementos de la enseñanza y el aprendizaje	Entornos de primera infancia	Entornos de primaria y secundaria
Cómo se producen en la enseñanza y el aprendizaje	Por medio de interacciones docente-niño y empleo de materiales concretos Orienta a los niños al descubrimiento	Por medio de clases y demostraciones dominadas por el docente Enseña los contenidos de la asignatura
Oportunidades de juego	El juego es el medio principal de aprendizaje	Generalmente sólo en recreos
Oportunidad de que el niño elija entre opciones	Muchas opciones a lo largo del día, en interiores y en el exterior	Pocas opciones: los estudiantes realizan la misma actividad la mayor parte del día
Entorno del aula	Abundante espacio, muchos centros de actividad, variedad de materiales	Hileras de escritorios y mesas
Horario diario	Grandes bloques de tiempo para exploración ilimitada de materiales y para jugar	Periodos de 45 minutos a 1hora dedicados a contenidos de la asignatura
Interacciones en grupos pequeños	La mayoría de la enseñanza	Mucho menos frecuente
Actividad al aire libre	Los maestros se involucran tan intensamente como cuando están en el aula	Otros supervisan generalmente el patio poca interacción directa del profesor
Relaciones con los padres	Contacto frecuente, si no diario	Tal vez los vea una vez por año
Trabajo con otros adultos	A menudo trabaja con ayudantes, auxiliares y padres	Por lo común enseña solo
Material educativo	Juguetes, juegos, materiales naturales, bloques	Libros y hojas de tareas
Evaluación de los alumnos	Por observaciones y anécdotas de notas de valoración Énfasis en el crecimiento del niño en su totalidad	Calificaciones, exámenes y boletines Evaluación académica normalizada
Rango de edad de los alumnos	Puede haber variaciones en las edades de 2–2½ años o más	Generalmente de la misma edad
Arte, música y educación física	Durante todo el día, como parte habitual del currículum	Limitada a una clase, hora o profesor especial
Formación del docente	Fuertes bases en desarrollo infantil	Énfasis en los contenidos de la asignatura

Ilustración 5.1 La naturaleza de la enseñanza en los primeros años es distinta de la de cualquier otro grupo de edad.

enseñanza.[1] Estos ratos ayudan a establecer buenas relaciones con los niños. Es durante estos momentos, de puede-pasar-cualquier-cosa-y-probablemente-pasará cuando los maestros despliegan su sabiduría. El verdadero arte de enseñar aparece en el aula. Hay que recurrir a todas las habilidades pedagógicas. Las respuestas son automáticas y a veces no programadas. Intuitivamente, los maestros utilizan sus conocimientos, su experiencia y sus técnicas probadas. Casi inconscientemente, rebuscan en su mente todas esas cosas que saben sobre los niños. A lo largo del día escolar aplican esa combinación de conocimientos y práctica.

El genio creativo de un maestro está en la capacidad de encontrar formas de interactuar con cada niño según las necesidades del pequeño, para alargar un lapso de atención, motivar a uno a que persista en una tarea o proporcionar oportunidad de experimentar con materiales de forma activa y autónoma (Honig, 1979).

Ilustración 5.2 Los maestros son el modelo para aprender, escuchar y dar cariño.

Manejo de la clase

Un maestro pasa mucho tiempo siendo el gerente de su clase. Ser un gerente exitoso es un poco como ser un buen malabarista. Ambas cosas requieren la capacidad de pensar en más de tres cosas a la vez y reaccionar frente a ellas. Con un simple gesto, una mirada significativa o sólo con moverse por ahí, el maestro mantiene la actividad en marcha.

Anticipándose a un conflicto entre Néstor y Julia, Miriam, la maestra interviene, los desvía y sigue su camino. Al mismo tiempo ha estado vigilando a Roberto que está en el lavabo. Al pasar junto a Francisca, roza el hombro de la niña como señal de reconocimiento, sonriéndole mientras la pequeña lucha con el vestido de la muñeca. Miguel y Luz corren hasta ella, se agarran a su falda y su mano y la llevan al sector de ciencias. Necesitan preguntarle algo de la serpiente. . . ¡AHORA! Javier, el que repara todo, ha entrado en el aula para saber exactamente cuál de las estructuras de trepar necesita arreglo. Sara, la mamá voluntaria, le hace señas con la mano; es hora de mirar el pan de maíz que se está horneando en la cocina. Rápidamente, la maestra archiva una nota mental de los nombres de los chicos que acompañan a Sara a la cocina. Mientras alcanza un ejemplar de *Ranger Rick* (el que tiene las fabulosas láminas de serpientes), observa que están entrando Ángela y su padre. Los dos parecen molestos. Diciéndoles a Miguel y Luz que volverá, la maestra va a saludar a los recién llegados. Al pasar junto a Donato, el maestro en prácticas, comenta lo bien que va su juego lingüístico y le sugiere que continúe otros cinco minutos. De una ojeada al reloj, se da cuenta de que es casi hora de recoger. Su ayudante, Camilo, la observa. Lo mira y se cruzan una señal sin palabras. Sin hablar, ambos entienden que la merienda vendrá un poquito tarde hoy. El padre de Ángela empieza a explicar su demora mientras la maestra se agacha para invitar a la niña a entrar y mirar la nueva jaula de serpientes con ella.

LA DIVERSIDAD DE NUESTRO MUNDO LA DIVERSIDAD DE NUESTRO MUNDO LA DIVERSIDAD DE NUESTRO MUNDO LA DIVERSIDAD DE NUESTRO MUNDO LA DIVERSIDAD DE NUESTRO MUNDO

[1] Enseñar sobre la rica diversidad que conforma nuestro mundo puede ser una respuesta integral y espontánea cuando se interactúa con niños.

En este entorno, la maestra tiene un papel importante como supervisora de una cantidad de personas. Ayudantes y voluntarios, maestros en prácticas y visitas contribuyen a la riqueza del programa. Pero es la maestra quien coordina y supervisa sus diversas funciones. De esta descripción sale con claridad que el papel del docente como supervisor y gerente incluye ser:

- Encargado de mantener un entorno seguro
- Observador y oyente de los niños
- Formador docente al minuto de estudiantes de magisterio, ayudantes y voluntarios
- Supervisor de maestros en prácticas
- Intermediario y comunicador con los padres

Establecimiento del tono

Los maestros, evidentemente, están en el centro de la actividad. Directa o indirectamente controlan buena parte de la acción. Como los maestros son responsables de lo que sucede en la clase, deben estar tomándole el pulso todo el tiempo. Como parte del número de malabarista, el maestro toma el pulso mientras se pasea por el aula o el patio. Pero ocurre algo más. A lo largo del día, desde el momento de la llegada, el maestro pone en práctica otro elemento vital. El maestro establece el tono, creando una atmósfera en la que los docentes y los niños trabajen y jueguen. La habilidad con que esto se haga marcará la diferencia crucial entre una clase vivaz y sustentadora y otra caótica o apática. Puesto que la personalidad tiene tal impacto en el entorno de la primera infancia, el maestro crea algo más que un estado de ánimo ambiental, hace más que proporcionar el entorno y las actividades de aprendizaje.

El maestro establece lo que será el **marco emocional**. Esto se consigue con movimientos del cuerpo, el tono de voz, la expresión facial o impasividad, y gestos verbales y no verbales. La manera en que responden los niños refleja este tono.

Esta interacción entre la atmósfera que crea la maestra y el comportamiento del niño marca el tono. Los niños son muy sensibles a los estados de ánimo y las actitudes de los adultos. Un maestro molesto o enojado invita a que los niños reaccionen con su propia tensión en las actividades. Un maestro que respira calma y confianza, fortaleza y sostén, inspirará una atmósfera relajada, cómoda, donde los niños pueden aprender y crecer. Si el maestro es áspero y castiga, el tono de la clase lo reflejará. Por otra parte, si los maestros actúan con la convicción de que los niños merecen respeto y son seres humanos inteligentes y capaces, crearán un clima totalmente distinto. Y los niños responderán de la misma forma.

El comportamiento normal del niño pequeño incluye pataletas, llantos, resistencia, curiosidad, impaciencia, cambios emocionales bruscos, ruido y egocentrismo. Es la época de lograr el sentido de la propia identidad separada. Necesitan un lugar donde progresar a través de las etapas de desarrollo que sus requerimientos y su naturaleza les indican. La atmósfera que crea el maestro es un elemento clave en ese proceso.

La forma en que los maestros manejan las peleas y reaccionan a las lágrimas, las palabras que emplean y las voces que elevan comunican un mensaje directo al niño. La comprensión, el apaciguamiento, la calidez, la aceptación, crean un clima en el que los niños se sienten a salvo, seguros y guiados. Esto requiere maestros que respeten la infancia, la individualidad de los niños, sus patrones de crecimiento, sus sentimientos emergentes y su especial capacidad de aprender. Hoy en día deberíamos recalcar también la necesidad de que los maestros sean culturalmente competentes: para aceptar y entender diferencias culturales, conociendo lo suficiente de los antecedentes culturales de los niños de la clase, y apreciar que ésta puede ser la primera experiencia de los niños fuera de su propia cultura.[1] El resultado final es que los preescolares florecerán en una atmósfera influida por maestros que comprenden este tiempo de tensión y crecimiento en sus vidas.

Nunca es demasiado temprano para ayudar a que los niños comprendan la rica diversidad que conforma nuestro mundo. El cuadro de atención de Stacey York comenta estrategias para establecer el tono correcto de multiculturalismo en entornos de primera infancia.

LA DIVERSIDAD DE NUESTRO MUNDO LA DIVERSIDAD DE NUESTRO MUNDO LA DIVERSIDAD DE NUESTRO MUNDO LA DIVERSIDAD DE NUESTRO MUNDO LA DIVERSIDAD DE NUESTRO MUNDO

1 El apoyo emocional es evidente cuando los niños ven que se valora su cultura familiar.

SELECCIÓN DE ARTÍCULOS

Querer a los niños no basta: Poner la cultura como eje

Stacey York

Cada otoño, pregunto a nuestros nuevos alumnos por qué quieren enseñar a niños pequeños. La respuesta más común es "Adoro a los niños". Pregúntesele a un maestro por qué sigue en este campo, a pesar de los sueldos mediocres y las malas condiciones de trabajo, y es probable que obtengamos la respuesta "Porque adoro a los niños". Hace unos años, conversaba con un colega sobre el papel del maestro en la educación con relevancia cultural. Me tomó desprevenida cuando dijo, "Sabes, querer a los niños no es suficiente". He pensado en esa frase a menudo y he llegado a estar de acuerdo. Querer a los niños no basta en una clase con diversidad cultural. ¿Por qué no?, preguntarán. Permítanme una analogía con la jardinería. A mucha gente le encantan las flores. Cada primavera, muchos de nosotros hacemos entusiastas, pero ignorantes, compras de arbustos y plantas para canteros. Llevamos a casa lo que escogimos y lo metemos en la tierra. Tenemos la esperanza de que a las plantas les guste nuestro jardín. Con demasiada frecuencia, luchan, se mantienen medio lacias y algunas mueren. Nos encogemos de hombros y nos alejamos, para volver a intentar lo mismo al año siguiente. Sería más responsable reconocer que cada jardín proporciona cierto tipo de entorno de crecimiento y que las plantas tienen distintas necesidades de cultivo. Hay muchas cosas que considerar en cuanto al cultivo de las plantas. Hay diferentes tipos de plantas, como anuales, perennes, aromáticas, trepadoras, arbustos, coníferas, árboles de hoja caduca, bulbos y césped. Las plantas tienen dos nombres: uno vulgar y otro botánico. Las plantas tienen requerimientos específicos para crecer que incluyen el pH del suelo, cantidad de luz, tipo preferido de suelo, cantidad de agua, nutrientes y poda. No basta con adorar las plantas. Un buen jardinero considera tanto la cultura del jardín como la de la planta y escoge entre cultivar las plantas que se acomoden a lo que ofrece nuestro jardín, o cambiar las condiciones del jardín para proporcionar un medio más hospitalario a una variedad de plantas. De forma similar, los niños tienen una cultura familiar. Cada uno está creciendo con un conjunto específico de tradiciones, creencias y valores culturalmente específicos, respaldados por sus familias y comunidades culturales. Como maestros, debemos reconocer la cultura porque afecta la relación padre maestro, la relación docente niño, la relación niño-niño, el estilo de aprendizaje de los niños, el estilo de comunicación de los niños, las expectativas que tienen los niños respecto de los adultos, la dieta y el comportamiento en las comidas de los niños, la rutina de sueño de los niños y los hábitos de higiene de los niños. La cultura del hogar del niño puede ser muy similar o diferente de la cultura de la clase de primera infancia. Lo típico es que la clase proyecte valores, creencias y comportamientos euroamericanos. Por ejemplo, se promueve el individualismo por medio de casilleros separados y mostrar y decir. Enseñar destrezas de autoayuda fomenta la independencia y la responsabilidad por uno mismo. Los maestros quieren que los niños coman solos, vayan al baño solos, se separen de los padres y eviten comportamientos como andar agarrados a las faldas y lloriquear. Los niños aprenden productividad y una fuerte ética de trabajo por medio de la intervención en actividades y la continuidad de la tarea. Se intenta que no vagabundeen ni se queden de mirones. Invitar a los niños a que elijan sus propias actividades y disponer el aula para que los niños tomen cosas por su cuenta alimenta la iniciativa y la autosuficiencia. Juegos revoltosos, arte en que se embadurnan y un empleo mínimo de la demostración por parte de los adultos fomentan la ingeniosidad. Se promueve la igualdad con prácticas que animan a varones y niñas a jugar en todas las áreas y a limpiar del mismo modo. La comunicación informal se practica alentando a los niños a que tuteen a los maestros y los llamen por su nombre. Se enseña la comunicación directa y asertiva con frases comunes como "usa tus palabras", "dile que no te gusta que te pegue" y "mírame cuando te hablo". Se celebra la libertad haciendo que los niños elijan entre una variedad de opciones de actividades. ¿Qué ocurre con los niños de nuestra clase cuya familia y cultura doméstica valora la interdependencia? ¿La responsabilidad colectiva? ¿Las relaciones interpersonales? ¿La identidad del grupo antes que la individual? ¿La comunicación formal? ¿Roles específicos para cada sexo? ¿Cómo llegamos a niños de culturas distintas de la nuestra para que, como el jardinero, proporcionemos un entorno que fomente el crecimiento, el desarrollo y el potencial completo de todos los niños de nuestras aulas? Empiecen por crear la disposición y las habilidades de un maestro culturalmente competente. Adquieran conciencia de ustedes mismos como seres culturales y aprendan sobre la experiencia histórica y sociopolítica de las diversas culturas en la historia americana. Sean flexibles y estén abiertos al cambio y las ideas nuevas. Salgan del centro y tomen otra perspectiva. Desarrollen habilidades de comunicación entre culturas y una amplia variedad de métodos de enseñanza. Finalmente, estén dispuestos a aprender sobre los demás y de ellos. Una maestra de primera infancia que enseñaba en un programa de diversidad cultural evitaba los talleres de educación culturalmente relevante. Ya lo había oído todo y no sentía la necesidad de formarse en diversidad cultural. Después de todo, los niños son todos iguales y a ella le encantaban. Por el mismo tiempo, esta maestra se estaba preparando a comprar un cachorrito nuevo. Fue a la biblioteca y leyó toda clase de libros sobre perros. A la hora del almuerzo, se sentaba en la sala de profesores a leer sobre todas las diferentes razas, tratando de imaginar cuál armonizaba mejor por personalidad, tamaño y nivel de actividad, con su personalidad y estilo de vida. Estaba dispuesta a leer y aprender de perros, pero no estaba dispuesta a aprender sobre la cultura doméstica de los niños de su clase. Para ella valían más los perros que los niños de su comunidad. Querer a los niños no basta cuando la cultura es el eje.

Stacey York es profesora de educación de primera infancia en Minneapolis Community and Technical College y autora de Roots and Wings: Affirming Culture in Early Childhood Programs *(St. Paul, MN: Redleaf Press, 1991).*

Planificación y evaluación del currículum

Mientras los maestros pasan el día escolar interactuando con los niños, manejando la clase, sintiendo el tono, consciente o inconscientemente evalúan lo que está sucediendo:

- La carrera con relevos al aire libre produjo más lágrimas que aplausos; la mayor parte de los chicos estaban interesados en participar cuando empezó el juego, pero se fueron yendo. ¿Por qué?
- Las varillas Cuisenaire ni se tocaron en todo el día. ¿Cómo podríamos convertirlas en una actividad atractiva?
- Los niños en edad de caminar comienzan a participar de lleno en el juego de mímica sobre "Eensy Weensy Spider". ¿Qué les gustaría aprender después?
- Varios niños preguntaron por qué Miguel "habla raro". ¿Cuándo convendría hablar sobre su idioma y enseñar en clase algunas palabras en castellano?[1]

El maestro nota dónde y cómo jugaron los niños, la calidad de sus interacciones y los posibles "próximos pasos" en el currículum. Con frecuencia estas observaciones se comentan con otros integrantes del personal docente al final de la jornada o en sesiones semanales de planificación.

En el capítulo 11 se comentan diversas formas de preparar el currículum. Es importante observar aquí, al tratar del papel del maestro, que el proceso tiene sus raíces en lo que el docente ve que ocurre en las aulas cuando los niños juegan y aprenden. Es la teoría constructivista en acción: maestros mirando y observando a los niños para dar significado y sostén a su aprendizaje. Los maestros de primera infancia usan sus capacidades de observación, reúnen datos mientras trabajan con los niños y arman el currículum en torno a su conocimiento de la práctica y el comportamiento reales en el aula.

Ilustración 5.3 El maestro determina la calidad de la experiencia escolar del niño, creando una atmósfera de apoyo en la que pueda aprender.

LA DIVERSIDAD DE NUESTRO MUNDO LA DIVERSIDAD DE NUESTRO MUNDO LA DIVERSIDAD DE NUESTRO MUNDO LA DIVERSIDAD DE NUESTRO MUNDO LA DIVERSIDAD DE NUESTRO MUNDO

[1] Debería ser un objetivo de cada programa de primera infancia fomentar actitudes positivas y conciencia de las diferencias culturales.

Fuera del aula

Ciertas tareas fuera de horario forman parte de cualquier esfuerzo pedagógico total. Esta parte del trabajo puede no ser tan gratificante como trabajar directamente con los niños, pero los maestros deben entender por qué es importante.

Una buena clase a menudo depende de cómo pasan los maestros su tiempo lejos de los niños. Muchas de las tareas que dan más fuerza y profundidad al currículum de un maestro son las que, por necesidad, deben realizarse después de hora. Las dos tareas más evidentes que caen dentro de esta categoría son mantener registros y asistir a reuniones.

Mantenimiento de registros

Los maestros de preescolares llevan registros de una variedad de temas; el tipo y la clase varían de una escuela a otra. La filosofía de la escuela, el número de niños, los antecedentes del personal docente y el propósito de los registros determinan cuánto escribirán los maestros. En las escuelas que dependen de fondos gubernamentales, el mantenimiento de registros no es opcional. El progreso de los niños, el rendimiento del maestro, el programa en sí, deben evaluarse regularmente. Los datos reunidos se utilizarán para justificar la continuación del programa; por tanto, el papeleo resulta crucial para la supervivencia. La documentación es crucial para la acreditación de programas de primera infancia. Durante años, los candidatos CDA (Child Development Associates) presentaban un legajo escrito de sus experiencias en clase como pruebas demostrativas de su competencia como maestros de primera infancia. Las escuelas piloto, centros de formación docente y otros programas consideran los informes periódicos de desarrollo de los niños como parte natural de la enseñanza; guían al maestro de forma más objetiva que las observaciones informales.

Aunque se pueda considerar que escribir informes y llevar registros consume tiempo, son parte esencial de cualquier buen programa para la primera infancia. La razón final de recoger datos es ofrecer un cuadro más completo y actualizado de cada niño. Las observaciones registradas, las notas y datos similares recogidos en un periodo de 6 meses, por ejemplo, pueden indicar que Abraham no participa en ninguna actividad física extenuante y evita cuidadosamente las que impliquen mantener el equilibrio y trepar. Esta información podría conducir a una evaluación médica y al diagnóstico de posibles problemas de percepción motora[1]. Una vez que los maestros entienden la importancia y el valor de los registros continuados, ponen manos a la obra con ganas.

Los informes sobre el progreso de los niños demuestran el compromiso de una escuela con los buenos modelos para el desarrollo infantil. Los docentes los ven como un medio para la educación e información de los padres. De tales informes y registros surgen planes de estudio y actividades de aprendizaje. No fue hasta que se tomaron datos así para el ingreso al primer grado cuando los maestros de jardín de infancia se dieron cuenta de que la mayoría de los niños no tenían suficiente habilidad con las tijeras. Pudieron planificar experiencias curriculares sobre esta necesidad y dar una oportunidad a que en las clases aprendieran una tarea necesaria.

Los docentes ven también que el crecimiento socio emocional registrado periodicamente proporciona información sobre la cual desarrollar intuiciones e interpretaciones. Puede tratarse de un apunte rápido, una anécdota redactada con calma después de clase o una lista de las actividades favoritas de un niño. Todo sirve para dar a los maestros una mayor comprensión del papel que desempeñan. Si hacer informes después del horario escolar es conveniente para ese papel, aceptan la tarea de buena gana.

Reuniones

Las reuniones son probablemente la tarea que más tiempo consume fuera de la clase. El maestro puede necesitar comunicarse con las otras personas involucradas directa o indirectamente en la vida de los niños. Los padres, otros docentes, los cuidadores, los médicos y los trabajadores sociales son algunos de aquellos con quien un maestro puede querer conversar. Los docentes asisten a muchas clases diferentes de reuniones. En la ilustración 5.5 hay una lista de las más comunes.

LA DIVERSIDAD DE NUESTRO MUNDO LA DIVERSIDAD DE NUESTRO MUNDO LA DIVERSIDAD DE NUESTRO MUNDO LA DIVERSIDAD DE NUESTRO MUNDO LA DIVERSIDAD DE NUESTRO MUNDO

[1] Los maestros de primera infancia están en una posición única para respaldar la identificación temprana, la prevención y el tratamiento de problemas de desarrollo.

Ilustración 5.4 Además de trabajar con los niños, los maestros ayudan a los padres cuando se mantienen en contacto . Una llamada por teléfono, corta y amistosa, puede hacer sentir a una familia que forma parte del proceso de educación de su hijo.

Otras responsabilidades

Algunas de las actividades fuera de hora de un maestro tienen la intención de fortalecer y vitalizar la clase. Por lo tanto, los maestros:

- *Organizan y reúnen material* para emplearlo en clase. Pueden recoger libros sobre la lanzadera espacial en la biblioteca, averiguar si la fábrica de bagels permite visitas, o recortar 18 formas de calabaza mientras ven la televisión. Los maestros tienen también la responsabilidad de mantener la clase en orden. Podrían añadir unas fotos al tablón de anuncios, conseguir libros y discos nuevos o reponer material didáctico.
- *Adquieren material y equipamiento* que no se puede pedir por otros medios. Saben que en la cocina se necesitan tazones nuevos, el almacén está escaso de papel de construcciones rojo y alguien tiene que traer tela para fundas de almohadas.
- *Hacen llamadas telefónicas*. Es una manera rápida y efectiva de mantenerse en contacto. Los maestros pueden llamar a los padres para interesarse por niños que están enfermos o han faltado. En el caso de los niños con necesidades especiales, tal vez necesiten ponerse en contacto con médicos, terapeutas y otros especialistas.
- *Trabajan con los padres* en cuestiones multiculturales, organizando ferias escolares o eventos para reunir fondos, o tienen conversaciones telefónicas breves para ponerlos al día sobre el progreso de un hijo.[1] Se verán más ejemplos en el capítulo 8.

LA DIVERSIDAD DE NUESTRO MUNDO LA DIVERSIDAD DE NUESTRO MUNDO LA DIVERSIDAD DE NUESTRO MUNDO LA DIVERSIDAD DE NUESTRO MUNDO LA DIVERSIDAD DE NUESTRO MUNDO

[1] Los maestros están en una posición única para afianzar el vínculo entre la experiencia de un niño en el hogar y la cultura de la familia.

Reuniones de personal
Suelen realizarse una vez por semana para equipos inviduales de enseñanza. El propósito es planear el currículum, marcar objetivos y comentar el progreso de los niños. Las reuniones de profesores para todo el personal de la escuela pueden ser menos frecuentes.

Congresos de padres y maestros
Pueden ofrecerse de forma programada o ser solicitados por los padres o los maestros cuando sean necesarios. Cada escuela define su propia política en cuanto al número y la frecuencia de contactos con los padres.

Reuniones de educación de padres
Muchas escuelas ofrecen programas vespertinos para padres. La asistencia de los maestros puede ser requerida o no.

Reuniones profesionales
Asistencia a talleres, seminarios, formación. Los congresos locales, estatales y nacionales son financiados por la asociación nacional para la educación infantil, la asociación internacional para la educación infantil, y el consejo coordinador de atención infantil.

Congresos de alumnos y maestros
En las escuelas de aplicación, los profesores acuerdan el horario con cada alumno asignado a sus clases.

Visitas al domicilio[1]

Pueden ser optativas o no. Algunas escuelas las programan para antes del día de inicio. Si no, los maestros las disponen en su propio tiempo.

Ilustración 5.5 Los maestros asisten a muy diferentes tipos de reuniones, que les ayudan a crear mejores programas, a aprender más sobre los niños y a ser mejores docentes.

- *Asisten a conferencias y talleres profesionales* y visitan y observan otros entornos escolares. Este tipo de educación profesional continua ayuda a los docentes a mantenerse al día en su campo.
- *Asisten a eventos de formación en el trabajo* o estudian para conseguir un título superior en un área relacionada con la educación de primera infancia.

Estas obligaciones son parte del trabajo de enseñar a los pequeños, pero muchas se compartirán con otros maestros del equipo o en la escuela. Aunque llevan mucho tiempo, estas responsabilidades suman creatividad y esmero que los maestros expresan en sus clases.

EL MAESTRO COMO PERSONA

Cualidades personales

La personalidad del maestro tiene influencia e impacto. Cuando un maestro muestra sentido de confianza, seguridad y apoyo, los niños se hacen eco de estos sentimientos y comportamientos. Los niños aprenden a confiar cuando se les tiene confianza; aprenden a respetar cuando se los respeta. Los niños aprenden a comprender a otros cuando se los comprende. Aprenden responsabilidad al ser tratados como seres humanos responsables. Las cualidades personales de sus maestros deberían incluir rasgos que fomentaran esos aprendizajes.

[1] Muchos padres agradecen la visita de un docente. Otros pueden temer las críticas o los juicios sobre su ambiente familiar o las costumbres de la casa.

Los buenos maestros deben tener dedicación, compasión, intuición, flexibilidad, paciencia, energía y confianza en sí mismos. Deben ser también seres felices que puedan reír y utilizar prudentemente su sentido del humor. Que les gusten los niños es parte de querer trabajar con ellos; entonces los docentes sienten que la tarea que hacen es importante. Los maestros necesitan ser justos, mostrar interés por todos, cualquiera que sea el color o la religión. El bienestar físico y mental es importante, igual que lo es un sentido demostrado de responsabilidad y fiabilidad. Los maestros que pueden ser a la vez cálidos y cariñosos pero firmes para expresar desaprobación tienen buenas cualidades didácticas.

Hoy, el maestro completo, además de mantener un compromiso profesional, tiene también otros intereses. Los buenos maestros están involucrados en el mundo fuera de las paredes del centro de atención infantil. Quieren ayudar a los niños a entender algunas de las cuestiones e intereses de la vida real. Saben que su interés por el mundo en general se transmite a los niños.

Los docentes de calidad personalizan la enseñanza, integrando su individualidad en su trabajo de forma apropiada. Dejando ver las cualidades humanas que poseen, los maestros afianzan el vínculo entre ellos y los niños.

La descripción básica es un marco, una lista de atributos personales, un lugar desde donde empezar a considerar el lado humano de la enseñanza. Los hombres y mujeres capaces de criar y reconfortar a los niños los tratan como personas reales y los valoran como niños. Expresarlo requiere práctica para que los maestros no interfieran en el bienestar de los niños. Los maestros no deben ponerse sentimentales sobre la niñez ni tolerar mala conducta porque sea "graciosa". Los niños merecen maestros que comprendan su naturaleza y respeten los límites de comportamiento.

Los mejores maestros son los que están luchando por llegar a ser más de lo que son, en un día cualquiera, y que demuestran a sus alumnos que esta empresa de aprender y crecer, de aceptar el fracaso y continuar hacia nuevos desafíos, es de lo que se trata la vida (LeShan, 1992).

Conciencia de sí mismo

Para ser el mejor maestro posible, es vital comprenderse y aceptarse a sí mismo. **La conciencia de sí** marcará la diferencia en la forma en que los maestros se relacionan con los niños. Cada maestro debe preguntarse, "¿Quién y qué y por qué soy? Y ¿cómo el saberlo pondrá sentido en mi vida? ¿Cómo afecta mi vida como maestro?"

Puede que los maestros también empiecen a darse cuenta de algo sobre sí mismos. Saben cómo y por qué los niños aprenden como lo hacen, pero tal vez no se conozcan a sí mismos como educandos. Los maestros comunican su aprecio genuino por aprender cuando lo sienten en sus propias vidas. Sería bueno que se preguntaran: "¿Me veo como alguien que aprende?, ¿dónde aprendo?, ¿cómo?, ¿qué me pasa cuando algo es difícil o cuando cometo un error?, ¿aprendo de otros maestros?, ¿aprendo de los niños?" Que los maestros se reconozcan como personas que crecen y aprenden les da un mayor grado de sinceridad al enseñar.

Formular y luego contestar estas preguntas ayuda a los maestros a ganar conocimiento de su propio comportamiento como adultos y como profesionales que trabajan con niños. Al percibirse como personas que aprenden, por ejemplo, podrían ver una similitud entre su propio estilo de aprendizaje y el de algunos de los niños de la clase. Pararse a mirar su propio comportamiento cuando se enfrentan con una tarea difícil o manejan una equivocación ayuda a los maestros a recordar lo que les pasa a los niños cada día. Abrirse a la posibilidad de aprender de sus alumnos agranda la capacidad de los maestros para trabar relaciones con los niños basadas en el respeto y la confianza mutuos. Esto es especialmente importante cuando los maestros no comparten el mismo origen cultural o no tienen experiencia con una discapacidad en particular.[1]

Abrirse a aprender de otros maestros crea cimientos para el apoyo mutuo, el ser colegas, la apertura de la mente como profesionales y la profundización de las amistades. El primer paso es la conciencia de sí mismo; el segundo, la aceptación de uno mismo. Los adultos que trabajan con niños pequeños imbrican estas nociones en lo que están aprendiendo sobre los niños. También las adoptan en sus relaciones con

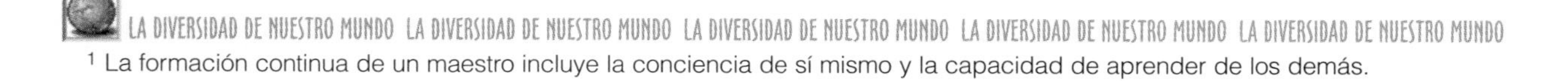

1 La formación continua de un maestro incluye la conciencia de sí mismo y la capacidad de aprender de los demás.

padres y con otros miembros del personal docente. Cuando los maestros dedican un tiempo a considerar su propio estilo de comportamiento y a cómo afecta a los demás, se colocan a la par de los niños como personas que aprenden y crecen.

El conocimiento de sí mismo, examinar valores y cualidades personales, exige coraje y voluntad de arriesgarse. Los niños, los otros docentes y los padres responderán. Aceptarse uno mismo es el punto de partida para aceptar a los niños.

Ilustración 5.6 Un concepto positivo de sí mismo y la disposición a abrirse a nuevas experiencias denotan a un buen maestro de niños pequeños.

Actitudes y prejuicios

A conciencia y también sin intención, los valores y actitudes de un maestro se introducen en las relaciones con los niños, padres y otros integrantes del personal docente. Esto puede ser a la vez positivo y negativo. Una forma en que puede ser dañino es en el área de los **prejuicios**. Las creencias personales en cuanto a raza, cultura, sexos, discapacidades y nivel económico pueden afectar negativamente nuestra forma de enseñar en maneras de las que no somos conscientes.[1] Enfrentar los prejuicios sobre niños y padres basados en convicciones de larga data puede ser una de las cosas más difíciles que deba hacer un maestro. Las historias personales están llenas de parcialidades. La mayoría de los maestros no habrá vivido la experiencia significativa y poderosa de adaptarse a una cultura nueva, de aprender un nuevo idioma, de sobrevivir con bonos de comida y asistencia a niños dependientes, o de vivir en una silla de ruedas; por lo tanto, es probable que estén incómodos con gente llamada "diferente" por haberse enfrentado a esos problemas.

Los maestros tienen opiniones, nacidas de su propia experiencia, de lo que es "buen" o "mal" comportamiento (por lo menos, de lo que se considera así en su familia). También tienen sentimientos fuertes sobre la manera en que los padres deberían tratar a sus hijos. Los niños que van desaliñados, que huelen, cuya ropa es o muy grande o muy pequeña, que comen cosas raras, que no hacen lo que las niñas o los varones se supone que deben hacer, molestan a algunos maestros. Algunos de estos prejuicios se pueden resolver, pero sólo si el maestro se toma el tiempo necesario para examinar sus creencias y prejuicios personales.

Movimiento antiprejuicios

Se hace mucho hincapié hoy en lo que llamamos "enfoque **antiprejuicios**"[2] en la enseñanza de niños pequeños. (Ver más comentarios en las secciones del capítulo 9, capítulo 11, y capítulo 15, además del artículo de Louise Derman-Sparks). Esta preocupación surge de varias cuestiones: (1) cambios significativos en la composición étnica de los Estados Unidos, en especial en la última década; (2) difundidos prejuicios raciales y étnicos todavía prevalecientes en este país (Armstrong, 1991) y (3) preocupación entre

LA DIVERSIDAD DE NUESTRO MUNDO LA DIVERSIDAD DE NUESTRO MUNDO LA DIVERSIDAD DE NUESTRO MUNDO LA DIVERSIDAD DE NUESTRO MUNDO LA DIVERSIDAD DE NUESTRO MUNDO

1 Patricia Ramsey en su libro *Teaching and Learning in a Diverse World* (1987) proporciona un formato para el comienzo de una concienzuda investigación en uno mismo de las actitudes y prejuicios individuales.

2 Se deberían examinar todos los programas de primera infancia en cuanto a discriminación, parcialidad y etnocentrismo, para que los niños puedan desarrollar una autoidentidad positiva.

Ilustración 5.7 Los valores y actitudes de los maestros se reflejan en su forma de trabajar con los niños.

los educadores de primera infancia por el daño que se está causando a la identidad y la autoestima de los niños. Este importante movimiento promueve la noción de que todos los niños son iguales por nacimiento y dignos de nuestro respeto; desafía a los maestros a examinar las creencias, actitudes y acciones que pudieran negar a cualquier niño ese respeto incondicional. Algunos maestros pueden verse obligados a una mayor introspección y reflexión antes de poder desenredar su ansiedad y sus actitudes con respecto a sus prejuicios. Nuestros sentimientos asoman en nuestros contactos con los niños y no queremos que dañen la aceptación y el aprecio que tengan de sí mismos ni que contagien prejuicios a otros niños. La cuestión no es que nos guste o nos disguste un niño en particular, es que comprendamos y aceptemos como maestros. Logrando ese nivel de aceptación, los maestros son más capaces de aceptar a todos los niños con quienes trabajan, independientemente de cuánto les "gusten".

El enfoque antiprejuicios otorga a los maestros una grandiosa oportunidad de: confrontar sus propias ansiedades y prejuicios; trabajar con padres de diversos grupos minoritarios por etnia o religión y aprender algo de sus normas y prácticas culturales; trabajar con padres de niños discapacitados y aprender más sobre cómo mejorar la experiencia escolar de cada niño; enriquecer el currículum; representar correctamente la composición étnica de esta nación; influir en el desarrollo de actitudes y valores de los niños hacia la realidad de la condición humana; impedir un daño irreparable al concepto que los niños tienen de sí mismos y promover una mayor comprensión global.

A manera de comienzo, los maestros podrían hacerse unas cuantas preguntas:

- ¿Soy consciente de mi propia identidad y de sus influencias en mis creencias y comportamiento?
- ¿Fomento de verdad el respeto por el valor de los que son diferentes de mí en algo?, ¿cómo?
- ¿Examino mis prejuicios y busco formas de cambiar mis propias actitudes?, ¿cuándo?, ¿cómo?
- ¿Muestro preferencia por los niños que se ajustan más a mis propios antecedentes étnicos, culturales y religiosos?, ¿cuándo?, ¿cómo?
- ¿Transmito de alguna manera mis prejuicios a los niños a quienes enseño?, ¿cuándo?, ¿cómo?, ¿con quién?
- ¿Disfruto de veras las diferencias entre seres humanos?, ¿cuándo?, ¿con quién?

Kuster (1994) sugiere cinco cuestiones cruciales para los maestros que trabajan con niños y familias que hablan idiomas que no son inglés. Primero y principal, la fluidez en el idioma del niño es crucial para una comunicación eficaz y para aprovechar al máximo las experiencias de aprendizaje del niño. Otra cuestión es centrarse en la competencia de la familia y aprender a valorar sus prácticas de crianza. Un tercer punto destaca la capacidad del maestro para conservar y realzar la cultura de las familias, aprendiendo y valorando primero la de ellos. Usando el fuerte sentido de los vínculos familiares en la cultura latina,[1] el cuarto punto de Kuster promueve la utilización de grupos de niños de diversas edades para fomentar la responsabilidad social. El último es confrontar los propios prejuicios y actitudes personales.[2]

1 Éste puede ser un modelo apropiado para el desarrollo que complemente muchas tradiciones culturales diversas.

2 Tal vez los docentes necesiten aprender habilidades nuevas para elevar eficazmente el sentido que el niño tiene de sí mismo.

Agotamiento del docente

El agotamiento de los maestros es un trastorno laboral de proporciones considerables y suele aparecer cuando un maestro se enfrenta con una carga de trabajo exigente, recompensas inciertas o inadecuadas, y otras presiones que dañan su efectividad en el trabajo. En sus casos extremos, el agotamiento puede eliminar completamente a un buen profesional, situación corriente en los entornos de primera infancia, y que crea *una de las tasas más altas de rotación del personal del país.*

El agotamiento, según Dresden y Myers (1989) "no es resultado de lo que hacemos o de cuándo lo hacemos tanto como de la *sensación de no ser capaz de producir un impacto visible* . . . en niños, . . . padres, . . . (otros) maestros . . . en el entorno de trabajo . . . ni en la sociedad". Los resultados son baja moral, estrés y desencanto en una profesión en la que la calidad del personal docente es el factor unitario más importante en la calidad del programa. Un clima escolar donde exista la comunicación abierta, la confianza, relaciones interpersonales satisfactorias y claridad en los papeles y responsabilidades, crea una atmósfera positiva donde hay menos probabilidades de que se produzca el agotamiento (Jorde-Bloom, 1988a). En un clima así, donde los maestros pueden satisfacer las necesidades de los niños y atacar más eficazmente los objetivos, prevalecen sentimientos de satisfacción con la tarea y productividad.

Investigaciones recientes sugieren un número de características que producen climas saludables, felices y positivos en la escuela:

- Relaciones amistosas, de apoyo y confianza entre el personal docente
- Énfasis en el crecimiento personal y profesional
- Liderazgo con expectativas claras que anima y apoya al personal docente
- Papeles y políticas claramente definidos
- Justicia y equidad con respecto a ascensos, aumentos de sueldo y otras recompensas
- Personal docente involucrado en la toma de decisiones
- Acuerdo entre el personal docente en cuanto a metas y objetivos
- Énfasis en la eficacia y la buena programación
- Un entorno físico de trabajo bien equipado y atendido
- Capacidad de adaptarse al cambio (Jorde-Bloom, 1988b)

Es responsabilidad de todos los maestros trabajar juntos para crear la clase de clima que eleva el éxito y la satisfacción en el lugar de trabajo. Hay comentarios relacionados con este tema en otras partes de este libro (capítulos 10 y 15).

CONVERTIRSE EN DOCENTE

Un esfuerzo en colaboración

El corazón de la docencia es, por supuesto, lo que sucede cuando empiezas tu trabajo en el aula cada día. El papel del maestro, sin embargo, no se limita a trabajar con los niños. Hay muchos adultos que hay que conocer, tolerar, con quienes hay que trabajar, que incluir en el cuadro general de la docencia. Algunos de ellos pueden ser:

- Otros docentes profesionales, ayudantes y maestros en prácticas
- Voluntarios
- Directores de programa y administradores
- Personal escolar de apoyo; administrativos y personal de mantenimiento, de cafetería, conductores de bus
- Padres
- Consultores y especialistas

La mayoría de estas interacciones serán con otros maestros y estas relaciones son de las más importantes que puede tener un maestro.

El maestro novel puede que se sume a un equipo de maestros o que trabaje solo en una clase poco numerosa. Dependerá de muchos factores, incluyendo la edad de los niños, los requisitos de autorización o acreditación, el tamaño del aula, y la filosofía y prácticas de la escuela. En programas para lactantes, por ejemplo, hay una proporción más alta de adultos por niño (NAEYC sugiere una tasa óptima de 1:4), de modo que probablemente habrá varios maestros en un aula. Juntos darán forma, dirigirán y participarán en ese programa como equipo docente. El enfoque por equipos es común en muchas guarderías y centros de atención infantil donde asisten grupos grandes de niños. Los maestros de jardín de infancia, primero y segundo grado, generalmente trabajan solos en aulas cerradas, por lo común con un ayudante. En programas de jornada ampliada, extraescolares, alumnos de secundaria y universitarios pueden formar el resto del equipo.

La mayoría de los equipos de maestros están compuestos por gente de variadas habilidades, experiencia y formación. Un grupo típico suele tener un jefe de estudios o director, alguien formado en desarrollo infantil o educación de la primera infancia. Ayudantes de menos experiencia y formación suman su apoyo. Maestros en prácticas, internos y voluntarios pueden completar el grupo. Puede haber también un profesor especial, alguien que se especializa en arte, música o desarrollo físico, por ejemplo, a tiempo parcial.

Muchas reglamentaciones de estado establecen un número mínimo de adultos en los centros de primera infancia variando según las edades de los niños. La proporción prescrita de adultos a niños varía a medida que los niños maduran y se hacen capaces de funcionar de forma más independiente. Hay muchas razones por las que la enseñanza en equipo forma parte integrante de tantos programas de primera infancia. Las ventajas son múltiples:

- *Variedad de modelos de adultos.* Maestros varones, mujeres, discapacitados, jóvenes, maduros, mayores, de diversos orígenes étnicos, aportan actitudes igualmente diversas, formas de acercarse a los niños, intereses, habilidades y conocimientos que compartir, enseñando así a los niños a aceptar las diferencias entre personas mientras ven cómo los adultos interactúan con los demás del equipo docente.[1]
- *Apoyo a los niños.* La ausencia de un maestro no perturba tanto cuando los niños pueden contar con otros rostros familiares. Esto permite que los niños aprendan a confiar en el entorno educativo porque siempre hay alguien a quien conocen.
- *Compañerismo entre colegas.* Los maestros pueden hallar amistad y apoyo en sus colegas cuando comparten planes, problemas y logros y crecen en la admiración y respeto mutuo.
- *Alivio en la carga de trabajo.* Se comparten todas las tareas docentes, desde la programación del curriculum hasta la limpieza o las charlas con los padres y el mantenimiento de registros.
- *Enriquecimiento del programa.* El talento y los recursos del equipo se aprovechan mejor, de modo que los miembros del equipo utilicen sus puntos fuertes, enriqueciendo el programa.

La mayoría de las desventajas de la docencia en equipo provienen de problemas de comunicación entre integrantes del equipo. Las diez pautas siguientes para el éxito en la docencia son especialmente útiles para situaciones de equipo. Los maestros que se inicien en el proceso de enseñanza en equipo querrán comentarlas con otros miembros del suyo.

Los buenos maestros son "seres humanos complicados, con fortalezas y debilidades, talentos y limitaciones, días buenos y malos" (LeShan, 1992). Se esfuerzan por ser buenos maestros desarrollando habilidades en relaciones interpersonales con otros adultos, igual que promueven buenas relaciones sociales entre los niños con quienes trabajan. Surgen problemas de comunicación y conflictos en toda situación de enseñanza. Las siguientes pautas ayudan a los maestros a promover buenas relaciones de trabajo. Estas pautas se centran en el trabajo con otros en el entorno escolar; las relaciones entre padres y maestros se comentan en el capítulo 8.

Diez puntos esenciales para el éxito en la enseñanza

Diez atributos esenciales de una enseñanza exitosa son:

1. Profesionalismo
2. Un papel que satisfaga
3. Flexibilidad
4. Comunicación abierta y frecuente
5. Conciencia de sí mismo
6. Aceptación y respeto mutuo
7. Espíritu de equipo y empatía
8. Voluntad de compartir el centro de la atención

LA DIVERSIDAD DE NUESTRO MUNDO LA DIVERSIDAD DE NUESTRO MUNDO LA DIVERSIDAD DE NUESTRO MUNDO LA DIVERSIDAD DE NUESTRO MUNDO LA DIVERSIDAD DE NUESTRO MUNDO

[1] El educador de primera infancia necesita acordarse de apreciar LA DIVERSIDAD DE NUESTRO MUNDO en la comunidad profesional así como en la comunidad de niños y sus familias.

Figure 5.8 La communicatión entre los miembros de un equipo docente debe ser fluida.

9. Papeles claramente definidos
10. Evaluación

En los párrafos siguientes se trata cada uno de estos atributos.

Profesionalismo

Las actitudes y el comportamiento profesional contribuyen al éxito en la enseñanza. Los maestros deben relacionarse unos con otros como compañeros, colegas y profesionales, y mantener fuera del aula las querellas personales. En el entorno de la primera infancia no hay lugar para los chismes, la mala voluntad o las camarillas exclusivas.[1] Mediante normativas de personal escritas, la mayoría de las escuelas han establecido procedimientos apropiados a través de los cuales los maestros pueden acometer ciertas cuestiones. El enfoque profesional, con todo, es intentar primero arreglar las diferencias con la otra persona de manera particular.

Los maestros se deberían preguntar: ¿me comporto de manera profesional?, ¿soy capaz de mantener confidencial algo sin que me lo ordenen?, ¿trato de encontrarme con los que tienen diferencias conmigo para intentar arreglarlas?, ¿me quejo públicamente de otro miembro del personal docente?

Un papel satisfactorio

Para tener éxito en la enseñanza, cada persona debe tener un papel satisfactorio que representar. Esto significa que cada uno debe ser apreciado por aquello especial que aporta a la clase y a la escuela. Los maestros noveles quizás quieran preguntarse: ¿Existe un lugar en mi escuela (o en mi equipo) que sea exclusivamente mío? ¿Cómo contribuyen mis talentos y experiencias especiales al éxito del programa? Estas preguntas darían un buen debate en una reunión de per-

LA DIVERSIDAD DE NUESTRO MUNDO LA DIVERSIDAD DE NUESTRO MUNDO LA DIVERSIDAD DE NUESTRO MUNDO LA DIVERSIDAD DE NUESTRO MUNDO LA DIVERSIDAD DE NUESTRO MUNDO

[1] El maestro tiene un importante papel como modelo de comportamiento con otros docentes además de con los niños.

sonal para que todos los maestros reflexionasen sobre sus capacidades especiales y se comunicaran al respecto entre ellos.

Flexibilidad

Del mismo modo que es importante cambiar y adaptarse a las necesidades cambiantes de los niños, también es crucial responder a las necesidades de otros miembros del personal con un enfoque conciliador. La flexibilidad implica voluntad de ofrecer y aceptar la negociación y el acuerdo para conservar la eficacia del esfuerzo de todo el personal. Los maestros se deberían preguntar: ¿Demuestro voluntad de cambiar en respuesta a las necesidades cambiantes de mis colegas, o me atengo rígidamente a los planes y actitudes ya establecidos? ¿Estoy abierto a las ideas nuevas que propongan otros? ¿Colaboro a que los niños estén cómodos con la flexibilidad y el cambio?

Comunicación abierta y frecuente

La capacidad y la oportunidad de comunicar sincera y abiertamente pensamientos, preocupaciones y sentimientos a los demás son tal vez los factores más importantes para promover buenas relaciones interpersonales. La comunicación toma muchas formas: verbal y no verbal, escrita y oral, incluso el lenguaje del cuerpo.

Los maestros deben buscar oportunidades de comunicación formal e informal con otros integrantes del personal. Esto puede significar aprovechar la sala de profesores durante la hora del almuerzo, o llegar cinco minutos antes para pillar a alguien antes de que lleguen los niños. Para quienes trabajan en equipo, los ratos de disponer y recoger cosas se pueden utilizar para comentar cuestiones, modificar estrategias y resolver malos entendidos.

Las tres razones básicas para desarrollar buenos lazos de comunicación con otros miembros del personal docente son:

1. *Para compartir información* sobre los niños y sus familias ("Ayer murió la abuelita de Sonia"), sobre cambios de programación ("El dentista no puede venir hoy; ¿quién quiere dirigir el tiempo en grupo?") y sobre estrategias de desarrollo infantil ("Acuérdense de que esta semana todos vamos a observar la motricidad gruesa de Luz").
2. *Para contribuir con ideas nuevas* los maestros se alientan unos a otros a mantener sus clases frescas y vivaces cuando comparten un artículo reciente de interés, los informes de una conferencia a la que asistieron o una actividad artística que funcionó.
3. *Para resolver problemas,* aceptar diferencias en cuanto a opiniones, enfoques, personalidad y estilo entre las personas es parte del reto de trabajar en estrecha colaboración con otros. La comunicación abierta es un proceso continuado en el que la gente tiene debates sinceros y frecuentes sobre sus diferencias, respetando los sentimientos y la integridad del otro y trabajando juntos para encontrar soluciones que sean del agrado mutuo.

Conciencia de sí mismo

Antes en este capítulo se comentó la conciencia de sí mismo como cualidad de un buen maestro de primera infancia. El enfoque era primordialmente la conciencia de sí del maestro en relación con los niños. Ahora vamos a centrarnos en las relaciones del maestro con otros adultos. Puede ser que los maestros noveles se sientan incómodos o inadecuados en sus relaciones con otros integrantes del personal; una vez que se conozcan mejor a sí mismos y se acepten como son, los maestros podrán aplicar esta conciencia de sí a su relación con sus colegas.

Para promover el conocimiento de sí mismo que contribuye al éxito como parte del claustro o del equipo docente, los maestros podrían preguntarse: ¿Cuáles son mis puntos fuertes y mis debilidades como maestro y cómo se complementan o entran en conflicto con otras personas de la escuela? ¿Prefiero guiar o ser guiado, programar o seguir los planes desarrollados por otros? ¿En qué situaciones didácticas me encuentro incómodo y por qué? ¿Qué he hecho últimamente que me haya dado un mejor conocimiento de mí mismo?

Aceptación y respeto mutuo

Apreciar y aceptar la individualidad de otros integrantes del equipo es tan importante para el éxito del programa como apreciar y aceptar la individualidad de cada niño. El clima de confianza y la atmósfera de tranquilidad sin amenazas que se obtiene mediante el respeto mutuo permiten que cada docente contribuya abierta e innovadoramente al programa. Para

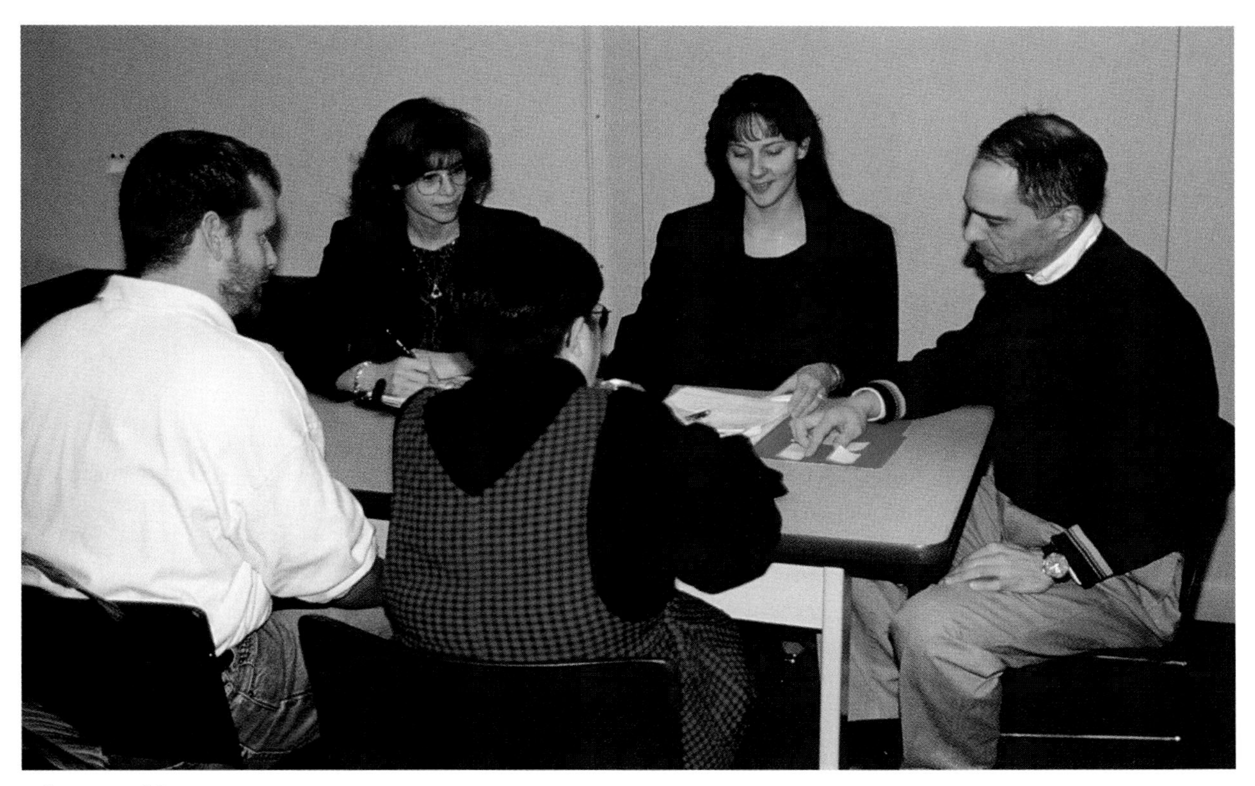

Ilustración 5.9 Compartir ideas con los colegas ayuda al profesional de la primera infancia a aumentar la conciencia de sí mismo.

desarrollar ese aprecio mutuo, los maestros deberían preguntarse: ¿qué tengo en común con mis colegas?, ¿es distinta su filosofía de la enseñanza de la mía y, si es así, en qué?, ¿cuáles son sus valores sociales y culturales?,[1] ¿qué experiencias previas han tenido con niños pequeños?, ¿qué quiero que respeten y acepten de mí?

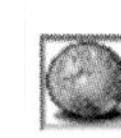

Espíritu de equipo y empatía

La sensación de formar un equipo no ocurre por casualidad, sino por un esfuerzo consciente. Cada miembro del personal docente debe comprometerse a trabajar en conjunto día tras día, además de en los objetivos a largo plazo del programa específico, y ser sensibles hacia los sentimientos y necesidades de los compañeros de trabajo.

Para desarrollar relaciones con el personal que eleven el espíritu de equipo, los maestros deberían preguntarse: ¿cómo puedo mostrar mi apoyo a mis compañeros?, ¿qué puedo hacer para promover y mantener la moral alta entre mis colegas?, ¿dónde y cómo puedo ofrecer ayuda a otro miembro del personal docente?

Voluntad de compartir el centro de la atención

La tensión entre el personal docente puede originarse por una sensación de estar compitiendo. Los maestros deben estar dispuestos a admitir que los otros están igualmente dedicados a los niños y merecen tanto su cariño como ellos. Debe existir un sentimiento de éxito compartido cuando las cosas van bien, así como hay una responsabilidad compartida cuando surgen problemas. Los maestros se deberían preguntar: ¿cómo

[1] Cuando aprendemos algo de las normas y hábitos culturales de nuestros colegas, damos ejemplo a todos de respeto e interés.

Ilustración 5.10 El comportamiento y las actitudes profesionales son cruciales. Los docentes y administradores trabajan juntos para resolver problemas como colegas y compañeros de trabajo.

me siento cuando un padre elogia a otro maestro en mi presencia?, ¿cómo me siento cuando un niño prefiere a otro maestro y no a mí?, ¿soy capaz de reconocer los logros de mis compañeros?

Papeles claramente definidos

Un entendimiento claro de los papeles y responsabilidades que tiene un maestro es esencial para su propia sensación de bienestar y para el funcionamiento ágil del programa. Una descripción escrita del cargo ayuda a los maestros a comprender el ámbito de su propia posición y también de la de otros miembros del personal. Los papeles claramente definidos sirven como protección contra problemas legales y éticos, sobre todo si algún niño se lastima en la escuela. Los maestros se deberían preguntar: ¿mi descripción de cargo está escrita con claridad, de modo que yo sepa hasta dónde llegan mis responsabilidades?, ¿cumplo mis obligaciones, o hay áreas en donde estoy flojo, que podrían causar daño a un niño?

Evaluación

Las evaluaciones son parte del privilegio de pretender ser parte de la profesión del magisterio. Ningún maestro puede llegar a ser verdaderamente exitoso a menos que se prevean evaluaciones continuas que proporcionen un cuadro claro que confirme sus puntos fuertes y señale áreas de crecimiento. (Se trata más a fondo de las evaluaciones en el capítulo 10.) Los maestros se deberían preguntar: ¿acepto las evaluaciones como parte esencial de la docencia?, ¿respondo a las sugerencias que me hacen en las evaluaciones?, Cuando evalúo a otros, ¿soy justo y comparto mis observaciones de forma positiva?

EL DOCENTE COMO PROFESIONAL

Actitudes y antecedentes

Existe un bagaje de conocimientos, unas bases educativas, que se dan por sentados en cualquiera que ingrese en la profesión de la primera infancia. También son necesarias algunas capacidades didácticas básicas. Éstas incluyen métodos y técnicas apropiadas para enseñar a los muy pequeños. Pero hay más aún, si uno quiere que lo consideren un verdadero **profesional**.

Ser parte de la profesión de enseñar va más allá de una acumulación de métodos, estudios y experiencias didácticas. Ser un maestro profesional sugiere una actitud sobre la enseñanza. No se trata simplemente de un trabajo de 8 horas al día, ni de una ocupación escogida a la ligera. Los maestros tienen vocación cuando creen que de verdad pueden marcar una diferencia en la vida de los niños. Aunque de primera intención pueda sonar *altruista*, ello refleja una dedicación a la enseñanza que excede el deseo de un empleo o un sueldo fijo.

Hay expectativas profesionales, comenzando por tener unos antecedentes comunes con otros del mismo campo. Esto incluye estudiar el desarrollo infantil y el comportamiento humano, relaciones familiares, desarrollo y educación de padres, y programación de planes de estudio. Se supone cierta experiencia práctica en enseñar bajo la tutela de un profesor guía, como también cierta familiaridad con técnicas de observación y registro. Estos fundamentos de conocimientos y experiencia proporcionan el marco para el desarrollo profesional. Gradualmente, los maestros van adqui-riendo más habilidades en el trabajo. Aprenden a hacer malabares con tres o cuatro interacciones con niños a la vez y a desarrollar la capacidad de parar una discusión con una pura mirada o un gesto rápido. Así, el proceso de convertirse en un maestro profesional es una progresión ordenada por una continuidad de desarrollo. Puede ser que su estado tenga reglamentaciones o no tenga ninguna; sólo la mitad de los estados ofrecen una certificación especializada para los profesio-nales de primera infancia (Bredekamp, 1992). Las expectativas profesionales exigidas por los estados proporcionan cierto grado de profesionalización a los maestros de primera infancia. Esta progresión de capacidades didácticas ha sido descrita por Lilian Katz (1977) como consistente en cuatro etapas diferenciadas del desarrollo del maestro, que van desde Supervivencia hasta Madurez. El maestro novel con frecuencia se siente inadecuado y mal preparado durante su primer año de trabajo (Supervivencia) pero pronto empieza a centrarse en niños de forma individual y en problemas específicos de comportamiento (Consolidación). Para el tercer o cuarto año (Renovación) el maestro está listo para explorar ideas y recursos nuevos y, al cabo de otro año o dos, se ha congraciado con la enseñanza y busca intuiciones y perspectivas (Madurez). En cada etapa, los maestros requieren diferentes grados de apoyo en el trabajo (tutela), con más posibilidades de conferencias y organizaciones profesionales.

Desarrollo profesional

Desarrollo de un código de ética profesional

Al madurar, los maestros dirigen su atención a cuestiones e intereses fuera de ellos mismos. Muchas de estas cuestiones, ya se las llame así o no, están relacionadas con conflictos éticos y principios morales. Los maestros, después de todo, son seres humanos, y eso conlleva un conflicto auténtico sobre el comportamiento. Hacer lo correcto resulta difícil a veces; saber qué es lo correcto puede escapársenos. Incluso identificar lo que es correcto, un conflicto ético, quizás no sea obvio.

Cada día surgen situaciones con padres, otros docentes y administradores, que requieren de los maestros decisiones difíciles. Algunos casos son evidentemente dilemas éticos: la sospecha de abuso infantil por parte de un padre o maestro, hablar fuera de la escuela sobre los chicos y sus familias, o el despido de un miembro del personal sin causa justificada. Otros, algunos de los cuales son corrientes, pueden no parecer tan obvios. Algunos ejemplos cotidianos son:

Cuando los padres:

- Le piden que pase a su hijo a la clase inmediata superior, en contra del consejo de usted
- Quieren que usted emplee prácticas disciplinarias comunes en su familia y cultura pero en contra de su sentido de lo que necesitan los niños[1]
- Intentan chismorrear con usted sobre otro miembro del personal.

Cuando otro maestro:

- Sugiere una reunión privada de docentes fuera de la escuela con un grupo selecto de maestros
- Se niega a tomar su turno de limpiar las jaulas de los animales
- Está regularmente ausente en las reuniones de personal
- Disiente de la filosofía educativa de la escuela y continúa enseñando de modos que difieren de los métodos aprobados en el centro
- Va al administrador de la escuela con una queja inapropiada sobre un miembro del equipo.

Cuando el administrador:

- Insiste en agregar un niño más a una clase que ya tiene más de la cuenta
- Toma decisiones sobre el personal basándose en la amistad, no en el rendimiento
- Respalda a un padre que se queja de un maestro sin oír la versión de éste de la historia

Encuestas de la publicación *Young Children* identificaron algunas de las cuestiones éticas que más preocupan a los educadores de primera infancia: (1) hablar de un niño o familia fuera de la escuela; (2) poner en práctica políticas que no son buenas para los niños; (3) permitir que los niños realicen una actividad que tal vez no sea apropiada ni valga la pena; (4) saber que un programa viola las reglamentaciones del estado, y (5) manejar las solicitudes encontradas de padres divorciados o separados (Feeney y Sisko, 1986).

LA DIVERSIDAD DE NUESTRO MUNDO LA DIVERSIDAD DE NUESTRO MUNDO LA DIVERSIDAD DE NUESTRO MUNDO LA DIVERSIDAD DE NUESTRO MUNDO LA DIVERSIDAD DE NUESTRO MUNDO

[1] Los maestros tendrán que tomar conciencia de los modelos de crianza de niños de muchas culturas.

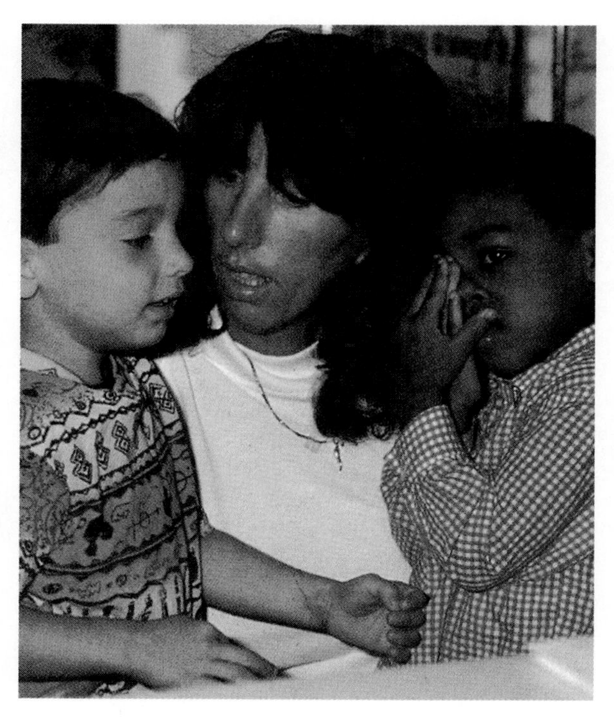

Ilustración 5.11 Diariamente surgen cuestiones de ética. A este niño se le ha enseñado a devolver el golpe si alguien le pega. ¿Qué le dice el maestro?, ¿cómo debería manejarse esta situación?

Los maestros pueden encontrar útil comentar sus preocupaciones éticas con los colegas. En algunos centros existen programas de formación de personal en el trabajo, donde se presentan estas cuestiones. Otras escuelas tienen un código de ética para que sus empleados lo sigan.

Los problemas éticos ocurren diariamente en la vida de un maestro. No son problemas de naturaleza abstracta o impersonal. ¿Qué es exactamente la ética? En esencia, es la pauta moral por la que gobernamos nuestro propio comportamiento y el de la sociedad. "La ética no es sino la reflexión crítica sistemática sobre nuestras obligaciones", dice el filósofo Kenneth Kipnis (1987).

Podemos definir estrictamente la **ética** como "el sistema o código moral de un filósofo, religión, grupo o profesión en particular". Esta definición sugiere que un código de ética personal puede estar respaldado por un código de ética profesional. Un *código de ética* es un conjunto de aseveraciones que nos ayudan a manejar las tentaciones inherentes a nuestras ocupaciones. Nos ayuda a actuar en términos de lo que está bien y no de lo que resulta práctico (Katz y Ward, 1978).

¿Por qué necesitaría un código así la profesión de la primera infancia? Una razón primordial es que las elecciones que hacen los maestros deberían basarse, no simplemente en valores y preferencias personales, sino "en valores, juicios y compromisos éticos compartidos por la sociedad o asociación profesional a la que pertenecen" (Katz y Ward, 1978).[1]

Un código de ética proporciona sabiduría colectiva y consejo de base amplia en la profesión. Declara los principios por los cuales cada individuo puede medir y gobernar el comportamiento profesional. Dice que un grupo o asociación ha reconocido las dimensiones morales de su trabajo. Da a los maestros un cuerpo central conocido, definido, de valores profesionales, esos compromisos básicos que cualquier edu-

1 Uno de los valores del código de ética de NAEYC (Code of Ethical Conduct) es el reconocimiento de que se entiende mejor a los niños en el contexto de la familia, la cultura y la sociedad.

cador de primera infancia debería considerar inviolables. Eso protege a maestros y administradores de tener que tomar difíciles decisiones éticas en el momento, tal vez sobre la base de prejuicios personales. Un código ético profesional establecido respalda la opción del maestro diciendo "No se trata de que *yo* no quiera actuar así: *Ningún educador de primera infancia* debería actuar así" (Kipnis, 1987).

NAEYC ha adoptado un código de conducta ética que "ofrece pautas de comportamiento responsable y establece una base común para resolver los principales dilemas éticos que se presentan en la educación de la primera infancia" (Freeney y Kipnis, NAEYC, 1990). Cuatro secciones del código bosquejan las áreas principales de la relación profesional: (1) trabajo con niños, (2) trabajo con familias, (3) relaciones con colegas y (4) responsabilidades con la comunidad y la sociedad. La declaración de compromiso, extraída del código, puede verse en el apéndice B al final de este libro.

De este trabajo ha surgido una lista básica de valores medulares, valores "que están profundamente arraigados en la historia de nuestro campo" (Feeney y Kipnis, 1990). Estos valores medulares forman la base de acuerdo en la profesión sobre los estándares de comportamiento ético. Son:

- Apreciar la infancia como etapa valiosa y singular del ciclo vital del ser humano
- Basar nuestro trabajo con los niños en conocimientos de desarrollo infantil
- Apreciar y respaldar los estrechos lazos entre el niño y su familia
- Reconocer que la mejor manera de entender a los niños es en el contexto de la familia, la cultura y la sociedad
- Respetar la dignidad, el valor y la singularidad de cada individuo (niño, familiar y colega)
- Ayudar a niños y adultos a lograr su potencial entero en el contexto de relaciones basadas en la confianza, el respeto y la consideración (Feeney y Kipnis, 1990)

Educación continua

Las clases creativas y estimulantes son producto de maestros que continúan aprendiendo más sobre cómo enseñar. Después de la etapa inicial, muchos maestros comienzan a buscar nuevos desafíos y formas novedosas de mejorar la calidad de su docencia. Por lo común, esta búsqueda conduce a algún tipo de **educación continua**, tal como participación en talleres, cursos o seminarios. Si el horario de un maestro no incluye tiempo para proseguir su educación continua, puede haber otras opciones:

- Se pueden traer programas de formación en el trabajo al entorno escolar. Es posible invitar a personas enteradas para que conduzcan conversaciones sobre el comportamiento infantil, relaciones con los padres, planillas de valoración y currículum de ciencias, creando así aulas multiculturales.
- Distintos integrantes del personal docente pueden desarrollar un programa propio, ofreciendo su pericia a sus compañeros de claustro en una reunión durante el trabajo.
- Un especialista en computadoras, un profesor de arte o un experto multicultural, invitado a visitar las clases, puede instruir a los niños y dar algunas ideas y planes útiles a los docentes.
- Se puede invitar a un terapeuta familiar para que hable en una reunión de profesores sobre las estrategias de apoyo a familias en crisis.
- Una biblioteca para los docentes, provista de libros profesionales, publicaciones especializadas (como *Young Children*) y periódicas (como *Education Week*) pueden proporcionar al maestro los medios de mantenerse al corriente de las tendencias y prácticas y de mejorar sus habilidades didácticas en el aula.
- Se puede recurrir, siempre que sea posible, a los padres que sean profesionales en diversos campos, para enriquecer los conocimientos y capacidades de los docentes.

Establecer objetivos profesionales

Cuando los maestros elevan la mirada más allá de "¿Cómo sobreviviré?" y "¿adónde voy?", comienzan a fijarse metas para sí y para su carrera docente. Desarrollan objetivos a corto y largo plazo para ellos mismos, estableciendo un marco para su crecimiento profesional.

Las metas fijadas variarán según los maestros. Para Julio, podría significar crear un nuevo tipo de cu-

Ilustración 5.12 A través del contacto frecuente con docentes y administradores, los padres pueden adquirir conciencia de la importancia de la formación y el desarrollo profesional en los educadores de la primera infancia.

rrículum para su clase de niños de 2 años. Susana podría elegir esforzarse por un mayor apoyo de los padres en la suya. Yolanda y Francisco tal vez decidan hacer un taller sobre sensibilidad cultural.[1] Estefanía considera usar sus habilidades con niños y computadoras para establecerse por su cuenta. Carmen querría crear un calendario de reuniones con los padres y eventos para el año escolar. Ya sea en el área de programas infantiles, administración, relaciones entre docentes, o su propio desarrollo profesional, los maestros pueden aprender, crecer y cambiar. (Véanse técnicas para evaluación y fijación de metas en el capítulo 10.)

Afiliaciones profesionales

Los maestros que empiezan a verse como profesionales pueden decidir entrar en una de las organizaciones profesionales relacionadas con el campo de la primera infancia. Una de las más grandes, National Association for the Education of Young Children (NAEYC), tiene grupos de afiliados locales y de los estados a través de los cuales es posible asociarse. NAEYC ofrece una gama de servicios a sus socios, incluyendo conferencias y publicaciones como *Young Children*. La Association for Childhood Education International (ACEI) tiene una función similar, mientras que la Society for Research in Child Development (SRCD) se centra en psicología infantil, investigación y desarrollo.

Hay muchas organizaciones que se ocupan de los niños, maestros y cuestiones relativas a la profesión de la primera infancia. Se pueden conseguir abundantes recursos de estos grupos, que se enumeran en el apéndice D.

Opciones de carreras

La necesidad de programas de calidad para niños pequeños nunca ha sido mayor, y la demanda de especialistas en la primera infancia continuará, fomentada

LA DIVERSIDAD DE NUESTRO MUNDO LA DIVERSIDAD DE NUESTRO MUNDO LA DIVERSIDAD DE NUESTRO MUNDO LA DIVERSIDAD DE NUESTRO MUNDO LA DIVERSIDAD DE NUESTRO MUNDO

[1] Los talleres con colegas son una buena manera de crear un clima abierto para debatir cuestiones de diversidad.

por la atención nacional a las cuestiones de los niños y las familias. Si está considerando una carrera en la primera infancia, las opciones son muchas y variadas. La ilustración 5.13 enumera algunas de las posibilidades que existen en esta profesión.

EL DOCENTE NOVEL

Los maestros inexpertos de niños pequeños no pueden pretender combinar con éxito todas las múltiples facetas de un maestro, su identidad personal, de equipo y profesional, de inmediato. Ciertamente, enseñar a niños pequeños lleva consigo la obligación de comprender y aceptar los muchos papeles y responsabilidades asociados con el título de "maestro". Sin embargo, los noveles también deben comprometer su tiempo y energías para *llegar a ser* un maestro total.

Comenzar a enseñar puede ser divertido también como experiencia de aprendizaje única. Las teorías de los libros vuelven a la vida cuando los niños demuestran con naturalidad conceptos de desarrollo infantil. Los noveles esperan aprender sobre crecimiento y desarrollo infantil; a muchos les sorprende descubrir que también necesitan aprender cómo funcionan los niños en grupo y con adultos.

Servicios directos a los niños y sus familias

Maestro en programas para la primera infancia
Director de instalaciones de atención infantil, guardería, programa Montessori
Proveedor de atención infantil en familia
Niñera u "au pair"
Padres adoptivos
Trabajador social/agente de adopción
Enfermera pediatra/enfermera escolar
Terapeuta familiar/educador de padres
Pediatra
Educador de padres
Especialista en intervención temprana
Monitor de actividades recreativas
Monitor de juegos en grupo
Visitador de hogares

Servicios indirectos a los niños y sus familias

Especialista en planes de estudio
Profesor especialista computadoras
Investigador de desarrollo infantil
Especialista en educación de la primera infancia
Consultor de programas
Abogado de los consumidores
Profesor de magisterio: instituciones con programas de 2 y de 4 años
Consultor

Implicación en la comunidad

Funcionario de autorizaciones locales/estatales
Abogado legista
Especialista legal en atención infantil
Consultor de medio ambiente
Diseñador de interiores para entornos infantiles
Funcionario gubernamental de planificación sobre asuntos infantiles
Consultor en educación bilingüe, multiculturalismo
Especialista en nutrición infantil
Consejero para derivación de atención infantil

Otras opciones

Consultor en comunicaciones
Escritor de guiones/editor
Escritor autónomo
Autor de libros infantiles
Fotógrafo de niños
Especialista en microcomputadoras/consultor de programas

Ilustración 5.13 Hay muchos desafíos profesionales para los que se dediquen a la educación de la primera infancia. (Adaptado de "Career Options in Early Childhood Education" de Dianne Widmeyer Eyer. En *Beginnings & Beyond: Foundations in Early Childhood Education*, Delmar, 1993. Tercera edición, pág. 170.)

Planear y ejecutar actividades que se acomoden a las necesidades y habilidades del niño son otra parte del papel del maestro que se inicia. Proporcionan la oportunidad de ensayar ideas de curriculum, para ver qué pasa cuando el niño se encuentra con el material. Trabajar con un maestro experimentado que sea modelo de técnicas muy refinadas es parte importante de la experiencia del maestro novel. Identificarse con varios profesionales puede ayudar al novel a encontrar su identidad como docente, y el trabajo en equipo puede resultar un apoyo especial.

Con todo, sabemos que los primeros pasos en la enseñanza no siempre son agradables. Es una época para una intensa búsqueda interior y revelaciones[1] sobre uno mismo. Las propias experiencias de los años escolares de muchos maestros les vienen a la mente y socavan su confianza. Planificar las clases lleva largas horas. Tal vez tengan dudas todavía sobre su vocación. Es incómodo sentirse juzgado y criticado por otros. Es una época de ansiedad para la mayoría de los que se inician en la enseñanza. Pero recuerden, por más sereno, confiado y siempre acertado que parezca el maestro guía, fue antes un maestro novel.

Ilustración 5.14 El maestro novel se entrega emocionalmente, además de físicamente.

El maestro en prácticas

Muchos programas de magisterio requieren un periodo formal de trabajo supervisado con niños pequeños, ya sea en el centro de desarrollo infantil de la misma institución, o en programas de la comunidad para la primera infancia. Para los alumnos de tales programas, la actuación como maestro en prácticas puede ser la primera oportunidad real de trabajar con niños.

Los comienzos para los alumnos de magisterio son tan importantes como lo son para los pequeños. Los primeros días de un niño en la escuela se planifican con mucho cuidado; igualmente, existen tácticas para facilitar la transición de alumno a maestro en práctica. Las pautas siguientes ayudarán a hacer de los primeros días de trabajo de un maestro en práctica, una experiencia satisfactoria y positiva.

Antes de que empiece la escuela

- Póngase en contacto con el maestro y encuéntrense antes de que empiece la escuela. Averigüe a qué hora empiezan las clases, dónde está ubicada el aula, de qué edad es el grupo, cuántos niños hay y cómo está constituido el grupo, el programa diario y con que horario se espera que esté usted ahí. Pregunte si hay niños con necesidades especiales y consideraciones culturales de las que debe estar al tanto.[2] Entérese de lo que se espera de usted en los primeros días. Asegúrese de que conoce al personal administrativo de la escuela.

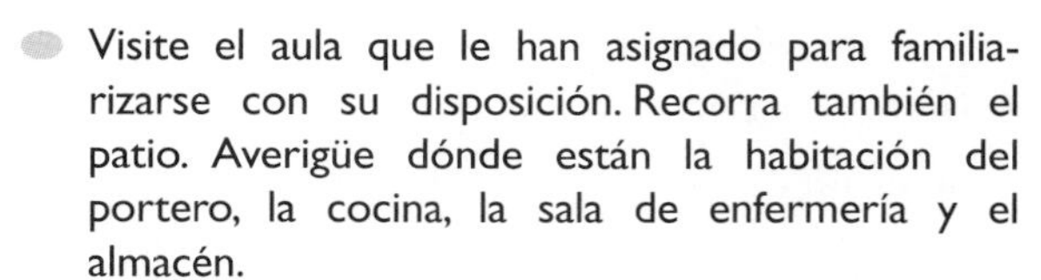

- Visite el aula que le han asignado para familiarizarse con su disposición. Recorra también el patio. Averigüe dónde están la habitación del portero, la cocina, la sala de enfermería y el almacén.
- Hágale saber al maestro guía de cualquier habilidad o talento especial que usted tenga; deje que el maestro le ayude a utilizar estas habilidades de formas nuevas con los pequeños. Infórmele sobre cualquier otra experiencia con niños: cuidador por horas o monitor en campamentos. Asegúrese de que el maestro conoce los requerimientos de formación que se deben cumplir para esas experiencias.

LA DIVERSIDAD DE NUESTRO MUNDO LA DIVERSIDAD DE NUESTRO MUNDO LA DIVERSIDAD DE NUESTRO MUNDO LA DIVERSIDAD DE NUESTRO MUNDO LA DIVERSIDAD DE NUESTRO MUNDO

1 Puede ser la primera vez que algunos estudiantes se enfrentan con sus actitudes hacia la diversidad y la inclusión en el aula.

2 Puede ser el punto de partida de un esquema mental pluralista en el docente novel.

- Conjuntamente usted, el maestro guía y su profesor de pedagogía establecerán las metas y expectativas para su experiencia como maestro en práctica. Así se definirá más concretamente lo que le gustaría a usted obtener en el tiempo que pasa en el aula, ya sea conseguir experiencia con un grupo de niños o conducir un tiempo en grupo para finales del semestre. Al establecer metas comunes, el maestro guía podría ayudarle a conducir sus estudios para realizar dichas metas. Debería acordarse un proceso de evaluación en relación con estas metas, para que usted sepa si ha cumplido las expectativas del maestro, la escuela y el programa.

Los principios

Después de los primeros días de trabajo, la rutina será familiar, sabrá los nombres de la mayoría de los niños y su presencia en el aula se habrá hecho un procedimiento normal. Una vez logrado un nivel cómodo, pueden encararse algunos de los aspectos más complicados del trabajo con niños pequeños. Las pautas siguientes ayudarán a aliviar las ansiedades de la primera semana.

Comportamiento de los estudiantes de magisterio

Vístase adecuadamente. Lleve ropa cómoda, apropiada a la estación y fácil de cubrir con una bata o delantal. Los zapatos fuertes, impermeables, son buenos para las actividades al aire libre.

Sea puntual. Llegue a la hora, y siempre informe al maestro guía si va a faltar o a llegar tarde.

Sepa dónde están las cosas. Entérese de dónde se guarda el material y el equipamiento importante.

Compórtese según la ética profesional. Evite nombrar a los niños y familias en comentarios fuera del entorno escolar.

Interacción con los niños

Entre lentamente. Siéntese y observe lo que están haciendo los niños y vea si hace falta antes de intervenir.

Mantenga su papel de maestro. Evite utilizar juegos centrados en el adulto o entretener a los niños de modo que usted sea el foco de su juego. Mantenga la atención de los chicos centrada en ellos o en las actividades.

Dé tiempo a los niños. Déjeles mucho tiempo para que los niños hagan tanto como puedan sin ayuda.

Ayude a los niños a esperar. Esté pendiente de los momentos en que los niños tengan que esperar hasta la actividad siguiente o pasar a otra sala. Memorice canciones y juegos de mímica manual o tenga a mano un libro de cuentos para leer.

Esté alerta al grupo en total. Sepa dónde están los niños y otros maestros y qué hacen, aunque no se encuentren en las inmediaciones.

Nunca deje a los niños sin supervisión. Notifique al maestro encargado si debe salir de la zona, y organícelo para que todas las actividades estén cubiertas completamente.

Mantenga el entorno. Conserve en orden el aula y el patio en el curso de la jornada, haciendo que los niños intervengan en el proceso de limpieza.

Emplee con eficacia su voz y su tono. Acérquese a un niño, agáchese y hable bajo, pero con claridad, en lugar de gritar desde el otro lado del aula o del patio.

Ilustración 5.15 Los buenos maestros saben cuándo ayudar a los niños a aprender bilidades nuevas.

Nunca empuje ni use la fuerza. Evite alzar a los niños para llevarlos donde tengan que ir. Aprenda a utilizar verbalizaciones, no la fuerza ni amenazas de fuerza, para conseguir que los niños colaboren.

Relaciones con otros adultos

No interfiera jamás cuando otro maestro está resolviendo un problema. A menos que se le invite específicamente, tenga la cortesía de dejar que otros maestros se ocupen solos de la situación.

Haga preguntas. Pida ayuda cuando sea necesario. Está aquí para aprender, así que puede sentirse en libertad de hacer preguntas a los maestros sobre por qué y cómo manejar diversas situaciones.

Mantenga la comunicación. Mantenga a otros miembros del personal docente informados de hechos y problemas importantes que sucedan. Las preguntas y preocupaciones de los padres deben retransmitirse al personal docente.

Consulte a su maestro guía. Trabajen juntos para seleccionar y evaluar actividades apropiadas a la edad que se ajusten a los objetivos establecidos en el currículum.

Tenga presentes estas pautas para evitar algunos de los tropiezos comunes del maestro novel, pero recuerde que son sólo pautas de guía. Los alumnos deben añadir sus propias experiencias, intuiciones e interpretaciones. Con el apoyo del personal docente, aumentará la confianza, junto con la comprensión de lo que significa ser un maestro total. En el capítulo 7 se verán más comentarios relativos a orientación y disciplina.

EL MAESTRO EN SU TOTALIDAD

En algún momento los maestros encuentran su propio punto de vista sobre la enseñanza basado en el conocimiento propio de su vocación, por qué enseñan de la forma en que lo hacen, y lo que saben de los niños con quienes trabajan. Esta integración de conocimientos y entrenamiento, experiencia y vida, recibe diferentes nombres. Algunos hablan de maestros "de veras". Otros se refieren a ellos como maestros "totales". Una denominación común es el maestro "en su totalidad". Cualquiera de estos términos es un buen reflejo de la relación entre cómo ven los maestros a los niños y cómo se ven a sí mismos. Hay una imbricación de los aspectos emocionales, físicos, intelectuales y sociales de cada ser humano, niño o adulto.

Ilustración 5.16 Con la experiencia, los maestros aprenden a manejar grupos numerosos de niños. Aprender a desarrollar las habilidades de lectura y narración es un proceso continuado.

Algo ocurre cuando se produce esta mezcla. Durante los primeros años de trabajo, los maestros consolidan sus diversas funciones oficiales, fusionando su formación y experiencia en el magisterio con su estilo y naturaleza personal. Descubrir y definir el papel del maestro significa desarrollar un estilo personal de enseñar. Es la suma de la respuesta propia a la enseñanza, y es única para cada maestro. Cuando se produce, un maestro novel empieza a darse cuenta de que "se siente" maestro. Los puntos fuertes y las convicciones que se tienen como persona se mezclan con las que se tienen como maestro y se hacen inseparables. Lo que hacen y lo que son los maestros se entretejen en una sola cosa. Y al añadir el maestro personal al maestro profesional, el total es más que la suma de los dos, permitiendo al maestro en su totalidad la libertad de crecer en visión y comprensión.

Sumario

Los maestros de niños pequeños comparten con otros docentes una variedad de contenidos. El currículum en la escuela de primera infancia es rico en matemáticas, ciencias, lenguaje, estudios sociales, geografía y otras materias. El formato de estas experiencias de aprendizaje es un enfoque de "acción directa". Los maestros preparan material, equipos y actividades que inviten a los niños a interesarse e interactuar.

En algunas áreas el maestro de primera infancia difiere de otros en el campo de la educación. El trabajo en equipo, las interacciones docente niño, el énfasis en grupos pequeños y las relaciones con adultos son más comunes en las de los primeros años que en otros tipos de escuela.

El papel del maestro no se limita a trabajar con los niños. Los maestros deben aprender a interactuar con muchos adultos, sobre todo padres, otros maestros y administradores. Los papeles didácticos variarán, según se trabaje solo o en un equipo. La enseñanza en equipo es común en muchos programas de primera infancia y tiene muchas ventajas. Teniendo presentes 10 puntos esenciales para el éxito en la enseñanza, todos los maestros de primera infancia pueden asegurarse condiciones de trabajo óptimas en su entorno.

Los maestros de primera infancia tienen múltiples roles. Supervisan y manejan la clase, interactúan con niños y muchos adultos y establecen el tono emocional. Buena parte de lo que hacen sucede lejos de los niños. Hay reuniones a las que asistir, informes que escribir, conferencias que mantener con los padres y material que adquirir. Estas obligaciones después de hora aumentan la profundidad de las experiencias que el maestro proporciona a los niños en el aula.

Es frecuente que se presenten situaciones de ética, que exigen que el maestro o el administrador haga elecciones difíciles sobre los niños y sus vidas. Un código de ética profesional establece normas de comportamiento basadas en valores medulares y compromisos compartidos por todos los profesionales de la primera infancia. Puede respaldar decisiones que toman los individuos por el bien de los niños.

El maestro en prácticas adquiere valiosas experiencias trabajando directamente con los niños bajo la supervisión de un maestro maduro. Algunas de las ansiedades del principio se superan siguiendo pautas generales para los estudiantes en prácticas. Se consigue ayuda también estudiando algunos problemas corrientes y las formas de evitarlos.

Al crecer y ganar confianza, los maestros pasan por diversas etapas de desarrollo profesional y buscan maneras de enfrentar más desafíos con eficacia. Al integrar el estilo didáctico y la personalidad, se convierten en maestros en su totalidad.

Preguntas de Repaso

1. ¿Cuáles le parecen las cinco cualidades más importantes que debe tener un maestro de primera infancia?, ¿por qué?, ¿cuál posee usted?, ¿cuáles son más difíciles para usted?
2. ¿Cómo "marca el tono" de la clase un maestro?, ¿cómo encaja ser culturalmente competente?
3. Dé varias razones por las que es importante la enseñanza en equipo en los primeros años de vida.
4. Enumere algunos de los problemas comunes referentes a los alumnos en prácticas. ¿Cómo puede evitarlos?
5. ¿Por qué es importante la conciencia de sí mismo?
6. ¿Qué significa para un maestro tener un código ético?
7. Observará muchas similitudes si repasa los Diez puntos esenciales para el éxito en la enseñanza y las características de un buen clima escolar que se tratan en la sección sobre agotamiento. ¿Por qué cree que se relacionan?

Actividades de Aprendizaje

1. Haga un dibujo de la primera aula que recuerde. Ubique los muebles y anote dónde se sentaban sus amigos, dónde usted y dónde el maestro. A lo largo de un lado del papel escriba palabras sueltas que describan cómo se sentía cuando estaba en esa clase.
2. Estudie un aula donde usted observa o enseña. ¿Cuántas culturas hay representadas?, ¿cómo responde el maestro a la diversidad cultural?
3. ¿Tuvo alguna vez un maestro "diferente"?, describa a esa persona. ¿qué le gustaba más de ella?, ¿qué era lo que menos le gustaba?, ¿contrataría a ese maestro?, ¿por qué?
4. Escriba su propio código ético.
5. Lea las situaciones éticas presentadas en la sección sobre desarrollo profesional. Piense cómo las resolvería usted. Comente sus respuestas con un compañero de su clase, un maestro y un padre.
6. Observe a un maestro que trabaja en equipo y a uno que trabaja solo en un aula. ¿Cuáles parecen ser las ventajas de cada uno?, ¿las desventajas?, ¿qué sistema preferiría para su primer año de trabajo?, ¿por qué?, ¿para el tercer año?, ¿para el séptimo año?
7. ¿Está en desacuerdo con alguno de los valores básicos enumerados en la sección Diez puntos esenciales para el éxito en la enseñanza?, ¿cuáles son?, ¿cómo los cambiaría? Comente su respuesta con otro maestro, otro estudiante, su profesor.
8. En grupos pequeños, hablen de la imagen popular de los maestros que dan la literatura y las películas actuales. ¿Hay consenso en el retrato de los maestros de hoy?, ¿dónde encajan en el cuadro los profesionales de primera infancia?, ¿se están proponiendo en alguna parte las cuestiones relacionadas con los maestros?, ¿dónde?, ¿cómo?, ¿por quién?, ¿cuál sería su conclusión sobre su papel como miembro de la profesión docente?
9. ¿Qué elementos agregaría a la ilustración 5.1 sobre la base de su observación de programas y maestros de primera infancia?

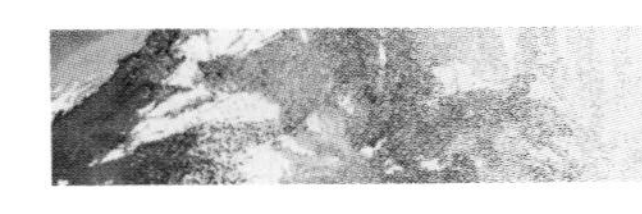

Bibliografía

Armstrong, L. S. (1991, March 20). Census confirms remarkable shifts in ethnic makeup. *Education Week.*

Berk, L. E. (1994). *Infants and children.* Boston: Allyn & Bacon.

Beyer, E. (1968). *Teaching young children.* New York: Western Publishing.

Bredekamp, S. (1992, January). Composing a profession. *Young Children,* pp. 52–54.

Derman-Sparks, L. (1989). *Anti-bias curriculum: Tools for empowering young children.* Washington, DC: National Association for Education off Young Children.

Dresden, J., & Myers, B. K. (1989, January). Early childhood professionals: Toward self-definition. *Young Children.*

Eyer, D. (1989). Career options in early childhood education. In A. M. Gordeon & K. W. Browne (Eds.), *Beginnings and beyond: Foundations in early childhood education.* Albany, NY: Delmar.

Feeney, S., & Kipnis, K. (1985, March). Professional ethics in early childhood education. *Young Children,* pp. 54–58.

Feeney, S., & Kipnis, K. (1990). *Code of ethical conduct and statement of commitment.* Washington, DC: National Association for Education of Young Children.

Feeney, S., & Sisko, L. (1986, November). Professional ethics in early childhood education: Survey results. *Young Children,* pp. 15–20.

Gonzales-Mena, J. (1993). *Multicultural issues in child care.* Mountain View, CA: Mayfield.

Honig, A. (1979). *Parent involvement in early childhood education.* Washington, DC: National Association for the Education of Young Children.

Jones, E. (1994). Breaking the ice: Confronting status differences among professions. In J. Johnson & J. B. McCracken (Eds.), *The early childhood career lattice: Perspectives on professional development.* Washington, DC: National Association for the Education of Young Children.

Jorde-Bloom, P. (1998a). *A great place to work.* Washington, DC: National Association for Education of Young Children.

Jorde-Bloom, P. (1988b, September). Teachers need TLC too. *Young Children.*

Katz, L. G. (1977). *Talks with teachers.* Washington, DC: National Association for the Education of Young Children.

Katz, L. G., & Ward, E. H. (1978). *Ethical behavior in early childhood education.* Washington, DC: National Association for Education of Young Children.

Kipnis, K. (1987, May). How to discuss professional ethics. *Young Children,* pp. 26–30.

Kuster, C. A. (1994). Language and cultural competence. In J. Johnson & J. B. McCracken (Eds.), *The early childhood career lattice: Perspectives on professional development.* Washington, DC: National Association for the Education of Young Children.

LeShan, E. (1992). *When your child drives you crazy.* Nueva York: St. Martin's Press.

Phillips, C. B. (1994). What every early childhood professional should know. In J. Johnson & J. B. McCracken (Eds.). *The early childhood career lattice: Perspectives on professional development.* Washington, DC: National Association for the Education of Young Children.

Ramsey, P. (1987). *Teaching and learning in a diverse world: Multicultural education for young children (early childhood education series).* New York: Teachers College Press.

Spodek, B. (1972). *Teaching in the early years.* Englewood Cliffs, NJ: Prentice-Hall.

Spodek, B. (1994). The knowledge base for baccalaureate early childhood teacher education programs. In J. Johnson & J. B. McCracken (Eds.), *The early childhood career lattice: Perspectives on professional development.* Washington, DC: National Association for the Education of Young Children.

Whitebook, M., Howes, C., & Phillips, D. (1990). *Who cares? Child care teachers and the quality of care in America. Final report: National Child Care Staffing Study.* Washington, DC: Center for the Child Care Workforce.

York, S. (1991). *Roots and wings: Affirming culture in early childhood programs.* St. Paul, MN: Redleaf Press.

Observación: aprendiendo a leer en el niño

Preguntas para pensar

¿Por qué es la observación de los niños un instrumento didáctico importante?

¿Cómo nos ayudan las observaciones a entender a las personas y su comportamiento?

¿Qué diferencia hay entre hechos e inferencias?

¿Cómo pueden emplearse las observaciones para comparar el comportamiento individual y el crecimiento general según el desarrollo?

¿Cómo podemos observar y registrar eficazmente?

¿Qué técnicas de registro son útiles?

¿Cuáles son las pautas a seguir cuando observamos y registramos comportamiento?

Ilustración 6.1 Es la primera vez que se ve a estos dos niños jugando juntos. ¿Qué pueden aprender los maestros al observarlos sobre el modo en que usan los materiales?, ¿su forma de hacer amigos?, ¿cómo resuelven problemas?

INTRODUCCIÓN

Los niños son fascinantes. Son encantadores, con muchas necesidades, activos, creativos, imprevisibles y emocionales. En la escuela, en el hogar, en la tienda de comestibles y en el parque, los niños muestran una variedad de comportamientos. Está el niño feliz dándole fuerte al columpio. El enojado, desafiante, que agarra un libro o un juguete y sale corriendo. El niño estudioso que trabaja seriamente en un rompecabezas.

Estas imágenes de niños centellean por nuestra mente, captadas durante un instante como con una cámara. Tales miniretratos de niños trabajando, jugando y viviendo juntos pueden ser muy útiles para los docentes.[1] Buenas destrezas de observación pueden ayudarles a capturar esos momentos en la vida de un niño. La memoria deja sólo la impresión. La palabra escrita da la oportunidad de contrastar las impresiones y opiniones con los hechos.

¿Qué es la observación?

Los maestros aprenden a tomar notas mentales de los detalles importantes de cada interacción:

Es la primera vez que veo a Carolina jugando con Boris. Se están riendo mientras construyen con bloques.

Desde hace cinco minutos, Toto está al borde del área de arena donde juega el grupo de los que aprenden a caminar. No ha hecho caso de las sonrisas de los niños y rechazó la invitación de la maestra a jugar con ellos.

LA DIVERSIDAD DE NUESTRO MUNDO LA DIVERSIDAD DE NUESTRO MUNDO LA DIVERSIDAD DE NUESTRO MUNDO LA DIVERSIDAD DE NUESTRO MUNDO LA DIVERSIDAD DE NUESTRO MUNDO

1 Un observador avezado, consciente de la diversidad de nuestro mundo, recuerda las formas en que todos los niños se parecen, y también las características que hacen a cada niño único.

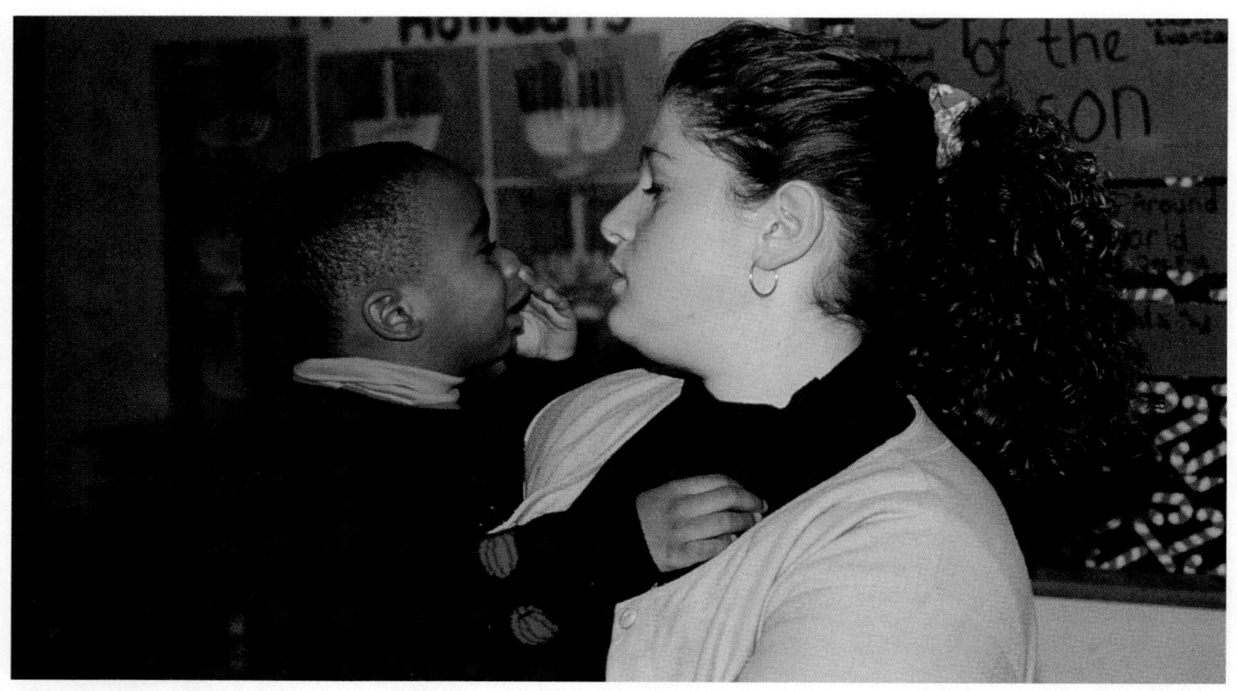

Ilustración 6.2 Al observarlos de cerca, los niños revelan sus sentimientos y necesidades.

> Antonio deja de trepar cada vez que llega arriba del armazón de trepar. Mira rápido a su alrededor y si ve que algún maestro lo mira, baja rápidamente y sale corriendo.

Por medio de su comportamiento, estos tres niños revelan mucho de su personalidad. Es responsabilidad del maestro notar todas las señales y reunirlas de manera que tengan significado. El docente ve las señales obvias y también las más sutiles. La forma en que las observaciones se reúnen con otras informaciones pertinentes resulta crucial. La primera niña, Carolina, ha estado buscando un amigo especial. Ahora que ha aprendido algunas maneras de acercarse a otros niños que no los asustan ni los abruman, los niños quieren jugar con ella. Los padres de Toto se divorciaron hace dos semanas. Parece que está empezando a sentir ese dolor y se ha vuelto retraído en la escuela. En su casa, se espera que Antonio haga las cosas bien al primer intento. Como pasar al otro lado del armazón tiene sus bemoles, ni siquiera lo intenta. En la escuela, por lo general inicia sólo lo que sabe que puede hacer sin errores.

Estas sencillas observaciones, hechas en medio de una ajetreada mañana en la escuela, proporcionan información vital sobre las capacidades, necesidades y preocupaciones de cada niño. Es un cuadro más elaborado. Los niños son seres humanos complejos que responden de múltiples maneras. Los maestros pueden observar dichas respuestas y utilizar sus habilidades para ayudar a cada niño a crecer y aprender.

La capacidad de observar, de "leer" en el niño, comprender a un grupo, "ver" una situación, es una de las destrezas más importantes y satisfactorias que puede tener un maestro. Como nos dice Cartwright (1994):

> *Ver realmente* implica observar con sensibilidad, escuchar atentamente y al mismo tiempo tomar notas. No es fácil de dominar y lleva mucha práctica, pero los resultados son substanciales. El proceso mismo de aprender a observar bien mantiene el interés del maestro principalmente en los niños (¡donde debe estar!).

La práctica continuada de la observación ayudará a los maestros a desarrollar lo que Feeney, Christensen y Moravicik (1996) describen como "*sentido para los niños*, una sensación de cómo sienten y funcionan los niños individualmente y los grupos".

La observación es la base de gran parte del trabajo de un maestro. Influye en cómo prepara el entorno y cómo y cuándo lo modificará. Le ayuda a crear el horario, planeando periodos apropiados para diversas actividades. Le permite interpretar y responder bien a los muchos intercambios entre personas que significan tanto para los padres y para los cuidadores. La evaluación de los niños (véase el capítulo 10) se puede efectuar sólo sobre la base de buenas observaciones. De maneras más reflexivas y menos estructuradas, los maestros observarán cómo reaccionan y sienten ellos, observándose a sí mismos y sus propios valores. Se utilizan observaciones en casi todos los capítulos de esta obra.

La observación es más que simplemente mirar. Se requiere energía y concentración para llegar a ser un observador correcto. Los maestros deben entrenarse para registrar lo que ven de forma regular.[1] Necesitan imponerse una disciplina para distinguir entre detalles y trivialidades, así como para detectar parcialidades que podrían invalidar la observación (véase la ilustración 6.3). Una vez adquiridas, las técnicas objetivas de observación ayudan a dar un carácter científico y profesional a la educación de la primera infancia.

Ver a los niños a través de la observación

El juego es el trabajo de la niñez. Es la manera en que los niños se expresan y muestran cómo son en realidad. Observando el juego, los maestros pueden ver a los niños como son y como se ven ellos. Mucho de lo que hacen los niños da pistas sobre su ser interior.

El escenario está preparado, comienza la acción en cuanto entra el primer niño en la sala. Aquí los maestros pueden ver a los niños en acción y observar si se presenta algún comportamiento importante. Todo lo que hace falta es estar alerta a las señales y anotarlas:

> Sabrina, una pequeñita, se acerca a Berta. Sabrina le quita a Berta su juguete, un clasificador de figuras. Entonces empieza a poner figuras en el clasificador. Tiene dificultades para colocar las figuras en el recipiente. Entonces Sabrina lanza las figuras, se le pone la cara roja, y aleja el clasificador de una patada.
>
> Nico se pone de rodillas en la silla al lado de la mesa de rompecabezas, con uno de 10 piezas. Vuelca el juego del revés, dejando que las piezas caigan a la mesa. Selecciona una pieza por vez con su mano izquierda y coloca exitosamente cada una en el marco a la primera. Alza las dos manos al aire y chilla "¡Lo hice!"

Desarrollar destrezas sólidas de observación permite a los maestros satisfacer mejor las necesidades sociales, emocionales e intelectuales de cada niño.

¿Qué nos están diciendo los niños sobre ellos mismos?, ¿qué acciones es más importante observar? Comprender a los niños es difícil porque son muchos los factores que influyen en su comportamiento. La etapa de desarrollo del niño, su cultura, su salud, la fatiga y el hambre pueden marcar la diferencia en la manera en que se comporta. Además, factores ambientales como el nivel de ruido, la congestión o la hora del día pueden sumarse al carácter complejo de las acciones del niño. Por lo tanto, el maestro debe esmerarse en observar a los niños en momentos cruciales. Por ejemplo, un maestro alerta se fijará en la manera en que el niño entra a la escuela cada mañana. Tina siempre se aferra a su mantita cuando el papá la deja en la escuela. Laura entra de un salto dispuesta a jugar desde el momento en que pasa por la puerta, cada día. David dice adiós a su abuela y luego hace el recorrido de la sala, abrazando a cada adulto antes de empezar una actividad. Estos niños revelan al maestro observador algo sobre sus necesidades. Un buen observador continúa mirando, tomando nota de estas escenas mañaneras. Se pueden interpretar estos comportamientos más tarde, viendo cómo se aplican a cada niño y cómo el comportamiento cambia con el tiempo.

Otro comportamiento importante de observar es cómo utilizan los niños su cuerpo. Las rutinas básicas de comer, dormir, ir al baño y vestirse muestran cómo tienen cuidado de sí mismos. Que Cristóbal sepa ponerse la chaqueta solo puede indicar sus destrezas en otras áreas que requieran iniciativa y bastarse solo. También puede señalar cómo está desarrollando conciencia de sí mismo como ser separado e independiente.

Ver a los niños en relación con otras personas es una tercera área en que fijarse. Los maestros ven a

LA DIVERSIDAD DE NUESTRO MUNDO LA DIVERSIDAD DE NUESTRO MUNDO LA DIVERSIDAD DE NUESTRO MUNDO LA DIVERSIDAD DE NUESTRO MUNDO LA DIVERSIDAD DE NUESTRO MUNDO

[1] Los educadores de primera infancia son invitados a estudiar y aprender sobre ellos mismos al tiempo que aprenden sobre los

quiénes eligen los niños como compañeros de juegos y a quiénes evitan. Pueden decir qué buscan los niños en sus amigos. El maestro observador también tomará nota de los adultos en la vida de cada niño. ¿A quién va el niño en busca de consuelo?, ¿a que le responda preguntas?, ¿quién cuida al niño fuera de la escuela?, ¿quién va a buscar al niño a la escuela cada día?

Finalmente, al escoger el material y equipamiento para jugar, los niños demuestran lo que les gusta hacer, lo bien que usan el entorno, y lo que evitan. Las observaciones específicas sobre las diversas áreas de desarrollo de habilidades, físico motoras, intelectuales, afectivas, pueden ser espejos del crecimiento. Los maestros observan si un niño toma material que presenta desafío y si tiene tendencia a lo novedoso o a lo familiar. Belinda comienza cada mañana en el área de arte, luego juega con rompecabezas antes de irse a cuidar a los animales. Cirilo prefiere los bloques y las áreas de representación y últimamente ha estado pasando más tiempo en el rincón de cocina. Observar a los niños jugar y trabajar nos puede decir cómo aprenden y qué métodos utilizan para conseguir información.

¿Por qué observar?

Para mejorar la didáctica

Las aulas son sitios muy atareados, en especial para los maestros, que planean muchas actividades y cientos de interacciones cada día. Es difícil monitorizar nuestro comportamiento mientras estamos sumidos en el trabajo con niños, y lleva tiempo reflexionar sobre ese comportamiento más tarde. Con todo, sabemos que los maestros más eficaces son concienzudos en su preparación y sistemáticos en la evaluación de su propio trabajo. Se requiere cierto nivel de conciencia, de uno mismo, de los niños y del entorno, para monitorizar el progreso propio. Esto incluye comprobar cuidadosamente lo que sucede, buscando información, y luego actuar sobre ello. Los docentes pueden hacerlo pidiendo a otros que los observen en un video grabado, observándose mutuamente cuando trabajan con los niños, y por propia observación.

Parcialidad y objetividad. Observar a los niños ayuda a los maestros a hacerse *más objetivos* con respecto a los niños a su cuidado. Cuando toman notas de observación, los maestros se ocupan primero de lo que el niño está haciendo. No es lo mismo que mirar cómo el niño debería estar haciendo algo. El maestro se asemeja a una cámara, que registra lo que se ve sin juzgarlo en el momento. Esta **objetividad** puede equilibrar el lado personal, intenso, de la enseñanza.

La parcialidad es inherente a todas nuestras percepciones. Debemos reconocer esta verdad sin dejarnos engañar por la idea de que como nuestros esfuerzos tendrán defectos, serán inútiles. Observar no es un acto de precisión ni totalmente objetivo. No hay dos personas que vean algo de forma idéntica. Por ejemplo, vuelvan a leer los párrafos sobre Sabrina y Nico. Un maestro ve en Sabrina una niña que demuestra una respuesta a la frustración propia de su edad; otro ve a alguien demasiado agresivo; un tercero se centra en Berta como víctima, corre a consolarla e ignora a Sabrina completamente. ¿Y Nico? Un maestro ve a un varoncito de 5 años haciendo alarde de su "poder" sobre todos los que están a la mesa, y otro se fija en un niño llevado por el orgullo de haber logrado algo. Como lo expresaron Seefeldt y Barbour (1994)

> Es un hecho. Observar nunca puede ser del todo objetivo ni independiente del observador. Cualquier cosa que se observa pasa por el filtro de sus creencias, parcialidades, supuestos, historia, comprensión y conocimientos. Las parcialidades, creencias e ideas del observador dictan lo que se observa, cómo, dónde y cuándo. El individuo siempre aporta su percepción y su interpretación a las observaciones.

Los maestros están influidos en su trabajo por sus propias experiencias durante la primera infancia.[1] Tienen nociones sobre la forma en que los niños aprenden, juegan, crecen o se comportan debido a la manera en que fueron criados y educados. Por ejemplo, los mismos comportamientos podrían calificarse de "asertivos e independientes" por un maestro y "autoritarios y no colaboradores" por otro. Lo mismo se aplica a los padres. "Mi esposo y yo acabamos de completar unas escalas de clasificación para uno de nuestros hijos", escribe una colega. "Imagina mi sorpresa ante la disparidad de nuestras calificaciones en varias características. ¡Vivimos con el mismo niño *todos los*

LA DIVERSIDAD DE NUESTRO MUNDO LA DIVERSIDAD DE NUESTRO MUNDO LA DIVERSIDAD DE NUESTRO MUNDO LA DIVERSIDAD DE NUESTRO MUNDO LA DIVERSIDAD DE NUESTRO MUNDO

[1] Véase nota 1 al pie de la página 193.

Observación deficiente	Análisis y comentarios
A. Julio fue hasta las perchas de los abrigos y dejó caer su suéter al suelo. Es tímido (1) con los maestros, así que no pidió a nadie que le ayudara a recogerlo. Se acercó a Cintia porque ella es su mejor amiga (2). No fue amable (3) con los otros niños cuando se puso agresivo y mandón (4). Él quería su atención (5), así que los molestó (6) para que dejaran la mesa y fueran a los bloques como hacen los varones de 4 años (7).	(1) Inferencia de una característica general. (2) Inferencia de una emoción del niño. (3) Opinión del observador. (4) Inferencia sin dar evidencia física. (5) Opinión de la motivación del niño. (6) Inferencia del observador. (7) Generalización excesiva; estereotipada.
Buena observación	**Análisis y comentarios**
B. Emilio sacó un rompecabezas del estante con su mano derecha, luego lo llevó con ambas manos a la mesa cercana. Sara, que estaba sentada frente a Emilio con unos juguetes de mesa frente a ella, alargó el brazo y sacó todas las piezas empuján dolas al suelo. Emilio enrojeció y se quedó miran do directamente a Sara con labios apretados. Cerró los puños, arrugó el ceño y chilló a Sara con un tono forzado, "¡Basta!", "¡te odio!	Emilio estaba claramente enojado como lo demostraban sus expresiones faciales, ademanes y movimientos corporales. Más aún, la forma en que habla un niño revela tanto como lo que dice cuando uno quiere determinar lo que está sintiendo un niño. La tensión muscular es otra señal de las emociones del niño. Pero la actitud física del niño no es suficiente; hay que considerar también el contexto. Con sólo ver un niño sentado en una silla con la cara roja, uno no sabe si está avergonzado, enojado, afiebrado o con exceso de estimulación. Necesitamos saber los hechos que condujeron a ese aspecto. Entonces podemos estimar correctamente la situación globalmente. Estando abiertos a lo que sucede sin juzgar antes, empezamos a ver más claramente a los niños.

Ilustración 6.3 Dos observaciones. El ejemplo A contiene varios casos de parcialidad, que están subrayados en la columna de la izquierda y explicados a la derecha. El ejemplo B tiene descripciones claras y es relativamente imparcial.

días! ¿Cómo podemos haber hecho observaciones o inferencias tan distintas sobre el mismo chico?" (Saxton, 1998). Más aún, cuando los maestros están en medio de la actividad, sólo ven una parte estrecha del cuadro. Retirarse, tomar algunas notas y hacer una observación les da la oportunidad de ver el panorama.

Los equipos de maestros se ayudan entre sí a tomar perspectiva de la clase, de un individuo, de una hora del día. Las observaciones pueden ser un medio de revalidar el punto de vista de un maestro. Contrastando una opinión o idea por medio de la observación sistemática, los maestros adquieren sentido de la dirección en su planificación.

Además, todos los maestros incrementan sus ideas e impresiones sobre los niños cuando pasan tiempo con ellos. Algunos niños parecen tímidos, otros solícitos, los hay afectuosos, agresivos, colaboradores, tercos, y así. Estas opiniones influyen en la manera en que los maestros se comportan e interactúan con los niños. El chico al que consideramos agresivo, por ejemplo, tiene más probabilidades de ser culpado por empezar la pelea cuando surge alguna en su entorno. No es casualidad que los niños considerados más corteses por los maestros sean los que a menudo reciben consideraciones especiales. El problema brota de la parcialidad del maestro, y puede conducir a errores. Las suposiciones hechas sobre un niño suelen  estereotipar más que iluminar al niño (o al grupo). Esto da tanto a los maestros como a los niños una visión estrecha de sí mismos y de los demás.[1] En el cuadro de atención de este capítulo Janet González-Mena ofrece una perspectiva multicultural de la observación de niños.

Vienen dos pautas a la mente cuando se empieza a observar. La primera es practicar la "espera intensiva" (Nyberg, 1971): es decir, cultivar la capacidad de esperar y ver lo que está sucediendo en realidad, en vez de precipitarse a sacar conclusiones sobre lo que significa, de dónde procede tal comportamiento, o qué se debería hacer. Estas impresiones apresuradas obstaculizan el trabajo del maestro por comprender. Intenten suspender las expectativas y estar abiertos a lo que pasa en realidad, ya se trate de comportamiento, sentimientos o patrones.

En segundo lugar, Cohen y Stern (1978) sugieren que llegar a ser un observador minucioso es hacerse en parte científico. Un buen observador distingue claramente entre hechos e **inferencias**, entre el comportamiento real y la impresión o conclusión que se extraiga de él. Estar consciente de la diferencia entre lo que realmente sucede y la propia opinión y conclusiones sobre esos hechos, es crucial para una buena enseñanza. Refiéranse a la ilustración 6.3 por ejemplos de estas diferencias. Al separar lo que ocurre de lo que ustedes *piensan* al respecto o cómo *se sienten* con ello, pueden distinguir entre hechos e inferencias. Esto no significa que los maestros tengan que ser distantes; sus ojos pueden a la vez reflejar cariño y una medida de objetividad. La percepción de un niño desde el punto de vista del maestro puede basarse en uno o dos hechos, no necesariamente repetidos ni típicos del niño. Así, no se trata en absoluto de un verdadero retrato del niño.

Nadie puede estar libre de parcialidad, ni es ésa la cuestión. Las impresiones y las inferencias hechas pueden proporcionar intuiciones valiosas sobre los niños. El primer paso importante en la observación, sin embargo, es separar lo que los niños *hacen* de lo que los maestros piensan o sienten al respecto. Esto es posible sólo siendo consciente de la propia parcialidad. Conocer las influencias y prejuicios personales, sumados a las destrezas de registro y observación, prepara a los maestros para centrarse en comportamientos reales.

Para construir teorías

Las observaciones son un eslabón entre la teoría y la práctica. Todos los maestros ganan al hacer esta conexión. Los maestros noveles pueden ver las páginas de un texto cobrando vida cuando miran a un grupo de niños. Pueden casar lo que ven con lo que han leído. Juntando la psicología y la investigación médica con las experiencias del aula, los maestros consiguen una comprensión más honda de la naturaleza infantil.

La educación de la primera infancia es el nivel de la docencia que sistemáticamente basa su didáctica en el desarrollo infantil. Si hemos de desarrollar programas que funcionen para los más pequeños, lo que son capaces de hacer, cómo piensan y se comunican y lo que sienten, tenemos que poder aplicar conocimientos sólidos de desarrollo infantil. Además, podemos utilizar lo que han averiguado los investigadores para comprender a los niños que están a nuestro cargo.

Para ayudar a los padres

Los padres se benefician de las observaciones. Se puede emplear una colección de notas sobre un niño en particular en las reuniones con los padres. El maestro proporciona ejemplos frescos, con significado, que demuestran las capacidades y el crecimiento del niño. Los maestros del niño también ganan en perspectiva cuando se acumulan las notas y se comentan con los padres. Los problemas se hacen más claros, y se pueden crear planes para trabajar juntos. Es posible comprobar los resultados por medio de la observación continuada.

Para utilizarlas como instrumento de evaluación

Las notas, los muestreos en el tiempo y los registros continuados sirven como manera informal de valorar las habilidades y capacidades de los niños. Estos métodos se describen más adelante en este capítulo, y se comenta la evaluación del niño con detalle en el capítulo 10. La observación pueden utilizarla los maestros para comprobar la exactitud de sus propias impresiones. Comparar notas con otros maestros, con

[1] Véase nota 1 al pie de la página 193.

Ilustración 6.4 Las observaciones dan vida a la teoría. ¿Qué puede hacer este bebé con las cosas?, ¿es seguro el entorno?, ¿presenta desafíos?, ¿cómo se contestan estas preguntas con la observación?

los padres o con cualquiera familiarizado con la clase o el niño en cuestión, refina la propia destreza de observación objetiva del maestro. Los resultados conducen directamente a la planificación del currículum para la clase. Los maestros observan la disposición del aula y la utilización del espacio. ¿El tránsito fluye con facilidad, o los chicos se quedan atrapados en áreas de juego sin poder salir? Muchos problemas de clase se pueden resolver si los maestros dedican un tiempo a hacer observaciones. Pueden observar lo que ocurre en el rincón de los bloques a la hora de ordenar. ¿Quién ordena siempre?, ¿quién lo elude? O se fijan en los patrones de juego y averiguan con quién juegan los niños o quién juega solo. Las observaciones pueden poner en claro qué niños tienen problemas y dar a los maestros sentido de cuándo y dónde comienza la dificultad.

Más frecuentemente, los maestros deben establecer metas específicas para los niños de sus clases y para el rendimiento general de la clase. Justifican lo que hacen y por qué y documentan el progreso de los niños. De esta manera los maestros rinden cuentas a sus clientes: los niños, los padres y el público. Aprender a valorar las destrezas y el comportamiento de los niños y a documentarlos se está haciendo cada vez más importante para el educador de primera infancia. En el capítulo 10 se describen las técnicas de evaluación, como expedientes y selección.

Para preguntarse por qué y resolver un problema

Con el espíritu de ser un poco científicos, los maestros pueden hacerse investigadores de sus propias clases. Un científico, igual que un niño, ve algo y se pregunta por qué. Esta curiosidad conduce a pensar en los diversos componentes de un problema y considerar las partes además del todo. Luego viene el "rascarse la cabeza", un tiempo de reflexión, desarrollar corazonadas o intuiciones sobre el problema, y generar alternativas. Entonces el maestro está listo para ensayar una alternativa, lo que en términos científicos se denomina probar la hipótesis. Finalmente, consigue resultados, que vuelve a integrar para repensar el problema o celebrar su solución.

Hay muchas maneras en que un maestro puede convertirse en investigador. Ciertamente, la observación sistemática de los niños es una forma de considerar problemas y situaciones. Sin formación extensa, los maestros pueden emprender esta clase de pensamiento científico en su trabajo diario. Este tipo de "investigación de acción" es fácilmente adaptable a la enseñanza.

Para comunicarse con los niños

La observación del juego de los niños es una forma de animar a los maestros a convertirse en observadores e investigadores interesados. Cuando los maestros se centran y se interesan más en el juego infantil, mejoran su enseñanza con una mayor conciencia de su propio trabajo y de las complicaciones de los niños. Al mismo tiempo, pueden ser el modelo de la importancia de escribir. Además, los maestros apoyan a los niños en este proceso al *fijarse* en ellos.

Vean lo que ocurre cuando un maestro comienza a escribir mientras los niños juegan:

> Algunos niños prestan atención inmediata. "¿De qué estás escribiendo?", pregunta Nina, de 4 años, mientras me siento al borde del área de bloques. "Escribo sobre niños que juegan", le

explico. "¿Escribes sobre lo que estoy haciendo?" pregunta Nina. "Sí, eso es". Le agrada. Vuelve a construir cuidadosamente un corral con los bloques largos (Jones y Carter, 1991).

En el aula, el maestro puede ser el escriba, un tipo de "ayudante ilustrado" (Jones y Carter, 1991) que ayuda a los niños a tomar conciencia del poder del lenguaje, la palabra escrita, y su propia importancia. La observación contribuye a mantener la mayor parte de la atención centrada en el niño más que dirigida por el maestro, y aumenta la comunicación de los niños y de los adultos.

COMPRENDER LO QUE OBSERVAMOS

La meta de observar a los niños es entenderlos mejor. Los maestros, alumnos y padres reúnen mucha información observando a los niños. Los datos de la observación ayudan a los adultos a conocer a los niños de varias maneras significativas.

Los niños como individuos

¿Cómo pasan los niños su tiempo en la escuela?, ¿qué actividades son difíciles?, ¿quién es el mejor amigo del niño? Observando a los niños en particular, los maestros les ayudan a aprender a su propio ritmo, a su propia velocidad de desarrollo, en su propio tiempo. Observando con cuidado, averiguan el estilo de aprendizaje de cada niño. Cuando los maestros saben cómo es cada niño, pueden elegir actividades y material que se ajuste a sus intereses y destrezas. A esto se denomina **currículum individualizado:** ajustar lo que se enseña a la medida de lo que el niño está listo y dispuesto para aprender.

Este tipo de currículum proporciona a los niños experiencias educativas que ofrecen **conocimientos conectados:** es decir, un currículum que sea real y relevante para el niño como individuo y forme parte de **los modelos apropiados para el desarrollo** (véanse los capítulos 1, 2, 9, y 11). También forma parte de un programa para niños con necesidades especiales; en estos casos un **plan individualizado de educación (PIE)** es desarrollado conjuntamente por maestros, especialistas en educación y padres, para atender mejor al niño.

La observación ayuda al maestro a determinar los puntos fuertes del niño y las áreas de dificultades. Una vez conocidos estos, los maestros planifican medidas de intervención, contribuyendo a hacer exitosa la experiencia escolar del niño. El ejemplo siguiente muestra cómo al individualizar el currículum se pueden provocar cambios en el comportamiento que ayuden al niño a conseguir el éxito.

Los maestros estaban preocupados por Jorgelina, de 4 años y medio, cuya destreza de motricidad fina era mínima. Utilizaba las tijeras como si fueran "de podar setos" y agarraba el lápiz de forma extraña. A Jorgelina también le resultaba difícil armar las piezas de un rompecabezas. Evitaba todas las áreas que requerían esas destrezas: arte, juegos de mesa, trabajo en madera y cocina. Una comprobación con los padres reveló dos datos importantes: Jorgelina tenía dificultades para manejar la vajilla y no podía abotonarse el suéter. Dijeron que no había condiciones en la casa para que realizara actividades de motricidad fina. Conociendo el interés de Jorgelina por los aviones, los maestros lo emplearon para atraerla a áreas del currículum que no tomaba de ordinario. Se agregaron avioncitos al rincón de bloques, y se pusieron dibujos de aviones cerca de la mesa de arte. Se colgó en la valla un gran mural de un aeropuerto, y se invitó a los niños a pintar encima. Un día los chicos recortaron fotos de aviones de revistas y las usaron en un collage. Se colocaron rompecabezas sencillos de aviones en la mesa correspondiente. Figuras de fieltro y avioncitos de plástico en la mesa de agua ayudaron a atraer a Jorgelina a actividades que requerían motricidad fina. Los padres le proporcionaron en la casa una caja especial para arte, llena de crayones, tijeras, bolígrafos, acuarelas y modelos. Al mejorar y afinarse su destreza de motricidad fina, Jorgelina adquirió más confianza y fue más feliz. Al cabo de tres meses participaba regularmente en todas las áreas de la escuela y parecía disfrutar su nuevo interés en el material de arte.

Dowley (sin datos) sugiere que se puede hacer la observación de un niño en tres niveles. Primero, un maestro intenta registrar exactamente lo que el niño *hace*: anota exactamente las acciones que realiza el niño. Segundo, expresar cómo parece *sentirse* sobre lo que ha ocurrido: se fija en expresiones faciales, lenguaje corporal, la calidad del comportamiento.

Tercero, incluir sus propias *interpretaciones*: agreguen, como paso final y separado, algunas de sus propias respuestas e impresiones personales.

Los niños en general

Cuando registran el comportamiento, los maestros ven surgir patrones de crecimiento. Estas tendencias reflejan la naturaleza del desarrollo humano. Tanto Piaget como Erikson utilizaron esta técnica para averiguar cómo piensan los niños y se desarrollan social y emocionalmente. Gesell estudió un gran número de niños para conseguir **normas** de crecimiento físico con respecto al desarrollo. Parten (1932) y Dawes (1934) observaron a cientos de preescolares y llegaron a la descripción definitiva de los patrones de juego y comportamiento belicoso de los niños. Para el educador de primera infancia de hoy, observar a los niños puede proporcionar respuesta a estas preguntas:

- ¿Qué podría esperar cuando un niño de 2 años se sirve jugo?
- ¿Cómo responderá una clase de segundo grado a una excursión?
- ¿Qué hacen los niños cuando sus padres los dejan en la escuela el primer día?
- ¿Qué diferencia hay entre el lapso de atención de un niño de 2 y uno de 5 años cuando se cuentan cuentos?
- ¿Qué tipo de juego social es típico del niño de 4 años?
- ¿Cómo pasa un lactante de moverse a gatas a caminar erguido?

La observación da sensibilidad para el comportamiento del grupo así como una vara de medir desarrollo para comparar individuos dentro del grupo. Los maestros determinan sobre esto las expectativas apropiadas a la edad. Es importante, por ejemplo, saber que la mayoría de los niños no son capaces de atarse los zapatos a los 4 años, pero se puede esperar que se los calcen solos. Una comprensión general es útil al planificar un currículum meditado y con desafíos. Los maestros de una clase de niños de 3 años, por ejemplo, saben que muchos están listos para los rompecabezas de 8 a 10 piezas, pero que uno de 20 probablemente será volcado en la mesa y abandonado enseguida.

Finalmente, los conocimientos sobre los niños en general dan a los maestros un fundamento sólido en el que basar sus decisiones sobre los individuos. Observando muchos niños se toma conciencia de la progresión de cada uno a lo largo de la escala de desarrollo. Los maestros experimentados de niños en edad de caminar no sacarán los estuches de acuarelas, mientras que un maestro de segundo grado lo hará de manera habitual. Los maestros saben que es típico de los niños de 4 y 5 años excluir a otros de sus juegos, porque lo han visto infinidad de veces. La niña de 3 años y medio que está muy segura de ser "demasiado chiquita" para usar el inodoro no preocupará a la maestra enterada, ¡que sabe que se trata de un comportamiento apropiado al nivel de desarrollo! Las decisiones sobre un niño se originan en observar y conocer a muchos niños. Esta comprensión es valiosa cuando se habla con los padres.[1]

Relaciones de desarrollo

La observación acarrea comprensión de las diversas áreas de desarrollo y de cómo se relacionan. El desarrollo es a la vez **específico** e **integrado**. El comportamiento infantil es una mezcla de diversas áreas de desarrollo diferenciadas y, al mismo tiempo, un todo integrado cuyas partes se influyen mutuamente. La referencia al *niño en su totalidad* implica una consideración de cómo funciona al unísono el desarrollo.

Cuando se observan niños, hay que centrarse en estas diferentes áreas de desarrollo. ¿Cuáles son las capacidades lingüísticas a los 3 años?, ¿qué destrezas sociales adquieren los preescolares?, ¿qué destrezas de autoayuda puede aprender un niño antes de los 6 años?, ¿cómo interactúa el desarrollo de la motricidad fina con el crecimiento intelectual?, ¿afecta la motricidad gruesa el buen aprendizaje cognoscitivo?, ¿de qué manera se relaciona el concepto de sí mismo con todas las otras áreas?

Observar esto por separado nos da una definición específica del término "crecimiento". Los maestros ven cómo encajan las piezas. Cuando los maestros entienden el proceso mental infantil, pueden ver por

LA DIVERSIDAD DE NUESTRO MUNDO LA DIVERSIDAD DE NUESTRO MUNDO LA DIVERSIDAD DE NUESTRO MUNDO LA DIVERSIDAD DE NUESTRO MUNDO LA DIVERSIDAD DE NUESTRO MUNDO

[1] Los observadores agudos de niños pequeños se dan cuenta de que hay un amplio espectro de modos en que se desarrollan los niños, con numerosas formas en que los padres respaldan este crecimiento, no buenos ni malos, sino muchos modos

Descripción	Interpretación/Inferencia
Amparo entra por la puerta. Agarra la mano de su mamá. En la pared hay una colección de máquinas de construcción de caminos; Amparo echa un vistazo pero no se para ni las toca. Está de pie junto a su mamá chupándose el pulgar.	Amparo tiene miedo de la escuela. Le cuesta soltar a la mamá. No está interesada porque es una niña. No le gustan los juegos al aire libre.
Tres niños sentados a una mesa haciendo un proyecto de arte. S y C sentados a un lado, D al otro. D pregunta a S si puede usar la pintura roja; S no contesta. D vuelve a preguntar; otra vez, no hay respuesta. D chilla entonces, "¿no me oíste?" y frunce el ceño. S parece sorprendida, luego acerca la pintura a D. C dice "¿no sabes? Tiene una 'infición' de oído. Vas a romperle el corazón". D se lleva la mano al pecho, "no, me rompes el corazón". Todos se ríen mientras se agarran el pecho y caen de las sillas.	¿Se sentirá excluida D? ¡D acepta las críticas!
(El maestro pregunta: "¿cómo te describirías?") Soy alto. Mi pelo abulta mucho. Mis dos dientes de delante son muy grandes. Tengo los pies grandes. Tengo músculos grandes. Tengo la nariz chiquita. Tengo ojos negros grandes. Me gustan mis mofletes.	Imagen de sí mismo positiva
(El maestro pregunta: "¿qué te gusta de ti?") Me gusta que soy buena en karate. Me gusta ser simpática. Soy buena en la escuela. No digo cosas a la gente. Me gusta cómo trato a la gente, les pregunto cómo les va y cómo se llaman. Eh, ¿puedes anotar esto? Me gusta el arroz con lumpia.	El éxito social es importante. Conciencia interpersonal bien desarrollada

Ilustración 6.5 La interpretación tiene su sitio en la observación, pero sólo después de haber documentado el comportamiento y la descripción.

qué los chicos tienen dificultad con el concepto de doble identidad, por ejemplo. Cuando se le da un juego de bloques de diversos tamaños, colores y formas, un niño de 4 años no tendrá dificultad para encontrar los rojos o los cuadrados, pero puede quedarse perplejo si se le pide que busque los que son a la vez rojos y cuadrados. No es de extrañar que ese niño tenga dificultad para entender que a alguien que es su mejor amigo pueda al mismo tiempo gustarle otra persona.

La práctica de la observación mostrará que las destrezas de un niño son múltiples y variadas y tienen sólo una conexión limitada con la edad. Dionisio tiene la coordinación física de un niño de 4 años y medio, destrezas lingüísticas de 6, y destrezas sociales de 2, todo reunido en un cuerpo que acaba de cumplir los 3. Una descripción breve como la de este "niño en su totalidad" puede serles útil tanto a padres como a maestros.

Influencias en el comportamiento

La observación cuidadosa en el aula y en el patio de juegos favorece la comprensión del crecimiento y el comportamiento de un niño. Esto incluye comprender las influencias y la dinámica de ese comportamiento.

Bernabé lo pasa mal cuando entra cada mañana a su centro de atención infantil, pero es competente y dice que le gusta la escuela. La observación de cerca revela que sus áreas favoritas son treparse a los juegos al aire libre, y el cajón de arena. Bernabé se siente menos exitoso en las áreas de construcción y creación artística, las opciones principales en el interior, donde comienza su día de escuela.

Marita, en cambio, empieza bien el día pero llora con frecuencia a lo largo de la jornada. ¿Hay un patrón en su llanto? Miren lo que le pasa a Marita cuando se termina el juego libre y empieza el tiempo en grupo. Se derrumba fácilmente cuando es hora de salir a jugar al aire libre, de merendar, de hacer la siesta, y así.

Las influencias ambientales tienen impacto en ambos niños. La disposición del aula y la programación diaria influyen en el comportamiento de los niños, porque a ellos les afectan directamente los condicionamientos impuestos por sus actividades y sus tiempos. Bernabé se siente inseguro en las actividades ofrecidas al comienzo de su día. Ver sólo esas opciones cuando entra al aula le causa incomodidad, que demuestra llorando y aferrándose a su papá. Agregando algo que le gusta, como una mesa de arena en el interior, el maestro cambia el entorno físico para que sea más atrayente y positivo. Las dificultades de Bernabé para decir adiós desaparecen cuando ve que puede tener éxito y estar cómodo al comienzo de su día.

La causa del problema de Marita es más difícil de detectar. El entorno físico parece ser interesante y atractivo para ella. Al observar más de cerca, su llanto y su comportamiento perturbador aparecen justo en el momento del cambio, cualquiera que sea la actividad anterior o la posterior. Es el aspecto *temporal* del entorno lo que le causa dificultades a ella. El maestro se esfuerza especialmente por señalar las próximas transiciones e integrarla en producirlas. Decirle a Marita "faltan cinco minutos para la hora de la siesta" o "después de lavarte las manos, ve a la mesa de la merienda", le da las señales que necesita para anticiparse al proceso de cambio. Pidiéndole que anuncie la hora del aseo a la clase se le permite controlar esa transición.

El comportamiento de los adultos afecta e influye a los niños. Ángela tiene días de intensa actividad y uso de material; otros días parece adormilada y sin interés. Después de una semana de observación, los maestros encuentran una correlación directa con la presencia de un practicante. Los días que el estudiante está en el aula, Ángela lo llama para que vea su trabajo de arte y sus diversos logros. Es en los días en que no está el practicante cuando el nivel de actividad de Ángela decae. Una vez advertido el patrón, el maestro actúa sobre estas observaciones. En este caso, el maestro y el practicante trabajan juntos para favorecer la integración diaria de Ángela en la escuela. El estudiante le ofrece ideas de actividades que ella podría mostrarle al día siguiente. Cuando él no está, el maestro intenta algunas de estas actividades que a Ángela le gustan especialmente.

Los niños también se influyen mutuamente de modos intensos. Cualquiera que haya trabajado con niños en edad de caminar sabe qué atractivo se hace un juguete en cuanto lo tiene otro niño. El niño de 6 años a quien de pronto no le gusta la escuela puede estar sintiendo que lo apartan de un grupo de amigos. Los maestros han de observar cuidadosamente la dinámica social de la clase mientras tratan de entender a los niños individualmente.

Entenderse a sí mismo

Observar a los niños puede ser una clave para entendernos a nosotros mismos. Las personas que desarrollan destrezas de observación perciben el comportamiento humano con mayor exactitud. Se hacen diestros en ver facetas pequeñas pero importantes de la personalidad humana. Aprenden a diferenciar entre hechos e inferencias. Así aumenta la conciencia de uno mismo como maestro y de cómo la parcialidad propia afecta las percepciones sobre los niños.[1] Los maestros

LA DIVERSIDAD DE NUESTRO MUNDO LA DIVERSIDAD DE NUESTRO MUNDO LA DIVERSIDAD DE NUESTRO MUNDO LA DIVERSIDAD DE NUESTRO MUNDO LA DIVERSIDAD DE NUESTRO MUNDO

[1] En el campo de la educación de primera infancia, se nos recuerda repetidamente la imagen del aprendizaje como una vía de doble sentido, no de sentido único. Uno enseña a los niños *y* aprende de ellos y de las familias.

que se hacen observadores agudos de los niños aprenden a aplicar tales habilidades a sí mismos. Como observan Feeney y colegas (1996):

> De una forma menos estructurada pero no menos importante, también se observa usted mismo, sus valores, sus relaciones y sus propios sentimientos y reacciones. Cuando se aplica a sí mismo lo que sabe sobre observación, incrementa su conciencia de sí mismo. Es difícil ser objetivo sobre uno mismo, pero al considerar el comportamiento y las interacciones propias, se puede aprender más de cómo siente y responde uno en diversas situaciones y darse cuenta del impacto en otros del comportamiento.

Los valores y beneficios de la observación son duraderos. Sólo practicando la observación, lo que hace falta para mirar, ver, hacerse más sensible, podrán los maestros registrar el comportamiento infantil de forma vívida y completa, captando las cualidades únicas, la cultura y la personalidad de cada niño.[1] El desafío de la observación es grande, pero los beneficios bien valen la pena.

REGISTRANDO LAS OBSERVACIONES

Una vez que maestros y estudiantes han comprendido por qué es importante observar, deben aprender cómo registrar lo que ven. Aunque los niños están constantemente a la vista del maestro, pasan tantas cosas tan rápido que se pierden hechos cruciales dentro de la rutina diaria de las aulas. Las observaciones sistemáticas ayudan a registrar los hechos y a que los maestros les encuentren sentido.

Al registrar lo que observan, tienen que aprender a mirar y aprender el lenguaje de registro. La sección anterior señala lo que buscamos, y la conclusión de este capítulo les dará algo de los elementos básicos de la observación. *Aprender a mirar,* sin embargo, requiere cierta voluntad de adquirir conciencia y de hacer algo más que simplemente mirar. Aunque es cierto que los maestros rara vez se dan el lujo de observar sin interrupciones durante periodos largos, a menudo pueden planificar segmentos más breves. Practiquen prestando atención al contenido del juego infantil durante los periodos libres, para ellos y para ustedes.

Después, ensayen a hacer algunas notas sobre esos juegos. Es fácil desanimarse, sobre todo si no están acostumbrados a tomar notas. El *lenguaje de registro* se vuelve más fácil cuando se practica la búsqueda de sinónimos de palabras comunes. Por ejemplo, los niños son criaturas activas, ¿de cuántas formas corren? Pueden galopar, dispararse, girar, pasearse, saltar, brincar. O piensen en las diversas maneras en que los niños les hablan: chillan, susurran, lloriquean, gritan, exigen, gimotean, cecean, rugen. Una vez que tengan cierta maestría en el lenguaje (y registren lo que ven con el lenguaje que les sea más fácil), describir los matices importantes del comportamiento infantil será menos costoso. En el capítulo 14 hay un ejemplo de tales descripciones, sobre sentimientos infantiles.

Elementos comunes de las observaciones

Los ingredientes claves en todos los tipos de observaciones que se utilizan para registrar el comportamiento infantil son (1) definir y describir los comportamientos y (2) repetir las observaciones en términos de factores diversos, como tiempo, número de niños o actividades. Todos los sistemas de observación poseen ciertos elementos en común:

Foco

- ¿Qué quieren saber?
- ¿Qué/a quién quieren observar?
  ¿A un niño?, ¿a un maestro?, ¿el entorno?, ¿al grupo?
- ¿Qué aspectos del comportamiento quieren conocer?, ¿capacidades motoras?, ¿desarrollo social?, ¿resolución de problemas?
- ¿Cuál es su propósito?
  ¿Estudiar el entorno?
  ¿Observar la programación diaria?

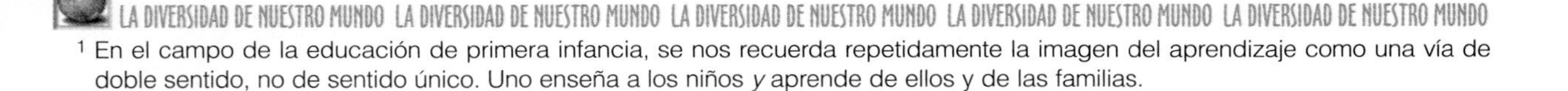

1 En el campo de la educación de primera infancia, se nos recuerda repetidamente la imagen del aprendizaje como una vía de doble sentido, no de sentido único. Uno enseña a los niños *y* aprende de ellos y de las familias.

Ilustración 6.6 Comprender al niño es la meta de la observación. Fijarse en la forma en que los niños actúan unos con otros y con el material enriquece los conocimientos del docente sobre el crecimiento y el comportamiento.

¿Evaluar las capacidades de un niño?
¿Ocuparse del comportamiento negativo?
¿Analizar transiciones?
¿Hacer investigación?
¿Conversar con los padres?
¿Formar maestros?

Sistema

- ¿Qué harán?
- ¿Cómo definirán los términos?
- ¿Cómo registrarán la información que necesitan?
- ¿Cómo será de detallado su registro?
- ¿Necesitarán unidades de medida? ¿de qué tipo?
- ¿Durante cuánto tiempo registrarán?

Instrumentos

- ¿Qué necesitarán para sus observaciones?
- ¿Cómo registrarán la información que necesitan?, ¿grabador de video o cintas?, ¿cámara? ¿lápiz?, ¿planilla?

Entorno

- ¿Dónde observarán?
  ¿en el aula?, ¿el patio?, ¿el hogar?
- ¿Qué limitaciones son inherentes al entorno?

Utilizando estos elementos de los sistemas de observación, los maestros buscan un método que produzca una colección de datos observables que les ayuden a centrarse más claramente en un niño o una situación. Se comentarán cuatro métodos principales de observación y dos técnicas adicionales para recoger información. Son:

1. Narraciones (descripciones tipo diario, registros continuos, descripciones de especímenes, notas anecdóticas)
2. Muestreo medido en tiempo
3. Muestreo de hechos
4. Técnicas de estudio de niños modificadas (listas de comprobación, escalas de clasificación, estudio de imagen)
5. Procedimientos experimentales
6. El método clínico

Tipos de observaciones

Narraciones

Los registros más valiosos y también los más difíciles, **las narraciones** son intentos de registrar casi todo lo que ocurre. En el caso de un niño pequeño, esto significa lo que hace, dice, gesticula, parece sentir y estar pensando. Las narraciones mantienen un registro continuo de la emoción y la tensión de la interacción y al mismo tiempo siguen siendo un recuento exacto, objetivo, de los hechos y el comportamiento. Las narraciones son un intento de recrear verdaderamente la escena registrándola con lenguaje vívido y preciso. Los observadores expresan con palabras lo que ven, oyen y saben sobre un hecho o una persona. El resultado es un informe completo y dinámico.

Las narraciones son el tipo de informe más antiguo y frecuentemente el más informativo. Históricamente, como dijo Arnold Gesell, se usaban para establecer normas básicas de desarrollo. Son una técnica estándar en antropología y ciencias biológicas. Irwin y Bushnell (1980) hacen un detallado estudio

SELECCIÓN DE ARTÍCULOS

Comprender lo que observamos: una perspectiva multicultural

Janet Gonzalez-Mena

Cuando observamos a niños pequeños, lo que vemos está influido por nuestra cultura. Aunque seamos objetivos, la cultura da un tinte a nuestra descripción.

Por ejemplo, veo a una niña de 2 años que chilla "mío" y rechaza a un niño que trata de agarrar la manta que sostiene ella. Evidentemente está protegiendo "su mantita de seguridad". Lo que veo revela mi cultura, porque el "su" implica propiedad y "mantita de seguridad" da un significado especial a un pedazo de tela. Mi elección de palabras está relacionada con mi perspectiva cultural sobre derechos de propiedad cuando veo a una niña "defender lo suyo".

Visto con otra óptica cultural, la escena podría no tener el mismo sentido. Supongamos que yo no creyera en la propiedad privada ni tuviera el concepto de que un objeto puede dar sensación de seguridad. Podría centrarme en el "egoísmo" de esta niña. La forma en que entiendo la situación puede afectar las palabras que escojo para describirla.

Cuando veo a un niño gritándole a otro con enojo, sé que sólo está "expresando sus sentimientos". Provengo de una cultura en la que son importantes la individualidad y la autoexpresión. Alguien cuya cultura diera poca importancia a lo individual podría ver la autoexpresión bajo una luz diferente. Esa persona describiría tal vez la escena desde el punto de vista de lo que el niño le está haciendo a la armonía del grupo.

Si observo a niños palpando arroz en una "mesa sensorial", veo su comportamiento de manera diferente que una persona que cree que juegan con la comida, especialmente si esa persona considera sagrado el arroz.

Los espejos en las aulas también pueden ser considerados bajo una luz diferente por dos observadores. Uno opina que los niños están adquiriendo sentido de sí mismos al mirar su imagen. A otros les puede preocupar que se vuelvan engreídos.

Tres observadores que miran un lactante dormido sobre el abdomen en una cuna pueden reaccionar de forma muy diferente ante lo que sólo parece una escena de quietud. Uno ve a un bebé durmiendo pacíficamente. El segundo puede compadecer al bebé porque está solo en una cuna. En algunas culturas los bebés nunca duermen solos, sino que están siempre con alguien, dormido o despierto. El tercer observador tal vez vea a un bebé en peligro de muerte en su cuna (síndrome de muerte infantil súbita, o SIDS). Aunque en su cultura los bebés tradicionalmente duermen boca abajo, ahora conoce los estudios que correlacionan un mayor riesgo con la posición en que duermen. ¡Ella quiere dar vuelta al bebé!

Observadores que ven la misma escena, viendo el mismo comportamiento, piensan en él en términos muy distintos, que afectan sus reacciones y descripciones.

Janet Gonzalez-Mena, de Napa Valley College, es coautora de Infants, Toddlers, and Caregivers *(Mountain View, CA: Mayfield, 1997) y autora de* Multicultural Issues in Child Care *(Mountain View, CA: Mayfield, 1997),* The Child in the Family and the Community *(New York: Merrill, 1997), y* Dragon Mom: Confessions of a Child Development Expert *(Buffalo, NY: Exchange Press, 1995).*

Ilustración 6.7 Los maestros equilibran observación con interacción. Cuando un niño hace una pregunta, el maestro está disponible pero no interfiere, para que el juego infantil no se interrumpa y el docente pueda reanudar la observación.

histórico que lleva las narraciones hasta Pestalozzi (XVIII) y Darwin (XIX). Jean Piaget observó y registró con minuciosos detalles el crecimiento de sus propios hijos. El resultado de sus observaciones fue un informe completo sobre los procesos mentales y el desarrollo de la inteligencia en los niños. Las **biografías de los bebés**, narraciones escritas por los padres, fueron de los primeros métodos utilizados en el estudio de los niños y llegaron al colmo de su popularidad en los primeros años del siglo XX.

Las descripciones tipo diario son una forma de narración. Como el término indica, son, en forma de diario, registros consecutivos de todo lo que los niños hacen y dicen y cómo lo hacen. Es un proceso natural. En el aula, significa describir cada acción observada dentro de un periodo de tiempo dado. Podría ser un lapso de 5 minutos durante el juego libre para mirar y registrar lo que hace un niño. El chico solitario, el que vagabundea, el agresivo, son los primeros candidatos para una descripción tipo diario. Otra manera de utilizar este tipo de **registro continuo** es observar un área del patio o el aula y registrar quiénes están y cómo emplean el material.

Una forma más común de narración es una versión modificada de un registro continuo, o una **descripción de especímenes** como se denomina a menudo en términos de investigación. El procedimiento consiste en tomar notas puntuales de un niño en especial cada día. La tarea se presta fácilmente a la mayoría de los escenarios de primera infancia. Los maestros llevan consigo una libreta y un lápiz, metidos en un bolsillo. Apuntan rápidamente lo que parezca importante o notable durante el día. Pueden centrarse en un espécimen por vez:

- Una parte del entorno, ¿cómo se está usando el área de ciencia?
- Una hora del día en particular, ¿qué pasa justo después de la siesta?
- Un niño en especial, ¿con qué frecuencia Lucía intenta golpear a otros niños?

Este sistema puede ser aún menos estructurado, tomando los maestros notas "al galope" cuando ocurren los incidentes diarios. Estas notas se vuelven entonces una rica fuente de información para escribir informes y conversar con los padres.

Otra forma de narración es un **cuaderno de registro** o **cuaderno diario**. Se dedica una página a cada niño de la clase. En algún momento, los maestros escriben detalles sobre cada niño. Como lleva tiempo y hay que hacerlo sin interrupciones, es mejor escribir inmediatamente después de terminada la jornada de escuela. A veces los equipos docentes se organizan para que uno observe y registre en el cuaderno durante el horario de clase. Lo importante es que se registra el comportamiento general de cada niño, ya sea mientras está sucediendo o poco después.

El desafío de esta técnica de registro, la narración, es tener suficientes detalles para que el lector pueda figurarse situaciones completas más tarde. Utilizar el lenguaje como instrumento descriptivo requiere un vocabulario amplio y un registrador hábil. Cualquiera que sea el tipo de notas que usen los maestros, aunque sean breves, es preciso que sean claras y exactas.

Al mismo tiempo que los maestros registran de forma gráfica, tienen que ser conscientes de sus parcialidades personales, que pueden influir en las observaciones. Cuando miramos a los niños, lo que vemos es en parte un resultado de nuestras experiencias personales, las teorías que tenemos y las suposiciones que hacemos.[1] Enseñar es una actividad intensamente personal, y cómo son los niños, lo que hacen y lo que dicen puede despertar fuertes sentimientos y reacciones. La ilustración 6.3 compara dos observaciones como ejemplo de este punto. Tomando conciencia de nuestras suposiciones y parcialidades, podemos hacernos más exactos y objetivos en nuestro trabajo como maestros. La ilustración 6.9 es un ejemplo de la observación tipo narrativa.

Las narraciones son una técnica de observación con raíces en la psicología, la antropología y la biología. Pueden tomar diversos formatos y son un intento de registrar todo lo que ocurre mientras ocurre. Este tipo de observación tiene muchas ventajas. Las narraciones son ricas en información, proporcionan recuentos de comportamiento detallados y son relativamente fáciles de registrar. Con un mínimo de equipo y formación, los docentes pueden aprender a tomar notas de lo que dicen y hacen los niños. Escribirlo todo es imposible, de manera que hace falta un poco de selección. Los juicios para elegir pueden falsear la narración. Además, las observaciones de este tipo requieren mucho tiempo, justamente lo que les falta a los maestros a cargo de un grupo de niños. Las principales desventajas de las narraciones, entonces, son el tiempo que llevan, el lenguaje y el vocabulario que hay que usar, y la parcialidad que puede tener quien registra. Aunque la narración sigue siendo uno de los métodos más eficaces y ampliamente usados para observar a los niños de hoy, muchos docentes prefieren procedimientos más estructurados, debido a los problemas mencionados. Estas técnicas más precisas y definidas implican también interpretación personal, pero el campo de juicio individual es menor. Las técnicas de observación que se tratan en las secciones siguientes también tienden a consumir menos tiempo que la narración.

Muestreo medido en tiempo

El método de muestreo medido en tiempo recoge información diferente de la que proporciona la narración. Es menos descriptivo, más específico, y requiere diferentes destrezas de observación. Una muestra en el tiempo es una observación de lo que ocurre durante un lapso dado. Desarrollado como estrategia de observación en las escuelas piloto de la década de 1920, el muestreo medido en tiempo se utilizó para reunir datos sobre cantidades grandes de niños y obtener una percepción de comportamientos normativos para grupos de edades en particular, o por sexos.

El muestreo medido en tiempo parece haberse originado en la investigación sobre desarrollo infantil. Se ha empleado para registrar autonomía, dependencia, persistencia en una tarea, agresión y relación social. También se utilizó el muestreo medido en tiempo para estudiar patrones de juego en solitario, dependiente e independiente y para registrar hábitos nerviosos de escolares, como morderse las uñas o retorcerse el pelo (Prescott, 1973; Irwin y Bushnell, 1980). El estudio definitivo usando este método es la observación de Mildred Parten, en la década de 1930, del juego infantil. Los códigos desarrollados en ese estudio se han hecho patrones clásicos de juego: juego

LA DIVERSIDAD DE NUESTRO MUNDO LA DIVERSIDAD DE NUESTRO MUNDO LA DIVERSIDAD DE NUESTRO MUNDO LA DIVERSIDAD DE NUESTRO MUNDO LA DIVERSIDAD DE NUESTRO MUNDO

[1] Es una premisa que todos tenemos parcialidades. No es realista creer que uno puede ser imparcial. La meta es ser consciente de la parcialidad que acarreamos a nuestro trabajo y estar abiertos a las múltiples interpretaciones del comportamiento observado. De esta manera, no dejamos que nuestra parcialidad individual dicte nuestras observaciones e interacciones con niños de diversas procedencias.

Ilustración 6.8 Un niño juega solo.

en paralelo, asociativo y cooperativo. Estos códigos se emplean en toda esta obra (véanse los capítulos 3, 11, y 14) igual que en el campo profesional, para describir las interacciones de los niños.

En una muestra en el tiempo, el comportamiento se registra a intervalos regulares. Para utilizar este método, se necesita tomar muestras de algo que ocurra con bastante frecuencia. Es lógico escoger comportamientos que podrían presentarse, digamos, por lo menos una vez cada 10 minutos. La ilustración 6.10 muestra un procedimiento de muestreo medido en tiempo.

El muestreo medido en tiempo tiene sus ventajas y desventajas. El proceso mismo ayuda a los maestros a definir exactamente lo que quieren observar. Ciertamente, ayuda a centrarse en comportamientos específicos y la frecuencia con que ocurren. Este método es ideal para reunir información sobre el grupo como conjunto. Finalmente, al definir claramente los comportamientos y desarrollar un sistema de categorías y códigos, reduce la parcialidad del observador.

Sin embargo, al disminuir dicha parcialidad también elimina parte de la riqueza y calidad de la informa-

El niño solo

Comportamiento sin ocupación. SH sale caminando lentamente del aula al área exterior de juegos, levantando la vista cada vez que uno de los chicos pasa a su lado. SH se para al llegar a la mesa y bancos y empieza a tironear del cordón de la camiseta. Todavía de pie, SH mira el patio durante un minuto, luego va lentamente hacia el subibaja. Recostándose contra el subibaja, SH lo roza, luego desliza las dos manos por encima, siempre mirando al patio. (*Comentarios interpretativos:* Este comportamiento inactivo probablemente se debe a dos razones: SH tiene sobrepeso y sus habilidades lingüísticas son limitadas, por comparación con los otros niños. Tironear del cordón de la camiseta es algo que hacer para pasar el tiempo, pues su cuerpo obeso es torpe y no tiene destrezas especiales.)

Comportamiento de espectador. J está junto al tobogán mirando a sus compañeros usar este aparato. Levanta la vista y dice "hola". Se le abren más los ojos cuando ve a los chicos deslizarse por el tobogán. P llama a J para que se les una pero J dice que no con la cabeza. (*Comentarios interpretativos:* J está interesada en el togobán pero remisa a usarlo. Tiene cara de preocupación cuando los otros bajan; parece un desafío demasiado grande para J.)

Juego en solitario. L sale corriendo al patio con dos brochas y un balde lleno de agua. Se para a un metro de un grupo de chicos que juegan con autitos, camiones y buses en el cajón de arena y se sienta. Deja caer las brochas al balde y se ríe cuando el agua le salpica la cara. Comienza a salpicar agua a su alrededor con las brochas y a mover los dedos en el balde. (*Comentarios interpretativos:* L tiene mucha energía y parece gozar plenamente de su tiempo de juego con agua al aire libre. Agrega toques creativos a esta experiencia agradable.)

Ilustración 6.9 La forma narrativa de observación da una muestra muy completa del comportamiento del niño; aunque corre el riesgo de la parcialidad del maestro, registra sin embargo informaciones valiosas.

JUGAR CON LOS OTROS
P = En paralelo
A = Asociativo
C = Cooperativo

Niño	Unidad de tiempo																		Total
	9:00			9:05			9:10			9:20			9:25			9:30			
	P	A	C	P	A	C	P	A	C	P	A	C	P	A	C	P	A	C	
Jaime																			
Marta																			
Dalia																			
Queco																			
Rosa																			
Carlos																			
Ana																			

Ilustración 6.10 El muestreo medido en tiempo del juego con otros implica definir el comportamiento y hacer una planilla de códigos para contar las observaciones.

ción. Es difícil obtener el cuadro general cuando se lo divide en unidades artificiales de tiempo y con sólo unas pocas categorías. La clave está en decidir qué es lo que se desea saber, y luego escoger el método de observación que mejor se ajuste a esas necesidades. Cuando no basten las narraciones o los muestreos en el tiempo, tal vez se deba recurrir al muestreo de hechos.

Mu`estreo de hechos

El muestreo de hechos es una de las técnicas más curiosas. Con este método, el observador define un hecho, idea un sistema para describirlo y codificarlo, y luego espera a que suceda. En cuanto ocurre, el observador entra en acción. Así, el comportamiento se registra cuando ocurre naturalmente.

Los hechos elegidos pueden ser bastante interesantes y diversos. Consideren el clásico análisis de Helen C. Dawes de las peleas entre preescolares. Siempre que empezaba una pelea, la observadora la registraba. Anotaba cuánto duraba, qué estaba ocurriendo cuando comenzó, qué comportamientos se presentaban durante la pelea (incluyendo lo que se hacía y decía), cuál era el resultado y qué pasaba después. Su formato de registro incluía la duración (*X* número de segundos), una narración de la situación, actividad verbal o motora, y listas de comprobación del comportamiento en la pelea, el resultado, y las secuelas (Irwin y Bushnell, 1980).

Otros investigadores han estudiado el predominio y las emociones. Los maestros pueden utilizar el muestreo de hechos para considerar estos y otros comportamientos como ser mandón, eludir los pedidos del maestro, o retirarse.

Como el muestreo medido en tiempo, el de hechos observa un comportamiento u ocurrencia en particular (ilustración 6.11). Pero la unidad es el hecho, y no un lapso prescrito. Aquí también el comportamiento debe ser claramente definido, y la planilla de registro fácil de usar. A diferencia del muestreo medido en tiempo, el hecho que se registra puede presentarse varias veces durante la observación.

Por estas razones, el muestreo de hechos es un favorito de los maestros en el aula. Pueden ocuparse de su tarea de enseñar a los niños hasta que ocurra el hecho. Entonces lo registran rápida y eficientemente. Prescribir el contexto en el que ocurre el hecho

Pautas para el muestreo de hechos

1. Defina el comportamiento a observar. — *Accidentes infantiles: derrames, derribos, caídas.*
2. Decida qué información desea conocer. — *Niño(s) implicado(s), tiempo, lugar, causa, resultados.*
3. Haga una simple planilla de registro. — *Para observar a primera hora de la mañana:*

Hora	Niños	Lugar	Causa	Resultado
8:50	Soledad, Mariano	masa de jugar	M da un pisotón a S	S llora, corre a Maestra
9:33	Toribio, Inés	bloques	T pasa corriendo, tumba torre de I	I golpea a T, lloran los dos
9:56	Fabio	patio	F gira triciclo demasiado, cae	F llora, quiere mamá
10:28	Lorena, Soledad	rincón muñecas	L se golpea en mesa, vuelca jarra que S acababa de dejar	S llora, corre a Maestra
Total 8:45–10:30 AM = 4				

Ilustración 6.11 El muestreo de hechos puede ser útil para determinar con qué frecuencia se produce un hecho específico. Por ejemplo, un muestreo del número y tipo de accidentes para un niño o un marco temporal dado ayuda a los docentes a ver qué está sucediendo en la clase.

devuelve algo de la calidad que a menudo se pierde en el muestreo medido en tiempo. La única desventaja es que falta la riqueza de detalles de descripción de la narración.

Técnicas modificadas de estudios infantiles

Como la observación es el método clave para estudiar a los niños pequeños en su escenario natural, es lógico desarrollar muchas clases de destrezas de observación. Cada una se puede modificar para acomodarla al niño individual, el grupo en particular, la clase de personal y el problema específico. Los maestros que viven en clases complejas, creativas, ven surgir preguntas que requieren respuestas rápidas. Las técnicas modificadas de estudio infantil pueden definir el ámbito del problema bastante rápido. Entre ellas están: sistemas de listas de comprobación, escalas de clasificación, estudios de imagen y procesos modificados que llegan tanto al grupo como a los individuos que lo forman.

Observador ______________ Fecha __________ Hora __________

Centro de aprendizaje	Ana	Charlie	Leticia	Néstor	Matías	Gregorio	Totales
Interior							
Área de ciencias					1		1
Juego de representación	1	1	1			1	4
Arte	1		1	1			3
Bloques		1					1
Manipulativos			1	1	1		3
Caballetes				1			1
Música			1		1		2
Exterior							
Agua/Arena/Barro		1	1			1	3
Bloques				1	1		2
Juguetes con ruedas		1			1		2
Trepadores	1		1			1	3
Trabajo con madera				1			1
Juegos de pelota	1						1
Cuidado de animales	1	1				1	3
Totales	5	5	6	5	5	4	

Ilustración 6.12 Lista de comprobación de actividades. Con los datos reunidos en una semana, los maestros tienen un cuadro aproximado de cómo pasan el tiempo en la escuela los niños y de las actividades que les interesan.

Las **listas de comprobación** contienen mucha información que se puede registrar rápidamente. Una lista de comprobación bien preparada puede decir mucho sobre un niño o toda la clase. Los datos se reúnen en un periodo de tiempo corto, generalmente una semana, más o menos. La ilustración 6.12 es un ejemplo de lista de comprobación de actividades. Con los datos reunidos en una semana, los maestros tienen un cuadro aproximado de cómo pasan el tiempo en la escuela los niños y qué actividades les interesan.

Si, con todo, los maestros quieren evaluar las capacidades motoras de los niños, es preferible una lista de sí/no. La ilustración 6.13 muestra el empleo de una planilla así.

Las listas de comprobación pueden variar en longitud y complejidad, según sus funciones. Para preparar una, los maestros determinan primero el propósito de la observación. A continuación definen lo que harán los niños para demostrar el comportamiento que se observa. Finalmente viene el diseño de la lista real, que sea fácil de usar y de apartar cuando haya tareas más urgentes.

Aunque son fáciles para registrar, las listas de comprobación carecen de la riqueza de las narraciones, más descriptivas. Por ejemplo, mirando la lista de la ilustración 6.12, los maestros saben qué actividades han elegido los niños, pero no tendrán la sensación de cómo jugaban en cada área, el tiempo que pasaron ahí o si hubo interacciones y con quién. Las ventajas de las listas de comprobación son que pueden llevar cuenta de zonas amplias de información y que los maestros pueden crearlas con bastante facilidad. Las listas se

Observación de destrezas motoras (edades 2–4) Niño ______ Fecha ______ Observador ________________ Edad ______		
Comidas:	Sí	No
1. Sostiene vaso con una mano		
2. Se sirve de jarra		
3. Vierte poco de la cuchara		
4. Escoge comida con asimiento pinza		
Vestido:		
1. Desabotona		
2. Se pone zapatos		
3. Emplea ambas manos juntas (como al sostener chaqueta		
con una mano y correr cierre con la otra)		
Motricidad fina:		
1. Emplea asimiento pinza con lápiz, pinceles		
2. Dibuja línea recta		
3. Copia círculos		
4. Corta mínimo 5 cm en la línea		
5. Hace dibujos y letras imperfectas		
6. Construye torre de 6-9 bloques		
7. Da vuelta hojas una a una		
Motricidad gruesa:		
1. Baja/sube escalones alternando pies		
2. Se tiene en un pie, sin apoyo		
3. Salta con dos pies		
4. Atrapa pelota, brazos rectos, codos frente al cuerpo		
5. Maneja triciclo		

Ilustración 6.13 Una lista de comprobación de sí/no da información específica sobre las destrezas de un niño en particular.

usan a menudo en la evaluación. El capítulo 10 contiene varios ejemplos.

Las **escalas de clasificación** son similares a las listas de comprobación, planeadas de antemano para registrar algo específico. Amplían las listas añadiendo algo de calidad a lo que se observa. La ventaja es que se reúne más información. Se añade un problema potencial porque ahora se requieren opiniones del observador, que podrían ir en detrimento de la objetividad.

Las escalas de clasificación difieren de las listas de comprobación de diversas maneras. En lugar de registrar simplemente dónde están jugando los niños, las escalas de clasificación requieren que el maestro decida cómo juegan. ¿Hasta qué punto se involucran y cuál es la frecuencia o el grado de su juego? Una escala de clasificación puede usar términos ("siempre", "a veces", "nunca") o una clave numérica (de 1 a 5).

Desarrollar una escala de clasificación es sencillo, aunque puede ser difícil hacer una buena. La gama completa de comportamiento que los maestros observarán no siempre se puede reducir fácilmente a medidas discretas. Sin embargo, después de decidir qué observar, los maestros determinan qué harán los niños para demostrar la acción. Una escala para medir atención durante el tiempo en grupo podría incluir las categorías de la ilustración 6.14. La escala de clasificación de cada maestro incluiría una serie de marcas que registran cada tiempo en grupo durante un periodo de dos semanas. El personal combina toda la información comparando sus notas. El resultado es una descripción detallada de (1) el comportamiento de cada niño tal como lo ve el maestro; (2) el nivel general de atención del grupo, y (3) una interesante comparación entre maestros.

NUNCA ATENTO (se rebulle, distrae a otros, se va)

ATIENDE POCAS VECES (pasea la mirada, nunca sigue los recitados ni canciones, a veces mira al líder)

A VECES ATIENDE (se le puede ver imitar ademanes, parece estar mirando al líder la mitad del tiempo, observa a otros imitar al líder)

GENERALMENTE ATIENDE (frecuentemente sigue al líder, rara vez deja el grupo, rara vez necesita cambio de dirección, en ocasiones se presenta voluntario, por lo común sigue los gestos e imitaciones del líder)

SIEMPRE ATIENDE (voluntario con regularidad, entra con entusiasmo en cada actividad, muy dispuesto a imitar al líder, casi siempre ensaya canciones nuevas)

Ilustración 6.14 Una escala de clasificación que mida la atención durante los tiempos en grupo requiere datos de frecuencia, lo que agrega profundidad a la observación.

El **estudio de imagen** es un tercer tipo de técnica modificada. Es similar a la descripción tipo diario y se centra en un niño cada vez. Es un enfoque en profundidad, y da un cuadro detallado.

Cada maestro intenta observar y registrar regularmente el comportamiento de un niño en particular. Después de una semana, más o menos, se comparan las notas. Aunque éstas puedan ser aleatorias, es preferible darles cierta forma y organización. Dividan una hoja de papel por la mitad a lo largo, con una columna para el entorno y la otra para detalles sobre el comportamiento o la respuesta del niño. Así será fácil echar una ojeada cada 15 minutos para recoger los datos. La ilustración 6.15 da un ejemplo de este proceso.

Los datos en un estudio de imagen son descriptivos. En eso comparte las ventajas de las narraciones. Una de sus desventajas es que los maestros pueden descuidar otros asuntos mientras se centran en un niño. Además, el estudio de imagen puede llevar mucho tiempo. Con todo, un efecto colateral interesante que se advierte a menudo es cómo mejora el comportamiento del niño estudiado mientras se lo está observando. El comportamiento perturbador parece disminuir o se muestra menos intenso. Parecería que, al centrarse en el niño, la atención del maestro le ha ayudado de alguna manera a alterar su comportamiento. De alguna manera el niño siente el impacto de toda esta atención solícita y positiva, y responde a ella.

Las técnicas modificadas de estudio infantil son particularmente útiles porque se adaptan para acomodarse a las necesidades e intereses específicos de los maestros. Los docentes saben lo que quieren observar y pueden crear un método de registro que se ajuste a sus necesidades y al tiempo disponible durante la escuela. Idear una técnica nueva no es ni fácil ni rápido. Exige mucho trabajo y maestros dedicados, comprometidos con la mejora de sus destrezas de observación para registrar correctamente lo que ven.

Técnicas adicionales de recogida de información

Se usan dos estrategias adicionales para obtener información sobre un niño. Como implican cierta intervención del adulto, no consisten estrictamente en observar y registrar el comportamiento que ocurre naturalmente. Aun así, es útil que los maestros las comprendan y las empleen.

Procedimientos experimentales

Los procedimientos experimentales son aquellos en los que investigadores adultos controlan de cerca una situación y sus variables. Los investigadores crean una situación en la que pueden (1) observar un comportamiento en particular, (2) proponer una hipótesis o presentimiento sobre dicho comportamiento, y (3) probar la hipótesis realizando el experimento.

Por ejemplo, un experimentador tal vez quiera observar el comportamiento de motricidad fina en niños de 7 años para probar la hipótesis de que estos niños pueden mejorar significativamente las destrezas para coser si se les dan instrucciones específicas. Se ensaya con dos grupos de niños. A los niños de un grupo se les da bastidor de bordar, hilo y aguja y se les pide que hagan 10 puntadas. A los del otro grupo se les hace una demostración de cómo dar las puntadas y luego se les asigna una tarea idéntica. Después se com-

Nombre del niño Jeff

Hora	**Escenario (dónde)**	**Comportamiento/Respuesta (qué y cómo)**
9:00	Llega—casillero, se quita abrigos, etc.	"Yo puedo ponerme el distintivo" (con entusiasmo). Empuja el alfiler del distintivo con el pulgar; sonríe ampliamente. Va al maestro, "¿viste lo que hice?"
9:15	Bloques	Trabajo elaborado, preciso, con pequeños cubos sobre estructura de bloques, que construyó con Joaquín. "Ésos son los muertos", señalando los cubos violetas fuera de la estructura. Llora y golpea a Camila cuando accidentalmente ella tumba la torre con el codo.
9:30	Vagabundea por la sala	Semidistante, a paso lento. Se para en la mesa donde los chicos preparan la merienda. No hace contacto visual con maestro cuando invitan a sentarse; Alí agarra a J por la camisa y tironea. "¡El maestro está hablando contigo!" J parpadea, luego se sienta y se ofrece a ayudar a preparar la merienda. Se queda 10 minutos.

Ilustración 6.15 Un estudio de imagen nos dará el perfil de un niño individual de la clase. Este método es especialmente útil para niños que parecen estar teniendo dificultades en la escuela.

paran los bastidores de bordar de ambos grupos. Se emplean criterios acordados previamente para cuantificar la destreza de motricidad fina demostrada por el trabajo de los dos grupos. Los criterios principales de un experimento científico se pueden aplicar a este procedimiento de la siguiente forma:

1. Los experimentadores pueden controlar todos los aspectos pertinentes del comportamiento. (En este caso, los materiales se pueden controlar, pero la experiencia previa en bordar no.)
2. Por lo general, se debería medir una sola variable a la vez. (Sólo se observa la destreza de motricidad fina en su relación con el bordado, no otras como el lenguaje o el procesamiento de información e incluso la pericia de motricidad fina para dibujar o hacer letras.)
3. Los niños se distribuyen al azar en los dos grupos. (En otras palabras, los grupos no se dividen por sexo, edad, ni ninguna otra característica predeterminada.)

Pocos maestros que trabajen directamente con niños emplearán los criterios estrictos necesarios para emprender un verdadero experimento científico. Sin embargo, es útil comprender este proceso porque muchas investigaciones básicas realizadas para investigar cómo piensan, perciben y se comportan los niños, utilizan estas técnicas.

Método	Intervalo entre observaciones	Técnicas de registro	Ventajas	Desventajas
1. Narraciones Descripción tipo diario	Día a día	Usando libreta y lápiz; puede particularizar actividades u otro comportamiento continuado; se pueden ver patrones de crecimiento	Riqueza de detalles; mantiene secuencia de hechos; describe comportamiento cuando ocurre	Propenso a parcialidad de observador; lleva tiempo
Descripciones de muestras/registro continuo	Secuencias continuas	Igual	Menos estructurado	A veces requiere seguimiento
Cuaderno diario	Regular, preferentemente diario/semanal	Cuaderno de registro, generalmente con lugar para cada niño; a menudo, resumen del comportamiento del niño	Igual que narraciones	Difícil encontrar tiempo para hacerlo
Anécdotas "al galope"	Esporádico	Durante el horario de clase; con libreta y papel en la mano	Rápido y fácil de anotar; hechos/detalles pertinentes, fugaces	Carece de detalles; necesita completarse más tarde; puede distraer de las responsabilidades de docencia
2. Muestreo medido en tiempo	Intervalos de tiempo breves y uniformes	En el momento mientras pasa el tiempo; hojas de registro preparadas	Fácil de registrar; fácil de analizar; relativamente imparcial	Comportamientos limitados; pérdida de detalle; pérdida de secuencia y ecología del hecho
3. Muestreo de hechos	Mientras dura el hecho	Igual que para el muestreo medido en tiempo	Fácil de registrar; fácil de puede mantenerse flujo de actividad de la clase fácilmente	Comportamientos limitados; pérdida de detalle; hay que esperar que ocurra el comportamiento
4. Modificaciones Listas de comprobación	Regular o intermitente	Con hojas de registro preparadas; puede ser durante o después de la clase	Fácil de desarrollar y utilizar	Falta de detalles; dicen poco de la causa de los comportamientos
Escalas de clasificación	Comportamiento continuo	Igual para que listas de comprobación	Fáciles de desarrollar y utilizar; se pueden usar para una amplia gama de comportamientos	Ambigüedad de términos; alta parcialidad del observador
Estudio de imagen	Comportamiento continuo	Registro narrativo; utiliza hojas de registro preparadas	Riqueza de detalles; centrado a fondo en el individuo	Problema de parcialidad; puede robarle demasiado tiempo y atención al maestro
5. Procedimientos experimentales	Breves y uniformes	Pueden ser listas de comprobación, hojas de registro preparadas, cinta de audio o video	Estudio puro, simple, claro, relativamente libre de parcialidad	Laborioso, difícil de aislar en el aula
6. Método clínico	Cualquier momento	Generalmente libreta o grabador de cintas	Datos relevantes; puede ser espontáneo, fácil de usar	El adulto ha cambiado el comportamiento de ocurrencia natural

Ilustración 6.16 Una tabla que resume las principales técnicas de observación que puede emplear el profesional de primera infancia para registrar el comportamiento infantil. (Adaptado de Irwin, D. M., y Bushnell, M. M., *Observational Strategies for Child Study*. New York: Holt, Rinehart and Winston, 1980.)

Método clínico

El **método clínico** es otra técnica de recogida de información que involucra directamente al adulto con el niño. Este método se usa en psicoterapia y en escenarios de consejería, cuando el terapeuta hace preguntas de sondeo. El maestro del **método clínico** con los niños fue Piaget, que observaba e interrogaba al niño sobre una situación como se describió en el capítulo 4. Dos ejemplos de este método:

Javiera, de tres meses, está en una cuna mirando un móvil. Agita las manitas en el aire. El adulto se pregunta si Javiera alargará el brazo y agarrará el móvil si se le acerca a las manos. ¿O golpeará el juguete?, ¿apartará las manos? Entonces el adulto lo ensaya a ver qué sucede.

Un grupo de preescolares está reunido alrededor de una mesa de agua. El maestro se fija en dos tazas, una honda y estrecha, la otra ancha y somera, y pregunta "me gustaría saber en cuál cabe más, o si son iguales". Los niños dicen lo que opinan y por qué. Entonces, uno de los niños toma las dos tazas y vierte el líquido de una en la otra.

En ambos ejemplos, el adulto hace más que simplemente observar y registrar lo que ocurre. En el caso del bebé, el adulto se pregunta cuáles podrían ser las reacciones de Javiera y luego observa la respuesta. El maestro del preescolar interviene en el juego natural de los niños para explorar una cuestión sistemáticamente con ellos, luego escucha y observa las respuestas. El método clínico no es estrictamente un método de observación, pero es una técnica informativa que, cuando se usa con cuidado, puede revelar mucho sobre las capacidades y conocimientos de los niños.

Todas estas técnicas de observación ayudan a los adultos a observar de cerca para ver qué está pasando. La observación se usa extensamente en los programas de primera infancia (y, cada vez más, en la educación elemental) para evaluar a los niños; el capítulo 10 trata de la evaluación. La ilustración 6.16 resume estos sistemas. Se puede decir que siempre que un maestro se topa con un problema, ya sea el comportamiento de un niño, una parte del día, un conjunto de materiales o una serie intrigante de hechos, el primer paso de la solución es la observación sistemática.

CÓMO OBSERVAR Y REGISTRAR

Aprender a observar es una actividad seria y requiere mucha concentración. Se pueden hacer algunos preparativos de antemano para que se centre toda la atención en la observación. Pensar en algunos de los problemas posibles ayuda al maestro a sacar el máximo de la experiencia.

Observar mientras se enseña

Para que la observación sea posible en la escuela, el maestro debe tener presente que no hay una única forma correcta de observar y registrar. Unos maestros encuentran ciertas partes del día más fáciles que otras. Muchos prefieren observar durante el juego libre, mientras que a otros les resulta más fácil observar a los niños individualmente durante los momentos en que el maestro conduce la actividad. Aunque algunos maestros tienen siempre papel y lápiz a mano para escribir sus observaciones a lo largo del día, otros prefieren anotar lo que han visto después de terminadas las clases del día. El equipo profesional comprometido con la observación encontrará maneras de respaldar su puesta en práctica.

Es difícil encontrar oportunidad para observaciones regulares. Los centros rara vez tienen tanto personal como para que un maestro esté libre de responsabilidades de aula durante periodos de tiempo largos. En algunas escuelas se solicitan voluntarios entre los padres para que se hagan cargo de una actividad mientras el maestro observa. En un centro, se organizó la merienda antes de tiempo para liberar a un maestro para que observara durante el tiempo en grupo. Se puede arreglar el entorno con actividades que requieran escasa supervisión cuando un maestro está interesado en hacer observaciones.

Algunos ponen en duda la fiabilidad de los datos recogidos cuando los niños saben que se los está observando. Al principio, los niños pueden estar tímidos, haciendo preguntas significativas al observador y cambiando de comportamiento como si estuvieran en escena. Sin embargo, cuando se usan estrategias eficaces de observación (véase la sección de este capítulo titulada Cómo observar eficazmente) y las observaciones regulares las hacen adultos conocidos, los niños pronto hacen caso omiso del observador y reanudan su actividad normal.

Los maestros también pueden mejorar sus destrezas de observación y registro fuera de la clase. Hacer un curso de "Observación de niños" es útil; también lo es visitar otras clases con un compañero y luego comparar notas. Las reuniones de personal adquieren una nueva dimensión cuando los maestros representan lo que creen que han visto y otros preguntan detalles.

El maestro que toma notas durante la clase tiene otras cosas que considerar. La necesidad de pasar inadvertido mientras apunta es importante cuando trata de enseñar y registrar simultáneamente. Usen ropa que tenga por lo menos un buen bolsillo. Así tendrán papel y lápiz disponible cuando lo necesiten y se protegerá la privacidad de los niños. Tengan cuidado de no dejar notas por las mesas, estantes o armarios donde alguien pueda verlas. Deben mantenerse confidenciales hasta que se adjunten a los registros de los niños.

Hay desacuerdo entre profesionales sobre la utilidad relativa de diversas clases de equipo para llevar registros. Algunos maestros creen que los materiales "no tecnológicos" de libreta y bolígrafo o tarjetas de 3 × 5 son los más fáciles de encontrar, llevar, utilizar y dejar de lado. Para otros, una cámara, grabador de cinta e incluso una videocámara resultan útiles, aunque hace falta considerar el costo, el almacenamiento y lo que distrae el uso de tal equipo. Utilicen una cosa u otra, los maestros se han de organizar para tener éxito.

- Reúnan y preparen el material de antemano: esto puede significar que todos se pongan delantales con bolsillos grandes o que tengan un juego de tarjetas o un cuaderno de espiral etiquetado.
- Consideren dónde van a observar: preparen sitios de observación (sillas, lugares de trabajo); en un patio y un aula bien equipados, se puede planear estratégicamente.
- Planeen cuándo van a observar: en un día bien planificado, los maestros pueden tener la libertad para practicar las observaciones regularmente durante el tiempo de juego.
- Preparen a todos los adultos para ser observadores: den a cada maestro algunas oportunidades regulares para observar y reflexionar sobre el juego infantil.

En todo momento, respeten la vida privada de los niños y sus familias. Toda información recogida como parte de una observación se trata con estricta confidencialidad. Los maestros y los estudiantes de magisterio tienen cuidado de no mencionar nombres de los niños en conversaciones informales. No hablan de los niños frente a otros niños ni entre ellos. El papel de los adultos es asegurarse de que se conserve la vida privadade los niños. Contar historias fuera de la escuela es tentador, pero no profesional.

Comenzando a observar

En algunas escuelas, los observadores son una parte normal de la rutina escolar. En *facultades* donde hay escuelas piloto en el campus, los visitantes y los alumnos que observan son personajes familiares. Sólo tienen que seguir pautas establecidas para hacer una observación.

Muchas veces, los estudiantes son responsables de encontrar sus propios sitios para observar a los niños. Si es así, el alumno habla antes y programa un horario para observar que sea conveniente. Sean específicos sobre las necesidades de observación, la tarea, las edades deseadas, la cantidad de tiempo necesaria y el propósito de la observación.

Si están planeando observar su propia clase, son necesarios varios pasos para una observación profesional y un registro creíble. Primero, planifiquen la observación. Tengan presente una *meta* específica, e incluso escríbanla como encabezamiento de su hoja de registros. Las metas pueden ser generales ("veamos qué actividades elige Alfonso hoy") o específicas ("busquemos casos de peleas en el área de arena"). Segundo, *observen y registren*. Para ser objetivos, sean tan específicos y detallados como puedan. Escriban sólo el comportamiento, los "datos crudos", y dejen para más tarde el análisis y su interpretación. Después de la clase, relean sus notas (transcribiéndolas de forma legible por si alguien más necesitase leerlas) y saquen algunas conclusiones. Lo que observaron fue *lo que* sucedió; la *intepretación* es el sitio para sus opiniones e ideas de *por qué* sucedió. Por ejemplo, pueden haber visto que tres de las cuatro peleas fueron por tener la manguera; esto les da una razón clara de las peleas. El paso final es poner en práctica las soluciones; planeen lo que harán a continuación y luego *hagan el seguimiento* con sus ideas. En nuestro ejemplo, se podría adquirir una salida de manguera de cinco puntas, se podría establecer una lista de espera para el "puesto de sujetador de manguera" o se encargaría el maestro de la manguera.

Siempre que se planee una observación, es crucial mantener la **confidencialidad profesional**. Si se

Ilustración 6.17 La destreza de observación se afina cuando los maestros tienen oportunidad de trabajar con varios niños a la vez.

observa en otro lugar, pida una cita con anticipación. Hable del propósito y el formato de su observación con el director y con el maestro. Finalmente, en *cualquier* discusión de la observación, cambie los nombres de los niños y la escuela para proteger a los implicados.

Cómo observar eficazmente

El éxito de la observación depende de lo inconspicuo que pueda hacerse el observador. Los niños son más naturales si el observador se disimula en el escenario. Sentado sin intervenir, uno puede observar toda la escena y registrar lo que se ve y se oye, sin perturbaciones ni influencias. Este distanciamiento establece un clima para registrar que ayuda al observador a concentrarse en los niños.

Hay dos razones principales para que un observador **pase inadvertido**. Primero, permite un registro más exacto de las actividades de los niños. Segundo, no interfiere en el funcionamiento sin alteraciones de la clase, los niños o los maestros. En el caso de maestros que observan sus propios programas, deben planear por anticipado con sus colegas y tener material a mano que se pueda hacer a un lado rápidamente si es necesario. Las sugerencias siguientes ayudan a una observación eficaz:

- Entren y salgan silenciosamente del área. Pregunten al maestro dónde pueden sentarse. Manténganse en segundo plano lo más que puedan. El buen observador es tan ducho en esto que tanto los niños como los maestros olvidan la presencia de un extraño.
- Siéntense en una silla baja y en un sitio apartado. Siéntense donde no molesten a la actividad de los niños. Manteniéndose inconspicuos, los observadores llaman menos la atención sobre ellos. Siéntense fuera de las rutas de paso para que los niños puedan seguir jugando sin interferencias ni interrupciones.
- Ubíquense en el perímetro de una actividad y no en el medio. Contra una pared o en el perímetro de la sala son buenos puntos para sentarse a

Ilustración 6.18 Aprender a observar y registrar con eficacia exige tiempo y práctica. Si el maestro permanece inconspicuo y registrando en silencio, los niños pueden continuar su comportamiento natural sin distracciones.

observar. En el exterior, si no hay sillas, confúndanse con una pared, una valla o un árbol.

- A veces puede hacer falta seguir a los niños que se mueven de un lugar a otro. Cuando eso ocurra, pasen lo más inadvertidos que puedan, y estén preparados para las ocasiones en que, por buenos motivos, el maestro tenga objeciones.
- A veces los chicos pueden preguntar "¿cómo te llamas?, ¿qué estás haciendo?, ¿por qué viniste?" Si se les hace una pregunta directa, respondan de manera cordial y sincera, pero tan breve como sea posible. Una buena contestación es "estoy trabajando". No inicien conversaciones con los niños. Sean lo más naturales que puedan si los niños les hablan, pero manténganse ocupados escribiendo y observando.
- Es difícil estar en una clase activa con niños sin que nos diviertan. Eviten un grado de respuesta que atraiga la atención de los niños. Reír, sonreírles, hablarles, mirarlos a los ojos, todo los distrae de sus juegos. También hacen del observador, en lugar del trabajo o los compañeros de juego de los niños, el centro de la atención.
- Eviten hablar con otros adultos mientras observan. Sentarse aparte de los demás atrae menos atención a las tareas y reduce la tentación de charlar. Solicite una conversación breve antes de irse para comprobar la exactitud.
- Hay una oportunidad en que podría ser necesario relacionarse con los niños. Si un niño está en peligro evidente y no hay nadie más cerca, el observador debe intervenir. Llamen a un maestro sólo si hay tiempo. Un chico que sale corriendo por la puerta hacia la calle o en la trayectoria de un columpio exige auxilio inmediato. Dos niños que pelean por un camión podrían necesitar a un maestro, pero no están en peligro inminente.

Sumario

La observación y el registro sistemático del comportamiento infantil son instrumentos fundamentales para comprender a los niños. Lo que los niños hacen y dicen y cómo piensan y sienten, se revela cuando juegan y trabajan. Aprendiendo a observar el comportamiento infantil, los maestros toman más consciencia de las destrezas, necesidades e intereses de los niños.

La capacidad de observar es una destreza en sí misma; los maestros examinan sus propias convicciones, influencias y actitudes para lograr cierta medida de objetividad. Registrar las observaciones es otra destreza, que requiere facilidad con la palabra escrita y la comprensión del propósito de la observación. Para observar con éxito, los maestros deciden primeramente lo que quieren averiguar sobre el niño.

Los ingredientes claves para observaciones exitosas incluyen definiciones claras de los comportamientos a observar y técnicas para observarlos y registrarlos. Estas proporcionan los instrumentos para obtener una comprensión más honda de los niños individuales y del grupo. También incrementan los conocimientos y las interrelaciones de las áreas de desarrollo. Además, se ganan nociones de la dinámica del comportamiento infantil y qué influencias se ejercen sobre él. Finalmente, observar a los niños puede dar ideas y mayor comprensión de uno mismo.

Los tipos generales de técnicas de observación explorados en este capítulo incluyen narraciones, muestreo medido en tiempo, muestreo de hechos y técnicas modificadas de estudio infantil, como listas de comprobación, escalas de clasificación y estudios de imagen. Entre las técnicas adicionales de recogida de información se incluyen procedimientos experimentales y el método clínico.

Cuando los maestros observan y registran el comportamiento de los niños pequeños, son conscientes de las pautas profesionales que protegen a los niños. Las pautas aseguran una observación correcta y ayudan al observador a respetar la privacidad del individuo o del grupo

Preguntas de Repaso

1. Enumere cuatro métodos de observación. Describa las ventajas y desventajas de cada uno. ¿Cuál preferiría?, ¿por qué?, ¿cuáles serían más apropiados para un maestro novel?, ¿para un padre?, ¿para un maestro experimentado?, ¿para el director de la escuela?

2. Las observaciones deficientes suelen contener inferencias, excesos de generalización y/u opiniones que oscurecen un muestreo completo, objetivo del comportamiento de un niño. Lea el trozo que sigue y subraye los segmentos lingüísticos que contienen partes así.

   C está sentado en la alfombra con cuatro amigos y está jugando con autitos y empieza a lloriquear por su auto. Tiene una mala actitud porque el auto no se está moviendo correctamente. C está llorando porque acaba de golpearse con el auto. Déjenme que les diga algo de él. Es un llorique por todo y siempre quiere salirse con la suya. Luego se va al rincón de los libros y está leyendo en silencio y está feliz solo.

3. ¡Ponga a prueba este capítulo! Empareje el comportamiento con la categoría que describe:

Categoría	**Comportamiento**
Los niños en general	Mateo llora cuando su abuela dice adiós.
Influencias sobre el comportamiento	La mayoría de los niños de 4 años pueden subirse solos los pantalones.
Entenderse a sí mismo	Para conocer realmente a Celia, tendré que observarla cuando usa las tijeras, en el trepador, resolviendo un problema, con sus amigos, en el tiempo de nuestro pequeño grupo, cuando se va su mamá y pintando.
Relaciones de desarrollo	¿Por qué le resultarán tan difíciles los lunes a Serena?, ¿qué fines de semana pasa con su papá?
Los niños como individuos	Sabes, simplemente mi reacción es exagerada cuando veo a los niños jugar con la comida.

4. Los maestros se han fijado en que varios niños interrumpen siempre a la hora de los cuentos con preguntas aparentemente irrelevantes y agarran constantemente a los chicos que tienen cerca. ¿Qué está sucediendo, y por qué?, ¿qué instrumentos de observación usaría para averiguarlo?, ¿qué pistas del comportamiento individual buscaría?, ¿cómo consideraría el grupo en general?, ¿qué más información necesitaría?

5. ¿Cuáles considera las tres pautas más importantes a seguir cuando se observa a niños pequeños?, ¿por qué?

Actividades de Aprendizaje

1. Observe una pelea entre niños. ¿Cómo se sintió al observar?, ¿qué le indica eso sobre sus propias influencias en la niñez?, ¿cómo intervino el personal docente?, ¿cómo lo haría usted?, ¿por qué?

2. Intente un muestreo medido en tiempo del juego de los niños de su clase. Observe a 10 niños durante 1 minuto cada uno durante tiempos de juego libre y registre el tipo de comportamiento social que presentan. Empleando las categorías de Parten, su planilla sería como ésta. Compare sus resultados con las impresiones de los otros maestros con quienes trabaja. ¿Llegó a alguna conclusión sobre cómo se desarrollan los niños socialmente?

Niño/Edad	No ocupado	Solitario	Espectador	En paralelo	Asociativo	Cooperativo
1.						
2.						
3.						
4.						
5.						
6.						
7.						
8.						
9.						
10.						
Totales						

3. Observe a un niño de su clase y escriba una descripción breve de su destreza lingüística. ¿Es típica de su nivel de edad?, ¿Cómo puede saberlo? Compare sus notas con las percepciones de su supervisor.

4. Escoja dos niños, uno que le parezca que va bien y otro que tenga dificultades. Observe las interacciones adulto niño con cada uno. ¿Qué diferencias hay con el punto de vista *de los niños* en la cantidad y la calidad de dichas relaciones?, ¿qué generalizaciones puede hacer sobre la importancia de tales relaciones en los primeros años?

5. Si puede, intente hacer un estudio de imagen de un niño de su clase. Elija a un niño del que no sepa mucho, con quien tenga dificultades para trabajar, o que muestre comportamientos inapropiados. ¿Cómo le ayudó este estudio a ver la clase y la escuela desde el punto de vista de ese niño?

6. Observe durante 10 minutos a un grupo de niños entretenidos en un juego de bloques. Registre sus observaciones en forma de registro continuo. Ahora, repase ese registro y haga una lista de cosas que desea saber sobre el pensamiento y el comportamiento de los niños. ¿Cómo haría esta lista, usando el método clínico, para obtener la información que necesita?, ¿intervendría de forma no verbal?, ¿qué preguntas formularía directamente a los niños?

7. Observe a un niño durante 10 minutos. Usando el lenguaje como pincel, haga un retrato escrito del aspecto físico y los movimientos de ese niño. Compare el tamaño del niño, la complexión física, los rasgos faciales y el nivel de energía con los de otros niños de la clase. Registre la mayor cantidad de movimientos corporales que pueda, anotando los movimientos aparentemente inútiles, los fallos, los éxitos parciales y los logros finales.

8. La percepción del carácter de una persona depende de los ojos del observador. Estas percepciones afectan el comportamiento de los maestros con los niños. ¿De qué color es el cristal con que usted mira? Parta un pedazo de papel por la mitad, a lo largo. En un lado, haga una lista de palabras que describan sus sentimientos sobre la niñez, la escuela, los maestros, los niños, la autoridad, hacer amigos, perder amigos, golpear, jugar. Al otro lado, describa cómo pueden haber influido esos sentimientos en su manera de enseñar y contribuido a crear sus propias parcialidades.

Bibliografía

Benjamin, A. C. (1994, September). Observations in early childhood classrooms. *Young Children, 46*(6), pp. 14–20.

Bentzen, M. (1995). *Seeing young children* (3rd ed.). Albany, NY: Delmar.

Brophy, J. E. (1979, May/June). Using observation to improve your teaching. *Young Children*.

Cartwright, S. (1994, September). When we really see the child. *Exchange*, pp. 5–9.

Cartwright, C. A., & Cartwright, G. P. (1984). *Developing observation skills* (2nd ed.). New York: McGraw-Hill.

Cohen, D. H., & Stern, V. (1978). *Observing and recording the behavior of young children*. New York: Teachers College Press.

Dawes, H. C. (1934). An analysis of two hundred quarrels of preschool children. *Child Development, 5*, pp. 139–57.

Dowley, E. M. (n.d.). *Cues for observing children's behavior*. Unpublished paper.

Feeney, S., Christensen, D., & Moravicik, E. (1996). *Who am I in the lives of children?* (2nd ed.). Englewood Cliffs, NJ: Prentice-Hall.

Irwin, D. M., & Bushnell, M. M. (1980). *Observational strategies for child study*. New York: Holt, Rinehart & Winston.

Jones, E. J., & Carter, M. (1991, January/February). The teacher as observer—Part 1, and Teacher as scribe and broadcaster: Using observation to communicate—Part 2. *Child Care Information Exchange*, pp. 35–38.

Nyberg, D. (1971). *Tough and tender learning*. Palo Alto, CA: National Press Books.

Parten, M. B. (1932). Social participation among preschool children. *Journal of Abnormal and Social Psychology, 27*, pp. 243–69.

Prescott, E. (1973). Who thrives in group day care? *Assessment of child-rearing environments: An ecological approach*. Pasadena, CA: Pacific Qaks College, ERIC 076 1229.

Rencken, K. S., Cartwright, S., Balaban, N., & Reynolds, G. (1996, November). Beginnings workshop: Observing children. Redmond, WA: *Child Care Information Exchange*, pp. 49–64.

Saxton, R. R. (1998, April). Personal communication.

Seefeldt, C., & Barbour, N. (1994). *Early childhood education: An introduction* (3rd ed.). New York: MacMillan College Publishing.

Special thanks to the following Early Childhood Education students for their observation samples: J. Gallero, C. Grupe, L. Hutton, C. Liner, C. Robinson, M. Saldivar.

Comprensión y guía del comportamiento

Preguntas para pensar

¿Por qué los niños se comportan como lo hacen?

¿De qué maneras incide el entorno del aula en el comportamiento de los niños?

¿Qué necesitan saber de sí mismos los maestros para poder guiar a los niños con control e interés?

¿Qué diferencia hay entre disciplina y castigo?

¿Son las metas de comportamiento las mismas para todos los niños?, ¿por qué?

¿Qué problemas comunes de comportamiento se dan en los niños pequeños?

¿De qué maneras eficaces se tratan esos problemas de comportamiento?

¿Por qué dicen algunos expertos que unas palmadas son dañinas para los niños?

¿Qué debería hacer el maestro si las técnicas de guía del hogar y de la escuela difieren?

COMPRENSIÓN DEL COMPORTAMIENTO

En la clase de los niños en edad de caminar, Sara y Queta, de dos años de edad, están jugando en el área de disfraces. Queta agarra uno de los muchos collares que Sara se ha puesto alrededor del cuello. Sorprendida, Lita suelta un grito, aferra el brazo de Queta y lo muerde.

Marcos, de 5 años, cruza rápido la sala, derecho al área de bloques. Durante un momento, observa como Lorena pone bloques en equilibrio formando una alta columna. Con un veloz movimiento del brazo, Marcos echa abajo la estructura.

Manolo, de 3 años y medio, está entretenido con un rompecabezas. Cuando una maestra se detiene junto a la mesa a decir a los chicos que es hora de ordenar para la merienda, Manolo replica: "Mi papá dice que limpiar es tarea de niñas y yo no tengo que hacerlo". Arroja las piezas al suelo y se aparta de la maestra.

(*Véanse las ilustraciones 7.13 y 7.17 para comentar soluciones a este tipo de situaciones.*)

Estas son escenas típicas en cualquier centro de atención infantil. Por muy abundante que sea el material, por muchos y bien preparados que estén los docentes, o planificado el programa, es seguro que se presentarán conflictos. En este capítulo, los alumnos considerarán maneras de reconocer y manejar tales situaciones: cómo entender y guiar el comportamiento de los niños de modo que les ayuden a enfrentarse más eficazmente a sus sentimientos. Ayudar a los niños a aprender a controlar su ira, sus miedos, sus frustraciones y sus deseos, es uno de los trabajos que presentan un mayor reto para un maestro.[1]

Enseñar a los niños a respetarse mutuamente y a sí mismos es una tarea compleja y difícil. Requiere experiencia, habilidad y cariño y es una parte crucial en el cuidado de los niños. Veamos los ejemplos. ¿Qué nos dicen sobre los niños en general?, ¿qué dicen sobre Lita, Marcos y Manolo?, ¿cómo deberían responder los maestros a estos niños, y cómo influye dicha respuesta en el comportamiento futuro?

Ilustración 7.1 Para que la guía tenga éxito, el maestro debe primero entender el comportamiento infantil.

Teorías

Para guiar el comportamiento infantil, un maestro debe entenderlo primero. Para ello se requiere una formación sólida en desarrollo infantil, habilidad para observar, y entender *por qué* se portan bien o se portan mal.

Hay varias maneras de explicar qué hace la gente y por qué. Una idea es que el comportamiento de las personas es sobre todo resultado de la herencia (naturaleza). Otra es que la experiencia y el entorno dan forma al comportamiento (crianza). Una tercera teoría sugiere que los niños pasan por "etapas" en ciertas épocas de sus vidas, cualesquiera sean sus genes o sus antecedentes familiares.

Ambas perspectivas tienen argumentos válidos en el debate naturaleza/crianza. Es útil recordar que tanto la herencia como la experiencia afectan al comportamiento. La teoría sobre edades y etapas también es conocida. La gente habla de lo "terribles" que son los

LA DIVERSIDAD DE NUESTRO MUNDO LA DIVERSIDAD DE NUESTRO MUNDO LA DIVERSIDAD DE NUESTRO MUNDO LA DIVERSIDAD DE NUESTRO MUNDO LA DIVERSIDAD DE NUESTRO MUNDO LA

1 Diferentes culturas tienen formas diferentes de tratar las emociones. El educador necesita conocer la forma en que trata con sus propias emociones, además de la manera en que la cultura familiar particular del niño trata dichas emociones.

dos años, o dicen que todas las niñas son tontas a los cuatro. Puede haber algo de verdad en estas generalidades, pero no es excusa para el comportamiento inapropiado de las diversas etapas del desarrollo. Los maestros y padres no pueden ignorar el mal comportamiento (a menos que sea como estrategia específica de orientación) sólo porque los chicos estén en "esa" edad ni debido a sus situaciones familiares. Tal actitud implica que los adultos son impotentes para ayudar a los niños a formar nuevos patrones de comportamiento. ¡No es cierto!

Los adultos pueden hacer algo con respecto al comportamiento infantil si comprenden lo que le está pasando al niño. ¿De dónde procede el comportamiento apropiado?, ¿por qué se portan mal los niños?

Factores que afectan al comportamiento

Saber qué afecta al comportamiento y a los sentimientos de los niños ayuda a los adultos a comprender y manejar al niño que se porta mal. Los maestros pueden anticiparse a los problemas en vez de esperar a que ocurran; las medidas preventivas de orientación forman parte del modo de guiar el comportamiento infantil.

Por lo menos cinco factores afectan al comportamiento: factores de desarrollo, factores del entorno, estilos individuales o personales, necesidades sociales y emocionales e influencias culturales. Estos factores combinan aspectos de las dos teorías, de naturaleza y crianza, además de las teorías sobre edades y etapas de desarrollo. Las tres viñetas al comienzo del capítulo ofrecen ejemplos de los cinco factores.

Factores de desarrollo

El crecimiento infantil es constante, aunque no siempre sigue una línea progresiva. Los adultos que trabajan con niños deberían estar al tanto de la teoría del desarrollo para saber qué tipos de comportamientos se pueden esperar en niños de diversas edades.

El hecho es que Lita, Queta, Marcos y Manolo han estado en grupo más de tres horas y es casi la hora de la merienda. Los maestros saben que no se puede pretender que los preescolares se controlen durante largos periodos. Ocurren conflictos y desacuerdos en cualquier grupo de niños. Los niños con hambre no suelen ser eficaces para resolver problemas; Manolo podría no tener tan **mal genio** después de merendar. También es evidente para el maestro que los niños en edad de caminar carecen de las capacidades de lenguaje o de desarrollo social para resolver problemas hablando con otros niños que posee Marcos, de 5 años.

La teoría del desarrollo ayuda a los docentes a anticiparse a lo que harán los niños y cómo podrían comportarse. Ver el comportamiento como predecible y apropiado desde el punto de vista del desarrollo es entenderlo con más amplitud. Esta comprensión guía a los maestros en la resolución de problemas de comportamiento.

Las pautas de desarrollo también ayudan a los maestros a mantener expectativas razonables. Cuando los adultos están al tanto de qué comportamientos simplemente sobrepasan las capacidades de los niños,

SOBRE LAS PALMADAS

... El castigo físico, como un golpe o unas palmadas, significará dos cosas: una, que tú eres más grande que ella y puedes salirte con la tuya, y dos, que crees en la agresión... Las palmadas no sirven... Dicen que crees en arreglar las cosas por la fuerza, y yo no creo en eso (Brazelton, 1992).

...Creo que la inquietud que se siente después de dar unas palmadas a un niño es muy reveladora... subconscientemente, sabemos que está mal, que no es eficaz. Pegar no cumple el propósito con el que se hace. Enseña a los niños a actuar por miedo más que por la razón, y produce ira. La evidencia de las investigaciones también deja claro que la fuerza física crea más resistencia y mucha menos colaboración (Galinksy y David, 1991).

Las palmadas pueden servir para que el padre libere tensiones, pero no le enseñan al niño la forma correcta de comportarse. Lo que es más, son humillantes y emocionalmente dañinas, y pueden llevar a un daño físico. Lo peor de todo es que el castigo físico enseña a los niños que la violencia es una forma aceptable de comunicación. La academia americana de pediatría se opone fuertemente al castigo físico de los niños (American Academy of Pediatrics, 1997).

Ilustración 7.2 Las palmadas a los niños son una cuestión polémica. ¿Está usted de acuerdo o en desacuerdo con esta forma de autoridad?, ¿por qué?

pueden contribuir a evitar situaciones que conducirían a conflictos. Pedir que un grupo de niños en edad de caminar, por ejemplo, permanezcan quietos y sentandos juntos para escuchar un cuento de 20 minutos es invitar al mal comportamiento, que se muevan, hablen alto, se empujen, interrumpan, se vayan. Sin embargo, son todos comportamientos completamente normales para un niño de 2 años en esa situación. La insistencia del adulto en prolongar un tiempo para cuentos exige a estos niños que sobrepasen las capacidades físicas, sociales y cognoscitivas que tienen en ese momento.

Factores del entorno

El entorno para el niño pequeño es principalmente el hogar, la escuela o los escenarios de atención infantil.[1] El término *entorno* tiene tres partes diferenciadas: la física, la **temporal** (oportunidad y programación), y la interpersonal. Cada una tiene impacto en el comportamiento infantil.

El entorno físico es un poderoso instrumento para controlar el comportamiento infantil. Los maestros pueden conseguir cantidad de objetivos de comportamiento por medio de las instalaciones físicas del programa para la primera infancia. Los muebles de tamaño infantil que se acomodan al cuerpo del preescolar favorecen la acción de sentarse y trabajar. Una disposición de sala sin espacios largos ni abiertos, que los niños puedan usar como pista de carreras les anima a ir de un sitio a otro caminando. Los estantes bajos y abiertos incitan a los niños a independizarse, sacando y devolviendo el material y los equipos por sí mismos.

El capítulo 9 contiene un comentario detallado de los muchos factores que se deben considerar a la hora de diseñar espacios para niños pequeños. Muchas de estas consideraciones sobre el entorno influyen directamente en el comportamiento del niño. Véase también la lista de comprobación del aula, ilustración 7.9.

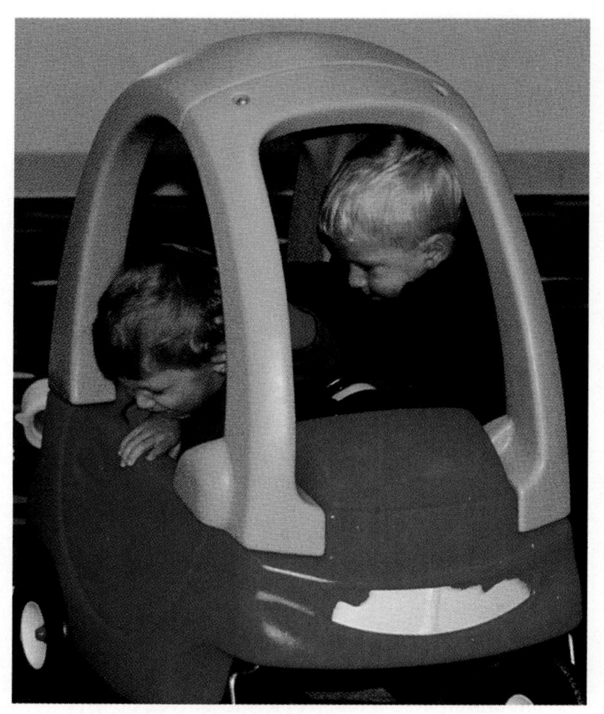

Ilustración 7.3 "¡Aquí mando yo!"

El material. Además de la disposición de la sala o el patio, el material afecta al comportamiento de los niños, ya sea en un hogar de atención diurna, en familia o en un programa de deportes después de la escuela. El material ofrecido puede ser un desafío para los niños, o por el contrario puede abrumarlos o aburrirlos. Si el material y los equipos son apropiados, los niños se sienten más a gusto consigo mismos y estarán más dispuestos a aceptar los límites y controles de los adultos.[2] El material y los equipos dan rienda suelta a las tendencias naturales de los chicos; captan el interés y la atención, y esto ayuda a evitar muchas situaciones de mal comportamiento. Cuando los niños están ocupados con material estimulante, apropiado para su edad, la cantidad de conflictos y perturbaciones disminuye. La adición de material y equipos puede contribuir a impedir peleas por un juguete favorito, crear nuevos intereses y desafíos en actividades alternativas, y ampliar las ideas y temas de juego de los niños. La maestra de Lita y Queta querrá añadir más collares al área de disfraces si no hubiera suficientes para vestir a varios niños. Cambiar el entorno cuando haga falta puede ayudar a evitar problemas de comportamiento. Retirando elementos atractivos pero frágiles se dismin-

LA DIVERSIDAD DE NUESTRO MUNDO LA DIVERSIDAD DE NUESTRO MUNDO LA DIVERSIDAD DE NUESTRO MUNDO LA DIVERSIDAD DE NUESTRO MUNDO LA DIVERSIDAD DE NUESTRO MUNDO

1 Una excepción notable es el kibutz israelí.

2 El material del aula refleja las actitudes de los maestros que lo seleccionaron. Quienes están comprometidos con el multiculturalismo escogerán material y equipos que reflejen la diversidad del mundo en que vivimos.

Ilustración 7.4 A los maestros se les exige que se ocupen de una variedad de necesidades emocionales.

uyen llantos y conflictos. Algunos materiales pueden resultar demasiado estimulantes y convendría retirarlos algún tiempo. Ciertas actividades tal vez deben limitarse a lugares específicos para controlar el nivel de actividad y comportamiento.

El tiempo. La estructura temporal, es decir, la oportunidad y programación del día, describe la secuencia de un programa. Cuando hay bloques de tiempo para elegir actividades, los niños pueden avanzar a su propio ritmo, sin sentirse presionados ni empujados. Se sienten en libertad para trabajar, moverse y jugar y son capaces de aceptar el control del maestro cuando es necesario. Manolo, por ejemplo, se acababa de sentar con el rompecabezas cuando el maestro le dijo que era hora de recoger. Las exigencias físicas de comer, dormir e ir al baño se satisfacen programando de manera que los niños puedan jugar sin preocuparse por las necesidades de la vida. Los horarios que no señalan suficiente tiempo para el aseo, por ejemplo, producen un clima frenético. Cuando los adultos presionan y hacen apresurarse a los niños surgen discusiones, accidentes y lágrimas. Un comportamiento de falta de cooperación a veces se relaciona con el apresuramiento.

Un plan diario constante ayuda a promover la sensación de que el mundo es predecible y comprensible. Los niños necesitan tiempo para resolver sus propios problemas. Darse prisa y preguntarse que sucederá a continuación crean tensiones que provocan problemas de comportamiento.

Las relaciones. Necesitan consideración especial porque determinan la forma en que transcurre el aprendizaje. El entorno interpersonal se refiere a todos los factores de "la gente". Una atmósfera de confianza y apoyo contribuye a crear un entorno sano de aprendizaje. En los centros de primera infancia, las relaciones significativas son aquellas entre maestro y niño, niños entre sí, maestro y padres, y maestro y otros docentes y administradores. Cada tipo de relación afecta e influye en el comportamiento infantil.[1] Cuando los niños sienten una sensación de apoyo y aceptación mutua, sus juegos reflejan ese tono. La tensión entre los adultos se transmite rápidamente a los niños, y sus patrones de comportamiento se ajustan a la influencia negativa. La maestra querrá dar su apoyo y consuelo a Queta al mismo tiempo que hace saber a Lita que no se tolerará que muerda. Es importante mantener un nivel de confianza con Lita para poder ayudarle a aprender mejores formas de comunicar sus necesidades.

Otras influencias afectan al comportamiento. El clima parece afectar a los niños. Los días ventosos, grises, lluviosos, parecen estimular un comportamiento muy excitable. Los días luminosos, soleados, también parecen influir en el humor y el temperamento del niño. Los problemas que turban a los adultos pueden impresionar a un niño. Una crisis familiar, un nuevo bebé o un divorcio reciente tienen impacto. Compartir una habitación, las visitas de parientes, las enfermedades, la televisión y las películas, los hermanos, la nutrición y la salud, provocan que los niños se comporten de muchas maneras diferentes. Cuanto más tiempo trabajan los maestros con los niños, más aptos se hacen para ver como esta diversidad de factores moldea el comportamiento de cada niño de su clase.

Estilos individuales

Las personas parecen venir equipadas con un estilo propio. Las mujeres embarazadas pueden describir

LA DIVERSIDAD DE NUESTRO MUNDO LA DIVERSIDAD DE NUESTRO MUNDO LA DIVERSIDAD DE NUESTRO MUNDO LA DIVERSIDAD DE NUESTRO MUNDO LA DIVERSIDAD DE NUESTRO MUNDO LA

1 Pregúntese: ¿Mi clase y mi metodología reflejan los patrones y relaciones de una cultura en particular o de muchas culturas diferentes?

la personalidad de un niño mientras el bebé está todavía en la matriz. Las mamás conocen la manera especial en que se comportan los lactantes que los hace diferentes. A menudo los padres comentan las diferencias entre sus propios hijos. Criados por los mismos padres en la misma casa y vecindario, cada hijo es un ser singular y original.

Del mismo modo, cada niño de una clase es único, un individuo que no es igual a ningún otro. Todos tienen un estilo personal que se debe reconocer y valorar.[1] Los niños que no son aceptados por su propio valor pueden aprender a odiarse a sí mismos o a no confiar en sus propios instintos. Un espíritu domado o tímido crea una persona tímida o rebelde.

Los maestros de niños pequeños aprenden pronto las características del temperamento de cada niño de su clase.[2] Hilda trabaja con gran intensidad; Norberto se distrae fácilmente. Tita teme cualquier cambio, mientras que Enrique disfruta con los retos. Los patrones coherentes de temperamento que emergen ayudan a definir el estilo individual de cada niño.

Investigaciones de Thomas y Chess (1977) han identificado tres tipos de temperamento en bebés: el niño fácil, el difícil y el lento en reaccionar. Las características empleadas para clasificar a estos niños fueron:

- El nivel de actividad del niño, la cantidad de movimiento o de inactividad
- La regularidad y el ritmo de las rutinas corporales como el sueño, la digestión y la evacuación
- La capacidad de adaptarse al cambio
- La reacción inicial a algo nuevo
- La sensibilidad física al entorno total, luz, calor, ruido
- La intensidad de reacción y la fuerza de la respuesta
- La facilidad para distraerse
- El humor general, negativo o positivo
- La persistencia y longitud del lapso de atención

Se observaron estas diferencias en lactantes muy pequeños y parecieron mantenerse continuas a lo largo del crecimiento.

Las implicaciones de estos hallazgos para los maestros son diversas. Primero y principal, las investigaciones respaldan el concepto de diferencias individuales que existen desde el nacimiento, y la importancia de reconocer dichas diferencias. Si los padres y maestros conocen la naturaleza del temperamento de un niño, pueden aceptarla como parte de la totalidad de ese niño. Las medidas de dirección y disciplina se pueden acomodar a las necesidades singulares de un niño lento en reaccionar, por ejemplo, o a uno difícil. Tales estrategias serán necesariamente diferentes de las usadas para la disciplina del niño fácil. El reconocimiento de características permite a maestros y padres manejar las peculiaridades de personalidad. También es útil comparar el propio temperamento con el de los niños a quienes se enseña.

El temperamento de los niños afecta también a la manera en que la gente los trata. A un niño fácil se responde fácilmente; puede costar más llegar a un niño lento en reaccionar. Tal vez se tienda a culpar a los niños difíciles de cosas que no hicieron. Identificar las características puede ser útil, siempre que los adultos tengan cuidado de no encasillar a los niños de forma injusta o prematura.

Marcos es entusiasta y se lanza espontáneamente a las actividades, a veces sin mirar hacia adelante ni al desastre que deja detrás. Su maestra sabe que puede ser agradable y colaborador si se le dan opciones y la oportunidad de tomar decisiones. Mientras hablan de los bloques de Lorena, la maestra ofrece a Marcos una elección: hablar con Lorena para ver si querría que él le ayudase a reconstruir la misma estructura, o empezar una nueva. Tanto Marcos como la maestra encuentran satisfacción al trabajar juntos de manera que reconocen y respetan el estilo personal de él.

Necesidades sociales y emocionales

Algunos problemas de comportamiento se originan en el intento del niño de expresar necesidades sociales y emocionales. Estas incluyen la necesidad de sentirse querido y cuidado, el deseo que ser considerado importante y valorado, el deseo de tener amigos, y la necesidad de sentirse libre de peligros. Los niños pequeños todavía están elaborando formas de expresar

LA DIVERSIDAD DE NUESTRO MUNDO LA DIVERSIDAD DE NUESTRO MUNDO LA DIVERSIDAD DE NUESTRO MUNDO LA DIVERSIDAD DE NUESTRO MUNDO LA DIVERSIDAD DE NUESTRO MUNDO LA

[1,2] Los temperamentos individuales de los niños son una consideración importante al desarrollar la comprensión de LA DIVERSIDAD DE NUESTRO MUNDO. Las diferencias de temperamento tal vez sean menos obvias, a primera vista, que las de sexo o raza, pero no menos significativas.

Las cuatro metas del mal comportamiento según Dreikurs	
Atención	Los niños buscan atención, creyendo que valen sólo cuando alguien se fija en ellos. Esta necesidad les hace conseguir atención de formas positivas o negativas.
Poder	Los niños que creen que son importantes sólo cuando son "el que manda" buscan tener poder y control sobre otros.
Venganza	Los niños que se creen sin importancia e indignos de cariño se sienten heridos e intentan herir a su vez. Buscan venganza lastimando a otros para sentirse importantes.
Sensación de ineptitud	Los niños que sienten que no pueden tener éxito rara vez ensayan algo nuevo o persisten en una actividad cuando están frustrados. No quieren que los demás esperen nada de ellos, por miedo a fracasar.

Ilustración 7.5 Como los niños parecen obtener algo de cada tipo de comportamiento, el psiquíatra Rudolph Dreikurs las llama metas del comportamiento. Cada meta llena una necesidad social o emocional particular para el niño. (De Dreikurs, R., & Stolz, V. [1964]. *Children: The challenge*. New York: Hawthorne Books.)

estas necesidades y sentimientos. Normalmente, como apenas están aprendiendo habilidades de lenguaje y comunicación, los niños nos hacen saber lo que les molesta por medio de acciones indirectas o no verbales. Por lo tanto, también es importante proporcionar a los niños modelos de lenguaje para resolver estos conflictos. Es primordial hacer saber a los niños que reconocemos que pueden estar enojados, celosos o doloridos. El adulto comprensivo ayudará a los niños a encontrar maneras satisfactorias de tratar sus sentimientos sociales y emocionales.

La ilustración 7.5 describe cuatro categorías de mal comportamiento que parecen surgir de las necesidades sociales y emocionales del niño. Como los chicos tienen algo que ganar de cada tipo de mal comportamiento, Dreikurs identifica las metas de los comportamientos. Dichas metas se pueden aplicar a las interacciones del niño con adultos o con otros niños. Puede haber involucrado más de un objetivo, y tal vez la razón particular del mal comportamiento no sea obvia. Relean las tres situaciones de comportamiento descritas al comienzo del capítulo. ¿Cuáles creen que eran los objetivos de Lita, Marcos y Manolo, y qué papel representan sus historias sociales y emocionales en su comportamiento?

Los hechos son que Lita es hija única de padres mayores y tiene pocas oportunidades fuera de la escuela para relacionarse con otros niños de su edad. Marcos viene de una familia grande y bulliciosa donde desde pronto se les induce a ocuparse de los propios deseos y necesidades. Los padres de Manolo están divorciados y él vive ahora con su abuela mientras su mamá busca trabajo en otra ciudad. Sus maestras comprenden sus llamadas de atención y tienen en cuenta la historia social y emocional de cada niño, mientras los conducen hacia un comportamiento positivo.

En el capítulo 14 se explora más a fondo el crecimiento social y emocional de los más pequeños.

Influencias culturales

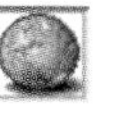

Al comenzar el siglo XXI, las aulas se llenan de niños que crecen en un país de inigual diversidad.[1] Muchas culturas diferentes están convergiendo y creando "un gran crisol nacional" de gentes, culturas, lenguas y actitudes (America's Immigrant Challenge, 1993). Los

LA DIVERSIDAD DE NUESTRO MUNDO LA DIVERSIDAD DE NUESTRO MUNDO LA DIVERSIDAD DE NUESTRO MUNDO LA DIVERSIDAD DE NUESTRO MUNDO LA DIVERSIDAD DE NUESTRO MUNDO LA

[1] La capacidad de adaptarse a las necesidades de un grupo diversificado de alumnos será el desafío para los maestros del siglo XXI.

Ilustración 7.6 A menudo los niños son capaces de elaborar sus propias soluciones a un conflicto.

niños y sus maestros viven en un mundo de continuas interacciones entre culturas. La habilidad de comunicarse con gente de otras culturas es crucial cuando se quiere guiar el comportamiento infantil. (Véanse también los comentarios de los capítulos 2, 5, 8, y 15). Una revisión de las teorías de Erikson y Vygotsky en el capítulo 4 y de Bronfenbrenner en el capítulo 15 subrayan la conexión entre cultura y comportamiento.

La disciplina y la dirección están profundamente enraizadas en los valores y creencias de la familia. La cultura familiar da forma al modo de criar los hijos, y cada familia es única en la manera de interpretar sus valores culturales. La crianza de los niños, desde el momento en que se inicia el entrenamiento en las evacuaciones, hasta los castigos físicos, tiene influencias culturales. Los mensajes que reciben los niños sobre su comportamiento deberían ser coincidentes, entre la escuela y la casa. Pero puede que sea inevitable el conflicto, porque las costumbres de la crianza infantil de la familia tal vez se opongan a las ideas y expectativas de un maestro[1] (Gordon y Browne, 1996). En algunas culturas, por ejemplo, se anima a los niños a que desafíen las opiniones de los adultos, mientras que eso sería considerado una falta de respeto en otras. Queta (que estaba jugando con Lita) viene de una cultura familiar que considera al maestro como figura de autoridad respetada y a quien se debe obedecer. Esto coloca a Queta en una posición incómoda si su maestra no comprende por qué ella no elige fácilmente una actividad y prefiere que su maestra le diga dónde ir a

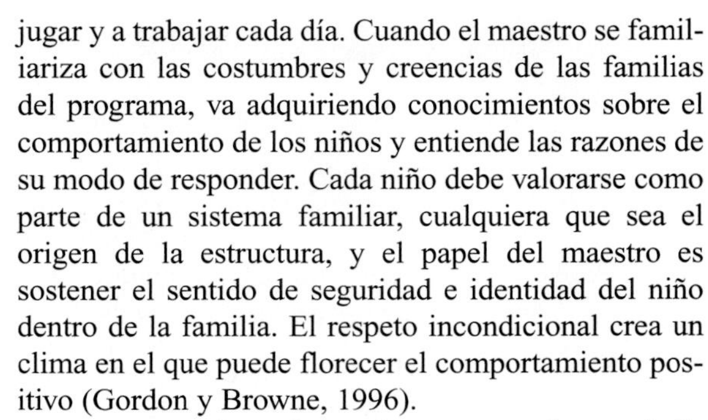

jugar y a trabajar cada día. Cuando el maestro se familiariza con las costumbres y creencias de las familias del programa, va adquiriendo conocimientos sobre el comportamiento de los niños y entiende las razones de su modo de responder. Cada niño debe valorarse como parte de un sistema familiar, cualquiera que sea el origen de la estructura, y el papel del maestro es sostener el sentido de seguridad e identidad del niño dentro de la familia. El respeto incondicional crea un clima en el que puede florecer el comportamiento positivo (Gordon y Browne, 1996).

Como se observó, los niños traen a clase su individualidad única. También aportan el contexto en el que se están criando: su familia, cultura, etnia, religión, nivel socioeconómico, vecindario, etcétera. Cuando somos conscientes de estas influencias podemos encontrar con mayor facilidad el enfoque más apropiado para guiar a cada niño (Gordon y Browne, 1996).

En algunas familias, se valora más el sentido de comunidad que el individualismo, un concepto que puede crear dificultades en la clase de primera infancia a menos que sea entendido y apreciado. Los educadores de primera infancia, en su mayor parte, no obligan a los niños a compartir posesiones personales antes de que parezcan dispuestos a hacerlo, y fomentan la autonomía de los niños a edad muy temprana. Esto choca con las familias, donde colaborar y compartir son conceptos valorados, como lo es el depender de otros miembros de la familia. Los maestros de los niños del siglo XXI necesitan hacerse culturalmente sensibles a algunas de las premisas sostenidas durante mucho tiempo en la enseñanza de niños pequeños.

Las escuelas deben ser lugares acogedores y seguros en donde familias de todas las culturas puedan expresar sus percepciones, preocupaciones y expectativas sobre sus hijos. Los docentes necesitarán ser flexibles y no juzgar cuando trabajen con las implicaciones culturales del comportamiento infantil. Los padres son recursos y asociados evidentes: pueden decir lo que es respetuoso y apropiado para su cultura en particular y trabajar con el maestro para resolver de la forma más adecuada cualquier diferencia.

Las secciones sobre "Conciencia de sí mismo" y "Actitudes y prejuicios" del capítulo 5 sugieren formas en las que los maestros pueden enfrentar estereotipos y prejuicios que tal vez interfieran con su eficacia al guiar el comportamiento de los niños.

LA DIVERSIDAD DE NUESTRO MUNDO LA DIVERSIDAD DE NUESTRO MUNDO LA DIVERSIDAD DE NUESTRO MUNDO LA DIVERSIDAD DE NUESTRO MUNDO LA DIVERSIDAD DE NUESTRO MUNDO LA

1 Estrategias didácticas culturalmente sensibles reconocerán la perspectiva de los padres y las experiencias familiares del niño.

Disciplina	Castigo
Enfatiza lo que el niño debería *hacer*	Enfatiza lo que el niño debería *no* hacer
Es un proceso continuo	Es una ocurrencia aislada
Muestra un ejemplo a seguir	Insiste en la obediencia
Conduce al autocontrol	Socava la independencia
Ayuda a los niños a cambiar	Es un escape de presión para los adultos
Es positiva	Es negativo
Acepta la necesidad de afirmación del niño	*Hace* que los niños se comporten adecuadamente
Fomentan la capacidad de pensar del niño	Piensa *por* el niño
Eleva la autoestima	Baja la autoestima
Moldea el comportamiento	Condena el mal comportamiento

Ilustración 7.7 El seguimiento disciplina favorece la interacción y la implicación de los niños; el castigo suele ser algo que se le hace a un niño.

GUÍA DEL COMPORTAMIENTO

Un enfoque de la forma de guiar

El comportamiento de Lita, Marcos y Manolo es típico de niños de su edad. Los niños que vimos en programas de primera infancia apenas están aprendiendo lo fuertes que pueden ser sus emociones y qué impacto tienen en su propio comportamiento y en los demás. El comportamiento es el lenguaje sin palabras a través del cual los niños expresan sentimientos y pensamientos. Hasta que aprendan a expresarse vocalmente, utilizan una variedad de comportamientos para comunicar sentimientos como angustia, enojo, ansiedad, temor, dolor y celos. No saben aún qué clases de comportamientos son o no son aceptables, ni lo que los adultos esperan de ellos. El empleo de palabras (por ejemplo, un resonante "¡No!" cuando alguien se lleva un juguete) va reemplazando poco a poco a morder, golpear, llorar o tener pataletas como forma de responder a la frustración. Los adultos interesados pueden ayudar a los pequeños a aprender a comportarse responsablemente y a respetar a los demás mientras exploran alternativas de comportamiento, desarrollan habilidades sociales y aprenden a resolver problemas.

Debido a que las experiencias diarias son lo que utilizan los niños para construir su mundo moral y social, los adultos deben tener mucho cuidado con el enfoque que emplean para guiarles. El concepto de guía es importante (Gordon y Browne, 1996). Un guía es alguien que conduce, explica y apoya. Un guía señala direcciones, contesta preguntas y te ayuda a llegar donde quieres ir. Eso es lo que hacen los maestros cuando guían a los niños. Hay implícita, además, una sensación de compromiso conjunto de enseñar y aprender juntos. Confiar en el castigo como instrumento para guiar excluye la oportunidad de que se produzca enseñanza y aprendizaje. Un seguimiento en la disciplina requiere la participación activa tanto del niño como del adulto para que tenga éxito.

Gran parte del papel del educador de primera infancia es guiar y dirigir a los niños a que aprendan los controles interiores necesarios para construir relaciones positivas con otros. La guía y la disciplina son preocupaciones comunes de padres y maestros y pueden constituir la base de una asociación fuerte, mientras aprenden juntos por qué Domingo gimotea o Carmen remolonea o Gladis molesta en el tiempo en grupo. Suele existir, sin embargo, confusión e incertidumbre con respecto a la guía y la disciplina y lo que significan realmente.

¿Qué son la guía y la disciplina?

Muchos asocian **disciplina** con la palabra **castigo**. La disciplina suele verse en términos negativos, y para algunos *disciplina* y *castigo* son sinónimos.

La ilustración 7.7 muestra que estos términos significan cosas muy diferentes. Comenten estas diferen-

A PROPÓSITO DE LAS OPCIONES

—Presenten opciones a los niños siempre que se pueda. Así se les permite algún control sobre ellos mismos, para que no se sientan continuamente dominados por adultos, y les ayuda a practicar la confianza en sus capacidades, la dirección de sí mismos y la autodisciplina. "Parece que hay bastante sitio en los caballetes o en los juegos de lotería, Sebastián. ¿Dónde te gustaría jugar?"

—Ofrezcan opciones sólo cuando tenga la intención de que elija el niño. Estén dispuestos a aceptar sus respuestas cuando ofrezcan una opción. Ofrezcan opciones a los niños sólo cuando realmente las haya. "Algunos chicos están entrando para la hora de música. ¿Te gustaría ir con ellos?" No pregunten "¿Te gustaría irte a casa ahora?" cuando no sea una opción.

—Sugieran dos opciones cuando exista la posibilidad de resistencia. Hagan saber al niño que esperan que haga lo que le piden, pero déjenle algo de decisión. No los acorralen en un rincón. "Es hora de irse a casa. ¿Quieres buscar tu trabajo de arte antes o después de ponerte la chaqueta?"

—Hagan que la elección sea real y válida. Reconozcan la creciente capacidad de los niños para manejar responsabilidades y ayúdenles a practicar haciendo elecciones razonables. "Hay varias clases de fichas, Sandra. Pruébalas a ver cuáles te van mejor ".

cias en clase, y planifiquen tácticas de intervención para que los maestros las utilicen con Lita, Marcos y Manolo en las situaciones descritas al comienzo del capítulo. Emparejen las soluciones propuestas con las expectativas apropiadas que se dan en los dibujos de palabras del capítulo 3.

La palabra *disciplina* viene de discípulo: un pupilo, un seguidor, un alumno. Sugiere un concepto importante, el de seguir un ejemplo en lugar de seguir reglas. Los niños intentan ser como los adultos que ven; los adultos sirven de modelo para los niños. La manera en que los niños ven comportarse a los adultos tiende a hacerse parte de su propio comportamiento. Los adultos ayudan a los niños a adquirir un comportamiento apropiado al darles buenos ejemplos.[1]

Guiar y dirigir a los niños hacia un comportamiento aceptable incluye todo lo que hacen los padres y maestros, todo lo que dicen, tratando de influir en el niño. El proceso de guía es algo que uno hace con los niños; es una interacción, no algo que los adultos hacen *a* los niños. De forma cariñosa y comprensiva, el maestro eficaz ayuda a los niños a conseguir el control de su propio comportamiento. Para lograrlo, los maestros mantienen un delicado equilibrio entre los intentos de independencia de los niños y su necesidad de controles exteriores.

No es tanto la palabra *disciplina* lo que resulta significativo como la forma que toma. A los niños se les arrebata el respeto de sí mismos cuando se les trata con dureza y se les hace sentir que no son capaces de controlarse. La vergüenza, la deshonra y el sonrojo no forman parte de los buenos procedimientos de disciplina.

Una de las metas de un buen proceso de guía es ayudar a los niños a conseguir la autodisciplina. Esto sucede sólo si los adultos les guían de manera que apoyen la capacidad de controlarse, que se va desarrollando en los niños. Los maestros sensibles a esto disminuirán el grado de control que ejercen. Al ir traspasando gradualmente al niño la oportunidad de gobernar sus propias acciones, los adultos le comunican confianza. Para los más pequeños, con su urgencia por probar su propio valor, su impulso a la iniciativa, este es un paso importante. Con una mayor respons-

LA DIVERSIDAD DE NUESTRO MUNDO LA DIVERSIDAD DE NUESTRO MUNDO LA DIVERSIDAD DE NUESTRO MUNDO LA DIVERSIDAD DE NUESTRO MUNDO LA DIVERSIDAD DE NUESTRO MUNDO LA

1 Los buenos modelos del papel de los adultos varían deliberadamente sus estilos y tácticas de enseñanza para acomodarse a diferentes estilos de aprendizaje y patrones culturales.

SER POSITIVO

—Dígan a los niños lo que quieren que hagan. Pongan las instrucciones y sugerencias en frases afirmativas, no negativas. "Camina por el borde del pasto, Hortensia, para que no te golpee el columpio", en lugar de "¡No te vayas a golpear!"

—Refuercen lo que los niños hacen bien, lo que a ustedes les gusta y lo que quieren que se repita. Asi se contribuye a construir la relación sobre bases positivas. "Bien hecho, Samuel. Trabajaste mucho con ese rompecabezas".

—Proporcionen sugerencias indirectas o recordatorios, recalcando lo que quieren que hagan los niños. Ayúdenles a volver a la tarea sin regaños ni confrontaciones. "Sé que estás emocionado por la excursión, Manuel. Parece que casi terminaste de ponerte la chaqueta para que nos vayamos", en lugar de "Date prisa y abotónate la chaqueta para que nos vayamos".

—Usen el cambio positivo de dirección siempre que sea posible.

—Empleen apropiadamente las energías, concentrándose en ayudar a los chicos a tener éxito y a comprender lo que ustedes quieren que aprendan: "Quique, veo que estás teniendo cuidado de dónde pones los pies al trepar a ese árbol. Me parece que estás encontrando buenos puntos de apoyo" comunica una actitud de aceptación y le dice al niño que lo está haciendo bien. Los elogios generales, como 'Gran escalada, Quique. ¡Bien hecho!' pueden dejar a los niños preguntándose por qué exactamente les están alabando y se pierde el aprendizaje que podría derivarse de la experiencia.

—Den razones para su pedido. Hagan saber a los niños con oraciones simples y directas qué razones hay detrás de su pedido. Es más probable que los niños colaboren cuando puedan entender el porqué. "Tomás, si mueves esas sillas, tú y Dalia tendrán más lugar para bailar", en vez de "Mueve las sillas, Tomás".

abilidad y confianza viene una dimensión añadida de autorrespeto y confianza en sí mismo. Los niños así se sienten capaces y valorados.[1]

Junto con el respeto a sí mismo, el niño debe probar la libertad que trae la disminución de los controles adultos. Los niños no aprenden a manejar la libertad si se les dice todo el tiempo lo que deben hacer. Sólo cuando tienen la oportunidad de probar sus propias fuerzas, tomar algunas decisiones por su cuenta, conocerán sus capacidades. Los pequeños deben aprender esto en lugares seguros, con adultos que les permitan tanta libertad como puedan manejar responsablemente.

Guía apropiada para el desarrollo

El crecimiento de los niños sigue ciertos patrones (véanse los capítulos 3 y 4). Cada etapa de desarrollo tiene características compartidas, modificadas, por supuesto, por el ritmo individual de crecimiento del niño. Es típico, por ejemplo, de los 4 años probar los límites, como lo es de los que aprenden a caminar el tener un fuerte sentido de propiedad sobre sus pertenencias. Para tener un enfoque de guía apropiada al desarrollo, los maestros toman en consideración estos conocimientos y comprensión de los principios de desarrollo infantil cuando meditan la mejor forma de responder al comportamiento de un niño.

Es útil identificar los comportamientos típicos de un grupo de edad específico, pues proporciona un contexto en el que comprender al niño. Entonces se puede ver el comportamiento como normal y predecible y se puede responder a él adecuadamente. La guía basada en un enfoque de desarrollo, por ejemplo, ayudaría a un maestro a saber que los de primer y segundo grado

LA DIVERSIDAD DE NUESTRO MUNDO LA DIVERSIDAD DE NUESTRO MUNDO LA DIVERSIDAD DE NUESTRO MUNDO LA DIVERSIDAD DE NUESTRO MUNDO LA DIVERSIDAD DE NUESTRO MUNDO LA

[1] Este es un buen recordatorio para que los maestros examinen sus interacciones con todos los niños a su cargo. ¿A quiénes animan a aceptar riesgos y asumir responsabilidades?, ¿Hay supuestos diferentes para niños de diferentes culturas?

tienen capacidad para considerar los puntos de vista de otros, y entonces elegirían métodos para resolver problemas que les pidieran a los niños que pensaran en la forma en que su comportamiento afecta a otros. Un enfoque apropiado al desarrollo también requiere que el maestro considere lo que se sabe sobre el niño individual además de lo que es típico del grupo de edad. Así se asegura que las técnicas de guía se acomodan a las capacidades del niño y que las expectativas adultas se mantendrán razonables.

El lenguaje de la guía y la disciplina

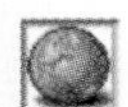

La guía tiene su propio lenguaje.[1] Cuando los maestros noveles adquieren experiencia en manejar comportamientos problemáticos, aprenden a usar este lenguaje. El resultado, en la mayoría de los casos, es una sorprendente **interdependencia**: cuanto más duchos se hagan los maestros en el lenguaje de la guía, más cómodos se encontrarán desarrollando su propio enfoque a los problemas disciplinarios. Y cuanto más cómodos estén con ese enfoque, más eficazmente utilizarán el lenguaje para resolver problemas de comportamiento.

El lenguaje y las técnicas de comunicación en la guía son tanto hablados como no hablados. Los maestros descubren lo potente que puede ser la voz; qué palabras funcionan mejor y cuándo. Se vuelven conscientes de las expresiones faciales y de lo que un toque o una mirada les transmiten a los chicos. La manera en que usan su cuerpo refleja una actitud y un enfoque claros de la disciplina. Los nuevos maestros deberían saber cómo utilizar estos instrumentos de forma que funcionen mejor para ellos y los niños.

La voz. Algunos adultos creen que cuando hablan a los niños deben tomar una voz diferente de la que emplean normalmente. Esta "voz de maestra" aparece a menudo cuando se trata de asuntos disciplinarios. La voz del maestro se vuelve tensa, aguda, de tono cada vez más forzado. La enseñanza simplemente requiere un tono normal de voz. Hablen a los niños igual que hablan a otras personas. Aprendan a controlar el volumen y a utilizar buenos modelos de lenguaje para que los niños les imiten. Para hacerse oír, acérquense lo suficiente para hablar en tono normal; agáchense al nivel de los niños. Con frecuencia, bajar el volumen y el tono es eficaz.

Ilustración 7.8 La altura y la posición del cuerpo son importantes. Bajarse al nivel de los ojos del niño proporciona mayor impacto y participación.

Las palabras. A los niños les llueven torrentes de palabras a lo largo de una jornada escolar. Los maestros caen en la trampa del exceso de palabras. Donde se trata de comportamiento y surge enojo o frustración, algunos adultos parecen sentir alivio con una ristra de palabras. Esto va en contra de las buenas técnicas de guía. Los niños tienden a desentenderse de las personas que les hablan en exceso. La mirada se vuelve ausente, se ponen inquietos e incluso asustados, y el incidente pierde significado.

Cuantas menos palabras, mejor. Aseveraciones simples, claras, dichas una vez, tendrán más impacto. El niño podrá enfocar las cuestiones de que se trata realmente. Una descripción breve de lo que ocurrió, una o dos palabras sobre qué comportamiento es aceptable y cuál no, y una sugerencia sobre posibles soluciones, es todo lo que hace falta.

Elijan las palabras con cuidado. Deberían transmitirle al niño exactamente lo que se espera. "Ricardo, acerca el bloque al camión. Así Sara no chocará otra vez con él", le dice a Ricardo de manera positiva, concreta, lo que puede hacer para proteger su construcción de bloques. Si se le hubiera dicho "Ricardo, fíjate donde construyes", no habría sabido de qué modo solucionar el problema.

LA DIVERSIDAD DE NUESTRO MUNDO LA DIVERSIDAD DE NUESTRO MUNDO LA DIVERSIDAD DE NUESTRO MUNDO LA DIVERSIDAD DE NUESTRO MUNDO LA DIVERSIDAD DE NUESTRO MUNDO LA

[1] El lenguaje de la disciplina puede ser diferente de una cultura a otra. Pueden surgir diferencias entre sexos, que sean culturales (por ejemplo, a los varones se les anima a "devolver el golpe", mientras que a las niñas se les enseña un enfoque más pasivo de los conflictos).

PLANEAR POR ANTICIPADO

—Dejen a los niños mucho tiempo para responder. Denles la oportunidad de decidir su curso de acción.
—Repasen los límites y reglas periódicamente. Modifíquenlos según lo indique el crecimiento y la maduración de los niños. Cambien con las circunstancias; sean flexibles.
—Animen a los niños a discutir las cosas. Sean abiertos ante sus puntos de vista, aunque no los puedan aceptar. Háganles saber que están dispuestos a escuchar a todas las partes del conflicto.
—Sean conscientes del clima del aula o el patio. Anticípense a la necesidad de un cambio de ritmo o una actividad distinta *antes* de que los niños se aburran y se pongan inquietos.
—Recuerden, hace falta tiempo y muchas ocasiones para que se produzcan cambios en el comportamiento. Utilizando técnicas constantes de guía, ayudarán a los niños a practicar repetidamente el nuevo comportamiento.

Las expresiones del cuerpo. Al trabajar con niños pequeños, el maestro debe ser consciente de la altura y la posición de su cuerpo. Muestren respeto por el tamaño de los niños hablándoles cara a cara. Siéntense, pónganse en cuclillas o de rodillas, pero bajen a su nivel. Es difícil comunicar calor, cariño e interés desde 60 ó 90 centímetros más arriba de la cabeza de un niño, o gritando desde el otro extremo de la sala.

Las bases de la guía son una relación de cariño e interés entre niño y adulto. Para ayudar a los niños a conseguir el control de sus impulsos y monitorizar su propio comportamiento, los maestros deben establecer una sensación de confianza y bienestar con los niños. La manera en que los maestros utilizan su cuerpo invita o rechaza la familiaridad y una relación cercana. El niño encuentra más asequibles a los maestros si están sentados a poca altura, con los brazos disponibles, mejor que de pie y de brazos cruzados.

Hacer uso total de los sentidos puede suavizar el impacto de las palabras. Agarrar firmemente la mano de un niño que está golpeando, un toque suave en el hombro, le dice al niño que allí hay un adulto para protegerlo de sí mismo y de los demás. Es básico el contacto visual. Los maestros aprenden a comunicar la gravedad de una situación por medio de las expresiones de los ojos y el rostro. También demuestran así tranquilidad, preocupación, tristeza y afecto.

La presencia física debería transmitirle al niño un mensaje de que el maestro está ahí, disponible e interesado.

La actitud. Forma parte del lenguaje no hablado al guiar a los niños. Las actitudes derivan de la experiencia.[1] La mayoría de los adultos que atienden a niños reflejan la forma en que sus padres los trataron a ellos y cómo fueron disciplinados. Algunas personas reaccionan contra la forma en que fueron criadas; otras tienden a seguir el modelo que establecieron sus padres. Para los maestros es útil considerar la forma en que fueron disciplinados cuando niños y reconocer sus sentimientos al respecto. Cuando comienzan a inhibir el comportamiento de los niños en sus clases, los maestros deberían ser conscientes de sus propias actitudes. Las preguntas siguientes pueden ser de utilidad en ese proceso:

- ¿Aceptan el hecho de que todos los niños tienen problemas, se portan mal y cometen errores?
- ¿Creen que los niños son capaces de resolver sus propios problemas, y los involucran a ellos en el proceso?

LA DIVERSIDAD DE NUESTRO MUNDO LA DIVERSIDAD DE NUESTRO MUNDO LA DIVERSIDAD DE NUESTRO MUNDO LA DIVERSIDAD DE NUESTRO MUNDO LA DIVERSIDAD DE NUESTRO MUNDO LA

[1] Las actitudes afectan a las expectativas. Comprueben si tienen supuestos sobre cómo se comportan los niños según su raza, sexo o cultura.

EVITEN SIEMPRE

—Los métodos que avergüencen, asusten o humillen a los niños.
—El maltrato físico.
—Las comparaciones entre niños. Las comparaciones promueven la competitividad y afectan la autoestima.
—Las secuelas del incidente. Una vez pasado, déjenlo atrás; no sigan recordándoselo a los niños.
—Las consecuencias demasiado largas, demasiado punitivas o postergadas. Los niños aprovechan más con las consecuencias inmediatas, breves.
—El exceso de reglas. Establezcan sólo las suficientes para asegurar un entorno seguro para todos los niños.
—Hacer promesas que no puedan cumplir.
—Ayudar demasiado. Dejen que los niños hagan lo máximo que puedan por su cuenta, incluso resolver sus propios conflictos.
—Amenazar a los niños con que perderán su cariño.

- ¿Aceptan el derecho del niño a la independencia y fomentan activamente la confianza en las propias habilidades?
- ¿Creen que los niños se portan mal deliberadamente, para fastidiar al maestro?
- ¿Ayudan a los niños a aceptar la responsabilidad de sus propias acciones sin echarles la culpa?
- ¿Son optimistas en cuanto a poder resolver los problemas, y a que los niños y ustedes pueden arreglarlos juntos?

Técnicas de guía

El comportamiento infantil sufre más influencias que las de sus propios impulsos, necesidades o reacciones. Factores que están fuera del ámbito de la niñez pueden causar malos comportamientos. Hay diversas áreas que controlan los adultos y que pueden causar problemas a los niños. Tres de las más comunes son el entorno de la clase, poner límites al comportamiento de los niños, y el papel del maestro en la guía.

Como el aula promueve o desalienta interacciones positivas y comportamiento apropiado, es el primer lugar donde buscar formas de mejorar las técnicas de guía y disciplina.[1] Las metas del comportamiento positivo deberían reflejarse en el escenario del aula. Con demasiada frecuencia, las buenas intenciones son anuladas por el entorno físico. Dicho entorno debería indicar a los niños de forma clara y directa cómo actuar en ese espacio. Así se les facilita saber lo que se espera de ellos y cómo deberían comportarse.

Por medio del uso intencional del entorno, el maestro influye indirectamente en el comportamiento en el aula. El horario permite tiempo suficiente para jugar y asear; hay material interesante y adecuado para usar; existe una sensación de orden, y los adultos son diestros en técnicas de guía que funcionan. Utilicen la lista de comprobación del aula de la figura 7.9 para valorar cómo está relacionado el entorno con su filosofía en lo que se refiere guiar a los niños y al comportamiento de éstos.

Consideración de los límites

Para proporcionar un entorno seguro y afectuoso en donde los niños puedan jugar y aprender, los maestros establecen límites a ciertos comportamientos. **Los límites** son las fronteras establecidas para ayudar a los niños a saber qué será o no será tolerado. En general, los maestros tienen dos razones para poner límites: (1) impedir que los niños se hagan daño o lastimen a otros e (2) impedir la destrucción de la propiedad, material o equipos.

LA DIVERSIDAD DE NUESTRO MUNDO LA DIVERSIDAD DE NUESTRO MUNDO LA DIVERSIDAD DE NUESTRO MUNDO LA DIVERSIDAD DE NUESTRO MUNDO LA DIVERSIDAD DE NUESTRO MUNDO LA

[1] Cuando nos educamos con respecto a los niños que muestran la diversidad social y cultural, necesitamos información de las creencias sobre la crianza del niño que afectan a la forma en que las familias educan a sus hijos.

EL TIEMPO

_________ ¿El horario proporciona suficiente tiempo para jugar sin apresuramientos?

_________ ¿Se les da a los periodos que crean tensión, transiciones entre una actividad y otra, suficiente tiempo?

_________ ¿El aseo es un proceso tranquilo, incorporado al final de cada actividad, con la participación de los niños?

PLANIFICACIÓN DEL PROGRAMA Y EL CURRÍCULUM

_________ ¿Hay bastantes cosas que hacer para que los niños tengan opciones y alternativas de juego?

_________ ¿Presenta el currículum suficiente desafío para impedir el aburrimiento y la inquietud?

_________ ¿Es apropiado el currículum a la edad de los niños de la clase?

_________ ¿Hay actividades para ayudar a los niños a aliviar la tensión?, ¿Las actividades permiten movimientos corporales, exploración y manipulación de materiales?

_________ ¿Se incluye a los niños en el desarrollo de las reglas y en establecer pautas?, ¿Cómo se demuestra su inclusión?

ORGANIZACIÓN Y ORDEN

_________ Si se espera que los niños guarden las cosas después de usarlas, ¿están los armarios a poca altura, abiertos y marcados de alguna forma?

_________ ¿Está el material al alcance de los niños, favoreciendo que elijan solos y sean independientes?

_________ ¿Hay bastante material para que no surjan problemas al compartir?

_________ ¿Están bien definidas las áreas donde tienen lugar las actividades, de modo que los niños sepan qué sucede en cada una de ellas?

_________ ¿La disposición de la sala evita las pistas de carreras y las zonas sin salida?

_________ ¿Tienen los niños su propio espacio privado?

_________ ¿Pueden utilizar todo el material visible y accesible?, ¿Hay material del que se previene a los niños "No lo toquen"?

EL PERSONAL

_________ ¿Son suficientes los maestros para dar atención adecuada a la cantidad de niños de la clase?

_________ ¿El tamaño y la composición del grupo están equilibrados, para que los niños tengan variedad de compañeros de juego?

_________ ¿Los maestros tienen experiencia, y parecen cómodos al establecer límites y guiar el comportamiento de los niños?

_________ ¿Emplean los maestros su atención para motivar el comportamiento que desean, e ignoran el comportamiento que quieren desalentar?

_________ ¿Todos los adultos hacen cumplir coherentemente las mismas reglas?

Ilustración 7.9 Lista de comprobación del aula. Anticipándose a las necesidades y patrones de crecimiento de los niños, los maestros establecen aulas que fomentan el comportamiento constructivo y con propósito.

Los límites son algo necesario para cualquier grupo o sociedad. Todo grupo tiene sus reglas básicas, que deben respetarse para asegurar el orden y vivir en armonía. La clase de primera infancia no es una excepción; los maestros dejan claro a los niños qué reglas determinan la conducta dentro de ese grupo. Los maestros planean el currículum, disponen las salas y siguen buenos modelos de guía, de modo que no son necesarias muchas reglas. Las exclamaciones frecuentes como "No hagas esto..." o "No hagas lo otro..." no necesitan formar parte de la clase de primera infancia cuando se comprende la naturaleza del establecimiento de límites.

Los límites son como vallas; estructuras de protección que ayudan a los niños a sentirse seguros. Las vallas y los límites se ponen y mantienen para ayudar a la gente a saber hasta dónde pueden llegar. Las vallas, o los límites, establecen un marco en el cual todos conocen las reglas. Cuando los niños saben dónde están las vallas, qué límites, qué reglas se aplican, no tienen que estar continuamente tratando de averiguar *si* hay vallas y *dónde* están. Dentro de las vallas, los niños están libres, y seguros, para ensayar muchos comportamientos.[1]

Una parte natural de crecer es ampliar dichos límites y apartar esas vallas. El útero alberga y protege primero al feto en crecimiento; el lactante está protegido en los confines de la cuna. El niño en edad de caminar tiene espacio seguro, definido en un corralito. El preescolar juega primero en patios pequeños, protegidos, antes de pasar al patio grande y abierto de la escuela elemental. Los límites físicos se amplían al tiempo que el niño es capaz de manejar más libertad, más espacio, más responsabilidad. Sucede igual con los límites de comportamiento.

Puede que a los niños no les gusten las vallas; que se resistan a los intentos de limitar su comportamiento. El maestro novel debe aprender a establecer y mantener límites con confianza y autoridad. Los niños responden a la forma en que se ponen los límites tanto como a los límites mismos. Asegúrense de que los niños ayuden a determinar los límites. Tengan presente que un buen proceso de guía involucra a los niños como participantes activos; así se fomenta la autodisciplina. Los niños también parecen menos renuentes a seguir reglas cuando forman parte del procedimiento de establecer límites. La ilustración 7.10 muestra maneras positivas de poner límites cuando se trabaja con niños pequeños.

Para el niño, los límites son para su propia protección. Los pequeños no han aprendido aún las habilidades para controlarse en todas las situaciones. Su comportamiento se sale de los cauces fácilmente. Los niños apenas empiezan a ejercer esa presión interior (autocontrol) que les ayudará a dominar sus propias acciones. Hasta entonces, necesitan adultos que les ayuden a aprender cuándo y cómo aplicar la contención de sí mismos. Los límites evitan que vayan demasiado lejos. Los chicos pueden asustarse y asustar a otros con enfado, frustración, miedo. Necesitan adultos que se preocupen por impedir que se hagan daño físico o emocional. Los límites bien considerados dan libertad al niño para ensayar, poner a prueba y explorar avenidas de autoexpresión, de manera que promuevan el crecimiento y protejan su incipiente autonomía. Los niños se sienten más seguros con adultos que les impidan ir demasiado lejos y les ayuden a aprender a conseguir el control.

Consideración del papel del docente

Un maestro tiene influencia directa e indirecta sobre el comportamiento infantil. Algunas de las formas en que los maestros se ocupan directamente de la disciplina es a través de lo que dicen y lo que hacen. Indirectamente, la influencia de un maestro se siente con igual fuerza. La disposición de las salas y los horarios, las actitudes y el comportamiento pueden ir a favor o en contra de los buenos modelos de guía.

Los maestros con buenos conocimientos del proceso de desarrollo saben que los problemas de comportamiento son normales y ocurren en todos los escenarios de primera infancia. Se dan cuenta de que los niños que están creciendo deben tener un lugar seguro y sin peligros en el cual probar sus fuerzas contra el mundo.

El maestro, como modelo de comportamiento, es un elemento importante en la guía. Los chicos reflejan en su respuesta el patrón de los comportamientos adultos. Son conscientes de cómo responden los maestros al enfado, la frustración y la agresión; cómo resuelven problemas y conflictos. Los adultos deben asegurarse de que sirven de modelo de comportamiento deseado,

LA DIVERSIDAD DE NUESTRO MUNDO LA DIVERSIDAD DE NUESTRO MUNDO LA DIVERSIDAD DE NUESTRO MUNDO LA DIVERSIDAD DE NUESTRO MUNDO LA DIVERSIDAD DE NUESTRO MUNDO LA

[1] Una buena manera de preparar a los niños para vivir con éxito y productivamente es ayudarles a adquirir cada vez más responsabilidades por sus acciones y su comportamiento.

frente a los niños a quienes enseñan. Para tener éxito como modelos, los maestros deberían conocer sus emociones y sentimientos; no quieren multiplicar un problema por miedo a su propia reacción.

Ser coherentes es uno de los elementos clave para unas buenas técnicas de guía. Si los adultos quieren desarrollar la confianza mutua, las reglas deben ser claras, justas, y hacerse cumplir de forma continua y regular. Al mismo tiempo, los niños necesitan saber qué pasará si no se cumplen las reglas. Las consecuencias también deberían ser coherentes.

Una cuestión emergente, al hacerse nuestra población cada vez más diversa, tiene que ver con los valores culturales y la disciplina. Los maestros pueden verse frente a padres cuyas prácticas disciplinarias son contrarias a la filosofía de la escuela.[1] Puede que se ejerza presión sobre los maestros para que apliquen en la escuela algunas de esas técnicas que los padres emplean en la casa. Los maestros necesitan mantener sus estándares y los de la escuela *sin* comunicar a la familia que sus valores son erróneos, y hacer sentir a los niños que algo de su hogar y su familia se ve disminuido a los ojos de su maestro. Gonzalez-Mena (1993) recalca la responsabilidad del maestro de aprender comunicación entre culturas, cuando en las costumbres de crianza infantil entran en conflicto la casa y la escuela, y sugiere las estrategias siguientes:

- Aceptar que ambos puntos de vista son igualmente válidos.
- Trabajar juntos para encontrar una solución al problema.
- Resistirse a adjudicar significado y valores al comportamiento de otras personas sobre la base de la cultura propia.
- Recordar que el comportamiento de ustedes no transmite necesariamente los propios valores y significado.
- Educarse en las diferentes culturas representadas en la clase. Aprender cómo y qué se comunica por medio de gestos faciales, toques, contacto visual, proximidad física, conceptos de tiempo.
- Observar, preguntar y hablar sobre las diferencias; aprender de los padres de los niños de la clase lo que necesiten saber sobre su cultura.
- Mantener una actitud abierta que promueva el respeto y el aprecio por las opiniones del otro.

Las cuestiones éticas referidas a diferencias de tipo cultural se tratan en el capítulo 5. El currículum currículum sin prejuicios, descrito en los capítulos 5 y 9, también sugiere algunas tácticas. Vean también "Desarrollo infantil y diversidad cultural" en el capítulo 4.

Los niños tienen derecho a expresar sentimientos negativos y exponer sus quejas, pero ¿qué pasa si el maestro muestra enojo? Los niños son muy sensibles a las emociones de los adultos. Lo mejor es reconocer el sentimiento, identificarlo y luego hablarlo juntos. Una vez identificado, se hace más manejable para ambas partes. Los adultos que expresan sentimientos negativos ante los niños deben hacerlo con cautela, dejando su posición clara, sincera y objetivamente, y en voz baja, tranquila.

Me molesta cuando llamas tonto a Roberto.

No hace falta que me grites. Puedo oírte desde aquí. Dímelo de nuevo en voz baja.

Hablo en serio sobre esto, no se muerde.

A veces me pongo furiosa cuando los chicos intentan lastimarse.

Me pone triste que se desperdicie tanta comida. Sírvete sólo lo suficiente en el plato para que lo comas todo, por favor.

Recuerden que a los niños les asustan los sentimientos fuertes; no los abrumen con su propio comportamiento.

A veces las expectativas de los maestros no son realistas, ya sea por exceso o por defecto. Suponen que los niños tienen habilidades y destrezas que aún no poseen. Esto puede ser la causa de que los niños respondan de forma inapropiada. Puede ser útil ensayar con los niños la forma en que se espera que actúen. Las sesiones prácticas son especialmente útiles cuando se presenta un tema o plan nuevo. Una maestra ensayó con los niños su primer viaje en bus. Practicaron cómo cantar, mirar por las ventanillas, tomar la merienda, charlar con los amigos. Dibujaron una gran silueta de bus en el piso del patio, con tiza. Los niños fingían subir al bus, caminar por el estrecho pasillo, encontrar un asiento, y acordarse de dar pasos grandes para subir

LA DIVERSIDAD DE NUESTRO MUNDO LA DIVERSIDAD DE NUESTRO MUNDO LA DIVERSIDAD DE NUESTRO MUNDO LA DIVERSIDAD DE NUESTRO MUNDO LA DIVERSIDAD DE NUESTRO MUNDO LA

[1] Hay *códigos profesionales de guía* contra *las prácticas de socialización de la familia.* Los padres y los maestros pueden tener las mismas metas para el niño, pero el maestro está atado por estándares y códigos profesionales de comportamiento, mientras que la guía familiar tiene más recursos debido al fuerte vínculo del amor, la seguridad, la autoridad y la lealtad.

Cuando se establecen límites	Por ejemplo
1. Asegúrense de que el límite se ajusta a la situación.	"Andrés, quiero que te bajes de la mesa. Puedes terminar tu merienda sentado en tu silla o de pie junto a mí. No puedes ponerte encima de la mesa".
2. Adapte los límites según la edad del niño, su historia y su marco emocional.	"Charo, has interrumpido el cuento demasiadas veces hoy. Encuentra un sitio en la mesa de rompecabezas hasta que terminemos. Recuerda, te dije antes que no podrías escuchar el final del cuento si volvías a chillar". "Javi, sé que es el primer día de vuelta desde que te rompiste el brazo, pero ahora vamos a escuchar el cuento. Santiago y tú pueden charlar dentro de un ratito".
3. Vean que se apliquen los límites de forma constante por todos los adultos.	"Ya sé que quieres andar en la bici roja ahora, pero las dos maestras te han dicho que ya diste una vuelta larga hoy".
4. Refuerce las mismas reglas de forma constante.	"Julieta, recuerda que todo el mundo *camina* en el interior. Puedes correr fuera".
5. Continúen; respalden sus palabras con acciones.	"No puedo permitir que rompas los libros. Como es la segunda hoja esta mañana, tendrás que elegir otra cosa en vez del rincón de los libros". Si el niño no se va, comiencen a recoger los libros. Lleven al niño con firmeza a otra actividad.
6. Utilicen aseveraciones simples; sean claros y pongan los límites positivamente.	"Rogelio, habla con voz más suave cuando estés dentro. Cuando tu voz es muy fuerte, las personas no se pueden oír. Puedes usar ese vozarrón cuando estés al aire libre".
7. Respeten los sentimientos del niño y reconózcalos cuando pueda.	"Sé que quieres que tu mamá se quede. Tiene que irse a su trabajo ahora. Yo me quedaré contigo mientras estás triste y te cuidaré hasta que ella vuelva".
8. Actúen con autoridad, estén seguros de sus propósitos y tengan confianza.	"No te puedo permitir que lastimes a nadie. Baja ese bloque", en vez de "me gustaría que no hicieras eso".
9. Estén dispuestos a aceptar las consecuencias; un plan para el paso siguiente, si hace falta. Mantengan el límite. No eludan la situación ni ceda si el niño amenaza con desconsolarse o armar un escándalo.	"Lo siento, Sara. No podrás jugar más aquí. Recuerda, antes estuvimos de acuerdo en que no nunca más llamarías 'gorda' a Gabriela porque lastimas sus sentimientos. Lamento que eso te haga llorar, pero no puedo dejar que sigas burlándote de uno de nuestros compañeros. Cuando termines de llorar puedes trabajar en el centro de escritura o ir a la sala de arte. ¿Qué prefieres hacer?"
10. Hagan que los niños les ayuden a definir límites.	"Iremos en bus al museo la semana que viene. ¿Qué reglas seguiremos para poder disfrutar del viaje? Guadalupe, ¿tienes alguna idea?"

Ilustración 7.10 Pautas para establecer límites. Los niños se sienten seguros cuando se ponen límites apropiados a su comportamiento.

"Llego primero porque soy el más grande".

"Quiero a mi mamá".

"Dámelo, es mío".

"Mira, gané otra vez, tonto".

Ilustración 7.11 Las buenas técnicas de disciplina implican a los niños como participantes activos. ¿Cómo pondrían límites en estas situaciones?

Patrón cultural	*Comportamiento infantil*	*Táctica de guía*
Vive con varios familiares en el hogar	Alto nivel de colaboración y responsabilidad; a los niños no les gusta estar separados	Proporcionen actividades basadas en la cooperación y compartir; formen grupos de edades mezcladas
Los miembros de la familia comparten la toma de decisiones	Aprende a negociar, a llegar a acuerdos de problemas	Den opciones; utilicen técnicas de resolución
Un miembro de la familia toma todas las decisiones	Se espera que sean obedientes, sigan órdenes, respetar la autoridad	Apoyen al niño a elegir opciones; no fuercen el contacto visual
Al niño se le considera un bebé durante los primeros 12 meses	Llora cuando se le dice "no" y se le da una palmada en la mano; lo dejan llorar hasta que se le pase	Usen órdenes simples y breves al final del primer año
Al niño se lo considera un bebé hasta los dos años	Descansa en el contacto constante con la mamá; no ha aprendido habilidades de autoayuda de desarrollo	Toquen, abracen y lleven en brazos al niño a menudo; dejen que juegue cerca de otros niños o con ellos, nunca solo
Al niño se lo considera un bebé hasta los cinco años	No ha sido disciplinado hasta ahora; puede tomar biberón todavía; los padres no se interesan por los hitos al niño seguro	Tengan en cuenta la ansiedad por separación; ayuden con objetos de transición traídos del hogar
La vida familiar incluye discriminación, violencia, falta de oportunidades	Acostumbrado a que lo ignoren o ridiculicen; aprende a tolerar la falta de igualdad	Utilicen una disciplina firme pero demoren las respuestas al niño; respeten la necesidad de los padres de mantener al niño seguro
Familia fuerte, muy unida	Aprende que la familia, no el individuo, está primero	Entiendan que las exigencias de la escuela vendrán después de las familiares
Independencia	Pocas veces en brazos, tiene su propio espacio y juguetes en la casa	Permitan que juegue en solitario sin presionar para que comparta; necesita moverse con independencia
Orgullo y dignidad	Sostiene el honor familiar; acostumbrado a ser disciplinado por comportamiento grosero y malos modales	Díganles a los padres lo que logra el niño; sean sensibles a su orgullo cuando hablan de problemas de disciplina
La familia proviene de una fuerte tradición oral	El comportamiento ha sido guiado por historias con moralejas	Empleen canciones y cuentos como modelo de comportamiento aceptable
La familia expresa sus sentimientos con facilidad	Llorar, chillar y tener pataletas son algo corriente	Apoyen con su presencia al tiempo que suavemente ponen límites
La familia no demuestra sentimientos	Se le ha dicho que no llore; se evita mostrar los sentimientos	Consuelen en cuanto el niño llore; retírenlo del grupo cuando el niño esté expresando sentimientos
La disciplina es rígida: palmadas, amenazas, humillación	Comprende la autoridad	Empiecen con aseveraciones firmes; dé el modelo del comportamiento apropiado; elogien el comportamiento apropiado
Fomentar la armonía y evitar conflictos	Se le regaña y avergüenza cuando se porta mal; se le humilla por pelear	Encuentren formas de alentar y elogiar la cooperación; enseñen técnicas de resolución de problemas

Ilustración 7.12 Muestrario de diversidad cultural en patrones familiares que afectan a la guía y la disciplina. El conocimiento de la diversidad cultural en los patrones familiares, y las tácticas de guía para acomodarse a estos estilos de crianza infantil pueden permitirles comenzar un diálogo con los niños a quienes enseñan. (Adaptado de York, S. [1991]. *Roots and wings: Affirming culture in early childhood programs.* St. Paul, MN: Readleaf Press, y reimpreso con permiso de Gordon, A., Browne, K.W. [1996]. *Guiding young children in a diverse society.* Boston: Allyn & Bacon.)

y bajar los escalones. Cuando llegó el día de la excursión, los chicos conocían varias formas, apropiadas, de comportarse durante el largo viaje en bus.

Muchas veces se les pide a los niños que hagan tareas demasiado complicadas para ellos. El pequeño que apenas está aprendiendo a ponerse la chaqueta y los pantalones o a hacer la cama es un buen ejemplo. Tal vez los chicos no puedan completar toda la tarea al principio; conviene dividírsela en pasos más pequeños. Estiren la sábana y la manta de Gregorio, luego déjenle poner la colcha cubriendo la almohada. Poco a poco, hagan que Gregorio vaya realizando más partes de la tarea, a medida que vaya siendo capaz.

Evitar oportunidades en que los niños se porten mal es otra parte del papel del maestro. Las buenas prácticas de disciplina exigen que los maestros estén alerta a los problemas y situaciones potenciales *antes* de que provoquen un comportamiento inadecuado en los niños. Incluso entonces, surgen situaciones impredecibles: a un niño le da sueño en mitad de la merienda; a uno de los maestros lo llaman por un hijo enfermo y tiene que dejar el aula; la lluvia obliga a trasladar una actividad al interior, o un evento programado debe postergarse. En estos momentos típicos y de prueba, entra en juego toda la gama de habilidades de un maestro. Entre las formas de ayudar a los niños a mantener buenos patrones de comportamiento en estas situaciones se encuentran:

- *Reconocer e identificar el problema o la situación.* Reconocer las dificultades que presenta para los niños. Ejemplo: "Pareces cansado, Guido, y sé que tuviste que esperar mucho por tu merienda. Cuando termines tu jugo y tu galleta, apoya la cabeza en la mesa y descansa un ratito".
- *Pedir ayuda a los niños.* Hagan que participen en la búsqueda de soluciones. Ejemplo: "El señor Gallo tuvo que salir un momento. ¿Cómo podemos continuar con este proyecto de cocina, cuando yo también tengo que vigilar el área de bloques?, ¿quién tiene alguna idea?, ¿a ti qué te parece, Héctor?"
- *Asignar una tarea a los niños que con más probabilidad reaccionarán ante la crisis.* Ejemplo: "Lorena y Pablo, ¿quieren llevar los tambores especiales adentro, por favor, mientras yo ayudo a los pequeños a guardar los carros?"
- *Tener siempre preparados cuentos, canciones, adivinanzas o ejercicios que hacer.* Ayudar a los niños a pasar el tiempo de un modo apropiado, con el maestro como modelo. Den un enfoque nuevo. Ejemplo: "Ay, ay. El carro de los bomberos no ha llegado a la escuela todavía; habrá que esperar otros cinco minutos. Mientras esperamos para verlo, muéstrenme cómo trepan los bomberos por la escalera y cómo bajan deslizándose por los postes".
- *Decir lo que le gustaría que sucediera.* Admitan lo que desearían poder hacer para corregir la situación. Ejemplo: "Ay, Rosa, ojalá pudiera traer a tu mamá de vuelta ahora mismo, pero no puedo. Ella tiene que ir a trabajar, pero yo te abrazo hasta que dejes de llorar".

Estas técnicas de disciplina se aplican igualmente a lactantes y a niños en edad de caminar, pero hay algunas consideraciones especiales que los maestros deberían recordar. A veces, los lactantes lloran mucho. Es su único medio de comunicación. Cuando lloran, no hay que ignorarlos ni castigarlos, sino consolarlos. Es útil hablarle al bebé, por pequeño que sea, y comenzar a identificar los pasos a dar para mitigar su angustia. Ay, Fernando, estás llorando y yo no sé qué te pasa. Echemos un vistazo a tu pañal; tal vez si lo cambio estarás más cómodo. Puede ser que te estén saliendo los dientes; sé que eso duele. Tendrás hambre quizás; ¿ya es hora de tu biberón?" Esas palabras de calma, mientras un maestro cambia pañales, frota la espalda del bebé, lo acurruca y acuna, dulcifican ese momento de estrés. Los niños en edad de caminar también necesitan que los adultos empleen palabras para expresar las situaciones problemáticas, y los ejemplos precedentes se aplican fácilmente al trabajo con este grupo de edad, tan activo y vivaz. Una palabra de cautela, sin embargo. Retirar a un lactante o un niño en edad de caminar del grupo como forma de disciplina, o confinarlos a un corralito o a una cuna no es apropiado. Los niños muy pequeños no comprenden ese tipo de aislamiento. La guía, para ser eficaz, debe ayudar, no castigar.

Los maestros pueden aprender mucho sobre los efectos de sus técnicas de disciplina y guía y cuándo utilizarlas, si son observadores activos de sus propias clases. Cuando los maestros observan, podrán intervenir oportunamente; no deben hacerlo demasiado pronto. Las observaciones se pueden emplear para mostrar a los niños sus acciones y las consecuencias que tienen para otros.

Técnicas de guía

Hay varios enfoques de disciplina y guía incluidos en este capítulo. Tienen componentes similares y caen dentro de la definición de **guía inductiva**. Los métodos de guía más eficaces requieren que los niños piensen y reflexionen sobre sus sentimientos y sus acciones, y que se los involucre en el proceso de resolución del problema. Estas metas se logran proporcionando opciones (véase "*A propósito de las opciones*", página 240), haciendo preguntas abiertas ("¿Qué sucedería si tú tomaras el libro de ella?" "¿Cómo te parece que se sentiría él si lo hicieras?"), y comunicando fe y confianza en los niños para resolver problemas y controlar su propio comportamiento. Estos son elementos claves en el empleo de la guía inductiva, así como los siguientes:

- El de guía es un proceso interactivo que implica a los niños tanto como a los adultos.
- Se les da cada vez más responsabilidad a los niños por sus acciones cuando van entendiendo el impacto que su comportamiento tiene sobre otros.
- Enseñarles a pensar y razonar ayuda a los niños a lograr autocontrol y desarrollar la conciencia.

Estos principios se basan en las teorías de Erikson y Piaget pero se deben a Vygotsky, en particular. Vygotsky situó al niño como el aprendiz en el contexto de las interacciones sociales. El concepto de la *zona de distancia contigua* (véase el capítulo 4), por ejemplo, refuerza la relación recíproca entre el adulto y el niño implicado en la mayoría de las técnicas de guía inductiva. También la *bondad del ataque* de Thomas y Chess (1977), donde el adulto trabaja con el temperamento singular del niño para determinar el mejor enfoque de guía a tomar que se refleja en el siguiente material. El contexto familiar también sigue siendo prioritario al elegir métodos apropiados de guía.[1]

En el otro extremo del espectro de la guía se encuentran los métodos **de afirmación de poder**, que son duros y punitivos y se basan en el temor del niño al castigo en vez de en el uso de la razón y la comprensión. Palmadas, golpes, insultos y otros castigos humillantes excluyen la oportunidad de que se produzca un proceso de enseñanza aprendizaje o se promueva la resolución de problemas.

Cada uno de los métodos de guía inductiva es una herramienta valiosa para los maestros. Estos enfoques influyen en los niños para cambiar su comportamiento, porque colocan la responsabilidad donde debe estar: en el niño. El adulto informa a los niños de los resultados de sus acciones y confía en su voluntad y capacidad para colaborar hacia una solución. El respeto a sí mismo del niño queda intacto, porque no se ha echado la culpa a nadie. Integrando estos métodos en un enfoque de disciplina, los maestros aumentan la capacidad del niño para dirigirse y confiar en sí mismo.

Algo que se hace evidente cuando se utilizan muchos de los métodos de guía que siguen es la conciencia de que a menudo también debe cambiar el comportamiento del adulto, si es que el niño ha de lograr cierta medida de autocontrol. Consideren las diversas estrategias en los comentarios siguientes y observen cuántas de ellas requieren que el adulto cambie una respuesta o actitud antes de que se pueda esperar que el niño altere su comportamiento. La ilustración 7.13 muestra cómo se pueden utilizar algunas de estas técnicas disciplinarias para sacarles el máximo provecho.

La escucha activa y los mensajes "yo"

Padres y maestros pueden aprender el arte de la **escucha activa** para responder a los sentimientos del niño, además de a sus palabras. La técnica fomenta una escucha sensible, afinada, comprobando la exactitud de lo que se está diciendo. Para hacerlo, los maestros o padres escuchan con cuidado, tratando de entender lo que dice el niño, más allá de las palabras que usa. Entonces reflejan con sus propias palabras lo que creen que ha dicho el niño. El niño tiene la oportunidad de corregir cualquier mal entendido. El diálogo posterior ayuda a poner en claro lo que el chico quería decir. Un ejemplo es:

Rita: ¡Odio la escuela!

Maestra: Realmente pareces disgustada porque hoy no te tocó cocinar.

Rita: Yo *de veras* quería ayudar a hacer panqueques.

Los mensajes "yo" son una forma adulta de reflejar a los niños cómo sus acciones afectan a otros.

1 Las familias, en los programas de primera infancia, reflejan un gran abanico de creencias y prácticas de disciplina y guía.

Si este es el comportamiento	Ensaye esto	Por ejemplo
Gimotear	Ignorar	No haga ni diga nada mientras siga el lloriqueo. Preste atención al niño cuando deje de quejarse.
Jugar de manera cooperativa	Refuerzo positivo	"¡Ustedes dos sí que están trabajando mucho en este jardín! Qué buen equipo hacen".
Rehusarse a cooperar	Proporcionar una opción	"Ramiro, ¿quieres recoger los Legos del suelo o ayudar a Carlitos a vaciar la mesa de agua?"
Inquietud, falta de atención	Cambiar de actividad	"Este cuento resulta largo hoy; lo terminaremos más tarde. Ahora vamos a poner música y bailar".
Soñar despiertos	Sugerencias indirectas	"En cuanto tengas el abrigo, Zulma, estaremos todos listos para entrar".
Discusiones sobre la propiedad de un juguete	Escucha activa	"Realmente querías ser la primera en jugar con el camión azul hoy, Olga, ¿no?"
Remoloneo, tarde para la merienda	Consecuencias naturales	"Lo siento, Natalia, ya hemos guardado la merienda. Ojalá te acuerdes de entrar mañana cuando los otros chicos salgan del patio".
Empujarse, amontonarse, correr en el interior	Cambiar la disposición de la sala	Cree espacios más grandes, más abiertos, para que los chicos tengan mayor libertad de movimientos y no se sientan apretujados.
Incapacidad de respetar turnos, de esperar	Revisar la programación diaria, los equipos	Compre duplicados de los equipos más solicitados. Deje suficiente tiempo para juegos libres y así los niños no se sentirán ansiosos por tener su turno.
Juegos bulliciosos	Cambio positivo de dirección	"Sergio y tú parecen con ganas de luchar. Pongamos las colchonetas en la otra sala. Si luchan aquí molestan a los niños que están jugando callados".

Ilustración 7.13 Variedades de técnicas de guía. El maestro astuto selecciona entre las opciones disponibles e individualiza las respuestas.

Papá: Cuando chillas dentro de la casa, realmente me duelen los oídos.

Mamá: Me pongo triste cuando me dices que no te gusto.

Los mensajes "yo" son afirmaciones sinceras, sin juicios, que no culpan al niño pero hacen una observación del comportamiento y sus resultados. Evitan las acusaciones, como "Me hiciste..." y necesitan un marco que permita a los adultos manifestarle sus sentimientos a ese niño (Gordon, 1970).

Consecuencias naturales y lógicas

Las consecuencias naturales y lógicas elevan la capacidad de los niños para tomar responsabilidades. Como queda implícito, este enfoque permite que los niños experimenten las *consecuencias naturales* de sus acciones. Este enfoque, diseñado por Rudolf Dreikurs, recalca la oportunidad que tienen los niños de aprender del entorno que les rodea:

Si Leticia no se come la cena, tendrá hambre más tarde.

Si Carola pone la mano en la estufa caliente, es probable que se queme.

Si Toño le quita el libro a Benjamín, puede que éste le pegue.

Este método permite a los adultos explicar la situación a los niños sin hacer juicios, y les hace saber

SELECCIÓN DE ARTÍCULOS

Las pataletas como herramienta didáctica

Formas de ayudar a los niños a aprender

Elizabeth Crary

María no quiere que Estefanía se vaya a su casa.

Omar quiere el camión con el que está jugando Elías, ***¡Ahora mismo!***

David no quiere que le cambien el pañal, aunque hiede.

Una de sus tareas como padre o maestro es ayudar a los niños a entender y manejar sus sentimientos. Hay varias cosas que puede hacer. Durante la pataleta puede reconocer los sentimientos de los niños y ayudarles a distinguir entre sentimientos y comportamiento. *Antes de* la próxima pataleta puede empezar a enseñarles maneras de controlar sus sentimientos y la situación.

1. Reconozca los sentimientos de los niños. Puede contribuir a hacerlo ayudando a los niños a desarrollar un vocabulario a propósito y dando validez a sus sentimientos.

- Déles nombre a los sentimientos de los niños: *"Estás desilusionado porque hoy no podemos ir al parque".*
- Comparta sus sentimientos: *"Me siento frustrada cuando derramo café en el suelo".*
- Lea libros que tratan de sentimientos, como la serie **Let's Talk about Feelings**.
- Observe los sentimientos de otro: *"Seguro que está orgulloso de la torre que construyó".*

Dé validez a los sentimientos de los niños. A muchas personas las han educado para que desestimen o supriman sus sentimientos. Con frecuencia se enseña a las niñas que mostrar enojo no es femenino ni lindo. A los varones se les enseña a no llorar. Puede dar validez a los sentimientos escuchando al niño y reflejando los sentimientos que expresa. Escuche sin juzgar. Manténgase al margen. Recuerde que los sentimientos de un niño le pertenecen. Cuando refleja el sentimiento *("Estás furioso y ahora Estefanía se tiene que ir")*, no está tratando de resolver el problema. Aceptar el sentimiento es el primer paso para dirigirle.

2. Ayude a los niños a distinguir entre sentimientos y acciones. Todos los sentimientos están bien. Las acciones pueden estar bien o no, según la situación. Por ejemplo, golpear una pelota de béisbol está bien. Golpear a una persona no es aceptable. Puede aclarar la diferencia diciendo, *"Está bien que estés furioso, pero no puedo dejarte golpear a Elías".* También puede *actuar como modelo* de la diferencia entre sentimientos y acción. Podría decir, *"Esta mañana un auto se me cerró en la carretera. Estaba tan furiosa que quería chocar con ellos. En cambio yo..."*

3. Enseñe varias formas para calmarse. Si decirles a los niños *"Utilicen palabras"* funcionara para la mayoría de los niños, los adultos tendrían pocas dificultades con los sentimientos infantiles. Los niños necesitan una variedad de formas de responder, auditivas, físicas, visuales, creativas y de alimentación psíquica. Primero, les hace falta practicar respuestas diferentes cuando están tranquilos. Después, una vez familiarizados con distintos modos de responder, se les puede preguntar cuál les gustaría ensayar cuando estén molestos.

Por ejemplo: *"Estás enojada de veras. ¿Quieres estar furiosa ahora mismo o quieres calmarte?"* Si la niña quiere cambiar sus sentimientos, dialogue, por ejemplo, *"¿Qué podrías hacer? A ver, podrías bailar una danza furiosa, hacer una tarjeta para dársela a Estefanía, hablar de este sentimiento o mirar tu libro favorito"*. Después de dar ideas, deje que la niña elija lo que funcione para ella.

4. Ofrezca instrumentos para resolver situaciones que son difíciles para ellos. Si Omar quiere el camión que tiene Elías, enséñele a pedirlo, esperar o hacer un trueque. Si Sonia se siente frustrada armando rompecabezas, enséñele a tomarse un descanso o a respirar hondo para que no se sienta molesta. Puede emplear libros como *I Want It, I Can't Wait* o *I Want to Play* para presentar opciones. Las investigaciones han encontrado que cuantas más alternativas tienen los niños mejor es su comportamiento social.

Elizabeth Crary es educadora de padres y autora de muchos libros y artículos sobre guía.

Ilustración 7.14 "No me dejan jugar con ellos". Un maestro sensible intervendrá y ayudará a cambiar la dirección del comportamiento de un niño antes de que se convierta en un problema. ¿Qué haría usted en esta situación?

qué pueden esperar. Las consecuencias son un resultado natural de las propias acciones del niño. Las consecuencias *lógicas*, por otra parte, están en función de lo que imponen los adultos. Una consecuencia lógica de perturbar el tiempo en grupo es que te retiren del grupo. Para el adulto, esto supone un compromiso de seguimiento; las consecuencias, una vez expuestas, se deben cumplir. Es importante dar a los niños la oportunidad de elegir un curso de acción por sí mismos una vez que han comprendido lo que podría suceder. En la ilustración 17.15 se presentan cuatro áreas principales de enfoque cuando se guía a niños que necesitan apoyo suplementario para manejar su comportamiento.

La modificación del comportamiento

La modificación del comportamiento es un acercamiento basado en la premisa de que el comportamiento se aprende por medio de **refuerzos positivos o negativos** y recompensas. La creencia es que los niños tenderán a repetir comportamientos por los que consiguen los resultados deseados (refuerzo positivo) y es probable que eviten hacer cosas que tienen consecuencias desagradables (refuerzo negativo). El refuerzo positivo se utiliza para enseñar comportamientos nuevos y diferentes al niño y para ayudarle a mantener el cambio. El refuerzo negativo puede consistir simplemente en no hacer caso o retirar la atención cuando el niño actúa de forma inconveniente. Inicialmente, el refuerzo (o recompensa) debe ser rápido y aplicado de manera constante, como suele ocurrir con el comportamiento. Si el comportamiento deseado, por ejemplo, es que Jacinta siempre cuelgue su abrigo en la percha, alaben y aprecien su esfuerzo cada vez que la niña cuelga sus prendas. Una vez bien establecida la rutina, el refuerzo (elogio) se hará menos intenso.

Los refuerzos, o recompensas, deben ser individualizados según las necesidades del niño y la situación. Los refuerzos sociales, como sonrisas, interés y atención, abrazos, caricias y palabras, son instrumentos poderosos con los niños pequeños. Alimentos, objetos simbólicos y dinero también sirven como refuerzos en el escenario doméstico y en la escuela. La meta es que la satisfacción interior llegue a ser su propia recompensa, cualquiera sea el refuerzo que se haya usado al comienzo.

Para tener éxito, el adulto se centrará en un solo cambio de comportamiento a la vez. Si los padres quieren usar métodos de modificación de comportamiento para ayudar a sus hijos a llegar puntualmente a la mesa, papá no regaña por la tarea ni mamá por el desorden de la habitación. El comportamiento que es objeto de cambio se convierte en el interés principal hasta que se produzca exitosamente la modificación.

Padres y maestros, a menudo, dan por sentado el comportamiento deseable, positivo de los niños y pueden olvidarse de reconocer expresa y frecuentemente estos comportamientos. Las modificaciones de comportamiento ayudan a corregir esa omisión. Siempre que los adultos apuntan a un aspecto negativo del comportamiento de un niño e intentan cambiarlo, también consideran las cualidades positivas que posee y las refuerzan. Así se mantiene una perspectiva equilibrada mientras se trabaja en un problema.

Las modificaciones de comportamiento permiten a los adultos invitar a los niños a tomar parte en el proceso, dándoles una parte activa en la vigilancia de su propio comportamiento. Los niños son capaces de llevar un seguimiento de cuántas veces se terminaron el plato, hicieron la cama o dieron de comer al perro. Este seguimiento sirve como reforzador natural.

Ignorancia del comportamiento

Cuando el mal comportamiento es de naturaleza leve, por ejemplo, cuando un niño gimotea constantemente, tal vez lo mejor sea no hacerle caso. Este tipo de compor-

Área que se enfoca	*Lo que ustedes pueden hacer*
Observaciones	*Reunir información* sobre el comportamiento: identifiquen los componentes que provocan que el niño pierda el control. ¿Cuándo le dan las pataletas a Fernanda?, ¿sólo antes de la hora de merendar?, ¿justo cuando su madre se va?, ¿qué despierta la resistencia de Rodolfo?, ¿qué la precede?, ¿cuánto dura?, ¿cuánta atención consigue Arturo cuando interrumpe la hora de cuentos?, ¿cuántos maestros intervienen?, ¿durante cuánto tiempo?, ¿cómo se ha atraído su atención antes de su interrupción? Observen y aprendan también cuándo estos niños se comportan apropiadamente y registren qué atención y cuánta reciben de los maestros entonces.
Modificar el aula	*Evaluar el aula* sobre la base de las observaciones que se han hecho. ¿Está ordenada y sin un exceso de objetos?, ¿hay oportunidades legítimas de moverse y utilizar los músculos largos?, ¿pueden seleccionar los niños sus propias actividades y elegir dónde quieren trabajar y jugar?, ¿el curriculum presenta algún desafío y es apropiado al nivel de edad?, ¿se advierte con suficiente antelación cuando va a haber un cambio de actividades?, ¿existe una rutina establecida con la que los niños pueden contar?, ¿hay una hora para aseo en la que los chicos ayuden a poner en orden las áreas de juego? *Ejemplos:* el material debe estar guardado en estantes abiertos, bajos, fáciles de alcanzar, con etiquetas (tijeras, crayones) y colocado en recipientes que los niños puedan manejar. Retiren rompecabezas si están amontonados en un estante, dejando sólo unos cuantos. Cámbienlos con frecuencia. Exhiban los bloques y sus accesorios (camiones, gente, etc.) claramente. Los tamaños y formas de los bloques en los estantes dan a los niños las pistas necesarias para ayudarles a poner las cosas en su lugar. Proporcionen un área protegida para construir con bloques, lejos de actividades más silenciosas. Comprueben si los divisores entre centros de actividad son lo bastante bajos para supervisar fácilmente.
Atención y lenguaje del docente	*Prestar la mínima atención* al niño durante el episodio de agresión, ocupándose primero de cualquiera que se haya lastimado. Empleen oraciones cortas, directas, sin juzgar ni sermonear. *Miren al niño y háblenle a nivel de los ojos.* No avergüencen, ridiculicen ni utilicen castigos corporales. *Buen ejemplo:* "No. No puedo permitirte lastimar a los niños". *Mal ejemplo:* "No está bien golpear a otros niños. A ellos no les gusta que seas malo. ¿Por qué no puedes jugar bien como ellos? Voy a tener que contarle a tu mamá que fuiste malo, cuando venga. ¿Me prometes que no vas a golpear a nadie más hoy? Ahora dile a Tamara que lo sientes". *Prestar atención* a los niños molestos, que no atienden, agresivos *cuando se están portando bien*. Hablen con ellos de alternativas a su comportamiento inapropiado. *Ejemplos:* "La próxima vez, dile a alguien que estás enojado en lugar de golpear". "Cuando hayas terminado de jugar con los bloques, llámame y te ayudaré a buscar otro lugar para jugar". "Si no quieres oír el cuento, ¿qué otra cosa podrías hacer que no molestara a otros que quieren escuchar?"

(continúa)

Ilustración 7.15 Manejando el comportamiento agresivo, molesto, de excesiva energía. (Adaptado de Allen, K.E. [1992]. *The exceptional child: Mainstreaming in early childhood education.* Albany, NY: Delmar. Usado con permiso. Tomado de Gordon, A., y Browne, K. W. [1996]. *Guiding young children in a diverse society.* Boston: Allyn & Bacon.)

	Seguimiento. Ayuden al niño a volver a jugar, dando opciones cuando sea posible, con actividades que requieran energía (arcilla, trabajo en madera, trepar) o las más tranquilizantes (juego con agua, pintura), dependiendo de lo que parezca necesitar en ese momento. Respalden la participación del niño con comentarios pertinentes, interés y desafíos apropiados. *Ejemplos:* "Decidamos dónde quieres jugar ahora, Fidel. Tienes sitio en la mesa de agua o amasando arcilla. Te ayudaré a empezar". (Más tarde) "Parece que te estás divirtiendo con esa arcilla, Fidel. Seguro que la puedes estrujar tan fuerte que se escurre entre tus dedos. Te voy a mirar mientras lo intentas".
Interacción con los niños	*Comenzar por los intereses conocidos del niño.* A través de las observaciones, determinen cuáles actividades mantienen continuadamente la atención del niño para poder reforzar el comportamiento positivo mientras el niño está ocupado. Esta técnica también ayuda a aumentar el lapso de atención. *Ejemplo:* "Apuesto a que lo estás pasando bien en la mesa de agua, Fátima. Aquí tienes unos embudos y tubos. ¿Qué podrías hacer con ellos?" *Ayudar a los niños a planear adónde irán después* y a empezar, si hace falta. Es efectivo si se cambia la actividad del niño antes de que decaiga el interés o que pierda el control. *Ejemplo:* "Oscar, es casi hora del aseo y sé que a veces te resulta difícil cuando dejamos de jugar. Qué tal si me ayudas a organizar a los chicos que quieren mover las mesas. ¿Podrías ser mi ayudante hoy y mostrarles a todos dónde se ponen las mesas?" *Dar tiempo a la repuesta; tomarse tiempo para enseñar.* Los niños necesitan tiempo suficiente para responder a pedidos sin que se les regañe y pueden requerir ayuda para aprender una habilidad o empezar a hacer lo que se les pidió. Hagan la tarea manejable. Si, después de que haya pasado un tiempo razonable, Froilán todavía no se ha puesto la chaqueta, el maestro repite el pedido y ofrece ayuda. *Ejemplo:* "Puedes salir en cuanto te pongas la chaqueta, Froilán. Si la pones así en el suelo, y metes los brazos por acá, puedes pasarla por la cabeza". *Ayudar a los niños a enfocar su atención.* Bájense al nivel de sus ojos, llámenlos por su nombre, mírenlos y háblenles directamente. Den aviso por anticipado, instrucciones simples y claras, y opciones cuando sea posible. No abrumen con reglas e instrucciones. *Ejemplo:* "Corina, pronto será hora de irse a la casa. Cuando termines de escribir tu historia, puedes elegir entre venir a la alfombra a cantar o buscar un libro que te guste y mirarlo en el rincón de los libros". *Señalar las consecuencias de sus acciones* para ayudarles a entender los sentimientos de otros y hacerse responsables de lo que hacen. *Ejemplos:* "Linda está triste porque no la dejas jugar contigo". "Otros chicos no podrán usar la pintura si tú mezclas los colores en el frasco de la pintura". *Recordar a los niños las reglas y lo que se espera de ellos.* Háganlos ensayar para que recuerden el comportamiento apropiado. Empleen frases positivas. *Ejemplo:* "Antes de ir al área de bloques, recuerda cuánto espacio necesitas para las carreteras que te gusta construir. Mira alrededor de vez en cuando para ver si alguien está jugando y encuentra un lugar seguro para tu carretera".

Ilustración 7.15 Continuación.

tamiento, aunque algo irritante, no es dañino. Para usar esta técnica con éxito, el adulto decide no responder al niño de ninguna manera e incluso ocuparse de algo en otra parte mientras persista dicho comportamiento. El método se basa en la teoría del aprendizaje que sostiene que el refuerzo negativo (que el adulto no haga caso del niño) hará finalmente que éste deje el comportamiento no deseable. Al principio puede producirse un aumento en el mal comportamiento, mientras el niño ensaya a ver si el adulto verdaderamente ignorará la acción. Una vez que el niño ve que no tiene nada que ganar, el comportamiento desaparece.

Cambio de dirección de la actividad

A veces el adulto prefiere cambiar la actividad en la que el niño está ocupado por otra más adecuada. Por ejemplo, si Pati y Elena están tirando libros desde la plataforma de lectura, el maestro querrá proponer un cambio y puede sugerir que tiren pelotas de espuma plástica a una canasta improvisada. Esta técnica exige que el adulto haga una valoración correcta de lo que quieren hacer verdaderamente los niños. En este caso, parece que les divierte arrojar cosas desde una altura. Ahora el maestro puede considerar alternativas que permitan la actividad deseada cambiando al mismo tiempo la expresión o forma que toma: "Parece que las dos se están divirtiendo lanzando cosas desde ahí arriba. Veamos cómo lo pueden hacer para que no se estropeen los libros".

El cambio de actividad debe ser válido, aceptable para los adultos y satisfactorio para los niños. En la mayoría de los casos, los chicos no están siendo deliberadamente malintencionados ni destructivos. Es más probable que expresen curiosidad, imaginación, y la necesidad de explorar. El cambio positivo de actividad satisface estas necesidades de una forma que realza el concepto que los niños tienen de sí mismos y su autocontrol.

Distracción

Cuando el adulto ayuda a desviar la atención del niño, se pueden evitar algunos problemas. Los muy pequeños, sobre todo lactantes y niños que aprenden a caminar, son fáciles de distraer de acciones no deseables. Consideren el ejemplo del principio del capítulo en el que Queta agarra uno de los collares que tiene Lita. Una maestra lista podría darle a Queta otro adorno atractivo. Este método exige una intervención muy oportuna.

Interrupción

Retirar a un niño del área de juegos resulta especialmente apropiado cuando, por enojado, dolido o frustrado, el niño está fuera de control. Sacar a los niños del lugar de conflicto para darles tiempo a que se calmen y tranquilicen, a veces es el único modo de ayudarles. El maestro es firme y coherente mientras retira tranquilamente al niño de los juegos. Es importante usar esta técnica disciplinaria con una actitud y enfoque positivos, no como castigo por mal comportamiento.

El periodo de interrupción es muy parecido al descanso que se usa en las competencias deportivas: un receso breve y la oportunidad de detener toda la actividad y reagruparse. El papel del maestro es ayudar al niño a hablar sobre el incidente, los sentimientos implicados además de la necesidad de autocontrol, y darle la oportunidad de recomponer su dominio de sí antes de volver a jugar. Los niños pueden autodirigirse solos y decidir cuándo están dispuestos a volver a la actividad de la clase. A Noel, que insiste en derrumbar las estructuras de bloques de otros niños, se le podría decir "Podrás volver al área de bloques cuando creas que estás listo para jugar sin derrumbar el trabajo de otros niños". Noel puede entonces asumir cierta responsabilidad de cómo se comportará y cuándo estará dispuesto a volver a jugar.

Usen con precaución esta técnica; puede ser empleada con demasiada facilidad por adultos y dejar al niño con una sensación de haber sido rechazado. Como otras buenas técnicas de disciplina, debería ser apropiada al hecho y conducir al niño a la autodisciplina.

Resolución activa de problemas

El principio en que se basa la resolución activa de problemas es involucrar activamente a los niños en la confrontación de sus diferencias y en trabajar juntos para resolver sus problemas. El adulto tiene un papel sensible que representar: el de guiar a los niños hacia las soluciones pero sin resolver los problemas por ellos. Hacer preguntas abiertas ayuda a que el adulto conserve el foco de atención:

"¿Qué podrías hacer ________"

"¿Cómo se sentiría ella cuando ________"

"¿Qué podría suceder si ________"

"¿Cómo puedes ________"

Ilustración 7.16 No se debería aislar a los niños pequeños por portarse mal, de formas que dañen su autoestima.

La cuestión es alentar a los niños a que propongan soluciones alternativas. Esto requiere una actitud de aceptación por parte del maestro; todas las sugerencias de los niños deben ser reconocidas con seriedad, aunque no parezcan razonables. Los niños pequeños probablemente comiencen sugiriendo soluciones extremas. En el caso de Marcos, por ejemplo (ver el segundo ejemplo, al comienzo de este capítulo) podrían sugerir al principio una alternativa radical: "No dejes que Marcos vuelva más a esta escuela". Tales sugerencias se moderarán cuando respondan otros niños; eventualmente aparecerán soluciones justas y razonables: "El que derrumbe los bloques de otro tiene que ayudarle a volver a ponerlos de vuelta".

En lugar de determinar de quién es la culpa, los maestros ayudan a los niños a pensar en varias alternativas, incluso en las consecuencias de lo que sugieren: "Si cerramos el área de bloques, ¿qué pasará cuando quieran jugar con sus camiones favoritos esta tarde?" Ayudándoles a prever los resultados de lo que proponen, los maestros pueden facilitar que los niños comprendan la manera en que su comportamiento influye y afecta a otras personas. Se trata de una lección temprana en una empresa de toda la vida por hacerse responsable del propio comportamiento.

La resolución de conflictos debería formar parte de la vida diaria del niño. Los maestros pueden ayudar a los niños a resolver desacuerdos sin violencia y a explorar formas alternativas de lograr sus metas. La ilustración 7.17 bosqueja un proceso de resolución activa de problemas y arreglo de conflictos (véase también la ilustración 7.13). Es útil para resolver diferencias por medio de la conversación en grupo, como se observó antes, o cuando uno o más niños se enredan en un conflicto. Siguiendo un proceso así, los niños aprenden a respetar las opiniones ajenas, a expresar sus propios sentimientos de forma apropiada, y a aprender tolerancia para diferentes modos de hacer las cosas.[1] El proceso también indica un principio importante en la guía y la disciplina: el papel del adulto es intervenir lo menos posible, dando a los niños la oportunidad de proponer una solución aceptable.

Cuando los chicos ayudan a crear una solución, se quedan con la sensación de estar comprometidos con ella. Este proceso también da a los niños una sensación de poder y control, de independencia, y un sentimiento de su propia valía.

LA DIVERSIDAD DE NUESTRO MUNDO LA DIVERSIDAD DE NUESTRO MUNDO LA DIVERSIDAD DE NUESTRO MUNDO LA DIVERSIDAD DE NUESTRO MUNDO LA DIVERSIDAD DE NUESTRO MUNDO LA

[1] Los niños deberían llegar a identificar la escuela con un lugar lo bastante grande y con suficiente diversidad para contener una variedad infinita de personas cuyos orígenes y experiencia se respetan y comprenden.

El enfoque de seis pasos para resolver problemas

SITUACIÓN: Dos niños salen corriendo para conseguir el carro disponible. Llegan a él al mismo tiempo y empiezan a disputarse el manillar, chillando "¡Es mío!" Un niño empieza a sacar al otro del medio a empujones.

Paso 1: Aproximarse (Iniciar la mediación)
— Encare el conflicto, señalando que está al tanto y disponible.
— Acérquese lo suficiente para intervenir si fuese necesario; detenga el comportamiento agresivo o neutralice el objeto de discordia tomándolo usted.

Paso 2: Hacer una afirmación
— *Describa la escena.*
— Refleje lo que los niños han dicho.
— *No ofrezca juicios, valores ni soluciones.*
"Parece que ambos quieren el carrito".
"Veo que se están gritando".

Paso 3: Hacer preguntas (reunir datos, definir el problema)
— No encamine las preguntas a adjudicar culpas.
— Obtenga detalles; defina problemas.
— Ayude a los chicos a comunicarse en vez de golpearse.
"¿Cómo pasó?"
"¿Qué quieres decirle?"
"¿Cómo podrían arreglar este problema?"
"¿Cómo podrían usarlo sin pelearse?"

Paso 4: Generar soluciones alternativas
— Asigne a los niños la tarea de pensar y solucionarlo.
— Las sugerencias pueden provenir de los interesados o de los observadores.
— Pregunte: "¿Quién tiene alguna idea para resolver...?"
"Podrían turnarse".
"Podrían usarlo los dos juntos".
"Los dos podrían hacer alguna otra cosa".
"Que no lo use nadie".
— Equivocación común: apresurar esta etapa; déle el tiempo que merece.

Paso 5: Acordar una solución
— Cuando los dos niños acepten una solución, dígala con otras palabras. ("¿Así que los dos dicen que ella debe manejar?")
— Si alguna solución parece peligrosa o muy injusta, debe decírselo a los niños. ("Es demasiado peligroso que los dos estén de pie y vayan juntos cuesta abajo. ¿De qué otra forma se pueden poner de acuerdo?"

Paso 6: Seguimiento
— Vigile para asegurarse de que el acuerdo procede según el plan: si la decisión es turnarse, puede ser necesario que usted tenga el reloj.
— Diga a los que juegan y al grupo:
"¡Parece que han resuelto su problema!"
— Use el poder de la palabra para:
- reforzar, la posibilidad de solución del problema
- notar, la capacidad de los niños para hacerlo
- señalar, el entorno positivo para tener éxito

Ilustración 7.17 Utilizando estas pautas para ayudar a los niños a resolver problemas, los docentes escuchan más que hablan, dejan tiempo para que los niños se equivoquen e imaginen soluciones, y señalan que la diversidad de puntos de vista es natural, normal y manejable.

Sumario

El educador de primera infancia proporciona oportunidades para que los niños expresen sus sentimientos de forma apropiada y resuelvan constructivamente sus problemas sociales. Los niños son incapaces de controlar sus impulsos todo el tiempo, así que necesitan adultos afectuosos que les guíen hacia el autocontrol. Los maestros sustentan sus métodos y principios de guía en la comprensión de por qué los niños se portan mal y qué factores influyen en el comportamiento.

La mayoría de las técnicas de guía comienzan por aceptar los sentimientos que expresa el niño y verbalizándolos. Luego, el adulto establece límites sobre la forma que puede adoptar el comportamiento, guiando las acciones cuando sea necesario y haciendo el seguimiento hasta la conclusión.

Los métodos más eficaces de guía son reglas claras, constantes y justas que se hacen cumplir de forma constante y humana. Los niños deberían ser conscientes de las consecuencias si se quebrantan las reglas.

Las buenas prácticas de guía hacen hincapié en los aspectos positivos del comportamiento del niño, no sólo en los problemáticos. Las medidas de guía tienen mayor significado para los niños si se les anima a tomar responsabilidad de sus propias acciones y forman parte del proceso de resolución del problema.

Preguntas de Repaso

1. ¿Cuáles son algunas de las metas del mal comportamiento infantil?, ¿qué técnicas pueden utilizar los adultos para tratar a los niños que dan prueba de esas metas?
2. ¿Qué factores de desarrollo afectan el comportamiento de los niños?, ¿qué factores del entorno?, ¿cómo afecta el estilo individual del niño su comportamiento?, ¿qué añaden las teorías de desarrollo y aprendizaje (véase el capítulo 4) al debate?
3. ¿Por qué es importante comprender la cultura familiar del niño cuando se guía y dirige el comportamiento?
4. ¿Cómo define usted la disciplina?
5. ¿Por qué los docentes tienen que establecer límites al comportamiento infantil? , ¿cómo ayuda al niño el establecimiento de límites?
6. Describa formas en que los niños difieren en temperamento.
7. Comenten en grupos pequeños los usos apropiados de la interrupción como en los deportes. Describa los modos en que esta técnica puede causar daño a los niños pequeños.
8. ¿De qué maneras podrían considerarse las técnicas de guía de las páginas 270–280 insensibles culturalmente a una familia en particular?, ¿qué técnica podría ser más apropiada?

Actividades de Aprendizaje

1. Su hija de tres años siempre interrumpe cuando usted está hablando por teléfono. Llora para que usted juegue con ella, golpea a sus hermanos y se mete gateando en los armarios. ¿Qué está haciendo y por qué?, ¿cuál es la reacción de usted?, ¿cómo solucionará el problema?
2. Enumere actividades que canalizan sentimientos agresivos hacia formas de juego aceptables. Después de cada una, anote la emoción o sentimiento que podría liberar esa actividad específica. *Ejemplo:* arcilla, enojo, frustración
3. Termine la oración: "Cuando tenía cuatro años, lo peor que hice fue ..." ¿Cómo reaccionaron los adultos a su alrededor?, ¿qué haría usted si fuera el adulto a cargo? Comente y compare respuestas con un condiscípulo.

4. La literatura infantil nos ayuda a centrarnos en problemas disciplinarios y de comportamiento. Escoja un libro de la lista siguiente. Defina el comportamiento problemático y la persona que crea el problema. ¿Está de acuerdo con la forma en que el autor maneja la situación? Sugiera alternativas. ¿Cuándo y con quién podría utilizar esta historia?

   Libros sugeridos: *Peter's Chair*/Ezra Jack Keats
   Annie and the Old One/Miska Miles
   Jamaica's Find/Juanita Havill
   Momma, Do You Love Me?/Barbara M. Joosse
   Tree of Cranes/Allen Say
   Shy Charles/Rosemary Wells
   Bread and Jam for Frances/Russell and Lillian Hoban
   Where the Wild Things Are/Maurice Sendak

5. Observe a un grupo de niños pequeños jugando. Vea si puede identificar un ejemplo de niño que podría describirse como fácil, uno difícil y uno lento en reaccionar. ¿Qué técnicas disciplinarias usan los maestros con cada niño?, ¿son iguales? Si son distintas, describa las diferencias. ¿Qué éxito tienen las técnicas disciplinarias que se están empleando?, ¿qué haría de otra manera?

6. ¿Cómo se siente con respecto a darle unas palmadas a un niño?, ¿se las daban a usted cuando era una criatura? Si era así, ¿Cuál era el factor desencadenante?, ¿se le ocurren otras maneras de controlar el comportamiento que pudieran haber funcionado, en vez de las palmadas? Compare sus ideas e intuiciones con las de otro participante en esta clase.

7. ¿Qué puede averiguar sobre una técnica conocida como "Disciplina asertiva" y por qué algunos educadores de primera infancia la consideran inapropiada para niños pequeños? Informe a la clase de lo que haya encontrado.

Bibliografía

American Academy of Pediatrics. (1997). *A guide to your child's symptoms* (p. 35). Elk Grove Village, IL: Author.
America's immigrant challenge. (1993, Fall). *Time*, Special Issue.
Berk, L. E. (1994). *Infants and children*. Boston: Allyn & Bacon.
Brazelton, T. B. (1992). *Touchpoints: Your child's emotional and behavioral development*. Reading, MA: Addison-Wesley.
Galinsky, E., & David, J. (1991). *The preschool years*. New York: Ballantine Books.
Gonzalez-Mena, J. (1993). *Multicultural issues in child care*. Menlo Park, CA: Mayfield.
Gordon, A., & Browne, K. W. (1996). *Guiding young children in a diverse society*. Boston: Allyn & Bacon.
Gordon, T. (1970). *Parent effectiveness training*. New York: Peter H. Wyden.
Honig, A. S., & Wittmer, D. S. (1992). *Prosocial development in children: Caring, sharing and cooperating: A bibliographic resource guide*. New York: Garland Press.
Likona, T. (1991). *Educating for character*. New York: Bantam Books.
Nelson, J., Erwin, C., & Duffy, R. (1995). *Positive discipline for preschoolers*. Rocklin, CA: Prima Publishing.
Nelson, J., & Glenn, H. S. (1992). *Time out: Abuses and effective uses*. Fair Oaks, CA: Sunrise Press.
Thomas, A., & Chess, S. (1977). *Temperament and development*. New York: Brunner/Mazel.
Wichert, Susanne. (1989). *Keeping the peace*. Philadelphia: New Society Publishers.
York, S. (1991). *Roots and wings: Affirming culture in early childhood programs*. St. Paul, MN: Redleaf Press.

Padres y docentes: compañeros en la educación

Preguntas para pensar

¿Por qué es importante tener una buena relación de trabajo con los padres?

¿Cuáles son los ventajas de una relación efectiva entre padres y docentes?

¿Cómo consiguen los padres interesarse y participar en la clase?

¿Cuáles son los ingredientes de un buen programa para padres?

¿Cuáles son los componentes de una conferencia de éxito entre padres y docentes?

¿Cuál es la función del docente para proporcionar una atmósfera de apoyo a los padres?

¿Cuáles son las mayores preocupaciones de los padres?

¿Cómo ha cambiado la familia americana en los últimos años?

PERSPECTIVA HISTÓRICA

El trabajo con los padres puede ser una de las responsabilidades más satisfactorias del docente, o puede ser una de las más frustrantes. Normalmente es ambas cosas.[1] El potencial se encuentra claramente presente en una relación dinámica entre los adultos más importantes en la vida de un niño. El objetivo común es evidente: el bienestar del niño. Cada uno tiene conocimientos, habilidades y un sentido del cuidado para aportar a esa relación. Cada uno necesita al otro. Las relaciones normalmente comienzan con dicha necesidad. De manera que padres y docentes se convierten en compañeros de trabajo, colegas en un esfuerzo conjunto por ayudar al niño a desarrollarse completamente.

Existe un **precedente** histórico en la relación entre padres y docentes. Pestalozzi y Froebel, educadores de principios del siglo XVIII, detallaron muchos de sus procedimientos para ser utilizados en casa. La participación de la madre en la educación del niño se consideraba como una parte importante incluso en aquellos tiempos. Cuando se organizaron los jardines de infancia en los Estados Unidos, también se originaron clases para los padres y clubes para las madres. El National Congress of Mothers se desarrolló a partir de ese momento. Hoy en día es la National Parents and Teacher Association. Esta conocida organización es una parte fundamental de la mayoría de los sistemas educativos y continúa promoviendo una unión entre la escuela y el hogar, docentes y padres.

A veces durante la década de 1930 la participación de los padres en la educación se desalentaba activamente. A los docentes se les veía como expertos que querían estar solos en su trabajo. En muchos casos, los docentes sentían que hacían poco más que solucionar los errores de los padres. No se toleraba que los padres estuvieran en la clase o cerca de la clase. Dicha tendencia terminó en la década de 1940 cuando se reconoció la necesidad del apoyo y del ánimo de los padres. Se establecieron relaciones más estrechas entre docentes y padres. Esta visión de una necesidad de vínculos más estrechos entre docentes y padres, ahora de más de 50 años, permanece hoy en día como un principio comúnmente aceptado.

El currículum de formación del docente empezó a reflejar este cambio. Los docentes se vieron expuestos a cursos que les podrían ayudar a apreciar y a utilizar a los padres como compañeros de trabajo en el desarrollo infantil. En la década de 1960, los programas "Head Start" requerían la participación de los padres y establecieron el desarrollo de programas para la educación y formación de los padres. Su compromiso con los niños incluía un compromiso con los padres de esos niños.

La participación y la formación de los padres se pasaban por alto completamente en el movimiento de reforma educativa de la década de 1990 y la formación típica de los padres que prevalecía en los programas de primera infancia también se vuelven a evaluar. Dicha omisión se muestra actualmente en las escuelas de primaria, de grado medio y superior de todo el país, un hecho que refuerza la necesidad de que los padres y docentes de niños de preescolar se conviertan en compañeros total e igualmente y fijen la etapa para relaciones futuras. A continuación se muestran más elementos de la discusión del movimiento de apoyo de los padres.

En ningún otro nivel de educación la respuesta a las necesidades de los padres es tan elevada. Aún así, hoy en día existe un esfuerzo renovado para extender el papel de los padres en el proceso educativo de sus hijos. Ahora el énfasis es más amplio y no sólo sirve al niño sino también a sus familias. Además, hay un cambio en el papel que desempeñan los padres como voluntarios a servir de apoyo familiar y una profundización de la participación de los padres. Existe un acuerdo generalizado entre los docentes de la primera infancia de que a ninguna otra edad dicha relación es tan importante como en los primeros años de escolarización de los niños, ya que las necesidades de los niños están entrecruzadas con las de sus padres. Las relaciones firmes entre los padres y la escuela siempre han sido una parte de la cartera de los educadores de la primera infancia de manera que no las han entendido o desarrollado los docentes de otros grupos de edades.

Nota: En este capítulo, los términos *padres* y

LA DIVERSIDAD DE NUESTRO MUNDO LA DIVERSIDAD DE NUESTRO MUNDO LA DIVERSIDAD DE NUESTRO MUNDO LA DIVERSIDAD DE NUESTRO MUNDO LA DIVERSIDAD DE NUESTRO MUNDO

[1] Ellen Galinsky inventó el término *parentist* (favoritismo hacia cierto tipo de padres). Igual que los educadores deben acentuar su conciencia de los prejuicios racistas y sexistas, también deben ser conscientes de los prejuicios individuales hacia "tipos" particulares de padres.

paternidad incluyen a madres y a padres además de a otros miembros de la familia que tienen la responsabilidad de educar al niño.[1]

COMPAÑEROS EN LA EDUCACIÓN

Contribución de los padres

Los padres realizan una contribución única a la escolarización de los niños. Tienen un conocimiento distinto de los niños del que tienen los docentes. Los padres conocen la historia de los niños: física, médica, social e intelectual. Conocen al niño como un miembro de la familia y el papel que ese niño desempeña en el grupo familiar completo. A través de los padres, los docentes se enteran de la vida en casa de los niños que hay en sus clases: con quién viven, en qué clase de situación familiar y cómo es su estilo de vida. Los padres aportan un sentido de la continuidad sobre el niño: proporcionan el contexto con el que el docente puede visualizar la totalidad del niño. Como va a descubrir pronto el docente, los padres saben previamente lo que hace a los niños felices o tristes o cómo reaccionan ante los cambios de la rutina. De esta manera, los padres poseen conocimientos íntimos sobre los niños en abundancia que el docente está comenzando a descubrir.

Contribución de los docentes

Los docentes aportan otra perspectiva a la asociación. Como profesionales del desarrollo infantil, ven al niño en relación a lo que saben que son hechos significativos normales y comportamientos adecuados. Observan cómo juegan los niños con otros niños del grupo, lo que parece interesar a Elisa y cuándo es probable que Patricio se venga abajo. A diferencia de los padres, los docentes ven a los niños individuales desde una perspectiva que se equilibra con la cantidad de niños que han enseñado. Observan cómo se comportan los niños con una variedad de adultos, notando la habilidad de los niños para confiar en otros adultos mediante interacciones con ellos en la escuela. Cuando los padres necesitan ayuda para ellos mismos o para sus hijos, los docentes sirven de recurso. Pueden trabajar con los padres para encontrar psicólogos, especialistas del oído y del habla u otros programas educativos, si están justificados.

Una asociación verdadera comienza con el reconocimiento de la fuerza que aporta cada parte y debe ser una premisa básica en las relaciones entre padre-docente. Reuniendo los conocimientos que poseen de un niño, tanto los padres como los docentes obtienen una imagen más completa del niño en su totalidad. Teniendo en cuenta el papel que cada uno desempeña en la vida de un niño, los docentes y los padres aumentan en el entendimiento mutuo. Pueden respetar la contribución única de cada uno. A medida que reconocen la necesidad de compartir sus fuerzas, pueden aprender los unos de los otros.

El valor de trabajar juntos

El primer contacto entre padres y docentes probablemente se produce en el escenario de la educación de la primera infancia, ya sea un centro de atención infantil, una guardería o con un proveedor de atención infantil en familia. Si los padres se sienten aceptados e importantes, se establece una etapa para una participación continua en la educación de sus hijos. Trabajando estrechamente con los padres, los docentes establecen un modelo que se puede repetir a medida que el niño crece. Los padres se deberían implicar en la vida escolar de sus hijos en todos los cursos. Por ello, su introducción en el mundo de la escuela y de los docentes es importante.

La mayoría de los padres de hoy en día quieren aprender la mejor manera de educar a sus hijos y quieren mejorar sus habilidades para criar a los niños. Existen oportunidades numerosas para que el docente de la primera infancia trabaje con los padres. La ilustración 8.2 cita una multitud de maneras para comenzar a cubrir estas necesidades.

Ventajas para los padres

Uno de los valores principales de un programa de padres firme es la oportunidad para que los padres se reúnan. Encuentran que comparten problemas y frustraciones similares y que se pueden ayudar unos a otros para hallar las soluciones. La amistad basada en los intereses y preocupaciones comunes sobre sus hijos florece.

A través de las relaciones estrechas entre hogar y

LA DIVERSIDAD DE NUESTRO MUNDO LA DIVERSIDAD DE NUESTRO MUNDO LA DIVERSIDAD DE NUESTRO MUNDO LA DIVERSIDAD DE NUESTRO MUNDO LA DIVERSIDAD DE NUESTRO MUNDO

[1] Cuando una persona trabaja en LA DIVERSIDAD DE NUESTRO MUNDO es importante ser consciente del hecho de que muchos niños tienen unos padres distintos a los padres adoptivos o biológicos (ej., abuelos, o padres de acogida, o tías y tíos, o tutores legales, o un adulto que vive con el padre o la madre).

Ilustración 8.1 Una relación verdadera se produce cuando padres y docentes unen sus fuerzas por el bien de los niños que cuidan y quieren.

escuela, los padres pueden encontrar formas para ser más eficaces como padres y docentes de sus hijos. Pueden observar técnicas de modelaje que los docentes encuentran que tienen éxito al tratar con niños y pueden aprender qué comportamientos son adecuados a ciertas edades. Observando la manera en la que sus hijos se relacionan con otros adultos y niños, los padres pueden llegar a conocerles mejor como seres sociales. Pueden darse cuenta de los recursos que ofrecen la comunidad y la escuela y que están a su alcance, y, por parte del docente, ahora tienen acceso a un asesor que conoce y entiende a sus hijos y los puede ayudar cuando lo necesiten.

Los padres también son los docentes de los niños. Enseñan mediante palabras, ejemplos, lo que hacen y dicen. A través de relaciones más estrechas entre hogar y escuela, los padres pueden recibir ayuda para ver que las experiencias diarias con sus hijos proporcionan momentos para enseñarles cosas, oportunidades para educar a sus hijos. Los docentes pueden apoyar a los padres en su función como docentes de sus hijos manteniéndoles informados de cada etapa de desarrollo infantil, mostrándoles la manera de potenciar las habilidades para el lenguaje y el pensamiento, educándoles para atender las necesidades sociales de los niños a cualquier edad, proporcionándoles listas de libros y juguetes que potencian el pensamiento y las habilidades creativas de los niños al proporcionar el placer de la lectura. Los docentes se deberían asegurar de que los padres poseen copias de las canciones favoritas de los niños, recetas que son populares en la escuela e información, en un formato bilingüe si es preciso, sobre cómo enseñar hábitos para la seguridad y la salud en casa.[1] Los padres no necesitan enseñar un currículum; no tienen que utilizar rutinas y experiencias comunes que ocurren en la casa para potenciar el desarrollo total de los niños. El personal docente desempeña un papel importante a la hora de ayudar a los padres a aprender cómo hacer esto. En la ilustración 8.3 un autor famoso y un asesor familiar enumera 10 de las cosas más importantes que los padres pueden enseñar a sus hijos.

Un enfoque centrado en la familia para averiguar las relaciones entre padres y escuela respalda el desarrollo de la familia y el del niño. Cuando los padres tienen una relación significativa con los docentes de

LA DIVERSIDAD DE NUESTRO MUNDO LA DIVERSIDAD DE NUESTRO MUNDO LA DIVERSIDAD DE NUESTRO MUNDO LA DIVERSIDAD DE NUESTRO MUNDO LA DIVERSIDAD DE NUESTRO MUNDO

[1] Es importante recordar que menos de la mitad de los niños menores de 5 años crecen en un hogar con dos padres, de clase media, que hablan inglés y donde la madre permanece en la casa. ¿La política relativa a padres y docentes refleja los cambios demográficos?

Una lista de comprobación para hacer que la escuela sea "agradable para los padres"

- ☐ Proporcione una orientación a los padres en un momento conveniente
- ☐ Ofrezca un lugar donde se puedan reunir los padres
- ☐ Cree un tablón de anuncios para los padres
- ☐ Proporcione premios anuales para los padres por su implicación
- ☐ Cree un comité para asesorar a los padres
- ☐ Permita que los padres ayuden a desarrollar procedimientos y políticas de la escuela
- ☐ Programe eventos por las noches y los fines de semana
- ☐ Proporcione atención infantil para las reuniones
- ☐ Establezca una biblioteca de préstamo de libros o juguetes
- ☐ Realice llamadas informales a los padres, especialmente para compartir los éxitos del niño
- ☐ Proporcione un medio de transporte a los padres que lo necesiten
- ☐ Proporcione traductores a los padres que los necesiten
- ☐ Envíe cartas duplicadas adecuadas a padres que no tengan la custodia de sus hijos
- ☐ Analice a los padres para averiguar cuestiones que les interesen y que necesiten
- ☐ Elabore vínculos con servicios de soporte social y sanitario
- ☐ Proporcione listas de los recursos y los casos
- ☐ Publique boletines informativos sobre la escuela a intervalos regulares
- ☐ Proporcione comunicados escritos plurilingües cuando sean necesarios
- ☐ Contrate a docentes que ofrezcan una dedicación sólida para apoyar a las familias y a los padres
- ☐ Proporcione cursos de perfeccionamiento a los docentes que trabajen con los padres
- ☐ Contrate a docentes que respeten el origen social, étnico y religioso de los padres
- ☐ Contrate a personal que refleje el origen cultural de estudiantes y padres
- ☐ Potencie conferencias programadas regularmente entre padres y docentes
- ☐ Ofrezca una gran variedad de programas de apoyo familiar
- ☐ Proporcione muchas oportunidades para que los padres ofrezcan sus servicios
- ☐ Proporcione oportunidades frecuentemente para que los padres manifiesten sus intereses
- ☐ Anime a los padres a realizar preguntas, a hacer visitas, a llamar por teléfono
- ☐ Anime a los padres para que se interesen por lo que ocurre en la clase
- ☐ Anime a los padres para que presenten un informe sobre lo que funciona bien
- ☐ Anime a los padres a que asistan a eventos sociales
- ☐ Anime a los docentes a realizar visitas a las casas

Ilustración 8.2 Una lista de comprobación de un enfoque orientado a la familia para satisfacer las necesidades de los niños.[1]

LA DIVERSIDAD DE NUESTRO MUNDO LA DIVERSIDAD DE NUESTRO MUNDO LA DIVERSIDAD DE NUESTRO MUNDO LA DIVERSIDAD DE NUESTRO MUNDO LA DIVERSIDAD DE NUESTRO MUNDO

[1] Muchos de los elementos de esta lista demuestran un sentido de la vida en LA DIVERSIDAD DE NUESTRO MUNDO. ¿Puedes añadir otros para hacer que tu escuela sea "agradable para los padres" en un mundo diverso?

Las diez cosas más importantes que los padres pueden enseñar a sus hijos

1. Quererse a uno mismo
2. Adivinar el comportamiento
3. Comunicarse con palabras
4. Entender la diferencia entre pensamientos y acciones
5. Especular y preguntarse por qué realizan dichas especulaciones
6. Entender que las preguntas complicadas no tienen respuestas simples
7. Arriesgarse a fracasar como un elemento necesario para desarrollarse
8. Confiar en las personas mayores
9. Tener unas ideas propias
10. Saber cuándo tienen que apoyarse en los adultos

Ilustración 8.3 Una lista de los elementos básicos importantes que los niños pueden aprender en casa. (Adaptado de LeShan, E. [1992]. *When your child drives you crazy*. New York: St. Martin's Press.)

los niños, surge el sentido de la importancia y disminuyen algunos elementos de aislamiento y ansiedad fruto de la crianza del niño. Otorgándole a los padres ciertos poderes en un área crítica de la vida de sus hijos, permitiéndoles participar en las decisiones que afectan a la educación de sus hijos, los docentes pueden ayudar a los padres para verse a ellos mismos como una parte de la solución.

Ventajas para los docentes y la escuela

La participación activa de los padres beneficia al docente y a la escuela también. Los padres son un recurso sin explotar en la mayoría de las escuelas. Las habilidades y los talentos de un grupo de padres multiplica los recursos de la gente disponibles para los niños.[1] Algunos padres van a querer trabajar directamente con los niños en la clase, otros pueden ofrecerse como voluntarios para ayudar en la oficina, el patio de la escuela o la cocina. Algunas veces los padres pueden arreglárselas para escaparse un rato de su trabajo para acompañar a una clase a una excursión al campo. Algunos padres están dispuestos a trabajar en casa, cosiendo, escribiendo a máquina, arreglando o construyendo cosas o pintando; otros están disponibles para realizar una variedad de actividades para conseguir fondos. En una relación por igual, sin embargo, el nivel de participación del padre debe ir más allá de una participación voluntaria en las actividades escolares a una participación de los padres en los papeles relacionados con la toma de decisiones, como participar en el consejo escolar, los comités de asesoramiento de padres y otros grupos que defienden las necesidades educativas de los niños.

Algunos padres no pueden participar a causa de los horarios de trabajo, niños pequeños a los que cuidar en casa, falta de transporte o incapacidad de hablar en inglés.[2] Si una escuela tiene un interés serio en reforzar la familia, estas cuestiones se deben comentar y se deben encontrar soluciones para implicar a todos los padres.

Ventajas para los niños

Los niños cuyos padres eligen desempeñar una parte activa en la escuela recogen las recompensas de tal participación. Décadas de investigación muestran los efectos positivos en los logros cuando los padres se implican en la educación. La familia es la fuente principal a partir de la cual se desarrolla y crece el niño. Es necesaria para reforzar el aprendizaje, las actitudes y la motivación si los niños van a tener éxito. La visibilidad de los padres es especialmente importante para los niños de ingresos bajos y los niños minoritarios; la presencia de los padres puede reforzar un sentimiento de pertenencia. Los niños se benefician y el impacto de los padres aumenta cuando éstos son capaces de dirigir el progreso de sus hijos y refuerzan la misión de la escuela en casa.

LA DIVERSIDAD DE NUESTRO MUNDO LA DIVERSIDAD DE NUESTRO MUNDO LA DIVERSIDAD DE NUESTRO MUNDO LA DIVERSIDAD DE NUESTRO MUNDO LA DIVERSIDAD DE NUESTRO MUNDO

1 Los padres son un recurso magnífico para aportar experiencias de la diversidad en el aula (ej., un papá cocinando un plato étnico favorito con los niños).

2 Es importante ayudar a los padres para que se sientan acogidos, queridos e implicados.

SELECCIÓN DE ARTÍCULOS

Como podemos ayudar, desde la perspectiva de un padre

Yvonne Ricketts

Querido cuidador:

Sonrío valientemente cuando a mi pesar permito que acoja a mi lactante entre sus brazos. En el fondo sé que puedo confiar en usted, al examinar rápidamente todas sus cualidades elegidas cuidadosamente. Sé que estoy en lo cierto cuando vuelvo al trabajo. Pero también sé que si me entretengo más tiempo voy a empezar a llorar y agarraré a mi bebé, saldré corriendo hasta Tasmania y me esconderé. Toda mi formación y experimenta educativa de la primera infancia no me han preparado para esta primera separación. De manera que, como un padre que experimenta la intensidad de los lazos que unen a padres y a hijos, me gustaría ofrecer algunas sugerencias para facilitar la transición de la separación:

1. Dedique algún tiempo a visitar la escuela antes del primer día de colegio del niño. Muéstreme el lugar, déjeme ver dónde va a comer, dormir, jugar y guardar sus posesiones mi hijo. Averigüe cuál es la rutina diaria y comparta la suya conmigo.
2. Anímeme a visitar la escuela con mi hijo antes del primer día.
3. Ayúdeme a sentirme relajado y cómodo. Sea enérgico y escúcheme. Si no me siento cómodo, mi hijo tampoco se sentirá cómodo.
4. Haga que me sienta tranquilo sobre la manera en la que va ayudar a mi hijo para arreglárselas cuando me haya ido. ¿Se le va a estimular con actividades apropiadas para el desarrollo?, ¿va a tener un "amigo" especial protegiéndole, ayudándole a aprender la nueva rutina? Si llora, ¿cómo va a manejar esta situación?
5. Cuando lleguemos, salúdeme con una sonrisa, y con un abrazo o una palmada a mi hijo a su nivel. Pregúntele cómo ha pasado la noche. Ayúdele a establecerse, ponga a un lado sus posesiones.
6. Si me entretengo demasiado, ayúdeme a marcharme. Puede que me sienta incómodo y violento y puede que necesite su firme pero tranquilizador empuje fuera de la puerta.
7. Si salgo corriendo hacia la puerta, recuérdeme que le diga adiós a mi hijo y dígale cuándo voy a volver de manera concreta para que él lo entienda (ej., "después del aperitivo").
8. Si mi hijo lo pasa mal al marcharme, permítame verle animándole y ayudándole con palabras amables y una palmada tranquilizadora.
9. Admita que mi hijo me puede echar de menos y que yo le puedo echar de menos a él. Permita que mi hijo me diga adiós con la mano.
10. Permítame llamar o visitar a mi hijo durante el día a una hora conveniente para usted y para mí.
11. Cuando recoja a mi hijo, dígame algo específico sobre el día que ha tenido, algo positivo.

No se lo tome personalmente si no parezco confiado, o si parezco demasiado preocupado y hago un montón de preguntas. Recuerde que soy un padre primerizo y que estoy dejando a alguien muy preciado en mi vida con usted. Necesito que me tranquilice al igual que usted necesita mi confianza. Si me ayuda a separarme de una manera positiva esto ayudará a mi hijo. Juntos estamos creando un gran comienzo para mi hijo.

¡Gracias!

Yvonne Ricketts es la antigua directora de un centro de niños y es ahora una defensora de los niños y la madre de dos hijos, Casey y Delaney.

Ilustración 8.4 La participación de un padre en la vida escolar de su hijo refuerza el sentimiento de pertenencia del niño.

Pautas para trabajar con los padres

Una de las responsabilidades del docente es apoyar y animar a los padres para que desempeñen su papel. Los buenos docentes son sensibles a las preocupaciones de los padres y entienden sus necesidades, semejantes a las expresadas en el cuadro de atención en la pág. 284, escrito por un padre al cuidador de su hijo. Para asegurar relaciones buenas entre padres-docentes, revise las siguientes pautas:

Prepare a los padres acerca de lo que pueden esperar de las experiencias escolares de sus hijos. Las políticas escolares y un calendario anual se deberían establecer claramente y se deberían revisar completamente con los padres cuando el niño entra en la escuela. Después los padres van a saber cuáles son sus responsabilidades, en lo que les puede ayudar la escuela y las expectativas que tiene el colegio sobre los padres.

Proteja la relación entre padre y niño. Intensifique el orgullo que los niños sienten naturalmente por sus madres y sus padres. Dígale a Margarita que sus ojos son como los de su padre o mencione a Quique que su mamá estará encantada de escuchar que se ha tirado por el tobogán más grande. Refuerce ese lugar único que las familias ocupan en la vida de los niños. Esto es fundamentalmente importante para los niños que pasan muchas horas en centros de atención infantil lejos de sus padres. Los padres necesitan que los docentes les ayuden a criar a sus hijos y les gusta escuchar cuándo lo hacen bien. Están orgullosos de hacerlo lo mejor que pueden y aprecian a los docentes que admiten sus esfuerzos.

Póngase en contacto con los padres frecuente y regularmente. Mantenga las líneas de comunicación abiertas y de una manera fluida entre la escuela y el hogar. Asegúrese de conocer los nombres de los padres. Aproveche el contacto diario cuando traen y llevan a los niños a la escuela. Puede ser breve y dinámica, pero es una buena manera de estar en contacto. Asegúrese de encontrar maneras de contactar con aquellos padres que no vienen a la escuela todos los días, por teléfono, mediante notas o realizando visitas a las casas.

Respete a los padres por el trabajo difícil que tienen, el papel que desempeñan y las personas que son. Respete su origen y herencia religiosa, cultural, social y étnica.[1] Respete su vida privada. No permita que un padre busque información sobre otro padre. Respete el derecho de los padres a no estar de acuerdo. Sobre todo, respete el papel sin precedentes que desempeñan en el crecimiento y desarrollo de sus hijos.

Escuche a los padres. Escúcheles hasta el final. Además, ellos poseen experiencias acumuladas para compartir y sus opiniones son válidas. Aprenda a escucharles con un cierto nivel de entendimiento; trate de escucharles desde su punto de vista. Escuche a los padres sin juzgarles o sin apresurarse a alcanzar conclusiones; ésta es la base para una comunicación abierta.

Convertirse en compañeros completos e iguales

Las familias y las escuelas son aliados naturales; reclaman juntos la responsabilidad primordial de educar y socializar a los niños. Pueden y deberían ser compañeros por igual en dicho esfuerzo.

LA DIVERSIDAD DE NUESTRO MUNDO LA DIVERSIDAD DE NUESTRO MUNDO LA DIVERSIDAD DE NUESTRO MUNDO LA DIVERSIDAD DE NUESTRO MUNDO LA DIVERSIDAD DE NUESTRO MUNDO

[1] Para mostrar respeto, apoya las restricciones alimenticias, las vacaciones especiales o costumbres que los padres compartan.

Movimiento de apoyo a la familia

Los educadores de la primera infancia han reconocido hace tiempo la importancia de proporcionar a los padres información y ayuda sobre la crianza de los niños. Hoy en día, la tarea de criar niños es enormemente difícil y el tipo de educación y participación de los padres está cambiando para satisfacer las necesidades reales de los padres. Lo que se conoce como movimiento para "apoyar a la familia" o "apoyar al padre" ha evolucionado y el objetivo principal es fortalecer a las familias para satisfacer los retos de los padres en los próximos años.

La educación de los padres a menudo se consigue mediante conferencias sobre la disciplina y la orientación o las características propias de la edad. La participación de los padres en las actividades escolares se ha realizado mediante la creación de un fondo, presentándose como voluntarios para echar una mano en la clase y conduciendo a excursiones al campo. Los recursos y los casos de las necesidades especiales de los niños han definido el apoyo de los padres. Ciertamente éstos son aspectos importantes en la creación de buenas relaciones entre los padres y las escuelas, pero ya no son suficientes para los padres de hoy en día.

"Los niños influyen y son influidos por una cadena social: familia, escuela y comunidad" (Kagan, 1991). Hoy en día muchos programas ofrecen un enfoque más comprensivo de la relación entre padres y escuela que procede de un reconocimiento creciente de la "ecología de la familia" (véase el capítulo 15 para obtener más información sobre este debate). Los programas que proporcionan una orientación familiar sólida crean centros de padres que ofrecen orientación, eventos culturales, grupos de apoyo, actividades familiares para el fin de semana y vínculos con agencias de servicio social y sanitario. Algunos de los factores que aumentan la necesidad de un enfoque más centrado en la familia son: aumento del índice de divorcios que se producen, un número creciente de familias de un sólo padre y familias donde ambos padres trabajan, y un número creciente de familias inmigrantes. (Véase la siguiente sección, "Padres de hoy en día", y el capítulo 15 para obtener más ejemplos y argumentos). Las imágenes que se han mantenido durante un largo tiempo sobre lo que constituye una familia puede que ya no se correspondan con la definición actual de familia. El apoyo familiar adquiere un nuevo significado cuando se admiten y apoyan las diferencias en los estilos de familia.[1]

Reconocimiento del gobierno

Una conciencia creciente de la necesidad de un enfoque centrado en la familia en la educación de los padres la han reconocido varias agencias del gobierno. Desde sus orígenes en 1965, el programa "Head Start" exigía la participación de los padres como un elemento necesario de la salud y el bienestar de muchos niños pequeños. Recientemente, las enmiendas Education of the Handicapped Amendments (PL 99-457) en 1986 requería servicios de intervención temprana destinados a la familia y no sólo al niño. PL 99-457 incluye a los padres como miembros de un grupo de profesionales que desarrollan un plan individualizado relacionado con las necesidades de la familia y del niño. Dos estados, Minnesota y Missouri, han desarrollado programaciones comprensivas de la primera infancia centradas en la familia que han fundado distritos de escuelas locales.

Desarrollo de una relación sólida

Powell (1989) ha definido cuatro componentes de un programa de padres de alta calidad que promueve la contribución de la familia a la educación y el desarrollo de sus hijos además de una relación más igualitaria y significativa:

1. **Padres y docentes colaboran** para asegurar que los objetivos, métodos y contenidos de los programas de padres son una respuesta a las necesidades de éstos. Las necesidades, preocupaciones e intereses de éstos van a variar según la población a la que sirva la escuela. Los padres tienen muchas necesidades en común, pero no todos tienen las mismas necesidades al mismo tiempo. Una buena programación para conseguir la participación de los padres refleja dichas necesidades en el número, tipo y clase de oportunidades que proporciona. Es fundamental la evaluación de las necesidades de los padres y la participación de los padres para planear la programación.

LA DIVERSIDAD DE NUESTRO MUNDO LA DIVERSIDAD DE NUESTRO MUNDO LA DIVERSIDAD DE NUESTRO MUNDO LA DIVERSIDAD DE NUESTRO MUNDO LA DIVERSIDAD DE NUESTRO MUNDO

[1] Cuanta más información posea la escuela sobre las familias de los niños implicados (idioma preferido, horarios de trabajo, intereses particulares y áreas de experiencia, etc.) habrá más probabilidades de relaciones con éxito entre casa y escuela.

Ilustración 8.5 Las visitas y la participación en las actividades de la clase son oportunidades para que padres y docentes apoyen una visión del niño centrada en la familia.

2. Al mismo tiempo que los **servicios sociales de los padres y las cadenas de apoyo de la comunidad se intensifican,** se debe tener cuidado para no eclipsar las necesidades de los niños. La conexión entre el niño, la familia y la comunidad se debe reconocer sin perturbar el equilibrio entre la satisfacción de las necesidades de los niños y las de los padres. Los docentes desempeñan un doble papel cuidando y educando a los niños a la vez que son sensibles y receptivos a sus padres. A medida que padres y docentes desarrollan una relación, deberían tener en cuenta que los mejores intereses de los niños son el objetivo común de un buen programa de padres.

3. **Las programaciones se deben adaptar a las necesidades y características de la población específica de padres**, respondiendo a las características culturales y a los valores de las poblaciones étnicas. Para aumentar la fuerza de la familia y potenciar la contribución de la familia a la educación de sus hijos, algunos programas van a estar dirigidos a una audiencia seleccionada. Los grupos de apoyo para los padres adolescentes, padres que no hablan inglés y padres que trabajan en los tests de equivalencia del instituto se pueden desarrollar junto con las clases y los talleres de padres habituales.[1]

4. **Los grupos de discusión frecuentes** en los que los padres son libres de compartir sus experiencias y opiniones con los demás son fundamentales para el desarrollo de la relación entre padres y docentes. Los padres van a confiar más en sí mismos y van a tener una mayor seguridad sólo si los docentes respetan sus conocimientos e instintos sobre sus propios hijos. Un buen programa para padres se basa en el respeto mutuo; los padres tienen la libertad de aceptar lo que es útil y pueden rechazar lo que no eligirían de buena voluntad para ellos mismos.

LA DIVERSIDAD DE NUESTRO MUNDO LA DIVERSIDAD DE NUESTRO MUNDO LA DIVERSIDAD DE NUESTRO MUNDO LA DIVERSIDAD DE NUESTRO MUNDO LA DIVERSIDAD DE NUESTRO MUNDO

[1] Dado que las familias americanas continúan cambiando, los programas para los niños pequeños necesitarán crear vínculos entre el entorno familiar y escolar.

Se deben enfatizar dos consideraciones para aumentar y reforzar el papel de la familia como la influencia más importante en la vida del niño. En primer lugar, los docentes deben formarse en el origen étnico, religioso y cultural para trabajar con los padres. Deben estar dispuestos a escuchar y respetar a los padres y también demostrar su compromiso de una relación igualitaria.[1]

En segundo lugar, los programas para padres de alta calidad muestran que son serios en la relación cuando ofrecen a los padres la oportunidad de participar más en la toma de decisiones. La participación de los padres se limitará a menos que los padres puedan tomar decisiones que sean significativas para los niños (Levin, 1990). Otorgarles a los padres el poder de ser agentes de cambio en el proceso educativo de los niños tiene como resultado un mayor compromiso y participación de los padres.

Ilustración 8.6 Dado que la mitad de las mujeres con niños menores de 6 años trabajan fuera de casa, los padres a menudo llevan a los niños a centros de atención infantil.

Reggio Emilia: Una relación ejemplar

Uno de los mejores ejemplos de las relaciones entre escuela y padres que muestra los criterios de Powell para las programaciones de alta calidad son las escuelas de Reggio Emilia, Italia (véanse los comentarios en los capítulos 1 y 2). Un principio fundamental es la suposición de una participación de los padres firme y activa en todos los niveles de funcionamiento de la escuela. Esto no resulta sorprendente, ya que las escuelas se fundaron originalmente como cooperativas de padres; parte de la filosofía rectora continúa manteniendo un modelo de relación igualitario y extendido. Malaguzzi (Edwards, Gandini, y Forman, 1993) se refiere a esta responsabilidad equilibrada de docentes, padres y niños como una "triada en el centro de la educación"; que, en cambio, depende del resto de la comunidad para proporcionar un contexto cultural para el aprendizaje del niño.

Las gestiones basadas en esa escuela fomentan una participación significativa de los padres. Todas las discusiones y decisiones las toman los docentes y los padres que se encuentran en el escenario escolar, incluyendo a cocineros y otros adultos que trabajan en esa escuela en particular. Ningún área parece ser la propiedad exclusiva de padres o docentes. La programación del currículum, por ejemplo, depende de la participación, intereses y contribuciones de la familia. Los padres forman el núcleo individual del consejo escolar y existen numerosos representantes en el consejo escolar que abarca toda la ciudad; son una parte integral del proceso de toma de decisiones que determina la educación de sus hijos. Se realizan reuniones de padres frecuentemente para informar a éstos de la programación escolar y para ponerles al día de lo que hacen sus hijos. Otras reuniones se pueden centrar en un tema de interés o una oportunidad para los padres de analizar y debatir, o puede que un experto dé una conferencia sobre un tema relacionado con el desarrollo infantil. Grupos de padres más reducidos se reúnen durante todo el año con los docentes para hablar sobre los niños y la programación; las conferencias individuales entre padre y docente, que pueden solicitar uno u otro, se realizan para tratar intereses específicos.

Además hay oportunidades de participar activamente en la vida diaria de la escuela. Los padres, los docentes y los habitantes de la ciudad construyen muebles y tienen los materiales para las clases y el patio de

 LA DIVERSIDAD DE NUESTRO MUNDO LA DIVERSIDAD DE NUESTRO MUNDO LA DIVERSIDAD DE NUESTRO MUNDO LA DIVERSIDAD DE NUESTRO MUNDO LA DIVERSIDAD DE NUESTRO MUNDO

[1] Muchos educadores de la primera infancia eligen esta profesión porque les interesan los niños y se dan cuenta de que una gran parte del centro de atención de su trabajo tiene que enfocarse al desarrollo de los adultos al estar relacionado con familias en un mundo de diversidad cultural.

la escuela y vuelven a organizar el espacio para adaptar las necesidades de la programación. En las sesiones con los docentes y los **pedagogos**, los padres aprenden varias técnicas educativas necesarias para la programación, como aprender a hacer fotografías y marionetas, y utilizan estas habilidades nuevas en la clase con los niños. Utilizando la ciudad entera como un telón de fondo, los padres participan en muchos de las excursiones para ver los monumentos de la ciudad o como grupos reducidos que visitan la casa de un niño. Registrar y transcribir las actividades y proyectos de los niños a menudo es responsabilidad de los padres (véase el capítulo 11).

Se les comunica a los niños de Reggio Emilia el significado de la familia a través del entorno escolar. En las áreas de juegos de representación en la clase y en la cocina de la escuela hay muestras de comidas, materiales y utensilios comunes en la región y que se pueden encontrar en las casas de los niños. Se anima a los niños para que traigan de sus casas objetos especiales y se les concede un espacio especial y encantador para ser mostrados.[1] Las fotografías de niños y sus familias abundan. Estos elementos se utilizan para garantizar una fluidez en la comunicación entre la escuela y las casas de los niños de Reggio Emilia.

Las escuelas de Reggio Emilia parecen tener una relación recíproca única con las familias a las que sirven. Los padres ejercen cierta influencia y ayudan a que se produzca un cambio efectivo; de la misma forma, la escuela influye y cambia a los padres. Cada uno se convierte en una voz más firme para defender qué es lo que más interesa a los niños, qué necesidades son más importantes.

PADRES DE HOY EN DÍA

Uno se puede preparar poco para ejercer como padre y la mayoría de las madres y los padres se sienten incompetentes en el papel que tienen que desempeñar. Los padres están bastante más solos ya que tocan un territorio que no les es familiar. Debido a la movilidad creciente de nuestra sociedad, la mayoría de las parejas no viven al lado de los abuelos u otros miembros de la familia. A menudo no existen familias extensas para enseñar a las madres y a los padres primerizos algunas de las habilidades de crianza del niño consagradas y tradicionales. No hay nadie con quien los padres puedan compartir sus preocupaciones, frustraciones e intereses. De manera que tienen el número de teléfono del **pediatra** grabado en sus mentes y procuran ser los mejores padres posibles.

Recientemente, se ha producido un cambio en las familias jóvenes. La crianza de un niño como una experiencia compartida se ha convertido en un modo de vida comúnmente aceptado. Los hombres jóvenes, influidos por los valores y actitudes cambiantes sobres los papeles tradicionales típicos de cada sexo, participan activamente en la educación de sus familias. Los padres parecen darse cuenta del papel fundamental que desempeñan en la vida del niño y realizan los cambios oportunos para poder pasar tiempo con sus hijos. La crianza de los niños ya no es sólo responsabilidad de la madre, según una generación nueva de padres.

Etapas de desarrollo de los padres

El papel de los padres no es estático, los padres se desarrollan y cambian al mismo tiempo que sus hijos. El ciclo de etapas que experimentan los padres se ha reconocido y estudiado recientemente. Las etapas reconocidas en el desarrollo de los padres se describen de una manera similar a las etapas de desarrollo que se producen cuando todos los humanos se desarrollan y cuando los docentes se desarrollan (Galinsky, 1987).

Según Galinsky, hay seis etapas de paternidad. Dado que los padres pueden tener niños de edades diferentes, éstos pueden pasar por varias etapas al mismo tiempo. El desarrollo se produce en cualquier momento y durante cualquier etapa. Las tareas y los problemas de cada etapa varían según se muestra en la ilustración 8.7.

La llegada del primer bebé produce cambios y consecuencias que alteran la vida. Para muchos padres que crecieron creyendo que tener niños era divertido, que los niños mantendrían a un matrimonio unido o que incluso las parejas casadas debían tener niños, los mitos no se corresponden con la realidad de la experiencia.

A medida que empiezan a confiar en ellos mismos, que crece la familia y que cada miembro de la familia madura, los padres cambian continuamente.

LA DIVERSIDAD DE NUESTRO MUNDO LA DIVERSIDAD DE NUESTRO MUNDO LA DIVERSIDAD DE NUESTRO MUNDO LA DIVERSIDAD DE NUESTRO MUNDO LA DIVERSIDAD DE NUESTRO MUNDO

[1] La diversidad se encuentra y se refleja en todos los niños y familias.

SEIS ETAPAS DE LA PATERNIDAD

Etapa	Tarea del padre	Edad de los niños
1. Etapa de formación de imagen	Los padres recurren a sus recuerdos y fantasías sobre la clase de padres que desean ser, se preparan para los cambios en ellos mismos y en las relaciones con otros adultos importantes.	Se produce durante la gestación
2. Etapa de nutrición	Los padres se enfrentan a las demandas de vínculos, comparan las imágenes que poseen con las experiencias reales.	Desde el nacimiento hasta que el niño dice "No", alrededor de los 18-24 meses
3. Etapa de la autoridad	Los padres definen las normas del sistema familiar y el papel que desempeñan en dicho sistema; deciden qué clase de autoridad van a desempeñar.	Desde los 18 meses hasta los 5 años
4. Etapa interpretativa	Los padres deciden la manera en la que van a interpretar el mundo para sus hijos y están interesados en la manera en la que ellos se representan ante sus hijos, la manera en la que desarrollan los conceptos de sí mismos de los niños y qué clase de valores, conocimientos y habilidades deben promover.	Desde los últimos años de preescolar hasta el comienzo de la adolescencia
5. Etapa de interdependencia	Los padres vuelven a negociar las normas con sus adolescentes; reaparecen los elementos de la etapa 3 (autoridad); los padres crean una nueva relación con sus hijos casi adultos.	Los años de la adolescencia
6. Etapa de la ida	Los padres evalúan su sentido del éxito o del fracaso, si han logrado la relación padre-hijo que desean, y vuelven a definir estas relaciones nuevas.	Cuando los niños abandonan el hogar

Ilustración 8.7 El papel de un padre varía de diferentes maneras a medida que padres y niños se hacen mayores. (Adaptado de Galinsky, E. [1987]. *Between generations*. Reading, MA: Addison-Wesley.)

Los problemas que afrontan con un sólo niño se modifican considerablemente cuando nace un segundo o tercer bebé. A medida que crece, se desarrolla y progresa cada uno de los niños en las etapas, los padres tienen que adaptarse. A medida que los padres adaptan sus propias ideas sobre la crianza de los niños a la realidad que ellos experimentan, se desarrollan como padres. Cambiar su propio comportamiento es un signo de desarrollo. Es decir, los padres no tienen un modelo consistente o permanente sobre la crianza de los niños a medida que pasan los años (Bee, 1997).

Modelos para la crianza de niños

Baumrind publicó en 1972 un estudio notable sobre la manera en la que se comportan los padres con los preescolares. De los tres tipos de estilos de padres que se identificaron (respetado, autoritario y permisivo), los padres respetados se asociaron con los niveles más elevados de autoestima, confianza en sí mismo, independencia y curiosidad en el niño. Los padres *respetados* proporcionaban una atmósfera afectuosa y cariñosa con unos límites bien definidos y con expectativas altas. En un estudio complementario realizado cuando los niños tenían 8 ó 9 años, los hallazgos de Baumrind continuaron.

Por el contrario, los modelos *autoritarios* de la crianza de niños reflejan un control elevado y unas demandas de madurez combinadas con una comunicación y educación relativamente bajas. Los padres autoritarios son dictatoriales; esperan y demandan obediencia y carecen de afecto y cariño. Los modelos *per-*

misivos son en esencia lo contrario de los estilos autoritarios de la crianza de niños. Existe un nivel elevado de afecto y cariño aunque poco control. No se establecen normas y niveles claros, ni se refuerzan consistentemente.

Esta investigación señala claramente cómo afecta a los niños la manera en la que los tratan los padres. El papel del docente también es evidente, a la hora de ayudar a los padres a aprender formas adecuadas y efectivos para educar a sus hijos.

Casualmente, se ha observado que en las listas que definen las características de las escuelas excepcionalmente efectivas, las cualidades citadas suenan de forma similar a las del estilo respetado de la crianza de niños. El padre y la escuela efectivos establecen "normas y objetivos evidentes, un buen control, una buena comunicación y una educación elevada" (Bee, 1997).

La familia americana cambiante

En términos generales la familia americana ha experimentado unos cambios significativos. Las estadísticas reunidas hace 30 años muestran un panorama dramático de la familia cambiante.

Desde 1970, el número de

- Personas divorciadas se ha triplicado
- Niños que viven con un sólo padre se ha duplicado
- Niños que viven en familias cuya cabeza de familia es una mujer se ha duplicado (Children's Defense Fund)
- Partos de madres solteras se ha duplicado
- Niños que son pobres ha aumentado del 14% a más del 20%
- Madres con niños de menos de 6 años que forman parte de la población activa aumentó del 30% al 65%
- Madres con niños en edad escolar que forman parte de la población activa aumentó del 50% al 77% (Departamento del Censo de los Estados Unidos, 1997; Children's Defense Fund, 1998)

Desde la década de 1970 los Estados Unidos han experimentado una transformación demográfica significativa, con grupos culturales no europeos que desempeñan un papel más dominante en la sociedad americana. Se ha formado un entorno pluralista nuevo, que requiere que los docentes y cuidadores respondan a las necesidades culturales de los niños y de sus familias. Los datos sobre la distribución étnica de la población escolar amplían la historia. Según el Departamento de educación de los Estados Unidos (1996), los estudiantes de primaria y secundaria se representaban a mediados de la década de 1990 de la siguiente manera: los blancos formaban el 68%, los afroamericanos el 16%, los hispanos el 13% y las otras minorías el 3%. El Departamento del Censo de los Estados Unidos ha presentado un pronóstico según el cual en el siglo XXI, los hispanos serán la población que crezca más rápido y sobrepasará a los afroamericanos como la minoría más grande del país. Al mismo tiempo, la población blanca no hispana disminuirá y el número de nativos americanos se duplicará (Robles de Meléndez y Ostertag, 1997). Eso significa que en el 2010 uno de cada tres niños en los Estados Unidos será un americano no europeo (Departamento del Censo de los Estados Unidos, 1992). La dinámica de esta población requerirá un modo de pensar multicultural y los docentes y los cuidadores van a guiar el camino para ayudar a los niños a aprender que la diversidad no sólo se tolera, sino que también se valora. El desafío que debe afrontar el docente es estar preparado para entender a las familias en sus varias formas y formar parte del sistema de apoyo familiar.[1]

Padres con necesidades únicas

Los padres son padres en todo el mundo y tienen problemas y placeres comunes a medida que crían a sus pequeños. Las experiencias compartidas crean un lazo automático cuando los padres se reúnen. Hoy en día, sin embargo, hay algunas familias que afrontan desafíos adicionales en la crianza del niño y es posible que necesiten un apoyo extra del docente. Éstos son:

- Los padres de niños retrasados y discapacitados
- Los padres solteros
- Los padres adoptivos
- Los padres que trabajan fuera de casa
- Los padres divorciados

LA DIVERSIDAD DE NUESTRO MUNDO LA DIVERSIDAD DE NUESTRO MUNDO LA DIVERSIDAD DE NUESTRO MUNDO LA DIVERSIDAD DE NUESTRO MUNDO LA DIVERSIDAD DE NUESTRO MUNDO

[1] Los docentes y los cuidadores deberían estar familiarizados con las características y elementos que afectan a las familias a las que sirven y deberían ser capaces de posponer cualquier juicio basado en sus propias opiniones etnocéntricas.

- Los padres homosexuales
- Los padres sin hogar
- Los padres adolescentes
- Los abuelos que crían a los nietos
- Los padres que crían a sus hijos en una cultura que no es la suya
- Los padres que no hablan inglés y cuyo hijo se encuentra en un entorno donde el inglés es el idioma predominante
- Las familias multirraciales
- Los padres primerizos

Muchas de estas características familiares presentan a los padres en situaciones en las que no tienen acceso a un sistema de apoyo familiar extenso. Cualquiera de estas situaciones o una combinación de ellas pueden suponer un desafío complejo para los padres. Un docente debería darse cuenta de las fuerzas que funcionan con estas familias y ser sensible a sus necesidades. Los docentes deberían tratar a estos padres con el mismo respeto con el que tratan a cualquier otro. No es necesario señalarles y, de hecho, tal esfuerzo se puede resentir. En su mayor parte, los docentes pueden ayudar a estos padres centrándose en los muchos intereses y preocupaciones que comparten con todos los otros padres.[1] En algunos casos, se necesita ayuda extra para estos padres.

- Ayudar a los padres a localizar los recursos de la comunidad que los ayude.
- Ponerles en contacto con otros padres en circunstancias similares.
- Ayudarles a analizar los escenarios escolares para el futuro.
- Ver que están incluidos en todas las funciones de la escuela.
- Conocer sus necesidades especiales.
- Buscar su ayuda y consejo.
- Ayudarles a establecer contacto con otros padres que estén dispuestos a ayudar a traducir, a transportar, a hacer de canguro y a compartir una amistad.

Requisitos de los padres solteros

1970 Los padres solteros representan el 5% de todos los hogares de los Estados Unidos.

1995 Los padres solteros representan el 9% de todos los hogares de los Estados Unidos.

En su deseo de hacer lo mejor por el bien del niño, algunos padres tratan de aferrarse a la ayuda cuando se la ofrecen: los libros que explican cómo hacer algo, los programas de entrevistas de la televisión, los artículos de las revistas. Parecen estar dispuestos a escuchar a cualquiera, a intentar cualquier cosa. Seguramente ésta es una muestra de lo solitarios y asustados que se sienten los padres a veces.

Estos sentimientos pueden ser particularmente profundos en el caso de los padres solteros, hombres y mujeres que crían a sus hijos sin una pareja. Hoy en día uno de cada cuatro niños vive en un hogar con un padre soltero (Children's Defense Fund, 1998). Si las tendencias actuales continúan, el 60% de todos los niños vivirán en un hogar con un padre soltero alguna vez en sus vidas (Wanat, 1991).

Enfrentados a la necesidad económica de tener que trabajar, los padres solteros no sólo deben arreglárselas para criar a sus hijos ellos solos, sino que también deben saber sobrellevar los costes y planes del cuidado infantil. Este hecho es particularmente difícil de llevar por madres solteras que ejercen de cabeza de familia en sus casas. Son más propensas que los hombres a vivir bajo el nivel de pobreza, de no haberse casado nunca, de no haber acabado el instituto y de convertirse en miembros de una población minoritaria.

Los padres solteros necesitan a los profesionales de la primera infancia para que formen parte del sistema de apoyo para ellos y sus hijos. Para atender

LA DIVERSIDAD DE NUESTRO MUNDO LA DIVERSIDAD DE NUESTRO MUNDO LA DIVERSIDAD DE NUESTRO MUNDO LA DIVERSIDAD DE NUESTRO MUNDO LA DIVERSIDAD DE NUESTRO MUNDO

1 Muchos de los retos y placeres de ser padres de niños pequeños son universales, atravesando las líneas de la estructura familiar, cultura, habilidad, clase social, etc., del niño.

mejor a los intereses de los niños, los educadores deben ser sensibles a los aspectos únicos de la crianza de niños ejerciendo ellos solos de padres. Esto significa que hay que volver a examinar las actitudes y políticas de la escuela que no hacen caso de las necesidades de los padres solteros.[1] Los profesionales de la atención infantil sobrecargados de trabajo, algunos de los cuales son padres solteros, tienen que ser flexibles al analizar nuevas posibilidades de la colaboración entre casa y escuela. Tienen que preguntar:

- ¿Qué clase de participación es *posible* en la clase de un niño para los padres solteros que trabajan?
- ¿Cómo pueden ayudar los docentes a hacer que los padres se sientan implicados incluso si no pueden estar en el centro?
- ¿Cuál es el apoyo adecuado para los padres solteros?
- ¿Cómo mantienen los docentes el papel de profesionales, ofreciendo ayuda, sin implicarse en una amistad inoportuna?
- ¿Cómo juzgan los docentes a los padres solteros?, ¿y a las madres solteras?
- ¿Cómo ayudan los docentes a los padres y a los niños a arreglárselas sin el padre que está ausente?
- ¿Cuáles son algunas de las mejores estrategias para ayudar a los niños a saber sobrellevar las transiciones cuando visitan a un padre o al otro?

Estas y otras preguntas similares deben estar a la orden del día en las reuniones de personal, en los cursos de perfeccionamiento para los docentes y en las reuniones entre los padres y el grupo.

Requisitos de los padres inmigrantes

1970 El 4,8% de la población de los Estados Unidos nació fuera de los Estados Unidos.

1994 El 8,7% de la población de los Estados Unidos nació fuera de los Estados Unidos.

El Departamento del Censo de los Estados Unidos (1995) pone de relieve los cambios extensos que se han producido en la inmigración en los últimos 30 años. El origen de los inmigrantes también ha sufrido una transformación significativa, de una base ampliamente europea a una dominada por Latinoamérica y Asia. Méjico y Rusia son los países de origen de donde han venido los grupos de inmigrantes más grandes. Un 43% de los inmigrantes recientes son de origen hispano, menos de dos tercios son blancos, cerca del 25% son asiáticos o isleños del Pacífico y sólo el 7% son afroamericanos. En Texas y en Florida, por ejemplo, el 70% y el 61% respectivamente, de todos los inmigrantes recientes son de origen hispano; en California y Nueva Jersey, los inmigrantes asiáticos representan el 28% y el 25%, respectivamente, de los inmigrantes recientes (Departamento del Censo de los Estados Unidos, 1995). Estos datos, añadidos a las poblaciones étnicas existentes previamente en los Estados Unidos, desafían al docente de la primera infancia hacia una sensibilidad multicultural que no se ha establecido todavía. Estos datos también desafían a la profesión a contratar agresivamente y a formar a profesionales de la primera infancia en estas culturas. La disposición para aprender varias normas culturales y un conocimiento de los idiomas será útil para los docentes para comunicarse con los niños y padres cuya lengua materna no sea el inglés. Dado que algunos estudios sugieren que los estereotipos de docentes de los subgrupos social y racial influyen en sus actitudes sobre las habilidades y competencias de los padres, los docentes van a querer examinar sus propios prejuicios (Powell, 1989). Véanse las secciones oportunas en los capítulos 5, 9, y 11 para obtener más información sobre los debates de los prejuicios de los docentes, los planes de estudio y los entornos sin prejuicios.

Una mala comunicación puede ser un problema al enseñar en una clase de niños diversos. Cuando las perspectivas culturales de la familia y de la escuela se diferencian notablemente, los docentes pueden malinterpretar fácilmente las actitudes y habilidades de un niño a causa de los estilos diferentes de los idiomas y los comportamientos. Además, los docentes utilizan las prácticas de las clases que están enfrentadas a las normas culturales de los niños. Por ejemplo, en algunos escenarios de preescolar, se anima a los niños para que llamen a sus docentes por su nombre de pila. Este estilo informal para dirigirse a las figuras con

LA DIVERSIDAD DE NUESTRO MUNDO LA DIVERSIDAD DE NUESTRO MUNDO LA DIVERSIDAD DE NUESTRO MUNDO LA DIVERSIDAD DE NUESTRO MUNDO LA DIVERSIDAD DE NUESTRO MUNDO

[1] Las políticas de la escuela pueden parecer hostiles o insensibles a los desafíos que afrontan los padres de familia solteros (ej., normas que requieren conferencias con los padres durante las horas de trabajo).

autoridad puede hacer que algunos padres se sientan incómodos. La manera en la que los adultos y los niños se relacionan con los niños, el idioma en el que se enseña y las estrategias que se utilizan para guiar el comportamiento de los niños son áreas en las que los padres inmigrantes pueden ayudar a los docentes a aprender las diferencias culturales que suponen un problema para los niños.

El papel del docente

El especialista de atención infantil a menudo es una de las primeras personas, fuera de la casa, a la que los padres acuden cuando necesitan ayuda. Los padres acuden al centro para buscar a los docentes que entienden de niños y que van a trabajar con ellos. Llegan a la escuela confundidos y desanimados; ser una mami o un papi no es en absoluto como ellos pensaban que sería. Ayudar a los padres con los problemas que tienen para criar a sus hijos es una de las funciones del docente. La manera en la que los docentes definen dicha función y su respuesta a los intereses de los padres se deberían considerar cuidadosamente. A continuación hay algunas pautas que se deben considerar al establecer una atmósfera de apoyo para los padres:

No confunda el papel del docente con el de padre. Aunque estén obligados a satisfacer las necesidades de los niños individuales en la clase, recuerde que los docentes no son y no pueden ser padres **suplentes**. Permita que los padres hagan lo mejor posible su parte del trabajo y los docentes su parte sin interferir en la relación.

Apoye a todos los padres, incluso a aquellos con opiniones diferentes. Encuentre maneras de reconocerles y de lo que están tratando de hacer aunque esté enfrentado con algunas de sus filosofías sobre la crianza de los niños. Hay una mayor probabilidad de discutir las diferencias y los efectos del cambio si existen áreas donde los docentes están de acuerdo.[1] Los niños son sensibles a los sentimientos de los adultos, tanto si son hablados como no. Un docente no debería discrepar abiertamente con los padres de los niños. Las diferencias de opiniones se deberían discutir fuera del alcance de los niños, y los docentes no deberían hacer nada que disminuya al padre ante los ojos de su hijo.

Respete los valores familiares. Las diferencias sociales, culturales y religiosas y una variedad de estilos de vida, de métodos para criar a los niños y de filosofías educativas se reflejan en la clase. Es importante que los padres se sientan aceptados. Céntrese en las semejanzas que existen entre los padres y desarrolle un enfoque sin prejuicios para la enseñanza.

Sea simpático con los padres, pero no sean amigos. Mantenga una distancia profesional. La tentación de acercarse a una relación social con algunas de las familias de la clase la afrontan todos los docentes. Cuando un docente establece una relación estrecha con una familia u otra, este hecho puede complicar su función. Hace que el docente se sienta bien al saber que la amistad es deseada, pero puede resultar confusa para los padres y los niños. El docente mantiene una opinión más realista y objetiva del niño si se produce algún distanciamiento. El niño y la familia se beneficiarán probablemente más si se pospone una relación más estrecha hasta que el niño pase a otra clase.

Realice preguntas a los padres en lugar de decirles lo que tienen que hacer. Un enfoque en el que el docente dice lo que hay que hacer se debería utilizar con moderación. Los maestros son más útiles cuando empiezan con los intereses de los padres. Las sugerencias se van a recibir más favorablemente si los docentes evitan el decir a los padres lo que tienen que hacer. La función del maestro es ayudar a los padres a tener claros sus objetivos en lo que respecta a sus hijos e identificar de dónde provienen los problemas. Entonces, los docentes animan y apoyan a los padres cuando trabajan juntos para resolver el problema. Los padres se van a sentir abrumados e incompetentes si piensan que tienen que cambiar completamente su estilo de crianza del niño. El docente sensible va a observar a los padres y a buscar soluciones razonables.

Un pequeño apoyo resulta muy beneficioso. A toda la gente le gusta que se le reconozca al hacer un buen trabajo. Los padres responden positivamente a un comentario, a una llamada de teléfono o a cualquier reconocimiento breve de sus esfuerzos. Cuando los padres de Alex entran o salen de la escuela, el maestro podría mencionar la manera en la que Alex se ha relajado desde que empezaron a insistir a que se fuera a la

LA DIVERSIDAD DE NUESTRO MUNDO LA DIVERSIDAD DE NUESTRO MUNDO LA DIVERSIDAD DE NUESTRO MUNDO LA DIVERSIDAD DE NUESTRO MUNDO LA DIVERSIDAD DE NUESTRO MUNDO

[1] Los profesionales de la primera infancia deben estar dispuestos a entrar en un diálogo con padres que exponen suposiciones culturales y tienen en cuenta perspectivas diferentes.

cama a una hora razonable. Una nota breve, enviada a casa con Juanita, elogiando a los padres por llevarla a la escuela a tiempo se apreciaría.

Ayude a los padres para que se apoyen los unos a los otros. Cualquier grupo de padres representa una multitud de recursos. Cada padre tiene experiencias acumuladas que servirían de ayuda a alguien más. Los padres poseen intereses comunes y mucho que compartir con los demás. El docente puede proporcionar una escena en la que se compartan cosas. Introduzca a dos familias sugiriendo que sus hijos jueguen juntos fuera de la escuela. Las reuniones de padres, las fiestas de trabajo y las cenas en las que cada invitado aporta un plato son métodos para conseguir que los padres se relacionen entre ellos. La función del docente puede ser la de proporcionar el escenario, potenciar las presentaciones y después dejar que ocurra.

Mejore la imagen que tienen los padres de sus hijos. Los padres quieren a docentes que conozcan a sus hijos, disfruten con ellos y sean defensores de sus hijos. Esto significa que se reconocen los esfuerzos de los niños y esos rasgos de la personalidad que son particularmente agradables. Ayude a los padres a reconocer los placeres de la paternidad, en lugar de centrarse en las cargas.

Céntrese en la relación entre padre e hijo. Ayude a los padres a aprender el "cómo" de su relación con sus hijos en lugar del "cómo" desarrollar las habilidades académicas. Concéntrese en la naturaleza de la interacción entre padre e hijo, cómo se llevan y cómo se relacionan como una familia. Un mayor interés de los padres puede ser la manera para conseguir que Rosa se deje de comer las uñas; la manera de establecer límites para que Juan los cumpla; la forma de conseguir que Ricardo y Mónica se dejen de pelear durante la cena; la manera de conseguir que Tomás deje de mojar su cama; cómo conseguir que Alicia cuide de su mascota, o la manera de hacer que Fátima recoja su habitación. Estas cuestiones son el cuerpo y alma de las relaciones entre padre e hijo. Los docentes desempeñan un papel para aumentar la calidad de dichas relaciones ayudando a los padres a centrarse en la singularidad de sus hijos.

Acepte a los padres por lo que son. Los docentes, la escuela, el comportamiento de los niños, el hecho de ser juzgados, criticados, el sentirse incompetentes y que les digan lo que tienen que hacer agita los sentimientos de los padres. Mientras tanto, los docentes tienen que afrontar sus sentimientos sobre los padres. El elemento más importante que debemos recordar es que los padres quieren ser aceptados por quienes y por lo que son. Dado que los docentes aceptan la individualidad de cada niño, deben aceptar a todos los padres como una combinación única de características, personalidades, fuerzas, problemas e intereses.[1] Padres y docentes parecen asustados unos de otros. Este hecho se hace más patente en el caso de los docentes sin experiencia y los padres primerizos. Cada uno se preocupa por lo que el otro hace, o deja de hacer. Deben trabajar para que el otro se sienta cómodo y llegue a algún entendimiento y respeto. Los docentes que entienden claramente dicha función pueden ayudar a los padres a relajarse y dejar a un lado algunos de sus temores.

INTERACCIONES ENTRE DOCENTES Y PADRES

El proceso de separación

Cuando los padres dejan al niño en la escuela, puede ser un momento de tensión para todos los que están implicados en dicha situación. Cada vez que ocurre este proceso, el niño, los padres y los docentes entran en una relación nueva e imprevisible.

La perspectiva del niño

Cada año, al empezar la escuela, un niño entra en una clase y dice adiós a un padre. Cada año ésta es, de alguna manera, una experiencia nueva para ese niño, no importa cuánto tiempo haya estado en la escuela. Incluso los niños que vuelven a la misma clase van a encontrar algunos cambios a los que deben enfrentarse. Pude haber docentes y niños nuevos junto con algunos rostros familiares. La organización de la clase podría ser lo suficientemente diferente como para causar alguna preocupación. Para la mayoría, la escuela es un lugar nuevo y extraño. Cada niño va a reaccionar

LA DIVERSIDAD DE NUESTRO MUNDO LA DIVERSIDAD DE NUESTRO MUNDO LA DIVERSIDAD DE NUESTRO MUNDO LA DIVERSIDAD DE NUESTRO MUNDO LA DIVERSIDAD DE NUESTRO MUNDO

1 Cada grupo cultural interpreta los acontecimientos de la vida, como la crianza del niño, el nacimiento y el matrimonio, según su propio marco cultural.

de forma diferente ante esta situación y es difícil predecir la manera en la que va a responder el niño. Algunos niños habrán tenido experiencias previas en grupos a las que pueden recurrir; otros no habrán formado nunca parte de un grupo de niños antes.

A continuación hay algunas escenas de niños que entran en la escuela por primera vez:

> Paulino, recolgando de los pantalones de su padre, esconde su cara para no ver nada. Todos los esfuerzos por hablar con él se satisfacen con una retirada mayor detrás de su padre.
>
> Sara salta dando brincos, huye de su madre hacia el área de bloques y empieza a jugar allí. Su madre se queda sola, justo dentro de la clase.
>
> Tamara lleva firmemente agarrado un animal de peluche cuando entra en la escuela con su abuela. Sonríe cuando el maestro la llama por su nombre y parece sorprendida cuando le pide el conejo que está sosteniendo. Tamara se suelta de la mano de su abuela y se mueve hacia delante para mostrar al maestro su juguete favorito. Después de unos momentos, la abuela se despide de Tamara y la deja conversando con el maestro.

La amplia variedad de comportamiento que exhiben estos niños es normal, predecible y adecuada para la edad que tienen. Cada niño afronta de un modo natural la ansiedad de ir a la escuela. Su comportamiento es tan variado como ellos mismos.[1]

La perspectiva del docente

El **proceso de separación** es un ejemplo en el que la función del docente es la de ayudar a los padres tanto como a los niños. Los padres y los docentes deben ser especialmente claros el uno con el otro durante este tiempo. Es útil tener políticas y procedimientos escolares escritos de manera que el docente pueda afrontar el proceso paso a paso, de forma individual, a medida que se va matriculando cada niño o en una reunión de padres de carácter general que se realiza antes del comienzo de la escuela.

Ilustración 8.8 La buena comunicación se mejora cuando padres y docentes se dejan notas sobre los cambios importantes que se han producido en la rutina diaria de los niños.

En algunas escuelas, los docentes conciertan realizar una visita a casa de los niños matriculados en la clase antes de que empiece la escuela. Esto ayuda a los docentes a conocer mejor a los estudiantes antes de que entren en la escuela y proporciona a los niños una oportunidad de familiarizarse con un docente en el ambiente de su casa.

La perspectiva del padre

La mayoría de los padres quieren que sus hijos realicen una transición sin problemas de la casa a la escuela. La adaptación es un proceso gradual; los padres necesitan ser animados y orientados cuando el niño empieza a independizarse. Cuando los padres están tranquilos éstos observan que sus hijos actúan de

LA DIVERSIDAD DE NUESTRO MUNDO LA DIVERSIDAD DE NUESTRO MUNDO LA DIVERSIDAD DE NUESTRO MUNDO LA DIVERSIDAD DE NUESTRO MUNDO LA DIVERSIDAD DE NUESTRO MUNDO

[1] A los educadores de la primera infancia se les recuerda regularmente que no existe una única forma adecuada, sino muchas. formas adecuadas.

una manera normal y las preocupaciones que tienen son normales, se relajan y empiezan a ayudar al niño para que se sienta más cómodo.

Los padres potencian la participación de sus hijos en la programación realizando preguntas y hablando juntos sobre las actividades escolares. Se transmiten sus intereses de manera que ayudan a sus hijos a afrontar el desafío con una tensión mínima y un placer máximo.

La relación

Al proporcionar apoyo y ánimos tanto al padre como al niño, el docente les ayuda a lograr la independencia. Juntos, padres y docentes hacen un plan, revisando las pautas y las normas. El docente lleva la iniciativa, animando al niño a independizarse del padre. El docente está ahí para tomar las decisiones en lo que respecta al tiempo para que se realice la separación real. El padre y el docente preparan a los niños y les dicen cuándo es la hora de separarse. El maestro apoya la salida del padre y permanece junto al niño, preparado para darle ánimos, si es que los necesita. Éste es el momento cuando un profesor tiene que actuar con convicción. Los padres aprecian la firmeza y la confianza en un momento en el que sus propios sentimientos pueden ser *ambiguos*. Los docentes tranquilizan a los niños cuyas actitudes expresan una creencia en lo que están haciendo.

Algunas relaciones entre padres e hijos son difíciles de evaluar y no es siempre fácil o evidente para el docente saber lo que tiene que hacer. La ilustración 4.12 puede ser útil para recordar la manera en la que los modelos de vínculo afectan al proceso de separación. Para la mayoría de los niños, el proceso de separación es una lucha entre su deseo natural de explorar el mundo y su resistencia igualmente natural de dejar lo que es "seguro". En estos años los niños aprenden a moverse bajo su dominio y a confiar en ellos mismos. El ir a la escuela puede proporcionar a los niños la oportunidad de desarrollarse, empezando con la separación de los padres. Mediante una programación cuidadosa, una comunicación cercana y una sensibilidad entre ambos, los padres y los docentes asegurarán el dominio del niño de esta tarea.

Educación y participación de los padres

Casi todos los contactos entre el docente y los padres se pueden percibir como educación de los padres. Los docentes interpretan el comportamiento de los niños para sus padres, sugieren maneras alternativas de abordar los problemas, muestran juguetes y juegos que son adecuados, mantienen talleres de las habilidades de los padres, mencionan libros y artículos de interés para los padres y refuerzan el interés y la atención de los padres hacia la educación de sus hijos. Todas estas actividades se consideran como educación de los padres. Algunas son planeadas, otras espontáneas. La educación de los padres ocurre frecuentemente, tanto en una clase bajo una disciplina positiva como en una charla informal sobre la seguridad de los asientos de los coches.

La participación de los padres en la educación de sus hijos tiene una gran variedad de opciones, como se ha discutido antes en este capítulo. El concepto de la educación y la participación de los padres en las programaciones de la primera infancia se está ampliando para incluir cualquier número de programas de apoyo para las familias basados en las necesidades de los padres y sus hijos. La educación y participación de los padres se encuentran en el centro de la relación entre familia y escuela y recorren un largo camino para promover una relación verdadera entre padres y docentes.

Comunicación con los padres

Existen muchas maneras en las que los padres y docentes pueden aumentar su comunicación.[1] Al hacer esto, los docentes demuestran que ellos valoran el papel que los padres desempeñan en la vida de sus hijos. Los padres son conscientes de lo que sus hijos hacen en la escuela. Cinco maneras comunes en las que los docentes pueden implicar e informar a los padres son:

1. *Boletines informativos de la clase.* Éstos proporcionan una idea general de lo que hacen los niños y cualquier evento especial que se produzca en la clase, información personal sobre niños nuevos, las vacaciones y otros eventos importantes en la vida de los niños. Asegúrese de que el boletín informativo

LA DIVERSIDAD DE NUESTRO MUNDO LA DIVERSIDAD DE NUESTRO MUNDO LA DIVERSIDAD DE NUESTRO MUNDO LA DIVERSIDAD DE NUESTRO MUNDO LA DIVERSIDAD DE NUESTRO MUNDO

[1] Los padres pueden ser una fuente de información, soporte y afirmación inestimable para los docentes y la escuela.

Ilustración 8.9 Los niños pequeños se implican intensamente cuando los padres participan en las actividades de la clase. En este caso, una madre les ayuda a entender más cosas sobre las necesidades de alimentación de su bebé.

está escrito en el idioma de los padres de esta clase.

2. *Tablones de anuncios*. Situados en un lugar donde los padres los puedan ver, estos tablones contienen noticias sobre las reuniones de padres, los oradores invitados, los recursos de la comunidad, la atención infantil, los canguros, los intercambios de ropa y muebles y la hora del cuento en la biblioteca. La información relacionada con los programas sobre la salud, la seguridad de los vehículos y los juguetes y las clínicas de inmunización también reciben publicidad. Anuncie información sobre eventos culturales adecuados a la estructura étnica de la comunidad escolar.

3. *Un lugar para los padres*. Proporcionar un área o habitación aparte en la escuela para que los padres la utilicen puede ser un paso importante para permitir que los padres sepan que se les quiere y se les necesita. Algunas escuelas proporcionan una sala para los padres, con una biblioteca incluida con libros que suministran información sobre la crianza de los niños. Si no hay espacio disponible, establezca un café en la oficina o en el vestíbulo. El espacio mínimo, incluso un mostrador con revistas, es un comienzo.

4. *Los contactos informales son las vías más fáciles y útiles de comunicación con los padres*. Todo lo que hay que hacer es llamar por teléfono, escribir una nota breve o mantener una charla breve diariamente. A los padres que tienen dificultades para asistir a las reuniones o que no acompañan a sus hijos a la entrada o salida de la escuela, los docentes pueden enviarles a casa una nota junto con algunas mues-

tras de ilustraciones, o una historia que el niño ha dictado, o una fotografía del niño con sus amigos.

5. *Visitas a las casas.* Dependiendo del propósito, se puede utilizar una visita a la casa de los niños para intensificar las comunicaciones. La visita se podría establecer para resaltar sólo la relación entre el docente y el niño. O la visita podría tener simplemente una función social, una manera para que los docentes se reúnan con toda la familia y para que éstos se familiaricen con los docentes. En cualquier acontecimiento, el docente puede utilizar esto como un puente para crear un comienzo agradable y casual con esta familia.

Ilustración 8.10 Existen muchas vías para la comunicación entre padres y docentes. Este tablón de anuncios bilingüe, situado justo al lado de la puerta de la clase, tiene boletines informativos, noticias e incluso obras de arte de los niños.

Conferencias entre padres y docentes

Las conferencias con los padres son la columna vertebral de cualquier relación buena entre padres y docentes. Proporcionan una forma de unirse para resaltar las necesidades del niño individual. Las conferencias pueden ser un vínculo de apoyo mutuo establecido entre los adultos que están más preocupados por el niño individual, con el propósito de ayudar al niño a alcanzar el potencial más completo posible.

Las conferencias entre padres y docentes se realizan por muchas razones. La conferencia inicial, cuando el niño se matricula en la escuela, se puede centrar en la familia. La información importante que se puede compartir incluye una visión general del desarrollo del niño, las costumbres diarias y los intereses, además de la imagen que tienen los padres sobre el niño y lo que los padres esperan de la escuela. Los docentes querrán asegurar a los padres que tienen toda la libertad para llamar a cualquier hora si tienen preguntas sobre la escuela o sus hijos. Más adelante durante el curso, tanto padres como docentes querrán una evaluación actualizada del progreso de los niños, destacando especialmente los puntos fuertes de los niños y las áreas que se necesitan mejorar. Varios formatos para ayudar a centrar la discusión se citan en el capítulo 10.

Los padres y docentes pueden requerir una conferencia en cualquier momento si hay que discutir algunos intereses. Un esquema escrito enumerando los objetivos de la conferencia ayudará a orientar la discusión y a guiarla hacia las áreas problemáticas. Cada ocasión en la que padres y docentes se reúnen para hablar sobre el niño es un paso hacia la creación de relaciones de confianza entre la casa y la escuela.

Muy a menudo, a los docentes se les deja para que entiendan por ellos mismos cómo dar una conferencia que sea satisfactoria y productiva para ambas partes.[1] La experiencia es la mejor maestra es un refrán que ciertamente tiene mérito. Cuanto más trabajen los docentes nuevos con los padres y realicen conferencias regulares, más efectivos serán. La plantilla en la ilustración 8.11 podría ayudar al docente novel a realizar conferencias plenas con los padres.

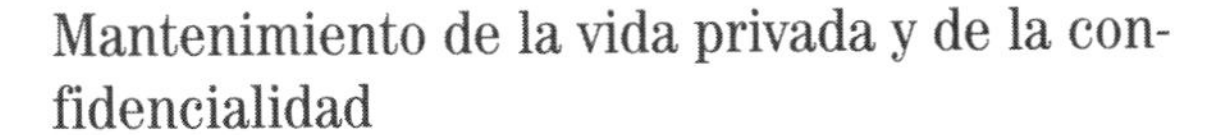

Mantenimiento de la vida privada y de la confidencialidad

Cuanto más se impliquen los padres en las funciones de la escuela, más importante será establecer pautas para proteger la privacidad de todas las familias implicadas. Los padres que se ofrecen voluntarios para estar en la oficina, en la clase o para hacer una excursión al campo deben entender que no pueden sacar cuentos

1 Todos los padres quieren que a sus hijos le vaya bien pero se pueden sentir inseguros cuando se relacionan con un idioma y una cultura que no son los suyos.

Creación de relaciones entre el hogar y la escuela a través de conferencias efectivas de padres

1. *Programe conferencias a intervalos regulares.* Padres y docentes deberían compartir algunos de los aspectos positivos sobre el crecimiento y el desarrollo infantil y no compartirlos sólo en los momentos de crisis. Esto promueve mejores relaciones entre ellos mismos, sin mencionar al niño, si se realizan reuniones antes de que ocurra un problema.
2. *Esté preparado.* Comente con el personal anticipadamente cualquier cuestión que deseen incluir. Reúna todos los materiales, notas y muestras del trabajo del niño que puedan ilustrar una cuestión.
3. *Seleccione un lugar tranquilo, sin interrupciones.* Si es necesario, reserve una sala de conferencias para utilizarla. Asegúrese de que alguien está disponible para interceptar llamadas telefónicas y otras citas.
4. *Tenga un propósito claro.* Utilice un formato escrito como guía para mantenerlo como centro de atención en los propósitos de la conferencia. Esto le ayuda a recordar las cuestiones que han de tratarse y ayuda a los padres a no perder la pista.
5. *Haga que los padres se sientan cómodos rápidamente.* Ofrézcales una taza de café o comparta una anécdota divertida que se ha producido en la clase. Admitan el papel importante que han desempeñado en la fiesta del colegio. Estos comentarios positivos y ligeros van a ayudar a docentes y a padres a relajarse.
6. *Utilice información y datos actualizados.* Ponga ejemplos, a partir de las observaciones de los docentes, que se han producido esa mañana o hace unos cuantos días. Incluya ejemplos de situaciones que se produjeron cuando estaban presentes. "Tomás es muy enérgico para tener 3 años, ¿verdad? Era evidente por la manera en la que estabais hablando cuando llegasteis esta mañana".
7. *Proporcióneles un lugar donde destaquen.* Indíqueles lo que hacen bien, su éxito con las multitudes de autos o como mediadores en las peleas en el patio. Si poseen un talento especial que han compartido con la clase, haga comentarios sobre el impacto que ha tenido en los niños.
8. *Pregunte, no diga nada.* Hágales hablar realizando preguntas abiertas. "¿Cómo funciona el acuerdo sobre el nuevo horario para ir a la cama?" "Dígame algo más sobre los hábitos de alimentación de Carolina". Los docentes van a relacionar esto con lo que ya saben y con las experiencias que han compartido con el niño y después compartirán lo que ha funcionado en la escuela, pero admiten la diferencia entre escuela y hogar, docente y padre. Aprenda la manera en la que debe escuchar. Concéntrese en lo que dicen los padres. No escuche a medias cuando está preparando una respuesta o un comentario apropiado.
9. *Evite echar las culpas a los padres.* Mantenga la conversación basándose en intereses mutuos y en la manera de ayudarse unos a otros. Consideren algunas alternativas juntos y hagan un plan de acción. Comente maneras para ponerse en contacto el uno con el otro o proporcione maneras de continuar en la escuela o en casa. De esta manera el padre tendrá un sentimiento de trabajo en común en lugar de ser culpable.
10. *Debe saber dónde y cómo asegurar los recursos y casos de la comunidad.* Muchos padres no saben dónde pueden conseguir una evaluación del habla de un niño, o qué es un test de cociente de inteligencia, o dónde pueden conseguir una terapia familiar. Es posible que no tengan conocimiento de los grupos de juegos, las clases de gimnasia, los horarios en los que se cuentan historias en la biblioteca o de los museos para niños. Asegúrese de que la escuela proporcione esta información a los padres que lo necesiten.
11. *Dedique algún tiempo a redactar un informe breve después de la conferencia.* Especialmente tome nota de quién ha asistido y quién ha solicitado la conferencia, qué cuestiones importantes han indicado los padres o el docente, qué soluciones y estrategias se han discutido y el tiempo que se ha acordado para ponerse en contacto uno con otro en lo que se refiere a progreso.
12. *Encuentre un buen modelo del papel que se debe desempeñar.* Pida a los docentes con experiencia que compartan los secretos de su éxito. Si es posible, asista a una conferencia para padres con uno de ellos. Observe lo que vale para ellos y aprenda de la experiencia. Pídales que critiquen su actuación después de la conferencia.

Ilustración 8.11 Una de las responsabilidades más importantes del docente es la conferencia con los padres. Una conferencia buena entre padres y docente se centra y refuerza la relación entre el hogar y la escuela. (Véase el capítulo 10.)

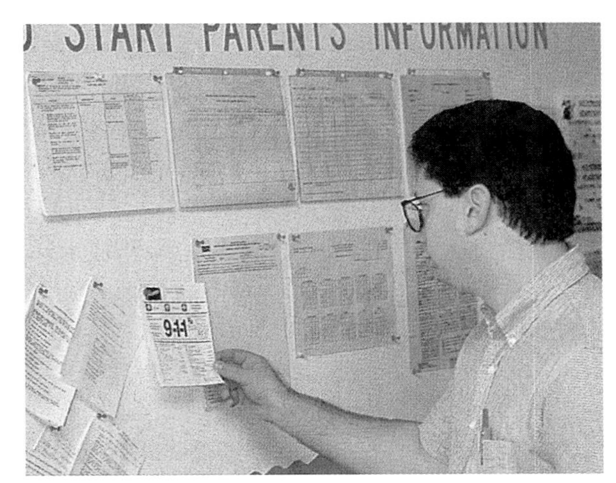

Ilustración 8.12 Un buen programa de información para los padres puede informar a éstos de la necesidad de una defensa de los niños más intensa .

de la escuela sobre los niños, los docentes, la administración u otros padres. La escuela debe ser clara en sus expectativas asegurando dicha privacidad y comunicar de las políticas a los padres. Los padres que trabajan en los consejos de orientación, los comités de planificación u otras actividades que les permitan acceder a la oficina de la escuela deberían ser sensibles con la cuestión de confidencialidad y respetar la privacidad de todas las familias relacionadas con la escuela.

Sumario

La relación en la educación entre padres y docentes tiene una historia larga y variada, con el reconocimiento de cada parte de que desempeñan una función única en la vida del niño. El valor de compartir la información que poseen sobre el niño pone de relieve las separadas pero importantes funciones.

En los modelos actuales, existe un movimiento para integrar la educación y la participación de los padres hacia un enfoque centrado en la familia altamente desarrollado. Una relación igualitaria, basada en el respeto mutuo de la fuerza que tanto padres como docentes aportan a la relación, requiere una participación de los padres más profunda, particularmente en el proceso de la toma de decisiones.

Una de las primeras maneras más intensivas en las que los padres y los docentes trabajan juntos es a través del proceso de separación que se produce cuando el niño entra en la escuela. Hay otras habilidades básicas que los docentes deben hacer que funcionen con éxito con los padres. La comunicación frecuente y abierta, la aceptación de la diversidad y la programación de las actividades educativas variadas con los padres son sólo unas cuantas. Las conferencias son una parte fundamental de la relación entre padres y docentes.

Preguntas de Repaso

1. ¿Cuáles considera que son las razones más importantes para que los docentes y los padres tengan una buena relación?, ¿por qué deberían participar los padres en la escolarización del niño? Si fuera padre, ¿cómo equilibraría esta participación con las responsabilidades de su carrera y de su familia?
2. Describa tres maneras con las que animaría a los padres a participar en su clase. Cite las ventajas para los (a) niños, (b) padres y (c) docentes. ¿Hay alguna desventaja?
3. ¿Cuáles son algunos de sus "Mitos sobre la paternidad"? Haga dos listas, una encabezada "Los mitos que los docentes tienen sobre los padres" y otra encabezada "Los mitos que los padres tienen sobre los docentes". Compare las dos y después discútalas con un padre y un docente.
4. ¿Cuáles son algunos de los elementos fundamentales de una separación con éxito entre el padre y el hijo?, ¿cuál es la función del docente?
5. ¿Qué haría para ayudar a las familias inmigrantes a sentirse aceptadas en su clase?, ¿cuáles son las dificultades que tendría que superar?, ¿cuáles son las ventajas para la clase?, ¿y para la familia?
6. Describa los componentes fundamentales de un programa educativo de padres de alta calidad. Proporcione algunos ejemplos.
7. ¿Cuál es el valor de un programa educativo para padres centrado en la familia?
8. Describa lo que haría en una conferencia para padres que es (1) una rutina para reunirse y discutir el progreso del niño, (2) para informar a los padres de los problemas de comportamiento que se hayan observado recientemente y (3) para recomendar una evaluación más detallada de los retrasos en el desarrollo motor del niño.

Actividades de Aprendizaje

1. Discuta lo siguiente en grupos pequeños, después comparta sus respuestas con el resto de sus compañeros. Termine las frases:
   a.) "Para mí, la parte más difícil de ser un padre hoy en día es o sería . . ."
   b.) "Cuando tenga niños, tengo planeado (trabajar/permanecer en casa/ambas cosas) porque . . ."
   c.) "Si soy un padre soltero, yo . . ."
   d.) "Cuando tenga niños, los educaré (como mis padres me educaron a mí/lo contrario de como yo fui educado) porque . . ."
2. Mire a las cinco "Pautas para trabajar con los padres". Dé un ejemplo de cómo aplicaría los cinco principios en su clase. ¿Encuentra algún ejemplo en el que no se satisfagan dichas pautas?, ¿qué haría para cambiar eso?
3. ¿Hay minorías étnicas en el entorno de su escuela?, ¿cómo apoyan o no las políticas y los modelos escolares a estos padres?, ¿qué cambios haría?
4. El último paso en la ilustración 8.11 sugiere que debe encontrar un buen modelo del papel que tiene que desempeñar. Considere los docentes que tiene a su alrededor y elija uno. Pase por los pasos sugeridos en el número 12 y anote sus impresiones.
5. Realice una entrevista a un padre o a padres de (1) un bebé de 6 meses, (2) dos o más niños

y (3) niños con una gran variedad de edad. Utilizando las "Seis etapas de la paternidad", (ilustración 8.7) identifique dónde se encuentra situado cada padre. Arguméntelo.

6. Realice una entrevista a varios padres solteros, tanto hombres como mujeres. ¿Cuáles dicen que son las cuestiones fundamentales que tienen que afrontar?, ¿cómo consideran el apoyo que les ofrece la escuela de sus hijos?, ¿necesita algunas mejoras?, ¿cómo va a influir esta información en su trabajo con los niños y las familias?

Bibliografía

Armstrong, L. S. (1991, March 20). Census confirms remarkable shifts in ethnic makeup. *Education Week.*

Balaban, N. (1985). *Starting school: From separation to independence.* New York: Teachers College Press.

Baumrind, D. (1972). Socialization and instrumental competence in young children. In W. W. Hartrup (Ed.), *The young child: Review of research* (Vol. 2). Washington, DC: National Association for the Education of Young Children.

Bee, H. (1997). *The developing child.* Menlo Park, CA: Addison-Wesley.

Children's Defense Fund. (1998). *The state of America's children.* Washington, DC: Author.

Delpit, L. (1995). *Other people's children: Cultural conflict in the classroom.* New York: The New Press.

Edwards, C., Gandini, L., & Forman, G. (1993). *The hundred languages of children: The Reggio Emilia approach to early childhood education.* Norwood, NJ: Ablex.

Galinsky, E. (1987). *Between generations.* Reading, MA: Addison-Wesley.

Gollnic, D. M., & Chin, P. C. (1998). *Multicultural education in a pluralistic society.* Bellevue, WA: Merrill.

Grant, C. A. (Ed.), (1995). *Educating for diversity: An anthology of multicultural voices.* Boston: Allyn & Bacon.

Igoa, C. (1995). *The inner world of the immigrant child.* New York: St. Martin's Press.

Kagan, S. L. (1991, January 18). Family-support programs and the schools. *Education Week.*

Lee, L. (1997, July). Working with non-English-speaking families. *Child Care Information Exchange*, pp. 57–58.

LeShan, E. (1992). *When your child drives you crazy.* New York: St. Martin's Press.

Levin, H. M. (1990, August 1). As quoted in L. Jennings. Parents as partners. *Education Week.*

Powell, D. R. (1989). *Families and early childhood programs.* Washington, DC: National Association for the Education of Young Children.

Robles de Melendez, W., & Ostertag, V. (1997). *Teaching young children in multicultural classrooms: Issues, concepts, and strategies.* Albany, NY: Delmar.

US Bureau of the Census (1991). *Marital status and living arrangements, March 1990.* Current Population Reports. Series P-20, No. 450. Washington, DC: US Government Printing Office.

US Bureau of the Census. (1991). *Household and family characteristics: March 1990 and 1989.* Washington, DC: US Government Printing Office.

US Bureau of the Census. (1992, 1995, 1997). Census reports. Washington, DC: US Government Printing Office.

US Bureau of the Census. (1995, August). *Characteristics of the foreign-born population.* Washington, DC: US Government Printing Office.

US Department of Education, Office of Educational Research and Improvement. (1996). *Youth indicators 1991.* Washington, DC: US Government Printing Office.

US Department of Education (1996). National Center for Educational Statistics. Washington, DC: US Government Printing Office.

Wanat, C. L. (1991, May 8). Of schools, single parents, and surrogates. *Education Week.*

SECCIÓN Cuatro

¿Qué es el entorno?

Artículo

LUGARES PARA LA INFANCIA

Jim Greenman

Los niños y el entorno

Los niños y los adultos habitan mundos diferentes. Los adultos viven mucho más en el mundo de la mente y la función. Los niños responden al mensaje sensorial y motor del espacio, mientras que los adultos son más utilitaristas. "¿Está limpio?" "¿Es seguro?" "¿Para qué sirve?" No nos seduce la mancha tibia de sol en el suelo que atrae a gatos y niños, ni el barro, ni sacar esquirlitas y agrandar el hoyo en el yeso. No vemos el mundo como un lugar con muchos charcos, ni lleno de espacios angulosos en los que escurrirnos. Salvo quizás al responder a una urgencia atávica a gritar en los túneles o recorrer con los dedos una valla de madera, rara vez permitimos que nuestros cuerpos tomen el mando. Los pasillos no nos impulsan a correr, ni un enrejado o una pila de sillas nos dicen "trepa".

Un lugar, no un espacio

Es importante tomar los centros infantiles como "lugares", con carácter, en lugar de simples decorados de teatro donde el carácter y el encanto tienen que venir totalmente de la gente y las actividades. Muchos de nosotros pasamos buena parte de nuestro tiempo en espacios que nunca llegan a ser lugares. Los lugares son espacios cargados de significado. Nos apegamos a los lugares por medio de objetos y personas entrañables, pero también por la sensación del lugar: los sonidos, los olores, la luz, la textura y las acciones que promueve el espacio.

La calidad en la atención y la educación infantil es la suma de pequeñas transacciones que tienen lugar entre el niño y el adulto, los niños entre ellos mismos y el niño con los objetos y el entorno físico. Es en los regazos y en las conversaciones, en los juegos y trabajos en grupo, en los momentos compartidos de tonterías y tristeza cuando un niño aprende que es alguien importante. Estallidos de ruidos enérgicos e interludios de silencio se intercalan en la reflexión. La luz del sol, las brisas, la escarcha en la ventana, las sombras que se abaten sobre un rincón del cuarto, dan a la vida cotidiana su plenitud y sensualidad. Los conocimientos básicos también están presentes en la exuberante exploración del mundo, si la conciencia del valor del lenguaje y los números impregnan cada experiencia. Tamizar, amasar y mezclar en la mesa, igual que cavar y salpicar, son los precursores necesarios para los laboratorios de cubetas de precipitación y las expediciones arqueológicas. El ritmo de la lluvia y el péndulo del columpio son experiencias matemáticas y musicales. Contemplar la grieta del techo que tenía forma de conejo, la fila de dientes de león en posición de firmes como un ejército de soldados dorados, y el destello de color del pez ángel o el canario, enriquecen nuestra sensibilidades e informan nuestra visión artística.

Un buen lugar donde estar

Seguridad: un lugar seguro y cálido que se adapta a mí; que yo entiendo y poseo.

Competencia: un lugar a mi escala para que pueda sentirme competente y dominando mis necesidades diarias.

Diferentes lugares donde estar: lugares que se ven, suenan, huelen y tienen tactos diferentes. Recuerden sus lugares de la infancia, debajo del piano, detrás del sofá, en las escaleras, junto al árbol.

Aislamiento y privacidad: "lugares para la pausa" cuando el mundo se mueve demasiado rápido y yo no estoy en forma o necesito concentrarme.

Autonomía: si los dejamos, los niños inventan los espacios que necesitan.

Lugar para crecer: un espacio amplio es esencial para la movilidad, el aprendizaje, la privacidad y la vida social.

Un buen lugar donde aprender

Los niños no aprenden de manera predecible, lineal. Se tragan la experiencia a sorbos y grandes tragos, además de en dosis medidas. Sus investigaciones a menudo no encajan en lugares ordenados y siempre a la misma hora. El movimiento es tan necesario para su aprendizaje como el aire o la luz, y sus sonidos y silencios se intercalan con sus descubrimientos. Son generosos, egoístas, sociables y solitarios.

Los niños pequeños son científicos activos y desordenados: exploran con sus sentidos y sus cuerpos. Un niño que busca un buen entorno de aprendizaje podría preguntar (si pudiera):

¿Puedo hacer lío?

¿Puedo hacer ruido?

¿Puedo estar solo?

¿Puedo tener un poco de tranquilidad?

¿Puedo moverme?

¿Puedo estar quieto?

¿Con quién puedo hablar?

¿Quién me escuchará?

¿Puedo extenderme en el espacio y el tiempo?

¿Dónde está la materia, las piezas sueltas: la materia prima del descubrimiento?

Un entorno de aprendizaje apropiado para el desarrollo está diseñado para que CADA niño se ensucie, haga ruido y calle, esté solo y sea sociable, sea activo y tranquilo. Está diseñado para albergar muchas COSAS, piezas sueltas: la materia prima del descubrimiento por manos y mentes activas. Por lo tanto, está diseñado para procesos de aprendizaje individuales, independientes y para establecer y "desmontar" de modo que el maestro pueda centrarse en los niños realmente.

Jim Greenman es el autor de Caring Spaces, Learning Places: Children's Environments That Work *(Exchange Press). La información utilizada para este artículo se obtuvo de las columnas de Child Care Information Exchange.*

Creación de entornos

Preguntas para pensar

¿Qué significa el término *entorno*?

¿Qué criterios se usan al planificar el entorno óptimo?

¿Qué es un entorno de *autoayuda*?

¿Cómo crean los maestros un entorno *antiprejuicios*?

¿Qué implica un entorno *incluyente*?

¿Qué medidas de seguridad y sanitarias hay que considerar al planificar el entorno total?

¿Cuál es el material básico para una clase, y cómo se selecciona?

¿Cuáles son las necesidades de los adultos en un entorno para niños?

Al construir el entorno físico, ¿cuáles son las áreas y materiales básicos para el aula y el patio?

Al planificar un entorno temporal, ¿qué clases de programación diaria deben tener en cuenta los maestros?

Al crear un entorno interpersonal, ¿cómo crea el maestro una atmósfera para aprender?

¿QUÉ ES EL ENTORNO?

¿Qué significa crear un entorno apropiado para los niños pequeños?, ¿qué es lo que hace el entorno? El **entorno** es el escenario donde los niños representan los temas de la infancia: sus intereses, triunfos, problemas y preocupaciones. Un entorno para niños, por lo tanto, incluye todas las condiciones que afectan a su entorno y a las personas que los rodean.

Cada entorno es único. No existe un modelo único ni una localización ideal para todos los niños. Cada escuela tiene metas que reflejan los valores de su propio programa. Cuando las metas y el entorno se mezclan, se crea la atmósfera individual de la escuela.

Pero ¿qué quiere decir entorno?, ¿qué quieren decir los maestros cuando afirman que desean crear:

- ¿Entornos para el aprendizaje?
- ¿Entornos para un crecimiento óptimo?
- ¿Entornos para un aprendizaje positivo?
- ¿Entornos centrados en el niño?
- ¿Entornos de clase favorables?

Definición

El *entorno* es el resultado de la suma de cualidades físicas y humanas que se combinan para crear un espacio donde niños y adultos trabajan y juegan juntos. Entorno es el *contenido* que disponen los maestros; es una *atmósfera* que crean; es un *sentimiento* que comunican. El entorno es el cuadro total, desde el flujo de tránsito hasta el programa diario, desde el número de sillas alrededor de una mesa a la colocación de la jaula

Ilustración 9.1 Cada entorno es único y los niños responden a lo que se les ofrezca. ¿Presentan estos equipos un desafío para la destreza física de los niños pequeños?, ¿es peligroso para los pequeños?, ¿se puede supervisar convenientemente?, ¿para qué edades sería más apropiado el patio de juegos?

de la cobaya. Es un medio para lograr un fin. Lo que los maestros escogen con respecto a la disposición **física** (los equipos y el material, la distribución de la sala, el patio de juegos y las instalaciones disponibles), la disposición **temporal** (oportunidad de las transiciones, rutinas, actividades) y las disposiciones **interpersonales** (número y naturaleza de los docentes, edades y número de niños, tipos y estilo de interacciones entre ellos) se combinan para respaldar las metas del programa. Los entornos que los adultos crean para los niños tienen un efecto poderoso sobre el comportamiento de éstos. Las investigaciones muestran que el juego de los niños está fuertemente influido por los escenarios y el material (Phyfe-Perkins y Shoemaker, 1986). Los casilleros individuales y los dibujos de los niños en las paredes dicen "Este lugar es tuyo"; el material puesto en estantes bajos les dice "Puedes hacer cosas por tu cuenta". La interacción social, la independencia o el juego imaginativo pueden todos fomentarse, o desaconsejarse, por medio de la forma en que están diseñados y se utilizan los espacios interiores y exteriores. Los entornos que crean los maestros deberían ser seguros, eficaces, estimulante y de acuerdo con el marco teórico del programa de primera infancia.

CRITERIOS PARA CREAR ENTORNOS

Todo lo que se disponga para el cuidado y la educación de los pequeños tiene los mismos componentes ambientales básicos y las mismas metas básicas, satisfacer las necesidades de los niños, a pesar de que los programas varían inmensamente en el tamaño del grupo, la edad de los niños, la longitud de la jornada, el foco del programa y el número de docentes.

Tales variaciones sobre este tema educativo común son parte de las razones por las que nuestro campo es tan diverso e interesante. Hay que ir con cautela, sin embargo, para asegurar una experiencia de

Ilustración 9.2 El entorno incluye no sólo el espacio físico y los materiales, sino también aspectos de tiempo y relaciones interpersonales.

Proporciones docente-niño recomendadas según tamaño del grupo*

Edad de los niños	Tamaño del grupo										
	6	8	10	12	14	16	18	20	22	24	28
Lactantes (nacimiento a 12 meses)	1:3	1:4									
En edad de caminar (12–24 meses)	1:3	1:4	1:5	1:4							
Niños de 2 años (24–30 meses)		1:4	1:5	1:6							
2½-años (30–36 meses)			1:5	1:6	1:7						
3 años					1:7	1:8	1:9	1:10			
4 años						1:8	1:9	1:10			
5 años						1:8	1:9	1:10			
6–8 años								1:10	1:11	1:12	
9–12 años										1:12	1:14

*Los grupos de menor tamaño y las proporciones docente niño más bajas han probado ser buenas para predecir el cumplimiento de los indicadores de calidad, tales como interacciones positivas entre docentes y niños y currículum apropiado para el desarrollo.

Ilustración 9.3 El tamaño del grupo y la proporción docente-niño son dos aspectos del medio que afectan la calidad de la experiencia educativa de los niños. (de Bredekamp, S. [1991]. Accreditation and criteria procedures [Rev. ed] Washington, DC: National Association for the Education of Young Children.)

calidad para todos los niños. Por ejemplo, el tamaño sí importa. Investigaciones realizadas hace más de 25 años (Prescott, Jones y Kritschevsky, 1972) y corroboradas más recientemente (Fowler, 1992) encontraron que cuando un centro se hace demasiado grande, las reglas y la orientación rutinaria se acentúan, las áreas exteriores presentan poca variedad y a menudo los niños se involucran con menos entusiasmo y se dispersan más a menudo. En el otro extremo, demasiados de nosotros conocemos los problemas de las condiciones de hacinamiento, salitas que se convierten en "atención infantil en un cuartucho durante 10 horas por día" (Greenman, 1994). Mientras la National Association for the Education of Young Children (NAEYC) continúa trabajando en la acreditación de programas (véase el capítulo 10) y modelos apropiados para el desarrollo (MAD, véanse los capítulos 2, 6, 9 y 10), proseguimos en nuestro esfuerzo por elaborar lo que es *calidad* para niños en ámbitos de primera infancia. La ilustración 9.3 da los estándares recomendados por tamaño de grupo y proporción adulto-niño. Aunque hay interminables variaciones en la planificación para los niños, deben considerarse ciertos elementos comunes: (1) la planta física, (2) los recursos disponibles y (3) las metas del programa.

Planta física

Antes de crear un entorno para los niños, el maestro de primera infancia debe analizar la planta física. Un edificio acogedor y hermoso invita a los niños a entrar; un espacio con color y luz los anima a jugar con ambos elementos. Muchas instalaciones utilizan espacios diseñados para otros propósitos, como vivienda familiar, sótano de una iglesia o un aula vacía de escuela primaria. El tamaño y la forma del espacio designado determinan cómo planear su empleo apropiado en condiciones de seguridad. Para dar la escala adecuada al espacio, los maestros pasan de la perspectiva adulta a la escala de un niño. Ponerse de rodillas da una idea del entorno desde el punto de vista del niño; el espacio del niño se mide desde el suelo y el terreno hacia arriba. La estatura del niño determina hasta dónde alcanza y observa. Para los que gatean, el espacio consiste principalmente en el piso, mientras que los de edad escolar pueden utilizar y aprender del espacio hasta alrededor del metro y medio, aproximadamente su propia altura. Ésta es la perspectiva que los maestros han de recordar cuando hacen planes para el espacio físico para niños (ver la sección de planificación en este capítulo para más detalles).

Recursos

Al planear el entorno, el maestro debe saber de qué clase de recursos dispone. Rara vez cuentan los maestros con fondos ilimitados: "Este año sólo podemos dedicar . . ." determina muchas de las decisiones que se toman sobre el entorno. Por lo común se da prioridad a los sueldos y prestaciones para los maestros, equipos y material para la escuela y otros servicios relacionados (mantenimiento, empleados de oficina, servicio de buses). A pesar de las limitaciones del presupuesto, los maestros deben cuidar de no operar sobre un presupuesto demasiado escaso para material. La falta del material necesario puede crear niños cada vez más pasivos, enojados y sin alegría de puro aburridos. Sólo sabiendo la amplitud de los márgenes fiscales y los límites del presupuesto puede el maestro planear un entorno completo.

Hay maneras, con todo, de estirar ese presupuesto. Los buenos principios ambientales no dependen de la cantidad ni el precio de equipos, material o edificios. Puede conseguirse un entorno creativo, centrado en los niños, en cualquier escenario, sin que importe la falta de recursos económicos. Parte del equipamiento puede fabricarse, pedirse prestado o comprarse de segunda mano. En las escuelas situadas en iglesias, las ventas de caridad anuales proporcionan un tesoro de ropa para disfraces, libros, juguetes y algunos artefactos. Los libros de consulta están llenos de ideas para reciclar materiales y transformarlos en equipamiento para niños pequeños. Los padres y otras personas pueden proporcionar papel de computadora, restos de madera y material de oficina para armar conjuntos para representaciones. De fuentes de la comunidad, como el cuentacuentos de la biblioteca pública o un grupo de la 3ª edad, se pueden conseguir más experiencias para los niños. Una campaña eficaz para reunir fondos proporciona otra fuente de ingresos en muchas escuelas y centros.

También hace falta identificar los recursos humanos. Los adultos dan lo mejor de sí con los niños cuando se emparejan sus habilidades, experiencia y disponibilidad con lo que se espera de ellos. Los voluntarios, por ejemplo, se sentirán satisfechos si su tiempo se organiza y emplea de forma que signifique algo para ellos. Los recursos de un maestro durante su primer año se aprovechan mejor en el aula que en proyectos administrativos. Un maestro con mucha experiencia admite otro tipo de desafíos, como orientar a los padres o evaluar materiales curriculares. Cuando la comunidad entera valora a sus niños, como en el caso de Reggio Emilia, la escuela es un escaparate y envía un mensaje contundente sobre lo importantes que son los niños en la vida de sus ciudadanos. Igual que tratamos de emparejar las habilidades que se están desarrollando en el niño con las tareas propuestas, así también debemos considerar a las personas como parte de los recursos del entorno.

Metas del programa

El programa debe definirse en relación con el espacio físico, porque las metas y objetivos del programa se expresan directamente en la disposición del entorno. Los maestros de niños pequeños se preguntan: ¿Qué tipos de metas debería haber para los niños y familias que están a nuestro cuidado? Harms (Harms y Clifford, 1989) nombra tres metas generales al diseñar entornos: planificar entornos suaves y sensibles que eviten problemas de comportamiento, establecer entornos predecibles que alienten la independencia y crear un espacio estimulante para un aprendizaje activo. El espacio físico y los materiales deberían decirle al niño exactamente qué va a suceder y cómo ha de realizar su trabajo. En todo programa, la consideración de lo que han de lograr los niños une las metas con el entorno.

Las metas de un programa para primera infancia varían ampliamente porque los escenarios para la primera infancia contienen una gran gama de edades y experiencia. Algunos programas están ubicados en centros grandes, otros en hogares; los niños pueden asistir todo el día o parte de la jornada y por razones educativas, recreativas o incluso de vigilancia. Lo importante es que los buenos entornos para niños deben reflejar metas de programa claras y razonables. Cuando sabemos lo que deseamos hacer, y por qué queremos hacerlo, podemos crear espacio, oportunidad y una atmósfera en los que cumplir esas metas.

Reflejar las metas en el entorno

Al crear un entorno, los maestros planean un programa encaminado a sus objetivos:

1. Se esmeran por acomodar el programa diario de forma que proporcione bloques de tiempo necesarios para enseñar contenidos cuando y como ellos quieren enseñarlos.

2. La sala y el patio se arreglan para exponer bien a la vista el material y el equipamiento que desean que los niños utilicen.

3. Se ocupan de que exista una relación afectuosa entre los maestros y en sus interacciones con los niños.

Es esencial que los maestros tengan una idea clara de las metas de su programa antes de empezar a disponer el entorno para los niños. Cuando invitan a los niños a trabajar, jugar y aprender, los maestros deben estar seguros de que la forma en que han expresado sus metas en la disposición de la sala, los programas diarios y su estilo personal está de acuerdo con sus convicciones. Combinar todos los factores que crean un entorno para los niños aprovecha el entorno al máximo y demuestra una creencia sobre lo que necesitan los niños para que se produzca el aprendizaje y cómo lo requieren.

Si una meta del programa es que los niños practiquen habilidades cognoscitivas y motricidad fina, deben tener un lugar prominente los juegos que empleen material de preparación a la prelectura y escritura. Los rompecabezas y los juguetes para mesa deberían tener un lugar central en el aula. Tiene que haber suficientes mesas y sillas para todos los niños. Se debería disponer de más tiempo para que los niños trabajen en estas actividades todos los días y tiene que haber maestros que refuercen y animen a los niños mientras juegan. Las investigaciones sobre comportamiento infantil en entornos preescolares (Moore, 1983) indican que la participación social y la intervención del niño en actividades puede verse influida por la colocación de equipos y material, además de por el estilo de interacción del maestro.

Cuando los niños entran en un aula, el entorno debería comunicarles la manera en que han de vivir y trabajar en él. Los niños deben recibir mensajes claros sobre lo que pueden y lo que no pueden hacer, además de pistas que les digan:

- Adónde tienen libertad de ir y adónde no pueden ir
- Cómo se los va a tratar
- Quién estará con ellos
- Qué material y equipamiento pueden usar
- Cuánto tiempo tienen para jugar
- Que están seguros en este lugar
- Qué se espera de ellos

Los maestros comunican estos mensajes de muchas maneras. La ilustración 9.4 describe cómo utilizan los maestros el entorno para decirles a los niños lo que es importante ahí. Por ejemplo, cuando es hora de salir, las puertas se abren. Si los niños deben mantenerse al margen de un equipo, se lo marca con divisiones o con una bandera y hay un maestro cerca para explicar las instrucciones. Los chicos saben que son importantes cuando se los recibe cada día y saben que se valora su tiempo cuando los maestros les dicen cuánto pueden tardar para completar un proyecto o una secuencia de juego y cuando está a punto de acabar ese tiempo.

El maestro es el elemento clave para hacer un entorno creativo. No son las instalaciones en sí las que cuentan, tanto como la comprensión del maestro del uso de todos los factores ambientales y cómo se relacionan unos con otros. Los indicadores de calidad de un programa, como la proporción adulto-niño, la estabilidad, la formación y experiencia del cuidador y el tamaño del grupo, todos contribuyen a hacer un entorno que cumple las metas para los niños. El capítulo 2 detalla estos indicadores y el capítulo 10 describe su lugar en el programa y en la evaluación de los maestros.

Una sala es sólo una sala y un patio nada más que un patio, hasta que un maestro hace de ellos entornos para el aprendizaje. Los maestros mismos son la parte más sensible del entorno; son ellos los que conversan, abrazan, agradecen, dan información y ven la individualidad de cada niño. Son los que crean el espacio, el tiempo y la atmósfera que atrape la curiosidad y la participación de los niños. La ilustración 9.4 resume estas metas sobre el entorno.

El entorno de autoayuda

Una meta común en muchos programas de educación temprana puede demostrarse por medio del empleo cuidadoso de factores ambientales. Promover **la autoayuda** y el comportamiento independiente en los niños es una práctica muy difundida. Al planear los entornos, los docentes intentan crear situaciones y escenarios en donde es probable que suceda eso.

Un entorno de autoayuda tiene entre sus metas fundamentales el desarrollo de las destrezas propias de los niños, fomentando su maestría de las habilidades básicas que les permitan hacerse responsables de su propio cuidado personal, de su propio aprendizaje, del control de sus propias emociones, de su propia resolución de problemas, y de sus propias elecciones y decisiones. Un entorno de autoayuda le da al niño la sensación de ser capaz, competente y exitoso. Les permite hacer las cosas por sí mismos, enfrentarse al reto de

Los niños necesitan . . .	Así que el medio debería . . .
Ser tratados como individuos, con puntos fuertes únicos y metas de desarrollo.	Asegurar que la proporción docente-niño permita interacciones de uno con uno. Proporcionar espacios privados además de públicos, para que los niños puedan experimentar el juego en grupo y en solitario. Asegurar que los niños tengan fácil acceso a los maestros y el material. Tener maestros que establezcan metas para cada niño sobre la base de la observación y la valoración. Estar equipados con materiales que condigan con el nivel de desarrollo del grupo. Proporcionar un equilibrio entre tiempos de tranquilidad y de actividad.
Verse a sí mismos y a su cultura familiar representada positivamente en el entorno; verse expuesto a la diversidad cultural de formas significativas.	Incluir ilustraciones, libros, muñecas, material para representaciones, actividades y gente que reflejen muchas culturas y experiencias de vida.
Tener la oportunidad de elegir opciones y participar en un aprendizaje independiente.	Estar dispuesto para favorecer la exploración libre y la visión clara de lo que hay disponible. Ofrecer una variedad de centros de actividad para que los niños exploren, manipulen, sondeen. Permitir espacios grandes de tiempo para el juego libre por iniciativa de los niños, para que puedan escoger. Proporcionar un número adecuado de maestros formados que apoyen el descubrimiento personal.
Aprender a formar parte de un grupo.	Estar preparado para juegos en grupo, con tres a cinco sillas alrededor de las mesas, caballetes adyacentes, más de un teléfono, cochecito o carro. Facilitar la programación regular de tiempos en grupos grandes y pequeños, en los que se anime a los niños a asistir y participar. Incluir personal preparado que seleccione actividades en grupo apropiadas para el desarrollo de éste. Permitir que los niños se utilicen mutuamente como recursos. Proporcionar actividades que resalten la cooperación y la interacción social.
Hacerse responsable del escenario y cuidar los equipos y el material.	Programar horas para recoger como parte de la rutina diaria. Incluir a maestros y niños trabajando juntos para poner todo en orden. Dedicar tiempo a instruir a los niños en el uso correcto del material y la noción de su cuidado general.
Ser conscientes de los límites de comportamiento en el ámbito escolar.	Asegurar que los maestros y el horario diario reflejen las reglas importantes de comportamiento. Incluir maestros que traten los problemas de comportamiento de forma justa y coherente. Dejar suficiente tiempo para transiciones, de modo que los niños puedan pasar de una actividad a otra sin estrés. Estar arreglado para que los muebles no formen pasarelas ni callejones sin salida.
Estar con adultos que supervisen y faciliten el juego y alienten el aprendizaje a lo largo del día.	Estar preparado antes de que lleguen los niños para que los maestros estén libres para saludarlos. Favorezca interacciones entre docente niño por medio del uso de grupos pequeños y un horario que deje espacio para interacciones en profundidad.

Ilustración 9.4 El entorno refleja las metas del programa.

crecer. Un entorno de autoayuda refleja la convicción de que la **autonomía** y la **independencia** son derechos de nacimiento de todo niño.

Nada vuelve a la gente más inerme que no poder cubrir sus propias necesidades ni cuidar de sí mismos en lo básico. Los niños se encuentran todavía en el proceso de aprender lo que pueden y lo que no pueden hacer. Necesitan muchas clases diferentes de experiencias que les ayuden a conocer hasta dónde llegan sus capacidades. Sobre todo, necesitan adultos que comprendan su tremendo impulso de valerse solos, adultos que no sólo animen sus habilidades y les proporcionen tiempo para que practiquen destrezas, sino también que entiendan que es la naturaleza del niño desarrollarse así.

El concepto de sí mismo se basa en lo que sabemos de nosotros mismos, lo que incluye la capacidad de cuidar de nuestras propias necesidades. Cuidar de uno mismo, sentirse capaz de aprender, resolver problemas, todo está relacionado con sentimientos de **autoestima**. La autoestima es el valor que ponemos en nosotros mismos; cuánto nos gusta o disgusta quienes somos. Ayudar a los niños a lograr autoestima y un concepto positivo de sí mismos es la parte más importante de la enseñanza. El desarrollo de un fuerte sentido de autoestima es un proceso de toda la vida; sus orígenes se encuentran en los primeros años.

Por todas estas razones, los maestros establecen escenarios que promueven la autoayuda. Quieren que los niños se sientan bien consigo mismos y desean fomentar ese sentimiento creciente de autoestima. Esto sucede en aulas que permiten a los niños hacer lo que son capaces de hacer. Para el maestro, la recompensa proviene de cada niño que dice "Yo puedo hacerlo solo".

Planificar un entorno destinado a promover las habilidades de autoayuda es responsabilidad del maestro. Cada aspecto del entorno, desde la disposición de la sala hasta las actitudes de los maestros, respalda a los niños en hacer todo lo que puedan por su cuenta. Cada actividad está pensada para fomentar autodependencia, construyendo así la autoestima. El supermercado es un buen ejemplo de entorno creado para un máximo de autodependencia. Los estantes son accesibles y los productos están marcados con claridad y presentados atractivamente. Hace falta esa clase de preparación meditada para crear espacio que diga a los niños "Hazme. Domíname. Tú eres capaz". Los maestros quieren comunicar a los niños que valoran las habilidades de autoayuda tanto como aprecian un proyecto de arte o un experimento de ciencia. La meta final es que los niños consideren valiosa la autodependencia. Si Claudia siente que aprender a atarse los zapatos vale la pena sólo por el placer que le causa manipular los cordones, pasarlos por los ojales y juntarlos en un nudo, entonces ésa es su recompensa. Ella se hace capaz de fortalecerse y deja abierto el camino para que los adultos la elogien por otras cosas importantes que aprenda.

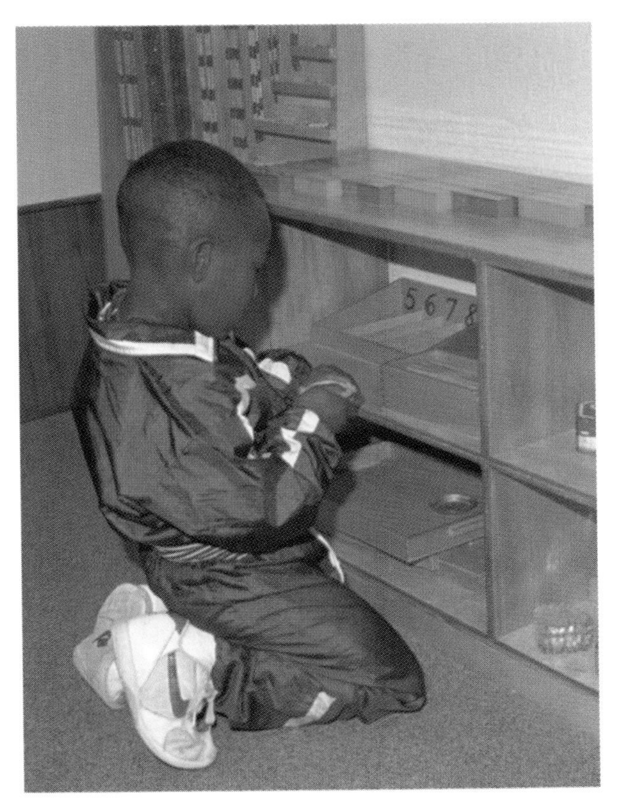

Ilustración 9.5 "¡Puedo hacerlo yo solo!" Por medio de entornos de autoayuda, los niños se hacen independientes.

El entorno antiprejuicios

Entre los valores medulares (véase el apéndice B y la sección sobre ética profesional en el capítulo 5) en cualquier buen programa de primera infancia figura el reconocer que cada niño es único, merecedor de

Ilustración 9.6 El entorno antiprejuicios fomenta que las niñas y los varones jueguen juntos, respetando sus diferencias e incluyendo a otros de formas nuevas.

respeto y parte de una familia.[1] Todo niño tiene el derecho de lograr su potencial completo y desarrollar una autoestima positiva. Cada familia merece apoyo por el papel único que representa. Parte del compromiso del maestro de primera infancia es ayudar a los niños a aprender a valorar la singularidad del otro, las diferencias igual que las similitudes. Los maestros hacen esto, en parte, expresando dichas actitudes inclusivas.

El currículum **antiprejuicios**, desarrollado en Pacific Oaks College, alienta a niños y adultos.

1. A explorar las diferencias y similitudes que componen nuestras identidades individuales y como grupo, y
2. A desarrollar capacidades de identificar y contrarrestar el impacto dañino de los prejuicios sobre sí mismos y sus compañeros (Derman-Sparks y el ABC Task Force, 1989).

El entorno físico e interpersonal puede utilizarse para ayudar a que los niños vean que la cultura consiste en las diversas maneras en que la gente realiza actividades similares. Este enfoque es diferente del de "currículum de turista", que proporciona sólo información superficial, a menudo alejada de la propia vida del niño. También es diferente del enfoque basado sólo en los intereses de una clase, sexo, raza o cultura de los grupos representados. El entorno antiprejuicios incorpora los aspectos positivos del currículum multicultural y emplea algunas actividades que destacan otras culturas, pero proporciona un enfoque más continuado e incluyente. Este enfoque evita la condescendencia o el énfasis en diferencias triviales, exóticas y aisladas (Derman-Sparks et al., 1989). Hay un inherente sentido de justicia hacia uno y hacia los demás en el enfoque antiprejuicios cuando los niños exploran las muchas formas en que la gente realiza las tareas humanas básicas de la vida diaria. Piensen en las diversas culturas expresadas en cómo se llevan los bebés y las cosas de un lado a otro en distintas partes del mundo. ¿De cuántas maneras come la gente? ¿Cocina? ¿Compra comida?

Un valor común a todos los programas de primera infancia se expresa en este currículum antiprejuicios: que toda persona es valiosa y por ello la diversidad es valiosa y es posible la cooperación justa y pacífica entre todos. La clave aquí es la creencia en que "la unidad es el rompecabezas terminado, la diversidad son las piezas" (Hernández, 1991). En este currículum, el entorno y las actividades derivan de tres fuentes: los niños y sus actividades, la conciencia del

LA DIVERSIDAD DE NUESTRO MUNDO LA DIVERSIDAD DE NUESTRO MUNDO LA DIVERSIDAD DE NUESTRO MUNDO LA DIVERSIDAD DE NUESTRO MUNDO LA DIVERSIDAD DE NUESTRO MUNDO

[1] Los entornos antiprejuicios e incluyentes fomentan en los niños el aprendizaje de la tolerancia y la aceptación de la diversidad de nuestro mundo.

maestro de las necesidades de desarrollo y de los estilos de aprendizaje del grupo y los acontecimientos de la sociedad. Los maestros, por supuesto, hacen elecciones generales de lo que han de aprender los niños y disponen el entorno para que comience el aprendizaje. Luego, el entorno, que incluye a los propios niños, comienza a cambiar. Si los niños muestran interés especial en fabricar cosas, tal vez surja el tema "Todas las personas viven en hogares", con actividades que se centran en cómo construye la gente cosas, para qué usan los edificios y cómo trabajan para construir algo.

Muy al comienzo de la vida se aprenden lecciones sobre la identidad de los niños y nacen actitudes con respecto a raza, sexo, discapacidad y edad. Con el predominio de los estereotipos en la sociedad y el impacto de los prejuicios en el desarrollo infantil (Cross, 1985; Gutiérrez, 1982; Kutner, 1984), los educadores de primera infancia tienen la responsabilidad de encontrar maneras de prevenir, incluso de contrarrestar, el daño causado por tales estereotipos. Los maestros lo hacen disponiendo un entorno antiprejuicios, además de creando una atmósfera de resolución de problemas y aprendizaje de los conflictos diarios y de interacciones que surgen con naturalidad. Piensen en la forma en que los maestros proporcionan el material y favorecen una atmósfera de confianza y tiempo para resolución de conflictos en estos ejemplos:

Una maestra de jardín de infancia muestra a los niños una foto de revista titulada "Novias de América". Todas las mujeres de la foto son blancas. Pregunta, "¿Qué les parece esta foto?" Sofía responde: "Es una foto tonta. Mi mamá se vistió de novia y es mejicana" (Derman-Sparks et al., 1989).

Una maestra de niños en edad de caminar prepara la mesa de agua para lavar bebés. Eligiendo muñecas que representan diversos grupos étnicos y raciales, ella invita a los niños a que las enjabonen y enjuaguen. Un niño de dos años empieza a lavar el brazo de la maestra, luego lo frota fuerte. "¿Quieres ver si se va el color?", pregunta la maestra. El niño asiente y varios otros la miran. "¿Sale? Adelante, inténtalo...Ves, el color de una persona es suyo y para siempre. Prueba con el tuyo, también. Ésa es una de las formas en que las personas somos diferentes: todos tenemos piel, pero cada uno tiene su propio color" (Gutiérrez, comunicación personal, 1987).

El enfoque antiprejuicios para crear entornos tiene sus raíces en las teorías de Maslow, Piaget y Erikson (véase el capítulo 4). Los datos de las investigaciones revelan que los niños comienzan a notar y formar clasificaciones y categorías de valoración muy temprano; en realidad, los de 2 años empiezan a observar diferencias de sexo y raza e incluso pueden fijarse en discapacidades físicas (Froschl, Rubin y Sprung, 1984; Honig, 1983). Los programas de primera infancia deben desarrollar el sentido básico de confianza y de dominio de habilidades de los niños para que puedan aprender a entenderse a sí mismos y a ser tolerantes y compasivos con los demás. La ilustración 9.7 es una lista para comprobación de un entorno de aula multicultural, que ayuda a los maestros a valorar su entorno.

El enfoque antiprejuicios de una clase acompaña a los principios de autoayuda que fomentan:

- *Concepto positivo de sí mismo.* La curiosidad y la creatividad nacen de poder afectar el entorno y lo que hay en él. Cuando Jacinto dice que el pelo de su bebé es rizado como el suyo, la sonrisa delata lo bien que se siente al respecto.
- *Conciencia.* Todas las personas tienen intereses y sentimientos, tanto sobre sí mismos como por los demás. Victoria observa que su compañera Julia corre y echa los brazos al cuello de su papá, pero ella prefiere un saludo menos demostrativo.
- *Respeto por la diversidad.* Nace de la capacidad de clasificar similitudes y diferencias y luego apreciar tanto unas como otras. Por ejemplo, cuando los niños crean autorretratos para sus libros de la clase, algunos escogen diferentes colores de papel para dibujar las caras, pero todos utilizan los mismos marcadores para dibujar los rasgos.
- *Habilidades en comunicación y resolución de problemas.* Aprender a expresar pensamientos y sentimientos incluye ser capaz de oír a los demás y encontrar maneras pacíficas de resolver conflictos. Jaime y Laura son rápidos para decirle a Eduardo que no puede jugar, pero resulta que decirle a él que es "demasiado pequeño" no funciona. Él no acepta que el hecho de tener 3 años sea pequeño razón suficiente para dejarlo a un lado y deben tratar de incluirlo, o si no decir que se trata de algo privado.

Tanto el enfoque de autoayuda como el currículum antiprejuicios difieren de las prácticas educativas tradi-

El entorno en general

1. ¿En general el aula es hospitalaria?

2. ¿Qué hay colgado en las paredes?
   Si hay trabajos hechos por los niños, ¿parecen todos iguales? Por ejemplo, ¿hay conejitos u otros animales recortados por usted que los niños han coloreado, o es obra *auténticamente* hecha por los niños?
   Sí ____ No ____
   ¿Los retratos puestos en las paredes o en los tablones de anuncios son representativos de una comunidad multicultural?
   Sí ____ No ____
   Aunque las fotos *sí* representen una población variada, ¿son de algún modo estereotipadas? Por ejemplo, ¿hay una lámina del alfabeto que emplea "Indio" para simbolizar la letra "I", o un calendario con niñas con vestiditos mirando a los varones realizar actividades? ¿Hay hawaianas con faldas de pasto o gente de Sudamérica apenas vestida y con lanzas y caras pintadas?
   Sí ____ No ____

3. ¿Están las láminas para los niños y sus trabajos artísticos colgados *al nivel de los ojos de los niños?*
   Sí ____ No ____

4. ¿Se involucran los padres y/o miembros de la familia en la creación de un entorno acogedor en el aula?
   Sí ____ No ____
   Si es así, ¿cómo los incluye? ¿Cómo podría hacerlos sentir aún más como parte de la vida escolar de sus hijos?

Bloques

1. ¿Son representativos los accesorios en el área de bloques de diversos grupos culturales y configuraciones familiares?
   Sí ____ No ____
   Enumérelos a continuación para asegurarse de que ningún grupo cultural importante o configuración familiar falta.

2. Los accesorios de los bloques que representan personas, ¿son estereotipados en cuanto a los papeles de los sexos?
   Sí ____ No ____
   Si es así, ¿cómo los cambiará?

Estudios sociales

1. ¿Ayuda el currículum general a los niños a comprender y aceptar mejor las actitudes, valores y estilos de vida que no les son familiares a ellos?
   Sí ____ No ____
   Si es así, ¿cómo?
   Si no es así, ¿qué hará para modificar su actual currículum para que refleje una diversidad de valores?

2. ¿El material y los juegos implican estereotipos raciales o de sexo, por ejemplo, negros tirando dados o varones jugando juegos de guerra? ¿Las mujeres están descritas sólo como cuidadoras mientras que los hombres tienen muchos trabajos interesantes?
   Sí ____ No ____
   Si es así, ¿qué descartará de su actual colección?
   ¿Qué material y juegos puede añadir que reduzcan los estereotipos?

Juego de representación

1. ¿Hay un gran surtido de ropa, incluyendo prendas de diversos grupos culturales, en el área de representaciones?
   Sí ____ No ____
   Si es así, ¿cuáles son?
   Si no es así, ¿qué necesita agregar?

2. ¿Son representativos de la diversidad de culturas los cuadros de las paredes y la utilería del área de representaciones?
   Sí ____ No ____
   Si es así, ¿qué se incluye?
   Si no es así, ¿qué necesita agregar?

3. Las muñecas del área de representaciones, ¿son representativas de una gran variedad de grupos raciales?
   Sí ____ No ____
   Si no es así, ¿qué necesita agregar?

4. Las muñecas de color, ¿son sólo muñecas blancas cuyo color de piel ha sido cambiado?
   Sí ____ No ____
   Si es así, ¿cuáles hay que reemplazar?

Ilustración 9.7 Una lista de comprobación del entorno multicultural proporciona preguntas para que los maestros evalúen y dirijan el progreso hacia un entorno antiprejuicios para los niños. (Adaptado de Kendall, F. [1996]. *Diversity in the classroom* [2nd ed.]. New York: Teachers College Press.)

Expresión artística

1. ¿Tiene el aula una gran variedad de libros y material culturalmente diverso y apropiado a la edad para la expresión artística?
   Sí ____ No ____
   ¿En qué es buena la colección en general?
   ¿Qué falta?

2. ¿Hay cuentos sobre una variedad de personas de cada uno de los siguientes grupos en el rincón de los libros?
   ____ Culturas americanas autóctonas
   ____ Culturas asiático-americanas
   ____ Culturas negras
   ____ Culturas de etnias blancas
   ____ Culturas de habla hispana
   ____ Personas de raza mixta o multirraciales
   ____ Configuraciones familiares, incluyendo de dos razas y multirraciales, y familias de homosexuales y lesbianas

3. ¿Hay libros que hablen de gente de diversas culturas en términos estereotipados o peyorativos (por ejemplo, describiendo a los latinos como "haraganes" o a los japoneses como sacando fotos siempre)?
   Sí ____ No ____
   Si es así, ¿cuáles son? ¿Con qué títulos nuevos puede reemplazarlos?

Música y juegos

1. ¿Las experiencias musicales en el currículum fortalecen la afirmación de diversidad cultural en los niños?
   Sí ____ No ____
   Si es así, ¿cómo?

2. ¿Provienen de diversos grupos culturales los juegos de mímica manual, los juegos y las canciones que se usan en clase?
   Sí ____ No ____

3. ¿Hay muchas variedades de instrumentos musicales, incluyendo algunos hechos por los niños, en el aula?
   Sí ____ No ____

Cocina

1. ¿Las experiencias de cocina en la clase animan a los niños a experimentar con alimentos distintos de aquellos a los que están acostumbrados?
   Sí ____ No ____

2. ¿Están diseñadas las experiencias culinarias para dar a los niños pequeños una noción general de las conexiones entre el acervo cultural y el proceso de preparar, cocinar y comer la comida?
   Sí ____ No ____
   Si es así, ¿cómo?
   Si no es así, ¿qué puede hacer de otro modo para ayudar a los niños a realizar esas conexiones?

Ilustración 9.7 *Continuación.*

cionales que se ven en clases con niños mayores en el entorno de autoayuda, antiprejuicios, que es pluralista y de desarrollo. Como afirmó Elizabeth Jones (notas personales, 1984):

> La óptica pluralista supone que (1) las personas son diferentes entre sí y (2) las diferencias son valiosas; aumentan la riqueza de las experiencias de cada uno. La tarea de quienes trabajan con niños, entonces, es reconocer y apreciar las diferencias. La óptica de desarrollo supone que el crecimiento y el aprendizaje se motivan espontáneamente. La tarea del maestro es proporcionar un entorno de apoyo que libere a cada individuo para crecer y aprender, darles el poder a los niños de afirmar sus necesidades y desarrollar estrategias meditadas para satisfacerlas.

El entorno incluyente

En 1975, la ley Education for All Handicapped Children (P.L.94–142) exigía poner fin a la segregación de alumnos discapacitados desde el jardín de infancia hasta terminar la secundaria. Esta política se fue filtrando hasta los centros preescolares y de atención infantil y en 1986 una enmienda a esta ley (P.L.99-457) ordenaba que los preescolares con necesidades especiales se ubicaran en *el entorno menos restrictivo*. Primero llamada **integración en la corriente general**, la práctica de ubicar a niños con discapacidades en la misma aula que niños sin discapacidades se conoce como *total* **inclusión** (véanse los capítulos 3, 8, y 10). La ley Americans with Disabilities de 1990 prohibe a los centros de atención infantil que nieguen admisión a un niño simplemente debido a que

Lista de comprobación para un entorno accesible

Entorno físico

Preguntas para meditar:

- ¿Cómo emplean diferentes niños sus cuerpos o el espacio a su alrededor para aprender?
- ¿Cómo podemos realzar o adaptar el entorno físico para niños con dificultades de movimiento (o que se mueven demasiado)?
- ¿Cómo podemos aprovechar el entorno físico para niños que aprenden moviéndose?

Acceder sin peligro al entorno:

- ❑ ¿El ancho de las puertas cumple con los códigos locales de edificación?
- ❑ ¿Rampas además o en lugar de escaleras?
- ❑ ¿Escalones bajos y anchos donde sea posible (incluso en los equipos del patio)?
- ❑ ¿Pasamanos en *ambos* lados de las escaleras?
- ❑ Picaportes y tiradores fáciles de usar en puertas, cajones, etc.
- ❑ ¿Por lo menos algunos asientos con brazos para los niños?
  - ¡Los asientos "cubo" son fantásticos!
  - A menudo un apoyo para los pies y/o correas en el asiento proporcionan suficiente estabilidad para que un niño realice actividades de motricidad fina
- ❑ Cuando adapte el asiento, la movilidad y/o actividades de motricidad gruesa para un niño en particular con discapacidades físicas, consulte con un fisioterapeuta.

Aprender por medio del entorno:

- ❑ ¿El entorno y los equipos reflejan variedad?
  - Superficies, alturas (con textura, lisas, bajas, altas, etc.)
  - Espacio para actividades de motricidad gruesa (espacios abiertos, estructuras para trepar, esteras).
  - Espacios para tranquilidad/comodidad (lugares reducidos, alfombra, almohadas).
  - Espacios sociales (área de representaciones, grupos de sillas o almohadones, etc.).
- ❑ ¿Están accesibles físicamente los juguetes y equipos?
  - Pegue imanes al revés de las piezas de los rompecabezas y bloques de atributos y utilícelos sobre una bandeja de acero para galletas.
  - Fije perillas o palancas grandes a los juguetes con tapa o partes movibles.
  - Ponga uñas en las páginas de los libros para darlas vuelta mejor.
- ❑ Un terapeuta ocupacional puede proporcionar sugerencias específicas para adaptar material y actividades de modo que puedan participar niños con discapacidades físicas.

Entorno visual

Preguntas para meditar:

- ¿Cómo usan los diferentes niños su vista para aprender?
- ¿Cómo podemos mejorar el entorno visual para un niño con visión escasa o nula?
- ¿Cómo podemos sacar provecho del entorno visual para niños que aprenden viendo?

Acceder sin peligro al entorno:

- ❑ ¿Se usan colores contrastantes en los bordes y donde cambian las superficies (por ejemplo, del embaldosado a la alfombra, comienzo de escaleras, etc.)?
- ❑ ¿Hay persianas en las ventanas para evitar el resplandor?
  - Considere también pisos y tableros de mesa que no brillen.
  - El comportamiento y el aprendizaje de algunos niños pueden mejorar dramáticamente una vez que se elimine el resplandor fuerte.
- ❑ ¿Se ha eliminado la confusión visual en paredes, estantes, etc.?
  - La confusión visual puede interferir en el aprendizaje, la previsibilidad y la seguridad.
- ❑ ¿Hay iluminación dirigida (es decir, una lámpara con brazo movible) en un cuarto menos iluminado?
  - La iluminación dirigida ayuda a algunos niños a prestar atención y trabajar mejor en las tareas de hacer sobre la mesa.
- ❑ Especialistas en orientación y movilidad ayudan a los niños con deficiencias de visión a manejarse por el entorno.

Aprender por medio del entorno:

- ❑ ¿Tienen etiquetas los objetos y lugares del entorno ("puerta", "silla", etc.)?
- ❑ El tamaño y el contraste de las láminas y letras ¿es adecuado para los niños con deficiencia visual en su programa?
- ❑ ¿Las cosas que se muestran están al nivel de los ojos de un niño?
- ❑ ¿Disponen de material con letras grandes, con texturas y auditivo (por ejemplo, libros grandes, letras de papel de lija, libros grabados en cinta)?

(continuación)

Ilustración 9.8 Al diseñar un entorno incluyente, tenga presente que ha de ser seguro y ayudar a cada uno a participar, aprender y comunicarse. (Adaptado de Haugen, K. [1997, marzo]. Using your senses to adapt environments: Checklist for an accessible environment: Beginnings workshop. *Child Care Information Exchange*.)

- ❑ ¿El programa diario está representado con palabras y con ilustraciones?
  - Un programa con velcro que permita a los niños pegarlo y luego quitar elementos al irse completando las actividades puede ayudarles a mantenerse atentos al tema y hacer más fácil la transición de una actividad a la siguiente.
- ❑ ¿Los chicos con menos visión se sientan cerca del centro de la actividad y lejos del resplandor?
- ❑ Maestros para personas con deficiencias de visión ayudan a elegir y adaptar materiales para estos niños.
- ❑ Los niños ciegos pueden necesitar "comentarios continuos" de lo que sucede, lugares, etc. Se deben describir, por ejemplo, las ilustraciones de los libros y la comida en los platos.

Entorno auditivo

Preguntas para meditar:

- ¿Cómo usan los diferentes niños su oído para aprender?
- ¿Cómo podemos realzar el entorno auditivo de un niño que es sordo, tiene deficiencias auditivas o poca capacidad de discriminación auditiva?
- ¿Cómo podemos sacar provecho del entorno auditivo para quienes aprenden oyendo?

Acceder sin peligro al entorno:

- ❑ ¿Se filtra el ruido de fondo (de fuentes del interior o exterior) al área?
- ❑ ¿Hay manera de eliminar o amortiguar el ruido de fondo (usando alfombra, cerrando ventanas y puertas, etc.)?
  - Algunos niños son incapaces de realizar el filtrado automático de los ruidos de fondo.
- ❑ ¿Se evitan las "competencias de oído"?
  - Levantar la voz para competir con una sala llena de niños ruidosos no suele ser tan eficaz como las "señales silenciosas", como hacer la señal de la paz y animar a los niños que se dan cuenta a imitarla hasta que el aula quede llena de ¡niños callados que levantan los dedos en señal de paz!
- ❑ ¿Hacen falta señales no auditivas para alertar a un niño con deficiencias de oído?
  - Apagar y encender las luces es una táctica común.
  - Pregunte a los padres del niño qué tácticas utilizan en casa.

Aprender por medio del entorno:

- ❑ ¿Se emparejan mensajes auditivos con mensajes visuales (por ejemplo, lenguaje por señas sencillo, paneles de paño, programas con figuras)?
- ❑ ¿Los niños con deficiencias auditivas se sientan de manera que puedan ver las caras y las acciones de otros?
- ❑ Maestros para niños con deficiencias auditivas pueden proporcionar tácticas para modificar actividades para estos niños.
- ❑ Un niño sordo que se comunica por señas necesitará un maestro o auxiliar que utilice el idioma de señas.

Entorno social

Preguntas para meditar:

- ¿Cómo usan los diferentes niños las claves sociales para aprender?
- ¿Cómo podemos adaptar el entorno social para niños con comportamiento impulsivo, déficit de atención o problemas de comportamiento?
- ¿Cómo podemos aprovechar el entorno social para niños que aprenden relacionándose con otros?

Acceder sin peligro al entorno:

- ❑ ¿Es predecible la programación diaria? ¿Se informa a los niños de los cambios de horario?
- ❑ ¿Ofrece la programación una gama de niveles de actividad (por ejemplo, oportunidades adecuadas para actividad física)?
- ❑ Psicólogos escolares y especialistas en comportamiento pueden ayudar a analizar la mala conducta y modificar el entorno o la programación para reducir al mínimo los problemas para los niños con déficit de atención o problemas de comportamiento.

Aprender por medio del entorno:

- ❑ ¿Tiene el entorno impacto positivo sobre la autoestima?
  - ¿Permite que todos los niños se sientan seguros?
  - ¿Invita a todos los niños a participar?
  - ¿Favorece al máximo las oportunidades de independencia de los niños?
- ❑ ¿Los juguetes y el material didáctico incluyen representaciones de toda clase de gente, incluyendo niños y adultos con discapacidades?
  - Las personas discapacitadas deberían estar representadas en papeles activos y de liderazgo, no sólo como observadores pasivos.
- ❑ ¿Incluye la programación oportunidades para la variedad en la formación de grupos (parejas, grupos pequeños, toda la clase) además de tiempo de silencio o tiempo en solitario?
  - Poner en parejas o agrupar a niños con discapacidades complementarias disminuye la carga para el maestro y permite a los chicos ayudarse mutuamente.
  - Cuando se les da ocasión, los compañeros a menudo salen con las maneras más creativas para que participen niños discapacitados.
  - Es posible que sea necesario un empleo creativo del personal para proporcionar respaldo adicional a algunos niños durante ciertas actividades.
- ❑ ¿La programación ofrece tiempos para actividades abiertas y estructuradas?
  - Los niños que tienen dificultades con un tipo de actividades en particular pueden necesitar apoyo extra en esas ocasiones.

Ilustración 9.8 *Continuación.*

presenta una discapacidad. Juntas, estas leyes federales forman parte de la justificación lógica de que los centros de primera infancia se hagan entornos más incluyentes.

Los niños discapacitados necesitan las mismas cosas en su entorno que los otros niños. Necesitan un entorno que sea sin peligros, seguro y predecible y que proporcione un equilibrio entre conocido y novedoso, para que haya material y actividades que fomenten su desarrollo. "Cuando un niño con discapacidades tiene necesidades de desarrollo diferentes a otros niños de la misma edad, hay que hacer adaptaciones" (Youcha y Wood, 1997). Pueden requerir o agregar algo que falta en el entorno o utilizar de diferente forma algo que ya está.

Las adaptaciones son cambios que hacen que el entorno se acomode mejor al niño, de modo que variarán con los niños. Los niños con discapacidades motrices necesitan adaptaciones distintas que los que tienen discapacidades auditivas o de lenguaje o deficiencias visuales. Pueden ser necesarios cambios físicos, recomendarse modificaciones de la programación, o tal vez lo mejor sea individualizar las actividades. Los padres serán la mejor fuente de información sobre el niño y se puede recurrir a lecturas o consultar a especialistas. Es útil recordar tres conceptos clave: acceso, facilidad de uso y aprendizaje máximo.

- ¿Puede el niño llegar a dónde tiene que estar en el aula para aprender alguna cosa?
- Una vez en ese lugar, ¿puede usar el material y los equipos y participar en la actividad tan independientemente como sea posible para aprender?
- ¿Se arreglan y programan las actividades para satisfacer las necesidades individuales de aprendizaje de los niños, incluso de aquellos que tienen discapacidades? (Youcha y Wood, 1997)

La ilustración 9.8 es una lista de comprobación abreviada de adaptaciones para crear un entorno incluyente.

¿Cómo puede realizarse este proceso para un niño?

Consideren a Andrés (Rogers, 1994) que, a los 5 años, tenía discapacidad muscular/motriz con algunas dificultades en el habla. Sus capacidades cognoscitivas eran muy fuertes y sus habilidades sociales muy débiles. La mamá habló con todos durante la clase sobre las necesidades y los temores de Andrés. Si se caía, le costaba mucho enderezarse. Necesitaba ayuda para sentarse y ponerse de pie. Tenía miedo de golpearse porque no podía sujetarse y caía muy violentamente y después no se podía levantar. Los niños estuvieron de acuerdo en tener cuidado de no **jugar brusco** cerca de él. *Se estaba creando el escenario para el éxito.*

Como Andrés no tenía mucho control de su motricidad fina, le proporcionamos pintura y masilla de jugar. Dejamos puesta la mesa de artesanías; al poco rato estaba pegando fotos en papel, con o sin orden y muy orgulloso de sus logros. Hasta empezó a usar tijeras en modelos sencillos. *El entorno físico respondía a sus necesidades.*

Era un fantástico componedor de rompecabezas y a menudo los otros niños le pedían ayuda cuando se encontraban atascados. Era maravilloso ver cómo lo incluían en muchas cosas. Aceptaron sus diferencias desde el principio y lo trataban igual que al resto, salvo en que tenían mucho cuidado cuando corrían y jugaban a su alrededor. Su temor era evidente y ellos lo respetaban. *Así estaba surgiendo el entorno interpersonal.*

Teníamos regularmente un tiempo para educación física todos los días en la sala grande. Saltábamos a la cuerda, jugábamos "Simon Says" y "Red Light, Green Light" y hacíamos carreras de obstáculos. Al principio, Andrés se sentaba a un costado y miraba. Animaba y parecía interesado, así que empecé a preguntarle si quería ser mi compañero, porque yo tenía un poco de miedo. Al principio se rehusó y me dijo que buscara a otro. Seguí pidiéndole pero no insistía cuando me contestaba; un día dijo, "bueno". Corrimos y saltamos sobre la serpiente (soga) y todos los niños se rieron. Nos abrazamos y ése fue el principio. *Cuando se le da el tiempo necesario (el entorno temporal), el niño triunfa.*

Principios que sustentan entornos de éxito

- *Den a los niños formas de identificar su propio espacio.* Identifiquen sus casilleros con sus nombres, una foto o una lámina familiar para que puedan ver dónde guardar sus abrigos, trabajos artísticos y otras pertenencias personales.
- *Denles la oportunidad de elegir.* Tanto en el interior como al aire libre, los niños deberían tener abun-

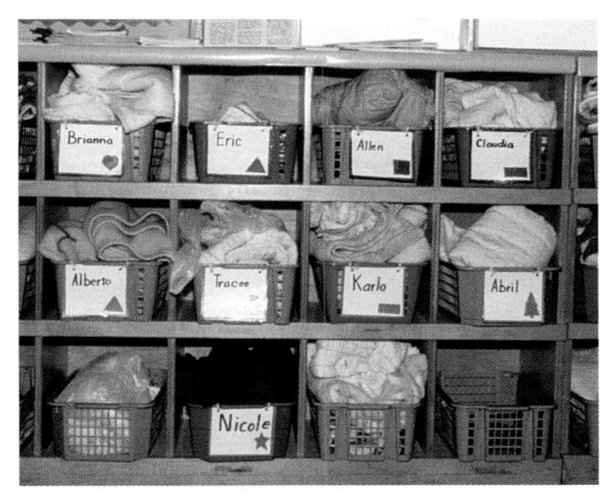

Ilustración 9.9 Los niños desarrollan sentido de identidad propia cuando tienen su propio espacio, marcado con una foto u otra pista visual para que puedan identificarlo fácilmente como suyo.

dancia de material y una gama de actividades de donde elegir para que decidan cómo pasar su tiempo. Escoger jugar con el hamster en vez de ir al rincón de los bloques ayuda a los niños a practicar la dirección de sus propias acciones. También deberían poder decidir con quién les gustaría jugar y con qué maestros querrían establecer relaciones más estrechas.

- *Ocúpense de que los niños sean responsables del cuidado de los equipos y el material.* Establezcan un tiempo para recoger en el programa diario y dejen tiempo a los niños para que ordenen la sala y el patio. Identifiquen los estantes y alacenas con ilustraciones o símbolos de lo que se guarda en ellos, para que los niños puedan encontrar los lugares donde van las cosas. Señalar los gabinetes de bloques con la figura específica de los bloques guardados en cada estante contribuirá a desarrollar las destrezas de autoayuda en los niños. Las áreas exteriores marcadas claramente para juguetes con ruedas ayudan a que los niños funcionen independientemente. Una rejilla de secado con pinzas grandes de ropa, accesible a los niños, les dice que se espera que ellos mismos cuiden sus trabajos artísticos.
- *Impliquen a los niños en el proceso de planificar y establecer el entorno.* Dejen que los niños ayuden a decidir lo que quieren aprender, desarrollando áreas y unidades en torno a lo que traen a la clase. Por ejemplo, si la mascota de un niño ha tenido cría, alienten una visita y luego manden una circular pidiendo otras mascotas, arreglen una excursión hasta una tienda de mascotas y organicen un rincón de representaciones como hospital animal o tienda de mascotas. Cuando haga falta mover muebles o equipos de exteriores, incluyan a los niños al planear cuáles serán los cambios y luego ayúdenles a mover ellos mismos las cosas. Haga más interesante el patio animando a los niños a redistribuir las tablas de trepar. Que elijan ellos qué juego se sacará de la caseta para ese día. ¡Y el banquete de la clase se hace más emocionante cuando son los niños quienes juntan las mesas o planean el menú!
- *Den suficiente tiempo a los niños.* Una de las maneras de aprender de los niños es repetir una actividad una y otra vez. Exploran, manipulan, experimentan y llegan a dominar un rompecabezas de 18 piezas, un trozo de arcilla o cómo cepillarse los dientes. Bloques grandes de tiempo en el horario, especialmente para rutinas, permiten que los niños aprendan sin apresurarlos.
- *Dejen que los niños resuelvan sus problemas sin* **intervención** *de adultos, siempre que se pueda.* Vean hasta dónde puede llegar un niño para descubrir cómo manipular un broche para que se cierre o para arreglar con otro niño quién usará primero la pintura roja. Al resolver problemas sociales o mecánicos, los niños pequeños son capaces de comenzar a averiguar solos lo que resulta o no. Una marca del buen maestro es una persona que puede dejar a los niños luchar lo suficiente con un problema antes de meterse a ayudar.
- *Acepten los esfuerzos de los niños.* Para apoyar a los niños en su búsqueda de independencia, el adulto debe conformarse con los esfuerzos de los niños y estar dispuesto a aceptar el modo en que Tomás hizo su sandwich o que Silvia se puso las botas al revés.
- *Comuniquen expectativas.* Hagan saber a los niños qué se espera que hagan. Díganselo de forma verbal y no verbal. "No hace falta correr; tenemos tiempo de sobra para recoger" hace que los niños sepan que pueden hacer la tarea sin presiones. Apunten el camino a los niños dándoles pistas que indiquen cómo proceder: "Si te subes los calzoncillos

Ilustración 9.10 Permitir que los niños resuelvan sus problemas sin interferencias es un precepto de los buenos entornos educativos.

primero, será más fácil ponerte los pantalones", se le puede decir a Ramón, que está esperando que un adulto lo vista. Comuníquenle cómo va en lo que está haciendo. "Bien. Ya tienes la parte de atrás. Ahora alcanza el frente". Céntrense en lo que Ramón está haciendo bien ycomuníquele su confianza en su capacidad de terminar la tarea.

- *Asegúrense de que las expectativas del personal docente son coherentes.* El equipo docente debería establecer metas comunes para cada niño y reforzarlas de forma continuada. Josefa se confundirá si una maestra le dice que prepare la cama para la siesta y otra lo hace por ella.

- *Consideren el nivel de desarrollo del niño.* Reconozcan que hay muchas cosas que los pequeños no pueden hacer solos, pero déjenles la oportunidad de hacer lo que puedan. Tengan conciencia del desarrollo, sepan de qué son capaces los niños de la clase, en qué punto de su desarrollo están y cuál sería el paso siguiente. A lo mejor Sofía, de 3 años, sólo puede subirse el cierre de la chaqueta ahora. Pronto podrá meter una punta del cierre en la otra sola. Reconozca cuándo estará lista para dar el paso siguiente.

- *Hagan que no existan riesgos si cometen un error.* Los niños aprenden de sus propias acciones y sus propias experiencias. Que sepan que es perfectamente aceptable, inevitable en realidad, que a veces cometan errores. Los niños necesitan ser aceptados por quienes y lo que son, y ello incluye sus equivocaciones. Ayúdenles a manejar las consecuencias de sus errores. Los adultos, en el preescolar, pueden proporcionar modelos para los niños en cuanto a manejar resultados inesperados y encontrar una resolución positiva. Cuando Chela derrama su jugo, se la anima a traer una esponja y limpiar la mesa. El maestro alaba los esfuerzos de Chela y comenta su habilidad para limpiar o lo rápida que es al impedir que el jugo caiga al piso.

- *Den el crédito a quien sea debido.* Proporcionen comentarios para que los niños sepan cuándo han tenido éxito. Feliciten a Aníbal por el tiempo que se pasó separando clavos hasta encontrar el que quería. Díganle a Eloísa que trabajó mucho para abrir sola su termo. Dejen que los niños crean en sus propios logros.

- *Asegúrense de que los niños tienen acceso a suficientes juguetes y material.* Ayuden a los niños a imaginar y vivir en otros mundos, en comunidades y hogares donde las cosas sean diferentes. Muestren respeto por los niños dándoles la oportunidad de cuidarse solos. Vean que los suministros están guardados de manera que los adultos no tengan que dárselos a los niños cada vez que se usan. Los equipos colocados a la altura de los niños en estantes abiertos, bajos, permiten que vayan a su propio ritmo y elijan material sin depender de los adultos para que se los alcancen.

- *Dejen que los niños se enseñen mutuamente.* Animen a los niños a compartir con sus compañeros las habilidades que han dominado. Busquen activamente la forma que tiene el niño de hacer las cosas; respalden la diversidad de enfoques. Los que puedan atarse los zapatos disfrutarán ayudando a sus amigos con cordones difíciles o nudos que se resbalan. Ya sea leyéndose o contándose historias unos a otros o mostrando a un amigo una manera rápida de ponerse la chaqueta, los niños se benefician al ayudarse mutuamente.

SELECCIÓN DE ARTÍCULOS

El papel del entorno en Reggio Emilia

Rebecca S. New

Los historiadores han observado desde hace mucho que un índice del valor que se da a los niños es la medida en que éstos están visibles y diferenciados en los elementos físicos de una sociedad. Los entornos escolares pueden también revelar mucho sobre los valores, las convicciones y las metas de los adultos responsables de la educación infantil. Sin embargo, las imágenes tradicionales de las escuelas a menudo no hacen visibles a los niños. Con frecuencia, los mismos entornos escolares no son sino recipientes para empresas educativas y expresan poco de los afanes reales de los adultos y niños que pasan sus días en la escuela.

En cambio, los educadores de prmera infancia de Reggio Emilia dan un crédito importante al papel del entorno en su trabajo con niños pequeños. Los comentarios sobre su importancia crucial me recuerdan las interpretaciones antropológicas de contextos socioculturales dentro de los cuales aprenden y se desarrollan los niños. En Reggio Emilia, el entorno escolar no sólo refleja lo que están aprendiendo los niños; desempeña un papel activo en nutrir y estimular ese aprendizaje y desarrollo. Tal interpretación del entorno incluye no sólo los elementos físicos asociados con la escolarización, mesas, libros, pinturas, bloques, papeles, sino también los elementos sociales, intelectuales e ideológicos.

Así, los maestros de Reggio Emilia disponen el entorno para fomentar las relaciones de los niños, entre sí además de con los adultos. Las pequeñas perforaciones para espiar hechas en el tabique entre los bloques y el área de juego de representación, la instalación de teléfonos de verdad entre aulas, la visibilidad de la cocina y lo accesible de la "piazza" central, todo está diseñado para contribuir a la finalidad de escolarizar basándose en las relaciones.

La interpretación que hacen los maestros de Reggio Emilia de sus propios roles como *provocadores* en el aprendizaje de los niños se extiende también a los entornos. Las aulas y los pasillos están diseñados con intención de sorprender, informar e inspirar. Los niños ven reflejadas sus imágenes y sus acciones en las muchas superficies de espejo que se encuentran en suelos y paredes. Áreas de juego modificadas añadiendo telas drapeadas invitan a los niños a reconceptualizar viejos patrones de juego. Las yuxtaposiciones de trabajos infantiles usando diversos medios resaltan los temas comunes en sus experiencias, además de la riqueza de posibilidades inherente a diversas formas de autoexpresión.

Tal vez lo más importante, los entornos de Reggio Emilia dan una imagen de niños que son "ricos en potencial, fuertes, poderosos, competentes y, sobre todo, conectados con los adultos y los demás niños" (Malaguzzi, 1993, pág. 10). Paneles de documentación muestran el conocimiento que tienen los niños, de las sombras, la lluvia, además de su necesidad de enfrentarse con las preocupaciones profundas de la sociedad contemporánea, los sexos, la guerra, la amistad.

Cuando los docentes de Reggio Emilia describen su entorno como un "tercer maestro" están reconociendo un papel profesional que va más allá de proporcionar un escenario seguro y estimulante para que los niños aprendan. En Reggio Emilia, el entorno sirve de abogado de los niños pequeños, inspirando a los adultos, padres y miembros de la comunidad así como maestros, a trabajar juntos para hacer realidad el potencial de los niños. La eficacia de tal intercesión es evidente en la calidad de la atención y el compromiso con los niños pequeños que ha caracterizado los esfuerzos de Reggio Emilia a lo largo de las tres últimas décadas.

Rebecca S. New es profesora ayudante del Departamento de Educación, Universidad de New Hampshire, Durham. Ha realizado estudios extensos en Reggio Emilia y conducido muchas giras de estudio a las escuelas de dicha ciudad.

Los adultos que trabajan con niños deberían acordarse de interactuar con niños de modos que les ayuden a crecer hacia la independencia. Percibir a los niños como incapaces es robarles la satisfacción del logro. Un entorno bien planeado abre posibilidades infinitas para que los niños logren una sensación de satisfacción propia mientras exploran los límites de su propio ser. Los capítulos 1 y 5 se explayan sobre ética educativa que sirve como pauta para trabajar con niños; el capítulo 10 ofrece sugerencias sobre cómo evaluar a niños, maestros y programas para comprobar que se cumplen estas metas.

Ilustración 9.11 Los niños aprenden jugando y el entorno de juegos al aire libre estimula el desarrollo motor, la capacidad de pensar y la interacción social.

PLANIFICACIÓN DEL ENTORNO

¿Quién está en el entorno?

Muchas personas viven y trabajan en el entorno de la primera infancia. Cocineros, conductores de bus, personal de oficina, de mantenimiento del patio y del edificio, son sólo algunos. Cada una de estas personas exige algo especial del entorno para hacer la tarea que les pagan por hacer.

Los docentes, los padres y los niños tienen la mayor influencia sobre el entorno de la primera infancia; sus necesidades se bosquejan a continuación.

Los niños

Las necesidades de los niños se satisfacen por medio del entorno. Las necesidades físicas, sociales, emocionales e intelectuales de los niños indican el tipo de edificación, el tamaño de los muebles, la elección de equipos, la cantidad y los límites de edad de niños del grupo, el número de docentes que guiarán y supervisarán y las adjudicaciones de presupuesto. Guiados por principios de desarrollo infantil, los maestros emparejan la instalación con los niños que aprenderán y jugarán ahí. La individualidad de un grupo de niños en particular, de una escuela y de su filosofía, se expresa por la disposición de los factores ambientales. Lo primero y más importante, entonces, son las preguntas ¿Quiénes son los niños que utilizarán este espacio?, ¿cuáles son sus necesidades?, ¿cómo pueden satisfacerse esas necesidades en este escenario en particular?

Rutinas. ¿Qué se entiende por una **rutina**? Las rutinas son el marco de los programas para niños pequeños. Una rutina es una constante; cada día se repiten ciertas acciones que dan continuidad y un sentido de orden a la programación. Las rutinas son los ganchos donde se cuelga el calendario del día. ¿Cuándo deben comer los niños?, ¿dormir?, ¿jugar?, ¿estar solos?, ¿estar juntos? Estas preguntas han quedado respondidas por la ubicación de las rutinas. El resto del currículum, actividades artísticas, excursiones, trabajos en madera, funciona a su alrededor. Las rutinas en un entorno de primera infancia incluyen:

- El cuidado de sí mismos (comer, reposar/dormir, vestirse, ir al baño)
- Transiciones entre actividades
- Tiempos en grupo
- Comienzo y final del día o la sesión
- Elegir
- Completar la tarea
- Limpieza de la sala y ordenación del patio

La mayor parte de las rutinas son rituales muy personales e individuales en la vida de los niños. Los niños traen a la escuela una historia firmemente establecida en torno a rutinas, que está profundamente arraigada en su familia y su cultura. Las rutinas dan seguridad a los niños y se enorgullecen de dominarlas; para algunos son también un asunto muy emocional.

Las tareas de cuidado personal, comer, dormir, vestirse e ir al baño, pueden ser cuestiones difíciles entre adultos y niños, virtualmente desde el nacimiento. Todo el mundo puede traer a la mente recuerdos vívidos relacionados con por lo menos una rutina. Parecen convertirse en campos de batalla en donde los niños y los adultos luchan con frecuencia. Muchas veces es acá donde los niños deciden ejercer su primera resistencia en el camino hacia la independencia.

El maestro de primera infancia debe poder manejar la cuestión de las rutinas de cuidado personal con sensibilidad y comprensión. Los niños se acomodan a las rutinas cuando están distribuidas regularmente en el programa diario y cuando hay expectativas claras.

Las rutinas forman parte integral de la creación de un buen entorno para los niños. Los tres factores ambientales sufren la influencia de las rutinas:

1. *Físicos:* Instalaciones en el baño y para comer a la medida de los niños; almacenamiento de cunas, mantas y accesorios para dormir; equipos para almacenar y preparar alimentos.
2. *Temporales:* Lapsos en el programa diario para comer, reposar, ir al baño, ordenar.
3. *Interpersonales:* Actitudes frente a las funciones corporales; voluntad de planificar tareas de cuidado personal; interacciones durante actividades y transiciones; expectativas del personal, los padres y los niños.

Al tener en cuenta las necesidades básicas de los niños en sus planes, los maestros toman conciencia del potencial de aprendizaje que tienen las rutinas corrientes de todos los días. La ilustración 9.13 muestra cómo las rutinas del cuidado personal enseñan a los pequeños destrezas y hábitos importantes. En los cuatro capítulos curriculares de la próxima sección ("¿Qué se enseña?", capítulos 11-14) hay planes específicos para rutinas, transiciones y tiempos en grupo. Son estos tiempos los que proporcionan sensación de seguridad a los niños. Más allá de la planificación de actividades en el interior y al aire libre, los maestros cuidadosos se dan cuenta de que ayudar a los niños en las rutinas de la vida diaria les proporciona un apuntalamiento sólido para el aprendizaje posterior.

Los docentes

¿Qué se ha hecho para satisfacer las necesidades de los docentes?, ¿tienen una oficina?, ¿una sala de profesores?, ¿un lugar donde celebrar conversaciones?, ¿dónde guardan sus pertenencias personales o el material que traen para utilizar en la escuela?, ¿tienen donde estacionar? Todos los maestros necesitan espacio para crear material curricular, para evaluar sus programas, para repasar otro material educativo, para reunirse con sus colegas. Investigaciones recientes (Whitebrook, 1996) indican que el entorno de trabajo de los cuidadores (incluyendo el contexto general del escenario, oportunidades de desarrollo profesional, estatus y sueldo) es importante para predecir la calidad de atención que reciban los niños. Lo bien provistos que estén los maestros ayuda a determinar la atmósfera que establecerán en sus clases.

Los padres

Las necesidades de los padres serán diferentes, según a quién atienda el programa. Los padres que traen sus niños a atención infantil o a la escuela necesitan lugares de estacionamiento adecuados y seguros. En los sitios donde los padres tienen libertad de quedarse, es conveniente contar con una sala de lectura, una biblioteca de referencia o un lugar cómodo para hablar con otros padres. Los padres que participan en una clase son recibidos por un maestro, se les asigna un lugar para colocar sus cosas y se les da un colgante de identificación y una tarjeta de tareas.

Hay muchas razones para que los padres deseen ponerse en contacto con la escuela o centro. ¿Existen maneras de que los padres se comuniquen con maestros y niños en las emergencias?, ¿cómo de acogedor es el entorno para los padres, al entrar en el edificio?, ¿la oficina?, ¿el aula?, ¿qué dice el entorno sobre la participación y el interés de los padres?

Para satisfacer las necesidades de los padres, el maestro puede hacer que el entorno sea accesible y acogedor de diversas maneras. Fijar avisos con números telefónicos en los que puede localizar a autoridades escolares y maestros cuando la escuela está cerrada asegura a los padres que los docentes están disponibles en cualquier momento que los necesiten. Se puede poner en la pared un tablón para anuncios de la comunidad y para uso de los padres, junto con bolsillos para correspondencia. Puede cruzarse comunicación escrita entre padres y maestros y entre familias. Trabajar con los padres es vital para crear un foco antiprejuicios y de autoayuda en la educación y cuidado infantil. Enseñar con esta perspectiva es más probable que cree cambios positivos en la vida de los niños cuando los padres están incluidos en el proceso. La clase que ofrece a los padres un maestro con autoridad y otros recursos útiles les ayuda a sentir que sus hijos son importantes.

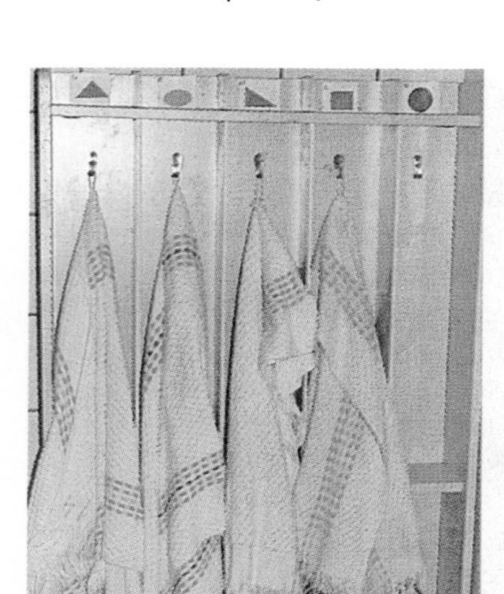

Ilustración 9.12 La autoayuda es una meta internacional. Los cepillos de dientes y las toallas están al alcance de los niños en los centros de Reggio Emilia, en Italia. A la izquierda, las toallas están codificadas con colores y formas fácilmente reconocibles en un centro de atención infantil de Rusia. (Cortesía de la ciudad de Reggio Emilia, Italia.)

Salud y seguridad en el entorno

Cualquiera que sea el número de niños en el lugar y cuánto tiempo permanezcan, la primera prioridad es procurar su salud y seguridad. La salud, la seguridad y la nutrición están estrechamente relacionadas, porque la calidad de una afecta a la de las demás (Marotz, Rush y Cross, 1993). Por lo tanto, los programas para niños deben establecer políticas que procuren la protección, la atención y la educación en salud y seguridad en todo momento. Las reglamentaciones del gobierno y las recomendaciones profesionales varían, pero todas establecen algún tipo de estándares para asegurar prácticas sanas y sin riesgos. Por ejemplo, he aquí varios documentos clave para los maestros:

- *Keeping Healthy: Parents, Teachers, and Children* (NAEYC, 1995)
- *Healthy Young Children: A Manual for Programs* (NAEYC, 1994)
- *Stepping Stones to Caring for Our Children* (National Resource Center, 1997)
- *Serving Children with HIV Infection in Child Day Care* (Pressma & Emery, 1991)
- *The ABCs of Safe and Healthy Child Care* (Centers for Disease Control and Prevention, 1997)

Mantener sanos a los niños

Sanidad. Cuando los grupos humanos viven en proximidad, las condiciones sanitarias apropiadas son una exigencia para impedir la transmisión de enfermedades. En un centro de primera infancia la edificación debe tener instalaciones adecuadas de lavabos e inodoros para los niños y los adultos. El número y el tamaño de los inodoros y lavabos suele estar prescrito por las agencias reguladoras de sanidad local u otras. Los niños no se dan cuenta de su papel al diseminar gérmenes, sobre todo cuando sus manitas húmedas y tibias tocan y manejan todo. Por medio de recordatorios suaves y ejemplos de comportamiento, los maestros ayudan a los niños a aprender el *hábito* de lavarse las manos en momentos importantes, como antes de la merienda y las comidas.

Las aulas exigen limpieza diaria y los equipos que se utilizan con regularidad deberían desinfectarse periódicamente. Es preciso emplear pintura no tóxica en todas las circunstancias, incluyendo equipos de exteriores, cunas y para actividades artísticas con los niños. La ropa para disfrazarse, las almohadas, mantas para la siesta y juguetes de acurrucar, todo necesita lavarse regularmente, ya sea en la casa o en la escuela.

La naturaleza de los cuidados preventivos en el entorno educativo se ha ampliado en la última década.

- **Comiendo se aprende sobre la salud:**
  Presentación de alimentos nuevos y diferentes, buenos hábitos de nutrición
- **Comiendo se aprenden destrezas sociales:**
  Cómo manejarse cuando se come en grupo, centrar la atención en comer y conversar, comportamiento y modales aceptables en la mesa
- **Comiendo se mejora la motricidad fina:**
  Servir líquidos, manejar cucharas y tenedores, servirse, beber y comer sin derramar
- **Comiendo se aprende independencia:**
  Encontrar el lugar de uno y poner la mesa, servirse, elegir, limpiar a las horas de la merienda y el almuerzo
- **Comiendo se aprenden diferencias individuales:**
  Cosas que gustan y que no gustan, elección de comidas, rapidez para comer
- **Descansar y dormir enseñan sobre la salud:**
  Destrezas de cuidado personal, hábitos de relajación, equilibrio interno y cambio de ritmo, alternar actividades para permitir que el cuerpo repose
- **Descansar y dormir enseñan independencia:**
  Preparar el lugar de reposo, elegir libro o juguete y ordenar la cama después del descanso
- **Vestirse enseña independencia:**
  Conciencia de sí mismo: tamaño de la ropa, comparaciones entre ropa de niñas y varones, pequeños y mayores, niños más altos y más bajos, con o sin pañales o pantalones especiales

  Autoestima: cuidar del propio cuerpo, elegir la ropa
- **Vestirse mejora la motricidad fina:**
  Cómo arreglárselas con broches, botones y cierres, manejar todas las prendas, maniobrar para ponerse o quitarse un traje para nieve o una chaqueta, emparejar las manos y pies con los guantes y las botas o zapatos
- **Ir al baño enseña destrezas emocionales:**
  Conciencia de sí mismo: funciones corporales, aprender los nombres y las sensaciones físicas que acompañan a las funciones del cuerpo

  Identidad propia: comparación entre niñas y varones (sentadas versus de pie)

  Autoestima: cuidar del propio cuerpo sin sensación de culpa, miedo, vergüenza

  Sexualidad humana: en un entorno natural, promueve actitudes sanas con respecto al cuerpo y sus funciones; que los adultos pueden aceptar, ser abiertos y dar seguridad sobre el cuerpo y su cuidado

Ilustración 9.13 Cada rutina se puede emplear como vehículo para aprender dentro del entorno.

Estado físico	Sugerencias
1. Alergias y asma	Coloque una lista de todos los niños con afecciones crónicas; compruebe los ingredientes de los alimentos; observe qué desencadena reacciones.
2. Raspaduras y cortes	Dé seguridad y comprensión al niño; vigile que se lave con una gasa con jabón y haga comentarios cariñosos, contra la hinchazón use compresas de hielo o arvejas congeladas en una toalla
3. Golpes en la cabeza	Notifique a los padres de cualquier pérdida del conocimiento y observe si hay síntomas durante 2 ó 3 días.
4. Arena en los ojos	Recuerde al niño "¡No te frotes!", hágale lavar las manos y cubra el ojo con pañuelo de papel; las lágrimas normales llevarán la arena al lagrimal, quítela con papel limpio.
5. Astillas	Limpie la zona con alcohol y retire con pinzas o cubra con cinta adhesiva y deje que los padres la saquen.
6. Conjuntivitis	La conjuntivitis es muy contagiosa; vigile si se frota mucho los ojos y los tiene enrojecidos; haga que el niño se lave las manos; mántengalo aislado, con juguetes lavables, hasta que los padres se lo lleven a casa y reciba tratamiento.
7. Piojos	Molestos pero no peligrosos; lave la ropa que se comparta, animales de felpa, ropa de cama; pase la aspiradora en alfombras y muebles; retire sombreros, peines y cepillos del área de representaciones; mande aviso a la casa e inspeccione el cabello de los niños durante 2 ó 3 semanas.
8. Varicela	Aisle al niño hasta que los padres lo recojan; alerte a todos los padres sobre el periodo de contagio; vigile la aparición de síntomas en todos los niños durante 3 semanas después de la exposición al contagio.
9. Afecciones de garganta por estreptococos	Envíe avisos a la casa; lave todo el equipo que podría estar contaminado.
10. Tos persistente	Al principio, envíe el niño a casa hasta que se le haga una evaluación; tomar líquidos con frecuencia produce alivio; la tos puede durar hasta dos semanas; si es más, puede tratarse de infección o alergia.

Ilustración 9.14 Los maestros necesitan entrenamiento en primeros auxilios y resucitación cardiopulmonar (CPR); además, unos conocimientos básicos de los problemas corrientes de salud en la escuela ayuda al docente a cuidar de los niños. (Adaptado de Needlman R., y Needlman, G. [1995, noviembre/diciembre]. 10 most common health problems in school. *Scholastic Early Childhood Today*.)

El conocimiento de cómo se difunden las enfermedades y la preocupación por enfermedades infecciosas como la hepatitis B y el contagio del virus de inmunodeficiencia humana (VIH) han aumentado la conciencia sobre la clase de prácticas que deben realizar los maestros diariamente. Incluyen *lavado de manos* (el número 1 de los modos de impedir la diseminación innecesaria de gérmenes) y un enfoque conocido como *Precauciones universales* o *estándar*.

Como no podemos garantizar el estado infeccioso de un individuo, es muy importante seguir siempre los procedimientos universales de seguridad con todos los niños. Los pasos que mantienen una barrera ente las personas y la sangre se pueden aplicar no sólo a las infecciones transmitidas por la sangre. Todos los programas deberían estar equipados con juegos de guantes de goma y bolsas de plástico para manejar y desechar cualquier cosa que tenga sangre o material fecal. Como la piel intacta es una barrera natural contra las enfermedades, no siempre es necesario o posible utilizar guantes, pero es esencial lavarse las manos de inmediato después de cualquier actividad fisiológica. Todas las áreas para comer, cambiar pañales o cumplir funciones fisiológicas deben limpiarse y desinfectarse, utilizando una solución clorada después de eliminar cualquier suciedad visible.

Temperatura, ventilación e iluminación. La calefacción y la ventilación deberían ser cómodas para el nivel de actividad de los niños y cambiar cuando lo hagan las condiciones atmosféricas. Es imprescindible una iluminación adecuada, que no deslumbre. Los estudios indican que la iluminación uniforme, fluorescente, puede no ser el mejor entorno para los niños; por lo tanto, es preferible una mezcla de fuentes de luz como en los hogares (d, 1995). Las salas deberían tener algún medio de controlar la luz (pantallas, persianas). Es necesaria la ventilación cruzada en todas las salas donde los niños comen, duermen o juegan. La calefacción y el aislamiento convenientes son importantes.

Enfermedades contagiosas. Es un asunto importante cuando se trata con niños pequeños atendidos en grupos. Algunos cuestionan si será aconsejable la atención en grupo de los más pequeños, sobre la base de que expone a los niños a muchas enfermedades. Otros alegan que tal exposición a edad temprana ayuda a los niños a crear resistencia y que son realmente más fuertes y sanos para cuando entran a los grados de primaria. En el mayor estudio hecho hasta ahora en Estados Unidos sobre salud infantil, los Centers for Disease Control and Prevention (Centros para el control y prevención de enfermedades) llegaron a la conclusión de que, aunque los lactantes y niños en edad de caminar enfrentan un riesgo mayor de resfríos y virus, no se veía que la atención diurna aumentara las enfermedades de los niños a edades superiores ni como riesgo en general (CDC, 1997).

Se debe notificar a los padres cuando ocurren en el aula enfermedades infantiles normales (como varicela) o problemas comunes (como los piojos). Las infecciones de especial interés para los adultos incluyen varicela, hepatitis A y citomegalovirus (CMV). Una descripción de los síntomas y las fechas de exposición y el periodo de incubación puede ser útil para los padres. Así podrán ayudar a la escuela a controlar la difusión de la enfermedad en cuestión.

En la atención en grupo, los niños pueden contraer bastantes resfríos y virus, en especial cuando comen y duermen cerca unos de otros. La ilustración 9.14 resume los diez problemas de salud más comunes en la escuela, con consejos para ocuparse de ellos. La escuela y su personal tienen la responsabilidad de asegurar que se instituyen y conservan buenos niveles sanitarios para mantener las enfermedades reducidas al mínimo.

Valoración de salud y normas de la escuela. Cada centro de primera infancia debería establecer normas de salud claras y hacerlas conocer a los padres. Una inspección diaria de cada niño ayudará a los adultos a detectar flujo nasal, ojos inflamados y condiciones de piel y garganta de naturaleza dudosa. Esta comprobación cotidiana separará a los casos más serios de niños demasiado enfermos para permanecer en la escuela y puede ser efectuada por un maestro, enfermero o administrador. Educando a los padres sobre las señales de advertencia de las enfermedades se favorecerá la atención de los niños enfermos en el hogar.

Es muy importante que la escuela informe a los padres sobre lo que sucede cuando no se permite la entrada a los niños o cuando se ponen enfermos durante el día escolar. Toda escuela debería ofrecer un lugar para niños enfermos donde pudieran aislarse de los demás, mantenerlos bajo supervisión y tenerlos cómodos hasta que los recojan. Por su parte, los padres deben tomar medidas para que los niños sean atendidos en otra parte si no pueden llevárselos a casa. Las normas de la escuela sobre estas cuestiones deben ser *explícitas* y cumplirse de forma coherente y considerada por el bien de todos los niños.

Los maestros deben tener sensibilidad ante los sentimientos y la situación de los padres cuando mandan a casa a un niño enfermo. Esta situación produce a menudo sentimientos de culpa en los padres y estrés laboral. Los padres que trabajan pueden necesitar ayuda de la escuela para ubicar alternativas de atención para el niño enfermo.

La mayoría de las escuelas requieren, en cumplimiento de leyes locales o estatales, que un médico examine y dé permiso al niño para participar en un programa de educación infantil antes de que pueda incorporarse al programa. Esto incluye una cartilla de vacunación y del estado general de salud del niño. Además, los padres deben presentar un historial de su hijo, destacando los hábitos de comida, sueño y evacuación. Es crucial anotar cualquier restricción por dieta o alergias y luego ponerlas en la clase como recordatorio.

Nutrición. Lo que los niños comen también es importante para su buena salud. Los lugares donde se prepara y guarda la comida deben mantenerse especialmente limpios. El niño que toma comidas y meriendas regulares y nutritivas estará probablemente más sano y menos susceptible a las enfermedades. Muchos niños carecen de los beneficios de comidas y meriendas saludables. Algunos no reciben comida adecuada en el hogar; otros están acostumbrados a golosinas cargadas de azúcar y a "comida rápida". La educación sobre nutrición se hace responsabilidad de una escuela interesada en la salud y el desarrollo físico de los niños. La necesidad de educar a los padres con respecto a nutrición infantil existe en virtualmente todos los programas de primera infancia, sea cual sea el estatus social o económico. Algunos centros establecen reglamentaciones sobre alimentación, intentando asegurar que se sirvan comidas nutricionalmente buenas a los niños. La mayoría de las escuelas intentan proporcionar una atmósfera tranquila a las horas de comer. Se les pide a los niños que se sienten y coman, compartiendo conversación además de alimentos. Como desde muy pronto en la vida se establecen patrones de alimentación que durarán para siempre, los maestros de niños pequeños tienen la responsabilidad de comprender el papel crucial que desempeña la nutrición en el desarrollo total del niño.

Ropa. La salud y la seguridad de los niños se ven afectadas por la ropa que usan. Una manera sencilla de asegurarse de que los niños se conservan sanos es animarlos a que se vistan apropiadamente para jugar y según las diferentes condiciones climáticas. Los niños necesitan ropa con la que puedan estar activos, que no ciña y que sea fácil de quitar y de limpiar. Para fomentar un entorno de autoayuda, los padres y maestros deben proporcionar ropa que los niños puedan manejar solos (cinturas elásticas, uniones Velcro, cierres grandes). Los pantalones son una buena opción tanto para los varones como para las niñas; los vestidos largos pueden representar un peligro al trepar, correr o subir y bajar escalones. Los zapatos más seguros para jugar

Ilustración 9.15 Los niños necesitan ropa con la que puedan ser activos, juguetones ¡y estar sucios!

activamente deben tener suela de goma o compuestos. Siempre que sea posible, conviene tener mudas de ropa en la escuela.

Salud del personal. Los centros de primera infancia responsables favorecen y mantienen un personal sano. Los maestros deben gozar de buena salud física y mental para dar lo mejor de sí con los niños. Lo prudente es comprobar las reglamentaciones y prestaciones de salud de la escuela cuando se toma un empleo en ella. Muchos estados exigen una radiografía de pecho anual como condición de empleo. La normativa sobre licencias por enfermedad debe estar claramente expresada e impresa.

La educación de primera infancia es un trabajo intenso que implica contacto personal cercano. La mayoría de los maestros trabajan muchas horas, a menudo con sueldos bajos y pocas prestaciones de salud, y con clientes en diversos estados de salud. Tales condiciones de trabajo producen fatiga y estrés, lo que puede conducir a enfermedades u otros problemas relacionados con el estrés.

Custodiando la seguridad de los niños

Además de la supervisión continua del espacio interior y exterior, todo se planifica teniendo presente la seguridad de los niños. Crear un entorno libre de peligros que sin embargo permita cierto riesgo y desafío para los niños exige observación cuidadosa y atención a los detalles. Un paseo rápido por la sala y el patio revelará los problemas en potencia:

- ¿Hay esquinas agudas a la altura de los niños?
- ¿Los bordes de las alfombras están enredados o sueltos?
- ¿Se utilizan superficies absorbentes donde haya agua?, ¿se dispone fácilmente de trapos y toallas si se derrama algo?
- ¿El agua caliente está fuera del alcance de los niños?
- ¿Se permite que los niños corran en el interior?
- ¿Hay reglas sobre el uso de tijeras, martillos y cuchillos por los niños?
- ¿Se explican las reglas de seguridad a los niños y las hacen cumplir los adultos?
- ¿Están cubiertas las tomas de electricidad cuando no se usan?
- ¿Hay puertas en los huecos de escaleras?
- ¿Supervisan los adultos la utilización de prolongadores y artefactos eléctricos?
- ¿Se retiran rápidamente los elementos rotos?
- ¿Las vallas son lo bastante altas y se pueden tocar sin peligro?
- ¿Existen áreas donde los juguetes con ruedas se puedan mover libremente sin temor colisiones?
- ¿Los columpios están colocados lejos de las zonas de paso y separados por setos o vallas?
- ¿Puede quedarse atrapado el pie o el tobillo de un niño en algún equipo; bajo una valla de cadenas?
- ¿El flujo de tránsito en el patio de juegos es ágil?
- ¿Los juguetes son seguros para el uso infantil?

Además, con una estimación de 12 a 15 millones de niños participando en deportes organizados cada año (Nelson y Raymond, 1989), las cuestiones de seguridad son de importancia capital para los niños en edad escolar. Los adultos sirven de enlace entre los niños y los deportes y son el medio principal de prevención de heridas y accidentes.

Ilustración 9.16 Asegúrese de que los columpios están lejos de la zona de paso y separados como para que otros niños puedan mantenerse a distancia prudencial.

La ilustración 9.18 es una lista de comprobación de seguridad para las áreas interiores; la ilustración 12.9 muestra cómo hacer que los patios sean seguros.

Primeros auxilios. Toda escuela debe establecer procedimientos para ocuparse de los niños que se lastimen en el recinto. Se debería requerir instrucción en primeros auxilios a todos los maestros y proporcionársela como parte de su formación en el trabajo. Los maestros deberían saber tratar golpes y moratones, pequeños cortes y raspaduras, hemorragias, astillas, mordeduras y picaduras, ataques, torceduras, huesos rotos y quemaduras de poca importancia.[1] En cada aula debería haber dos botiquines de primeros auxilios. Uno para utilizarse en el aula y el patio; el otro para llevarlo en las excursiones. Cada botiquín debería estar bien a mano para los adultos, pero fuera del alcance de los niños, y su contenido se debe completar regularmente.

Cerca del teléfono en cada sala deben figurar los números de emergencias, incluyendo los de ambulan-

LA DIVERSIDAD DE NUESTRO MUNDO LA DIVERSIDAD DE NUESTRO MUNDO LA DIVERSIDAD DE NUESTRO MUNDO LA DIVERSIDAD DE NUESTRO MUNDO LA DIVERSIDAD DE NUESTRO MUNDO

1 Todos los maestros deberían recibir formación en la utilización de precauciones universales de salud con todos los niños. Los maestros no deben hacer suposiciones sobre quién corre peligro y quién no en cuanto a infección VIH o hepatitis.

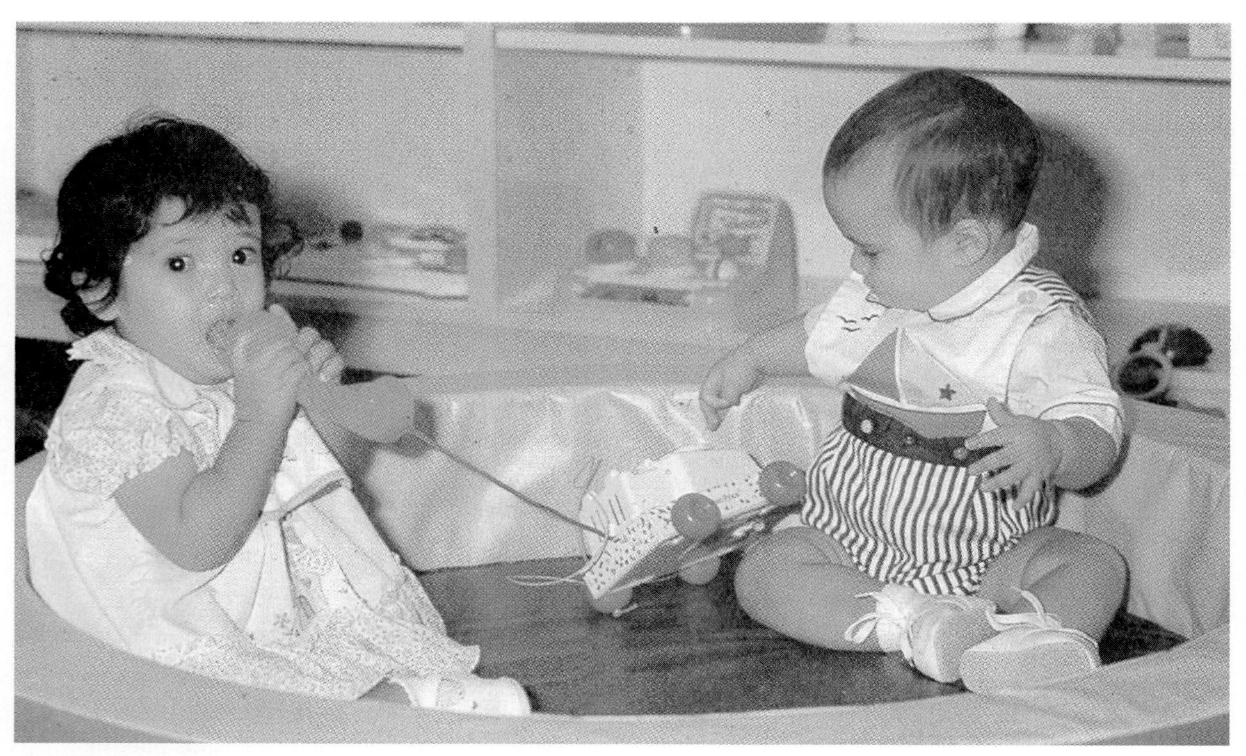

Ilustración 9.17 Cuando se planifica para los niños más pequeños, el maestro debe revisar con cuidado los juguetes, ya que las criaturas los exploran con todos sus sentidos.

cias, bomberos, policía, departamento de sanidad, hospital más próximo y un médico de consulta (si lo hay). Todas las familias inscritas en la escuela deben estar al tanto de la normativa de ésta con respecto a heridas en el recinto y deben proporcionar a la escuela información sobre emergencias para cada niño: el nombre de su médico, cómo localizar a los padres y quién más podría hacerse cargo del niño herido si no se puede ubicar a los padres. La escuela, a su vez, tiene que notificar a los padres de toda herida que sufra el niño durante la jornada escolar.

Desastres naturales. La mayoría de los adultos están familiarizados con la preparación más común para desastres, el zafarrancho de incendio. La mayor parte de las reglamentaciones sobre incendios exigen que haya extintores en buen estado de funcionamiento en todas las aulas y en el área de cocina. Las salidas de incendios, las alarmas y los escapes de incendios deben estar bien marcados y en correcto estado de funcionamiento. Niños y maestros deberían participar regularmente en zafarranchos de incendios. Otros desastres naturales varían según la ubicación geográfica; ayudar a los niños a prepararse para terremotos, tornados, huracanes, inundaciones y tormentas de nieve incluirá participar en ensayos para tales desastres. La preparación adecuada incluirá la eliminación de peligros potenciales (por ejemplo, atornillar las estanterías de libros), establecer un plan de respuesta coordinada (un plan de emergencias "¡Código azul!" debería contar con la participación de niños, padres, todo el personal y las agencias locales para emergencias) y, en algunas zonas del país, realizar simulacros regulares de terremotos y tornados. Estas experiencias pueden recordar a los padres la necesidad de establecer procedimientos similares en el hogar.

Seguridad en automóviles. La seguridad en automóviles es una preocupación relacionada cuando se consideran los peligros potenciales para niños preescolares. El uso de asientos y cinturones aprobados para los niños que viajan en automóviles ha recibido atención en el ámbito nacional en los últimos años. Algunos estados aprobaron legislación que exige

LISTA DE SEGURIDAD PARA ENTORNOS INTERIORES

_____ Personas que vigilan a los niños (en las entradas, en el interior, al aire libre)

_____ Primeros auxilios y emergencias:
- ___ Materiales fácilmente accesibles para los adultos, fuera del alcance de los niños y repuestos y actualizados regularmente
- ___ Adultos entrenados en primeros auxilios y CPR regularmente y familiarizados con rutinas para emergencias

_____ Enchufes de seguridad en todos los tomacorrientes

_____ Cables:
- ___ Cables eléctricos fuera del alcance de los niños; evite utilizar prolongadores
- ___ Cordones de cortinas y ventanas, tiras y varas para ventanas, fuera del alcance de los niños

_____ Esteras y alfombras bien sujetas para evitar que resbalen

_____ Puertas:
- ___ Hechas para abrirse y cerrarse lentamente
- ___ Todas de acceso claro, salidas marcadas y no bloqueadas

_____ Casilleros y armarios:
- ___ Atornillados a las paredes (o adosados unos a otros)
- ___ Armarios equipados con cierres a prueba de niños
- ___ Cualquier material peligroso en área cerrada con llave

_____ Juguetes:
- ___ En buen estado; sin astillas ni bordes agudos o rotos
- ___ Verifique si el tamaño es apropiado para los más pequeños (adquiera un aparato para medir seguridad de tamaño, o calcule que no sobrepase el del puño de un niño)
- ___ Compruebe que no se quita la pintura

_____ Plantas y animales:
- ___ Plantas no venenosas *solamente*
- ___ Compruebe las jaulas de los animales regularmente
- ___ Supervise con cuidado el manejo de animales
- ___ Guarde la comida para animales fuera del alcance de los niños

_____ Material de los adultos:
- ___ Conserve las carteras, bolsos, etc. de los adultos lejos de los niños
- ___ Evite las bebidas calientes cerca de los chicos
- ___ No fumar en las áreas de los niños

_____ Cocina y almacén:
- ___ Se permite la entrada a los niños *sólo* bajo supervisión de un adulto
- ___ Material tóxico o peligroso guardado en área cerrada con llave

Ilustración 9.18 La seguridad infantil es de importancia primordial para los maestros y cuidadores. Una evaluación esmerada y controles regulares de seguridad eliminan materiales y condiciones peligrosos en los espacios para los niños.

la utilización de dispositivos específicos para proporcionar un viaje más seguro a los niños. Tanto si van a la escuela a pie como si no, los niños también deben estar al tanto de las reglas básicas para cruzar las calles. El estacionamiento de la escuela puede ser ocasión de peligros a menos que la escuela dé normas a los padres con respecto a las necesidades de seguridad de los niños. Existen riesgos potenciales cuando automóviles y niños ocupan el mismo espacio. No se debería dejar a los niños sin atención en los estacionamientos.

Mantenimiento del bienestar infantil

El entorno general de los niños toma en consideración muchos factores. Para proporcionar a los niños *salud y seguridad*, los maestros consideran cuidadosamente el entorno físico, sus materiales, los equipos y la forma en que están dispuestos y presentados (ver ilustración 9.18). Otro factor en el cuidado y la educación de los niños es su *bienestar*. Los niños pequeños están creciendo en un mundo amenazado por la violencia fuera y en el hogar, el abuso de drogas, conflictos sin resolver entre adultos y bombardeo constante de la televisión y otros medios. Este capítulo, además de los dedicados al currículum, demuestra la importancia de que los maestros encaren cuestiones de racismo, discriminación por sexo o discapacidad, y también ayuden a los niños a hacer frente a crecer en una era de guerra nuclear y televisión[1] (Carlsson-Paige y Levin, 1990; Derman-Sparks et al., 1989).

La salud, la seguridad, las necesidades nutricionales y el bienestar emocional de los niños son de primordial y fundamental importancia. La National Academy of Early Childhood Programs ha establecido pautas explícitas para servicios de salud, seguridad, nutrición y alimentación (NAEYC, 1991). Cuando se protegen las necesidades básicas de los niños, se echan los cimientos de un desarrollo sano.

CREACIÓN DEL ENTORNO

El entorno físico

Cada escenario educativo se organiza fundamentalmente en torno al espacio físico. Significa que los maestros trabajan con el tamaño y las limitaciones de las instalaciones, tanto en el interior como al aire libre. El edificio en sí puede ser nuevo y diseñado específicamente para niños pequeños. En Reggio Emilia, por ejemplo, es el entorno el que crea una atmósfera de descubrimiento. Como explica el fundador, Louis Malaguzzi (Edwards et al., 1993):

> Hay un vestíbulo de entrada, que informa y documenta y que anticipa la forma y la organización de la escuela. Conduce al salón comedor, con la cocina bien a la vista. El vestíbulo lleva al espacio central, o *piazza*, el lugar de los encuentros, las amistades, los juegos y otras actividades que completan las de las aulas. Las aulas y las habitaciones de servicios están a cierta distancia pero conectadas con el área central. Cada aula está dividida en dos salas contiguas...para permtir que los niños estén con maestros o solos... Además de las aulas, hemos establecido el *atelier*, el estudio de la escuela y su laboratorio, como lugar para manipular o experimentar.

Lo más probable, sin embargo, es que se trate de una casa o negocio transformado, el sótano de una iglesia, un salón parroquial o un aula de primaria. A veces un programa comparte espacio con otro grupo, así que los muebles se trasladan todos los días o semanalmente. Los programas de atención infantil en familia funcionan en un domicilio privado; por lo tanto, se hacen adaptaciones en el espacio para los niños y la familia que vive ahí. Puede haber un patio grande o no existir ninguno. Algunos patios de juegos están en la terraza del edificio, o un parque al otro lado de la calle puede servir como único lugar de juegos. (Véase la sección sobre patios de juegos en el capítulo 12.)

Otras limitaciones se deben a condiciones atmosféricas. Los juegos al aire libre, y por lo tanto los equipos para motricidad gruesa, pueden no ser posibles durante el invierno, por lo que se necesita espacio para juegos activos y enérgicos en el interior. Los meses calurosos del verano pueden dificultar ciertos tipos de juegos si la sombra en el exterior es escasa o nula. Hay que considerar las condiciones climáticas cuando se planifican programas para niños.

LA DIVERSIDAD DE NUESTRO MUNDO LA DIVERSIDAD DE NUESTRO MUNDO LA DIVERSIDAD DE NUESTRO MUNDO LA DIVERSIDAD DE NUESTRO MUNDO LA DIVERSIDAD DE NUESTRO MUNDO

[1] El educador de primera infancia preparado está bien informado de una amplitud de temas que desafían a nuestra sociedad.

Ilustración 9.19 Los programas para primera infancia se ocupan de que los niños jueguen y trabajen solos y juntos, con amigos y maestros, en el interior y al aire libre.

Ilustración 9.20 Hasta los pasillos cumplen una función en las escuelas de Reggio Emilia, en Italia. (Cortesía de la ciudad de Reggio Emilia, Italia.)

Los programas para la primera infancia tienen necesidades específicas que han de satisfacer los edificios que ocupan. Aunque la elección de edificio sea determinada, en general, por lo que haya disponible, como mínimo la ubicación debería tener posibilidades para:

Jugar/trabajar	Preparar alimentos
Comer	Almacenar
Lavarse/ir al baño	Oficinas/lugar de trabajo para docentes
Dormir/reposar	Ropa y abrigos

Idealmente, en el lugar debería haber espacio suficiente para albergar estas diversas actividades de forma separada. En la práctica, sin embargo, las salas sirven propósitos múltiples y más de un tipo de acciones tienen lugar en el mismo espacio. Una sala de juegos funciona también como área de comedor, porque también requiere mesas y sillas. Cuando una sala en una escuela sirve para muchos propósitos (jugar, comer, dormir) es imprescindible tener espacio de almacenamiento adecuado y a mano. Harms y Clifford (1989) enumeran como soporte ambiental importante para cada una de estas áreas:

1. Rutinas de cuidado personal
2. Accesorios apropiados y espacio para mostrar
3. Experiencias de lenguaje y razonamiento
4. Actividades de motricidad fina y gruesa
5. Actividades creativas
6. Experiencias de desarrollo social
7. Necesidades personales y profesionales de los adultos en el programa

Vale la pena considerar la cantidad de tiempo que el maestro necesita para preparar la sala para cada cambio de actividad cuando se planifica el programa diario.

Requisitos generales

Las aulas en la planta baja son preferibles para los niños pequeños, para que puedan entrar y salir con relativa facilidad y seguridad. Para reducir el ruido, se deberían insonorizar las paredes y techos. Alfombras, cortinados y otras telas a prueba de incendios ayudarán a amortiguar el sonido en la sala. Los pisos deben ser durables, higiénicos y fáciles de limpiar. No debe haber corrientes de aire. Hay que pasar la aspiradora en las alfombras todos los días. El tamaño de las salas debe ser suficiente para permitir libertad de movimientos y oportunidad de jugar sin interferencias. Algunas oficinas de autorización pueden sugerir estándares mínimos para el tamaño de salas y patios.

Muchas agencias locales y estatales tienen reglamentaciones sobre el uso del espacio para los niños en situaciones de atención en grupo. Es preciso consultar al jefe de bomberos, el departamento de salud y agencias similares y cumplir sus reglamentaciones. Al organizar el espacio, es prudente tener en cuenta sus requerimientos.

La National Academy of Early Childhood Programs (NAEYC, 1991) ha desarrollado pautas para instalaciones interiores y exteriores que favorezcan el crecimiento óptimo. Además del espacio de suelo y para jugar (mínimo 3,22 metros cuadrados en el interior y 6,90 metros cuadrados en el exterior), las pautas indican cómo disponer áreas de actividad adaptadas a los niños y qué materiales son seguros, limpios y atractivos. Harms y Clifford (1989) han creado escalas de calificación del entorno que se usan mucho. Las secciones "Material y equipos" y "Organización el espacio" en este capítulo toman datos de estos dos trabajos ejemplares, que se citan en la bibliografía del capítulo.

Baños

Los baños deben estar adyacentes a las áreas de jugar y dormir y fáciles de acceder desde el exterior. Es preferible tener lavabos e inodoros de tamaño infantil, pero si no se dispone de ellos, se puede construir un

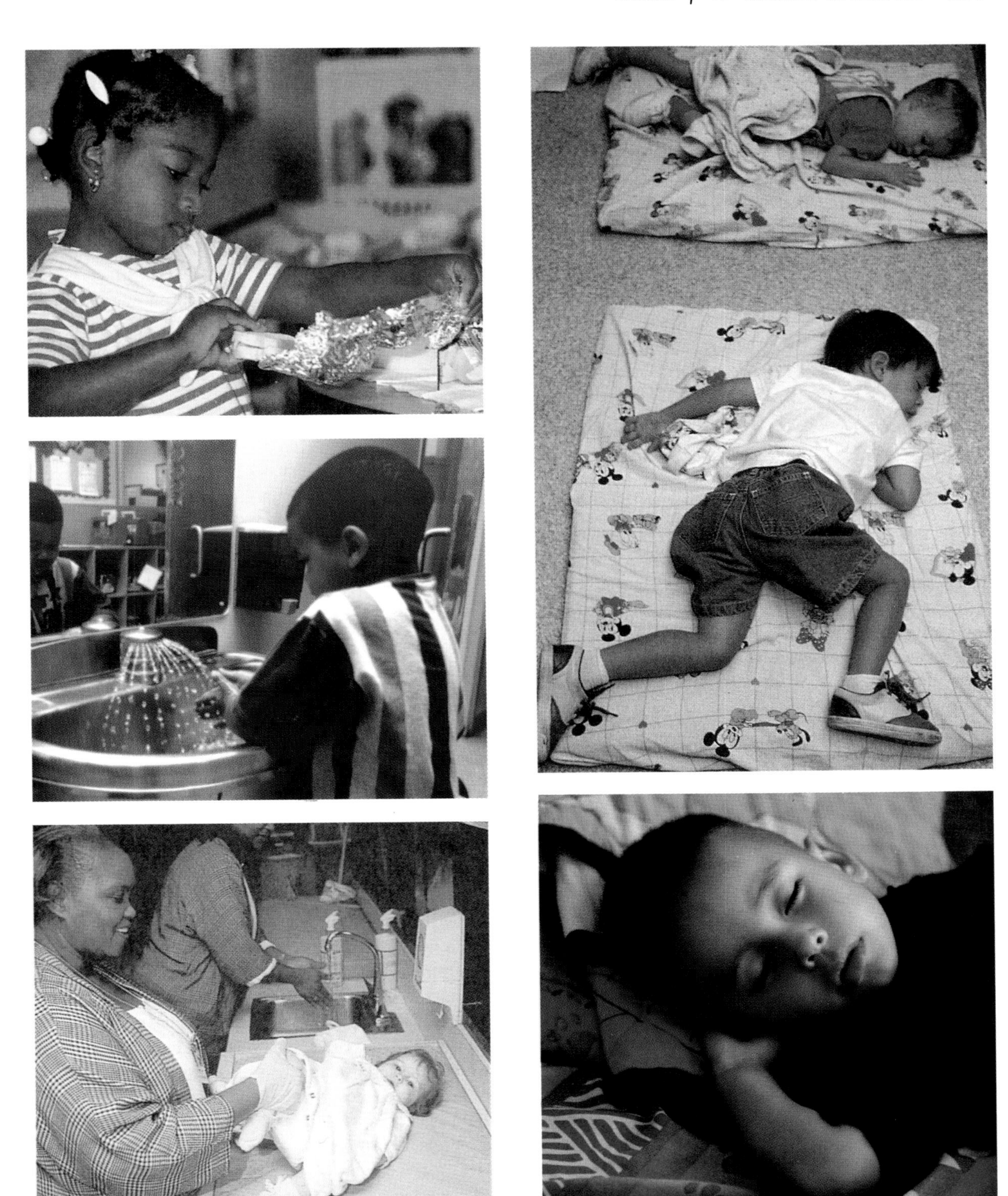

Ilustración 9.21 Cada rutina, comer, descansar, lavarse las manos, dormir y cambiar pañales, tiene un lugar en el aula de primera infancia.

escalón o una plataforma. En la mayor parte de los escenarios para la infancia, los baños carecen de puertas, para más fácil supervisión. Las instalaciones sanitarias para los niños deben ser luminosas, ventiladas, atractivas y lo bastante grandes para admitir a varios niños al mismo tiempo. Es conveniente tener un extractor. Los dispensadores de toallas de papel deben estar a la altura del niño, con papeleras colocadas al lado.

Si el programa incluye cambios de pañales, las áreas para este fin deben estar definidas claramente y cerca de un lugar donde lavarse las manos. Hay que poner a la vista reglamentaciones sobre lavado de manos para el personal y destinar un área al registro de los patrones de evacuación e higiene de los niños. Hay que usar botes cerrados y aerosol germicida y los pañales deben ser abundantes y estar a mano.

Lugar para reposar

Las escuelas que ofrecen lugar para reposar y dormir requieren espacio adecuado para almacenar las camas y ropa de cama. Biombos lo bastante bajos para que permitan la supervisión de los maestros dan privacidad y ayudan a reducir el nivel de ruido.

Las cunas o camas deben estar marcadas con los nombres de los niños y lavarse con regularidad. Deben ubicarse de manera constante y de forma que los niños las sientan como algo familiar, acogedor y privado, no en el centro de la habitación ni en filas. Los maestros pueden hacer un "plano de siesta" que ubica a los niños para que puedan tener el descanso o el sueño que necesitan sin dejar de sentirse parte del grupo.

Al aire libre

Los patios de juegos tradicionales, típicamente en un área llana y estéril, con estructuras de acero como columpios, trepadores, un tobogán y tal vez un tiovivo o subibajas, metidos en cemento y dispuestos en una fila, son malos como sitios para que los niños jueguen, tanto desde la perspectiva de la seguridad como del desarrollo (Frost, 1986). Los niños, desde que empiezan a caminar y en toda la primaria, prefieren el patio creativo o de aventuras, espacios que tienen variedad de equipos fijos y móviles (Campbell y Frost, 1985). Los materiales como arena y agua, las cubiertas, carretes, caballetes de carpintero, tazones o cacerolas, combinadas con estructuras grandes o "casas" al aire libre con algunas partes flexibles, estimulan una gran variedad de juegos, tanto sociales como cognoscitivos (incluyendo constructivos, de representación y de competición).

Un porche amplio o un patio cubierto son ideales para los días de lluvia o cuando el sol es muy fuerte. Con este tipo de protección, muchas actividades se pueden ampliar al área exterior. La planta física debería incluir espacio adecuado para patio de juegos junto al edificio. La diversidad de superficies en el patio añade interés a los juegos y proporciona una cobertura apropiada para actividades al aire libre. Se puede usar corteza en el área de columpios, cemento para los juguetes con ruedas o hierba para debajo de los trepadores. La arena se utiliza para jugar en una zona grande y también en la mesa de actividades sensoriales. No importa cuál sea la superficie, el patio debe tener un buen sistema de drenaje. Los árboles, arbustos y otras plantas darán lugar al sol y a la sombra. Las vallas son *obligatorias*. Deben ser durables, de altura apropiada, sin dar ningún apoyo para que los niños trepen.

Como no hay estándares obligados para la manufactura de los equipos de juego, los adultos que trabajan con niños deben asumir la responsabilidad del diseño del patio. Los maestros pueden familiarizarse con lo publicado, visitar patios de alta calidad y consultar con especialistas en desarrollo infantil cuando seleccionen los equipos. Dada la importancia que los niños otorgan a estar fuera, se aconseja que los maestros concentren sus esfuerzos en forma similar. El capítulo 12 trata de los patios de juegos con mayor detalle.

Servicio de comidas

En todas las escuelas para niños pequeños se sirve algún tipo de refrigerio durante la sesión diaria. En un programa con lactantes, es imprescindible tener leche y alimento para bebés. Ya se trate de una merienda ligera o una comida completa dentro del programa, el centro debe ajustarse a los más rígidos estándares de protección de la salud y medidas de seguridad. Se han de tomar todas las precauciones para asegurar un servicio de comidas con la máxima higiene. Es imprescindible la limpieza diaria de equipos, mostradores, pisos y artefactos. La desinfección apropiada de sillas altas para comer y mesas requiere media taza de solución clorada por cada cinco litros de agua; las botellas de cloro se pueden guardar lejos del alcance de los niños pero a mano para los maestros.

Ilustración 9.22 No importa qué edad tenga el niño, la merienda es una parte favorita del día.

Los distritos escolares locales, "Coordinated Community Child Care" (4Cs) o las oficinas de NAEYC pueden consultarse en busca de pautas para comidas nutritivas, e incluso pueden ofrecer subvenciones económicas. Para los programas de lactantes y niños en edad de caminar, y en muchos de día completo, hay que designar espacio para registrar la información sobre alimentación y suficientes sillas de comer o mesas bajas para impedir largas esperas. Cada edad tiene sus necesidades de servicio de comidas.[1] A los lactantes hay que tenerlos en brazos o sentarlos cerca de un adulto. No se les deben dar a los niños en edad de caminar palomitas de maíz, frutos secos ni zanahorias crudas, por el peligro de ahogos. A todos los niños se les sirve en platos descartables o lavados en lavavajillas con ciclo de desinfección. Es preciso comprobar el estado de conservación de las comidas que traigan de sus casas los niños en edad escolar y de jornada completa. Se debería comunicar a los padres regularmente la información sobre patrones alimenticios, proporciones y necesidades nutricionales.

Material y equipos

La selección del material y los equipos se basa en muchos criterios. Por necesidad, la mayoría de los presupuestos escolares limitan la cantidad de dinero disponible para tales adquisiciones. Para hacer valer cada dólar, los maestros eligen materiales que:

- Sean apropiados para la edad y el desarrollo
- Estén relacionados con el currículum y la filosofía de la escuela
- Reflejen diseño y manufactura de calidad
- Sean durables
- Ofrezcan flexibilidad y variedad de usos
- Tengan características de seguridad (por ejemplo, pinturas no tóxicas, esquinas redondeadas)
- Sean estéticamente atractivos y agradables para los niños (y los adultos)
- Sean fáciles de mantener y reparar
- Reflejen la composición cultural del grupo y la diversidad general de culturas
- No sean sexistas, no tengan estereotipos y sean antiprejuicios

El material debe ser apropiado para una gran gama de habilidades, porque los niños dentro del mismo grupo de edad se desarrollan a ritmos individuales (ilustración 9.23). Tiene importancia seleccionar equipos y juguetes que respalden el desarrollo; como los pequeños típicamente intentan jugar con todo lo que los rodea, la elección del material de juego implica muchas decisiones (Bronson, 1995). Muchos materiales pueden ser **abiertos**; es decir, se pueden utilizar de la manera más elemental o desarrollarse de diversas formas. Los bloques unitarios, la arcilla y los Legos® son ejemplos de material que los niños pueden utilizar de manera sencilla; al desarrollarse las destrezas, dicho material puede manipularse de forma más compleja.

Los juguetes y el material necesitan reflejar la diversidad de la clase, las familias y la comunidad.[2] Desde un punto de vista de **autoayuda**, los bastidores y mucha ropa manejable para muñecas ayudarán a los niños a aprender esas tareas de cuidado de sí mismos.

LA DIVERSIDAD DE NUESTRO MUNDO LA DIVERSIDAD DE NUESTRO MUNDO LA DIVERSIDAD DE NUESTRO MUNDO LA DIVERSIDAD DE NUESTRO MUNDO LA DIVERSIDAD DE NUESTRO MUNDO

1 Las preferencias alimentarias y las costumbres, así como los juguetes y el material, deben reflejar las culturas a las que se dirigen.

2 Existen numerosos recursos disponibles para ayudar a los maestros a elegir libros, muñecas, rompecabezas y carteles que expongan a los niños de forma positiva a personas étnicamente diferentes, con discapacidades y gente que tiene hábitos de trabajo y juego distintos de los suyos.

Materiales básicos en un aula de primera infancia

Material para artes
Caballetes, pinturas, acuarelas
Masilla plástica, arcilla
Bolígrafos, lápices, pinceles
Tijeras, sacabocados
Engrudo, pegamento
Material para collage
Surtido de papeles

Lactantes/niños en edad de caminar: Limite el material.
Utilice estantes abiertos con pocas opciones.

Edad escolar: Tenga una mesa de autoservicio y proyectos orientados por el maestro.

Descubrimientos y ciencias
Materiales de la naturaleza
Materiales con distinta textura
Mesa de agua/de actividades sensoriales y sus respectivos materiales
Lupas, espejos
Balanzas
Animales de compañía pequeños. Acuario

Lactantes/niños en edad de caminar: Simplifique, tenga cuidado con la seguridad.

Edad escolar: Pantalla para leer, computadora.

Juegos de representación
Espejos irrompibles
Muebles: de tamaño infantil, para diferentes usos
Ropa: variada, sin estereotipos
Muñecas: variadas, con accesorios
Enseres de cocina
Alimentos
Carteras, maletas, maletines, mochilas

Lactantes/niños en edad de caminar: Limite las opciones, agregue sombreros o muñecos que se puedan mojar.

Edad escolar: Unidades distintas, como caverna prehistórica, paisaje lunar.

Bloques y elementos para manipular
Bloques individuales
Accesorios para bloques: personas, animales, vehículos
Rompecabezas
Juguetes de construcciones: Legos®, Tinkertoys®
Cuentas para enhebrar, bastidores para vestir

Lactantes/niños en edad de caminar: Juguetes de empujar y jalar, juguetes de meter uno dentro de otro, bloques blandos.

Edad escolar: Diversifique los accesorios, aumente la complejidad, añada materiales para matemáticas.

Lenguaje y libros
Libros
Panel de paño, accesorios
Fotos
Juegos de lotería
Discos, cintas
Centro de escritura: máquina de escribir, papel y lápices

Lactantes/niños en edad de caminar: Libros de cartón; utilice los otros sólo con adultos.

Edad escolar: Libros de lectura, lugar de audición.

Al aire libre
Bloques grandes de construcciones
Juguetes para arena/agua
Juguetes con ruedas
Utilería para representaciones
Pelotas y material para juegos
Material para el banco de trabajo
Material para baile

Lactantes/niños en edad de caminar: Omita el banco de trabajo; simplifique las opciones.

Edad escolar: Elementos para juegos en equipo. Proyectos en secuencia, como construir comederos para pájaros, piñatas.

Ilustración 9.23 Una muestra de lista de material y equipos para un programa de primera infancia. Aunque no lo abarca todo, esta lista empieza a organizar el entorno para juegos variados. Observe los ajustes que hay que hacer para que sirva para diferentes edades. Véanse en la ilustración 9.7 ideas sobre material para diversidad cultural y en la ilustración 9.8 formas de adaptar los entornos a niños con necesidades especiales.

Los libros infantiles que muestran valores sociales y actitudes que amplían los papeles de los sexos y los estilos de vida familiar tienen valor para un entorno **antiprejuicios**. Como modificaciones del entorno para promover **la inclusión** se podrían mencionar rampas de acceso para sillas de ruedas y materiales que realzaran las experiencias táctiles, auditivas y olfativas para niños con deficiencias de visión. Las prácticas didácticas que favorecen el juego sociodramático con interacciones (restaurante, tienda de comestibles, etcétera) ayudan a los niños a aprender medios pacíficos de negociar y resolver problemas, demostrando una perspectiva de educación en la paz.

Recuerden las escuelas Waldorf de las décadas de 1980 y 1990 tratadas en el capítulo 1. Como Steiner creía en el aula como extensión de la experiencia en la familia y tan libre como fuera posible de la intromisión del "mundo moderno", un jardín de infancia Waldorf podría tener este aspecto (Waldorf, 1995):

> La sensación de calidez y seguridad se crean en gran medida usando sólo materiales naturales: madera, algodón o lana en la construcción del decorado y los juguetes. Las cortinas transmiten una luz cálida a la habitación. Idealmente, las paredes y pisos son de madera natural. En este entorno cálido se colocan juguetes que los niños puedan utilizar para imitar y transformar las actividades que pertenecen a la vida cotidiana de los adultos. En un rincón hay una balanza de madera y canastos para que los niños hagan que están comprando en la tienda de alimentación; una pila de madera está dispuesta para que la conviertan en casa de muñecas, un bote o un tren; un caballo de madera invita a un niño a ser jinete; hay muñecas de fabricación casera en cunas de madera rodeadas por bastidores de madera y telas que los niños pueden usar para crear una familia imaginaria y una casita para jugar. Se han dispersado artísticamente piñas y flores. Encantadoras acuarelas adornan las paredes. El efecto de esta hermosa distribución de decoración y juguetes es la sensación de salir de los negocios y el amontonamiento de la vida moderna y entrar a un santuario donde uno puede respirar con facilidad, relajarse y jugar siguiendo los impulsos de su corazón.

Los niños son activos para aprender y su material debería darles formas de explorar, manipular e implicarse. Los maestros favorecen el ejercicio de capacidades de motricidad fina y gruesa proporcionando equipos que impliquen su uso. Los niños aprenden por medio de todos sus sentidos, de modo que los materiales deben ser atractivos para muchos de éstos. Los niños también necesitan oportunidades para un tiempo y espacio tranquilo, privado; en especial para los niños en atención durante muchas horas o en grupos grandes, un rincón íntimo es esencial.

Organización del espacio

Hay muchas maneras distintas de disponer y organizar el espacio en un escenario de primera infancia; el resultado final expresa la diversidad del programa. La mayor parte de los centros de primera infancia están dispuestos por áreas de interés, centros de aprendizaje, o áreas de actividades. El Creative Curriculum de Dodge y Colker (1992) bosqueja seis áreas ambientales como de arte, bloques, juguetes de mesa, rincón de la casa, biblioteca y al aire libre; las comentamos para darles una visión más amplia. Probablemente incluirán:

Interiores	*Al aire libre*
Bloques	Arena
Manipulativos/ juguetes de mesa	Juego con agua/juego sensorial
Arte	Trabajos en madera
Descubrimiento: Ciencias/ naturaleza/cocina	Juguetes con ruedas
Música	Trepadores
Matemáticas	Columpios
Juegos de representación	Pelotas/juegos por equipos
Libros/lenguaje/escuchar	Arte
Lugar tranquilo/privado	Ciencia/naturaleza
Juego con agua/ juego sensorial	Juegos de representación
Tareas domésticas	

La ilustración 9.24 muestra un plano ambiental para mejorar lo más posible el aprendizaje y la interacción en niños de 3 a 5 años; la ilustración 9.25 muestra alternativas de interiores para niños en edad de caminar y en edad escolar.

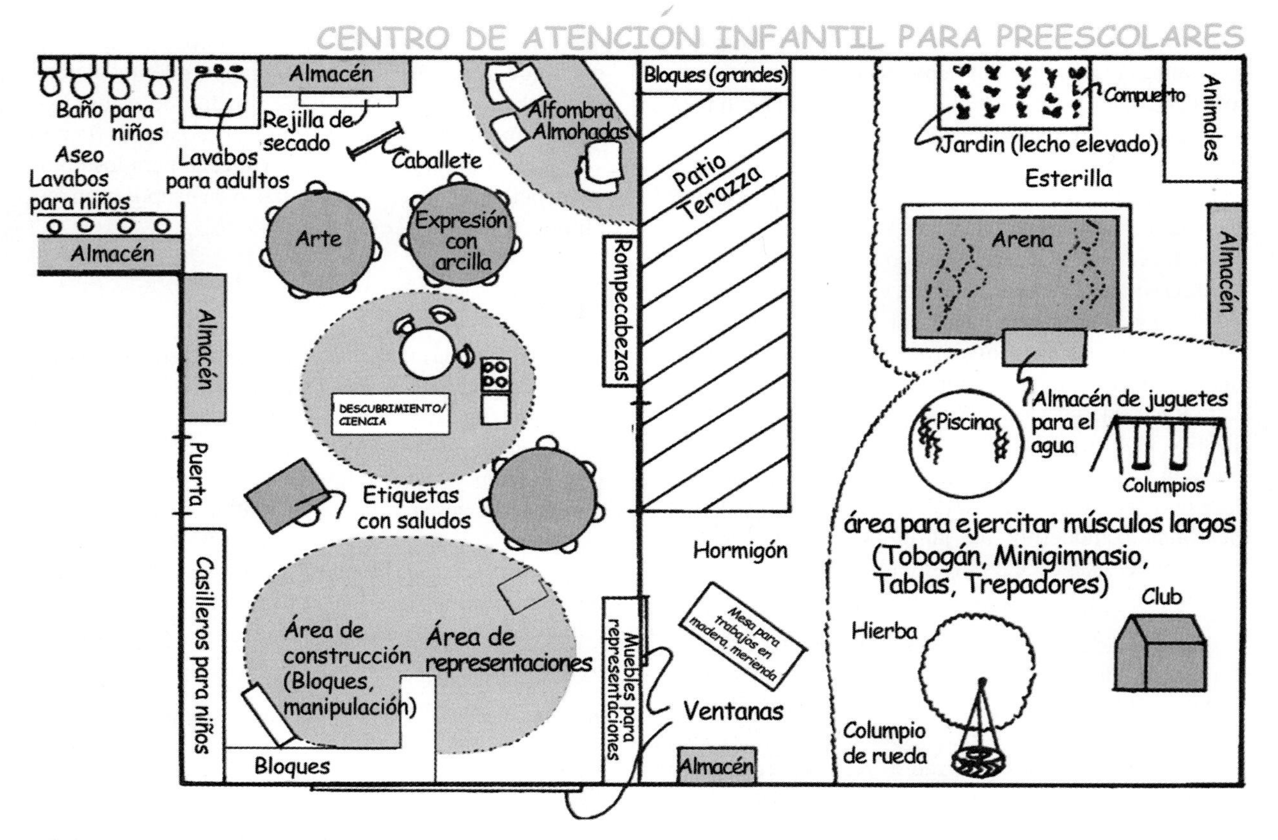

Ilustración 9.24 Distribución de un entorno de atención a preescolares, de 3 a 5 años. Para un grupo de 18 a 20 niños, los maestros planifican entornos interiores y exteriores que tengan espacio suficiente y presenten desafíos.

.La disposición de las salas y la elección de centros de actividad muestran en qué se hace hincapié dentro del programa. La cantidad de espacio dedicado a una actividad en particular dice mucho sobre su valor para los docentes. Un área de tareas domésticas dotada de mucho espacio fomenta su uso activo por muchos niños. Se promueve el juego social cuando se dispone de dos o más elementos. Cuatro teléfonos, tres carritos de muñecas o dos caballetes pueden ser instrumentos esenciales para la interacción social. Al mismo tiempo, el entorno ha de ser flexible para responder a las necesidades en desarrollo y a los intereses de los niños. Por ejemplo, una clase puede interesarse mucho en construir con bloques y por eso se necesitará ampliar esa área durante varias semanas. Al cambiar los intereses, también lo hacen el aula y el patio, alguien trae un hamster y el área de descubrimientos florece, o una acampada familiar hace poner carpas en la zona exterior de césped.

Como el entorno físico tiene una influencia tan poderosa en los niños, vale la pena considerar varias dimensiones clave que afectan sus experiencias. Prescott (1994) menciona cinco en la ilustración 9.26.

La disposición de la sala y la selección de materiales tienen un papel muy importante en la experiencia educativa de los niños. El entorno dice, "Puedes hacer cosas por tu cuenta y ser independiente" cuando hay materiales en estantes para que los niños los saquen. Una planilla de tareas que bosqueja las responsabilidades de los niños es un entorno de *autoayuda*. Los maestros que evalúan su material para que refleje a todos los niños y adultos en actividades no estereotipadas están comprometidos con un entorno *antiprejuicios*. Un programa que tiene, por ejemplo, cajas para utilería con material para sus niños con discapacidades visuales o auditivas, está dando pasos realmente grandes para ser un entorno *incluyente*.

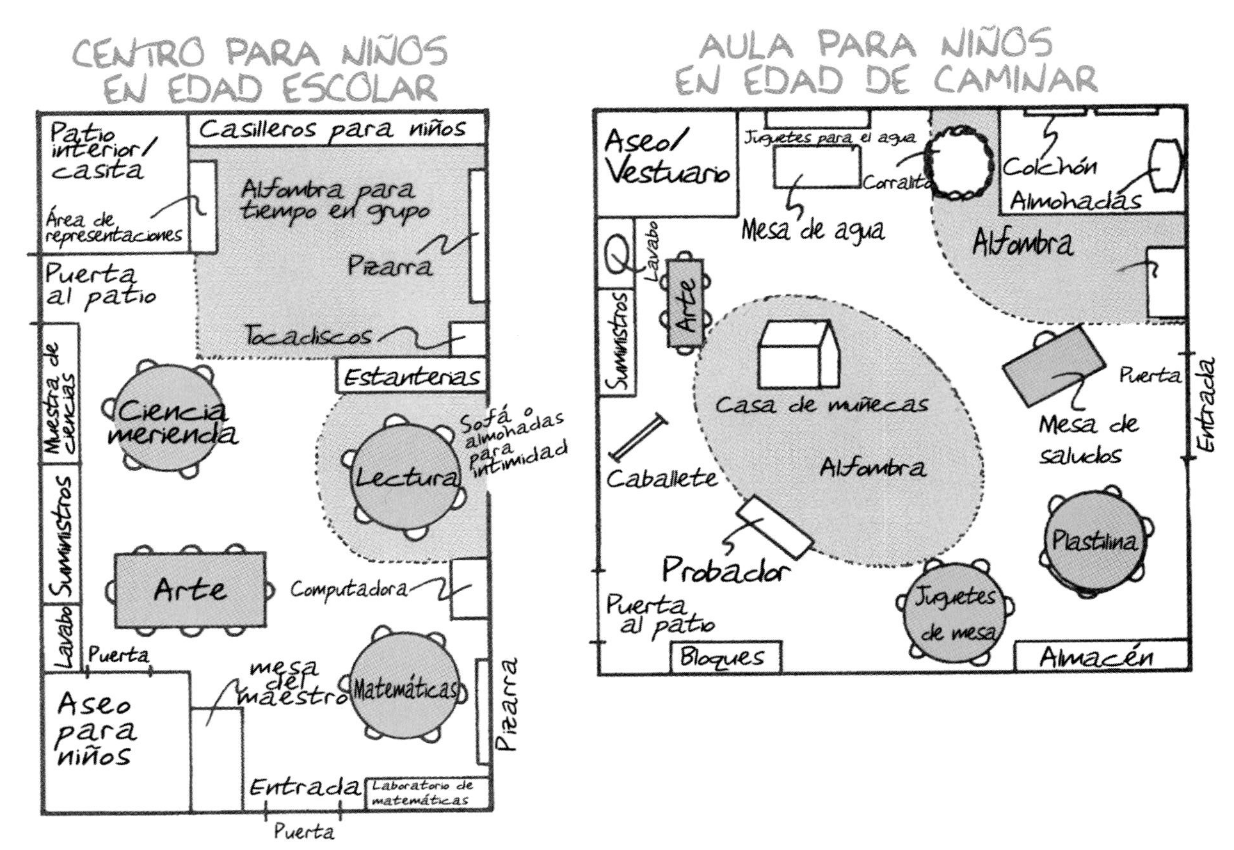

Ilustración 9.25 La distribución de la sala para grupos de escolares y de niños en edad de caminar es diferente, según las necesidades individuales y de desarrollo de los grupos. Estos planos sirven para un máximo de 20 escolares y 12 niños en edad de caminar.

La ubicación de los centros de interés es importante. Equilibren el número de actividades ruidosas y en silencio, tanto en el interior como fuera. Algunas actividades son más bulliciosas que otras, así que coloquen los centros más ruidosos juntos y agrupen las más tranquilas. Las actividades más silenciosas, como los rompecabezas, juegos de lenguaje y narraciones, tienen lugar alejadas de los bloques, el juego con agua o las representaciones, porque estas tres últimas tienden a provocar un comportamiento animado, activo y a veces ruidoso.

Los entornos deben distribuirse para que haya suficientes espacios de juego para la cantidad de niños que forman el grupo. Cuando se analiza el número de oportunidades de juego en el escenario escolar, tanto en el interior como en el exterior, se puede asignar un valor a las áreas y las actividades (Prescott et al., 1972). Un área simple (columpios, trepadores) cuenta como un lugar de juego3, un área compleja (tareas domésticas/juego de representación) cuenta como cuatro espacios, y una gran área (arena y juego con agua combinados) cuenta como ocho espacios. El valor asignado a un área coincide generalmente con el número de niños que podrían ubicarse en ese espacio. Cuando se ha calculado el total de espacio, se compara con el número real de niños en el grupo para ver si hay lugar para que jueguen todos.

Las necesidades de los adultos también deben satisfacerse por medio de la organización conveniente del aula y el patio. ¿Cómo pueden los maestros supervisar todas las áreas y a la vez asegurar espacios íntimos para la privacidad de los niños?, ¿están los maestros repartidos de forma regular en todo el espacio?, ¿está integrado el espacio de almacenamiento de modo que los equipos queden cerca de donde se van a usar?, ¿está dispuesto el espacio para la cooperación y la comunicación entre los adultos, además de entre los niños? En otras palabras, ¿es un lugar de trabajo que acepta, invita y propone retos a todos?

1. **Blandura/Dureza**

Blandos: alfombras, almohadas, masilla de jugar, pintura de dedo, hierba, arena, columpios
Duros: suelo de baldosas, muebles de madera, asfalto, cemento

2. **Abierto/Cerrado**

Abierto (no hay una única manera correcta de usarlo): arena y agua, disfraces, materiales de collage, pinturas
Cerrado (sale bien sólo de una manera): rompecabezas, muchos juegos de mesa, la mayoría de los equipos Montessori
Término medio: muchos elementos de manipular, como Legos®, TinkerToys®, bloques, pelotas

3. **Simple/Complejo**

"Los elementos para jugar pueden diferir en su poder de captación, es decir, la capacidad de mantener la atención . . . Una unidad sencilla tiene un aspecto manipulable, otra compleja tiene dos clases de materiales combinados y una súper lleva tres clases diferentes de materiales que van juntos."
Simple: columpios, trepadores, montón de arena sin juguetes
Complejo: juego de representación con sólo una cocina
Súper: Trepadores con toboganes y sogas, casas de jugar con cocina, ropa de disfrazarse, muñecas y/o masilla de jugar, área de arena con equipos y/o agua
Al agregar características a una unidad, se aumenta la complejidad y los chicos se interesan. A una simple masilla de jugar, agréguele cortapastas para galletitas, luego palillos o un prensa-ajos, y se convertirá en una unidad súper.

4. **Entrada libre/Aislamiento**

Entrada libre: lugares donde los niños pueden entrar o pasar fácilmente; el área de bloques, de tareas domésticas, incluso todo el entorno, suelen ser muy abiertos a la intromisión
Aislamiento: lugares donde los niños pueden estar solos o con sólo un niño o un adulto; los casilleros, un fuerte o debajo de una mesa pueden convertirse en lugares secretos

5. **Mucha movilidad/Poca movilidad**

Mucha: lugares y actividades para todo el cuerpo; el exterior, trepadores, pistas para triciclos, colchonetas de gimnasia
Poca: lugares y actividades de sentarse quieto; rompecabezas y juegos, tiempo en grupo y hora del cuento, siesta
Término medio: juegos de representación, rincón de bloques, trabajo con madera

Ilustración 9.26 Dimensiones clave al considerar un entorno para la primera infancia. (De Prescott, E. [1994, noviembre]. The physical environment—A powerful regulator of experience. *Exchange Magazine.*)

Límites claramente definidos y senderos obvios facilitan que los niños vivan y trabajen en un lugar. Debería haber suficiente lugar para que se reúnan grupos grandes además de los grupos pequeños.

Un buen entorno para niños refleja el conocimiento de los maestros de cómo juegan los niños, qué habilidades poseen, qué saben y qué necesitan aprender. Los escenarios están dispuestos para promocionar esos aspectos de crecimiento y desarrollo infantil. También reflejan los valores de los maestros. Una perspectiva de autoayuda tendrá espacios y materiales arreglados para acceso y uso de los niños sin tener que pedir permiso ni ayuda a los maestros; las ilustraciones 9.4, 9.24, y 9.25 son ejemplos de tales entornos. Con un punto de vista antiprejuicios, el entorno refleja imágenes en abundancia de todos los niños, familias y personal docente de ese programa y también de los principales grupos raciales y étnicos de

la comunidad y la nación, con un equilibrio entre hombres y mujeres, además de ancianos y discapacitados realizando muchas tareas típicas de la vida cotidiana .[1] Un entorno incluyente podría reflejarse en el agregado de sillas cubo, picaportes fáciles en las puertas y rompecabezas con imanes para armar sobre una bandeja metálica para galletas. Teniendo presente la educación para la paz, los maestros proporcionan material que amplíe los conceptos de los niños, incluyendo los de similitud y diferencia y les ayude a desarrollar un fuerte sentido de su identidad y la capacidad de cooperar y resolver conflictos pacíficamente.

Un lugar en particular refleja el valor de la creatividad y la autoexpresión en la comunidad. Al entrar en una de las preescuelas de la comunidad en Reggio Emilia, uno ve (New, 1990)

> los trabajos de los chicos (dibujos, pinturas, esculturas) y sus maestros (fotografías y muestras de proyectos en curso), a menudo con un empleo impresionante de lo gráfico... A dondequiera que uno mire, hay algo más que sopesar. Los elementos para arte, incluyendo pinturas y arcilla además de materiales reciclados o naturales (hojas, tapas de botellas, retazos de tela) están dispuestos de forma agradable, a menudo por color, en estantes al alcance de los niños. Hay grupos de objetos encontrados, como pétalos de flores y bolsitas de plástico llenas de "recuerdos" de excursiones, dispuestos con cuidado para reconocer la importancia que los niños atribuyen a los objetos, además de las cualidades estéticas (forma, color, textura) de los objetos en sí.

En resumen, el entorno físico debería organizarse para los niños según estos criterios:

- *Disponibilidad:* estantes abiertos, bajos, con ayudas visuales para colocar juguetes, equipos, facilitan el orden y la instalación de la sala
- *Continuidad en la organización:* ordenada, sistemática, en orden lógico
- *Compatibilidad:* las actividades ruidosas se agrupan lejos de las tranquilas; el arte necesita luz natural cuando sea posible; los juegos con agua, cerca de un baño o cocina; los proyectos que ensucian, sobre pisos lavables
- *Definición:* límites claramente definidos que indiquen el espacio disponible y lo que sucederá; senderos obvios marcados en el aula y el patio; formas de entrar y salir de un área sin estorbar la actividad en curso; sin callejones sin salida ni pasarelas
- *Espaciación:* áreas de interés con espacio suficiente para mantener la atención de los niños que jueguen en ellas; entre un tercio y la mitad de la superficie debe quedar sin cubrir; el material guardado cerca del espacio en que se ha de usar; los espacios de almacenamiento y de actividad tienen marcas visuales
- *Comunicabilidad:* les dice a los niños qué hacer, en vez de basarse en que los adultos vigilen las actividades; comunica a los niños qué comportamiento se espera; la disposición sugiere la cantidad de niños, los niveles de actividad.

El entorno temporal

Programación diaria: tiempo de aprender

El horario del día define la estructura de cada programa. Crea la forma en que los niños experimentarán lo que ocurre durante el día, en qué orden y durante cuánto tiempo.

No hay dos horarios iguales porque cada uno refleja el programa que representa. La cantidad de tiempo dedicado a actividades específicas comunica con toda claridad el valor que la escuela les adjudica. La cantidad de tiempo dedicada a ciertos aspectos del currículum, la variedad de los hechos y la flexibilidad dice a niños y adultos qué es lo importante en este escenario en particular. La ilustración 9.27 y el capítulo 11 amplían esta cuestión del tiempo.

Al crear un horario por el que regirse diariamente, los maestros deciden primero qué es lo importante que aprendan los niños, cómo debería producirse el aprendizaje y cuánto tiempo dedicarle en el programa diario. Si son metas del programa la atención individual y el trabajo en grupos pequeños, habrá que dedicarles bastante tiempo para asegurar su éxito. Se necesita más tiempo para que los niños tengan muchas opciones en

LA DIVERSIDAD DE NUESTRO MUNDO LA DIVERSIDAD DE NUESTRO MUNDO LA DIVERSIDAD DE NUESTRO MUNDO LA DIVERSIDAD DE NUESTRO MUNDO LA DIVERSIDAD DE NUESTRO MUNDO

1 Véase la lista de recursos curriculares antiprejuicios en la bibliografía.

su currículum que si tuvieran sólo una o dos actividades para elegir. Los niños de tres años necesitan más tiempo para actividades de higiene que los de cinco, considerablemente más autosuficientes.

La regla de oro en la atención infantil es tratar a los niños como querríamos que nos trataran ellos a nosotros. La educadora australiana Anne Stonehouse (1990) observa que los niños que hoy están en atención infantil son los adultos de mañana, que cuidarán de nosotros cuando seamos ancianos. Recordar eso ayuda a pensar con cuánta frecuencia se les pide a los niños que hagan y terminen sus tareas en horarios ajenos, que pidan permiso para hacer lo que desean, cómo se les exige que participen en actividades que otros han elegido. Un programa infantil debe ser *para* los niños, según *su* horario tanto como sea posible. Las recomendaciones de Stonehouse para el horario de un programa reflejan esto:

1. Se incluyen opciones apropiadas en la mayor parte posible del tiempo, evitando la expectativa de que todo el mundo haga lo mismo a la vez. La flexibilidad . . . da un entorno más humano.
2. Se tiene en cuenta la necesidad de un periodo flexible y sensible para la acomodación. Esto comienza con respeto al cliente y la familia del cliente y reconocimiento de que las distintas personas se enfrentan de distinta forma al cambio y las experiencias nuevas.
3. Se evitan las actividades no significativas y a veces sin sentido que no hacen sino "llenar el día", "ayudar a pasar el tiempo" o que carecen de valor intrínseco.
4. Se intenta lograr un equilibrio saludable entre la necesidad de autonomía, libertad e independencia del individuo, por una parte, y la necesidad de reglas que nos ayuden a llevarnos bien, por la otra.
5. Los docentes equilibran la necesidad de una rutina, del confort y la seguridad de lo familiar, con la necesidad de variedad y novedades como cambio.

La misma planta física puede dictar una parte del horario del día. Si los baños no están ubicados junto al aula, hay que programar más tiempo para ir y venir. Si se comparte el edificio o el espacio con otros grupos, habrá que modificar parte del programa. Muchas escuelas ubicadas en edificios de iglesias programan excursiones durante la venta anual de caridad para liberar el lugar al uso de la iglesia.

La programación diaria es importante para todos los que participan. Cuando la secuencia de tiempos está clara para todos, entonces todo el mundo puede dedicarse a aprender y enseñar. Los niños se encuentran más seguros en un lugar que tenga un horario constante; pueden empezar a anticiparse a la regularidad de lo que viene después y contar con ello. Así están libres para moverse, explorar y aprender sin vacilaciones. Los niños pueden emprender tareas libremente, sin miedo de que los interrumpan. También los adultos disfrutan de un programa diario predecible. Conociendo la secuencia de las cosas, están en libertad de ser flexibles cuando surgen circunstancias imprevistas.

Y lo imprevisto es lo que suele suceder. En medio del bullicio de niños trabajando, el juego es probable que se vea interrumpido por cantidad de cosas que pueden afectar los "planes mejor trazados" de todos los maestros. Por ejemplo, un niño decide inesperadamente que no quiere que Papá se vaya, justo cuando la maestra estaba ayudando a alguien a sentarse en el inodoro por primera vez. O se desata el caos en el rincón de los bloques, en el momento en que un maestro salía con un grupo de niños hacia la cocina, con varias placas de galletas llenas de figuras de pan de jengibre cuidadosamente preparadas . Entra una visita por la puerta, justo cuando dos niños chocan y se golpean la cabeza. Está entrando una mamá con una actividad especial para tiempo en grupo, y esta vez una niña se niega a recoger su creación de masilla de jugar.

Los planes y las rutinas de un programa proporcionan la seguridad de lo conocido; al mismo tiempo, las ocurrencias espontáneas del día siempre existen, y a menudo son momentos de aprendizaje intenso. Los buenos maestros preparan a los niños para las próximas transiciones, usando una canción o el rasgueo de un instrumento y las palabras "Listos para recoger pronto". Y también ellos están preparados para que las percepciones infantiles del tiempo, lo inmediato y el final choquen con el horario. Así que si César no quiere que su papá se vaya, tal vez Celia tenga que esperar en el baño, o Papá puede leer otro cuento hasta que llegue el "ya está" de Celia. Las placas de pan de jengibre pueden aguardar un momento para que se resuelva la pelea, o se puede invitar a los "luchadores" a que abran puertas y acompañen la marcha del grupo hasta la cocina. Tal vez Marisa puede seguir trabajando en su obra de arte mientras el resto de la clase se reúne con la mamá en la alfombra (¿esta vez, por lo menos?).

Todos estos ejemplos ilustran el choque común de los "horarios de los adultos y la búsqueda de participación del niño" (Ambery, 1997). Es preciso diseñar los programas de modo que permitan tanto continuidad como **flexibilidad**. La continuidad trae seguridad y término, permitiendo que se afiancen la autoridad y la pericia del maestro; la flexibilidad invita a la sensibilidad hacia los individuos y el logro de acuerdos respetuosos. Cuando los maestros trabajan con horarios, equilibran continuamente las necesidades individuales con las del grupo.

Horarios apropiados al desarrollo

Igual que la distribución del espacio debe reflejar al grupo de niños que contiene, así el horario del día permite el crecimiento apropiado para el nivel de desarrollo del grupo. Hay factores comunes que considerar para todos los niños en sus primeros años, además de algunas distinciones de desarrollo a diferentes edades.

Existen elementos comunes en todos los horarios, ya sea que estén diseñados para grupos de niños en edad de caminar o para los de 5 años, para programas de todo el día o guarderías de media jornada. Unos principios sólidos de desarrollo infantil proporcionan el marco en donde se construye el horario diario. Las escuelas individuales adaptan luego estos requerimientos a su propia filosofía mientras elaboran su programación diaria individual. Todos los horarios deben:

- Incluir tiempo para **rutinas** (comer, reposar, lavarse, ir al baño) además de tiempo para **transiciones** (lo que pasa cuando hay un cambio de una actividad a otra) y **tiempo en grupo** (en rueda para comenzar el día, tiempo de canciones para anuncios o la hora del cuento como cierre).
- Alternar juegos tranquilos y activos y ayudar a que los niños encuentren su propio ritmo.
- Proporcionar oportunidades para jugar en el interior y al aire libre.
- Permitir que los niños participen en actividades estructuradas y también en otras de su elección.
- Hacer posible que los chicos trabajen individualmente, en grupos pequeños o grandes.
- Acomodar el tiempo a las edades y niveles de desarrollo del grupo.
- Dar flexibilidad para poder conservar los intereses de los niños y enfrentar las emergencias.
- Tener un principio y un final. Hay que tomar algunas medidas para recibir y saludar a los niños cuando entran. La jornada se termina con una revisión de las actividades del día y anticipando en cada clase lo que sucederá al día siguiente. Dejar tiempo para la despedida o paso a la atención ampliada.
- Implicar a los adultos en la planificación y revisión diaria; incluir un tiempo regular de reunión para comentar de forma más sustancial sobre los niños, los planes a largo plazo y la evaluación.
- Incluir tiempo para recoger y puesta en orden.
- Incorporar los papeles y tareas de los docentes para que sepan cuál es su área de responsabilidad.
- Estar expuesto en lugar visible de la clase para que todos lo vean.

Todos los horarios tienen mucho en común, pero hay ciertas diferencias relativas a la edad. La ilustración 9.27 bosqueja tres programaciones diarias típicas para una clase de media jornada con niños en edad de caminar, una de jornada completa para preescolares y un jardín de infancia. (Véanse también las ilustraciones 2.1 y 2.3.) Existen varias diferencias importantes en los horarios de los diferentes grupos de edades:

- Hay más *opciones* disponibles al ir creciendo los niños.

  Ejemplo: Puede haber exceso de estimulación si se emplea con niños de dos años una selección de material apropiada para escolares.

- *Las transiciones* se pueden manejar de forma diferente en los diversos grupos de edad.

  Ejemplo: Los niños mayores pueden hacer las transiciones como grupo, como pasar de una actividad a otra o salir con un especialista, en parejas o incluso en una sola fila. Esto resulta difícil para los más pequeños, que se empujan o se separan. Para ellos, la puerta al patio se abre con calma, dejando que los niños salgan lentamente.

  Ejemplo: A una clase de niños de 3 y 4 años en atención infantil se la despide del tiempo de can-

Programa de medio día para niños en edad de caminar

9:00–9:30 Saludar a los niños
Actividades en el interior
- masilla de jugar y arte/caballete
- vida doméstica
- bloques y elementos para manipular
- libros

9:30 Se abre la puerta al exterior
9:45–10:20 Juego al aire libre
- motricidad gruesa
- juego social

10:20 Música/movimientos al aire libre
10:30 Merienda/Canción "Here We Are Together"
- lavarse las manos
- comer/servir líquidos/limpiar

10:45–11:45 Al aire libre
11:15 Canción "Time to Put Our Toys Away"
- se anima a todos a participar en ordenar

11:20 Fin (en el interior)
- niños y padres juntos
- cuento o panel de paño

Programa de jornada completa para preescolares

7:00 Llegada, desayuno
7:30 Juego libre en el interior
- arte/caballetes
- juguetes/juegos/bloques de mesa
- centro de representaciones; casa, tienda de comestibles, etc.

9:00 Recoger
9:15 Tiempo en grupo: canciones/juegos de mímica manual y selecciones para grupos pequeños
9:30 Tiempo de opciones libres/grupos pequeños
- descubrimiento/laboratorio matemático/actividad de ciencias
- cocina para la merienda de la mañana o la tarde
- expresión artística/selección de prelectura

10:00 Merienda (en el exterior, con mesas/manteles en días templados) o en el centro de meriendas durante el juego libre
10:15: Juego libre en el exterior
- trepar, columpiarse, arena y agua, juguetes con ruedas, juegos en grupo

12:00 Lavarse las manos y almorzar
12:45 Prepararse: ir al baño, lavarse las manos, cepillarse los dientes, preparar la cama
1:15 Cuento para antes de dormir
1:30 Tiempo de reposo
2:30 Al aire libre, los que estén despiertos
3:30 Ordenar fuera y hora de canciones
4:00 Merienda
4:15 Centros de aprendizaje; algunas opciones en el exterior, otras dentro para elegir, excursiones, cuentacuentos
5:30 Recoger y leer libros hasta la hora de irse

Plan de media jornada para jardín de infancia

8:15–8:30 Llegada
Preparse para empezar
- entrega de libros de la biblioteca, dinero del almuerzo, etc.

8:30 Las novedades
- "alguna novedad que quieran contar"
- hoja informativa que se redacta semanalmente

9:00 Asignación de tareas
- escribe una historia sobre tus novedades *o*
- haz una página en tu cuaderno (tema asignado) *o*
- trabajo en el laboratorio de matemáticas

9:30–10:15 Elección libre en el interior (pinturas, bloques,computadora, juguetes de mesa) o tutores de segundo grado leen libros a los niños
- al terminar, juegan en el patio interior *o* leen libros hasta el recreo

10:15 Merienda
10:30 Recreo
10:45 Lenguaje: lectura de un capítulo de una novela *u* otra actividad de lenguaje
11:15 Baile *o* juego *o* recibir visita y merienda
11:45 Finalización: prepararse para salir
- sacar libros de la biblioteca
- recoger los proyectos de arte y otros

12:00–1:30 para parte del grupo cada día
Almuerzo y después:
- excursiones
- lección de escritura
- laboratorio de ciencias o matemáticas

Ilustración 9.27 El horario del día refleja las necesidades y las edades de los niños, a la vez que cumple los objetivos del programa. El tiempo y la programación del día escolar muestran a qué se le da valor dentro del programa.

ciones para que vayan a merendar, según el color de sus camisas, o por la inicial de sus nombres, mejor que en un solo grupo. La ilustración 9.28 da ejemplos de cómo manejar transiciones para todas las edades.

- La *estructura* del día cambia con la edad.

  Ejemplo: El equilibrio entre juego libre y actividades conducidas por el maestro cambia de relativamente pocas actividades dirigidas para los niños pequeños a algunas más para las edades de guardería y atención infantil. El horario de jardín de infancia proporciona más estructura, tanto en los proyectos de trabajo individual como en el tiempo centrado en el maestro. Un horario de primer grado con algo de tiempo de instrucción por el maestro para todo el grupo es apropiado para el desarrollo de esos niños mayores.

- El *contenido de las actividades en grupo* cambia con la edad.

  Ejemplo: En la clase de niños en edad de caminar, los tiempos en grupo son simples: un juego de mímica manual corto, un cuento con panel de paño o títeres o una canción como despedida, es adecuado. El tiempo en grupo para preescolares incluye varias canciones, una dramatización de un juego de mímica manual favorito y un cuento corto. Para el jardín de infancia, los grupos pueden mantenerse entre 15 y 20 minutos, con tablón de anuncios y clima, recuento de "noticias" por los niños, representaciones más largas, e incluso historias por capítulos.

De este modo, el entorno temporal refleja la edad de los niños y sus intereses individuales. A este respecto es útil observar que muchos programas dividen el día en segmentos de tiempo relativamente pequeños. Esto se hace porque los adultos creen que los niños pequeños, en especial los preescolares, tienen lapsos de atención tan cortos que no pueden permanecer en una actividad mucho rato. Sin embargo, sabemos que los niños pueden seguir concentrados durante periodos largos en actividades que ellos escogen o que les interesan. Aunque se queden sólo un tiempo breve en actividades estructuradas, planeadas por los maestros, los niños necesitan y agradecen más tiempo para que fluya su propia savia creativa. Los niños se pueden pasar horas con bloques, Legos®, arena, agua y juegos de representación. Consulten la ilustración 9.27 para ver cómo adjudica tiempo el entorno temporal para tales empresas.

El entorno interpersonal

Un niño responde a todo lo de la escuela: el color de la sala, la forma en que están colocados los muebles, el tiempo que hay para jugar y cómo las personas se tratan entre ellas. Para el niño, todo es estímulo. La *sensación* en una sala es tan real como los bloques o los libros. Así, los aspectos sociales o interpersonales en un escenario de primera infancia son componentes poderosos del entorno.

Los niños son las personas más importantes en el escenario; se deberían sentir seguros y cómodos. Un entorno interpersonal cálido invita a los niños a participar y aprender. Cuando los niños se sienten seguros entre ellos y con el escenario, pueden intervenir más completamente en el programa total.

Los padres importan en la vida de la escuela, sobre todo en los primeros años. La manera en que la gente se siente con respecto a los demás y cómo expresan sus sentimientos tiene impacto en los niños. Los maestros deben ver a los niños dentro de su familia y contexto social y para hacerlo tienen que invitar a las familias al proceso de escolarización, como en estas situaciones:

> No se lo pueden creer; no importa cuántas veces le digan al abuelo chino de Darío que la escuela empieza a las 9 de la mañana, él sigue trayéndolo entre 9:30 y 10 . . . hasta que averiguan que en China, los ancianos suelen llegar tarde y que la gente respeta sus hábitos. *Ahora tienen que estirar su horario para tener en cuenta esta tardanza y respaldar esta costumbre familiar.*

> El papá de Elena es corpulento y habla con tanto acento que apenas le entienden. Les gustaría simplemente no hablar con él, pero entonces se pondrían en contacto sólo cuando hubiera un problema . . . y descubren que, en su cultura centroamericana, los padres han de solicitar ideas a los maestros para que los consideren "buenos padres". *Ahora tienen que superar su incomodidad y pedirle respetuosamente que repita lo que está diciendo un poco más despacio.*

> Todos los días Mirta trae su almuerzo y es tan complicado de tratar. Estas comidas iraníes no son iguales a las de los otros niños y a menudo hay burlas que desviar continuamente. Se preguntan si sencillamente deberían decirle a su tía que

TRANSICIONES FÁCILES

Preguntas para la planificación

- ¿Quiénes participan en el tiempo de transición (el niño, los padres, maestros, otros niños, visitantes, etc.)?
- ¿Qué clase de actividad precedió al tiempo de transición y cuál vendrá después?
- ¿Qué se les pedirá a los niños que *hagan* durante la transición?
- ¿Y qué estarán haciendo los maestros *durante* la transición?
- ¿Cómo se les dirá o sabrán los niños qué hacer durante la transición?
- ¿Qué sabe de desarrollo infantil y este o estos niños en particular que pueda ayudar con estas preguntas?

Estrategias didácticas

Llegada

- Salude a cada niño con una sonrisa y dé la bienvenida al niño y su papá o mamá con las actividades disponibles.
- Prepare tarjetas con nombres y/o hojas de asistencia en las que el niño y su papá o mamá puedan participar como punto de partida.
- Planee con los padres, y avise al niño de ello, una forma clara y sencilla de que digan adiós y de que los papás se vayan (véanse detalles en el capítulo 8).

Materiales para recoger

- Dé una "advertencia" de 5 minutos a los niños para avisarles de los próximos cambios.
- Establezca una seña permanente y tranquila para comenzar a guardar los juguetes.
- Utilice música de fondo y/o canten durante el periodo en que se recoge.
- Piense en collares o tarjetas de áreas específicas para los niños, o forme equipos.
- Organice el entorno para que se vea con claridad dónde van las cosas y los chicos puedan hacerlo casi todo solos.
- Ocasionalmente, felicite a los niños por recoger, destacando esfuerzos individuales y tareas específicas bien hechas.

Preparar a los niños para que atiendan

- Haga una tabla que muestre las opciones disponibles.
- Cante una canción o un juego de mímica manual conocido para atraer la atención y la participación de todos.
- Pida a los chicos que se pongan "orejas de elefante" (de conejo, etc.) o que cierren los labios y se guarden la llave en el bolsillo.

Listos para descansar/la siesta

- Prepare el entorno con anticipación para que invite al descanso, cuarto oscurecido, manta suave o juguetes de acurrucar a mano, música suave, maestros susurrando y listos para acompañar a los niños a sus lugares y quedarse con ellos.
- Lea un cuento al grupo en un lugar antes de que tengan que quedarse acostados y callados, o divídalos en grupos pequeños con un maestro que lea a cada grupo.

Pasar a otro lugar/edificio

- Reúna al grupo y dígales exactamente lo que va a ocurrir.
- Pida ideas sobre cómo portarse ("¿Qué necesitamos recordar? ¿Cómo podemos evitar peligros y divertirnos juntos?") y refuerce con unas reglas concretas.
- Haga que los chicos sean un tren, con adultos como locomotora y vagón de cola, o un dragón con cabeza y cola.
- Que escojan un compañero para ir de la mano.
- Pida a los preescolares y alumnos de los primeros grados que recuerden las palabras que tienen "l" ("al lado o delante") al estar cerca de los adultos.

Esperar a que otros terminen

- Prepare una parte de la sala para que los niños pasen ahí, como el rincón de los libros o el lugar de audición, teniendo en ese espacio un adulto con más de dos niños.
- Haga un delantal o mandil con varios bolsillos con tarjetas de actividades o cositas para manipular para que los niños los usen solos.
- Organice una mesa especial con carpetas o sobres grandes con actividades.
- Disponga una "caja de espera" con pequeños objetos sólo para estas ocasiones.

Ilustración 9.28 Las transiciones son parte habitual de la rutina de los niños y deberían ser tiempos de aprendizaje tan bien planificados como otros segmentos del día.

la mande con un sandwich . . . pero se dan cuenta de que todos quieren comer cosas familiares y dejar que Mirta coma lo que quieran sus padres también debería ir acompañado de que los demás niños aprendieran algo de tolerancia, además. *Ahora podrían usar la situación del almuerzo para ayudar a todos a tener curiosidad e interesarse por comidas nuevas.*

La conexión interpersonal entre padres y maestros puede subrayar lo que le pasa al niño en el aula y ofrecerle una transición suave entre la escuela y el hogar. El aprendizaje mejora cuando padres y maestros llegan a comunicarse de un modo solícito, no amenazador.

Como se sobreentiende que el factor unitario más importante para determinar la calidad de un programa es el maestro (véase el capítulo 5), se desprende que los docentes serán el ingrediente clave para determinar el "sabor" interpersonal de una clase. El primer componente de los criterios de la National Academy para programas de primera infancia de alta calidad son las interacciones entre los docentes y los niños (véase el capítulo 10). El componente humano, las conexiones entre la gente en un centro u hogar, marcan toda la diferencia para los niños pequeños, pues ellos son los barómetros de la tensión interpersonal o de la franqueza y la libertad.

¿Cómo es de importante el entorno interpersonal, en realidad? Aunque la mayoría de los expertos están de acuerdo en que la relación entre maestro y niño es importante, investigaciones amplias han empezado hace poco a documentar con exactitud cómo ocurren las interacciones docente niño y cómo las variaciones en dichas interacciones podrían relacionarse con comportamiento u otros resultados en los niños. La calidad en un programa sí parece determinada por las interacciones entre los niños y los adultos y las relaciones que desarrollan dichas interacciones. En realidad, "los investigadores demuestran que hay un patrón de relaciones positivas entre las interacciones sensibles, complejas de los niños con los docentes y el mayor desarrollo de aquellos. Los impactos de estos tipos de interacciones se pueden ver en el desarrollo cognoscitivo, socioemocional y de lenguaje de los niños" (Kontos y Wilcox-Herzog, 1997). Estas investigaciones confirman los hallazgos de otras recientes, basadas en el cerebro, y las teorías de Erikson, Bandura y Vygotsky (véase el capítulo 4) y corroboran nuestra convicción de que la forma en que los maestros interactúan con los niños es la médula de la educación de primera infancia.

Los niños pequeños se desarrollan mejor a través de relaciones estrechas y afectuosas con la gente, en especial los adultos. Aunque esto vale para todos los niños pequeños, es especialmente importante para los menores de 3 años y para quienes no se expresan fácilmente en el idioma dominante que se hable en la clase. "El entorno interpersonal es el elemento central que afecta la calidad del juego de un niño en edad de caminar, más importante que lo complicado del escenario físico", declara Zeavin (1997). "Los niños en edad de caminar no son capaces de hablar sobre lo que sucede en su interior. Es a través de sus juegos como exteriorizan sus sentimientos turbadores, resuelven conflictos emocionales y obtienen control de su mundo. . . Cada cuestión es una cuestión de relaciones". En un entorno humano y humanitario, las personas son respetadas y el personal docente se centra en las fuerzas y capacidades de los niños; las limitaciones se ven como necesidades y no como méritos. Los maestros observan y emprenden interacciones con los niños que incluyen sonrisas, caricias, escuchar, hacer preguntas y hablar al nivel de sus ojos. El lenguaje y el tono de voz utilizados son respetuosos y amigables, tratando a los niños con igualdad sin tener en cuenta raza, cultura, idioma, habilidad ni sexo.[1] Los docentes emplean técnicas de orientación positiva en lugar de disciplina punitiva (véase el capítulo 7) y desarrollan relaciones cercanas con los padres (véase el capítulo 8). Lo que hagan los maestros, y cómo lo hagan, determinará lo que se aprenda en la clase y cómo responda cada niño y cada familia.

Las actitudes y comportamientos de los maestros afectan los comportamientos de los niños. Preguntas que los docentes se pueden hacer cuando evalúan la calidad del entorno:

- ¿Hay un sentimiento de respeto mutuo entre niños y adultos?
- ¿Captan los maestros las expresiones verbales y no verbales de los varones y de las niñas?, ¿de niños con diversas habilidades?, ¿de niños de color?

LA DIVERSIDAD DE NUESTRO MUNDO LA DIVERSIDAD DE NUESTRO MUNDO LA DIVERSIDAD DE NUESTRO MUNDO LA DIVERSIDAD DE NUESTRO MUNDO LA DIVERSIDAD DE NUESTRO MUNDO

[1] El primer desafío es reconocer los prejuicios; el siguiente es reestructurar y ampliar las percepciones; y el mayor desafío es la parte que más notarán los niños, cómo habla uno, cómo siente de verdad y cómo se comporta.

Ilustración 9.30 La postura y la expresión facial del docente muestran su respeto por los niños y por su ritmo y estilo de aprendizaje.

- ¿Cómo se tratan los niños entre sí?
- ¿Dan ejemplo los maestros de comportamiento de cooperación con otros adultos y con los niños?, ¿muestran con su ejemplo cómo resolver un desacuerdo o un problema?
- ¿Permite el escenario físico que el maestro se concentre en los niños?
- ¿Hay detalles de tareas domésticas que mantengan a los maestros desconectados de los niños?
- ¿Los maestros animan a los niños a que recurran unos a otros?
- ¿Se toman el tiempo necesario los maestros para mostrarles a los niños cómo cumplir una tarea ellos solos?
- ¿Se felicita a las niñas sólo por su aspecto y a los varones sólo por sus logros?, ¿se ayuda a todos los niños a apreciar las similitudes y las diferencias?
- ¿Los maestros utilizan razonamiento y seguimiento?
- ¿Cómo y cuándo interactúan los maestros con los niños?
- ¿Cuál es la postura y la expresión facial del maestro cuando está metido en una situación problemática?
- Si yo fuera niño, ¿me gustaría venir a esta escuela?

Las respuestas a estas preguntas proporcionan a los docentes un barómetro de lo bien que están manteniendo una atmósfera de interacción social positiva. Lo más importante que recordar es que la manera en que la gente se siente con respecto a los demás y cómo expresan sus sentimientos tiene impacto en los niños. Los maestros deben enfocar tanta atención en la parte interpersonal del entorno como en comprar equipos o disponer la sala. El capítulo 11, sobre juegos, y el capítulo 14, sobre destrezas sociales y emocionales, pondrán de relieve los aspectos interpersonales del entorno.

Un buen entorno para niños pequeños es una combinación de muchos factores. Los maestros deben considerar las necesidades de niños, docentes y padres además de las metas y objetivos del programa.

El entorno físico incluye los edificios y el patio, los equipos y el material y la forma en que se organiza y usa el espacio. El escenario se organiza para respaldar las metas del programa y debe cumplir los estándares de salud y seguridad requeridos.

La programación diaria señala el horario de eventos. Los bloques de tiempo se disponen en torno a las rutinas diarias de comida, descanso e higiene. El entorno temporal está equilibrado de modo que los niños alternen juegos en el interior y al aire libre, calmados y activos y actividades de libre elección con aprendizaje conducido por el maestro. Las buenas interacciones entre niños y docentes se caracterizan por la calidez, el respeto personal y la disponibilidad para responder. Son las relaciones interpersonales las que establecen el tono en cada entorno. El tamaño del grupo, el número de maestros por niño y la calidad de las relaciones afectan el entorno interpersonal.

Es esencial tener una idea clara de las metas del programa antes de disponer el entorno. El entorno refleja dichas metas en la forma en que está organizada la sala, cómo se distribuyen los maestros y qué marco tiene el horario. En los escenarios de primera infancia donde se valora la independencia y la confianza en sí mismos de los niños, el entorno se crea para resaltar el incipiente sentido de autonomía del niño. Los entornos antiprejuicios valoran diferencias individuales en cuanto a raza, etnia, capacidad y sexo para ayudar a los niños a desarrollar identidades positivas. Los entornos incluyentes ayudan a niños y maestros por igual a considerar competente a todo niño, cualquiera que sea su capacidad, y a todo lugar como adaptable para todos. Tales entornos construyen actitudes e instituciones que apoyan la justicia social. Un marco de educación para la paz alienta a los niños a aprender a cooperar y a resolver los conflictos pacíficamente, además de aumentar la comprensión de la guerra y la paz. Todos los entornos reflejan las metas a través de la cuidadosa aplicación de muchos factores.

Crear buenos entornos para niños pequeños no requiere grandes sumas de dinero ni edificios recién diseñados. En la mayoría de los escenarios, los maestros pueden adaptar los principios generales de los entornos para crear lugares que ofrezcan estímulo, seguridad y agrupaciones eficaces para los niños.

Preguntas de Repaso

1. ¿Por qué no hay un entorno estándar o ideal para las escuelas de primera infancia? ¿Cómo describiría un buen entorno para niños de un año? ¿Para los de 3 años? ¿Para los de 6 años? ¿Por qué?
2. ¿Qué tres aspectos de los entornos se consideran cuando se planifican programas para niños? ¿Qué es lo primero en que piensa y por qué?
3. ¿Por qué la autoayuda es una meta común en la mayoría de los escenarios de primera infancia? ¿Cómo pueden respaldar los maestros la autoayuda en los lactantes? ¿En niños en edad de caminar? ¿En los de guardería? ¿En niños en edad escolar?
4. Comente tres políticas escolares de salud y seguridad que ayuden a mantener al mínimo las enfermedades y heridas. Incluya cómo explicaría esas pautas a los padres y cómo manejaría usted un problema.
5. ¿Por qué querrían los educadores crear un entorno antiprejuicios? ¿Cómo se vería eso en una comunidad multiétnica? ¿En un escenario homogéneo?
6. Considere el horario de un programa de educación infantil. ¿Qué transiciones ocurren en la programación diaria y cómo se maneja?.
7. ¿Qué clase de adaptaciones serían necesarias para proporcionar un entorno incluyente para niños con discapacidades motrices? ¿Con deficiencias de visión?

Actividades de Aprendizaje

1. Agáchese de rodillas y mire el aula desde la perspectiva de un niño. Describa lo que ve en términos de los principios en que se basa el éxito de los entornos.
2. Examine una programación diaria de un centro de primera infancia. ¿Cuáles cree que son las metas programáticas de la escuela? ¿Cómo puede saberlo? Compárela con el horario de un centro de atención infantil en familia. ¿En qué se parecen? ¿En qué se diferencian?
3. A continuación hay una lista de problemas comunes que se pueden remediar cambiando el entorno. Dé por lo menos una solución para cada problema.
   a. Demasiados niños amontonados en un área
   b. Demasiadas cosas en los estantes
   c. Tironeos o discusiones por el mismo juguete
   d. Acaparamiento de material
   e. Falta de cooperación al recoger
   f. Choques de juguetes con ruedas
   g. Niños que lloran cuando los papás de otros se van
4. Visite un programa para niños en edad de caminar, uno para niños de 4 años y un jardín de infancia. ¿Cómo se definen los centros de aprendizaje? Nombre los centros de interés e indique cuáles son para juegos tranquilos y cuáles para juegos activos y trabajo.
5. Compruebe si hay diversidad en un aula. Empleando la lista de comprobación que sigue (de Melendez y Ostertag, 1997), marque donde encuentre algo del aula que cumpla con el elemento de diversidad.

Comprobando la diversidad en el entorno del aula

	EL ELEMENTO DE DIVERSIDAD				
	Etnia	**Sexo**	**Clase social**	**Discapacidad**	**Edad**
Cuadros/carteles					
Libros					
Artículos para tareas domésticas					
Manipulativos					
Materiales para arte					
Área de representaciones					
Música					

Comentarios:

- Cosas que necesito cambiar:
- Cosas que necesito agregar:

Bibliografía

Alexander, N. P. (1995, September). Turning on the light: Thinking about lighting issues in child care. *Exchange*.

Ambery, M. E. (1997, May). Time for Franklin. *Young Children, 52*.

Aronson, S. (1995). *Keeping healthy: Parents, teachers, and children.* Washington, DC: National Association for the Education of Young Children.Bredekamp, S. (Ed.). (1986–87). *Developmentally appropriate practice in early childhood programs serving children from birth through age 8* (Expanded ed.). Washington, DC: National Association for the Education of Young Children.

Bredekamp, S. (Ed.). (1991). *Accreditation and criteria procedures* (Rev. ed.). Washington, DC: National Association for the Education of Young Children.

Bredekamp, S., & Willer, B. (Eds.), (1996). *NAEYC accreditation: A decade of learning and the years ahead.* Washington, DC: National Association for the Education of Young Children.

Bronson, M. B. (1995). *The right stuff for children birth to 8.* Washington, DC: National Association for the Education of Young Children.

Campbell, S., & Frost, J. (1985). The effects of playground type on the cognitive and social play behavior of grade two children. In J. P. Frost, & R. A. Sutherlin (Eds.), *When children play.* Wheaton, MD: Association for Childhood Education International.

Carlsson-Paige, N., & Levin, D. (1990). *Peace, war, and the nuclear threat.* Washington, DC: National Association for the Education of Young Children.

Centers for Disease Control and Prevention (1997). *The ABCs of safe and healthy child care.* Atlanta, GA: Author.

Copeland, M. L. (1996, January). Code blue! Establishing a child care emergency plan. *Exchange*.

Cross, W. E. (1985). Black identity: Rediscovering the distinctions between personal identity and reference group orientations. In Spencer, Brookins, & Allen (Eds.). *Beginnings: The social and affective development of black children.* Hillsdale, NJ: Erlbaum.

De Melendez, W. R., & Ostertag, V. (1997). *Teaching young children in multicultural classrooms: Issues, concepts, and strategies.* Albany, NY: Delmar.

Derman-Sparks, L., & the ABC Task Force. (1989). *Anti-bias curriculum: Tools for empowering young children.* Washington, DC: National Association for the Education of Young Children.

Dodge, D. T., & Colker, L. J. (1992). *The creative curriculum* (3rd ed.). Washington, DC: Teaching Strategies.

Edwards, C., Gandini, L, & Forman, G. (1993). *The hundred languages of children.* Norwood, NJ: Ablex Press.

Fowler, W. J. (1992). *What do we know about school size? What should we know?* Washington, DC: Office of

Educational Research and Improvement.
Froschl, M., Rubin, E., & Sprung, B. (1984). *Including all of us: An early childhood curriculum about disabilities.* New York: Educational Equity Concepts.
Frost, J. L. (1986). Children's playgrounds: Research and practice. In G. Fein & M. Rivkin (Eds.), *The young child at play: Review of research* (Vol. 4). Washington, DC: National Association for the Education of Young Children.
Greenman, J. (1988). *Caring spaces, learning places.* Redmond, WA: Exchange Press.
Greenman, J. (1994, March). It seemed to make sense at the time. *Exchange.*
Gutierrez, M. E. (1982). *Chicano parents' perceptions of their children's racial/cultural awareness.* Unpublished master's thesis, Pacific Oaks College, Pasadena, CA.
Harms, T., & Clifford, R. M. (1989). *Early childhood environmental rating scale, family day care, and infant-toddler environmental rating scales.* New York: Teachers College.
Haugen, K. (1997, March). Using your senses to adapt environments: Checklist for an accessible environment: Beginnings workshop. *Child Care Information Exchange.*
Hernandez, A. (1991, July 8). What do we have in common? *Time.*
Honig, A. S. (1983). Sex role socialization in early childhood. *Young Children, 38*(6), 57–90.
Kendall, F. (1996). *Diversity in the classroom* (2nd ed.). New York: Teachers College Press.
Kendrick, A. S., Kaufmann, R., & Messenger, K. P. (Eds.). *Healthy young children: A manual for programs.* Washington DC: National Association for the Education of Young Children.
Kontos, S., & Wilcox-Herzog, A. (1997, January). Research in review: Teachers' interactions with children: Why are they so important? *Young Children, 52.*
Kutner, B. (1984). Patterns of mental functioning associated with prejudice in children. *Psychological Monographs, 72,* pp. 406.
Malaguzzi, L. (1993, November). For an education based on relationships. *Young Children,* pp. 9–12.
Marotz, L., Rush, J. M., & Cross, M. Z. (1993). *Health, safety, and nutrition for the young child* (3rd ed.). Albany, NY: Delmar.
Moore, G. T. (1983). *The role of the socio-physical environment in cognitive development.* Milwaukee, WI: University of Wisconsin.
Moore, G. T. (1996, June, September, November; 1997, January, March). Child care facility design. *Exchange.*
National Association for the Education of Young Children. (1991). *Accreditation criteria and procedures of the National Academy of Early Childhood Programs* (Rev. ed.). Washington, DC: Author.
National Association for the Education of Young Children. (1995). *Keeping healthy: Parents, teachers, and children.* Washington, DC: Author.
National Resource Center for Health and Safety in Child Care. (1997). *Stepping stones to caring for our children.* Washington, DC: U.S. Department of Health and Human Services.
Needlman, R., & Needlman, G. (1995, November/December). 10 most common health problems in school. *Scholastic Early Childhood Today.*
Nelson, M. A., & Raymond, B. (1989, September). Sports, kids, fun, & safety. *Good Housekeeping,* pp. 4, 52.
New, R. (1990, September). Excellent early education: A city in Italy has it. *Young Children.*
Phyfe-Perkins, E., & Shoemaker, J. (1986). Indoor play environments: Research and design implication. In G. Fein & M. Rivkin (Eds.), *The young child at play: Reviews of research* (Vol. 4). Washington, DC: National Association for the Education of Young Children.
Prescott, E. (1994, November). The physical environment—A powerful regulator of experience. *Exchange Magazine.*
Prescott, E., Jones, E., & Kritschevsky, S. (1972). *Group care as a child-rearing environment.* Washington, DC: National Association for the Education of Young Children.
Pressma, D., & Emery, J. (1991). *Serving children with HIV infection in child day care.* Washington, DC: Child Welfare League of America.
Rogers, C. (1994, Spring). Mainstreaming: Special needs—Special experiences. Unpublished paper.
Sprung, B. (1975). *Non-sexist education for young children.* New York: Citation Press.
Stonehouse, A. (1990, November/December). The Golden Rule for child care. *Exchange.*
Waldorf School (author unknown). (1995, January). *What is a Waldorf kindergarten?* Los Altos, CA: Author.
Whitebrook, M. (1996). NAEYC accreditation as an indicator of quality: What research tells us. In S. Bredekamp & B. Willer (Eds.), *NAEYC accreditation: A decade of learning and the years ahead.* Washington, DC: National Association for the Education of Young Children.
Youcha, V., & Wood, K. (1997, March). Enhancing the environment for ALL children: Beginnings workshop. *Exchange.*
Zeavin, C. (1997, March). Toddlers at play: Environments at work. *Young Children, 52*(4).

AGRADECIMIENTOS

Agradecimiento especial a las alumnas de Cañada College, Laura Colker, Ingrid Hernández y Kim Payne.

CAPÍTULO 10

La evaluación como medio de aumentar la eficacia

Preguntas para pensar

¿En qué consiste la evaluación?

¿Por qué es importante la evaluación?

¿Cuáles son los componentes de las buenas evaluaciones?

¿Cuáles son los problemas más frecuentes?

¿Qué se debe conocer acerca de las pruebas normalizadas y la selección de desarrollo y disponibilidad?

¿Cómo se puede evaluar a los niños?

¿Cuáles son los temas fundamentales en la evaluación del profesorado?

¿En qué pueden ayudar los programas de evaluación a los niños y a los docentes?

LA EVALUACIÓN

La evaluación forma parte de la vida cotidiana. Miramos por la ventana y evaluamos la situación atmosférica y a continuación decidimos si queremos llevar un paraguas. Antes de comprarla, leemos la etiqueta en la caja de galletas. Nos hacemos una idea sobre una persona que acabamos de conocer. Examinamos los periódicos para averiguar en qué posición está nuestro equipo favorito de fútbol.

Estamos constantemente evaluando, juzgando y calificando. En la enseñanza se evalúa:

- *El currículum.* ¿Ayudará este juego lingüístico a desarrollar habilidades de escucha en los niños de 3 años?
- *Los materiales y el equipo.* Si encargamos el invernadero, ¿tendremos suficiente dinero para el laboratorio de matemáticas?
- *El entorno.* ¿Deben los niños empezar las clases con juego libre o tiempo en grupo?, ¿dónde podemos almacenar las camas para la siesta?, ¿suponen los casilleros un peligro en el vestíbulo?
- *El comportamiento del niño.* Esteban y Francisco se interrumpen el uno al otro muchas veces. ¿Se les debe colocar en grupos de trabajo separados?
- *La eficacia del docente.* Sandra tiene una habilidad especial para hacer que los padres se sientan cómodos en su clase. Andrea encuentra difícil controlar a grupos grandes. Carlos supervisa a los futuros docentes con gran habilidad. ¿Cómo se les puede apoyar a seguir mejorando continuamente?, ¿cómo pueden aprender unos de otros?

¿En qué consiste la evaluación?

Definición

La evaluación es un proceso. Consiste en determinar, evaluar y planificar. La determinación del tiempo que hace fuera ayuda a una persona a evaluar qué ropa ponerse. La evaluación de los modales y la apariencia de una persona determina si hablamos con ella o no en una fiesta. La planificación de una comida implica analizar (evaluar) quién vendrá a comer y cuáles pueden ser sus gustos culinarios. La evaluación conlleva tomar decisiones, elegir opciones y hacer una selección.

En la forma más simple, la evaluación consiste en un proceso de valoración. Piense en la primera vez que comía en un restaurante nuevo. ¿Qué valoró más: el servicio, el entorno, la variedad de platos o el precio?, ¿eran las raciones proporcionales al precio?, ¿eran los camareros serviciales o amigables?, ¿volvería a ese restaurante o se lo recomendaría a un amigo? Evaluamos diariamente, para comprender y valorar nuestras vidas y experiencias. Establecer prioridades sobre la relativa importancia del menú o del ambiente de un restaurante es similar a planificar cuánto espacio se le concederá en el aula a los bloques o a los trabajos artísticos o cuánto tiempo se dedicará al juego libre o a las horas de grupo. La decisión sobre si volver a un restaurante o no es parecida a la decisión de repetir una determinada actividad o no en un aula o si realizar o no una segunda entrevista a un candidato a docente.

En la enseñanza, las evaluaciones implican a los materiales, las personas y los procesos. Los programas se pueden evaluar elaborando un inventario del currículum escolar y de los materiales educativos. La organización de la clase requiere conocer el entorno, contabilizar el número de espacios de juego disponibles en un aula o patio y evaluar el programa diario. La observación y registro del comportamiento de los niños podría evaluar eficazmente las técnicas de control del comportamiento. Evaluar la eficacia del profesorado requiere reunir información acerca de lo que los docentes hacen y de cómo trabajan. Las cor-

Ilustración 10.1 Las evaluaciones forman parte de la vida cotidiana en el entorno de la primera infancia. ¿Cómo aprenden estos niños a escuchar?, ¿a relacionarse con el docente?

recciones sobre el rendimiento se basan en información específica relativa al comportamiento de los docentes. La evaluación del programa debería conllevar el análisis de los niños, los docentes, los padres, la administración y de cómo todos ellos colaboran para cumplir los objetivos del mismo.

Premisas

Todos los procedimientos de evaluación están basados en tres importantes premisas:

1. *La evaluación debe formar parte del proceso de determinación de objetivos.* Sin evaluación, los objetivos carecen de sentido. La evaluación ayuda a establecer un objetivo dentro de un plan significativo de acción. Por ejemplo, una familia que desea hacer camping un fin de semana deberá decidir qué cosas necesitan meter en sus maletas. En el aula, los docentes deciden lo que quieren que aprendan los niños antes de encargar el equipo para llevar a cabo el programa.
2. *Los objetivos se basan en las expectativas.* Todo el mundo tiene una serie de criterios para sí mismo y para los demás. Los criterios se emplean para anticipar los resultados y el comportamiento. ¿Debería comprar la empresa un taco de entradas para el próximo partido de fútbol? Muchas personas tendrían en cuenta la posición del equipo y la probabilidad de victoria antes de tomar una decisión. Los docentes piensan cómo utilizarán los niños de 2 años las marionetas o qué uso harán los de 4 años de los juguetes con ruedas antes de adquirir tales objetos.

   En todo entorno educativo de la primera infancia, entra en juego más de un conjunto de expectativas. El director tiene expectativas laborales de todos los docentes. Los docentes tienen criterios para medir su rendimiento, el de los niños y el de los padres. Los padres tienen algunas expectativas sobre lo que sus hijos hacen en la escuela y sobre el papel que deben realizar los docentes. Los niños también desarrollan sus propias expectativas en lo referente a ellos mismos, a sus padres, a los docentes y a la escuela.
3. *La evaluación sirve para determinar el grado de cumplimiento de tales expectativas.* Por medio de la evaluación, las personas intentan averiguar si sus objetivos se han cumplido. Esto puede ser algo tan simple como oír el timbre después de escuchar a un coche parar fuera. O algo tan complejo como modificar el currículum para adaptarse al grupo a medida que los intereses y necesidades del mismo van apareciendo a lo largo del curso académico o como analizar los cuestionarios rellenados por los padres. Un buen instrumento de evaluación resalta de manera clara y concisa hasta qué punto se han cumplido las expectativas. La evaluación es un sistema de mutua responsabilidad. Es un modo de determinar una serie de expectativas y de definir cómo se van cumpliendo éstas.

¿Por qué evaluar?

En la educación de la primera infancia, las evaluaciones se utilizan por diversos motivos. Los docentes son conscientes de que *la evaluación y* la educación deben ir unidas a la hora de crear unos buenos programas para los niños. Evaluar consiste en comprobar la calidad del esfuerzo educativo. Los docentes se están sofisticando en la realización de evaluaciones formales e informales, en combinar sus observaciones diarias con instrumentos de alta calidad que proporcionan una imagen completa y detallada de cada niño o de toda la clase en su conjunto. *La evaluación supervisa el crecimiento, la progresión y la planificación.*

La evaluación es una forma de mirar cómo y dónde se puede mejorar, de cuestionar los métodos, suposiciones y propósitos. Los docentes y los niños se califican según el nivel de desarrollo y las áreas de crecimiento. Los escenarios se evalúan para comprobar si favorecen el comportamiento y el aprendizaje establecido en los objetivos. Los programas son evaluados en su totalidad para ver si cumplen los objetivos. En definitiva, *la evaluación proporciona información* mediante la cual se pueden medir los resultados, determinar las áreas de dificultad y buscar posibles soluciones.

El establecimiento de objetivos supone una tercera razón para evaluar. Para ser útil, la evaluación debe incluir sugerencias para mejorar el rendimiento o el comportamiento. El instrumento de evaluación que sólo se limita a describir una situación es una evaluación incompleta; se deben establecer unos objetivos de mejora.

Elementos de una buena evaluación

Hay ciertos elementos que son comunes a todas las evaluaciones. Los siguientes criterios sirven de directrices para realizar una buena evaluación:

1. *Seleccione qué o quién va a ser evaluado.* Decida con qué frecuencia y en qué circunstancias tendrá lugar la evaluación.

Ilustración 10.2 Conozca las razones para evaluar. Las evaluaciones deberían evitar las comparaciones injustas, reconocer las diferencias individuales y no contemplar a los niños de un modo competitivo.

2. *Tenga un propósito o motivo claro.* Conozca las razones por las que está realizando una evaluación y tenga en cuenta qué o quién se beneficiará del proceso. Defina lo que espera conseguir con ello.

3. *Decida cómo se recogerá la información.* Tenga nociones del procedimiento o formato que empleará. A la hora de elaborar un informe, averigüe qué instrumentos podría necesitar y cuáles están disponibles. Resalte quién recogerá la información y elaborará el informe. Si el informe va a ser elaborado por más de una persona, compruebe la uniformidad entre los evaluadores. En el capítulo 6 y también más adelante en este mismo capítulo pueden consultarse ejemplos de herramientas para la recogida de información.

4. *Conozca el uso que se hará de la evaluación.* Sea consciente de qué decisiones se tomarán a partir de los resultados. Sepa quién recibe esta información y cómo la interpreta.

5. *Defina claramente los objetivos.* Asegúrese de que los objetivos están especificados de manera que puedan ser observados y medidos con facilidad. Defina los objetivos de comportamiento en términos de lo que la persona logrará hacer.

6. *Diseñe un plan.* Esté preparado para actuar. Utilice los resultados para animar a las personas a poner en práctica lo que han aprendido de la evaluación. Establezca nuevos objetivos. Continúe el proceso durante otro periodo de tiempo determinado. Establezca un horario para comprobar la progresión de una manera regular.

Las evaluaciones son modos deliberados y sistemáticos de juzgar la eficacia. Debido a que se basan en objetivos y expectativas, toda evaluación necesita un cierto **bucle de retroalimentación** para convertir aquello que se percibe (pasos 1–4) en acciones para mejorar (pasos 5 y 6). La ilustración 10.21 muestra cómo funciona un bucle de retroalimentación en la evaluación del profesorado. El punto más importante a tener en cuenta es recordar que la evaluación debe ser continua, ya que sin seguimiento es improbable que se den unas mejoras a largo plazo.

Preocupaciones

De todas las funciones llevadas a cabo por los docentes, ninguna requiere probablemente más energía, dedicación y habilidad que la evaluación. Ya sea sobre los niños, el profesorado o el programa en su totalidad, la evaluación resulta un desafío, convirtiéndose algunas veces en la tarea más complicada que debe realizar un docente. Todo el que esté implicado en el proceso evaluativo debería evitar:[1]

1. *Las comparaciones injustas.* Las evaluaciones se deben emplear para identificar y comprender a la persona o programa implicado o no para comparar unos con otros de una forma competitiva.

2. *Los prejuicios.* La evaluación puede etiquetar injusta o prematuramente a aquellas mismas personas a las que intenta ayudar. Encasillar a una persona no producirá una evaluación útil. La insuficiente información o un énfasis excesivo en los resultados son dos áreas que deben ser controladas atentamente. Los instrumentos evaluativos no deben incluir prejuicios lingüísticos ni culturales.[2] Por ejemplo, una evaluación de los niños no debería incluir experiencias que no resulten familiares para el grupo cultural al que se está evaluando.

3. *Énfasis excesivo en las normas.* La mayoría de los instrumentos de evaluación implican algún nivel de comportamiento o rendimiento normal, niveles aceptables de interacción o una cierta cantidad de materiales y espacio. Las personas involucradas en la evaluación deben intentar personalizar el proceso en vez de intentar adaptar a una persona o programa al molde creado por el instrumento de evaluación.[3]

4. *Interpretación.* Existe en algunas ocasiones una tendencia a interpretar en exceso o malinterpretar los resultados. Ya se evalúe la habilidad de un niño, el rendimiento de un docente o un programa educativo, debe quedar claro *qué es lo que* se está evaluando y *cómo* se utilizará la información. Es particularmente importante mostrarse sensible a los sentimientos de aquellos que están siendo evaluados a la hora de comunicar los resultados de la evaluación. Los padres y los docentes deben interpretar las evaluaciones clara y cuidadosamente si quieren comprender los hallazgos y sentirse cómodos con ellos.

5. *Una perspectiva demasiado estrecha.* Un instrumento de evaluación puede centrarse demasiado en un área determinada y no lo suficiente en otras. Además, ninguna ocasión o instrumento concreto transmitirá a los docentes todo lo que necesitan saber acerca de las habilidades de un niño, el rendimiento de un docente o la eficacia de un programa. Es esencial que la información se recoja de diversas maneras y en distintas ocasiones. La utilización de un solo criterio para evaluar la eficacia de un programa, por ejemplo, pasaría por alto la naturaleza global de los objetivos que la mayoría de los programas de la primera infancia tratan de lograr. Estos objetivos pueden abarcar todas las áreas de desarrollo a la vez que proporcionan servicios para los niños y los padres que afectan a la salud y bienestar de toda la familia. Tomar las habilidades de los niños como la única medida conduciría a conclusiones que ni serían fiables ni válidas. Una evaluación desequilibrada ofrece una imagen incompleta.

6. *Una perspectiva demasiado amplia.* La evaluación debe diseñarse para un solo nivel o grupo de edad y no intentar abarcar un campo demasiado amplio. Resulta adecuado medir la habilidad de un niño para escribir a la edad de 6 años pero no a los 2 años. El ayudante de un docente no debe evaluarse según los mismos patrones que se emplean para evaluar al director o a los supervisores. Se debe tener en cuenta lo que se espera de la persona o tarea y modificar la evaluación de acuerdo con esto.

7. *Poco o demasiado tiempo.* Se debe calcular la cantidad de tiempo necesario para completar una evaluación. Una evaluación demasiado larga pierde su eficacia. Se debe incluir un tiempo para la reflexión y la interpretación en el conjunto del proceso.

Para que las evaluaciones sean más productivas, los docentes deben actuar con cautela al seleccionar

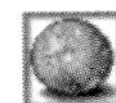

LA DIVERSIDAD DE NUESTRO MUNDO LA DIVERSIDAD DE NUESTRO MUNDO LA DIVERSIDAD DE NUESTRO MUNDO LA DIVERSIDAD DE NUESTRO MUNDO LA DIVERSIDAD DE NUESTRO MUNDO

1 Los numeros 1 al 6 están directamente relacionados con el trabajo en la diversidad de nuestro mundo.

2,3 A medida que nos hacemos conscientes de aquellos a los que enseñamos, debemos ajustar los sistemas de evaluación para

un método de evaluación. A menudo, reutilizarán una técnica común que se adapte mejor a sus necesidades. Por ejemplo, un instrumento de prueba podría utilizarse para describir las habilidades de los niños pero se podrían descartar los valores medios que acompañan a la prueba. De este modo, los docentes evitarían poner un énfasis excesivo en las normas (recomendación 3), hacer comparaciones injustas (recomendación 1) o encasillar a los niños según los resultados (recomendación 2).

En algunas ocasiones el personal o la administración diseñarán un nuevo instrumento en vez de emplear uno ya existente. La individualización del proceso evaluativo puede así equilibrar una evaluación, proporcionando una perspectiva más acorde con el individuo o el programa en un entorno determinado (recomendación 5). Las comprobaciones periódicas de la evaluación proporcionan más de un conjunto de resultados con lo que el personal docente de la primera infancia reduce las posibilidades de malinterpretar o enfatizar en exceso la información (recomendación 4). Una evaluación global realizada semianualmente es más eficaz que una larga y detallada realizada una vez al año (recomendación 7). En todas las evaluaciones, es importante tener en cuenta que tanto los niños como los docentes se encuentran en diferentes etapas de desarrollo y de habilidad; una evaluación individual o una en la que se acepta una amplia gama de resultados permite estas variaciones (recomendación 6).

Ilustración 10.3 Las evaluaciones en los programas en los que el intervalo de edad es elevado tienen que personalizarse para registrar adecuadamente las habilidades de los niños.

Objetivos educativos	Objetivos de comportamiento
Lograr independencia y autonomía.	Los niños se separan satisfactoriamente de sus padres; pueden solventar sus propias necesidades de vestido; inician actividades propias.
Formar parte activa de una sociedad.	Los niños participan activamente en pequeños y grandes grupos.
Aprender a convivir eficazmente con otros.	Los niños desarrollan habilidades sociales con los compañeros y los adultos y muestran respeto hacia la diversidad.
Aprender las herramientas básicas que posibiliten la adquisición del conocimiento.	Los niños dan muestras de curiosidad, memoria y reconocimiento de símbolos.

Ilustración 10.4 Los docentes relacionan lo que ocurre en el aula (objetivos de comportamiento) con los objetivos educativos tradicionales.

Las evaluaciones en el entorno de la primera infancia

En el entorno educativo, el proceso de evaluación está separado del de educación o instrucción incluso cuando se basa en la docencioa o el aprendizaje en el momento en que éstos tienen lugar. Juzgar una actividad, el crecimiento de un niño o el rendimiento de un docente es algo "añadido", aparte de la rutina diaria de la clase. Y sin embargo no siempre tiene que ser así. Enseñar y evaluar están estrechamente ligados. Al tiempo que los docentes examinan su trabajo, también observan el efecto que éste produce en los niños, en el currículum, en las relaciones con los padres y en ellos mismos.

El de evaluación es un concepto muy amplio a menudo confundido con la prueba y la medición. Las pruebas formales o la evaluación separada son sólo una forma de medición. Para ser más precisas, las evaluaciones de los niños, los docentes y los programas deben hacerse de muy diversas maneras combinando métodos formales e informales.

El docente juega un papel determinante en el proceso de evaluación. Por medio de la evaluación, los docentes enlazan los objetivos específicos con otros más amplios, más extensos, como los que aparecen en la ilustración 10.4. Estos objetivos se centran en la relación entre la educación en la clase y los objetivos educativos primordiales. El docente contempla todo el cuadro y conserva una perspectiva de la educación en la que están incluidos los niños, el programa y el personal docente.

Las tres áreas de evaluación contempladas en este capítulo son (1) la evaluación de los niños, (2) la evaluación de los docentes y (3) la evaluación de los programas. Los propósitos que subyacen a cada tipo de evaluación se examinarán a continuación, seguidos de técnicas específicas para realizar evaluaciones más eficaces.[1]

LA EVALUACIÓN DE LOS NIÑOS

¿Cómo evaluamos a los niños?, ¿qué es lo que buscamos?, ¿cómo documentamos el crecimiento y los problemas?, ¿cómo comunicamos los resultados a los padres? Estas preguntas centran nuestra atención en los temas del niño y en el proceso de evaluación.

¿Por qué evaluar?

Se evalúa a los niños porque los docentes y y los padres quieren conocer lo que los niños aprenden. Las evaluaciones determinan el tono de la experiencia educativa del niño en su conjunto. El hacer hincapié en los puntos fuertes de los niños crea unos sólidos cimientos desde los que dirigir sus limitaciones y necesidades. El proceso evaluativo de los niños intenta responder a varios interrogantes: ¿Están adquiriendo los niños las habilidades y comportamientos adecuados?, ¿en qué actividades tiene lugar el aprendizaje?, ¿qué parte del programa apoya un aprendizaje específico?, ¿se está cumpliendo con la filosofía de la escuela?, ¿se están consiguiendo los objetivos educativos?

Hills (1993) y algunos otros distinguen unos propósitos claros al evaluar a los niños:

1. planificación educativa y comunicación con los padres
2. identificación de los niños con necesidades educativas especiales
3. responsabilidad y evaluación del programa

En otras palabras, los procesos de evaluación ayudan a los docentes a descubrir quiénes son los niños, qué es lo que pueden (o no pueden) hacer y cómo colaborar a que los niños maduren y aprendan.[2]

En la evaluación de los niños, los docentes deciden en primer lugar *lo que quieren saber de cada niño y por qué*. Con un entendimiento de los niños en general, los docentes pueden concentrarse a continuación en individuos concretos y sus desarrollos exclusivos. Los objetivos para los niños proceden de los objetivos del programa. Por ejemplo, si la filosofía de la escuela es, "Nuestro programa está diseñado para ayudar a los niños a incrementar su competencia física, social e intelectual", la evaluación medirá la progresión de los niños en esas tres áreas. Una que proclame enseñar habilidades lingüísticas específicas querrá evaluar la progresión en la fluidez oral y en la comprensión auditiva.

LA DIVERSIDAD DE NUESTRO MUNDO LA DIVERSIDAD DE NUESTRO MUNDO LA DIVERSIDAD DE NUESTRO MUNDO LA DIVERSIDAD DE NUESTRO MUNDO LA DIVERSIDAD DE NUESTRO MUNDO LA

1,2 La base teórica de "examinar" surge a partir de los métodos de pensamiento occidentales. Como consecuencia, una cultura no occidental puede ser fácilmente malinterpretada como errónea. Hilliard y otros alertan a los docentes para que presten mucha atención a las pruebas teniendo en cuenta la diversidad cultural.

Las evaluaciones proporcionan a los docentes la posibilidad de distanciarse del contacto diario con los niños y contemplarles de un modo más objetivo y profesional. Los docentes pueden utilizar los resultados para compartir sus opiniones y preocupaciones acerca de los niños entre ellos y con los padres. Por ejemplo, un centro de lactantes y niños en edad de caminar podría diseñar una serie de encuentros con los padres que coincidiera con la secuencia de evaluaciones del niño: el primer encuentro, algunas semanas después de matricular al niño; el segundo, 6 meses después de la admisión del niño en el programa; y el tercero, justo antes de trasladar al niño a un grupo de mayor edad (como por ejemplo, pasar de la clase de lactantes a la de los niños en edad de caminar), en cuyo caso el encuentro contaría con la presencia de los padres y de dos docentes, el actual y el próximo. Este esfuerzo conjunto amplía la visión de todos acerca de quién es y qué hace el niño, resalta los patrones de conducta de éste y ayuda a entender el significado de esa conducta. Proporciona a los docentes la oportunidad de tener una visión gráfica del crecimiento y la progresión de los conocimientos del niño, de manera que se considere a éste como un ser humano único e individual. Las evaluaciones suponen un recordatorio para que nadie olvide que se está trabajando con individuos y no simplemente con grupos.

Naturalmente, las evaluaciones incluyen diversos grados de subjetividad y de opinión. Para que una evaluación resulte fiable y válida, deben utilizarse varias fuentes de información. El capítulo 6 contiene herramientas específicas para la observación directa de los niños y el capítulo 8 trata el tema de las entrevistas con los padres, resultando ambos útiles a la hora de evaluar a los niños (Cryan, 1986; Meisels, 1989). La observación de los niños en plena acción es la clave para evaluar en la etapa de la primera infancia y los lectores se darán cuenta de que la mayoría de los instrumentos de evaluación descritos en este capítulo se basan en lo que los niños hacen espontáneamente o en su entorno familiar. Como afirma Schweinhart (1993), "el reto de la evaluación en la primera infancia radica en aplicar los métodos pertenecientes al campo de la evaluación a los objetivos del campo de la primera infancia". Una evaluación correcta de un niño sirve para documentar el crecimiento del niño en un periodo de tiempo (por ejemplo, se deben recoger en una carpeta las creaciones del niño, dictados, observaciones del docente, anécdotas de comportamiento o fragmentos de conversaciones escuchadas). El Cuadro de atención de Nancy Barbour ofrece ideas fundamentales sobre la evaluación de niños por medio de carpetas.

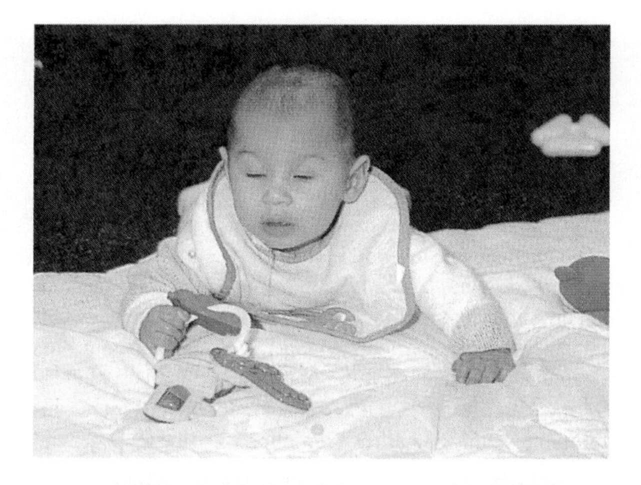

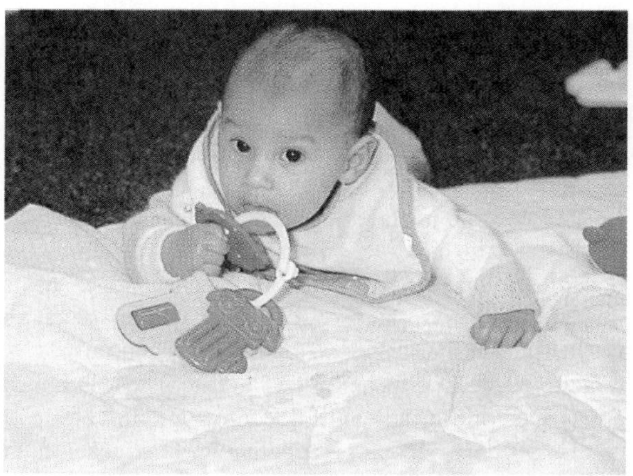

Ilustración 10.5 La información de partida supone la imagen de un niño retratado en un momento determinado. El uso de los materiales por parte de los lactantes, el control de los músculos finos y la perseverancia en las tareas se pueden observar en estas evaluaciones.

SELECCIÓN DE ARTÍCULOS

Evaluación

Nancy Barbour

Informe del día 4-2-99

Hoy tres niños han pasado toda la mañana envolviendo y desenvolviendo "regalos" para mí. Todo lo que necesitaban eran objetos pequeños, cinta, tijeras y papel. Se divertían a lo grande ante mi sorpresa cuando abría cada regalo y encontraba objetos maravillosos. ¿En qué pensaban estos niños de 3 años cuando estaban trabajando tan diligentemente? Les escuché de lejos cuando conversaban: "Esta es la mejor sorpresa....Susan no se enterará de dónde hemos sacado este precioso collar para ella".

"No estás poniendo bastante cinta ahí; déjame que le ponga más".

"Cuando compramos regalos para mi abuela, buscamos las cosas que le gustan y que no tiene. . . luego le damos al encargado de la tienda una tarjeta de plástico y nos vamos a casa y se lo envolvemos en papel de regalo. . . ella llora cuando los abre".

"Susana no lloró cuando abrió éste...¿crees que le gustó?"

"Puede que a Susana no le guste llorar en la escuela".

Parecen estar pensando sobre lo que significan los regalos y lo que supone regalarle a alguien algo que necesita realmente. ¿De qué manera puedo extender el juego, ir más allá de una simple actividad repetitiva y explorar algo que les haga reflexionar?

El informe de Susan tiene mucho que contarnos acerca de la actividad de tres niños de la clase. Ella ha escrito este artículo como una manera de procesar lo que ve que está ocurriendo en su clase, como una forma de examinar lo que considera que son los intereses de los niños y como un medio de reflexionar acerca de hasta dónde quiere llegar con los intereses demostrados. El artículo contiene información acerca de las habilidades de motricidad fina de los niños, su capacidad lingüística y el conocimiento de la familia y de los sentimientos de otros.

Nora, otra maestra, ha estado recogiendo información sobre sus niños de un modo distinto. Ha completado una lista de comprobación sobre el desarrollo del niño, escrito registros con anécdotas sobre cada niño al menos una vez por semana, recogido muestras de sus trabajos manuales, hecho fotos de sus juegos constructivos y ha hecho que cada familia rellene una encuesta. Ella utiliza toda esta información para desarrollar una carpeta individual para cada niño. Todas las semanas examina las carpetas y decide la planificación del currículum para la semana siguiente. Ella reflexiona sobre qué intereses resultan evidentes en las carpetas, qué habilidades están surgiendo en algunos de los niños y qué niveles sociales de juego espera facilitar entre los niños que no buscan la compañía de otros como compañeros de juego.

Ambas maestras están observando atentamente a los niños para afrontar satisfactoriamente las necesidades e intereses en sus respectivas clases. Están comprometidas con la evaluación. ¿En qué consiste la evaluación y qué finalidad tiene?

La evaluación en la primera infancia consiste en el estudio cualitativo y cuantitativo de los trabajos, actividades e interacciones de los niños con el propósito de planificar el currículum y la enseñanza, relacionando los progresos con los objetivos e implicando en el proceso a las familias, las comunidades y las instituciones. Todos los docentes son responsables en parte de la evaluación ya que conocen a sus niños, lo que saben y cómo mejorar sus resultados al recibir la instrucción. Las opciones giran en torno a cómo, qué, cuándo y dónde evaluar.

La evaluación auténtica, en concreto, se adapta mejor al objetivo general del modelo apropiado para el desarrollo porque se centra en el niño en su totalidad, dentro del contexto de la familia, la comunidad y la sociedad. La evaluación es auténtica cuando ocurre en el entorno natural del niño mientras realiza tareas reales. La evaluación es auténtica cuando la información se utiliza para tomar decisiones relativas al currículum y a la instrucción. Es auténtica cuando la información se recoge y se organiza durante un periodo de tiempo, a partir de distintas fuentes y utilizando diversos métodos. Y, finalmente, es auténtica cuando se contempla como un proceso y no como una etapa o un fin. Las carpetas de evaluación suelen ser la forma elegida al realizar evaluaciones auténticas. En ella están representados el aprendizaje y desarrollo de los niños de un modo sistemático y significativo.

El proceso de evaluación resulta completamente natural para aquellos docentes que consideran a los niños de una manera holística. Para estos docentes, la clase es una comunidad dinámica en evolución constante que debe ser observada, documentada, construida y reconstruida. La evaluación, para ellos, supone una parte integral de lo que hacen cada día.

Susan y Nora están realizando cada una la vital tarea de la evaluación de modos distintos pero igualmente útiles. Tienen el poder de compartir información importante con los niños, los padres, las escuelas y la comunidad. Y están intentando que los niños crean que esa documentación es esencial para sus vidas.

La Dra Nancy Barbour forma parte del profesorado de la Facultad de Educación de la Universidad del estado de Kent. Su línea de investigación y sus artículos se han centrado en la educación previa al jardín de infancia, la formación de docentes de primera infancia, historia de la escuelas piloto de desarrollo infantil y la evaluación por carpetas.

Como norma general las evaluaciones se llevan a cabo para:

1. Establecer una información que sirva de punto de partida sobre cada niño, por medio de la cual se pueda analizar su progresión en el futuro.
2. Controlar el crecimiento individual de los niños.
3. Disponer de una planificación sistemática para la intervención y la guía.
4. Diseñar el currículum.
5. Proporcionar a los padres una información actualizada sobre sus hijos.
6. Proporcionar la información necesaria para tomar decisiones administrativas.

Establecimiento de la información de partida

Uno de los propósitos de la evaluación de los niños consiste en establecer el punto de partida de sus habilidades y comportamiento. Éste es el comienzo de una recogida de información vital sobre cada niño durante un periodo de tiempo. Por medio de este registro acumulativo, los docentes aprenden mucho acerca de los niños: con quién juegan, cómo emplean el tiempo, cómo solucionan los problemas, ante qué muestran temor o ansiedad. En otras palabras, aprenden cómo los niños viven sus vidas.

La **información de partida** es una imagen del estado de cada niño; una visión general del desarrollo individual. Muestra en qué punto se encuentra el niño en relación con los objetivos de la escuela ya que se le está evaluando según las expectativas del programa. La información de partida ofrece una imagen real del niño en ese momento pero sin olvidar que esa imagen cambiará.

Ilustración 10.7 ¡Ella sola! La evaluación puede captar el desarrollo de los niños en todas las áreas, incluido el concepto de sí mismos.

Un instrumento para establecer la información de partida. El comienzo del curso escolar es el momento lógico para empezar a recoger información. Los registros del niño se establecen en el contexto de su historia y de su entorno familiar. Los padres suelen enviar este tipo de información al colegio en un impreso diseñado para ello. Los docentes pueden también recoger información visitando al niño en su casa o reuniéndose con los padres y hablando directamente con ellos acerca del desarrollo del niño.

Una **evaluación** *del nivel de entrada* realizada durante las primeras semanas de escuela puede resultar muy informativa, sobre todo si se añade a la historia familiar del niño. La evaluación se debe hacer de una manera informal, con los docentes recogiendo información cuando los niños actúan naturalmente con los materiales y unos con otros. Unas cuantas anotaciones apuntadas durante el primer mes de escuela pueden servir como comienzo de la recogida de información relativa al niño. También puede emplearse un formato mejor organizado como el de la ilustración 10.6.

Aplicación. Los docentes utilizan entonces esta información para entender a los niños y sus diferentes niveles de desarrollo. Pueden ver entonces los puntos fuertes y débiles de los niños y adivinar dónde es probable que tenga lugar un crecimiento. Cuando se comparte la información con los padres, éstos se sienten más relajados con respecto a sus hijos e incluso se divierten cuando recuerdan aquellos primeros días de escuela. Uno no debe olvidar, sin embargo, que la evaluación inicial es sólo una primera impresión. Se debe evitar crear una imagen futura autocomplaciente etiquetando a los niños de modo que queden encasillados por esas pautas iniciales. Es más, los docentes deben tener en cuenta todas las precauciones asociadas a las evaluaciones a la hora de documentar los compor-

EVALUACIÓN DEL NIVEL DE ENTRADA

1. Nombre del niño____________ Docente_____________
   Edad______________ Sexo_____________
   Lengua materna_________________ ¿Se expresa con fluidez en inglés?________________
   ¿Alguna experiencia escolar anterior?__________________________
   Hermanos/otros en casa_______________________
   Situación familiar (uno/dos padres, otras personas adultas, etc.)_______________________
2. Separación de los padres:
   Normal______ Algo de ansiedad______ Alguna dificultad______ Incapaz de separarse de ellos______
   ¿Tuvieron los padres algún problema al separarse del niño?______________________________
   Comentarios:____
3. ¿De qué manera llega el niño a la escuela y por qué medios la abandona?____________________
   Padres____________ Coche compartido____________ Cuidador/a____________ Autobús____________
4. Aspecto físico:
   Salud general____
   Expresión____
   Forma de vestir no restringida_______________________________________
   Postura corporal____
5. Cuidado personal:
   Vestirse: Solo____________ Necesita ayuda____________
   Ir al baño: Por sí mismo____________ Necesita ayuda____________
   Comer: ____
   Limpiarse los dientes: ____
   Dormir/descansar: ____
   Alergias/otro tipo de problemas relacionados con la salud: ________________________
6. Aficiones del niño:
   En el aula:
   Arcilla______ Libros______ Rompecabezas______ Juegos de agua______ Acuarelas______ Idioma______
   Juegos de mesa/alfombra_____ Opciones sensoriales_____ Arte_____ Ciencias_____ Bloques_____
   Al aire libre:
   Columpios___________ Trepadores___________ Arena___________ Juegos de agua___________
   Juguetes con ruedas________ Animales________ Juegos grupales________ Trabajos con madera________
   Horas de grupo (nivel de participación):______________________________________
7. Desarrollo social y emocional:
   a. Inicia las actividades________ Juega solo________ Parece feliz________ Se le tiene que invitar________
      Muestra seguridad________ Parece tenso________
   b. Juega mayormente con niños de: La misma edad________ Más pequeños________ Mayores________
   c. Se desenvuelve en su entorno: Con facilidad_______ Dubitativamente_______ No se mueve en absoluto______ Vaga sin rumbo______
   d. Amigos especiales:____
   e. ¿Sigue el niño a los docentes?_________________ ¿A alguno en particular?_________________
8. Desarrollo cognoscitivo:
   Uso del lenguaje: Sigue las instrucciones________ Pronunciación clara________ Memoria________
   Curiosidad________ Mantiene conversaciones________ Palabras/frases________________________
9. Desarrollo físico:
   Trepa con seguridad_______ Utiliza las tijeras_______ Mano preferente_______ Corre con soltura_______
   Utiliza bolígrafos, cepillos_______ Pie preferente_______ Maneja el cuerpo con facilidad_______
10. Objetivos/puntos a recordar: ____
    ____

Ilustración 10.6 Las evaluaciones del nivel de entrada sirven para recopilar la información de partida. Una vez que los docentes y los niños han pasado algún tiempo juntos, se pueden documentar estas primeras impresiones.

tamientos iniciales del niño. Ocurren tantas cosas en ese pequeño periodo de tiempo que la rica información que obtenemos al documentar ese crecimiento es de una importancia incalculable.

Planes y objetivos. Los docentes utilizan la información de partida para establecer unos objetivos realistas para cada uno de los niños. Diseñan un currículum adaptado según las necesidades e intereses que han observado. La evaluación del nivel de entrada es un vehículo para observar el crecimiento del niño a lo largo del año. Por ejemplo, después de establecer la información de partida sobre la habilidad lingüística de María en inglés, los docentes planifican diversas actividades para incrementar el entendimiento y la utilización de dicho idioma. A continuación, realizan pruebas periódicas sobre el aumento de su vocabulario a medida que el curso avanza.

Control de la progresión de los niños

Los docentes utilizan las evaluaciones para documentar la progresión de los niños. Los datos recogidos proporcionan pruebas acerca del crecimiento de los niños o de su falta de progresión. Una evaluación cuidadosa de cada niño dota al personal docente del fundamento necesario desde el cual pueden planificar los siguientes pasos.

> Helena domina los pinceles en la acuarela. Ahora ya podemos animarla a que lo intente con pinceles más pequeños en la pintura de mesa.
>
> Enrique ha preguntado cómo deletrear palabras sencillas. Hagamos que emplee parte del tiempo dedicado a los bloques para trabajar en el centro de escritura.
>
> Todos los niños parecen separarse de sus padres y decir adiós con tranquilidad. ¿De qué manera podemos celebrar este progreso con el grupo?

Un instrumento de progreso. La ilustración 10.8 es un ejemplo de *evaluación a mediados de curso*. Se incluyen los criterios para cada área de desarrollo con el fin de crear un perfil del niño en su totalidad. Los docentes anotan los pasos de intervención y guía que planean, cuando sea apropiado. Aunque aquí se muestra un cuestionario general, los docentes de primera infancia individualizan las evaluaciones para especificar las habilidades del grupo; un grupo de lactantes o de niños en edad de caminar tienen diferentes habilidades adecuadas a la edad que un grupo de preescolares o una clase de primaria. Un cuestionario revisado de este tipo debe incluir lo que el niño hará para mostrar un nivel adecuado de comportamiento en cada etapa del desarrollo.

Aplicación. La información obtenida acerca de un niño se utilizará para evaluar el crecimiento y el cambio. La frecuencia con la que esto sucede puede variar. Aunque muchos cambios pueden ocurrir rápidamente en estos primeros años, le lleva tiempo al niño integrar las experiencias de la vida y a los docentes verlas expresadas como pauta permanente de comportamiento. Una evaluación demasiado frecuente no revela suficientes cambios como para que tenga utilidad y añade una carga más en el personal docente.

Una vez que se ha recogido la información de partida, parece razonable realizar una evaluación del progreso cada tres meses. En un curso normal, esto significa establecer la información de partida en el otoño y comprobar la progresión en invierno y en primavera. En aquellos centros que funcionan todo el año, sería correcto realizar un informe breve en verano. Estas evaluaciones no tienen por qué consumir demasiado tiempo. Muchas evaluaciones adoptan la forma de una lista de comprobación que puede cumplimentarse durante la clase.

Planes y objetivos. Los objetivos se establecen para los niños como resultado de una evaluación. Los objetivos cambian a medida que tiene lugar el crecimiento. Un buen instrumento de evaluación controla la progresión en todas las áreas de desarrollo para que puedan elaborarse planes para desafiar al niño física, social, emocional, creativa e intelectualmente.

Al mismo tiempo, la teoría nos recuerda que el niño se desarrolla en su conjunto, siendo cada área de crecimiento influyente y a la vez influida por los cambios que tienen lugar en otras áreas. Las evaluaciones que documentan el crecimiento incluyen información para que todos los docentes puedan ver las interrelaciones entre las áreas de desarrollo. Al evaluar el crecimiento en áreas individuales, los docentes relacionan ese desarrollo con las habilidades generales del niño como en el siguiente ejemplo:

> El informe de mediados de curso sobre Damián demuestra que carece de destreza a la hora de correr y escalar y que en cambio posee unas habilidades

HERRAMIENTA PARA CONTROLAR LA PROGRESIÓN DEL NIÑO

Revise una de las evaluaciones que se ofrecen a continuación para cada habilidad; para aquellas que necesitan de más trabajo, busque más información con ejemplos concretos.

Área de Desarrollo	**Edad Adecuada**	**Muy Habilidoso**	**Necesita Trabajar Más**
Autonomía individual			
Cuidado personal	Puede comer, vestirse e ir al baño por sí solo con facilidad		
Toma de decisiones	Prefiere el interior al exterior		
Cumplimiento de rutinas	Lo hace bien		
Físico motor			
1. Motricidad fina	Utiliza acuarelas, pinceles con firme sujeción y también bolígrafos		
Materiales artísticos	Le gustan los bloques, los juegos de mesa		
Herramientas para trabajar con la madera	No ha elegido el trabajo con la madera pero observa a menudo		
Juegos de Manipulativos			
		Muy cauteloso, parece temeroso	
2. Motricidad gruesa		No se columpia, desliza ni utiliza trepadores	
Manejo de la pelota		Vaga al aire libre, algunas veces hace música	
Equilibrio		Huye cuando los juguetes con ruedas	
Salta/salta a la pata coja/brinca		se deslizan pendiente abajo	
Comunicación y lenguaje			
Vocabulario	Excepcionalmente fuerte		
Articulación	Conversa diariamente con adultos		
Comprensión	Responde a los niños pero rara vez inicia la conversación		
Inglés como segunda lengua	Destaca en la hora de grupo, montones de ideas		
Conversa con otros niños	Habla sobre los temores, pero éstos parecen impedirle intentarlo		
Conversa con adultos			
Escucha			
Expresa sus necesidades, ideas, sentimientos			
Desarrollo cognoscitivo			
Comprende la relación causa-efecto			
Procesa y emplea la información			
Soluciona los problemas con:	Daniel tiene mucha información para compartir y mucho interés en		
objetos	solucionar problemas con los materiales del aula e interactuando con los docentes.		
compañeros	Nos gustaría que extendiera estas habilidades al trabajo con los niños y que		
adultos	se abriera algo más.		
Matemáticas previas (secuenciación, medida, números)			
Conceptos de prelectura (tamaño, colores, formas, letras, posición)			
Social y emocional			
Independiente/con iniciativa			
Concepto de sí mismo positivo	Se desenvuelve bien por sí solo, investiga		
Reconoce/acepta sus propios sentimientos	Se siente cómodo y confiado		
Asume la frustración	alrededor de adultos	Parece dubitativo/temeroso en el exterior	
Flexibilidad		Es solitario o mero espectador, ¿es	
Liderazgo		esto autoestima o simplemente miedo?	
Inicia contactos sociales		No sabe nada de liderazgo todavía;	
Comportamientos sociales (amigable, generoso, tolerante, cooperativo, empático)		no se le ha podido observar a causa de	
		la poca interacción con otros niños	
Interacciones niño-niño			
Interacciones niño-adulto			
POTENCIALIDADES GENERALES:	OBJETIVOS		

Ilustración 10.8 La evaluación a mediados del curso resulta una descripción más completa del niño. Resalta las áreas de preocupación y las de progreso. (Desarrollado por la Guardería Bing, Universidad de Stanford, 1975 a 1990).

Ilustración 10.9 ¿Qué necesitan los niños de un programa? La evaluación detecta las necesidades individuales de guía o ayuda, como por ejemplo aprender a comer solo.

orales y de escucha excepcionales. Esto influye en su desarrollo en las siguientes áreas:

Emocionalmente. Parece carecer de confianza en sí mismo y su autoestima se deteriora cada vez que nota su incapacidad para las habilidades físicas. Puede incluso temer dominar el arte de escalar y correr por miedo al fracaso.

Socialmente. Los niños se ríen de Damián porque a menudo no puede seguir el ritmo de los demás mientras juegan al aire libre. Frecuentemente acaba jugando sólo o mirando a otros niños más activos.

Intelectualmente. Damián no quiere correr riesgos a la hora de aproximarse al juego en su conjunto. A causa del lento desarrollo físico, parece difícil que se motive a sí mismo en otras áreas.

El informe sobre la progresión de Damián sirve para establecer como objetivo principal las habilidades físico motoras, sabiendo de antemano que un crecimiento en esa área puede afectar positivamente al aprendizaje en otras áreas. Los docentes también planifican una estrategia para ayudarle a hablar sobre lo que le gusta o le disgusta de las actividades al aire libre y recoger algunas historias que describan personajes que perseveran para superar las dificultades (como por ejemplo *The Little Engine That Could*, utilizando su fuerza como trampolín para el crecimiento.

Planificación de la guía y la intervención

Una tercera finalidad de la evaluación consiste en ayudar a los docentes a determinar procedimientos de guía. Éstos se basan en las percepciones reveladas por medio de la evaluación. Este procedimiento sirve como instrumento principal en el que se basa la guía y la planificación. Cuando los docentees observan un problema de comportamiento o están preocupados por un niño, planifican más evaluaciones (consulte el capítulo 7). Si se necesita una prueba de desarrollo para determinar si un niño tiene un problema de aprendizaje o necesita atención especial, los docentes dirigirán a la familia al especialista o a la empresa adecuada o realizarán la prueba ellos mismos. En este capítulo se analizará más detenidamente este tipo de pruebas.

Un instrumento de guía. Las evaluaciones ayudan a controlar el comportamiento. Una vez que se pone de manifiesto una necesidad, el personal docente decide cómo actuar. Los problemas individuales se resaltan cuando los docentes tratan de concentrarse en el comportamiento de los niños. La ilustración 10.10 muestra un cuestionario utilizado para determinar la intervención adecuada. Utilizado en una reunión del personal, este cuestionario muestra qué pasos deben seguirse para enfrentarse adecuadamente al problema. También ayuda a los docentes a determinar cómo hablar con los padres mostrando su preocupación y su apoyo.

Aplicación. El siguiente caso demuestra cómo la información obtenida por medio de las evaluaciones se utiliza en la guía y la intervención educativa:

La última evaluación de Isabel reveló un aumento en el número de accidentes en el baño. El personal observó una mayor incidencia durante la merienda de media mañana pero no pudo llegar a ninguna conclusión en lo referente al motivo. Acordaron continuar observando su comportamiento de un modo relajado y hacer que un docente le recordara a Isabel que pasara por el baño antes de lavarse las manos para la merienda. Al mismo tiempo, planearon ponerse en contacto con los padres

CUESTIONARIO PARA LA GUÍA DE LOS NIÑOS

Presentación de problemas (En términos de comportamiento)

¿Qué comportamientos preocupan al personal? Sean concreto. Limítense a tres problemas o preocupaciones.

1.
2.
3.

Historial familiar (Informacion acerca de la familia e informacion sanitaria si es necesaria)

Historial escolar (Relaciones del niño con los adultos, otros niños, materiales, actividades)

Intervención (¿Qué procedimientos han funcionado y cuáles no?, ¿qué capacidades aporta el niño a este tema?)

Planes de futuro (¿Qué ocurrirá como resultado?)

1. En el aula
2. Con los padres
3. Fecha de revisión de resultados

Ilustración 10.10 Una de las finalidades de la evaluación de los niÑos consiste en diseñar una gestión del comportamiento. Un buen cuestionario de evaluación debe incluir cómo completar los proyectos creados para la intervención. (Adaptado de K. McLaughin y S. Sugarman, Personal ommunications, 1982.)

ara obtener más información. Se volverán a reunir más adelante para tratar la solución.

Los padres de Tobías afirman que su hijo dice que no tiene amigos en la escuela. En la reunión de personal, los docentes deciden sugerir a los padres de Tobías que inviten a Roberto y a Bárbara a jugar con Tobías en casa. Los docentes han observado que esos dos niños trataban de aproximarse a Tobías y él parecía no saber cómo responder. En clase, los docentes le darán a Tobías una serie de respuestas verbales para cuando otros niños intenten jugar con él.

Planes y objetivos. Un instrumento de evaluación, como el *cuestionario para la guía del niño* de la ilustración 10.10, ayuda a los docentes a definir los objetivos para los niños. Reduciendo el foco de atención hasta incluir sólo aquellos comportamientos que preocupan al personal permite a éste estudiar con rapidez las necesidades de muchos niños.

Diseño del currículum

Los docentes diseñan el currículum a partir de los datos obtenidos mediante las evaluaciones de los niños. Convertir la evaluación en modelo de clase real forma parte del trabajo del docente. Una evaluación profunda ayuda a los docentes a planificar las actividades adecuadas para las necesidades de los niños.

Instrumentos de planificación. Los tres instrumentos previos de evaluación pueden utilizarse para diseñar el currículum. La evaluación del nivel de entrada y el informe de mediados de curso se resumen a menudo en un diagrama de grupo como muestra la ilustración 10.11. Uno de estos diagramas, realizado al término del primer semestre en una clase de un centro previo al jardín de infancia, reveló lo siguiente:

Al menos un tercio de la clase tenía problemas para escuchar en la hora de grupo, como

Resumen de los informes sobre el desarrollo/fracaso del progreso
(consulten los cuestionarios si desea conocer más detalles)
Área de desarrollo: + = bien; – = necesita trabajar más; ? = no se sabe

Niño	Física	Lingüística	Cognoscitiva	Social	Emocional	Creativa
Gregorio	–	+	+	+	–	?
Álvaro	?	–	+	–	–	+
Santiago	+	?	?	–	+	+
Rebeca	+	+	+	+	+	+
Catalina	–	+	?	?	?	–

Objetivos del grupo durante el invierno:

- Enfatizar las áreas social y emocional del currículum.
- Planificar juegos y actividades físicas (en el interior a causa de la climatología).

Objetivos individuales durante el invierno:

Gregorio: Estimular algunas artes creativas, juegos. Observar la creatividad en determinadas actividades intelectuales.

Álvaro: Necesita ayuda para sentir confianza en sí mismo y para expresar sus deseos; no se le debe empujar aún a correr ciertos riesgos físicos.

Santiago: Necesita una evaluación de las habilidades lingüísticas y cognoscitivas; observar la utilización de los juegos de mesa y el lenguaje receptivo cuando está en el grupo.

Rebeca: ¿Cuál es el siguiente paso?, ¿está preparada para ayudar a los demás? Implicarla en los rompecabezas de 100 piezas y en la computadora.

Catalina: Necesita atención en todos los aspectos de su desarrollo; hay demasiados interrogantes, ¿se le dedica suficiente atención individual?

Ilustración 10.11 Una tabla de grupo. Los docentes pueden emplear herramientas de evaluación individuales que sirvan a la vez para todo el grupo y para cada niño del aula.

> demostraba el diagrama de grupo que identificaba el "Tiempo en grupo" y las "Habilidades lingüísticas de escucha" como áreas para el crecimiento de casi la mitad de los niños. El personal centró la atención en el contenido de la hora de grupo. Se llegó a la conclusión de que un cuento hacía las horas de grupo demasiado largas; los niños estaban inquietos durante la mayor parte del tiempo de lectura. Se acordó trasladar la hora del cuento justo antes de la siesta y reducir temporalmente la duración.

La evaluación también se aplica a sucesos diarios, como por ejemplo proyectos individuales y el día en su conjunto. Un instrumento para la evaluación del currículum revisa los resultados de una actividad específica. La ilustración 10.12 muestra un ejemplo de esa clase de evaluación. En el capítulo 11 se analizará más detenidamente el diseño del currículum.

Aplicación. Los resultados de la evaluación ayudan a los docentes a ver más claramente las habilidades y puntos fuertes de todos los niños de la clase. A continuación se planificarán actividades curriculares que reforzarán el crecimiento de cada niño. También se identificarán las áreas que presentan dificultades:

> Juana tiene problemas incluso con el rompecabezas más sencillo. Se le deben proporcionar formas comunes en bloques (pequeñas formas de plástico de color, grosor y tamaño variables) y practicar algunos ejercicios de emparejamiento con ella.
>
> Los niños más pequeños de la clase se muestran poco dispuestos a probar las estructuras de escalada diseñadas por los mayores. Se debe construir una pista de obstáculos con los niños más pequeños, empezando por retos muy sencillos e involucrando a los niños en su diseño y construcción real al tiempo que se ensayan las técnicas de escalada con ellos.

Planes y objetivos. Cada uno de los casos anteriores demuestra cómo los instrumentos de evaluación se pueden utilizar para diseñar el currículum. Al analizar periódicamente tanto las habilidades de grupo como

Actividad ____

¿Cuántos niños han participado? _____ ¿Rehuyó alguno participar en ella?______

¿En qué grado se involucraron los niños? Mucho _____ Brevemente _____ Sólo miraron _____

¿Cuáles fueron las reacciones de los niños? Describa lo que dijeron y cómo actuaron.____

¿Qué hizo para atraer la atención de los niños?, ¿y para mantenerla?

¿En qué medida calificaría el éxito de esta actividad? Pobre _______

Adecuado ______ Bueno ______ Estupendo ______ ¿Por qué? ____________

¿Qué destrezas/habilidades fueron necesarias?, ¿mostraron los niños tales habilidades?____

¿Qué partes de la actividad tuvieron más éxito?, ¿por qué? ____________

Describa cualquier dificultad que tuviera. Explique las razones y diga cómo se enfrentaría con ellas si sucedieran de nuevo. ____________________

Si realizara esta actividad otra vez, ¿en qué la cambiaría? ______________

En vista de la evaluación, ¿qué planificaría como actividad de seguimiento? ____

¿En qué medida se han visto cumplidos con esta actividad sus objetivos y expectativas? ____

Ilustración 10.12 La evaluación de las actividades diarias permite a los docentes utilizar la evaluación como un instrumento de planificación. Aunque no todas las actividades necesitan este análisis diario, una planificación y evaluación cuidadosas producen clases eficaces. (Adaptado a partir de la Guardería de la Escuela Universitaria Vassar).

las individuales, los docentes mantienen un entorno seguro y estimulante.

Comunicación con los padres

La planificación de la evaluación de los niños debe incluir las maneras por medio de las cuales se va a informar a los padres de los resultados. Una vez que los docentes han identificado las necesidades y capacidades de los niños, los padres están autorizados a conocer las conclusiones. El personal docente tiene la obligación de proporcionar una visión global realista de la progresión del niño y alertar a los padres ante cualquier problema. (Consulte el capítulo 8 para conocer más detalles acerca del trabajo conjunto de padres y docentes).

Por medio del instrumento para la guía del niño (consulte la ilustración 10.10), los docentes pueden definir el problema de comportamiento de un niño y trabajar en estrecha colaboración con los padres para alcanzar una solución.

Israel se niega a dejar marchar a su mamá. Los docentes acuerdan que se deben tratar dos temas: (1) El llanto y los gritos de Israel cuando se va su mamá y (2) su incapacidad para concentrarse en una actividad mientras ella trata de marcharse (aunque se quede tan pronto como empiece a llorar). La familia les ha contado que sus otros dos hijos también presentaron los mismos problemas cuando eran preescolares. La escuela preescolar solicitó a los padres que se quedaran con los niños hasta que dejaran de llorar, situación que continuó casi 6 meses con la consiguiente molestia en sus lugares de trabajo.[1]

Los docentes decidieron intervenir pidiéndole a la madre de Israel que planeara previamente con él cómo pasarían juntos 5 minutos cada mañana. Después de jugar y ayudarle a instalarse, le diría adiós y dejaría a Israel con Pedro, su docente favorito. Pedro estará preparado para estar con él en la despedida y permanecer con Israel hasta que se calme. También acordaron fijar una reunión dos semanas después de esta intervención para hacer un seguimiento y revisar cómo funcionaba para todo el mundo.

Un instrumento con los padres. Los docentes y los padres necesitan dialogar, especialmente cuando la evaluación detecta problemas. Debido a que tanto los padres como los docentes comparten un conocimiento y una percepción de la situación, una imagen más completa surge cuando se juntan ambas partes. En ese momento cada uno debe asumir un papel en la solución del problema. El papel del docente estará definido en el contexto del papel de los padres y los padres serán guiados por las actitudes y acciones del docente.

Los instrumentos de evaluación ayudan a los padres a establecer áreas prioritarias en las que sus hijos necesitan una atención especial. Un cuestionario para la guía del niño (consulte la ilustración 10.10) resulta un instrumento eficaz en las reuniones de los padres con los docentes y un método adecuado para diseñar planes de intervención. El capítulo 8 trata sobre el tema de las relaciones entre padres y docentes y ofrece una guía para que las reuniones entre ambas partes resulten eficaces. El instrumento que funciona mejor es uno que resume las preocupaciones de la escuela y solicita una implicación elevada de los padres.

Aplicación. Además de identificar los problemas de comportamiento habituales, las evaluaciones elevan preguntas referentes al desarrollo físico del niño, su agudeza visual y auditiva o problemas de lenguaje. Problemas potencialmente serios pueden surgir de la evaluación y se debe alentar a los padres a buscar guía profesional.

Planes y objetivos. Debido a que la evaluación es un proceso en constante evolución, la reevaluación y el establecimiento de objetivos se hace con regularidad. Comunicar a los padres el progreso y los nuevos objetivos es vital para que el *bucle de retroalimentación* de un cuestionario de evaluación sea eficaz, como aparece en la ilustración 10.21 de la página 387.

Toma de decisiones administrativas

Los resultados de una evaluación pueden ayudar a la escuela a tomar decisiones administrativas. Éstas pueden conducir a modificaciones del programa o de la filosofía de la escuela. Por ejemplo, un componente de atención infantil podría añadirse al programa de media jornada después de observar que la mayoría de los niños acuden a otro centro de atención infantil después de la guardería. O una evaluación podría determinar que se hace poco hincapié en el desarrollo de las habilidades motoras gruesas y en la coordinación. Para animar a un juego más activo, la administración podría decidir remodelar el patio de juegos y adquirir nuevos equipos.

En el entorno de la primera infancia tanto los **métodos formales** como los **informales** se utilizan a la hora de evaluar a los niños. *Los métodos informales* y los *caseros* como por ejemplo los del capítulo 6 y las ilustraciones 10.6, 10.8, 10.10, 10.11, y 10.12 incluyen la observación, toma de datos, auto evaluaciones, entrevistas con los padres y encuestas, muestras del trabajo de los niños y cuestionarios diseñados por los docentes. Métodos más *formales* de *evaluaciones* se utilizan también, aunque con menos frecuencia en los primeros años. Éstos incluyen pruebas normalizadas y diversos instrumentos de "selección". Las pruebas anuales realizadas en la escuela primaria y en secundaria, utilizando un lápiz del número 2, son una muestra de tales procedimientos. Esos y otros cuestionarios normalizados son otros ejemplos de

LA DIVERSIDAD DE NUESTRO MUNDO LA DIVERSIDAD DE NUESTRO MUNDO LA DIVERSIDAD DE NUESTRO MUNDO LA DIVERSIDAD DE NUESTRO MUNDO LA DIVERSIDAD DE NUESTRO MUNDO

[1] Los docentes deben examinar las teorías de desarrollo infantil y los modelos de etnocentricidad (por ejemplo, en la cultura europea occidental y americana se pueden contemplar como señal de un vínculo seguro si un padre y su hijo se separan cómoda y tranquilamente, mientras que en otras culturas tal vínculo se puede demostrar con una separación apasionada y cargada de emotividad).

Ilustración 10.13 Analizar al grupo es una razón para evaluar a los niños. ¿Cómo se puede averiguar si estos niños están preparados para actividades grupales más comprometedoras y desafiantes?

métodos formales de evaluación. Desarrollados comercialmente, estas pruebas normalmente comparan el rendimiento de un niño con un patrón predeterminado. Existen problemas inherentes a la evaluación y selección de los niños (consulte la sección "Evaluación y selección" más adelante en este mismo capítulo).

Es importante elegir técnicas e instrumentos de evaluación que sean adecuados para el grupo o el niño objeto de estudio. Las observaciones informales pueden realizarse de forma más sistemática (consulte el capítulo 6) o global para obtener más información sobre un problema concreto. De emplearlos, los instrumentos formales desarrollados comercialmente se deben utilizar con más cuidado.

Un instrumento administrativo. Muchos jardines de infancia y algunas guarderías utilizan diversas clases de pruebas de "selección" antes de que los niños comiencen la escuela en otoño.[1] La finalidad habitual de estas evaluaciones consiste en determinar la preparación: es decir, comprobar que el niño será capaz de desenvolverse satisfactoriamente en la escuela. Estos instrumentos se diseñan mejor considerando al niño como un individuo concreto. Las finalidades son positivas: resaltar las habilidades que el niño posee e identificar las áreas en las que puede necesitar ayuda en la siguiente clase. La ilustración 10.14 muestra un método casero de evaluación de selección que se diseñó para preescolares de entre 4 y 5 años que abandonaban el jardín de infancia. La actividad emplea un método individual, en forma de juego, en el que el niño y su docente favorito pueden explorar los puntos fuertes y las dificultades enun entorno seguro y de apoyo.

Algunos docentes terminan el año con un informe global. Esta evaluación sirve como una visión general de lo que ha logrado un niño, qué áreas se dominan y dónde podría darse un crecimiento futuro. Estos registros resultan útiles a los padres como resumen de las experiencias de aprendizaje del hijo. Los docentes pueden utilizarlos como referencias en el caso de que se debieran consultar en otra escuela. Una vez más, es

LA DIVERSIDAD DE NUESTRO MUNDO LA DIVERSIDAD DE NUESTRO MUNDO LA DIVERSIDAD DE NUESTRO MUNDO LA DIVERSIDAD DE NUESTRO MUNDO LA DIVERSIDAD DE NUESTRO MUNDO

[1] Debe observarse que las pruebas de "selección" pueden ser parciales y su validez puesta en duda sobre todo si se desarrollan localmente. Además, los docentes deben saber si la finalidad de la prueba es comprobar posibles discapacidades o conocer las habilidades de los niños; también se puede correr el riesgo de excluir a algunos niños.

vital realizar estas evaluaciones de una manera sensata y tolerante, en periodos de tiempo lo más breves posibles y comunicar los resultados de la misma forma. De no actuar así, la autoestima del niño puede resultar dañada y se puede perder la confianza de los padres. Las desventajas de estos instrumentos son similares a las de las pruebas normalizadas (consulte la sección siguiente).

Aplicación. Tomar decisiones administrativas a partir de los resultados de la evaluación es una idea consistente. Las evaluaciones proporcionan a los administradores información concreta y verificable a partir de la cual tomar decisiones.

El tema de la preparación o colocación de los niños resulta complejo. La siguiente sección describe los problemas potenciales y las malas aplicaciones de las pruebas en este contexto. El hecho de que el niño esté preparado o no para enfrentarse satisfactoriamente a un programa afecta a los niños y a sus padres. Poseer un buen instrumento de evaluación ayuda a tomar tales decisiones equitativamente y a comunicar los resultados de una manera clara y amable.

Planes y objetivos. El instrumento de evaluación que proporciona un perfil específico de las habilidades del niño permitirá a un administrador compartir la información con la familia con claridad y honestidad. Seleccionando cuidadosamente un instrumento, los administradores proporcionan a los padres información que pueden emplear para planificar el desarrollo del niño.

INVENTARIO DE HABILIDADES

Docente____________________

Niño______________________________ Edad____ Fecha____________________

Tarea	Comentarios del docente
Habilidades cognoscitivas	
1. ¿Puedes recitar el alfabeto?	1. ¿Secuencia correcta?, Si No Longitud:
2. ¿Puedes decirme cuáles son estas letras?	2. Número de letras acertadas Comentario:
3. ¿Sabes contar?	3. Anoten hasta cuánto: ¿Secuencia correcta hasta dónde?
4. Por favor, apunta al número que te diga.	4. 3-1-6-4-8-2-9-7-5 ¿Cuántos acertó?
5. ¿Puedes ordenar estos triángulos de menor a mayor?, ¿cuál es el más grande?, ¿y el más pequeño?, ¿el primero?, ¿el último?	5. Triángulos de tres tamaños. Comentarios:
6. ¿Qué color es éste? Si el niño no puede decir el color, entonces pídale que señale el rojo, etc.	6. Señala el rojo, el azul, el amarillo, el negro, el verde, el naranja el marrón, el lila. Comentarios:
7. ¿Qué formas son éstas? Si el niño no sabe decir el nombre de la forma, entonces pídale que señale al círculo, etc.	7. Señala el círculo, el cuadrado, el triángulo, el rectángulo. ¿Algún comentario?
8. ¿Sabes dónde tienes los hombros?, ¿y el codo?, ¿y el pulgar?, ¿y el cuello?, ¿y los labios?	8. Comentarios:
9. Nombra todos los animales que puedas	9. Comentarios:
10. Por favor, divide estos animales en dos grupos. Uno contiene los animales que viven en el agua y el otro los que viven en tierra.	10. Jirafa, ciervo, gato, rana, cocodrilo, tiburón, pez

Sigue a continuación

Ilustración 10.14 Al crear herramientas eficaces para la evaluación, podemos evaluar el desarrollo de las habilidades de los niños y su grado de preparación para la siguiente meta educativa. (Desarrollado por la Guardería Bing, Universidad de Stanford, 1975 a 1990).

11. Aquí tenemos un oso y un cubo. Pon el cubo encima del oso. Debajo del oso. Detrás del oso. Al lado del oso.	11. Comprueben las respuestas correctas:
12. Aquí tenemos tres dibujos. ¿Puedes o ordenarlos de manera que cuenten una historia?	12. Árbol con hojas verdes. Árbol con hojas rojizas cayéndose. Árbol desnudo. Comentarios:
Habilidades de escucha auditivas y perceptivas	
1. Por favor repite los números después de que yo los diga (Practique con 6-3-1-4): 5-3-8-2 2-7-9-3	1. ¿Secuencia correcta?, ¿números correctos?
2. Repite la frase en el mismo orden en que yo la diga. (Practique con "El perro corrió al parque.") La mamá señaló al avión en el cielo.	2. ¿Secuencia correcta?, ¿palabras correctas?
3. Escucha lo que te diga y luego haz lo que mis palabras te pidan. (Pruebe con "pon las manos sobre la cabeza.") Levántate, ve a la puerta y vuelve donde estoy yo.	3. Comentarios:
Habilidades de motricidad fina	
1. Escribe tu nombre.	1. Observen cómo empuña el lápiz y qué mano utiliza.
2. Dibuja un círculo, un cuadrado, un triángulo, un rectángulo.	2. Comentarios:
3. Escribe las letras: O E P A J	3. Comentarios:
4. Escribe los números: 1 3 7 2 5	4. Comentarios:
5. Recorta un círculo.	5. Observe cómo empuña las tijeras y qué mano utiliza.
6. Dibuja una persona lo mejor que puedas. ¿Te has olvidado de algo?	6. Comentarios:
Habilidades de motricidad gruesa	
1. Salta con los dos pies desde A hasta B.	1. Observen el equilibrio.
2. Salta a la pata coja desde A hasta B.	2. Observen el equilibrio.
3. Salta desde A hasta B.	3. Comentarios:
4. Camina de espaldas desde B hasta A.	4. Comentarios:
5. Apóyate sólo en un pie mientras cuento hasta tres.	5. Observe el equilibrio.
6. Camina por esta barra de equilibrio.	6. Observe el equilibrio.
7. ¿Puedes saltar por encima de estos listones con los pies juntos?	7. Comentarios:
8. ¿A qué altura puedes encaramarte en nuestro trepador?, ¿subes por nuestro tobogán?	8. Comentarios:
9. Ahora corre desde el trepador a la valla y vuelve aquí lo más rápido que puedas.	9. Observen el modo de andar y el equilibrio.
10. Por favor, tírame la pelota. Atrápala. Golpéala.	10. Comentarios:

Ilustración 10.14 Continuación.

Ilustración 10.15 Las habilidades motoras finas son un indicador de que una habilidad se desarrollará satisfactoriamente en la escuela y por lo tanto se deberían evaluar tan frecuentemente como las habilidades cognoscitivas o socioemocionales.

Evaluación y selección

El modelo de la evaluación y la **selección** para la preparación y la retención se ha incrementado enormemente en la última década. Con la aprobación de la Ley Pública 94-142 (ley de la educación para todos los niños discapacitados) y la enmienda para la primera infancia (P.L. 99-457), los estados tienen ahora la responsabilidad de establecer procedimientos y políticas específicas para identificar, evaluar y proporcionar servicios a todos aquellos niños con problemas de aprendizaje. Es más, la evaluación para la admisión a un jardín de infancia o la promoción a primer curso se han hecho más comunes. Los resultados son que se le está denegando a más niños la entrada al sistema escolar, necesitando un año extra o programas de estimulación o repitiendo en el jardín de infancia otro año. Tales prácticas suscitan algunas controversias filosóficas.

- Los niños pequeños no actúan bien en situaciones de prueba ni los propios resultados de las pruebas reflejan necesariamente el conocimiento o las habilidades de los niños.
- Tales modelos (a menudo basados en usos inadecuados de las pruebas de preparación o selección) no tienen en cuenta los efectos negativos potenciales largamente documentados de la retención en la autoestima de los niños ni el hecho de que tales modelos afectan desproporcionadamente a niños pertenecientes a familias con bajo nivel adquisitivo o pertenecientes a minorías (NAEYC, 1988).
- Aunque las pruebas más necesarias y adecuadas (hechas por el docente) son las más difíciles de crear, las normalizadas son frecuentemente mal usadas y mal interpretadas por padres y docentes (Meisels, 1989).
- Se presiona a los docentes a llevar a cabo programas que enfatizan en exceso las situaciones y objetos de evaluación (Kamii, 1990).
- La mayoría de las pruebas se centran en las habilidades cognoscitivas y lingüísticas ; una perspectiva tan estrecha pasa por alto otras áreas de desarrollo.

La práctica de **pruebas normalizadas** ha provocado que los planes de estudio de la primera infancia se hicieran cada vez más académicos. Padres y educadores de la primera infancia se alarman de que:

> Muchos jardines de infancia son ahora primeros cursos estructurados y "saneados", enfatizando los libros de trabajo y otras actividades con papel y lápiz claramente inadecuadas para niños de 5 años. Esta tendencia afecta ya incluso a preescolar y a los programas de atención infantil que sienten que su misión consiste en preparar a los niños para el jardín de infancia. Demasiados sistemas escolares, que esperan que los niños se adapten a un currículum inadecuado y que se encuentran con un elevado número de niños no preparados, reaccionan ante el problema elevando la edad de admisión para los jardines de infancia y/o etiquetando a los niños como fracasos (NAEYC, 1988).

Las consecuencias de tales pruebas erosionan aún más el currículum ya que los docentes, deseando que sus alumnos lo hagan bien en la prueba, alteran las actividades para adaptarse a lo que va a ser evaluado. En consecuencia enseñan a los niños a aprender respuestas correctas en lugar de enseñarles a pensar activa y críticamente. En vez de hacer a los docentes más responsables, "el empleo excesivo (y la mala utilización) de las pruebas normalizadas ha conducido a la adopción de modelos de enseñanza inadecuados y también de políticas de admisión y retención que no son acordes con los intereses de los niños ni de la nación en su conjunto" (NAEYC, 1988).

Los docentes y las escuelas están comenzando a reaccionar ante el uso excesivo e inadecuado de las pruebas. La National Association of Elementary School Principals reclama ahora limitar la utilización de pruebas formales y la retención. El Consejo de Educación de Texas ha prohibido la retención antes del primer curso y en el Estado de Nueva York una coalición de grupos está reclamando la prohibición total de las pruebas normalizadas antes del tercer curso.

Las pruebas resultan adecuadas en algunos casos, como por ejemplo "identificar a los niños con los que, a causa del riesgo de posibles problemas de aprendizaje o discapacidades, se debería proceder a un nivel evaluativo de diagnóstico más intenso" (Meisels, 1989). Los instrumentos no normalizados de esta sección se pueden utilizar para planificar programas que respondan a las necesidades de los niños que hay en ellos. NAEYC ha adoptado directrices específicas para el uso de pruebas normalizadas que incluyen la utilización exclusiva de instrumentos válidos y fiables y la interpretación adecuada y cuidadosa de los resultados de la prueba por parte de los padres y de otros (NAEYC, 1988; Bredekamp y Rosegrant, 1992).

Quizás lo más importante sea recordar a todos los docentes que las pruebas no tienen un carácter mágico especial. La evaluación consiste en *algo más* que examinar. Una prueba normalizada, un instrumento casero (consulte la ilustración 10.14) o un instrumento de selección debería ser sólo una de las medidas empleadas para determinar las habilidades y el grado de preparación de un niño. Todo resultado de una prueba debería formar parte de una multitud de información obtenida a partir de la observación directa (consulte el capítulo 6), informes de los padres y el trabajo real de los niños. Sobre todo, reducir al mínimo las pruebas previniendo de esta manera "arrancar las plantas para observarlas antes de que las raíces se hayan establecido" (Cryan, 1986).

EVALUACIÓN DEL PROFESORADO

Se comprende que los docentes constituyen *el factor* más importante a la hora de determinar la calidad de un programa. No hay una sola respuesta a la pregunta qué es lo que hace que un docente sea eficaz. La sección 3, y especialmente el capítulo 5, describen el papel del docente. De algún modo necesitamos describir y definir "Cuidadores de calidad" (Cartwright, 1998) para poder evaluarlos:

> **Una buena condición física** es un requisito previo... **madurez emocional**, "una persona tan segura de sí misma que pueda funcionar con principios más que con prescripciones... una amabilidad madura y **perceptiva...** altamente consciente de la seguridad física y emocional de cada niño... **coraje**, un fuerte y optimista deseo de trabajar en cualquier circunstancia a la que uno se enfrente... **integridad... conocimiento de sí mismo...** una base teórica... acogedor **respeto** y cortesía con los niños... **confianza** en que cada niño encuentre su propio camino... discreción... **intuición**, una percepción espontánea no razonada... objetividad profesional... sin olvidar **la risa**.

Cómo evaluar todas estas características es complicado pero necesario. Hay modos de evaluar a los docentes que les llevan a enseñar más eficazmente, en su trabajo con los niños, colaboradores, padres y administradores.

Considere a los docentes como directores de orquesta. Ellos no componen la música. No diseñan ni construyen los instrumentos, ni deciden cuáles se tocarán en el foso de la orquesta. Ellos tienen incluso una opción limitada con respecto a la música que se va a tocar. Sin embargo su trabajo consiste en dirigir a un grupo de músicos a través de una selección de canciones, sacando lo mejor de cada uno de ellos. Y todo ello bajo la atenta mirada de una audiencia crítica. Los docentes deben hacerlo con cuidado y pericia bajo la vigilancia de los padres, consejos y compañías patrocinadoras.

Muchos docentes lo hacen bien, a menudo con escasa formación si exceptuamos la experiencia diaria. Al medir la eficacia de los docentes, pueden aprender mejores técnicas para trabajar con los niños, para planificar entornos y programas. El procedimiento por el que se establecen y consiguen estos objetivos es la evaluación. Los cuestionarios de evaluación de los docentes que aparecen en este capítulo pueden adaptarse para su empleo con estudiantes de magisterio y ayudantes.

¿Por qué evaluar?

Se evalúa a los docentes por distintos motivos. El resultado final de una evaluación puede ser establecer las directrices para las clases de enseñanza que se esperan. O la intención de una evaluación podría consistir en definir unos objetivos claros para mejorar el

Ilustración 10.16 La evaluación del profesorado puede ayudar a definir objetivos de crecimiento profesional y a poner de manifiesto los puntos fuertes de los docentes y aquellas áreas en las que se puede mejorar.

trabajo. La primera parte de cualquier procedimiento evaluativo es el establecimiento de una finalidad.

Para describir las responsabilidades del trabajo

Es esencial para los docentes comprender su trabajo para desempeñarlo bien. Una buena descripción del trabajo resalta lo que se espera. Una de las finalidades de la evaluación consiste en ver cómo se cumplen estas expectativas.

En un centro para lactantes y niños en edad de caminar, por citar un ejemplo, los docentes intentan ayudar a los niños a separarse con calma de sus padres. La evaluación en este entorno podría centrarse en las habilidades necesarias para conseguir este objetivo. ¿Cómo puede ayudar un docente a un niño a separarse de su padre?, ¿qué condiciones ambientales debe preparar el docente?, ¿cómo se ha de confortar al niño en tensión?, ¿qué estrategias educativas son importantes?

La evaluación para especificar las responsabilidades del trabajo forma parte de la definición profesional de uno mismo y de la aclaración de los deberes reales. El estudio de nosotros mismos nos ayuda a conocer quiénes somos y qué hacemos. Evaluar las responsabilidades profesionales nos ayuda en este proceso.

Para controlar la eficacia del trabajo

Una vez establecidas unas directrices claras de las expectativas educativas, se necesita un método para controlar la enseñanza real. La mayoría de los sistemas evaluativos intentan comprobar la eficacia del docente. Es importante establecer un proceso para analizar cómo están desempeñando su trabajo los docentes.

Este proceso puede variar de una escuela a otra. En algunas escuelas, la eficacia docente se mide, en parte, por los logros del niño, como por ejemplo qué puntuación obtienen los niños en las pruebas. Otros centros solicitan la opinión de los padres. Los colaboradores de un docente pueden formar parte del equipo de evaluación. En su mayor parte, la evaluación de la eficacia en el trabajo incluirá la observación del tiempo de enseñanza con los niños.

Para aclarar los puntos fuertes y débiles

Un procedimiento evaluativo preferido por muchos docentes es aquel que identifica áreas concretas de puntos fuertes y débiles. La retroalimentación acerca de la enseñanza real y otras responsabilidades profesionales resulta útil a todos los docentes, noveles o experimentados. Como evaluación que ofrece a los docentes información sobre cómo desempeñar mejor su trabajo contribuye a aumentar la competencia y la satisfacción. Al reconocer los puntos fuertes, los docentes reciben una retroalimentación positiva para un trabajo de alta calidad.[1] Al identificar las debilidades, pueden comenzar a definir objetivos realistas de mejora.

Para establecer objetivos de crecimiento profesional

Una de las funciones de la evaluación del profesorado es favorecer el desarrollo profesional. Los docentes no se hacen "buenos" y permanecen así el resto de su vida. Sea cual sea su etapa de desarrollo, los docentes necesitan objetivos para mejorar continuamente.

Una retroalimentación regular para el personal

LA DIVERSIDAD DE NUESTRO MUNDO LA DIVERSIDAD DE NUESTRO MUNDO LA DIVERSIDAD DE NUESTRO MUNDO LA DIVERSIDAD DE NUESTRO MUNDO LA DIVERSIDAD DE NUESTRO MUNDO

1 Las expectativas del docente pueden tener un efecto sustancial en el comportamiento y autoestima de los niños. Analícese a sí mismo en busca de prejuicios: la clave de la eficacia está en cómo interacciona con los niños, y por ello las interacciones discriminatorias deben ser observadas y solucionadas.

Ilustración 10.17 Las evaluaciones del profesorado controlan la eficacia del trabajo ya que los docentes trabajan con otras personas en varias dimensiones. Esta maestra demuestra habilidades con grupos y también con niños y adultos individualmente.

puede ayudar a definir los objetivos para conseguir un crecimiento profesional continuado. Los docentes noveles necesitarán trabajar aquellas habilidades para aplicar su conocimiento educacional a la clase y a los niños. Un profesional con 15 años de experiencia podría necesitar reciclar aquellas habilidades adquiridas hace más de una década o intentar otro desafío educativo, como por ejemplo desarrollar un currículum o planificar un taller.

Para determinar el empleo

La evaluación también puede emplearse para decidir si mantener, ascender o despedir a los docentes. Los procedimientos evaluativos constituyen la más valiosa de las herramientas del administrador a la hora de tomar esa decisión. Un instrumento de evaluación claro y eficaz posibilita al administrador controlar el rendimiento y centrarse en áreas concretas de mejora. El administrador tiene entonces una manera justa y equitativa de determinar la situación laboral de cada empleado.

Temas fundamentales en la evaluación del profesorado

Cómo evaluar es un tema importante en la evaluación del profesorado. Un sistema para evaluar a los empleados puede ser uno que ofrezca confianza y respeto mutuo o que provoque tensión y ansiedad. El método a menudo determina cómo de satisfactoria será toda la evaluación.

Pasos preliminares

Para empezar, una escuela sigue las mismas directrices a la hora de evaluar al profesorado que en la evaluación de los niños. Es decir, el proceso incluye la determinación de una finalidad, establecer quién y cómo recopilará la información y aclarar cómo se empleará la evaluación. En la evaluación del profesorado, los componentes importantes son: la finalidad (como se describió anteriormente en este capítulo), los evaluadores, el procedimiento y el seguimiento.

Los evaluadores

Diversos modelos han sido diseñados sobre el tema de quién evaluará el rendimiento del profesorado.

Autoevaluación. Puede ser un punto de partida eficaz. La autoevaluación se emplea en el sistema evaluativo de la Child Development Associate por estas razones (personal de Ward & CDA, 1976):

- El candidato constituye una fuente válida de información para la evaluación. Cierta información sólo está disponible desde la perspectiva del candidato.
- El candidato puede aclarar la información sobre su rendimiento, proporcionando de ese modo al equipo de evaluación pruebas para una decisión válida.
- El candidato está más capacitado para identificar los puntos fuertes y débiles y recibir recomendaciones para un crecimiento profesional continuado.

La ilustración 10.18 muestra un tipo de autoevaluación sistemática. Otra técnica de autoevaluación, en cierto modo menos formal, consiste en preguntarse sobre uno

EJEMPLO DE AUTOEVALUACIÓN

Califique los siguientes apartados siguiendo la escala que aparece a continuación, teniendo en cuenta sus resultados en el aula. (Nota: Este cuestionario permite respuestas del tipo sí/no sí así lo prefiere. Los supervisores pueden utilizar también este cuestionario para valorar al estudiante después de la autoevaluación.)

Resultados positivos.	Resultados aceptables.	Resultados negativos.	No procede
3	2	1	0

Relación con los niños

___Soy capaz de comprender y aceptar al niño tal y como es y de reconocer sus necesidades individuales.
___Utilizo el conocimiento y la comprensión de los principios de desarrollo del niño para entender a los niños.
___Tengo presente la información relativa al hogar, la familia y al entorno sociocultural para comprender a los niños.
___Soy capaz de modificar las situaciones para anticiparme a los comportamientos negativos.
___Utilizo sugerencias y opciones positivas para reconducir el comportamiento.
___Utilizo los límites prescritos y el seguimiento.
___Adapto los métodos de guía al individuo y las medidas orientativas a la situación.
___Evito la utilización de amenazas.
___Expreso un refuerzo positivo cuando es adecuado.
___Puedo expresar mis propios sentimientos de un modo honesto, abierto y humano cuando interactúo con los niños.
___Evito la utilización de un habla infantil.
___Me relaciono con niños individualmente.
___Me relaciono con niños en grupos pequeños.
___Me relaciono con niños en grupos grandes.

Desarrollo del programa

___Permito que los niños exploren los materiales de diversas maneras.
___Reconozco y aprovecho los acontecimientos imprevistos para mejorar el aprendizaje del niño.
___Hago uso de los principios de desarrollo infantil para planificar el currículum del niño.
___Ofrezco una amplia gama de experiencias para que los niños puedan elegir según sus gustos y necesidades.
___Permito varios niveles de habilidad entre los niños.
___Utilizo una variedad de medios al desarrollar materiales de instrucción.
___Utilizo un sistema de anotación para ayudar a planificar y a evaluar las experiencias para los niños.
___Mantengo el equipo y los materiales en orden y tengo en cuenta los factores de salud y seguridad.

En lo relativo a los padres

___Reconozco a los padres por el nombre de pila.
___Mantengo conversaciones con los padres en los momentos adecuados.
___Incorporo el entorno cultural de las familias en el programa.
___Facilito un libre flujo de información entre el personal y los padres.
___Comunico mis preocupaciones a los padres tanto por escrito como en persona.
___Reconozco y aprecio los valores y prioridades de los padres con respecto a sus hijos.
___Comunico las experiencias escolares de los hijos a sus padres.

Administración y desarrollo profesional

___Reconozco y utilizo los criterios y procedimientos del programa.
___Asisto y participo en las reuniones de personal.
___Informo al personal administrativo acerca de enfermedades, tiempo libre, vacaciones, etc.
___Soy miembro de al menos una organización profesional del campo de la primera infancia.
___Asisto a las reuniones dirigidas por los grupos profesionales.
___Utilizo recursos y contactos profesionales.

Sigue a continuación

Ilustración 10.18 La autoevaluación puede resultar un proceso útil y revelador. (Adaptado a partir de Young-Holt C., Spitz, G. y Hefron, M. C. [1983]. *A model for staff evaluation, validation, and growth*. Palo Alto, CA: Center for the Study of Self-Esteem).

___Mantengo la confidencialidad y la discreción en mi trabajo.
___Comparto mi tiempo, intereses y recursos con los otros miembros del personal.
___Escucho atentamente las correcciones del personal relativas a mi enseñanza.
___Tengo en cuenta las sugerencias.
___Comunico mi opinión sobre mi modo de enseñar de una manera honesta y clara.

Ilustración 10.18 *Continuación.*

mismo y sobre su trabajo preguntas como:

- ¿Qué aspectos de mi trabajo me proporcionan un mayor sentido de satisfacción y logro?
- ¿Qué cambios en el trabajo que se me asigna incrementarían mi contribución a la escuela y mi propia satisfacción personal?
- ¿Qué actividades adicionales de desarrollo me ayudarían a desempeñar un trabajo más eficaz o a prepararme para el siguiente peldaño de mi carrera?
- ¿Qué mejoraría la eficacia y la calidad de mi relación con mi supervisor? (Young-Holt, Spitz, y Heffron, 1983).

Las respuestas a estas preguntas pueden proporcionar una sólida base de discusión entre el docente y mi supervisor o el equipo de evaluación.

Uno de los inconvenientes de la autoevaluación es su subjetividad. Nos vemos a nosotros mismos demasiado estrecha y personalmente como para ser totalmente objetivos con respecto a nuestro modo de enseñar. Por ello, la autoevaluación debe ir acompañada de otros métodos de evaluación.

La evaluación realizada por los supervisores. Los supervisores o directores forman parte del proceso de evaluación. El rendimiento laboral forma parte de la responsabilidad del administrador, por lo tanto, los docentes pueden esperar que sus supervisores estén involucrados en la evaluación. Los supervisores utilizan a menudo un único cuestionario que combina la autoevaluación de un docente con la del supervisor. Este tipo de cuestionario simplifica los trámites administrativos y asegura al docente y al supervisor que ambos están utilizando los mismos criterios para la evaluación. Ellos pueden desarrollar, sin embargo, un modelo diferente de cuestionario, como el de la ilustración 10.19.

Coevaluación. La evaluación a cargo de otros asociados con los docentes es bienvenida en el proceso de evaluación. A menudo el sistema incluye más de un supervisor del docente. Combinaciones posibles son:

- Docente (autoevaluación) y supervisor
- Docente, supervisor y padres
- Docente, supervisor y otro miembro del equipo (codocente, ayudante, estudiante de magisterio)

La evaluación en equipo constituye una aproximación más cooperativa. Se recopila más información sobre el rendimiento del docente. La aproximación en equipo puede ser más válida y equilibrada ya que las decisiones sobre la enseñanza se tomarán por consenso en vez de utilizar métodos individuales, tal vez arbitrarios. Y la evaluación tendrá una perspectiva más amplia, evaluando el rendimiento laboral del profesorado desde varios puntos de vista.

La coevaluación, sin embargo, también tiene sus inconvenientes. Es un procedimiento que ocupa mucho tiempo ya que se le solicita a más de una persona que evalúe a un docente. La retroalimentación puede ser contradictoria; lo que para un evaluador es un punto positivo, otro puede contemplarlo como una desventaja. El sistema puede resultar complicado a la hora de llevarlo a la práctica. Por ejemplo, ¿cómo pueden los docentes trabajar en una clase y evaluar a otro miembro del equipo al mismo tiempo?, ¿se pueden conseguir fondos para traer a sustitutos?, ¿tienen los docentes tiempo para dedicarse a evaluar unos a otros?, ¿cómo y cuándo evalúa un padre a un docente? Ciertamente, la escuela debe sopesar todos estos temas cuidadosamente al diseñar los sistemas de evaluación.

El proceso

Los instrumentos de evaluación empleados determinarán cómo y de que validez será la información recopilada. Las técnicas informales a menudo utilizan una información recopilada esporádicamente y las conclusiones a las que se llega pueden no ser fiables o ser parciales. Un proceso formalizado y sistemático ofrece más garantías de éxito. Tales evaluaciones estarán basadas en una información observable,

Cuestionario de evaluación del profesorado

Instrucciones: Este cuestionario está pensado para que el director del centro evalúe a los docentes. A la izquierda de cada característica de la lista que aparece a continuación escriba una **E** si el rendimiento del docente en este área es **excelente**, **S** si es **satisfactorio** y **N** si **necesita mejorar**. Escriba cualquier nota explicativa a la derecha.

Nombre del docente:______________________________ **Clase:**____________________

___ 1. Amigable, con habilidad para relacionarse de forma positiva con las personas.
___ 2. Disfruta con el egocentrismo de los niños.
___ 3. Habla de forma clara y correcta.
___ 4. Muestra tacto, compasión y empatía con los niños y las familias.
___ 5. Es tolerante y abierto a la diversidad de niños y adultos.
___ 6. Comprende los acontecimientos graciosos y las ocurrencias de los niños.
___ 7. Muestra un gran sentido del humor con los niños y disfruta riéndose con ellos.
___ 8. Sonríe y muestra su agrado a menudo.
___ 9. Es formal y enérgico.
___10. Se esfuerza realmente por involucrarse en el programa.
___11. Entusiasta e interesado por la enseñanza.
___12. Muestra el deseo de permanecer en el campo de ECE.
___13. Aumenta su habilidad para autoevaluarse de manera crítica.
___14. Puede seguir las instrucciones.
___15. Acepta y utiliza las sugerencias para mejorar la calidad de su enseñanza.
___16. Acepta compartir la responsabilidad para la preparación de las clases, la reunión de los materiales y demás tareas que le son asignadas.
___17. Acepta las diferencias individuales.
___18. Utiliza un enfoque positivo con todos los niños.
___19. Avisa a todo el grupo incluso cuando trata con un sólo niño o con un grupo reducido.
___20. Mantiene la calma en situaciones imprevistas y difíciles.
___21. Ayuda a los niños a ganar en autoconfianza y a ser más comunicativos.
___22. Se esfuerza por participar con los niños en grupos reducidos o individualmente, dentro y fuera del aula.
___23. Muestra una actitud positiva general hacia otros adultos en lugar de una negativa y crítica.
___24. Atiende bien a los adultos.
___25. Respeta los derechos y técnicas de enseñanza de los otros miembros del grupo.
___26. Recibe con agrado las ideas nuevas y muestra flexibilidad e interés a la hora de conocer nuevas ideas.
___27. Comprende que ciertas situaciones no siempre pueden ser tratadas en casa como en la escuela.
___28. Manifiesta desarrollo y potencial para enseñar a niños pequeños.
___29. Demuestra conocer las características del desarrollo y crecimiento de los niños.
___30. Demuestra conocer el significado de actividades específicas para los niños.
___31. Es positivo y apoya a los padres como compañeros en ECE.

Firmado:______________________________ Fecha:____________________

Ilustración 10.19 El director del centro puede evaluar a un docente utilizando un instrumento de evaluación como este cuestionario. (A partir de Murphy, C. [1986, Septiembre]. Teacher evaluation forms. *Child Care Information Exchange*, No. 51.)

Objetivo del docente	Ejemplo
Ayudar a cada niño a desarrollar una imagen personal positiva.	Saludo a todos los niños con una sonrisa y comentario personal.
Ayudar a cada niño a desarrollarse social, emocional, cognoscitiva y físicamente.	Tengo objetivos para cada niño en todas las áreas de desarrollo, otoño y primavera.
Ayudar a la hora de proporcionar muchas oportunidades para que todos los niños se desarrollen satisfactoriamente.	Mis hojas de reuniones con los padres contienen algunos ejemplos; Carlos por ejemplo, no quería venir a la hora del grupo, por lo que decidí dejarle que eligiera el cuento y me ayudara a leerlo, y ahora viene todos los días.
Estimular la creatividad, el interrogarse y la solución de problemas.	Éste es uno de mis puntos débiles. Tiendo a hablar demasiado y a decirles lo que deben hacer.
Alentar la motivación por aprender en todos los niños.	Realizo grandes tiempos en grupo y doy a todo el mundo turnos.
Facilitar el desarrollo en el niño de una identidad saludable y de unas habilidades sociales incluyentes.	Participé en el autoestudio de nuestro centro y estoy asistiendo a una clase de elaboración de un currículum sin prejuicios.

Ilustración 10.20 La evaluación basada en el rendimiento une los objetivos del programa al trabajo del docente. Este ejemplo pide al docente que se autoevalúe para que más tarde el director, un padre o un colega realice una segunda evaluación.

específica sobre lo que el docente realmente hace. Esto se conoce como **evaluación basada en el rendimiento**. La ilustración 10.20 es un ejemplo de evaluación basada en el rendimiento relacionado con el trabajo del docente con los niños. Al emparejarlo con objetivos y expectativas específicas, este sistema se conoce como evaluación basada en la competencia.

Las evaluaciones basadas en la competencia resaltan con exactitud lo que los docentes deben hacer para demostrar su competencia o habilidad en el trabajo asignado. Los criterios se establecen cuando el docente empieza a trabajar (o el estudiante empieza una clase o programa de educación del profesorado). Se especifican áreas que pongan de manifiesto qué conocimiento, habilidades y comportamientos debe adquirir el docente.

Seguimiento

Lo que ocurre después de la evaluación es vital para el éxito global de la evaluación. Por ejemplo, después de recopilar información para una sesión de evaluación, el supervisor y el docente podrían discutir y evaluar ejemplos concretos y actuaciones reales. Juntos pueden establecer objetivos para modificar aquello que es ineficaz o problemático.

El seguimiento es la parte final del *bucle de retroalimentación* continuo en un buen sistema de evaluación. La información sobre el comportamiento del docente se recopila y se le proporciona al docente en persona. Se definen objetivos para mejorar. Una comprobación de seguimiento se efectúa periódicamente, para ver si, (y si es así) en qué medida, se están cumpliendo los objetivos. La enseñanza mejora si se ponen en práctica las recomendaciones. El seguimiento completa el *bucle de retroalimentación* cuando se comunica la información sobre cómo mejorar. La ilustración 10.21 nos muestra este ciclo.

La evaluación conlleva un duro trabajo, tiempo y dedicación para conseguir una mejora en la calidad de la enseñanza. También constituye una responsabilidad compartida. El supervisor debe ser explícito sobre el rendimiento de un docente y debe ser capaz de identificar aquello que resulta eficaz y lo que es problemático. El docente es responsable de participar en la evaluación.

Técnicas para sesiones de evaluación productivas

Los docentes deben valorar el procedimiento mismo. Las evaluaciones enfatizan cómo de valioso resulta el trabajo de los docentes y las ventajas de las sesiones de evaluación productivas están claros. Abarcan desde una mejora de la autoestima, niveles mayores de eficacia laboral, menor absentismo y rotación hasta incrementos salariales y otras ventajas laborales basadas en los resultados de la evaluación. Los docentes necesitan analizar y considerar seriamente la finalidad de la evaluación y comprender las implicaciones que tiene para la enseñanza. Para continuar su crecimiento profesional, deben aprovechar esta oportunidad de mejorar su labor.

Algunas técnicas ayudan a hacer las sesiones de evaluación más productivas para los docentes:

1. Involúcrense desde que empieza el proceso de evaluación. Conozca lo que se espera de usted y cómo se le evaluará.
2. Establezcan un horario específico de reunión para la evaluación. Solicite al supervisor una hora que sea adecuada para ambos.
3. Establezcan algunos objetivos personales antes de reunirse con el supervisor. Si conoce aquello en lo que desea trabajar, es más probable que consiga ayuda para lograr sus objetivos.
4. Diseñen un plan de acción. Esté preparado para diseñar un horario que indique cuándo y cómo trabajará en la consecución de sus objetivos.
5. Establezcan un bucle de retroalimentación. Establezca una fecha de seguimiento y haga copias de la hoja de los objetivos para usted y el supervisor.
6. Acudan a la reunión con confianza, respeto y franqueza. La planificación anticipada favorece estas actitudes.

Los resultados de unas sesiones de evaluación productivas se observan en una mejora de la calidad de la enseñanza y en un crecimiento profesional con-

Ilustración 10.21 Un bucle de retroalimentación consiste en un ciclo continuo en el que el comportamiento del docente se observa para evaluar el resultado. La evaluación se ofrece a través de objetivos de crecimiento que se definen para modificar el comportamiento del docente. De esta manera el círculo es continuo, con cada parte ayudando a la siguiente.

stante. Las evaluaciones del profesorado ayudan a reconocer los puntos fuertes y construir sobre ellos. También identifican aquellas áreas en las que se necesita mejorar. Individualizan el proceso mismo. No hay dos docentes iguales; cada evaluación debe interpretarse según el comportamiento y la etapa de desarrollo del individuo.[1] A medida que los docentes son más eficaces en su labor con los niños, la calidad de todo el programa mejora.

EVALUACIÓN DE LOS PROGRAMAS

¿Por qué evaluar?

Para obtener una visión global

La evaluación de un programa proporciona una visión global de cómo todos los diversos componentes funcionan juntos. Esta evaluación requiere preguntas más amplias. Volviendo al ejemplo del restaurante que aparecía anteriormente en el capítulo, uno podría pre-

LA DIVERSIDAD DE NUESTRO MUNDO LA DIVERSIDAD DE NUESTRO MUNDO LA DIVERSIDAD DE NUESTRO MUNDO LA DIVERSIDAD DE NUESTRO MUNDO LA DIVERSIDAD DE NUESTRO MUNDO

[1] Aquello que los docentes saben acerca de la comprensión y respeto a la diversidad en los niños y la familia necesita reflejarse en el trabajo con los colegas.

guntar, "¿Volverá alguna vez a comer allí de nuevo?", "¿llevaría a algún amigo allí?" En términos educativos, las preguntas fundamentales son, "¿Es éste un buen lugar para los niños?", "¿desearía que su hijo estuviera aquí?", "¿en qué consiste un programa de alta calidad para niños?" Consulte los capítulos 2 y 9 para obtener más información.

Al observar a los niños, docentes y todo el entorno, la evaluación del programa muestra todo el entorno como un conjunto integrado. Estas evaluaciones aumentan la conciencia de cómo se relacionan las áreas entre sí y cómo las partes se entrelazan en un entorno determinado. Tales evaluaciones establecen las normas de calidad e incluyen:

- El progreso de los niños
- El rendimiento del docente
- El desarrollo del currículum
- La estructura financiera
- La implicación de los padres
- La comunidad en su conjunto
- Los órganos de gobierno de la escuela

En las evaluaciones de un programa, cada uno de estos puntos es evaluado en su funcionamiento individual y en su funcionamiento en relación con los otros.

Para establecer la responsabilidad

Además de proporcionar una visión global, la evaluación del programa establece la **responsabilidad**. Esto convierte al programa en responsable ante un grupo de control o agencia, como por ejemplo el consejo escolar o la oficina del gobierno o los padres y la comunidad en que trabaja. Estos grupos desean conocer cómo se están empleando los fondos y cómo su filosofía se expresa a través de todo el programa. Al igual que la evaluación de un docente está relacionada algunas veces con incrementos salariales, la evaluación de un programa puede estar relacionada con una financiación futura. Esto puede añadir tensión al proceso de evaluación ya que los docentes y los administradores deben justificar su valor en pesetas.

Para mejorar

Una tercera finalidad de la evaluación de un programa consiste en determinar dónde y cómo se puede mejorar. Las evaluaciones del programa son una oportunidad para observar objetivamente cómo se están cumpliendo los objetivos del programa. Una buena evaluación servirá de apoyo al programa actualmente existente y sugerirá qué cambios mejorarán la eficacia global. Una evaluación profunda incrementa las posibilidades de que los objetivos y visiones del programa se lleven a cabo. La evaluación ayuda a determinar la dirección que el programa puede tomar en el futuro.

Para adquirir un reconocimiento

Finalmente, las evaluaciones constituyen un paso necesario para algunas escuelas que deseen un reconocimiento o certificación oficial de diferentes organizaciones o agencias gubernamentales. Tales grupos requieren que una escuela alcance determinados estándares de evaluación antes de que se expidan los permisos o se otorgue la pertenencia a una organización. Las agencias, como por ejemplo un departamento estatal de servicios sociales o de educación deben autorizar a hogares de atención infantil en familia mientras que otras escuelas privadas necesitan seguir ciertos criterios para afiliarse a organizaciones mayores (como por ejemplo la Sociedad Americana Montessori).

Para mejorar la calidad de las escuelas, comience por los niños y colóquelos en el centro de la evaluación del programa. A la vista de la perspectiva de los niños, los padres y los docentes deben formar parte de la evaluación del programa, porque ellos son los más cercanos a los niños. Un sistema determinado establecido por profesionales de la primera infancia resulta notable. La National Academy of Early Chilhood Programs, una sección de NAEYC, ha establecido un sistema de reconocimiento para mejorar la calidad de vida de los niños y sus familias. El cuadro de atención de Sue Bredekamp describe este sistema.

Para intentar definir un programa de alta calidad para la primera infancia, el sistema de reconocimiento expresa aquello que favorece el desarrollo físico, social, emocional y cognoscitivo de los niños en la atención en grupo. La Academia estableció objetivos para las escuelas en varias áreas, que incluyen objetivos del currículum, interacciones adulto-niño, salud, seguridad, nutrición, relaciones entre el hogar y el programa, evaluación del desarrollo de los niños y aptitudes y desarrollo continuo del personal docente.

Para que los niños vivan experiencias positivas, Bredekamp (1992) identifica varios *indicios de calidad:*

- Docentes especialmente formados en el área de desarrollo infantil y educación de la primera infancia

- Suficientes adultos para atender individualmente a los niños, una proporción adecuada de adultos con respecto a los niños y un tamaño razonable de los grupos
- Conversaciones frecuentes con los padres, que siempre son visitantes bienvenidos
- Gran cantidad de materiales variados adecuados para la edad dispuestos ordenadamente en un entorno accesible tanto en interiores como al aire libre
- Comidas y meriendas nutritivas
- Una administración eficaz, que incluya políticas claras puestas por escrito y procedimientos que faciliten la comunicación, que se adapten a las necesidades de los adultos y de los niños
- Una evaluación continua y sistemática para determinar en qué grado se están cumpliendo los objetivos para los niños y las familias

Una dimensión fundamental de la calidad es la evaluación del programa. El sistema de reconocimiento de la NAEYC supone el primer intento del sector nacional de la primera infancia de expresar lo que se entiende por un "buen" programa para los niños pequeños. Se basa en la observación de los niños en los Estados Unidos y tiene algunos de los valores culturales dominantes integrados en él. Por esta razón, en la última década ha existido una continua crítica de este modelo inicial.

Aquellos que conocen la amplia diversidad de culturas en América observan críticamente la adaptación de este procedimiento.[1] "Se han criticado los mismos criterios de reconocimiento por reflejar una cierta propensión hacia modelos y valores de niños de raza blanca y de clase media" (Bredekamp y Rosegrant, 1995). Aquellos profesionales que trabajan para diseñar programas de alta calidad sienten el desafío de preguntarse "¿Es el reconocimiento de la Academia culturalmente adecuado para . . . todos los niños?" Los defensores de las ideas de Vygotsky argumentan que, debido a que los adultos enseñan a los niños habilidades que son socialmente valoradas por la familia o grupo étnico determinado, ningún documento individual podría nunca describir los modelos de todas las subculturas existentes en la sociedad americana. Aunque el sistema de reconocimiento de la NAEYC ha sido ampliamente adoptado en los programas y poblaciones de los Estados Unidos, también puede haber otras interpretaciones de lo que debe ser un "buen" programa para los niños. En otras palabras, debemos tener en cuenta que modelos apropiados para el desarrollo podrían parecer distintos para las diferentes culturas.

Al mismo tiempo nos podríamos hacer la misma pregunta que se cuestiona Cunningham (1996) a continuación:

> ¿Existe una tradición negra o afroamericana para la primera infancia?, ¿existen aspectos en lo que denominamos modelos apropiados para el desarrollo que no resulten adecuados para los niños de color? . . . En los más de 20 años de trabajo en la educación de la primera infancia, no he tenido noticias de una programación específica para la primera infancia de color y no puedo identificar ningún criterio adecuado para el desarrollo que no resulte también adecuado con los niños de esta raza.

Puede que se trate (o no) de una cuestión de condición social. En efecto, el sistema de reconocimiento debe ser lo suficientemente flexible para ver muchas maneras de determinar lo que constituye un entorno y unos modelos educativos multiculturales y sin prejuicios. En consecuencia, se necesita una mayor reflexión y observación para ayudar a resolver este tema.

Una parte del problema es ciertamente *económico*. Los programas de alta calidad necesitan un personal bien formado, lo cual supone tiempo, materiales y apoyo financiero para poderlos llevar a cabo. Además del coste necesario para formar al personal, también se necesita dinero para organizar y mantener unas aulas y patios bien equipados. La mayoría de los centros de todo el país no están reconocidos, y muchos no terminan siquiera la parte inicial de autoestudio a causa de la falta de tiempo o la rotación del profesorado y la inestabilidad del programa (Talley, 1997). El apoyo continuado en los gastos de mantenimiento de programas de alta calidad suele desaparecer una vez que se ha logrado el reconocimiento. Finalmente, la estabilidad del personal (entiéndase: la rotación) afecta

LA DIVERSIDAD DE NUESTRO MUNDO LA DIVERSIDAD DE NUESTRO MUNDO LA DIVERSIDAD DE NUESTRO MUNDO LA DIVERSIDAD DE NUESTRO MUNDO LA DIVERSIDAD DE NUESTRO MUNDO

[1] Una mente abierta y un ojo crítico es importante para aquellos docentes que están intentando evaluar y ser equitativos.

SELECCIÓN DE ARTÍCULOS

Mejora de la calidad del programa por medio del reconocimiento nacional

Sue Bredekamp

Los padres quieren lo mejor para sus hijos. Los docentes desean trabajar en programas que proporcionen una atención y educación de calidad para los niños. Los administradores del programa quieren proporcionar un servicio de alta calidad a sus clientes. Los patrocinadores del programa desean conocer si su inversión es sólida.

Los padres, docentes, administradores y patrocinadores involucrados en programas de la primera infancia tienen ahora un sistema para ayudar a comprobar que sus programas son de la mejor calidad. Ese sistema es la National Academy of Early Childhood Programs, una sección de la National Association for the Education of Young Children (NAEYC). La academia administra un sistema de reconocimiento voluntario a nivel nacional para los centros de atención infantil y las escuelas de preescolar. Este sistema, iniciado en 1985, está diseñado para programas de grupo de jornada completa o media jornada que atiendan a niños desde su nacimiento hasta los 5 años y a niños en edad escolar que necesiten atención antes y después de la escuela. Los programas reconocidos representan la diversidad del campo educativo de la primera infancia, programas desarrollados y patrocinados por la iglesia; privados, de pago; desarrollados por la comunidad, sin ánimo de lucro; patrocinados por el empresario; patrocinados por la universidad; cooperativas de padres; programas "Head Start"; y centros públicos previos al jardín de infancia y jardines de infancia.

El objetivo del sistema de reconocimiento de la NAEYC consiste en *mejorar* la calidad de la atención y educación proporcionadas a los niños en programas grupales. El sistema de reconocimiento consigue su objetivo al establecer unos altos niveles de calidad para los programas y al reconocer aquellos programas que consiguen un elevado grado de cumplimiento de los criterios. Los criterios de reconocimiento se desarrollaron durante un periodo de tres años con información obtenida a partir de miles de profesionales de la primera infancia.

¿Cómo define la academia un programa de alta calidad para la primera infancia? Un programa de alta calidad proporciona un entorno seguro y educativo a la vez que promueve el desarrollo físico, social, emocional e intelectual de los niños pequeños. En aquellos programas reconocidos, podrá observar: interacciones positivas y cálidas entre adultos y niños; actividades adecuadas según la edad; docentes especialmente formados; proporciones adecuadas de niños y docentes; un entorno seguro y saludable; comidas y meriendas nutritivas; conversaciones frecuentes con los padres; administración eficaz y una evaluación del programa sistemática y continua.

Los educadores de la primera infancia a menudo dan más importancia al proceso que al producto. Lo mismo se puede aplicar al sistema de reconocimiento. Los criterios conforman la base del sistema, pero el proceso de reconocimiento es lo que cumple el objetivo de mejora del programa. El sistema de reconocimiento en tres pasos se diseñó para producir mejoras auténticas y duraderas en el programa. El primero consiste en un profundo *autoestudio*. Utilizando un cuestionario de observación y otros proporcionados por la academia, los docentes, el director y los padres evalúan el grado de cumplimiento de los criterios en el programa y definen una serie de objetivo spara mejorar. Después de que se han hecho las mejoras, el director informa de los resultados del autoestudio rellenando un cuestionario denominado Descripción del programa. En el segundo paso, la veracidad de la descripción del programa se comprueba por medio de una visita in-situ realizada por profesionales de la primera infancia, denominados acreditadores. La descripción verificada del programa es revisada a continuación por una comisión de tres personas que toman la decisión de otorgar el reconocimiento basándose en un juicio profesional. La decisión de otorgar el reconocimiento considera todos los criterios pero concede más importancia a aquellos que afectan a los niños más directamente, como por ejemplo la calidad de las interacciones con los adultos, la adecuación del currículum y la seguridad del entorno.

El sistema de reconocimiento beneficia a los profesionales de la primera infancia de muchas maneras. Establece un consenso profesional en lo relativo a los estándares del programa. Proporciona un objetivo que los programas pueden utilizar para mejorar.

Proporciona instrumentos de autoevaluación a los administradores y docentes y también para la evaluación del programa en su conjunto. Proporciona un mecanismo para identificar aquellos programas que superan los requisitos mínimos de funcionamiento y que se esfuerzan por lograr los estándares profesionales. Proporciona una seguridad adicional para los padres a la hora de tomar decisiones importantes relativas a la atención y educación de sus hijos.

Aunque el sistema de reconocimiento es un concepto relativamente nuevo en el campo educativo de la primera infancia, resulta bien conocido y fiable en otros campos profesionales. La mayoría de nosotros no desearía enviar a nuestros hijos a una escuela no acreditada así como tampoco querríamos ser atendidos en un hospital no acreditado. La puesta en marcha de un sistema nacional de reconocimiento indica que el campo educativo de la primera enseñanza, al igual que otras profesiones, desea establecer unos niveles estándar para practicar y controlar los servicios ofrecidos a los niños. De este modo, el sistema de reconocimiento es una de las diversas tendencias que mejoran la imagen profesional y el estatus de los educadores de la primera infancia.

Los principales beneficiarios de este sistema son los niños. Los directores y docentes cuyos programas participan en el proceso de reconocimiento dan fe de su validez. Mejora la calidad de la atención que proporcionan a los niños. Y después de todo, los niños se merecen lo mejor.

Dra. Sue Bredekamp es la directora de la National Academy of Early Childhood Programs en NAEYC.

a la calidad de un programa. El sistema de reconocimiento de NAEYC necesita encontrar una solución a los problemas relacionados con el personal (Whitebrook, 1996) y el campo en su conjunto necesita reconocer y actuar en el tema de la compensación. Consulte el capítulo 15 si desea conocer más detalles sobre el tema de los *costes* en su relación con la *calidad*.

Algunas adaptaciones son ya una realidad; por ejemplo, el Instituto Americano Montessori ha trabajado en colaboración con la Academia para adaptar algunos de los componentes para ajustarse al modelo Montessori de buena educación.

Ahora que se ha desarrollado un instrumento, la Academia ha revisado el documento inicial (Bredekamp y Copple, 1997). Obviamente, tanto el sistema de reconocimiento de la Academia como los conceptos sobre los modelos apropiados para el desarrollo evolucionarán a medida que se incremente nuestro conocimiento de la cultura y la educación.

Directrices para la evaluación del programa

Definición de los objetivos

La evaluación de un programa comienza con la definición de los objetivos. Conocer por qué se evalúa un programa indica cómo adaptar el procedimiento a las necesidades y características de una escuela determinada. Con los objetivos definidos, la elección del instrumento de evaluación es clara. Si, por ejemplo, un objetivo del programa consiste en asegurar un entorno saludable para los niños, el instrumento de evaluación empleado debe tratar los temas de la salud, la seguridad y la nutrición.

Elección del instrumento

Los instrumentos de evaluación varían según la finalidad de la evaluación del programa. Además, una encuesta sobre varias evaluaciones de programas demuestra que muchas están designadas para ser específicas de ese programa; es decir, que la evaluación está diseñada para examinar sólo un programa. Las evaluaciones específicas resultan difíciles de generalizar. A pesar de ello, parece que la mayoría de las evaluaciones de programa evalúan varias, si no todas, de las siguientes áreas:

Entorno físico

¿Son cómodas, limpias y seguras las instalaciones?
¿Es la disposición del aula ordenada y atractiva?
¿Están los materiales y el equipo en buen estado?
¿Existe una variedad de materiales apropiados para los niveles de edad?
¿Están bien definidas las actividades de cada área?
¿Forma parte del programa diario la limpieza y arreglo del aula?
¿Se exponen muestras del trabajo de los niños?
¿Resulta adecuado el espacio de juego tanto en el interior como al aire libre?
¿Se proporciona suficiente espacio para cada niño (p. ej., casilleros)?

El personal

¿Hay suficientes docentes para el número de niños?
¿Cómo se determina esto?
¿Están cualificados los docentes?, ¿qué criterios se utilizan?
¿Se evalúa periódicamente al personal?, ¿cómo y por quién?
¿Proporciona/anima la escuela una formación y una educación continua?
¿Animan los docentes a los niños a ser independientes y autónomos?
¿Están verdaderamente interesados los docentes por los niños?
¿Son conscientes los docentes de las habilidades y limitaciones individuales de los niños?
¿Qué técnicas de guía y disciplina se utilizan?
¿Observan, registran y redactan informes los docentes sobre la progresión de los niños?
¿Están los docentes capacitados para trabajar con individuos, grupos reducidos y grupos numerosos?
¿Ofrece el personal docente a los niños una imagen de estabilidad y pertenencia?
¿Ofrecen los docentes un currículum estimulante y apropiado para la edad?
¿Cómo describiría las relaciones de los docentes con otros adultos del entorno?, ¿a quién incluye esto y en qué medida?
¿Puede el personal docente expresar unos buenos principios de la educación para la primera infancia y relacionarlos con su manera de enseñar?

Relaciones con los padres

¿En qué medida deben participar los padres en el aula?
¿Se recibe con agrado a los padres para observar, discutir políticas, hacer sugerencias y ayudar en la clase?
¿Se tienen en cuenta las diferentes necesidades de los padres?
¿Dónde y cómo tienen los padres opinión en la escuela?
¿Se programan las reuniones padres-docentes?
¿Intenta la escuela utilizar los recursos de la comu-

nidad y las agencias de servicios sociales para adaptarse a las necesidades de los padres?

La organización y la administración
¿Mantiene y conserva la escuela los registros?
¿Hay becas o subvenciones disponibles?
¿A qué grupos socio económicos, culturales y religiosos atiende la escuela?
¿Cuál es la agencia patrocinadora y qué papel desempeña?
¿Existe un consejo escolar y cómo fue elegido?
¿Atiende la escuela a los niños con necesidades especiales o discapacidades?
¿Son las clases homogéneas o heterogéneas?
¿A qué horas está abierta la escuela?
¿Qué intervalo de edad se atiende?
¿Existen las opciones de jornada continua y media jornada?
¿Hay atención extraescolar disponible?
¿Realiza la escuela alguna investigación o formación del profesorado?
¿Cuál es la proporción docente niño?

El programa en su conjunto
¿Posee la escuela una filosofía educativa establecida por escrito?
¿Existen objetivos de desarrollo para el crecimiento físico, social, intelectual y emocional de los niños?
¿Se evalúa periódicamente a los niños?
¿Es capaz el programa de personalizarse para adaptarse a las necesidades de cada niño?
¿Incluye el programa tiempo para una variedad de actividades libres y espontáneas?
¿Se incluyen en la variedad del currículum música, arte, ciencia, naturaleza, matemáticas, lenguaje, estudios sociales, habilidades motoras, etc.?
¿Existen grandes oportunidades de aprender a través de una gran variedad de medios y tipos de equipo y materiales?
¿Hay numerosas actividades al aire libre?
¿Existe un suministro diario para estas rutinas: comer, dormir, ir al baño, jugar?
¿Se hace más hincapié en las actividades sobre experiencias concretas?
¿Son los materiales y el equipo capaces de estimular y mantener el interés?
¿Se ofrecen excursiones?
¿Tienen los niños la oportunidad de estar solos?, ¿en grupos reducidos?
¿En grupos numerosos?

Sensibilidad multicultural
¿Se incorporan las perspectivas multiculturales a la filosofía de la escuela, al currículum de la clase y al entorno del aula?
¿Indican mis actitudes (y las de todo el personal) el deseo de aceptar y respetar la diversidad cultural? ¿Cómo se demuestra esto?
¿Reconocen los materiales del aula el valor de la diversidad cultural, de género y la igualdad social?
¿Proporcionan las actividades y métodos curriculares oportunidades a los niños para trabajar y jugar cooperativamente?, ¿en grupos mezclados de su elección y bajo la tutela del docente?
¿Reflejan las actividades escolares la diversidad cultural?, ¿cómo se puede comprobar esto?
¿Refleja la planificación del programa la realidad (opiniones) de las familias y de la comunidad?
¿Incluye el currículum planificación para atender a la diversidad lingüística?, ¿para una inclusión total?
(Adaptado a partir de Baruth y Manning, 1992, y de Melendez y Ostertag, 1997.)

Los instrumentos para la evaluación del programa se entrelazan para proporcionar una mirada global de todo el programa.[1]

Modelos apropiados para el desarrollo

La reforma educativa para mejorar la calidad de los programas para los niños pequeños en los últimos años ha sido encabezada por un movimiento hacia lo que ahora se denomina "modelos apropiados para el desarrollo" (Bredekamp, 1987; Elkind, 1989; NAEYC, 1991). Resulta esencial que los educadores de la primera infancia comprendan los términos y objetivos. Conocer el significado de la expresión "modelos apropiados para el desarrollo" ayuda al docente a planificar programas de alta calidad e integridad y a expresar lo que es importante para los niños a sus padres y a la comunidad.

Modelos apropiados para el desarrollo (MAD) describe la enseñanza y el aprendizaje desde una perspectiva de desarrollo, en la que los niños son considerados como aprendices con habilidades *en desarrollo*, con diversos ritmos de crecimiento y con diferencias individuales (temperamento, historia familiar, cultura,

LA DIVERSIDAD DE NUESTRO MUNDO LA DIVERSIDAD DE NUESTRO MUNDO LA DIVERSIDAD DE NUESTRO MUNDO LA DIVERSIDAD DE NUESTRO MUNDO LA DIVERSIDAD DE NUESTRO MUNDO

[1] Los principios de atención de calidad en una sociedad diversificada deben construirse sobre las culturas de las familias y la promoción del respeto (Chang et al., 1996).

género, etc.). El contenido de la enseñanza está ligado a quiénes son los aprendices; por ello los programas cambian para reflejar los niños que hay en ellos. Los docentes crean entornos y formulan preguntas que estimulan procesos de pensamiento individual. La evaluación de un programa apropiado para el desarrollo incluye el entorno, la calidad de la interacción adulto niño, el trabajo con los padres, etc.

Considere el MAD como una definición en tres partes. En primer lugar, un buen programa debe ser *adecuado para la edad*; se planea teniendo en cuenta los comportamientos, habilidades y capacidades propias de esa edad. En segundo lugar, es *apropiado para el individuo*; se da una respuesta a las necesidades, características y problemas de cada niño en concreto. En tercer lugar, es *sensible a la diversidad cultural*; se considera la familia, el grupo étnico y las culturas de la comunidad a medida que el programa se desarrolla.

Por contra, la filosofía **psicométrica** es una opción más utilizada en la educación primaria. Desde esta visión, se contempla a los niños como poseedores *de una cantidad limitada de habilidades*. Las diferencias individuales en los resultados se consideran un reflejo de las diferencias en la cantidad de una habilidad determinada. En esas clases, el trabajo del docente consiste en reunir a niños de habilidades similares y el currículum seguirá posiblemente un contenido tradicional. Tales programas se evaluarán por medio de pruebas. En consecuencia, hacer que los niños conozcan la información correcta (y obtengan así altas puntuaciones) se convierte a veces en algo demasiado importante.

Hay diferencias obvias entre estos dos puntos de vista. Los docentes de los niños *pequeños* a menudo basan sus programas en modelos apropiados para el desarrollo (en vez de psicométricos) debido a que gran parte de la filosofía educativa en la primera infancia se basa en las teorías sobre el desarrollo infantil de Piaget y Erikson más que en los modelos psicométricos y behavioristas (véase el capítulo 4). Debido a que los fundamentos teóricos son diferentes, los programas para la primera infancia se diferencian de la mayoría de los programas de las escuelas primarias. En consecuencia, los docentes y los padres se encuentran ante dos diferentes sistemas de enseñanza y evaluación.

El debate acerca de cómo planificar y evaluar los programas para los niños continúa hoy y resulta útil para aquellos que trabajan en este campo entender los temas debatidos. Nuestra misión consiste en crear "evaluaciones apropiadas para el desarrollo". A medida que el concepto de MAD se expande hasta incluir aspectos culturales, étnicos e incluyentes de la vida de los niños, el concepto de evaluaciones apropiadas se hace especialmente importante.[1] Martin (1994) ha identificado los componentes esenciales de una evaluación apropiada para el desarrollo de los niños. Adaptados para incluir a los docentes y a los programas, son los siguientes:

- Un registro objetivo de comportamientos, acciones o situaciones reales.
- La selección de métodos adecuados de registro, recopilación de información y análisis de la misma.
- El reconocimiento de los prejuicios personales del observador y una profunda comprobación de las inferencias en la información recopilada.
- Énfasis en el proceso de patrones individuales de desarrollo en niños y docentes.
- La necesidad de asegurar que la evaluación está basada en información objetiva más que en percepciones esporádicas.
- La creencia de que por medio de la observación de comportamientos y acciones reales alcanzaremos una mejor comprensión del desarrollo individual, del niño o del adulto, y una visión más realista de los programas.

NAEYC ha desarrollado una extensa lista de publicaciones que proporcionan una guía a la hora de establecer y poner en marcha programas de calidad y que explican en detalle lo que se entiende por modelos apropiados para el desarrollo de los niños pequeños. Los docentes y los administradores deberían familiarizarse con estos documentos y utilizarlos como estándares de mejora del programa. Los capítulos 11 al 14 se basan en materiales que siguen estas directrices.

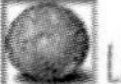

LA DIVERSIDAD DE NUESTRO MUNDO LA DIVERSIDAD DE NUESTRO MUNDO LA DIVERSIDAD DE NUESTRO MUNDO LA DIVERSIDAD DE NUESTRO MUNDO LA DIVERSIDAD DE NUESTRO MUNDO

[1] Todo proceso de evaluación debe intervenir en todos los componentes de la experiencia del niño si es apropiado. . . . "Sin un conocimiento del contexto en el que se mueve el niño, no se puede comprender su comportamiento" (Martin, 1994).

Ilustración 10.22 Las evaluaciones de los programas deberían representar la diversidad del campo educativo de la primera infancia, desde centros de atención infantil en familia para lactantes hasta programas extraescolares para alumnos de primaria.

CÓMO AFECTAN LAS EVALUACIONES EN UN ENTORNO DE PRIMERA INFANCIA

Una evaluación útil anima a realizar cambios positivos. Es fácil continuar empleando el mismo programa, las mismas técnicas educativas, incluso las mismas técnicas de evaluación, año tras año cuando una escuela funciona sin problemas. Algunas veces no está claro, qué mejoras pueden hacerse y cómo. La evaluación regular mantiene al sistema vivo y actualizado.

Las evaluaciones ayudan a proporcionar significado y perspectiva a los niños, docentes y programas. Una evaluación que ayude a clarificar estos procedimientos produce una dedicación e inspiración renovadas.

Las evaluaciones de los niños, docentes y programas pueden mezclarse con resultados positivos. Las evaluaciones de niños y programas a menudo funcionan en pareja, ya que los objetivos del programa se deben definir en relación con los niños y su crecimiento. La progresión de los niños constituye una medida del éxito del programa.

Las evaluaciones de los docentes pueden relacionarse con la de los programas cuando incluyen una **evaluación ascendente**, o la evaluación de los administradores por parte del profesorado. La eficacia del programa la comprueban aquellas personas que son responsables de su ejecución. En el caso de los centros de atención infantil en familia no existen supervisores que proporcionen retroalimentación sobre el rendimiento laboral o la eficacia del programa. En este caso, el centro puede diseñar un sistema de autoevaluación (Cundiff-Smith, 1996) que incluya una retroalimentación, de los padres (normalmente por medio de cuestionarios anónimos) y de los niños (el entusiasmo, las risas y los abrazos son buenos indicadores).

La eficacia de un docente se evalúa a diario por cómo se relacionan los niños con el entorno, el horario, las técnicas y relaciones educativas y unos con otros. No existe una prueba más eficaz que la dinámica de los niños trabajando y jugando en la clase. En este sentido, podemos considerar la evaluación del programa desde la perspectiva de un niño. Al añadir a la evaluación del programa el punto de vista de un niño, llevamos la evaluación de la calidad a su punto de partida: los niños. Ya sea por medio de grabaciones de vídeo, observación directa o reflexión, los docentes pueden descubrir qué puede llegar a ser el niño en un programa. Esa perspectiva "ascendente" (Barclay y Benelli, 1996) podría obtenerse al responder a estas preguntas:

¿Me siento habitualmente bien recibido en vez de apresado?

¿Me siento normalmente aceptado, comprendido y protegido en vez de regañado y abandonado por los adultos?

¿Encuentro la mayoría de las actividades importantes o

Ilustración 10.23 La evaluación de un programa puede determinar el grado de implicación de los padres en la clase. La presencia de padres voluntarios demuestra que la escuela agradece la colaboración de los padres.

triviales y sin sentido?

¿Estoy normalmente contento de estar aquí o ansioso por marcharme?

Como docentes, aprendemos a aceptar la evaluación como un proceso en vez de como una serie de puntos. Al hacerlo, vemos que puede haber una continuidad y una consistencia en cómo las evaluaciones de las personas y de los programas en la educación de la primera infancia trabajan unidas para favorecer el aprendizaje y el crecimiento en todos los niveles. Para mantener una alta calidad la evaluación del programa debe ser continua y sistemática. Los centros deben estar dispuestos a emplear dinero para mejorar la calidad e invertir tiempo en la característica más importante a la hora de determinar la calidad: los adultos con los que los niños interactúan cada día. La calidad empieza por nosotros.

Sumario

La evaluación constituye un modo de hacer inventario; una oportunidad de observar cómo funcionan las cosas. Podemos evaluar dónde estamos y dónde queremos llegar. Un buen instrumento de evaluación puede incluso sugerir modos de conseguir nuestros objetivos. Un buen proceso de evaluación incluye una finalidad clara, saber quién y qué se va a evaluar y cómo se utilizarán los resultados.

Todos los programas diseñados para adaptarse a las necesidades de los niños se deben evaluar regularmente. Los docentes, los niños y el programa se deben evaluar individualmente y en conjunto. Cada uno apoya y depende del otro; la evaluación es un medio de observar cómo funcionan estas relaciones. Puede identificar problemas específicos y determinar las áreas de crecimiento y desarrollo potencial.

La definición de los objetivos constituye una parte importante del proceso de evaluación. La evaluación de los objetivos es la medida del éxito o del fracaso. Juzgamos si hemos cumplido los objetivos eficazmente y si los objetivos son reflejo del programa.

Las evaluaciones tienen numerosas finalidades. La evaluación individual de los niños pone de manifiesto su crecimiento y potencial de una manera más clara. Existe un método, las pruebas normalizadas, que se está utilizando extensamente en entornos de la primera infancia y que puede ser mal aplicado y utilizado inadecuadamente. La evaluación proporciona a los docentes información sobre su propio rendimiento y sugiere modos de fortalecer su estilo educativo. La examinación del programa en su totalidad revela una mejor imagen de cómo todos los aspectos funcionan al unísono. La National Academy of Early Chilhood Pograms ha establecido un sistema de reconocimiento que promueve modelos apropiados para el desarrollo en entornos con niños comprendidos entre su nacimiento y los 8 años.

El proceso de evaluación puede resultar positivo y fomentar el crecimiento de todos aquellos que están implicados en él. La elección de los instrumentos de evaluación es importante, al igual que la utilización de la información recopilada. Los programas estarán de acuerdo con los niños y los docentes si la evaluación se considera una parte integral de la estructura del programa.

Preguntas de Repaso

1. Escriba tres razones por las que es conveniente la evaluación en el entorno de la primera infancia. ¿Cuál cree que es la principal?, ¿por qué?
2. ¿Cuáles son los componentes de toda buena evaluación?, ¿cuáles son los problemas? Incluya algunas sugerencias a modo de solución.
3. ¿Cuáles son los motivos para evaluar la progresión de los niños?, ¿cómo puede comunicar los puntos débiles y los fuertes a los padres?
4. Describa algunos de los problemas que existen a la hora de evaluar a los niños. ¿Cómo se pueden enfocar estos problemas si se le pide que utilice una prueba común para toda la clase?
5. ¿Quién debe estar implicado en la evaluación del profesorado?, ¿a quién preferiría? ¿Por qué?
6. ¿Cómo pueden los docentes colaborar a que las sesiones de evaluación sean productivas?
7. Diga tres propósitos de las evaluaciones del programa.
8. ¿Qué es la acreditación de la National Academy y cómo intenta ayudar a mejorar la calidad del programa?

Actividades de Aprendizaje

1. ¿Posee su entorno un plan de evaluación?, ¿evalúa a los niños, a los docentes o la calidad del programa? Analice los objetivos del plan de evaluación y cómo las herramientas o su ejecución coinciden (o no) con estos objetivos.
2. Desarrolle un instrumento de evaluación para evaluar las habilidades de un grupo de niños en edad de caminar. Discuta cómo este hecho lo haría diferente de un instrumento pensado para un programa de atención infantil a un grupo de preescolar o a otro de niños en edad escolar.
3. Intente establecer las metas para su propio desarrollo como profesional en las siguientes áreas:

	Meta	*Objetivos/ejecución*	*Cronología*
Programática			
Administrativa			
Relaciones con el personal			
Desarrollo profesional			

   Solicite a su supervisor o a un compañero que le ayude a realizar una cronología realista para cada meta.

4. Localice una copia del "Modelo apropiado para el desarrollo". Utilizando las categorías que resalta, haga una evaluación informal del programa en el que trabaja. Comparta los resultados con otro docente o un supervisor.

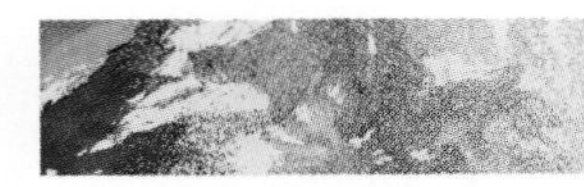

Bibliografía

Barclay, K., & Benelli, C. (1995/96, Winter). Program evaluation through the eyes of a child. *Childhood Education.*

Baruth, L. G., & Manning, M. L. (1992). *Multicultural education of children and adolescents.* Needham Heights, MA: Allyn & Bacon.

Bredekamp, S. (1987, 1991, 1997). *Developmentally appropriate practice in early childhood programs serving children from birth through age 8* (Expanded ed.). Washington, DC: National Association for the Education of Young Children.

Bredekamp, S. (1992). Evaluating for effectiveness. In A. Gordon & K. Browne (Eds.), *Beginnings and beyond* (3rd ed.). Albany, NY: Delmar.

Bredekamp, S., & Coople, C. (1997). *Developmentally appropriate practices in early childhood programs.* Washington, DC: National Association for the Education of Yong Children.

Bredekamp, S., & Rosegrant, T. (Eds.). (1992, 1995). *Reaching potentials* (Vols. 1 & 2). Washington, DC: National Association for the Education of Young Children.

Cartwright, S. (1998, March). Caregivers of quality. *Exchange.*

Chang, H. M., Muckelroy, A., Pulido-Tobiassen, D., Dowell, C., & Edwards, J. O. (1996). *Looking in, looking out: Refining child care in a diverse society.* San Francisco: California Tomorrow.

Cryan, J. R. (1986, May/June). Evaluation: Plague or promise? *Childhood Education, 62*(5).

Cundiff-Smith, D. (1996, May/June). Evaluating your program. *Scholastic Early Childhood Today.*

Cunningham, G. (1996). The challenge of responding to individual and cultural differences and meeting the needs of all communities. In S. Bredekamp & B. A. Willer (Eds.), *NAEYC accreditation: A decade of learning and the years ahead.* Washington, DC: National Association for the Education of Young Children.

De Melendez, W. R., & Ostertag, V. (1997). *Teaching young children in multicultural classrooms.* Albany, NY: Delmar.

Dunn, L., & Kontos, S. (1997, July). Research in review: What have we learned about developmentally appropriate practice? *Young Children, 52*(5).

Elkind, D. (1989, October). Developmentally appropriate practice: Philosophical and practical implications. *Phi Delta Kappa.*

Helm, J. H., Beneke, S., & Steinheimer, K. (1997). *Windows on learning: Documenting young children's work.* New York: Teachers College Press.

Hilliard, A. G., & Vaughn-Scott, M. (1982). The quest for the "minority" child. In S. G. Moore & C. R. Cooper (Eds.), *The young child? Reviews of research* (Vol. 3). Washington, DC: National Association for the Education of Young Children.

Hills, T. W. (1993, July). Assessment in context—Teachers and children at work. *Young Children, 48*(5).

Kamii, C. (Ed.). (1990). *Achievement testing in the early grades: The games grown-ups play.* Washington, DC: National Association for the Education of Young Children.

Kerman, S., & Martin, M. (1980). Teacher expectations and student achievement. *Phi Delta Kappa.*

Kostelnik, M. (1993, March). Recognizing the essentials of developmentally appropriate practice. *Exchange.*

Martin, S. (1994, April). Developmentally appropriate evaluation. *Educational Resources Information Clearinghouse,* ED 391 601.

McAfee, O., & Leong, D. (1997). *Assessing and guiding young children's development and learning* (Rev. ed.). Needham Heights, MA: Allyn & Bacon.

Meisels, S. J. (1989). *Developmental screening in early childhood: A guide* (3rd ed.). Washington, DC: National Association for the Education of Young Children.

Murphy, C. (1986, September). Teacher evaluation forms. *Child Care Information Exchange,* No. 51.

National Academy of Early Childhood Programs. (1991, July). *Accreditation criteria and procedures.* Washington, DC: National Association for the Education of Young Children.

National Association for the Education of Young Children. (1988, March). Position statement on standardized testing of young children 3 through 8 years of age. *Young Children, 43*(3).

Schweinhart, L. J. (1993, July). Observing young children in action: The key to early childhood assessment. *Young Children, 45*(5).

Talley, K. (1997, March). National accreditation: Why do some programs stall in self-study? *Young Children, 52*(3).

Ward, E. H., & CDA Staff. (1976, May). The Child Development Association Consortium's assessment system. *Young Children,* pp. 244–255.

Whitebrook, M. (1996). NAEYC accreditation as an indicator of program quality: What research tells us. In S. Bredekamp & B. A. Willer (Eds.), *NAEYC accreditation: A decade of learning and the years ahead.* Washington, DC: National Association for the Education of Young Children.

Young-Holt, C., Spitz, G., & Heffron, M. C. (1983). *A model for staff evaluation, validation, and growth.* Palo Alto, CA: Center for the Study of Self-Esteem.

Zeece, P. D. (1995, March). Quality begins with us. *Exchange.*

SECCIÓN Cinco

¿Qué se enseña?

Artículo LA ESENCIA DE NUESTRA MISIÓN

Louise Derman-Sparks

El consejo de Alice Walker, "Tenga siempre en cuenta el presente que está construyendo; debería ser el futuro que desea" nos habla acerca de la esencia de nuestra misión como educadores.[1] Los educadores y padres de la primera infancia comparten la enorme responsabilidad de ayudar a los niños a crear una sólida base sobre la que construir una existencia productiva y ética en un mundo y en un país complejo y variado. Parte integrante de este trabajo consiste en comprender cómo los niños se desarrollan como individuos y como miembros de grupos o de una sociedad.

Conocer cómo los niños pequeños desarrollan su identidad y las actitudes hacia los otros supone un componente fundamental en la profesión educativa. Una línea de investigación en auge nos demuestra que los lactantes de tan sólo 6 meses de edad comienzan a notar ya las diferencias humanas. Hacia los 18 meses comienzan a identificar quién es como ellos y a desarrollar preferencias. Hacia los 4 comienzan a interiorizar creencias sociales predominantes, positivas y negativas, acerca de la identidad de su grupo y de la de otros. La investigación también nos muestra el considerable daño que pueden provocar los prejuicios en la consciencia y sentimientos en desarrollo de los niños pequeños sobre sí mismos y los demás. Parece ser que hay un período sensible comprendido entre los 6 meses y los 9 años de edad en el que podemos actuar más eficazmente para ayudar a crear una identidad sana propia y de grupo e impedir o reducir la incidencia de los prejuicios.

Para prosperar, incluso para sobrevivir en el siglo XXI, los niños necesitan entornos en los que sean "libres para manifestar públicamente su propia identidad racial, étnica, cultural y de género; capaces de trascender sus propias fronteras culturales y superarlas; y libres para participar en acciones que hagan nuestra sociedad más democrática y libre".[2] Nuestros conocimientos acerca del desarrollo de los niños nos indican que la atención de calidad y los entornos educativos deben incluir:

- fomento del desarrollo individual dentro del grupo cultural propio del niño,
- apoyo del aprendizaje y apreciación del valor de la diversidad en todos los niños y
- una exposición de los niños a experiencias que contrarresten los prejuicios y estereotipos.[3]

1 Walker, A. (1989). *The temple of my familiar* (p. 236). New York: Harcourt Brace Jovanovich.
2 Dr. James Banks. California Association for Young Children Conference, 3/12/95, Long Beach.
3 A partir de: Phillips, C. B. (1991). *Essentials for child development associates working with young children.* Washington, DC: Council for Early Childhood Professional Recognition.

Llegar a ser un buen maestro requiere conocer cómo infundir eficazmente estas tres dimensiones en todos los aspectos de la educación de la primera infancia. Algunos adultos prefieren negar que los niños pequeños noten las diferencias o de que sean conscientes de (o afectados por) las diversas formas de discriminación predominantes en nuestra sociedad. Esta negativa usualmente refleja la incomodidad del adulto mismo ante estos temas. Sin embargo, rehuir estos temas no proporciona a los niños la guía y apoyo que necesitan. Llegar a ser un profesional eficaz nos desafía a enfrentarnos y a cambiar los mitos y estereotipos basados en el género, la raza, la etnia, la clase social, las discapacidades o los diferentes modelos de familias que hemos conocido. Al hacerlo somos libres para enseñar a los niños los conocimientos más actuales que el campo de la primera infancia puede ofrecernos. Sólo entonces podemos construir sólidamente el futuro que queremos por medio del presente que estamos creando.

La Dra. Louise Derman-Sparks es miembro del Pacific Oaks College, autora del famoso Anti-Bias Curriculum (1989) y defensora de la diversidad en la educacíon

Programación de los juegos: elementos básicos del currículum

Preguntas para pensar

¿Qué es el currículum en el entorno de la primera infancia?

¿Qué es el currículum apropiado para el desarrollo?

¿Cuál es el proceso del desarrollo del currículum incipiente para los niños pequeños?

¿Cuál es el valor de los juegos?

¿Cómo se relacionan los juegos y el currículum?

¿Cómo aprenden los niños mediante los juegos?

¿Por qué son importantes los juegos de representación para los niños pequeños?

¿Cuál es el papel del maestro?

¿Cómo respaldan los maestros el proceso de los juegos?

¿De qué manera es el currículum culturalmente sensible?

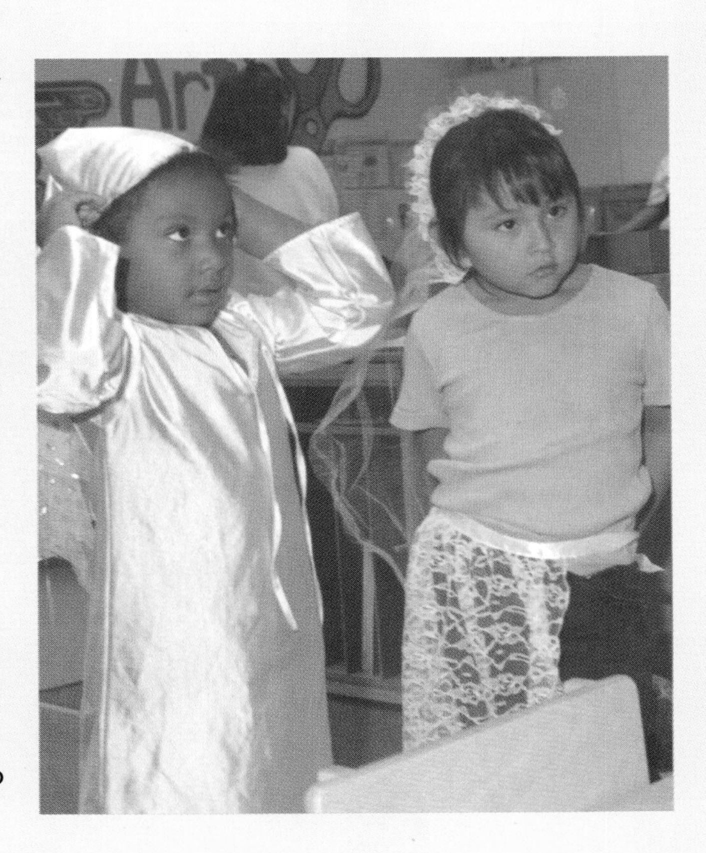

EL CURRÍCULUM

¿Qué es el currículum?

A Irene, de 2 años, le interesa más cómo se derrama la leche (especialmente después de llenar una taza) que comer y conversar a la hora del aperitivo.

En un entorno de primera infancia, el currículum consiste en la actividad artística y los juegos de lenguaje; también es la investigación espontánea de los líquidos a la hora del aperitivo, la canción que acompaña las excavaciones en la arena y la explicación del maestro de por qué ha muerto el hámster. Puede ser, literalmente, todo lo que ocurre en el curso de la jornada escolar.

El currículum es lo programado y lo imprevisto.

Los niños del jardín de infancia Berta y Leo están absortos mirando una culebra atravesando la acera, ignorando por el momento la lección sobre los relevos simultáneos.

Los niños pequeños son como esponjas; absorben todo lo que se produce a su alrededor. Como son jóvenes, el mundo entero es nuevo y fresco. Por lo tanto, los niños no diferencian entre lo que está preparado y estructurado para su aprendizaje y cualquier otra cosa que les ocurra en la escuela. Todo *es* aprendizaje.

La creación de un buen currículum para los niños pequeños no es simplemente una cuestión de practicar la programación del currículum. Es más bien cuestión de entender el proceso. La manera en la que los niños se relacionan con las personas y los materiales con los que aprenden. Es la suma de lo que el maestro conoce sobre las necesidades de los niños, los materiales y el equipo y lo que ocurre cuando se reúnen dichos componentes.

La programación del currículum es el proceso de pasar las teorías de la educación a la práctica. Es espontáneo, y organizado a la vez; está programado aunque es incipiente; se basa en los intereses de los

Ilustración 11.1 El currículum se produce cuando el niño encuentra los materiales. (Cortesía de Centro Infantil & de Reabilitacao de A-Da-Beja, Lisboa, Portugal.)

niños pero moderado por la conciencia que tienen los adultos de las necesidades de los niños. Las cuatro áreas de interés son (Bredekamp y Rosegrant, 1995):

- El contenido es *lo que* se enseña, la materia o el tema, y se basa principalmente en los intereses de los niños. Las observaciones y evaluaciones del maestro y de los padres van a garantizar que el contenido refleje los intereses, las necesidades y las experiencias del niño y además trate lo que deberían aprender los niños.
- El proceso es *cómo* y *cuándo* se produce el aprendizaje, la elección de actividades o proyectos, la manera en la que se integran, y la cantidad de tiempo en el horario o en el calendario anual. El proceso aumenta la participación de los niños en su propio aprendizaje mediante un enfoque de transmisión, de exploración con una serie de materiales abiertos. Los juegos son el medio del proceso.
- El maestro es la persona *que* crea el currículum, programando y proporcionando actividades y materiales en relación con las distintas edades que hay en el grupo y observando y evaluando el crecimiento de los niños. Los maestros tienen una base sólida sobre la teoría de desarrollo infantil, entienden la manera en la que aprenden los niños, y son conscientes de la necesidad de individualizar para satisfacer las necesidades especiales de los niños.
- El contexto es el *por qué* de la elección de ciertos proyectos y actividades, y se basa en la filosofía y los objetivos del programa, el origen cultural de los niños, y los valores e influencias de sus familias y comunidades. Para poder proporcionar experiencias de aprendizaje significativas, el currículum debería reflejar la vida de la comunidad local.

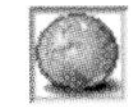

Es importante apuntar la relevancia del currículum.[1] Las clases de Head Start en las reservas indias del sudoeste desarrollarán planes de estudios que utilizan la historia y las tradiciones de las varias tribus de indios americanos que representan los estudiantes. Un currículum relevante en una escuela de preescolares a las afueras de Seattle puede incluir viajes de estudio al mercado de la calle Pike para ver los salmones recién pescados, mientras que una unidad de transporte de preescolares por el centro de Chicago pude incluir paseos en metro y en tren. La programación de un currículum que lleva a los niños más allá de su propia comunidad potencia el aprendizaje de habilidades y conceptos nuevos. Los niños que residen en la ciudad pueden descubrir cosas nuevas sobre los alimentos cuando visitan una granja lechera. Uno de los factores fundamentales del éxito de las escuelas de Reggio Emilia, como se ha apuntado en capítulos anteriores, es la capa de historia cultural del niño en el currículum. La ciudad se convierte en la clase cuando investigan un proyecto sobre la luz y la sombra entre las columnas de los edificios locales. La abundante arquitectura de la ciudad se convierte en un medio para el aprendizaje del arte, la ciencia, las matemáticas y la historia. Las teorías de Erikson y Vygotsky son evidentes en este enfoque del currículum, especialmente la creencia de Vygotsky en las influencias que ejercen la familia y la cultura en el aprendizaje del niño.

El currículum es tanto integrado como individualizado. **El currículum individualizado** se adapta para satisfacer las necesidades e intereses de cada niño en lugar de las del grupo. Los maestros individualizan el currículum para ayudar a fomentar las habilidades y los conocimientos específicos de un niño en particular, tales como aprender a cortar con tijeras o encontrar compañeros de juegos. **El currículum integrado** coordina muchas áreas de contenidos y utiliza un enfoque general del aprendizaje. Véase la ilustración 11.5 de la página 408 como ejemplo.

Vuelta a las escuelas abiertas

Las características del currículum que se acaban de describir pueden evocar las escuelas abiertas (véanse los capítulos 1 y 2) del modelo de la British infant school. El énfasis en una clase abierta se encuentra en la integración del currículum completo, en lugar de en los contenidos independientes. Las habilidades académicas, leer, escribir, los conceptos numéricos, son parte natural de todo aprendizaje. La música puede incluir las matemáticas y contar; los debates científicos desarrollan las artes lingüísticas; y los juegos de representación pueden estimular la escritura. El énfasis se centra en el proceso de aprendizaje lo que ocurre cuando se encuentran el niño

LA DIVERSIDAD DE NUESTRO MUNDO LA DIVERSIDAD DE NUESTRO MUNDO LA DIVERSIDAD DE NUESTRO MUNDO LA DIVERSIDAD DE NUESTRO MUNDO LA DIVERSIDAD DE NUESTRO MUNDO

[1] Los maestros cualificados programan un currículum que da con el justo medio entre el hecho de estar basado en los orígenes e intereses de los miembros individuales de la clase y la comunidad que les rodea mientras que expone a los niños a experiencias de la cultura más allá del área inmediata.

Ilustración 11.2 Los niños se divierten y se relacionan con los materiales apropiados para el desarrollo. Construir cosas con los bloques es una actividad divertida y popular.

y los materiales. Mediante los juegos, los niños exploran, manipulan y construyen; el espacio de la clase los anima. Las áreas de actividades, o los centros de interés se establecen por toda la habitación. Los niños seleccionan dónde y con quién quieren pasar el tiempo, ya sea con arcilla, trabajando con madera, o con cualquiera de los juegos de mesa. La relación entre el currículum de una escuela abierta y el aprendizaje de los niños también se debate en el capítulo 4 en la sección relacionada con la aplicación de la teoría cognoscitiva.

Los maestros facilitan, u orientan, el establecimiento del entorno para promocionar la independencia y la autosuficiencia de manera que están libres para relacionarse con los niños. La enseñanza en equipo es ideal para la clase abierta; varios maestros pueden proporcionar la supervisión, organización y programación necesaria para el éxito.

Aunque las clases organizadas de una manera informal pueden resultar desafiantes y estimulantes para algunos niños, otros pueden encontrar difícil la carencia de estructura. Los programas más tradicionales ofrecen objetivos precisos que se miden según la evaluación y las pruebas. El enfoque de una escuela abierta incluye a los niños en la programación y evaluación de parte del aprendizaje que se produce. Si no se integran las experiencias de una clase abierta en el currículum total y el aprendizaje no se relaciona de manera significativa, dichas experiencias son simplemente buenas, aunque aisladas, para el niño.[1] "La educación abierta," dice Elkind, "bien llevada a cabo

LA DIVERSIDAD DE NUESTRO MUNDO LA DIVERSIDAD DE NUESTRO MUNDO LA DIVERSIDAD DE NUESTRO MUNDO LA DIVERSIDAD DE NUESTRO MUNDO LA DIVERSIDAD DE NUESTRO MUNDO

1 Lo mismo ocurre con la integración de las experiencias multiculturales en el currículum.

puede ser un modelo de educación verdaderamente humanista; si no se realiza correctamente, puede resultar un desastre" (Elkind, 1993).

Currículum incipiente

Hay muchas maneras de programar un currículum. Una de las más comunes en el entorno de la primera infancia se basa en la premisa de que el currículum es todo lo que ocurre a lo largo del día; son todas aquellas experiencias de los niños al relacionarse con las personas y los materiales. El énfasis recae en los intereses y la participación de los niños en su propio aprendizaje y la capacidad para tomar decisiones constructivas. Los maestros proporcionan la habitación y el patio, y algunas veces programan una o dos actividades todos los días que ofrecen la oportunidad de que participen los niños. En su mayor parte, los maestros responden mediante la observación y evaluación de lo que hacen los niños y respaldan el uso que éstos hacen de sus experiencias. Se trata de un enfoque orientado al proceso; los contenidos del currículum son evidentes, pero el producto final o el resultado no es el principal centro de atención. Se conoce como **currículum incipiente** (Jones y Nimmo, 1994). La ilustración 11.3 es un ejemplo de la programación de un currículum basada en una propuesta de un currículum incipiente.

Las escuelas de High/Scope y de Reggio Emilia representan programas que parecen tipificar las razones del currículum incipiente. Basadas en los principios de Erikson, Piaget y Vygotsky, estas escuelas son la personificación de una filosofía que postula que los niños son activos, curiosos, educandos poderosos, capaces de tomar la iniciativa y construir su propio conocimiento a través de la experiencia. Se anima a los niños para que usen el estilo de aprendizaje que sea más natural para ellos (Gardner, 1983), utilizando la variedad de materiales a su manera. Un entorno con materiales abundantes donde se valoran los juegos constituye el escenario para dichos programas.

El currículum incipiente es la propuesta curricular para un proceso que requiere la colaboración de los maestros con los niños y con los demás adultos. Se destaca el aprendizaje mutuo tanto para niños como para adultos. Los maestros y los niños piensan, hacen planes y critican juntos. El currículum surge del diálogo y la reflexión entre el personal docente (Jones y Nimmo, 1994) y de las interacciones entre niños y maestros. En las escuelas de Reggio Emilia, se considera a los maestros como colaboradores y orientadores que crean el currículum obteniendo información de los intereses de los niños y ayudando en la investigación seria de un tema (véanse "Esquematización" en la página 414 y "La propuesta del proyecto" en la página 421, para obtener ejemplos de cómo la colaboración de los maestros evoluciona hacia un currículum). El currículum incipiente parece captar la naturaleza espontánea de los juegos infantiles y la combina con la programación y organización necesaria.

En el currículum incipiente se combinan varias fuentes: los intereses de los niños, los intereses de los maestros, las tareas de desarrollo según la edad del grupo, el entorno físico, el entorno natural, las personas, los libros que proporcionan información sobre el currículum, los acontecimientos inesperados, las experiencias y rutinas de la vida diaria, y los valores que expresa la escuela, los padres y la comunidad (Jones y Nimmo, 1994). Cuando los maestros observan, debaten y programan, siempre se centran en el niño, y no en la actividad.

Currículum apropiado para el desarrollo

El currículum apropiado para la primera infancia se basa en la teoría, investigación y experiencia de saber cómo se desarrollan y aprenden los niños pequeños. Un currículum para lactantes satisface las necesidades básicas de los bebés; un currículum para niños en edad de caminar considera la independencia y la movilidad incipiente de estos niños. Los niños de cuatro años requieren materiales y técnicas de enseñanza diferentes, al igual que los niños de cinco u ocho años. Cada edad merece una consideración especial a la hora de programar el currículum.

NAEYC (Bredekamp y Copple, 1997) ha definido el significado del programa, currículum o modelo apropiado para el desarrollo, del siguiente modo:

- *Lo apropiado:* los programas y modelos se basan en el conocimiento del desarrollo infantil normal de unas determinadas edades.
- *Lo que es apropiado de una manera individual:* los programas y los modelos se basan en la consideración de cada niño, sus ritmos de

ÁREA	OBJETIVOS DE LA ACTIVIDAD	OPORTUNIDAD PARA EL APRENDIZAJE	CURRÍCULUM INCIPIENTE	ANOTACIONES
EN EL INTERIOR				
bloques	utilizar la organización en los juegos construir cosas cooperativamente utilizar cortes diferentes con propósitos diferentes	bloques de unidades; tijeras, papel, cintas para hacer adornos	Mart., añade pilas, interruptores, bombillas para iluminar las estructuras	
juegos de representación	sustentar los juegos en grupos de 3+ desempeñar una variedad de funciones	oficina de correos; sobres, buzones, buzones, individuales, sellos, carteras para llevar las cartas	Miérc., añade una excursión andando a la oficina de correos para realizar una visita	
escritorio	escribir algunas cartas en mayúsculas y en minúsculas dictar composiciones para que las transcriban	rotuladores, lápices, libros con espacios en blanco, papel, diccionario de la clase		trabajar con Noelia la escritura del nombre indep.
sensorial	utilizar un emplazamiento para las exploraciones analizar las propiedades físicas de la arena crear algunos conocimientos sobre la conservación	mesa de arena; embudos, palas, medidas graduadas		
manuales	reforzar el control motor preciso ordenar y clasificar en dos variables	tableros de mosaicos; percheros de colores: cilindros, rectángulos, triángulos	Juev., añade tarjetas con patrones	proporciona materiales para copiar los patrones propios en tarjetas
cocinar	esperar a su turno seguir una secuencia analizar las propiedades físicas	batidos de fruta; plátanos, fresas, yoghurt, miel, cuchillos para untar mantequilla, licuadora; tazas, pajitas, tarjetas con recetas		frutas variadas
alfombrilla para libros	seguir la secuencia de una historia leída en voz alta contar una historia con sus propias palabras después de escucharla	libros sobre la playa, la cocina, la oficina de correos, el correo, cartas		incluye libros sobre la diversidad papeles que no sean específicos de un sexo, identidad étnica[1] 
EN EL EXTERIOR				
trepar	trepar alternando los pies y las manos desarrollar la fuerza corporal superior	tablones y cajas, zona de juegos, una casa en un árbol		
dar una vuelta en un juguete	pedalear, conducir con habilidad utilizarlo en los juegos de representación	triciclos, estilo tradicional y en el que se tira		ayudar a Miguel a conducir el triciclo
sensorial	utilizar un emplazamiento para las exploraciones utilizar un emplazamiento para la construcción de réplicas del entorno	cajas de arena; palas, cubos camiones, tuberías de cartón	Mart., añade agua	
juegos de representación	hacer teatros improvisados con 3+ niños incorporar muchos elementos en los juegos realizar los propios objetos	teatros; bufandas, pañoletas, objetos de la casa, vagones	Miérc., añades cochecitos para las muñecas	Visitar el nuevo bebé de Pedro

Ilustración 11.3 Esta programación, creada por Kelly Welch, una maestra de Connecticut College Children's School está construida a partir de los intereses y capacidades del grupo además de las necesidades individuales de los niños. Es un buen ejemplo de currículum incipiente en un formato escrito.

 LA DIVERSIDAD DE NUESTRO MUNDO LA DIVERSIDAD DE NUESTRO MUNDO LA DIVERSIDAD DE NUESTRO MUNDO LA DIVERSIDAD DE NUESTRO MUNDO LA DIVERSIDAD DE NUESTRO MUNDO

1 Los niños necesitan libros que sean relevantes para su realidad social y cultural y que expresen el mundo de identidades étnicas múltiples en el que viven.

PAUTAS DEL CURRÍCULUM APROPIADO PARA EL DESARROLLO

NAEYC y la Asociación Nacional de especialistas de primera infancia de los departamentos de educación de los distintos estados desarrollaron conjuntamente pautas para asegurar un currículum apropiado para el desarrollo. Cada una de las pautas están formuladas en preguntas a las que los maestros que desarrollan el currículum deberían ser capaces de responder "sí."

1. ¿Promueve el aprendizaje interactivo y potencia la creación de los conocimientos del niño?
2. ¿Ayuda a conseguir objetivos sociales, emocionales, físicos y cognoscitivos?
3. ¿Potencia el desarrollo de sentimientos y el optimismo hacia el aprendizaje mientras se lleva a cabo la adquisición de conocimientos y habilidades?
4. ¿Es significativo para estos niños?, ¿es relevante en la vida de los niños?, ¿se puede hacer más relevante relacionándolo con una experiencia personal que hayan tenido los niños o pueden obtener fácilmente una experiencia directa con él?
5. ¿Las expectativas son realistas y se podrían alcanzar en este momento, o los niños podrían conseguir más fácil y eficientemente el conocimiento y las habilidades más tarde?
6. ¿Resulta interesante a los niños y a los maestros?
7. ¿Es sensible y respeta la diversidad cultural y lingüística?, ¿presupone, permite y aprecia las diferencias individuales?, ¿promueve las relaciones positivas con las familias?
8. ¿Se forma a partir de y elabora el conocimiento y las capacidades actuales de los niños?
9. ¿Conduce a un entendimiento conceptual ayudando a los niños a construir su propio entendimiento en contextos significativos?
10. ¿Facilita la integración de contenidos a través de los temas tradicionales?
11. ¿La información se presenta de una manera precisa y verosímil según los niveles reconocidos de la disciplina relevante?
12. ¿Merece la pena conocer este contenido?, ¿estos niños lo pueden aprender de manera eficiente y efectiva en este momento?
13. ¿Potencia el aprendizaje activo y permite a los niños tomar decisiones significativas?
14. ¿Fomenta el análisis y la investigación de los niños, en lugar de centrarse en las respuestas "adecuadas" o las maneras "adecuadas" de completar una tarea?
15. ¿Promueve el desarrollo de capacidades para el orden elevadas como son pensar, razonar, resolver problemas y tomar decisiones?
16. ¿Promueve y potencia la interacción social entre los niños y los adultos?
17. ¿Respeta las necesidades psicológicas que tienen los niños de las actividades, los estímulos sensoriales, el aire fresco, el descanso y el alimento/eliminación?
18. ¿Promueve los sentimientos de seguridad psicológica, garantía y posesión?
19. ¿Proporciona experiencias que promuevan los sentimientos de éxito, competencia y placer del aprendizaje?
20. ¿Permite flexibilidad a los niños y a los maestros?

Ilustración 11.4 (Adaptado de Bredekamp, S., y Rosegrant, T. [1995]. *Reaching potentials: transforming early childhood curriculum and assessment* [Vol. 2]. Washington, DC: National Association for the Education of Young Children.)

En música: Cantar "Five Little Pumpkins"
En las rutinas: Esperar su turno porque ya hay "demasiados" niños cepillándose los dientes
En los libros: *Inch by Inch* escrito por Lionni, *Millions of Cats* escrito por Gag
En los juegos con los bloques: observar y utilizar las fracciones y las partes enteras que constituyen un conjunto de bloques de unidades
En el desarrollo físico: jugar a las rayuelas
En la cocina: medir y contar los elementos de la receta
En los juegos de representación: observar que sólo hay cuatro mangueras y cinco bomberos
En ciencia: contar el número de los días de lluvia/soleados/con nieve; registrar las temperaturas (termómetros); el tiempo (relojes y calendarios); y las estaciones (mapas)
En arte: números: aprender la correspondencia de uno para mí otro para ti contando cepillos de dientes, lápices de colores, rotuladores mágicos y colores

Ilustración 11.5 Los niños pequeños aprenden mejor siguiendo una propuesta integrada del currículum. Los conceptos matemáticos se reflejan durante toda la clase en una serie de actividades.

crecimiento y en cada uno de sus estilos de aprendizaje.

- *Lo que es apropiado social y culturalmente:* los programas y los modelos proporcionan experiencias de aprendizaje significativas y relevantes que respetan los orígenes de los niños y las familias del grupo.[1]

En su cuadro de atención de este capítulo, Sue Bredekamp, expone algunos de los factores que determinan los elementos apropiados para el desarrollo y señala específicamente aquellos componentes que casi con toda seguridad resultarán en programas y experiencias educativas de gran calidad.

El currículum apropiado para el desarrollo tiene en cuenta los conocimientos de la teoría, la investigación y las prácticas del desarrollo infantil, e incluye varias disciplinas relacionadas; los valores culturales, los deseos y preocupaciones de los padres, el contexto de la comunidad, cada uno de los niños, los conocimientos y experiencias de los maestros, y, por último, está relacionado con los objetivos del programa general.[2] Esto implica un marco teórico sobre cómo, cuándo y qué aprenden los niños. El fundamento del modelo apropiado para el desarrollo y los contenidos del currículum está históricamente arraigada en la visión de John Dewey de que las escuelas preparan a los estudiantes para pensar y razonar para que así participen en una sociedad democrática (véase el capítulo 1). La ilustración 11.4 enumera 20 pautas aprobadas conjuntamente por NAEYC y la asociación nacional de especialistas en primera infancia de los departamentos de educación de los estados para garantizar un currículum apropiado para el desarrollo. Se puede utilizar como una lista de comprobación para los próximos tres capítulos, que se centrarán en el currículum.

El currículum apropiado para el desarrollo es un currículum integrado; es decir, intercala muchas áreas de contenido. La ilustración 11.5 muestra cómo se fomentan los principios matemáticos como una parte integral en un día de la vida del niño. Ilustraciones de éste y los tres capítulos siguientes ponen de manifiesto un currículum integrado.

La reciente declaración de principios y pautas de NAEYC sobre el modelo y el currículum apropiado para para entornos de primera infancia se pueden utilizar como base para una planificación sólida del currículum. Estos materiales incluyen las edades que van desde el nacimiento hasta los 8 años; las características de desarrollo específicas para cada grupo de edad (lactantes, niños en edad de caminar, preescolares y los años de primaria) constituyen la base para determinar modelos apropiados. Se debería consultar una fuente de este tipo antes de desarrollar la planificación del currículum.

Currículum culturalmente apropiado

Este texto subraya las razones para una educación multicultural, desde la demografía hasta los modelos

LA DIVERSIDAD DE NUESTRO MUNDO LA DIVERSIDAD DE NUESTRO MUNDO LA DIVERSIDAD DE NUESTRO MUNDO LA DIVERSIDAD DE NUESTRO MUNDO LA DIVERSIDAD DE NUESTRO MUNDO

1 CAD es CAC, El currículum apropiado para el desarrollo es el currículum apropiado para la cultura.

2 No existe una "receta" para el modelo apropiado para el desarrollo; sino que un modelo sólido se relaciona con los niños individuales, las familias y la comunidad en la que uno enseña.

Características de un currículum multicultural	
Modelos comunes de la cultura dominante	**En el caso de una propuesta multicultural**
Se centra en aspectos aislados de las historias y las culturas de los grupos étnicos	Describe la historia y las culturas de los grupos étnicos holísticamente
Trivializa las historias y las culturas de los grupos étnicos	Describe las culturas de los grupos étnicos como aspectos dinámicos
Presenta hechos, problemas y conceptos en primer lugar desde perspectivas anglocéntricas y dominantes	Presenta hechos, problemas, conceptos desde las las perspectivas de los grupos raciales y étnicos diferentes
Es eurocéntrico, muestra el desarrollo de los Estados Unidos en primer lugar como una extensión de Europa en América	Es multidimensional y geocultural, muestra la forma en la que muchas personas y culturas llegaron a los Estados Unidos procedentes de muchas partes del mundo, incluyendo Asia y África, los papeles importantes que desempeñaron en el desarrollo de la sociedad de EE.UU.
Los contenidos sobre los grupos étnicos son un apéndice del currículum regular	Los contenidos sobre los grupos étnicos son una parte esencial del currículum regular
Las culturas con minorías étnicas se describen como deficitarias o disfuncionales	Las culturas con minorías étnicas se describen de manera diferente a la anglocultura dominante pero igual de rica y funcional
Se centra en los héroes étnicos, las vacaciones y y la información objetiva	Se centra en los conceptos, las generalizaciones y las teorías
Enfatiza el dominio de los conocimientos y las consecuencias cognoscitivas	Enfatiza la formación del conocimiento y la toma de decisiones
Potencia la aceptación de las estratificaciones étnicas existentes, de clase y racial	Se centra en la crítica social y el cambio social

Ilustración 11.6 Comparación de dos enfoques diferentes del currículum multicultural, uno desde un punto de vista eurocéntrico, y el otro desde una perspectiva sensible culturalmente. (Adaptado de Banks, J. A. [1994]. *Dominant and desirable characteristics of multiethnic studies* [p. 185]. Boston: Allyn & Bacon. Utilizado con permiso.)

sin prejuicios. La teoría sociocultural de Vygotsky apoya estas razones. Si el aprendizaje significativo se deriva de un contexto social y cultural, al multiculturalismo debe evidenciar el entorno e integrarse completamente en el currículum. Se debe crear un ambiente multicultural donde la conciencia y la preocupación por una diversidad verdadera (incluyendo la identidad étnica, el sexo y las capacidades) "esté presente en el programa continuo de enseñanza y aprendizaje" (King, Chipman y Cruz-Janzen, 1994). La creación de una clase verdaderamente multicultural pone en duda los modos familiares de hacer las cosas y proporciona nuevos puntos de vista y modos de considerar la cultura. La educación multicultural trata de "modificar todo el entorno escolar de manera que los estudiantes procedentes de distintos grupos étnicos y culturales van a experimentar las mismas experiencias educativas (Banks, 1994). La ilustración 11.6 pone de relieve la diferencia mediante la comparación de las características comunes de una cultura dominante con una propuesta que podría ofrecer más perspectivas de otras culturas.

El currículum apropiado para la cultura también lo es para el currículum. El desafío consiste en desarrollar un currículum que refleje la pluralidad de la sociedad americana contemporánea en general y del aula, en particular, y presentarlos de manera sensible, relevante. Esto no quiere decir que haya que crear un

SELECCIÓN DE ARTÍCULOS

Planifiación de la calidad: elementos básicos

Sue Bredekamp

A principios de la década de los 80, la National Association for Education of Young Children (NAEYC) desarrolló un sistema de incorporación voluntaria para los centros y las escuelas de la primera infancia. El desarrollo del sistema empezó con la pregunta "¿Qué es un programa de la primera infancia de alta calidad?" NAEYC define un programa de primera infancia de alta calidad como "aquel que satisface las necesidades de los niños y de los adultos y que promueve el desarrollo físico, social, emocional y cognoscitivo de los niños y de los adultos, los padres, el personal y los administradores, que están implicados en el programa".

Los criterios de incorporación tratan varios componentes de un programa de primera infancia y define los niveles de cada uno. Pero la "calidad" es algo más que la suma de las partes de un programa. Nuestra experiencia de incorporación nos ha enseñado que lo que le sucede a los niños en las clases, la naturaleza de las interacciones, lo apropiado del currículum y las provisiones para la salud y la seguridad, es la calidad real.

Pero para que los niños tengan estas experiencias positivas diariamente, hay que preparar más cosas.

Estas otras cosas, que *pronostican la calidad*, son los maestros formados expresamente, una proporción adecuada de adultos niños, una comunicación regular con los padres, los materiales apropiados según la edad, los entornos accesibles en el interior y al aire libre, los aperitivos y las comidas nutritivas, una administración efectiva y una evaluación continua sistemática.

Estos elementos que pronostican la calidad nacieron de los continuos esfuerzos de la NAEYC para definir cual es el "modelo apropiado para el desarrollo" (MAD) para enseñar a los niños, para proporcionar a los niños pequeños una experiencia educativa positiva. Es importante recordar que hay muchos factores que proporcionan un programa de alta calidad; factores claves son el personal optimista y que apoya a todos los niños y un currículum que es apropiado para la edad, el individuo y las culturas de los niños.

Otra dimensión importante de los aspectos esenciales de la educación de alta calidad para los niños pequeños es el entendimiento de la interrelación de los varios componentes del programa. Las investigaciones tienden a mostrar que las "cosas buenas" pasan juntas y se influencian mutuamente. Los maestros bien formados trabajan mejor cuando lo hacen con grupos pequeños de niños y poseen los materiales adecuados; un currículum bien programado, apropiado para la edad; un administrador que los apoya; y padres que se implican.

La Dra. Sue Bredekamp fue Directora de desarrollo profesional de NAEYC y ahora desarrolla su labor en el Council for Early Childhood Professional Recognition de Washington, DC.

currículum nuevo necesariamente. Banks (1992) propone la **infusión** de un contenido multicultural en los modelos actuales como punto de partida para desarrollar un currículum multicultural. Este es un proceso constante, continuo de la integración del entorno del aprendizaje en la "inclusión de la naturaleza pluralista de nuestra sociedad en todos los aspectos del currículum" (King et al., 1994).

La infusión, según Banks (1994), permite al maestro continuar utilizando un modelo apropiado para el currículum al incorporar muchas perspectivas, marcos de referencia y contenidos de varios grupos que van a ampliar el entendimiento de un niño de la sociedad actual. Este principio se demuestra en la ilustración 11.7, en el que se utiliza el tema de "Todo sobre mí" con un propósito doble: ayudar a los niños a reconocer su yo exclusivo y fomentar el orgullo de su diversidad cultural. Este es un buen ejemplo del uso de un tema curricular común de la primera infancia y de la infusión de otras perspectivas culturales.

La propuesta de la infusión pone en duda la práctica común en muchos programas de la primera infancia de cocinar platos étnicos o celebrar unas vacaciones étnicas o culturales aisladamente, lo que a menudo trivializa o esteriotipa a los grupos de personas.[1] Los cuentos tradicionales, las canciones, la gastronomía y la ropa son símbolos y expresiones de una cultura, no la cultura en sí. Para que los niños obtengan conocimientos significativos, el contenido debe contribuir a un mayor entendimiento de la diversidad humana, no sólo al tema de una ocasión especial. Por otra parte, la utilización de la música de varias culturas en las actividades que implican movimientos y bailes en el currículum durante todo el año incorpora la perspectiva de una sociedad pluralista en las rutinas y rituales establecidos en el aula. De Meléndez y Ostertag (1997) ofrecen algunas perspectivas útiles a este respecto en la ilustración 11.7 y proponen las siguientes sugerencias sobre cómo empezar el proceso de infusión:

1. Enumeren los temas/ideas principales/unidades de las guías de su currículum actual o de las programaciones didácticas.
2. Con la lista del aula en la mano, localicen aquellas características que describen la diversidad cultural de los estudiantes (las identidades étnicas, la religión, los idiomas, la clase social, las excepciones/capacidades).
3. Tracen un círculo en la lista de temas/ideas principales/unidades alrededor de aquellas áreas que se prestan a la infusión de la diversidad. Empiecen por la incorporación de aquellas características que encuentra en su clase, después consideren las de los demás.
4. Realicen sesiones de generación de ideas sobre la manera en la que podrían incorporar la diversidad en los temas seleccionados. Pregúntense qué otras opiniones podrían ayudar a los niños a ampliar su entendimiento sobre este tema. Anoten todas las respuestas.
5. Perfeccionen la lista de ideas y temas/ideas principales/unidades incluyendo las perspectivas adicionales. Pónganlas en práctica.
6. Evalúen los resultados. Tomen anotaciones de las respuestas y reacciones de los niños. Revisen su plan en función de lo que hayan aprendido.

Hay que evaluar los materiales y las actividades curriculares para asegurar representaciones justas y sensibles de las distintas culturas. Según Melendez y Ostertag (1997), para elegir un tema para la infusión curricular, debemos asegurarnos de que es consistente con la filosofía y los objetivos de la escuela tal y como se expresan en el currículum y de que contribuye a la comprensión de la vida en nuestra sociedad diversa. Dichos autores proponen la realización de las siguientes preguntas como una manera de evaluar la elección de un tema para la infusión. El tema:

- ¿Presenta, elabora y/o amplía los conceptos de la diversidad?
- ¿Se ajusta de una manera lógica al aprendizaje y experiencias de los niños, dando la sensación de un aprendizaje real, no sin importancia?
- ¿Incluye las perspectivas de cómo las personas con opiniones culturales diferentes se comportarían o reaccionarían ante dicho tema?
- ¿Refleja aspectos comunes a los niños del aula o de la comunidad?

LA DIVERSIDAD DE NUESTRO MUNDO LA DIVERSIDAD DE NUESTRO MUNDO LA DIVERSIDAD DE NUESTRO MUNDO LA DIVERSIDAD DE NUESTRO MUNDO LA DIVERSIDAD DE NUESTRO MUNDO

[1] A menudo esta propuesta se conoce como la propuesta del turista a la diversidad.

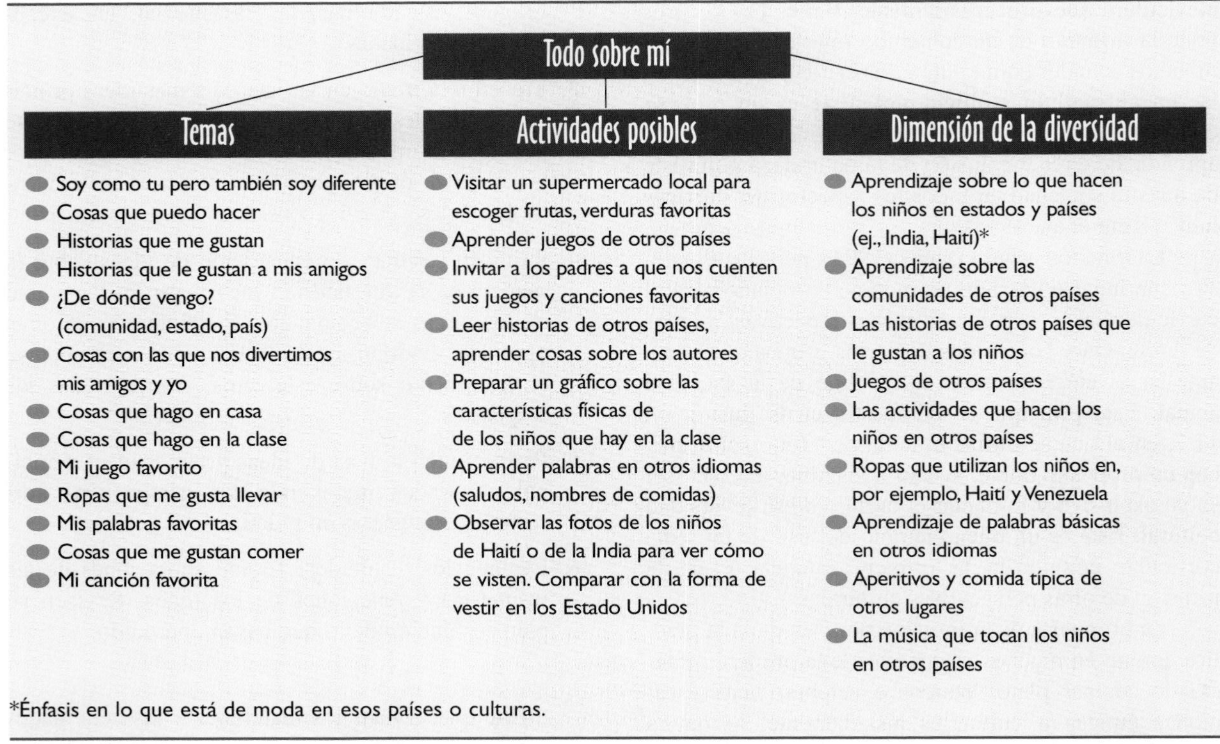

Ilustración 11.7 Ejemplo de infusión del currículum. (De de Melendez, R. W., & Ostertag, V. [1997]. *Teaching young children in multicultural classrooms.* Albany, NY: Delmar. Utilizado con permiso.)

- ¿Proporciona oportunidades para presentar otras posiciones que exponen a los niños a puntos de vista divergentes?
- ¿Sirven de unión para discutir las emociones y los sentimientos tal y como los perciben los niños?
- ¿Facilita la aclaración de estereotipos y prejuicios?, ¿cómo?

Para entender mejor lo que puede ser el currículum multicultural durante los primeros años, tenga presente estas preguntas al leer el resto de este capítulo. Consulte las secciones del capítulo 9 sobre los entornos sin prejuicios e incluyentes y la lista de comprobación del entorno multicultural (ilustración 9.7).

Planificación del currículum

Planificación Escrita

Las programaciones escritas son útiles en el desarrollo del currículum, especialmente en el caso del maestro novel. Una programación escrita es una agenda organizada, un esquema que podemos seguir, un marco de referencia para el currículum. Puede incluir una lista de actividades, los objetivos para las experiencias de aprendizaje de los niños, el proceso o método de instrucción, las responsabilidades del maestro, la hora del día y otras anotaciones especiales. Se puede desarrollar un currículum para un día, una semana, un mes o una unidad o tema específico. Las preguntas que aparecen en la ilustración 11.8 se deberían realizar al programar una actividad curricular para los niños pequeños. La ilustración 11.3 muestra el currículum para una semana, y la ilustración 11.20 muestra un currículum para niños en edad de caminar. Este capítulo y los tres siguientes contienen muchos ejemplos de programaciones didácticas escritas.

Planificación en función de los objetivos

Otro enfoque sobre el desarrollo del currículum requiere una programación más formal y organizada. Se desarrollan programaciones didácticas extensas, en ocasiones para todo el año, que a menudo incluyen los

PLANIFICACIÓN DE UNA ACTIVIDAD

Objetivo de la actividad: considere la manera en la que los niños van a aprender
- Los conceptos
- A discriminar
- El vocabulario
- Las habilidades sociales
- Las habilidades motoras
- Los sentimientos de competencia y confianza
- El método o el proceso de la actividad

Presentación: considere
- ¿Qué antecedentes son necesarios para esta actividad?
- ¿A quién la va a exponer, a un individuo, a un grupo, y para qué edades?
- ¿Dónde la va a exponer, en el interior/en el exterior?, ¿qué área?
- Los materiales/objetos que va a necesitar, ¿cómo los va a utilizar?
- ¿Qué palabras va a utilizar para introducir y poner en práctica la actividad?
- ¿Cuáles son las provisiones para limpiar?, ¿se van a implicar los niños?, ¿cómo?

Resultados: pregúntese
- ¿Cuál ha sido la respuesta de los niños a la actividad?
- ¿Ha conseguido lo que se había propuesto?
- ¿Cuales son las implicaciones para otras actividades?
- ¿Ha surgido algún problema, y cómo lo ha resuelto?

Ilustración 11.8 Una buena programación necesita tiempo y reflexión. Las preguntas pueden ayudar al maestro a centrarse en los aspectos importantes de la planificación de una actividad para los niños pequeños.

objetivos, una exposición de los conceptos que los niños aprenderán mediante esta experiencia. Normalmente, reciben el nombre de *objetivos del comportamiento*. Las programaciones didácticas incluyen los comportamientos específicos, establecidos y observables que los niños podrán mostrar para demostrar que se ha cumplido el objetivo didáctico. En otras palabras, un objetivo del comportamiento establece claramente lo que van a *hacer* los niños en realidad (ser capaces de sostener unas tijeras adecuadamente; agarrar un lápiz entre el pulgar y los dos primeros dedos). Si el objetivo del comportamiento consiste en mejorar las habilidades motoras finas, la programación didáctica incluye actividades y ejercicios que fomentan el uso que hacen los niños de sus habilidades motoras finas. Se pueden aplicar varios objetivos a una actividad determinada. Por lo tanto, es importante ordenar los objetivos para que los propósitos de la programación didáctica sean siempre el punto de referencia. Para realizar una programación con éxito, el maestro tiene que conocer la teoría del desarrollo y del comportamiento (capítulo 4), tener buenas estrategias de observación (capítulo 6), y poseer herramientas para evaluar si se ha conseguido el objetivo (capítulo 10).

La ilustración 11.9 refleja la propuesta de programación con el uso de objetivos del comportamiento. Un programa más desarrollado para la primera infancia incluiría actividades para cada una de las áreas curriculares, como el arte, las actividades motoras y los juegos de representación, para cada uno de los objetivos.

Si se presta demasiada atención a una habilidad aisladamente (Elkind, 1987), los objetivos y los propósitos serán en sí mismos el currículum. Si la programación es escasa, el resultado puede ser un

PLANIFICACIÓN EN FUNCIÓN DE LOS OBJETIVOS

Actividad	Objetivos docentes	Objetivos de la conducta/el niño:
Pintar con mazorcas de maíz	Estímulo táctil; conciencia del diseño de la textura; coordinación de la músculos pequeños;habilidades para la observación	Describirá la manera en la que se percibe y se siente; agarrará, manipulará y examinará la mazorca de maíz; utilizará el pulgar y el índice para sostener la mazorca mientras pinta; va a comparar otras texturas
Obstáculos al aire libre	Conciencia del espacio; equilibrio; desarrollo motor grueso;	Andará por un tabla de 15cm a una altura de 60cm y 1,2m ; aumento de la confianzagateará por un túnel; saltará de una altura de 6cm sin ayuda; pedirá a los demás que lo observen; repetirá el curso por su cuenta

Ilustración 11.9 Los objetivos de aprendizaje definen las metas y describen la conducta o el resultado deseado (Para obtener algunas pautas sobre la observación, véase el capítulo 6.)

currículum libre para todos donde la integración del aprendizaje no se produce nunca. Se debe lograr un equilibrio entre una planificación excesiva y un currículum que se deje arrastrar por la corriente para asegurar que se están satisfaciendo las necesidades e intereses de los niños y para garantizar a los niños un sentido de organización e intencionalidad sobre lo que aprenden.

Existen dos factores importantes en el desarrollo de los objetivos del currículum, (1) el conocimiento y comprensión que tienen los niños y (2) lo que les interesa. El currículum más efectivo surge de los intereses y experiencias de los niños. Cuando juegan, los niños revelan su experiencia e información además de errores y confusiones, proporcionando pistas para que los maestros puedan desarrollar un currículum significativo.[1]

Esquematización

Según Katz y Chard (1989), la **esquematización** es un proceso mediante el cual los maestros desarrollan un diagrama basado en un tema o idea principal en particular, poniendo de relieve las ideas claves y los conceptos. Las ideas obtenidas en las sesiones de generación de ideas desarrollan el tema con muchos subtítulos y listas de posibilidades curriculares. La ilustración 11.10 muestra el esquema de un currículum o de un tema.

La esquematización es una herramienta de la programación que proporciona profundidad a un tema y crea un mapa de actividades y proyectos posibles. Se puede organizar un esquema alrededor de un tema (agua), en áreas curriculares (artes lingüísticas, música) o alrededor de los objetivos del programa (resolución de problemas, cooperación). Por naturaleza, los esquemas fomentan una propuesta del currículum integrada y ayudan a los maestros a ampliar el aprendizaje y las experiencias de los niños.

Puede ser divertido crear un esquema, permitiendo a los maestros utilizar su imaginación y demostrando sus conocimientos, recursos y experiencia. Katz y Chard (1989) proponen el siguiente proceso para desarrollar un esquema, utilizando algunos ejemplos de la ilustración 11.10:

1. *Generación de ideas*. Utilizando trozos pequeños de papel, los maestros anotan el tema o las ideas principales, cada idea en un trozo de papel. En el caso

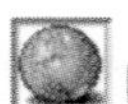

LA DIVERSIDAD DE NUESTRO MUNDO LA DIVERSIDAD DE NUESTRO MUNDO LA DIVERSIDAD DE NUESTRO MUNDO LA DIVERSIDAD DE NUESTRO MUNDO LA DIVERSIDAD DE NUESTRO MUNDO

1 Los adultos sensibles culturalmente pueden utilizar esta información para programar actividades que traten el racismo, el sexismo y los prejuicios ante las discapacidades.

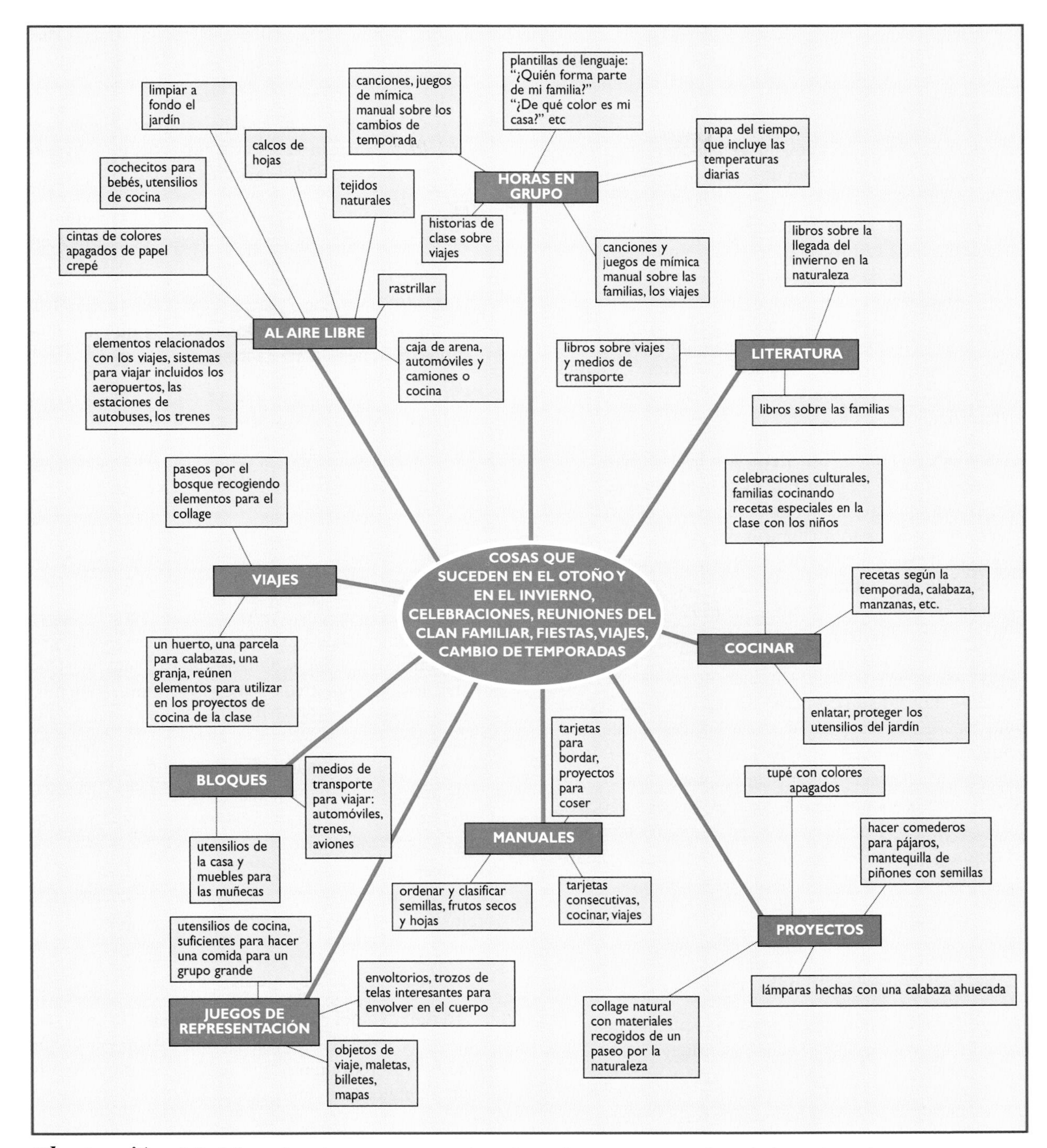

Ilustración 11.10 Si utilizamos un tema basado en los intereses e ideas de los niños, el esquema proporciona una vía para fomentar las relaciones entre las ideas y los hechos y ayuda a ampliar el conocimiento y la experiencia de los niños.[1] (Gracias a Kelly Welch de Connecticut College Children's School por este ejemplo.)

LA DIVERSIDAD DE NUESTRO MUNDO LA DIVERSIDAD DE NUESTRO MUNDO LA DIVERSIDAD DE NUESTRO MUNDO LA DIVERSIDAD DE NUESTRO MUNDO LA DIVERSIDAD DE NUESTRO MUNDO

[1] Esta plantilla representa un punto de vista multicultural, especialmente en la forma en la que se expresan las vacaciones de otoño e invierno.

del tema "Cosas que ocurren en otoño e invierno," por ejemplo, los papelitos podrían contener ideas como "lámparas hechas con una calabaza ahuecada" o "rastrillos".

2. *Hacer grupos*. Se organizan los papelitos en grupos de ideas similares, y , en un trozo de papel coloreado, se proporciona un encabezamiento a cada grupo. Bajo el encabezamiento "Gastronomía" encontramos "Alimentos en lata y en conserva" y "recetas de la temporada". Se pueden crear subgrupos, si es necesario.
3. *División*. Los maestros pueden compartir sus ideas, volviendo a organizar los encabezamientos y subtítulos cuando comparten habilidades, recursos e información.
4. *Dibujar*. Se pueden transferir las ideas a un trozo de papel, situando el tema o la idea principal en el centro y dibujando líneas que salen en forma radial a los encabezamientos (horario del grupo, manuales, juegos de representación). Esto crea una constancia visual de las relaciones entre las ideas y se convierte en lo que Workman y Anziano (1993) llaman "un recurso vivo, creciente".

Jones y Nimmo (1994) ponen de relieve la naturaleza orgánica de un esquema. En un principio creado como una respuesta a las ideas de los niños, éste constituye un dibujo en el que las ideas surgen y se conectan de varias maneras. Es, por supuesto, un plan tentativo, ya que lo que sucede después depende de las respuestas de los niños. El esquema crea una programación flexible que se puede modificar y adaptar cuando los maestros observan a los niños y evalúan su interés.

Ventajas de las planificaciones escritas

El hecho de poner por escrito las planificaciones didácticas tiene muchas ventajas. Permite:

- A los maestros centrarse en la naturaleza del niño al que enseñan, sus intereses, necesidades, capacidades, potencial.
- Potenciar completamente la planificación del currículum siguiendo un progreso lógico; proporciona una dirección.
- A los maestros, aclarar pensamientos y a articular las razones de lo que hacen.
- Estimular el trabajo en equipo cuando los maestros realizan las planificaciones juntos, compartiendo ideas y recursos.
- A todos saber lo que está pasando; en el caso de que se produzcan ausencias, un substituto puede llevar a cabo las planificaciones.
- Una base desde la que se pueden realizar cambios; permite flexibilidad, adaptaciones y decisiones en el momento.
- Disponer de tiempo para preparar los materiales, ver lo que se necesita y los recursos que hay que reunir o poner en contacto.
- Un formato concreto que se puede utilizar para realizar la evaluación y la valoración.
- Una herramienta de comunicación del personal docente, de los padres y de la oficina rectora.
- A los maestros, calcular lo que han ofrecido a los niños, y la validez del programa se comunica a los demás.

Las planificaciones escritas pueden o no incluir todas las demás actividades normalmente disponibles en los centros de interés durante toda la semana. Los bloques, los manipulativos, y juegos de representación, además de los materiales de ciencia, matemáticas y lengua están a disposición de los niños para que éstos elijan, pero algunos maestros sólo incluyen experiencias de aprendizaje planificadas y actividades dirigidas al maestro en las planificaciones escritas. Ciertas actividades forman parte de la rutina diaria. Las experiencias de aprendizaje planificadas más enfatizadas (y probablemente escritas) se integran con éstas para proporcionar desafíos y variedad.

Consideraciones del maestro

El objetivo del currículum es ayudar a los niños a adquirir las habilidades y los comportamientos que potencien su crecimiento óptimo física, social, emocional e intelectualmente. Los maestros consideran varios factores al desarrollar el currículum para proporcionar máximas oportunidades de aprendizaje.

Entre éstas encontramos la filosofía y los objetivos educativos del programa. El profesional que proporciona atención diurna a las familias programa actividades para unos pocos niños en un entorno íntimo mientras que el maestro de los jardines de infancia organiza grupos de trabajo pequeños de forma que el grupo grande no parezca agobiante. Las actividades deberían respaldar los objetivos del programa y tener como resultado la consecución de dichos objetivos.

Probablemente el determinante más importante que debería considerar el maestro es el propio niño. La edad, niveles de desarrollo, individualidad y estilos de aprendizaje son barómetros de lo que será un currículum con éxito y estimulante. El número de niños en el aula va a afectar la programación del maestro, de la misma manera que lo harán los orígenes étnicos y culturales. A los maestros les gusta programar las experiencias del currículum que se inspiran en los conocimientos y experiencias de los niños pero que además amplían sus ideas.

Una planificación efectiva de currículum se deriva del conocimiento de los niños pequeños. Los maestros se preguntan los conceptos que deberían aprender los niños y la manera en la que van a enseñar dichos conceptos. ¿Qué es lo que ya sabe el niño, y cómo puede ampliar el maestro estos conocimientos?, ¿cuál es la forma más efectiva de enseñar un concepto en particular a este grupo de niños, mediante una exploración de los sentidos o ejercicios de los músculos largos? En cierto modo, los maestros empiezan por el final: observan lo que quieren que consigan o aprendan los niños como resultado de esta experiencia y después programan el currículum para conseguir dichos resultados.

La programación que intenta conseguir una variedad amplia de habilidades de desarrollo es un factor clave para la creación del currículum de una clase. Dado que las capacidades de los niños incluso de la misma edad varían, las actividades deben ser lo suficiente abiertas y flexibles como para que las usen una serie de niños con habilidades variadas. Además, recuerde que puede que a algunos niños no les interesen los proyectos de arte y los experimentos científicos formales u organizados. Estos niños pueden aprender más fácilmente mediante los juegos que eligen ellos mismos: llevando un casco espacial e imaginando un viaje a la luna, construyendo cosas con bloques durante periodos largos, o corriendo y trepando al aire libre. Los dibujos de palabras del desarrollo de los niños desde que nacen hasta los 8 años que encontramos en el capítulo 3 pueden ser útiles para determinar qué clase de actividades atraen a los niños pequeños.

Todas las actividades, especialmente aquellas que están programadas y son formales, se deberían llevar a cabo en un ambiente lúdico que ofrezca oportunidades a los niños para elegir lo que necesitan aprender.

Un **prerrequisito** para hacer programaciones es la disponibilidad de las personas y los recursos materiales y las formas de usarlos. ¿Cuáles son los esfuerzos del personal docente?, ¿hay materiales y equipos suficientes disponibles?, ¿hay adultos suficientes para supervisar estas actividades?

La cantidad de tiempo disponible en el horario y de espacio en la habitación o el patio afectan la planificación del maestro. Los dibujos manuales requieren cierto tiempo para que los niños se impliquen, proximidad al agua para la limpieza y un área para almacenar los dibujos húmedos. Todos estos elementos se deben considerar cuando los maestros planean incluir los dibujos manuales en el currículum.

Pautas para la planifcación del currículum

El proceso de desarrollo del currículum es el proceso de enseñar a los niños quiénes y qué son. Comienza con la comprensión de los objetivos establecidos para que se produzca el aprendizaje y después con la elección de los más importantes. Utilizando los recursos disponibles, los maestros programan un currículum efectivo para los niños pequeños. Los cinco pasos que aparecen a continuación son pautas para una planifcación sólida del currículum.

1. *Establecer los objetivos.* Decida lo que desea que aprendan los niños. ¿Qué es lo que quiere que sepan sobre ellos mismos?, ¿sobre los demás?, ¿sobre el mundo? Establezca los objetivos claramente, preferentemente en términos de comportamiento para que se puedan medir los resultados.

2. *Establecer las prioridades.* Haga una lista de tres a cinco objetivos que considere más importantes. Exponga las razones de las decisiones que ha tomado; sus valores y prioridades educativas surgirán de una forma más clara.

3. *Conocer los recursos.* Un currículum enriquecido, con éxito y creativo se basa en una serie de recursos. Para crear una clínica en el área de los juegos de representación, podría necesitar los siguientes recursos:

   - *Materiales:* objetos, como estetoscopios, máquinas de rayos x, objetos para apretar la lengua, tiras adhesivas, trajes de médicos y mascarillas.

Ilustración 11.11 Los maestros de los niños en edad de caminar potencian el tacto y los sentimientos, la resolución de problemas simple y la elección de los materiales para jugar. Son pacientes cuando los niños analizan el entorno.

- *Personas:* los padres y/o las personas de la comunidad con profesiones de asistencia médica que visiten la clase.[1]
- *Comunidad:* viajes de estudio a los consultorios, hospitales y clínicas dentales cercanas.

4. *Programación por anticipado.* Reserve un espacio de tiempo regularmente para satisfacer la programación del currículum. Se puede hacer semanal, mensual o anualmente. Debata las actividades curriculares y las rutinas diarias para integrar las dos.

5. *Evaluar.* Reflexione sobre el producto de su planificación. Considere lo que ha funcionado y lo que no, por qué ha tenido éxito o por qué no lo ha tenido. Imagínese alguna experiencia que no haya funcionado como le hubiera gustado. ¿Cómo se puede mejorar?, ¿qué cosas puede cambiar? La evaluación debería ser inmediata, precisa y que ofrezca un apoyo. Los maestros necesitan obtener refuerzos sobre la programación y las habilidades que se han practicado. Las necesidades de los niños se satisfacen mejor cuando el currículum se mejora y perfecciona.

Objetivo centrado en el currículum

El currículum, tal y como se ha definido, lo abarca todo. Los maestros eligen de todas aquellas posibilidades que proporcionan aptitudes para que se produzca el aprendizaje y se centran en proyectos y actividades de manera equilibrada, integrada. Tres enfoques comunes son la observación de (1) las actividades o los centros de aprendizaje del aula, (2) las habilidades de los niños y (3) los temas.

Centros de actividades del aula

Los centros de actividades en la mayoría de los programas de primera infancia consisten en:

Interior	*En el exterior*
Artes creativas	Equipo para trepar
Bloques	Toboganes
Juguetes de mesa/manipulativos	Arena/barro/agua
Ciencia/descubrimientos	Juguetes con ruedas
Juegos de representación	Trabajos con madera
Artes/libros de lengua	Grandes bloques huecos
Matemáticas	Música
Música	Naturaleza/ciencia

Todos estos centros proporcionan actividades y materiales para que los niños elijan el tiempo que van a dedicar a los juegos libres, la mayor parte de la jornada escolar. (Véanse los horarios típicos que aparecen en el capítulo 2.) Encontramos algunos dibujos en el caballete, rompecabezas en las mesas, ropas para disfrazarse y otros complementos en el centro destinado a la casa/juegos de representación, bloques y accesorios en la esquina destinada a los bloques, y libros y cintas en el área lingüística. Los maestros programan los recursos y los materiales y los colocan de forma que los niños ven fácilmente las alternativas disponibles. Algunas de estas actividades podrían estar dirigidas al maestro en ciertas ocasiones: cocinar algunos aperi-

LA DIVERSIDAD DE NUESTRO MUNDO LA DIVERSIDAD DE NUESTRO MUNDO LA DIVERSIDAD DE NUESTRO MUNDO LA DIVERSIDAD DE NUESTRO MUNDO LA DIVERSIDAD DE NUESTRO MUNDO

[1] El hecho de implicar a los padres en su trabajo o función profesional es una forma de apoyo significativa para ayudarles a implicarse en el aprendizaje de sus hijos.

tivos en el área destinada a la casa, los dibujos manuales en arte, la creación de castillos con bloques. Sin embargo, estas actividades serán en su mayoría de iniciativa propia y estarán dirigidas a los niños. En todo momento, el énfasis se centrará en proporcionar un currículum centrado en el niño.

Cualquiera que sea el área, ésta necesita cierta atención y planificación. Siempre que los niños estén presentes, va a tener lugar algún aprendizaje y algunos juegos. Dado que todos los espacios destinados a los juegos van a contribuir en las experiencias de los niños, los maestros deberían desarrollar un currículum apropiado para el área de aprendizaje. El esquema que aparece en la ilustración 11.10 demuestra el potencial del currículum, tanto en el interior como al aire libre.

Repase de nuevo lo que ofrece el capítulo 9 como principios importantes en la creación de entornos que reflejen los objetivos del currículum y el capítulo 2 para los horarios.

Las habilidades de los niños

Al igual que se puede desarrollar un currículum poniendo de relieve los centros de actividades o aprendizaje, se puede planificar un programa de primera infancia teniendo en cuenta los niveles de las habilidades de los niños del aula.

La primera decisión que debe tomar el maestro es qué habilidad quiere que los niños desarrollen. Dicha habilidad puede estar relacionada con el área de desarrollo físico, cognoscitivo, lingüístico, creativo, social o emocional. La naturaleza del aula y la filosofía del programa ayudarán a los maestros a establecer prioridades en estas habilidades. Después, los maestros seleccionan las actividades y los materiales que van a fomentar el desarrollo de una o más de estas habilidades. La ilustración 11.12 muestra cómo se puede implementar la habilidad cognoscitiva para clasificar en la aula, convirtiéndola en el centro de todo el currículum.

Temas

Un método muy utilizado para desarrollar el currículum consiste en centrarse en los temas, también conocidos como unidades. Aunque ambos términos se utilizan indistintamente, los temas son normalmente más pequeños que las unidades, presentando un enfoque más específico. Por ejemplo, una unidad sobre el cuerpo puede tener un tema como este, "Lo que puedo hacer con las manos". Esta manera de programar se utiliza en muchos entornos de primera infancia y de primaria; a menudo es una forma para enfatizar las vacaciones. Sin embargo, la consideración de los temas puede y debería ser mucho más que eso.

Los temas que son de gran interés para los niños pequeños son aquellos que les conciernen directamente. La consideración del cuerpo como un tema proporciona muchas posibilidades de desarrollo; se puede enfatizar las partes del cuerpo; se puede acentuar las exploraciones utilizando los sentidos; se puede medir y pesar a los niños para demostrar el desarrollo del cuerpo. Otro tema al que los niños responden fácilmente es el de la casa y la familia. Los animales, especialmente los domésticos, atraen a los niños pequeños y pueden conducir a más áreas curriculares sobre los animales salvajes, los animales prehistóricos, etc.

Cuanto más tiempo permanezcan en contacto los maestros con los niños, mejor van a reflejar los temas de la clase los intereses y capacidades de los niños. Los niños que viven en Silicon Valley, California, Houston, Texas, o en Florida Central pueden tener un interés local por los transbordadores y en las computadoras.[1] El niño que vive en la ciudad de Nueva York, Detroit, o Washington, D.C. va a relacionar más fácilmente los temas sobre los metros, taxis y edificios altos. Los intereses de los niños a menudo se centran en, pero no se limitan necesariamente a, lo que han experimentado. Eligiendo temas que coincidan con la vida cotidiana de los niños, los maestros proporcionan un aprendizaje conectado y relevante.

La televisión, los viajes y los hermanos y hermanas mayores agrandan la visión de un niño de forma que los temas que elige un maestro no tienen que reflejar sólo el mundo en el que vive el niño. Con ayudas visuales apropiadas y materiales manipulativos, un niño de los estados del Sur y Sudoeste de los Estados Unidos puede experimentar la nieve y el hielo **indirectamente** o disfrutar aprendiendo una canción o un baile de España.

Algunos temas para entornos de primera infancia pueden tratar los propios problemas de los niños. Todos los niños pequeños comparten temores y curiosidades similares sobre el mundo que desconocen

[1] Un buen currículum multicultural debería utilizar al máximo el aprendizaje experimental, especialmente utilizando recursos de la comunidad locales.

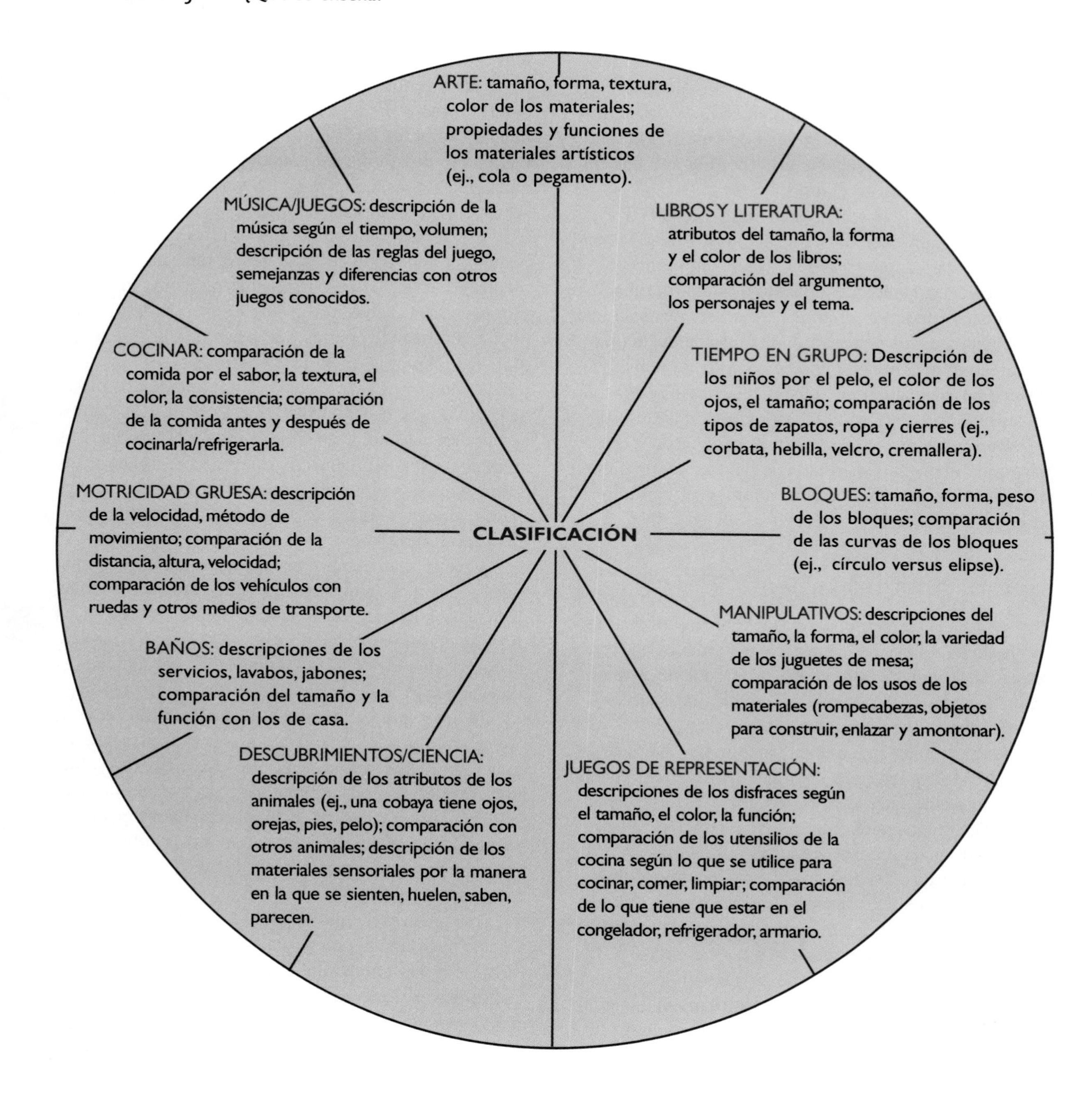

Ilustración 11.12 El currículum se puede desarrollar centrándolo en una habilidad en particular. Las habilidades de clasificación se pueden fomentar en todo el currículum y en los centros de actividad. NOTA: esta es una forma gráfica de demostrar un currículum integrado, y no un ejemplo de un formato sobre la manera en la que hay que escribir la planificación del currículum.

Ilustración 11.13 Un proyecto que surge de la necesidad de una mesa nueva. Los niños en Reggio Emilia, Italia, utilizaban sus pies como un instrumento para medir y trazaban los planos para los carpinteros. Un análisis activo del problema y el arte como un medio natural para los niños de todas las edades da significado a la propuesta del proyecto. (Cortesía de la ciudad Reggio Emilia, Italia.)

pero que imaginan gráficamente. La información que dan los niños, particularmente sobre sus preocupaciones, sugieren al maestro observador algunos temas importantes sobre la infancia. Durante Halloween, por ejemplo, puede ser útil y tranquilizador para los niños desarrollar el tema sobre las máscaras. Seleccione algunas máscaras que desempeñen alguna función, como las mascarillas, los pasamontañas, las gafas de seguridad, las gafas de sol, las gafas de buceo o los cascos de lucha o de fútbol. Los niños se los pueden probar y estar conformes con la forma en la que cambia su aspecto. Se pueden reír con los amigos cuando se miran al espejo para ver cómo una máscara cambia el aspecto pero no cambia a la persona.

Los animales prehistóricos es otro tema que pone de relieve el mundo natural y trata las cuestiones relacionadas con los monstruos. El aprendizaje sobre los animales marinos y del océano puede proporcionar una oportunidad a los niños para hablar sobre las olas salvajes y ruidosas, los tiburones, simplemente humedeciendo sus caras en agua salada.

Mediante los temas que tratan las vacaciones, los maestros refuerzan la naturaleza multicultural del currículum. Las vacaciones étnicas, nacionales y religiosas de todo el mundo ayudan a los niños a celebrar las diferencias y semejanzas de las personas y su herencia. Los temas relacionados con el origen cultural y étnico de los niños y los entornos de vecindad también proporcionan abundantes aptitudes para el currículum.[1]

La propuesta del proyecto

Merece la pena destacar en esta sección el reciente renacimiento de una propuesta sobre un currículum utilizada por las escuelas progresistas (véase Dewey, capítulo 1). En *Engaging Children's Minds: The Project Approach* (1989), los autores Katz y Chard describen cómo ir más allá de los temas y las unidades para que uno o más niños realicen un estudio detallado sobre un tema particular. Basada en la creencia de que "las mentes de los niños se deberían mantener ocupadas de forma que se aumente la comprensión que éstos tienen de las experiencias propias y el entorno" (Katz y Chard, 1989), la *propuesta del proyecto* consiste en analizar las ideas principales o el tema (como bebés, dinosaurios, ir en el autobús de la escuela) durante unos días o semanas. Las investigaciones que hacen los niños y los maestros sobre el tema y las planificaciones previas es el primer paso: observan, ponen en duda, calculan, experimentan e investigan elementos y acontecimientos relacionados con el tema. Juntos realizan juegos de representación y materiales de muestra que necesitan. Cuando se captan completamente, los juegos de representación se convierten en el vehículo principal por el que los niños representan las funciones relacionadas con el tema del proyecto. Los niños trabajan en grupos pequeños durante todo el proceso y tienen la oportunidad de tomar numerosas decisiones sobre su nivel de participación. El trabajo del

LA DIVERSIDAD DE NUESTRO MUNDO LA DIVERSIDAD DE NUESTRO MUNDO LA DIVERSIDAD DE NUESTRO MUNDO LA DIVERSIDAD DE NUESTRO MUNDO LA DIVERSIDAD DE NUESTRO MUNDO

[1] Algunos programas deciden no celebrar ningunas vacaciones, preguntando si es MAD y cómo entender adecuadamente y explicar la cantidad de vacaciones que hay en los Estados Unidos. Otros programas invitan a miembros de la comunidad para educarles sobre sus observaciones particulares. El hecho fundamental es recordar que, si se celebran las vacaciones, se deberían incluir las celebraciones que no pertenezcan a la cultura predominante.

proyecto tiene niveles de complejidad diferentes de manera que satisface las necesidades de los niños de edades y capacidades diferentes.

En la pequeña ciudad de Reggio Emilia en el norte de Italia, una propuesta similar de un currículum ha recibido una atención mundial. La propuesta del proyecto se utiliza más intensamente ya que evidencia el currículum y el entorno escolar completo.

Cuatro elementos claves constituyen el currículum exclusivo de Reggio Emilia y mejoran la propuesta del proyecto para el aprendizaje: (1) los maestros piensan que los niños aprenden mejor cuando analizan activamente los problemas; (2) los medios artísticos, como las formas naturales de expresión y análisis, proporcionan el vehículo de transmisión de los niños, su comprensión del mundo y su aprendizaje; (3) la comunidad entera es un recurso, desde una estatua en un parque a un observatorio a las afueras de la ciudad para los ciudadanos mayores; y (4) los maestros entienden su papel docente como copartícipes con los niños.

Los proyectos surgen de los propios intereses de los niños, las observaciones de los maestros de las necesidades e intereses de los niños y de las sugerencias de los padres. Los temas reflejan la cultura local de los niños.[1]

Los materiales artísticos van desde los tejidos y los materiales naturales a trozos de alambre y plástico y se organizan ingeniosamente para que los niños tengan acceso a ellos. En todas las escuelas existe una habitación especial denominada *atelier*, que todas las clases utilizan para los proyectos a largo plazo. Esculturas, dibujos, collages y pinturas expuestos por toda la escuela recuerdan la gran cantidad de proyectos realizados.

Para obtener resultados excepcionales, los niños trabajan en grupos pequeños para ser capaces de discutir, analizar los problemas y negociar las soluciones. El maestro graba la actividad en una cinta y guarda fotografías.

El proceso de programación y la filosofía subyacente de que los niños pueden ser copartícipes de su propia educación es fundamental para que el enfoque del proyecto tenga éxito. Este enfoque tiene muchos elementos en común con los enfoques de Dewey y Summerhill (véase el capítulo 1). El maestro ayuda a los niños a analizar los conocimientos previos que éstos poseen sobre un tema, lo que podrían necesitar saber y la manera en la que pueden representar dicho conocimiento a través de varios medios, reforzando la teoría de Vygotsky de que la interacción y la enseñanza directa son aspectos importantes del desarrollo intelectual. Los maestros plantean preguntas a los niños, las cuales les llevan a proponer una hipótesis: ¿Qué pasaría si hace eso?, ¿qué piensa que podría hacer para hacer ese trabajo? Se anima a los niños para que evalúen su propio trabajo, aprendan a defender sus creaciones y a explicarlas a los demás.

Una propuesta del proyecto tiene las aptitudes necesarias para "proporcionar un contexto en el que todos los aspectos de las mentes de los niños se puedan entretener, desafiar y enriquecer" (Katz y Chard, 1989).

EXPRESIÓN DEL CURRÍCULUM MEDIANTE EL JUEGO

¿Qué es el juego?

¡Juego!, ¡Qué palabra tan maravillosa! Evoca imágenes del pasado, aquellos años de la infancia cuando los juegos eran el centro de las horas que pasábamos despiertos. "¿Vienes a jugar conmigo?" es una de las preguntas conocidas más expresiva y expectante. Conlleva esperanza y anticipación sobre un mundo de diversión y fantasía, un mundo lleno de aventuras y exploraciones, un mundo que pertenece a los niños pequeños.

Las calles de las ciudades, los parques y los campos, los vecindarios, las chozas, las habitaciones vacías y los patios traseros son todos escenarios de juegos. El juego es un modo de vida para los niños; es su respuesta natural. Es lo que *hacen* los niños y es un asunto serio para ellos. Los niños sólo eligen realizar actividades relacionadas con el juego; nunca acaba.

El juego es la esencia de la creatividad en los niños de todo el mundo. El juego es universal y no entiende "de fronteras nacionales o culturales" (Frost y Sunderlin, 1985).[2] Los educadores y psicólogos han llamado al juego el reflejo del crecimiento de los niños, la

LA DIVERSIDAD DE NUESTRO MUNDO LA DIVERSIDAD DE NUESTRO MUNDO LA DIVERSIDAD DE NUESTRO MUNDO LA DIVERSIDAD DE NUESTRO MUNDO LA DIVERSIDAD DE NUESTRO MUNDO

[1] La propuesta del proyecto proporciona la oportunidad de evitar una "propuesta del turista" (enfatizando hechos superficiales o costumbres "extranjeras") y proporciona a los niños y a los maestros un entendimiento exhaustivo de una cultura en particular y de sus tradiciones.

[2] Los juegos permiten al educador de la primera infancia centrarse en las características universales que son iguales en los niños de todo el mundo, pero aún así debemos recordar también que los juegos son una expresión de la familia y la cultura étnica de los niños.

Ilustración 11.14 La planificación de las habilidades físicas forma parte de un buen desarrollo del currículum, especialmente en las áreas urbanas donde el espacio es mínimo.

Ilustración 11.15 Los juegos: la esencia de la infancia.

esencia de la vida de los niños, una ventana al mundo de los niños. Es una actividad de satisfacción personal mediante la que los niños ganan control y logran entender la vida. El juego enseña a los niños cosas sobre ellos mismos; aprenden lo altos, o bajos, que son, las palabras que tienen que utilizar para saber su turno en el tobogán y dónde deben colocar las manos cuando suben una escalera. Mediante el juego, los niños aprenden cosas del mundo: cuál es el color violeta, cómo hacer pelotas apelmazadas y cómo ser un amigo. El juego ayuda a los niños a definir quienes son.

Los juegos pueden ser de muchas formas. Los niños juegan cuando cantan, excavan en el barro, construyen una torre con bloques o se disfrazan. El juego puede ser puramente físico (correr, trepar, lanzar una pelota) o altamente intelectual (resolver un rompecabezas complicado, recordar las palabras de una canción). El juego es creativo cuando se utilizan lápices de colores, arcilla y dibujos manuales. La vertiente emocional se expresa cuando los niños pretenden ser mamis, papis o bebés. Saltar a la comba con un amigo, jugar a la taba y compartir un libro son ejemplos del aspecto social de los juegos.

Tipos de juego

Existe una secuencia general en el desarrollo de los juegos sociales. Los bebés y los niños en edad de caminar poseen un yo social claramente definido. Los juegos de lactantes empiezan con patrones establecidos al nacer: los bebés miran, sonríen y producen sonidos sociales en respuesta a la calidad y frecuencia de la atención que reciben del padre o de un cuidador. La socialización de los lactantes se produce mediante la interacción. A finales del primer año, los lactantes sonríen y se tocan unos a otros y vocalizan haciendo un esfuerzo social (Berk, 1996). Los niños en edad de caminar juegan a gusto ellos solos *(juego solitario)* o

Juego asociativo, diversión de hacer cosas juntos.

Juego en solitario.

Juego paralelo, uno al lado del otro.

Unión de fuerzas en el juego cooperativo.

Ilustración 11.16 Cronología de los juegos sociales.

SELECCIÓN DE ARTÍCULOS

El Juego

J. Ronald Lally

De todos los aspectos de la educación de la primera infancia, a menudo el juego es uno de los peor malinterpretados. Los educadores tienden a considerar el juego "solamente como algo divertido," algo hacia lo que se deben encauzar las "experiencias del aprendizaje apropiadas". Otros educadores tratan el juego como algo sagrado, una actividad que debería ser "libre" y que los adultos no deberían alterar. Ambas perspectivas presentan limitaciones porque no logran captar los contextos cambiantes y las variaciones del juego.

En la atención infantil, casi siempre es el adulto quién establece el contexto para jugar. Se ponen a disposición los materiales, se deciden el tamaño del grupo y las edades de los niños que componen dicho grupo, se establecen las normas generales (no se debe golpear, ni destruir las posesiones, y así sucesivamente), y se circunscribe el área donde se pude jugar (ej., se diseñan los entornos y se construyen vallas). Todo esto lo hacen adultos entendidos que establecen la etapa para jugar. Los niños juegan durante esta etapa. *Los juegos libres*, por lo tanto, es un término relativo en lugar de absoluto. De alguna manera el educador de la primera infancia siempre estructura el juego. Esta es la manera en la que se deciden y se ejecutan las estructuras que son fundamentales.

Al considerar la función del adulto en los juegos con todos los niños he encontrado útil el uso de mi orientación de los lactantes. Si observa a los lactantes detenidamente, verá que no diferencian claramente entre el trabajo y el juego, y el entretenimiento y el aprendizaje. Observará que cada vez que se despietan se entretienen con pensamientos y acciones para descubrir y lograr cosas. Parecen tener una agenda. Se dedican a lo que algunos llamarían juego, otros trabajo, otros entretenimiento y otros aprendizaje. De hecho, hacen todas estas cosas al mismo tiempo. Lo que hacen desafía las definiciones aceptadas. El diccionario The Funk and Wagnalls de la lengua inglesa define el juego como: (1) dedicarse al deporte o a la diversión; divertirse; juguetear; retozar; (2) participar en un juego de azar; apostar; (3) actuar de manera que no se debe considerar seriamente.

Los lactantes me han enseñado que el juego se debería considerar seriamente. Se debería respetar, apoyar, animar y potenciar la manera en la que juegan. Es diferente de lo que los adultos piensan que es el juego. Es exploración, experimentación, imitación y adaptación. Aunque los juegos de los preescolares parecen ser más sociales en naturaleza que los juegos de los lactantes, además sus juegos son un asunto serio. Una de las peores cosas que un educador de la primera infancia puede hacer en nombre de la enseñanza es interrumpir las actividades de juegos para hacer algo que piensa que es más importante. Sin embargo, una de las mejores cosas que puede hacer un educador de la primera infancia es facilitar y participar en los juegos. La experiencia me ha demostrado que a menudo la parte más interesante de los juegos de los niños puede ser la participación y compartición de dichos juegos con un adulto interesado y en sintonía.

Desafortunadamente, no es fácil saber cuando unirse, contenerse, ayudar y observar. Estas decisiones forman parte del arte del buen cuidado, un arte basado en el respeto y estudio del niño que se está desarrollando.

El Dr. J. Ronald Lally es director de Center for Child and Family Studies, Far West Laboratory for Educational Research and Development, San Francisco, CA.

con los adultos. Comienzan con juegos imaginativos en solitario hacia el primer año. Cuando están en edad de caminar, y se hacen más conscientes de los niños de su entorno, empiezan a jugar uno al lado del otro, sin relacionarse *(juego paralelo)*. Son conscientes y están encantados, pero no se relacionan directamente con la otra persona. Durante este segundo año los niños en edad de caminar comienzan algunas formas de *juego coordinado*, haciendo algo con otro niño. Éste es similar al *juego asociativo* de los preescolares. Los años de preescolar traen muchos cambios a los niños en relación al desarrollo social. El número y la calidad de las relaciones que se establecen fuera de casa aumentan como lo hace la capacidad para jugar con otros niños. Al principio, esto se consigue con la sola presencia del niño en un grupo: jugar en la mesa de agua con otros cuatro niños o juntar un círculo para realizar juegos de mímica manual *(juego asociativo)*. Cuando los niños unen sus fuerzas de forma activa, cuando se expresan verbalmente, planean y juegan, se establece un *juego cooperativo*. Este es el tipo más común de interacción de compañerismo durante estos años de preescolar. La ilustración 11.16 muestra una línea temporal del desarrollo de los juegos sociales.

Así el modelo apropiado para el desarrollo y la cultura nos recordaría que nuestra comprensión y conocimientos sobre los juegos se han basado en modelos culturales euroamericanos.[1] La manera de interpretar el desarrollo de los niños mediante los juegos es diferente en cada cultura. Los juegos infantiles siempre representan sus propios valores sociales y modelos étnicos familiares (Hyun, 1998), y los profesionales de la primera infancia con experiencia incorporarán esta perspectiva en su trabajo con niños.

La mayoría de los juegos están poco estructurados y se producen de manera natural cuando se diseña el currículum. **El juego espontáneo** es la actividad no programada, de selección propia en la que los niños participan libremente. Los niños se inclinan de forma natural hacia los materiales y las experiencias de los juegos que son apropiadas para el desarrollo. Por lo tanto, cuando se les permite tomar decisiones en un escenario de juegos libres, los niños elegirán aquellas actividades que expresen sus intereses, necesidades y niveles de disposición individuales.

Los juegos de representación o los juegos imaginativos o de mentirijillas, son una forma común de juegos espontáneos. A los niños de 3 y 4 años les interesa mucho este tipo de actividad. En los juegos de representación, los niños asumen los papeles de personajes diferentes, tanto animados como inanimados. Los niños se identifican con otra persona o cosa, representando situaciones que les interesan o asustan. Los juegos de representación revelan las actitudes y los conceptos que tienen los niños de las personas y las cosas de su entorno. Durante la mayor parte del juego los niños se hacen ilusiones, aparentando una gran fuerza y hazañas. Esta es la manera en la que los niños sobrellevan lo pequeños que son o la falta de fuerza. **Los juegos de superhéroes** son atractivos porque muestran fácilmente el sentido de indefensión e inferioridad de los niños. El hecho de aparentar ser la Mujer maravilla hace más fácil entender y aceptar las limitaciones del mundo real. Los juegos de representación proporcionan los medios para que los niños resuelvan sus dificultades por ellos mismos. Haciendo esto, están libres para continuar con otras tareas y un aprendizaje más formal. Por todas estas razones, el juego es de un valor incalculable para los niños pequeños.

Los juegos de representación social ocurren cuando al menos dos niños cooperan en los juegos de representación. Ambos tipos de juego implican dos elementos básicos: imitación y fantasía (Smilansky, 1990). Los juegos de representación social son, según Frost (1996), "la forma más desarrollada de los juegos simbólicos", y no se puede exagerar la importancia en el desarrollo social e intelectual.

Vygotsky amplia dicho paso, según Berk (1996), llamando al juego "la actividad educativa preeminente de la primera infancia". Su opinión sobre los juegos de mentirijillas es que la *zona de desarrollo próximo* (véanse los capítulos 4 y 7) permite a los niños subir de nivel de comportamiento. Los juegos ayudan a los niños a crear situaciones imaginarias que están determinadas por una serie de normas. Aparentando ser un bombero, Sara agarra un trozo de cuerda y corre hacia la casa de juguete, diciendo "shhshhshshshshsh" mientras finge echar un chorro de agua al fuego. Grita a sus compañeros de juego, "¡por aquí!", ¡venid por aquí!" "El fuego está en esta parte".

El escenario imaginario de Sara y su capacidad para seguir las normas de comportamiento típicas de los bomberos (agarrando mangueras, pidiendo ayuda) son los dos factores fundamentales desde el punto de

LA DIVERSIDAD DE NUESTRO MUNDO LA DIVERSIDAD DE NUESTRO MUNDO LA DIVERSIDAD DE NUESTRO MUNDO LA DIVERSIDAD DE NUESTRO MUNDO LA DIVERSIDAD DE NUESTRO MUNDO

[1] Los juegos infantiles están culturalmente fundados.

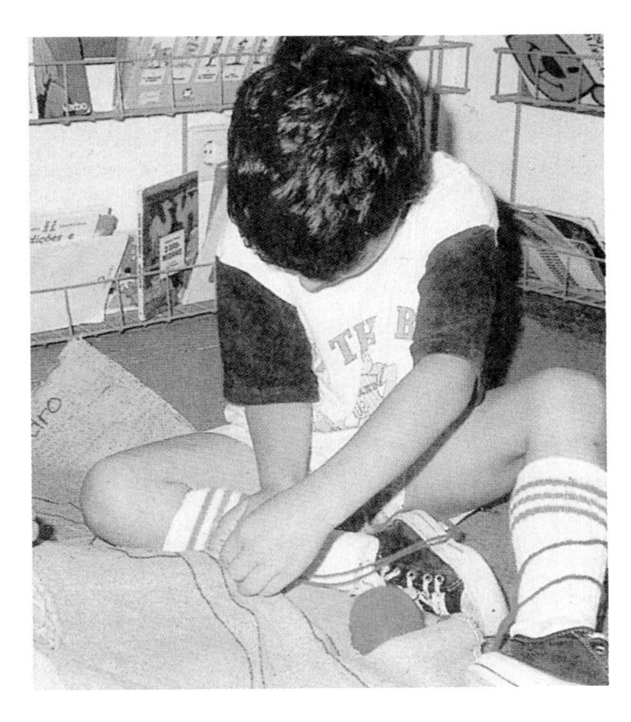

Ilustración 11.17 Si se les anima, los chicos pueden aprender a divertirse con las actividades, como dibujar y coser, que a menudo se asocian a las chicas. (Cortesía de Centro Infantil & de Reabilitacao de A-Da-Beja, Lisboa, Portugal.)

vista de Vygotsky: ya que la escena combatiendo el fuego respalda su teoría de que las habilidades cognoscitivas se desarrollan mediante las interacciones sociales. Sara representa a un niño que evoluciona del pensamiento concreto al abstracto porque no necesitaba objetos reales (una manguera y agua) sino que los imaginaba con una cuerda y su capacidad para crear el sonido del agua. Esta capacidad para separar los pensamientos de las acciones y de los objetos le va a resultar muy útil a Sara cuando estudie los conceptos matemáticos. Las normas que respetan los niños en los juegos de fantasía les ayudan a tomar decisiones, a pensar y a planear lo que van a hacer, y a mostrar una disposición hacia el autocontrol, ya que los niños aprenden a seguir las normas sociales de los juegos imaginativos.[1] Esta es una preparación importante para las situaciones que se dan en la vida real. Vygotsky, más que ningún otro, ha realizado dicha conexión fundamental entre el desarrollo social e intelectual.

El artículo de Elizabeth Jones que aparece en la sección 3 y el cuadro de atención de Laura Berk que aparece en el capítulo 4 muestran los principios de Vygotsky de manera diferente aunque complementaria.

Diferencias en función del sexo

Maestros y padres, y también investigadores, han observado que los chicos y las chicas muestran diferencias claras en los juegos que eligen, el comportamiento que tienen cuando juegan y la selección de juguetes desde muy pequeños. De hecho, las diferencias sexuales se observan en primer lugar en niños de 1 año y es bastante evidente en los años de preescolar.

LA DIVERSIDAD DE NUESTRO MUNDO LA DIVERSIDAD DE NUESTRO MUNDO LA DIVERSIDAD DE NUESTRO MUNDO LA DIVERSIDAD DE NUESTRO MUNDO LA DIVERSIDAD DE NUESTRO MUNDO

1 El currículum debería potenciar las capacidades para tomar decisiones de los niños y sus habilidades de participación social. Las habilidades interpersonales efectivas son necesarias para las relaciones entre las culturas, los sexos y las capacidades.

Los juegos en el agua potencian:	Enseñando a los niños:
El crecimiento emocional	El efecto relajante del agua; el placer de jugar en un entorno desordenado, a veces prohibido; el placer sensorial al chapotear, al caer un hilito de agua, al arremolinarse el agua por los dedos, las manos y los pies.
Desarrollo del lenguaje	Juegos con palabras que forman aliteración (susurro, remolino, chapoteo); palabras nuevas: embudo, gotero, sifón, flotador.
Creatividad	Formas nuevas de almacenar, remover y echar agua.
Crecimiento social	A compartir el espacio del nivel freático y también a compartir parte del equipo; a estar al lado o enfrente de un amigo; a divertirse con los demás; a esperar su turno.
Desarrollo cognoscitivo	La resolución de problemas con tubos, cribas, caños; experimentos con las medidas, las propiedades del hecho de flotar y hundirse, el volumen, la cantidad, las fracciones, el peso, las comparaciones, los números y la temperatura.
Coordinación física aprendizaje	La coordinación entre la vista y el tacto; control de la motricidad fina en el de echar, extraer, equilibrar.

Ilustración 11.18 Los juegos en el agua son divertidos y potencian el aprendizaje.

Aunque la biología desempeña una función con toda seguridad, podría parecer que los padres y la sociedad ejercen influencias poderosas[1] (Frost, 1996). Los juguetes que eligen los padres y los maestros (muñecas para las chicas, camiones para los chicos), el predominio de mujeres en los entornos de primera infancia, los espectáculos y la publicidad de la televisión y las exposiciones de los almacenes de juguetes se combinan para comunicar un refuerzo bastante sólido de las expectativas de las funciones tradicionales del sexo, ilustración 11.17. Podemos encontrar más información sobre las cuestiones relacionadas con el sexo en los capítulos 4, 12, y 15.

El valor del juego

En la primera mitad de este siglo, el interés por los juegos de los niños se centró en las causas y efectos emocionales (Bowman, 1990). El tema principal era la liberación emocional que los juegos propor-

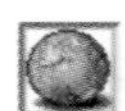

LA DIVERSIDAD DE NUESTRO MUNDO LA DIVERSIDAD DE NUESTRO MUNDO LA DIVERSIDAD DE NUESTRO MUNDO LA DIVERSIDAD DE NUESTRO MUNDO LA DIVERSIDAD DE NUESTRO MUNDO

[1] Los educadores de la primera infancia tienen que estar constantemente atentos para poder darse cuenta de sus prejuicios personales sobre el sexo de las personas, a la vez que deben estar al día de las investigaciones sobre las diferencias de sexo.

COGNOSCITIVO/LENGUAJE

Distingue entre realidad y fantasía
Potencia los pensamientos creativos y la curiosidad
Tiene en cuenta la resolución de problemas
Potencia el hecho de pensar, programar
Desarrolla la memoria, las habilidades de percepción y la formación de conceptos
Aprende a experimentar otras funciones
Adquiere conocimientos e integra el aprendizaje
Aprende habilidades comunicativas
Desarrolla habilidades para escuchar y el lenguaje oral

CREATIVO

Fomenta el uso de la imaginación y la fantasía
Potencia la forma de pensar flexible y la resolución de problemas
Proporciona la oportunidad de actuar sobre las ideas originales
Apoya el hecho de correr riesgos
Aprende a utilizar los sentidos para analizar
Recrea las imágenes de los edificios y los medios artísticos
Acentúa las habilidades de observación
Proporciona una variedad de experiencias
Aprende a expresar la personalidad en arte, música y baile
Desarrolla las capacidades para crear imágenes y utilizar símbolos
Adquiere otras perspectivas

SOCIAL

Experimenta otras personalidades, funciones
Aprende el hecho de cooperar y pedir la vez
Aprende a guiar, seguir
Construye un repertorio de lenguaje social
Aprende a expresar verbalmente las necesidades
Refleja la propia cultura, herencia, valores
Aprende las normas de la sociedad y la responsabilidad del grupo
Muestra respeto por la propiedad, los derechos de los demás
Enseña el hecho de ser consciente de los demás
Aprende la manera de unirse a un grupo
Construye una conciencia de sí mismo como miembro de un grupo
Da una sensación de identificación
Promueve la imagen de sí mismo, la autoestima
Experimenta el placer, lo divertido

FÍSICO

Libera energía
Construye habilidades motoras gruesas y finas
Controla el cuerpo
Proporciona desafíos
Requiere un uso activo del cuerpo
Permite las repeticiones y la práctica
Mejora la coordinación vista-tacto
Desarrolla la conciencia de uno mismo
Potencia la salud y la forma física

EMOCIONAL

Desarrolla la confianza en uno mismo y la autoestima
Aprende a tomar una perspectiva diferente
Soluciona temores, conflictos internos
Desarrolla la confianza en uno mismo y en los demás
Revela la personalidad del niño
Potencia la autonomía
Aprende a correr riesgos
Representa la ira, la hostilidad, la frustración, el placer
Consigue autocontrol
Se hace competente en varias áreas
Toma la iniciativa

Ilustración 11.19 Los juegos forman el pilar del aprendizaje.

cionaban a los niños. Los juegos representan una salida apropiada para expresar los sentimientos negativos, la hostilidad y la agresión. Podemos aporrear la arcilla, dar patadas y lanzar las pelotas, dar unas palmadas a las muñecas. Los niños pequeños expresan libremente una gran variedad de emociones, representándolas y liberando la tensión.

Sin embargo, el juego es algo más que un camino para liberar las emociones. Rubin, Fein y Vandenberg (1983) citan tres factores comunes que surgen de las muchas definiciones que existen del juego: (1) los sentimientos y las motivaciones de los niños, (2) la manera de comportarse de los niños cuando juegan y (3) el entorno que refuerza los juegos y el lugar en el que se producen dichos juegos. El currículum de la primera infancia se desarrolla teniendo en cuenta los tres aspectos.

¿Por qué juegan los niños?, ¿por qué es el juego tan universal para las experiencias de los niños? Una respuesta puede ser que el juego se motiva intrínsecamente; es decir, satisface de manera natural a los niños. Rubin y sus colegas proponen además otras razones:

- Los juegos están relativamente libres de normas excepto aquellas que imponen los mismos niños.
- Los niños controlan y dominan los juegos.
- Los juegos se llevan a cabo como si se trataran de una actividad de la vida real.
- Los juegos se centran en la actividad, lo que hacemos, en lugar del resultado o el producto.
- Los juegos requieren la interacción y participación de los niños.

Los juegos también potencian el aprendizaje de los niños. Cualquier actividad lúdica simple conlleva una gran variedad de oportunidades para que se produzca el aprendizaje. Los juegos en el agua son una actividad popular en la mayoría de los entornos de primera infancia. La ilustración 11.18 pone de relieve algunas de las cosas que pueden aprender los niños jugando con el agua. Todas las actividades para jugar poseen este potencial para que se produzcan el crecimiento y el aprendizaje. Los bloques, el caballete, los trabajos con madera y la arcilla también se podrían analizar por la manera en la que contribuyen al desarrollo del niño por completo. La ilustración 11.19 muestra más posibilidades que propician el aprendizaje en todas las actividades para jugar.

El juego como pilar del aprendizaje

Fuera de los círculos del desarrollo infantil, ha habido poca apreciación en la cultura de los EEUU del valor e importancia del juego para los niños pequeños (Frost, 1996). Los educadores de la primera infancia buscan continuamente la manera de responder, "¿no hacen otra cosa que jugar?" En muchos escenarios, la presión que ejercen los padres y las dudas de los maestros han conducido a planes de estudio con más tareas para hacer sobre la mesa y menos periodos de juegos activos en el horario.

Jones (en su artículo de la sección 3) expone el caso acertadamente: "Pero si los niños sólo están jugando, ¿cómo van a aprender? Cada niño aprende realizando sus próximas preguntas y comprobando las respuestas. A menudo tanto las preguntas como las respuestas se manifiestan en forma de acciones en lugar de palabras. Los niños aprenden realizando las cosas." En resumen, Jones añade, "en los juegos, los niños son autónomos; son independientes. Toman decisiones, resuelven problemas, aceptan las consecuencias".

Los especialistas de primera infancia deben ser diestros en defender el valor del juego y su relación con lo que aprenden los niños. La ilustración 11.19 pone de relieve esta relación.

Juegos, trabajo, y aprendizaje

Durante muchos años, los teóricos han indicado que el juego es el trabajo del niño. Esta declaración es confusa, ya que como saben los adultos, el trabajo es trabajo aunque algunas veces pueda tener algunas de las características del juego. Esta teoría ha aumentado la idea falsa de que todo lo que hacen los niños en el entorno de primera infancia es jugar. Por extensión, se piensa erróneamente que los maestros son simples cuidadores que observan a los niños jugar todo el día. Para reivindicar los juegos como una actividad especial fundamental para el desarrollo y crecimiento de los niños, deberíamos considerar los juegos y el trabajo como actividades apropiadas para el desarrollo igualmente importantes para los niños pequeños (Frost, 1996).

Los juegos son el pilar del aprendizaje, la base desde la que los niños se atreven a investigar, a comprobar. El currículum incluye la expresión mediante los juegos; los maestros programan un currículum que utiliza el juego como medio de aprendizaje. Cuando maduran, los niños integran y asimilan las experiencias

Currículum mediante los juegos para los niños de 1 año y medio

Estímulo de los sentidos

Objetivo: ayudar a los niños en edad de caminar a empezar a analizar y entender los cinco sentidos

	Actividad	Atención a los grupos pequeños	Actividades optativas
Lunes	Dibujos con jabones	Juego de adivinanzas: tejidos. Diferenciar lo blando de lo duro utilizando objetos conocidos.	Jugar al escondite con dos o tres.
Martes	Juegos con el nivel freático	Juego de adivinanzas: olores. Identificar olores familiares en tarros.	Hacer pompas.
Miércoles	Dibujos con los dedos	Juego de adivinanzas: pesos. Diferenciar lo que pesa/no pesa utilizando objetos familiares como un libro o una muñeca.	Dar un paseo para recoger los materiales de collage con tejidos diferentes.
Jueves	Hacer collages de los tejidos que se han recogido el día anterior	Juego de adivinanzas: figuras. Utilizar rompecabezas de figuras y y cajas para clasificar las figuras.	Realizar un desfile de sonidos de muchos instrumentos musicales.
Viernes	Masas	Festín de comidas que se comen con los dedos: experimentar texturas, tamaños, figuras y sabores diferentes.	Realizar huellas con los pies o las manos en murales de papel grandes.

Ilustración 11.20 Ejemplo de actividades dirigidas por el maestro para ayudar a los niños en edad de caminar a analizar sus habilidades con los sentidos.

que obtienen de los juegos. Lo que empezó como juego, por pura diversión, se transforma en experiencias del aprendizaje. La curiosidad por los imanes a los 5 años promueve una actitud científica en los próximos años, además de proporcionar los cimientos para estudiar la gravedad, los movimientos de los planetas, y cosas por el estilo. El sentirse libre para cantar con el grupo a los 3 años puede preparar a un niño para ser un participante activo en el aula del jardín de infancia a los 6 años.

Los maestros quieren que los niños aprendan cosas sobre *ellos mismos,* sobre *el mundo que les rodea,* y sobre la manera de *resolver problemas.* Un niño lleno de oportunidades para jugar debería culminar en estos tres tipos de aprendizaje.

1. *El aprendizaje sobre ellos mismos* incluye el desarrollo de una imagen de sí mismos y un sentido de la competencia positivo. Los niños deberían conocerse y sentirse bien como educandos. Deberían desarrollar un sentido de la independencia, una señal de autodisciplina y un conocimiento basado en el uso completo de las habilidades de los sentidos.
2. *Aprender cosas sobre los demás y el mundo que les rodea* significa desarrollar el hecho de que somos conscientes de los demás. Los maestros quieren que los niños perfeccionen sus habilidades comunicativas y sociales de forma que sean participantes más sensibles en el mundo en el que viven. Esto significa que los niños aprenden y aprecian los valores de sus padres, la comunidad y la sociedad en general. Cuando los niños son conscientes de las obligaciones de vivir en la sociedad de hoy en día, dicha conciencia les puede ayudar a convertirse en ciudadanos más responsables. El énfasis en la interacción social y en las relaciones del grupo en el entorno de primera infancia pone de relieve este objetivo.

Materiales para jugar que intensifican la diversidad y la inclusión cultural

Área curricular	Materiales y equipo
Música	Rainstick (Chile), marimba (Zulú), balaphon (África occidental), ankle bells (indios americanos), maracas (América Latina), Den-den (Japón), Shakeree (Nigeria), tambores (muchas culturas), ocarina (Perú), canciones de muchas culturas
Literatura	Libros sobre la vida en familia de muchas culturas, historias de niños de todas partes, leyendas y cuentos de muchos países, historias con temas comunes sobre la infancia de muchas naciones, libros favoritos en varios idiomas, libros sin palabras, lenguaje gestual, libros en Braille
Bloques y Accesorios	Una variedad de accesorios que representen a muchas identidades étnicas, personas mayores, trabajadores de la comunidad de ambos sexos con funciones no estereotipadas y con varias discapacidades; muñecas nido rusas, narradores del pueblo,[1] animales de todo el mundo
Arte	Pinturas, crayones, rotuladores y papeles de construcción en una serie de colores parecidos al de la piel, espejos del tamaño de los niños
Juegos de Representación	Muñecas con una anatomía correcta representando muchos grupos étnicos, accesorios para las muñecas, incluyendo gafas, sillas de ruedas, muletas, andadores, aparatos ortopédicos para los brazos y audífonos; ropa para las muñecas, incluyendo las costumbres culturales y los disfraces de muchas culturas, los utensilios de cocina, como una prensa de tortillas, cubertería, palillos
Juegos	Lotería con elementos del lenguaje, juego dreidle, lotería con caras de personas de todo el mundo, historia Negra jugando a las cartas, globo terráqueo
En el exterior	Mesas elevadas de arena y agua y rampas de acceso para las sillas de ruedas, canastas bajas, materiales sensorialmente ricos
Clases	Estandartes de carpas (Japón), objetos para cortar papel de México y China, fotografías e ilustraciones de las revistas de la vida cotidiana de muchas culturas, obras de arte de artistas procedentes de una serie de orígenes étnicos, fotos de niños de muchos orígenes y culturas étnicas

Ilustración 11.21 La familia y la cultura de un niño se puede implantar en la clase mediante una serie de materiales curriculares; de esta manera, también se pueden sentir incluidos los niños con discapacidades.

3. *Para aprender a resolver problemas*, los niños deben ser buenos en la observación e investigación. Al analizar un rompecabezas, por ejemplo, los niños tienen que saber cómo manejarlo, separarlo y unirlo otra vez, ver cómo resuelven otras personas los rompecabezas y saber cómo conseguir ayuda cuando las piezas parecen que no encajan. Deberían saber cómo predecir y experimentar. ¿Qué ocurrirá, se pregunta el niño que va al jardín de infancia, si se pone un cristal sobre una vela encendida?, ¿varía algo si el cristal es grande o pequeño?, ¿cuál es el efecto si se deja el cristal sobre la vela durante un largo tiempo o durante un segundo? Los niños pequeños también necesitan aprender cómo negociar, discutir, transigir y mantenerse firme, particularmente cuando encuentran y resuelven problemas

LA DIVERSIDAD DE NUESTRO MUNDO LA DIVERSIDAD DE NUESTRO MUNDO LA DIVERSIDAD DE NUESTRO MUNDO LA DIVERSIDAD DE NUESTRO MUNDO LA DIVERSIDAD DE NUESTRO MUNDO

1 Al utilizar artefactos de otras culturas, tenga cuidado de no utilizar materiales o elementos que puedan tener un estatus sagrado o privilegiado en esa cultura.

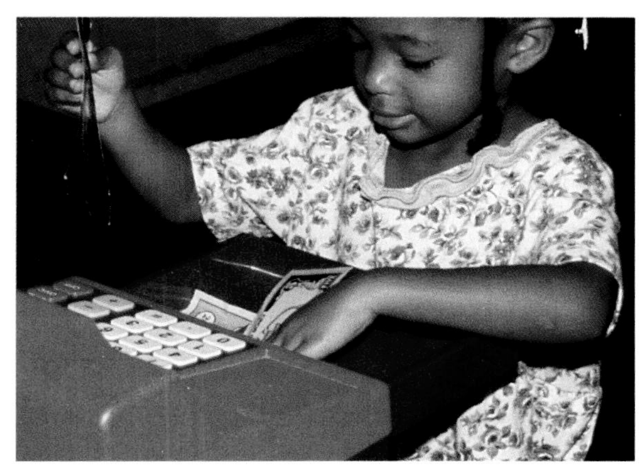

Una futura banquera.

Una futura doctora lavándose antes de una operación.

Un futuro artista.

Una jefa de cocina inspirada.

Un futuro zoólogo.

Ilustración 11.22 Los niños aprenden cosas mientras juegan. Incluso pueden estar practicando para el futuro.

socialmente. "Quiero la carreta roja y alguien la tiene ya," piensa el preescolar. "¿Y ahora qué?, ¿cómo puedo conseguirla?, ¿qué pasa si la otra persona dice que no?, ¿el plan que funciona con mi mejor amigo va a funcionar con alguien más?, ¿cuándo debo pedir ayuda?, ¿será diferente si lloro?" Para resolver problemas de manera efectiva, los niños deben conocerse y experimentar con ellos mismos y con los demás.

Consideraciones del maestro

El juego es una ventana abierta al mundo de los niños, y el adulto que conoce el valor del juego está obligado a aprender cosas sobre los niños mientras juegan. El inmenso conocimiento sobre el desarrollo y comportamiento humano proviene de investigadores que pasan innumerables horas observando y grabando a los niños jugando. Los maestros continúan aprendiendo cosas sobre los niños escuchando y observando las actividades para jugar espontáneas y la planificación del currículum que potencia el juego. Descubren la personalidad individual de cada niño, el estilo de aprendizaje y la forma de jugar preferida.[1]

El interés sincero es una forma en la que los maestros muestran su aprobación del proceso de juegos. Otra forma es la creación de un entorno seguro donde los niños se sientan física y emocionalmente seguros. Para establecer los juegos como parte importante del currículum, los maestros deben:

- *Entender*, apreciar y valorar las experiencias que proporcionan los juegos a los niños pequeños.
- *Centrarse* en el proceso de aprendizaje en lugar de en el proceso de enseñanza.
- *Reflexionar* sobre sus observaciones para saber qué actividades, conceptos o aprendizaje se deberían potenciar o ampliar.

Frost (1996) nos recuerda el excelente consejo de uno de los colaboradores más hábiles del campo del desarrollo humano:

> Erikson afirma que el juego tiene un sentido muy personal para cada individuo.[2] Quizás lo mejor que podemos hacer como adultos para descubrir este significado es salir y jugar; meditar sobre los juegos de nuestra infancia; ver los juegos otra vez desde la perspectiva del niño.

Los maestros desempeñan dos funciones principales a la hora de promover los escenarios de los juegos espontáneos. (1) Facilitan o supervisan los juegos, y (2) establecen las etapas y crean un ambiente para jugar.

El maestro como persona que facilita el juego

Una de las tareas más difíciles que afrontan los maestros es saber cuándo deben unirse a los niños en los juegos y cuando deben permanecer al margen de la actividad. Deben preguntarse si su presencia va a reforzar lo que está ocurriendo o si va a *inhibir* el juego. Algunas veces los maestros se sienten tentados a corregir los errores de los niños mientras están jugando. Abel y Sonia, profundamente implicados en la representación de la escena del supermercado, están dando el cambio incorrectamente. Un maestro debe juzgar si debe explicar la diferencia entre las monedas de cinco centavos y las de veinticinco en ese momento o crear una oportunidad más tarde. Los maestros deben tener en cuenta lo que puede ocurrir si interrumpen el curso del juego y cómo influencian la dirección que éste toma. Si Abel y Sonia empiezan a hablar sobre sus monedas, mostrando un interés por aprender la forma de calcular el cambio, el maestro puede intervenir en la discusión sin dar la sensación de interferir.

Muchos adultos disfrutan jugando con los niños de su clase; otros se sienten más cómodos siendo observadores activos. Pero todas las situaciones de enseñanza demandarán la participación del maestro en algún nivel. El niño dudoso puede necesitar ayuda para participar en un juego; los niños pueden verse envueltos en una discusión para que la resuelvan solos; el juego puede resultar inapropiado, que explota a los niños o dominado por un niño en particular.

Vygotsky nos proporciona otras razones para relacionarnos con los niños cuando juegan, especialmente en relación con la naturaleza interpersonal de la enseñanza (véase el capítulo 4). La creencia de que el aprendizaje es interpersonal y colaborador se refleja en los maestros de Reggio Emilia (véanse los capítulos 2 y

LA DIVERSIDAD DE NUESTRO MUNDO LA DIVERSIDAD DE NUESTRO MUNDO LA DIVERSIDAD DE NUESTRO MUNDO LA DIVERSIDAD DE NUESTRO MUNDO LA DIVERSIDAD DE NUESTRO MUNDO

[1] Observar a los niños mientras juegan ayuda a los maestros a entender por qué cada niño es único *y* por qué todos son iguales en LA DIVERSIDAD DE NUESTRO MUNDO.

[2] El currículum debería proporcionar continuamente oportunidades a los niños para que desarrollen un sentido mejor de sí mismos.

5), que orientan y apoyan el aprendizaje de los niños ocupándose de los juegos y conociendo la estrategia que va a ayudar mejor a cada niño a alcanzar el nivel siguiente de la habilidad (zona de desarrollo próximo). La propuesta de Reggio Emilia sobre el currículum satisface la combinación apropiada y atrayente de la preocupación de Vygotsky por el análisis individual y el descubrimiento asistido. El papel del docente supone un equilibrio entre el hecho de facilitar el desarrollo de los niños y el hecho de aprovecharse de esos momentos docentes en los que se consigue aprender más.

Las siguientes pautas son las formas en las que los maestros facilitan el juego. Un buen maestro:

- Orienta el juego, pero no dirige o domina la situación o abruma a los niños con la participación.
- Saca provecho de los pensamientos e ideas de los niños; no les impone un punto de vista.
- Modela el juego cuando es necesario. Muestra a los niños cómo podría actuar un personaje específico, cómo pedir la vez, cómo sostener un martillo al dar golpes. Modela formas para resolver los problemas que implican a niños que intervienen en su favor.
- Realiza preguntas; aclara a los niños lo que está ocurriendo.
- Ayuda a los niños a comenzar, finalizar y empezar otra vez. Les proporciona claves verbales para permitirles que sigan una idea.
- Hace que los niños centren su atención los unos en los otros. Les anima a que se relacionen con los demás.
- Interpreta en voz alta el comportamiento de los niños, cuando es necesario; les ayuda a verbalizar sus sentimientos cuando intentan resolver los conflictos.
- Amplía el potencial para jugar realizando declaraciones y preguntas que llevan al descubrimiento y al análisis.

Creación del entorno apropiado para jugar

Al organizar el entorno para jugar, los maestros incluyen bloques de tiempo ininterrumpidos en el horario (al menos 45 minutos de una hora) para los juegos libres. Esto permite a los niños analizar muchas vías del currículum libres de las limitaciones del tiempo. A los niños le resulta frustrante ver sus juegos interrumpidos justo cuando están logrando implicarse profundamente.

Una serie de áreas de actividad y centros de aprendizaje establecidos con juegos específicos y materiales de aprendizaje proporcionan a los niños juegos donde elegir. Se debería ofrecer suficientes cosas para que los niños tengan una oportunidad para elegir al menos entre dos opciones. Las rutinas establecidas en la programación se añaden al marco de un día en el que se ha planeado jugar. Las materias primas de los juegos, juguetes, juegos, equipo, se cambian periódicamente para introducir algunas nuevas que supongan un mayor desafío.

Cuando eligen los materiales, los maestros seleccionan ropas para disfrazarse y accesorios que apelan a las necesidades, intereses y emociones de todos los niños. Se requieren objetos para representar una serie de papeles[1]: hombres, mujeres, bebés, médicos, enfermeras, tenderos, carteros, maestros y bomberos. Los sombreros que se utilizan en muchas profesiones ayudan a los niños a desempeñar el papel de un piloto de una compañía aérea, un conductor de un tractor, un trabajador de la construcción, un oficial de policía y un jugador de béisbol. Las carteras grandes se utilizan para llevar el correo y los pañales de los bebés; también se usan como maleta o equipaje. Las chaquetas sencillas y las capas transforman a un niño para desempeñar muchos papeles. Los elementos que representan los aspectos de la vida cotidiana de los niños son importantes; los niños necesitan muchas oportunidades para representar las historias de su vida.

En el caso de los niños pequeños, los maestros se aseguran de que hayan duplicados de los materiales populares. Los juegos en grupo se producen probablemente utilizando tres teléfonos, cuatro carretas, ocho sombreros y cinco vagones. La interacción social se intensifica cuando tres viajeros de un transbordador espacial pueden estar en los mandos.

Los juegos se hacen más grandes con materiales que sean **abiertos**. Estos materiales extenderán las oportunidades de aprendizaje de los niños porque se pueden utilizar de muchas formas. Los bloques, un elemento principal del currículum de la primera infancia, son un buen ejemplo. Los niños analizan y manipulan los bloques de

LA DIVERSIDAD DE NUESTRO MUNDO LA DIVERSIDAD DE NUESTRO MUNDO LA DIVERSIDAD DE NUESTRO MUNDO LA DIVERSIDAD DE NUESTRO MUNDO LA DIVERSIDAD DE NUESTRO MUNDO

[1] La elección de los materiales de una clase se debería hacer teniendo en cuenta la exposición de los niños a imágenes de la diversidad (ej., enfermeros, trabajadoras femeninas de la construcción, físicos afroamericanos, etc.) en lugar de fomentar y reforzar los estereotipos existentes. Estos materiales se pueden comprar o puede realizar sus propios álbum y póster de fotos.

muchas maneras. Los niños más pequeños transportan y amontonan los bloques y también disfrutan llevándolos en vagones y camiones. También disfrutan la acción repetida de construir columnas pequeñas con los bloques. Cuando los niños aprenden a hacer recintos, éstos añaden animales, personas y transportes de juguetes a sus juegos con los bloques. Los preescolares mayores construyen estructuras con múltiples historias como parte de sus juegos de representación, oficinas, parques de bomberos, garajes, y cosas por el estilo.

Diversidad e inclusión cultural

Las actitudes positivas hacia uno mismo y hacia los demás surgen cuando los niños saben que se les valora por su individualidad y se les aprecia como miembros de una familia y una cultura. El entorno escolar puede reflejar este hecho de varias maneras. La ilustración 11.21 enumera algunas formas en las que un programa de primera infancia puede utilizar materiales culturalmente diversos en las actividades y los centros de aprendizaje diariamente para fomentar la relación entre la cultura de la casa y la escuela.

Los niños con necesidades especiales a menudo son capaces de utilizar la mayoría de los materiales curriculares que se encuentran típicamente en las clases de la primera infancia. Además, necesitan que sus vidas se reflejen en el entorno escolar con muñecas, libros y accesorios para jugar que signifiquen aceptación y posesión. La ilustración 11.21 proporciona una serie de sugerencias de materiales incluyentes para los niños con necesidades especiales.

CONTINUACIÓN DE LAS PERSPECTIVAS DEL CURRÍCULUM

Un currículum sólido constituye el **eje** de un programa de calidad para los niños. La planificación y el desarrollo del currículum es un acto creativo, gratificante para los maestros. En los tres próximos capítulos, se van a analizar las ejecuciones del currículum desde otra perspectiva, aquella de las mayores áreas de desarrollo en el crecimiento de los niños. En el capítulo 12, el centro de atención se sitúa en la forma en la que el currículum afecta al desarrollo del cuerpo. El capítulo 13 pondrá de relieve la función del currículum en el desarrollo de la mente y el capítulo 14 analizará las cuestiones curriculares que rodean al desarrollo social y emocional.

Sumario

El currículum abarca aquellos acontecimientos planificados e imprevistos que experimentan los niños en los escenarios en grupo. El currículum puede incluir cualquier cosa que ocurra a un niño mientras está en la escuela o en la atención diurna, o puede ser un plan de estudios con programaciones didácticas detalladas.

El desarrollo del currículum incluye el establecimiento de objetivos, prioridades, saber qué recursos están disponibles, programar con anticipación y después evaluar el proceso. A medida que los maestros desarrollan los planes del currículum, pueden centrarse en las actividades de la clase o en los centros de aprendizaje, las habilidades de los niños o un tema en particular. Los tres se prestan a la formación de una base para la programación del currículum y son vehículos importantes para un currículum creativo y efectivo para los niños pequeños.

Los juegos son el medio de expresión del currículum en el entorno de la primera infancia. La función de los juegos en la vida de un niño pequeño es algo más que pura diversión. Los juegos proporcionan una vía para el crecimiento del desarrollo social, emocional, intelectual y físico. Los maestros, conscientes del hecho de que los juegos forman la base del aprendizaje, proporcionan un ambiente que refuerza el proceso de juegos. Proporcionan un entorno en el que se reconoce el juego como el currículum del niño, el proceso principal mediante el que los niños aprenden. El currículum cobra vida cuando los niños descubren y disfrutan del aprendizaje.

Los maestros demuestran su apreciación de la diversidad seleccionando cuidadosamente los materiales y las experiencias de la programación que son culturalmente receptivas e inclusivas.

Preguntas de Repaso

1. Defina el currículum apropiado para el desarrollo en los programas de primera infancia. ¿Qué dos principios determinan si un currículum es "apropiado"? Describa la diferencia entre un currículum para lactantes/niños en edad de caminar y un currículum para preescolares.
2. Nombre cinco pautas del desarrollo del currículum de los niños pequeños.
3. Observe varios programas de la primera infancia (ej., un hogar de atención infantil en familia, un centro de atención infantil y un programa para después de la escuela para los estudiantes de primaria) para encontrar ejemplos de infusión multicultural en el currículum. Describa la manera en la que los contenidos amplían o no la comprensión de los niños sobre la diversidad.
4. ¿Qué es el currículum incipiente, y por qué es apropiado para los maestros de la primera infancia?
5. ¿En qué sentido es beneficioso el juego para el desarrollo infantil?
6. Defina las etapas comunes que se dan en todos los juegos, y establezca a qué edad cronológica es probable que aparezca cada etapa.
7. ¿Qué clase de aprendizaje se produce cuando los niños (a) juegan en un área de arena; (b) juegan con la pintura de un caballete; (c) juegan en los trepadores; (d) se entretienen con los juegos de representación?
8. Describa la propuesta del proyecto para el desarrollo del currículum, incluyendo cómo se puede incorporar en el currículum. Asegúrese de mostrar cómo puede afectar a cada área curricular más importante.

Actividades de Aprendizaje

1. Construya un esquema curricular con varios compañeros del aula siguiendo el proceso descrito en la págin 415.
2. Desarrolle un currículum para una celebración que dure una semana: (a) para niños de 3 años en una guardería de media jornada; (b) para niños de 6 años en un programa diurno extendido extraescolar; (c) para una casa de atención infantil en familia. Utilice un tema que no esté relacionado con las vacaciones.
3. ¿Qué opina de los juegos de superhéroes en los años de preescolar? Estudie artículos recientes sobre el tema y prepárese para presentar un argumento a favor y en contra de esta clase de juegos. Pida a un compañero de clase que prepare un punto de vista opuesto.
4. Observe a los maestros mientras los niños juegan. ¿Cual es la diferencia en el juego cuando (1) un maestro se relaciona con los niños en el juego y (2) cuando interviene un maestro?, ¿qué le sucede al juego inmediatamente después de que el maestro haya realizado el contacto?, ¿cuánto dura el juego?, ¿cuál es su conclusión?
5. Desarrolle varios juegos de representación para su colegio. Seleccione un tema y reúna objetos y accesorios apropiados. Describa las razones por las que ha elegido este tema y lo que espera que logren los niños con esta experiencia.

6. Escriba un argumento a favor del juego como elemento distintivo de la filosofía y el currículum de la primera infancia. ¿Cómo adaptaría el papel para los padres?, ¿y para un estudiante de educación de la primera infancia?, ¿y para los maestros?

7. Estudie las vacaciones y las fiestas (que no sean Navidades y Hanukkah) que utilizan varias culturas para celebrar la infancia. ¿Cómo las integraría en un currículum?, ¿por qué ha elegido cada una de estas fiestas específicas?, ¿cómo se relacionan sus decisiones con los niños de su clase?

Bibliografía

Banks, J. A. (1992, November/December). Reducing prejudice in children: Guidelines from research. *Social Education*, pp. 3–5.

Banks, J. A. (1994). *Multiethnic education: Practice and theory*. Boston: Allyn & Bacon.

Berk, L. E. (1996). *Infants and children*. Boston: Allyn & Bacon.

Berk, L. E. (1994, November). Vygotsky's theory: The importance of make-believe. *Young Children*, pp. 30–39.

Bowman, B. (1990). Play in teacher education: The United States perspective. En E. Klugman & S. Smilansky (Eds.), *Children's play and learning*. New York: Teachers College Press.

Bredekamp, S., & Copple, C. (1997). *Developmentally appropriate practices in early childhood programs*. Washington, DC: National Association for the Education of Young Children.

Bredekamp, S., & Rosegrant, T. (Eds.). (1995). *Reaching potential: Transforming early childhood curriculum and assessment* (Vol. 2). Washington, DC: National Association for the Education of Young Children.

de Melendez, R. W., & Ostertag, V. (1997). *Teaching young children in multicultural classrooms*. Albany, NY: Delmar.

Derman-Sparks, L., & the ABC Task Force. (1989). *Anti-bias curriculum: Tools for empowering young children*. Washington, DC: National Association for the Education of Young Children.

Elkind, D. (1987). *Miseducation: Preschoolers at risk*. New York: Knopf.

Elkind, D. (1993). *Images of the young child*. Washington, DC: National Association for the Education of Young Children.

Frost, J. L. (1996). *Play and playscapes*. Albany, NY: Delmar.

Frost, J. L., & Sunderlin, S. (Eds.). (1985). *When children play*. Wheaton, MD: Association for Childhood Education International.

Gardner, H. (1983). *Frames of mind: The theory of multiple intelligences*. New York: Basic Books.

Grant, C. A. (Ed.). (1995). *Educating for diversity: An anthology of multicultural voices*. Boston: Allyn & Bacon.

Guidelines for appropriate curriculum content and assessment in programs serving children ages 3 through 8. (1991, March). A position statement of the National Association for the Education of Young Children and the National Association of Early Childhood Specialists in State Departments of Education. *Young Children*, pp. 21–38.

Hyun, E. (1998). *Making sense of developmentally and culturally appropriate practice (DCAP) in early childhood education*. New York: Peter Lang Publishing.

Jones, E., & Nimmo, J. (1994). *Emergent curriculum*. Washington, DC: National Association for the Education of Young Children.

Jones, E., & Reynolds, G. (1992). *The play's the thing*. New York: Teachers College Press.

Katz, L., & Chard, S. (1989). *Engaging children's minds: The project approach*. Norwood, NJ: Ablex.

King, E. W., Chipman, M., & Cruz-Janzen, M. (1994). *Educating young children in a diverse society*. Boston: Allyn & Bacon.

Malaguzzi, L. (1987). *The hundred languages of children*. Reggio Emilia, Italia: Department of Education.

Rubin, K. H., Fein, G. G., & Vandenberg, B. (1983). Play. En E. M. Heatherington (Ed.), *Handbook of child psychology* (Vol. 4, Socialization, personality and social development). New York: Wiley.

Smilansky, S. (1990). Sociodramatic play: Its relevance to behavior and achievement in school. En E. Klugman & S. Smilansky (Eds.), *Children's play and learning*. New York: Teachers College Press.

Vygotsky, L. S. (1978). *Mind in society: The development of higher psychological processes*. Cambridge: Harvard University Press.

Vygotsky, L. S. (1987). *Thinking and speech* (N. Minick, trans.). New York: Plenum.

Workman, S., & Anziano, M. C. (1993, January). Curriculum webs: Weaving connections from children to teachers. *Young Children*, pp. 4–9.

York, S. (1991). *Roots and wings: Affirming culture in early childhood programs*. St. Paul, MN: Redleaf Press.

Planificación del cuerpo: desarrollo físico motor

Preguntas para pensar

¿Qué es el desarrollo físico motor?

¿Existe alguna diferencia entre el crecimiento físico y el desarrollo motor de los niños pequeños?

¿Cuáles son las habilidades físicas y motoras que aprenden los niños en el entorno de la primera infancia?

¿Cómo pueden potenciar los maestros el desarrollo físico?

¿Qué es lo que debería tener en cuenta el maestro de niños pequeños para preveer el desarrollo físico motor?

¿De qué manera se puede desarrollar el currículum físico motor?

¿Por qué es importante jugar en el patio de juegos y al aire libre?

Ilustración 12.1 Los niños son la viva imagen del movimiento, y pasan la mayor parte del día realizando ejercicios físicos.

INTRODUCCIÓN

A menudo los maestros califican a los niños según sus movimientos. Los movimientos son uno de los rasgos más notables del comportamiento de los niños pequeños. Las madres embarazadas son conscientes de los movimientos del feto y a menudo identifican en ellos características de la personalidad. Lo que resulta sorprendente de estos recien nacidos es el alcance de los movimientos que abarcan todo el cuerpo y se realizan al azar cuando lloran, se ponen de costado, persiguen y alcanzan una cuna que se mueve. Aprender a caminar es un gran hito en el desarrollo infantil. Sostener un lápiz, cortar con las tijeras, atar un zapato son algunos ejemplos de cómo el desarrollo motor determina el crecimiento. Las habilidades motoras son una buena indicación de cómo progresa el niño.

Las habilidades motoras básicas se desarrollan en los años de la primera infancia y constituyen la base de la competencia motora y del movimiento. Si los niños no las desarrollan en los primeros años, es muy posible que dichas habilidades no se aprenden nunca. Los primeros años constituyen la base de la competencia motora y del movimiento y se reconocen como el momento crítico para perfeccionar las habilidades del movimiento fundamentales. Factores del entorno, como son las oportunidades, la práctica, el ánimo, la instrucción y el entorno mismo desempeñan un papel importante en la adquisición de las habilidades del movimiento (Gallahue, 1996).

Aprendizaje mediante el movimiento

Las capacidades motoras afectan a otras áreas del desarrollo. Malina (1982) comparte la idea de que el desarrollo motor afecta en gran parte al "desarrollo cognoscitivo del niño, al descubrimiento de sí mismo y a la capacidad del niño para comunicarse con los demás". Hay pruebas de dichas interrelaciones en los niños.

Tomás es reacio a trepar al aire libre. Se asusta fácilmente cuando él, o alguién más, está en lo alto de un árbol o en cualquier enredadera. Dado que no puede arriesgarse a utilizar su cuerpo en el espacio, se abstiene de jugar con cualquiera que le invite a intentar estas actividades. De esta manera, la falta de desarrollo de Tomás en motricidad gruesa afecta a sus habilidades sociales.

A Samanta le encanta dibujar y recortar. Elige el área artística cada vez que asiste a la clase para los niños de 2 años. No sólo tiene bien desarrolladas las habilidades motoras finas para su edad; se siente muy orgullosa de sus creaciones. Sus habilidades motoras intensifican su confianza en la escuela. Por ello, los demás la elogian y la atienden en todo momento cuando se comunica con adultos y niños durante su trabajo.

El niño pequeño pasa la mayor parte del día realizando actividades físicas. Los programas de primera infancia de calidad así lo reconocen, proporcionando una gran variedad de experiencias físicas y motoras. En el interior, los niños utilizan rompecabezas, tijeras y cuerpos para vestirlos cuando practican las habilidades motoras finas. Bailan con pañuelos y cintas al son de la música. **El desarrollo perceptivo motor**, al igual que la conciencia corporal, se produce cuando los niños aprenden canciones y juegos ("Head and Shoulders, Knees and Toes" o "¿Mother May I Take Giant Steps?") o mientras pintan con los dedos. En el exterior, las habilidades motoras gruesas se mejoran mediante el uso de trepadores, columpios, rayuelas y el lanzamiento de aros.

A lo largo del programa, el desarrollo físico motor se manifiesta como una parte importante del aprendizaje de los niños. Los niños necesitarán tiempo, material y actividades para practicar estas habilidades. El valor que los maestros otorgan al desarrollo físico y motor está directamente relacionado con el tiempo que se concede en la planificación diaria a que los niños traten de adquirirlo.

Durante años, los programas de la primera infancia han puesto a disposición de los niños entornos al aire libre, reconociendo así la gran importancia de los ejercicios físicos y de que los niños los realicen por ellos mismos. Sin embargo, muchas de las áreas al aire libre de las escuelas disponen pocos desafíos, quizás sólo una pista pavimentada para botar la pelota y un pequeño trepador de metal para colgarse y trepar. Además, los niños americanos están expuestos a un sistema de valores en el que la forma física motora no es siempre una prioridad. Los niños viven con adultos cuyo deporte principal es el ser espectadores, y a menudo se les anima a realizar actividades *sedentarias* a una edad temprana, como ver la televisión y utilizar ordenadores.

El desarrollo físico motor es el aspecto más importante dentro de las necesidades necesidades e intereses de los niños pequeños; por lo tanto debería desempeñar un papel central en la programación del currículum. Los maestros deben reconocer que las necesidades de los niños no son las mismas que las de los adultos; son seres que están creciendo, desarrollándose, surgiendo con un conjunto de necesidades e intereses físicos que son bastante diferentes. Con bastante frecuencia, los adultos tratan de desarrollar mini-atletas sin desarrollar en primer lugar las actividades de movimiento fundamentales de los niños.

Ilustración 12.2 El crecimiento sigue un patrón previsible: los músculos largos se desarrollan antes que los pequeños.

CRECIMIENTO FÍSICO Y DESARROLLO MOTOR

Crecimiento físico

Según Bee (1997), es importante que los maestros y los padres entiendan el desarrollo físico por una serie de razones. Por ejemplo:

- Se puede lograr un comportamiento nuevo a través del cambio físico; a un niño en edad de caminar se le puede enseñar a ir al baño una vez que ha desarrollado el esfínter anal.
- El crecimiento determina las experiencias de los niños: observen las nuevas perspectivas que se abren para los niños que están empezando a caminar.
- El crecimiento cambia el modo en el que las personas responden a los niños: la movilidad de los niños que gatean y de los que están en edad de caminar provocan que los padres establezcan más restricciones.
- Los conceptos que una persona tiene de sí misma se relacionan estrechamente con el desarrollo físico: un maestro de jardín de infancia obeso evita los juegos en los que hay que correr y perseguir durante el recreo.

La primera infancia es el periodo en el que se crece más rápido, aunque el desarrollo no se produce a un ritmo constante, sino a estirones. Un niño tiende a crecer rápidamente durante la lactancia y cuando está

Edad	Peso	Altura	Proporción	Dientes
Recién nacido	3,5 kg.	50,8 cm.	Cabeza = ¼ de la altura	Ninguno
Lactante (hasta los 18 meses)	Aumenta 6,8 kg. (ahora 9 kg.-11,3 kg.)	Aumenta 20 cm. (ahora 71,12 cm.-73,66 cm.)	Casi la misma	6
Niños en edad de caminar (18 a 2½ años)	Aumenta 2,2 kg. (ahora 12,7 kg.-13,6 kg)	Aumenta de 2,5 a 5 cm. (ahora 73,66 cm.-83,82 cm.)	Piernas = 34% del cuerpo	20
Preescolar (2½–5 años)	Unos 2.2 kg. al año (ahora 13,6 kg.-18 kg.) y	Aumenta 35,5 cm.–38 cm. desde el nacimiento; a los 2 años = ½ de la altura del adulto (ahora 89 cm.-1 m.)	El ritmo de crecimiento de la cabeza disminuye; a los 5 años las piernas = 44% del cuerpo	20
Primera y media-media infancia (5–8 años)	Se duplica antes de la adolescencia; (a los 6 años = 20,5 kg. –22,7 kg.)	Aumenta 22,86 cm.–25,4 cm. (a los 6 años = 1,1 m.–1,2 m)	Continua el desarrollo lentamente hacia las proporciones adultas	Empieza a perder los de leche; se sustituyen por los dientes permanentes (a 6 años = 20–24)

Ilustración 12.3 Una visión general de cómo evoluciona el crecimiento muestra lo rápido que se produce el desarrollo físico en la infancia.

empezando a caminar, sin embargo, dicho ritmo de crecimiento empieza a disminuir en los años de preescolar y de la infancia media. Aunque existen diferencias individuales en el ritmo en el que maduran los niños, el crecimiento sigue un patrón secuencial.

El desarrollo también parece seguir un patrón direccional. Los músculos largos se desarrollan antes que los pequeños, una razón por la que la mayoría de los preescolares son más competentes en las carreras que recortando con las tijeras. Además, el crecimiento comienza en el centro del cuerpo y sigue hacia el exterior. Observe la forma de caminar de un niño que está empezando a dar sus primeros pasos moviendo toda la pierna y compárelo con un niño de 5 años, cuyas rodillas y tobillos están implicados en una respuesta más desarrollada. Los niños también se desarrollan desde la cabeza a los dedos de los pies. Los lactantes mueven los ojos, la cabeza y las manos mucho antes de aprender a arrastrarse y a gatear. Véase también el capítulo 3 para obtener una visión general de las normas de desarrollo.

Sin embargo, es importante recordar que aunque el crecimiento es secuencial y direccional, no sigue un patrón homogéneo e ininterrumpido.

Durante los 2 primeros años de vida se produce un crecimiento enorme, éste disminuye durante los años de preescolar y primaria, y aumenta rápidamente otra vez durante los estirones de la adolescencia. La ilustración 12.3 muestra una visión general de estos cambios dramáticos en niños de hasta 8 años.

El crecimiento está influenciado por varios factores. La estructura genética, las enfermedades y las lesiones juegan un papel en el crecimiento de los niños. Las influencias del entorno, como son la nutrición y la experiencia, tienen un efecto más profundo durante los primeros años.[1]

LA DIVERSIDAD DE NUESTRO MUNDO LA DIVERSIDAD DE NUESTRO MUNDO LA DIVERSIDAD DE NUESTRO MUNDO LA DIVERSIDAD DE NUESTRO MUNDO LA DIVERSIDAD DE NUESTRO MUNDO

[1] Los educadores de la primera infancia deben tener en cuenta las primeras experiencias de cada uno de los niños antes de establecer el programa. Las primeras experiencias varían y tienen un impacto directo en la personalidad del niño.

Diferencias en función del sexo y la cultura

También existen diferencias en función del sexo. Los chicos tienen una proporción más grande de tejido muscular que las chicas, y, desde el principio, las chicas tienen más tejido de grasas que los chicos. Estas diferencias se hacen más evidentes en la adolescencia. Respecto al desarrollo físico, las chicas crecen antes que los chicos, y se desarrollan de forma más regular y predecible. En cuanto a habilidades motoras, las chicas de preescolar tienen más desarrolladas las habilidades motoras finas, como escribir y dibujar, y las habilidades motoras gruesas, como saltar con un solo pie y saltar con los dos pies. Alrededor de los 5 años, los chicos pueden saltar más, correr un poco más deprisa y lanzar una pelota un metro y medio más lejos que las chicas. Estas diferencias por sexo no son muy notables hasta la adolescencia (Berk, 1996). Véase el capítulo 15 para obtener más información sobre el debate de las cuestiones relacionadas con el sexo.

Existen algunos indicios de que el desarrollo físico varía dependiendo de los grupos étnicos. Parece que los lactantes y los niños en edad de caminar afroamericanos consiguen andar antes y que como grupo son más altos que los euroamericanos. También parece que los niños asiáticos se desarrollan físicamente antes que los euroamericanos pero en su conjunto son más bajos (Bee, 1997). Algunos investigadores sugieren que como las costillas de los niños afroamericanos son más grandes, éstos tienen un mejor apalancamiento, lo que explica su superioridad cuando corren y saltan (Berk, 1996).

Al observar los patrones generales de crecimiento de los niños, los padres y los maestros siempre deben tener en cuenta las amplias diferencias individuales en el ritmo de crecimiento de los niños y en el tiempo que dura cada cambio. Como norma general, el patrón interno de los individuos es consistente; es decir, un niño que desarrolla un aspecto físico antes, a su tiempo o después va a desarrollar los demás aspectos de la misma manera. Además existen diferencias por sexo en el ritmo y el patrón del crecimiento físico. La más evidente es el hecho de que las niñas generalmente empiezan la pubertad 2 años antes que los niños (Bee, 1997). Bee también descubrió que, como grupo, el crecimiento de los niños pobres es más lento que el de los pertenecientes a la clase media, hallazgo que se ha atribuido a la dieta. Aunque el *ritmo* de desarrollo físico sea diferente, la *secuencia* de desarrollo permanece igual. Este hecho es válido en el caso de los niños discapacitados física o mentalmente.[1]

Inclusión de niños con necesidades especiales

En casi todas las aulas hay niños con necesidades especiales que hay que satisfacer. Se ha establecido previamente (véanse los capítulos 3 y 9) que la inclusión de los niños con necesidades especiales en los programas de la primera infancia no es solo apropiado sino que es obligatorio por ley. La educación física es la única área que se cita en la definición de una "educación apropiada" en la Ley pública 94-142 (Gallahue, 1996), proporcionando una oportunidad a los niños para que crezcan y se desarrollen mediante el movimiento y las actividades físicas.

Los niños con minusvalías físicas, cognoscitivas, emocionales o de aprendizaje deben afrontar una variedad de desafíos, muchos de los cuales se pueden satisfacer adaptando el entorno y planeando actividades que ayuden a los niños a funcionar dentro de su gama de habilidades. "El entorno incluyente" y la ilustración 9.8 del capítulo 9 ofrecen varias formas para que los maestros y cuidadores individualicen el escenario para satisfacer las necesidades. En el capítulo 3 se han debatido muchos tipos de misnusvalías.

Gallahue (1996) sugiere una serie de estrategias de enseñanza que pueden mejorar la participación de los niños con necesidades especiales en las actividades regulares de las clases:

- *En el caso de niños con discapacidades de aprendizaje:*

  Ayuden a los niños a conseguir que entiendan mejor su cuerpo, el espacio que ocupa y cómo se pueden mover.

  Estructuren actividades personalizadas que funcionen en el nivel actual de habilidades de los niños.

  Progresen desde las actividades simples hasta las más complejas poco a poco.

  Utilicen frecuentemente las actividades rítmicas, enfatizando los elementos rítmicos del movimiento.

LA DIVERSIDAD DE NUESTRO MUNDO LA DIVERSIDAD DE NUESTRO MUNDO LA DIVERSIDAD DE NUESTRO MUNDO LA DIVERSIDAD DE NUESTRO MUNDO LA DIVERSIDAD DE NUESTRO MUNDO

[1] El entorno y la estructura genética influyen en las variaciones de los patrones del crecimiento. Esto es válido para todos los niños.

En el caso de niños con problemas en la vista:

Utilicen muchas ayudas auditivas que permitan a los niños lograr un sentido del espacio y la distancia.

Incluyan actividades intensas y que requieran el uso de los músculos largos.

Modifiquen las actividades que requieran cambios direccionales bruscos.

En el caso de niños con discapacidades cognoscitivas:

Enfatice las actividades para la capacidad motora gruesa.

Céntrense en las habilidades fundamentales de estabilidad, locomotoras y manuales.

Permitan que los niños repitan el éxito para que disfruten de lo que han conseguido.

Eviten aquellas actividades en las que se eliminan del juego a los participantes.

Estos breves ejemplos explican claramente el hecho de que incluir a los niños con necesidades especiales requiere la consideración de qué clases de experiencias de movimiento y qué actividades del desarrollo físico están al alcance de sus habilidades. La mayoría de las sugerencias son apropiadas para todos los niños, recordándonos que las necesidades e intereses de todos los niños son esencialmente las mismas.

Desarrollo motor

El desarrollo motor "es el proceso de cambio en el comportamiento motor ocasionado por la interacción entre la herencia y el entorno" (Gallahue, 1996). Se trata de un cambio continuo que dura toda la vida basado en la interacción de la (1) *maduración* (ej., el ritmo de crecimiento controlado genéticamente); (2) *las experiencias previas*; y (3) *las nuevas actividades motoras*. Al igual que el crecimiento físico, el desarrollo motor es una secuencia de etapas que es universal pero que da cabida a diferencias individuales.[1] Cada etapa es diferente al nivel anterior aunque se desarrolla a partir de éste. La ilustración 12.4 traza el desarrollo motor durante los primeros años.

Desarrollo motor grueso

La actividad motora gruesa implica movimientos de todo el cuerpo o de partes del cuerpo grandes. Utilizando varias agrupaciones de músculos grandes, los niños tratan de arrastrarse, gatear, rodar, botar, lanzar o saltar con un sólo pie. Las actividades que incluyen equilibrio, agilidad, coordinación, flexibilidad, fuerza, rapidez y resistencia favorecen el desarrollo motor grueso.

Desarrollo motor fino

Las actividades motoras finas utilizan los músculos del cuerpo de pequeño tamaño y sus extremidades (las manos y los pies). Dichos movimientos requieren destreza, precisión y habilidades manipulativas. Agarrar, alcanzar, sostener, golpear, empujar, dar vueltas y voltearse son todas las actividades que favorecen estas habilidades.

Desarrollo perceptivo motor

El desarrollo de la percepción motora es un proceso en el que el niño desarrolla la habilidad y capacidad de recibir e interpretar la información del entorno y responder a ella con movimientos. En primer lugar los niños obtienen datos e impresiones a través de los sentidos. Cuantas veces ha visto a niños, por ejemplo, imitar los movimientos de la boca del padre o el cuidador, recibiendo visualmente las distintas expresiones, y después responder físicamente.

En cierto modo, cada movimiento es una actividad percepctiva motora porque el cuerpo y la mente deben trabajar juntos para completar todas las tareas motoras. La función de percepción es procesar información; las respuestas motoras activan lo que se recibe de forma física aunque las capacidades de percepción y motoras no se desarrollan necesariamente al mismo tiempo o al mismo ritmo (Gallahue, 1996). La natu-

LA DIVERSIDAD DE NUESTRO MUNDO LA DIVERSIDAD DE NUESTRO MUNDO LA DIVERSIDAD DE NUESTRO MUNDO LA DIVERSIDAD DE NUESTRO MUNDO LA DIVERSIDAD DE NUESTRO MUNDO

[1] Esto le hace recordar a uno la definición del modelo apropiado para el desarrollo, algunas características del desarrollo son universales y secuenciales mientras que otras características son altamente individuales.

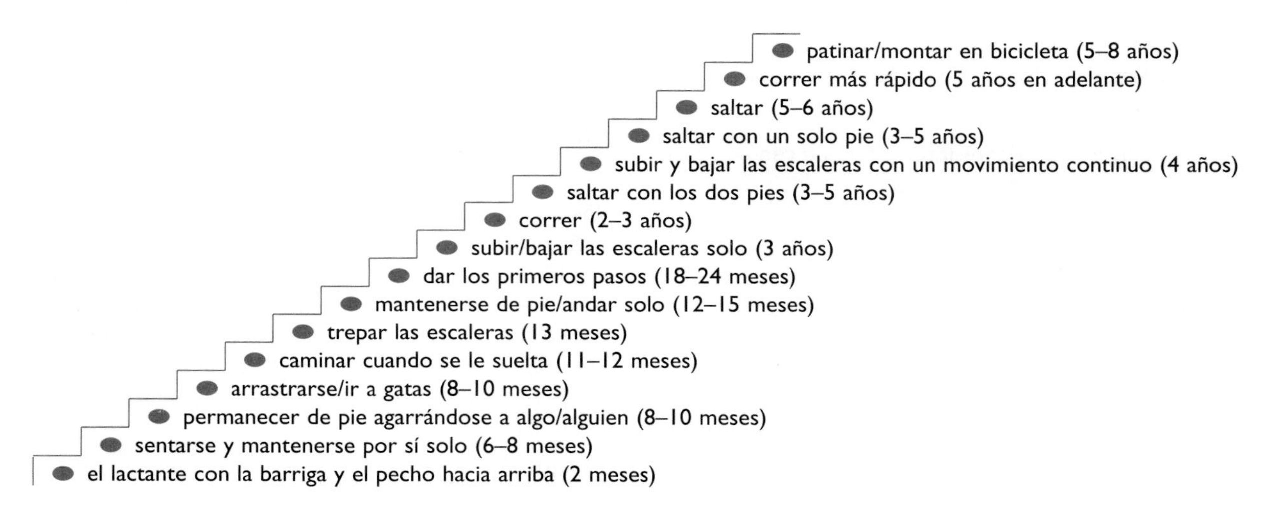

Ilustración 12.4 El desarrollo motor sigue una secuencia de desarrollo. (Adaptado de Allen K. E., & Marotz, L. [1999]. *Developmental profiles: Prebirth through eight.* Albany: NY, Delmar.)

raleza compleja del desarrollo de la perceptiva motor se puede observar al examinar las tres categorias básicas de conciencia, espacial, temporal y de los sentidos, que también incluyen los conceptos de la percepción y motoricidad del cuerpo y la conciencia direccional, visual y auditiva.

Conciencia espacial. Para los niños, la conciencia **espacial** significa ser conscientes del cuerpo y la relación de éste con el espacio, además de un conocimiento de lo que las distintas partes del cuerpo pueden hacer. En los niños en edad de caminar, los conceptos de las relaciones espaciales se desarrollan mediante la actividad motora: dejar caer los objetos desde una trona o intentar meter a la fuerza un animal de peluche grande en una caja pequeña. La definición que tienen del espacio está relacionada con la acción y el movimiento implicados en actividades específicas. El sentido de estar relacionado con cosas y lugares menos inmediatos (conocer una ruta específica del camino a la escuela y la casa, hacer mapas simples) se desarrolla durante los años de preescolar. Hasta los 6 u 8 años los niños no desarrollan capacidades espaciales más abstractas para distinguir la izquierda y la derecha en su propio cuerpo y en el de los demás. Específicamente, la conciencia de la dirección hace referencia a la izquierda y a la derecha, arriba y abajo, delante y detrás, encima y debajo. Para poner un ejemplo, permítanos considerar a Tamara de 2 años y medio, Tamara demuestra ser consciente de las relaciones espaciales al subirse en una mesa (sin saltar encima de ella), al estirarse hacia la izquierda para coger una pelota de plastilina y al darse la vuelta para elegir un rollo pastelero.

Conciencia temporal. **La conciencia temporal** es el reloj interno del niño, una estructura temporalizada que permite la coordinación de las partes del cuerpo del niño. Bailar al son del ritmo, ir más deprisa o más despacio, desarrolla esta habilidad. Además es una fuerza que ayuda a los niños a predecir el tiempo. Por ejemplo, Luis y Alfredo de 7 años preguntan si es hora de lavarse cuando terminan de jugar al fútbol. El centro extraescolar dispone de horarios para realizar algún deporte antes de preparse para el aperitivo; los niños poseen un sentido interno del tiempo que es paralelo a su conocimiento de la programación diaria.

Conciencia de los sentidos. **La conciencia de los sentidos** se refiere al uso de los sentidos. Es otra manera en la que el cuerpo proporciona información a la mente. La vista es el sentido dominante en los niños pequeños. *La conciencia de la vista* es la capacidad de imitar los movimientos que se han demostrado y de discernir caras, emociones, tamaños, formas y colores. Es la capacidad de los bebés de 3 meses para reconocer a sus madres. *La conciencia auditiva* incluye la

Ilustración 12.5 La actividad motora gruesa utiliza varias agrupaciones de músculos largos de manera que los niños pueden mover el cuerpo entero.

Ilustración 12.6 Las actividades motoras finas requieren la utilización de los músculos pequeños del cuerpo con destreza y precisión.

capacidad para entender y llevar a cabo las órdenes verbales y diferenciar entre varios sonidos ("¿esto es alto?, ¿rápido?, ¿bajo?", "¿te ha llamado Jésica o Débora?"). Las habilidades auditivas ayudan a los niños a procesar información sobre el lenguaje. Desde la lactancia, los niños parecen combinar la conciencia de la vista y la auditiva. La conciencia de los sentidos también se desarrolla mediante el tacto. Los bebés se ponen cualquier cosa en la boca para aprender. Cuando Estefanía de 4 años escoge un objeto de la mesa, está utilizando su sentido del tacto para descubrir el tamaño, la forma y el volumen.

HABILIDADES FÍSICO MOTORAS EN LA PRIMERA INFANCIA

Tipos de movimientos

Las habilidades físico motoras implican tres tipos básicos de movimientos: *locomotores, no locomotores*, y *manuales*.

- Las habilidades locomotoras implican un cambio de ubicación del cuerpo (Gallahue, 1996) e incluyen las habilidades para caminar, correr, brincar, saltar, trepar, saltar con un sólo pie, saltar con los dos pies, deslizarse por un tobogán e ir en triciclo.
- Las habilidades no locomotoras (en ocasiones denominadas de equilibrio o estabilidad) incluyen cualquier movimiento que requiera equilibrio (Gallahue, 1996). Estas habilidades son voltearse, retorcerse, empujar, agacharse, estirarse, tirar, columpiarse, rodar, echarse a un lado y balancearse.
- Las habilidades manuales incluyen la operación y el control de los movimientos limitados y precisos de los músculos pequeños, especialmente los de las manos y los pies. Las habilidades manuales incluyen lanzar, coger, alcanzar, botar, golpear, patalear (manipulación motora gruesa) y sostener, agarrar, cortar, coser (manipulación motora fina).

Estos tres movimientos básicos se combinan necesariamente cuando los niños participan en los juegos físicos:

Con la sillita de paseo de la muñeca:	Sostener la sillita de paseo —Manual Empujar la sillita de paseo—No locomotor Ir caminando con la sillita de paseo—Locomotor

Jugar con una pelota:	Agacharse para recoger la pelota—No locomotor Lanzar la pelota—Manual Correr hacia la base—Locomotor
Saltar a la comba:	Sostener y dar vueltas a la cuerda—Manual Saltar—Locomotor Mantener el equilibrio después de saltar—No locomotor
Romper una piñata:	Sostener el bate—Manual Balancear el bate—No locomotor Correr para conseguir el premio—Locomotor

La ilustración 12.16 de la página 461 muestra algunos juguetes y juegos apropiados para la edad que fomentan el desarrollo de los tres tipos de habilidades motoras básicas.

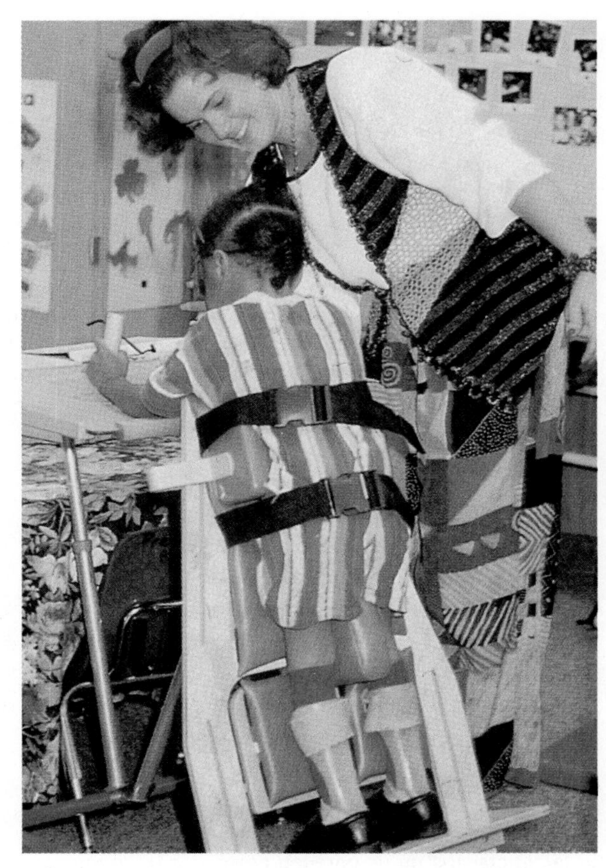

Ilustración 12.7 Para desarrollar una habilidad motora, los niños deben combinar la memoria y la experiencia, aprovechando las oportunidades para intentar cosas nuevas y practicar lo que se ha aprendido previamente.[1]

Aprendizaje de las habilidades motoras

Los niños deben utilizar el cuerpo para aprender las habilidades motoras. Adquieren dichas habilidades realizando comparaciones entre las experiencias pasadas y las acciones nuevas. Dichas comparaciones utilizan la memoria y la experiencia.

Memoria y experiencia

La memoria desempeña una parte importante en el aprendizaje de los movimientos motores porque los niños necesitan recordar lo que hicieron para realizar las correcciones y las mejoras. A corto plazo, la pelota que no llega a la canasta en el próximo lanzamiento se lanza más fuerte. Para conseguir que una pieza encaje en un rompecabezas, el niño recuerda otras maneras de manipular las piezas. Una memoria a largo plazo del movimiento es la que la que no se ensaya durante largos periodos. La experiencia de nadar, por ejemplo, sólo se puede recordar en el verano. Tanto si utilizan la memoria a corto plazo como la memoria a largo plazo, los niños aprenden las habilidades motoras recordando lo que han aprendido previamente y practicando.

Las experiencias de los niños y la capaciadad para recordar dichas experiencias son necesarias en el proceso para obtener las habilidades motoras. El ensayo es tan importante para los niños pequeños como para los actores de una obra. "La práctica sin descanso, la repetición de un movimiento específico una y otra vez, proporcionan un ensayo motor que los niños pequeños realizan todos los días" (Clark in Ridenour, 1978). El crecimiento va a depender de una variedad de factores de la experiencia, incluyendo las oportunidades para realizar prácticas, el apoyo y la instrucción en un entorno que conduce al aprendizaje (Gallahue y Ozmun, 1995).

LA DIVERSIDAD DE NUESTRO MUNDO LA DIVERSIDAD DE NUESTRO MUNDO LA DIVERSIDAD DE NUESTRO MUNDO LA DIVERSIDAD DE NUESTRO MUNDO LA DIVERSIDAD DE NUESTRO MUNDO

[1] Los niños con limitaciones físicas pueden experimentar muchas de las actividades diarias si se adapta el entorno adecuadamente.

Práctica de las habilidades básicas

Un día normal en la vida de un niño, en casa o en la escuela, proporciona muchas ocasiones para practicar las habilidades motoras. Mediante el *juego*, el niño puede practicar habilidades motoras finas como:

- Sostener un pincel, unas tijeras o un sonajero
- Bailar de puntillas al son de la música
- Agarrar una botella, una mano, un juguete
- Ensartar una cuenta o enhebrar una aguja grande

y habilidades motoras gruesas como:

- Saltar en un columpio
- Trepar un árbol
- Cavar en un jardín
- Mantener el equilibrio en una tabla con un solo pie

Mediante las *actividades de autoayuda*, el niño puede practicar habilidades motoras finas como:

- Abrochar el abrigo o la ropa de una muñeca
- Cepillarse los dientes, lavarse el pelo
- Abrir un grifo o girar el pomo de una puerta
- Alimentarse con utensilios

La práctica motora gruesa incluye:

- Mover una catre o una mesa
- Quitar las cubiertas
- Caminar, agarrarse fuerte a los muebles
- Trepar la cuna, la cama

Los niños que están aprendiendo las habilidades motoras necesitan tener experiencia en las habilidades básicas; deben aprender habilidades simples antes de combinarlas con actividades más complejas. Para lograr dominar una habilidad, debe haber una oportunidad para practicarla. Los niños deben tener tiempo para intentarlas, mejorarlas e intentarlas otra vez.

Aprovechamiento de la información

Los niños modifican y mejoran las habilidades motoras a medida que reciben información sobre sus movimientos, tanto **intrínsecos** (el pincel deja marcas cuando lo untamos por el papel) como **extrínsecos** ("me he dado cuenta de que tus piernas están muy separadas cuando das volteretas; ¿qué tal si las mantienes cerradas la próxima vez?").

Gama de niveles de desarrollo

Todos los grupos de niños siguen una serie de niveles en el crecimiento motor y en el desarrollo físico. Un niño puede tener capacidades y habilidades diferentes en las áreas motoras gruesas, finas percepctivas y motoras; por lo tanto, las actividades se deberían ofrecer en varios niveles de desarrollo. Los materiales y el equipo para jugar, como pelotas, trepadores y escaleras, deberían disponer de niveles de habilidades, sobre todo si hay niños discapacitados en la clase. Trepar tablas situadas a distintos niveles y los rompecabezas de 6 a 60 piezas son dos ejemplos de cómo los maestros pueden satisfacer las necesidades para conseguir el éxito y afrontar los desafíos.[1]

EL PAPEL DEL DOCENTE

Consideraciones

Cuando los maestros planifican los programas para el desarrollo físico motor, éstos desacreditan varias cuestiones importantes. Un área que a menudo se ha pasado por alto es la del desarrollo motor grueso como algo cotidiano. En ocasiones, los maestros dan por sentado el progreso de los niños cuando éstos suben y bajan las escaleras, trepan plataformas y bancos y bailan desenfrenadamente. Las actividades favoritas de los días de lluvia, como moverse como un *Tyrannosaurus rex* o dar vueltas como una peonza son ejercicios del desarrollo físico motor utilizando habilidades motoras

LA DIVERSIDAD DE NUESTRO MUNDO LA DIVERSIDAD DE NUESTRO MUNDO LA DIVERSIDAD DE NUESTRO MUNDO LA DIVERSIDAD DE NUESTRO MUNDO LA DIVERSIDAD DE NUESTRO MUNDO

1 Al programar el entorno, el currículum y las actividades, los maestros deben tener presente LA DIVERSIDAD DE NUESTRO MUNDO.

Ilustración 12.8 Los maestros proporcionan muchas oportunidades para practicar las habilidades motoras a través de los juegos de mímica manual, otros juegos y canciones.[1]

gruesas. Recuerde que el entorno normal de la clase promueve el desarrollo físico todos los días mediante las rutinas y el currículum establecido.

Estereotipos en función del sexo

¿Es diferente el comportamiento motor en los chicos y las chicas? Si es así, ¿por qué? Las investigaciones indican que existen diferencias entre las chicas y los chicos en estas áreas. Por ejemplo, las diferencias relativas al comportamiento en el desarrollo motor se producen al principio de nuestras vidas: las chicas de 1 año tardan más tiempo en realizar las tareas motoras finas, mientras que los chicos están más ocupados en las actividades motoras gruesas. Alrededor de los 2 años, los niños empiezan a identificar a la gente según su sexo. Los preescolares a menudo identifican muchos juguetes, artículos de vestir, profesiones y comportamientos como pertenecientes a un sexo (Huston, 1983; Picariello, Greenberg, y Pillemer, 1990). Las chicas de esta edad buscan preferentemente a otras chicas con las que jugar a actividades más tranquilas, mientras que los chicos prefieren juegos más activos y agresivos (Bennenson, 1993; Maccoby y Jacklin, 1987).

¿Por qué ocurre esto? Probablemente, algunas de las diferencias basadas en el sexo se deban a la genética. Al mismo tiempo, las expectativas de las funciones típicas de cada sexo afectan profundamente al desarrollo motor y físico de los niños pequeños. Este es el aspecto fundamental para los maestros, ya que sus actitudes pueden animar o desanimar a los niños para que

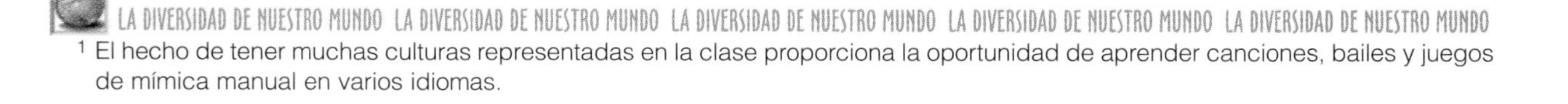

[1] El hecho de tener muchas culturas representadas en la clase proporciona la oportunidad de aprender canciones, bailes y juegos de mímica manual en varios idiomas.

desarrollen su potencial al máximo.[1] Los maestros deben admitir las diferencias que existen y después preguntarse a ellos mismos:

- ¿Qué mensajes proporciono a los niños sobre las actividades físicas? ,¿los valoro para mí mismo?, ¿y para los niños?, ¿valoro la expresión física en las chicas y en los chicos?
- ¿Concedo importancia a los deportes como una manera de divertirse?, ¿una manera de estar sano?, ¿sólo elogio al "ganador"?
- ¿Puedo proporcionar modelos de las funciones que desempeñan hombres y mujeres en las actividades físicas utilizando a padres, abuelos, hermanos mayores, personal, visitas e invitados?
- ¿Animo a los niños para que lleven ropa que les de permita correr, trepar, revolcarse libremente?,[2] ¿qué hago cuando las chicas llevan vestidos largos y zapatos de fiesta?, ¿qué debería llevar yo?
- ¿Todas las actividades físico motoras están igualmente disponibles y son igualmente atractivas para los chicos y las chicas?, ¿qué debería hacer si algunos niños dominan estas actividades, mientras que otros nunca las eligen?
- ¿Cómo implico activamente a todos los niños en todas las variedades de ejercicios físicos?, ¿les hago saber que opino que son importantes?

Un entorno seguro y estimulante

Ante todo, los maestros garantizan la seguridad de los niños. Para mantener un entorno físico seguro, procuran que los materiales y el equipo estén en condición de ser usados y que los ejercicios no supongan ningún peligro. Por ejemplo, para hacer que un ejercicio físico sea seguro, los maestros podrían proporcionar esterillas y asegurarse de que los niños dan la vuelta de uno en uno.

La seguridad psicológica requiere una sensibilidad incluso más precisa por parte del personal docente. El temor es una respuesta aprendida y los maestros deben tener cuidado de no desanimar a los niños a utilizar todas sus capacidades, creando niños demasiado

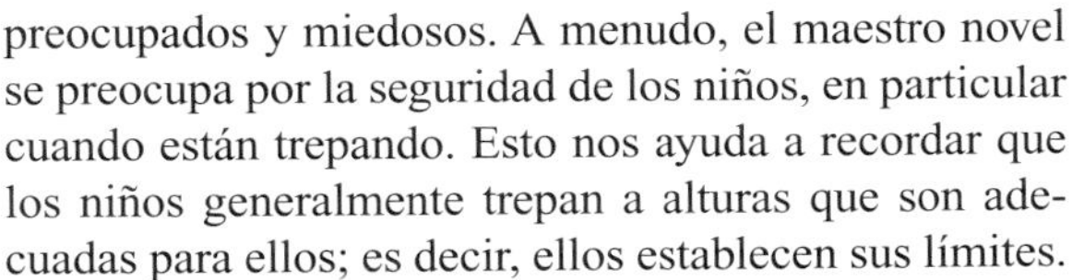

preocupados y miedosos. A menudo, el maestro novel se preocupa por la seguridad de los niños, en particular cuando están trepando. Esto nos ayuda a recordar que los niños generalmente trepan a alturas que son adecuadas para ellos; es decir, ellos establecen sus límites.

La costumbre de escoger niños y situarlos en un equipo, a menudo siguiendo sus peticiones, es cuestionable. Si los maestros cumplen los deseos de los niños de subirles y establecerles en un nivel más alto, lo que están haciendo es colocar a los niños en situaciones fuera del alcance de sus limitaciones naturales. Los niños pueden pensar que les están diciendo, "eres incapaz de trepar hasta allí arriba tú solo", o "es demasiado peligroso que lo intentes sólo". Además, esto no hace que los niños ganen experiencia en las habilidades básicas primero, sino que los expone a situaciones que requieren habilidades más complejas de las que poseen en ese momento. Esto no proporciona al niño la oportunidad de practicar dichas habilidades. Los niños conocen sus capacidades cuando se sienten responsables de lo que hacen. Cuando tienen que buscar soluciones para levantarse, salir, entrar o bajarse, aprenden a manejar de una forma realista su nivel de desarrollo motor y físico. Los maestros animan y depositan su confianza en los niños diciendo, "no te puedo poner ahí, pero te voy a ayudar a intentarlo". Hacer que los patios de juegos sean seguros es una buena forma de potenciar el crecimiento físico y establece la etapa del aprendizaje mediante el desarrollo motor (ilustración 12.9).

Enriquecimiento del patio de juegos

El patio de juegos es el escenario natural para conseguir un desarrollo físico óptimo y el entorno ideal para potenciar el estado físico. En el patio se ponen de manifiesto todas las habilidades motoras.

Carmina *agarra* un pañuelo y empieza a bailar, *dando vueltas* y *girándose, saltando con un sólo pie* y *agachándose* al son de la música. Siguiendo el ejemplo del maestro, Carmina *mantiene el equilibrio* poniéndose de puntillas y *ondea* el pañuelo por encima de la cabeza del maestro.

LA DIVERSIDAD DE NUESTRO MUNDO LA DIVERSIDAD DE NUESTRO MUNDO LA DIVERSIDAD DE NUESTRO MUNDO LA DIVERSIDAD DE NUESTRO MUNDO LA DIVERSIDAD DE NUESTRO MUNDO

1 Véase la nota al pie 1 de la página 449.

2 Tenga presente las influencias familiares o culturales relativas a lo que es típico de un sexo.

HACER QUE LOS PATIOS DE JUEGOS SEAN SEGUROS

La seguridad en el área de recreo significa:

- Espacio suficiente según la cantidad y la edad de los niños que la van a utilizar
- Espacio vacío suficiente
- Superficies disponibles tanto firmes como blandas
- Superficies blandas bajo cualquier equipo desde el que se pueda caer un niño
- Áreas con sombra alternando con zonas soleadas
- No debe haber agua estancada, sino un buen drenaje
- No debe haber plantas venenosas o con pinchos, ni basura o escombros
- Las áreas recreativas deben estar claramente definidas y diferenciadas las unas de las otras
- Por las noches se debe proteger el área de arena de los animales
- Las vallas deben ser lo suficientemente altas y estar en buen estado
- El portón debe mantenerse asegurado con candados fuera del alcance de los niños

El equipo:

- Se debe mantener en buen estado, no debe estar expuesto a clavos, tornillos, objetos punzantes, pinturas con astillas
- Se debe elegir teniendo en cuenta la edad de los niños en lo que respecta a la altura y complejidad
- Se debe fijar establemente y con seguridad
- Se debe reparar inmediatamente o reemplazar si se estropea
- Es variado para permitir una gama más amplia de habilidades
- No debe estar abarrotado
- Debe ser suave en los lugares donde los niños vayan a colocar las manos
- Se debe examinar frecuentemente
- Se debe colocar adecuadamente: los toboganes mirando al norte, los columpios fuera del alcance de las otras estructuras o áreas abarrotadas
- Se debe presentar siguiendo una escala según el nivel de edad: los escalones y demás aperturas se deben situar con una separacíonde 10 o menos centímetros o de 20 a 25 centímetros
- Se debe modificar según la edad: los columpios tienen asientos blandos

Los maestros:

- Refuerzan las prácticas seguras
- Llevan ropa de calle apropiada
- Examinan frecuentemente *el lugar donde* juegan los niños
- Involucran a los niños para que examinen la seguridad del patio, el equipo y los campos
- Supervisan continua y apropiadamente
- Evitan las congregaciones cuando van a hablar
- Se involucran con los niños
- Proporcionan actividades y desafios suficientes
- Vigilan la exposición al sol, especialmente la de los niños en edad de caminar
- Ayudan a los niños cuando éstos quieren volver a organizar el equipo móvil

Ilustración 12.9 Antes de permitir que los niños utilicen el patio de juegos, los maestros deberían utilizar una lista de comprobación como ésta para garantizar que se satisfacen los estándares de seguridad. Un patio de juegos seguro estimula el desarrollo físico, la participación social y el análisis completo de los materiales y el entorno.

Ilustración 12.10 El equipo del patio de juegos debería suponer un desafío y proporcionar experiencias variadas relacionadas con el movimiento y una cantidad significativa de ejercicios físicos.

Teresa *va* hacia el trepador, *agarra* el travesaño más alto que puede *alcanzar, se impulsa* ella misma *levantando* una pierna y después la otra hasta que *se estira* verticalmente por todas las barras del trepador. Satisfecha, *suelta* los pies y *salta* de nuevo al suelo. Teresa *dobla* las rodillas al caer en el suelo, *mantiene el equilibrio* hasta ponerse en posición vertical, y *sale* corriendo.

Ramón *da su primeros pasos* para *coger* la pelota roja grande. Momentáneamente abatido por el tamaño, *se tira* hacia atrás para *sentarse* sobre la hierba. Cuando una maestra se acerca, le *lanza* la pelota. Ésta se la *devuelve* y Ramón imita sus movimientos. Pronto empiezan a *dar patadas* y a *lanzarse* la pelota el uno al otro.

Utilizando los músculos largos y los pequeños, los niños empiezan a controlar su cuerpo cuando corren y juegan. El patio de juegos proporciona un espacio abierto donde se producen movimientos de todo el cuerpo, proporcionando muchas oportunidades para desarrollar el equilibrio y la coordinación.

Sin embargo, las habilidades físicas no son la única ventaja de jugar al aire libre. También se fomentan las habilidades sociales y cognoscitivas. En el patio de juegos, los niños deben negociar los turnos para montarse en los vagones, pedir que les empujen en los columpios y esperar en la cola del tobogán. Algunos de los juegos de representación más complicados y enrevesados se producen al aire libre. Los problemas se resuelven cuando se chocan dos triciclos. Los experimentos científicos intentan encontrar un nido de pájaros o plantar un jardín. Según Frost (1992), "los patios de juegos bien preparados aumentan la intensidad del juego y la variedad de comportamientos que se producen jugando".

En el patio de juegos uno dice "¡silencio!" o "¡quédate quieto!" Es un lugar para moverse libremente y tener espacio, proporcionando además las sensaciones especiales que solo se obtienen al aire libre.

SELECCIÓN DE ARTÍCULOS

Juegos infantiles al aire libre

Paula J. Carreiro

Madalena, imitando la sonrisa de su gato Chesi, se sienta encima de la estructura para trepar. El viento sopla su pelo largo castaño mientras contempla la actividad de debajo.

Del mismo modo, desde una posición menos estratégica, su maestra hace un balance de los acontecimientos que están empezando a desarrollarse. Como profesional de la primera infancia, reconoce la importancia de este momento para sus estudiantes. De la misma manera en la que se prepara cuidadosamente la clase en el interior, así también se planifica, mantiene y supervisa el entorno al aire libre. Un vistazo por el área revela muchas razones del éxito de esta experiencia de estos niños pequeños.

Una sesión para realizar la programación inicial llevó a la creación de un espacio al aire libre que es, ante todo, un lugar seguro para la edad de este grupo. El mantenimiento cuidadoso y frecuente garantiza un área de juegos permanentemente libre de peligros. Los adultos que merodean por el área de recreo proporcionan la misma proporción alumno-maestro que existe en el entorno interior. Observan cuidadosamente el comportamiento y proporcionan ayuda cuando es necesaria. Hoy en día hay que contemplar muchas cosas. El área grande de arena para jugar es el lugar apropiado para hacer una excavación grande. Los jóvenes exploradores reciben la ayuda de cubos, palas, recipientes para medir y el agua. Otra área apropiada para los juegos de representación, con un bote que contiene partes que se mueven para conseguir una aventura auténtica. Existe un área de almacenamiento al aire libre donde se guardan los triciclos para que éstos vuelvan a ser descubiertos todos los días por conductores que están ansiosos por recorrer la autopista, un camino pavimentado alrededor del patio. Un tobogán bien diseñado desliza a los niños de una forma segura sin importar el tiempo que haga y una cepa de árbol ancha atrapa al científico más serio en la búsqueda del último insecto.

En una esquina del área de recreo los estudiantes mayores han plantado un jardín colonial que todos los niños ayudan a mantener. Se ha dejado otro espacio abierto dedicado a la naturaleza con plantas, flores y comederos para pájaros para que los niños realicen descubrimientos y exploraciones.

La atención que se ha prestado a la forma en que se desarrollan los músculos del cuerpo grandes de los brazos y las piernas no se limita al equipo para trepar. Además, hay columpios y otras estructuras que favorecen este desarrollo. Otros factores importantes del área de recreo incluyen una superficie sólida para botar pelotas, áreas con un equilibrio entre zonas soleadas y zonas sombreadas, caballetes para pintar al aire libre, un área para crear estructuras con cubos grandes y un montón de materiales abiertos como cajas y barriles para que los niños los usen de una manera creativa.

No es de extrañar que una parte significativa del día se pasa en este área. El patio de juegos no sólo proporciona oportunidades importantes para que se produzca el desarrollo físico; en este área los niños también experimentan un verdadero placer durante el aprendizaje.

Paula J. Carreiro es la directora de Beauvoir School, Washington, D.C., que atiende a niños desde preescolar hasta tercer curso.

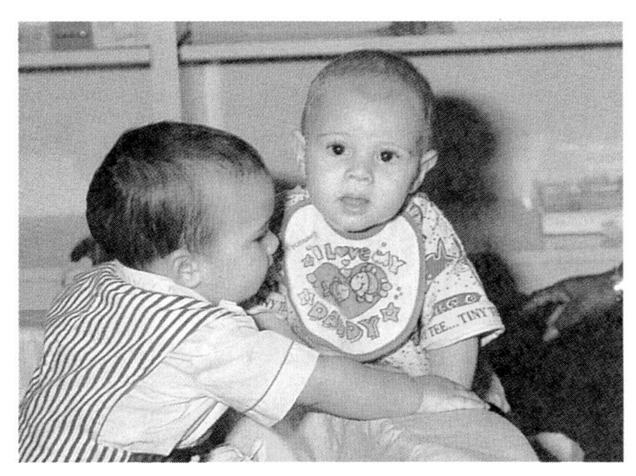

Ilustración 12.11 Los padres y los maestros potencian los juegos físicos desde la primera infancia.

Al crear y mantener un entorno que contiene desafíos, los maestros tienen en cuenta tanto la variedad como el nivel de desafío. La posible elección de superficies fomenta una variedad de movimientos. El cemento puede ser apropiado para los juguetes que sirven para transportar, pero las esterillas de corcho y de goma son mejores para trepar, recolgarse y dejarse caer. La variación del equipo también estimula la actividad motora. Los equipos móviles tienen más utilidades y permiten a los niños manipular su propio entorno. Creando sus propios desafíos físicos con cajones de madera, los niños construyen plataformas, cuevas y casas para ir arrastrándose. Otra manera de proporcionar variedad es centrándose en las habilidades menos desarrolladas, como coger y lanzar, rodar, agarrarse, moverse rápidamente y pasar volando. Cuando se anima a los niños a que descubran su potencial físico, éstos aprenden a resolver los problemas del movimiento basándose en las limitaciones de sus capacidades en lugar de en la realización. Este tipo de aprendizaje potencia la confianza en si mismo a medida que los niños obtienen éxito a través de sus propios desafíos.

El cuadro de atención de Paula Carreiro pone de relieve la importancia de los patios de juegos y los juegos al aire libre.

El concepto de un niño de símismo

La imagen que una persona tiene de su propio físico es una parte importante del concepto que tiene de sí misma. El modo en el que se ven las personas a sí mismas está arraigada en la manera en la que ven a sus cuerpos y lo que pueden o no hacer con ellos. Las actitudes que se tienen sobre el cuerpo y sus capacidades afectan directamente los tipos de actividades que los niños van a intentar. Los estudios muestran que las habilidades para los juegos parecen estar sujetas a la aceptación de los compañeros del grupo (Gallahue, 1996). Psicólogos y maestros a menudo observan un vínculo entre los problemas de aprendizaje y la torpeza. Los niños con problemas parecen tener dificultades motoras con más frecuencia que aquellos que hacen un buen trabajo en la clase (Cratty, 1986).[1]

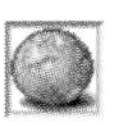

Por lo tanto, la actividad física contribuye al concepto que el niño tiene de sí mismo. La práctica proporciona un sentido de la competencia. Los niños aprenden a relajarse a medida que obtienen más experiencia en las actividades físicas y de esta manera reducen la tensión del fracaso anticipado. La competencia genera confianza en uno mismo y una disposición para afrontar desafíos más grandes. A medida que los niños intentan actividades nuevas, aprenden más cosas de ellos mismos. Los ejercicios físicos aumentan la conciencia de lo divertido que es moverse, ¡correr por un campo o empujar un columpio sólo por puro placer!

Los maestros apoyan un concepto positivo de sí mismo a través del desarrollo físico y motor de varias maneras. Permiten que los niños descubran sus limitaciones físicas, en lugar de aconsejarles o impedirles que intenten una actividad por ellos mismos. "¡Estoy atascado!" grita un niño por todo el patio. En lugar de salir corriendo para levantar al niño, el maestro podría responder, "¿dónde puedes poner el pie a continuación?, ¿cómo puedes encontrar una manera para atravesar el patio?" En el caso de un niño al que le da miedo trepar, el maestro podría permanecer al lado, respondiendo al temor diciendo, "voy a permanecer junto a la enredadera para que te sientas seguro". El uso del refuerzo positivo potencia los intentos de los niños para realizar actividades físicas y motoras. Los

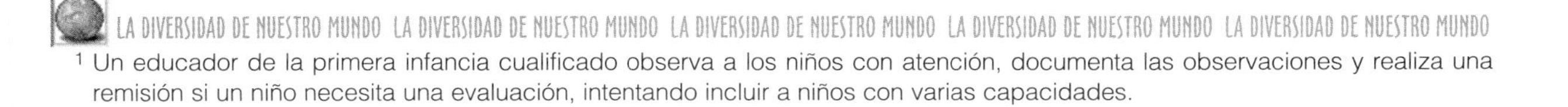

1 Un educador de la primera infancia cualificado observa a los niños con atención, documenta las observaciones y realiza una remisión si un niño necesita una evaluación, intentando incluir a niños con varias capacidades.

maestros se fijan en los niños que intentan cosas nuevas: "Jorge, es fantástico verte cortar la calabaza por ti mismo." Elogian los esfuerzos por los logros que se consiguen: "¡Tus manos han alcanzado la cima esta vez, Sara! Apuesto que estás orgullosa de ti misma." Los niños que se quedan al margen observando a los demás pueden necesitar que los maestros les animen a dar el primer paso para dominar los minigimnasios o el tobogán. "Aquí puedes poner el pie, Arturo. Te sostendré la mano hasta que me digas que la suelte."

No es tanto lo que los maestros dicen a los niños lo que tiene influencia en sus sentimientos como el modo en el que se trata a los niños. Los niños se valoran a sí mismos según cómo los valoren los demás. La manera que tienen los maestros de mostrar lo que piensan de los niños en realidad influye en su propio concepto y su sentido de lo que valen. Los niños se forman una imagen de ellos mismos según las palabras, actitudes, lenguaje corporal y opinión de los que están a su alrededor.

Fomento de los juegos físicos

La función vital de los ejercicios físicos se desempeña mejor cuando los maestros:

- Dedican algún tiempo del horario a realizar ejercicios físicos, preferentemente, pero no limitados, al aire libre.
- Participan activamente mientras que supervisan y animan a *todos* los niños a que participen en actividades intensas.
- Establecen objetivos en el desarrollo motor y la forma física de los niños.
- Utilizan una variedad de actividades que incluyen la ciencia, el arte y la música para estimular el desarrollo físico.
- Seleccionan equipos y materiales adecuados para la edad de los niños, proporcionando una serie de objetos que mejoran su uso.
- Dan oportunidades a los niños para repetir, practicar y mejorar las habilidades que aprenden.

Cuando los niños desarrollan las habilidades físicas y motoras con esta clase de refuerzos, la confianza y el sentido de competencia aumenta.[1]

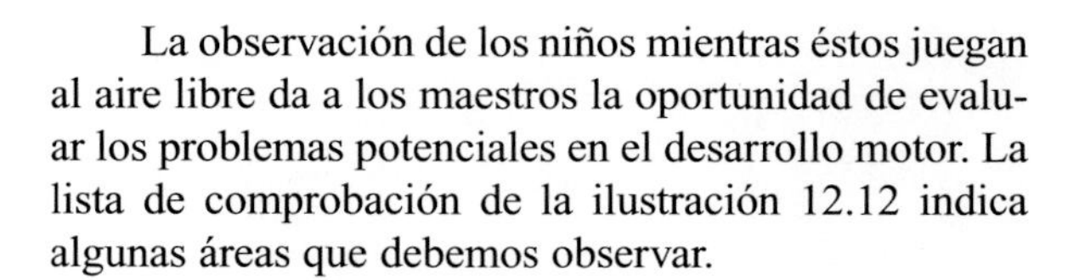

La observación de los niños mientras éstos juegan al aire libre da a los maestros la oportunidad de evaluar los problemas potenciales en el desarrollo motor. La lista de comprobación de la ilustración 12.12 indica algunas áreas que debemos observar.

Currículum para planificar el desarrollo físico motor

Los maestros planean actividades que fomenten las habilidades físico motoras en las áreas del desarrollo motor grueso fino y perceptivo. Consideran el entorno, tanto exterior como interior, para ver que se potencian las tres áreas del crecimiento físico.

En el aula

Al considerar el desarrollo físico motor en la clase y el patio, los maestros tienden a enfatizar las tareas motoras finas (o músculos pequeños) en el caso de la

Compruebe si el niño:

- ☐ 1. Tiene problemas para sostener o mantener el equilibrio.
- ☐ 2. Da la impresión de tener dificultades para mantener el equilibrio y se mueve con torpeza.
- ☐ 3. No puede moverse bien por sí solo.
- ☐ 4. Da la impresión de ser generalmente torpe en las actividades que requieren coordinación.
- ☐ 5. Tiene dificultad para cambiar los movimientos.
- ☐ 6. Tiene dificultad para combinar movimientos sencillos.
- ☐ 7. Tiene dificultad para calcular el espacio con respecto a su propio cuerpo, se choca y se da contra objetos y otros niños.
- ☐ 8. Tiende a caerse frecuentemente.
- ☐ 9. Posee una coordinación escasa entre la vista y el tacto.
- ☐ 10. Tiene dificultad para manejar las herramientas sencillas que se utilizan en los ejercicios físicos (bolsas de frijoles, pelotas, otros objetos que requieren coordinación visual motora).

Ilustración 12.12 Una lista de comprobación de los posibles problemas que se pueden dar en el desarrollo físico motor sirve de pauta para crear un perfil específico del desarrollo para detectar los problemas.

1 En todos los niños, existe un sentimiento de valía personal en el centro de su existencia.

Ilustración 12.13 El área al aire libre posee un gran potencial para desarrollar las habilidades motoras gruesas (trepar, agacharse, deslizarse en tobogán), las habilidades motoras finas (agarrar, alcanzar, mantenerse), y las habilidades de perceptivas motora (coordinación entre la vista y el tacto, dirección, ritmo).

clase y las tareas motoras gruesas (o músculos largos) en el caso de los espacios al aire libre para jugar. El área interior está más preparada para las actividades con menos movimientos y el área al aire libre potencia los juegos en los que se mueve el cuerpo entero. Aún así los niños poseen una variedad más amplia de actividades si los maestros recuerdan que los proyectos motores gruesos y finos pueden producirse en cualquier entorno.

En el interior. En el interior, el área artística tiene un gran surtido de bolígrafos, lápices de colores, tijeras y perforadoras para hacer agujeros en el papel que desarrollan las habilidades motoras finas. Agreguen brochas o rodillos al caballete, o planifiquen una sesión de pintura con los dedos, y el área artística ahora incluirá al desarrollo motor grueso. Cuando los niños utilizan plantillas para trazar espacios interiores y al aire libre, éstos practican las habilidades de perceptias motoras. En el área científica, una actividad motora fina es conseguir "solo un pellizco" de pescado; limpiar la casa de la tortuga requiere que los músculos largos muevan las rocas y la arena. El desarrollo perceptivo motorse produce cuando los niños utilizan una jarra para llenar el tanque de los peces o la cuba de la tortuga y aprenden cosas sobre los niveles del agua. En la mesa, cuando un niño coloca una ficha en un tablero, éste está utilizando habilidades motoras finas. Sacar un rompecabezas de una estantería y llevarlo a una mesa implica habilidades motoras gruesas. Añada frutos secos y tornillos, y las habilidades de perceptivas motoras del niño se pondrán de manifiesto. El área de bloques ofrece posibilidades infinitas, desde levantar y llevar (motoras gruesas), hasta mantener el equilibrio y amontonar (motoras finas), y construir un espacio de manera que quepa un animal o un auto (perceptivas motoras). Las áreas destinadas al lenguaje y a la biblioteca son lugares para pasar páginas o mirar palabras y dibujos (motoras finas). Además implican el tener que coger los libros de las estanterías y volver a colocarlos e intentar los movimientos y las actividades que aparecen en los libros. Por ejemplo, *Is It Hard? Is It Easy?* de Tana Hoban, anima a los niños a representar las escenas dibujadas en la historia, todas ellas tareas motoras gruesas. Con un puesto para escuchar cercano, los niños escuchan el "pitido" y coordinan lo que escuchan (perceptiva) mientras que pasan las páginas (motora).

En el exterior. Los niños desarrollan habilidades motoras de todas clases al aire libre. En la arena, los niños excavan, una actividad motora gruesa. Al mismo tiempo que valoran lo grande que es el agujero, o la cantidad de agua que cabe, practican y mejoran las habilidades perceptivas motoras. Abrir un grifo, plantar semillas y hacer mascarillas de barro favorecen el desarrollo motor fino.

Los juguetes con ruedas ofrecen oportunidades a los niños en todas las áreas motoras. Empujar a alguien en un vagón desarrolla la fuerza de los brazos y las piernas, desarrollo motor grueso. Para guiar triciclos y carretas por un camino y salvar algunos obstáculos necesitamos habilidades perceptivas motoras. Actividades como intentar "arreglar" o "pintar" un juguete con ruedas con herramientas o con brochas, unir vagones o entretejer cintas por los rayos de una bicicleta utilizan habilidades motoras finas. Si consideran la clase y el patio como áreas en las que se pueden potenciar el desarrollo físico y motor, los maestros pueden planear actividades que refuercen el crecimiento en todas las áreas de una habilidad.

Transiciones y tiempos en grupo. Cada franja del horario se puede planificar para que se utilicen todas las habilidades físico motoras. Por ejemplo, ponerse y quitarse los abrigos y los trajes de invierno es una actividad que desarrolla los músculos largos. Los niños aprenden habilidades perceptivas mortora cuando intentan meter el brazo por la manga correcta. Abrocharse los botones, cerrar las cremalleras y atar son actividades motoras finas. A medida que los niños se preparan para trabajar en grupo, que a menudo es una transición difícil, podrían practicar dibujando caras en el aire o haciendo figuras de letras con sus cuerpos, que son tareas perceptivas mortora.

Las horas en grupo también incluyen actividades que potencian el desarrollo motor. Cuando hay globos, pañuelos o paracaídas en la hora de música, los niños practican las habilidades motoras en grupo. Los juegos de mímica manual durante las horas en grupo son tareas motoras finas. Las actividades para desarrollar los sentidos del oído y la vista abarcan dos áreas del crecimiento de los sentidos que se pueden utilizar como contenidos para las horas en grupo.

Objetivo centrado en las habilidades

Las habilidades físico motoras incluyen aquellas que utilizan los músculos largos y los pequeños y que coordinan respuestas motoras y perceptivas. Los maestros que programan las actividades para los niños se pueden centrar en cualquiera de éstas y tomarla como base para programar el currículum. Por ejemplo, las habilidades que coordinan la vista y el tacto (perceptivas motoras) y aquellas en las que andamos sobre una barra de equilibrio (motoras gruesas) se elaboran a continuación. Éstas muestran la manera en la que los maestros pueden centrarse en una habilidad simple y desarrollar un currículum variado para los niños. La ilustración 12.14 proporciona una idea general del proceso de desarrollo de actividades que satisfagan las necesidades de los niños con una amplia variedad de habilidades teniendo en cuenta los esfuerzos y necesidades de todos los niños.

Coordinación entre la vista y el tacto. Las habilidades de desarrollo para coser utilizan la habilidad de percepción motora de la coordinación entre vista y tacto. Se pueden planificar varias actividades para ayudar a los niños a aprender estas habilidades. Este aprendizaje comienza en la lactancia, cuando el bebé empieza a manipular y examinar los objetos, aprende a agarrar con el pulgar y el índice *(asimiento de pinza),* y muestra la preferencia por una mano. Ensartar cuentas grandes de madera es un primer paso y conduce al uso de trozos de paja y papel perforado, con agujeros algo más pequeños. Los macarrones se pueden ensartar en los cordones de los zapatos o en una cuerda más fuerte, después en un hilo, que es más blando y supone un mayor desafío. La siguiente actividad que se puede introducir es coser cartas haciendo agujeros en bandejas de poliestireno. Las agujas de plástico grandes se pueden utilizar con las tarjetas para bordar o con las bandejas; las agujas para bordar grandes con puntas grandes se pueden utilizar para dar puntadas con el hilo en las arpilleras. Los niños pueden estar preparados

PROGRAMACIÓN INCLUYENTE PARA NIÑOS CON NECESIDADES ESPECIALES

(*Nicolás* es un bajito de 4 años, aproximadamente una estatura equivalente a las 2/3 de la de sus compañeros. Tiene las piernas cortas en proporción al tamaño de su cuerpo y pierde el equilibrio facilmente. *El desarrollo físico de Ana*es normal, pero es muy tímida y prefiere mirar a los demás antes que participar en las actividades. Un proceso paso a paso que se construye a partir de los esfuerzos y habilidades de los niños ayuda a los maestros a planificar actividades significativas para todos los niños.)

1. **Determinar los esfuerzos de los niños**
   Nicolás—imaginativo, ágil, saludable, sociable, muestra una imagen de si mismo positiva
   Ana—perseverante, paciente, dócil, metódica, cada éxito por muy pequeño que sea se manifiesta en su rostro
2. **Determinar las necesidades de los niños**
   Nicolás—demostrar que es tan competente como sus compañeros, a pesar de su estatura baja; mejorar el equilibrio escaso que tiene debido al hecho de que sus piernas son desproporcionadamente cortas
   Ana—mejorar las habilidades motoras que utilizan los músculos largos; ganar confianza para unirse a los grupos
3. **Establecer objetivos**
   Nicolás—obtener un equilibrio mejor y que le ofrezcan la oportunidad de sentirse alto y grande
   Ana—ser un poco más atrevida, más sociable y sentirse más cómoda con su cuerpo en lo que respecta al espacio
4. **Creación de ideas: ¿Qué actividades en grupo son convenientes?**
   Nicolás—actividades físicas que requieran estiramientos y equilibrio
   Ana—experiencias no competitivas que requieran clases diferentes de planificación motora y que le permitan ir su ritmo cuando participa con sus compañeros
5. **Seleccionar una actividad** (ej., una pista con obstáculos al aire libre)
6. **Planear la actividad** (véase "Planificación de una pista con obstáculos al aire libre")
7. **Poner en práctica la actividad** (véase "Construcción de una pista con obstáculos")
8. **Evaluar la actividad**
   Nicolás—¿Ha sido capaz de estirarse lo suficiente como para trepar los peldaños y cubrir los espacios vacios entre los obstáculos?, ¿ha trabajado las habilidades para mantener el equilibrio?
   Ana—¿Estaba dispuesta y capacitada para trabajar en la pista?, ¿ha necesitado la ayuda de algún maestro durante el recorrido?, ¿se ha relacionado con sus compañeros?
   Ambos niños—¿Han completado el recorrido, o se han saltado algún obstáculo?, ¿han vuelto a algún lugar favorito?, ¿han repetido voluntariamente el recorrido completo?
   Todos—¿Se han divertido todos?
9. **¡Mejoren la actividad e inténtelo de nuevo!**

Ilustración 12.14 Programación incluyente para niños con necesidades especiales. (Adaptado con el permiso de Kranowitz, C. S. [1992]. Las pistas con obstáculos sirven para todas las personas. En B. Neugebauer [Ed.], *Alike and different: Exploring our humanity with young children* [p. 23]. Washington, DC: National Association for the Education of Young Children. © por NAEYC.)

para utilizar bastidores de bordar con los que pueden realizar un diseño en las arpilleras primero para después dar puntadas en los bordes. Se pueden coser botones en las arpilleras o en otros tejidos. Las palomitas de maíz o el material de embalaje se pueden ensartar utilizando una aguja. Un proyecto final podría ser hacer una serie de murales para colgarlos, con cuadrados de las puntadas de los niños cosidos juntos. Se podrían hacer mochilas y monederos sencillos, y los niños podrían coser la mayor parte de ellos.

Andar sobre una barra de equilibrio. Existe la posibilidad de que los maestros quieran centrarse en la habilidad para andar sobre una barra de equilibrio. Utilizar cualquier clase de barra requiere más equilibrio y movimientos más lentos que andar de una forma

Ilustración 12.15 Cuando son pequeños, los niños están orgullosos de sus logros físicos. El sentirse fuerte o capacitado aumenta la confianza en uno mismo.

normal. Los maestros colocan una cinta en el suelo y piden a los niños que anden hacia delante y hacia atrás sobre ella. Pongan una cuerda en el suelo y todos creerán que son equilibristas. Coloque una tabla lisa ancha en el suelo, después sustitúyala por una estrecha (también en el suelo) cuando los niños hayan dominado la primera tabla. A continuación, coloque la tabla ancha a una altura mínima (aproximadamente a medio metro del suelo). Una vez que los niños hayan andado sobre la tabla con éxito, éstos están preparados para intentarlo en una tabla más estrecha a la misma altura. Fije algunas tablas en una pendiente, desde el nivel del suelo hacia arriba, proporcionando un desafío que permita a los niños elevar sus cuerpos del suelo poco a poco según lo deseen. Programando actividades para andar sobre tablas anchas y estrechas a varias alturas, los maestros ayudan a los niños de todos los niveles a adquirir las habilidades motoras gruesas necesarias para dominar estas tareas. La ilustración 12.16 muestra el equipo apropiado según la edad que favorece el desarrollo de las habilidades motoras.

Uso de los temas

Cuando los docentes noveles programan las actividades, a menudo centran su interés en un tema o una unidad. Los temas se pueden utilizar para potenciar la participación física y motora. Una unidad sobre "El espacio sideral" implica habilidades motoras gruesas (dar saltos en la luna, dar un paseo por el espacio, entrar y salir del cohete espacial, construir un cohete espacial con bloques grandes). Se necesitan habilidades motoras finas para manipular los botones del panel de instrumentos, para dibujar mapas de las estrellas o escribir la cuenta atrás en una pizarra. Se necesitan habilidades de percepción motora para idear la manera de prepararse para un viaje a Marte, lo que va a pasar en el viaje y cómo regresar a La Tierra. Utilicen las muestras que aparecen en el capítulo 11 para desarrollar una unidad sobre el espacio sideral y otros temas apropiados para potenciar las habilidades motoras.

Una vez que los maestros conocen las habilidades físico motoras que poseen los niños y qué grupo está

Tipo de habilidad motora	Lactantes 0–1½ años	Niños en edad de caminar 1½–3 años	Preescolares 3–5 años	Primeros años de colegio 6–8 años
Locomotora: Andar, Correr, Saltar, Saltar con un solo pie, Saltar con los dos pies, Brincar, Trepar, Galopar, Deslizarse en tobogán	Áreas seguras para explorar los movimientos corporales; Pelotas para hacerlas rodar; Asientos para saltar que recuelgan; Andadores con ruedas; Pista con obstáculos sencillos	Carritos para hacer excursiones; Juguetes para tirar/empujar; Bailes; Tabla de equilibrio ancha; Gimnasios para niños en edad de caminar, escaleras y toboganes; Ring Around The Rosey	Pelotas de hip hop; Trineo; Esquís para principiantes; Trampolín; Patines comba; Barra de equilibrio; Trepador; Bailes	Comba; Patines; Patines para patinar sobre hielo; Cuerda para trepar; Esterillas para dar volteretas; Rayuelas
No Locomotora: Empujar, Tirar, Agacharse, Balancearse, Estirarse, Rodar, Darse la vuelta, Retorcerse	Áreas grandes y seguras para las exploraciones; Juegos con los padres/cuidadores: sostener, empujar los brazos, las piernas, juguetes resistentes para darle empujones; Pista de almohadas con obstáculos fáciles	Tabla para golpear; Caballito de madera sencillo, pequeño; Juguetes para dar un paseo; Columpio para los niños en edad de caminar; Legos® grandes; Carricoche de la muñeca resistente; Vagón; Estructuras de túneles; Bloques; Coches, camiones para empujarlos	Carrito de la compra/carricoche de las muñecas; Carretilla; Juguetes con pedales, triciclos; Rastrillos, palas; Toboganes; Columpio; Saco de arena	Patinete; Bici con dos ruedas; Trineo, tobogán; Esterillas para hacer ejercicios; Acrobacias; Gafas de bucear para nadar; Barra de entrada al gimnasio
Manual: Agarrar, Lanzar, Coger, Dar patadas, Recibir/mover objetos, Botar	Móvil sujeto a la cuna las patadas la mueven; Sonajeros, chupadores; Tabla de actividades en la cuna; Bloques de espuma blandos; Mover cuentas rápidamente; Juguetes que flotan en la bañera	Pelotas variadas; Juguetes para amontonar, meter en un cesto; Cuadros de actividades en el suelo; Clasificadores de figuras; Lápices de colores grandes, anchos; Estacas y tablas grandes; Tabla de agua/arena	Crayones, marcadores; Arcilla, masa; Juegos con bolos; Rompecabezas; Herramientas para trabajar con la madera; Pelotas; Tablas con cordones; Tabla de agua/arena	Guante/bate de béisbol; Juego de lanzar el aro; Pelotas de tamaño natural; Bates mayores de lo normal; Frisbee; "Miss Mary Mack"

Ilustración 12.16 Los juguetes y los juegos ayudan a desarrollar las habilidades motoras específicas de los niños pequeños.

APRECIACIÓN DE LA DIVERSIDAD CULTURAL A TRAVÉS DEL DESARROLLO MOTOR
Para los juegos interiores y exteriores

Actividad	Práctica de las habilidades motoras	Cultura
Baile del león o del dragón	Motora gruesa	China (Año nuevo)
Construir y hacer volar cometas	Motora gruesa y fina	Japonesa
Esquivar pelotas	Motora y gruesa	Euroamericana
Comba china	Motora gruesa	China
Romper una piñata	Motora gruesa	Latina
Dar vueltas como un dreidel	Motora gruesa	Judía (Hannukah)
Arte de la papiroflexia	Motora fina	Japonesa
Cestería	Motora fina	Americana nativa
Danza folklórica/del oeste	Motora gruesa	Euroamericana
Hacer instrumentos mariachi	Motora fina	Latina
Baile tradicional del Oestey	Motora gruesa	Latina
Encerrona en la cárcel	Motora gruesa	Euroamericana
Construir y hacer girar un grager	Motora fina	Judía (Purim)
Cocinar: arroz frito con poco aceite	Motora fina	China
Hacer pan frito	Motora fina	Americana nativa
Dar una patada a una lata	Motora gruesa	Euroamericana
Construir y tocar tambores	Motora fina	Americana nativa

Ilustración 12.17 Se pueden integrar actividades variadas que dicen mucho de muchas culturas en el currículum para el desarrollo motor y físico. Estas actividades son, como mucho, una aproximación a las expresiones culturales tradicionales y no presentaciones auténticas, pero aún así pueden ampliar la visión que tiene el niño del mundo a través de los juegos físicos.

preparado para aprender, éstos pueden programar actividades para complementar la unidad didáctica.[1]

Los maestros tienen que conocer los principios del crecimiento físico y del desarrollo motor para programar un currículum que incluya habilidades motoras y de movimiento. Después pueden utilizar estos conocimientos para programar actividades que animen a los niños a controlar sus propios movimientos y a aprender otras habilidades a través de los mismos. En el entorno de la primera infancia, el currículum se puede programar concentrándose en áreas de actividades, centrándose en una habilidad motora específica o utilizando un tema de clase.

Sumario

Los niños están en movimiento prácticamente desde que son concebidos y desarrollan las capacidades para mover el cuerpo a medida que van creciendo. Los niños pequeños pasan la mayor parte del día realizando ejercicios físicos; por lo tanto, el desarrollo de las habilidades físicas y motoras debe ser primordial en los programas de la primera infancia. El crecimiento físico, que atañe al cuerpo, es para los maestros una cuestión de buen estado físico y salud. Necesitan tener una visión general del crecimiento para ayudar a los

LA DIVERSIDAD DE NUESTRO MUNDO LA DIVERSIDAD DE NUESTRO MUNDO LA DIVERSIDAD DE NUESTRO MUNDO LA DIVERSIDAD DE NUESTRO MUNDO LA DIVERSIDAD DE NUESTRO MUNDO

1 Los padres representan una fuente excelente de ideas para garantizar que los temas van a reflejar una experiencia multicultural verdadera.

niños a desarrollar cuerpos funcionales y flexibles. El desarrollo motor significa aprender a moverse con control y eficacia. El desarrollo implica cierta madurez y experiencia. Los maestros deben conocer la secuencia del desarrollo y la función que desempeñan para proporcionar experiencias físicas y motoras a los niños pequeños.

El desarrollo muscular se clasifica en motor grueso, motor fino y percepción motor. Los movimientos motores gruesos hacen uso de todo el cuerpo o gran parte de él, como las piernas para correr o los brazos y el torso para lanzar. Los movimientos motores finos, como manipular objetos, son aquellos que utilizan músculos más pequeños y que requieren cierta precisión y destreza. Los movimientos perceptivosmotores son aquellos que combinan lo que se percibe con el movimiento corporal. La conciencia espacial, temporal y de los sentidos desempeña una papel importante en el desarrollo de las habilidades de percepción motora.

Durante los años de la primera infancia, los niños tienen que estar expuestos a muchas actividades motoras. Necesitan oportunidades para practicar, obtener refuerzos y tener una serie amplia de experiencias variadas y desafiantes. Dado que los niños adquieren las habilidades motoras a través de la memoria a corto plazo y a largo plazo, los ensayos también son importantes.

Al programar el currículum, los maestros deben tener en cuenta los estereotipos en función del sexo y deben considerar la seguridad y el desafío. El concepto que un niño tiene de sí mismo está unido al concepto del yo físico y a las habilidades, de manera que los maestros tienen en cuenta qué comportamientos se deberían potenciar y cuales pueden indicar los problemas del potencial. Cuando programan las actividades para los niños, los maestros utilizan la clase y las áreas al aire libre, se centran en una habilidad específica o utilizan un tema para desarrollar el currículum de las habilidades físico motoras.

Preguntas de Repaso

1. ¿En qué se diferencia el crecimiento físico del desarrollo motor en los niños pequeños?
2. ¿Qué factores influencian el desarrollo motor de los niños pequeños?
3. ¿Qué habilidades físico motoras deben desarrollar los niños pequeños?
4. ¿Cómo pueden reforzar los maestros de los niños pequeños el desarrollo motor en las clases?
5. ¿Cómo puede reforzar el maestro la adquisición de las habilidades motoras específicas en los niños pequeños?
6. Siga (a) a un lactante o a un niño en edad de caminar, (b) a un niño de 3 años y medio(c) a un niño de 6 a 8 años durante un periodo normal en el que juega en la escuela o en su casa. Intente observarlo durante 1 hora. ¿Manifiesta el niño los tres tipos básicos de movimiento (locomotor, no locomotor y manual)? Describa la acción de cada uno, incluyendo cualquier juguete o material que utilice el niño.
7. ¿Cómo presentaría las actividades que aparecen en la ilustración 12.14 a niños que tienen problemas de vista?
8. ¿Ha observado diferencias de sexo en el desarrollo físico de los niños pequeños? Si es así, ¿cuáles son las implicaciones para los maestros que programan las actividades motoras?

Actividades de Aprendizaje

1. Trace un mapa de la clase en la que está trabajando actualmente. Enumere al menos una actividad de cada área que favorece el desarrollo las habilidades motoras físicas. Añada una actividad más de invención propia para el aumento de dicho desarrollo.
2. ¿De qué manera refuerza un programa escolar que conozca el estereotipo en función del sexo en las actividades motoras? , ¿qué se podría hacer para cambiar este hecho?
3. Trate de desarrollar el tema "en la playa" o "de acampada" en su escenario de manera que se utilicen las habilidades físico motoras. Asegúrese de incluir actividades motoras gruesas, finas y perceptivas motoras. Enumere al menos seis temas más sobre los cuales podría elaborar un currículum similar.

Bibliografía

Allen, K. E., & Marotz, L. (1999). *Developmental profiles: Prebirth through eight.* Albany, NY: Delmar.

Bee, H. (1997). *The developing child.* Menlo Park, CA: Addison-Wesley.

Bennenson, J. F. (1993). Greater preference among females than males for dyadic interaction in early childhood. *Child Development, 64*, 544–555.

Berk, L. E. (1996). *Infants and children.* Boston: Allyn & Bacon.

Berk, L. E. (1997). *Child development.* Boston: Allyn & Bacon.

Cratty, B. J. (1986). *Perceptual and motor development in infants and children.* Englewood Cliffs, NJ: Prentice-Hall.

Elkind, D. (1994). *A sympathetic understanding of the child.* Boston: Allyn & Bacon.

Frost, J. L. (1992). *Play and playscapes.* Albany, NY: Delmar.

Frost, J. L., & Sunderlin, S. (Eds.). (1985). *When children play.* Wheaton, MD: Association for Childhood Education International.

Gallahue, D. L. (1996). *Developmental physical education for today's children.* Madison, WI: Brown y Benchmark.

Gallahue, D. L. & Ozmun, J. (1995). *Understanding motor development: Infants, children, adolescents.* Madison, WI: Brown y Benchmark.

Harris, J. R., & Liebert, R. M. (1992). *Infant and child.* Englewood Cliffs, NJ: Prentice Hall.

Hoyenga, K. B., & Hoyenga, K.T. (1993). *Gender-related differences.* Boston: MA: Allyn & Bacon.

Huston, A. C. (1993). Sex typing. En E. M. Heatherington (Ed.), *Handbook of child psychology* (Vol. 4, pp. 387–467, *Socialization, personality, and social development*). New York: Wiley.

Kranowitz, C. S. (1992). Obstacle courses are for every body. En B. Neugebauer (Ed.), *Alike and different: exploring our humanity with young children.* Washington, DC: National Association for the Education of Young Children.

Maccoby, E. E., & Jacklin, C. N. (1987). Gender segregation in childhood. En E. H. Reese (Ed.), *Advances in child development and behavior* (Vol. 20, pp. 239–287). New York: Academic Press.

Malina, R. M. (1982). Motor development in the early years. In S. Moore & C. Cooper (Eds.), *The young child: Review of research* (Vol. 3). Washington, DC: National Association for the Education of Young Children.

Picariello, M. L., Greenberg, D. N., & Pillemer, D. B. (1990). Children's sex-related stereotyping of colors. *Child Development, 61*, 1453–1460.

Ridenour, M.V. (Ed.). (Contributing authors: Clark, Herkowitz, Roberton, Teeple). (1978). *Motor development: Issues and applications.* Princeton, NJ: Princeton Book Company.

Planificación para la mente: desarrollo cognoscitivo y del lenguaje

Preguntas para pensar

¿Cómo se conectan el lenguaje y el pensamiento?

¿Qué ofrecen al desarrollo del currículum las teorías de constructivismo e inteligencias múltiples, la teoría sociocultural y las investigaciones sobre el cerebro?

¿Cuáles son las habilidades cognoscitivas de la primera infancia?

¿Cómo puede apoyar el maestro el desarrollo cognoscitivo?

¿Qué habilidades lingüísticas se desarrollan en un escenario de primera infancia?

¿Qué papel representa el maestro para respaldar y ampliar el desarrollo del lenguaje en niños pequeños?

¿Cómo introduce y desarrolla el maestro la lectoescritura en el escenario de primera infancia?

¿Qué puede ofrecerle la literatura infantil a los niños pequeños?

¿Cómo se podrían utilizar computadoras con niños pequeños?

Partes de este capítulo se elaboraron con la colaboración de Gay Spitz, Salinas Adult School, Salinas, CA.

PREFACIO

¿Qué es la mente?, ¿cómo piensan, se comunican y luego actúan en el mundo los niños?, ¿de qué manera dictan los conocimientos sobre el lenguaje y el pensamiento la planificación de actividades para el desarrollo infantil?

Para empezar, hay que recalcar la relación entre lenguaje y pensamiento. Los pensamientos se producen cuando la gente internaliza lo que experimenta. El lenguaje es lo que convierte estas experiencias, como acciones y hechos, en pensamiento. El lenguaje también moldea la manera en que se producen y almacenan los pensamientos, trayendo algo de orden al proceso mental. Los dos están entrelazados: según Bruner, el lenguaje es "una herramienta lógica y analítica del pensamiento" (Vygotsky, 1962).

Piensen en el lenguaje como una herramienta. La gente recibe la influencia del tipo de herramientas que emplea. Los agricultores que trabajan la tierra desarrollan herramientas que labran el suelo y, a su vez, aprenden más sobre ese suelo al utilizar tales herramientas. Los mecánicos comienzan a ver el mundo en términos de las tuercas y tornillos de los vehículos que ven cada día. Las tribus que viven en la nieve crean herramientas para la nieve y el hielo; no es de extrañar, entonces, que su lenguaje refleje más de una docena de formas de describir condiciones del agua helada. El lenguaje y el pensamiento son los instrumentos que utilizan las personas para encontrarle sentido al mundo e interactuar con él.

Por estas razones, este capítulo contiene unidades de planificación de currículum para el proceso cognoscitivo y el lenguaje juntos, en lugar de tratarlos en capítulos separados. Su inclusión en el mismo capítulo pone de relieve su estrecha relación. Una tercera unidad encara los temas especiales del lenguaje gráfico (lectoescritura), la literatura infantil, y las computadoras como vehículos para el desarrollo lingüístico e intelectual del niño pequeño.

INTRODUCCIÓN

¡Ay, quién fuera niño otra vez! El mundo es un lugar de maravillas y promesas. Hay mundos y gentes que descubrir, explorar y comprender. La niñez es una época:

- Del propio ser ... el bebé juega con sus manos y pies durante horas y se da la vuelta sólo por el gusto de hacerlo.
- De cosas por todas partes ... un niño que aprende a caminar invade los armarios de la cocina para ver qué tesoros puede encontrar.
- De gente ... un preescolar aprende los nombres de los maestros y luego hace su primer "amigo".
- De lugares lejanos ... un niño de jardín de infancia hace su maleta para la primera "dormida" fuera.

Aturde pensar cuánto se aprende en la primera infancia. ¿Cómo son capaces los niños de absorber la cantidad de información y experiencia que acumulan en sus primeros años de vida?

Todo niño acompaña esta tremenda hazaña con el *pensamiento*. Las primeras teorías sobre el proceso cognoscitivo se basaron en la idea de que la inteligencia es una capacidad general o potencial que puede medirse con tests normalizados (como los de CI) y, por lo tanto, que el proceso se puede desarrollar por medio de un conjunto específico, bastante reducido, de técnicas de enseñanza. Durante la primera mitad del siglo XX, sin embargo, empezaron a surgir nuevas ideas. Todas las teorías recientes giran en torno a la misma fascinante pregunta: ¿Qué explica los notables cambios en el pensamiento, el lenguaje y la resolución de problemas en niños pequeños? Las teorías de Jean Piaget (véase el capítulo 4) son una parte importante de la filosofía de la educación de la primera infancia. Investigaciones recientes sobre el procesamiento de la información, más las teorías de Vygotsky (véase el capítulo 4) y Gardner, han ampliado nuestras nociones sobre los procesos mentales y la inteligencia.

La cognición es la facultad o proceso mental que emplean los niños para adquirir conocimientos. Pensar es ser capaz de adquirir y aplicar conocimientos. Utilizando memoria y pensamiento consciente, los niños piensan en sí mismos, en el mundo y en los demás. Educar al niño pensante es una función crucial de padres y docentes. En los primeros años, el currículum debe encarar las habilidades del pensar, o cognoscitivas.

El lenguaje es la forma primordial de expresión con la que las personas comunican sus conocimientos y pensamientos. El bebé no comienza la vida con lenguaje, pero siempre se comunica. En realidad, el lenguaje oral comienza pronto, pues los lactantes aprenden a expresarse con sonidos, aunque no sean palabras. El niño que está creciendo comunica sus necesidades, pensamientos y sentimientos a través de un lenguaje con significado. Así, el lenguaje y el pensamiento están entrelazados.

Sin embargo, también están separados. Puede darse un proceso cognoscitivo sin lenguaje con que

Ilustración 13.1 Cuando los niños investigan su mundo de personas y lugares, se preguntan a si mismos y a otras personas lo que quieren saber.

expresarlo. Por ejemplo, la risa de un lactante cuando juegan al cucú indica el conocimiento por parte del niño de que la cara escondida aparecerá otra vez. A la inversa, puede emplearse lenguaje sin proceso cognoscitivo (es decir, sin saber el significado). Un niño que cuenta de 1 a 20 (". . . 11, 13, 17, 19, 20!") es un caso así.

El proceso cognoscitivo y el lenguaje por lo general se hacen más interdependientes al avanzar el desarrollo. Los niños amplían su base de conocimientos a través del lenguaje. Escuchan, hacen preguntas, cuentan. El niño con buenas habilidades lingüísticas puede aplicarlas, entonces, para ampliar los horizontes del conocimiento.

El proceso cognoscitivo y el lenguaje están relacionados no sólo con la mente que se desarrolla, sino también con todas las áreas del crecimiento infantil. Los jóvenes pensadores están trabajando en cualquier cosa que hagan. Por ejemplo, el desarrollo físico motor también es un proceso cognoscitivo. Aprender a patinar implica rodillas peladas y aprender a mantener el equilibrio (tareas motoras) junto con analizar, predecir, generalizar, evaluar y practicar el arte de la locomoción sobre ruedas (habilidades cognoscitivas). Cuando intentan entrar en un juego de grupo (una tarea social), los niños piensan estrategias para cómo empezar (habilidad cognoscitiva).

Los niños usan el lenguaje para desarrollarse emocionalmente. Escuchan, identifican, describen, elaboran y preguntan (habilidades lingüísticas) cuando aprenden a decirse a sí mismos y contar a otros cómo se sienten (tareas emocionales). Y cualquiera que haya oído a un niño mascullando instrucciones sobre cómo bajar de un árbol, sabe que el lenguaje puede ser de gran ayuda para utilizar habilidades físicas.

Este capítulo explora a fondo el marco para planificar el currículum para la mente. El capítulo 3 describe el desarrollo cognoscitivo y del lenguaje en la primera infancia. Este capítulo amplía el desarrollo del proceso cognoscitivo y el lenguaje en los primeros años, describe las habilidades adquiridas desde el nacimiento hasta los 8 años, y da contenidos curriculares específicos apropiados para el desarrollo. Por razones de claridad, el proceso cognoscitivo y el lenguaje se separarán en unidades. Con todo, los maestros deben recordar que funcionan juntos constantemente en la mente y en la vida de los niños pequeños. Los programas planeados para la primera infancia tendrán más éxito si este enlace se reconoce.

UNIDAD 13-1 Cognición

EL DESARROLLO DE LA COGNICIÓN: UNA PERSPECTIVA

Un punto de vista ecléctico

Al tratar de destacar el desarrollo cognoscitivo, los educadores de primera infancia se basan en teorías de desarrollo y aprendizaje y en sus experiencias directas con niños.[1,2] Combinando puntos de vista teóricos y prácticos, los maestros adquieren una perspectiva mixta, o **ecléctica**, del desarrollo del proceso de pensamiento. Trabajan con los niños para favorecer su capacidad de formular ideas y de pensar racional y lógicamente.

Lo más importante es que el profesional de primera infancia trabaja para ayudar a los niños a adquirir habilidades que conduzcan al desarrollo de:

Conceptos: identificar o nombrar una idea, pasando de lo específico a lo abstracto	"¿Qué es una uva?"
Relaciones: ¿Cuál es la asociación entre dos o más cosas?, ¿en qué son similares o diferentes?, ¿cuáles son sus funciones, características, atributos?	"¿Cuántos colores de uvas hay?, ¿todas tienen semillas?, ¿son de distintos tamaños?, ¿saben igual?"
Generalizaciones: Sacar conclusiones de relaciones y conceptos e ideas. Esto significa agrupar en clases y encontrar elementos comunes.	"¿Las uvas son frutas o carne?, ¿cómo crecen las uvas?"

Una perspectiva piagetiana

La psicología del desarrollo, en especial a través de las obras de Jean Piaget, ha proporcionado una comprensión más profunda del desarrollo cognoscitivo. El punto de vista de Piaget sobre la cognición es doble. Primero, *el aprendizaje es un proceso de descubrimiento*, de averiguar lo que se necesita saber para resolver un problema en particular. Segundo, *el conocimiento es el resultado del pensamiento activo*, de hacer conexiones mentales entre objetos, de construir una realidad con sentido para la comprensión.

Para Piaget, el conocimiento es "una interpretación de la realidad que quien aprende construye activa e internamente interactuando con ella" (Labinowict, 1980). Piaget dividía los conocimientos en tres tipos: físicos, lógico matemáticos y sociales. Los **conocimientos sociales** son los que los niños aprenden a través de experiencias sensoriales externas. Mirar hojas que se lleva el viento, agarrar una pelota, oler una rebanada de pan recién hecho, son todos ejemplos de niños aprendiendo sobre diferentes objetos físicos y cómo es su tacto, sabor, olor, movimiento, etcétera. El proceso cognoscitivo básico implicado en el desarrollo de conocimientos físicos es la *discriminación*. Por ejemplo, tocando con imanes unos clips, piezas de rompecabezas y muñecos de papel, los niños aprenden por experiencia directa sobre el magnetismo. Aprenden a discriminar entre los objetos que "se pegan" al imán y los que no.

Los **conocimientos lógico matemáticos** derivan de coordinar acciones físicas con cierta clase de orden, o lógica. No hay que confundirlos con las matemáticas formales; es más bien un tipo de pensamiento

LA DIVERSIDAD DE NUESTRO MUNDO LA DIVERSIDAD DE NUESTRO MUNDO LA DIVERSIDAD DE NUESTRO MUNDO LA DIVERSIDAD DE NUESTRO MUNDO LA DIVERSIDAD DE NUESTRO MUNDO

[1] Los maestros deben combinar lo que saben sobre teoría y conceptos con lo que aprenden sobre cada niño y su cultura; vean en el capítulo 3 descripciones de Janice Hale y Louise Derman-Sparks acerca de cómo los niños desarrollan actitudes sobre raza, sexos y capacidad.

[2] El papel de la cultura en la cognición es una de las distintas áreas de diversidad importante en este capítulo. El constructivismo de Piaget informa a los educadores de cómo deberían enseñar; dado que los niños construyen el conocimiento sobre sus propias experiencias personales, su cultura tendrá un impacto importante sobre la forma en que llegan a conocer.

matemático que los niños utilizan para hacer conexiones sobre lo que ven, como un lactante que alza la manta para encontrar un juguete escondido. La lógica del niño pequeño se ve en la coordinación de acciones para hacer una **inferencia**. Volvamos al ejemplo de los imanes. Si un niño deliberadamente acerca un imán a las perillas de metal de un cajón o a las barras metálicas para trepar, podemos ver el conocimiento lógico que aplica: el niño ha realizado una inferencia, que son las cosas de *metal* las que "se pegan" al imán.

Los **conocimientos sociales** provienen de nuestra cultura, las reglas del juego, el vocabulario correcto, los códigos morales. Incluyen aprender vocabulario y que nos enseñen o digan cosas, además de los conocimientos sobre los aspectos sociales de la vida. Cargados de valores y a menudo arbitrarios, rara vez pueden ser justificados lógicamente, pero se aprenden a lo largo de la vida. Con los imanes mencionados, habría que utilizar conocimientos sociales para decidir quién va a jugar con ellos, o cuándo le toca a otro.

Al desarrollar un currículum cognoscitivo, los maestros planean experiencias que destacan esos tipos de conocimientos. Pueden enseñar utilizando diferentes formas del conocimiento. El **conocimiento memorista** es información dada sin significado especial para el educando, que podría aprenderse con sentido pero no se hace así. Un maestro hablando sobre imanes y diciéndoles a los niños qué atrae o repele, les da conocimientos memoristas. **Conocimientos significativos** son los que los niños aprenden gradualmente y dentro del contexto de lo que ya saben y de lo que quieren averiguar, como en el ejemplo de permitir que los chicos manejen los imanes por su cuenta si quieren, y contestar a sus preguntas. Se puede emplear el decir (memorista) o el preguntar o permitir (significativo); la cuestión para los niños es el equilibrio entre ambas cosas en los encuentros educativos de cada día.

Como recordarán del capítulo 4, un tema especial de la teoría del desarrollo cognoscitivo de Piaget era la *teoría constructivista*. ¿Cómo se aplica esta teoría al currículum? Las clases constructivistas varían mucho en cuanto a organización y actividades, pero es probable que se mantengan constantes las características siguientes (adaptado de Roberts y Spitz, 1998):

- *Elección*: Es crucial practicar la vida en democracia y aprender a evaluar opciones y decisiones entre una variedad de materiales o actividades para que puedan centrarse en formular sus propias preguntas reales y aprender a encontrar respuestas auténticas.
- *Juego*: A través de las experiencias lúdicas los niños desarrollarán su propio pensamiento, porque dejará lugar a la elección personal y creará situaciones donde los niños deban intercambiar opiniones y resolver problemas.
- *Materiales y actividades*: Los conceptos se desarrollarán por medio de interacciones y experimentación con objetos reales, materiales y personas y, por lo tanto, necesitarán un entorno que proporcione material apropiado e interesante, además de muchas actividades que estimulen la interacción con compañeros.
- *Tiempo*: Cada día permitirá secciones largas de tiempo sin interrupciones para actividades iniciadas por los niños.
- *Docente*: El papel del maestro es facilitar e impartir información y conocimientos sociales, además de proporcionar un entorno emocionalmente seguro e intelectualmente estimulante.
- *Contenido Del currículum*: el contenido surge de las cuestiones de la vida real de los alumnos, sus intereses, familia y acontecimientos, de manera que el aprendizaje pertenezca al contexto de significado para cada niño.

Las inteligencias múltiples de Gardner

Las investigaciones sobre cognición documentan que los niños poseen diferentes *tipos de mentes* y por lo tanto comprenden, aprenden, recuerdan y realizan de diferentes maneras (Gardner, 1991). La mayoría de los expertos concuerdan en que la **inteligencia** es compleja y que los tests tradicionales no miden todo el arsenal de habilidades y capacidades involucradas. Esta opinión alternativa fue expresada por Howard Gardner (1983, 1991).[1] Gardner, un psicólogo de la Universidad de Harvard, sugiere que hay ocho "**disposiciones**":

1. Lingüística (habilidad para el lenguaje)

LA DIVERSIDAD DE NUESTRO MUNDO LA DIVERSIDAD DE NUESTRO MUNDO LA DIVERSIDAD DE NUESTRO MUNDO LA DIVERSIDAD DE NUESTRO MUNDO LA DIVERSIDAD DE NUESTRO MUNDO

[1] Considerar la inteligencia más allá de las pruebas estándar de CI da la oportunidad de tener en cuenta las diversas formas que puede tomar la inteligencia de los niños individualmente.

2. Musical (el talento que emerge más pronto)
3. Lógica (capacidad de manipular, ordenar y determinar cantidad y calidad)
4. Espacial (capacidad de percibir el mundo visual, cambiar percepciones, recrear aspectos de lo que uno ve sin que esté a la vista)
5. Corporal quinestésica (capacidad de controlar los movimientos corporales y manejar objetos)
6. Intrapersonal (comprensión de uno mismo, acceso a los propios sentimientos, y gama de emociones)
7. Interpersonal (comprensión social)
8. Naturalista (capacidad de reconocer y clasificar plantas, minerales, animales, artefactos, etc.)

La teoría de la inteligencias múltiples reconoce que las personas aprenden y utilizan los conocimientos de maneras diferentes. Lo que esto implica para los maestros es enorme: si las formas en que los niños representan lo que saben son diversas, nos enfrentamos a la decisión de qué conocimientos valoramos y cómo podemos dirigirnos a todas las áreas de la inteligencia para ayudar al éxito de cada niño.

En otras palabras, necesitamos cambiar tanto lo que enseñamos como la manera de enseñarlo. En demasiadas escuelas, a la gente se le enseñan las mismas cosas de idéntica manera, afirma Gardner. Tal uniformidad no puede continuar mientras aprendemos los muchos modos en que los niños son "listos". Se trata de buenas noticias para la mayor parte de los docentes de primera infancia. "La teoría de Gardner es un sueño hecho realidad para los maestros", dice Nelson (1995), "porque significa que se pueden nutrir muchas inteligencias. Y teniéndolo presente, yo (puedo) reinventar mi currículum y la manera de enseñarlo para que satisfaga las necesidades de un abanico mayor." Haciendo preguntas como "¿de qué maneras demuestra inteligencia este niño?" (Hatch, 1997), los maestros comienzan a extender el currículum para que se adapte al niño.

Esto no significa que los docentes deban elaborar cada actividad para las ocho inteligencias. Más bien, los maestros aprenden sobre cada niño en particular y luego adaptan su currículum para aprovechar los puntos fuertes de sus niños. La organización de centros de interés aplica bien la teoría de la inteligencia múltiple, igual que la noción de "seguir la corriente" de los intereses espontáneos de un niño o un grupo. Hasta los creadores del programa de televisión *Sesame Street* están utilizando los trabajos de Gardner y Armstrong para ayudar a desarrollar programas para niños pequeños (Blumenthal, 1995). La New City School (1995) da estas sugerencias para actividades en centros para la letra "F":

- Lingüística
  Cuento/palabras, agrupar objetos que comiencen con la letra F, hacer un recitado "F" con todas las palabras empezadas por "F"
  Audición, escuchar "Frog Went A Courtin'"
  Computadora, tocar "Fun on the Farm"
- Lógico matemática
  Manipulables, medir por pies (by the foot)
  Lenguaje, aprender sobre sentimientos (feelings); hablar de sentirse frustrado (feeling frustrated)
- Espacial
  Arte, pintar pies o caras fantásticos (fancy feet or face)
  Arcilla, hacer una "F" de masa de jugar
- Musical
  Representación, escuchar "Fantasia" mientras juegan en la casita
  Música, escuchar y cantar en francés; marcar ritmos con los pies (feet)
- Corporal quinestésica
  Al aire libre, botar pelotas alrededor de una "F" gigante
  Tiempo en grupo, dibujar letras imaginarias ("F") en la espalda de otro
  Sensorial, usar embudos (funnels)
- Intrapersonal
  Manipulables, un juego de "uno solo" con letras de papel de lija ("F")
  "Yo pono", una silla con bolsitas de frejoles para uno solo
- Interpersonal
  "Mesa social" o "de autoservicio", plantillas "F" con marcadores y papel; tarjetas para bordar con "F"
  Tiempo en grupos pequeños, los compañeros encuentran todas las "F" en la hoja de letras
- Naturalista
  Tiempo en grupo, ¿en cuántos dinosaurios podemos pensar que empiecen con "F"?
  Mesa de descubrimiento/ciencia, inicien un mural de "flora" y "fauna"

Vygotsky, el pensamiento y la cultura

Enfocando la forma en que nuestros valores y creencias afectan lo que transmitimos a la próxima generación, la teoría sociocultural de Vygotsky sostiene que mucho del desarrollo y los conocimientos de los niños es culturalmente específico (véase el capítulo 4). Como los niños aprenden de miembros de la comunidad que tienen más conocimientos, llegan a conocer las habilidades que son valoradas socialmente. En la América de hoy, las fuentes más destacadas de conocimientos son la familia, los medios y la escuela. Las herramientas psicológicas que los niños necesitan para aprender funciones mentales superiores, como el pensamiento simbólico, la memoria, la atención y el razonamiento, requieren la mediación de alguien que conozca las herramientas de esa sociedad en particular.

Vygotsky añade un elemento importante a nuestra comprensión del pensamiento.[1] Si los conocimientos están conectados con lo que valora una cultura, entonces el aprendizaje debe hacerse con estilo de colaboración. Los maestros y los padres deben tener algún tipo de acuerdo sobre lo que es importante enseñar a los niños, y la mejor manera de enseñar es una forma de aprendizaje asistido, como hacen los aprendices. Esta clase de situación de enseñanza aprendizaje permite el *andamiaje*, una técnica para aprender naturalmente, conocida como "de aprendiz". Se produce cuando una persona más experimentada "respalda los esfuerzos de un educando de menos experiencia por medio de una instrucción cuidadosa e individualizada en una habilidad nueva" (Elicker, 1995). Tal aprendizaje puede darse por vía física o por interacción verbal y mientras el educador y el educando estén motivados (uno para aprender y el otro para ayudar). Un niño mayor o un adulto sirve como guía que responde a lo que el niño está dispuesto a aprender.

Las implicaciones para la enseñanza incluyen un fuerte respaldo a los grupos de edades mixtas, para que los niños pequeños puedan aprender de los mayores. En realidad, de todas las estrategias empleadas para tratar los problemas de lectura en la primaria (que tienen un efecto devastador en los niños) los "más eficaces hasta ahora para impedir un fracaso temprano en la lectura son los enfoques que incorporan tutores individuales para los alumnos de primer grado en situaciones de riesgo" (Slavin, Karweit y Wasik, 1994). El juego es una forma valiosa de que los niños trabajen con símbolos y otras formas superiores del pensamiento. Con otras personas al lado, el niño practica lo que se valora y es de esperar en la sociedad. El maestro es tanto observador como participante: por ejemplo, si un niño construye con bloques, el adulto podría bosquejar el edificio y después alentar un esfuerzo conjunto para hacer un plano o usar herramientas de medida.

La investigación de los adscritos al desarrollo cognoscitivo como Flavell (1993) y la investigación cerebral (Caine y Caine, 1997) apoyan estos hallazgos alternativos. Ya los preescolares saben del pensamiento: pueden distinguir el pensar de otras actividades psicológicas; los niños de 3 años saben que pensar no es ver ni hablar, y los de 4 y 5 años a menudo pueden decir que hay diferencia entre pensar y conocer. La evidencia biológica sugiere firmemente que existen secuencias en el pensamiento infantil, que hay por lo menos expresiones múltiples de la inteligencia, y que el contexto del aprendizaje afecta lo que saben los niños. Todas estas teorías intentan describir algo de la increíble diversidad de la capacidad cognoscitiva humana.

Investigaciones sobre el cerebro

Nuevas investigaciones sobre el desarrollo cerebral de niños pequeños (véase el capítulo 4) tienen consecuencias importantes para la educación y atención de la primera infancia. Son fuertes los indicios de que los cerebros infantiles necesitan ser estimulados para que la red de conexiones crezca y no corra riesgo de ser descartada. "Las conexiones cerebrales que han sido reforzadas por experiencias repetidas tienden a permanecer, en tanto que se descartan las que no lo han sido" (Galinsky, 1997). Así, las experiencias tempranas de un niño ayudan a moldear el cerebro y afectan hasta cierto punto la manera en que uno piensa, siente y se comporta.

Aplicar la investigación cerebral al aula de primera infancia es un nuevo desafío para los maestros, y es preciso aprender mucho más sobre cómo funciona el cerebro. Los maestros necesitan comprender varias

LA DIVERSIDAD DE NUESTRO MUNDO LA DIVERSIDAD DE NUESTRO MUNDO LA DIVERSIDAD DE NUESTRO MUNDO LA DIVERSIDAD DE NUESTRO MUNDO LA DIVERSIDAD DE NUESTRO MUNDO

[1] El enfoque de Vygotsky del desarrollo reconoce los orígenes sociales del pensamiento de un individuo en funcionamiento: por ejemplo, tener en cuenta las experiencias de los niños en el idioma de sus hogares puede transformar a los alumnos pasivos en participantes vivaces (Berk y Winsler, 1995).

ideas claves además de trasladar dichas ideas al currículum real:

- *El cerebro funciona principalmente con patrones más que con hechos.* Los niños aprenden mejor con un currículum desarrollado en torno a temas, aprendizaje integrado, experiencias totales.

  Conclusión: desarrollen temas con sentido para planificar actividades. Las informaciones poco interesantes o abstractas (por ejemplo, ejercitación repetitiva sobre letras del alfabeto con niños pequeños) no proporcionan comprensión. Planeen algún tipo de "experiencias de inmersión" que animen a los niños a profundizar en su juego y en su trabajo.

- *El estrés y la amenaza afectan al cerebro de muchas maneras.* Las emociones gobiernan el cerebro, y las malas reducen la capacidad de memorizar y comprender además de disminuir las habilidades de pensamiento de tipo superior. Las emociones buenas crean entusiasmo y gusto por aprender.

  Conclusión: hagan una conexión personal, positiva con cada niño, y eviten las amenazas de la pérdida de aprobación, apresuramiento en el horario o insinuaciones de que los niños son imposibles o malos. Un entorno seguro contrarresta la **regresión** de los niños cuando se sienten a la defensiva y, por lo tanto, menos flexibles y abiertos a nuevas informaciones e ideas.

- *El cerebro funciona mejor cuando la ingestión de comida es regular.* Los niveles de insulina se mantienen más parejos, los de cortisol son más bajos y la tolerancia a la glucosa es mejor.

  Conclusión: ¡los tentempiés son buenos! Los refrigerios a horas regulares pueden conducir a un mejor funcionamiento cognoscitivo, menos problemas de disciplina y una sensación mayor de bienestar.

- *Todo el aprendizaje es de mente y cuerpo.* El estado físico del niño, la postura y la respiración afectan a su aprendizaje. Nuestro cerebro está diseñado para ciclos y ritmos.

  Conclusión: conozcan y tengan en cuenta al enseñar las funciones corporales y estados físicos de los niños, y cuánto tiempo se espera que pasen sentados o durmiendo. Planifiquen un horario diario con variedad y equilibrio, e incorporen trabajo en rutinas regulares y rituales productivos.

En todo el capítulo se muestran ideas curriculares basadas en la investigación sobre el cerebro. En general, los maestros de niños pueden mantener presentes estas ideas:

- *Nacimiento a 4 años*: proporcionen estimulación sensorial sana. Esto significa que se han de incluir todos los sentidos en la exploración que el niño hace del mundo. "Hay una época muy importante en la vida del niño, que comienza al nacer, en la que debería vivir en un medio enriquecido, visual, auditivo, de lenguaje, etcétera, porque así se echan los cimientos del desarrollo posterior en su vida" (Weisel en Caine y Caine, 1997).
- *4 a 8 años*: el cerebro busca estimulación ansiosamente; "la escolarización, desde el jardín de infancia hasta el quinto grado, por lo tanto, debe ser de abundante estimulación, con actividades que satisfagan el insaciable apetito de significado del cerebro" (Kotulak en Phipps, 1998). Den a los niños muchas oportunidades de utilizar historias, explorar ideas y dominar tareas en vez de recurrir a hojas de tareas y otros ejercicios repetitivos que matan el entusiasmo por aprender.
- *Todas las edades*: elaboren un currículum que haga hincapié en las opciones. Creen oportunidades para la "colaboración" y la cooperación, tanto entre los niños como entre niños y maestros. "El ejercicio y los contactos sociales positivos, como abrazos, música, y los comentarios de apoyo de los amigos, pueden elevar los niveles de endorfina y así hacer que nos sintamos bien con nosotros mismos y en nuestro entorno social" (Leventhal en Sylwester, 1995).

HABILIDADES COGNOSCITIVAS EN LA PRIMERA INFANCIA

Las verdaderas habilidades que adquieren los niños mientras aprenden a pensar son considerables. Una habilidad básica se define por dos cualidades fundamentales:

- Una habilidad se considera básica si es **transcurricular**: es decir, si el niño puede utilizarla en diversas situaciones y actividades a lo largo de la jornada escolar. Por ejemplo, los niños que son capaces de expresar sentimientos y opiniones con

Ilustración 13.2 Ser capaces de explorar materiales y objetos verdaderos anima a los niños a asimilar y utilizar nuevos conocimientos.

claridad, que pueden hacer saber a los adultos cuándo están teniendo dificultades con una tarea o situación social en particular, han adquirido una habilidad que es útil en cualquier parte.

- Una habilidad también se considera básica si tiene consecuencias dinámicas: es decir, si conduce a otras respuestas válidas. Por ejemplo, los niños que se expresan bien tienden a conseguir más respuestas verbales de los adultos. Por consiguiente, están expuestos a más estimulación verbal, lo que a su vez refuerza sus habilidades verbales, y así sucesivamente. Así, tener esta habilidad lleva a importantes consecuencias dinámicas en una dirección favorable, mientras que *no* tenerla trae consecuencias dinámicas en una dirección desfavorable.

La mayor parte de las habilidades caen dentro de las nueve categorías siguientes. La lista, aunque larga, es completa; lo que los niños aprendan en el ámbito mental de su desarrollo caerá dentro de una de estas categorías. El maestro planea actividades para todas las habilidades cognoscitivas con el fin de asegurar un desafío a los procesos mentales infantiles.

Habilidades de interrogación

Los niños pequeños son curiosos, observan el mundo con interés. Por medio de la exploración y el examen, aumentan su lapso de atención. Los chicos inquisitivos comienzan a organizar lo que ven, analizando e identificando las confusiones u obstáculos ellos solos. El siguiente paso es la comunicación; el niño hace preguntas, escucha, obtiene ideas y hace sugerencias. Esto incluye interpretar lo que otros comunican. Entonces están listos para utilizar recursos, buscando ayuda de otras personas y materiales.

Piaget llamaba habilidades de interrogación a estas; también se incluiría parte de la inteligencia espacial de Gardner. Organizar y encontrar patrones, razonar y resolver problemas también son habilidades de interrogación. Cuando los niños examinan alternativas escogen un curso de acción, cambiando de planes si es necesario. A los niños pequeños les entusiasma adivinar razonadamente y luego comprobar sus hipótesis experimentando y aceptando riesgos. Al hacerlo, aprenden a evaluar, a usar juicios y opiniones, y a distinguir entre hechos y opiniones, realidad y fantasía. Estas habilidades básicas de interrogación son el fundamento del pensar; como tales, es mucho más importante desarrollarlas que las simples habilidades numéricas o de preparación a la lectura.

Conocimiento del mundo físico

¿Cómo aprenden los niños sobre el mundo físico? Primero, usan objetos, se pasan mucho tiempo explorando, manipulando, eligiendo y utilizando juguetes y materiales naturales. Los bebés buscan algo que chupar; comienzan a agarrar objetos y soltarlos. Los niños en edad de caminar recogen y lanzan cosas o dejan caer objetos desde una silla alta para ver qué pasa. Los niños observan reacciones, descubren relaciones, y tratan de predecir lo que ocurrirá. Chicos de seis años con globos y agua exploran cómo llenar, rodar, arrojar y hacer estallar los globos. Este conocimiento forma parte de la inteligencia lógico matemática de Gardner, pues el conocimiento del mundo físico es necesario para encontrarle orden. Mientras aprenden las propiedades de los objetos, los niños adquieren una mejor comprensión del concepto de causa y efecto.

Conocimiento del mundo social

Aprender sobre otras personas es difícil, porque el mundo social no es concreto y a veces es ilógico. El niño necesita conciencia de sí mismo antes de desarrollar la conciencia de los demás y de la manera de interactuar socialmente. Para Gardner, esta clase de conocimiento requiere dos tipos de inteligencia. La primera es *intrapersonal*, tener acceso a los propios sentimientos y una gama de emociones, y la segunda es *interpersonal*, ser capaz de fijarse en los demás, distinguir entre individuos, especialmente en sus humores y motivaciones. Los lactantes empiezan por distinguir a los amigos de los extraños. Los niños en edad de caminar aprender a decir "mío" y luego a usar también otros nombres. El paso siguiente es ampliar sus conocimientos de los roles para incluir los de la familia, la escuela y la comunidad. Los niños de 4 y 5 años reciben oportunidades diarias de cooperar, ayudar y negociar con otros sobre sus necesidades y deseos. Según Vygotsky, los preescolares aprenden las acciones apropiadas jugando con niños mayores. Además, el juego de simulación es un medio importante por el cual los niños amplían sus habilidades cognoscitivas.

En las mejores circunstancias, a los niños se les alienta a observar similitudes y diferencias en las personas y se les conduce a desarrollar tolerancia frente a las dos cosas. La "inteligencia contextual" describe la habilidad de entender y manipular el entorno para acomodarlo a uno mismo.[1] Los niños en edad escolar buscan el trabajo en equipo en grupos pequeños y momentos de tiempo en privado con un buen amigo. En los grados de primaria, experimentan el desarrollo de la conciencia y aprenden reglas para vivir en sociedad. De estas maneras los niños aprenden cuál es la conducta apropiada en diversas situaciones, en interiores y al aire libre, felices o tristes, en la tienda de comestibles o a la mesa a la hora de cenar.

Clasificación

El conocimiento del mundo físico enseña a los niños a tener respuestas diferentes ante diferentes objetos. *Clasificar* estos conocimientos es un proceso largo. La clasificación es un proceso básico que usan los niños para desarrollar habilidades de razonamiento matemático y lógico (véase Gardner en el capítulo 4). Durante su desarrollo, los niños clasifican inicialmente separando grupos de objetos completamente diferentes, usando una lógica que sólo ellos entienden. Durante los años preescolares, comienzan a clasificar objetos usando criterios congruentes. Una vez que desarrollan competencia lingüística, pueden nombrar y clasificar objetos. Gradualmente, y con la ayuda de adultos que estimulan la descripción y la manipulación, aprenden que los objetos tienen más de un atributo y pueden clasificarse en más de una categoría (Micklo, 1995). Para aclarar este proceso, consideren como Tere, de dos años, aprende a clasificar:

> ¿Qué puede hacer Tere con el oso de felpa *y* el perro mascota?, ¿qué puede hacer con uno *y no* con el otro?, ¿cuáles son sus juguetes?, ¿cuáles son de Roberto?, ¿cuáles tienen pelo?, ¿en qué se diferencian?

Tere aprende los *atributos* de los objetos explorando, aprendiendo los nombres de clases, "juguete" y "mascota". Tere hace colecciones, separando por parecido los juguetes que son de Roberto y los de ella. Utiliza relaciones entre clases para comprender que ambos animales tienen pelo, pero que puede tirar de las orejas de uno de ellos sin toparse con problemas.

Series

¿Cómo aprenden los niños a establecer series, o arreglar elementos según una escala graduada? Igual que la clasificación, **la puesta en serie** puede parecer confusa a primera vista. Como ejemplo de su desarrollo, miren algo del material diseñado por Montessori. Estos juguetes se crearon para aclararle al niño exactamente qué es poner en serie y cómo se puede aprender. Muchos de estos juguetes distinguen grados de intensidad por tamaño, color, peso, número. Los niños construyen torres piramidales, encajan bloques que van uno dentro de otro, y usan las varillas de medir. Observando diferencias, a menudo por ensayo y error, los niños aprenden sistemáticamente a poner en serie. Por ejemplo, la torre piramidal se ordena de la pieza más grande a la más pequeña al construirla. Las cajas se meten una dentro de otra por su tamaño graduado o su volumen. Las varillas de medir se pueden desplegar como una escalera, construyendo las unidades gradualmente de uno a diez. Los niños pueden disponer varias cosas en orden y acomodar un conjunto ordenado de objetos con respecto a otro. La categoría de inteligencia musical de Gardner requiere poner en serie, además de la habilidad de interrogación ("¿Cómo hago ruido?, ¿ritmo?, ¿música de canción?") y conocimiento del

LA DIVERSIDAD DE NUESTRO MUNDO LA DIVERSIDAD DE NUESTRO MUNDO LA DIVERSIDAD DE NUESTRO MUNDO LA DIVERSIDAD DE NUESTRO MUNDO LA DIVERSIDAD DE NUESTRO MUNDO

[1] Los conocimientos sociales son un factor crucial en el desarrollo de los niños, que les permite funcionar en la DIVERSIDAD DE NUESTRO MUNDO.

mundo social ("¿Cómo podemos hacer música juntos?, ¿una banda de verdad?")

Números

Comprender el concepto de *número* significa aprender sobre cantidad: es decir, entender cuantía, grado y posición. Una vez que los lactantes han desarrollado un concepto de *permanencia del objeto* (que un objeto existe aunque no se pueda ver), están listos para aprender sobre cantidad cuando comparan objetos, por ejemplo, ensartando anillas en un palo. Los niños de uno y dos años pueden separar por grupos (grande contra pequeño, duro contra blando) y empiezan a darse cuenta de lo que es "más". Para aprender los nombres de los números, se empieza por su sonido. Los escenarios para niños de menos de 5 años tienen abundancia de canciones, recitados y juegos de mímica que incluyen números ("One Potato, Two" o "Five Speckled Frogs"). Una vez que han comprendido los números, están listos para utilizar términos matemáticos y formas de expresión. Por ejemplo, después de cantar la canción de la rana que saltó al charco en la canción "Five Speckled Frogs", Charo puede empezar a entender que cuatro es menos que cinco.

Pero el conocimiento del número no está completo ni tiene significado a menos que los niños tengan experiencia directa con materiales y objetos. Aprender sobre cantidad también significa comparar números (como cuando los niños trabajan con juguetes de mesa, bloques, materiales sensoriales, etcétera) y disponer dos conjuntos de objetos en una correspondencia uno a uno ("cada persona necesita una servilleta y sólo una para la merienda, Tino"). Los niños pueden también contar objetos y empezar a calcular ("Palmira, tienes tres palas. Aquí hay otra más; ¿cuántas tienes ahora?"). Con incontables experiencias como esta, los niños desde jardín de infancia hasta tercer grado se prepararán y estarán contentos de aprender más habilidades matemáticas.

Símbolos

Un símbolo representa a otra cosa; ¡no es lo que parece ser! Los niños pequeños tienen que pensar mucho y durante mucho tiempo para utilizar símbolos. Es tarea de cierta habilidad imitar o usar un objeto para representar algo distinto.

Los niños comienzan usando sus cuerpos. A los lactantes y niños en edad de caminar les encanta jugar al cucú, reaccionando a la segunda sílaba con excitación de todo el cuerpo cada vez que la escuchan. Los preescolares disfrutan representando personajes favoritos. Los chicos de primaria inventan obritas teatrales y de títeres. La simulación contribuye al proceso de simbolización, igual que producir sonidos para representar objetos ("chu-chu" es un tren, por ejemplo). Utilizar y hacer modelos de dos y tres dimensiones son otras formas en que los niños simbolizan, cuando transfieren lo que ven al caballete o a la mesa de arcilla. También están simbolizando cuando se disfrazan con trajes y uniformes. Los maestros se suman al proceso de simbolización cuando emplean palabras descriptivas. Los juegos de descripción animan a los niños a hacer lo mismo. Por ejemplo, "es redonda y roja, y te la comes. ¿Qué es?" (¡Una manzana!) Dominadas estas habilidades, los niños están listos para los símbolos escritos, cuando pueden usar la palabra escrita para identificar, tomar dictado o escribir notas. Usando la forma de pensar de Gardner y de Vygotsky, los entornos educativos para niños en edad escolar podrían tomar la forma de un centro de descubrimiento, o un tipo de museo, donde grupos de aprendices con niños de diferentes edades ayudarían a niños con las habilidades numéricas y de computación.

Ilustración 13.3 ¡El proceso del conocimiento en acción! Los conceptos del mundo cobran vida con el material Montessori.

Relaciones espaciales

Las relaciones espaciales se desarrollan temprano. Los lactantes siguen con la vista lo que ven, tratan-

Ilustración 13.4 Al considerar el desarrollo intelectual, los maestros deben tener presente que, para los niños, la educación es exploración. Dejen que los chicos usen su imaginación para utilizar el material de modos nuevos y diferentes. (Cortesía de la ciudad de Reggio Emilia, Italia.)

do de alcanzar y agarrar. Cuando experimentan la posición de un objeto con respecto a otro, empiezan a tener un cuadro mental de relaciones espaciales. Los que aprenden a caminar lo averiguan cuando sortean los obstáculos y se sientan en el orinal. El concepto de "cerca" (la silla) y "lejos" (la quesadilla que se enfría en el mostrador) da pistas sobre longitud y distancia. ("¿Cuánto tengo que estirarme para alcanzar una?"). Al ir desarrollando habilidades espaciales, los niños aprenden a armar y desarmar cosas. Recomponen y modelan objetos. Observan y describen cosas desde diferentes puntos de vista espaciales. Esta perspectiva sólo se aprende por medio de la experiencia. El niño menor de 5 años necesita describir y después ensayar la noción de que desde la falda de la colina *no* se ve lo mismo que desde arriba.

Los adultos ayudan a los niños a aprender tales habilidades dejándoles ubicar cosas en la casa, en el aula, en los grandes almacenes. Tanto Piaget como Gardner estarían de acuerdo en que se usa el conocimiento corporal y el quinestésico en este tipo de actividad. En Reggio Emilia, por ejemplo, hay espejos en las esquinas, a la entrada de la escuela e incrustados en el suelo, dando a los niños un sentido de sí mismos en el espacio de diversas maneras. Los maestros animan a los niños a representar dichas relaciones espaciales en sus dibujos, con láminas y en fotografías.

Tiempo

Comprender el tiempo es un asunto complicado porque se compone de, por lo menos, tres dimensiones: tiempo como el presente, tiempo como un **continuo**, y el tiempo como una secuencia de hechos. Los niños deben aprender cada una de ellas para comprender totalmente el concepto de tiempo. En algunos escenarios, los chicos aprenden a iniciar y detener una actividad a una señal (cuando el maestro da un acorde en el piano para la hora del aseo). Tratan de moverse a diferentes velocidades, en el interior y en el exterior. Los niños mayores comienzan a observar que se emplean relojes y calendarios para marcar el paso del tiempo. Específicamente, los niños empiezan a conocer la secuencia de hechos en el tiempo: ¿qué viene primero, a continuación, último? Tener un orden de hechos a lo largo de una programación diaria constante ayuda a los niños a aprender este aspecto del tiempo. También se benefician de anticipar hechos futuros y hacer los preparativos apropiados. Planear el curso de acción y completar ese plan dan sentido a la idea de tiempo.

Lo que aprenden intelectualmente los niños en los primeros años es enorme en cantidad y calidad. Sin embargo, los niños pequeños están dispuestos, ansiosos, en realidad, a encarar el mundo que los rodea para adquirir esas habilidades cognoscitivas. Permaneciendo conscientes de cuánto hay por aprender, los educadores conservan una apreciación realista, y humilde, del "trabajo" de los niños.

EL PAPEL DEL DOCENTE

Consideraciones

Al considerar el desarrollo intelectual de los niños, los docentes deben tener presente:

- *La educación es exploración*. El proceso de educación es más que sus productos. Los maestros destacan el aprendizaje al permitir a los niños que interactúen con el entorno. El maestro es una fuente de información y apoyo más que alguien que da respuestas u órdenes. Se puede utilizar un enfoque de proyecto, basado en la convicción de que se deberían ocupar las mentes de los niños de maneras que profundicen su comprensión de sus propias experiencias y entorno. Consistente en la exploración de un tema (como sombras, casas, construir una mesa) en un periodo de semanas, este enfoque refleja la educación progresiva de Dewey y las escuelas abiertas de Gran Bretaña (véase el capítulo 1) y se pone en práctica regularmente en las escuelas de Reggio Emilia. La meta es hacer que los niños formulen sus propias preguntas y creen sus propios desafíos.

- *Los niños no piensan como los adultos.* Piensan y perciben a su manera, según creía Piaget. Piensan en términos concretos y sensoriales y llegan a conclusiones basadas en lo que ven y palpan.
- *El pensamiento de los niños es legítimo y debería ser valorado.* Sus percepciones y procesos de pensamiento son tan válidos como los de los adultos. Los maestros apoyan estos procesos haciendo preguntas para estimular la actividad mental y para proporcionar material para la exploración, como se ve en la ilustración 13.15.
- *El lenguaje del maestro debería respaldar el desarrollo cognoscitivo.* En todas sus interacciones con los niños, los docentes les ayudan a usar palabras, términos y conceptos correctamente:

Milena (en la mesa de agua): necesito ese chupador.

Maestro: el pincel de abrillantar sí chupa agua, ¿verdad?

Las preguntas de los maestros son abiertas; no se responden con un simple sí o no. Cuando los maestros de Reggio Emilia preguntan a los niños (la mayoría de las veces en pequeños grupos de tres o cuatro), exploran juntos lo que están haciendo los niños, cómo van a resolver un problema, o qué les gustaría hacer después. Pueden incluso grabar la conversación para que, más tarde, el niño pueda reproducirla y evaluar el enfoque con más profundidad. Por ejemplo, Tato pregunta a sus niños de jardín de infancia qué pasará si no cuentan las tazas de harina cuando están haciendo pan. Lo que en realidad está haciendo es pedirles que predigan lo que sucederá y consideren los resultados. La meta es utilizar el lenguaje para ayudar a los niños a *pensar*.

A veces los maestros emplean sus propias habilidades lingüísticas para definir un problema, ayudar a los niños a figurarse lo que están haciendo, y decidir lo que necesitan hacer a continuación. Dejan al niño con algo que meditar.

Maestro: me pregunto por qué la tortuga volvió a meter la cabeza en el caparazón cuando acercaste tu dedo.

Maestro: si quieres jugar con José, ¿cómo se lo puedes decir?

Maestro: ¿Qué *sí* necesitamos del estante de trabajo en madera para hacer una nave espacial?

La ilustración 13.5 muestra nuevamente cómo el empleo del lenguaje por el docente ayuda a los niños a pensar y desarrollar habilidades cognoscitivas como parte de su experiencia de primera infancia.

El cuadro de atención de Larry Schweinhart describe dos cuestiones concernientes al desarrollo del currículum.

El maestro debe considerar, incluir y planear para los niños con discapacidades de aprendizaje y con otros diversos "estilos" de aprendizaje. Cada tipo de discapacidad de aprendizaje (véase el capítulo 3) tiene su propia descripción y tratamiento. Los maestros deben desarrollar una amplia gama de técnicas para encarar tales discapacidades. Después de las fases de identificación y evaluación, los maestros y las familias necesitan trabajar con especialistas e imaginar opciones (un plan individualizado de educación, o PIE) que incluyan al niño y establezcan metas razonables de aprendizaje.

Planificación del currículum para desarrollo cognoscitivo

En el entorno

Los maestros pueden planear un currículum cognoscitivo para sus niños considerando el entorno de la clase, tanto en el interior como fuera, a lo largo de la programación diaria. Cada centro de actividad se puede utilizar para fomentar el desarrollo intelectual con un surtido de materiales curriculares y métodos (véase High/Scope en el capítulo 2). El entorno y los métodos requeridos para ayudar a los niños a pensar incluyen situaciones de desafío, material enriquecedor y adultos que apoyen. Los niños pequeños tienen maneras especiales de pensar (véase el capítulo 4) que se expanden con la edad. Algunos niños menores de 3 años tienen un lapso de atención limitada y pueden ser sobreestimulados, a menos que el entorno se mantenga sencillo. Entre los 3 y los 5 años pueden absorber más y con detalles más finos, pues sus habilidades de percepción y motoras están más desarrolladas. Los preescolares mayores y los

Habilidad	Los docentes pueden:
Interrogación	• Formular las preguntas de forma que los niños hablen sobre sus conversaciones. *Ejemplo*: "¿Qué observan en la cobaya?" • Tratar de ser más específicos si tales preguntas parecen abrumadoras o si obtienen poca respuesta. *Ejemplo*: "¿Qué sonidos oyen?, ¿qué pueden averiguar tocándola?" • Preguntar a los niños cómo llegaron a esas respuestas. *Ejemplo*: "¿Cómo sabías que la bolita no iba a *subir* por la rampa?" • Hacer preguntas que amplíen el proceso. *Ejemplo*: "¿Puedes contarme algo más sobre tu muñeca?"
Conocimientos Sociales	• Intentar no responder a necesidades no expresadas. *Ejemplo*: "¿Quieres algo?, ¿te puedo ayudar?" • Ayudar a los niños a definir lo que quieren o necesitan, para que aprendan a pedirlo. *Ejemplo*: María: Me gustaría saber quién me va a atar el zapato. Maestro: A mí también. Cuando quieres que alguien te ate el zapato, puedes decir: "¿Quieres atarme el zapato?" María: ¿Quieres atarme el zapato? Maestro: Con mucho gusto.
Clasificación	• Formular preguntas que ayuden a los niños a centrarse en objetos y ver diferencias y detalles. *Ejemplo*: Al cocinar, pregunten ¿Qué cosas que hay en la mesa ponemos en el tazón?, ¿cuáles son de plástico?, ¿cuáles van al horno?, ¿qué hay en la mesa que se use para medir?, ¿cómo lo sabes?, ahora miren con atención, ¿qué ven en la taza de medir?, ¿qué significan esas rayitas rojas?
Relaciones Espaciales	• Preguntar por la ubicación precisa de un objeto que el niño pide o por el que muestra interés: *Ejemplos*: "¿Dónde dijiste que estaba el nido?" "Puedes encontrar otra abrochadora en el armario debajo de la pecera."
Concepto del Tiempo	• Utilizar secuencias temporales correctas con los niños. *Ejemplo*: Maestra: Un minuto. Emilio: ¿Es un minuto de verdad, o un "espera un minuto"? Maestra: Tienes razón. Estoy con Paulina ahora. Te ayudaré cuando termine con ella.

Ilustración 13.5 El uso del lenguaje que haga el maestro afectará la forma en que los niños desarrollen habilidades cognoscitivas. Cuanto más se permita y anime a los niños a pensar por su cuenta, más se desarrollarán sus habilidades cognoscitivas.

niños de jardín de infancia aprenden mejor tratando de resolver problemas reales, y los de 6 a 8 años aún se benefician con las situaciones orientadas al descubrimiento, de "aprender haciendo". La ilustración 13.6 muestra cómo una actividad (que puede aplicarse a casi todas las edades) contribuye al desarrollo de los procesos mentales de los niños.

En todo el entorno, los maestros recuerdan fijarse en los *esfuerzos* y apreciarlos, además de los proyectos infantiles. Con excesiva frecuencia, sólo se presta atención a las cosas del día para llevarse a casa, como los proyectos artísticos de los preescolares o las tareas escritas de los de primaria. Los maestros pueden registrar ejemplos del pensamiento infantil fotografiando o dibujando creaciones hechas con bloques y manipulables, y tomar notas sobre incidencias en las interacciones teatrales y sociales. Un ejemplo específico del razonamiento o la resolución de problemas de su hijo

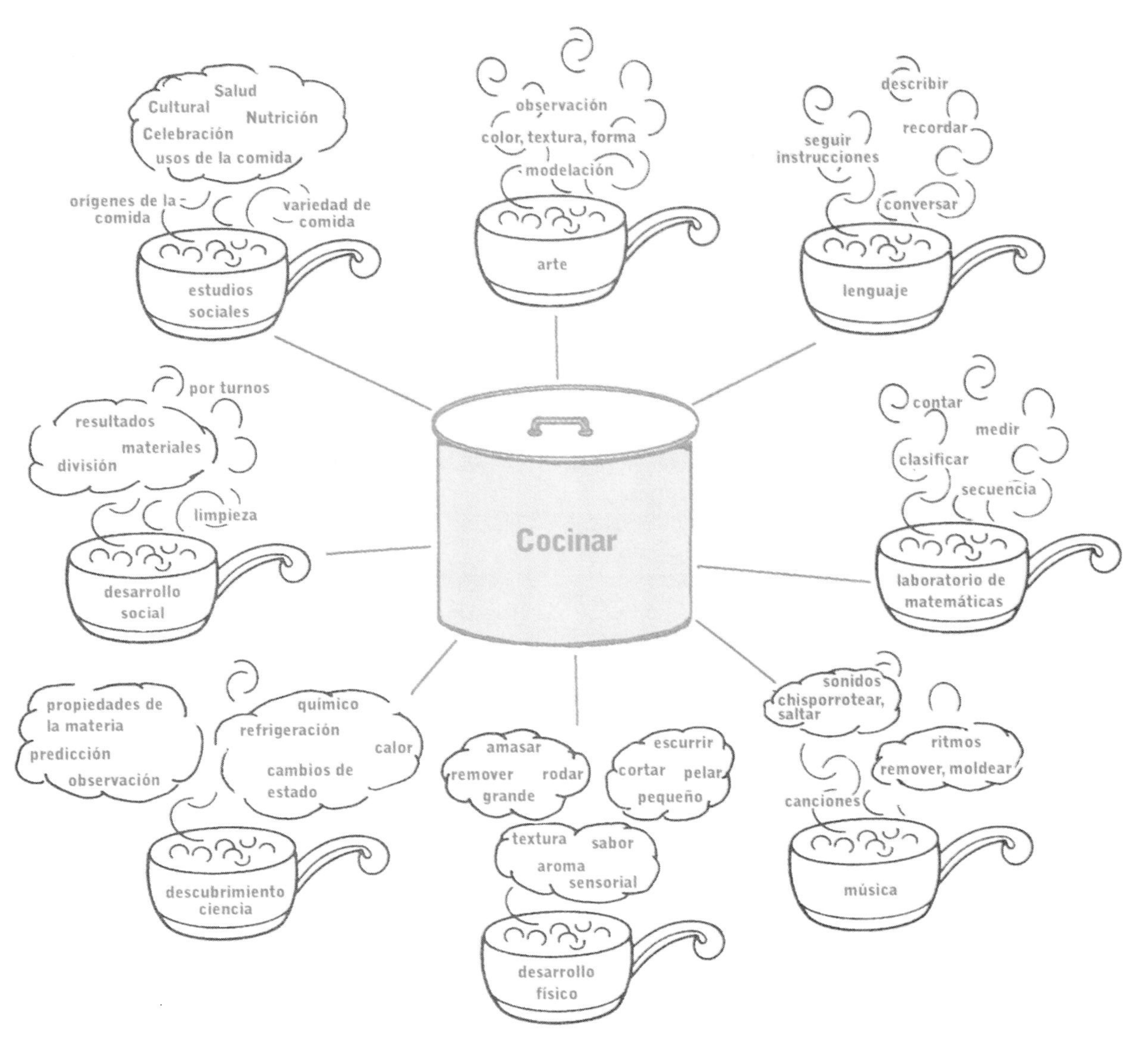

Ilustración 13.6 Cada actividad, como cocinar, puede mejorar el desarrollo cognoscitivo en todo el currículum. Una excursión al mercado puede ser una experiencia de clasificación y cálculo. (Para más lecturas, véase Dahl, 1998).

habla a los padres del tremendo trabajo cognoscitivo que hay en el juego infantil.

En el interior. El entorno de interiores descrito en el capítulo 9 incluye los ingredientes básicos de un entorno estimulante de la cognición. Las áreas interiores podrían tener algunos de los siguientes materiales y actividades:

Arte: incluyan un estante para proyectos elegidos por los niños. Un surtido de papel, útiles de dibujo y herramientas animan a los niños a recrear su propia realidad, empleando formas de representación artística que muestran cómo ven los niños los mundos físico y social.

Bloques: tengan modelos de papel de cada forma de bloque para ayudar a los niños en la clasificación por forma y tamaño. Los accesorios, como animales y árboles y lagos hechos en casa, ayudan a los niños a simbolizar. Experimentando con bloques, aprenden sobre las leyes físicas y la realidad y adquieren experiencia en aprender de forma cooperativa y en vivir, todas tareas cognoscitivas (Cuffaro et al., 1995). Contar bloques, que se basa más en la correspondencia

SELECCIÓN DE ARTÍCULOS

¿Qué ha de hacer un maestro de primera infancia?

Larry Schweinhart

Quieren ser maestros de primera infancia porque les encantan los pequeños, pero leer esta obra les ha ayudado a darse cuenta de que el amor por los niños no es más que el principio. Para ser un buen maestro de primera infancia, también deben dominar un conjunto de conocimientos y habilidades y tomar decisiones básicas sobre las metas y modelos de su currículum para primera infancia.

La primera cuestión a resolver en cuanto al currículum es si equiparar la educación de primera infancia con la instrucción directa en lecciones académicas o con alentar actividades de aprendizaje por iniciativa del niño. El atractivo de la instrucción académica directa es que va al grano en cuanto a preparar académicamente al pequeño para la escuela, centrándose en las habilidades básicas de lectura, escritura y aritmética. El atractivo de un enfoque basado en actividades por iniciativa del niño es que enfoca todos los aspectos del desarrollo infantil, social, físico e intelectual, incluyendo las habilidades académicas básicas.

Desde 1967 hemos estado llevando el High/Scope Preschool Curriculum Study, una comparación de los efectos de programas preescolares basados ya sea en instrucción académica con caligrafía (Instrucción directa) ya sea en dos enfoques de actividades de iniciativa infantil, High/Scope y la guardería tradicional (Schweinhart & Weikart, 1997). Los tres enfoques ayudaron a preparar intelectualmente para la escuela, pero sólo los enfoques basados en actividades iniciadas por los niños contribuyeron a su desarrollo social a largo plazo:

- Sólo el 6% del grupo de High/Scope o de guardería necesitó tratamiento de deficiencias o trastornos emocionales durante su tiempo en la escuela, en comparación con un 47% del grupo de instrucción directa.
- Sólo el 10% del grupo de High/Scope había sido arrestado por delitos graves al llegar a los 23 años, comparado con el 39% del grupo de instrucción directa.

Tales resultados conforman una contundente defensa del enfoque que basa el currículum en actividades iniciadas por el niño más que en la instrucción académica directa.

Otra cuestión curricular que deben resolver por ustedes mismos es si seguir un enfoque documentado del currículum, como en el método Montessori (Montessori, 1967) o el currículum High/Scope (Hohmann y Weikart, 1995). La alternativa es inventar su propio enfoque, basándose en los enfoques y modelos de otros. En realidad, incluso si prefieren un currículum documentado, tendrán que tomar decisiones inteligentes sobre cuándo y cómo emplear los diversos modelos didácticos. Pero tengan cuidado, el currículum de su propia invención puede carecer de consistencia en asuntos curriculares y seguramente carece de pruebas de su eficacia. Un enfoque curricular documentado, validado, les da una posición congruente y bien pensada, con pruebas de su eficacia. Por ejemplo, las evidencias muestran que los adultos nacidos en la pobreza que tuvieron experiencias preescolares con el currículum High/Scope alcanzaron éxitos financieros y educativos significativamente mayores, y la tasa de criminalidad fue la mitad que en el caso contrario (Schweinhart, Barnes, & Weikart, 1993). Si ustedes estudian este enfoque, se preparan y lo utilizan, pueden esperar resultados similares.

Cualquiera sea el enfoque que adopten, asegúrense de que es congruente y bien pensado. De esta manera, pueden aprovechar al máximo la oportunidad extraordinaria que tienen de influir positivamente en los niños a su cuidado, para el resto de sus vidas.

Larry Schweinhart presidente de la división de investigación de la High/Scope Educational Research Foundation en Ypsilanti, Michigan. Junto con David Weikart, dirige el High/Scope Perry Preschool Study y el High/Scope Preschool Currículum Study.

uno a uno más que en la memorización rutinaria, contribuye a una auténtica comprensión (Unglaub, 1997).

Descubrimiento/ciencia: hagan circular una exposición de material "tócame". Eso les da a los niños experiencia directa con plantas, semillas, animales, imanes, conchas marinas, alimentos, etcétera. Ayuden a los niños a formular preguntas y luego experimentar u observar para hallar las respuestas. Los niños en edad escolar pueden averiguar qué plantas crecen en agua salada o en agua dulce poniendo plantas en cada entorno y observando diariamente ("¡Hoy algo ha cambiado!" escribió un niño de 7 años). "La lenteja de agua ya no está verde. Y cuelga una segunda raíz."). Si pueden, tengan disponible una computadora con software apropiado al nivel de desarrollo (vean más detalles en la sección *Temas especiales* de este capítulo).

Juegos de representación: surtan esta área con material para juegos de rol, confección de títeres y representación de actividades de adultos. Tengan muñecas anatómicamente correctas de ambos sexos y de diversas razas, y algunas con discapacidades. Incluyan ropa para todo tipo de trabajo, equipos para transportar cosas y bebés, que reflejen los hogares de todos los niños del grupo, pero también extiendan el juego para abarcar nuevas formas de vestirse, comer y jugar.[1] Los niños aprenden a entender el mundo de la gente cuando fingen ser adultos con ocupaciones y responsabilidades de adultos.

Lenguaje/biblioteca: escojan libros que enfoquen tanto el mundo físico como el social. Se pueden ampliar los intereses de los niños por los números, símbolos y el tiempo si se selecciona literatura que refleje su nivel de comprensión. Busquen el mensaje en los libros infantiles y elijan buenas historias que reflejen diversidad, como *Helping Out* (Ancona) y *George the Babysitter* (Hughes). Asegúrense de que escuchan los intereses del grupo, y se esmeran por colocar en la biblioteca libros que respondan a esos intereses. (Véase la sección *Temas especiales* de este capítulo).

Manipulables (juguetes de mesa): el área de manipulables es un sitio ideal para materiales que fomentan el desarrollo cognoscitivo; resalten esta área con favoritos (Legos® o Crystal Climbers®) y elementos nuevos (Construx® o tarjetas de costura). Los cubos para contar ayudan en la clasificación y formación de series, mientras que los rompecabezas o los bloques de encajar uno dentro de otro se centran en las relaciones espaciales. La teoría de procesamiento de la información destaca la importancia de las experiencias que desarrollan la memoria de trabajo y la familiaridad de los niños. Los materiales manipulables (incluyendo cuentas, disquitos de embocar, etcétera) y los juegos proporcionan experiencia directa en contar, separar y organizar, que son a la vez significativas y socialmente naturales. Unos rompecabezas o juegos de lotería hechos en casa con fotos de los niños favorecen la autoestima y la identidad de grupo además del desarrollo cognoscitivo y motor.

En el exterior. El área al aire libre proporciona oportunidades para que los niños planeen y organicen sus propios pensamientos. Los niños en edad de caminar son capaces de clasificar lo que encuentran cuando buscan pelotas, baldes de arena y camioncitos de juguete escondidos por el patio. Los niños de jardín de infancia que juegan a perseguirse necesitan habilidades de interrogación. Los preescolares en el arenario predicen cómo afectará el agua a la arena, empleando sus crecientes conocimientos del mundo físico. Los niños aprenden a clasificar juguetes para la mesa de agua y rodantes; aprenden a poner en serie cuando seleccionan baldes de arena por tamaño. Contar palas para ver si hay suficientes para todos, construir con grandes bloques huecos y observar el cambio de las estaciones son todas habilidades cognoscitivas que los chicos adquieren mientras juegan al aire libre.

Así, se incorporan fácilmente actividades físicas y lógico matemáticas al currículum para el aire libre. Un enfoque piagetiano de preguntar "quisiera saber por qué . . .?" o "¿qué sucedería si . . .?" inspira la experimentación y el razonamiento en niños pequeños. La mesa de agua en el exterior podría tener un gran bloque de hielo, una variedad de materiales como madera, algodón, paja y cartón, o recipientes de agua coloreada y goteros. Las actividades de equilibrio pueden significar bloques huecos, cajas de leche o bolsas de frijoles (o las tres cosas). Una cuesta o un tablón largo pueden convertirse en lugar para predecir y ensayar hacer rodar cosas, usando diferentes tamaños de pelotas o incluso cuerpos.

LA DIVERSIDAD DE NUESTRO MUNDO LA DIVERSIDAD DE NUESTRO MUNDO LA DIVERSIDAD DE NUESTRO MUNDO LA DIVERSIDAD DE NUESTRO MUNDO LA DIVERSIDAD DE NUESTRO MUNDO

[1] Los entornos donde aprenden los niños deberían ser ricos en imágenes de diversidad. Dicha diversidad añade complejidad a su proceso de pensamiento.

Rutinas, transiciones y grupos

Los grupos, las transiciones y las rutinas desempeñan un papel en el desarrollo del conocimiento del mundo social. Mientras los niños aprenden a comportarse en la escuela, aprenden:

- A entrar en un aula y empezar a jugar (transición).
- A cuidar de sus propias pertenencias y de las de la escuela (rutinas).
- A concentrarse en una actividad con otros alrededor (tiempos en grupo).
- A interactuar con otros mientras prestan atención, al mismo tiempo, a un líder o a una tarea (tiempos en grupo).
- A terminar una actividad, una interacción, un día de escuela (transición).

Los maestros planean entornos, actividades y agrupaciones de niños para dar a la clase experiencia en todos estos desafíos cognoscitivos. Vuelvan a mirar la ilustración 9.24 del capítulo 9. Describe estrategias para ayudar a los niños a aprender formas concretas y cómodas para pensar y vivir con las transiciones. Los maestros utilizan señales, sus propias palabras y pequeñas ayudas que ilustran a los niños sobre lo que está ocurriendo, lo que se espera de ellos y cómo se pueden expresar en estos tres segmentos de la jornada.

Además, muchas actividades de rutina ofrecen estupendas oportunidades para el aprendizaje cognoscitivo. Por ejemplo, consideren la mesa de la merienda. Incorporando conceptos matemáticos en estas ocasiones se creará entusiasmo y desarrollo de habilidades. Ya sea como parte del tiempo de libre elección o como periodo de tiempo en sí, la hora de la merienda se vuelve "tiempo de pensar" cuando los niños:

- Completan y utilizan menús
- Aprenden el concepto de conjuntos ("*cada uno* necesita cinco de *cada cosa*, ¿no?")
- Trabajan con el concepto de unidades uniformes ("¿los pedazos de jamón y de queso son iguales?")
- Comprenden los conceptos de igual, menos y más
- Aprenden a contar "cosas como agua" y a contar por cucharadas o por puñados
- Ven geometría y fracciones en la práctica (círculos en las pasas, triángulos de sandwiches, "romper las galletas integrales en pedazos para cada uno . . . ¡igual para todos!") (adaptado de Meriwether, 1997)

Objetivo centrado en las habilidades

¿Cómo pueden los maestros ayudar a los niños a desarrollar habilidades cognoscitivas específicas? Después de observar atentamente a los niños, los maestros identifican una habilidad en particular y luego enumeran los procesos, los conceptos y el vocabulario correspondiente. Por ejemplo, la habilidad de *interrogación* puede fomentarse en cada parte del currículum *haciendo preguntas* (véanse las ilustraciones 13.14 y 13.15). Los docentes dan ejemplo de curiosidad observando y haciendo preguntas sobre lo que ven y lo que los niños pueden estar pensando. Esto estimula a los chicos a mirar, preguntarse e interactuar:

Maestra: Me gustaría saber qué pedazo de madera elegirás para pegar ahora en tu tabla.

Maestro: ¿Quién quieres ser en nuestra tienda de comestibles?

Maestro: ¿De qué manera podemos averiguar cómo es de largo tu camino de bloques?

La ilustración 13.7 muestra las clases de preguntas que los maestros hacen a los niños para ayudarles a pensar y aprender.

Cuando los niños ven que está bien preguntar "¿por qué?" se animan a hacer preguntas ellos. **Las sesiones de creación de ideas constituyen** una técnica que ayuda a los niños a tener ideas y emplear recursos para averiguar cuántas maneras hay de hacer una cometa o construir un castillo.

En el exterior, los niños inquisitivos exploran su entorno. Los niños hacen preguntas: "¿podemos abrir el agua?, ¡y qué tal si enterramos todos los ositos en la gravilla!, ¿podemos usar la escalera para mirar al otro lado de la valla?, ¡escondámonos todos de la maestra!". La forma en que los maestros manejan las preguntas de los niños sobre lo que quieren hacer envía un mensaje que apoya, o desanima, esta habilidad

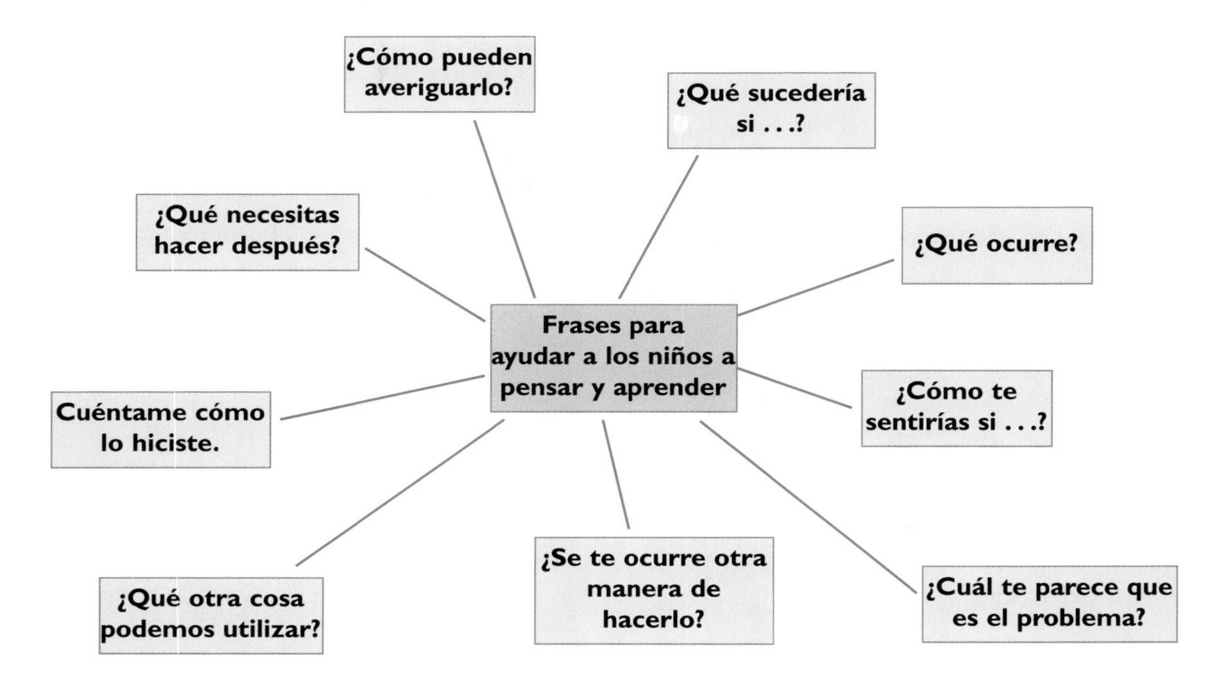

Ilustración 13.7 Los maestros favorecen el proceso mental de los niños cuando hacen preguntas. Fijada en las paredes del aula o entregada a los alumnos de magisterio y a los padres, esta lámina sirve de recordatorio de que ENSEÑAR es PREGUNTAR más que DECIR.

cognoscitiva. Cuando no hay peligro en *preguntar* (aunque la respuesta pueda ser "no"), se alienta a los niños a desarrollar más la habilidad de interrogación. La ilustración 13.8 ejemplifica exactamente cómo podrían servir las habilidades cognoscitivas de razonamiento y resolución de problemas, como base para desarrollar el currículum en toda la clase.

Uso de los temas

Se puede escoger un tema específico para el desarrollo cognoscitivo. Las unidades basadas en cosas del mundo físico (cambios estacionales, mascotas, el jardín) o hechos inesperados o actuales (una carga nueva de arena, una feria de la comunidad, trabajos viales en las cercanías) o de interés especial para los niños (compartir la máscara africana o los trajes espaciales, usar el guiñol de los títeres, estudiar reptiles) son todas atractivas. La ilustración 13.9 muestra un tema sobre dinosaurios.

Los temas de actualidad se deben elegir con cuidado, porque los niños pequeños puede que apenas los conozcan o tengan escaso interés por ellos. Hechos significativos podrían ser una misión espacial o un eclipse solar. Más probablemente, el hecho será de carácter local, como una feria infantil o el nuevo bebé de alguien. Las unidades basadas sobre estos acontecimientos se podrían llamar "El espacio y los viajes" o "Nuestros comienzos como bebés". Sucesos como el descubrimiento de hormigas en el patio tienen un alto nivel de interés y vale la pena seguirlos; véase la ilustración 13.10 de la página 488 como ejemplo.

Los temas pueden variar con las estaciones. El otoño es la época para una unidad sobre "Tiempo de cosecha", "El maíz" o "Máscaras y sombreros". El invierno puede significar una unidad sobre "Agua, agua por todas partes", ya que la nieve, la cellisca, el granizo y la lluvia son habituales en el invierno en la mayor parte de los Estados Unidos. La primavera es la época de las cosas verdes y en crecimiento, y se podría enfocar una unidad en el mundo físico de hacer crecer plantas de semillas, incubar huevos, visitar una granja. El verano en las costas envía a todos a "La playa", o por lo menos al río o al lago de la localidad.

El tema de la "Amistad" durante el mes de San Valentín amplía el conocimiento del mundo social, al

Los conceptos:
Elegir una línea de acción
Adivinar razonadamente
Preparar y repasar un plan
Arriesgar y evaluar los resultados

El vocabulario:
Adivinar
Plan
Problema
Solución/resolver
¿Qué?, ¿por qué?, ¿cómo?

El proceso:

Área de actividades	Pregunta del proceso
Arte	¿De cuántas maneras se puede usar el pincel (la pluma, el pomo) para hacer una marca en el papel?, ¿por qué está escurriéndose?, ¿cómo puedes pararlo cuando quieras?
Baños/casilleros	Encontraste el suéter de Pablo... ¿Cómo puedes averiguar dónde se pone?, ¿de dónde salió el agua?, ¿cómo lo puedes limpiar?
Bloques	¿Qué hace caer a la torre de bloques?, ¿cómo se puede usar un bloque para conectar otros dos?
Cocina	¿Cómo mezclamos estos ingredientes?, ¿qué pasará cuando metamos esto al horno?
Descubrimiento/ciencia:	¿Por qué el imán alzó el clavo y no la pluma?, ¿qué diferencia hay entre el conejo y la cobaya?, ¿en qué se parecen?
Juego de representación	¿Quién será el papá?, ¿qué pasa cuando esos niños mayores quieren jugar?, ¿cómo puedes hacer para que te toque usar el disfraz que tú quieres?
Lenguaje/biblioteca	¿Qué pasa después en la historia?, ¿por qué piensas eso?, ¿por qué estaban tristes los niños al principio?, ¿y entonces que pasó?
Grupo grande	¿Por qué no puedes ver/oír al líder?, ¿qué puedes hacer si te sientes apretujada?, ¿qué puedes hacer si tu amigo te está susurrando todo el tiempo durante la hora de cuentos?
Motricidad gruesa	¿Cómo se salta a la cuerda?, ¿qué utilizan para columpiarse alto?, ¿cómo se encuentra una pelota?
Manipulables	¿Cómo se imaginan qué pieza del rompecabezas encaja?, ¿ven un dibujo en el tablero de poner clavijas?, ¿qué es?
Sensorial	¿Cómo pasarán el agua de la jarra grande a la tacita?, ¿cómo harán para que la arena húmeda pase por el embudo?

Ilustración 13.8 Los niños quieren saber resolver problemas, como "¿cuánta leche cabrá en un tazón de este tamaño?"

Tema: dinosaurios

Área	Habilidades cognoscitivas	Actividad
		En el interior
Arte	Organización	Modelo de un dinosaurio en papel maché, hagan un mural del "mundo de los dinosaurios".
Bloques	Series	Utilicen bloques para comparar tamaños relativos de dinosaurios.
Cocina	Relaciones	Preparen merienda vegetariana (herbívoros), luego albóndigas para los carnívoros.
Descubrimiento	Observación	Consigan fósiles, otros esqueletos. Reúnan libros sobre la forma en que los científicos aprenden sobre los dinosaurios. Comparen relaciones (tamaño, estatura, etc.) entre los animales prehistóricos y los comunes. Escondan huesos en la mesa de arena para desenterrarlos y jugar a los paleontólogos.
Juegos de representación	Símbolos	Títeres de dinosaurios. Máscaras de dinosaurios.
Biblioteca	Identificar/recordar; uso de recursos	Proporcionen libros sobre dinosaurios. Hagan libros de dinosaurios con sellos y palabras de los niños.
Manipulables	Razonamiento; resolución de problemas	Rompecabezas de dinosaurios, individuales y para el suelo. Plantillas para calcar y recortar.
		En el exterior
Sensorial	Símbolos	Dinosaurios de goma entre piedritas; cortapastas para galletas de dinosaurio en la arcilla/masa de jugar.
Motricidad gruesa	Símbolos	Medir los cuerpos de los niños con una soga de la longitud de diversos dinosaurios.
Arena	Símbolos	Representen que desentierran huesos de dinosaurios.
Juegos	Mundo social	Juego "Con permiso, don Tiranosaurio", nombrando y dando pasos de diversos dinosaurios.
		Grupos
Grandes	Identificar/recordar; adivinar razonadamente	"¿Quién soy?", describiendo verbalmente un dinosaurio. Imágenes misteriosas, mostrando partes de dinosaurios para que los chicos adivinen.
Música	Símbolos	Representar a los dinosaurios con un disco de fondo, o música de diversos tonos.
Pequeños	Identificar/comunicar	Dibujar el dinosaurio favorito, dictar lo que les gusta de él y lo que saben. Hoja de dinosaurios, doblada en cuartos, con una oración para completar y espacio para dibujar: Los dinosaurios ponían . . . Algunos dinosaurios vivían . . . Los dinosaurios comían . . . Los dinosaurios murieron porque . . .

Ilustración 13.9 Usando un tema de interés especial, como los dinosaurios, los maestros pueden desarrollar las habilidades cognoscitivas de los niños en muchas áreas de la clase.

tiempo que los niños aumentan su conciencia de los otros por medio de dar y recibir cartas y tarjetas. La cooperación y la resolución de conflictos de grupo extienden el tema de la amistad. También se puede centrar una unidad en la creación de símbolos por medio del uso de nombres, cartas en un "buzón", o los números y ubicación de las casas y departamentos de las personas.

A lo largo de todo el año, los maestros observan los intereses del grupo particular y se fijan en lo que es relevante para sus vidas. Para un grupo interesado en el paso del tiempo, "Relojes y calendarios" podría ser un tema, desde los relojes de arena hasta los digitales, y los de campanas, y calendarios de diversas partes del mundo. Que los niños construyan rampas de tubos de cartón en el rincón de bloques, por ejemplo, estimula una explicación sobre planos inclinados y rampas que se expande en una unidad sobre "Empujar, jalar, lanzar e inclinar" (Marxen, 1995). Usar un calendario significa meter a los niños en el proceso de construcción, incluyendo acontecimientos que ellos esperan ansiosamente (cumpleaños, eventos de la comunidad, excursiones, etc.), y hacerlo accesible para que los chicos puedan interactuar y ser sus "dueños".

Los niños pequeños, en especial los menores de 5 años, se usan a sí mismos como punto de partida. Adentrándose en el mundo desde ahí, a menudo se interesan por sus cuerpos, y un tema no muy estructurado sobre "Nuestros cuerpos, nosotros" permite aprender sobre similitudes y diferencias raciales, físicas y de sexo, además de diferencias en capacidades físicas.[1] Ampliar esta unidad a la familia y la comunidad es un proceso natural que se construye sobre una base sólida. Otra forma de planear el currículum es enfocar el nivel de desarrollo de los niños. Los lactantes y niños en edad de caminar tienen menos necesidad de un currículum por temas; para ellos las ideas se concentran en estimulación cognoscitiva a su nivel de desarrollo, como en la ilustración 13.11.

UNIDAD 13-1 Punto de control

La cognición es la capacidad de aprender, recordar y pensar de forma abstracta. El desarrollo cognoscitivo de los niños se relaciona con el aprendizaje en otras áreas de habilidades. Los educadores de primera infancia ven el desarrollo cognoscitivo desde un punto de vista ecléctico y toman mucho de las obras de Jean Piaget.

Las habilidades cognoscitivas en los primeros años se pueden ubicar en varias categorías. El papel del maestro es comprender cómo se desarrolla la cognición en los niños y utilizar esos conocimientos en la práctica en el aula. Mientras crean el currículum, los maestros tienen presentes ciertas actitudes e ideas. Luego, empiezan a planificar sus programas.

Los métodos para desarrollar las habilidades cognoscitivas de los niños son tan variados y creativos como pueden serlo los maestros, y los niños. Centrándose en el entorno de la clase, en una habilidad específica o un tema, los maestros ayudan a los niños a adquirir y emplear las habilidades de pensar para entenderse y entender el mundo que los rodea.

Pregúntense:

- ¿Qué perspectiva tienen los maestros de primera infancia del desarrollo de la cognición?
- ¿Qué nueve habilidades cognoscitivas hay en los primeros años?
- ¿Qué deberían considerar los maestros al definir su papel en el desarrollo cognoscitivo?
- ¿Cómo se puede desarrollar un currículum cognoscitivo en el escenario del aula?
- ¿Qué habilidades podrían constituir el foco de la planificación del currículum?
- ¿Qué tres temas favorecen el desarrollo de habilidades cognoscitivas?

LA DIVERSIDAD DE NUESTRO MUNDO LA DIVERSIDAD DE NUESTRO MUNDO LA DIVERSIDAD DE NUESTRO MUNDO LA DIVERSIDAD DE NUESTRO MUNDO LA DIVERSIDAD DE NUESTRO MUNDO

[1] ¡Qué mejor momento para ocuparse del potencial para errores y actitudes prejuiciadas y crear una comprensión y celebración de la diversidad!

Aprender descubriendo sobre las hormigas:
Planificación del currículum para el desarrollo cognoscitivo en la primaria

El Escenario:

- El patio de juegos después de una lluvia y las hendiduras de la acera
- El aula, especialmente alrededor de la papelera

El Descubrimiento:

¡Hormigas por todas partes!
Los niños: "¡Aplastémoslas!"
Maestro: "Esperen, vamos a conocerlas."

El Proceso:

Preguntar lo que quieren saber sobre las hormigas (PREGUNTA DE INVESTIGACIÓN)

1. ¿Qué comen las hormigas?
2. ¿Por qué se meten en un hormiguero?
3. ¿Las hormigas duermen?
4. ¿Adónde van cuando llueve?
5. ¿Cómo es el cuerpo de una hormiga?
6. ¿Qué hay dentro de un hormiguero?

Averiguar sobre estas cosas (METODOLOGÍA, PROCEDIMIENTO)

1. Consultar a expertos (una visita a la biblioteca, en la casa, preguntar a los padres, observar ejemplares de clase de *Ranger Rick*, etcétera)
2. Observarlas (mirar a las hormigas, coleccionarlas, ponerlas en recipientes)
3. Reunir información (escribir diarios, hacer historias en grupo e informes)
4. Hacer experimentos sobre las hormigas ("¿Las hormigas oyen?", traten de tocar una trompeta; "¿pueden nadar?", pónganlas en un plato con agua; "¿Cuánta fuerza tienen?", denles migas de pan de diferentes tamaños y vean cuáles pueden cargar)

Decir lo que saben (RESULTADOS, CONCLUSIONES, PRÓXIMOS PASOS)

1. Escriban informes.
2. Hagan una obrita teatral y represéntenla.
3. Tomen fotos o hagan dibujos.
4. Confeccionen un libro.

Ilustración 13.10 Una lección que emplea el método del descubrimiento hace intervenir a los niños en el pensamiento científico y se relaciona directamente con sus propios procesos mentales. Así, la curiosidad innata de los niños, fundamento del pensamiento científico, se extiende a los años de primaria. (Agradecimiento especial a Amelia Klein, *Young Children*, julio, 1991.)

UNIDAD 13-2 Lenguaje

Alejandro: Lucila, ¿me ayudas a llenar esta jarra?

Lucila: No, porque me molesta mi coleta.

Verónica: ¡Eh, vengan! ¡Se me cayó un pedazo de pan y los pájaros se lo merendaron todo!

Abelardo: Ya lo sé, es lo que el ratoncito Pérez le hizo a mi diente.

Martín: Yo voy a guardar *todos* mis dientes de leche en un frasco y la próxima vez que haya un bebé, le voy a dar mis dientes.

El lenguaje es el aspecto del comportamiento humano que implica el uso de sonidos en patrones con significado. Incluye los símbolos correspondientes que se utilizan para formar, expresar y comunicar pensamientos y sentimientos. Cualquier sistema de signos utilizados para la comunicación es un lenguaje. Para el niño en desarrollo, el lenguaje es la capacidad de expresarse. El lenguaje es tanto **receptivo o pasivo,**

Planificación del currículum para desarrollo cognoscitivo con lactantes y niños en edad de caminar

El Entorno

- Contiene elementos blandos (como almohadas) y duros (como espejos) para ver, gustar y tocar.
- Tiene contrastes de color y diseño.
- Cambia periódicamente, desde el suelo a los cochecitos de paseo o al columpio.
- Está decorado con cuadros de caras de personas, animales, familias.

Las Habilidades

- Incluyen actividades de autoayuda como comer, ir al baño/cambiar pañales y vestirse.
- Resaltan el lenguaje y el pensamiento cuando los adultos ponen nombres a objetos, describen hechos y reflejan sentimientos de una manera coloquial, simplificada.
- Favorecen el escuchar a una persona, un cuento, una canción, un recitado con mímica manual.
- Usan medios artísticos apropiados para explorar y manipular, no para obtener un producto terminado.

Los Temas

- Se definen de forma aproximada y flexible, igual que el horario.
- Acerca de la familia y las pertenencias, de uno mismo, de los cuerpos y de los bebés.
- Dictados más por las necesidades de los niños que por las de los adultos.

Ilustración 13.11 Planear para lactantes y niños en edad de caminar implica entender el desarrollo específico y conocer íntimamente al niño en particular. El cuidado constante y la flexibilidad son tan importantes para una planificación eficaz para niños menores de 2 años, como las actividades mismas que se ofrezcan.

escuchar, comprender y responder, como **expresivo o activo,** pronunciación, vocabulario y gramática. En otras palabras, como ya se explicó, el lenguaje tiene significado.

EL DESARROLLO DEL LENGUAJE

El lenguaje parece ser una característica innata del ser humano. Dondequiera que vivan juntas varias personas, se desarrolla algún tipo de lenguaje. Los lenguajes varían notablemente en el mundo en cuando a sonidos, vocablos y estructura gramatical. Sin embargo, los niños de todo el mundo adquieren un lenguaje.

Lo que nos dice la investigación

La investigación en desarrollo del lenguaje y expresión revela varias características interesantes. Primeramente, el lenguaje de los niños es diferente del de los adultos (de Villiers y Jill, 1981). El lenguaje de los niños se ocupa del presente y es egocéntrico, tomando en cuenta sólo los propios conocimientos del niño. Parece haber una falta de conciencia de forma lingüística por parte del niño. Los preescolares sí muestran conciencia de estructura lingüística (por ejemplo, "pieses" para marcar la forma plural) pero no parecen conocer las funciones gramaticales. En otras palabras, los niños utilizan el lenguaje para comunicarse pero no parecen comprender que es una entidad en sí mismo.

El lenguaje no se aprende imitando simplemente el habla del adulto (Beck, 1979). El lenguaje del niño no es lenguaje adulto farfullado, sino algo único del nivel de edad y lingüístico del niño. Gardner menciona la habilidad del lenguaje como una forma de cognición (inteligencia lingüística) y la mayoría de los teóricos en desarrollo del lenguaje concuerdan en que parece haber una tendencia humana innata al lenguaje (Chomsky, 1993). Los niños no están simplemente tratando de imitar a otros y cometiendo errores, sino intentando entender el lenguaje ellos mismos. El niño ensaya teorías sobre el lenguaje en sus intentos de comprender los patrones. En el lenguaje, como en tantas áreas del conocimiento, los niños están implicados como participantes activos de su propio aprendizaje. El uso del habla no es meramente imitativo sino también productivo y creativo.

Más aún, el desarrollo del lenguaje es un proceso de maduración.[1] Igual que en el de las habilidades cognoscitivas, hay etapas del crecimiento del lenguaje que siguen una secuencia específica. También hay variaciones de oportunidad que es importante recordar.

Etapas del desarrollo del lenguaje

Los niños siguen en su desarrollo lingüístico una secuencia de seis pasos, que parece *invariable* cualquiera que sea el idioma que se aprenda.

1. *Respuesta del lactante al lenguaje*. Los bebés comienzan por prestar atención al habla, los cambios de sonido, ritmo y entonación. Son los **precursores** del habla, y los bebés muy pequeños son especialmente sensibles a algunas diferencias de sonido. Los lactantes necesitan oír hablar, y mucho, para desarrollar los fundamentos del sonido.

2. *Vocalización*. A los 3 ó 4 meses de edad, los lactantes comienzan a arrullar y balbucear. El balbuceo aumenta con la edad y parece culminar alrededor de los 9 a 12 meses. Es un asunto de madurez física, no sólo de experiencia; los niños sordos o con disminución auditiva lo hacen al mismo tiempo que los de audición normal. Además, se ven patrones similares en distintos idiomas.

3. *Desarrollo de la palabra*. Según de Villiers y Jill (1981), el niño debe separar primero los ruidos que oye en de habla y de no habla. Los sonidos del habla deben separarse después en palabras y en los sonidos que las forman. El bebé que está creciendo comienza a pasar de practicar con los sonidos. El resultado es un habla planeada, controlada.

   Los niños comienzan a jugar con los sonidos alrededor de los 10 a 15 meses de edad. Desde este punto, el desarrollo del habla está determinado tanto por el control de movimientos motores como por la habilidad de emparejar sonidos con objetos.

   La mayoría de los niños son capaces de comprender y responder a un número de palabras antes de poder producir alguna. Sus primeras palabras incluyen nombres de objetos y hechos de su mundo (gente, comida, juguetes, animales). Entonces el niño comienza a extender el sentido de las palabras, tal vez empleando "guau-guau" para referirse a todos los animales. Finalmente, se pueden usar palabras aisladas como oraciones: "adiós" se puede referir a alguien que sale, a una comida que el niño cree terminada, al niño que se va, a una puerta que se cierra.

4. *Oraciones*. Las oraciones de los niños suelen comenzar con dos palabras, describiendo una acción ("nene come"), una posesión ("mi pelota") o una ubicación ("guau-guau fuera"). Estas oraciones se amplían añadiendo adjetivos ("mi pelota grande"), cambiando el tiempo de verbo ("nena bajó") o usando negativos ("no sale afuera"). Los niños no aprenden la gramática porque se les enseñen las reglas, sino escuchando el habla de los demás y reuniendo los fenómenos regulares que oyen.

   Aunque no es idéntico al de los adultos, el lenguaje infantil absorbe elementos del lenguaje que oyen para construir una base lingüística. Los niños incorporan e imitan lo que oyen para refinar sus propias estructuras lingüísticas.

5. *Elaboración*. El vocabulario comienza a incrementarse a velocidad sorprendente. Las oraciones se hacen más largas, y la comunicación empieza a transformarse en interacción social. En el rincón del "hospital" de una guardería tiene lugar esta conversación:

   Luz: Soy una enfermera.

   Berta: Voy a conseguirte algunos pacientes.

   Megan: ¿Necesito que me operen?

   Luz: Sí, si no quieres volver a enfermarte.

6. *Representación gráfica*. A los 5 ó 6 años de edad, empieza la lectoescritura, cuando los niños se dan cuenta de que el lenguaje es una entidad en sí y la palabra escrita una forma de documentar lo que se

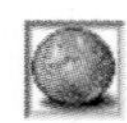

LA DIVERSIDAD DE NUESTRO MUNDO LA DIVERSIDAD DE NUESTRO MUNDO LA DIVERSIDAD DE NUESTRO MUNDO LA DIVERSIDAD DE NUESTRO MUNDO LA DIVERSIDAD DE NUESTRO MUNDO

[1] Los maestros deben ser conscientes de los niños a quienes enseñan y estar alerta hacia la diversidad de cuestiones y habilidades de lenguaje, en especial en el área del bilingüismo, trastornos del habla o del lenguaje, y dialectos (véase más adelante en este capítulo).

habla. La conciencia de la palabra escrita y el comienzo de la alfabetización son el resultado de esta última etapa del desarrollo. Estas áreas se desarrollan en los años de escuela primaria, pero los maestros pueden iniciar el proceso con los preescolares de forma interesante y orientada al niño. Las unidades de *Tema especial* sobre "Lectoescritura" y "Literatura infantil" encaran la cuestión del lenguaje y la alfabetización. Además, varias asociaciones profesionales que abogan por los estándares de alfabetización han publicado una declaración conjunta de preocupaciones referentes a los modelos en la instrucción en la lectura antes del primer grado. Preparada por la comisión de alfabetización de la primera infancia (Early Childhood and Literacy Development Committee) de la International Reading Association, explica objetivos para un programa de lectura antes del primer grado, lo que los niños conocen sobre el lenguaje, las preocupaciones y las recomendaciones. La ilustración 13.12 es una muestra de las habilidades lingüísticas que se desarrollan en el niño.

HABILIDADES LINGÜÍSTICAS EN LA PRIMERA INFANCIA

Los maestros llevan a la práctica la teoría del desarrollo del lenguaje cuando trabajan con niños. Las habilidades lingüísticas del escenario de primera infancia incluyen articulación, lenguaje pasivo, lenguaje activo, lenguaje gráfico y disfrute. Las conversaciones de los niños, sus formas de hablar, la falta de lenguaje activo en algunos niños y sus formas de hacer preguntas; todos estos elementos reflejan las habilidades lingüísticas de los niños (Wolf et al., 1996).

Articulación

La **articulación** es la forma en que los niños dicen realmente los sonidos y palabras. La capacidad de los niños de producir sonidos es un enlace crucial para que conecten los sonidos que forman el habla. Los errores de pronunciación son comunes y normales, sobre todo en niños de menos de 5 años. El maestro de preescolares puede esperar oír "Zaly" por Sally, "güeno" por bueno y "pagueti" por espaguetis. Cuando los niños hablan, los maestros prestan atención a su capacidad de oír y reproducir los sonidos de la conversación cotidiana. ¿Son capaces de oír y producir sonidos muy diferentes, como "ser" y "bloque"?, ¿son capaces de producir sonidos que difieren muy poco, como en "ven" y "ten"?

Lenguaje receptivo o pasivo

El **lenguaje receptivo** es el que adquieren los niños cuando aprenden a escuchar y comprender. Es lo que oyen. Con esta habilidad, pueden comprender instrucciones, contestar una pregunta y seguir una secuencia de hechos. Son capaces de comprender relaciones y empiezan a predecir el resultado de su comportamiento y el de otros. Al escuchar elaboran algunas imágenes mentales.

Los niños comienzan pronto y pueden hacerse expertos en reaccionar ante palabras, la voz, el énfasis y la inflexión. ¿Cuántas veces comprende el niño por *la forma* en que se dicen las palabras?

"Por fin *terminaste* tu almuerzo." (¡Bien por ti!)

"¿Terminaste *por fin* tu almuerzo?" (Remolón.)

Los niños aprenden a escuchar por gusto, atendiendo a la manera en que suena el viento en los árboles, el ritmo al contarle un cuento, o el ruido del auto que trae a mamá o a papá a casa.

Lenguaje activo

El **lenguaje activo** en los primeros años incluye palabras, gramática y elaboración.

Las palabras

El lenguaje activo es la palabra hablada. Las primeras palabras del niño atañen a lo más importante para él (mamá, papá). Los adultos ayudan a los niños a ampliar sus conocimientos y vocabulario utilizando los nombres de objetos y palabras de acción (caminar, correr, saltar) y sentimientos (feliz, triste, enojado). Describiendo objetos cada vez con más detalles, los maestros les proporcionan palabras nuevas que mejoran sus habilidades. Entonces los niños están en condiciones de aprender que algunas palabras tienen más de un significado (por ejemplo, "naranja" es tanto un color como una fruta) y que palabras distintas pueden tener el mismo significado (como "barco" y "bote" para objetos similares, o *muñeca* y "doll" como la misma palabra en diferentes idiomas).

Escenario	Edad (aprox.)	Muestra
1. Respuesta	0–6 meses	Sonríe, fija la mirada cuando oye voces
2. Vocalización oraciones	6–10 meses	Balbucea todo tipo de sonidos, creando balbuceadas Usa señales vocales, aparte de llorar pidiendo ayuda
3. Desarrollo de Palabras	10–18 meses	Mamá, papá, nene Adiós, no-no
4. Oraciones	18 meses–3 años	Quere chololate (Quiero chocolate) Nena ponió caqueta (Ella se puso la chaqueta)
5. Elaboración	3–5 ó 6 años	Eres mi mejor mamá, tú puedes tener mi tortuga en el desyuno (desayuno) (Tos) Fue nada más que un estornudo en mi boca.
6. Representación Gráfica	5+–8 años	[illegible]

Ilustración 13.12 Las habilidades de lenguaje del niño se desarrollan con la edad y la experiencia.

Gramática

Los niños aprenden la estructura gramatical básica generalizando lo que oyen. Atienden a los patrones del habla de los adultos y los utilizan para organizar su propio lenguaje. Es útil oír oraciones sencillas en los primeros años, con las palabras en el orden correcto. A continuación, los niños pueden captar el pasado además del presente, los sustantivos en plural y en singular. Finalmente, se comprende el uso de estructuras más complejas (preposiciones, comparativos, diversas conjugaciones de verbos).

Elaboración del len`guaje

La **elaboración** del lenguaje toma muchísimas formas. Es el acto de expandir el lenguaje. A través de la descripción, la narración, la explicación y la comunicación, los adultos elaboran su propia habla para animar a los niños a que hagan lo mismo. Por ejemplo, la comunicación para los niños incluye hablar consigo mismos y con otros. Cuando un maestro verbaliza en voz alta un proceso, los niños ven cómo el lenguaje les ayuda a analizar un problema. ("Estoy tratando de sacar la planta de la maceta, pero cuando la pongo al revés, no cae sola. Ahora voy a usar esta palita para aflojar la tierra de los costados, y espero que eso sirva.") Comunicarse con otros implica dar y seguir instrucciones. ("Es hora de elegir el momento para el aseo. Tú encuentras algo que hacer y yo te miro.") Significa hacer y responder preguntas. ("¿Cómo te sientes cuando ella dice que no quiere jugar contigo?, ¿qué puedes decirle?, ¿qué puedes hacer?") Seguir con el mismo tema mantiene viva la conversación: "Sé que quieres patear la pelota, pero primero resolvamos este problema entre Cirilo y tú por el carrito." Se anima a los niños a comunicarse verbalmente con otros cuando ven a los maestros usando el habla para involucrarse ellos mismos en el juego. ("¡Qué hermosa casa construiste!, ¿cómo se entra?, ¿necesitas platos?")

El lenguaje gráfico

"La palabra anotada" es la esencia del lenguaje gráfico. El niño ahora aprende que hay una forma de registrar, copiar y enviar a otra persona lo que uno piensa. Aprender a poner el lenguaje en forma simbólica es el núcleo del proceso de lectoescritura. Los niños aprenden sobre la letra impresa cuando se les lee regularmente, cuando ven a los adultos leyendo y escribiendo, y cuando están rodeados de un entorno rico en palabras impresas. Como las palabras y las letras no son más que "rayas, puntos y garabatos" para los niños pequeños, el maestro y los padres deben demostrar cuánto significado puede contener el lenguaje gráfico. Más aún, la transferencia del habla a lo impreso es una tarea cognoscitiva (la de los símbolos, véase la sección anterior) de modo que entran en juego tanto el desarrollo intelectual como las habilidades lingüísticas cuando los niños aprenden sobre la palabra impresa. Esta área se desarrolla más en la sección *Temas especiales* de este capítulo.

El disfrute

Fomentar el lenguaje es promover el gusto por usarlo. Los maestros conversan con niños, padres y otros adultos, dando un ejemplo a los niños de lo útil y entretenido que puede ser el lenguaje. Conocer el poder y el placer del lenguaje motiva a los niños para el trabajo más difícil de aprender a leer y escribir. Los niños aprenden a disfrutar del lenguaje participando en discusiones de grupo y siendo estimulados a hacer preguntas. Leer y escuchar cuentos y poemas todos los días es parte esencial de todo programa. El programa debería incluir también literatura infantil e historias que dicten o escriban los niños.

Los juegos con palabras y con rimas son divertidos además de educativos. Los juegos en grupo con palabras son útiles, como hacer la pregunta "¿viste alguna vez abejas con orejas?, ¿una ardilla en una silla?, ¿un mosquito con . . .?" y dejando que los chicos añadan el resto. Empiecen una canción, por ejemplo, "Do You Know the Muffin Man?", y agreguen los nombres de los niños. Todo lo que contribuya a disfrutar del lenguaje respalda su crecimiento, desde variar la voz y el tono para ajustarse a la situación (al contar cuentos, en representaciones y en periodos de actividades corrientes), hasta canciones espontáneas rimadas.

EL PAPEL DEL DOCENTE

Consideraciones

Al considerar cómo trabajar con niños pequeños en el desarrollo del lenguaje, los maestros han de tener presentes varias cosas.

Los niños deben utilizar el lenguaje para aprenderlo. Los adultos a menudo pasan buena parte de su tiempo con los niños *hablando* con, a, para o acerca de ellos. Sin embargo, para aprender, son los niños los que deben hablar. Necesitan tiempo, un lugar y apoyo para practicar el lenguaje. Las conversaciones de los niños entre sí son importantes para aprender lo básico de cómo turnarse y mantenerse en el tema y decir lo que piensan, haciendo que sus ideas y ellos mismos sean oídos y aceptados. El tiempo con compañeros y adultos, en situaciones estructuradas (tiempo en grupo) y no estructuradas (juego libre), permite que los niños practiquen y afinen sus habilidades lingüísticas.

Los niños más habladores tienden a monopolizar las interacciones de lenguaje. Las investigaciones señalan que los maestros interactúan verbalmente con los niños de mayor habilidad verbal. Busquen y respalden el desarrollo del lenguaje en los que tienen menos habilidades, en general sacándolos individualmente (1) leyendo el lenguaje no hablado (corporal) que comunica sus ideas, necesidades y sentimientos y (2) ayudándoles a expresar verbalmente dichas ideas, necesidades y sentimientos.

Los adultos deberían conocer a cada niño. La constancia en las relaciones adulto-niño puede ser tan importante para el lenguaje como para el desarrollo eficaz de los primeros años. Si es así, los maestros deben tener una relación significativa con cada niño. Esto incluye conocer a los padres y cómo se comunican con su hijo.

Bilingüismo. En términos de primera infancia, **bilingüismo** es la adquisición de dos idiomas durante los primeros años de vida. El niño bilingüe debe aprender a comprender y producir aspectos de cada idioma y luego desarrollar dos sistemas de comunicación. El bilingüismo en la primera infancia también ocurre en estas condiciones generales:

1. Los niños pueden comprender y producir algunos aspectos de ambos idiomas.

Ilustración 13.13 Los maestros y los niños pueden compartir momentos íntimos cuando disfrutan usando el lenguaje juntos.

2. A través de la exposición natural, como en el aula, los niños adquieren experiencia en ambos idiomas.

3. Los dos idiomas se desarrollan al mismo tiempo (Garcia, 1986).

Con más niños bilingües/biculturales en las aulas de primera infancia, es útil comprender cómo aprenden los niños un segundo idioma y cómo aplicar estas investigaciones de forma práctica. El cuadro de atención de Hedy Chang describe los ventajas de apoyar el bilingüismo, y la bibliografía del capítulo ofrece varios recursos actuales. Las investigaciones (Diaz-Soto, 1991) muestran que el proceso de aprender un segundo idioma en la niñez depende, en parte, del niño como individuo. En la adquisición de un segundo idioma entran habilidades cognoscitivas, sociales y lingüísticas. Más aún, la cultura del niño, su temperamento particular y su estilo de aprendizaje también entran en juego. Por ejemplo, Tjarko es de ascendencia suizo alemana, así que no es de extrañar que pronuncie la "v" inglesa como la "f", como en "Can I *haff* one of those?" Sachiko, que vino este año de Japón, se queja "Mi *cuello* duele cuando bebo", y no está de acuerdo en que sea un dolor de garganta, pues "cuello" es la palabra que sabe.

A menudo los adultos suponen equivocadamente que los niños pequeños aprenden un idioma nuevo con facilidad y rapidez y que cuanto más pequeños sean, antes adquirirán el segundo idioma. Algunos estudios (Diaz-Soto, 1991) indican lo contrario: varios informes dan ventaja a los adultos en cuanto a rapidez de adquisición de idiomas, y tampoco parece haber un periodo crítico para aprender una segunda lengua.

Dejando de lado esos falsos conceptos, los maestros necesitan ser guiados al educar a niños de minorías lingüísticas, tanto para ayudar al niño y a su familia a formar parte del proceso educativo como para respaldar la cultura y el idioma de los niños mientras colaboran en el proceso de adquisición del inglés. Alvarado Kuster (véase el capítulo 5) sugiere tratar de hablar con fluidez el primer idioma del niño y conocer las prácticas de crianza de la familia, además de aprender sobre la cultura propia y las parcialidades personales. Las siguientes recomendaciones sirven como pautas para los maestros de niños que hablan otros idiomas:

1. *Acepten las diferencias individuales* tanto con respecto al estilo como al marco temporal del aprendizaje del idioma. No insistan en que el niño hable, pero sí invítenlo a la clase y traten de incluirlo en sus actividades. Den por sentada la equivalencia en el desarrollo: es decir, que los niños, aunque distintos, son normales. Por ejemplo, María Elena simplemente no viene a sentarse durante el tiempo en grupo. Permítanle que observe a distancia y crean que está aprendiendo, en vez de preocuparse o irritarse porque todavía no está con el grupo.

2. *Respalden los intentos de los niños* por comunicarse. El proceso de aprender un segundo idioma no es muy distinto del primero; es decir, alentar los intentos de comunicación de los niños en vez de corregirlos, les ayudará a tratar de aprender. Los maestros reconocen patrones equivalentes de desarrollo. Por ejemplo, es posible que Kidah no pueda *decir* la palabra "car" pero es capaz de *mostrarte* uno cuando se lo pides. Hay muchas maneras igualmente buenas de mostrar el desarrollo, además de enseñar habilidades.

3. *Mantengan una filosofía de adición* reconociendo que los niños adquieren cada vez más habilidades lingüísticas nuevas, no reemplazando simplemente las habilidades del lenguaje primario. Preguntarle a Giau y su familia sobre sus palabras, comidas y costumbres, permite a los maestros emplear un estilo y contenidos que sean familiares para los vietnamitas, suavizando así la transición y agregando conocimientos a una base ya rica.

4. *Proporcionen un entorno estimulante, activo y diverso* con muchas oportunidades para el lenguaje en interacciones sociales con sentido y experiencias de atención a todos los niños. Aprender en un entorno de autoayuda con un currículum sin pre-

juicios da a los niños una educación apropiada desde los puntos de vista de desarrollo y del lenguaje. Por ejemplo, aprender el origen y el significado del nombre de cada persona (*Mweli* es "luna" en swahili y *Anna* en hebreo significa "con gracia") pone de relieve la singularidad de cada persona y une a todos los niños como personas con nombres.

5. *Utilicen observaciones informales* para guiar la planificación de actividades y las interacciones espontáneas para quienes hablan otros idiomas. Un día en la vida de un centro o grupo infantil tiene una tremenda cantidad de momentos para enseñar. Por ejemplo, al ver un grupo de niñas que construyen un zoológico con bloques, un maestro le da una canasta con animales salvajes a Midori. Caminando con ella hasta el rincón de bloques, se ofrece a surtir el zoológico y luego ayuda a todas las niñas a hacer carteles para los animales en japonés y en inglés. De esta forma Midori entra en el juego de forma fuerte y positiva.
6. *Averigüen sobre la familia*, y establezcan lazos entre la escuela y el hogar. "El aprendizaje en la escuela es más probable que ocurra cuando los valores familiares refuerzan las expectativas escolares" (Bowman, 1989). No hace falta que padres y maestros hagan las mismas cosas, pero deben tener comprensión y respeto mutuo y metas para los niños. Por ejemplo, los padres de Honwyma y su maestro hablan de qué parte de la lengua y la cultura hopi puede traerse a la clase. En donde haya diferencias entre los patrones hopi y los de la escuela, los maestros se ocupan de ellas directamente y con interés.
7. *Proporcionen en el aula un clima de aceptación* que valore la diversidad cultural y de idioma de los pequeños. Los maestros deben enfrentarse a su propio etnocentrismo cultural y aprender sobre los idiomas, dialectos y culturas distintos de los suyos. Es crucial valorar todas las formas de lograr hitos de desarrollo, no sólo las de la cultura del maestro o su experiencia educativa.

Es enorme el desafío para los niños pequeños y sus maestros. Con una enseñanza fundamentada, de mente abierta, los niños pueden aprender un segundo idioma sin excitarse ni extrañarse indebidamente. Hasta la fecha, podemos llegar a estas conclusiones:

- Los niños son capaces de aprender dos idiomas en sus primeros años, y lo hacen, aunque el proceso y el tiempo varían según los individuos.
- Es posible aprender dos idiomas al mismo tiempo de forma paralela. La profundidad del conocimiento de un idioma puede ser diferente de la que se tiene del otro, o los dos pueden desarrollarse de igual manera.
- La adquisición de idiomas puede significar que se "mezclen" los dos, como se oye en el habla infantil cuando usan palabras o estructura sintáctica de ambos idiomas.
- Aprender dos idiomas no daña la adquisición de ninguno de ellos a la larga.

Los maestros deben comprender el aumento de la carga de trabajo que crea el bilingüismo, y tener presente que aprender otro idioma afecta al desarrollo cognoscitivo y social.

Diferencias dialectales. Los maestros pueden hallar diferencias en la forma de pronunciar las palabras o usar la gramática, incluso entre niños de habla inglesa. Estas diferencias reflejan un **dialecto**, o variación de patrones del habla dentro de un idioma. Cuando viajamos a Nueva York, por ejemplo, nuestro oído se acostumbra a la particular pronunciación de "goyl" (girl), y cuando vamos hacia el norte oímos "habah" (harbor). Los hablantes sureños son fáciles de identificar por sus sonidos vocálicos prolongados, como en "Haiiiii, yaaw'll!" Además de los dialectos regionales, existen también dialectos sociales, compartidos por personas del mismo grupo cultural o clase social. Los niños de los barrios urbanos deprimidos pueden expresar su entusiasmo por la lectura con un comentario como "I been done knowed how to read!"

El italiano, el ruso y muchos otros idiomas tienen dialectos regionales y sociales. Los lingüistas, estudiosos de los idiomas, arguyen que no existe el lenguaje bueno ni malo. Cada idioma y dialecto es un sistema legítimo de reglas del habla que gobierna la comunicación en esa lengua. Algunos dialectos, sin embargo, no se consideran favorablemente dentro de la sociedad mayoritaria y a menudo conllevan un estigma social o económico. En los Estados Unidos el dialecto que ha recibido mayor atención y controversia es el **Ebonics**, o el inglés negro.

Desde hace décadas se estudian las singulares características lingüísticas de los niños afroamericanos (Thomas, 1983). El nombre "ebonics" está compuesto

SELECCIÓN DE ARTÍCULOS

Bilingüismo: un recurso desaprovechado

Hedy Nai-Lin Chang

Aunque el inglés es el idioma que predomina en los Estados Unidos, este país es el hogar de muchas familias y comunidades que hablan también otros idiomas. En el ámbito nacional, por lo menos uno de cada 25 niños proviene de un hogar donde se habla un idioma que no es inglés. Lamentablemente, este país a menudo ha desaprovechado el enorme recurso de nuestra diversidad lingüística, que es un bien valiosísimo para crear oportunidades de que los niños sean bilingües.

Ser bilingüe presenta muchas ventajas. Ofrece a niños y adultos mayor apreciación y conocimiento de la gente de otros orígenes culturales y lingüísticos y puede promover una mayor flexibilidad mental. El bilingüismo es ciertamente una habilidad laboral de gran valor.

Lograr el bilingüismo, sin embargo, puede requerir diferentes estrategias. En las familias de habla inglesa, promover el bilingüismo implica encontrar oportunidades de que los niños interactúen con hablantes de otros idiomas. Los idiomas se aprenden mejor de forma natural, por medio de relaciones significativas con otras personas.

Para los niños cuyas familias hablan un idioma que no es inglés, se puede apoyar el bilingüismo alimentando el desarrollo continuado de su idioma familiar sin dejar de crear las condiciones para que también adquieran el inglés. Por desgracia, los niños que hablan un idioma distinto del inglés corren un gran riesgo de perder su idioma de origen. Los niños están inmersos en el inglés, ya sea que lo oigan en la escuela o viendo la televisión. Rápidamente los niños internalizan el hecho de que la gente que no puede expresarse con facilidad en inglés suele ser tratada con desdén. Muchos llegan a rehusarse a hablar su primera lengua por turbación o vergüenza.

Lo que ocurra en los entornos de atención y educación de la primera infancia puede tener un papel importante en la promoción del bilingüismo. Los niños se fijan en si sus cuidadores hablan o mantienen diferentes idiomas y si se usan en las actividades de clase. Es más probable que los niños se sientan orgullosos de su primera lengua y también que se interesen en aprender los idiomas de otros si todos esos idiomas se emplean y valoran en el escenario de atención.

Hedy Nai-Lin Chang es codirectora de California Tomorrow, una organización sin fines de lucro que trabaja para construir una sociedad fuerte y justa, multirracial, multicultural y multilingüe, que sea equitativa para todos.

de las palabras "ebony" (ébano) y "phonics" (fonética). "Está basada en una lengua de África Occidental con un vocabulario inglés superpuesto", dice Hoover (1997). "Está basado en la gramática de las lenguas del oeste de África." Las escuelas elementales tradicionalmente han luchado con la doble misión de hacer todo lo que estuviera en su poder por ayudar al éxito de todos los alumnos y, al mismo tiempo, respetar los antecedentes culturales y lingüísticos de cada uno. Una forma de responder a esto es mejorar las tácticas de instrucción para aquellos cuya base lingüística no es el inglés estándar. Programas así para alumnos afroamericanos se desarrollaron individualmente en escuelas principalmente urbanas (Ross y Steele, 1997).

El debate sobre la importancia del ebonics saltó a la luz pública en 1997 cuando el distrito escolar de Oakland, California, votó por considerarlo como un idioma separado y adoptarlo para contribuir a mejorar el aprendizaje de los alumnos. Los críticos citan a educadores que sostienen que el dialecto interfiere con lo logrado en la lectura, mientras que los partidarios insisten en que la verdadera barrera para el éxito académico son las bajas expectativas de los maestros para los hablantes de dialectos (Cecil, 1988; Goodman & Buck, 1997). En el momento de imprimir esta obra, la National Head Start Association (véase el apéndice D) se ha pronunciado contra el ebonics, recalcando que se debe enseñar a todos los niños a utilizar el lenguaje de modo que aumente su poder, no para segregar.

A menudo se cita en la explicación la preocupación por cómo les irá a los hablantes de formas no estándar en la futura sociedad de alta tecnología. Las opiniones negativas sobre el inglés negro o cualquier dialecto no estándar que tienen los posibles empleadores están documentadas (Atkins, 1993) y preocupan a los padres que quieren mejores oportunidades para sus hijos. Por cierto, buena parte de la historia de nuestra educación de primera infancia y de nuestro trabajo actual sobre modelos apropiados para el desarrollo apunta en la dirección de respetar y acoger los dialectos individuales de los niños, sin dejar de ocuparse de las diferencias lingüísticas que los limitan. Mientras la polémica sobre el papel de los dialectos en la educación va y viene, el educador de primera infancia actuaría prudentemente si desarrollara la meta de "competencia comunicativa" (Cazden, 1996) o "poder de lenguaje" (Saxton, 1998) para todos los alumnos. Con esta meta se intentaría conseguir que todo niño fuera un hablante capaz y seguro en cualquier situación que exigiera inglés "estándar" o el lenguaje de su propia "comunidad de habla".[1]

Trastornos del habla y el lenguaje. Los profesionales de primera infancia deberían tener conocimientos de los trastornos del habla y el lenguaje. Los trastornos del lenguaje, tanto receptivo como expresivo, pueden detectarse tempranamente. El maestro perspicaz hace un gran servicio a los niños y a sus padres al descubrir problemas en potencia. Además, los años preescolares son un tiempo ideal, no sólo para aprender a hablar un segundo idioma sino también para iniciar a los niños en el lenguaje por señas (Reynolds, 1995). A los niños les encantan las experiencias multisensoriales y aprenden bien con ellas, y el lenguaje por señas puede mejorar el desarrollo del lenguaje al utilizar todas las modalidades (Good et al., 1994). Los maestros deben también estar versados en cualquier trastorno del lenguaje o del habla en los niños a su cargo; por ejemplo, a pesar de que todos los niños experimentan faltas de fluidez (interrupciones en el flujo del habla), un tartamudeo prolongado pide que el docente trabaje con el niño (y el grupo) de maneras especiales (Swan, 1993). Las necesidades especiales son normales y comunes, y el capítulo 3 detalla cómo tratarlas en escenarios de primera infancia.

El lenguaje del maestro. Lo que dice el maestro, y cómo lo dice, es importante. Más aún, a menudo es lo que *no* dice lo que tiene mayor valor de comunicación para la mayoría de los niños que luchan por obtener dominio del lenguaje. Por ejemplo, cuando un niño se atasca en una palabra o una frase, los maestros deben darle tiempo para superar la dificultad, en lugar de corregir o "ayudarle" terminando ellos la oración. Los maestros proporcionan un entorno rico y una gran calidad de interacción con el niño que fomenta la articulación, el lenguaje pasivo, el activo, y el lenguaje gráfico (la palabra escrita).

Articular significa hablar claramente y a velocidad moderada. Los maestros refuerzan la claridad del habla dando a los niños oportunidades frecuentes de practicarla.

LA DIVERSIDAD DE NUESTRO MUNDO LA DIVERSIDAD DE NUESTRO MUNDO LA DIVERSIDAD DE NUESTRO MUNDO LA DIVERSIDAD DE NUESTRO MUNDO LA DIVERSIDAD DE NUESTRO MUNDO

[1] Ayudando a los niños a aprender la competencia comunicativa al tiempo que conservan los patrones de habla de su propia comunidad, los maestros pueden educar eficazmente a más niños. Agradecemos especialmente a la Dra. Ruth Saxton por su contribución a este tema.

El *lenguaje receptivo* se puede desarrollar utilizando diversas estrategias.

1. Den instrucciones claras: "por favor, vayan a sentarse en la alfombra junto a las sillas", en vez "siéntense ahí".
2. Dejen que los niños hagan preguntas y denles respuestas aceptables. Por ejemplo, repitan una parte de la última oración del niño, que le impulse a volver a intentarlo: "quieres *¿qué?*" o "comiste *¿qué?*" O repitan la pregunta cambiando la frase "¿dónde lo pusiste?" por "lo pusiste *¿dónde?*"
3. Den las instrucciones en secuencia: "pon tu almuerzo sobre tu escritorio, después lávate las manos. Entonces estarás listo para ir a almorzar." A menudo conviene preguntar a los niños qué creen que tienen que hacer: "¿cómo te preparas para el almuerzo?, ¿qué viene primero?, ¿después?"
4. Traten de comprender lo que quiere decir el niño, sin importar cuál sea el lenguaje real. Busquen el propósito y la intención, más allá de lo que puede haber dicho. Esto es de especial importancia con los niños en edad de caminar, los que no son de habla inglesa y los recién venidos.
5. Pidan a los niños que expresen sus pensamientos en voz alta. "Dime qué crees que va a pasarles a los huevos en la incubadora?, ¿te parece que unos se van a abrir y otros no?"
6. Utilicen la literatura, poesía y sus propias descripciones para darles una idea a los niños de cómo se pueden emplear las palabras para pintar cuadros verbales y mentales. Hagan preguntas sobre las propias imágenes y sueños de los niños. A los niños mayores, léanles en voz alta de libros sin dibujos.

El *lenguaje activo* se fomenta cuando los maestros se centran en la palabra hablada. Utilizan oraciones breves, concisas, para enmarcar o resaltar una palabra. Si el niño dice "¡mira eso!", los maestros responden "es una mariposa", o "ya veo, ¿crees que es una mariposa o una abeja?"

Una forma en que los niños adquieren una mayor conciencia de sí mismos es describiendo sus propias acciones con palabras. Para asegurarse de que todos los niños experimentan el arte de la conversación, proporciónenles abundantes oportunidades para conversar con adultos y con iguales, para ayudarles a aprender la naturaleza recíproca de la comunicación. Pídanles que expliquen lo que están haciendo. Hagan una aseveración describiendo el comportamiento o las acciones del niño. Esto es muy conveniente cuando se trata de sentimientos, como "parece que te sientes enojado" (cuando se encaran con un ceño fruncido y puños apretados).

Los maestros ayudan a los niños dirigiendo su atención a objetos, hechos y relaciones.

Mireya: *Tengo algo que mostrarte.*

Maestra: *¿Puedes darme alguna pista?*

Mireya: *No es un disco y no es un libro, y no puedes jugar con él.*

Maestra: *¿Puedes tenerlo en la mano?*

Mireya: *No, tonta, ¡es un beso!*

Den oportunidades a los niños de describir lo que van a hacer y lo que han hecho. De este modo, los maestros descubren qué es significativo para los niños y qué recuerdan, y les da la oportunidad de planear y repasar. Cuando la clase celebra un cumpleaños, los niños querrán hablar de cuándo es su cumpleaños, lo que harán o cómo se sienten. Las respuestas pueden ir desde "30 de julio último" hasta "vamos a la luna" o "en mi cumpleaños mi corazón me llena de levedad". Las ilustraciones 13.14 y 13.15 muestran al maestro hábil trabajando sobre el desarrollo del lenguaje.

Desarrollar habilidades de comunicación con otros es especialmente importante para los niños en sus primeros años. Favorecer la escucha activa y repetir las palabras de un niño a otro ("Beni, ¿oíste lo que dijo Joaquina del camión de arena?") son un apoyo para los niños. Expresar pensamientos y sentimientos con palabras ofrece un modelo a imitar. Diciéndole al niño lo que funciona para ellos ("me gusta cuando me escuchas"), los maestros dan un buen ejemplo de cómo comunicarse. Ayudar a los niños a conservarse en el asunto muestra que se está tratando un tema: "Esteban, ahora estamos hablando de la excursión a la pista. Después nos contarás de tu nuevo perro."

El *lenguaje gráfico* se puede desarrollar de cientos de maneras. Lo que ahora se llama "alfabetización emergente" es una visión amplia de la lectoescritura como algo que se desarrolla, o emerge, del desarrollo del lenguaje como un todo. Más que un simple conjunto de habilidades, la alfabetización temprana implica una serie de actitudes y comportamientos relativos al lenguaje escrito. Los maestros emplean su propio lenguaje como forma de dirigir a los niños en una variedad de actividades que utilizan símbolos, como hacer

Planificación del curriculum para desarrollo del lenguaje: habla el maestro

Descripción

- Usa sustantivos para gente, lugares, hechos: "vamos a visitar a abuelita ahora. Quiere decir que tenemos que vestirnos y caminar hasta su departamento."
- Usa modificadores: "el camión de tu tío está afuera" o "¿puedes encontrar el osito de tu hermana?".
- Usa términos que establecen relaciones: "eres más alto que la silla, el carrito es más ancho que la cama."
- Intenta palabras más precisas para expresar diferencias: en vez de sólo "grande/chico", intenta "gordo/flaco", y "alto/bajo".

Narración

- Describe relaciones temporales simples: "ayer te quedaste en casa. Hoy es día de escuela. Mañana es sábado, día de estar en casa."
- Aclara una secuencia de hechos: "cuando vienes a la escuela, primero pones tus cosas en tu casillero, luego eliges una actividad de interior."
- Usa palabras para describir repetición, continuación y terminación: "vamos a ir a la tienda otra vez, a comprar comida para la cena" o "veo que Juana y tú están jugando juntos todavía" o "la vez anterior terminaste de construir la caja, ahora estás dispuesto a pintarla".

Explicación

- Señala similitudes y diferencias: "Cata y yo somos de pelo castaño, pero ¿qué tenemos diferente? Sí, ella lleva shorts y yo un enterito."
- Intente clasificar lo que ve, además de pedirles a los niños que lo hagan: "Veo que todas esas conchas marinas tienen bordes salientes; ¿qué diferencias ven entre ellas?"

Ilustración 13.14 Varios aspectos del desarrollo lingüístico afectan al modo en que los maestros hablan a los niños en los primeros años.

listas de la compra para un rincón de representaciones, o carteles para el zoológico en el ejemplo anterior sobre educación bilingüe. Los *Temas especiales* que siguen a esta unidad tratan del lenguaje gráfico.

Planificación del currículum para desarrollo del lenguaje

Los maestros que preparan el currículum para habilidades de lenguaje, igual que para el desarrollo cognoscitivo, se centran en el escenario de la clase, habilidades específicas, y temas. Organizan el entorno y las actividades para ayudar a los niños a adquirir habilidades lingüísticas propias.

En el entorno

En el interior. Los maestros acomodan el espacio para que los niños se ejerciten en hablar y escuchar, y, en programas para niños mayores, en lectura y escritura. Se pueden preparar las áreas interiores para favorecer el desarrollo del lenguaje de la manera siguiente:

Arte

- Ofrezcan plantillas para dibujar letras.
- Pongan señales e ilustraciones que muestren dónde se guardan las cosas.
- Pidan a los niños que describan el material que usan.

La pregunta: una estrategia didáctica

Un niño de dos años y medio mirando una lámina de familias

M: ¿qué ves en esta foto?
N: ¡Una mamá y un papá y un bebé!
M: Bien dicho, ves una familia. Mira otra vez.
N: Un bebé igual que yo . . . ¡más bebés!
M: Hay más de un niño. ¿Cuántos nenes hay?
N: Uno-dos-tres . . . ¿este es un nene (señalando a un adolescente)?
M: Sí, es un niño, pero mayor, les llamamos adolescentes.
N: Me gusta más el nene.
M: Te gusta más el nene, y tiene más o menos tu edad, ¿no?

Un maestro en el tiempo en grupo con niños de 3-5 años.

M: ¿Quiénes tienen camisas de manga corta hoy?
Los niños (algunos): ¡yo! ¡yo!
M: Algunos niños dicen que ellos las llevan, ¿pueden encontrarlos y pedirles que se pongan de pie?
Los niños (todos): Jonás, levántate. Paquita, tú también. ¡Aquí está Patricio!
M: Ahora todos los que tienen camisas de manga corta están de pie. ¿Qué observan en ellas?
Los niños (varios): Todas son de colores distintos; dos son lisas, una tiene dibujos; todas tienen botones, son de diferentes tamaños.
M: Bien dicho, se han fijado en muchas cosas. Acá escribí todas las ideas de ustedes. Si Patricio es el más pequeño, ¿quién sigue?

Un niño de 6 años y medio mirando una foto de un campo de flores

M: ¿Qué ves en la foto?
N: Flores . . . un montón de flores.
M: Buena observación. ¿Más o menos cuántas flores dirías que hay?
N: No sé. Unas cien.
M: ¿Te parece que no hay más que cien? Mira otra vez.
N: Puede ser, probablemente hay más.
M: Bueno, ¿cuántas crees que hay?
N: Como mil.
M: Mil es mucho más que cien. Es más aproximado, porque hay mucha diferencia entre cien y mil.

Ilustración 13.15 Las preguntas son los elementos de construcción de la enseñanza. El maestro hábil hace preguntas que estimulan el lenguaje, el pensamiento y la interacción entre un niño y el maestro y entre niños.

Bloques

- Pidan a los niños que se den mutuamente instrucciones sobre dónde van los bloques y para qué se usan.
- Marquen los estantes de los bloques con formas y palabras.
- Dibujen las estructuras hechas por los niños y luego escriban sus descripciones.

Cocina

- Etiqueten los utensilios.
- Describan acciones (verter, medir, remover).
- Utilicen tarjetas de recetas con ilustraciones y palabras.

Descubrimiento/Ciencia

- Identifiquen con etiquetas todos los materiales.

- Formulen preguntas sobre lo que se exhibe.
- Favorezcan las exposiciones de los niños, con sus palabras dictadas al lado.
- Preparen gráficas sobre el crecimiento y los cambios de plantas, animales, niños y experimentos.

Lenguaje

- Identifiquen los estantes de libros, el tocadiscos, otros equipos.
- Ayuden a los niños a confeccionar sus propios libros que impliquen descripciones (mi familia es . . .), narración (es en invierno cuando . . .), y recuerdos (ayer yo . . .).
- Hagan que los niños "escriban" notas, listas o cartas a un compañero, a los maestros, a sus familias.
- Creen un centro de escritura con máquina de escribir, útiles de oficina, etcétera.

Manipulables

- Reconozcan esta área como sitio de comunicación con uno mismo, cuando los niños hablan y cantan para sí mientras trabajan.
- Expliquen similitudes y diferencias de materiales y estructuras.

Hay otras maneras de desarrollar el lenguaje junto con habilidades cognoscitivas y socioemocionales. Una es construir un "Talkalot Kit" (Jones, 1988). Estas colecciones de materiales con algo en común estimulan conversaciones además de clasificación y juegos de representación. Los kits podrían hacerse de botones, guantes, zapatos, pinceles, máscaras, recipientes: ¡usen su imaginación!

Otra idea para programas de niños mayores es un "Maletín de escritor" (Wrobleski, 1990). Se trata de un maletín para llevarse a casa, lleno de elementos de papelería como papel, libros en blanco, plumas o crayones, sobres, clips y clavitos, tijeras y abrochadora, incluso etiquetas engomadas. Se adjunta una nota a los padres explicando las conexiones de lectoescritura y algo sobre alfabetización emergente y el garabateo u ortografía inventada. Los niños lo llevan de un día para el otro, y su creación se puede compartir en la escuela. Una alternativa es "Un amigo se queda a dormir": un juguete favorito, como Jorge el Curioso, va por turno a dormir a una casa en una bolsa con un diario. Se anima a los papás a que anoten el dictado de las aventuras de sus hijos con Jorge, para que sea leído en la escuela.

En el exterior. En el exterior, maestros y niños pueden describir y señalar habilidades motoras, cuando ambos emplean palabras de acción y de sentimientos. Por ejemplo, ¿qué acciones se necesitan para llevar un carrito cuesta arriba?, ¿cómo siente el niño la cara cuando se columpia alto?, ¿cómo se sienta la gente?, ¿se mueve?, ¿lleva cosas?

Rutinas, transiciones y grupos

Las transiciones y rutinas son más manejables si los niños entienden lo que sucede y lo que han de hacer exactamente. El lenguaje de los maestros ayuda a los niños a hablar en el proceso para poder internalizar lo que se les pide que hagan. Un maestro puede escribir una nota de "por favor, guardar" para el niño que no tiene tiempo de terminar un proyecto, o transcribir al dictado notas de los niños a los padres.

Los tiempos en grupo, con recitados con mímica, canciones y cuentos, son actividades intensivas en cuanto a lenguaje. Se fortalecen las habilidades de articulación, de igual modo que el lenguaje receptivo por medio de la escucha a los demás. El tiempo en grupo es también la oportunidad de que los niños se expresen. Cuando los niños discuten las noticias y hechos importantes del día, reúnen ideas sobre un tema, o informan de lo que hicieron antes en el día, adquieren experiencia en escuchar y hablar. Los niños pueden también representar historias y recitados con mímica.

Utilizar ayudas visuales o tarjetas con nombres da experiencia a los niños en el lenguaje gráfico. Estas podrían incluir letras de paño para la canción "B-I-N-G-O", números para el recitado con mímica "One, Two, Buckle My Shoe", o tarjetas de nombres para la actividad "Estoy pensando en alguien. . . " Y los niños disfrutan de la cadencia y del lenguaje hablado o recitado.

Objetivo centrado en las habilidades

El desarrollo del lenguaje implica cinco habilidades diferentes. Los maestros pueden planificar un currículum enfocado en una sola habilidad, ya sea articulación, lenguaje pasivo, activo o gráfico, o el goce del lenguaje. Después de escoger una de las habilidades, miran el entorno para ver cómo se puede desarrollar.

Para hacer hincapié en el lenguaje activo, los maestros permiten a los niños expresarse practicando palabras y estructura gramatical, y progresando sobre

Tema: los bebés

Arte: limiten el material para arte a lo que pueden usar los niños en edad de caminar y lactantes.

Cocina: preparen alimentos para bebés.

Descubrimiento/ciencia: exhiban material para bebés, luego traigan crías de animales.

Juegos du representación: "el rincón de los bebés" con muñecas, cunas, pañales.

Manipulables: traigan varios juguetes para lactantes y niños en edad de caminar.

Motricidad gruesa/juegos: hagan una "ruta de gateo", una pista con obstáculos que sea para gatear *sólamente*.

Excursión/visitante: un papá o mamá trae un bebé a la escuela para vestirlo, bañarlo o darle de comer.

Tiempo en grupo grande: canten canciones de cuna ("Rock-a-Bye-Baby").

En grupo pequeño/grande: los niños hablan de "¿Qué pueden hacer los bebés?"

Julián: los bebés duermen en cunas. Usan pañales. No saben hablar.

Bea: a veces se chupan el dedo. Los bebés lloran cuando tienen hambre.

Dalmiro: los bebés se hacen pis en los pañales.

Esteban: los bebés se sientan en sillas altas. Comen papillas que parecen bananas aplastadas.

Coral: los bebés duermen en un moisés. Luego gatean y te muerden el dedo.

Ilustración 13.16 Los maestros planean una unidad para promocionar las habilidades en las que están centrándose en la clase. Un tema sobre "bebés" saca a relucir el experto escondido en todos los niños y fomenta el lenguaje.

sus propias expresiones. Un maestro pregunta a Cora, de 3 años, qué está haciendo con el material de arte. "Estoy goteando mi pintura", responde ella. En el exterior, Amalia, de 2 años, describe sus acciones: "¡maestra, mírame! ¡soy más alta que tú!" La maestra contesta "trepaste por la escala hasta arriba del túnel. Ahora, cuando te pones de pie, tu cabeza está más arriba que la mía." Durante el tiempo en grupo, la clase de jardín de infancia prepara una historia en grupo sobre "El misterio del espacio". Luego se dividen en grupos pequeños con ayudantes de segundo grado para escribir sus propios libros en forma de historia, con ilustraciones y todo.

Para ayudarles a hablar y aprender, los maestros encuentran maneras de hablar que respetan a los niños. Escuchar atentamente promueve la expresión; escribir las palabras o el relato de un niño fomenta el interés; reír una broma estimula el disfrute. Al mismo tiempo, cuando los adultos hablan a los niños también están transmitiendo valores y actitudes. Enfocar las habilidades de desarrollo lingüístico envía el mensaje de que el lenguaje y la comunicación son herramientas importantes del emprendimiento humano.

Uso de los temas

¿Cómo se podrían aprovechar los temas de planificación de currículum para desarrollar habilidades de lenguaje? Una unidad que tiene atractivo universal es "Bebés", esquematizada en la ilustración 13.16. Otras unidades que fomentan un empleo extensivo del lenguaje son:

- *La cosecha.* Área de actividades: pidan a los niños preescolares y de jardín de infancia que traigan comida de sus casas para un "rincón de festín". Preparen una exposición de comida de un festín de cosecha del pasado o transformen el rincón de economía doméstica en un área de "banquete para todos".

Tiempo en grupo: comiencen una historia de grupo con la oración "me siento agradecid por ..."

Proyecto especial: planeen un banquete, para el que los niños crean el menú y preparan la comida y la mesa para sus familias en la escuela.

- *Tiempo de verano*. Área de actividades: los niños en edad de caminar y preescolares traen una prenda veraniega para un rincón de exposición y "pruebas".

Tiempo en grupo: los niños responden a la frase "una mañana de verano . . ." con relatos y láminas.

Proyecto especial: una excursión a la playa o de caza del tesoro con conchas marinas escondidas en el montón de arena.

- *La Tierra es nuestro hogar*. Área de actividades: los niños de jardín de infancia y de primaria pueden hacer un círculo grande en un tono de azul, bosquejando los continentes. Dispongan pintura café, verde y azul en moldes de tarta y dejen que los niños impriman con sus manos en el océano o en la tierra. Después, pidan a los niños que traigan de sus casas los nombres de los países de origen de su familia.[1] Ayúdenles a localizar esas áreas y fijen los nombres de dichas partes del mundo.

Tiempo en grupo: Canten *The Earth Is Our Home* (Greg & Steve) y *One Light, One Sun* (Raffi). Lean *Just a Dream* (Van Allsburg) y *Where the Forest Meets the Sea* (J. Baker).

Proyecto especial: ayuden a hacer un área de reciclado en la clase o un montón de compost. Hagan una excursión para reciclar los materiales, o visiten una huerta que utilice compost. Los niños pequeños pueden aprender sobre especies amenazadas, en la obra de Burningham *Hey! Get Off Our Train*; los niños mayores pueden investigar sobre un animal e imitar su hábitat natural en una caja de zapatos.

- *Comidas favoritas*. Área de actividades: preparar una ensalada con la verdura favorita de cada uno, o seguir la línea de la historia de *Stone Soup*.

Tiempo en grupo: tema de conversación: "mi fruta preferida es . . ." (Ejemplo: "la manzana, porque es crujiente y bastante grande para compartirla.")

Proyecto especial: preparar tarjetas de recetas para mandar a casa. (Ejemplo: pollo "primero consigues tres kilos de pellejo. Luego, unas rebanadas de pollo asado. Entonces le metes algunos huesos. Después tomas medio kilo de semillas de encurtidos y las pones sobre el pollo. ¡Entonces lo cocinas en el horno unas cinco horas!")

Se puede desarrollar cualquier tema, mientras acarree experiencias de lenguaje gráfico y oral.

Aunque a los niños en edad preescolar y escolar los estimulan les temas específicos, el currículum para lactantes y niños en edad de caminar no siempre necesita este tipo de enfoque. Más bien, en estas clases se considera el nivel de desarrollo del grupo para fomentar el crecimiento del lenguaje de los muy pequeños. La ilustración 13.17 describe ideas curriculares para el desarrollo del lenguaje en una clase con los más pequeños.

UNIDAD 13-2 Punto de control

Los niños desarrollan el lenguaje a su manera, siguiendo patrones constantes en diferentes culturas y países. En los primeros años, el lenguaje consiste en varias habilidades. El papel del docente es conocer cómo se desarrolla el lenguaje y qué habilidades favorecer en un entorno de clase.

Luego, los maestros planifican el currículum para desarrollo del lenguaje. Organizan el entorno y el horario enfocando las diversas áreas y actividades, una habilidad específica, o una unidad.

Pregúntense

- ¿Qué nos dice la investigación sobre el lenguaje infantil y su desarrollo?
- ¿Cuáles son las seis etapas del desarrollo del lenguaje?
- ¿Cuáles son las cinco habilidades lingüísticas en la educación de primera infancia?
- ¿Qué seis puntos debe considerar el maestro cuando planifica el desarrollo del lenguaje?
- ¿Cómo pueden planificar los maestros un currículum que utilice habilidades lingüísticas?

[1] Sean sensibles al hecho de que algunas familias no tienen un vínculo fuerte con una herencia o antepasados más que de Estados Unidos.

Currículum para el desarrollo lingüístico de lactantes y niños en edad de caminar

El Entorno

- Proporciona dulzura y apoyo, con adultos que escuchan y responden a los sonidos y que dejan que los niños inicien el lenguaje.
- Se explica con sencillez, como lo que está haciendo el cuidador cuando viste o cambia el pañal del bebé.
- Es sensible, cuando los adultos responden rápidamente al llanto y cambian la dirección de lo que los niños pueden hacer y expresar.

Las Habilidades

- Los adultos amplían las palabras de los niños. Bebé: "zapato". Adulto: "ah, tienes tu zapato en la mano."
- Los adultos dan ejemplos de palabras para que digan los niños. Adulto: "Ema, quiero el títere ahora".
- Los niños escuchan en grupitos de dos o tres, sentados en el regazo o cerca de los adultos, y se les permite una amplia variación en su modo de participar.

Los Temas

- Giran en torno a los intereses individuales de los niños.
- Incluyen cuentos favoritos presentados de diversas formas: leer *Los tres ositos*, hacer una historia en panel de paño, cantar con mímica, tener títeres de ositos u ositos de felpa.

Ilustración 13.17 Las experiencias lingüísticas para lactantes y niños en edad de caminar consideran los hitos de desarrollo y nivel de autoexpresión de cada niño.

¿Qué temas promueven la habilidad lingüística en la clase?

UNIDAD 13-3 Temas especiales en cognición y lenguaje

LECTOESCRITURA

Como ya se mencionó en este capítulo, el *lenguaje gráfico* es la palabra escrita. Para el niño pequeño, lo que antes parecían puntos y rayas se convierten en letras y palabras. ¿Cómo ayuda el maestro de primera infancia a los niños en este proceso?

La capacidad de leer y escribir no es algo que aparezca sencillamente cuando los niños llegan a cierta edad. Es preciso alimentar su predisposición al lenguaje gráfico. La competencia lingüística del niño determina si está listo para leer. Los maestros identifican esta preparación conociendo hasta qué punto el niño comprende la estructura y el vocabulario del idioma. Por lo tanto, un programa para fomentar el comienzo de la lectura ofrece experiencias en lenguaje oral. Las investigaciones muestran que los que aprenden a leer bien ven relación entre el lenguaje hablado y la palabra escrita. Son conscientes de que los sonidos son los que forman el lenguaje. Por lo tanto, los maestros planean actividades que hacen conexiones entre lo que se dice y lo que se escribe.

Los maestros de primera infancia desempeñan un papel importante en las primeras etapas de la lectoescritura. Pueden influir en actitudes positivas hacia leer y escribir. Respaldar el interés de los niños por aprender a leer y escribir forma parte de dicho papel. Los maestros animan a los niños a hablar y conversar con otros sobre lo que ven y hacen; esto les ejercita cada vez más en el uso de sus experiencias y en su unión a la palabras. Tomarse el tiempo necesario para anotar lo que dicen los niños y luego leérselo añade una sensación de importancia al lenguaje de los niños y su capacidad de expresarse. De estas maneras, los maestros pueden ayudar a los niños a relacionarse con la letra impresa de forma natural y sin presiones.

¿Cuándo es tu cumpleaños?
¿Cómo te llamas?
¿Cuántos niños cumplen años en abril?, ¿y en febrero?, ¿y en diciembre?
¿Cuántos niños cumplen años el día 10?, ¿y el 2?, ¿y a final de mes?

13 Ana	1 Jose	3 Leon	2 Sra C	16 Bruno	11 Catalina	5 Sr.V	2 Carmen	8 Jaime	21 Cristobal	7 Nicolas	13 Keesha
19 Vicente	3 María	7 Quique	10 Pedro	27 Adela		9 Ania		29 Daniel	30 Javier		25 Carola
26 Julieta	6 Susana	15 Roberto	11			12 Carlos					30 Sra. M
24 Tomas	11 Antonio		18 Julio								
	19 Sergio		23 Leticia								
			30 Mirta								

Ilustración 13.18 Una planilla de experiencias lingüísticas involucra a los niños por medio del tema y de la forma en que se presenta la información.

Los niños y la lectura

El papel del adulto es relacionar a los niños con la palabra impresa de maneras que tengan sentido para ellos. Creando un entorno que proporcione muchas oportunidades de utilizar la palabra impresa, los maestros contribuyen a motivar a los niños para la lectura. Las investigaciones nos dicen que los niños que aprenden a leer bien en la escuela elemental son, típicamente, los que tienen buenos antecedentes de lectura en sus primeros años (Schickedanz, York, Stewart, y White, 1983).

Los adultos, e incluso los niños, tienen a menudo un concepto estereotipado de la lectura. Creen que la capacidad de leer es sólo la transferencia literal de signos y símbolos a una página impresa (llamada **descifrado**). En realidad, aprender a leer no es simplemente descifrar los símbolos. Se trata de unir experiencias y conocimientos a esas palabras y comprender el uso de la palabra escrita en su vida diaria. Muchos padres y maestros creen que la enseñanza de la lectura comienza en la escuela elemental, así que se hace poco por ampliar el concepto simplificado de la lectura que el niño tiene antes de primero o segundo grado

Alfabetización emergente

En los últimos años, los profesionales de primera infancia han comenzado a articular los procesos incluidos en ayudar a que los niños aprendan el lenguaje gráfico. Freeman y Hatch (1989) publican resultados de investigación que indican:

1. Los niños pequeños comienzan el proceso de alfabetización antes de entrar en la escuela (elemental).
2. La lectura y la escritura se desarrollan al mismo tiempo y de manera interrelacionada.
3. La alfabetización se desarrolla en actividades cotidianas.

4. Los niños aprenden sobre alfabetización por la interacción con su mundo. Además, el desarrollo de la alfabetización es parte del proceso total de comunicación que incluye escuchar, hablar, leer y escribir.

Necesitamos cambiar nuestra definición de lectura, de una *habilidad técnica* (trasladar lo impreso a lenguaje hablado) al concepto de un modo diferente de *utilización del lenguaje*. En los años que preceden a la escuela elemental, esto se conoce como **alfabetización emergente**. Las habilidades emergentes de lectura siguen etapas, que se superponen (Early Childhood Resources, 1995):

- *Primera etapa*: los niños aprenden que la palabra impresa es una forma de lenguaje. Averiguan que los libros están llenos de magia, mensajes y misterio (prelectura).
- *Segunda etapa*: oyen cuentos, poemas, recitados y canciones muchas veces. Ensayan recitando, cantando, repitiendo y "siguiendo la lectura" cuando les leemos (prelectura).
- *Tercera etapa*: los niños aprenden a reconocer palabras. Leen y conocen el texto, y emplean algo de fonética para descubrir qué palabras dicen qué cosa (comienzo de la lectura).
- *Cuarta etapa*: los niños leen. Ahora la tarea consiste en hacer que lean mejor (lectura).

Los maestros de niños pequeños encontrarán familiares los conceptos y actividades, pues ha sido la práctica común con la primera infancia durante años. La ilustración 13.19 da ejemplos de algunas de estas actividades.

En el escenario de primera infancia, existe la oportunidad de enseñar un concepto más amplio de la lectura que va más allá de descifrar y cala en la vida de los niños. Para hacerlo, los maestros no deberían enseñar lectura como una "base" sino tratarla como parte de la vida inmediata y corriente del niño. Así pueden contribuir a crear actitudes positivas sobre la lectura antes de que comience el proceso de descifrado.

Les toca a los adultos proporcionar oportunidades a los niños que amplíen su concepto del poder de la palabra escrita. Los maestros y los padres pueden ejercer gran influencia comunicando sentimientos positivos sobre la lectura. Una manera de hacerlo es proporcionar experiencias de prelectura reales y valederas (Sawyer y Sawyer, 1993).

Los niños pueden aprender a reconocer, leer y escribir sus nombres cuando se les dan formas interesantes de hacerlo. Una técnica popular en muchos centros de primera infancia es utilizar una lista de espera para actividades de gran demanda. Aprendiendo a leer o escribir sus nombres, los niños reciben un beneficio tangible: pueden anotarse para las actividades que desean y mirar la lista a ver si incluye sus nombres. Algunos programas de computadora permiten ahora a los niños manipular letras para formar sus nombres y luego imprimirlos (véase la sección sobre computadoras en este capítulo). Por medio de estas actividades de experiencia en lectoescritura, los niños aprenden que las palabras son útiles y pueden ser divertidas.

En su libro *Teacher*, Sylvia Ashton-Warner describe otra técnica para iniciar a los más pequeños en el lenguaje impreso. Ashton-Warner, una maestra de jardín de infancia que creía firmemente en la creatividad y curiosidad innatas de los niños, desarrolló un sistema de **"lectura orgánica"** en el que los mismos alumnos construyen un vocabulario clave de palabras que desean aprender a leer y escribir. Este método resultaba eficaz para sus clases de niños maoríes en Nueva Zelanda, para quienes los libros británicos de lectura elemental tenían escaso sentido. La personal didáctica de Ashton-Warner, culturalmente relevante, funciona bien, porque fluye con naturalidad de la propia vida e intereses del niño.[1]

La preparación del niño para leer está relacionada con el desarrollo de ciertas habilidades (véase la ilustración 13.19). Las habilidades de preparación se pueden adquirir por medio de experiencias planeadas en el programa escolar que:

- Promuevan una interacción significativa con las palabras.

  Ejemplo: escribir los nombres de los niños en sus dibujos; identificar los casilleros con los nombres y fotos de los niños.

LA DIVERSIDAD DE NUESTRO MUNDO LA DIVERSIDAD DE NUESTRO MUNDO LA DIVERSIDAD DE NUESTRO MUNDO LA DIVERSIDAD DE NUESTRO MUNDO LA DIVERSIDAD DE NUESTRO MUNDO

1 Años más tarde, la técnica de Ashton-Warner es igualmente relevante en América.

La preparación para la lectura es	Los docentes
1. Vocabulario oral	1. Animan a que hablen, aprendan palabras y frases nuevas, canten, hagan recitados con mímica, recuerden y reflexionen verbalmente.
2. Curiosidad sobre/por la lectura	2. Proporcionan un área separada para libros (y están dispuestos a leer para lo niños), juegos de lenguaje (tipo lotería), dictado por los niños ("si pudiera volar, yo . . . "), notas sobre niños que ellos mismos entregan a otros adultos.
3. Discriminación auditiva (la capacidad de detectar diferencias entre sonidos)	3. Crean cajas de discriminación auditiva en el área de ciencias, un paseo de "escucha el sonido", adivinanzas con instrumentos musi cales, actividades que les enseñan los sonidos de las letras utilizan do los nombres de los niños.
4. Discriminación visual	4. Respaldan el sentido de dirección: derecha e izquierda (en el baile de "Hokey-Pokey" y con etiquetas en zapatos y guantes), arriba y abajo, superior e inferior, similitudes y diferencias.
5. Conciencia de la palabra escrita	5. Ayudan a los niños a nombrar y poner etiquetas en el aula (puer ta, mesas, rincón de libros), con carteles bilingües cuando sea apropiado. Ponen en letras de imprenta la primera lengua de los niños, pidiendo a los padres nombres de objetos comunes, números, etcétera, para usarlos por la clase y en láminas para canciones y recitados con mímica. Animan y ayudan a los niños a escribir sus nombres en trabajos creativos. Escriben circulares informativas en grupo para mandar a las casas. Hacen letras del panel de paño para juego libre y para usar en canciones, como "Bingo".

Ilustración 13.19 Los niños aumentan sus habilidades de preparación a la lectura por medio de actividades de vocabulario oral, curiosidad sobre la lectura, y discriminación auditiva y visual.

- Sean apropiadas para el nivel de edad.

  Ejemplo: para los de 2 años y medio, empleen juegos tipo lotería con imágenes de objetos familiares; para los de 4 años, imágenes de animales; para los de 6, letras del alfabeto.

- Sean entretenidos y gusten a los niños.

  Ejemplo: crear un periódico de la clase para llevar a casa.

- Tomen un criterio gradual mediante el uso de material que no sea de lectura.

  Ejemplo: identificar con imágenes las cajas de guardar juguetes. Más avanzado el año, agreguen palabras junto a las imágenes.

- Reconozcan la capacidad del niño para leer el entorno, los acontecimientos o en otras personas.

  Ejemplo: César, mirando por la ventana el cielo que se va oscureciendo, dice "parece que va a llover". Margarita "lee" su pintura describiendo el vívido monstruo al maestro.

- Impliquen el uso de los sentidos de los niños.

  Ejemplo: exhiban canastos de verduras y frutas junto con el libro *Stone Soup*.

La escuela tendrá muchas actividades en el área de "preparación a la lectura". Un programa de primera infancia promueve la conciencia de los aspectos gráficos del lenguaje:

1. Desarrollando la competencia para hablar y escuchar por medio de la utilización de conversación, lenguaje descriptivo, realimentación oral y actividades significativas de comprensión auditiva.
2. Ayudando a los niños a oír **fonemas** (sonidos del lenguaje) por medio de actividades de lenguaje oral como rimar, sustituir consonantes iniciales y usar aliteraciones en cantitos y juegos de palabras.

3. Proporcionando muchas oportunidades para que los niños hagan conexiones entre el lenguaje hablado y el escrito.
4. Poniendo énfasis en el lenguaje de los niños al comenzar las actividades de lectura.
5. Llenando el entorno de palabras y frases escritas con letra de imprenta, para que los niños se familiaricen con una escritura con significado.
6. Destacando el lenguaje que se usa en las instrucciones para comenzar a leer; por ejemplo, utilicen los términos "letra", "sonido", "palabra", y "oración".

Lenguaje total

El concepto de "lenguaje total" tiene muchos elementos familiares y emocionantes que provienen de la tradición de la primera infancia. Un enfoque que se ha popularizado desde los comienzos de la década de los 80, el lenguaje total (Cruikshank, 1993)

> difiere tanto en la teoría como en la práctica del enfoque básico tradicional. Como se centra en el niño y no en la dirección del maestro, las actividades curriculares surgen de los intereses corrientes del niño, sus necesidades y niveles de desarrollo. Se pone énfasis en hacer conexiones, y es a través de temas integradores, significativos, que los alumnos adquieren conocimientos y habilidades. También se alienta a los niños a compartir ideas y a trabajar con otros, y se valoriza la socialización. La evaluación se enfoca al crecimiento del niño a lo largo del tiempo, y los expedientes de los alumnos y los informes anecdóticos son instrumentos de evaluación.

Goodman (1986) establece principios claves para el enfoque de lenguaje total, que son de interés para todos los maestros y en especial para los alumnos que enseñan en jardín de infancia y escuelas primarias. En general, el lenguaje total es una forma de considerar el lenguaje, el aprendizaje y las personas (niños, maestros, padres) de una manera *holística, integrada*. Todas las artes del lenguaje están relacionadas entre sí. Por ejemplo, un maestro podría leer un cuento a los niños y luego pedirles que inventen sus propios finales. La clase estaría *escuchando* (el cuento), *hablando* (exponiendo sus ideas), *escribiendo* (ensayando la ortografía y el trazado de letras), y *leyendo* (sus creaciones a un amigo o a la clase al final de la lección).

Esta lección integrada también es ejemplo de otro principio, el del contenido *significativo*. Los niños emplean el lenguaje con un propósito, que se desarrolla naturalmente por una necesidad de comunicarse. El niño pequeño a quien se leen cuentos y con quien se conversa desde el principio de la infancia es llevado suavemente a la lectoescritura como otra extensión del uso del lenguaje. Como los niños son capaces de usar el lenguaje antes de haber aprendido la forma correcta, el lenguaje total favorece esa extensión de *función a forma*; es decir, el propio dominio del idioma oral y los intereses peculiares del niño sirven de sustrato para enseñarle las "reglas" de sonidos, letras y palabras. La ilustración 13.20 muestra algunas de las actividades del "lenguaje total".

Una observación: los críticos del lenguaje total argumentan que este enfoque omite enseñar las habilidades de descifrar, que destaca el enfoque fonético tradicional. Los conocimientos actuales permiten la conclusión de que, para aprender, los niños necesitan juntamente la instrucción fonética específica y un fondo rico en literatura (como que les lean cuentos). El pensamiento actual se inclina hacia un papel activo de la instrucción fonética temprana en la enseñanza de lectura (Manzo, 1997), destacando al mismo tiempo la importancia del equilibrio (Diegmueller, 1996). Aprender un lenguaje gráfico es un proceso creativo que implica tanto un "arte" (literatura, canciones con rima, ortografía inventada) como una "ciencia" (los elementos básicos de descifrar). Es tarea del docente ser el maestro artesano que ayuda a los niños a reunir los dos.

Los niños y la escritura

Los niños aprenden sobre la palabra impresa más o menos igual que sobre la lectura y otros aspectos del lenguaje: es decir, viéndola usar y teniendo muchas oportunidades de usarla ellos. Escribir puede ser tan natural para los niños como caminar y hablar. Los niños comienzan a escribir la primera vez que toman un lápiz y empiezan a hacer garabatos. Más adelante, pueden escribir una historia con dibujos o dictando las palabras para que alguien las escriba.

El aula de primera infancia eleva el interés por la escritura con un centro de escritura. Puede ser parte del área de lenguaje o de un centro artístico de autoservicio. Esté donde esté ubicado, este centro incluirá un surtido de elementos para escribir y "ayudantes" para la escritura. Los niños escriben con lápices (gruesos y finos, con o sin borradores), lápices de colores, mar-

Lenguaje total en el aula

- Tengan un rincón agradable como biblioteca, dándoles a los niños mucho tiempo para explorar y leer toda clase de libros.
- Organicen un rincón de escritura con diferentes tipos de elementos, utilizando esta área para desarrollar actividades en grupo (historias de los niños), temas significativos (el correo), y aprendizaje relacionado (escribir y enviar cartas).
- Den paseos, señalando palabras donde las encuentren (carteles en las calles, estantes de tienda, pegatinas en paragolpes) y escribiendo sobre ello más tarde.
- Utilicen láminas grandes para poemas, recitados y canciones además de para listas de las opciones disponibles y para dictado en grupo.
- Planifiquen actividades que incluyan letra impresa: lean recetas para proyectos de cocina, hagan menús para el almuerzo y la merienda, sigan instrucciones para usar un nuevo juguete de manipular, escriban recibos de venta para unidades de representación, traigan libros a las muestras de ciencia.
- Empleen regularmente notas escritas, enviando una hoja regular de noticias a los hogares, escrita o dictada por los niños; escribiendo notas a otros maestros del equipo que los niños entreguen; alentando a los niños a que se envíen mensajes.

Ilustración 13.20 El lenguaje total en la clase de primaria significa integrar las actividades de lenguaje gráfico de forma natural y con sentido.

cadores anchos y estrechos, y crayones. Les gusta tener muchas clases de papel, como papel de computadoras, calendarios viejos, tarjetas perforadas y papel de colores. También disfrutan con los cuadernos sencillos, unas cuantas páginas en blanco abrochadas. El papel carbón, de copias y rayado agregarán variedad. Los "ayudantes" podrían ser un diccionario de dibujos, un juego de letras, un equipo para imprimir, una lámina del alfabeto, una pizarra, o un tablero para letras magnéticas. Todo ello sirve para ayudar a los niños a practicar las habilidades de escritura.

Los primeros intentos de los niños en la escritura probablemente sean dibujos o garabatos. Como dibujar les sirve a los niños para planear y organizar sus pensamientos (y por lo tanto su texto), los maestros los animan a que les cuenten sus historias y les pueden pedir ayuda para "leer" estos escritos. Cuando los niños comienzan a escribir con palabras, los adultos les pueden ayudar a pronunciarlas o darles la ortografía correcta. El desarrollo de la ortografía es similar a aprender a hablar: los adultos respaldan los esfuerzos, no corrigen los errores, y dejan que los niños inventen su propia forma de escribir las palabras. Los diccionarios ilustrados y las listas de palabras comunes ayudan a los chicos a utilizar recursos para escribir. La ilustración 13.21 es una muestra de **ortografía inventada** en un jardín de infancia.

Puede haber material para escribir disponible en toda la sala y el patio. Papel y lápices vienen bien en el área de representaciones. Menús, listas de compra, recetas médicas y dinero son sólo algunos de los usos que encontrarán los niños al material de escritura. El rincón de los bloques puede necesitar señales de tránsito; la computadora, una lista de espera. En el exterior, imágenes pueden identificar la ubicación de las verduras en la huerta; marcadores indican donde se han escondido "tesoros" o donde se enterró al pájaro muerto.

El enfoque de "experiencia de lenguaje" implica tomar dictado, anotar y volver a leer a los niños en su lengua hablada. Es importante emplear las palabras exactas del niño para que puedan hacer la conexión entre su habla y las letras de la página. Esto es cierto para historias en grupo, para los libros confeccionados por los niños, o para descripciones de sus pinturas. Una técnica conveniente al tomar dictado es pronunciar las palabras mientras se las escribe, dejando que el niño mire cómo se forman las letras y palabras. Cuando el contexto se vuelve a leer, el niño tiene la sensación de haber completado algo. La ilustración 13.22 es un ejemplo de esta clase de experiencias lingüísticas en clases de 3, 5, y 6 años.

El escenario de primera infancia favorece la conciencia de la escritura y el interés por ella, exhibiendo regularmente la palabra escrita. Las unidades de almacenamiento están marcadas con imágenes y palabras de lo que va en ellas (tijeras, comida para tortugas, bloques). Hay nombres en las áreas del aula, y cuelgan láminas con cuentos, poemas o juegos de mímica manual familiares. Señales escritas recuerdan las reglas, como "Voces de interior aquí" en el rincón de los libros o "Con el delantal puesto" cerca de los caballetes. Las clases de primaria pueden añadir calendarios y láminas de ayuda, pistas visuales para que los niños lean y se preparen para el próximo evento. Los planos de historias ayudan a los niños a ver las partes y seguir la secuencia del proceso de escritura. Representado como un cuerpo, la cabeza sirve de comienzo (con rasgos faciales llamados "tema", "personajes", y "escenario"), el cuerpo es el medio, y las piernas el final ("finalmente . . ."). Un niño de primaria puede escribir diversas partes de la historia y leerla del plano o seguir progresando con oraciones completas de una manera más tradicional. Así, los maestros ayudan a una mayor toma de conciencia de cómo utilizar y disfrutar de la palabra impresa.

LITERATURA INFANTIL

Los libros infantiles nos retrotraen a cuando nosotros mismos éramos jóvenes y nuevos en el mundo. "Nuestros huesos se alargan y se estira nuestra piel, pero somos la misma alma en el proceso... Los libros infantiles son transformadores tan potentes porque hablan, en las palabras de los Cuáqueros, a la propia condición, a menudo no reconocida en su hora, y quedan como mapa para el futuro... En los libros infantiles conservamos la rosa silvestre, el canto del petirrojo, la hoja en botón. En jardines secretos conocemos la misma punzada de la dicha, a cualquier edad que leamos, del espinoso paraíso que nos rodea (Lundin, 1991).

La literatura goza realmente de un lugar importante en el currículum de hoy. Es especialmente valiosa como vehículo para el desarrollo cognoscitivo y del lenguaje. Los libros ayudan al niño a conocer nuevas palabras, ideas, hechos y aventuras. Las experiencias de lectura planeadas y espontáneas son parte vital del día del niño pequeño.

Leer libros a los niños les presenta el concepto de lectura, una forma de comunicación diferente del lenguaje hablado. Es un sistema de símbolos con el que se familiarizarán mientras aprenden que las palabras y las imágenes tienen significado.

Literatura y desarrollo cognoscitivo

La literatura puede realizar varias funciones para ayudar al desarrollo cognoscitivo. A través de los buenos libros, los maestros pueden ayudar a los niños a ensanchar sus intereses y conceptos. Los libros que se emplean sobre todo para transmitir información amplían la base de conocimientos del niño. Los libros bien pensados que se apoyan en las experiencias cotidianas de los niños expanden su comprensión de sí mismos y de otros. Por medio de los libros, los niños pueden aprender a ver las cosas de infinitas formas distintas. Cinco libros distintos describirán e ilustrarán el comportamiento de los gatos de cinco maneras distintas. Conocer *Millions of Cats* (Gag), *Angus and the Cats* (Flack), y *The Cat in the Hat* (Dr. Seuss), igual que los gatos retratados en *Peter Rabbit* (Potter) o *Frog Went A-Courtin'* (Langstaff), ampliarán su concepto de los gatos. También hay muchísimos libros infantiles que representan culturas diferentes, enseñando una mayor conciencia de toda la humanidad.[1]

Los maestros tienen la oportunidad de fomentar el pensamiento divergente a través de la literatura infantil. Los niños aprenden de los niños más que datos; aprenden todo tipo de cosas, siempre que sean capaces de interpretar la historia en vez de sólo oír las palabras individualmente. Interrogar a los niños sobre si el dinosaurio comía carne o plantas originará respuestas predecibles y oportunas, pero la comprensión no tiene por qué carecer de alegría. Preguntas con ingenio no sólo harán que piensen, sino que despertarán interés. "¿Cabría un brontosauro en la sala de tu casa?" hará que los chicos piensen en *Danny and the Dinosaur*

LA DIVERSIDAD DE NUESTRO MUNDO LA DIVERSIDAD DE NUESTRO MUNDO LA DIVERSIDAD DE NUESTRO MUNDO LA DIVERSIDAD DE NUESTRO MUNDO LA DIVERSIDAD DE NUESTRO MUNDO

1 La literatura infantil proporciona una ventana y un espejo para LA DIVERSIDAD DE NUESTRO MUNDO.

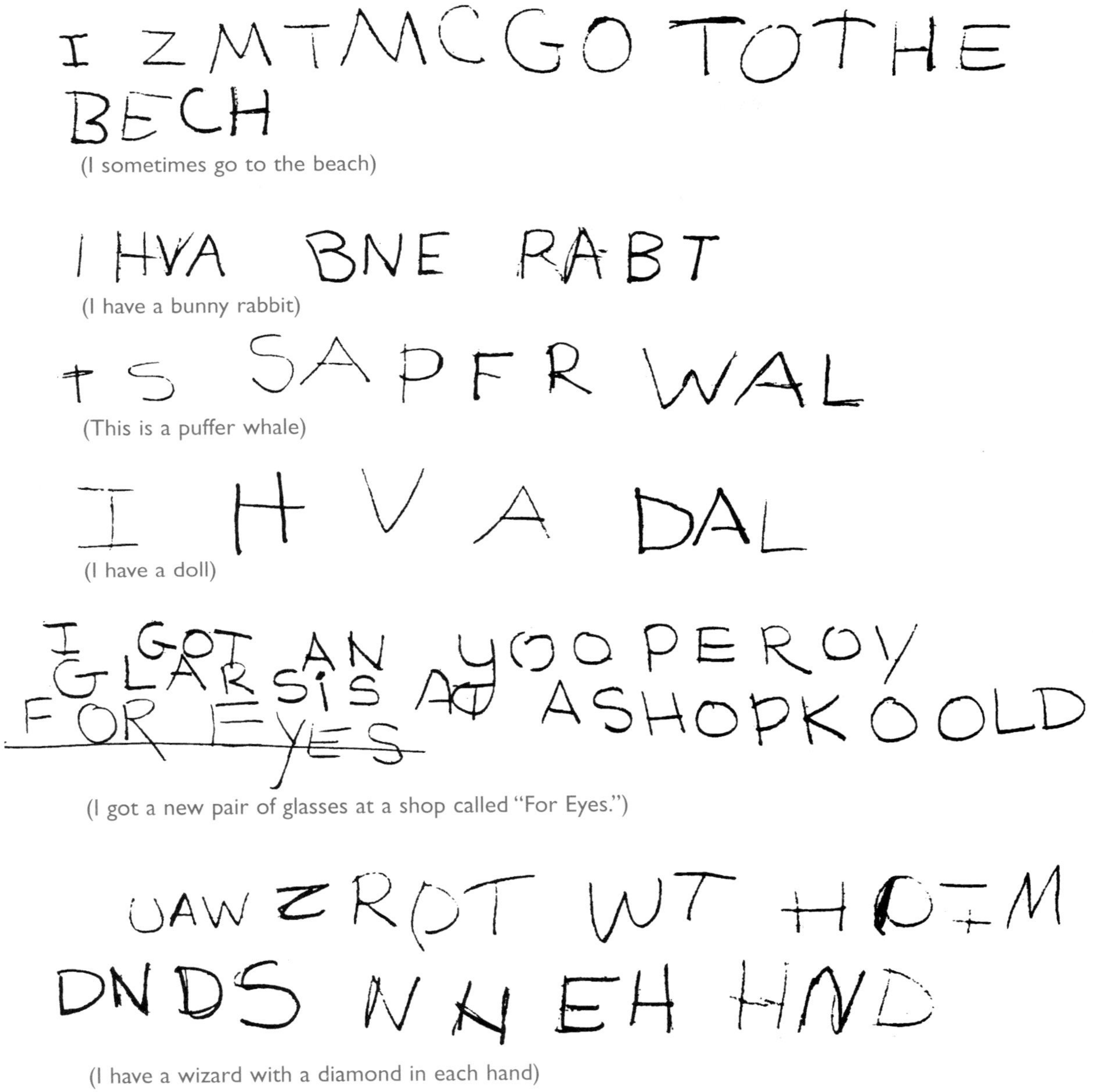

(I sometimes go to the beach)

(I have a bunny rabbit)

(This is a puffer whale)

(I have a doll)

(I got a new pair of glasses at a shop called "For Eyes.")

(I have a wizard with a diamond in each hand)

Ilustración 13.21 Los principios de la escritura generalmente consisten en intentos de los niños de escribir palabras que inventan. La ortografía inventada debe tratarse con respeto por los esfuerzos y como base para experiencias exitosas en la escritura. (Cortesía de Kim Saxe.)

El enfoque de la experiencia lingüística

1. Comiencen con una oración inductora.
Si yo fuera un instrumento musical . . .
Mireya: Sería un piano con cuerdas y un montón de cositas brillantes encima. Y me podrías tocar aunque estuvieras ciego.
Julita: Yo sería un tambor. Me golpearían y no estaría feliz porque me harían doler.
Dalmiro: Yo sería un violín. Alguien me tocaría con un arco y yo haría un sonido hermoso.

2. Tomen dictados sobre temas y cuadros que ellos hagan.
"Nuestras noches de Halloween"
Efraín: Había una bruja y un esqueleto y un fantasma en mi habitación la noche de Halloween.
León: Noche de disfraces. Una vaca saltando sobre la luna. El conejito durmiendo.
Martina: Había una calabaza grande y un murciélago grande y un oso y un pirata. Había una cabeza de calabaza y la luz brillaba.
Andrés: ¡Había un monstruo sonriente y estaba Aka-Zam!
Lucas: Fuimos a mi iglesia a tomar salchichas y sidra.

3. Pídanles que cuenten sus propios cuentos.
Había una vez un niño llamado Timoteo que mató a todos los malos a puñetazos. Y era muy fuerte y es capaz de voltear cualquier cosa. Y puede hacer todo lo que se le ocurra. Y hace todas las cosas en invierno. Y era tan fuerte que podía romper cualquier cosa. Y tenía que trabajar mucho todo el día y toda la noche. Y tenía que dormir pero no podía. Y tenía una casa muy chiquita y una taza. Y entonces hacía todo lo que quería de la mañana a la noche. Fin. Tim (firmado)

4. Hagan un libro en grupo (incluyendo ilustraciones).
Yo solito (nuestra versión del libro de Mercer Mayer "All by Myself")
"Puedo ponerme el jardinero yo sola." (Estefanía)
"Puedo cepillarme el pelo yo sola." (Linda)
"Puedo hacer fotos yo sola." (Fátima)
"Puedo cepillarme el pelo yo sola." (Megan)
"Puedo hacer un camión con taladro con los bloques, yo solo." (León)
"Puedo saltar a la piscina yo solo." (Andrés)

Ilustración 13.22 El enfoque de experiencia lingüística adopta muchas formas creativas en un aula. (Agradecimiento especial a Gay Spitz por el ejemplo 1 y a Ann Zondor y Lynne Conly Hoffman y a los niños del centro infantil de la comunidad de Stanford por varios de los ejemplos en 2 y 4.)

(Hoff) o *There's No Such Thing as a Dragon* de Kent, o *If the Dinosaurs Came Back* de Most, de una manera nueva. "¿El troll es más grande o más pequeño que tu hermano?" podría ser algo que comentar después de leer *The Three Billy Goats Gruff*. La cuestión no es obtener respuestas con información sobre hechos, sino hacer que se involucren en la historia.

La selección de los libros evidentemente es una parte del empleo de la literatura para estimular el pensamiento y la conversación sobre lo leído. El maestro avisado eligirá libros que inviten a la participación. Todos pueden "soltar un rugido terrible, rechinar sus terribles dientes y sacar sus terribles garras" en una interpretación de *Where the Wild Things Are* (Sendak). Para los niños, el significado está más en la acción que en las palabras. Estarán más dispuestos a hablar sobre historias que les hayan llegado de alguna manera y estimulado su participación.

Las preguntas para pensar y la participación de los niños deben relacionarse con las experiencias y los conocimientos infantiles, pero conducirlos hacia el descubrimiento. Los libros proporcionan un camino agradable para este tipo de crecimiento intelectual.

Literatura y desarrollo del lenguaje.

Cuando Andrea estaba luchando por encontrar palabras para describir un gran número, Milena comenzó a recitar: "¡cientos de gatos, miles de gatos, millones y billones y trillones de gatos!" (*Millions of Cats*, Gag)

Yendo a casa en el auto después de la escuela un día, Renato canturreaba: "tik-ki tik-ki tem-bo no sa rembo, chari bari ru-chi, pip peri pembo." (*Tikki Tikki Tembo*, Mosel)

Dionisio y Salomón estaban jugando a la tienda de comestibles. Para atraer clientes gritaban: "¡se venden gorras!, ¡gorras a cincuenta centavos!" (*Caps for Sale* Slobodkina)

El lenguaje, y el vocabulario, cobran vida con esta repetición, mientras los niños integran las palabras en sus juegos. Su empleo de las palabras es prueba de otra ventaja de los libros y la literatura en el desarrollo del lenguaje: el de aprender la habilidad de escuchar. Como lo expresa Trelease (1982), "si nuestro primer problema es no leer lo suficiente a los niños, el segundo es parar demasiado pronto". Ya tengan uno o diez años, los niños necesitan que se les lea en voz alta regularmente, y ganan con ello. Los docentes no pueden pedir una actividad mejor para promover buenos hábitos de escucha que la abundancia de buenos libros infantiles.

Creación de un entorno literario rico

Los comics de ayer se han quedado muy lejos de la televisión y los juegos de video de hoy. ¿Cómo pueden los maestros dar a los niños experiencias en literatura, frente a tal competencia?

El campo de la literatura infantil es rico por su variedad, que incluye tanto los grandes cuentos clásicos como los de situaciones e intereses actuales. Los libros de ficción y de información, las revistas para niños y la poesía añaden equilibrio al currículum literario. Toda clase debería contar con obras representativas de cada una de estas áreas.

Dejen tiempo de sobra para utilizar libros y otro material. Los niños necesitan tiempo para mirar, para hojear un libro a su propio ritmo, para dejar vagar sus pensamientos mientras reflexionan sobre el argumento. También les gusta volver a contar el cuento a otros. Planifiquen suficiente tiempo para leerles a los niños todos los días.

Dispongan un lugar tranquilo y cómodo. Además de tener almohadones o asientos blandos, ubiquen el área de lectura donde haya intimidad. El ruido de los bloques o los dedos pringados de pintura molestarán al lector. Es preferible un lugar para echarse en el suelo o acurrucarse junto a un amigo.

Tengan muchos libros y material de apoyo. El centro de artes del lenguaje podría incluir un puesto de escucha, con auriculares para un reproductor de discos o cintas. Tal vez haya también un lugar donde se puedan crear libros, provisto de papel y crayones. Hasta se puede incluir una máquina de escribir, un guiñol de títeres o un panel de paño cerca, para poder crear historias de maneras novedosas.

Exhiban las creaciones literarias de los niños. Se debería hacer honor a los esfuerzos de los niños en crear historias o confeccionar libros, estableciendo un sitio en la sala donde se puedan ver y leer. Así los niños ven que los adultos valoran el proceso de creación literaria y el producto final.

Los maestros deben dar ejemplo de cuidado del libro y mantener los volúmenes del aula en buen estado. Los niños se dan cuenta de que un libro es como un buen amigo y hay que darle el mismo cuidado y consideración.

Fomentar la lectura en el hogar es una de las contribuciones importantes que puede hacer el maestro al proceso de lectura. Las actitudes sobre la lectura son comunicadas a los niños por las personas importantes en su vida. Dado que los maestros no tienen influencia directa sobre el entorno del hogar, su ruta hacia la casa es a través de los niños. Un chico entusiasmado con los libros, que los lleva a su casa, puede hacer que sus padres emprendan la búsqueda de buenos libros e historias. Los maestros fomentan este entusiasmo de diversas maneras. Animen a los padres a leer literatura de buena calidad preparando "bolsas de libros", bolsas de plástico grandes que los niños pueden usar para tener un libro traído de la clase para leer por la noche y devolver al día siguiente. Poner avisos sobre el horario de la biblioteca local, establecer una biblioteca de préstamo y dar a los padres listas de favoritos, fortalecen el interés del niño en la literatura.

Empleen libros en el aula entera. No los reduzcan al rincón de libros o al estante. Demuestren su adaptabilidad a todas las áreas del currículum exhibiendo un surtido de libros en los centros de actividades. Pidan a los niños que les ayuden a recontar o a recalcar partes de un cuento (véase la sección de narración de cuentos) y háganles preguntas más tarde, de manera informal. "¿Cuántos platos de cereales había en la mesa de la cocina?, ¿cuál le gustó más a Ricitos de oro?, ¿cómo lo saben?" La ilustración 13.23 muestra de qué manera los libros pueden mejorar los juegos y el aprendizaje en todo el ámbito de la escuela.

Ampliación de las experiencias literarias

La buena literatura viene en muchos formatos y puede presentarse de diversas maneras. El maestro creativo utiliza libros y literatura para desarrollar otros materiales curriculares. Transferir palabras de un libro a una actividad ayuda a los niños a recordarlas. Los libros y las historias se pueden adaptar al panel de paño, a narraciones, representaciones, títeres, juegos con libros y recursos audiovisuales. Un recurso especialmente útil para ampliar las experiencias infantiles con los libros es *Story Stretchers* (Raines & Canady, 1989).

Narración de cuentos

Contar cuentos es tan antiguo como la humanidad. La primera vez que un ser humano regresó a la caverna con una aventura que contar, nacieron las historias. Las narraciones son el medio por el cual se transmite el acervo cultural de una generación a otra.[1] Los niños son absorbidos por un relato de forma casi instantánea. El narrador es el medio a través del cual la historia cobra vida, añadiendo un sabor único con la voz, la elección de términos, el lenguaje del cuerpo y el ritmo.

Los relatos con unos cuantos personajes, mucha repetición y una secuencia clara en los hechos son fáciles de escuchar para los niños pequeños. Los cuentos de hadas poseen todos estos elementos y contienen importantes verdades para los niños. Dichos cuentos son fascinantes, pues, en palabras de un niño, "piensan en lo que yo pienso" (Howarth, 1989). Los cuentos de hadas responden a preguntas básicas, como "¿quién soy?, ¿qué me va a pasar, y cómo debería actuar?" Además, estos relatos aseguran al niño un resultado positivo, mientras le permiten experimentar algunos de los aspectos difíciles e inquietantes de la vida. Los que

critican los cuentos de hadas argumentan que muchos son estereotipados; otros (Jung y Bettleheim, por ejemplo) afirman que las características representadas en los papeles de los cuentos de hadas reflejan lo bueno y malo que hay en todos nosotros, y que el maestro que emplea cuentos de hadas, sobre todo provenientes de muchas culturas, encuentra que los niños aprenden los resultados de la bondad y la maldad en sí mismos y en otros.[2]

Los maestros pueden recurrir a cualquier relato conocido, ya sea *Los tres cerditos* o *Madeline*. Se puede añadir utilería para llamar la atención al relato. Las adaptaciones en panel de paño de los cuentos son útiles; dan al narrador seguridad y un método para recordar la historia. A los niños se los incluye en la acción colocando los personajes en el panel de paño en el momento apropiado. Como utilería se pueden usar títeres o un surtido de sombreros. Los buenos narradores disfrutan contando el cuento y comunicando su entusiasmo a los niños.

Representación de historias

Representar los personajes de un relato favorito tiene atractivo universal. Los preescolares se estrenan en esta actividad cuando representan los movimientos de los juegos de mímica y las canciones. "The Eensy-Weensy Spider" y los movimientos que acompañan a la araña son precursores de la representación. Al representar un relato los niños aprenden a trabajar juntos, así que su *desarrollo social* se ve favorecido, igual que la capacidad cognoscitiva de participar en una *representación colectiva*. Como extensión de las teorías de Steiner, los jardines de infancia Waldorf incluyen cuentos morales y de hadas. "Se cuentan cuentos de hadas a los niños en días sucesivos durante 2 semanas, culminando con un cuento en forma de espectáculo de títeres que ofrece el maestro a los niños, o como obra teatral con trajes representada por los niños y narrada por el maestro" (Personal Waldorf,

LA DIVERSIDAD DE NUESTRO MUNDO LA DIVERSIDAD DE NUESTRO MUNDO LA DIVERSIDAD DE NUESTRO MUNDO LA DIVERSIDAD DE NUESTRO MUNDO LA DIVERSIDAD DE NUESTRO MUNDO

1 En muchas culturas distintas de Europa occidental y Estados Unidos, se da un gran valor a aprender por medio de narraciones orales, rimar y recitar; mayor valor que a un aprendizaje basado en jugar con cosas.

2 Un solo ideal de belleza, por ejemplo "rubia y blanca", se describe a menudo en los cuentos de hadas de origen europeo.

1994). Ya sea el niño un observador, visitante, mimo o actor, el aprendizaje es real en cada paso del continuo.

Los relatos como *Caps for Sale* (Slobodkina) y *Swimmy* (Lionni), además de los cuentos de hadas, son opciones populares para la representación a cargo de niños de 4 y 5 años. Requieren mucho tiempo para ensayar, y utilería sencilla que les ayude a centrarse en su papel. Una bufanda roja ayuda a Lurdes a convertirse en *Caperucita Roja*; un par de anteojos de sol viejos transforma a Joaquín en un personaje de *Goggles* (Keats).

Los niños mayores tal vez prefieran escribir (o dictar) papeles o libretos; es apropiado que los de 6 a 8 años vean a sus compañeros de juegos representar historias originales. Una vez elegido el relato "correcto", el maestro ayuda a los niños a recontarlo juntos, arreglar el escenario, y hacer que empiece la obra.

Títeres

En los espectáculos de títeres pueden intervenir muchos niños como participantes y público. A los niños de todas las edades les gusta ver y montar un espectáculo de títeres. Como los títeres son personas para los niños pequeños, se convierten en confidentes y amigos especiales. Los chicos hacen confidencias al títere y lo protegen, tienen diálogos con uno o más títeres que a menudo son reveladores de sus luchas y preocupaciones interiores. Los maestros pueden apoyar sus esfuerzos ayudándoles a turnarse, sugerirles preguntas y diálogos, y hacer intervenir al público. El proyecto de fabricación de títeres puede ser bastante elaborado y muy interesante para niños mayores.

Juegos de libros

Los juegos de libros son una buena manera de ampliar la experiencia literaria. Compren dos ejemplares de un libro poco costoso con ilustraciones claras, como *The Carrot Seed* (Krauss). Desprendan las hojas y cúbranlas con plástico transparente. Los niños deben leer las ilustraciones para poner el libro en la secuencia correcta. Un libro de versos, *Did You Ever See?* (Einsel), se presta para los juegos de rima. Los chicos pueden representar las rimas de la historia o emparejar frases que rimen con tarjetas preparadas por el maestro.

Recursos audiovisuales

Los discos, cintas y películas extienden la experiencia del niño con los libros. Los medios auditivos y visuales se refuerzan mutuamente. La música da vida a la literatura; además de ir al aspecto musical de la inteligencia, atrae a todos los niños a que se muevan y expresen, y así disfruten todavía más de la literatura y de los libros. Las ilustraciones pueden mostrarles a los niños aspectos nuevos de las palabras; a veces la música o las voces dan vida al libro. A menudo suceden las dos cosas. Cientos de relatos para niños, clásicos y modernos, han sido traducidos a estos medios.

LAS COMPUTADORAS EN EL AULA

Una computadora puede ser tan poco amenazante como un pincel de acuarelas. En manos de un niño puede ser una herramienta para experimentar el mundo. Las aulas de primera infancia están dispuestas de modo que los niños aprendan directamente sobre el mundo, apilando bloques, moldeando arena y arcilla, rebotando una pelota. A través de estas experiencias, los niños gradualmente forman conceptos sobre cómo funciona el mundo y cómo influyen sobre él. Cuando los niños tocan las teclas de una computadora, se les desafía a explorar y descubrir de formas hasta entonces imposibles.

"Hay dos razones por las que cada clase o centro de atención infantil debería tener una computadora, a los niños les encantan y pueden resultar una experiencia positiva de aprendizaje incluso para el niño más difícil de tratar" (Buckleitner, 1995).

Las experiencias orientadas al descubrimiento con computadoras mejoran el aprendizaje infantil, especialmente al estimular los procesos de pensamiento cognoscitivo.[1] Los niños adquieren nuevos conocimientos al interactuar con programas basados en computación para formar lo que se describe como "micromundos" (Papert, 1980). Los niños diseñan y controlan lugares y cosas de su propia elección, como una casa, la playa o una cara. Luego crean hechos que los desafían a pensar en todas las consecuencias de sus acciones. Además, los programas de computadora

LA DIVERSIDAD DE NUESTRO MUNDO LA DIVERSIDAD DE NUESTRO MUNDO LA DIVERSIDAD DE NUESTRO MUNDO LA DIVERSIDAD DE NUESTRO MUNDO LA DIVERSIDAD DE NUESTRO MUNDO

[1] A diferencia del maestro o un compañero, las computadoras pueden esperar pacientemente al niño, sin juzgar; así, las computadoras pueden proporcionar otro camino para el aprendizaje y la enseñanza a niños diversos, incluso ajustándose automáticamente a las discapacidades.

Viviendo juntos: reflejando la diversidad
Knots on a Counting Rope (Martin, Jr., y Archambault)
The Legend of Bluebonnet (de Paola)
The Quilt (Jones)
The River That Gave Gifts (Humphrey)
The Big Orange Splot (Pinkwater)
Mei Li (Handforth)
Gilberto and the Wind (Ets)
Stories for Free Children (Pogrebin)

Creando arte
Black Is Brown Is Tan (Adoff)
Start with a Dot (Roberts)
Little Blue and Little Yellow (Lionni)
My Very First Book of Colors (Carle)

Elementos de construcción
Changes Changes (Hutchins)
The Big Builders (Dreany)
Who Built the Bridge? (Bate)
Boxes (Craig)

Juego de representación: ¡de cabeza!
Martin's Hats (Blos)
Caps for Sale (Slobodkina)
Hats Hats Hats (Morris)

Familias
When You Were a Baby (Jonas)
All Kinds of Families (Simon)
Whose Mouse Are You? (Kraus)
Five Minutes Peace (Murphy)

Descubrimiento/Ciencia: crece, creciendo, ¡creciendísimo!
Growing Vegetable Soup (Ehlert)
The Carrot Seed (Krauss)
From Seed to Pear (Migutsch)
Here Are My Hands (Martin, Jr., y Archambault)
Window into an Egg (Flanagan)

Laboratorio de matemáticas: ¡1, 2, 3, cuenta otra vez!
How Much Is a Million? (Schwartz)
Roll Over! A Counting Song (Peek)
Ten, Nine, Eight (Bang)
Have You Seen My Duckling? (Tafuri)
The Doorbell Rang (Hutchins)

Haciendo música
Hush Little Baby (Aliki)
Ben's Trumpet (Isadora)
One Wide River to Cross (Emberley)
Over in the Meadow (Wadsworth)
I Know an Old Lady (Bonne)

Tener amigos
Friends (Heime)
George and Martha (Marshall)
Best Friends (Cohen)
Frog and Toad Are Friends (Hoban)
I'll Build My Friend a Mountain (Katz)

Libros para los menores de tres años
Goodnight Moon (Brown)
Brown Bear, Brown Bear (Martin, Jr.)
The Baby's Catalogue (Ahlberg)
Truck, Train, Boats, Airplanes (Barton)
How Do I Put It On? (Watanabe)
Spot (Hill)

Libros para los primeros grados
Charlotte's Web (White)
The Box Car Children (Warner)
Ramona (Cleary)
The Stories Julian Tells (Cameron)
Like Jake and Me (Jukes)

Ilustración 13.23 Cuando la literatura es parte natural del entorno, los niños aprenden a apreciarla y utilizarla. (Véase también Ramirez y Ramirez, 1994.)

pueden ser "resaltadores de proceso" para los niños (Haugland y Shade, 1988). Es decir, se puede acelerar el programa o detallar procesos ocultos y relaciones de causa y efecto que son más difíciles de observar, como el crecimiento de una planta, una cara que cambia de expresión cuando se lo mandan, o un baile organizado mediante una secuencia especial de pasos.

Software apropiado para el desarrollo

Junto con los bloques y las pinturas, la computadora puede llegar a ser un medio de expresión que favorezca habilidades de diversas maneras. Es importante que se use la computadora como agregado a otras experiencias concretas, no en lugar de ellas. Por ejemplo, los niños necesitan tener materiales *reales* en las mesas de arte y de manipulables, y también pueden manipular *imágenes* de esa misma clase de materiales en la computadora. Los niños tienen que tener muchas experiencias con elementos *concretos* como pintura, crayones y marcadores. Entonces están listos para ensayar su creatividad con los gráficos en computadora (véanse en la bibliografía libros que ofrecen sugerencias específicas de software para niños pequeños).

Para utilizar apropiadamente las computadoras en el aula, es preciso que primero los maestros se sientan *cómodos* ellos mismos con las computadoras. El área de computadoras está en un lugar tranquilo del aula (como en o cerca de la biblioteca/punto de escucha), contra una pared para evitar daños al equipo o los cables. Para iniciarlos en la computadora, el maestro muestra a grupos pequeños de niños los cuidados básicos y el manejo de la computadora y los discos. La computadora puede ser una de muchas opciones ofrecidas durante el juego libre, o una elección más limitada con una lista de espera. La interacción entre niños se puede favorecer incluyendo espacio para dos o más ante la computadora. A veces el maestro querrá asignar turnos a un par de niños o a un grupo pequeño, sobre todo si la computadora parece estar acaparada por unos pocos. Como siempre, el maestro alerta observa para que nadie se quede "pegado" a la computadora ni a otra área, ayudando a desarrollar los intereses y habilidades de los niños en muchas actividades.

Hace sólo unos pocos años, las computadoras se veían como una onda del futuro. Ahora las computadoras se han establecido firmemente en las aulas de primera infancia, sobre todo en jardines de infancia y grados primarios, pero también en muchas de preescolares. Una razón es que el *hardware*, o la máquina en sí, se ha abaratado sin perder por ello su resistencia y facilidad de manejo, tanto para los maestros atareados como para los niños pequeños. El cambio más extraordinario, sin embargo, ha sido la proliferación de *software*, los programas de la computadora.

Es en el campo del software donde los maestros de niños pequeños tienen una multitud de opciones. La elección debe hacerse con cuidado. No todos los programas dirigidos a los niños son apropiados para el nivel de desarrollo, y los maestros han de prestar mucha atención al programa y a lo que saben sobre su propio grupo de niños. Deben saber qué buscar y cómo escoger programas que sean útiles y apropiados para la edad específica del grupo. Haugland y Shade (1990) han desarrollado 10 criterios para evaluar programas de computadora. No todo el software cumple todos los criterios, pero es importante considerarlos como un continuo para juzgar los programas de computadora para niños pequeños. El software debería:

1. Ser apropiado para la edad.
2. Poder ser controlado por los niños (ellos marcan la velocidad y son participantes activos).
3. Incluir instrucciones claras.
4. Tener complejidad expandible.
5. Admitir la exploración independiente.
6. Estar "orientado al proceso" (con un programa tan atrapante que el producto de usarlo sea secundario).
7. Incluir representación del mundo real.
8. Tener características técnicas de buena calidad (colorido, sin amontonamiento, realista).
9. Proporcionar oportunidades para ensayo y error.
10. Tener transformaciones visibles (poder afectar al software, por ejemplo, cambiando los objetos).

Cuando el niño se encuentra con la computadora

Se han ideado métodos específicos para enseñar a los niños pequeños a trabajar bien con las computadoras. Por ejemplo, el niño debe ser capaz de maniobrar con el joystick o el mouse, encontrar las teclas en el teclado e insertar un disco correctamente. Como los más pequeños no saben leer, necesitarán ayuda para empezar. Los maestros deben poder ayudar a los niños a aprender instalando en sus aulas una computadora colocada en lugar seguro pero accesible, estructurando

Ilustración 13.24 Emplear la computadora en el aula puede contribuir a individualizar la experiencia educativa de un niño.

las actividades y la programación diaria para darles tiempo sobrado para manipular la maquinaria y los programas, y escogiendo hardware y software específico que funcione para la clase.

Integrando la computadora en el aprendizaje

Uno de los aspectos más llamativos de las computadoras en el aula es su capacidad de apoyar otros aprendizajes. Los maestros que las emplean eficazmente como herramienta educativa integran sus metas programáticas para usar la computadora con los niños individualmente. Lo que ocurre en el teclado acompaña las necesidades individuales de cada niño. Davidson (1989) sugiere utilizar las computadoras para apoyar una unidad en tres niveles:

1. Un software específico puede proporcionar informaciones relativas a la unidad. Por ejemplo, puede estar abierto el programa "Dinosaurios" mientras se desarrolla un tema como el de la ilustración 13.9.
2. Software de herramientas, como programas de gráficos o escritura, se puede usar para crear productos relacionados con la unidad. Por ejemplo, un programa como "Explore-a-Story" puede ayudar a niños de edad de primaria a escribir historias de su propio interés y respuestas a cualquier unidad que se esté estudiando. Con un grupo más joven, el maestro podría ayudar a la clase a crear una historia en grupo para enviar a casa.
3. Se pueden diseñar actividades relacionadas con la computadora para apoyar el tema de la unidad. Una idea es utilizar el programa "Name-Jumping", que pide a los niños que salten por un tablero gigante. Tanto los conceptos de computación como las palabras de la unidad o el tema se fortalecen al incluir el movimiento de todo el cuerpo de los niños.

UNIDAD 13-3 Punto de control

Los temas especiales sobre cognición y lenguaje incluyen lectura, escritura y computadoras. Cada uno ofrece una ampliación única del aprendizaje de los niños en el aula. Es evidente que el lenguaje y el pensamiento se aprenden tanto en casa como en la escuela y se pueden conectar de maneras significativas.

Los niños y los libros están hechos para ir juntos. La buena literatura da nociones sobre el comportamiento humano. Los libros enseñan a los niños cosas menos importantes pero emocionantes, como jugar al cucú o escapar de un león hambriento. Pero también enseñan asuntos de sustancia y carácter, como la manera de irse a dormir, de hacer amigos, de ser valiente. Los primeros años deberían poner los cimientos literarios sobre los que los niños construirán a lo largo de toda su vida.

> Los libros no son un sustituto de la vida, pero pueden añadir inmensamente a su riqueza. Cuando la vida es absorbente, los libros pueden realzar nuestro sentido de su importancia. Cuando la vida es difícil, pueden darnos alivio momentáneo en las tribulaciones, permitirnos una nueva visión de nuestros problemas o los ajenos, o proporcionarnos el reposo y el refresco que necesitamos. Los libros siempre han sido fuente de información, consuelo y placer para quienes saben usarlos. Esto es tan cierto para los niños como para los adultos (Arbuthnot & Sutherland, 1972).

La computadora es una creación del siglo XX, pero puede estimular las características eternas de curiosidad, creatividad y descubrimiento. Un desafío importante para los maestros es proporcionar un currículum que desarrolle estas "disposiciones" o hábitos mentales (Katz, 1985), de modo que los niños estén deseosos, además de capacitados, para desarrollar habilidades. Como maestro, pregúntese:

- ¿Cómo ayudan los maestros a los niños a prepararse para leer?
- ¿Qué aspecto debería tener un centro de escritura en un aula de primera infancia?
- ¿Cómo apoya la literatura el desarrollo cognoscitivo?, ¿y al desarrollo del lenguaje?
- ¿Qué software de alfabetización se podría usar para atraer al niño remiso en edad escolar?
- ¿Qué actividades de lenguaje serían apropiadas para niños en edad de caminar?
- ¿Qué pautas hay para crear un ambiente literario rico?
- ¿Qué cinco maneras hay de extender las experiencias literarias?

sumario

Las personas que optan por la educación de la primera infancia como profesión afrontan el desafío de desarrollar las mentes de los niños y su lenguaje. Este capítulo empezó con la premisa de que el desarrollo intelectual y el del lenguaje están interrelacionados. Mientras los maestros ayudan a los niños a aprender a pensar, aprenden sobre los procesos mentales infantiles al escuchar lo que dicen y observar cómo responden a las palabras, pensamientos y acciones de otros.

Buena parte de la teoría del desarrollo cognoscitivo tiene sus raíces en la obra de Jean Piaget. El desarrollo cognoscitivo incluye las áreas de interrogación, conocimiento de los mundos físico y social, clasificación, puesta en serie, números, símbolos, relaciones espaciales y tiempo. El desarrollo del lenguaje, por otra parte, considera cómo aprenden los niños articulación, lenguaje pasivo y activo, representación gráfica y a disfrutar del lenguaje.

Los maestros planifican el currículum para desarrollar estas habilidades de diversas maneras. Muchos entornos de clase ofrecen a los niños la oportunidad de afinar sus habilidades cognoscitivas y de lenguaje. En ocasiones, los maestros enfocan una habilidad específica, como razonamiento o conversación, y adaptan el currículum para destacar esa área.

El papel del maestro requiere también comprensión del bilingüismo, diferencias dialectales, y algunos conocimientos sobre trastornos del habla y del lenguaje. Los maestros de primera infancia utilizan sus propias habilidades lingüísticas para recalcar y apoyar el desarrollo del lenguaje en sus alumnos.

Leer y escribir forman parte de los procesos de pensamiento y de lenguaje. Los adultos en la educación de primera infancia buscan maneras de relacionar a los niños con la palabra impresa de forma que tenga sentido en sus vidas aquí y ahora. La literatura y las computadoras favorecen el desarrollo de habilidades de lectoescritura y proporcionan herramientas agradables para mejorar la cognición y el lenguaje.

Preguntas de Repaso

1. ¿Cómo se relacionan la cognición y el lenguaje?
2. Empareje la habilidad cognoscitiva con la frase correspondiente.

interrogación	estar consciente de los otros
mundo físico	aprender a ubicar cosas
conocimientos sociales	fingir que se es un títere
clasificación	formular preguntas
poner en serie	dar la secuencia de hechos
números	usar bloques que se meten uno dentro de otro
símbolos	expresar cuantía
relaciones espaciales	agrupar objetos
tiempo	manipular materiales

3. ¿Cómo afecta el uso del lenguaje del maestro a la manera en que los niños desarrollan las habilidades cognoscitivas? Den varios ejemplos de lo que va en contra de ese crecimiento; contrasten eso con la manera en que lo que dice un maestro favorece las habilidades.
4. ¿Cómo ayuda el maestro a que los niños desarrollen habilidades del habla y el lenguaje cuando planifica el currículum?, ¿cómo se ve afectada la planificación del currículum en una clase con niños cuyo primer idioma no es el inglés?
5. La forma en que los maestros utilizan el lenguaje es crucial para favorecer el propio lenguaje del niño. Nombre las cuatro áreas del lenguaje y lo que puede decir un maestro para fomentar el crecimiento en ellas.
6. ¿Cuáles son algunos de los criterios para evaluar el software de computadora para niños pequeños?, ¿qué trampas se deben evitar?
7. Describa algunas actividades curriculares para el desarrollo de la cognición y el lenguaje. Simplifíquelas para lactantes/niños en edad de caminar/de dos años y elabore para los de edad de primaria.

Actividades de Aprendizaje

1. Consideren el programa en que enseñan ahora, o recuerden sus primeras aulas. Encuentren por lo menos un ejemplo de conocimiento memorísta, conocimientos sociales y conocimientos significativos.
2. Tomen una habilidad cognoscitiva y esbocen la manera en que se desarrollaría en cada área curricular del programa utilizado en la actividad 1.
3. Observe el juego con bloques en su escuela. Haga una planilla, como en la ilustración 13.6, que describa los procesos de aprendizaje involucrados.
4. Escoja un niño a su cuidado cuya primera lengua no sea el inglés. ¿Cómo procesa el lenguaje ese niño?, ¿qué está haciendo usted para favorecer las habilidades emergentes de inglés en el niño?, ¿cómo apoya su programa la primera lengua de ese niño?, ¿qué puede hacer para incluir a la familia?

5. Haga una lista de las áreas del aula. Junto a cada una, nombre una actividad que favorecería el desarrollo cognoscitivo y una que exija habilidades de lenguaje.

6. Un tema que se emplea a menudo en los programas de primera infancia es el del cambio de estación en el otoño. ¿Cómo puede ese tema desarrollar las habilidades de lenguaje y pensamiento en preescolares?

7. Enseñar preparación a la lectura implica tratar de desarrollar habilidades de lenguaje oral y auditivas. ¿Qué podría planear para cada una de ellas un maestro de niños en edad de caminar?, ¿un maestro de jardín de infancia?

8. Describa tres maneras en que los libros y la literatura para niños ayudan a desarrollar habilidades intelectuales y competencia en el lenguaje. ¿Por medio de qué técnicas se pueden ampliar las experiencias literarias en el currículum?

9. Considere el uso de la computadora en las siguientes clases:

   programa de atención diurna para niños en edad de caminar

   programa de media jornada para preescolares

   jardín de infancia

   programa de primaria fuera del horario escolar

   ¿Es apropiada la computadora para cada uno de ellos?, ¿por qué y cómo?, ¿qué pautas se necesitarían, si es que hacen falta, en cada escenario?, ¿cuál sería el papel del adulto en cada una?

10. Seleccione cuatro o cinco libros de una bibliografía de libros para niños de diversas culturas. ¿Qué temas se tratan?, ¿de qué forma el vocabulario o el estilo de lenguaje de los personajes del relato enseña a los niños sobre la diversidad?

Bibliografía

General

Bredekamp, S. (Ed.). (1995). *Developmentally appropriate practice in early childhood programs serving children from birth through age 8* (Expanded ed.). Washington, DC: National Association for the Education of Young Children.

Derman-Sparks, L. (1989). *Anti-bias curriculum.* Washington, DC: National Association for the Education of Young Children.

Cognición

General

Dahl, K. (1998, January). Why cooking in the classroom? *Young Children, 53*(1).

Hohmann, M., & Weikart, D. P. (1995). *Educating young children: Active learning practices for preschool and child care programs.* Ypsilanti, MI: High/Scope Press.

Klein, A. (1991, July). All about ants: Discovery learning in the primary grades. *Young Children, 46*(5).

Marxen, C. D. (1995, Summer). Push, pull, toss, tilt, swing: Physics for young children. *Childhood Education.*

Meriwether, L. (1997, July). Math at the snack table. *Young Children, 52*(5).

Micklo, S. (1995, Fall). Developing young children's classification and logical thinking skills. *Childhood Education.*

Montessori, M. (1967). *The Montessori method* (A. E. George, trans.). Cambridge, MA:

Schweinhart, L. J., Barnes, H. V., & Weikart, D. P. (1993). *Significant benefits: The High/Scope Perry Preschool Study through age 27* (Monographs of the High/Scope Educational Research

Foundation, Vol. 10). Ypsilanti, MI: High/Scope Press.
Schweinhart, L. J., & Weikart, D. P. (1997). *Lasting differences: The High/Scope Preschool Curriculum Comparison Study through age 23* (Monographs of the High/Scope Educational Research Foundation, Vol. 10). Ypsilanti, MI: High/Scope Press.
Slavin, R. E. (Ed.), Karweit, N. L., & Wasik, B. A. (1994). Preventing early school failure: Research policy and practice. *Educational Leadership, 50,* 10–18.
Unglaub, K. W. (1997, May). What counts in learning to count? *Young Children, 52*(4).
Wingert, P., & Kantrowitz, B. (1997, October 27). Why Andy couldn't read. *Newsweek.*

Piagetiana/Constructivista

De Vries, R. (1987, March). What will happen if . . .? Using a Piagetian approach to inspire reasoning. *Pre-K Today.*
Flavell, J. (1993). *What preschoolers know about thinking.* Paper presented at Stanford University: Center for Youth and Family Studies.
Kamii, C., & Ewing, J. K. (1996). Basing teaching on Piaget's constructivism. *Childhood Education.* Annual Theme.
Labinowitz, E. (1980). *The Piaget primer: Thinking, learning, teaching.* Menlo Park, CA: Addison-Wesley.
Piaget, J. (1969). *The language and thought of the child.* Cleveland: World Publishing.
Roberts, J. M., & Spitz, G. (1998). *What does a constructivist class look like?* Unpublished paper developed with the Advisory Board of "Under Construction." Monterey, CA.

Inteligencias múltiples

Blumenthal, R. (1995, November, 19). Curriculum update for "Sesame Street." *New York Times.*
Checkley, K. (1997, September). The first seven . . . and the eight. *Educational Leadership.*
Gardner, H. (1983). *Frames of mind.* New York. Basic Books.
Gardner, H. (1985) *Multiple intelligences: Theory into practice.* New York: Basic Books.
Gardner, H. (1991). *The unschooled mind.* New York: Basic Books.
Gardner, H. (1995, May). *Myths & messages: Reflections on multiple intelligences.* Project Zero, Harvard Graduate School of Education.
Hatch, T. (1997, March). Getting specific about multiple intelligences. *Educational Leadership.*
Hohmann, M. Banet, B., & Weikart, D. P. (1979). *Young children in action.* Ypsilanti, MI: High/Scope Press.
Nelson, K. (1995, July/August). Nurturing kids: Seven ways of being smart. *Instructor.*
New City School Faculty. (1995). *Multiple intelligences: Teaching for success.* St. Louis: The New City School.

Vygotsky y la teoría sociocultural

Berk, L. E., & Winsler, A. (1995). *Scaffolding children's learning: Vygotsky and early childhood education.* Washington, DC: National Association for the Education of Young Children.
Elicker, J. (1995, Fall). A knitting tale: Reflections on scaffolding. *Childhood Education.*
Vygotsky, L. S. (1962). *Thought and language.* New York: MIT Press and John Wiley & Sons.

Aprendizaje sobre en el cerebro

Caine, R. N., & Caine, G. (1997). *Unleasing the power of perceptual change: The potential of brain-based teaching.* Alexandria, VA: Association for Supervision and Curriculum Development.
Cuffaro, H., et al. (1995, May). Beginnings workshop: Block play. *Child Care Information Exchange.*
Galinsky, E. (1997, Winter). New research on the brain development of young children. *CAEYC Connections.*
Phipps, P. A. (1998). *Applying brain research to the early childhood classroom.* NY: McGraw-Hill Learning Materials.
Sylwester, R. (1995). *A celebration of neurons: An educator's guide to the human brain.* Alexandria, VA: Association for Supervision and Curriculum Development.

Languaje

General

Beck, M. S. (1979). *Baby talk: How your child learns to speak.* New York: New American Library.

Chomsky, N. (1993). *Language and thought.* Wakefield, RI: Moyer Bell.

DeVilliers, P. A., & Jill, G. (1981). *Early language.* Washington, DC: National Association for the Education of Young Children.

Diegmueller, K. (1996, March 20). A delicate balance. *Education Week.*

Early Childhood Resources. (1995). *Implementing developmentally appropriate practice kindergarten through grade 2.* Corte Madera, CA.

Good, L. A., et al. (1993/94, Winter). Let your fingers do the talking. *Childhood Education.*

Manzo, K. K. (1997, March 12). Study stresses role of early phonics instruction. *Education Week.*

Reynolds, K. E. (1995, Fall). Sign language and preschoolers: An ideal match. *Childhood Education.*

Schnaiberg, L. (1997, March 5). Research: The politics of language. *Education Week.*

Sholtys, K. C. (1989, March). A new language, a new life. *Young Children, 44*(3).

Soundy, C. S. (1997, Spring). Nuturing literacy with infants and toddlers in group settings. *Childhood Education.*

Swan, A. (1993, Spring). Helping children who stutter. *Childhood Education.*

Wasserman, S. (1991, Summer). The art of the questions. *Childhood Education, 67*(4).

Wolf, D., et al. (1996, July). Beginnings workshop: Talking. *Child Care Information Exchange.*

Wrobleski, L. (1990, March). The writer's briefcase. *Young Children, 45*(3).

Educación bilingüe

Barrera, R., et al. (1996, January). Beginnings workshop: Bilingual education. *Child Care Information Exchange.*

Bowman, B. T. (1989, October). Educating language-minority children: Challenges and opportunities. *Phi Delta Kappan.*

Diaz-Soto, L. (1991, January), Research in review: Understanding bilingual/bicultural young children. *Young Children, 46*(2).

Garcia, E. (1986). Bilingual development and the education of bilingual children during early childhood. *American Journal of Education, 11.*

Halford, J. M. (1996, March). *InfoBrief: Bilingual education.* Alexandria, VA: Association for Supervision and Curriculum Development.

Diferencias dialectales

Applebome, P. (1997, March 1). Dispute over Ebonics reflects a volatile mix that roils urban education. *New York Times.*

Atkins, C. P. (1993, September). Do employment recruiters discriminate on the basis of nonstandard dialect? *Journal of Employment Counseling, 30*(3), 4 (bibliography).

Cazden, C. B. (1996, March). *Communicative competence, 1966–1996.* Paper presented at the annual meeting of the American Association for Applied Linguistics (ERIC No. ED 399764), Chicago.

Cecil, N. L. (1998, September). Black dialect and academic success: A study of teacher expectations. *Reading Improvement, 25*(1).

Goodman, K. S., & Buck, C. (1997, March). Dialect barriers to reading comprehension revisited. *Reading Teacher 50*(6).

Hoover, M. (1997, March/April). Ebonics insider. *Stanford Magazine.*

Ross, R., & Steele, S. (1997, January 29). Beyond Ebonics. *Education Week.*

Sanchez, R. (1996, December 20). Oakland school system recognizes 'black English' as a second language. *Washington Post.*

Saxton, R. R. (1998, July). Different dialects. Personal communication.

Thomas, G. T. (1983). The deficit, difference, and bicultural theories of black dialect and nonstandard English. *Urban Review, 15*(2).

Temas especiales

Lectoescritura

Anonymous. (1998). Joint position paper on helping children to read and write. Washington, DC: National Association for the Education of Young Children and International Reading Association.

Anonymous. (1998). Raising a reader, raising a writer (Brochure No. 530). Washington, DC: National Association for the Education of Young Children.

Cruikshank, S. (1993). Whole language: A developmentally appropriate alternative. In A. Gordon & K. B. Browne (Eds.), *Beginnings and beyond* (3rd ed.). Albany, NY: Delmar.

Freeman, E. B., & Hatch, J. A. (1989, Fall). Emergent literacy: Reconceptualizing kindergarten practice. *Childhood Education, 66*(1).

Goodman, K. (1986). *What's whole in whole language*. Portsmouth, NH: Heinmann Educational Books.

Herr, J., & Libby, Y. (1994). *Early childhood writing centers*. Fort Worth, TX: Harcourt & Brace.

Jones, E. (Ed.). (1988). *Reading, writing, and talking with four, five and six year olds*. Pasadena, CA: Pacific Oaks.

Schickedanz, J. A., York, M. E., Stewart, I. D., & White, D. A. (1983). *Strategies for teaching young children* (2nd ed.). Englewood Cliffs, NJ: Prentice-Hall.

Literatura infantil

Arbuthnot, M. H., & Sutherland, Z. (1972). *Children and books* (4th ed.). London: Scott, Foresman.

Ashton-Warner, S. (1963). *Teacher*. New York: Bantam Books.

Bisson, J., & Carter, M. (1995, Winter). The good books: Children's books that deal with unfairness, stereotypes, tolerance, and activism. *CAEYC Connections*.

Carter, M. (1997, January). Developing a storytelling culture in our programs. *Exchange*.

Hildebrand, J. M., & Miller, S. (1995–98). Books for children. *Childhood Education*.

Howarth, M. (1989, November). Rediscovering the power of fairy tales. *Young Children, 45*(1).

Jalongo, M. R. (1988). *Young children and picture books*. Washington, DC: National Association for the Education of Young Children.

Kranowitz, C. S., et al. (1992, July). Beginnings workshop: The value of fairy and folk tales. *Exchange*.

Lundin, A. (1991, Summer). Secret gardens: The literature of childhood. *Childhood Education, 67(4)*.

Munsch, R., et al. (1994, July). Beginnings workshop: Storytelling. *Exchange*.

Raines, S. C., & Canady, R. J. (1989). *Story stretchers*. Mt. Rainier, WA: Gryphon House.

Ramirez, G., Jr., & Ramirez, J. L. (1994). *Multiethnic children's literature*. Albany, NY: Delmar.

Sawyer, W. E., & Sawyer, J. C. (1993). *Integrated language arts for emerging literacy*. Albany, NY: Delmar.

Sutherland, Z. (1991). *Literature for children*, and *The best in children's books*. Chicago IL: World Book Encyclopedia.

Trelease, J. (1982). *The read-aloud handbook*. New York: Penguin Books.

Tubbs, J. (1984, Winter). Talking with and through puppets. *Beginnings*.

Turner, T. N., & Oaks, T. (1997, Spring). Stories on the spot. *Childhood Education*.

Waldorf Staff of Los Altos, CA. (1994). *Understanding the Waldorf curriculum*. Pamphlet for parents.

Computadoras

Ballenger, M. (1993–98). Software for the classroom and technology review. *Childhood Education*.

Buckleitner, W. (1995, January). Getting started with computers and children. *Exchange*.

Buckleitner, W. (1996, May). No fail software. *Exchange*.

Davidson, J. I. (1989). *Children and computers together in the early childhood classroom*. Albany, NY: Delmar.

Haugland, S. W., & Shade, D. D. (1988, May). Developmentally appropriate software for young children. *Young Children, 43*(4).

Haugland, S. W., & Shade, D. D. (1990). *Developmental evaluations of software for young children*.

Albany, NY: Delmar.
Katz, L. (1985). Fostering communicative competence in young children. *ERIC/EECE Newsletter, 18*(2).
Papert, S. (1980). *Mindstorms: Children, computers, and powerful ideas*. New York: Basic Books.
Samaras, A. (1996, Spring). Children's computers. *Childhood Education*.
Scharf, P., & Chattin-McNichols, J. (1986). *Understanding the computer age*. Hasbrouck Heights, NJ: Hayden.
Trotter, A. (1996, December 11). Software for preschoolers makes market inroads. *Education Week*.
Wright, J. L, & Sade, D. D. (Eds.). (1994). *Young children: Active learners in a technological age*. Washington, DC: National Association for the Education of Young Children.

Agradecimiento

Agradecimiento especial a los alumnos Sandie Goodwin, Dale Hu y Sharon Murphy por sus contribuciones a las muestras de lenguaje infantil.

Planificación del corazón y el alma: crecimiento emocional, social, y creativo

Preguntas para pensar

¿Cuál es la relación que existe entre el *bienestar* de un niño y su desarrollo emocional, social y creativo?

¿Cuáles son los componentes de la autoestima?

¿Qué significa el crecimiento emocional durante los años de la primera infancia?

¿Cómo manejan los docentes la expresión de los sentimientos durante la clase?

¿Qué significa el crecimiento social durante los años de la primera infancia?

¿Qué habilidades sociales se desarrollan en los niños pequeños?

¿Qué es la creatividad?

¿Cómo se expresa la creatividad durante los primeros años?

Partes de este capítulo se elaboraron con la colaboración de Gay Spitz, Salinas Adult School, Salinas, CA.

PREFACIO

El corazón y el alma de todo buen programa para niños pequeños son el compromiso de ayudarlos a medida que se enfrentan a (1) la realidad de las emociones, (2) la conciencia de la necesidad de poseer habilidades sociales, y (3) al impulso creativo, así como al reconocimiento espiritual. La base debe crearse durante estos primeros años para que los niños puedan comprenderse, tanto a sí mismos como a los demás.

El desarrollo emocional, social, y creativo está relacionado con el concepto que estos tengan de sí mismos y con la autoestima; el niño debe conocerse antes de considerarse con relación con los demás. Es, principalmente, mediante el crecimiento emocional, social y creativo que los niños aprenden quiénes son, y deben confiar en sí mismos para experimentar y aprender las habilidades necesarias.

El presente capítulo consta de tres unidades independientes. Cada área, crecimiento emocional, social, y creativo, se analiza de manera individual, a fin de proporcionar una mejor comprensión de su importancia para el niño en desarrollo. Luego del repaso del desarrollo, se sigue con una consideración de las habilidades que los niños aprenden durante los años de preescolar. Luego, se enfatiza el papel fundamental que juega el docente, y se adjunta una planificación de un currículum a fin de reforzar cada área del desarrollo. Al final de cada unidad, se proporciona un control y una revisión a modo de resumen.

INTRODUCCIÓN

Lo primero que uno nota al entrar en un aula de primera infancia es niños jugando. Una mirada rápida por el lugar nos indicará los niños que están jugando juntos, si hay alguien llorando o peleando, y si parecen estar alegres o tristes. Esta mirada proporciona un sentido inmediato del entorno emocional, social y creativo en el escenario de la primera infancia.

- *Emocional*: Amanda, una niña en edad de caminar, ríe mientras pasa las manos por el agua, grita luego de salpicarse espuma de jabón en los ojos y necesita que la tranquilicen.
- *Social*: Daniel, un preescolar, quiere su camioneta roja favorita, por eso Patricia, la maestra en prácticas, lo ayuda a negociar un turno con Cristian.
- *Creativo*: Fabio, Erika, y Beni, niños de jardín de infancia, trabajan constantemente para construir una estructura con bloques alta y compleja. Cuando la finalizan, los tres dan un paso hacia atrás y se maravillan de la creación.

Estos tres factores juntos, humor emocional, dinámicas sociales y tono creativo, definen el ambiente completo dentro del cual los niños juegan y trabajan.

El bienestar emocional, social, y creativo se unen en el niño en desarrollo. Los niños sensibles a sus propios sentimientos y a sus estados de ánimo pueden comenzar a comprender a otras personas y, de esa manera, ser más eficaces y exitosos socialmente. Los niños con experiencia en muchos esfuerzos creativos poseen una confianza en sí mismos que proviene de tener una salida para la expresión.

Estas tres áreas también están unidas a otros aspectos del crecimiento del niño:

- *Creativo/Físico*: las habilidades físicas pueden definir y limitar las habilidades creativas de los niños. Andrea, de dos años de edad, y cuyas habilidades físicas aún no incluyen el balancear objetos, juega con bloques apilándolos uno encima del otro, poniéndolos en su camión y descargándolos o llevándolos de un lugar a otro.
- *Social/Cognoscitivo*: para Karina, de cinco años, es difícil compartir a su mejor amigo Lucio con otros niños. Sus habilidades intelectuales aún no le permiten considerar más de una idea al mismo tiempo, por lo que no puede comprender que Lucio puede ser su amigo y el de Daniela al mismo tiempo.
- *Emocional/Lenguaje*: Gustavo está triste porque su maestra no le permitió salir al patio mientras estaba leyendo una historia. ¡Te odio, grita, y tu no eres mi jefe! Los niños aprenden a identificar y a expresar sus emociones mediante las palabras.

Se torna difícil observar y medir el crecimiento del niño en las áreas creativa, social y emocional; es más fácil determinar el progreso en el desarrollo físico, cognoscitivo y lingüístico. Después de todo, un niño puede contar o no, mide 100 cm. o no, o habla con oraciones enteras o con frases cortas. Las expresiones emocionales, sociales, y creativas son más sutiles y subjetivas. Por lo general, un niño recibe un efecto recíproco inmediato y concreto cuando juega al bingo,

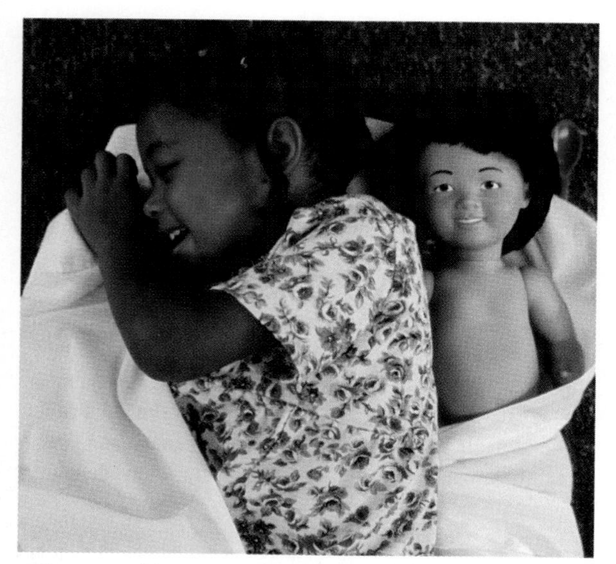

Ilustración 14.1 El crecimiento emocional, social, y creativo de los niños constituye el corazón y el alma de cualquier programa de educación de primera infancia.

cuando lo llama un docente o cuando anda en triciclo. Esto no siempre sucede cuando los niños expresan sus sentimientos, cuando se encuentran con otras personas, o cuando crean algo importante. Martín puede sentirse ignorado y triste si nadie lo recibe cuando entra en la casa de juguete. Es posible que cometa el error de considerar la tarea de los niños como un acto de exclusión. En realidad, los niños ni siquiera se percataron de que él estaba allí. Los docentes pueden desempeñar un papel fundamental al ayudarles a interpretar sus interacciones emocionales, sociales y creativas.

Tradicionalmente, los educadores de primera infancia se han preocupado por el *bienestar* de los niños, conscientes de que durante los primeros años deben sentarse las bases para que los niños se comprendan a sí mismos y a los demás. El crecimiento social, la expresión creativa, y la experiencia, junto con un gran espectro de comportamientos emocionales, también ayudan a los niños a desarrollar un concepto de sí mismos fuerte, con una autoestima positiva.

¿Qué se incluye dentro del bienestar de los niños? Estar en buenas condiciones generales de salud y felicidad, los niños necesitan tener un sentido positivo de sí mismos.

La autoestima es el sentido individual del valor personal y la aceptación de uno mismo. La que poseen los niños (la manera en que se sienten consigo mismos) se expresa mediante el comportamiento. Ellos emiten juicios sobre su persona a medida que se enfrentan al mundo. Mientras se sientan valiosos y capaces, podrán tener éxito. Si los niños no se aprueban, pueden sentirse fracasados y que todo lo que hagan estará mal.

La autoestima se desarrolla como reflejo de las experiencias: la manera en que la gente te responde te proporciona un indicio de tu importancia o tu valor. Los recién nacidos no poseen el concepto de sí mismos ni una experiencia pasada para juzgar su propio valor. Es más probable que un niño pequeño que tiene experiencias positivas con los demás tenga una autoestima más elevada que uno que se ha sentido poco amado o ignorado.

Parece haber cuatro componentes de la autoestima:

1. Un sentido de la propia identidad
2. Un sentido de pertenencia (relación)
3. Un sentido de la propia unicidad
4. Un sentido de sí mismo (poder)

Ya temprano en la vida, la autoestima está ligada a la familia, a los amigos, y a otras personas importantes, como los docentes. La ilustración 14.2 muestra cómo un currículum puede desarrollar cada una de estas características.

Planificar el éxito de los niños crea la autoestima. Incluye los cuatro componentes que se detallan a continuación:

- *Yo:* Cuando los niños entran en el aula, el mensaje que reciben es "Yo soy importante y este es mi lugar". El entorno físico, la planificación diaria, y el currículum están diseñados para permitir a todos los niños expresarse.
- *Iniciativa*: Se estimula a los niños a iniciar su propio aprendizaje, a tener contacto con los demás, a realizar actos y a hacer elecciones.
- *Independencia*: Dentro del currículum, se da importancia a las tareas en las que los niños deben vestirse, comer e ir al servicio solos. Se les ayuda a cuidar de sus pertenencias y a desarrollar juicios independientes de los sucesos y las actividades.
- *Interacción*: La interacción social goza de una prioridad especial en el programa. El aula y el patio son lugares con mucha gente, con niños por todos

Desarrollo de las Habilidades Emocionales	Actividad del currículum (uso de los sentidos)
Autoestima 1. *Identidad:* "¡Mira lo que puedo hacer, el sonido que puedo producir, el peso que puedo levantar y mover!" 2. *Relación:* "Puedo hacer las mismas víboras que tú, todos podemos hacer tortas." 3. *Unicidad:* "Estoy volcando el mío, tú lo estás dejando gotear, ¡y ella lo está apretando y se le escapa por los dedos! 4. *Poder:* "Puedo hacer que este agua vaya donde yo quiera; ¡mira las olas!"	Utilice piedras de varias medidas atadas de hilos, así, los niños pueden tocar y oír cuando mueven las cosas. Puede utilizarse un material maleable, como plastilina, primero solo, luego con herramientas. Haga engrudo, una mezcla de maizena y agua, en tubos separados para cada niño. Los niños pueden manipularlo como lo deseen. Los juegos con agua ofrecen, al niño, opciones: volcarla en cualquiera de los diversos recipientes, llena o vaciar el jarro, usar un embudo para que pase el agua, hacer olas o salpicar las manos.
Manejar los Sentimientos 1. *Identificación* (notar y clasificar): "¿Se siente llano, resbaladizo, patinoso?, ¿es suave y tranquilizador?	Cuando están pintando con los dedos, el docente puede describir lo que, aparentemente, el niño está sintiendo. Los niños pueden identificar sus sentimientos a medida que el docente se los describe, mientras ellos utilizan los materiales.
2. *Autoridad* (aceptar): "Tomó tu pasta de tu panadero y eso te hizo enojar. Puedes decirle que no te gusta que tome lo que estás usando."	Aunque el material sensorial sea arcilla, agua jabonosa, o arena fina, surgen los temas de propiedad y el uso del material. Luego, los docentes reflejan los sentimientos de los niños y les ayudan a ser responsables de lo que sintieron.
3. *Expresión* (expresar adecuadamente): Niño: "Tamara tiene todos los jarros grandes." Docente: "¿Cómo puedes hacer para que sepa que quieres uno?" Niño: "¡Y me salpicó dos veces!" Docente: "Si sientes que tienes todo muy amontonado, debes decírselo."	A medida que los niños comienzan a utilizar los materiales sensoriales, necesitan comunicarse con los demás. En general, los temas surgen por querer más material y espacio personal.
4. *Sentimientos* (tener relaciones con los demás): "¡Guau!, ¡Uf!, ¡Mmm!, ¡Ja!"	Cuando los niños comparten durante una actividad sensorial, como sentir piedras pequeñas, arena, y espuma, caminar dentro de tubos, tienen la agradable experiencia de disfrutar sus propios sentimientos con los demás.

Ilustración 14.2 Los materiales sensoriales ofrecen una oportunidad sensoriomotora de manipular materiales de una manera no estructurada. Debido a que los niños se relajan con las actividades abiertas, con frecuencia compartirán sus sentimientos, ya que utilizan materiales sensoriales en un entorno cómodo.

lados que hablan entre ellos y con los adultos.[1] Los conflictos se aceptan como una consecuencia natural de la vida social. Según John Dewey (véase ilustración 1.6, capítulo 1), vivir dentro de un grupo democrático estimulará a los niños a interactuar y a desarrollar la conciencia de interdependencia.

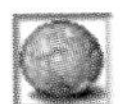

LA DIVERSIDAD DE NUESTRO MUNDO LA DIVERSIDAD DE NUESTRO MUNDO LA DIVERSIDAD DE NUESTRO MUNDO LA DIVERSIDAD DE NUESTRO MUNDO LA DIVERSIDAD DE NUESTRO MUNDO

[1] Una de las cosas que sabemos gracias a las investigaciones es que los niños afroamericanos están muy orientados hacia las personas (Burgess, 1993). Tiende a haber una "orientación hacia el objeto" en los euroamericanos y una "orientación hacia las personas" en los afroamericanos. Tal conocimiento ayuda al docente a interactuar con los niños de maneras que coincidan con la orientación cultural que posean, así como a comprender los desafíos de cada uno hacia la interacción social.

Un sentido positivo de sí mismos es muy importante para los niños pequeños. Ciertas investigaciones (Marshall, 1989) demuestran que una imagen de uno mismo pobre tendrá como consecuencia una salud mental deficiente, pocos logros académicos, y delincuencia. En contraste, un concepto de uno mismo, positivo, traerá aparejado una buena salud mental, logros académicos, y buen comportamiento. Los niños con una imagen de sí mismos, elevada, están preparados para enfrentarse a los desafíos de la vida. Tendrán la confianza para manejar la realidad de las emociones, la naturaleza cambiante de la interacción social, y el riesgo de la creatividad.

Crear la imagen de uno mismo es una tarea "compleja, multidimensional y siempre cambiante. Afecta todo lo que hacemos, y se ve afectada por todo ello, también" (Wardle, 1993). Para la imagen de sí mismo de los niños es muy importante la manera en que interpretan la respuesta del medio a sus acciones. Y una gran parte de esta imagen está basada en la manera en que la sociedad ve al niño. Los docentes desempeñan un papel importante, ya que proporcionan un ingrediente esencial: la calidad de las interacciones humanas.[1]

UNIDAD 14-1 Crecimiento emocional

EL DESARROLLO DE LAS EMOCIONES

Las emociones son los sentimientos de una persona, alegría y tristeza, amor y odio, confianza y miedo, soledad y compañía, enojo y felicidad, frustración y satisfacción. Son respuestas a hechos, personas, y circunstancias. Los sentimientos constituyen la extensión de lo que una persona percibe que está sucediendo. Las personas emocionalmente sanas aprenden a darles una forma de expresión de manera adecuada. No permiten que eclipsen el resto de su comportamiento. El mejor momento para aprender estas habilidades es durante los primeros años de vida.

Los docentes de primera infancia estimulan a los niños a identificar y expresar su naturaleza emocional para que aprendan a vivir con estas fuerzas poderosas. Cuando un niño comienza a comprender y a comunicar los sentimientos, las emociones ya no ejercen control sobre él; el niño comienza a dominarlas. El capítulo 7, que trata sobre la guía y la disciplina, y las secciones del presente capítulo sobre el currículum para el desarrollo emocional y social, presentan estrategias para que el docente pueda ayudar al niño a crecer en tales áreas.

Los lactantes responden con emociones de agitación cuando están sucios, con hambre, con dolor o aburridos. Gradualmente, la expresión de la emoción se mejora y cambia de acuerdo con la situación. El llanto de angustia de un niño que aprende a caminar es diferente del de incomodidad o hambre. A medida que crecen, las expresiones emocionales cambian, ya que ejercen más control sobre sus sentimientos y aprenden nuevas maneras de expresarlos.

Las fuerzas poderosas externas también influyen. Los padres, los miembros de la familia, los docentes, y los amigos constituyen una influencia social y ayudan al niño a aprender un comportamiento socialmente aceptable. Mucho de lo que aprenden les viene como ejemplo, como coincidirían en aceptar Erikson, Bandura, Piaget, y Vygotsky. Por lo tanto, los niños aprenden más de los modelos de lo adultos que si se les dice, simplemente, cómo deben comportarse,

HABILIDADES EMOCIONALES DURANTE LA LACTANIA INFANCIA

Las habilidades emocionales que los niños aprenden durante los primeros años de vida son considerables. Se ha demostrado que algunas emociones, interés, aversión, angustia, por mencionar algunas, se observan en el recién nacido, y es posible que todas **las emociones básicas** estén presentes durante las primeras semanas de vida. Dentro de ellas, se incluye la felicidad, el interés, la sorpresa, el miedo, el enojo, la tristeza, y la aversión. **Las emociones más complejas** de vergüenza, culpa, envidia y orgullo, surgen más tarde, una vez que el niño ha tenido las experiencias sociales de observarlas en otras personas o han estado en situaciones que pudieran evocar tales sentimientos. Tales expresiones se

LA DIVERSIDAD DE NUESTRO MUNDO LA DIVERSIDAD DE NUESTRO MUNDO LA DIVERSIDAD DE NUESTRO MUNDO LA DIVERSIDAD DE NUESTRO MUNDO LA DIVERSIDAD DE NUESTRO MUNDO

[1] Debido a que la imagen que tiene un niño de sí mismo comienza con el lugar donde pertenece, la familia, la comunidad, la cultura, es muy importante que los programas de primera infancia apoyen el medio en que se encuentra el hogar del niño, cultura, raza, idioma, estilo de vida, y valores (Wardle, 1993).

Curioso

Feliz

Enojado

Temerosa

Ilustración 14.3 Los niños pequeños sienten sus emociones intensamente. Es esencial aprender a leer las caras y la postura corporal, a fin de guiar el desarrollo emocional y para que los niños tengan éxito socialmente.

han observado en una amplia gama de grupos culturales y étnicos.[1]

Durante la primera infancia los niños aprenden a responder a situaciones nuevas y a reaccionar y a conectarse con un docente, experiencias, ambas, muy emocionales. Los buenos docentes estimulan una respuesta emocional hacia ellos y el currículum, que constituye un equilibrio entre los intereses y el miedo abrumador. Crear las condiciones emocionales "correctas" es el primer camino para acceder a la habilidad de un niño para aprender. Los niños pequeños aún no están limitados por **las costumbres sociales** y las normas de conducta que no les permiten una expresión de sí mismos sincera y verdadera. Los docentes les observan y aprenden cómo se sienten respecto de sus propios sentimientos, los de los demás, y el espectro de habilidades categorizadas como crecimiento emocional.

Capacidad de controlar los sentimientos

Controlar los sentimientos implica cuatro pasos. Cada uno se construye sobre el otro a fin de formar una secuencia de desarrollo; el aprendizaje que se produce en un nivel afecta al desarrollo del siguiente. Las ilustraciónes 14.2 y 14.9 describen la manera en que el aula de primera infancia y el docente ayudan al niño a controlar sus sentimientos eficazmente.

Cómo notar e identificar sentimientos

Este es el primer paso. Es posible que los niños de 1 ó 2 años tengan muchas razones para sentir angustia. A medida que los padres reconocen los llantos de hambre, de dolor y de miedo, identifican estos sentimientos. El niño aprenderá a notar de qué sentimiento se trata y lo identificará. Los docentes saben "leer" las caras de los niños y el lenguaje corporal les proporciona las palabras para expresar esos sentimientos y las maneras de hacerlo. En el capítulo 6 se incluyen sugerencias para ser un observador capacitado. Los preescolares son más verbales y curiosos respecto del lenguaje y están preparados para aprender palabras que describan más sentimientos. Pueden aprender los conceptos de "solo", "asustado", "tonto", "triste", y "feliz". Identificar lo que uno siente es una habilidad esencial que deben aprender. Un niño en primer grado saludable puede decir, "he tratado de cortar este hilo tres veces y las tijeras no funcionan. Me siento frustrado. ¡Necesito ayuda!"

Aceptación de los sentimientos

Los docentes reconocen que los niños son capaces de sentir sentimientos poderosos. Ellos se pueden sentir arrollados por la fuerza y la intensidad de un sentimiento, sea de enojo o de amor. A medida que los niños comienzan a aceptar sus sentimientos, aprenden a manejar el fondo de lo que sienten y no dejan que los dominen. La naturaleza cambiante de los sentimientos también forma parte de la aceptación. Puede constituir una fuente de comodidad y alivio que los niños descubran que la emoción tan poderosa que sienten, pasará. Los adultos que trabajan con niños pequeños les ayudan a trabajar con estos sentimientos con seguridad. Nicolás está triste mientras su mamá se prepara para partir. Su docente les acompaña a la puerta, luego se agacha y le abraza mientras la mamá les saluda con la mano. Al saber que está triste, el docente se queda con Nicolás, recordándole que su mamá volverá y que él le cuidará mientras esté en la escuela. Debido a que se permite al niño sentir la tristeza natural de las partidas, los sentimientos tensos desaparecen en pocos minutos. El docente sonríe y estimula a Nicolás a buscar algo divertido para hacer. Una vez recuperado, el docente puede señalar que "ahora está bien", y Nicolás se puede sentir orgulloso por haber vivido la experiencia del adiós y crecido gracias a ella. El conocimiento del sentimiento y su habilidad para aceptarlo ayudaron a darle la confianza para seguir.

Expresar sentimientos de una manera adecuada

Expresar los sentimentos adecuamentees es un proceso que conlleva dos partes. En principio, los niños se deben sentir libres de expresarlos; luego, deben aprender maneras de hacerlo acordes con su

LA DIVERSIDAD DE NUESTRO MUNDO LA DIVERSIDAD DE NUESTRO MUNDO LA DIVERSIDAD DE NUESTRO MUNDO LA DIVERSIDAD DE NUESTRO MUNDO LA DIVERSIDAD DE NUESTRO MUNDO

[1] Uno recuerda las cualidades mundiales que se pueden encontrar en cada uno de nosotros en LA DIVERSIDAD DE NUESTRO MUNDO. El desafío consiste en notar y disfrutar de nuestras similitudes y nuestras diferencias, ambas son regalos.

edad y con la situación. Muchos docentes noveles no se sienten cómodos cuando los niños se expresan con mucha fuerza (y, con frecuencia, de manera agresiva). Sin embargo, deberían preocuparse también por el niño pasivo e incapaz de expresar sus sentimientos con libertad, y deberían estimularlo a hacerlo.

A medida que los niños crecen, adquieren las maneras de expresarse adecuadas, en cuanto al desarrollo, para su edad. Los bebés y los niños en edad de caminar y que aún no desarrollaron el lenguaje, lloran para expresar sus sentimientos; por lo que este tipo de llanto exige la misma clase de respuesta inmediata dada a otras formas de comunicación posteriores. Los niños de dos años expresan su disgusto con empujones y rechazos; los de cuatro utilizan su poder verbal y pelean. Alrededor de los 6 ó 7, aprenden a comunicarle a los demás, claramente y con razones, lo que sienten. La habilidad de expresar los sentimientos está intacta, pero los métodos cambian a medida que los niños crecen. La expresión de los sentimientos también posee una dimensión cultural. Algunas culturas son abiertas para demostrar sus emociones, mientras que otras son reservadas.[1]

Ilustración 14.4 Los niños aprenden a apreciarse y a comprenderse entre sí a medida que ven los sentimientos de cada uno. ¿Cómo pueden, estos niños, aprender a expresar dolor y comodidad?

Manejo de los sentimientos de los demás

Manejarse frente a los sentimientos de los demás es el paso culminante en el desarrollo de las habilidades emocionales. Los sentimientos son la chispa de la vida: la ráfaga de enojo, el "ah" del descubrimiento, el estremecimiento frente al logro, el abrazo de la excitación. Debido a que el reconocimiento y la expresión están íntimamente relacionados, los niños que pueden distinguir entre las diferentes emociones y que tienen cierta experiencia en tomar la perspectiva de otras personas por observar sus sentimientos desarrollan la *empatía*. Ésta puede manifestarse en edad temprana. Es posible que los niños muy pequeños lloren o se acerquen al docente cuando un compañero está lastimado o triste; los preescolares sonríen ante la risa de otro, y los niños en jardín de infancia se imaginan de manera muy real dentro de una situación ajena cuando se les cuenta una historia. Al igual que las emociones complejas tratadas anteriormente, la empatía requiere habilidades cognoscitivas, tales como verse a uno mismo independiente de otras personas (véase la explicación de Erikson en el capítulo 4) y, también, conectado, de alguna manera, con los demás (véase la explicación de Vygotsky en los capítulos 4 y 13). Los niños de dos a cinco años pueden responder con empatía a las emociones de los demás. Los niños mayores, que se pueden poner mejor en el lugar de otro (véase la explicación de Piaget en los capítulos 4 y 13) y que comprenden más emociones, pueden responder a otras personas que se sientan angustiadas. Sin embargo, este sentimiento se ve afectado por la experiencia temprana (Berk, 1999) y necesita que lo alimenten para crecer. Ayudar a los niños a tolerar y a apreciar las diferentes maneras en que las personas expresan sus emociones lleva al entendimiento y a la cooperación.

LA DIVERSIDAD DE NUESTRO MUNDO LA DIVERSIDAD DE NUESTRO MUNDO LA DIVERSIDAD DE NUESTRO MUNDO LA DIVERSIDAD DE NUESTRO MUNDO LA DIVERSIDAD DE NUESTRO

[1] No es adecuado estimularlos a representar todas las emociones, por ejemplo, para los niños afroamericanos. "Vivir bajo condiciones opresivas obliga a aprender a manejar la opresión de maneras. . . (tales como) aprender dónde expresar los sentimientos y hacia quién es seguro hacerlo," manifiesta Cooper (1992). "La negativa a hacerlo debe respetarse, no debe considerarse un desafío."

Capacidad de hacer frente a los cambios

Los cambios son inevitables. Sin embargo, mucha gente los teme o los rechaza. Es posible que los niños aprendan que los cambios forman parte constante de sus vidas y que puedan enfrentarse a los desafíos que éstos producen. El miedo, la inseguridad, y la falta de certeza son algunas de las emociones que las personas sienten frente a los cambios de sus vidas o las rutinas. Muchas veces, estos sentimientos surgen por no saber qué esperar o cómo comportarse o de no comprender diferentes conjuntos de valores.

Inevitablemente, los cambios se sucederán en la vida de los niños, produciéndoles cierto **estrés**. El acto mismo de nacer constituye un cambio, que marca el comienzo de una vida en la que el estrés forma parte del acto del logro en el desarrollo. Seamos testigos de las numerosas caídas que sufre un niño cuando aprende a caminar, de la separación de los padres y el niño en la puerta de la guardería, de la concentración y las frustraciones de un niño de 6 años en patines. Un poco de **estrés positivo** estimula al niño a esforzarse y a alcanzar los logros, a buscar y a descubrir.

El estrés puede surgir de diferentes factores, tanto internos (cólico grave) como externos (mudarse a una casa nueva). Algunos son agudos en la vida del niño, tales como una hospitalización, mientras que otros son crónicos, como vivir con una familia alcohólica. Muchas variables se asocian con diferentes clases de estrés en la vida de los niños. Por ejemplo, la edad, la habilidad intelectual, y el género pueden ejercer influencia sobre la respuesta del niño hacia una situación estresante; las investigaciones realizadas parecen indicar que los varones son más vulnerables que las niñas. Una vivienda inadecuada, la pobreza, o la guerra son factores estresantes ecológicos (véase capítulo 15 para una explicación sobre la violencia). Los cambios en la familia, el nacimiento de un hermano, una muerte o una pérdida de un miembro cercano, los problemas matrimoniales o el divorcio, constituyen fuentes de estrés a nivel personal. [1,2] Son especialmente problemáticas las prácticas de padres ineptos que abandonan o abusan de los niños, ya que los lastiman y les proporcionan modelos deficientes para aprender a hacer frente al estrés.

Sin embargo, el estrés y la habilidad de hacerle frente, forman parte de la habilidad de enfrentarse a los cambios. Se han realizado muchas investigaciones y se han escrito muchas cosas respecto del estrés en la vida de los niños (Honig, 1986; Selye, 1982), y se han identificado las etapas para superarlo. La ilustración 14.5 menciona las del estrés y las estrategias del docente. Estos ayudan a los niños a superar el estrés apoyándoles a trabajar en estas etapas, a medida que hacen frente a los cambios en la vida en la escuela, en casa, y en el mundo en general.

Por ejemplo, es posible ayudar a un niño a aceptar un cambio de muchas maneras. Es muy importante, para los niños, anticipar los cambios probables e identificar el proceso de superación. "Julián, tu madre se irá pronto. Vamos a buscar tu rompecabezas favorito después de que le digas adiós." Si se modifican las rutinas diarias, es necesario informar a los niños. "Hoy no vamos a tomar la merienda en el aula, vamos a usar la mesa del patio." Cuando se informa a los niños que el, cambio es anticipado, está aceptado y que no está necesariamente desorganizado, se sienten más tranquilos al enfrentarse al hecho imprevisto. Los docentes se tornan en recursos para ayudar a los niños a enfrentarse a las situaciones de maneras adecuadas, de acuerdo al niño y a la situación, ya sea permitiéndoles llorar por tristeza o miedo, ignorando una situación desagradable, buscando una tarea o aceptando el consuelo.

Capacidad de emitir juicios

La habilidad de emitir juicios es una habilidad importante, ya que ayuda a los niños a tomar decisiones y a pensar qué hacer frente a situaciones nuevas. Al entrar en la escuela, un niño enfrenta muchas decisiones: ¿Dónde jugaré?, ¿con quién jugaré?, ¿qué pasa si mi amigo quiere hacer algo que sé que está mal?, ¿a

LA DIVERSIDAD DE NUESTRO MUNDO LA DIVERSIDAD DE NUESTRO MUNDO LA DIVERSIDAD DE NUESTRO MUNDO LA DIVERSIDAD DE NUESTRO MUNDO LA DIVERSIDAD DE NUESTRO

[1] Al trabajar con niños provenientes de situaciones potencialmente estresantes, los docentes reconocen y consideran la habilidad para hacerles frente y de adaptación que muchos niños y sus familias poseen.

[2] El simple hecho de vivir en una sociedad como la nuestra es estresante para muchos niños. Por ejemplo, la niña nativa vive en un "conflicto de culturas. Debe adaptarse al mundo de blancos para sobrevivir, y debe reconocer su herencia india para afirmar su propia identidad. Un docente debe aceptar a la niña en su totalidad y ayudarla a funcionar eficazmente en ambos mundos" (Sample, 1993).

Etapa	Comportamiento	El docente ayuda
Alarma	Excitación y miedo Confusión Cambios de ánimo repentinos	Nota cuando el niño está nervioso (ve los cambios en el comportamiento). Escucha. Ofrece palabras para los sentimientos del niño. Ofrece explicaciones adecuadas para la edad. Acepta el comportamiento imprevisto. Proporciona seguridad al niño al estar siempre a su disposición. Informa a los padres y a otras personas del estado del niño. Toma acciones preventivas a fin de mitigar otros eventos estresantes.
Evaluación	Intenta comprender el problema	Escucha. Ofrece explicaciones adecuadas para la edad. Ayuda al niño a mirar la situación de manera más positiva. Puede realizar un listado simple del problema. Le asegura que el problema se solucionará. Informa a otros adultos de la importancia del trabajo del niño.
Búsqueda	Busca estrategias para solucionar el problema Selecciona dentro de lo que tiene al alcance	Escucha. Le pregunta al niño sobre sus ideas. Ayuda al niño a realizar un listado de soluciones posibles. Informa a los padres y a otras personas del estado del niño. Demuestra control de sí mismo y habilidades de solucionar el problema. Estimula y eleva la autoestima del niño.
Implementación	Intenta una estrategia para solucionar el problema Implementa una solución al problema	Escucha. Observa al niño cuando implementa una solución. Proporciona apoyo recíproco al éxito o al fracaso relativos del plan. Ayuda al niño a mejorar o a revisar la estrategia según sea necesario. Estimula los esfuerzos del niño.

Ilustración 14.5 Etapas para solucionar el problema del estrés o estrategias para hacerle frente: el docente observa al niño constantemente, se hace tiempo para hablar con él de manera individual con regularidad, y lo estimula a utilizar el arte, los libros y los miembros de la clase como apoyo.

quién voy a pedirle ayuda cuando la necesite? Juzgar es elegir qué hacer, cuándo hacerlo, con quién hacerlo, y cuándo dejar de hacerlo.

Realizar elecciones en una parte esencial de la toma de decisiones. Los niños se ven bombardeados con muchas elecciones en nuestro país, demasiadas elecciones, dice la gente. Deben decidir sobre temas que, en otros tiempos, sólo los adultos manejaban. Pero, para los niños, "es difícil diferenciar entre las grandes decisiones y las pequeñas. Cada elección que realizan es grande para la mayoría de ellos" (Simon, 1994). Entonces, como con cualquier habilidad, para aprender a tomar las decisiones correctas es preciso pensar, que le ayuden, y mucha práctica.[1]

LA DIVERSIDAD DE NUESTRO MUNDO LA DIVERSIDAD DE NUESTRO MUNDO LA DIVERSIDAD DE NUESTRO MUNDO LA DIVERSIDAD DE NUESTRO MUNDO LA DIVERSIDAD DE NUESTRO

[1] Los docentes pueden ayudar a los niños con algunas elecciones difíciles emocionalmente al trabajar con temas de prejuicios y estereotipos. La acción social (véase sección posterior) es una de las maneras de enseñar sobre las elecciones que benefician a los demás y ayudan al niño a expresar sus sentimientos e ideas.

Ilustración 14.6 La conciencia de su propio poder puede proporcionar recompensas agradables al niño. A esta niña le gusta alimentar y ayudar a cuidar a su hermanita.

No existe una manera fácil para enseñar a los niños a tomar decisiones debido a que cada situación debe manejarse de manera individual. El juicio que emite un niño al elegir un amigo para jugar hoy, puede implicar otros factores que deberá considerar mañana. Por el contrario, los docentes ayudan a los niños a basar sus decisiones en el mejor juicio de que sean capaces en cada caso. Una manera de estimular la toma de decisiones es proporcionarles oportunidades para elegir (véase "Objetivo centrado en las habilidades" en la página 518 para sugerencias específicas). Otro aspecto del criterio es la **autorregulación** del niño. Ciertas investigaciones (Diaz, 1992) sugieren que los niños pueden desarrollar la habilidad de planificarse y conducirse a sí mismos. A diferencia del control de uno mismo, en el cual se les enseña a responder a una regla externa, la autorregulación es una combinación de las esferas cognoscitiva y emocional. El docente puede estimular este proceso como el mediador de Vygotsky, haciendo a los niños partícipes de su propio aprendizaje (pensamiento), y apoyándoles a concentrarse en la competencia consigo mismos (emocional). A medida que crecen, los niños se tornan capaces de elegir qué juicio puede emitirse en una situación, qué factores son necesarios considerar en otra.

Disfrute de uno mismo y del propio poder

Los docentes desean que los niños se sientan poderosos, que sepan que pueden dominar sus vidas y confiar en sus propias habilidades. Este sentimiento de poder es particularmente importante durante los primeros años, cuando lo que se ve está fuera de su alcance, tanto literal como figurativamente.

Sin embargo, la responsabilidad y los límites van de la mano con el poder. El niño que posee la suficiente fuerza como para lastimar a alguien debe aprender a no usarla innecesariamente. El que grita con alegría también se percata de que el ruido no se acepta en un lugar cerrado. Al hacerlos responsables de sus propios actos, los docentes les ayudan a disfrutar del poder que tienen y a aceptar sus límites.

Una especie de fantasía con que la mayoría de los docentes se encuentran es con la de ser un superhéroe. Común, incluso para los niños de 2 años, el juego del **superhéroe** es excitante y quimerista, en general activo y ruidoso, y consiste en representar papeles heroicos que le dan a los niños poderes de los que carecen en la vida diaria. Es la personificación del control y la fuerza, incluso de la sabiduría, y las partes que deben representarse son claras para todos los participantes.

Las luchas naturales de los niños por el dominio y la atracción por los juegos de lucha colisionan con las preocupaciones que los docentes tienen respecto de las peleas, la agresión y del dejar que el juego se les vaya de las manos. Kostelnik, Whiren, y Stein (1986) han descrito este tipo especial de juegos de representación en detalle y proporcionaron sugerencias para controlarlos:

- Ayudar a los niños a reconocer las características humanas de los superhéroes.
- Hablar sobre los héroes y las heroínas reales.
- Explicar el mundo ficticio de la representación.
- Limitar el lugar y el tiempo del juego del superhéroe.
- Explorar conceptos relacionados.
- Ayudar a los niños a disminuir los juegos de lucha.
- Poner en claro que la agresión es inaceptable.
- Proporcionarles control sobre sus vidas.
- Valorar los intentos de los niños de autoridad.

Sentimiento	Definición del comportamiento
1. Temor	Cara pálida, ojos alerta, boca tensa, cuerpo rígido.
2. Sorpresa	Ojos muy abiertos, cejas elevadas, exclamación o grito involuntarios, inhalación rápida de aire.
3. Enojo	Cara colorada, ojos expectantes, cara tensa, puños y mandíbula apretados, voz severa o gritos, gestos largos.
4. Alegría	Cara sonriente, ojos brillantes, movimientos corporales libres y sueltos, risa.
5. Orgullo	Frente alta, cara sonriente, caminar airoso o majestuoso, tendencia a anunciar o señalar.
6. Vergüenza	Cara colorada, mirada vidriosa o hacia abajo, boca rígida, cuerpo tenso, movimientos leves y nerviosos, voz suave.
7. Tristeza	Cara seria, boca hacia abajo, mirada vidriosa y llorosa, ojos que demuestran que estuvo llorando o frotándoselos, cuerpo flojo, movimientos lentos o leves, voz suave y temblorosa.
8. Ansiedad	Ceño arrugado, cara pálida, boca tensa, voz quejumbrosa, movimientos nerviosos, falta de concentración o dificultad para hacerlo.
9. Curiosidad	Cejas levantadas, ojos brillantes, quizás el cuerpo tenso al ensimismarse en el objeto de curiosidad; con frecuencia movimientos de las manos para tocar y levantar el objeto; a veces, boca abierta.

Ilustración 14.7 Al observar el comportamiento infantil, comprendemos cómo se expresan sus sentimientos. Las expresiones de miedo, enojo, tristeza, aversión y felicidad son universales, y es posible leer y entender la cara de un niño mucho antes de que éste comprenda el lenguaje.

Además, los docentes y los padres están en lo correcto al preocuparse por la agresión de los niños y por la exposición que sufren a la guerra y a la violencia, tanto mediante los medios de difusión como en casa (Carlsson-Paige y Levin, 1987). Un **juego brusco** y la agresión poseen diferentes patrones de comportamiento y deben reconocerse como tales. En el capítulo 15 se tratan las preocupaciones de los juegos de guerra y la violencia en la vida de los niños. Los niños necesitan orientación para aprender a expresarse adecuadamente y para ejercitar sus poderes, cada vez mayores, con responsabilidad.

Los docentes pueden ayudarles a valorar y a disfrutar por ellos mismos. Cada vez que se reconoce a un niño, hay un docente que refuerza ese sentido de unicidad: "Carla, ¡tienes un gran sentido del humor!", "Federico, me fascina como cantas con tanta claridad." Decirlo en voz alta, refuerza en los niños, el sentimiento de que se gustan a ellos mismos y a los demás.

EL PAPEL DEL DOCENTE

Consideraciones

El primer paso para ayudar a los niños a desarrollar patrones emocionales sanos es que los adultos adquieran dichos patrones. Por ejemplo, ¿es usted una persona que encasilla a los demás?, ¿tiene grandes expectativas de los niños?, ¿qué pasa cuando un niño es difícil, o no satisface sus expectativas? Mirar hacia adentro, dar un paso atrás para pensar sobre lo que sentimos es beneficioso. Presentar una *consideración positiva* para cada niño puede, también, ayudar a los docentes a manejar mejor las emociones y el comportamiento infantil que tengan a su cuidado (Greenman, 1991). Otro paso es desarrollar y utilizar un vocabulario de los "sentimientos". Las palabras de naturaleza emocional pueden utilizarse para designar e identificar los sentimientos cuando los docentes hablan con niños pequeños.

Existen muchas manera de hacer un listado de palabras relacionadas con las emociones. La ilustración 14.7 ejemplifica una manera. Identifique algunos de los sentimientos que los niños expresan; luego describa cómo se ven y cómo actúan cuando experimentan esas emociones. Esta práctica ayuda a construir un vocabulario y un entendimiento de las expresiones emocionales de los niños.

Es esencial hacer que el aula sea un lugar cómodo para que haya un clima emocional saludable.[1] Además, los docentes pueden armonizar aún más con el clima emocional del aula sabiendo cuándo y cómo se expresan los sentimientos. Para ganar intuición, los docentes se deben preguntar:

- ¿Qué hace que los niños en el aula se exciten?, ¿se asusten?, ¿se calmen?, ¿griten?, ¿cómo conduce este conocimiento a la planificación del currículum?, ¿cómo puede hacer, un docente, para manejar un hecho no planificado o un cambio en el programa?
- ¿Cómo me anticipo al comportamiento emocional de los niños?, ¿qué hago luego?
- ¿Qué pueden hacer los docentes para manejar los estallidos y las crisis emocionales de los niños?
- ¿Qué pasa con el resto de la clase cuando un docente está ocupado con un incidente emocional de uno o más niños?
- ¿Qué hago cuando un niño demuestra emoción?, ¿cómo me siento cuando un niño demuestra emoción?
- ¿Qué clases de emociones son las más comunes con los niños pequeños?

Ilustración 14.8 ¿Cuál es la causa de que los niños se vuelvan introvertidos?, ¿qué pueden hacer los docentes para manejar sus emociones?

En los entornos de primera infancia, los docentes ayudan a los niños a luchar contra los sentimientos tan poderosos que poseen mediante conversaciones abiertas sobre ellos. Se toman el tiempo de ayudarlos a denominar estos sentimientos, a hablar de ellos, y a comenzar a tomar conciencia de los demás.

Cuando los docentes perciben que los niños están preparados para hablar de ellos, pueden ser de utilidad los debates en pequeños grupos o individuales. Los buenos libros que tratan temas sensibles (la exclusión, la culpa, el preocuparse por los demás) ofrecen posibilidades para los docentes y para los niños de hablar de los sentimientos. Los juegos, las bromas, y las burlas pueden ayudarles a relajarse y a explorar los sentimientos de una manera aceptada. Los problemas en el aula (el no compartir los materiales, el empujar a los compañeros) constituyen temas de debate. La habilidad de expresar las emociones de manera verbal

LA DIVERSIDAD DE NUESTRO MUNDO LA DIVERSIDAD DE NUESTRO MUNDO LA DIVERSIDAD DE NUESTRO MUNDO LA DIVERSIDAD DE NUESTRO MUNDO LA DIVERSIDAD DE NUESTRO

[1] Para que adquieran el sentimiento de pertenencia, es necesario que los ritos y tradiciones de la cultura y algunos provenientes de la familia se incluyan en los planes de estudio de los niños. Por ejemplo, "el rito de la hora de la comida, y de saludar son definitivamente hispánicos. . . Pregunte a los niños como tratar a las personas que se acercan a la puerta, especialmente a las mayores. Ellos deberían, siempre, saludar a los padres de sus compañeros y a hacerlo, también, entre ellos mismos" (Barrera, 1993).

proporciona a los niños el poder de manejarlos sin tener que recurrir al comportamiento inadecuado.

La **referencia social** implica "confiar en la reacción emocional de otra persona para formar una valoración propia de una situación incierta" (Berk, 1999). Utilizar las pistas emocionales ajenas puede ayudar a los lactantes a controlar la ansiedad ante los extraños, a los niños en edad de caminar a calmarse después de las despedidas, a los preescolares a evitar reaccionar mal ante una caída, y a los niños en edad escolar a comenzar a reconocer que las personas pueden sentir más de una emoción al mismo tiempo. La referencia social constituye una estrategia vital para aprender la manera de responder emocionalmente. El docente que corre a ayudar ante una pequeña caída puede producir un "desamparo aprendido" y malas reacciones. A la inversa, el que no responde a los niños cuando expresan emociones puede darles el mensaje que deben ignorar la angustia ajena.

Cuando los adultos demuestran una comprensión de los sentimientos, los niños comienzan a creer que estos pueden ayudarles con sus emociones, y, así, están más cómodos con lo que sienten. Cuando a un niño le ocurre algo doloroso, los adultos pueden expresar lo que siente. "Te duelen las rodillas al doblarlas ahora que te has lastimado." "Te ves tan triste ahora que Gema está jugando con otra persona." Así, los niños se familiarizan con las maneras de expresar sus sentimientos en diferentes situaciones emocionales.

Además, los adultos pueden ayudarles a ser conscientes del estado emocional de los demás. "¡Mira! Pablo está llorando. Vamos para allá y veamos si lo podemos consolar." Los docentes pueden estimular a los niños a cuidar de los dolores y necesidades ajenas. Un niño puede aliviar el dolor de un amigo sentándose a su lado cuando le limpian una herida o abrazándole cuando tiene éxito en algo. Los docentes deben asegurarse de que están permitiendo a los niños expresar sus preocupaciones y deben ayudarles a aprender a responder a las necesidades emocionales de los demás.

Planificación del currículum para el crecimiento emocional

En el entorno

Los docentes acomodan las aulas y el patio a fin de promover el crecimiento emocional. Los materiales y las actividades desarrollan la autoestima y la expresión de sí mismos. Además, otro factor constituye la manera en que se presentan y se realizan estas actividades. En el aula, el "cómo" es tan importante como el "qué" en la planificación del currículum para el desarrollo emocional. Refiérase a la ilustración 14.9 para ver cómo puede desarrollarse un currículum que estimule el crecimiento emocional.

En el exterior. Elija materiales que desarrollen la expresión de sí mismos. En el aula, los pensamientos y los sentimientos de los niños se expresan mejor mediante:

- *Las artes.* La arcilla o la plastilina permiten a los niños descargar sus sentimientos, ya que pueden golpearla, pellizcarla, pincharla, pegarla y manipularla. Las pinturas con los dedos y aquellas hechas en superficies amplias con pinceles grandes estimulan la libertad de movimiento que permite a los niños expresarse completamente.
- *Bloques/Manipulativos.* Cambie los materiales con regularidad a fin de ayudar a los niños a ajustarse al cambio y de permitirles ejercitar el juicio de jugar con materiales diferentes. Diferentes accesorios, vehículos a motor animales, personas, muebles, les da a los niños la oportunidad de reconstruir el mundo que conocen.
- *Descubrimientos/Ciencia.* Con frecuencia, los proyectos de ciencias se orientan hacia el desarrollo de las partes cognoscitivas y lingüísticas. No es necesario que siempre lo sean; algunas actividades pueden concentrarse en los sentimientos. Cuidar mascotas, por ejemplo, hace que emerjan sentimientos de crianza y protección. Fabricar "relojes de sentimientos" puede reforzar las emociones. Las caras del reloj en blanco se utilizan como base sobre la cual los niños dibujan o pegan fotos de personas con diferentes estados emocionales. Colóquelos a la altura de la vista de los niños para que puedan cambiarlo con frecuencia.
- *Juego de representación.* Los materiales que lleven de sus casas les proporcionan los accesorios necesarios para expresa cómo ven el mundo de su familia, de sus padres, de sus hermanos. Los espejos, los teléfonos, y la

ropa los estimulan a probar sus intereses emocionales en ellos mismos y en los demás.

- *Lenguaje/Biblioteca*: Existen muchas historias y los libros en los que los personajes y las situaciones reflejen una amplia gama de emociones (véase ilustración 13.23 y ilustración 14.9 para títulos sugeridos). A los niños les gusta mirar fotos de personas y adivinar qué están sintiendo. Esta actividad los estimula a buscar las palabras que identifiquen los sentimientos; las respuestas que emitan pueden registrarse y pegarse en las inmediaciones. Una vez que los niños se sientan cómodos utilizando las palabras, se puede continuar el debate cuando el docente haga la pregunta "¿Por qué piensan que esta persona está triste/alegre/enojada?"
- *Música/Movimiento:* Todas las clases de música estimulan la expresión de uno mismo y permiten que una infinita variedad de movimientos y sentimientos emerjan abierta y libremente. Es posible hacerles oír música clásica, étnica, jazz, o rock mientras bailan con pañuelos o serpentinas, o mientras siguen el ritmo con varas, también pueden cantar y bailar con grabaciones de niños. [1] Debido a que el conocimiento musical es la primera de las aptitudes intelectuales humanas (véase capítulo 13), la música puede formar parte del currículum tanto para niños tan pequeños como para los que están en edad de caminar. Tanto golpear tambores como bailar relajan la tensión de una manera socialmente aceptada. Las actividades más estructuradas, tales como la enseñanza de instrumentos musicales, deben guardar un equilibrio con la total libertad para la expresión musical individual.

En el exterior. El medio ambiente, por sí mismo, estimula la expresión de uno mismo. Ya sea en la arena o en un columpio, los niños parecen abrirse emocionalmente a medida que se relajan con la libertad física que fomenta el estar al aire libre. Los juegos en este ambiente tienen, por lo general, una alta carga emocional. Correr, perseguirse, y el juego de representación de superhéroes les proveen una liberación emocional.

El área al aire libre es un lugar ideal para actividades importantes, bulliciosas, y desordenadas. Es ideal para trazar las líneas del cuerpo, por ejemplo. Estos retratos de medidas reales de cada niño refuerzan los conceptos que tienen de sí mismos y estimulan un sentimiento de orgullo de la propia persona. La carpintería es una actividad al aire libre que les permite abrir una válvula de escape para el enojo o la tensión. Los clavos no se lastimarán por más que los golpeen; y serruchar un pedazo de madera produce satisfacción. La música ofrece muchas oportunidades para la expresión de uno mismo. Los niños pueden bailar con pañuelos o serpentinas, marchar por el patio golpeando tambores, imitan Animales Salvajes, realizar un mayo alrededor de un árbol, y crear un dragón chino para un desfile. un gran repertorio de instrumentos musicales, discos, cintas, y voces pueden estimularlos a fingir ser elefantes, tigres, y dinosaurios, así como artistas de circo y de ballet. Incluso un proyecto simple como la pintura con agua se convierte en una salida para la expresión de sí mismos cuando utilizan pinceles y baldes con agua para pintar árboles, cemento, y edificios, a fin de darles a todos una mano fresca de "pintura".

Rutinas, transiciones, y grupos

Los momentos de rutinas, de transiciones y las actividades grupales tienen una cosa en común: el cambio. Debido a que todos implican un movimiento de una clase de actividad a la otra, existe un sentido de incertidumbre en ellos y poseen una carga emocional. Durante esos momentos es muy probable que el comportamiento infantil se descontrole. Verá manifestarse un comportamiento de distracción y de persecución, incluso de oposición o de introversión. Los docentes ayudan a los niños mejor al crear una atmósfera de confianza y claridad. Darles ideas de cosas para hacer ("cada uno puede limpiar y una mesa con la

LA DIVERSIDAD DE NUESTRO MUNDO LA DIVERSIDAD DE NUESTRO MUNDO LA DIVERSIDAD DE NUESTRO MUNDO LA DIVERSIDAD DE NUESTRO MUNDO LA DIVERSIDAD DE NUESTRO MUNDO

1 La música proporciona una manera perfecta de celebrar LA DIVERSIDAD DE NUESTRO MUNDO, todas las culturas cuentan con música *y* siempre es diferente. Elija, con cuidado, cintas para trabajar en grupos, para la hora de la siesta, para música de fondo, con conciencia de la diversidad.

Currículum para el desarrollo de las habilidades emocionales

Actividades en el interior

Arte: Refleje las expresiones de los niños y vea cómo se sienten.

- "Parece que te estás divirtiendo."
- "Tu cara me dice que eso te resultó gracioso (decepcionante, etc.)."

Escriba lo que digan los niños sobre el trabajo de sus creaciones al pie del dibujo o a los lados de las esculturas.

Bloques: Esté allí / esté atento/ pregunte qué se siente cuando:

- Haces una estructura solo
- Se cae
- Alguien la tumba (accidentalmente o adrede)
- Alguien se ríe

Descubrimientos/ciencia:

- Utilice las palabras "curioso" y "orgulloso" para describir lo que los niños hacen cuando experimentan con materiales.
- Utilice el programa de computación "Choices, Choices."

Juego de representación: Proporcione, a los niños, libertad, variedad, y oportunidad de reflexionar.

- Tenga un espejo de cuerpo entero.
- Proporcione diferentes materiales para representar papeles.
- Coloque láminas en la pared con dibujos sin prejuicios y multiculturales.

Lenguaje/Biblioteca:

a. Cuente con libros que reflejen diferentes sentimientos y maneras de manejarlos, como:
Miedo: *There's a Nightmare in My Closet* (Mayer); *Storm in the Night* (Stolz)
Autoestima: *The Growing Story* (Krauss); *Ruby* (Glen); *Things I Like* (Browne), *Amazing Grace* (Hoffman)
Pérdida: *Maggie B* (Keats); *Amos and Boris* (Steig)
Cambios: *Changes, Changes* (Hutchins); *Sam Is My Half-Brother* (Boyd)
Amistad: *Two Is a Team* (Bemelman); *That's What Friends Are For* (Kidd); *Big Al* (Clements)
Seguridad: *One Step, Two* (Zolotow); *The Bundle Book* (Zolotow); *Rise and Shine, Mariko-chan* (Tomioka)
Elección: *Best Enemies* (Leverich); *Did You Carry the Flag Today, Charly?* (Claudill)

b. Incluya libros por temas, en especial cuando un niño o un grupo intenta resolver una cuestión emocional:
Muerte: *Death and Dying* (Stein); *The Dead Bird* (Brown); *Nana Upstairs, Nana Downstairs* (de Paoli)
Divorcio: *Two Places to Sleep* (Schuchman)
Médico/Dentista: *Curious George Goes to the Hospital* (Rey); *Your Turn, Doctor* (Robison & Perez); *My Doctor* (Harlow)
Mudanza: *Mitchell Is Moving* (Sharmat); *Jamie* (Zolotow); *The Leaving Morning* (Johnson)
Bebé nuevo/*Adopción*: *Baby Sister for Frances* (Hoban); *I Want to Tell You about My Baby* (Banish); *Peter's Chair* (Keats); *The Chosen Baby* (Wasson)
Pesadillas: *Where the Wild Things Are* (Sendak); *In the Night Kitchen* (Sendak); *There's a Nightmare in My Closet* (Mayer)
Pasar la noche: *Ira Sleeps Over* (Waber)

c. Mientras está leyendo una historia, deténgase y pregunte cómo se siente un personaje determinado.

d. Relacione la vida de los niños con los libros. Por ejemplo, pídales que lleven un objeto o un juguete especial para compartir. Un osito puede relacionarse con las historias de *Goodnight Moon* (Brown) o *Teddy Bear's Picnic* (Kennedy).

Ilustración 14.9 Ya tengan 2 años o se encuentren en segundo grado, los niños aprenden sobre sus sentimientos cuando los docentes planifican programas que estimulan la expresión personal.

Actividades en el exterior

Movimiento:

a. "¿Cómo caminarías si te sintieras alegre?" (¿triste, enojado, preocupado, risueño?)
b. "La caza del tigre" (se conoce este juego por diversos nombres): Vaya de "cacería" con los niños, y haga que utilicen el cuerpo para describir movimientos como abrir/cerrar una verja, andar entre pastos altos, trepar un árbol, nadar en el agua, caminar en el barro, mirar en una cueva, correr a casa para que el "tigre" no nos atrape.

Música:

a. Elija diferentes segmentos musicales de diferentes tonos y estilos. Pregunte a los niños qué les hace sentir cada uno, luego pídales que se lo muestren con el cuerpo.
b. Escriba canciones o cantos sobre los sentimientos.

Rutinas y Transiciones.

1. Respete el sentimiento de los niños de anticiparse.
   - Lleve una tabla de actividades diarias.
   - Comente los futuros viajes al campo o las visitas antes de que sucedan en lo posible.
2. Cuando se produzcan cambios imprevistos, discútalos con cada niño y con el grupo.
   - "Andrés no vino hoy. Tiene dolor de garganta, por eso se queda en casa. Esther será la maestra de este grupo hoy."
3. Cuando sea posible, permita a los niños tener responsabilidad sobre secuencias conocidas.
   - Establezca sus propias mesas para la merienda.
   - Ponga flores en la mesa.
   - Ayude a hacer espacio para los niños que siguen.
4. Deles tiempo para que se sirvan *sin apurarlos innecesariamente*.
   - Coloque un cartel con sus nombres.
   - Haga que se laven y sequen las manos solos.
   - Haga que se vistan solos, el abrigo para salir, los zapatos después de la siesta, etc.
   - Cuide del resto de sus pertenencias, la manta y el muñeco de peluche en una funda para almohada etiquetada, los libros en la cesta o en el estante donde estaban, etc.

Tiempo en grupo

1. Concéntrese en la cara de los niños.
   - Practique expresiones faciales frente al espejo.
   - Denomine los sentimientos, permitiéndoles que se los muestre mediante gestos.
   - Cante "If You're Happy and You Know It, . . ." con diferentes sentimientos. Pregunte a los niños qué situaciones les hacen sentir cada uno de dichos sentimientos.
   - Muéstreles fotos de caras de niños y de expresiones y pida al grupo que le diga cómo se siente la persona, por qué, etc. O haga lo mismo con los dibujos de los niños.
2. Intente completar ideas.
   - "Me alegré cuando . . ." (también con enojé, sentí mal, entristecí, sentí seguro, excitado, tonto)
   - "Me gusta la escuela cuando. . ." (también con no me gusta, también mi amigo, mamá, un animal)
   - "Me gustaría . . .", "Lo que mejor puedo hacer . . ."
3. Válgase de situaciones para provocar sentimientos.
   - "Esta es una foto de una familia. ¿Qué están haciendo?, ¿cómo se siente cada persona?
   - "Voy a cubrir una parte de la foto, de la cara que ven, para ver si pueden adivinar que expresión va a tener."
   - "Estas son cartas de situaciones que los docentes han visto suceder en las clases. Vamos a leeerlas y a preguntarnos, ¿Cómo me siento?, ¿qué puedo decir?, ¿qué puedo hacer?"

Figure 14.9 Continuación.

esponja ahora," o "puedes sentarte en mi regazo cuando tu papá se vaya hoy.") ayuda a los niños a sentirse confiados para enfrentarse a una rutina o a una transición. Las sugerencias específicas para el comportamiento de un grupo, incluyendo aquellas generadas por la misma clase, inspiran al éxito. Finalmente, es necesario que cuando se produzcan los cambios los docentes estén atentos y sean flexibles. Como lo especificó el cuidador McCormick (1993):

> La flexibilidad constituye la piedra angular de la atención infantil en el hogar, y es esencial en las relaciones proveedor/niño. La flexibilidad me permite adaptarme a los cambios en los planes de los padres, en los patrones de sueño, e, incluso, me permite alterar las actividades diarias por un cambio en el clima. Por permanecer flexible, en especial hacia las necesidades del niño, he construido una relación profunda y personal con cada uno de los niños que cuido. Encuentro maneras de adaptar la mayor parte posible de los programas en lugar de (siempre) forzarlos a la rutina (rígida) del centro.

Conocer el derecho que tiene un niño a las emociones fuertes y entender sus reacciones a los cambios de esas rutinas diarias les ayudan a estar más cómodo y a ser más competente. La ilustración 14.9 precisa la manera en que los materiales y las actividades específicos pueden desarrollarse para el crecimiento emocional.

Objetivo centrado en las habilidades

El desarrollo emocional es un proceso de por vida que requiere experiencia con los sentimientos propios. Cada niño posee una base emocional única, que el docente entendido, valora. Sólo tras la valoración, el docente puede planificar un currículum con objetivos realistas para los niños de la clase. Los objetivos que especifique determinarán las habilidades emocionales principales en él, a medida que individualizan el currículum. A Margarita le cuestan los cambios en las rutinas; Carolina nunca llora, no importa lo herida que esté, y Claudio grita cuando se siente frustrado. A fin de ayudar a los niños a *expresarse y a controlar sus emociones*, los docentes planifican programas como el que se ilustra en la ilustración 14.9.

La toma de decisiones es otra habilidad valiosa en la que se deben concentrar. Como cualquier otra habilidad, requiere pensar y practicar. Para enseñar a los niños a tomar decisiones, Simon (1994) sugiere examinar el proceso que se utiliza para uno mismo. "Piense en su elección de ser un docente. ¿Qué ejerció influencia sobre su elección?, ¿qué otras opciones consideró?, ¿cuáles eran los pros y lo contras de cada opción?, ¿resultó, su elección, tal cual la esperaba?, ¿tomaría hoy la misma decisión?, ¿por qué sí y por qué no? Para ayudar a los niños a elegir y a tomar decisiones, concéntrese en un proceso paso a paso:

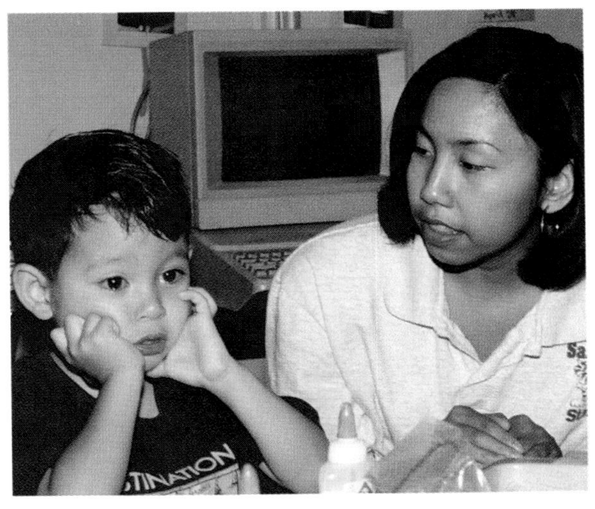

Ilustración 14.10 Los docentes y los niños exploran las emociones juntos.

1. Ayúdelos a definir la situación transformándola en una pregunta. (¿Qué podemos hacer para arreglar nuestro patio?)
2. Realice una lista de opciones o alternativas. (Plantar flores, comprar más bicicletas, agregar más juguetes para la arena.)
3. Pídales que piensen qué puede suceder en cada opción. (Las flores quedarían lindas, pero tendríamos que regarlas.)
4. Realice una elección. (¡Este es un punto clave!)
5. Verifique luego el resultado de la opción tomada. (¡Miren qué lindo que está el patio! o ¡qué pena, nos olvidamos de regarlas, murieron.)

La ilustración 7.13 ofrece un ejemplo más detallado de este proceso en la resolución de problemas sociales.

Uso de los temas

Un tema en particular, el de "¿Quién soy yo?", es útil para desarrollar un currículum para el crecimiento

TEMA: ¿QUIÉN SOY YO?

1. *Arte*: Líneas del cuerpo
   Dibujos de expresiones faciales------ variaciones (a) mirarse al espejo, (b) a una cara en blanco, dibujarle los rasgos, (c) a una cara sin terminar, completarla, (d) recortes de revistas
   Pintarse la cara
   Impresión de huellas dactilares (mano y pie)
2. *Calles*: Gente, muebles, estructuras donde vive la gente
   Fotos de la misma
3. *Cocina*: Compartir comidas tradicionales (tortillas, pasta, platos que le gustaría hacer en casa)
4. *Descubrimientos/ciencia*: Tablas de peso y altura
   Delinear las manos y los pies y comparar las medidas
   Delinear el cuerpo de varios niños, cada uno con un color diferente, y comparar las medidas
   Trazar un mapa, dónde vive la gente, tablas de números de teléfono
   Soltar un globo
   Las relaciones entre el clima y los hogares
5. *Juego de representación*: Muchos espejos
   Varios trajes para asumir diferentes papeles y experimentar cómo se sienten
6. *Lenguaje/biblioteca*: Incite a los niños a escribir libros sobre sí mismos, variaciones: (a) utilice el *Is This You?* (Krauss) como modelo,
   (b) carpetas de sus libros que puedan agregar a los suyos, (c) "Donde vivo como título,"
   (d) familias
   Libros sobre niños y familias de diferentes entornos (*Nicolás* [González] vive en un apartamento.)
   Donde viven los animales
   Sentimientos respecto del lugar donde viven los niños
7. *Manipulativos*: Rompecabezas con las partes del cuerpo, con personas y ropa
   Habilidades de autoayuda con maniquíes
   Estimule a los niños a construir una estructura en la que las cosas puedan vivir, por ejemplo, Lincoln Logs.
8. *Juegos con arena y agua*: Soplar y hacer burbujas
   Utilizar las partes del cuerpo para hacerhoyos con las manos y los pies, para así estimular la exploración de los sentidos
   Utilice las partes del cuerpo para ayudarse: por ejemplo, utilice un pie sobre la pala
9. *Balancearse/trepar*: En ambas actividades se utilizan partes del cuerpo; los docentes ayudan a los niños a ser conscientes de la manera en que desarrollan actividades físicas.
10. *Juegos*: Gira el tonel, gira tú — El escondite
    Mamá, ¿puedo? — Juegos de representación con los miembros de la familia
11. *Construcción de bloques grandes*: Construcción de estructuras similares a casas
    Uso de vehículos que necesiten la fuerza del cuerpo para moverse
12. *Trabajos con madera*: Uso de las partes del cuerpo
    Creación de un mapa de madera de la escuela, el vecindario, una ciudad
13. *Rutinas*: Autoayuda: toma de conciencia de lo que es posible hacer por uno mismo mediante tareas con la definición del "¿Quién soy?", los docentes los estimulan con palabras y con música
14. *Transiciones*: Uso de las características físicas de los niños para realizar transiciones, "Todos los que tengan ojos marrones/pecas/vaqueros pueden salir"
15. *Tiempo en grupo*: "Cabeza y hombros"
    Juegos de descripción, describa a alguien y proponga que jueguen a adivinar quién es "Estoy pensando en alguien" o con una canción "Mary Has a Red Dress"
    "Little Tommy (Tina) Tiddlemouse," reconocimiento de voz
    "Good morning little Teddy Bear", con un oso girando alrededor y pronunciando nombres.
16. *Hora de la merienda/siesta*: Marcar los lugares con nombres y dibujos, como camas o individuales
    Intente coordinar la etiqueta del nombre, la cama o el individual con un símbolo de un cachorro

Ilustración 14.11 La experiencia que un niño tiene de la escuela está muy relacionada con la manera en que se manejan las situaciones emocionales.

emocional. La ilustración 14.11 define cómo estos temas pueden incorporarse de diferentes maneras, tanto en el aula como fuera de ella. Pueden desarrollarse otras unidades a fin de ampliar el tema "¿Quién soy yo?". Algunas de ellas son: "Mi cuerpo", "Los sentidos", "La comunidad donde vivo", etc.

UNIDAD 14-1 Punto de control

El crecimiento emocional es una parte muy importante del desarrollo de los niños durante los primeros años. Las emociones se desarrollan a medida que los niños responden a las experiencias de la vida con una amplia gama de sentimientos. El estado indiferenciado de emociones de la lactancia evoluciona hasta volverse un conjunto más refinado de sentimientos en la infancia. Los niños obtienen control sobre sus emociones mediante la maduración y la experiencia.

Las habilidades emocionales aprendidas durante los primeros años son: la habilidad de manejar los sentimientos y los cambios, la habilidad de emitir un juicio, el conocer y el disfrutar el propio poder. Los docentes ayudan a los niños a desarrollar tales habilidades, proporcionándoles un vocabulario formado por palabras sobre sentimientos, con la conciencia de un clima emocional en el aula, hablándoles sobre sus sentimientos, y ayudándoles a sentir el sistema emocional de los demás. La autoestima y los conceptos sobre uno mismo se desarrollan con un crecimiento emocional positivo.

La planificación del currículum para el desarrollo emocional implica enfatizar muchos escapes para la expresión de uno mismo en el aula, concentrándose, a veces, en una habilidad emocional en particular o en un tema que enfatice la expresión emocional.

Pregúntese:

- ¿Cuáles son los principios del desarrollo emocional?, ¿cómo ayudarán los cuatro componentes, yo, independencia, iniciativa e interacción en mi enseñanza?
- ¿Qué habilidades emocionales se aprenden durante la primera infancia?
- ¿Qué papel debe desempeñar el docente en el desarrollo emocional?
- ¿Cuáles son las tres maneras de planificar un currículum que mejorarán el crecimiento emocional?

UNIDAD 14-2 Crecimiento social

EL DESARROLLO DE LA SOCIALIZACIÓN

El desarrollo social es el proceso por el cual los niños aprenden el tipo de comportamiento aceptado y esperado. Se le imponen un conjunto de normas desde el nacimiento, las que reflejan los valores de la familia y de la sociedad en la que vive.

Ciertos teóricos, desde Freud y Piaget hasta Bandura y Gardner (véase capítulos 4 y 13) reconocen la relación que existe entre el desarrollo social y el aprendizaje. En realidad, desarrollar la inteligencia social construye una serie de habilidades que pueden considerarse como las más importantes para el éxito en la vida de muchas maneras. ¿Cómo es esto posible?

El desarrollo social comienza en la cuna. Durante los primeros meses de vida, el lactante sonríe, emite arrullos, y juega en respuesta a la voz, la cara o el contacto físico de las personas. Los niños pequeños se ven influenciados, desde el nacimiento, por un intento consciente, por parte de los adultos, de guiarles en la manera en que la sociedad lo espera. Los padres intentan transmitir patrones de comportamiento característicos a su cultura, religión, género, y tradiciones educativas y étnicas.[1] Los niños imitan lo que ven; adaptan a las expectativas sociales a su propia personalidad.

Este proceso, denominado **socialización**, incluye el aprender comportamientos adecuados para diferentes entornos. Ellos aprenden muy temprano a discriminar entre las expectativas de los diferentes ámbitos. En la escuela, se estimula la investigación libre de los materiales de juego, pero no se permite en un banco de iglesia. En las verdulerías, circos, bibliotecas, y en la casa de la abuela se deben realizar ciertos comportamientos determinados.

[1] La socialización de los niños asegura la preservación de los valores y las tradiciones de una cultura.

En general, el proceso de socialización en la escuela gira alrededor de las relaciones del niño con otras personas. Durante este momento de sus vidas, trabajan en un conjunto independiente de relaciones con otros adultos además de sus padres. Establecen relaciones con los adultos diferentes de las que tienen con otros niños y, lo más importante, aprenden a interactuar con estos últimos.

Mediante la socialización también se transmiten los papeles acostumbrados que representan los niños y las niñas. Los niños comienzan a entender cómo se espera que actúen los docentes, las mamás, los papás, los abuelos, los varones y las mujeres.[1]

Además, desde edades tempranas, los niños aprenden actitudes sociales. Aprenden a disfrutar cuando están con gente y a participar de actividades sociales. Al mismo tiempo, los niños pequeños pueden desarrollar actitudes de prejuicios, y es durante estos primeros años que, por lo general, comienza a desarrollarse el comportamiento perjudicial (Derman-Sparks, 1989). Sea honesto respecto de sus sentimientos, porque, para los comentarios negativos, actos injustos, y basados exclusivamente en la raza, género, o habilidad es muy importante el papel del docente a fin de combatir este tipo de socialización. Las actitudes favorables hacia las personas y el deseo fuerte de formar parte del mundo social, de estar con los demás, se establecen durante estos años.

Otra faceta importante de la socialización implica el desarrollo del sentido de comunidad. En los trabajos de Gilligan (1982) and Noddings (1992, 1994) se han descrito las clases en las que los niños aprenden a cuidarse entre sí y a cuidar el grupo. El clima emocional del grupo y el comportamiento del docente contribuyen, no sólo al sentido de seguridad personal y de pertenencia de los niños, sino también al valor que tiene "la red de relaciones sustentada por un proceso de comunicación" (Gilligan, 1982). Además, los docentes que trabajan por lograr una conciencia de la comunidad y una unión con ésta, con frecuencia lo hacen adhiriéndose a una filosofía sin prejuicios (véase capítulo 9, entre otros) que promueve una interacción empática con personas de diversos entornos y defendiéndose, a sí mismo y a los demás, de los prejuicios (Derman-Sparks, 1994).

El desarrollo social del niño constituye una parte integral del proceso de crecimiento total. El crecimiento cognoscitivo y el social están relacionados. A fin de considerar las consecuencias de los propios actos, por ejemplo, uno debe poseer un nivel intelectual de entendimiento seguro. De acuerdo a Smith (1982), la manera en que los niños definen su apariencia ejerce influencia sobre las actitudes hacia ellos mismos y sobre las relaciones con los demás. También se ve afectado el desarrollo emocional. Cuando los niños conforman el comportamiento que se espera de ellos, se aceptan mucho mejor y se gustan mucho más. El lenguaje, por supuesto, es lo que permite al niño en desarrollo social comunicarse con los demás como parte del proceso social.

Durante los primeros años, los niños maduran socialmente en etapas de desarrollo reconocibles. Desde el nacimiento hasta los 3 años, el interés de los niños en los demás comienza con una mirada mutua y con una sonrisa social durante los primeros meses (desde el nacimiento hasta los ocho meses), continúa con una exploración de los demás y con un comportamiento de ansiedad frente a los extraños en las etapas del niño que gatea y camina (8 a 18 meses), y se desarrolla en un disfrutar de los compañeros y de los adultos y en una conciencia de los derechos y los sentimientos de los demás en la etapa del niño que aprende a caminar y a los 2 años (18 meses a 3 años) (Lally, Provence, Szanton, y Weissbourd, 1987).

En los años de preescolar, los niños aprenden a "controlar sus impulsos agresivos, a pensar en los otros además de en sí mismos, y a resistirse a hacer lo que no deben" (Schickedanz et al., 1993). Este aprendizaje se traduce en cuatro expectativas básicas: (1) que demuestren interés en los demás, (2) que diferencien lo correcto de lo incorrecto, (3) que aprendan a llevarse bien con los demás y (4) que desempeñen un papel que tome en cuenta su propio, género, raza y habilidad.

Los niños en los años primarios (5 a 8 años) demuestran un interés cada vez mayor en sus compañeros y en la competencia social, y se tornan importantes las normas grupales. El desarrollo de una conciencia social y de la justicia completan los hitos del desarrollo de primer grado (Bredekamp y Copple, 1997).

LA DIVERSIDAD DE NUESTRO MUNDO LA DIVERSIDAD DE NUESTRO MUNDO LA DIVERSIDAD DE NUESTRO MUNDO LA DIVERSIDAD DE NUESTRO MUNDO LA DIVERSIDAD DE NUESTRO

[1] Los profesionales de primera infancia deben ser conscientes de la diferencia que existe entre un niño desarrollando una identidad sexual y entre el desarrollo del papel del sexo de un niño. Uno debe ser capaz de comunicar la diferencia a los padres y a saber cómo las diferentes culturas pueden tener nociones distintas sobre el desarrollo del papel sexual.

EVOLUCIÓN DEL DESARROLLO SOCIAL

Lactante - Niño en edad de caminar	Preescolar	Niño en escuela primaria
Respuesta a las angustias ajenas		
Reacciona emotivamente al experimentar lo que el otro parece sentir	Comienza a experimentar cambios que reflejan la conciencia de que la otra persona es diferente e independiente de él	Toma en cuenta la personalidad del otro y demuestra preocupación por la condición general del otro
Interacción de compañerismo		
• Primeros encuentros con inspección mutua • Primeros contactos sociales • (18 meses) aumenta la sensibilidad hacia el juego con compañeros • (2 años) puede dirigir actos sociales a dos niños al mismo tiempo (comienzo de la interacción social)	• Cambios en el comportamiento para ajustarse a la edad y al comportamiento de otros • (a partir de los 3 años) la amistad es momentánea • (entre los 3 y 5 años) comienza la amistad que posee características	• El amigo es alguien que hará lo que quieres • Comienza a considerar al amigo como alguien con características admirable y constantes
Papeles Sociales		
• (20 a 30 días) imitación de los adultos • (3 meses) balbucea en respuesta a otros • (6 meses) los juegos sociales se basan en la imitación • (18 meses) diferenciación entre la realidad y el juego • (2 años) hacen que el muñeco haga algo como si tuviera vida	• (3 años) hacen que un muñeco desarrolle diferentes papeles o actividades • (4 a 5 años) representa un papel social en papel con otros (mamá y bebé)	• (6 años) integra un papel con otros dos complementarios: médico, enfermera, y enfermo • (8 años) desarrolla la comprensión de que los papeles pueden influenciar el comportamiento (un médico cuya hija es la paciente)

Ilustración 14.12 Tabla del desarrollo social para las edades desde la lactancia hasta los años de escuela primaria (Gracias a Gay Spitz).

Ilustración 14.13 | Mediante el juego, los niños aprenden a llevarse bien entre ellos.

Ilustración 14.14 La socialización implica aprender a solucionar problemas y a interactuar con otros, en especial, al resolver conflictos.

Es mediante los juegos (como se establece en el capítulo 11) que los niños aprenden gran parte del repertorio social. Las dramatizaciones, el juego de rol, y los juegos de representación proporciona oportunidades de representar muchos papeles y de ayudar a los niños con algunas de las exigencias que poseen. Durante el juego, el niño experimenta opciones: descubrir qué se siente al ser el jefe, ser el bebé, comportarse de maneras que, en otras situaciones, no serían adecuadas. Carla era la mayor de tres niños y se esperaba que fuera la "niña grande" dentro del entorno familiar. En la escuela, le gustaba representar el bebé, actuando como un lactante indefenso siempre que podía. Bajo el disfraz del juego, los niños, como Carla, ensayan para la vida sin sufrir sus consecuencias reales. La ilustración 14.12 traza la ruta del desarrollo social desde la lactancia hasta los años primarios.

Relaciones con sus compañeros

Para el niño pequeño, el desarrollo social significa el movimiento continuo desde la **posición de egocentrismo** en sí mismo (y los padres) como puntos centrales hacia un punto de vista más **sociocéntrico** que incluye a los demás, tanto adultos como, especialmente, niños. Durante los primeros años, el niño aprende a socializarse fuera de la familia; los contactos sociales fuera de casa refuerzan el placer por las actividades sociales y lo preparan para una actividad grupal futura. La complejidad de las relaciones con los compañeros se detallan en el cuadro de atención de Cary Buzzelli.

Las **interacciones con los compañeros**, es decir, las asociaciones con amigos de la misma edad, se vuelven importantes, para el niño, una vez superadas las etapas de lactancia y del niño en edad de caminar. Mediante la interacción entre los compañeros, se pueden identificar con modelos iguales a ellos y pueden aprender del comportamiento de los demás. Los amigos proporcionan modelos para imitar, por comparación, y por confirmación de ellos mismos, y, además, constituyen una fuente de apoyo.

El juego con otros niños comienza con un juego solitario paralelo alrededor de los 2 años, cuando dos o más niños se encuentran en el mismo lugar pero no inician una interacción social. A los 3 y 4 años, se produce una mayor interacción: ahora existe conversación y conflictos, así como cooperación al jugar juntos.

Existen etapas en las relaciones de los niños. Durante los primeros años, la amistad comienza en un nivel **indiferenciado**, en el que los niños son egocéntricos y un amigo es una costumbre del momento. Esto se transforma en un nivel **unilateral** ; un buen amigo quiere hacer lo que el niño quiere que haga. Hacia el final de la primera infancia, la amistad se vuelve más **recíproca**, e implica un dar y recibir en una especie de cooperación de ida y vuelta. Escuche a estos niños probando sus amistades:

Cris: Yo seré la maestra, y tu el alumno.

Sonia: ¡NO! Yo quiero ser la maestra también.

Cris: ¡No! ¡No! No puedes ser la maestra también, porque sino, no habrá alumnos.

Sonia: Muy bien. La próxima vez, yo seré la maestra.

Cris: ¡Quizás! Muy bien, todos a lavarse las manos para tomar la merienda. Sonia, puedes repartir tu merienda tan nutritiva a todos.

Sonia: Genial, soy la jefa de la merienda.

Un grupo de compañeros es importante por diversas razones. El desarrollo social mejora debido a que el niño aprende a ajustarse a las normas sociales fuera del entorno del hogar. Las expectativas de la sociedad mayor se refuerzan. Para volverse autónomo, el niño debe aprender a adquirir independencia de la familia, especialmente de los padres. Los niños pequeños deben también aprender a verse a sí mismos como parte de la sociedad. Los conceptos sobre sí mismos se agrandan por un grupo de compañeros a medida que ven como los demás les responden y les tratan.

Hacer y conservar amigos es esencial para un desarrollo social positivo de los niños, tan importante que aquellos que no los tienen durante los años de primaria se consideran en riesgo de no lograr éxitos completos (Bullock, 1993; Lawhon, 1997). Comprender la amistad y la interacción social constituye un conocimiento requerido básico para todo docente de primera infancia, ya que el conocimiento construido de los niños sobre cómo interactuar con las personas es más complicado que aquel sobre los objetos o los materiales. Los adultos pueden promover las habilidades básicas, tomar la responsabilidad de guiarlos e instruirlos, proveerles modelos con-

SELECCIÓN DE ARTÍCULOS

Ayuda para las amistades infantiles

Cary Buzzelli

Se ha demostrado que los niños que mantienen relaciones positivas con sus compañeros son más exitosos en la escuela y, con el tiempo, estarán mejor preparados para la vida en sociedad. Sin embargo, no todos los niños son fácilmente aceptados por sus pares. En realidad, algunos son directamente rechazados. ¿Qué debe hacer el docente?, ¿podemos "forzar" a los niños a incluirse, o a un grupo para que permita ingresar a todos los demás?

Mediante una observación cuidadosa, los docentes *pueden* determinar las maneras adecuadas para ayudar a que los niños rechazados sean más competentes en lo social. Por ejemplo, en un aula de niños de 4 años, a Nicolás y Felicia no se les invitaba demasiado a jugar. Cuando Nicolás se acercaba, los demás niños parecían ignorarle. Y cuando lo hacía Felicia, los niños la echaban. Los docentes se preguntaban por qué ambos niños no parecían atractivos a sus compañeros, y comenzaron a observarlos de cerca.

Descubrieron que el rechazo se debía a razones muy diferentes. Al parecer, Nicolás carecía de las habilidades necesarias para iniciar y mantener un juego. Cuando alguien se le acercaba, bajaba los ojos o respondía de manera negativa, como frunciendo el entrecejo o yéndose. Una vez que comenzaba un juego, parecía no saber cómo "seguir jugando", se quedaba parado y miraba, no sumando a la actividad sus acciones o ideas. Felicia, por otro lado, participaba activamente, demasiado. Se comportaba de manera agresiva durante las interacciones con otros niños. Ya sea física o verbalmente, asumía el control del juego, interrumpiendo a otros con sus ideas y acaparando los juguetes y los materiales.

Los docentes se dieron cuenta de que se necesitaban diferentes estrategias para cada uno de los niños. Enseñar a Nicolás maneras positivas de iniciar un juego con otros niños sería de utilidad; maneras tales como hacer que se sienta más cómodo ante una invitación para que pueda responder con una sonrisa en lugar de fruncir el entrecejo. Además, guiarle hacia la manera de mantener el juego con sus ideas o materiales adicionales le ayudaría a jugar de manera cooperativa y por períodos de tiempo mayores. Felicia también podría utilizar el modelo de el papel de un docente que la ayude a mantener la calma en situaciones frustrantes o a utilizar las palabras en lugar de acaparar lo que quiere. En realidad, un docente junto a ella podría ayudarla a ver cómo los demás niños "hacen lo que quieren" y, aún, juegan juntos.

No todos los niños necesitan, o incluso desean, ser superestrellas, aunque cada uno precisa ganar la confianza y la competencia para participar de relaciones positivas con sus pares. La habilidad de interactuar con otros mejorará considerablemente el desarrollo social y emocional de los pequeños.

Cary Buzzelli de la Universidad de Indiana contribuye con frecuencia con Young Children *y es un investigador experimentado en temas como la amistad y la autoestima.*

structivos e, incluso, interacciones, y controlar cada una de las amistades en desarrollo.[1]

Smith (1982) establece que tres tendencias emergen en la manera en que los niños se relacionan entre ellos. En principio, los niños se vuelven más sensibles hacia sus amigos de juego. Luego, comienzan a utilizar el lenguaje con más eficacia en sus interacciones. Y, finalmente, crece el juego cooperativo a medida que decrece el paralelo. Los niños pasan por tres etapas de comprensión social durante los primeros años de vida: (1) cambian la preocupación por sí mismos por una conciencia de los pensamientos y los sentimientos de los demás; (2) cambian las cualidades observables y físicas del compañero de juegos por una conciencia de las características menos obvias de los amigos; y (3) comienzan a percibir la amistad como duradera.

CAPACIDADES SOCIALES DURANTE LA PRIMERA INFANCIA

Las **habilidades sociales** son estrategias que los niños aprenden y que les permiten comportarse de manera adecuada en diferentes ámbitos. Ayudan al niño a aprender a iniciar o a manejar una interacción social en diversos entornos y con un número de personas.

La **cognición social** representa un papel en el desarrollo de las habilidades sociales. Es la aplicación del pensamiento al comportamiento personal y social; es dar sentido a la experiencia social. Nadia utilizó la habilidad cognoscitiva de la memoria cuando quiso jugar con Pablo, un niño de 4 años muy popular. Recordó sus intereses en balancearse con una cuerda y lo desafió a hacerlo más alto que ella. Bruno, por otro lado, es conocido en el grupo por su falta de habilidad para compartir los materiales. Cuando Soledad quiso jugar con los autobombas (los juguetes favoritos de Bruno), utilizó sus habilidades cognoscitivas para negociar el uso de uno de ellos. La cognición social requiere que los niños interpreten los hechos y que tomen decisiones, que consideren el impacto de su comportamiento sobre los demás, y que consideren la causa y la consecuencia de una acción. Estas habilidades son necesarias cuando se les pide que busquen soluciones alternativas a los problemas sociales: "¿De qué otra manera puedes pedirle un turno, Pedro?" Todas estas constituyen habilidades cognoscitivas sociales, y todas sirven de base para la adquisición de otras habilidades.

En el entorno de primera infancia, los niños aprenden mucho sobre el comportamiento y las expectativas sociales. Desarrollan muchas habilidades a medida que aprenden a interactuar con otros adultos además de sus padres y otros niños además de los hermanos. Las habilidades sociales emergen a medida que los niños aprenden a funcionar como miembros de un grupo y a medida que comienzan a comprenderse como seres sociales. Las habilidades sociales de la primera infancia, entonces, son complejas y cambian con la edad y la experiencia de cada niño. Esta sección detalla algunas de las habilidades sociales específicas y de los valores que los niños aprenden.

Habilidades aprendidas con los adultos

En sus relaciones con los adultos, los niños aprenden lo siguiente:

- Pueden quedarse en la escuela sin los padres.
- Pueden disfrutar de otros adultos además de los padres y responder a otros nuevos.
- Los adultos les ayudarán en momentos de problemas o necesidad.
- Los adultos les ayudarán a aprender el protocolo social.
- Los adultos evitarán que los niños se lastimen y que lastimen a los demás.
- Los adultos ayudarán a los niños a aprender de las diferencias y las similitudes étnicas, de las discapacidades, de la identidad de género, y de la diversidad de lenguaje.
- Los adultos se opondrán a los prejuicios o a los estereotipos y enseñarán a los niños a actuar de la misma manera.
- Los adultos no siempre tomarán una posición o resolverán el problema.

LA DIVERSIDAD DE NUESTRO MUNDO LA DIVERSIDAD DE NUESTRO MUNDO LA DIVERSIDAD DE NUESTRO MUNDO LA DIVERSIDAD DE NUESTRO MUNDO LA DIVERSIDAD DE NUESTRO MUNDO

[1] Desarrollar las amistades es más que enseñar habilidades interpersonales generales y posee una importancia fundamental para los niños con necesidades especiales (Lowenthal, 1996). Facilitar el desarrollo de las amistades en aulas incluyentes requiere la conciencia y la interacción del docente, así como una planificación cuidadosa en lo que respecta al entorno y a los horarios.

- Los adultos trabajarán con ellos para resolver el problema.
- Los adultos creen que todos los niños tienen el derecho a una experiencia social satisfactoria en la escuela.

Capacidades aprendidas con los compañeros

En sus relaciones con otros niños, aprenden lo siguiente:

- Existen diferentes maneras de acercarse a los demás; algunas funcionan, otras no.
- Capacidades interactivas, y la manera de mantener la relación.
- La manera de resolver conflictos en otras maneras que no sean retirarse o emplear la fuerza.
- La manera de compartir los materiales, equipos, otros niños, amigos, docentes e ideas.
- La manera de lograr un juego satisfactorio para ambos.
- La defensa de sí mismo, y la manera de afirmar sus derechos de maneras socialmente adecuadas.
- La manera de participar por turnos y de comunicarse son los demás.
- Capacidades de negociación.
- La manera de ayudar a los compañeros con las tareas, la información y adaptando el comportamiento.
- Anticipar y evitar problemas.
- Expectativas realistas de la manera en que otros niños se comportan y responden a ellos.
- Las maneras de hacer frente a situaciones socialmente difíciles y con cualquier otra situación social y niños problemáticos.
- La manera de hacer, de ser, de compartir, y de perder un amigo.

Ilustración 14.15 Las relaciones con compañeros constituyen una fuente de placer y apoyo. A medida que se desarrolla la comprensión social, los niños cambian su preocupación por sí mismos por una toma de conciencia de los pensamientos y sentimientos de los amigos.

Ilustración 14.16 La exclusión es una forma del comportamiento social común entre los niños pequeños. Durante los primeros años los niños deben enfrentar los sentimientos que surgen cuando les dicen "no puedes jugar con nosotros".

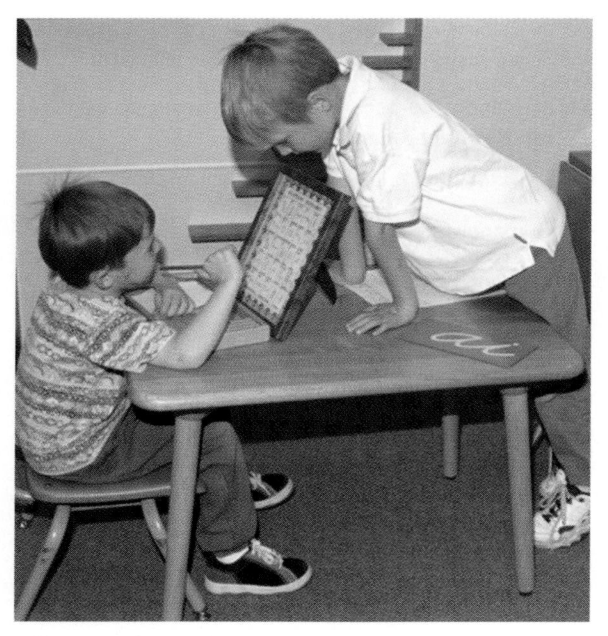

Ilustración 14.17 Cooperación: "Te ayudaré, luego, tú me ayudarás."

Ilustración 14.18 Amistad: "Te ayudaré a llenarlo."

Habilidades aprendidas en un grupo

En los grupos, los niños aprenden:

- La manera de formar parte como miembro y no como individuo.
- Que existen actividades que promueven la asociación grupal (historias, música).
- Una identidad grupal (la clase del centro, el grupo de la Sra. T, el grupo de los cuatro años).
- A seguir un programa y un patrón diarios.
- A adaptarse a las rutinas de la escuela.
- Las normas y expectativas de la escuela.
- Interacción y habilidades de participación: la manera de ingresar y salir del juego.
- A respetar los derechos, sentimientos y propiedad de los demás.
- A ser una persona socialmente activa, en especial frente a un comportamiento o situaciones injustas o prejuiciosas.
- La manera de trabajar juntos en grupo, durante la limpieza, en la preparación de un evento, etc.
- La manera de manejar el retraso de la gratificación: cómo esperar.

Habilidades aprendidas como individuo

Como individuos, los niños aprenden:

- A ser responsables de la ayuda y el cuidado de sí mismos.
- A iniciar sus propias actividades y a realizar elecciones.
- A trabajar solos cerca de otros niños.
- A darse cuenta de las injusticias y aprender a hacerles frente.
- A negociar.
- A enfrentarse a la negación, a los sentimientos dolorosos y a las desilusiones.
- A comunicarse de manera verbal y no verbal, y los momentos adecuados para utilizar las habilidades comunicativas.
- A probar los límites que imponen otras personas.

- Su propio estilo de interacción con los compañeros: grado, intensidad, frecuencia, calidad.
- A expresar sentimientos fuertes de maneras socialmente adecuadas.
- A manejar la libertad social.

Las habilidades específicas dentro de estas cuatro áreas incluyen los aspectos sociales y morales de la crianza, la amabilidad, y la generosidad (Kemple, 1991). A medida que los niños crecen, estas habilidades se hacen más específicas, e incluyen decir la verdad, participar por turnos, la reciprocidad, mantener las promesas, los derechos de propiedad y las normas (DeVries y Kohlberg, 1987).

Otra habilidad social que se ha manifestado en la última década es la de la **acción social**. En un currículum sin prejuicios (véase capítulo 9) los niños pueden aprender a realizar acciones sociales para que los hechos injustos sean justos. Por ejemplo, los preescolares descubren que las cintas adhesivas dicen "color piel", pero sólo coincide con la piel de algunos niños; sacan fotos y las mandan a la empresa (Derman-Sparks, 1989). Promover el activismo no siempre traerá resultados exitosos, pero la actividad y el modelo constituyen experiencias de aprendizaje poderosas.

Ilustración 14.19 Ayuda: "Te ayudaré a limpiar."

EL PAPEL DEL DOCENTE

Consideraciones

Uno de los papeles más importantes de los docentes es ver que los niños tengan contactos sociales placenteros y motivarlos a desear estar con otros. El entorno de primera infancia proporciona a los niños numerosas oportunidades de aprendizaje para el desarrollo social.

El docente representa un papel importante a medida que los niños aprenden el dar y recibir de la interacción social. En su papel de organizador social, crea un entorno físico e interpersonal que promueve el desarrollo de las habilidades sociales de los niños.

Una primera consideración es *planificar y establecer el entorno social* a fin de mejorar los comportamientos sociales adecuados. Las actividades iniciadas por los niños, el cuidado de sí mismo, y la responsabilidad grupal se estimulan mediante el uso de estantes bajos y abiertos y de muebles a su altura. Las actividades grupales, los juguetes, los materiales, y la ubicación del mobiliario debe estructurarse de manera que permita a los niños jugar solos o con alguien. Muchas áreas permiten el juego grupal, como esquinas o bloques para la representación. Los libros, rompecabezas, y caballetes, por otro lado, pueden constituir una experiencia especial o generar juegos asociativos. El juego cooperativo se sugiere cuando existe más de una pieza en el equipo. La existencia de dos teléfonos, tres camionetas, y ocho sombreros de bombero estimulan las interacciones de niño a niño. El docente debe, además, permitirles el tiempo suficiente, dentro del horario, para participar, a fondo, del juego con los demás.

Una segunda faceta del papel del docente dentro del desarrollo social lo constituye *el ayudar a los niños a desarrollar la confianza*. Confiar, en ellos mismos, en sus compañeros y en los docentes, es una parte del aprendizaje de las relaciones sociales. Los docentes mejoran el conocimiento social de los niños a medida que estos desarrollan, de manera gradual, el sentido de la confianza. Ambos profesionales e investigadores (Buzzelli y File, 1989; Coles, 1991; Derman-Sparks, 1994) recomiendan ciertas acciones específicas para que tomen los docentes:

1. *Ayudar a los niños a reconocer sus propias necesidades.* Note los niños que necesitan aclarar sus deseos; pregunte a los que no participan con quién les gustaría jugar; ayude a los peleadores a decir cómo se sienten y qué quieren.
2. *Aumentar la conciencia de los niños de sus objetivos sociales y de los objetivos de los demás.* Los

docentes pueden ayudar a los niños a reconocer sus opciones; además, pueden hacer de mediadores para que otros se puedan expresar.

3. *Ayudar a los niños a desarrollar habilidades sociales eficaces*. Proporcione un modelo para escuchar, para elegir otro lugar donde jugar, o para seguir las ideas de otra persona; ayúdelos a encontrar maneras de mantenerse firmes y, también, de acomodarse y aprender a utilizar las habilidades de solución de conflictos, de cooperación, de hacer frente a la situación y de ayuda (véase la ilustración 7.15 y, en el presente capítulo, la sección "Objetivo centrado en las habilidades").

4. *Enseñar a los niños a reconocer las emociones y las intenciones ajenas*. Los niños desbordan con sus propios sentimientos tan fuertes y no es probable que se den cuenta de las emociones de otra persona en ese momento; los docentes pueden ayudarles a ver otra cara o a oír un tono de voz, y, de esta manera, a comenzar a "leer" a la otra persona.

5. *Reflexionar con los niños la manera en que su comportamientos afecta a los demás señalándoles lo predecible en sus interacciones*. Los niños pequeños no siempre "conectan" su comportamiento con las reacciones de los demás. Cuando un docente formula una declaración sin desaprobarlo, el niño puede, entonces, entender los efectos de su comportamiento en los demás: "¡Guau! Cuando gritaste tan alto, vi que los niños se asustaban, y luego te dijeron que no podías jugar aquí."

6. *Resaltar el éxito de los niños ayudándoles a aprender a controlar su propio comportamiento*. Puede ser de utilidad para los niños ver sus propios encuentros sociales exitosos, así como las estrategias que no funcionaron. "Cuando les preguntaste si podías jugar con ellos, te respondieron: '¡No!', ¡Pero luego les llevaste palas para todos y eso funcionó".

7. *Evitar decirle a los niños quiénen son sus "amigos"* . Los docentes de primera infancia estimulan a los niños a aprender sobre la amistad; sin embargo, la " amistad legislativa" es, con frecuencia, perjudicial. Decirles "aquí somos todos amigos", o "los amigos comparten sus cosas con todos" niega la distinción entre las experiencias positivas y amistosas y la amistad. *Compañero de clase* y *amigo* no son el mismo concepto.

8. *Desarrollar un conjunto de estrategias para ayudar al niño difícil y problemático socialmente de la clase*. A pesar de que cada niño es único, existen ciertas situaciones que surgen de manera repetitiva en un aula de primera infancia. Los niños a los que les cuesta socializarse, con frecuencia, no utilizan el lenguaje no verbal con eficacia y están desincronizados, ya que pierden los signos (Nowicki y Duke, 1992).

9. *Trabajar para establecer una comunidad de cuidado en la clase*. "A fin de que los niños confíen en correr los riesgos inherentes a la enseñanza. . . deben sentir un ambiente constante de aceptación, incluyente y predecible en el aula" (Maniates y Heath, 1998). Las investigaciones de Brain (véase capítulo 4) confirman este punto, y un enfoque sin prejuicios (véase capítulos 3 y 9) respalda el desarrollo de la *acción social* como extensión del "hacer el bien" en el aula y fuera de ella.

10. *Invitar a los padres y a las familias al proceso de socialización de los niños*. Tanto los docentes como las familias comparten la responsabilidad de ayudar a los niños a desarrollar las habilidades sociales; ninguna de las partes puede hacerlo sin la otra. Existen muchas maneras de acercar el programa a la familia; véase el capítulo 8 para sugerencias.

El papel del docente en el desarrollo social incluye, además, el facilitar las interacciones de los niños e interpretar sus comportamientos. A fin de ayudar a los niños pequeños a comprenderse entre ellos y a pavimentar el camino hacia la cooperación continua, el docente informa y refleja lo que sucede. En el aula, durante un período activo de juego libre, el docente puede:

Reflejar la acción:	*Decir:*
Llame la atención del efecto que el comportamiento de un niño ejerce sobre el de otro.	"Raúl, cuando gritas así, los otros niños se asustan y tienen miedo de jugar contigo."
Demuestre aprobación hacia el comportamiento social y estimúlelo.	"Me gusta la manera en que con cuidado pasaste sobre el edificio de bloques, Daniela."
Apoye a un niño a afirmar sus derechos.	"Corina se aferró a la muñeca porque aún no terminó de jugar, Wilbur."

Apoye el deseo de un niño de ser independiente.	"Sé que quieres ayudar, Camila, pero Santi está tratando de ponerse el abrigo solo."
Reconozca los esfuerzos de los niños por establecer contactos con otros y ayúdeles.	"A Omar le gustaría jugar, también. Por eso les trajo otro cubo con agua. ¿Dónde puede ayudar?"
Refleje a un niño la profundidad de sus sentimientos y la forma que pueden tomar esos sentimientos.	"Sé que Jorge te hizo enojar mucho cuando tomó tu esponja, pero no puedo dejar que le tires agua. ¿Qué puedes decirle?, ¿qué palabras puedes usar para decirle que no te gustó lo que hizo?"

Las respuestas de los adultos al juego de los niños poseen una particular importancia para estimular el desarrollo social positivo. El docente desempeña un papel poderoso y emocional en la vida de los niños en la escuela. Como se mencionara anteriormente, la primera infancia es un momento en que los niños emiten juicios erróneos, y llegan a conclusiones respecto de los niños basándose en la raza, el género, el lenguaje de origen, o las habilidades. El docente debe intervenir, ya que el silencio implica una aprobación tácita. ¿Cómo hace el docente para que los niños actúen en el entorno social a fin de que aprendan de ellos mismos y acepten las realidades y ventajas de vivir juntos? Al observar cuidadosamente y al participar con los niños, el docente debe decidir cuándo y cómo intervenir y aprovechar las habilidades sociales y el juicio social y moral de los niños, sin participar. Probablemente, esta sea la parte más dinámica y desafiante del trabajo de los docentes, el corazón de la profesión. Los conflictos y sus soluciones demuestran la interacción existente entre el docente y los niños y el papel tan importante que los primeros desempeñan en la vida de los pequeños. Explicados en el capítulo 7 y en la ilustración 7.13, los problemas sociales de la primera infancia van desde la posesión de juguetes, pasando por el lastimar a los demás, hasta el mantenimiento de promesas. *La manera en que* un docente ayuda a los niños a identificar y a resolver sus propios conflictos es, con frecuencia, más importante que el problema específico o la solución.

Planificación de un currículum para el crecimiento social

En el entorno

La enseñanza del comportamiento social en la mayoría de las aulas con frecuencia se produce en respuesta a situaciones espontáneas. El método que más se utiliza es la participación directa del docente en las interacciones sociales de los niños. Ocasionalmente, los docentes intentarán un enfoque de la adquisición de las habilidades sociales de una manera más formal, mediante actividades del currículum planificadas. La manera en que se dispone el medio ejerce una profunda influencia sobre la interacción social entre los niños.

En el interior. La mayoría de las actividades dentro del aula se planifican y establecen para estimular la participación de más de un niño al mismo tiempo.

- *Las artes.* En la mesa de arte, cuatro o más niños compartirán los materiales de collage, el pegamento, y las esponjas que estaban en el centro de la mesa. Cuando los caballetes se colocan uno al lado del otro, la conversación se produce espontáneamente entre los niños. Una mesa pequeña, situada entre los caballetes, sobre la que se coloca una bandeja con recipientes con pintura, también estimula las interacciones de los niños. Si hubiera sólo una de cada color, los niños deberán negociar entre ellos para obtener el color que desean usar.
- *Bloques/Manipulativos.* Un espacio grande con armarios para bloques les proporcionará una pista visual de que hay lugar para más de un niño. Las mesas para rompecabezas con tres o cuatro de ellos también les dirán a los niños que se espera la interacción social. Muchas veces los niños hablarán, jugarán, y planificarán entre ellos mientras comparten una caja grande llena de Legos® o de torres para construir de plástico. Para armar un rompecabezas en el suelo también se necesita un grupo: algunos que junten las piezas, otros que miren y formulen sugerencias. Mientras los niños construyen con bloques uno al lado del otro, pronto comparten comentarios sobre el trabajo que

realizan; muchas veces esto lleva a un esfuerzo mutuo en una sola construcción.

- *Descubrimientos/Ciencia*. Es posible establecer muchos proyectos de ciencia en los que intervengan más de un niño. Un conjunto de imanes con una bandeja de objetos variados puede convertirse en el centro de atención de muchos niños cuando deciden qué objetos atraerán los imanes. Cocinar juntos, pesarse y medirse entre ellos, y cuidar a las mascotas del aula pueden constituir momentos en que los docentes estimulen las habilidades sociales.
- *Juego de representación*. Esta área más que cualquier otra parece llevar a los niños al contacto mutuo. Proporcióneles diferentes accesorios de la vida de una familia, ropa, equipos y utensilios de cocina, y los niños pronto participarán. Es necesario atar un zapato o subir un cierre. Alguien debe venir a comer la deliciosa comida recién hecha o a llevar al bebé a la cama. Además, un tema médico en el aula estimula las habilidades sociales de los niños. Aprenden a tomarse la temperatura entre ellos, a escuchar los latidos del corazón, a planear operaciones, actividades, todas que requieran más de una persona.
- *Lenguaje/Biblioteca*. A los niños les gusta leerse libros e historias entre ellos, conozcan o no las palabras. Con frecuencia, se comparten los libros favoritos de dos niños a los que les guste dar vuelta las páginas y hablar entre ellos sobre la historia. Los juegos de lotería les estimulan a ser conscientes de los demás, a mirar el cartón de cada persona a fin de identificar quién tiene el dibujo que concuerda. Las canciones y los juegos que utilicen los nombres, especialmente durante los primeros años de esta etapa, ayudarán a los niños a llamar a cada uno por su nombre.
- *Música/Movimiento*. Planifique momentos regulares para las actividades con música y movimiento. El grupo entero puede participar de canciones conocidas; se crea, así, un sentido de comunidad con la participación de cada uno. Las actividades durante los momentos de libre elección, por lo general, implican números más pequeños, en los que los miembros del grupo pueden desafiarse a buscar nuevas maneras de bailar con pañuelos o a utilizar la colchoneta. Finalmente, las experiencias de a dos estimulan las amistades nuevas, ya que la intimidad de compartir una experiencia musical nueva reúne a dos niños, o a uno de ellos y al docente.

En el exterior. El medio al aire libre puede estructurarse de manera que incite al juego grupal.

- *Pintar o Pegar*. Pintar o pegar cosas en murales o los dibujos con tiza sobre el cemento constituyen actividades artísticas que promueven la interacción social.
- *Planificar y sembrar un jardín*. Planificar y sembrar un jardín es un proyecto a largo plazo que incluye a muchos niños. Las decisiones sobre qué plantar, dónde sembrar el jardín, cómo preparar el suelo, y cuáles serán las responsabilidades compartidas de cuidarlo deben tomarse de manera grupal.
- *Actividades motoras gruesas*. La mayoría de las actividades motoras gruesas estimulan las interacciones grupales. Los subibajas, las sogas, y las escondidas requieren al menos dos personas que participen. Para acomodar las estructuras, los tableros y las cajas, así como todo equipo movible, es necesario el esfuerzo cooperativo de varios niños. Los juegos en la arena, cuando se incluye agua, palas, y otros accesorios, une a muchos niños que desean armar ríos, diques, e inundaciones. Los juegos de pelota y las carreras también incitan a las relaciones sociales.

Rutinas, transiciones, y grupos

Las rutinas y las transiciones son, con frecuencia, experiencias sociales, ya que proporcionan a los niños la oportunidad de apoyarse y de interactuar con sus compañeros. Los docentes aprovechan estos momentos para crear la oportunidad de construir habilidades sociales. Por ejemplo, la rutina de la preparación de la siesta puede estructurarse con un sistema de "ayuda mutua", en el que los niños mayores estén en pareja con los más pequeños para preparar las cunas, elegir un juguete o los libros, y arroparles. Es posible que una transición del momento de limpieza sea divertida y tenga éxito si los niños llevan un collar para representar el trabajo o el área a la que pertenecen. Otra manera consiste en proporcionarles un canasto de cartas de "junta"; levantarlo significa que llegó el momento de la limpieza y permite a los niños elegir sus tareas. Los niños con cartas similares obtienen un sentido de trabajo en equipo cuando ordenan un área.

Currículum para el desarrollo de las habilidades sociales

Tiempo	Habilidad	Actividades
Semana 1	Desarrollo de una imagen personal positiva	Realizar trabajos artísticos con la impresión del pulgar. Realizar impresiones con los pies y con las manos. Comparar fotos de los niños de pequeños con fotos actuales. Jugar con espejos: hacer caras, expresiones con emociones. Vestir muñecos de fieltro con ropas. Cantar canciones con nombres: Realizar un listado: "Lo que más me gusta hacer es . . ." Pegar la lámina en el aula. Realizar un autorretrato de cualquier forma artística. Realizar un dibujo con la silueta de cada niño.
Semana 2	Ser miembro de un grupo	Pasar asistencia juntos: ¿Quién falta? Jugar a la lotería con fotos de niños. Jugar a "El granjero en el valle". Compartir el juguete favorito que tenga en casa con niños más grandes. Grabar voces de los niños, adivinar a quiénes pertenecen. Realizar un "banquete de amistad": cada niño lleva su comida favorita desde casa para compartir.
Semana 3	Crear una amistad dentro del grupo	Proporcionar un rompecabezas (un juguete, un juego, un libro) cada dos niños. Realizar un "Paseo de amigos"; volver y contar una historia de lo que vieron. Jugar a la "Conversación telefónica": fingir invitar a un amigo a jugar. Jugar al "imitador": imitar la manera de reír, de caminar, de llorar, o las palabras de un amigo. Practicar el lanzamiento y la recepción de pelotas con los demás. Formar letras juntos con los cuerpos de dos niños: A, T, C, K, etc. Jugar a la lucha de la cuerda con un amigo. Construir, juntos, una casa con bloques. Hacer el "reflejo exacto" de los movimientos de un amigo.
Semana 4	Trabajar juntos como un grupo	Jugar con un paracaídas; mantener la pelota botando. Hacer bocadillos para los niños de la clase. Planear y sembrar un jardín. Realizar, juntos, un mural para decorar los vestíbulos. Jugar a "Seguir al jefe". Cantar una ronda: "Row, Row, Row Your Boat."
Semana 5	Aprender una identidad grupal	Realizar un mapa de la ciudad y hacer que los niños ubiquen sus casas en él. Realizar un viaje por el campo juntos. Realizar un periódico con artículos hechos por cada niño y respecto de ellos. Seleccionar una historia favorita para el resto de la clase y representarla. Tomar una foto instantánea del grupo. Realizar un "árbol familiar" con fotos de los niños en grupo. Aprender una danza tradicional en grupo. Realizar un mural con impresiones de las manos unidas en un círculo.

Ilustración 14.20 Fomentar las habilidades sociales mediante actividades desarrolladas en grupos pequeños, comenzar con el conocimiento de uno mismo y seguir con una apreciación de la calidad de miembro del grupo. (Véase capitulo 11 para pautas específicas sobre la planificación de las lecciones y las unidades.)

Como experiencia de aprendizaje directa, el proporcionar tiempo para grupos pequeños constituye una oportunidad para concentrarse en las habilidades sociales de una manera más estructurada. Los grupos pequeños proveen un entorno para que participen los niños y los docentes de un diálogo más relajado y sin interrupciones. La intimidad que existe aquí dentro establece la plataforma para muchas interacciones sociales.

Los debates en grupos pueden versar sobre problemas que los niños son capaces de resolver. Demasiados niños jugando con agua, el miedo de alguno de ellos a los simulacros de incendio, o el nivel de ruido en un día de lluvia son temas de los que pueden hablar en grupos pequeños. Las situaciones más importantes son las que ocurren con naturalidad durante un programa. Otra idea para el currículum es fabricar "cartas de situaciones" de éstos y otros incidentes comunes. Por ejemplo, el docente puede crear cartas ilustradas que establezcan situaciones como las que aparecen a continuación:

- Le dices a tus amigos que "dejen de hacerlo" cuando toman los juguetes que estabas usando, pero lo vuelven a hacer.
- Abres el paquete de tu almuerzo y tu mamá o tu papá ha puesto tu comida favorita.
- Bajas del tobogán y tu maestra dice "¡hurra para ti!"
- Le prometiste a tu amigo que jugarías con él en el recreo, pero luego, alguien que te gusta te pide que juegues con ella.

Entonces, el docente conduce el debate alrededor de las preguntas "¿cómo te sientes?, ¿qué puedes decir?, ¿qué puedes hacer?" Esta actividad puede simplificarse o elaborarse de acuerdo con los niños o el grupo que participe.

Las soluciones pueden surgir cuando el docente estimula la participación activa y comprometida. Los docentes exponen los problemas y piden a los niños que le respondan de diferentes maneras: "¿Qué sientes y qué sienten los demás cuando eso sucede?, ¿qué pueden hacer al respecto?, ¿cuáles son algunas de las alternativas? El problema debe ser real, y debe implicar algo importante para los niños. La ilustración 14.20 es un ejemplo de un currículum planificado en secuencias que estimula el desarrollo de las habilidades sociales en pequeños grupos.

Objetivo centrado en las habilidades

El desarrollo social para el niño preescolar incluye la toma de conciencia de la gran comunidad en la que vive. El currículum para la primera infancia contiene elementos de lo que en grados superiores a menudo se denomina estudios sociales. Las visitas de policías, de carteros, de bomberos, y de otras personas al servicio de la comunidad son comunes en muchos programas. Aprender de niños de otras culturas, investigar el vecindario por el centro, y hacer mapas son otras maneras en que los niños aprenden habilidades de estudios sociales.[1]

Dividir. Aprender a compartir implica utilizar o disfrutar de algo en común con otras personas. Aunque esta habilidad puede parecer simple para los adultos, no es algo que se aprenda de un día para el otro ni es fácil de orquestar en niños pequeños. Los niños pequeños comprenden el concepto de compartir de diferentes maneras a diferentes edades. Como docente, pregúntese qué significa para usted compartir. ¿Significa dar lo propio cuando otra persona lo quiere?, ¿participar por turnos?, ¿utilizar un cronómetro o el reloj?, ¿o dividir todo en partes iguales? Además, ¿significa no volver a tenerlo nunca, o perder el hilo del juego por el intruso? Es raro que los niños en edad de caminar y los de 2 años tiendan a compartir sus pertenencias. Para ellos tiene sentido tomar lo que quieren, y parece que compartir un juguete o un espacio es darlo para siempre. Los preescolares tienden más a compartir debido a las experiencias que han tenido de "devoluciones", y debido a los escándalos que han visto suceder cuando no lo hacían. Los niños en edad escolar comienzan a ser conscientes de que algunos niños sienten lo mismo que ellos y que otros pueden tener necesidades y deseos diferentes. Por lo tanto, con el tiempo, el compartir comienza a tener sentido. En el aula, los docentes pueden ayudar de las siguientes maneras:

- *Comprendiendo el desarrollo del niño* y que es normal no querer compartir y tener inconvenientes de hacerlo

LA DIVERSIDAD DE NUESTRO MUNDO LA DIVERSIDAD DE NUESTRO MUNDO LA DIVERSIDAD DE NUESTRO MUNDO LA DIVERSIDAD DE NUESTRO MUNDO LA DIVERSIDAD DE NUESTRO MUNDO

[1] Note que estos títulos no son específicos en cuanto al género. intente invitar a hombres y mujeres que realicen trabajos no tradicionales a visitarle y a hablar o a demostrar lo que hacen.

Ilustración 14.21 Es posible fomentar la habilidad social de la cooperación durante todo el currículum. (La manera de planificar una lección y de realizar una unidad se analizan en el capítulo 11.)

- *Explicando en términos sencillos qué quieren que el niño haga*
- *Asegurándose de que los niños "recuperen" lo que prestaron* para que la participación por turnos realmente funcione
- *Dando ejemplo al compartir* porque el "haz como yo hago" es más poderoso que el "hazlo porque yo lo digo"
- *Dejando que el niño experimente la sensación de propiedad*, también, porque ellos no pueden saber realmente qué significa compartir hasta saber qué significa poseer algo

Cooperación. Aprender a cooperar con los demás es una habilidad social primaria para la que los niños pequeños necesitan mucha práctica. Los niños en edad de caminar y los de dos años comienzan a ver las ventajas de la cooperación a medida que comienzan a ser conscientes de los sentimientos y deseos de los demás, y a medida que el docente les ayuda a obtener lo que desean mediante la participación por turnos, la división de los materiales, y la búsqueda de otro objeto cuando se lo solicitan. Desde los tres a los cinco años se tornan más cooperativos, ya que aprenden más habilidades de autoayuda (desarrollo motor) y pueden expresarse (desarrollo lingüístico), y porque pueden recordar las pautas y comprender las razones del comportamiento prosocial (desarrollo cognoscitivo). Los niños en edad escolar desarrollan un sentido emocional de competencia (véase la explicación sobre el trabajo de Erik Erikson en el capítulo 4). Lo hacen mediante la adquisición de conocimiento y habilidades reconocidas por nuestra cultura como importantes (por ejemplo, leer y escribir en escuela primaria) y luego utilizándolos con los compañeros.[1] Los niños pueden aprender y ensayar sus habilidades en muchas áreas del aula (ilustración 14.21).

En las de preescolar y escuela primaria, los docentes, con frecuencia, hacen que los niños participen del "*aprendizaje cooperativo*" como una estrategia que estimula el aprendizaje cognoscitivo mediante la interacción social. Hacer que los niños participen en actividades de aprendizaje dentro de grupos pequeños, el aprendizaje cooperativo promueve la interacción social y académica, aumenta el entusiasmo y la motivación, y premia la participación del grupo.

Las actividades estructuradas que promueven la cooperación (véase ilustración 14.21) ayudan a los niños a ser conscientes de los demás y a aprender a trabajar con ellos, así como a ver puntos de vista diferentes a los propios. A pesar de que la mayoría de los niños interactúan de manera espontánea en los momentos de juego libre (y, por lo tanto, aprenden habilidades sociales en el proceso), algunos necesitan la estructura de una actividad grupal más dirigida por el docente para estimular el desarrollo social. Además, las amistades de los niños pueden ampliarse por una afiliación guiada y determinada por un docente y un proyecto.

La implementación exitosa de las actividades de aprendizaje cooperativo, tanto en preescolares mayores como en niños de primeros grados de primaria, con frecuencia necesitan contar con un enfoque claro del proyecto o actividad (como tomar la merienda, escribir una carta, construir un modelo, o atrapar un hámster en libertad). El docente determina la medida del grupo y, con frecuencia, los miembros, y será también necesario que los niños sepan las expectativas del comportamiento grupal. Entonces, le docente controla la interacción, proporciona ayuda, calificación, o soluciones a problemas según sea necesario. La evaluación se basa en la observación, y se premia al grupo por el éxito obtenido.

Ser incluido. Los niños pequeños se involucran en muchas situaciones interpersonales, cuyo manejo se encuentran más allá de sus habilidades. Un niño demasiado agresivo, uno que se aparta o se mantiene alejado de las oportunidades sociales, alguien que siempre interrumpe o corta el juego, los niños que deliberadamente desplazan a otro, todos pueden terminar rechazados por sus compañeros. Estos niños socialmente difíciles o problemáticos necesitan una ayuda especial para aprender las estrategias de inclusión que *todos los* niños deben aprender. Desarrollar un currículum para la resolución de conflictos ayudará a todos los niños a aprender las habilidades de comunicación y de solución de problemas necesarias para ser incluido (Carlsson-Paige et al., 1992; Dodge, 1991; Gordon y Browne, 1996; Miller, 1998; Porro, 1996). Es posible ayudar a los niños que aprenden buenas habilidades de observación y de lenguaje corporal a participar con éxito de situaciones que requieres comportamientos prosociales. Además, los niños necesitarán que los guíen y que practiquen para decidir cómo incluir a aquellos cuya apariencia, intereses, edad, o comportamiento difiere del propio (Paley, 1992). En el capítulo 7 se incluyen sugerencias adicionales.

Ayuda. Un área del desarrollo social a la que no siempre se da importancia en una sociedad o aula individualistas es la de *ayudar a los demás*. En el pasado, se pensaba que el pensamiento egocéntrico de los niños les impedía desarrollar la empatía o ayudarse entre ellos de una manera genuina hasta después de la infancia. Sin embargo, los buenos programas de educación temprana enfatizan la cooperación (véase la sección anterior en este capítulo) y descubrieron que, con frecuencia, los niños ofrecen ayuda y cooperación a aque-

LA DIVERSIDAD DE NUESTRO MUNDO LA DIVERSIDAD DE NUESTRO MUNDO LA DIVERSIDAD DE NUESTRO MUNDO LA DIVERSIDAD DE NUESTRO MUNDO LA DIVERSIDAD DE NUESTRO

[1] Asegúrese de incluir las habilidades importantes para la cultura de cada niño y su familia.

Tema: Amistad

Los conceptos que aprenderán los niños	Actividad
Todos tienen un nombre y a todos les gusta que lo utilicen.	Canciones de amistad, utilizando los nombres de los niños.
Cada persona es especial y única.	Realizar una "Mascota amiga" con platos de papel, y asas para mover la boca. Los niños la decoran con retazos de fieltro e hilo para que parezca un amigo.
Los amigos son diferentes; no son todos iguales.	Los niños responden a: "Cuéntame sobre tu amiga Alicia. Ella . . ." (El niño describe a un amigo mientras el docente escribe sus palabras.)
Tener amigos es divertido.	Hacer un anillo de la amistad: cada niño imprime sus manos en el mural, en forma de círculo.
A los amigos les gusta hacer cosas juntos.	Ir a recolectar objetos con un amigo.
Los adultos pueden ser tus amigos.	El docente ayuda al niño a resolver conflictos o lo reconforta cuando se lastima.
Los animales y las mascotas pueden ser tus amigos.	Los niños tienen una oportunidad de llevar sus pequeñas mascotas a la escuela para compartirlas con el resto de la clase.
Tener un amigo es ser un amigo.	Los niños responden a: "Un amigo es alguien que . . ." (Describen sus impresiones mientras el docente escribe sus palabras)
A los amigos les gusta hacer cosas para el otro.	Los niños responden a: "Ser el amigo de alguien significa . . ." (El docente escribe lo que le dictan los niños)
Todos pueden tener un amigo.	El docente lee historias sobre la amistad. *Will I Have A Friend?* (Cohen), *Corduroy* (Freeman), *Play with Me* (Ets), *Little Bear's Friend* (Minarik), *A Letter to Amy* (Keats), *Hold My Hand* (Zolotow), *Jessica* (Henkes), *Harry & Willie & Carrothead* (Caseley).
Puedes demostrarle a alguien que quieres ser su amigo.	Escribir una carta a un amigo, invitar a un amigo a jugar.
Los amigos te ayudarán.	Formar un equipo de relevos y hacer una carrera.

Ilustración 14.22 Una unidad de amistad puede estimular a los niños a expresar emociones positivas, al mismo tiempo que utilizan sus habilidades cognoscitivas, lingüísticas, y de desarrollo motor para intensificar el desarrollo social.

llos que la necesitan de manera espontánea. El currículum puede desarrollarse desde el aula ("¿Qué podemos hacer cuando alguien está triste porque la mamá se va?") y desde el gran mundo ("Algunos niños se dieron cuenta de que hay mucha basura en el parque de al lado.") a fin de estimular las habilidades de ayuda de los niños.[1]

Uso de los temas

Un tema popular que lleva hacia el crecimiento social es el de la amistad. Posee una atracción especial durante febrero, cuando el significado de la amistad se amplía por la celebración del día de San Valentín. En otros momentos, las carreras de relevos y los juegos no competitivos (aquellos en que todos ganan) promueven el trabajo con un amigo a fin de lograr un objetivo. Los docentes que estimulan a los niños a ayudar a otro a leer, a atarse los zapatos, a servir leche, a ajustarse el delantal, o a limpiar la mesa están estimulando lo que la amistad puede ser en los primeros años. Es posible encontrar muchos libros y canciones que enfaticen la amistad. Además, los debates en grupo pueden ayudarles a definir el concepto de amigo.

Los niños pueden observar amistades que se mantienen a pesar de la edad del grupo, de la raza, el género, y la habilidad. La ilustración 14.22 muestra cómo puede desarrollarse una unidad de amistad en un entorno de niños desde los 3 años hasta el tercer grado.

LA DIVERSIDAD DE NUESTRO MUNDO LA DIVERSIDAD DE NUESTRO MUNDO LA DIVERSIDAD DE NUESTRO MUNDO LA DIVERSIDAD DE NUESTRO MUNDO LA DIVERSIDAD DE NUESTRO

[1] Sea consciente de que algunas culturas, dentro del aula, gozan de una orientación más cooperativa y pueden ofrecer ayuda al docente que trata de desarrollar la clase desde un punto individualista a uno más comunitario.

Tema: Familias

Paso 1: Establecer el conocimiento base
Gran sesión de generación de ideas grupal: ¿Qué es una familia?
¿Cómo se llaman (papá, mamá, hermano, nona, etc.)?
Listado individual: Tu familia y sus nombres
Una foto de tu familia
Debates en pequeños grupos: Palabras emotivas para las familias
Trabajos familiares en casa
Comedia en la que se representen los trabajos familiares
Pensar de a dos y compartir: Hacer un listado, y luego dibujar cómo se divierten los miembros de la familia
Hacer una listado, y luego dibujar los momentos difíciles dentro de una familia

Paso 2: Decidir el tema principal (por ejemplo, "Diversión familiar")

Paso 3: Revisar el conocimiento, realizar un plan
Grupo numeroso: Revisar cómo las familias se divierten
Compañeros: Cortar fotos de revistas en las que aparezcan familias divirtiéndose, hacer un collage para el panel del aula
Debates en pequeños grupos: Realizar un flujo de ideas y, luego, hacer un listado y priorizar una actividad familiar que la clase puede realizar como una "familia"
Grupo numeroso: Grupos pequeños presentan ideas, la clase vota (por ejemplo, un cámping)

Paso 4: Planificar
Realizar un listado de los elementos necesarios, votar sobre la ubicación de las áreas, repartir las tareas para la construcción y para realizar el mapa

Paso 5: Construir
Crear áreas en el aula (por ejemplo, un cámping, un bosque, un lago, un depósito, una emplazamiento para el guardabosques, una cueva, huellas, etc.)

Paso 6: ¡A jugar!

Paso 7: Revisión y Conclusión
Puesta en marcha: El docente observa y evalúa la participación individual
Al final: Debate en grupo sobre lo que salió bien y sobre lo que no funcionó; sugerencias para proyectos futuros y desarme de la construcción

Ilustración 14.23 Las actividades de aprendizaje cooperativo involucran a los niños socialmente en su propio aprendizaje académico. Un primer *tema primario* surgido de los niños y realizado por ellos aumenta tanto el aprendizaje como la participación. (Gracias a Amy Buras por la unidad de jardín de infancia.)

Los niños pueden generar otros temas. "Ser justo" es un tema que inició una niña de tercer grado al quejarse por la cantidad de pasas en su plato de cereales ("no eran suficientes", dijo). Los docentes que desean crear una conciencia más prosocial y global pueden generar temas sobre el servicio a la comunidad; por ejemplo los niños de segundo grado pueden realizar visitas mensuales a hogares de retiro cercanos para cantar y leer a los internados. Los niños de tercer grado pueden vender pasteles para comprar un trozo de selva tropical. La ilustración 14.23 muestra una unidad "Familiar" para el nivel de primaria temprana (K-1).

UNIDAD 14-2 Punto de control

Temprano en la vida, los niños comienzan a tomar conciencia de la naturaleza social que poseen. El proceso de socialización comienza con la guía de los padres y de los miembros de la familia. Al ingresar, los niños ,a un entorno de grupo, se ven expuestos al comportamiento, a las normas sociales, y a las actitudes que estimulan el desarrollo social. Gran parte del repertorio social de un niño, se aprende jugando con otros.

Durante estos años, aprenden muchas habilidades sociales. Aprenden a disfrutar de otros adultos además de los padres y a confiar en ellos. En sus relaciones con los demás, adquieren maneras de cooperar, disentir, compartir, comunicarse, y de afirmarse a sí mismos de manera eficaz.

Los niños, además, aprenden cómo ser un miembro de un grupo, a formar parte de las actividades grupales, a adaptarse a las expectativas de la escuela, y a respetar los derechos y los sentimientos de los demás. Los niños pequeños también aprenden a expresar sus sentimientos de maneras adecuadas y a comenzar a desarrollar las tareas de cuidado de sí mismos.

Los docentes planifican y establecen el medio para la primera infancia de manera que promueva el crecimiento y la interacción sociales. Los adultos ayudan a los niños a comprender las acciones y las motivaciones de cada uno, interpretándoles el comportamiento a medida que juegan.

El currículum destinado a desarrollar las habilidades sociales de los niños pequeños pueden surgir de manera espontánea o planificada. En los entornos de primera infancia se pone mucho énfasis en las interacciones sociales durante todo el día. En otros momentos, el crecimiento social se estimula mediante debates en grupo, la conciencia de la comunidad y la sociedad en general, y enfatizando las habilidades sociales específicas.

Ilustración 14.24 La creatividad es la habilidad de ser original e imaginativo: es ir más allá del lugar común. (Cortesía de la ciudad de Reggio Emilia, Italia.)

- ¿Cómo se estimulan las habilidades sociales en el currículum?

Pregúntense:

- ¿Cuáles son las expectativas para los lactantes y para los niños en edad de caminar?, ¿y para los preescolares?, ¿y para los niños en edad escolar?
- ¿Por qué es importante la experiencia de un grupo de compañeros?
- ¿Qué habilidades sociales desarrollan, los niños, con los adultos?, ¿y con otros niños?, ¿dentro de un grupo?, ¿y como individuos?
- ¿Cómo ayudan los docentes a que los niños desarrollen las habilidades sociales?

UNIDAD 14-3 Crecimiento Creativo

EL DESARROLLO DE LA CREATIVIDAD

La creatividad es la habilidad de tener ideas nuevas, de ser original e imaginativo, y de hacer adaptaciones nuevas a ideas viejas. Los inventores, los compositores, y los diseñadores son personas creativas, como lo son aquellos que pintan y bailan, que escriben discursos, o que crean un currículum para niños.[1]

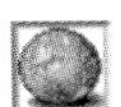

LA DIVERSIDAD DE NUESTRO MUNDO LA DIVERSIDAD DE NUESTRO MUNDO LA DIVERSIDAD DE NUESTRO MUNDO LA DIVERSIDAD DE NUESTRO MUNDO LA DIVERSIDAD DE NUESTRO

1 Presente a los niños diferentes adultos creativos, hombres y mujeres de distintos ámbitos culturales. Cuando nos preocupamos demasiado por que los niños "encajen", perdemos de vista el hecho de que aceptar y desarrollar las diferencias que existen entre ellos aumenta la creatividad.

Pensar de manera diferente y cambiar una manera de aprender o de ver algo constituyen todos actos creativos (Adams, 1987). Cuanto más comprendan, los docentes, que forman parte de un acto creativo, más sensibles se volverán a ayudar a los niños pequeños a desarrollarse creativamente.

Las raíces de la creatividad se encuentran en la infancia, ya que constituye el proceso creativo único de cada individuo para explorar y comprender el mundo, para encontrar las respuestas a las grandes preguntas como "¿Quién soy yo?, ¿qué soy, dónde estoy, adónde voy?" La creatividad de los lactantes se refleja en sus esfuerzos por moverse, alimentarse, y vestirse solos. Los niños en edad de caminar comienzan a hacer garabatos, a construir, y a moverse por la pura sensación física del movimiento. Los preescolares más pequeños crean a medida que intentan adquirir más control, por ejemplo, garabatean con un objetivo o se menean y saltan con la música. Los preescolares mayores disfrutan de sus habilidades en desarrollo. Sus dibujos toman algunas formas básicas, y respetan los movimientos deliberadamente cuando bailan. A medida que crecen, entre los 5 y los 8 años, se comienzan a comunicar con el mundo mediante la creación artística y expresiva. Estos niños pequeños poseen un control motor y una coordinación entre las manos y la visión más avanzados. Sus dibujos son representacionales y pictóricos, el baile puede incluir movimientos más refinados y pasos de baile estructurados. El juego de representación es más cohesivo; las historias que inventan poseen imaginación y forma.

La creatividad es un proceso; como tal, es difícil de definir. A medida que uno comienza a desarrollar una actividad creativa, el proceso y el producto se unen.

> . . . Probablemente sea mejor pensar que la creatividad es un proceso continuo para el cual la mejor preparación es la creatividad misma... existe placer real en el descubrimiento, lo que no sólo constituye el propio premio, sino que proporciona la necesidad de continuar explorando y descubriendo (Lowenfeld y Brittain, 1975).

El niño pequeño está abierto a la experiencia, explora materiales con curiosidad e impaciencia. Para ellos, desarrollar los sentidos forma parte de la adquisición de las habilidades creativas. Además, los niños son rápidos para preguntar, para considerar, y para ver cosas que no encajan demasiado. Estos son rasgos de los niños creativos.

CAPACIDADES CREATIVAS DURANTE LA PRIMERA INFANCIA

Existen características comunes a las personas creativas. Para el docente interesado en estimular el crecimiento creativo de los niños, estas son las habilidades que deben ayudar a aprender.

Flexibilidad y fluidez.

La **flexibilidad** y la **fluidez** son habilidades duales que permiten las respuestas creativas. La flexibilidad es la habilidad de cambiar de una idea a la otra; la fluidez es la habilidad de producir muchas ideas. "¿De cuántas maneras puedes ir desde un lado de la habitación hasta el otro?" es una pregunta que, probablemente, produciría muchas ideas diferentes, un ejemplo de fluidez. Los niños que deben pensar de otra manera para compartir los camiones cuando no pueden participar por turnos aprenden la flexibilidad.[1]

Sensibilidad

Ser creativo implica un alto grado de sensibilidad hacia uno mismo y hacia las imágenes mentales propias. Las personas creativas, desde muy temprana edad, parecen ser conscientes del mundo que les rodea; del olor, la textura, y el gusto de las cosas. Son sensibles a los modos, a las texturas, y a la manera de sentirse hacia algo o alguien. Las personas creativas se percatan de los detalles; la forma en que una piña está adherida a la rama es un detalle que no pasarán por alto.

LA DIVERSIDAD DE NUESTRO MUNDO LA DIVERSIDAD DE NUESTRO MUNDO LA DIVERSIDAD DE NUESTRO MUNDO LA DIVERSIDAD DE NUESTRO MUNDO LA DIVERSIDAD DE NUESTRO

[1] Las personas creativas se resisten a ser encasilladas en categorías, debido a que la especial habilidad de resolver problemas de maneras nuevas no se mide por tests de inteligencia ni por estereotipos culturales, de género, o de habilidad.

Ilustración 14.25 La sensibilidad hacia las propias imágenes mentales, tales como la percepción de la dirección y el movimiento, forman parte de la creatividad de los niños pequeños. Un niño de cinco años y medio dibujó cómo se vería una ratita por debajo luego de levantarla y mirarla correr en la rueda de ejercicios.

Un aspecto especial de esta habilidad es la sensibilidad a la belleza. También denominada **estética** esta sensibilidad hacia lo hermoso se ve estimulada en algunos programas (como el de Reggio Emilia) y en algunas culturas (como la *tokonoma*, o la alcoba dedicada a la exhibición, en hogares japoneses).[1] Cada vez se cuenta con más evidencia (Cohen, 1994; Spodek et al., 1996) de que los niños cuentan con una conciencia y un sentido del valor del medio natural en el que viven y de lo estéticamente agradable.

Los niños creativos disfrutan y sienten satisfacción al hacer que las imágenes cobren vida. La respuesta creativa que producen se manifiesta en la manera en que pintan un cuadro, en que bailan con serpentinas, o en que encuentran una solución a un problema. La ilustración 14.25 muestra como la sensibilidad de un niño de 5 años y medio hacia la perspectiva y los detalles emergen mediante un dibujo.

Uso de la imaginación

La imaginación constituye una parte natural del proceso creativo. Los niños la utilizan para desarrollar la creatividad de diferentes maneras.

Juegos de rol. Al asumir el papel de otra persona, los niños combinan sus conocimientos del mundo real con las imágenes internas que poseen. El niño se transforma en un personaje nuevo, y ese papel cobra vida.

Realización de imágenes. Cuando los niños crean un arcoiris con una manguera o con pinturas, están agregando algo propio a la comprensión que tienen de la imagen visual. Al bailar, los niños utilizan la imaginación ya que fingen ser objetos o sentimientos, imágenes dadas a la vida.

Construcción. En las actividades de construcción, los niños parecen estar recreando las imágenes que tienen de los edificios altos, garajes, o granjas. Durante el proceso, sin embargo, no intentan que el producto final sea una copia del edificio. La imaginación que poseen les permite experimentar con la medida, la forma, y las relaciones.

Deseo de arriesgarse

Las personas deseosas de romper el esquema mental corriente y extender los límites de la definición y el uso de los objetos, los materiales, y las ideas comunes son creativas. Se arriesgan. Para la creatividad, es indispensable ser abierto a pensar de manera diferente o de mirar las cosas desde otra perspectiva.

La autoestima es un factor que interviene aquí ya que las personas atadas a lo que los demás piensan de ellos son más propensos a conformarse que a seguir

LA DIVERSIDAD DE NUESTRO MUNDO LA DIVERSIDAD DE NUESTRO MUNDO LA DIVERSIDAD DE NUESTRO MUNDO LA DIVERSIDAD DE NUESTRO MUNDO LA DIVERSIDAD DE NUESTRO

[1] Los docentes pueden preguntar a las familias de los niños sobre los lugares, objetos, y rituales especiales que celebran la belleza para ayudarlos a adquirir un interés estético por el entorno.

sus propios impulsos intuitivos y creativos. Por lo general, a las personas no les gusta cometer errores o quedar en ridículo; por lo tanto, evitan correr riesgos.

Un docente preocupado por el crecimiento creativo de los niños se da cuenta que éste se manifestará si se lo permite y lo estimula. Cuando un niño se relaja y no tiene la ansiedad de sentirse juzgado por los demás, será más probable que exprese su creatividad. Con apoyo, los niños pueden estimularse a correr riesgos.

Uso de uno mismo como recurso

Las personas creativas que son conscientes de sí mismas y que confían en sus habilidades se acercan a sus propias percepciones, dudas, y sentimientos. Saben que son su propia y más rica fuente de inspiración. Aquellos que sobresalen en su productividad creativa sienten un gran respeto por sí mismos y se utilizan como un recurso.

Experiencia

Los niños necesitan experiencia para adquirir las habilidades de utilizar los materiales de manera creativa. Deben aprender cómo sostener un pincel antes de pintar un cuadro; una vez que saben cómo pintar pueden ser creativos en lo que hagan. Los docentes de niños pequeños, a veces pasan por alto el hecho de que ellos necesitan dominar las herramientas para ser creativos con ellas. Una pequeña demostración sensible e individual del uso correcto de un pincel para acuarelas, del papel de lija, o del rodillo con tinta puede expandir la habilidad de un niño para crear y eliminar, asimismo, la frustración y la desilusión innecesarias. Los docentes de Reggio Emilia, por ejemplo, demuestran cómo se utilizan estas herramientas para que los niños puedan producir creaciones excelentes, ilustración 14.26. Las anécdotas de gente que ha hecho grandes logros mediante esfuerzos creativos (pianistas, matemáticos, nadadores olímpicos) resaltan el valor que tiene la instrucción sistemática a largo plazo de una especie de aprendizaje con docentes inspirados y con padres comprometidos a ayudar (Bloom y Sosniak, 1992). Como los docentes, podemos ver como la teoría de Vygotsky se aplica a las artes y puede proporcionar la paleta inicial para las actividades creativas para que los niños puedan interesarse y adquirir experiencia. Cuando domina la habilidad del medio, el niño está preparado para crear.

Ilustración 14.26 Cuando se les da, a los niños, la oportunidad de crear, junto con el permiso de usar muchos materiales, los resultados son creativos. (Cortesía de la ciudad de Reggio Emilia, Italia.)

EL PAPEL DEL DOCENTE

Consideraciones

El currículum de la primera infancia ofrece muchos caminos ricos para la expresión de uno mismo y la creatividad. Detrás del arte y de la música, está la habilidad de pensar y de preguntar, de encontrar más de una respuesta para un problema. Los bloques, los equipos trepar, y las relaciones sociales ofrecen oportunidades para correr riesgos. Los niños se utilizan a sí mismos como recursos cuando juegan al aire libre, cuando experimentan con proyectos de ciencia, y cuando participan en juegos de representación. Tamara demuestra poseer muchos rasgos creativos cuando intenta ingresar al juego de otros dos niños. Primero, pregunta si puede jugar, y cuando se encuentra con la negativa, demanda ser una de las mamás. Finalmente, ofrece su muñeca como apoyo y la aceptan dentro del grupo. Sólo supero su insistencia, su facultad creativa para resolver un problema.

Una consideración principal al desarrollar la creatividad es *proporcionar "un continua disponibilidad, abundancia, y variedad "* (Gandini, 1996) *de materiales*, como se hace en Reggio Emilia, Italia (Gandini et al., 1992). Luego, *las oportunidades creativas regulares* proporcionan a los niños la experiencia y la habilidad necesarias para la creatividad. Los niños necesitan situaciones frecuentes de este tipo para, así, funcionar de manera altamente creativa. Cuando tienen una oportunidad de crear, sus habilidades de percepción del mundo crecen.

Una de las consideraciones más importantes que debe hacer el docente para apoyar el crecimiento creativo es *estimular el* **pensamiento divergente**. Divergir significa tomar una línea de pensamiento o una acción diferente, desviada de la normal. Encontrar ideas que se entrelazan en lugar de converger y centrarse en una respuesta, constituye el pensamiento divergente. Estudios recientes han señalado que la creatividad y la facultad de resolver problemas pueden provenir de fuentes similares (Hitz, 1987). La solución de problemas en la vida real requiere un pensamiento creativo, así como el desarrollo de la lógica y del concepto. Las artes creativas son importantes sólo porque tienden a enfatizar esta clase de pensamiento. Donde no haya respuestas del tipo "bien" o "mal", sin duda existirán muchas soluciones para problemas. La sección dedicada al currículum de este capítulo contiene preguntas de creatividad como ejemplos de pensamiento divergente.

Los niños y los docentes pueden *tratar temas y buscar soluciones* a problemas cuando se estimula el pensamiento divergente. En un centro de cuidado infantil, por ejemplo, los niños estaban peleando por el uso de dos columpios. Sus respuestas indicaban el deseo que tenían de tomar un línea de pensamiento diferente:

Docente: ¿Cómo piensas que podemos compartir los columpios?

David: El niño que me ceda un turno puede ir a mi fiesta de cumpleaños.

Sabrina: No.Tendremos que hacer una lista de espera.

Tania: Sólo las niñas podemos usar los columpios. Los niños pueden quedarse con todos los autos.

Federico: Compra un juego de columpios nuevo.

Los docentes que *conversan con los niños pequeños respecto de lo que ellos producen*, sea una obra de arte, una secuencia de representación, ayudan a desarrollar la creatividad considerablemente. Schirrmacher (1986) ofrece algunas sugerencias sobre cómo hablar a los niños del arte; las pistas que aparecen a continuación podrían aplicarse a todos los esfuerzos creativos. En lugar de acercarse al trabajo de los niños con cumplidos, juicios, o incluso preguntas:

- Permítales emprender sus descubrimientos artísticos solos, no les corrija ni se proyecte en las obras que ellos hagan.
- No busque, en el arte de los niños, una representación, sino que concéntrese en las cualidades abstractas y de diseño.
- Utilice el diálogo meditado.
- Sonría, haga una pausa, y no diga nada al principio.

Los docentes *les permiten tomar el mando* de sus propios trabajos creativos desde el principio hasta el final. Los adultos no necesitan asumir la responsabilidad en ningún punto, en particular al final con preguntas (¿"qué es eso?") o cumplidos ("¡me gusta!"). Si pareciera que un niño quisiera más respuesta, comente algo sobre el color ("¡cuánto azul que usaste!"), la textura ("veo líneas onduladas sobre todo un lado"), o sobre los esfuerzos del niño ("la verdad que trabajaste mucho en este cuadro, ¿no?"). Luego refleje las ideas que tengan los niños:

Niño: ¡El monstruo te atrapará y luego te comerá!

Docente: Hiciste un monstruo con los trozos de madera.

Niño: Sí, y es para mi papá.

Docente: Pongámoslo sobre el mostrador para que esté seco cuando se lo des.

Integrar la creatividad con el aprendizaje en el aula tiene una especial importancia. Los teóricos de la primera infancia, desde Dewey y Piaget hasta Montessori y Malaguzzi (véase capítulo 1) han defendido el aprendizaje multisensorial mediante la experimentación y el descubrimiento. Existen varios ejemplos. Los niños en edad de caminar y los de dos años pueden conocer mejor los colores mediante dicho enfoque (Stone, 1997); es posible que los preescolares comiencen a utilizar la arcilla mediante preguntas cuidadosas y experiencias de juego guiadas (Topal, 1996); y se puede enseñar a los niños de escuela primaria lo relativo a los volcanes y que demuestren lo aprendido mediante dibujos o esculturas con papel y alambre (Forman, 1996).

Tanto el control del tiempo como las actitudes del docente también son importantes para estimular el desarrollo creativo de niños pequeños. Los años de primera infancia constituyen, probablemente, el momento más importante para incentivar el pensamiento creativo. En realidad, se descubrió que los niños de jardín de infancia proporcionan mayor cantidad de respuestas originales hacia actividades creativas que los de segundo grado (Moran et al., 1983). "Es en ese momento que las actitudes iniciales se establecen . . y la escuela puede ser un lugar divertido donde la contribución del individuo sea bienvenida y donde se busquen los cambios y se realicen (Lowenfeld y Brittain, 1975).

Los niños necesitan mucho tiempo y un ambiente tranquilo para ser creativos. Es necesario estimularlos y respetarlos para que se produzcan el proceso y los productos de la naturaleza creativa que poseen. La actitud del docente les dice que lo que hacen es importante y que cómo lo hagan marca la diferencia. En lugar de esperar un respuesta correcta predeterminada, el docente estimula la creatividad valorando las respuestas que le dan los niños incluso cuando parecen poco usuales o ilógicas.

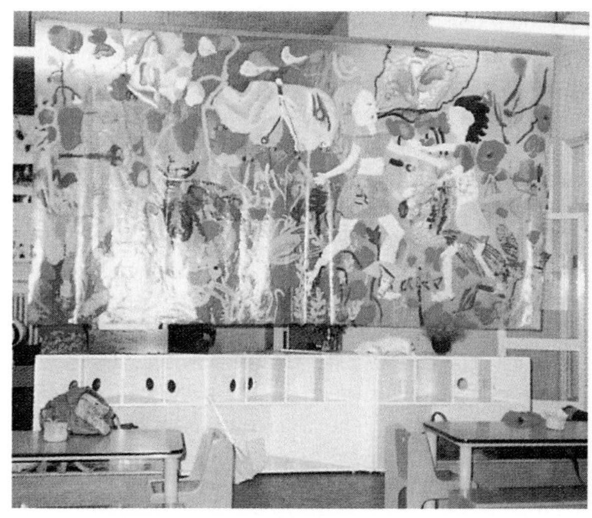

Ilustración 14.27 Cuando se les proporciona, a los niños, los materiales y el tiempo necesarios, ¡utilizarán sus propias ideas para crear obras de arte! (Cortesía de la ciudad de Reggio Emilia, Italia.)

Planificación de un currículum para el crecimiento creativo

En el entorno

Los docentes establecen un entorno que promueve la expresión creativa, eligen las actividades y los materiales que pueden utilizarse de muchas maneras. Estos *materiales con final abierto* proporcionan un desafío constante ya que los niños los utilizan muchas veces de maneras nuevas y diferentes. La arcilla, la plastilina, las pinturas, los crayones y los lápices, los bloques, el agua, la arena y otros materiales sensoriales, así como el equipo que puede trasladarse al aire libre son materiales de este estilo que estimulan la creatividad. En particular, en el área del arte creativo, es importante *evitar* los proyectos disfrazados de actividades creativas, como las hojas copiadas, fotocopiadas, o mimeografiadas, las actividades de cortar y pegar, dibujar formas, colorear páginas de libros, o unir puntos (Schirrmacher, 1993), y cualquier "proyecto" basado en un modelo que los niños deben copiar o imitar. Los niños se sienten motivados a intentar nuevas maneras de utilizar los materiales cuando el proyecto es flexible y les ofrece un desafío.

En el interior. Toda aula posee el potencial para una actividad creativa.

- *Las artes*: La base del proceso creativo la constituyen una amplia gama de materiales y oportunidades de elegir cómo utilizarlos. Una mesa abierta con un estante de materiales simples y comunes que pueden combinarse de diferentes maneras llevarán hacia la invención. A los niños de dos años les gustan los crayones, la goma de pegar, y los trozos de papel de colores; a aquellos que cuentan con 3 a 5 años, les gustarán que se agregue marcadores, hilos, punzones y tijeras, y cinta adhesiva. Los niños mayores pueden manejar abrochadoras, reglas, y transportadores. Mucho papel, tal como el reciclado de las impresiones de computadora, y cartón completan el conjunto de materiales con final abierto y de autoayuda en un estante de arte. También se pueden ofrecer actividades artísticas más estructuradas, en especial al niño preescolar, siempre que el objetivo sea al proceso del niño y no un producto o modelo final. A medida que se acercan a la escuela primaria, los niños se comienzan a interesar más en cómo se ven sus creaciones y, entonces, están preparados para recibir ayuda y consejos prácticos. *La pregunta sobre la creatividad: "¿De qué otras maneras piensas que puedes usar la pintura?"*

- *Bloques/Manipulativos.* Los niños utilizan la imaginación cuando los bloques se transforman en castillos, túneles, corrales, y pantanos. Estas áreas estimulan la creatividad cuando los niños tienen los materiales de una clase suficientes como para hacer algo "de verdad"; un bloque largo no alcanza para una calle. Además, las creaciones cuentan con un sentido de permanencia cuando se las toma en cuenta y se las guarda. Dibujar o fotografíar una estructura con bloques, agregarles los signos (inclusive un dictado de palabras) del día, incluso restablecer la limpieza periódicamente, demuestran el valor que estas creaciones tienen. *La pregunta sobre la creatividad: "¿Cómo puedes hacer un bosque con los bloques?, ¿y una escalera?, ¿qué puedes hacer con broches?"*
- *Descubrimientos/Ciencia.* Al construir tableros geográficos o realizar arte cubista se combina la matemática con el arte. Las actividades artísticas pueden conducirles a descubrir principios científicos, como la mezcla de colores, la disolución de pintura en polvo en agua, y la disponibilidad de agua cuando se trabaja con arcilla. Los materiales naturales pueden usarse para calcar, y para hacer móviles, e impresiones. La recolección de materiales durante un "paseo" hace que los collages sean interesantes e informativos. *La pregunta sobre la creatividad: ¿Qué crees que sucederá? Ahora, ¿puedes decir por qué sucedió de esa manera?*
- *Juego de representación.* Las artes dramáticas ofrecen oportunidades para que los niños se expresen. Cada "unidad" del sector de representación hace aflorar las interpretaciones propias de los niños del mundo en el que viven, sea esta una casa, una zapatería, el mercado de un granjero, o un campo abierto, la cueva de un dinosaurio, o un transbordador espacial. Además, para realizar una historia conocida, como *Goldilocks and the Three Bears*, los niños pueden fabricar trajes, accesorios, un escenario, y el acompañamiento musical. *La pregunta sobre la creatividad: ¿Qué puedes usar para representar mejor al abuelo?, ¿cómo puede usarse esta bufanda en tu casa?*
- *Lenguaje/Biblioteca:* Además de contar con diferentes libros y las experiencias literarias de los niños (véase capítulo 13), el rincón del libro puede ser un espacio para que los docentes formulen preguntas con final abierto para que los niños se diviertan y mediten. "¿Qué pasaría si tuvieras un hermano mellizo?, ¿qué tendrías puesto o qué comerías?, ¿dónde vivirías?" constituye una creación social; " Si fuera sombrero, yo. . ." es una creación física; de cuántas maneras podemos hacer triángulos con estos materiales en la mesa" estimula al niño a la creatividad cognoscitiva. Las respuestas creativas para el desarrollo del lenguaje pueden utilizar argumentos conocidos: por ejemplo, el libro *Did You Ever See?* (Einsel) o la canción "Down by the Bay" pueden utilizarse para pedirles que hagan una rima para "Did you ever see a whale . . . ("flipping its tail!") *La pregunta sobre la creatividad: ¿Qué piensas que pasará luego, en la historia?*

En el exterior. La creatividad también se manifiesta fuera del aula. Los bloques grandes y huecos pueden transformarse en una escalera, y las camionetas y carros pueden ser autobombas, autobuses, carruajes para muñecas, furgonetas, o camiones. Bailar con cintas, hacer un estandarte para un desfile, reacondicionar los equipos para organizar una pista de obstáculos o para derribar objetos son todas actividades que combinan las habilidades motoras con la música para lograr un crecimiento creativo. El uso de estas actividades está limitado sólo por la creatividad de los niños. Los lugares donde haya arena, agua, y barro proporcionan oportunidades de cavar, recoger, manipular, y ejercer control de diferentes maneras. *Preguntas sobre la creatividad: ¿Cuántas partes del cuerpo puedes usar para lanzar la pelota a tu amigo?, ¿cuántas maneras de cruzar el trepador puedes pensar? Me pregunto cómo pudiste poner la arena mojada en el cubo. ¿Qué va a ser tu triciclo hoy?*

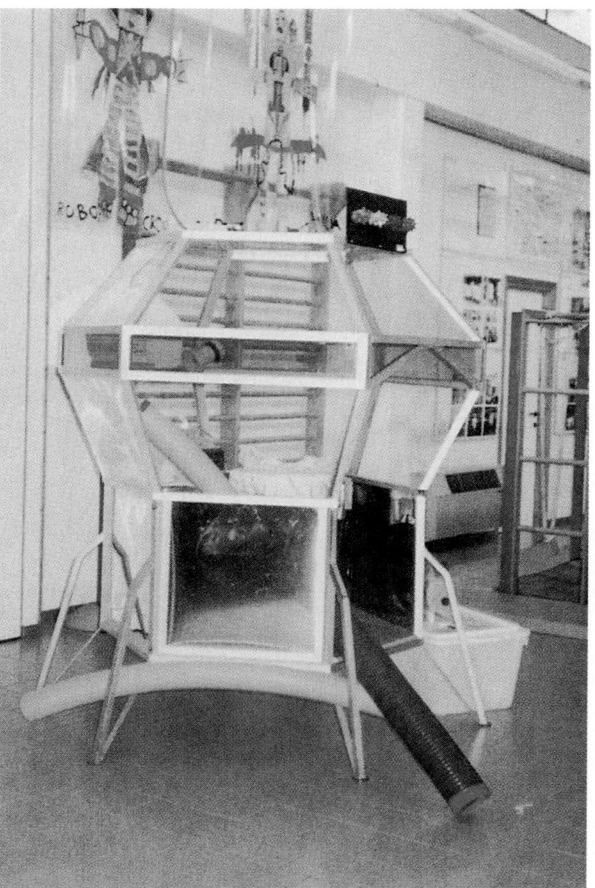

Ilustración 14.28 Cuando una comunidad valora la creatividad, eleva el desarrollo de la habilidad creativa como una prioridad en la escuela primaria. (Cortesía de la ciudad de Reggio Emilia, Italia.)

TEMA: COSAS VERDES QUE CRECEN

ACTIVIDADES EN EL EXTERIOR

1. Haga un jardín en una esquina del patio, en un barril viejo, o una caja plana sobre la mesa. Los niños aprenden mediante la experimentación por qué algunas cosas crecen y otras no. Haga un espacio para una pila de abono.
2. Agregue carretillas a los juguetes de transporte.
3. Realice un paseo de campo a una granja, en lo posible, en el momento de la plantación.
4. Agregue herramientas de jardinería al arenero. Con una supervisión adecuada, los niños pueden ver como se utilizan los transplantadores, las pinzas, los rastrillos y las palas para crear formas nuevas en la arena y en el barro.
5. Planifique juegos grupales que enfaticen las cosas verdes que crecen. Los niños mayores pueden correr carreras de carretillas, utilizando a un niño como carretilla y a otro como conductor.
6. Juegue a los "vegetales musicales" con cartas grandes o dibujos con tiza. Baile con calabazas, instrumentos de coco o varas rítmicas de caña de azúcar.

ACTIVIDADES EN EL INTERIOR

1. Calcos de hojas, manzanas, impresiones con cebollas, zanahorias, patatas, limones, naranjas, y apio, y pinturas con ramas de pino son maneras en que los niños pueden crear arte con cosas verdes que crecen, hacer muñecos con cáscara de maíz y puercoespines con semillas de palta.
2. Los accesorios para los libros pueden incluir formas azules de fieltro para los lagos, heno para corrales y graneros.
3. Para el área de manipulación, junte una foto de plantas conocidas con un ejemplo de la planta. Agregue bandejas de clasificación con diferentes clases de semillas para contar, sentir, mezclar y agrupar. Agrupe fotos de huevos, panceta, leche, y queso con los animales que los producen.
4. Para el área de ciencia, plante brotes de alfalfa y judías. Permita a los niños mezclarlas y alimentar, con ellas, a las mascotas del aula. A medida que los brotes crecen, los niños pueden registrar dicho crecimiento. Esta actividad puede conducir al registro de su propio desarrollo, comparándolo con el que poseían de lactantes.
5. El centro de juego de representación puede transformarse en una verdulería, a fin de enfatizar la comida que ingerimos, la manera en que nos ayuda y la razón por la cual es importante una buena nutrición. Otras unidades de juegos teatrales pueden ser una florería o una floristería, en la que haya guantes de jardinero, paquetes de semillas, botes con turba, y sombreros para el sol.
6. El área lingüística se puede abastecer con libros sobre como crecen las plantas, los animales pequeños y los niños. En grupos pequeños, los niños pueden responder a "Cuando planto una semilla..." o "Cuando era bebé ... Ahora ..." para estimular la expresión creativa.
7. Las canciones y los juegos de mímica manual pueden ayudarlos a concentrarse en las cosas verdes que crecen, en el crecimiento de los niños y en los animales. Un docente puede representar "The Green Grass Grows All Around" para que los niños tengan pautas visuales para cada verso sucesivo.
   Un juego de mímica manual favorito, "Way Up in the Apple Tree," puede adaptarse a varias frutas y vegetales.

Ilustración 14.29 Creatividad en el aula. La creatividad y la solución de un problema pueden surgir de la misma fuente. Las experiencias de la vida real, tales como el planear y construir un jardín, aumentan para proporcionar un pensamiento creativo y lógico en el aula.

Rutinas, transiciones, y grupos

Los docentes pueden aplicar su propia creatividad a muchas situaciones de rutina. Los niños que buscan un gatito perdido organizan una "cacería". Si fingen ser aspiradoras, dúmpers, o robots, recogen los bloques más rápido. Saludar puede ser un ejercicio de creatividad; el niño puede decir "Hasta luego, cocodrilo", y los adultos (padres y docente) inventar una respuesta tonta. Otro día, pueden invertirse los papeles. *La pregunta sobre la creatividad para la transición de despedida: ¿Cómo puedes usar un pie y una mano para ir a tus grupos de merienda?*

La música constituye una salida especial para las expresiones creativas de los niños en los grupos. La música es un lenguaje universal que desarrolla todos los aspectos del desarrollo afectivo. Permite la expresión de las emociones y la oportunidad de asumir papeles, así como la de crear, con movimientos, un momento placentero. Existe una especie de secuencia de desarrollo en la expresión creativa de la música.[1] El niño muy pequeño es receptivo a la música, y responde escuchando, cantando, y produciendo ruidos cuando aparecen los instrumentos. Los preescolares se mueven con la música rítmica, y, con frecuencia cantan espontáneamente mientras juegan y responden a las canciones repetidas o a las frases que se repiten en ellas. El interés que demuestran en los instrumentos musicales es superior a sus habilidades, y, muchas veces, es necesario que se les muestren y que se les enseñe a utilizarlos correctamente. Los preescolares mayores y los niños en edad escolar son más acertados al seguir el tono y el ritmo del grupo o de la música ejecutada.

La música puede filtrarse en los programas de primera infancia. Puede establecer el tono a la hora de la merienda, señalar que se está llevando a cabo una tarea de limpieza, unir a los niños en grupo, y ofrecer experiencias culturales significativas y placenteras.[2] Por ejemplo, el Año Nuevo es, con frecuencia, un momento con mucho bullicio; se puede celebrar haciendo cascabeles para los tobillos y bailando una danza de Sri Lanka o una conga de los indios del oeste. En las escuelas de Waldorf, la música es muy importante. Todos los días los niños realizan ejercicios de euritmia (desarrollados por Steiner, véase capítulo 1). Enseñados por un especialista, es una especie de forma creativa que traduce la música y las palabras en movimiento.

Ya sea dentro del aula o fuera de ella, en momentos estructurados o no, los niños necesitan el tiempo y la atmósfera de confianza que los estimula a crear. La ilustración 14.28 muestra algunas maneras en que el *arte* puede constituir el medio principal de aprendizaje, como en los preescolares de la comunidad de Reggio Emilia. Independientemente de los materiales, los ámbitos y los docentes estimulan a los niños a la creatividad.

Objetivo centrado en las habilidades

La amplia gama de habilidades necesarias para el desarrollo creativo pueden estimularse mediante todo el programa de primera infancia. El pensador creativo es aquel que encuentra muchas maneras de resolver un problema, de enfocar una situación, de usar los materiales, y de interactuar con los demás. El papel del docente es el de apoyar el uso imaginativo de los equipos y de utilizar un enfoque multisensorial para profundizar el aprendizaje.

Para estimular el pensamiento creativo, los docente también toman en cuenta las maneras en que docentes formulan preguntas a los niños. ¿Cómo pueden proponerles que vean lo inusual y piensen sobre lo excepcional?, ¿cómo estimular el pensamiento divergente?, ¿cómo estimular, en los niños, el uso de las habilidades cognoscitivas y lingüísticas de maneras creativas? Las *preguntas sobre la creatividad* de la sección anterior exponen algunas de las maneras en que los docentes se concentran en las habilidades creativas de los niños mediante el uso de preguntas.

Uso de los temas

Cuando los docentes planifican un currículum alrededor de un tema, tienen en cuenta qué habilidades

LA DIVERSIDAD DE NUESTRO MUNDO LA DIVERSIDAD DE NUESTRO MUNDO LA DIVERSIDAD DE NUESTRO MUNDO LA DIVERSIDAD DE NUESTRO MUNDO LA DIVERSIDAD DE NUESTRO

1 Compartir la música y las danzas familiares constituye una manera ideal de incorporar las culturas individuales de los niños al aula. Traduzca una canción simple a otro lenguaje; enséñela a los niños trabajando en la lengua de origen de la mayoría, y luego vuelva a enseñarla. Las palabras y las frases que se vuelven familiares por la melodía se recuerdan y valoran.

2 La música y letra improvisadas pueden mantener un juego de representación social entre los niños con retrasos en el desarrollo y con sus pares sin retrasos (Gunsberg, 1991).

creativas pueden desarrollarse. La ilustración 14.29 muestra como el tema de "Cosas verdes que crecen" puede hacer aflorar la naturaleza creativa del niño. Además, este tema toca los aspectos de la responsabilidad social (estudiado en la sección anterior) ya que promueve la responsabilidad ecológica mediante las artes y la alimentación de una ética ambiental y social (Hoot y Foster, 1993; Peters, 1994). Los niños pueden comenzar a respetar la vida desde pequeños con un currículum que estimule el respeto hacia uno mismo, la cooperación con los demás, y una responsibilidad frente a todas las cosas vivientes (Karmozyn et al., 1993).

Nota final. El desarrollo espiritual del niño concuerda con nuestra analogía de "corazón y alma" y se considera parte del desarrollo afectivo (véase capítulo 4). Sin estar limitada al aspecto religioso, esta área reconoce que los niños pequeños exploran los conceptos de lo divino y del significado de la vida. Al tratar este tema, no intentamos dar la impresión de que los docentes de niños pequeños deben creer o enseñar preceptos religiosos. Sin embargo, al incluir este aspecto del desarrollo afectivo, estamos señalando que, para muchos niños y familias, las cuestiones espirituales poseen una importancia fundamental en la vida del hogar. Coles (1991) ha escrito *The Spiritual Life of Children*, y Hilliard ha producido algún trabajo preliminar sobre esta área, pero, como señala, con frecuencia es difícil encontrar un marco común por el cual comunicar cuestiones espirituales (R. L. Saxton, personal communication, Summer, 1998). ¡La diversidad religiosa es quizas, la frontera final para explorar!

UNIDAD 14-3 Punto de control

Los niños pequeños están abiertos al proceso y a las experiencias creativos. Los primeros años de vida son un buen momento para adquirir las habilidades de flexibilidad, sensibilidad, imaginación, de correr riesgos, ingeniosidad y experiencia.

El mayor desafío para los adultos al alimentar la creatividad de los niños es ayudarles a encontrar y desarrollar la Intersección de creatividad, área donde se superponen los talentos, las habilidades, y los intereses de los niños (Amabile, 1989). El papel del docente es planificar un currículum que ayude a desarrollar la creatividad de los niños. Un ambiente conductivo hacia el trabajo creativo es aquella que apoya el pensamiento divergente de los niños, los estimula a corre riesgos, y les proporciona maneras en que puedan utilizarse a sí mismos como recursos.

Pregúntese:

- ¿Qué habilidades creativas se aprenden durante la primera infancia?
- ¿Qué papel debe desempeñar el docente en el desarrollo de la creatividad?
- ¿Que área del aula, habilidad, o unidad promueve el pensamiento creativo?
- ¿Cómo puede pedirle a los niños que utilicen un lenguaje que promueva el pensamiento creativo?

Sumario

El crecimiento del desarrollo emocional, social y creativo se encuentra en el centro del currículum de primera infancia. Planificar estas áreas implica comprender la manera en que cada una se desarrolla en el niño y la manera en que se interrelacionan. Los niños aprenden muchas habilidades en estas tres áreas, ya que interactúan con otros niños, con adultos, y con el entorno.

La planificación de un currículum para el crecimiento emocional, social, y creativo exige que los docentes desempeñen un papel de estimulación, facilitando el compromiso de los niños con los materiales y entre ellos. Sólo entonces los niños podrán descubrirse a sí mismos, explorar sus relaciones, y desarrollar la habilidad de usar la imaginación y los recursos que poseen.

Preguntas de Repaso

1. ¿Cómo se relacionan entre sí los crecimientos emocional, social, y creativo?
2. ¿Cómo pueden reconocer, los docentes, los comentarios o el comportamiento social prejuiciosos de los niños?, ¿es necesario que actúen al respecto?, ¿por qué?
3. ¿Cuáles son las ventajas y los problemas del juego del superhéroe?
4. Mencione algunos de los hitos del desarrollo y expectativas para la socialización de niños pequeños.
5. ¿Cómo pueden apoyar, los docentes, la resolución de conflictos y la solución de problemas?
6. ¿Qué clase de actividades se disfrazan de arte creativo?
7. Escriba tres ejemplos de pensamiento divergente en niños. ¿Cómo muestra esto la "intersección de creatividad"?

Actividades de Aprendizaje

1. Mencione cinco personas que considere creativas. Haga coincidir sus habilidades con aquellas que hemos identificado en la primera infancia. ¿En qué se parecen?, ¿en qué se diferencian?
2. ¿Cómo promueve, el centro en el que trabaja, el concepto de uno mismo positivo?, ¿qué más puede hacerse?
3. Observe un grupo de niños de 4 años mientras juegan. ¿Cómo deciden los papeles que cada uno asume?, ¿son claros con respecto a sus expectativas de qué papeles sexuales son adecuados para niños y niñas?, ¿el papel sexual está estereotipado?
4. Para los niños pequeños es difícil participar por turnos y compartir los equipos y materiales. Mencione tres ejemplos de situaciones que haya visto en las que los niños utilizaron sus habilidades sociales para negociar un turno. ¿Fue necesaria la intervención del docente?
5. Realice definiciones conductuales de emociones que cree que verá en los niños con los que trabaja. Observe a los niños y luego controle la exactitud de sus definiciones.
6. Mencione tres ejemplos de niños de su centro que traten de "romper los esquemas mentales." ¿En qué área del aula ocurrió?, ¿cuáles fueron las respuestas de los adultos?
7. ¿Cómo planifican, los docentes de su entorno, para estimular la creatividad?, ¿en qué lugar se toma tal expresión como prioridad de la filosofía de la escuela?

Bibliografía

General

Berk, L. E. (1999) *Infants, children, and adolescents* (3rd ed.). Boston: Allyn & Bacon.
Bredekamp, S., & Copple, F. (1997). *Developmentally appropriate practices in early childhood programs.* Washington, DC: National Association for the Education of Young Children.
Marshall, H. H. (1989, July). Research in review: The development of self-concept. *Young Children, 44*(5).
Neugebauer, B. (1992). *Alike and different: Exploring our humanity with young children* (Rev. ed.). Washington, DC: National Association for the Education of Young Children.
York, S. (1991). *Roots and wings: Affirming culture in early childhood programs.* St. Paul, MN: Redleaf Press.

Crecimiento emocional

Barrera, R. (1993, March).Retrato de mi familia: A portrait of my Hispanic family. *Exchange.*
Briggs, D. C. (1970). *Your child's self-esteem.* New York: Doubleday.
Burgess, R. (1993, March). African American children. *Exchange.*
Cooper, R. M. (1992, November). *The impact of child care on the socialization of African American children.* Paper presented at the National Association for the Education of Young Children, New Orleans.
Diaz, R. (1992, April). *The development of self-direction in the preschool years.* Address given to Peninsula Association of the Education of Young Children.
Greenman, J. (1991, January/February). See children: A question of perspective. *Exchange.*
Greenspan, S. I., & Salmon, J. (1993). *Playground politics: Understanding the emotional life of your school-age child.* Menlo Park, CA: Addison-Wesley.
Honig, A. S. (1986, May and July). Stress and coping in children. *Young Children, 41* (4 & 5).
Kostelnik, M., Whiren, A. P., & Stein, L. G. (1986, May). Living with he-man: Managing superhero fantasy play. *Young Children, 41* (4).
McCormick, J. (1993). Family child care. In A. Gordon & K. B. Browne (Eds.), *Beginnings and beyond* (3rd ed.). Albany, NY: Delmar.
Sample, W. (1993, March). The American Indian child. *Exchange.*
Selye, H. (1982). History and present status of the stress concept. In L. Goldberger & S. Breznitz (Ed.), *Handbook of stress.* New York: The Free Press.
Simon, T. (1994, September). Helping children make choices. *The Creative Classroom.*
Wardle, F. (1993, March). How young children build images of themselves. *Exchange.*

Crecimiento social

Bhavnagri, N. P., & Samuels, B. G. (1996, Summer). Making and keeping friends. *Childhood Education.*
Bergen, D. (1993, Summer). Facilitating friendship development in inclusion classrooms. *Childhood Education.*
Bullock, J. R. (1993). Lonely children. *Young Children, 48*(6).
Buras, A. (1991, Spring). Social settings in the classroom. *ACEI Focus, 3*(3).
Burk, D. I. (1996). Understanding friendship and social interaction. *Childhood Education.* Annual Theme.
Buzzelli, C. A. & File, N. (1989, March). Building trust in friends. *Young Children.*
Carlsson-Paige, N., & Levin, D. E. (1987). *The war play dilemma.* New York: Teacher's College.
Carlsson-Paige, N., et al. (1992, March). Beginnings workshop: Conflict resolution. *Exchange.*
Derman-Sparks, L. (1989). *The anti-bias curriculum.* Washington, DC: National Association for the Education of Young Children.

Derman-Sparks, L.. (1993/94, Winter), Empowering children to create a caring culture in a world of differences. *Childhood Education.*
DeVries, R., & Kohlberg, L. (1987). *Programs of early education.* New York: Longman Books.
Dick, Kelly. (1991, Spring). "Cooperative learning" mastering the bundle of sticks. *Childhood Education, 67*(3).
Dodge, R. P. (1991). *The communication lab: A classroom-based collaboration program for the speech-language pathologist.* Menlo Park, CA: The Pritchard Group.
Gilligan, C. (1982). *In a different voice.* Cambridge, MA: Harvard University Press.
Gordon, A. M., & Browne, K. W. (1996). *Guiding young children in a diverse society.* Needham Heights, MA: Allyn & Bacon.
Greenman, J., et al. (1995, January) Beginnings workshop: Building a classroom culture. *Exchange.*
Kemple, K. M. (1991, July). Research in review: Preschool children's peer acceptance and social interaction. *Young Children, 46*(5).
Lally, J. R., Provence, S., Szanton, E., & Weissbourd, B. (1987). Developmentally appropriate care for children from birth to age 3. In S. Bredekamp (Ed.), *Developmentally appropriate practice in early childhood programs serving children from birth through age 8.* Washington, DC: National Association for the Education of Young Children.
Lawhon, T. (1997, Summer). Encouraging friendships among children. *Childhood Education.*
Lowenthal, B. (1996, Spring). Teaching social skills to preschoolers with special needs. *Childhood Education.*
Maniates, H., & Heath, M. (1998, Spring). Creating a climate for learning. *Early Childhood Resources.*
Mecca, M. (1995–96, Winter). Classrooms where children learn to care. *Childhood Education.*
Miller, F. (1998, Summer). Helping the overly aggressive child develop pro-social behavior. *ACEI Newsletter, 10*(4).
Noddings, N. (1992). *The challenge to care in schools.* New York: Teachers College Press.
Noddings, N. (1994). Learning to engage in moral dialogue. *Holistic Educational Review. 7*(2).
Nowicki, S., & Duke, M. P. (1992). *Helping the child who doesn't fit in.* Atlanta, GA: Peachtree Publishers.
Nurss, S. (1990, December). Learning to share. *Ladybug Magazine.*
Paley, V. G. (1992). *You can't say you can't play.* Cambridge, MA: Harvard University Press.
Porro, B. (1996). *Talk it out: Conflict resolution in the elementary classroom.* Alexandria, VA: Association for Supervision and Curriculum Development.
Schickedanz, J. A., et al. (1993). *Understanding children* (2nd ed.). Mountain View, CA: Mayfield Publishing.
Smith, C. A. (1982). *Promoting the social development of young children.* Palo Alto, CA: Mayfield Publishing.
Stephens K., et al. (1996, May). Beginnings workshop: Circle time. *Exchange.*

Crecimiento creativo

Adams, J. (1987). *The care and feeding of ideas.* Reading, MA: Addison-Wesley.
Amabile, T. M. (1989). *Growing up creative.* New York: Crown.
Bloom, B. S., & Sosniak, L. A. (1992). Talent development vs. schooling. *Educational Leadership,* p. 39.
Cech, M. (1991). *Globalchild: Multicultural resources for young children.* Menlo Park, CA: Addison-Wesley.
Cohen, S. (1994). Children and the environment: Aesthetic learning. *Childhood Education.* Annual Theme.
Edwards, C., Gandini, L., & Forman, G. (1993). *The hundred languages of children.* Norwood, NJ: Ablex Press.
Forman, G. (1996, March). Negotiating with art media to deepen learning. *Exchange.*
Gandini, L. (1996, March). Teachers and children together: Constructing new learning. *Exchange.*

Gandini, L., et al. (1992, May). Beginnings workshop: Creativity and learning. *Exchange.*
Gunsberg, A. (1991, Summer). Improvised musical play with delayed and nondelayed children. *Childhood Education.*
Hitz, R. (1987, January). Creative problem solving through music activities. *Young Children, 42*(2).
Hoot, J. L., & Foster, M. L., (1993, Spring). Promoting ecological responsibility . . . through the arts. *Childhood Education.*
Karmozyn, P., et al. (1993, Summer). A better earth—Let it begin with me. *Childhood Education.*
Lowenfeld, V., & Brittain, W. L. (1975). *Creative and mental growth.* New York: Macmillan.
Moran, J. D., Milgram, R. M., Sawyers, J. K., & Fu, V. R. (1983). Original thinking in preschool children. *Child Development.* 921–926, p. 54.
Peters, R. (1993/1994, Winter). Nurturing an environmental and social ethic. *Childhood Education.*
Pirtle, s. (1997, Spring). Music in the peaceable classroom: Linking up. *Forum Newsletter of Educators for Social Responsibility, 14*(2).
Schirrmacher, R. (1986, July). Talking with young children about their art. *Young Children, 41*(5).
Schirrmacher. (1993). *Art and creative development for young children* (2nd ed.). Albany, NY: Delmar.
Spodek, B. S., et al. (1996, March). Beginnings workshop: Art experiences. *Exchange.*
Stone, S. J. (1997, Summer). What does purple smell like? *Childhood Education.*
Topal, C. W. (1996, March). Fostering experiences between young children and clay. *Exchange.*
Whitson, A. (1994, Fall). The creative minority in our schools. *Childhood Education.*

Crecimiento espiritual

Coles, R. (1991). *The spiritual life of children.* New York: Houghton-Mifflin.

Agradecimientos

Se agradece, en especial, a Chris Asaro por las conversaciones sociales de los niños.

Problemas y tendencias en la educación de la primera infancia

Preguntas para pensar

¿A qué cuestiones principales se enfrentan los educadores de la primera infancia hoy en día?

¿Cómo se reflejan los temas principales de la educación de la primera infancia en las cuestiones con que se enfrentan los niños, las familias y los maestros de hoy?

¿Qué desafíos tienen ante ellos los niños y sus familias, y qué podemos hacer para ayudarles?

¿Cómo están cambiando el papel y la estructura de la familia, y cómo afectan dichos cambios a los niños a quienes enseñamos?

¿Cuál es el impacto del movimiento de reforma educativa en la primera infancia?

¿Cuál es el papel de la televisión y otros medios en la vida de los niños?

¿Cómo nos convertiremos en defensores de una vida de calidad para los niños?

¿De qué forma la historia de nuestro campo sugiere la plataforma para el futuro?

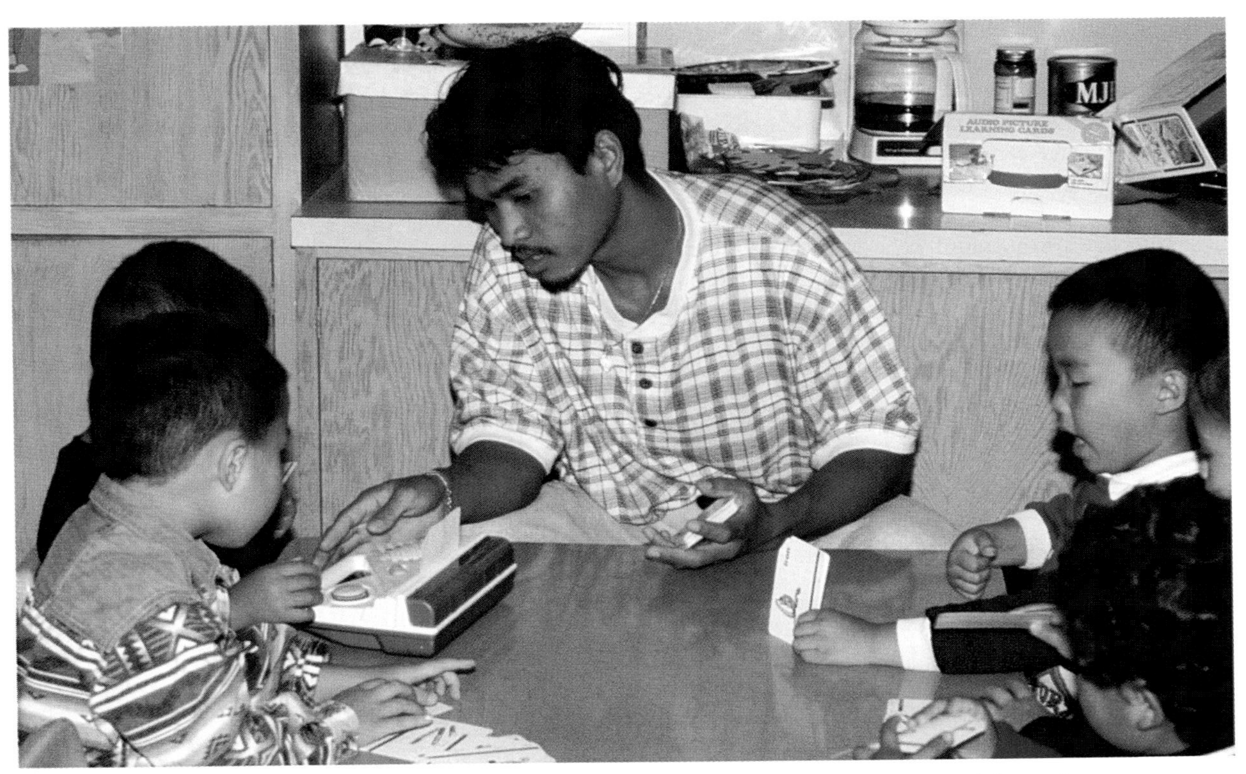

Ilustración 15.1 ¿Cómo preparamos a nuestros niños para vivir con éxito en el futuro?

INTRODUCCIÓN

La educación de la primera infancia ha sufrido notables cambios en los últimos 30 años. Ha pasado de ser una opción para preescolares de clase media, a una necesidad para millones de familias con hijos desde la lactancia hasta los años de primaria.[1] Estos cambios han señalado un nuevo nivel de profesionalismo y formación para maestros y proveedores de atención infantil en el hogar. Dichas transformaciones son un reflejo del clima económico, social y político de los tiempos, además de la investigación en desarrollo infantil y educación de la primera infancia. Históricamente, los cambios en la educación se han asociado con la reforma de la sociedad y las revueltas. Las cuestiones de hoy y las tendencias para el mañana nacen de los problemas y las soluciones del pasado.

En la década de los 60, la acción social y la Guerra a la pobreza centraron el interés y el espíritu americanos. Se iniciaron programas Head Start en distintas partes del país, y fueron los símbolos de la acción social en esa época. Los años de la década de los 70 trajeron cambios relacionados con la crisis económica. Se analizaron los servicios sociales para determinar su valor y si merecían la pena. La unidad familiar se vio afectada por el mercado laboral, el fin de la guerra del Vietnam, una crisis energética, la inflación, el número cada vez mayor de divorcios, y el movimiento feminista. Todos estos factores llevaron a más mujeres a buscar trabajo en el mercado laboral más que en el hogar. Uno de los capítulos en que se incrementó el gasto público en esa época fueron los servicios para los discapacitados y la población bilingüe.

La década de los 80 significó más recortes presupuestarios, menos servicios para los niños y las

LA DIVERSIDAD DE NUESTRO MUNDO LA DIVERSIDAD DE NUESTRO MUNDO LA DIVERSIDAD DE NUESTRO MUNDO LA DIVERSIDAD DE NUESTRO MUNDO LA DIVERSIDAD DE NUESTRO MUNDO

[1] La educación y la atención de la primera infancia sigue estando a la vanguardia en tratar con los resultados del inmenso cambio social en la sociedad norteamericana.

familias, y una alteración en el estado de la infancia. Se instalaron computadoras en todos los grados de primaria. Los niños estaban a menudo en atención en grupo durante la mayor parte de sus horas de vigilia. Crecieron con el cambio, y no la estabilidad, como constante en sus vidas. El maltrato a los niños se convirtió en causa de alarma nacional. La necesidad de atención para la primera infancia y de servicios educativos estaba bien establecida y seguirá con nosotros durante varias décadas más. Ignorar esta necesidad es negar la realidad de la vida familiar de hoy.

Las reformas en la educación general comenzadas en los primeros años de la década de los 80 produjeron cierto replanteo de la educación de la primera infancia al principio de la década siguiente. Al irse dando cuenta la gente de las carencias de la educación superior, pudieron considerar los primeros años como punto de partida de las mejoras. Floreció el interés en los niños pequeños junto con las reformas en otros grados.

Al terminar la década de los 90, había una gran aceptación de la atención infantil para niños de menos de 5 años y una conciencia creciente de las necesidades del niño en su totalidad en los primeros años de primaria. Al mismo tiempo, emergió un amplio abanico de cuestiones globales y sociopolíticas que afectaron tanto a la nación como a la familia, con un impacto importante sobre niños y maestros.

Mirando hacia el futuro, parece especialmente apropiado comentar cuestiones actuales a la luz de la historia de la profesión de primera infancia. Relean el capítulo 1 de esta obra. Con todo su pasado diverso y variado, la educación de la primera infancia ha mantenido su compromiso con tres temas principales: la ética de la reforma social, la importancia de la infancia, y la transmisión de valores. Estos tres temas se reflejan en las cuestiones principales con las que se enfrentan los educadores de la primera infancia de hoy y del mañana.

La ética de la reforma social

1. ¿Qué programas y servicios hacen falta para los niños pequeños y las familias?, ¿quién los costeará y los suministrará?
2. ¿Qué reformas educativas están vigentes que se refieran a la calidad de vida para todos los niños?, ¿qué es la enseñanza apropiada para el desarrollo?, ¿qué más se necesita para mejorar la educación de los niños menores de 8 años?

La importancia de la infancia

1. ¿Con qué crisis se enfrentan los niños de hoy, y qué se puede hacer para ayudarles?
2. ¿Cuál es el valor de la niñez?, ¿cómo se demuestra el compromiso con los niños?
3. ¿Qué papel representan la familia y la comunidad en la vida de los niños?[1]

Transmisión de valores

1. ¿Cuál es el papel de la televisión y otros medios en la vida de los niños?, ¿cómo se enfocan mejor las preocupaciones sobre la violencia en los medios?
2. ¿Cómo enseñamos a los niños el valor de la paz?
3. ¿Qué desafíos y oportunidades presenta la diversidad en las escuelas, el vecindario, y las familias?
4. ¿Qué valores básicos se deberían enseñar a los niños en la escuela?

ÉTICA DE LA REFORMA SOCIAL

La modificación de nuestras expectativas sobre lo que pueden lograr los niños pobres y desfavorecidos es capital para ayudarles a aprender a salir de la pobreza.

Richard W. Riley
Ministro de educación de los Estados Unidos, 1996

La ética de la reforma social, ya mencionada en el capítulo 1, se refiere a la expectativa de que la educación y la escolarización de los niños pequeños tengan potencial de cambio social y mejoramiento significativos. También hay una clara implicación de que la educación de la mente y la enseñanza de habilidades están entrelazadas con la capacidad de una persona

LA DIVERSIDAD DE NUESTRO MUNDO LA DIVERSIDAD DE NUESTRO MUNDO LA DIVERSIDAD DE NUESTRO MUNDO LA DIVERSIDAD DE NUESTRO MUNDO LA DIVERSIDAD DE NUESTRO MUNDO

[1] Recuerden el tema continuo de que la asociación entre la escuela y el hogar fortelece la posición del niño para tener éxito en la escuela y en la vida.

para optar a un empleo y conseguir su bienestar futuro. Esta relación queda demostrada dramáticamente en el tratamiento de las dos cuestiones importantes de atención infantil y reforma educativa. ¿Cómo se verán afectados los niños pequeños por estas dos fuerzas, la necesidad de atención infantil y la creciente exigencia de excelencia en la educación? Las realidades de costo y calidad crean una tensión que no se ha resuelto aún y sólo ahora se está persiguiendo agresivamente dentro del campo de la atención infantil.

En esta sección, consideramos estas dos cuestiones de atención infantil y reforma educativa por separado, en su relación con la ética de la reforma social.

Atención infantil

Entre mediados de la década de los 70 y mediados de la de los 90,

- El porcentaje de niños menores de 6 años cuyas madres estaban trabajando aumentó más de dos veces.
- La inscripción en educación preescolar de niños entre 3 y 5 años aumentó de un 38% a un 61%.
- La proporción de familias con hijos menores de 18 años encabezadas por un solo progenitor era más del doble (Departamento de educación de los Estados Unidos, 1996).

Sin duda, la cuestión de la necesidad de atención infantil se ha establecido con firmeza. El significativo incremento en la inscripción en centros de atención infantil en los últimos 20 años, subrayado por la demografía, ha tenido un profundo impacto en este país: en 1990 el Congreso aprobó la primera legislación completa sobre atención infantil en casi 20 años; un año después se aumentaron significativamente los fondos de Head Start (véase el capítulo 2).

Es evidente que la atención infantil tiene apoyo público. Los programas de atención infantil de calidad se han ganado el respeto de padres y legisladores y han demostrado a la sociedad que los niños pueden verse favorecidos con buenos programas de primera infancia. (Véase el tratamiento de la atención infantil en el capítulo 2.)

Calidad y costo

La palabra clave, sin embargo, es *calidad*, los términos "buena calidad" y "alta calidad" identifican características específicas de los programas de primera infancia (véase el capítulo 2).

Dos estudios recientes de amplia base, uno realizado en centros de atención infantil y el otro en escenarios de atención diurna en el hogar, examinaron la relación crucial entre calidad y costo y presentan un cuadro inquietante.

Se encontró que la atención infantil inadecuada era frecuente en el primer estudio, realizado en cientos de centros de California, Colorado, Connecticut, y Carolina del Norte (Costs, Quality and Child Outcomes Study Team, 1995). En una conclusión dramática, el estudio encontró que la mayoría de los centros de atención infantil proporcionaban servicios mediocres y que algunas eran de tan mala calidad que amenazaban el desarrollo emocional e intelectual.[1] Había grandes probabilidades de que los lactantes y niños en edad de caminar estuvieran en situación de riesgo por la mala atención de estos centros; casi la mitad de los centros no satisfacían las necesidades básicas de salud y seguridad. Sin embargo, el 90% de los padres calificaban la atención como "buena".

El informe fue el primero de este tipo que examinó la relación entre el costo de la atención infantil y la naturaleza de las experiencias de los niños en escenarios de atención infantil (calidad). En centros donde los investigadores hallaron atención de alta calidad, el personal recibía mejores sueldos, era más numeroso, y más de ellos tenían estudios de educación de la primera infancia. Eran también programas subvencionados en cierta medida, por el gobierno, una universidad o los empleadores de las familias que utilizaban dichos servicios. Los estados con mayores exigencias para conceder autorizaciones tenían pocos programas de mala calidad. Según este informe, estos factores, junto con los sueldos de los docentes y la experiencia previa de los administradores, son muy importantes para determinar la calidad.

Los resultados del primer estudio importante de la atención diurna en familia en una década son igualmente intranquilizadores, y destacan condiciones

1 Cientos de miles de niños están pasando sus años cruciales en entornos que ponen en peligro su crecimiento y desarrollo óptimo.

Ilustración 15.2 La calidad de un programa de atención infantil está directamente relacionada con la experiencia y la formación de los maestros.

desiguales y mal reglamentadas. Dirigido por Galinsky y sus colegas (1994), el estudio llegó a la conclusión de que sólo el 9% de los hogares que observaron eran de buena calidad y que más de un tercio de los proveedores eran tan mediocres en sus cuidados como para perjudicar el desarrollo de los niños.[1] Más del 40% de los proveedores no planeaban actividades para los niños a su cargo, y sólo la mitad de los niños mostraban señales de confianza o cariño por el cuidador. Cuanto más se pagaba al proveedor, mejor era el cuidado; los proveedores con autorización o reglamentación tenían más probabilidades de ser afectuosos y atentos con los niños, comunicarse con los padres y proporcionar un hogar seguro. Relean los 10 "Indicadores de calidad" definidos por NAEYC, que se citan en el

capítulo 2, para ver si existe relación con los hallazgos de estos dos estudios.[2]

Las dos formas de atención infantil, los centros y la atención diurna en familia, son igualmente populares; son los programas preferidos por las familias trabajadoras de América que, según esta investigación, o no reconocen lo que significa un programa de calidad, o creen que ellos no pueden exigirlo. La calidad está en función del tamaño del grupo, proporciones bajas maestro-niño, personal preparado y experimentado, compensación adecuada, y entornos seguros y estimulantes. Pero no es esto lo que primero buscan los padres. El estudio sobre atención infantil en familia encontró que los padres colocan la seguridad como el factor más importante al elegir un proveedor, la comunicación con los padres en segundo lugar, y una atención cariñosa a los niños en tercero. Las proporciones adulto-niño, la preparación profesional y la autorización oficial figuran mucho más abajo en la lista. Otros han citado la distancia geográfica y el precio como los criterios predominantes para elegir un escenario de atención infantil (Hofferth, 1994).

Para mejorar la calidad de la atención infantil en familia, los informes piden que el gobierno y la empresa aumenten su apoyo de diversas maneras: ayudar a los padres a pagar una buena atención, establecer programas de formación para los proveedores, someter a los proveedores a una reglamentación, y educar a los padres sobre la atención de alta calidad. Todos los estudios comparten una preocupación común de que los padres deben ser capaces de distinguir entre centros de buena y de mala calidad y de exigir más calidad, antes de que los centros aumenten sus precios para cubrir el costo de una mejor atención.

Una crisis nacional

La atención de calidad y la educación de los niños pequeños tiene un costo que hay que afrontar. El costo de la calidad está directamente relacionado con las necesidades de las familias a quienes sirve el programa específico. En algunos programas, asegurar las necesidades básicas de alimento, albergue y atención sanitaria es una obligación importante. El costo añadido de ayudar a las familias a conectarse con los recursos

LA DIVERSIDAD DE NUESTRO MUNDO LA DIVERSIDAD DE NUESTRO MUNDO LA DIVERSIDAD DE NUESTRO MUNDO LA DIVERSIDAD DE NUESTRO MUNDO LA DIVERSIDAD DE NUESTRO MUNDO

1 Cientos de miles de niños están pasando sus años cruciales en entornos que ponen en peligro su crecimiento y desarrollo óptimo.

2 Los National Academy of Early Childhood Programs, el departamento de acreditación de NAEYC, basan sus criterios de calidad en los conocimientos y experiencia de miles de profesionales de la primera infancia.

apropiados y proporcionar los servicios completos necesarios, contribuirá a un mayor costo de la calidad de ese programa. Las reducciones de precios y la ayuda económica a familias de bajos ingresos también se suman a los costos de un programa de calidad.

La calidad está relacionada de manera significativa con el personal docente: cuántos adultos hay en comparación con el número de niños en una clase; si los sueldos y las prestaciones incentivan a los maestros a quedarse varios años; el nivel de educación y formación del personal docente y sus años de experiencia. Estos factores han creado una crisis de contratación de personal de grandes proporciones en el país.

Dicha crisis se refiere a las dificultades de contratar y retener a personal docente calificado para buenos programas de primera infancia. Los programas se centran en torno al costo de pagar maestros y personal calificados. Los sueldos de los empleados de primera infancia son vergonzosamente bajos, y para muchos no existen planes de pensiones ni prestaciones de salud.

En 1998, el sueldo de los empleados recién contratados en puestos de atención infantil era de $10.500 por año, una cifra que los mantiene por debajo del nivel federal de pobreza. El docente mejor pagado en centros de atención infantil, con titulación de "college" en primera infancia, ganaba $19.900, menos que el sueldo medio de una mujer empleada con un diploma de secundaria (Lewin, 1998). No es extraño que haya una rotación del 31%, como lo indica un estudio del Center for the Child Care Work Force (1997), que también encontró que sólo el 14% de los docentes de centros han permanecido en sus puestos a lo largo de 10 años. Los investigadores encontraron también que el 80% de las cadenas de centros de atención infantil con fines de lucro emplean a beneficiarios de asistencia estatal. Con tan bajos salarios, parece que sus perspectivas de autosuficiencia económica son bastante limitadas.

Estos factores de costos son la razón por la que la gente deja el campo de la primera infancia para emplearse en otros, y los trabajadores nuevos no se sienten atraídos por el trabajo con niños pequeños. Al mismo tiempo, existe actualmente una demanda sin precedentes de servicios de atención infantil. El creciente reconocimiento de la necesidad de atención infantil de alta calidad, sin embargo, no resuelve el problema de cómo mantener los aranceles lo bastante bajos para proporcionar los servicios necesarios y aún así compensar a los empleados en atención infantil como se merecen y conservarlos. El desafío es para todos nosotros, los profesionales de la primera infancia, los padres, los dirigentes de la empresa y la industria, y los legisladores de la escena nacional, de los estados y local. Los esfuerzos a nivel nacional por mejores condiciones económicas, "Worthy Wage Campaign" y "Full Cost of Quality in Early Childhood Education Programs Campaign" están a la vanguardia de la movilización del campo de primera infancia para defender y llamar la atención del país a la crisis de la atención infantil.

Calidad 2000: El adelanto de la educación y la atención infantil (Advancing Early Child Care and Education) es una iniciativa cuya meta es proporcionar atención temprana y educación de alta calidad a todos los niños desde su nacimiento hasta los 5 años, para el año 2010 (Kagan y Neuman, 1997). En un informe titulado, *Not by Chance: Creating an Early Care and Education System for America's Children*, se propone una visión amplia que incluye:

- Promover la sensibilidad cultural y el pluralismo cultural.
- Aumentar el número de programas acreditados.
- Enlazar los programas con servicios de apoyo y otros recursos de la comunidad.
- Crear tres tipos separados de licencias para empleados de educación y atención de la primera infancia y elaborar pautas para autorización a nivel nacional.
- Enfocar la preparación y la formación del personal hacia los niños y las familias, con respecto a la diversidad cultural y lingüística.
- Fondos en proporción con los niveles por niño de la escuela elemental.
- Establecer estructuras de gobierno y responsabilidad en cada estado y localidad.

La profundidad y la amplitud de algunas de las recomendaciones ayudará a que las familias tengan igual acceso a buenos programas donde estándares constantes a nivel nacional y local garanticen la igualdad y excelencia para todos los niños.

Reforma educativa

La ética de la reforma social se siente fuertemente en el movimiento actual de reforma educativa. Una de las funciones primordiales del sistema de escuelas públicas en Estados Unidos es preparar a los alumnos para papeles productivos en la sociedad, producir trabajadores calificados que entren en el mercado laboral y contribuyan a una economía sana y competitiva.

En la primavera de 1983, el comité nacional de excelencia en la educación publicó un informe sobre las escuelas norteamericanas que precipitó el movimiento actual de reforma. *A Nation at Risk*, como se tituló el informe, fue seguido poco después por muchas otras publicaciones significativas que definían la crisis educacional y ofrecían una gran variedad de soluciones. La educación de la primera infancia, formación profesional, escuela elemental y secundaria; escuelas urbanas; magisterio, preparación y contratación de maestros; desarrollo del carácter; alfabetización; deserción escolar; niños desfavorecidos, todos fueron analizados en detalle por paneles de expertos.

Para la década los 1980, la educación surgió como cuestión dominante en la campaña presidencial. Las escuelas públicas americanas se enfrentaban a una crisis de calidad; se identificó el problema nacional de la educación y se imbuyó una sensación de urgencia en la mente de la gente. En la primera ola de la reforma, prácticamente todos los estados pusieron en práctica medidas reformistas de algún tipo. El foco estaba en estándares más altos de rendimiento estudiantil a través de elevar los planes de estudio, aumentar las tareas para la casa y adoptar métodos disciplinarios más rígidos. La reforma del magisterio y la reestructuración de las escuelas para afianzar el papel del docente también fueron incluidas.

La tendencia en la década de los 90 ha sido a una plataforma nacional.[1] En 1989, una cumbre nacional sobre el futuro de la educación en Estados Unidos dio como resultado la creación de ocho metas nacionales, la primera de las cuales es que para el año 2000 todos los niños comenzaran la escuela listos para aprender. Es la primera vez en la historia que tenemos consenso nacional sobre una visión de la educación pública. La primera meta ha recibido atención general, pues es el pivote para asegurar el éxito de las restantes.

Preparados para aprender

La meta número uno de América 2000 dice que para el año 2000 todos los niños de EE.UU. iniciarán la escuela preparados para aprender, y que se cumplirán los siguientes objetivos:

Ilustración 15.3 ¿Cómo sabemos que todos los niños empezarán la escuela listos para aprender?, ¿cómo pueden ayudar a América 2000 a lograr su primera meta los programas de buena calidad para la primera infancia?

- Todos los niños tendrán acceso a programas preescolares de alta calidad y apropiados para el desarrollo, que los preparen para la escuela.
- Cada padre o madre de Estados Unidos será el primer maestro de sus hijos y dedicará tiempo cada día a ayudar a sus hijos preescolares; los padres tendrán acceso a la preparación y apoyo que necesiten.
- Los niños recibirán la nutrición, experiencias de actividad física y atención de salud necesarias para que lleguen a la escuela sanos de mente y cuerpo y conserven la agilidad mental necesaria para estar preparados a aprender, y se reducirá el número de bebés de poco peso al nacer mediante mejores sistemas de salud prenatal (Departamento de educación de los Estados Unidos, 1998a).

Para 1996, el rendimiento en dos áreas había mejorado significativamente. La proporción de bebés nacidos con uno o más riesgos de salud disminuyó, y más familias dijeron que estaban leyendo o contando

LA DIVERSIDAD DE NUESTRO MUNDO LA DIVERSIDAD DE NUESTRO MUNDO LA DIVERSIDAD DE NUESTRO MUNDO LA DIVERSIDAD DE NUESTRO MUNDO LA DIVERSIDAD DE NUESTRO MUNDO

[1] Esta plataforma habla agresivamente para la intervención y participación de los padres en la escolarización de sus hijos.

cuentos a sus hijos de forma regular. No había cambios discernibles en cuanto a reducir la brecha entre familias de ingresos altos y bajos en cuanto a participación preescolar[1] (National Education Goals Panel, 1996). La proporción de vacunaciones para los niños de 2 años aumentó en un 23% entre 1992 y 1996 (Departamento de Salud y Servicios sociales, 1996). Aunque declinó la mortalidad infantil entre los lactantes blancos, afroamericanos e hispanos en 1995, un número desproporcionado de bebés afroamericanos morían en una tasa que duplicaba la de los blancos[2] (Children's Defense Fund, 1998).

El panel nacional de metas educativas sugiere que establecer estándares altos y desarrollar evaluaciones nuevas y apropiadas son los primeros pasos para cumplir los objetivos de Metas 2000. Reconociendo la dificultad de evaluar a los niños pequeños, el panel recomendó una variedad de estrategias, incluyendo observaciones informales, opiniones de los padres y medidas apropiadas a la edad para valorar el progreso de los niños. El panel también propuso la idea de que preparar las escuelas para los niños debería ser una meta igual que preparar a los niños para la escuela, sugiriendo que las escuelas que están "listas" planean transiciones suaves para los nuevos alumnos, atienden las necesidades individuales y promueven el desarrollo del personal docente. El informe afirma que los esfuerzos por mejorar la disposición para la escuela comienzan con "esfuerzos por apoyar a las familias, educar a los padres, aumentar el acceso a la atención sanitaria y elevar la calidad de la educación y la atención temprana" (National Education Goals Panel, 1996).

Mientras los encargados de la política educativa se ocupan de definir la cuestión de la disposición y discutir formas de medirla, han surgido otros esfuerzos reformistas notables relacionados con América 2000.

Cuestiones y estrategias de reforma

Algunos de los temas más importantes surgidos del movimiento de reforma escolar son:

- *Profesionalización de la enseñanza.* Colocar la docencia a la par de otras profesiones, como la abogacía y la medicina; considerando la forma en que se educan y forman los maestros en instituciones de 4 años.
- *Gobierno de las escuelas.* La necesidad de más autonomía local, que implique a los docentes además de los administradores.
- *Promover la formación de sociedades con los padres.* Fomentar una gama de programas que respondan a las variadas necesidades de los padres, el hogar y la escuela, incluyendo mayor intervención de los padres, compartir la toma de decisiones, y responsabilidad.[3]

- *Contratación de docentes:* Proporcionar salarios profesionalmente competitivos para atraer buenos maestros; utilizar planes de pago por mérito y posiciones de maestro guía para conservar a los docentes calificados en las aulas.
- *Programas experimentales:* El uso de escenarios escolares más pequeños, clases menos numerosas y escuelas imán y concertadas.
- *Intervención de la comunidad más amplia.* Apoyar las escuelas de maneras novedosas, proporcionar más funciones de atención infantil donde sea necesario. Involucrar al sector privado por medio de líderes empresarios que promuevan mejoras en las escuelas.
- *Igual acceso.* Asegurar que los alumnos desfavorecidos, los de minorías, los discapacitados y otros en situación de riesgo vean atendidas sus necesidades y, específicamente, programas de mayor cobertura para prepararlos tan adecuadamente como a los alumnos de clase media.[4]

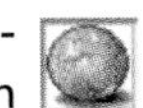

- *Considerar al niño en su contexto.* Tener en cuenta el contexto de la familia, la cultura y la comunidad, con respeto por la diversidad cultural y lingüística.[5]

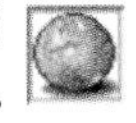

Son factores comunes en la plataforma de reformas que los educadores de la primera infancia comparten con otros profesionales, los relacionados con la profesionalización de la enseñanza, opciones a los padres, calidad de programas, y servir a todos los niños con equidad.

LA DIVERSIDAD DE NUESTRO MUNDO LA DIVERSIDAD DE NUESTRO MUNDO LA DIVERSIDAD DE NUESTRO MUNDO LA DIVERSIDAD DE NUESTRO MUNDO LA DIVERSIDAD DE NUESTRO MUNDO

[1,2] Eliminar desigualdades como éstas requiere una plataforma nacional para los niños.

[3] Mediante estos esfuerzos, los valores y necesidades de todos los padres pueden estar representados.

[4,5] El acceso igual y la sensibilidad cultural influirán en lo que aprendan los niños sobre la variedad humana en el mundo que los rodea.

Un segmento cada vez mayor de organizaciones nacionales (conducidas por Children's Defense Fund) pidiendo reformas, ha destacado que a menos que se haga más por satisfacer las necesidades de salud, sociales y de desarrollo de los niños pequeños, la reforma educativa fracasará. Según el Children's Defense Fund (1998), los maestros de jardín de infancia estiman que un tercio de los niños que entran en el jardín de infancia no están preparados para los desafíos de la escuela.

Para satisfacer las necesidades de los padres que trabajan y asegurar que los niños estén preparados para aprender, las estrategias de reforma deberían ampliarse para incluir lo siguiente. Estas seis cuestiones de la reforma predicen la plataforma para la profesión de la primera infancia para el resto de esta década.

1. *Enlazar la educación con la atención infantil.* La separación existente entre los programas de primera infancia es contraproducente para el esfuerzo reformista. La profesión de la primera infancia incluye ambos aspectos de la enseñanza, la atención y la educación; en los últimos años se ha borrado la diferencia entre ellos dentro de la profesión, y se les ha enlazado voluntariamente. Hay un mayor reconocimiento de que existen factores de atención y de educación en todos los programas dirigidos a los más pequeños. Con todo, el público en general, además de las agencias gubernamentales, tienden a desconocer las relaciones cruciales entre estos dos factores y a perpetuar la división. Es preciso eliminar esta dicotomía entre atención y educación.

2. *Establecer continuidad entre los programas de primera infancia y los jardines de infancia.* Una buena educación de la primera infancia significa más que preparar a los niños para que comiencen la escuela. Es una visión amplia que sostiene principios de desarrollo infantil, modelos educativos apropiados, participación activa de los padres, apoyo a la familia, y servicios de salud. Hasta que se produzca la reestructuración del sistema actual de escuela elemental temprana, se anularán muchas de las ventajas de los años preescolares y los programas de intervención temprana. Proporcionar continuidad requiere claridad sobre cómo deberían diferir los programas preescolares y de atención infantil de las clases normales de escuela elemental, y cómo los planes de estudio de ésta pueden respaldar buenos modelos preescolares. La unidad de trabajo sobre educación de la primera infancia de la asociación nacional de juntas educativas (National Association of State Boards of Education) reclama la reestructuración de los primeros grados de primaria para incluir unidades mejoradas de primera infancia que atiendan a niños de entre 4 y 8 años.

3. *Ocuparse de las necesidades no académicas de los niños.* A menos que se haga más por satisfacer las necesidades sociales y de salud de los niños pequeños, es probable que fracase la reforma de las escuelas. Los problemas de la sociedad que quedan fuera del ámbito de la educación tradicional deben encararse si se quiere que los niños estén preparados para aprender. Los servicios de nutrición y salud y la atención prenatal ayudarán a que los niños ingresen en la escuela listos para aprender. Satisfacer las necesidades de las familias pobres también incluye hacer que haya programas preescolares de alta calidad al alcance de niños de todos los niveles de ingresos y capacidades. No debemos escoger entre calidad e igualdad (Ravitch, 1990).

4. *Promover el aprendizaje teniendo en cuenta el desarrollo.* Los responsables de la política educativa deben alterar su perspectiva de la preparación. Cuando no hay correspondencia entre las expectativas de la escuela y la capacidad de los niños para cumplirlas, las escuelas tienen que cambiar. Deben adaptarse los programas para llenar las necesidades de desarrollo de los niños, y no al revés. Que las *escuelas* estén preparadas para los niños pequeños, y no que se presione y empuje a los niños a prepararse para la escuela. Asegurar que las escuelas respeten la forma exclusiva en que aprenden los niños menores de 8 años y tener en cuenta su diferente cronograma de aprendizaje. Desalentar el uso de pruebas normalizadas para seleccionar, hacer un seguimiento y retener en un nivel a los niños pequeños. Evitar el encasillamiento de los pequeños o la conexión entre evaluaciones de la preparación de los alumnos para el ingreso en la escuela. Los modelos didácticos en los años de escuela elemental deberían basarse en principios de desarrollo infantil y seguir el ejemplo de programas preescolares exitosos. Aunque se están haciendo progresos mediante Metas 2000, hay que ocuparse continuamente de los modelos apropiados para el desarrollo en todas las áreas de la reforma escolar.

5. *Iniciar programas y políticas que fortalezcan la familia.* Desarrollar programas que ayuden a

aumentar la capacidad de los padres para ayudar a sus hijos a aprender y que impliquen a la familia en el emprendimiento educativo. La educación y el aprendizaje se ven profundamente afectados por lo que les sucede a los niños fuera de la escuela. El respaldo de la familia para aprender debería encararse centrándose en las actitudes y la participación de los padres en el hogar como en la escuela, y en la responsabilidad de los padres en cuanto a satisfacer las necesidades de cuidados básicos de sus hijos.[1]

6. *Desarrollar asociaciones con la comunidad y con empresas.* Coordinar los esfuerzos de los muchos proveedores de servicios de atención infantil y colaborar con otros agentes de la comunidad que sirven a los niños pequeños y a sus familias para atender a más niños, aprovechar mejor los fondos públicos, y mejorar la calidad de todos los programas. Un sistema de buena cobertura de servicios para la primera infancia incluiría educación de los padres y programas de apoyo a la familia, atención infantil, y servicios sociales y de salud. El esfuerzo debería incluir programas públicos y privados, con fines de lucro y sin ellos, patrocinados por la iglesia y por el gobierno, y basados en hogares y en centros. Con tal asociación, la comunidad total podría construir y mejorar servicios para niños y padres por medio de la planificación conjunta, defensa, información y coparticipación en recursos (National Association of State Boards of Education, 1988).

Ilustración 15.4 Los buenos programas de primera infancia no distinguen entre educación y atención, sino que entienden que ambas son vitales para el niño en crecimiento.

Soluciones

Los cambios en la educación están ligados históricamente a la reforma social. En ninguna parte es este vínculo más evidente que en el movimiento actual de reforma. El vínculo entre pobreza y fracaso escolar ha sido reconocido y claramente demostrado. Los niños pobres tienen el doble de probabilidades de dejar la escuela que los de ingresos medios (Children's Defense Fund, 1998). La mala salud afecta la capacidad de los niños de tener éxito en la escuela. *Poverty Matters*, un informe de Children's Defense Fund (1998), cita estudios sobre niños sin hogar que muestran que tienen puntuaciones menores en matemática y lectura, es menos probable que terminen la secundaria a tiempo, y suelen desarrollar enfermedades respiratorias por las malas condiciones de albergue, cuyo resultado es que faltan a la escuela. La reforma misma fue urgida en parte por uno de los cambios sociales y económicos más potentes del siglo: la madre que trabaja.

Las reformas que se han sugerido no pueden ser resueltas por ninguna agencia ni institución sola. Debemos mirar más allá de los programas individuales a la tendencia hacia una diversidad de servicios proporcionados por una coalición igualmente diversa de gobierno federal y de los estados, el comercio y la industria, la investigación y la educación. Juntos, pueden establecer una plataforma para mejorar el éxito escolar en el contexto de la familia del niño, la comunidad y la cultura.

 LA DIVERSIDAD DE NUESTRO MUNDO LA DIVERSIDAD DE NUESTRO MUNDO LA DIVERSIDAD DE NUESTRO MUNDO LA DIVERSIDAD DE NUESTRO MUNDO LA DIVERSIDAD DE NUESTRO MUNDO

[1] Los programas infantiles deberían reflejar la actitud de que la diversidad es una oportunidad de aprender, no un problema.

LA IMPORTANCIA DE LA INFANCIA

Infancia en peligro

Los niños y la infancia han cambiado. Lejos quedan los días en la mayoría de los niños llegaban de la escuela al hogar donde los recibía la mamá en la cocina, sirviendo leche y galletas caseras. Hoy el niño pasa la mayor parte del tiempo en centros de atención infantil o con un vecino mientras el papá o la mamá está trabajando. Demasiados llegan a casas vacías y pasan las horas siguientes solos o cuidando de hermanos menores. Con mucha frecuencia, el niño de hoy vive sólo con uno de sus padres, en el mejor de los casos.[1]

Ilustración 15.5 Todo niño tiene derecho a una infancia plena y maravillosa.

Énfasis en la supervivencia

Hace una o dos décadas, los niños parecían estar más protegidos que hoy; parecían más inocentes. A los padres de hoy les preocupa que sus niños aprendan a sobrevivir, a poder enfrentarse a los problemas a edad temprana. Creen que la mejor manera de enseñar a los hijos habilidades de supervivencia es exponerlos pronto a experiencias de adulto y a la "realidad".

El impacto de los cambios sociales en los últimos 20 años lo han sentido con más fuerza los niños de la nación. La ruptura de la unidad familiar nuclear, las revoluciones sexual y feminista, la televisión, las drogas, y la violencia mundial, han lanzado a los niños a situaciones adultas y problemas adultos. Las parejas de profesionales y los progenitores solos que trabajan, junto con la falta de familias extendidas, han significado que el comportamiento infantil ya no se vigila tan de cerca como antes.

El estrés y las cambiantes relaciones entre padres e hijos

La niñez se ha extraviado. Los límites entre adultos y niños son borrosos. Los adultos ejercen presiones sobre los niños para que se den prisa y crezcan, que lleguen y tengan éxito, que rindan y agraden. Los niños responden haciendo lo mejor que pueden, pero sintiendo la presión por que maduren (Gordon, 1986).

La gente está tratando a sus hijos de forma diferente a como lo hicieron sus padres. Se están abriendo a sus hijos, contándoles sus propios miedos y ansiedades (en lugar de protegerlos de ellos). Los niños han sido alistados como co-padres en su propia crianza, colaborando con sus padres en la cría de niños, los códigos de vestido y las expectativas de comportamiento. Aunque esto es obviamente más democrático y menos autoritario, los resultados han sido que los límites entre niños y adultos se han hecho cada vez más nebulosos. Parecería que se está pidiendo a los pequeños de hoy que asuman un manto de madurez antes de que sean capaces. Les estamos exigiendo que respondan a la vida como adultos, no como niños. Ya no les aseguramos que el adulto se encarga y que

LA DIVERSIDAD DE NUESTRO MUNDO LA DIVERSIDAD DE NUESTRO MUNDO LA DIVERSIDAD DE NUESTRO MUNDO LA DIVERSIDAD DE NUESTRO MUNDO LA DIVERSIDAD DE NUESTRO MUNDO

[1] ¿Tenemos, como sociedad, una composición mental de LA DIVERSIDAD DE NUESTRO MUNDO, o una imagen/mitología basada en la vida de una familia de clase media de entre 1945 y 1965?

sus necesidades serán satisfechas. En cambio, pedimos a los niños que compartan esa carga con nosotros.

Otro tipo de padre surgió en la década de los 80, el creador del "superbebé" (Langway et al., 1983). Estos niños empezaban la vida anotados en una serie de clases por padres que esperaban darles tantas experiencias estimulantes como pudieran. Gimnasia para lactantes, fichas con el alfabeto en la guardería, y lecciones de violín o de actuación como complemento del preescolar señalaban las expectativas paternas para los niños. Estos niños prodigio, hijos de los hijos del "baby-boom" de después de la Segunda Guerra Mundial (que hoy son ricos, instruidos y por lo general mayores de 30 años) tuvieron que cumplir todo el potencial concebible lo más pronto posible. Eran empujados hacia el éxito por padres que, a su vez, eran más exitosos que sus padres. "Cuanto más, mejor" a veces parecía el lema del día.

El objetivo de estos padres era y es a menudo los conocimientos académicos para lactantes y logros físicos superiores. Este enfoque despierta preocupaciones sobre el bienestar del niño. Cuando se pone énfasis en el rendimiento y no en la aceptación incondicional o en los sentimientos, el desarrollo infantil puede centrarse en sólo una o unas pocas áreas del crecimiento infantil. Despierta preguntas sobre si se están cumpliendo los requisitos básicos, las necesidades sociales y emocionales, además de las creativas, intelectuales y físicas.

Se espera que los niños de hoy se manejen con la transformación de la estructura familiar. Sólo un pequeño porcentaje de los hogares de Estados Unidos son familias nucleares tradicionales.[1] En cambio, los niños se enfrentan con el divorcio, un solo progenitor, cuestiones de sexualidad, parejas de profesionales atareados, pobreza, falta de techo, y otros fenómenos de finales del siglo XX que producen estrés. Se espera que niños de 2, 4 y 7 años se las arreglen como los adultos, en lugar de permitir que los niños respondan a la vida como niños (Gordon, 1986).

Para muchos niños, el resultado ha sido una infancia apresurada (Elkind, 1988). Los padres empujan a sus hijos en los primeros años, urgiéndoles a que crezcan rápido, tengan éxito, lleguen. La ropa de diseñador es sólo la cubierta exterior que utilizan estos padres para fomentar actitudes y comportamientos adultos. La pérdida de la infancia parece haber acarreado nuevos problemas para los niños. Los médicos ven cada vez más niños con afecciones relacionadas con el estrés: dolores de cabeza, dolores abdominales e incluso úlceras en niños de 3 y 4 años de edad.

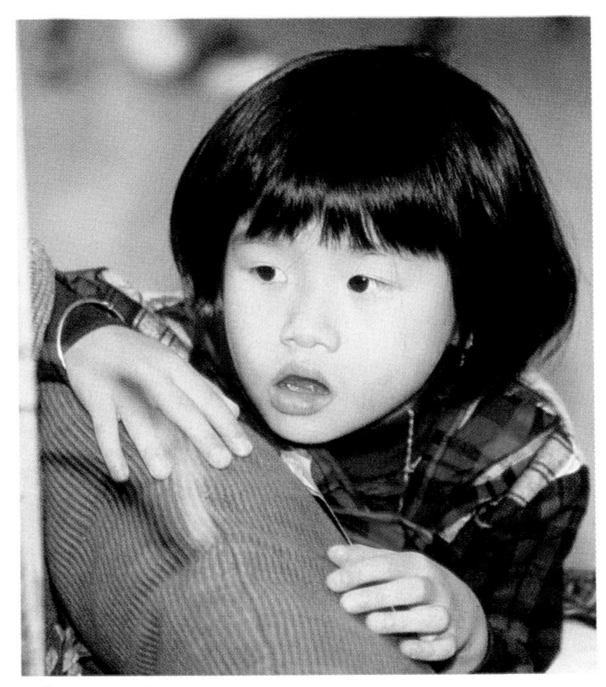

Ilustración 15.6 ¿Cómo ayudamos a los niños a manejar el estrés?

Muchas experiencias comunes que producen estrés en niños pequeños se relacionan con la familia. La mayoría de los adultos identificarían el divorcio, un cambio de casa, visitas prolongadas de un pariente, y un hermano nuevo como situaciones clásicas de estrés infantil. Sin embargo, hay causas más pedestres y menos dramáticas del estrés, las simples cosas cotidianas a que se enfrentan los niños: que les digan que no hagan algo, no tener amigos, ser ignorados por el papá o la mamá, experimentar cambios en su rutina, no saber leer, correr el cierre de una prenda o armar un rompecabezas. El estrés puede darse también en familias donde ambos padres tienen carreras de alta exigencia y los hijos sienten la necesidad de cumplir con estándares excepcionales de logro académico o excelencia en los deportes. Los padres apáticos, los que

LA DIVERSIDAD DE NUESTRO MUNDO LA DIVERSIDAD DE NUESTRO MUNDO LA DIVERSIDAD DE NUESTRO MUNDO LA DIVERSIDAD DE NUESTRO MUNDO LA DIVERSIDAD DE NUESTRO MUNDO

[1] Algunos mitos tardan en morir. El educador de la primera infancia debe conocer la demografía de los patrones de la familia.

ignoran a sus niños o no les dedican tiempo, y los padres que empujan a sus hijos a una actividad frenética, también les causan estrés. El estrés puede provenir además de ocasiones felices, días de fiesta, vacaciones, o un cachorro nuevo pueden representar un exceso de ilusión, estructura o estímulo para el niño.

Los niños responden al estrés de muchas formas. En los adultos, y a veces en los niños mayores, la depresión, el abuso de sustancias peligrosas, la falta de logros y la obsesión con el éxito económico son respuestas comunes al estrés. En los niños, las señales incluyen problemas de sueño (como pesadillas y sonambulismo), depresión, regresión al comportamiento de una etapa anterior, dolores, teatralidad, problemas para comer y reacciones excesivas, además de trastornos de salud (como dolores de cabeza, malestar estomacal y úlceras sangrantes) (Reed, 1986).

El estrés es una parte natural de la vida y un factor del desarrollo de todo niño. Repasen el capítulo 14 para ver las etapas de estrés que atraviesan los niños y maneras de ayudarles a manejar sus respuestas.

Ilustración 15.7 Cuando se han satisfecho las necesidades básicas, como comida y albergue, los niños están libres para desarrollar interés por otras personas y otras cosas.

Maltrato infantil y abandono

La crisis

En 1997, los servicios de protección infantil recibieron informes de más de 3 millones de casos de maltrato infantil y abandono, lo que representa un aumento de 41% desde 1988 (National Committee to Prevent Child Abuse, 1998). El respeto a los niños y la infancia se erosiona gravemente cuando los adultos violan la fe de los niños y su responsabilidad hacia ellos por la negligencia y el abuso. El cambio social en las últimas décadas ha puesto en peligro a muchos niños. Los cambios en la unidad familiar, el desempleo, la pérdida de financiación para los programas y de las subvenciones a familias, y la creciente tasa de divorcios han causado estrés en los padres y están teniendo un efecto negativo sobre el bienestar de los niños. Cuando a los niños no se les cuida convenientemente, los resultados a menudo son el abandono y el maltrato infantil.

Un niño descuidado puede ser uno cuyas horas de vigilia pasan casi sin supervisión adulta, frente a la televisión o simplemente sin relacionarse con sus padres o un cuidador importante, o ser notado por ellos. **El abandono infantil** toma, sin embargo, otras formas más peligrosas. Cuando no se satisfacen las necesidades básicas de comida adecuada, vestido, albergue y salud, los padres incurren en abandono. No dar los cuidados que necesitan los niños muestra descuido y falta de preocupación por ellos.

El maltrato infantil es la forma más grave de falta de respeto a los niños. La violencia en forma de malos tratos físicos y los abusos sexuales son un tratamiento inadecuado de los niños, cualquiera que sea el comportamiento de ellos. El lenguaje insultante y la agresividad física severa son otras formas de maltrato infantil que ocurren en las familias y, lamentablemente, en algunos entornos de atención infantil.

Las investigaciones hechas públicas sobre el abuso sexual a menores en centros de atención infantil, de preescolar y situaciones familiares han atraído la atención nacional a esta horrenda violencia. Sin embargo, las denuncias de abusos en la atención diur-

na, familias de acogida u otros escenarios de atención institucional, representan sólo un 3% de todos los casos confirmados en 1997 (Wang y Daro, 1998).[1] Se deba o no este incremento en la incidencia de un cambio en la disposición a denunciar, está claro que el maltrato de los niños no conoce barreras sociales, raciales ni económicas. Está ocurriendo con niños de todos los niveles del espectro social.

Estándares de atención

Para quienes trabajan en atención infantil, el centro de la cuestión se halla en la reglamentación y concesión de autorizaciones de los programas de primera infancia. A la luz de revelaciones recientes sobre incidentes en centros, necesitamos considerar con mucha atención quiénes se están encargando de los niños. ¿En qué entornos físicos, emocionales e interpersonales están viviendo nuestros niños? Las reglamentaciones de autorización para las escuelas y la titulación de los maestros varían ampliamente en todo el país. En primer lugar aseguran sólo unos estándares mínimos de salud y seguridad del entorno físico. El gran número de instalaciones de atención infantil no autorizadas y la calidad de los programas para niños son cuestiones urgentes. Las agencias de reglamentación y gobierno en la mayor parte de los estados carecen de suficiente personal y presupuesto para vigilar los escenarios de atención infantil.

Se está pidiendo acción a nivel nacional para aumentar la conciencia pública y la comprensión del maltrato infantil. Procedimientos normalizados de autorización, mejoramiento de la titulación de quienes trabajan en atención infantil, y **reconocimiento** nacional de todas las instituciones preescolares son algunas de las soluciones al problema que se mencionan con más frecuencia. Ayudar a los padres a identificar las cualidades que deben buscar cuando ponen a sus hijos bajo el cuidado de otros, es otra manera de impedir el maltrato infantil en los centros.

Se debería sospechar maltrato si un niño:

- Llega tarde constantemente, falta a la escuela periodos largos, o llega temprano y se queda hasta tarde, evitando ir a casa.
- Es retraído, pasivo, y no comunicativo o agresivo, destructivo, y nervioso.
- Tiene heridas no explicadas, demasiadas lastimaduras "explicadas" o una que no se explica debidamente.
- Se queja de muchas palizas, de que alguien "le hace cosas", estén los padres en casa o no.
- Va al baño con dificultad; tiene quemaduras, bultos, o moretones, le faltan mechones de pelo, tiene mal los dientes.
- Lleva ropa demasiado pequeña, manchada, o no apropiada para la estación, o usa ropa para tapar heridas.
- Está sucio, huele, está demasiado delgado o constantemente cansado; presenta deshidratación o malnutrición.
- Generalmente tiene miedo de otros niños o de los adultos.
- Se le han dado comidas no apropiadas, bebidas o drogas.
- Suele estar cansado o desganado o se duerme en clase.
- A menudo tiene hambre.
- Su ropa interior está desgarrada, manchada o con sangre; tiene magullones o sangra en las zonas genitales.
- Tiene problemas físicos sin atender o carece de la atención médica de rutina.
- Puede parecer indebidamente asustado ante los padres, puede asumir un papel protector con su papá o mamá, y/o carecer de supervisión por sus padres en el hogar.
- Presenta problemas de aprendizaje que no se pueden diagnosticar.

Ilustración 15.8 Un niño que muestre varios de estos signos debería investigarse como posible víctima de maltrato infantil. (Adaptado de *Child Abuse: Betraying a Trust*, 1995.)

El papel del docente

Los maestros tienen una función. Denunciar la sospecha de maltrato infantil es obligatorio por ley en *todos* los estados. Los educadores deben asumir la responsabilidad de informar a las autoridades pertinentes si sospechan que un niño a su cargo está siendo maltratado por los adultos. La ilustración 15.8 enu-

LA DIVERSIDAD DE NUESTRO MUNDO LA DIVERSIDAD DE NUESTRO MUNDO LA DIVERSIDAD DE NUESTRO MUNDO LA DIVERSIDAD DE NUESTRO MUNDO LA DIVERSIDAD DE NUESTRO MUNDO

[1] Estos casos a menudo son tratados con sensacionalismo por la prensa. Las cifras bajas de incidencia, sin embargo, no eliminan la necesidad de políticas y procedimientos claros en todos los programas de primera infancia.

mera las señales que debería buscar un maestro ante la sospecha de maltrato.[1]

La obligación de denunciar las sospechas de maltrato infantil se aplica a maestros, directores, consejeros, enfermeras escolares y miembros del personal de los centros de atención infantil y campamentos de verano. No se requiere conocimiento cierto de que haya habido maltrato; la denuncia se exige legalmente si hay causa razonable para sospechar que un niño ha sido maltratado. Para protección de quien denuncie maltrato o abandono, la persona que presenta el informe tiene inmunidad con respecto a responsabilidad civil o criminal si la denuncia se hizo de buena fe.

Qué hacer si se sospecha maltrato infantil

- Tomar notas del aspecto del niño, moretones, marcas o comportamientos que causen preocupación.
- Informar al director del programa y/o al supervisor inmediato; planear juntos quién informará a las autoridades pertinentes y cómo ponerse en contacto con los padres.
- Hablar de formas de apoyar al personal que haga la denuncia, a los padres y al niño.
- Llamar a la agencia designada localmente para casos de maltrato infantil. Puede requerirse un informe escrito dentro de las 24 o 48 horas siguientes.
- Respaldar a los padres en toda la investigación. Estar a disposición de los padres y el niño cuando tratan con las otras agencias que están calificadas y equipadas para hacer frente al problema.
- Hacer un seguimiento con asistencia o apoyo si así lo requiere la agencia de servicios de protección a la infancia. Ayudar a la familia trabajando con las personas que les estén aconsejando, y realizando servicios de apoyo a los padres.

Qué hacer si un niño les dice que ha sido maltratado

- Crean al niño; los niños rara vez mienten sobre el abuso sexual.
- Feliciten al niño por decirles lo que sucedió.
- Expresen su apoyo al niño. El mayor temor de los niños es tener la culpa y ser responsables del incidente. Es importante ayudarles a que no se culpen a sí mismos.
- Controlen sus propias reacciones, reconociendo que su perspectiva y aceptación son señales cruciales para el niño. No dejen traslucir sus propios sentimientos sobre el maltrato.
- Informen de la sospecha de maltrato a los padres del niño, a la agencia correspondiente de servicio social, y/o a la policía.
- Busquen agencias especializadas que evalúen a las víctimas de abusos sexuales y a un médico con experiencia y formación para detectar y reconocer el abuso sexual.

Fuente de información. *Child Sexual Abuse Prevention*. Washington, DC: (Departamento de Salud y Servicios sociales de los Estados Unidos, 1998.)

En algunos programas de primera infancia, los maestros y otros especialistas han comenzado programas para niños pequeños que les ayudan a reconocer y evitar los abusos. Más importante, quizás, los maestros deben mantenerse en estrecho contacto con los padres de todos los niños. Conociendo personalmente a los padres y estando en contacto con ellos regularmente, un profesional de primera infancia puede ser capaz de detectar los primeros signos de problemas inminentes de maltrato y descuido. El maestro perspicaz puede entonces apoyar a los padres en sus dificultades, ofreciéndoles ayuda con información sobre atención rápida a padres estresados, sugiriendo estrategias para evitar el estrés y la violencia, y recomendando ayuda profesional.

En 1996, NAEYC adoptó una posición sobre prevención de maltrato de menores, "Position Statement on the Prevention of Child Abuse in Early Childhood Programs and the Responsibilities of Early Childhood Professionals to Prevent Child Abuse", incitando a que los programas de primera infancia en hogares, centros y escuelas adoptaran un conjunto de normativas basadas en pautas tales como emplear el personal adecuado y la conveniente supervisión; entornos que

LA DIVERSIDAD DE NUESTRO MUNDO LA DIVERSIDAD DE NUESTRO MUNDO LA DIVERSIDAD DE NUESTRO MUNDO LA DIVERSIDAD DE NUESTRO MUNDO LA DIVERSIDAD DE NUESTRO MUNDO

[1] Un estudio de los conocimientos de los maestros sobre señales de abuso sexual en niños encontró que el 15% no era capaz de reconocer ni siquiera las más evidentes (Harvard Education Leter, 1995). Lung y Daro (1996) informan que mueren tres niños cada día debido al maltrato a manos de sus padres y señalan como causas el incremento de la pobreza, el abuso de sustancias peligrosas y la violencia.

Cody House

Gretchen Buchenholz

Miguelito tiene SIDA. Ha aprendido a andar en triciclo con una confianza que quita el aliento. Es capaz de comer sus cereales con cuchara. Con frecuencia se quita solo los zapatos y los calcetines. Está lleno de carácter y de alegría. Hay en él suficiente calidez para derretir el corazón más duro, bastante luz para iluminar la hora más oscura, y suficiente vida en él, cada día de su vida, para toda una vida.

Miguelito asiste a Cody House, un programa preescolar en el lado Este de la ciudad de Nueva York. Es uno de los seis programas que auspicia la Association to Benefit Children (ABC). Ahí, su soleada clase adquiere aún más brillo con las alfombritas rojas, amarillas y azules y las sonrisas de los niños más enfermos del mundo. Hay un jardín secreto en la parte trasera, un oasis hermoso y sereno. Hay palomas y malvas pintadas en la pared del jardín. Todas las palomas vuelan hacia el cielo. Algunas llevan el nombre de un niño que ha muerto, Wilfredo15/9/91, Tenay 30/6/91, Sergio 9/4/94, Franklin 24/9/94, James 29/1/94, Laurie 17/10/92, Lisa 23/12/93, y Jacqueline 30/1/95. Otros esperan. Eugenio está chapoteando en la piscina. Se oye la risa de Tania, que está jugando.

Cody House es un lugar cálido y afectuoso y proporciona la atención de cerca y las terapias especiales que son imprescindibles para el óptimo desarrollo mental, físico, emocional, social y espiritual de cada niño. Como Cody House atiende a niños que tienen enfermedades mortales, el programa está diseñado específicamente para manejar las necesidades médicas de los niños y al mismo tiempo satisfacer las educativas, sociales y emocionales. A los niños que requieren infusiones diarias, personal con entrenamiento médico les dan sus tratamientos durante el día escolar. Junto con el debilitante estrés emocional y físico de la enfermedad en sí, las familias de los niños pequeños con enfermedades terminales a menudo ven sus vidas perturbadas por los tratamientos médicos. Las hospitalizaciones hacen difícil que las familias mantengan la rutina relativamente estable, tan crucial para la salud emocional de cualquier niño pequeño. Los niños que se habrían enfrentado a noches de hospital en escenarios estériles y atemorizadores, rutinarias pero perturbadoras, pueden ahora recibir el mismo tratamiento en el entorno "normal", más estimulante, del aula. Las vidas se normalizan; el tiempo de vida aumenta.

Cody House hace de los servicios de apoyo a la familia una parte integral del programa educativo. Proporciona el abanico de servicios necesarios para satisfacer las necesidades de cada miembro de la familia e incluye servicios educativos, pediátricos, nutricionales, de rehabilitación, psicológicos, y de terapia de lenguaje. ABC ha creado en Cody House un refugio seguro y un lugar de esperanza para muchas familias que encaran la devastadora combinación de enfermedad terminal y pobreza. Cody House es un lugar donde los padres encontrarán sustento y los niños ternura tranquila, el tiempo para lavarle el pelo a una muñeca o poner jalea sobre la tostada.

Otros establecimientos preescolares de ABC son para los sin hogar, los discapacitados y niños delicados de salud, así como para niños de los vecindarios en donde están ubicados. Debido a que se reúnen niños vulnerables con otros que se desarrollan normalmente, la experiencia de cada niño hace su contribución única a la experiencia colectiva de todos. Los niños tienen más similitudes que diferencias, porque les interesan las mismas cosas. Les interesa transformar la masilla en serpientes y tartas de cumpleaños, cantar canciones tontas y rodar por la hierba tierna. Todos los niños necesitan ser parte de la corriente de la vida. En ABC lo son. Se les conoce y se les quiere por sus puntos fuertes, no por sus limitaciones. Y todos ganan infinitamente en paciencia y ternura y comprensión. Cuando a los niños se les permite aprender y jugar y reír juntos, el respeto y el aprecio por la diversidad llegan a formar parte de sus vidas para siempre.

Gretchen Buchenholz es la directora ejecutiva de Association to Benefit Children, Nueva York, N.Y.

reduzcan la posibilidad de lugares escondidos; orientación y formación sobre detección, prevención y denuncia de maltrato infantil; políticas definidas y claras para un ambiente seguro; evitar que los cuidadores y el personal docente creen normativas de "no tocar". Con respecto a la contratación de personal, NAEYC recomienda que los programas de primera infancia en hogares, centros o escuelas inicien normativas que requieran entrevistas personales, verificación de referencias y antecedentes y calificaciones de educación, comprobación de antecedentes penales, y revelación de condenas anteriores. Los empleados nuevos deberían trabajar en un periodo de prueba, y los programas deberían tener normativas que consideraran el despido de cualquiera cuyo rendimiento sea inaceptable. También deben existir procedimientos para responder a un acusación de maltrato infantil y proporcionar el debido proceso legal al acusado (NAEYC, 1997). Todos los implicados en la atención y la educación de la primera infancia harían bien en conseguir un ejemplar de la declaración y usarla para reflexionar sobre la eficacia de las normativas y procedimientos de su propio programa.

Los niños y el SIDA

El cuadro de atención de Gretchen Buchenholz es un ejemplo de cómo enfrentarse a los prejuicios ante un grupo de niños que suelen ser tratados injustamente por su discapacidad. La historia marca el tono para tratar el tema crucial de los niños y el SIDA.

El *Síndrome de inmuno-deficiencia adquirida* (SIDA) es una enfermedad contagiosa que destruye el sistema inmunológico, dejándolo incapaz de defenderse de bacterias nocivas, virus, etcétera. Enfermedades que normalmente no amenazan la vida de una persona sana pueden provocar la muerte en alguien que tenga SIDA. Cuando lea esta sección, se recuerda al estudiante que las estadísticas e informaciones sobre el SIDA están cambiando continuamente; se le recomienda que consulte los datos de las investigaciones más recientes.

El SIDA está causado por el virus de inmunodeficiencia humana (HIV), que es principalmente de transmisión sexual, aunque puede pasar de una persona a otra por contacto con la sangre, productos sanguíneos, o por secreciones corporales que se mezclen con la sangre. El virus del SIDA puede estar presente en la sangre aunque no se desarrolle completamente el síndrome. Sin embargo, se puede transmitir la infección aunque la persona portadora no presente síntomas.

Se cree que el SIDA apareció por primera vez en la década de 1970, aunque la documentación de pacientes con SIDA no comenzó hasta 1979. En los Estados Unidos la enfermedad prevalece en los varones (85% de las víctimas de SIDA son hombres) y aparece principalmente en homosexuales, personas que se inyectan drogas en vena, y hemofílicos u otras personas que reciban transfusiones de sangre contaminada.

Los niños también son víctimas del SIDA. Los que corren mayor peligro son:

- Los nacidos de madres con SIDA.
- Los lactantes cuyas madres con SIDA les dan el pecho.
- Los lactantes y niños que reciben transfusiones de sangre (los programas de análisis de sangre pueden haber reducido este riesgo).
- Los niños que han sufrido abusos sexuales.

La mayor incidencia de SIDA pediátrico se da en áreas metropolitanas, en grandes ciudades que también presentan una tasa alta de uso endovenoso de drogas. Los niños afroamericanos representan el 52% de los casos reportados de SIDA pediátrico; los latinos, el 25%; el 23% restante son niños euroamericanos. Aproximadamente el 80% de los niños diagnosticados fueron contagiados por sus madres antes de nacer o en el parto. Entre 1992 y 1996, sin embargo, el número de recién nacidos en Estados Unidos que contrajeron SIDA disminuyó un 43%. Esta reducción se acredita al uso de la droga conocida como AZT, que se da a las madres infectadas como parte de su atención prenatal (Children's Defense Fund, 1998). En todo el mundo, sin embargo, no les va tan bien a los niños. UNAIDS, un programa de las Naciones Unidas, estima que para finales de 1997, un millón de niños menores de 15 años vivían con SIDA, más del 90% de ellos en países en desarrollo (Centers for Disease Control and Prevention, 1998).

En cuanto a razas y etnias, la proporción de casos de SIDA en Estados Unidos en 1996 se distribuye así:

	Para la población total	*En niños Menores de* 13 años
Blancos, no hispanos	72%	64%
Negros, no hispanos	12%	15%
Hispanos	12%	16%
De Asia/Islas del Pacífico	3%	4%
Autóctonos	1%	1%

(Centers for Disease Control and Prevention, 1998)

Los mayores temores, y falsos conceptos, sobre el SIDA son cómo es la enfermedad de contagiosa y de qué manera se transmite. El contacto sexual y la mezcla de sangre son las dos vías conocidas de infección, y no se conoce ni un caso de otro tipo de transmisión, ni siquiera en miembros de la familia cercana de pacientes de SIDA. Ningún niño ha contraído SIDA por el contacto corriente con otros niños. Ninguno de los casos de SIDA en Estados Unidos se ha transmitido en un escenario escolar ni de atención infantil ni por abrazarse, compartir un vaso o un plato, compartir cuartos de baño, o besarse si no es en la boca (Centers for Disease Control and Prevention, 1998).

El papel del docente

El número de víctimas de SIDA se multiplica rápidamente. Los Centros de prevención y control de la enfermedad predicen un incremento continuado en la población heterosexual y en los bebés. Los profesionales de la primera infancia tienen claramente un papel con respecto a esta enfermedad mal comprendida:

- Sean una fuente de información para padres y otros maestros. Manténgase al tanto de los datos actuales y eduquen a otros sobre las *verdades* a propósito del SIDA.
- Sepan contestar las preguntas que hagan los preescolares. Comiencen a educar a los niños.
- Examinen sus propias actitudes sobre las enfermedades de transmisión sexual, la homosexualidad, y el uso de drogas.
- Manténganse al día sobre la investigación sobre el SIDA; la información cambia rápidamente y se publica con frecuencia.
- Tomen precauciones apropiadas, lavado cuidadoso de manos y uso de guantes de plástico cuando pueda haber contacto con sangre.
- Estén preparados para aconsejar a los niños y sus familias en las enfermedades largas y la muerte, igual que con otras enfermedades fatales.
- Elaboren normativas escolares que reflejen los conocimientos actuales y las recomendaciones de los expertos médicos.

Situación de riesgo: niños necesitados

Es una preocupación importante para los educadores del siglo XXI un grupo de norteamericanos que están destinados a tener una participación limitada en la corriente social, política y económica de la vida nacional. Los niños que corren el riesgo de fracasar en la escuela es probable que sean: los que viven en la pobreza, los de grupos minoritarios en aislamiento racial, los que tienen diversas discapacidades físicas y mentales, los que no dominan el inglés, los hijos de familias de un solo progenitor, o los que asisten a escuelas con alta concentración de alumnos que viven en la pobreza (National Study Panel on Education Indicators, 1991).

Millones de niños están sumergidos en la pobreza y corren el riesgo de repetir los ciclos que los mantienen pobres y desfavorecidos. Como dice Edelman (1993),

> Los niños pequeños son los norteamericanos más pobres. Casi uno de cada cuatro niños norteamericanos menores de seis años vivía en 1990 en una familia con ingresos inferiores al nivel de pobreza, y más de uno de cada 10 en una familia con ingresos inferiores a la mitad del límite de la pobreza. Vivir en la indigencia significa que con demasiada frecuencia la nutrición y la salud de los niños se posponen al pago del alquiler o de la calefacción; después de pagar el alquiler, a una familia pobre típica con hijos le queda un promedio de $3,49 por día para gastar en todas las otras necesidades.

Estos niños y jóvenes están poco educados, son casi analfabetos y carecen de las habilidades necesarias para emplearse. Existe riesgo grave de que abandonen la escuela y se conviertan en padres adolescentes que perpetuarán el ciclo. Aunque el número de niños menores de 6 años aumentó en menos del 10% entre 1971 y 1991, el número de niños pobres menores de 6 años aumentó en más del 60% (Carnegie Foundation, 1995). La población de niños que viven en familias trabajadoras pobres saltó de 3,4 millones a 5,6 millones en los últimos 20 años (Casey Foundation, 1995). Y, aunque la feminización de la pobreza siga siendo una realidad (en 1989, 51% de los hijos de familias encabezadas por mujeres vivían en la pobreza), para

1994 sólo el 14% de todos los niños de familias trabajadoras pobres eran hijos de madres adolescentes, y la mitad de los niños vivían en familias constituidas por una pareja casada.

El rostro de la pobreza infantil es, en realidad, diverso. Hay una llamativa correlación entre pobreza y fracaso escolar. Los niños que comienzan en desventaja se van quedando atrás en logros académicos cada vez más, a lo largo de sus años de escuela.[1]

La población escolar cambiante sugiere que estos problemas no harán sino aumentar al crecer la proporción de grupos minoritarios (porque están excesivamente representados entre los pobres), al hacerse cada vez mayor el porcentaje de niños por debajo del umbral de pobreza, y al cambiar los patrones tradicionales de crianza infantil y matrimonio, así que menos niños tendrán las ventajas emocionales y educativas de una familia con ambos padres.

Hace falta un esfuerzo dramático e intenso de reforma para los niños en situación de riesgo, y se están considerando varias soluciones. Con el 20,5% de los niños de Estados Unidos en la pobreza, los límites van del 16,3% al 40,3% por raza o etnia (Children's Defense Fund, 1998), el compromiso y la acción son urgentes. Como afirma la National Commission on Children (1991):

> . . . Demasiados niños y adolescentes de hoy llegarán a la edad adulta con mala salud, analfabetos, sin posibilidad de conseguir empleo, carentes de dirección moral y sin visión de un futuro seguro. Es una tragedia personal para los jóvenes involucrados y una pérdida abrumadora para el conjunto de la nación. Debemos comenzar hoy a colocar a los niños y sus familias en el primer lugar de la plataforma nacional.

Familias y comunidades

La familia de hoy en día toma muchas formas, tamaños y estilos. Una familia puede ser:

- De dos carreras, con ambos padres trabajando fuera del hogar y los niños en atención infantil.
- El padre o la madre manteniendo a los niños, con escasa o ninguna ayuda, económica o personal, del progenitor ausente.
- Padres mayores que crían a sus nietos.
- Padres adolescentes que viven con el sostén de la familia, o sin él.
- Una familia compuesta, adultos con hijos que se han vuelto a casar y formado una nueva estructura, con los hijos viviendo con ellos total o parcialmente.
- Una familia extendida (o varias familias) que ocupan juntas una vivienda pequeña.
- Una pareja de homosexuales o lesbianas que crían niños.
- Una persona no casada que vive sola o con otros que no tienen hijos.

En realidad, la familia norteamericana ha evolucionado tanto en las últimas décadas que el Children's Defense Fund (1998) informa:

- Uno de cada dos preescolares tiene a su madre en la fuerza laboral.
- Dos tercios de las mamás de niños pequeños (6 años y menos) trabajan fuera del hogar; el 55% de las mujeres trabajadoras aportan la mitad o más de los ingresos familiares.
- Uno de cada dos niños vivirán con uno solo de sus padres en algún momento de la niñez.
- Familias con hijos representaban más de un tercio de los americanos sin hogar en áreas urbanas, que solicitaron albergue en 1997.
- Uno de cada tres niños será pobre en algún momento de su infancia.
- Estados Unidos ocupa el primer lugar entre los países industrializados por su producto interno bruto, pero el décimo octavo en cuanto a la brecha entre niños ricos y pobres.

LA DIVERSIDAD DE NUESTRO MUNDO LA DIVERSIDAD DE NUESTRO MUNDO LA DIVERSIDAD DE NUESTRO MUNDO LA DIVERSIDAD DE NUESTRO MUNDO LA DIVERSIDAD DE NUESTRO MUNDO

[1] Es una paradoja del siglo XXI que casi la mitad de nuestra población escolar se considere "en situación de riesgo". Al ir aprendiendo más sobre lo que constituye la dificultad de lograr éxito en la escuela, y haciendo valoraciones sobre más que el simple rendimiento académico a nivel de grado, nuestro concepto de "riesgo" se diversifica y exige un compromiso mayor con la reforma de la escuela.

Lo cambiante de la estructura familiar y las circunstancias afecta a los profesionales de la primera infancia de diversas maneras. Los maestros deberían entender la naturaleza de estos cambios y sus efectos sobre las familias y los niños. ¿Qué nuevas pautas de crianza necesitarán las familias?, ¿cuál es el papel de los educadores en la nueva familia norteamericana?

Divorcio y estructuras familiares

Tal vez el cambio que más ha afectado a los niños sea la tasa de *divorcio*. La tendencia al aumento de los divorcios es significativa. Casi el 50% de los matrimonios termina en divorcio, y cinco de cada diez niños nacidos en la década de 1990 pasarán parte de sus años de crecimiento en un hogar de un solo padre (Osborn, 1991; Children's Defense Fund, 1998).[1] Un escolar de cada tres tiene padres divorciados, el 30% de estos niños están con su padrastro o madrastra y el otro 70% vive sólo con su mamá o con su papá (Clarke-Stewart, 1989). Las cuestiones para los maestros son (1) manejar los efectos del divorcio en los niños y (2) apoyar el proceso de recuperar y continuar la vida familiar. Los efectos del divorcio se sienten durante años. Superar el divorcio y seguir con una vida productiva es crucial para los hijos y los padres; los maestros pueden ayudar.

Los efectos del divorcio se hacen sentir en los niños mucho antes del hecho en sí. Los niños presentan "estrés familiar pre-divorcio" con comportamiento más agresivo o impulsivo, y los padres muestran el estrés con dolores de cabeza, fatiga, cambios de humor o depresión. La reacción inicial de los niños a la separación de sus padres es, shock traumático y angustia (las respuestas de "etapa 1" al estrés como se describió en el capítulo 14). Aunque los padres no estén en conflicto violento, ningún niño se siente feliz con un divorcio (Clarke-Stewart, 1989). Después del divorcio, muchos padres trabajan demasiado y se sienten abrumados. A menudo los niños son descuidados, o quedan con menos de lo que podían proporcionarle ambos padres, incluyendo sostén emocional y económico. Los estudios indican que después de un divorcio las mujeres sufren una disminución drástica de los ingresos (Galinsky, 1986). Como el 90% de los niños de familias divorciadas viven con sus mamás, la mayoría de los niños de divorciados sienten el desastre económico.

La acomodación al divorcio es difícil, y sus efectos psicológicos sobre los niños llegan a sentirse hasta en la edad adulta. "El divorcio es una experiencia acumulativa para el niño. Su impacto crece con el tiempo", escribe Wallerstein (1997), informando sobre un proyecto de investigación de 25 años iniciado en los primeros de la década de 1970. Por ejemplo, de las personas que tenían entre 2 años y medio y 6 años cuando sus padres se divorciaron, un tercio no siguió estudios después de la secundaria, aunque el 40% de ellos se graduó en una escuela universitaria.

Crecer en una familia divorciada no significa que los niños no puedan vivir felices. Afortunadamente, los niños son sorprendentemente resistentes. La edad y el sexo de los niños involucrados parecen tener alguna influencia sobre su acomodación. Los niños muy pequeños se recuperan más fácilmente que los mayores, y los varones reaccionan con más intensidad que las niñas ante la pérdida de su papá en el hogar (Carlisle, 1991). La capacidad de los padres para ser cariñosos y estar disponibles marca una diferencia, igual que la relación entre ellos y la calidad de la relación de los hijos con ambos padres.

¿Qué pueden hacer los maestros? Primero, los maestros deberían estar informados sobre qué esperar de los niños en el ciclo de divorcio. Pueden ayudar a los padres a conseguir ayuda exterior, como un grupo de apoyo a los padres, servicios de bienestar social de la comunidad, o línea urgente para padres con estrés. Especialmente con los padres que se divorcian, los maestros deben planear estrategias para la intervención de la familia que tengan en cuenta las demandas de trabajo, recursos y experiencia de los padres mismos. Con los niños, los maestros son abiertos y directos en cuanto a la realidad de diferentes tipos de familias (véase la sección "Apoyo de la comunidad y la escuela"). Más aún, deben darse cuenta de que el divorcio "superpone una serie de tareas especiales y difíciles a las tareas normales de crecer" (Wallerstein, 1997). Los maestros ayudan a los niños y a los padres a comprender y superar los desafíos y responsabilidades del matrimonio y la vida familiar. Proporcionar un lugar y un tiempo para curar heridas hace de un programa u hogar de

LA DIVERSIDAD DE NUESTRO MUNDO LA DIVERSIDAD DE NUESTRO MUNDO LA DIVERSIDAD DE NUESTRO MUNDO LA DIVERSIDAD DE NUESTRO MUNDO LA DIVERSIDAD DE NUESTRO MUNDO

1 Consideren los relatos que se leen a los niños pequeños., ¿Se refleja la realidad?, ¿esta realidad se refleja en mensajes enviados del programa al hogar?, ¿cuándo se programan reuniones de padres sobre el programa?

atención infantil en familia un refugio seguro para comenzar la curación y recuperarse. Las sugerencias (Carlisle, 1991) incluyen:

- *Conozcan a sus niños.* Conversen con las familias con la mayor frecuencia posible y estén al tanto del estrés familiar y las crisis.
- *Hablen sobre sentimientos.* La ira y la tristeza son predominantes, junto con la culpa, la pérdida, la indefensión y la soledad; un maestro comprensivo puede hacer mucho por ayudar a un niño a sentirse menos solo y puede ofrecer oportunidades apropiadas, mediante momentos íntimos, títeres y muñecas, dibujos no estructurados, representación de roles y dibujo creativo, de expresión.
- *Utilicen biblioterapia.* Los libros son herramientas poderosas para conectarse con los niños, con comprensión y bondad. También son recursos maravillosos para las familias.
- *Manténganse conscientes de la diversidad de las familias.* Incluyan muchas estructuras familiares en el currículum, durante conversaciones informales, con cualquier correspondencia con el hogar.
- *Incluyan una comunicación sincera con los padres y miembros de la familia.* El divorcio tiende a complicar la comunicación entre maestros y padres. Hagan los ajustes necesarios en las conversaciones, hojas de noticias y notas sobre el niño para incluir tanto a los padres que tienen la custodia como a los que no la tienen, tanto como sea posible.

Trabajo, economía, y políticas públicas: los padres que trabajan

Dos tercios de todos los preescolares menores de 6 años tienen madres que trabajan (Children's Defense Fund, 1998), y el porcentaje se eleva cuando se consideran también los niños en edad escolar. Las madres que trabajan afectan a la familia y al maestro.

Las consecuencias para las familias son considerables. Para las mujeres, el doble papel del empleo o la carrera y la atención a la familia puede ser abrumador, creando un conflicto grave y el estrés de la fatiga crónica. Los hombres están mirando su papel bajo una luz diferente; muchos aprenden a implicarse más en la crianza de los niños y cómo ajustarse a un nuevo papel de sostén económico.[1] Para ambos padres, se presentan tres cuestiones importantes: la preocupación por una buena atención infantil, la lucha por dar "tiempo de calidad" a los niños y a la unidad familiar, y la carga económica. Sin licencia por nacimiento, los padres se ven obligados a volver al trabajo durante los cruciales primeros meses de vida o perder ingresos e incluso su trabajo. El Children's Defense Fund (1998) informa de un estudio que encontró que las ganancias anuales de mujeres sin licencia con protección del empleo cayeron un 29% el primer año después de tener un bebé, por comparación con un 18% en los casos de licencia con protección del empleo.

Para los educadores, las familias que trabajan tienen cuestiones especiales nuevas. Al haber más padres ocupados plenamente por su trabajo durante la jornada escolar, están menos disponibles para participar directamente en el aula de forma constante. Los maestros planifican oportunidades *flexibles* para que se involucren en la educación de sus hijos. "Igual que los cambios en la sociedad han ocasionado una mayor necesidad de servicios para la primera infancia, también la ingeniosidad y creatividad de los profesionales llevará al desarrollo de servicios adaptados a las nuevas realidades de la familia" (Caldwell, 1989).

En el sector público, varias propuestas han ganado fuerza en la década de los 90. La más exitosa hasta ahora, la ley ABC de 1990, adjudicaba dólares federales a los estados para que proporcionaran apoyo a los centros, mejorando la calidad de los servicios infantiles disponibles. El comité nacional National Commission on Children, en 1990, recomendó un crédito impositivo ($1.000 por hijo) como parte de un plan de gran cobertura para apoyar a los niños y las familias. En 1991, se introdujo legislación para establecer dinero en el presupuesto federal, de forma regular, una especie de "fondo fiduciario de inversión de los niños". El grupo de presión de Washington del conocido pediatra T. Berry Brazelton, Parent Action, está reuniendo apoyo para una licencia médica familiar que permitiría a los padres de los recién nacidos tomar varios meses de licencia sin goce de sueldo en sus trabajos para estar en

LA DIVERSIDAD DE NUESTRO MUNDO LA DIVERSIDAD DE NUESTRO MUNDO LA DIVERSIDAD DE NUESTRO MUNDO LA DIVERSIDAD DE NUESTRO MUNDO LA DIVERSIDAD DE NUESTRO MUNDO

[1] Los enormes cambios en comportamiento social han producido actitudes cambiantes sobre los adultos. Sin embargo, hay grandes diferencias entre los distintos grupos culturales y entre individuos adultos en cuanto al valor de los niños y su atención. No supongan que un cambio en lo que ustedes consideran un patrón familiar "tradicional" equivale a un menor compromiso con los niños.

casa y establecer un vínculo de cariño y un escenario familiar, tan crucial para el bienestar y la supervivencia de los lactantes.

El valor de los niños queda demostrado en el apoyo que se da a los padres mediante planes basados en el empleo o en el hogar. Dicho apoyo es esencial para la salud y la educación de los niños y para sus perspectivas futuras como personas y trabajadores. La mayor parte de los países europeos proporcionan fondos para programas públicos para los niños y servicios de apoyo a los padres, en proporción mucho más alta que en este país. Las políticas públicas son reflejo de la actitud y los valores que tenemos como nación con respecto a los niños y las familias, y las desigualdades son notorias. Tenemos ante nosotros una tendencia futura hacia políticas públicas más claras y de más respaldo. Las políticas y las actitudes deben cambiar para que sea más atractivo para los adultos pasar tiempo con los niños, pues, con las palabras del representante de Colorado Pat Schroeder (1991), "He visto el futuro y lleva pañales".

Apoyo de la comunidad y la escuela

La relación entre las escuelas y la comunidad en general, y las familias a quienes sirven, dicta el papel que juegan las escuelas en la vida de las familias. Sin embargo, como señala Children's Defense Fund (1998),

> Nuestras comunidades, nuestros lugares de trabajo, y nuestra nación, ofrecen poco apoyo a los padres inmersos en la tarea extraordinariamente difícil de cuidar de los niños pequeños. A diferencia de prácticamente todos nuestros competidores de Europa occidental, Estados Unidos no tiene políticas de licencia por nacimiento (con o sin sueldo) para permitir a los padres quedarse en casa con un lactante sin poner en peligro sus empleos y sus ingresos. A diferencia de esas mismas naciones, no hemos conseguido asegurar la disponibilidad de atención infantil de alta calidad y a precio asequible.

Al mismo tiempo, la historia de la educación en Estados Unidos es la historia de "asumir progresivamente" (Elkind, 1991). Esto significa que la tendencia a lo largo del tiempo es que las instituciones educativas asuman funciones que antes realizaba la familia. Hay dificultades en esta progresión, con todo, pues las escuelas están remisas a asumir algunas de estas responsabilidades y los padres están recelosos de abandonarlas.

Ilustración 15.9 ¿Qué responsabilidades tiene la comunidad con los niños pequeños y sus familias?,¿cómo influyen las familias con niños pequeños en la comunidad en donde residen? Unen sus fuerzas para abogar por cuestiones importantes para la primera infancia. (Cortesía de Stand For Children.)

En la época colonial, las escuelas eran principalmente programas privados, relacionados con las iglesias, para varones. Después de la Revolución, el gobierno comenzó a crear un sistema nacional de escuelas públicas, basado en la convicción de que una democracia exige participantes alfabetizados. La tendencia continuó hasta que "público" incluyó a las mujeres y a la gente de color. En nuestros días, el gobierno proporciona subvenciones a las escuelas para que den comidas gratis o a bajo costo, servicios de medicina y odontología y programas de educación física, aunque muchos de ellos están amenazados en el momento en que se imprime esta obra.

En los últimos 25 años, las escuelas han seguido haciéndose cargo de más funciones de crianza de niños. El concepto de escuela ha variado junto con el concepto de familia. Antes, las obligaciones educativas se dividían en dos tareas complementarias, ocupacional (por las escuelas) y personal (por los padres). El poco tiempo que tienen los padres de hoy, sumado a las cuestiones de la calle, drogas, violencia, sexo y otras, exige una definición renovada y un sentido de misión para las escuelas.

Las escuelas tienen un papel clave en fomentar la intervención de los padres en la educación y en la vida familiar. Coleman (1991) describe este papel como reconstruir el "capital social" tanto dentro de la familia como en la comunidad. Basándose en un modelo económico, el capital social se refiere a la riqueza y los recursos que las relaciones sociales proporcionan al niño. La fortaleza de estas relaciones sociales ayuda a moldear los hábitos del niño, establecer normas de comportamiento aceptable, y favorecer el desarrollo del carácter de los niños, metas a largo plazo, e incluso logros educativos.

Un ejemplo de la escuela como reflejo de la vida de la comunidad es el del sistema de Reggio Emilia, descrito en esta obra (véanse los capítulos 2, 5, 8, 9, y 11 a 14). El fundador Malaguzzi comprendió que no se podía pensar en el niño de forma abstracta, sino conectado estrechamente con el mundo de las relaciones y las experiencias. Tanto Vygotsky (véanse capítulos 4 y 13) y Bronfenbrenner (véase capítulo 2) recalcan estos lazos, y el sistema de Reggio lo pone en práctica de varias maneras. Los padres son electos a las juntas escolares locales y así influyen (y son influidos por) una conexión estrecha con el proceso de toma de decisiones en torno a prioridades educativas. Además de las "excursiones", los niños son esperados y deseados en los lugares públicos, en vez de simplemente tolerarse, como sucede en buena parte de Estados Unidos.

La cuestión en Estados Unidos hoy en día es definir un nuevo papel para las escuelas. Uno que muchos programas de primera infancia ya representan bien es proporcionar caminos para fortalecer los recursos de los niños en la familia. Algunas maneras específicas incluyen un enfoque amplio a las familias, de modo que el programa de primera infancia se integre completamente en la familia a la que atiende. Los sistemas escolares pueden ayudar a los padres a conseguir los necesarios servicios médicos, dentales, mentales, laborales y sociales, colaborando con otras agencias e individuos. Los maestros que entienden el poderoso papel de la familia y los estilos de crianza en los valores que se desarrollan en el niño harán esfuerzos especiales por incluir a los padres en los "cómo hacerlo" de la disciplina, la autoayuda, la resolución de problemas o las tareas para casa. Ofreciendo a los padres modos personales y significativos de participar, los educadores promueven que los padres se involucren con sus propios hijos. De este modo el "capital social" de los niños es rico y profundo, dándoles abundantes recursos de donde nutrirse mientras crecen.

"Se necesita una aldea para criar a un niño". Este viejo adagio cobra nuevo significado en la sociedad de hoy. Pero, ¿qué es la comunidad de la aldea actual? John Gardner (1990) da una definición inquietante:

> Es en la comunidad donde se nutren los atributos que distinguen a los seres humanos como criaturas sociales. Las familias y las comunidades son los generadores básicos y preservadores de valores y sistemas éticos...(Los valores) se generan principalmente en la familia, la escuela, la iglesia, y otros escenarios íntimos en los que las personas se tratan cara a cara...Sabemos que donde existe una comunidad ésta confiere a sus miembros identidad, sentido de pertenencia, y cierta medida de seguridad...De la cultura de su lugar de origen, las cosas, las costumbres, las hazañas celebradas de sus antepasados...los seres humanos (aprenden) un sentido de comunidad.

Vemos una tendencia futura hacia el hecho de que la educación forme parte de esa "aldea", asociándose padres, maestros, juntas escolares, y grupos comunitarios, trabajando concertadamente para satisfacer las necesidades infantiles. Como parte de este esfuerzo, los profesionales de la primera infancia proporcionan los conocimientos y la comprensión del desarrollo del niño, pero también la capacidad de relacionarse con todos los niños, padres y colegas con compasión, empatía y comprensión. Los programas de primera infancia pueden contribuir a articular los *valores compartidos* de la comunidad y el respaldo a la *diversidad* de la comunidad entera. La *confianza* y *el trabajo en equipo* se aúnan para cuidar de los miembros de la comunidad de todas las edades y fomentar la *participación plena* en la toma de decisiones así como en los servicios. Los niños dependen de "aldeas" saludables, por detrás sólo de sus propias familias, para convertirse en miembros de una comunidad mundial (Young-Holt, comunicación personal, 1991).

Para los niños

¿Qué necesitan, entonces, los niños de la familia? Se han identificado tres áreas que afectan enormemente al desarrollo infantil: los modelos de rol, los valores familiares, y la **"ecología" de la familia**.

Modelos de rol. La forma en que la gente se ve a sí misma y a su papel en la vida está sufriendo una transformación considerable. Las mujeres que son cabezas de familia y los hombres que participan seriamente en la tarea de padres es probable que traten a sus hijos de forma diferente que los de la familia nuclear tradicional. Tienen nuevas ideas y costumbres sobre cómo se tratan los padres e hijos mutuamente, lo que hacen y de qué hablan, y quién es responsable de la crianza de los hijos. Las familias compuestas tendrán, además, otro conjunto de cuestiones para decidir juntos sobre cómo ser padres. Todos estos cambios afectarán a los tipos de padres que experimenten los niños. El poder y la costumbre deben dejar paso a las necesidades de los niños.

La familia y sus valores. Los cambios importantes en la estructura familiar piden maneras nuevas de conservar la familia y sus valores. Para manejar los cambios que ocurren en la sociedad, debemos considerar varias posibilidades, desde cuestiones económicas hasta la diferenciación de papeles en los sexos. Los adultos deben cuestionarse y aclarar sus valores sobre los niños, la atención y la crianza infantil. Las familias con hijos pequeños dependen cada vez más de agencias fuera de sus redes sociales informales en cuanto a sostén material, emocional e informativo, como queda demostrado por la creciente utilización de servicios de información y referencia. La atención de la primera infancia y la comunidad educativa tienen una responsabilidad central con respecto a esta tarea. Cómo ayudar a la familia es la cuestión más importante para el futuro de nuestra sociedad.

Ecología de la familia Bronfenbrenner (véase el capítulo 2) emplea la frase "ecología del desarrollo" para describir el sistema o la red de relaciones familiares y culturales que influyen significativamente en la forma en que se desarrollan los niños (véase también el comentario de Vygotsky en los capítulos 4 y 13). Igualmente importante, esta red es algo sobre lo cual los niños mismos tienen influencia significativa. Este principio sugiere que se mire más allá de las edades y etapas del desarrollo infantil hacia el contexto más amplio en el que crece el niño (véanse los comentarios sobre el enfoque antiprejuicios, capítulos 9 y 11 a 14).

Tiene sentido considerar las formas en que padres e hijos se afectan mutuamente en el crecimiento. Galinsky (véase el capítulo 8) establece etapas de desarrollo de los padres que afectan la manera en que se consideran dentro del ciclo vital de una familia. Los padres son seres humanos que crecen y cambian, y

Ilustración 15.10 Cuando ambos padres trabajan fuera del hogar, surgen nuevos papeles para el papá.

sufren la influencia de las personalidades de sus hijos, de sus exigencias y de sus edades. La familia original de los padres, sus amigos, sociedad, cultura y religión, todos tienen influencia en su forma de pensar. A su vez, los padres influyen en sus hijos por el modo en que disciplinan, muestran afecto o lo contienen, por los materiales que proporcionan, y las expectativas que tienen para sus hijos a diversas edades.

El papel del docente. El papel del maestro y el sistema escolar es aceptar a los niños y las familias como son, e invitarlas a participar en el proceso de educación y cuidado de los niños. Por lo tanto, el primer papel del maestro es el de *recurso para los niños*. Los maestros organizan el espacio y desarrollan material que anima a una amplia participación. Aclaran los roles e interpretan el comportamiento de otros para los niños, así aprenden a entender y a ser capaces de actuar por su cuenta de manera socialmente responsable. Los maestros intentan llevar al niño al excitante mundo del aprendizaje. La mejor forma de hacerlo es con opciones que inviten a una libertad de respuesta.

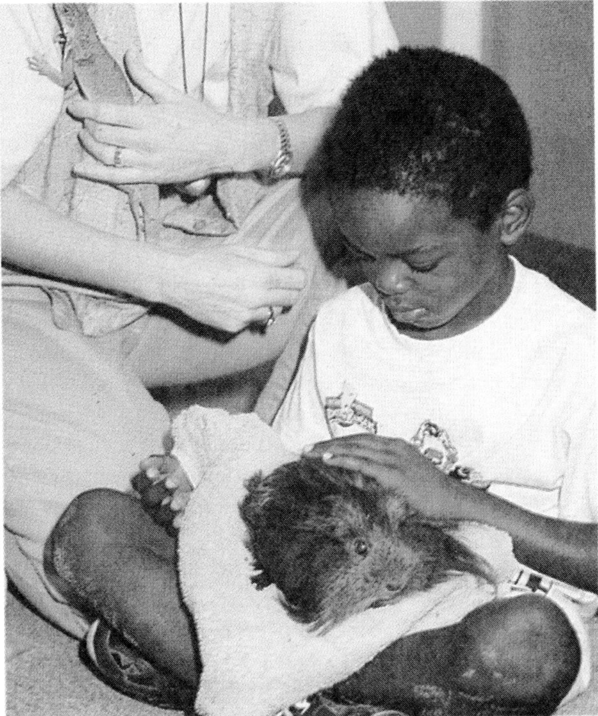

Ilustración 15.11 Antídotos ante la televisión.

En lugar de ofrecer una clase con abundancia de restricciones, los maestros invitan a los niños (y a sus padres) a compartir las culturas familiares propias, en una atmósfera de confianza. Los niños pueden ser en la escuela lo que son en su familia. Cuando los maestros actúan como modelos de curiosidad y aceptación de los niños y de sus familias y culturas, los pequeños tienen la sensación de pertenecer a una segunda "familia", la familia de la clase.

Un segundo papel, que los involucra más, es el de *sostén para los padres*. Los padres necesitan fuentes de apoyo fuera de las redes familiares, estableciendo relaciones con los cuidadores que les permitan hablar de sí mismos y de su vida en el hogar. Los maestros ayudan más cuando pueden estar disponibles para escuchar y conversar con los padres sobre el comportamiento de su hijo, pero también sobre las propias esperanzas y sueños de los padres para ellos y sus hijos, sus sentimientos como padres, y vivir bien como adultos.

Los padres también aprenden de modelos, en especial dentro de las cambiantes estructuras familiares, hoy tan evidentes. Muchos expertos, desde el Dr. Spock a Mr. Rogers, tratan de decirles a los padres que confíen en sí mismos y escuchen su propia voz interior sobre lo que es bueno y sano para ellos y sus hijos. Los profesionales de la primera infancia pueden ayudar a los padres a mantener el foco en lo importante, a distinguir entre el ruido de una sociedad atareada que distrae, y las palabras sabias que aún existen. La tendencia actual, que ciertamente se prolongará en el siglo XXI, es a que el papel del maestro se haga mayor con las familias. Los maestros llegarán a aceptar la idea de la docencia como un trabajo con dos clientes: maestro de los hijos y recurso de los padres. Es un trabajo complicado, pero con integridad interna, de construcción de relaciones que perdurarán para el niño.

TRANSMISIÓN DE VALORES

Como en otros temas de la educación de la primera infancia, la cuestión de transmisión de valores no es cosa sólo del maestro o de la escuela. Una fuente de valores profunda y primordial es la familia y la cultura. La escuela debe trabajar con la familia para dar un sentido de valores compartidos; sin embargo, tanto padres como docentes deben reconocer otras fuentes que modelan los valores y el comportamiento de los niños. Tres otras fuentes cruciales son la televisión y otros medios, la guerra y la violencia, y la diversidad social.

Televisión y otros medios

En muchos hogares, el televisor ha reemplazado la supervisión de los adultos de otros tiempos. El noventa y ocho por ciento de los hogares de Estados Unidos tienen televisión, y el aparato está encendido un promedio de más de 6 horas por día. El promedio de niños que terminan el jardín de infancia ya ha visto más horas de televisión que el tiempo necesario para conseguir un título de "bachelor" (licenciatura) en la escuela universitaria (Trelease, 1984). "El niño norteamericano ve alrededor de 3 horas y media de televisión cada día," dice Chen (1994). "Eso significa que para cuando los chicos terminan la secundaria, han acumulado unas 18.000 horas frente al televisor comparadas con unas 13.000 horas en un aula. Ahora consideren lo que están viendo estos niños: 20.000 comerciales por año, y unos 100.000 actos de violencia en televisión, incluyendo 8.000 asesinatos, para cuando llegan al sexto grado."

Para los educadores, la cuestión gira en torno a la influencia de la televisión en los niños pequeños. Hay cuatro preocupaciones básicas que expresan padres y maestros sobre la televisión y los videos vistos por los niños:

1. La violencia en la televisión puede conducir a agresividad y a pérdida de sensibilidad ante la violencia.
2. La televisión promueve la pasividad, haciendo más lento el desarrollo intelectual y ahogando la imaginación.
3. La televisión promueve actitudes racistas y sexistas.
4. La televisión promueve el consumismo materialista.

Las investigaciones desde las décadas de los 60 y 70 aumentaron nuestros conocimientos de los poderosos efectos sobre los niños de los modelos que ven, ya sean niños, adultos, o personajes fantásticos. La teoría del aprendizaje social de Bandura fortaleció esta noción (véase el capítulo 4), y se acepta generalmente que las imágenes de los medios pueden tener influencias similares. Sabiendo esto, a los profesionales de la primera infancia les preocupa sobre todo el aumento dramático de la violencia en la programación televisiva (Carlsson-Paige y Levin, 1987; Levin, 1998). Muchos sostienen que los niños que ven programas violentos se vuelven más agresivos que los que no lo hacen (David, 1988; ERIC, 1990; Solter, 1986). Con la televisión tan al alcance de los niños, los efectos de la agresión a través de las películas son importantes para determinar el contenido de los programas infantiles de los medios. El Center for Media Literacy (1993) documenta cuatro efectos de ver violencia en los medios:

1. Aumento de la agresividad y el comportamiento antisocial. "*No hay absolutamente ninguna duda de que los niveles más altos de violencia vista por televisión están correlacionados con el incremento en la aceptación de actitudes agresivas y del comportamiento agresivo.*"
2. Incremento del miedo a convertirse en víctima. "*Ser espectador de la violencia aumenta el miedo a convertirse en víctima de ésta, y como resultado se produce un aumento de comportamientos de autoprotección y mayor desconfianza frente a los demás.*" En otras palabras, el cerebro entra en un "decaimiento" (véanse capítulos 4 y 13) que perjudica al aprendizaje.
3. Aumento de la pérdida de sensibilidad ante la violencia y sus víctimas. "*Ser espectador de la violencia aumenta la pérdida de sensibilidad frente a ella, con el resultado de una actitud encallecida hacia la violencia dirigida a otros y una menor probabilidad de reaccionar a favor de la víctima cuando ocurre la violencia.*"
4. Incremento del apetito por más violencia en los entretenimientos y en la vida real. "*Ver acciones violentas aumenta el apetito de los espectadores por involucrarse con la violencia o exponerse a ella.*"

En cuanto al argumento de la pasividad, no hace falta más que ver la expresión hechizada de los rostros infantiles para saber que las imágenes de la pantalla cautivan. Los niños pasan verdaderamente mucho tiempo con la televisión, pero las investigaciones disponibles parecen indicar que en realidad hacen muchas otras actividades mientras el televisor está encendido, y que su atención a la televisión varía. Los preescolares parecen prestar atención a detalles mínimos de un programa que les interesa; la mayor parte de los padres hablan de niños pequeños que se aprenden las musiquitas o detalles de los anuncios. La investigación sobre los efectos cognoscitivos de la televisión releva que ver televisión parece ser una actividad cognoscitiva bastante compleja. Aún así, existe poca evidencia consistente sobre la influencia de la televisión en la imaginación y la creatividad. Es muy importante disponer de más investigaciones, así como de un análisis del contenido de los programas que ven los niños.

En el área de los prejuicios y los estereotipos, la televisión infantil es un campo en el que "los niños varones son reyes" (Carter, 1991). Las cadenas de televisión generalmente afirman que los varones no miran programas con heroínas, pero las niñas miran los que tienen héroes varones, y que la audiencia es en su mayoría masculina (las estimaciones son de alrededor del 53% de niños, 47% de niñas como espectadores infantiles). El patrón de predominio de varones sobrepasa los límites de las cadenas y pasa a la emisión pública y por cable. Los grupos minoritarios también están representados inadecuadamente en televisión, aunque se ha producido algún mejoramiento. De este modo, con los programas de televisión infantil, se refuerzan las actitudes y comportamientos varoniles y euroamericanos.[1]

¿Fomenta la televisión el consumismo? Como lo expresó una vez Bob Keeshan, conocido afectuosamente como Capitán Canguro, "En América, la televisión no es un alimento nutritivo. Es un instrumento para vender" (Minow, 1991). Después de la desregulación de la industria televisiva en 1985, la cantidad de tiempo de anuncios comerciales en los programas infantiles aumentó, y se introdujo el "comercial de todo el programa", en el cual se desarrollaba el programa basado en una línea de juguetes y productos de consumo dirigidos al mercado infantil. Los proponentes de la desregulación habían razonado que la competencia y un mercado libre mejorarían la calidad de la televisión. "La competencia, se dice, produce lo mejor en los productos y lo peor en la gente. En la televisión para niños, la competencia parece acarrear lo peor en los programas y lo peor para los niños" (Minow, 1991). Por lo tanto, en 1990 se convirtió en ley el Children's Television Act, requiriendo que las estaciones sometan una valoración de sus ofertas de televisión infantil cuando solicitan renovación de su licencia ante la comisión federal de comunicaciones (FCC). La FCC también también adoptó reglas que animan a las emisoras a poner en el aire más programación educativa para niños y a limitar la cantidad de anuncios comerciales durante los programas infantiles.

La televisión y las lecciones que enseña son y formarán parte de la vida de los niños. Es necesario que continúe la investigación sobre los efectos de ver

1 Una tarea importante de los educadores de la primera infancia es contrarrestar activamente los estereotipos de sexos y etnias.

los medios. Los estudios disponibles actualmente indican modificadores evidentes de tales efectos, a saber, ver los programas junto con los padres y enseñar habilidades para ver televisión con espíritu crítico. La reglamentación de la publicidad en la televisión infantil es un paso positivo. Otro es el dictado de 1996 de la FCC que exige a las emisoras que den 3 horas semanales de programas educativos para niños. Pero estos pasos son pequeños e insuficientes. Las familias y los maestros necesitan pautas para la forma de ver televisión y para tratar los peligros de la cultura de los medios (juegos de video, juegos de computadora, juegos y juguetes surtidos, etc.) Varios profesionales y organizaciones (ERIC, 1990; Klemm, 1995; Levin, 1998; Levin y Carlsson-Paige, 1984; NAEYC, 1990) proponen algunas de estas sugerencias:

1. *Pongan límites*. Sepan cuántas horas de televisión ven los niños, y pongan límites. La academia norteamericana de pediatras sugiere un máximo de 1 a 2 horas diarias. Mantengan el televisor apagado a menos que alguien lo esté viendo activamente; la televisión puede convertirse fácilmente en un hábito más que una elección. Incluyan a sus hijos en las discusiones sobre sistemas de videojuegos o juegos de computadora; consideren el establecer reglas (por ejemplo, "Los juegos cuentan como 'tiempo de pantalla'" y "no puedo jugar cuando viene un amigo a verme".)

2. *Planeen y participen*. Trabajen junto con los niños para decidir qué mirar. Ayuden a los niños a elegir programas de duración apropiada a la edad, contenido sin prejuicios, y acción pacífica. Consideren mirar los programas juntos, señalando las partes socialmente positivas y haciendo preguntas sobre las dudosas o las que desaprueban. Utilicen los botones de "pausa", "rebobinar" y "silencio" como parte del proceso. Vigilen cuidadosamente lo que están haciendo los niños con los juegos de video o de computadora.

3. *Resístanse a los comerciales*. Los niños no distinguen fácilmente la publicidad del programa corriente. Ayúdenles a ser "consumidores críticos", señalando las pretensiones exageradas. Hasta los niños de 3 años pueden contestar la pregunta "¿Qué nos quieren vender?"

4. *Expresen sus opiniones*. Llamen a la emisora que ponga un programa o anuncio comercial que consideren ofensivo, o escriban a la unidad de revisión de publicidad infantil del Better Business Bureau. Action for Children's Television en Cambridge, Mass., ha sido un grupo líder de interés público durante más de 20 años, y tiene valiosas sugerencias sobre la forma en que los adultos pueden influir en la programación televisiva infantil.

Violencia

La situación

La tendencia a una exposición cada vez mayor de los niños a la violencia es alarmante. Lo que se ofrece en televisión y en otros medios, las clases y elecciones de juguetes, y las situaciones interpersonales en los hogares de los niños, en su vecindario y en el mundo, todo contribuye a una mayor conciencia y exposición a la violencia. Los padres mencionan tensiones en la relación entre ellos y sus hijos. La mayor violencia en la televisión, junto con una marea creciente de juguetes bélicos (abundantemente publicitados por televisión) contribuyen a la sensación de estar sin control en cuanto a limitar o influir en el comportamiento infantil. Los maestros ven tensiones similares con los niños en la escuela y en atención infantil y observan cambios en los juegos de los niños. Muchos maestros dicen que el juego de armas y guerra en las aulas es tan intenso y exclusivo en su propósito que resulta difícil cambiar de dirección; poner reglas y controlar los juegos demasiado entusiastas se lleva una parte desproporcionada de la energía de los maestros.

Trágicamente, hay una alarmante racha de ataques inexplicables *en las escuelas* de niños que hieren y matan a otros niños y a docentes. El acceso a armas de fuego de verdad, junto con las imágenes de violencia en televisión y videos, ha alimentado este mortal fenómeno. El terrorismo en la comunidad se está haciendo una interpretación particularmente "norteamericana" de los "juegos de guerra". No es de extrañar que el Dr. Jocelyn Elders, cuando fue Surgeon General (Ministro de Salud), declarara que la principal preocupación de salud de nuestra sociedad es la violencia (Hoot y Roberson, 1994).

La creciente violencia de la sociedad americana ha alarmado tanto a educadores y padres por igual (Levin, 1994) que se están desarrollando programas para niños y para maestros. Organizaciones como Educators for Social Responsibility y National Association for Mediation Educators sirven tanto de cajas de compensación de información y material como de institutos de formación para maestros. Además, California está realizando un plan "Safe Start" piloto para estudiantes de magisterio y los que ya están en este campo, para trabajar más eficazmente con los niños y las familias que viven en un mundo violento (Eyer, comunicación personal, 1995).

El dilema

Los adultos reflexivos se encuentran ante un dilema. ¿Deberían permitir que los juegos bélicos y violentos continúen (¿sin control?, ¿con límites?, ¿con intervención?)?, ¿o habría que alterar esta clase de juegos (¿reorientarlos?, ¿limitarlos?, ¿prohibirlos?)? Este dilema ilustra el juego infantil desde dos puntos de vista distintos, uno de desarrollo y el otro sociopolítico. El *punto de vista de desarrollo* afirma que el juego, incluso el bélico, es el vehículo primordial mediante el cual los niños trabajan sobre cuestiones de desarrollo. Dado que los niños tienen que desarrollar un sentido de cómo funciona el mundo, de la fantasía y la realidad, de lo bueno y lo malo, el juego bélico es una extensión del juego de "superhéroe" (véase el capítulo 14) y es, por lo tanto, una parte necesaria del juego infantil. El *punto de vista sociopolítico* supone que los niños aprenden comportamiento social y político básico a edad temprana y que, por lo tanto, aprenderán conceptos y valores militaristas mediante los juegos bélicos. Este punto de vista sostiene que los niños aprenden sobre conflictos y resolución, la utilidad de luchar, y el significado de amigos y enemigos en sus juegos, y que permitir los juegos bélicos convalida el uso de la fuerza (Carlsson-Paige y Levin, 1987).

Estas dos ideas dan a los maestros los instrumentos básicos para ver cómo tratar la cuestión de desarrollar valores compartidos y para entablar un diálogo con sus colegas y con los padres. Cada punto de vista favorece una forma de entender y explicar la guerra y la violencia contra los niños.

Necesidades infantiles

Lo que más necesitan los niños es que se les dé seguridad, saber que estarán a salvo y que adultos solícitos se ocuparán de ellos. La constancia y la previsibilidad, en forma de una rutina continua y hábitos continuados de comportamiento y tradición, ayudarán a los niños a sentir que sus vidas no van a la deriva. Escuchar con atención, contestar las preguntas de los niños de manera sencilla, hacerles preguntas para conocer sus pensamientos, todo favorece la comunicación y el diálogo sobre sus sentimientos. La mayoría de los educadores y consejeros también recuerdan a los adultos que vigilen la exposición de los niños a la guerra en los medios. Los maestros ayudan a los niños a encontrar soluciones pacíficas a sus conflictos cotidianos, asegurándose de que, en su vida escolar diaria, no estallará la guerra ni los dominará (véanse sugerencias en los capítulos 7 y 14).

Esta última idea puede tomar diversos caminos. Un proveedor de atención infantil en familia para lactantes y niños en edad de caminar puede pasar tiempo extra dando abrazos y ayudando a los niños a compartir juguetes. Una clase de preescolares tal vez elija un centro de atención infantil de otra parte de la ciudad para intercambiar dibujos y visitas, para aumentar su conocimiento de otros vecinos de su ciudad y de ideas que podrían crear para resolver sus problemas mutuamente. En una clase de primer grado, los niños estaban tan preocupados que decidieron escribir cartas al Presidente ("No me gusta cuando usted hace la guerra. Mi hermana mayor dice que use palabras cuando tengo un problema, y usted debería hacerlo también.")

Qué hacer

En cuanto a las cuestiones más amplias de guerra y violencia, los maestros pueden considerar varios cursos de acción. Es útil considerar las opciones que tienen los maestros en estas situaciones.

- Conversen y decidan su punto de vista y valores con los padres y la junta escolar.
- Desarrollen pautas que apunten a sus valores y a las necesidades de los niños.
- Hablen con los padres sobre los juguetes y el papel de los medios en el desarrollo de los intereses infantiles, y el papel que ellos tienen a al hora de ayudar a los niños a decidir y escoger a qué y cómo jugar.
- Investiguen la educación para la paz, creando aulas pacíficas que tienen la resolución de conflictos como parte del currículum (véanse los capítulos 7 y 14).

Crear entornos más seguros para los niños en la escuela les ayudará a manejar la violencia (Groves y Mazur, 1995). Escuchar los propios dilemas de los niños tanto en la escuela como en el hogar permite a los maestros proporcionar oportunidades para resolución de problemas y vehículos para la autoexpresión segura (Carter, 1995; Hopkins y Peppers, 1995).

Aunque la paz es una cuestión compleja, los niños saben instintivamente de guerra y paz, porque sienten estas emociones contradictorias en sí mismos. Comenzando por lo que cada individuo conoce y siente, los maestros pueden empezar a construir unos cimientos que recalquen los pasos positivos hacia la negociación pacífica, hacia un equilibrio entre uno y los demás, en términos que los niños puedan entender y emplear.

Algunas pautas generales valen para los niños de todas las edades. Los maestros trabajan sobre sus propios sentimientos personales sobre la guerra y buscan recursos de apoyo. El maestro debe prepararse para la controversia; las diferencias de opinión sobre la guerra y la paz serán tan comunes como las de las interacciones sociales diarias de los niños en el aula. Reconociendo la necesidad que tienen los niños de comentar sus sentimientos, los maestros ayudan a los padres a ser fuente de información y apoyo para sus hijos (Wallinga, Boyd, Skeen, y Paguio, 1991). Un enfoque a fondo y reflexivo de las cuestiones de la guerra y la violencia ayudará a maestros y padres a trabajar juntos.

La diversidad

Enfrentándose a la realidad

Estados Unidos es como un "crisol", donde todas las diferencias raciales y culturales se mezclan suavemente para hacer una sola combinación, es un mito. Lamentablemente, buena parte de la historia norteamericana puede caracterizarse como **racista**, **clasista**, **sexista**, y **etnocéntrica** por naturaleza, por un grupo u otro. La discrepancia entre nuestros ideales de igualdad de oportunidades y libertad, y la realidad cotidiana, puede alterarse sólo si reconocemos los problemas y luego fijamos metas específicas para el cambio.

La demografía de hoy señala una tendencia hacia una sociedad cada vez más diversa. En 1992 California se convirtió en un estado de "mayoría minoritaria": es decir, una mayoría de los alumnos de las escuelas públicas pertenecen a grupos minoritarios. Para el año 2000, los estudiantes hispanos pueden ser casi tan numerosos como los blancos, y se espera que otros grupos representen un total del 22,2% de todos los alumnos (*Education Week*, 1991). La predicción es que 46% de los escolares de la nación serán niños de color para el año 2000 (Viadero, 1990). Repasen los datos del capítulo 3.

La cuestión es que las actitudes no han respondido aún a la realidad. Una encuesta de la Universidad de Chicago sobre actitudes raciales encontró que, aunque ha aumentado el apoyo a la igualdad racial, "las imágenes negativas de los pertenecientes a otros grupos raciales y étnicos están difundidas entre los blancos, y la mayor parte de los grupos tienen por lo menos un prejuicio contra todos los otros grupos" (Armstrong, 1991). En un estudio de gran cobertura titulado *A Common Destiny: Black and American Society*, el National Research Council concluyó que, a pesar de lo ganado en las últimas décadas, "los negros todavía se enfrentan a barreras formidables en su camino a la igualdad educativa con los blancos... nuestros hallazgos implican varios desarrollos negativos para los negros en el futuro próximo, desarrollos que a su vez no auguran nada bueno para la sociedad norteamericana" (Schmidt, 1989).

Además, los esfuerzos de reforma escolar han hecho poco por satisfacer las necesidades educativas del perfil demográfico norteamericano. El Center for Demographic Policy (1989) llega a la conclusión de que, a pesar de las reformas, ni la tasa de deserción en la "high school" ni la pobreza entre los jóvenes han disminuido. Las puntuaciones en tests normalizados para los grupos académicos inferiores no han subido, y no se han aumentado los recursos.

No si, sino de qué clase. Sabemos que los niños muestran conciencia de las diferencias raciales y entre sexos a los 3 años (Derman-Sparks, 1989) y están formulando conceptos rudimentarios sobre el significado de tales diferencias en los años preescolares. Es lógica la conclusión de que, hacia el final de la primera infancia, los niños han consolidado sus actitudes sobre raza, etnias, sexos y (dis)capacidad, y están bien avanzados en el camino de **la cristalización de actitudes**. A menos que cambie el entorno social, los niños recrearán los prejuicios de la sociedad adulta actual.

Hacen falta nuevos conceptos de sociedad, conceptos que los educadores traduzcan en programas para los niños. Los niños, sus maestros y sus padres empiezan por formar conciencia de la diferencia y aprenden con sensibilidad el significado de la diversidad.

Educación multicultural

La educación multicultural es el sistema de enseñanza y aprendizaje que incluye las contribuciones de todos los grupos sociales y étnicos. En otras palabras, es un enfoque educativo amplio que refleja más perspectivas de minorías, proporcionando a todos los niños una verdad más completa y equilibrada sobre ellos mismos, su propia historia y su cultura. Esto significa responder a los orígenes de los chicos, los hábitos del hogar, las formas de autoexpresión.

En niveles más altos de la educación hay un gran debate sobre cómo tratar la diversidad. Dominan dos puntos de vista. Uno es una educación "separatista", en la cual se enseña desde un punto de vista particular, ya sea europeo, afrocéntrico, o algo similar. El otro es un enfoque más tradicional, "pluralista", en el que la educación destaca los puntos comunes de pueblos diversos. Janice E. Hale (1993) ofrece sus ideas:

> Podemos trasmitir nuestro mensaje con más eficacia si usamos un vehículo que tenga relevancia cultural...[Por ejemplo], la pedagogía culturalmente apropiada expondría a los niños afroamericanos a literatura anglocéntrica y afrocéntrica a nivel de cada grado. La exposición a la literatura anglocéntrica les proporcionaría vocabulario, historia e información sobre la orientación cultural de la corriente general de Estados Unidos. Esta exposición es esencial para que los niños afroamericanos sean capaces de sortear las dificultades de la corriente principal. La exposición a la literatura afrocéntrica ampliaría su vocabulario, les proporcionaría información sobre valores culturales afroamericanos, aumentaría su autoestima y les daría motivación e inspiración...educar a los niños afroamericanos de manera culturalmente apropiada requiere un tipo de proceso educativo doble.

Lo subyacente en el debate es la manera en que nos vemos a nosotros mismos como una cultura común. Nuestro país y nuestras escuelas están luchando. Cuando cambiamos la metáfora de "crisol" por otra de "mosaico" o "ensalada mixta", fomentamos un nuevo modo de pensar que podría denominarse **pluralismo cultural** la idea de que "Sí, somos un solo pueblo, pero no nos desprendemos necesariamente de nuestro origen étnico" (Sobol en Viadero, 1990).

En la educación de la primera infancia, los maestros saben que la base de un currículum auténtico para los niños está en el niño como individuo. Por lo tanto, el programa que responde más genuinamente a la diversidad es aquel en el que se acepta al niño, se respeta la diversidad personal total del niño, y la familia y las tradiciones culturales del niño forman parte del aula. La sección titulada "Escuelas para valores humanos: en el aula" y los capítulos 9 a 14 tienen sugerencias específicas. Basado en principios de desarrollo, respondiendo al individuo, y proactivo en la forma de abarcar las realidades de la sociedad, un buen programa de primera infancia representa lo mejor de la educación multicultural.

Educación bilingüe

La década de los 80 dejó sin resolver cuestiones básicas referentes a la educación bilingüe, y la siguiente fue una década explosiva y exploradora de las cuestiones de lenguaje y aprendizaje. Las metas y propósitos de la educación bilingüe siguen siendo polémicas, pues continúa habiendo desacuerdos sobre cómo definir el bilingüismo, cómo determinar quién lo necesita, y quién ha de proporcionar los servicios. El capítulo 13 se ocupa de la educación bilingüe a la luz del aprendizaje de idiomas y del desarrollo del currículum. Esta sección destaca las cuestiones e implicaciones más amplias.

La educación bilingüe ha formado parte de la experiencia norteamericana desde antes de la Revolución, cuando se daba escuela en cualquiera de los más de 18 idiomas hablados por los colonizadores. Sin embargo, en Estados Unidos se han suprimido con regularidad numerosas culturas. Tanto los grupos de americanos autóctonos como los inmigrantes se han enfrentado categóricamente a la discriminación. Hablar inglés es sólo parte de la educación bilingüe: se trata de los derechos civiles y educativos de las personas que hablan poco inglés, el respeto o la asimilación de su cultura, y su participación y aceptación en la sociedad.

Poblaciones cambiantes y la entrada de inmigrantes de Asia además de las naciones hispanoamericanas han acarreado nuevos desafíos a la educación bilingüe de hoy. Los programas bilingües atienden principalmente a alumnos de habla española. Los estados que no tienen programas bilingües necesitan aún satisfacer las necesidades de los alumnos de dominio limitado del inglés (DLI) en las escuelas por otros medios. En 1998, una iniciativa del estado de California canceló efectivamente los programas bilingües de financiación pública, para reemplazarlos por programas intensivos, a corto plazo, de inmersión en inglés a niveles de escuela elemental y secundaria. Como se calcula que el número de niños de habla española en edad escolar en el país aumentará en un 50% para el año 2000, la enseñanza de la primera infancia se verá afectada.

El niño en edad escolar. Las preguntas sobre bilingüismo para el niño en edad escolar son distintas de las del niño pequeño. En la escuela elemental, maestros y niños están obligados a tratar con cuestiones que van más allá de las del lenguaje activo y pasivo. Aprender el lenguaje gráfico (leer y escribir), adquirir conceptos de otras materias oyendo, y tratar los patrones sociales, más complejos, y las cuestiones interpersonales, son sólo algunas de estas cuestiones. Además, la edad en la que se debería enseñar un segundo idioma a los niños es tema de muchas controversias. Las investigaciones muestran que los niños *son capaces* de adquirir dominio de un segundo idioma con perfección de hablante nativo si lo aprenden antes de los 5 años. Otros arguyen que el niño debería aprender todas las finezas de la primera lengua antes de ser expuesto a una segunda, y que tal exposición no debería ocurrir antes de los 6 años.

Gran parte de la investigación se centra en cómo logran los niños competencia y producción en el segundo idioma. Sabemos que alrededor de los 5 años los niños conocen la mayoría de los sonidos y la estructura gramatical de su lengua nativa y parecen aprender un segundo idioma de manera similar. En un niño bilingüe, el nivel de competencia en ambos idiomas puede ser bajo mientras adquiere dominio del segundo.

Las dos acciones gubernamentales que han tenido más influencia en la cuestión del bilingüismo en nuestra época son la aprobación del Bilingual Education Act de 1968 y la decisión de 1974 *Lau v. Nichols* de la Corte Suprema. En 1974, la Corte Suprema determinó que la falta de instrucción en la primera lengua de una persona es una violación de los derechos civiles del niño. Desde 1968, los programas Title VII (la ley de educación elemental y secundaria, conocida también como de educación bilingüe) se ocuparon de las necesidades de alumnos con dominio limitado del inglés. Siguieron leyes de educación bilingüe de los estados, requiriendo instrucción especial para los niños que no fueran competentes en inglés.

El resultado es que se enseña a los niños, en los jardines de infancia públicos y las escuelas elementales, utilizando la primera lengua y el inglés. Por ejemplo, se puede enseñar a los niños a leer primero en su idioma de origen; una vez que hayan aprendido el proceso de la lectura en su propia lengua, se les enseña a descifrar en inglés. Sin embargo, los programas bilingües son tan variados que es difícil valorarlos. Algunos trabajan para llevar a los niños a la corriente general de las clases regulares con la mayor rapidez posible; otros tratan de conservar la lengua original del niño. Un programa más reciente, el *método* de *inmersión bilingüe* o *doble*, intenta combinar la instrucción en idiomas poniendo a los angloparlantes y a quienes hablan poco inglés juntos en las clases y enseñando educación bilingüe en "ambos sentidos". Al reunir a ambos grupos para aprender idiomas, este método también indica el respeto por ambas lenguas como elementos positivos. Parece prometedor como herramienta multicultural contra la segregación.

Sin embargo, la controversia continúa. A finales de la década de los 80 se produjo otra reacción política contra los no angloparlantes. La U.S. Office Education alegó que los programas de educación bilingüe no habían ayudado a los niños a aprender inglés. Los votantes de California declararon el inglés idioma oficial del estado, y en 1998 se votó en contra de los programas bilingües con fondos públicos. Sin consenso sobre la eficacia y las metas de la educación bilingüe, los educadores deben presionar por la continuación de las investigaciones y por la claridad.

El niño pequeño. En los centros preescolares y de atención infantil, a los niños todavía se les enseña en escenarios corrientes de clase, por lo común con poca instrucción extra. Este tipo de instrucción se conoce como *sistema de inmersión en inglés*. Investigaciones recientes han creado polémica sobre qué es mejor para los niños menores de 5 años. En una encuesta de la National Association for Bilingual Education realizada en 1990, la profesora de educación Lily Wong Fillmore de la universidad de California, Berkeley, encontró sorprendentes diferencias entre familias que participaban en programas basados en el inglés y otras cuyos hijos recibían instrucción en su lengua de origen. Sus datos indicaban que los niños de minorías lingüísticas en escuelas de habla inglesa experimentan una erosión sustancial de su capacidad para su primera lengua y tienen dificultades en comunicarse con sus padres.

Los problemas del inmigrante

Otro grave desafío para las escuelas lo presentan las necesidades educativas y socioeconómicas de los niños inmigrantes. Intentar sumergir a nuevos niños en la "manera americana" y enseñarles habilidades básicas necesarias para tener éxito en el nuevo país han sido funciones centrales de las escuelas a lo largo de la historia de Estados Unidos (véase el capítulo 1). En toda la nación, hay más de 2,5 millones de inmigrantes en edad escolar y por lo menos igual número de niños menores de 5 años; uno de cada 6 niños en Estados

Unidos es hijo de una mamá nacida en el extranjero (Children's Defense Fund, 1998). Probablemente hay hijos de adultos indocumentados. La inscripción de inmigrantes en las escuelas varía entre los estados, y puede llegar hasta el 95% en algunas.

El apoyo cada vez menor, financiero y social, para los hijos de inmigrantes legales, es un problema crucial. Por ejemplo, la ley federal de bienestar de 1996 negaba estampillas de alimentos e ingresos suplementarios de la seguridad social a la mayoría de los inmigrantes legales hasta que obtuvieran la ciudadanía, y prohibía la asistencia médica después de agosto de 1996 y temporal a familias necesitadas (TANF) durante 5 años a los inmigrantes que entraran en el país. Aunque todos los estados, con la excepción de Alabama, han votado por continuar con TANF en cierta medida, sólo 12 estados están proporcionando algún tipo de ayuda a familias sin estampillas de alimentos. Hay estimaciones (Children's Defense Fund, 1998) de que 70% a 75% de los inmigrantes legales de este país no reciben ayuda de estampillas de alimentos; la necesidad verdadera es difícil de calcular.

La barrera del idioma es el problema más inmediato, seguido por la aceptación de la cultura original de los inmigrantes. Además, muchos recién venidos llegan de países destrozados por la guerra, la violencia, y la pobreza. Estos niños y familias están sometidos a tremendas presiones y necesitan ayuda para superar el abrumador estrés y dislocación (véanse los capítulos 14 y 15). La manera en que las escuelas colocan y realizan un seguimiento de estos niños, tanto en su progreso educativo como en su bienestar general, desafía a los educadores y a todos los ciudadanos de Estados Unidos a poner en claro las responsabilidades que tiene nuestra sociedad para con sus recién llegados.

Diferencias de clase

Para el año 2000, más de un tercio de la población escolar pertenecerá a minorías y pobres (Haycock, 1991). Estos son los mismos niños que hemos tenido menos éxito en educar (Vukelich, 1991). A pesar de que entran al jardín de infancia sólo ligeramente a la zaga (gracias, en parte, a educación de la primera infancia de calidad como con Head Start, High/Scope, y miles de programas de guardería y atención infantil), al llegar al tercer grado, el alumno medio afroamericano y latino está 6 meses más atrás (Haycock, 1991). En la década de los 90, la brecha étnica en logros académicos permanecía igual o se agrandaba, dependiendo del grado y de la materia (Children's Defense Fund, 1998). Un informe de 1997 del ministerio de educación encontró que

> las escuelas con la mayor proporción de niños pobres tienen recursos marcadamente inferiores que las que atienden a alumnos de buena posición... Las escuelas con gran número de niños pobres tienen menos libros y suministros, y maestros menos preparados... Muchas escuelas necesitan reparaciones, pero las de las comunidades más pobres están en muy malas condiciones (Children's Defense Fund, 1998).

Escribiendo sobre los niños del distrito Sur del Bronx, Nueva York, Kozol (1997) observó que "El pecado de segregación racial que perdura en nuestras ciudades es aún peor ahora que cuando comencé hace 30 años." Aunque a nadie le gusta hablar de ello, las diferencias de clase son la causa de que muchos niños, especialmente de familias pobres y de minorías, reciban menos:

- Menos en cuanto a maestros con experiencia y bien preparados.
- Menos en cuanto a un currículum rico y bien equilibrado.
- Menos tiempo real de instrucción.
- Menos en cuanto a laboratorios y bibliotecas bien equipados y surtidos.
- Menos de lo que es indudablemente lo más importante, la convicción de que pueden aprender verdaderamente (Haycock, 1991).

Entonces, ¿qué pueden hacer los maestros? Primero, tenemos que ocuparnos de los "menos". Todos sabemos qué hace funcionar a las escuelas buenas, y nuestro trabajo sobre modelos apropiados para el desarrollo, aunque necesite todavía afinamiento continuo, nos ayuda a articular lo que significa buena enseñanza y experiencias educativas mejoradas para todos los niños. Tendremos que unirnos a otros esfuerzos de la comunidad para construir sistemas de apoyo para que las familias puedan ir adelante y ayudar a sus hijos a tener éxito. Al hablar públicamente de las necesidades de los niños e impulsar condiciones adecuadas para enseñar, quienes estamos en la educación de la primera infancia podemos cumplir con nuestra parte.

Implicaciones para la educación temprana

Las cuestiones de diversidad en la educación de la primera infancia son sustanciales. Aunque se han tratado muchas en toda esta obra, cada día aparecen nuevas cuestiones que tenemos que mantener presentes. Ciertamente, debemos dar la bienvenida a cada niño que entra a nuestro cuidado y mantenernos conscientes de las cuestiones y las responsabilidades.

Se puede llegar a la conclusión de que, sobre todo para los niños menores de 5 años, se debería usar la primera lengua de los niños de minorías lingüísticas en escuelas y centros. No es una conclusión unánime, y tal vez no sea práctica en zonas donde hay muchos grupos lingüísticos con pocos integrantes. Aún así, Wong Fillmore ilumina de forma importante nuestras ideas sobre la educación de niños de minorías lingüísticas. Debemos tomar en consideración lo que sabemos del desarrollo de la cognición y la primera lengua. ¿Son vulnerables los niños pequeños en esta área?, ¿perturbamos sus habilidades de pensamiento en desarrollo, además de su sentido de identidad y la relación padres hijos para exigirles excelencia en inglés cuando son tan pequeños? Es posible hacer que la educación de niños de minorías lingüísticas sea apropiada al desarrollo, haciendo que la escuela tenga sentido y acepte a los niños en su totalidad, cualquiera que sea el idioma con que vienen.

Está claro que uno de los mayores desafíos ante los educadores de hoy es preparar a los niños, y preparar a los maestros para que les enseñen, a vivir y trabajar dentro de una población cada vez más diversa. Se necesita un enfoque de múltiples facetas para tratar la diversidad. Los maestros requerirán formación especial que los prepare para ser educadores eficaces, ocupándose de temas como la formación en reducción de prejuicios, expectativas biculturales, factores del entorno, físicos e interpersonales, estrategias didácticas variadas, currículum incluyentes, y "culturalmente *responsables*, no solo *de respuesta*, en currículum y conducta" (Association for Childhood Education International, 1996).

Hay varias pautas que pueden seguir los maestros (Bowman, 1991, con nuestras propias interpretaciones):

1. *"Los maestros necesitan aprender a reconocer los patrones de comportamiento equivalentes en cuando al desarrollo. Antes de que los niños lleguen a la escuela, todos han aprendido muchas de las mismas cosas, como una primera lengua y estilos de comunicación."* Antes de juzgar a un niño como difícil o problemático, supongan que es normal y vuelvan a mirar. Su propia visión puede estar ofuscada por "miopía cultural".
2. *"Es esencial no dar más valor a unos modos de lograr hitos de desarrollo que a otros."* Cuando los niños ven que su manera de hablar no se entiende ni aprecia en la escuela, tienden a confundirse o desentenderse. Recuerden, diferente no es deficiente.
3. *"Los maestros necesitan comenzar la instrucción con estilos interactivos y contenidos que resulten familiares para los niños...[Los maestros] pueden hacerse más aptos en planificar y poner en práctica un currículum culturalmente sensible."* Ustedes pueden no hablar con fluidez la primera lengua de un niño, pero pueden aprender palabras y frases claves que ayuden al niño a sentir que pertenece al grupo.
4. *"Es más probable que se aprenda en la escuela cuando los valores familiares refuerzan las expectativas de la escuela."* La intervención de los padres es más que una mera frase; cuando padres y maestros son socios en la educación, son los niños quienes ganan.
5. *"Cuando existen diferencias entre los patrones culturales del hogar y la comunidad y los de la escuela, el maestro debe ocuparse de esas discrepancias directamente."* Los maestros hacen preguntas y crean entendimiento compartido entre ellos y los niños, invitándoles a interesarse en crear una cultura común de la clase.

Igualdad en el juego y cuestiones de sexos

Hay muchas investigaciones que confirman la amplia difusión de la segregación por sexos en la infancia (American Association of University Women, 1992; Grossman y Grossman, 1994; Hoyenga y Hoyenga, 1993; Maccoby y Jacklin, 1985). Aunque los adultos no siempre contribuyan directamente a un desarrollo con prejuicios, los maestros y los padres son indirectamente responsables de la desigualdad entre sexos en sus hijos. Por ejemplo, en situaciones de juegos no estructurados, la columna vertebral de juego libre de los programas de educación temprana y de la mayor parte del juego en el hogar, los niños eligen compañeros y situaciones de juego que les son cómodos. Lo típico es que no elijan actividades en las que tiene poca o ninguna experiencia, ni que escojan, por lo general, compañeros del sexo opuesto (sobre todo al aumentar la presión de los compañeros con la edad). Además, los varones todavía reciben más atención que las niñas en la mayor parte de los grados y de las áreas témáticas (Sadker y Sadker, 1994). El tratamiento sexista en el aula fomenta la formación de patrones de poder y dominio que ocurren muy pronto (Maccoby y Jacklin, 1985), aunque sea inapropiado para nuestra cultura actual.

Los maestros y los padres deben tomar un papel asertivo en reconocer este prejuicio sexista y reemplazarlo por experiencias más equitativas para todos los niños. Resúmenes de investigaciones de gran amplitud (Grossman y Grossman, 1994; Hoyenga y Hoyenga, 1993) indican que tanto nuestros hogares como nuestras escuelas son "ambientes con sexos" que señalan expectativas y conductas diferentes para los niños según sea su sexo. Si estamos comprometidos con una educación y un entorno antiprejuicios (véanse los capítulos 9 a 14), debemos intentar reducir el comportamiento según estereotipos de sexos.

¿Qué han de hacer los maestros? Los educadores Schlank y Metzger (1997) sugieren que se sigan estas pautas cuando se intenta enseñar para el cambio:

- *Comience por usted mismo.* Igual que en otras cuestiones de diversidad y antiprejuicios, todo comienza con la conciencia de uno mismo y la reflexión sobre el propio comportamiento, respuestas y actitudes.
- *Lo que usted hace y dice puede marcar una diferencia.* Siempre que sea posible, sea incluyente o neutral en cuanto a los sexos, reconociendo comportamientos positivos y describiendo lo que ve y tratando de no usar denominaciones de género (como "que todos los varones se pongan la chaqueta" o "que todas las niñas vayan a las mesas de merendar").
- *Cuide su lenguaje.* Evite describir a los niños como "lindos/guapos" y trate a la clase como un grupo ("amigos" mejor que "niños y niñas"); tenga cuidado con la elección de palabras que reflejan sexismo (como "He is confident/She is full of herself" "Ella es muy hacendosa/Él es muy trabajador").
- *Establezca reglas y conductas de cooperación y equidad entre sexos.* Todos pueden jugar en todas partes con cualquier juguete; los bloques no son sólo para los varones y el rincón doméstico no es sólo para las niñas; no se puede dejar sin jugar a ningún niño por algo que no pueda cambiar, color de la piel, discapacidad o sexo.
- *Esté dispuesto a intervenir y dar su apoyo.* Si oye "No se permiten varones" o "Las niñas no pueden hacer eso", esté dispuesto a intervenir respaldando, averiguando por qué piensan así los niños, y lo que usted cree o cuál es la regla de la clase.
- *Piense en cómo manejar los superhéroes y las muñecas Barbie®.* Mientras pensábamos en los dilemas descritos anteriormente sobre la violencia, se nos ocurrió que también los juegos con armas y con muñecas pueden verse bajo esta luz de desarrollo contra sociocultural. Los maestros tienen que pensar en formas de manejar los juegos con superhéroes y muñecas que apoyen a los niños y a los valores más preciados de los maestros y las familias.

Los maestros trabajarán para eliminar las percepciones y comportamientos personales prejuiciosos y para corregir el comportamiento estereotipado y las actitudes de los niños sobre los papeles de los sexos. Presentar a los niños roles, libros y materiales no sexistas es un buen comienzo. Es útil ampliar los estilos de aprendizaje de los niños. Las niñas necesitan más experiencias con exploración espacial y coordinación de motricidad gruesa, además de atención de calidad de los adultos, sin dependencia de ellos.

Los varones en particular necesitan experiencias en flexibilidad, atención cariñosa, y aprender de modelos. Eliminar las relaciones estereotipadas también es importante. Asegúrense de que todos los integrantes de un grupo tengan oportunidad de participar equitativamente. Por ejemplo, traten de reducir el predominio de los varones sobre las niñas en las situaciones de mezcla de géneros. Vigilen atentamente el entorno para que no haya áreas consideradas "prohibidas" para un sexo, como los bloques y los triciclos que se vuelven "para los varones" o el rincón doméstico y el arte "sólo para niñas". Favorezcan la interacción entre sexos y utilicen actividades de aprendizaje cooperativo. Aunque se ha investigado poco sobre los efectos a largo plazo de estas estrategias, una combinación de dichas técnicas se ha encontrado eficaz para aumentar las interacciones de ambos sexos, ayudando al comportamiento y la amistad (Lockheed y Klein, 1985).

Finalmente, si hablamos sobre desigualdad entre sexos, no podemos limitarnos a hablar de las niñas. "El sexismo va en ambos sentidos. Hay algunas áreas donde la ventaja parece estar con los varones, pero también hay áreas donde a las niñas les va mejor" (Lee en Zernike, 1997). Un curso prudente a seguir sería desarrollar estrategias para todos los niños, incluyendo:

- Promover actividades que todos los niños puedan utilizar, justas para ambos sexos y afirmativas en su contenido.
- Desarrollar patrones interactivos verbales y físicos que hagan a todos los niños partícipes en igual medida.
- Utilizar estrategias como la proximidad del maestro y el juego estructurado para involucrar a los niños en actividades que de otro modo quizás evitaran (Greenberg, 1985).

Sexualidad

Nos aproximamos al siglo XXI y en los Estados Unidos, maestros y ciudadanos están aprendiendo igualmente a encarar muchas cuestiones de diversidad.

Una de las cuestiones más complicadas que toca la vida de los educadores de la primera infancia es la homosexualidad.Aunque no es probable que la sexualidad humana figure entre los temas típicos del currículum de la primera infancia, es cada vez más probable que los maestros se encuentren con cuestiones de homosexualidad de las siguientes maneras: trabajar con familias o colegas gay o lesbianas, tratar aspectos de feminidad y masculinidad en la identidad sexual de los niños, y tener libros infantiles multiculturales sobre familias gay. Algunos expertos estiman que aproximadamente el 10% de los niños de nuestras clases serán adultos gay o lesbianas cuando crezcan (Corbett, 1993). Aunque los críticos consideran que estas cifras son exageradas, es importante separar los hechos de los mitos y distorsiones sobre la homosexualidad. Sean o no correctas las estimaciones, las cuestiones de homosexualidad son polémicas y angustiosas para muchos; es difícil y arriesgado y a menudo parece más fácil ignorar todo el tema y llegar a la conclusión de que es "un problema de adultos".

Varios estudios sugieren una posible base genética para el comportamiento homosexual (McGuire, 1995). "Es difícil, sin embargo, establecer de forma concluyente los orígenes genéticos de cualquier comportamiento humano, y el estudio de la homosexualidad presenta algunos problemas singulares" (Friemann, O'Hara, y Settel, 1996). Se ha hecho poca investigación directa con niños pequeños, y es probable que "aunque un puñado quizás muestre indicios tempranos de parecer 'diferente' de algún modo, la gran mayoría no dará pistas ni siquiera al ojo más observador" (Corbett, 1993).

Si los maestros están abandonando los estereotipos étnicos, de capacidad y de sexo, también deben considerar evitar el rechazo a una familia por su elección de estilo de vida o las críticas a un niño basadas en alguna noción de "feminidad" o "masculinidad". La antropofobia existente en la raíz de tal comportamiento prejuicioso, ya sea sutil por parte de los maestros o abierta en los otros niños, puede ser hiriente y acosadora. Friemann et al. (1996) ofrece pasos para que pueden dar los maestros y que sonarán conocidos, porque son similares a los referentes a otras formas de prejuicio:

> Los maestros deberían examinar sus propios sentimientos sobre la homosexualidad... Deben reconocer sinceramente cualquier prejuicio que tengan sobre los niños que son estigmatizados como mariquitas (o marimachos) y mantener tales prejuicios fuera del aula... Segundo, los maestros deben manejar inmediatamente cualquier caso de abuso y acoso de un alumno a otro, por leve que sea...[Tercero] los maestros deberían oponerse a los comentarios negativos sobre los gay y otros grupos minoritarios... Las reuniones en clase son una buena herramienta para tratar casos de acoso. Empiecen con una frase "origen" para que los niños completen, como "Cuando se burlan de mí me hacen sentir..." y ayuden a los niños a enfocar la forma en que se siente la gente cuando se la acosa.

Nuestra actitud debería ser que ningún niño se sienta avergonzado de su familia, sus maestros o él mismo.

Escuelas para valores humanos

Las complejidades de la vida moderna pueden dificultar el desarrollo de valores en los niños. En una sociedad tan diversa, a veces es complicado determinar qué valores son "básicos". Con los cambios en la estructura familiar, puntos de vista políticos y religiosos variantes, y una multitud de culturas que considerar, es comprensible que el maestro pueda sentirse confuso y remiso a "enseñar" algún valor en particular.

La enseñanza, sin embargo, no es emprendimiento "neutral en cuanto a valores". Cada vez que se enseña algo, la elección de lo que se enseña y cómo se hace implica los valores del maestro. Cuando una

SELECCIÓN DE ARTÍCULOS

¡Qué carrera tan maravillosa es!

Carol Sharpe

La atención y la educación de los niños pequeños se han convertido en una cuestión clave en nuestro país, y cada vez más personas se están dando cuenta de que la calidad de la atención en centros de desarrollo infantil está ligada a la formación y educación del personal docente. Por consiguiente, es imprescindible que atraigamos y reclutemos para el campo de la primera infancia a individuos que no sólo estén dedicados a trabajar con los pequeños, sino que también tengan habilidad y competencia para realizar este importante trabajo. Necesitamos ayudar a la gente a ver que no es un empleo temporal que tienen mientras se preparan para una carrera "de verdad", sino que trabajar con la primera infancia es una carrera enriquecedora en sí misma.

Actualmente, en un esfuerzo por ocuparse de ésta y otras cuestiones, gente de muchos estados están trabajando en el desarrollo de un reticulado de la carrera y un plan de desarrollo profesional para los docentes de la primera infancia. Se debe considerar al desarrollo de un sistema coordinado que (1) dé la bienvenida a las personas a este campo desde diversos puntos, (2) ofrezca caminos profesionales claros con formación articulada y sistemas de acreditación, y (3) proporcione una variedad de incentivos para mantenerse en este campo.

En California el plan de desarrollo profesional y reticulado de la carrera ha sido liderado por Pacific Oaks College y el proyecto sobre carreras de desarrollo infantil Advancing Careers in Child Development Project. Un grupo de individuos dedicados que representan a diversos programas y agencias de la primera infancia trabajaron juntos durante varios años para desarrollar una nueva matriz de permisos para desarrollo infantil y el plan de crecimiento profesional que la acompaña. Este programa de certificación a nivel del estado tiene su sede en la Commission on Teacher Credentialing en Sacramento. La matriz de permiso consiste en los siguientes seis niveles:

Nivel	Requisitos de educación	Requisitos de experiencia
Asistente	6 unidades de ECE o CD	Ninguna
Maestro adjunto	12 unidades ECE/CD incluyendo materias principales	50 días de 3+ h/día en un término de 4 años
Maestro	24 unidades ECE/CD, incluyendo materias principales + 16 unidades GE	175 días de 3+ h/día en un término de 4 años
Maestro guía	24 unidades ECE/CD incluyendo 16 unidades GE + 6 unidades de especialización + 2 unidades de supervisión de adultos	350 días de 3+ h/día en un término de 4 años
Supervisor de sede	AA (o 60 unidades) con 24 unidades ECE/CD , incluyendo principales + 6 unidades administración, + 2 unidades supervisión de adultos	350 días de 4+ h/día incluyendo por lo menos 100 días de supervisión de adultos

Director de programa	BA con 24 unidades ECE/CD incluyendo principales + 6 unidades administración + 2 unidades supervisión de adultos	Estatus de supervisor de sede y un año programático de experiencia como supervisor de sede

Cada nivel de la matriz de permisos tiene calificaciones alternativas por cumplir los requisitos, y el concepto de formación continua se ha incorporado a la estructura requiriendo que todos los que tengan los permisos formen parte de un plan de crecimiento profesional de renovación cada 5 años. Cada persona acreditada se relaciona con un consejero de crecimiento profesional para planear metas de carrera, objetivos y actividades.

La Matriz de permisos de desarrollo del niño se diseñó con niveles múltiples por varias razones: (1) ofrece una mejor oportunidad de enlazar la compensación con la formación; (2) da a quienes entran al campo el sentido de que hay una carrera verdaderamente en la atención y educación infantil; y (3) proporciona la oportunidad de que las personas entren al campo por diferentes puntos de ingreso.

Es muy emocionante formar parte de este proyecto de desarrollo profesional/de carrera a largo plazo, donde han trabajado conjuntamente más de 100 individuos en diversas comisiones para mejorar el sistema de preparar y titular personal de centros al tiempo que se mantienen programas de atención y educación infantil de alta calidad y precio asequible. Qué maravillosa carrera es la primera infancia, y qué importante es que tengamos una fuerza laboral estable y bien preparada para trabajar con nuestros niños y familias.

Carol Sharpe es la directora de proyecto de Advancing Careers in Child Development, en Pacific Oaks College.

maestra impide que un niño golpee a otro, afirma el valor de una resolución pacífica de los conflictos. Cuando un cuidador sienta a un niño que llora en su regazo, demuestra el valor de la respuesta consoladora. Cuando se enseña a leer, se dan opciones de juego libre, se pide a los niños que canten, se les está dando un sentido de lo que es importante.

Los niños que salen de la infancia sin experimentar la toma de decisiones y el prestar atención a lo que importa, averiguando lo que es justo o bondadoso o "correcto", se pierden una parte crucial del desarrollo humano. Desarrollar valores morales y éticos es una parte importante de crecer, dando a los niños una base para elegir cómo comportarse y qué conducta seguir. Enseñar a los niños nuestro sistema de creencias forma parte de su educación. La cuestión es cómo.

En respuesta a preocupaciones crecientes como las drogas, la violencia, y la falta de continuidad en la familia o el vecindario, las escuelas empiezan a responder proporcionando cierta guía sobre lo que está bien o mal. La escuela del pasado podía preocuparse simplemente de lo académico y vocacional, dejando las responsabilidades morales y personales a los padres. La escuela del presente y del futuro no puede permitirse tal lujo.

Varios estados están tomando medidas para fomentar la enseñanza de valores. A menudo los distritos escolares establecen consejos o fuerzas de tareas para encuestar a sus comunidades sobre qué valores enseñar y cómo enseñarlos. En programas para niños menores de 5 años, padres y maestros han estado históricamente más empeñados en enseñar a los niños lo correcto y lo incorrecto. Las escuelas relacionadas con la iglesia, en particular, son elegidas por los padres debido a los valores que enseñan, incluyendo los religiosos. Los debates sobre disciplina pueden ir más allá de la técnica a los valores subyacentes en dichas técnicas. Los maestros de un centro pueden comenzar un diálogo sobre lo que es importante enseñar.

La enseñanza de valores comienza por conocer el propio sistema de creencias y su lugar en la carrera propia. Pregúntense:

- ¿Por qué estoy enseñando?, ¿por qué niños pequeños?, ¿por qué niños?
- ¿Qué me hizo elegir como carrera la educación de la primera infancia?
- ¿En qué creo?, ¿por qué?
- ¿Cómo llegué a tener mis convicciones?
- ¿Dejo a los demás con sus creencias?

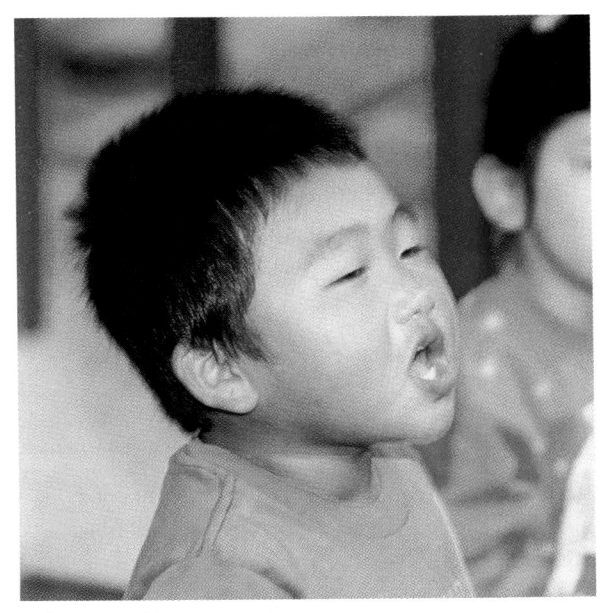

Ilustración 15.12 El programa que responde a la diversidad es aquel en el que se acepta y respeta al niño como individuo.

- ¿Cómo expongo mis valores a los niños?, ¿y a los padres?
- ¿Cómo conservo mis valores y mi integridad y al mismo tiempo me permito crecer y cambiar?

Otros educadores son claros sobre sus propios valores, y están dialogando con los padres, queda la cuestión de cómo generar valores en los niños pequeños. Riley (1984) lo pone así:

> Cuando les das a los niños y niñas libertad de evaluar, decidir, crear y recrear su mundo, suelen construir un lugar feliz, un lugar con sentido que expresa verdades y sueños que son muy reales para ellos. Cuando los niños interpretan esos significados y verdades, y escogen prioridades, y finalmente se esfuerzan por cambiar, libre y frecuentemente, lo que no les satisface, generan dentro de ellos una fuerza inspiradora que sienten en forma de confianza y una actitud positiva sobre sus vidas, que cualquier padre o maestro puede ver mientras los niños trabajan o juegan.

Integridad, honradez, individualidad, confianza en sí mismo, responsabilidad, todo puede enseñarse de manera

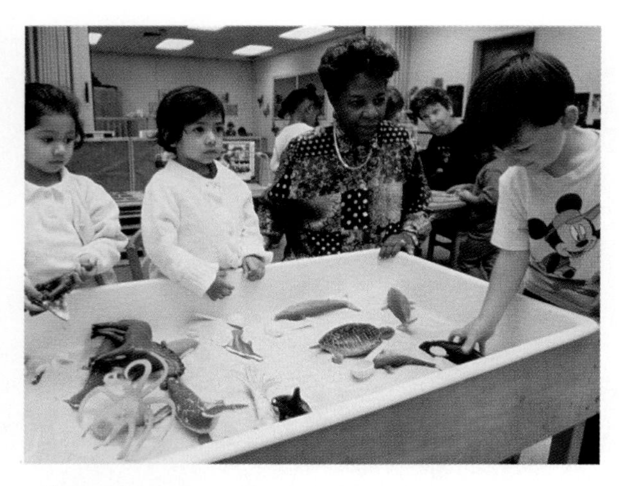

Ilustración 15.13 Los niños pequeños necesitan programas en los que puedan aprender a confiar unos en otros mientras trabajan y juegan juntos.

auténtica a los niños pequeños. Preparamos a los niños para el éxito en la vida abarcando la voluntad de cambiar y al mismo tiempo manteniendo nuestras creencias en la elección personal, la igualdad y la oportunidad.

Implicaciones para los educadores

Algunas estrategias. Hay varias estrategias, más globales, sobre la educación multicultural, bilingüe y para los valores, que todos los educadores pueden utilizar. Primero *la educación debe promover la participación de las minorías en la reforma escolar*. El final del siglo XX marca el comienzo de una conciencia de incluir a todos los grupos de votantes en la verdadera toma de decisiones y establecimiento de políticas. Desde los comerciantes pertenecientes a minorías, a los padres, a legisladores de minorías, es crucial que se involucren las poblaciones a las que atiende la educación.

Segundo, *necesitamos una comprensión adulta del desarrollo*. En particular, los maestros y los padres deben saber cómo desarrollan los niños conciencia de raza, cultura, sexo y capacidad, y cómo llegan a entender lo que significan las diferencias, y cómo desarrollan un sentido de justicia y moralidad. Más aún, las expectativas de los maestros sobre cómo y cuándo aprenden habilidades los niños, estará bajo la influencia de sus conocimientos de la cultura. Los adultos que conocen el desarrollo infantil y saben cómo se forman las actitudes serán más eficaces al desarrollar conceptos positivos y al contrarrestar estereotipos.

Tercero, *los maestros necesitan más formación y educación sobre educación multicultural y diferentes culturas*. Los maestros deben tomarse tiempo, y ser apoyados en sus esfuerzos, para aprender sobre los diversos grupos que tienen en sus aulas y sobre la diversidad general de nuestra cultura. Los maestros pueden proporcionar una clase antiprejuicios sólo si son ellos mismos recursos educados.

Finalmente, *es hora de que los educadores examinen sus propias actitudes y normativas sobre diversidad, diferencia, e inclusiones*. La mayoría de los centros de primera infancia quieren que sus programas representen una sociedad pluralista, pero ¿cómo se ordenan sus estructuras organizativas? Son útiles las reuniones de personal que evalúan tanto los entornos de los niños como la escuela en general.

En el aula. ¿Cómo pondremos en práctica un enfoque multicultural, antiprejuicios de la enseñanza? El personal y las familias trabajan de forma cooperativa para proporcionar a cada niño algo conocido y cómodo en el entorno. Los maestros basan sus programas en compartir el propio ser, la cultura, la capacidad y las experiencias que fomentan una aceptación sana de sí mismos y la conciencia positiva y la tolerancia hacia los demás. Las diferencias se observan, se comentan abiertamente, incluso se celebran. Al mismo tiempo, es la trama de costumbres, idioma, valores, música, comidas, estilos de vida, y celebraciones lo que se comparte, no un detalle menor o dramático que trivializa a un grupo o a un niño. Los maestros pueden analizar sus entornos, planear con los padres, y establecer metas para mejorar o cambiar el currículum. Comprender a los niños de otras culturas (DiMartino, 1989) puede ser una consecuencia de este proceso, pero el programa en sí comienza con la cultura propia de los niños (Head Start, 1986).

En resumen, el futuro dicta que equipemos a los niños para vivir en los Estados Unidos del siglo XXI, donde la norma será una diversidad de razas, culturas y estilos de vida. Como maestros de niños pequeños, enseñamos los valores de una sociedad pluralista además de lo que tienen en común estas diversas culturas. Ninguna cultura, religión o criatura debería hacerse sentir menos valiosa que otra. Debemos estar seguros de que respetamos y celebramos la singularidad de cada niño y los valores de otros.

ENSEÑANDO PARA EL SIGLO XXI

Cada día, los maestros y cuidadores abren sus puertas a miles de niños pequeños. Al hacerlo, influyen en el rumbo de nuestra nación en el próximo siglo. Si esta afirmación parece exagerada, consideran esto: el niño nacido en 1992 estará en cuarto grado en el siglo XXI y será un adulto que vote para el 2010. Estamos enseñando a los niños del futuro.

Cuestiones

La educación de la primera infancia es un campo amplio que abarca a niños, padres, comunidades, y una tremenda variedad de programas. Las cuestiones del día han cambiado en los últimos 40 años. Un repaso de éstas le da perspectiva al maestro de lo que ha sido o puede llegar a ser importante en nuestra profesión:

- *La década de los 60*: ¿Cómo son de importantes los primeros años para el ámbito de la educación formal?, ¿puede compensar la educación en esos años las experiencias inadecuadas de la niñez?, ¿qué clase de escolaridad representa una diferencia?
- *La década de los 70*: ¿Qué clase de programa de primera infancia es mejor?, ¿cuáles son financieramente eficientes?
- *La década de los 80*: ¿Qué efectos tiene la atención infantil sobre el desarrollo de los niños?, ¿cuál es la mejor combinación entre programas y sus participantes?, ¿cómo interactúan la familia y los niños?
- *La década de los 90*: ¿Cómo puede preservarse la diversidad cultural y al mismo tiempo asegurar la igualdad de oportunidades para todos los niños?, ¿qué efecto tendrá tal diversidad sobre el contenido del currículum?, ¿las políticas y la práctica orientadas a la familia de la empresa y el gobierno tendrán el alcance suficiente para apoyar a los padres en su papel de criar a los hijos?, ¿puede ser la reforma educativa tan radical como para alterar el rumbo de los alumnos que ahora parecen destinados a fracasar?
- *2000*: ¿Serán las escuelas instituciones sociales que respalden lo académico además de los servicios sociales?, ¿cómo enfrentará la nación su responsabilidad de ver que todos sus niños comiencen la escuela preparados para aprender?, ¿qué nuevas asociaciones serán necesarias para continuar la reforma de la educación pública?, ¿cómo continuará subrayándose el papel de los padres?, ¿será la "elección de los padres" un vehículo viable de reforma de la educación pública?, ¿elevarán las demandas de los padres la calidad de la atención infantil y por ende la estructura de sueldos y prestaciones de los profesionales de la primera infancia?

Ilustración 15.14 ¿Cómo se convierten los adultos en defensores para asegurar una vida satisfactoria para los niños del siglo XXI?

Las cuestiones del nuevo siglo están evolucionando a partir de las décadas anteriores. La necesidad de atención infantil y educación para niños pequeños es un hecho aceptado: la cuestión ya no es "si", sino "de qué clase". Las familias también han cambiado en su aspecto exterior, como lo han hecho los muchos rostros de la sociedad norteamericana. La manera en que aceptamos tal diversidad y aún mantenemos las nociones de familia y sociedad es importante. La naturaleza del trabajo docente dependerá, en parte, de las condiciones laborales de los maestros para que puedan proporcionar una experiencia de alta calidad para los niños y apoyo para las familias. Tenemos frente a nosotros nuestro desafío para el nuevo siglo.

Defensa de los niños

Los maestros son, por definición, abogados de los niños, pues están dedicados a proporcionar un mejor futuro para los niños de Estados Unidos.

Siendo las cuestiones de dinero y reforma educativa preocupaciones tan inmediatas, los maestros

Ilustración 15.15 ¿Cuál es nuestra visión del futuro para estos niños?

tienen que entender las fuerzas que afectan a la manera en que se resuelven estas cuestiones. Los maestros tendrán que educarse sobre el proceso político. Necesitarán conocer las normas y reglamentaciones referentes a las fuentes de fondos públicos. Es importante saber cómo se adjudica el dinero y con quién trabajar para influir en las decisiones relativas a la educación. Conociendo la legislación, los maestros pueden reunir apoyo para leyes que ayuden a los niños, las familias y las escuelas.

Durante mucho tiempo los maestros se han mantenido alejados del proceso político. Pero no han sido inmunes a sus efectos. Como maestros, debemos informarnos para aumentar nuestro poder en los círculos políticos y financieros de la vida diaria. Igual que animamos a los niños a que se ayuden a sí mismos, debemos respaldarnos mutuamente al tomar la iniciativa por el bienestar de nuestra propia profesión. Fue una coalición así y esfuerzos coordinados de muchas personas dedicadas a la defensa de los niños, lo que aseguró la aprobación de los fondos de Child Care y Development Block Grants en 1990, primera de tales leyes que el Congreso aprobó en 20 años. La cooperación a gran escala aumentó significativamente el éxito político de esa ley en pro de todos los niños.

Cada maestro puede convertirse en un abogado de los niños. Trabajando por los niños y los servicios infantiles, los maestros también se defienden a sí mismos. Involucrarse eficazmente en la legislación tiene lugar por medio de estos pasos:

1. Hagan un compromiso personal.
2. Manténganse informados.
3. Conozcan el proceso.
4. Expresen sus opiniones.
5. Hagan saber a otros.
6. Estén visibles.
7. Muestren aprecio.
8. Vigilen la puesta en práctica.

9. Construyan buenas relaciones y confianza.

10. Eduquen a sus legisladores.

El Artículo de Jonah Edelman al principio de esta sección propone el desafío de que seamos abogados eficaces de todos los niños y sugiere acciones a tomar. Stand For Children, iniciado en 1996 por Children's Defense Fund, se puede encontrar en muchas localidades.

El maestro que trabaja para asegurar programas y servicios de alta calidad para los niños y sus familias también aumenta la probabilidad de lograr el mejoramiento de condiciones de trabajo, las oportunidades profesionales y el reconocimiento público que el campo de la educación de la primera infancia tanto merece.

El pasado sugiere el futuro

La historia sugiere cómo podríamos enfocar el futuro, al comenzar un nuevo siglo. Reflexionando sobre nuestro pasado, se nos recuerdan varios factores importantes que iluminan las cuestiones de hoy:

1. Recordamos lo que hicieron los pioneros de la educación temprana para causar la reforma. Miramos sus éxitos buscando inspiración, modelos, e ideas; examinamos sus fracasos para evitar los mismos errores.

2. Del pasado, creamos una visión del futuro. Un vistazo hacia atrás en la línea del tiempo nos muestra que hoy tenemos un organismo viviente, viable: una visión amplia y creciente del campo de la primera infancia; una definición creciente de lo que significa la primera infancia; una colaboración creciente de profesionales de la primera infancia provenientes de todos los sectores de la vida; una participación creciente en el movimiento de reforma educativa; un sistema creciente de programas de primera infancia para atender a las familias del siglo XXI, y un sentido creciente de nuestra propia eficacia como abogados.

3. La meta final parece infinita, pero resiste la repetición frecuente. Nuestra meta es ayudar a los niños a aprender para que puedan tener vidas plenas y satisfactorias, ayudarles a desarrollar sus talentos y capacidades para que estén preparados para los desafíos y responsabilidades de la vida adulta. Los niños de hoy estarán aprendiendo en un siglo nuevo y en una era económica y tecnológica distinta.

Hay un aspecto singular del presente que, al combinarse con el pasado, define el futuro aún más directamente. La creciente diversidad cultural que ahora presentan los Estados Unidos proporciona una riqueza de recursos de los que aprender. Aprender sobre los valores y atributos de otras culturas por medio de la experiencia correcta y significativa se convierte en una plataforma obligatoria para los niños y las familias del siglo XXI.

Sumario

Los educadores de la primera infancia enfrentan hoy cuestiones que desafían la definición misma de infancia. La forma en que la sociedad trate estas cuestiones ayudará a determinar adónde nos encaminamos, como maestros, niños, familias, una nación.

Algunas de las cuestiones presentadas aquí pueden parecer algo personales e incluso políticas. Nuestra elección de cuestiones fue deliberada: como cuidadores del futuro nuestros niños, tenemos preguntas graves y de largo alcance que debemos plantearnos ya. Esta obra está dedicada a la búsqueda de conocimientos y acción con respecto a un emprendimiento importantísimo: enseñar a los niños pequeños. Difícilmente podemos hacer algo menos que acometer los temas que son cruciales para el éxito de esta tarea y de nuestra profesión.

Preguntas de Repaso

1. ¿Por qué creen que los que trabajan en atención infantil tienen sueldos bajos?, ¿cómo pueden trabajar por cambiar estas condiciones?
2. ¿Es posible que los centros de atención infantil proporcionen programas de calidad al mismo tiempo que pagan sueldos justos y prestaciones laborales?, ¿cómo?
3. ¿Qué pueden decirles a los padres que les preguntan qué enseñan a sus hijos?, ¿cómo pueden responder a su insistencia en enseñar a los niños a leer y escribir antes del jardín de infancia?
4. ¿Qué harían si sospecharan que un niño de su centro estaba siendo gravemente maltratado o descuidado?
5. ¿Qué pueden decir para ayudar a los niños a manejar la separación y el divorcio?, ¿cómo tratará con *ambos* padres?
6. ¿Qué significa en su programa la frase "Se necesita una aldea para criar a un niño"?, ¿cómo se podría aplicar el adagio a su comunidad?
7. ¿Qué pueden hacer para respaldar la diversidad cuando construyen una comunidad de metas comunes de la clase?
8. ¿Qué hacen cuando oyen a los niños decir "No se permiten varones (niñas)"?, ¿cómo incluirán a un niño nuevo que habla poco inglés en su programa?, ¿cómo responden cuando a alguien le llaman "mariquita"?
9. ¿Cómo se preparan para el siglo XXI?
10. ¿Cómo creen que el movimiento de reforma educativa afectará a su comunidad?, ¿a un programa de la primera infancia que conocen o en el que trabajan?
11. ¿Qué cambios en las estadísticas y la investigación del SIDA han ocurrido desde que se publicó esta obra?
12. Seleccionen uno de los pioneros mencionados en esta obra y describan cómo esa persona tuvo impacto en los movimientos de reforma de la época; comparen la cuestión y su resolución con el movimiento de reforma actual. ¿Qué cuestiones ven repetidas a lo largo del tiempo?

Bibliografía

Ética de la reforma social y atención infantil

General

Center for the Child Care Work Force. (1997). *Worthy work, unlivable wages: The National Child Care Staffing Study, 1996–1997.* Washington, DC: Author.

Costs, Quality and Child Outcomes Study Team. (1995). *Cost, quality and child outcomes in child care centers, executive summary.* Denver: Economics Department, University of Colorado at Denver.

Galinsky, E., Howe, C., Cantos, S., & Schinn, M. (1994). *The study of children in family child care and relative care: Highlight of findings.* New York: Families and Work Institute.

Hofferth, S. (1994). Bringing parents and employers back. In *The implications of new findings for child care policy.* Washington, DC: Urban Institute.

Lewin, T. (1998, April 29). From welfare roll to child care worker. *New York Times,* p. A14.

National Education Goals Panel (1996). *National education goals report. Building a nation of learners.* Washington, DC: Author

Riley, R. W. (1996, August 21). Investing in America's future. In *Back to school: special report: The baby boom echo.*

U.S. Department of Education, National Center for Education Statistics. (1996, September). *Youth indicators, 1996: Trends in the well-being of American youth.* Washington, DC: Author.

Reforma educativa

Children's Defense Fund. (1998). *The state of America's children: Yearbook 1998.* Washington, DC: Author.
Kagan, S. L., & Neuman, M. J. (1997, September). Highlights of the Quality 2000 Initiative: Not by chance. *Young Children*, pp. 54–62.
National Association of State Boards of Education. (1988). *Right from the start.* Alexandria, VA: The report of the NABE Task Force on Early Childhood Education
Ravitch, D. (1990, January 10). Education in the 1980s: A concern for quality. *Education Week*, p. 48.
U.S. Department of Education, National Education Goals Panel. (1998a). *Ready schools.* Washington, DC: Author.
U.S. Department of Education, National Education Goals Panel (1998b). *Principles and recommendations for early childhood assessments.* Washington, DC: Author
U.S. Department of Health and Human Services. (1996). *National immunization survey.* Washington, DC: Author.

La importancia de la infancia

General

Elkind, D. (1988). *The hurried child: Growing up too fast too soon.* Reading, MA: Addision-Wesley.
Gordon, A.M. (1986, Winter). Ministries to childhood. *National Association of Episcopal Schools Journal*, pp. 22–26.
Langway, L., et al. (1983, March 28). Bringing up superbaby. *Newsweek*, pp. 62–63.
National Commission on Children. (1991). *Beyond rhetoric: A new American agenda for children and families.* Washington, DC: Author.
Reed, M. S. (1986, March 2). Stress at an early age. *San Francisco Chronicle and Examiner*, Sunday supplement *This World*, p. 13.

Maltrato y abandono infantil y SIDA

Centers for Disease Control and Prevention. (1998). *AIDS surveillance by race/ethnicity.* Atlanta, GA: Author.
Child abuse: Betraying a trust. (1995). Wylie, TX: Information Plus.
Children's Defense Fund. (1998). *The State of America's children: Yearbook 1998.* Washington, DC: Author.
Lung, C., & Daro, D. (1996). *Current trends in child abuse reporting and fatalities: The results of the 1995 annual fifty state survey.* Chicago: National Committee to Prevent Child Abuse.
National Association for the Education of Young Children. (1997, March). *Position statement on the prevention of child abuse in early childhood programs and the responsibilities of early childhood professionals to prevent child abuse* (pp. 42–46). Washington, DC: Author.
National Committee to Prevent Child Abuse (1998). *Child abuse and neglect statistics.* Chicago: Author.
U.S. Department of Health and Human Services. (1998). *Child sexual abuse prevention—Tips to parents.* Washington, DC: Author.
Wang, C.T., & Daro, D. (1998). *Current trends in child abuse reporting and fatalities: The results of the 1997 annual fifty state survey.* Chicago: National Committee to Prevent Child Abuse.

En situación de riesgo: niños necesitados

Carnegie Foundation. (1995). *Starting points.* Washington, DC: Author.
Casey Foundation. (1995). *Kids count data book.* Baltimore: Author.
Children's Defense Fund. (1998). *The state of America's children: Yearbook 1998.* Washington, DC: Author.
Edelman, M. W. (1993). Young children and school readiness. In A. Gordon & K. B. Browne (Eds.), *Beginnings and beyond* (3rd ed.). Albany, NY: Delmar.
National Study Panel on Education Indicators. (1991). *Education counts.* Washington, DC: National Center for Education Statistics, U.S. Department of Education.

Familias y comunidades

Carlisle, C. (1991, Summer). Children of divorce. *Childhood Education.*
Chandler, L.A. (1996). Changing children in a changing society. *Childhood Education.* Annual Theme.
Clarke-Stewart, K.A. (1989, January). Single-parent families: How bad for the children? *NEA Today.*
Galinsky, E. (1986, November). *Investing in quality child care.* AT&T Report.

Osborn, D. K. (1991). *Early childhood education in historical perspective* (3rd ed.). Athens, GA: Daye Press.
Wallerstein, J., in Jacobson, L. (1997, June 11). Emotional damage from divorce found to linger. *Education Week.*

Trabajo, economía y políticas públicas: The Working Parent

Brazelton, T. B. (1989, February 13). Working parents. *Newsweek.*
Caldwell, B. (1989). *The state of the ECE field.* Address to the annual conference of the National Association for the Education of Young Children.
Fuchs, V., & Reklis, D. (1990, October). *Children, economics, and public policy.* Unpublished report.
Schroeder, P. (1991, March). *Children in America today.* Address to the California Association for the Education of Young Children, Los Angeles.

Apoyo de la comunidad y la escuela

Coleman, J. S. (1991). *Parental involvement in education.* Washington, DC: Office of Educational Research and Improvement, U.S. Department of Education.
Elkind, D. (1991, September). The family and education in the postmodern world. *Momentum.*
Gardner, J. W. (1990, January). *Community.* Palo Alto, CA: Graduate School of Business, Stanford University.

Transmisión de valores

Televisión y otros medios

Carter, B. (1991, May 1). Children's televisión, where boys are king. *New York Times.*
David, J. (1988, September). When to turn it on—and off. *Good Housekeeping.*
ERIC Clearinghouse on Elementary and Early Childhood Education. (1990, Fall). *Guidelines for family television viewing* (Vol. 2, No. 2).
Minow, N. (1991, June 19). *Worth noting.* Address to commemorate 30th anniversary of his "vast wasteland" speech. *Education Week.*
National Association for the Education of Young Children. (1990). *Media violence and children.* Washington, DC: Author.
Solter, A. (1986, Fall). Television and children. *Mothering.*
Trelease, J. (1984). *The read–aloud handbook.* New York: Penguin Books.

Violencia

Carlsson-Paige, N., & Levin, D. (1987). *The war play dilemma.* New York: Teachers College.
Carlsson-Paige, N., & Levin, D. (1990). *Helping children understand peace, war, and the nuclear threat.* Washington, DC: National Association for the Education of Young Children.
Carter, M. (1995, March). Supporting teachers to create a culture of non-violence. *Exchange.*
Center for Media Literacy. (1993, August). *Beyond blame: Challenging violence in the media: Report from the American Psychological Association's Commission on Violence and Youth in America.*
Chen, M. (1994). *The smart parents' guide to kids' televisión.* San Francisco: KQED Books.
Groves, B. M., & Mazur, S. (1995, March). Shelter from the storm: Using the classroom to help children cope with violence. *Exchange.*
Hoot, J., & Roberson, G. (1994). Creating safer environments for children in the home, school and community. *Childhood Education.* Annual Theme.
Hopkins, S., & Peppers, S. (1995, March). Listening to understanding violence. The voices of youth. *Exchange.*
Klemm, B. (1995, July). Video-game violence. *Young Children,* 50(5).
Levin, D. (1994). *Teaching young children in violent times.* Cambridge, MA: Educators for Social Responsibility.
Levin, D. (1998). *Remote control children?* Washington, DC: National Association for the Education of Young Children.
Levin, D., & Carlsson-Paige, N. (1984, July). Developmentally appropriate television: Putting children first. *Young Children, 49*(5).
Wallinga, C., Boyd, B., Skeen, P., & Paguio, L. (1991, Summer). Reviews of research: Children and nuclear war. *Childhood Education.*

Diversidad

Armstrong, L. S. (1991, January 16). Racial ethnic prejudice still prevalent, survey finds. *Education Week.*
Association for Childhood Education International. (1996, Spring). Professional standard: Issues of diversity in teacher education. *Childhood Education.*
Barrera, R., et al. (1993). Beginnings workshop: Considering ethnic culture. *Exchange.*
Bowman, B. T. (1991). Educating language-minority children. *ERIC Digest,* University of Illinois.

Center for Demographic Policy. (1989). *The same client: The demographics of education and service delivery system.* Washington, D C: Institute for Educational Leadership.
Chang, H. (Ed). (1993). *Affirming children's roots: Cultural and linguistic diversity in early care and education.* San Francisco: California Tomorrow.
Children's Defense Fund. (1998). *The state of America's children: Yearbook 1998.* Washington, DC: Author.
Derman-Sparks, L. (1989). *Anti-bias curriculum.* Washington, DC: National Association for the Education of Young Children.
Dowell, C. (1996). *Looking in, looking out: Redefining child care and early education in a diverse society.* San Francisco: California Tomorrow.
Education Week. (1990, November 14). Dimensions: In California, nation's first minority majority.
Fillmore, L.W. (1991, June 19). A question for early-childhood programs: English first or families first? *Education Week.*
Hale, J. E. (1993). Culturally appropriate pedagogy and the African American child. In A. Gordon & K. B. Browne (Eds.), *Beginnings and beyond* (3rd ed.). Albany, NY: Delmar.
Haycock, K. (1991, March). Reaching for the year 2000. *Childhood Education.*
Kozol, J. (1997, January 12). Author's work among poor is experience of spirituality. (Interview by Winifred Yu). *Albany Times Union.*
Schmidt, P. (1989, August 2). Outlook is bleak for many blacks. *Education Week.*
Southern Poverty Law Center. (1995–98, Spring and Fall). *Teaching tolerance.* Montgomery, AL: Author.
Viadero, D. (1990, November 28). Battle over multicultural education rises in intensity. *Education Week.*
Vukelich, C. (1991). Are schools really ready for kids? *Childhood Education.*

Igualdad en el juego y cuestiones de sexos

American Association of University Women. (1992). *How schools shortchange girls.* Washington, DC: Author.
Chapman, A. (1997). *The great balancing act: Equitable education.* New York: National Association of Independent Schools.
Corbett, S. (1993, March). A complicated bias. *Young Children.*
Friemann, B. B., O'Hara, H., & Settel, J. (1996, Fall). What heterosexual teachers need to know about homosexuality. *Childhood Education.*
Greenberg, S. (1985). Recommendations for creating the five Es: Educational equity in early educational environments. In S. Klein (Ed.). *Achieving sex equity through education.* Baltimore: Johns Hopkins Press.
Grossman, H., & Grossman, S. H. (1994). *Gender issues in education.* Boston: Allyn & Bacon.
Hoyenga, K. B., & Hoyenga, K.T. (1993). *Gender-related differences.* Boston: Allyn & Bacon.
Lee, V. (1997, January 12). A new advocacy forms for boys (Interview by K. Zernike). *Albany Times Union.*
Lockheed, M., & Klein, S. (1985). Sex equity in classroom organization and climate. In S. Klein (Ed.). *Handbook for achieving sex equity through education.* Baltimore: Johns Hopkins Press.
Maccoby, E., & Jacklin, C. N. (1985, April). *Gender segregation in nursery school: Predictors and outcomes.* Paper presented to to the National Convention of the Society for Research in Child Development, Toronto.
McGuire, T. R. (1995). Is homosexuality genetic? A critical review and some suggestions. *Journal of Homosexuality, 28*(1 & 2).
Sadker, M., & Sadker, D. (1994). *Failing at fairness: How our schools cheat girls.* New York: Simon & Schuster.
Schlank, C. H., & Metzger, B. (1997). *Together and equal.* Boston: Allyn & Bacon
Zernike, K. (1997, January 12). A new advocacy forms for boys. *Albany Times Union.*

Escuelas para valores humanos

Derman–Sparks, L. (1989). *The anti-bias curriculum.* Washington, DC: National Association for the Education of Young Children.
DiMartino, E. D. (1989, Fall). Understanding children from other cultures. *Childhood Education, 66*(1).
Head Start. (1986, November/December). Bringing our world together. In *Pre-K today.* From the Head Start manual: *Multi-cultural education for Head Start children: An introduction for parents and teachers.* Washington, DC: Author.
Neugebauer, B. (1987, March). Evaluating program resources for attitudes about diversity. *Exchange.*
Riley, S. S. (1984). *How to generate values in young children.* Washington, DC: National Association for the Education of Young Children.

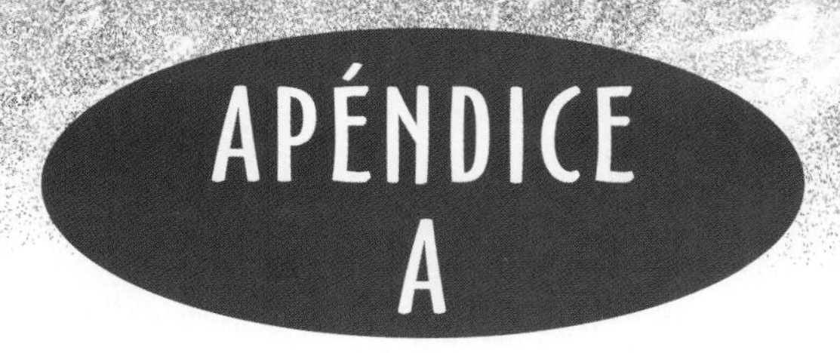

Cronología de la educación de la primera infancia

Nota de los autores: queremos expresar nuestro agradecimiento a D. Keith Osborn por su excepcional investigación histórica y a James L. Hymes, Jr., por el tiempo y la perspectiva que ha aportado.

Desde los siglos V-III A.C. hasta el 1400 D.C. encontramos poca información referente a los modelos de crianza infantil; con el desarrollo de las ciudades surge la escolarización a mayor escala.

1423 y 1439 La invención de la imprenta y el tipo móvil permiten que el conocimiento se extienda rápidamente; las ideas y las técnicas están a disposición de muchas personas; a la imprenta se le atribuye el final de la Edad Media y el comienzo del Renacimiento.

1592–1670 Johann Amos Comenius

1657 *Orbis Pictus*, de Comenius, es el primer libro infantil con ilustraciones.

1632–1714 John Locke
Filósofo inglés, considerado como el fundador de la filosofía educativa, que postuló que los niños nacen con una *tabula rasa*, o pizarra limpia, en la que se van escribiendo todas las experiencias.

1712–1788 Jean Jacques Rousseau

1762 *Emile*, de Rousseau, proclama la bondad natural del niño.

1746–1826 Johann Heinrich Pestalozzi

1801 *How Gertrude Teaches Her Children*, de Pestalozzi, destaca la educación en el hogar.

1740–1860 Se fundan las Sabbath Schools y las escuelas clandestinas que son instalaciones para educar a los afroamericanos que residen en los Estados Unidos.

1782–1852 Friedrich Wilhelm Froebel

1826 *Education of Man*, de Froebel, describe el primer sistema educativo de los jardines de infancia como un "jardín de niños", con actividades conocidas como "regalos de Dios".

1837 Froebel abre el primer jardín de infancia en Blankenburgh, Alemania.

1861 Robert Owen funda una escuela de lactantes en New Lanark, Inglaterra, que sirve de instrumento de reforma social para los niños cuyos padres trabajan en fábricas.

1873 La Butler School de Hampton Institute se abrió como una escuela libre para los niños de color, incluyendo un currículum de jardín de infancia para los niños de 5 años.

1837 Horace Mann, conocido como el "Padre de las escuelas comunes" por sus contribuciones al establecimiento del sistema de educación primaria de los Estados Unidos, se convierte en el Secretario de la Junta de educación del estado de Massachusetts.

1856 Margarethe Schurz abre el primer jardín de infancia americano, una clase para niños que hablaban alemán en su casa en Watertown, Wisconsin.

1804–1894 Elizabeth Peabody

1860 Elizabeth Peabody abre el primer jardín de infancia de habla inglesa en Boston.

1843–1916 Susan Blow

1873 Susan Blow dirige el primer jardín de infancia público, financiado por el inspector William Harris, en St. Louis, Missouri, convirtiéndose en una defensora importante de Froebel en América. El primer jardín de infancia público en Norteamérica se abre en 1871 en Ontario, Canadá.

1856–1939 Sigmund Freud (véase el capítulo 4)

1892 Freud cita la importancia que tienen las experiencias tempranas en las enfermedades mentales posteriores, marcando el comienzo del psicoanálisis y el énfasis en la importancia de los 5 primeros años.

1858–1952 John Dewey

1896 John Dewey funda una escuela piloto en la Universidad de Chicago y desarrolla un enfoque pragmático de la educación, convirtiéndose en el padre del Movimiento progresista en la educación americana.

1897 Se publica *My Pedagogic Creed*, destacando la oposición al aprendizaje memorístico y a la filosofía de educar "al niño en su totalidad".

1860–1931 Margaret McMillan

1911 Margaret McMillan abre la Deptford School, una escuela al aire libre en los barrios bajos de Londres. La escuela destaca la salud y los juegos, acuñando de esta manera el término "guardería".

1868–1946 Patty Smith Hill

1893 Patty Smith Hill se convierte en la directora de Louisville Free Kindergarten Society, incrementando su formación froebeliana original con su trabajo sobre la psicología científica (G. Stanley Hall) y la educación progresiva (John Dewey). Llegó a fundar la National Association of Nursery Education (conocida como NAEYC) en 1926.

1870–1952 María Montessori (véanse los capítulos 1 y 2)
1907 María Montessori abre la Casa di Bambini (casa de los niños) en un distrito de barrios bajos en Roma, Italia. Posteriormente desarrolla una filosofía y un programa educativo para guiar el crecimiento de los niños mediante los sentidos y las experiencias de la vida práctica.
1874–1949 Edward Thorndike, psicólogo behaviorista (véase el capítulo 4)
1878–1958 John B. Watson, psicólogo behaviorista (véase el capítulo 4)
1878–1967 Lucy Sprague Mitchell
1916 L. S. Mitchell, importante defensora de la educación progresiva al nivel de la primera infancia, funda el Bureau of Educational Experiments, que se convierte en el Bank Street College of Education (y en escuela piloto) en 1922.
1879 Se funda el primer laboratorio de psicología en Alemania para formar a los psicólogos en el estudio sistemático de los seres humanos.
1880 Primer programa para la formación de docentes de los jardines de infancia, Oshkosh Normal School, Pennsylvania.
1880–1961 Arnold Gesell (véase el capítulo 4)
1923 Gesell, originariamente alumno de G. Stanley Hall, publica *The Preschool Child*, que destaca la importancia de los primeros años.
1926 Gesell establece la Clinic of Child Development en Yale University y estudia las normas del crecimiento y la conducta infantil, fundando la teoría de la maduración del desarrollo (véanse los capítulos 1 y 4)
1885–1948 Susan Isaacs
1929 Susan Isaacs publica *The Nursery Years*, que contradice la visión psicológica más científica de la modelación del comportamiento y destaca el punto de vista del niño y el valor de los juegos.
1892–1992 Abigail Eliot
1922 La Dra. Eliot abre la Ruggles Street Nursery School y el Training Center.
1892 Se funda la International Kindergarten Union.
1895 G. Stanley Hall dirige un seminario sobre el desarrollo infantil para maestros de jardines de infancia, explicando el enfoque “científico/nueva psicología” de la educación. Mientras que la mayoría abandonaron, Anny Bryan y Patty Smith Hill llegaron a incorporar dichas técnicas y a considerar la educación de la primera infancia como un esfuerzo más multidisciplinario.
1896–1980 Jean Jacques Piaget (véase el capítulo 4)
1926 Jean Piaget, que se convierte en uno de los mayores defensores del desarrollo infantil en el siglo XX, publica *The Language and Thought of the Child*, una de las muchas obras sobre el desarrollo mental de los niños.
1952 Se publica en inglés *Origins of Intelligence* en los niños, de Piaget.
1896–1934 Lev Vygotsky (véase el capítulo 4). 1978 *Mind in Society: The Development of Higher Psychological Processes*, el trabajo más influyente de la teoría sociocultural de Vygotsky, se publica por primera vez en inglés.
1897–1905 Alfred Binet desarrolla un test para el gobierno francés para determinar la deficiencia mental en los niños. Conocido como el test Binet-Simon (al que Jean Piaget, entre otros, se sometió), hoy en día se conoce como el test de cociente de inteligencia Stanford-Binet.
1902–1994 Erik Erikson (véase el capítulo 4)
1950 Se publica *Childhood and Society*, que expone detalladamente las Ocho etapas del hombre, de Erikson, añadiendo así una influencia psicoanalítica a la educación de la primera infancia.
1903–1998 Benjamin Spock
1946 Se publica *Baby and Child Care* del Dr. Spock. Defiende una actitud más permisiva hacia el comportamiento infantil y potencia el comportamiento exploratorio.
1903 The Committee of Nineteen, un grupo escindido de la International Kindergarten Union, se crea para informar sobre varios conceptos filosóficos. Algunos de los miembros son Patty Smith Hill, Lucy Wheelock y Susan Blow.
1904–1988 B. F. Skinner (véase el capítulo 4)
1938 Se publica *The Behavior of Organisms*, de B. F. Skinner, que defiende el concepto psicológico de “behaviorismo radical”.
1906 Josephine Yates publica un artículo en la *Colored American Magazine*, en el que defiende la importancia de los juegos en el jardín de infancia y ayuda a plasmar los conceptos de Froebel en jardines de infancia actuales para los niños de color.
1908–1984 Sylvia Ashton Warner
1963 *Teacher*, publicado por esta maestra de jardín de infancia de Nueva Zelanda, desarrolla los conceptos de “vocabulario orgánico” y “vocabulario clave”.
1909 Theodore Roosevelt realiza la primera conferencia de la Casa Blanca sobre niños, cimentando la creación de un departamento dedicado a los niños en 1912.
1915 Se abre la primera escuela Montessori en los Estados Unidos en la ciudad de Nueva York.
1916 Se abre la primera guardería de cooperativa en la Universidad de Chicago.
1918 Se abren en Inglaterra las primeras guarderías públicas.
1918– T. Berry Brazelton
1969 Este pediatra publica *Infants and Mothers*, junto con varios libros más y numerosos artículos, defendiendo una relación sensata e íntima entre padres e hijos.
Década de los 80 El Dr. Brazelton es uno de los fundadores de “Parent Action”, un grupo federal de presión que aboga por las necesidades de los padres y los hijos, especialmente por una normativa nacional que garantice la licencia paternal para poder ausentarse del trabajo para cuidar a los recién nacidos o los niños adoptados.
1919 Harriet Johnson inicia la Nursery School of the Bureau of Educational Experiments, que posteriormente se convierte en la denominada Bank Street School.
1920–1994 Loris Malaguzzi especula sobre los programas buenos y las relaciones con los niños, destacando la

expresión creativa individual de los niños; inicia la escuela de Reggio Emilia, Italia, en 1946.

1921 Patty Smith Hill abre la escuela piloto de Columbia Teacher's College.

1921 A. S. Neill funda la escuela Summerhill en Inglaterra, que se convierte en modelo del movimiento de "escuelas libres" (el libro titulado *Summerhill* se publica en 1960).

1922 Edna Nobel White dirige Merrill-Palmer School of Motherhood and Home Training, que posteriormente se convierte en Merrill-Palmer Institute Nursery School.

1925–1926 Patty Smith Hill funda el National Committee on Nursery Schools; éste se convierte en NANE y finalmente en NAEYC.

1925– Albert Bandura, psicólogo de la teoría del aprendizaje social (véase el capítulo 4)

1926–1927 Se fundan instalaciones para realizar investigaciones en varias universidades y facultades americanas (ej., Smith College, Vassar College, Yale University, Mills College).

1927 Dorothy Howard funda la primera guardería para niños de color en Washington, DC, y la gestiona durante 50 años.

1928 John B. Watson publica *Psychological Care of Infant and Child*, aplicando las teorías del condicionamiento a la crianza de los niños (véase el capítulo 4).

1929 Lois Meeks Stolz (1891–1984) es el primer presidente de National Association for Nursery Education (que posteriormente se convierte en National Association for the Education of Young Children) y se une a la facultad de Teachers College (Universidad de Columbia) para iniciar una escuela piloto y el Child Development Institute. Posteriormente Stolz se convierte en el director de los centros de atención infantil de los astilleros Kaiser durante la Segunda Guerra Mundial.

1929–1931 Hampton Institute, Spellman College y Bennett College abren guarderías pilotos para los niños de color, destacando los principios del desarrollo infantil al igual que otras escuelas pilotos y sirviendo como centros de formación.

1930 La International Kindergarten Union, fundada en 1892, se convierte en Association for Childhood Education, ampliando su ámbito para incluir la educación primaria.

1933 La WPA (Works Projects Association) abre guarderías de emergencia para ayudar a los maestros desempleados tras la Depresión. Al inscribir a unos 4.000 maestros en 3.000 escuelas, también ayudan a los hijos de los desempleados que trabajan bajo la supervisión de personas como Edna Noble White, Abigail Eliot y Lois Meeks Stolz hasta la Segunda Guerra Mundial.

1935 Toy Loan inicia la primera biblioteca de préstamo de juguetes en Los Angeles.

1936 Se emite la primera retransmisión comercial en la ciudad de Nueva York, con el gato Félix como protagonista. La omnipresencia de los televisores y las costumbres televisivas de los niños se convierten en una fuente de preocupación para los educadores y los padres en la segunda mitad del siglo XX.

1943–1945 El Centro de atención infantil de los astilleros Kaiser, dirigido por Lois Meeks Stolz, James Hymes y Edith Dowley, ofrece atención durante las 24 horas en Portland, Oregón.

1944 Se publica por primera vez *Young Children*.

1946 Edith Dowley funda la escuela piloto de la Universidad de Stanford.

1948 USNC OMEP, se funda el National Committee of the World Organization for Early Childhood Education de los Estados Unidos, para potenciar internacionalmente la educación infantil y comienza a relacionarse con UNICEF y UNESCO en el marco de las Naciones Unidas. Comienza con la publicación de un periódico, *The International Journal of Early Childhood*, en 1969.

1956 *La Leche League* se establece para proporcionar a las madres información sobre la lactancia materna, el parto, los lactantes y la atención infantil.

1957 Se lanza con éxito el satélite soviético *Sputnik*, suscitando un interés renovado y la crítica de la educación americana.

1960 Katherine Whiteside Taylor funda el American Council of Parent Cooperatives, que posteriormente se convierte en Parent Cooperative Pre-schools International.

1960 Nancy McCormick Rambusch (1927–1994) funda el movimiento Montessori americano, separándose de sus homólogos europeos para intentar moldear la educación Montessori como una alternativa viable de escuela pública americana y para establecer programas para la formación de docentes en los niveles de la primera infancia y de primaria.

1962 Se inicia en Ypsilanti, Michigan, el proyecto Perry Preschool, dirigido por David Weikart, y lleva a cabo el estudio longitudinal para medir los efectos de la educación preescolar en las escuelas y posteriormente (véase el capítulo 2).

1963-1966 Lawrence Kohlberg publica algunos trabajos sobre el desarrollo infantil en lo que respecta al desarrollo de los papeles del género y los sexos y sobre desarrollo moral (véase el capítulo 4).

1964–1965 Se aprueba la ley Economic Opportunity Act en 1964, convirtiéndose en el fundamento de los programas "Head Start" en los Estados Unidos, como parte de una "guerra a la pobreza" federal.

1966 Se funda Bureau of Education for the Handiccaped.

1966 NANE se convierte en National Association for the Education of Young Children (NAEYC).

1967 El informe Plowden de Inglaterra explica detalladamente el sistema de la British Infant School. El programa Follow Through amplía el "Head Start" para incluir los primeros años del sistema de primaria.

1969 John Bowlby publica su primer trabajo importante sobre las *Relaciones* (véase el capítulo 4).
La Fundación Ford, la Carnegie Corporation y el Departamento de Salud, Educación y Bienestar subvencionan Children's Television Workshop, que se convierte en *Sesame Street*.

1971 La Stride-Rite Corporation de Boston abre un programa infantil en el centro, convirtiéndose en la vanguardia de la atención infantil financiada por los empresarios.

1972 Se funda Child Development Associate Consortium, encabezado por el Dr. Edward Ziegler, para desarrollar un programa de formación profesional. Actualmente conocido como CDA, su administración pasa a cargo de NAEYC en 1985.

1974 Eleanor Maccoby publica *The Development of Sex Differences* (véase el capítulo 4).

1975 Se aprueba la P.L. 94-142 sobre la educación de los niños discapacitados, exigiendo una educación apropiada para los niños con necesidades especiales en un "entorno lo menos restrictivo" posible, definiendo de esta manera los conceptos de "integración en la corriente general" e "inclusión total".

1975 Mary Ainsworth publica las investigaciones realizadas sobre el desarrollo de las interacciones entre madre e hijo y sigue investigando los patrones de comportamiento (véase el capítulo 4).

1979 Nancy Eisenberg publica la teoría del desarrollo prosocial de los niños (véase el capítulo 4). Las Naciones Unidas declaran un año internacional del niño.

1980 El Departamento de Salud, Educación y Bienestar pasa a ser el Departamento de Salud y Servicios sociales, y se establece un departamento separado de Educación.

1982 Carol Gilligan publica *In a Different Voice*, desafiando la teoría psicológica comúnmente aceptada sobre el desarrollo moral (véase el capítulo 4).

1982 Marion Wright Edelman funda Children's Defense Fund, un grupo de presión afincado en Washington en nombre de los niños, y particularmente de los niños pobres y de color.

1983 Howard Gardner publica *Frames of Mind*, donde describe el concepto de inteligencias múltiples (véanse los capítulos 4 y 13).

1984 NAEYC publica un informe titulado "Developmentally Appropriate Practices", que destaca la importancia del trabajo de "calidad" con los más pequeños desde la lactancia hasta los 8 años.

1985 NAEYC funda una National Academy y un sistema de acreditación voluntaria para los centros, en un intento por mejorar la calidad de vida de los niños y concede su primera acreditación al año siguiente.

1986 El Departamento de Educación de los Estados Unidos declara el año de la escuela de primaria.
La ley 99-457, y la enmienda 94-142, establecen una normativa nacional sobre la intervención temprana para lactantes.

1988–1990 Alliance for Better Child Care, una coalición de grupos defensora de los derechos de los niños pequeños, apoya el proyecto de ley ABC en un esfuerzo por conseguir ayuda federal para los niños y sus familias. No se aprueba en 1989, pero se aprueba en 1990 y funda Child Care Development Block Grant para mejorar la calidad, disponibilidad y asequibilidad de los programas de atención infantil.

1988 National Association of State Boards of Education publica *Right from the Start*, un informe que requiere una visión nueva sobre la educación de la primera infancia al establecer unidades de la primera infancia en escuelas públicas independientes.

1988 El presidente Bush y los gobernadores de la nación adoptan los denominados National Education Goals. El primer objetivo establece que todos los niños irán a la escuela preparados a aprender.

1990 U.N. Children's World Summit incluye la consecución de los siguientes objetivos en el año 2000: (1) reducir la mortalidad infantil de los menores de 5 años en un tercio; (2) proporcionar acceso universal a la educación básica; y (3) proteger a los niños en situaciones peligrosas.
Se aprueba la ley Americans with Disabilities Act (ADA), que requiere programas amplios o no que protejan y se adapten las necesidades de los niños discapacitados cuando son razonablemente capaces de hacer algo.

1991 Se publica "Ready to Learn/America 2000". Parte de la estrategia educativa del gobierno de los Estados Unidos para reformar las escuelas públicas americanas.

1991 El primer Día de Worthy Wage, organizado por Child Care Employee Project, se realiza el 9 de abril, destacando la compensación inadecuada del personal de la primera infancia y la forma en la que esto afecta a la retención de trabajadores capacitados y estables.

1993 Se aprueba la ley Family and Medical Leave Act (FMLA), proporcionando a los padres primerizos 12 semanas de licencia paterna no remunerada, protegida por el trabajo.

1996 Se realiza la primera manifestación "Stand For Children" en Washington, DC, que agrupó a 200.000 personas.
Rethinking the Brain, publicado por Family and Work Institute, resume las investigaciones nuevas sobre el desarrollo cerebral de los niños, muestra el impacto decisivo de las experiencias tempranas y considera las normativas y las implicaciones del programa de estos hallazgos.

1997 California Commission on Teacher Credentialing adopta el Child Development Permit Matrix , introduciendo el concepto de escalafón profesional en la educación pública de la primera infancia.

1998 Carol Brunson Phillips, directora ejecutiva de Council for Early Childhood Professional Recognition, otorga la credencial CDA número 100.000 en la conferencia anual de NAEYC en Toronto, Ontario, Canadá.

APÉNDICE B

Declaración de compromiso de NAEYC

Como persona que trabaja con niños pequeños, me comprometo a fomentar los valores de la educación de la primera infancia tal y como se reflejan en el Código de conducta ética de NAEYC. Si mis habilidades no me fallan:

- Me aseguraré de que los programas para los más pequeños se basen en los conocimientos actuales sobre el desarrollo infantil y la educación de la primera infancia.
- Respetaré y apoyaré a las familias en la nutrición de los niños.
- Respetaré a los colegas de la educación de la primera infancia y les apoyaré en el mantenimiento del Código de conducta ética de NAEYC.
- Defenderé a los niños, a sus familias y a sus maestros ante la comunidad y la sociedad.
- Mantendré estándares altos de conducta profesional.
- Reconoceré la forma en la que los valores, las opiniones y los prejuicios personales pueden afectar el juicio profesional.
- Me mantendré abierta a ideas nuevas y estaré dispuesta a aprender de las sugerencias de los demás.
- Continuaré aprendiendo, creciendo y cotribuyendo como una profesional.
- Honraré los ideales y los principios del Código de conducta ética de NAEYC.

Dicha declaración de compromiso expone los compromisos personales básicos que deben realizar los individuos para estar a la altura de las responsabilidades de la profesión, tal y como se establecen en el Código de conducta ética de NAEYC.

APÉNDICE C

Ideario de NAEYC: respuesta a la diversidad lingüística y cultural, recomendaciones para la educación efectiva de la primera infancia

Nota de los autores: NAEYC adoptó el ideario en noviembre de 1995. Los autores (noviembre 1998) seleccionaron la siguiente aprobación para dar a los lectores una sensación de ideario. Se recomienda encarecidamente leer el ideario en su totalidad. Está publicado en la edición de enero de 1996 de Young Children.

INTRODUCCIÓN

Los niños y las familias de los programas de la primera infancia reflejan la diversidad étnica, cultural y lingüística de la nación. Todos los niños de la nación merecen una educación infantil que responda a los objetivos de sus familias, comunidades y a los orígenes racial, étnico y cultural. Para que los niños pequeños se desarrollen y aprendan óptimamente, el profesional de la primera infancia debe estar preparado para satisfa- cer las diversas necesidades de desarrollo, culturales, lingüísticas y educativas. Los educadores de la primera infancia afrontan el desafío de cómo responder mejor a dichas necesidades. . .

La diversidad lingüística y cultural es un término educativo utilizado por el Departamento de Educación de los Estados Unidos para definir a los niños inscritos en programas educativos que no dominan el inglés (NEP) o que poseen una competencia limitada en inglés (LEP). Los educadores utilizan este término, la diversidad lingüística y cultural, para identificar a los niños que viven en hogares o comunidades en las que el inglés no es la lengua materna de comunicación. Para satisfacer los objetivos de esta declaración, el término se va a utilizar de manera similar . . .

Posición de NAEYC. El objetivo de NAEYC es crear un apoyo para poder obtener igual acceso a los programas educativos de alta calidad que reconocen y potencian todos los aspectos del desarrollo y el aprendizaje infantil, forjar a todos los niños para que sean adultos competentes, con éxito y socialmente responsables. . . Para conseguir que todos los niños se desarrollen y aprendan óptimamente, los educadores deben aceptar la legitimidad de la lengua materna de los niños, respetar (tener un buen concepto) y valorar (estimar, apreciar) la cultura materna, y promover y potenciar la participación activa y el apoyo a las familias, incluyendo unidades familiares extensas y no tradicionales . . .

Los desafíos. Históricamente, nuestra nación ha mostrado una tendencia a considerar las diferencias, especialmente las lingüísticas, como discapacidades culturales en lugar de recursos culturales. "Aunque la mayoría de los americanos son reacios a expresarlo públicamente, muchos están preocupados por el cambio racial y la composición étnica del país". Y como la profesión del docente de la primera infancia transforma los ideales,

> *el reto que deben afrontar los educadores de la primera infancia es convertirse en sujetos bien preparados sobre la forma en la que deben relacionarse con los niños y las familias cuyo origen lingüístico y cultural es distinto al suyo.*

RECOMENDACIONES PARA CONSEGUIR UN ENTORNO DE APRENDIZAJE RECEPTIVO

El tema del idioma materno y su importancia en los niños pequeños también es relevante para los niños que hablan inglés pero que tienen un substrato cultural diferente, por ejemplo, los hablantes de inglés que hablan dialectos, como las personas que viven en Los Apalaches u otras regiones que utilizan estructuras distintas cuando hablan, el inglés que hablan las personas de color, o segundas y terceras generaciones de hablantes de inglés que mantienen el acento dominante de su acervo lingüístico. Aunque este ideario responde básicamente a niños que viven en casas donde el inglés no es el idioma dominante, las recomendaciones su- geridas pueden ser útiles para trabajar con niños de substrato cultural diferente, incluso cuando sólo hablan inglés. Sin embargo, el objetivo general de los profesionales de la primera infancia es proporcionar a todos los niños, incluyendo a los niños lingüística y culturalmente diversos, un entorno de aprendizaje receptivo. Las recomendaciones que aparecen a continuación ayudan a conseguir este objetivo:

A. Recomendaciones para trabajar con los niños

- Reconocer que todos los niños están cognoscitiva, lingüística y emocionalmente relacionados con el idioma y la cultura maternos.
- Admitir que los niños pueden demostrar sus conocimientos y capacidades de muchas ma- neras.
- Entender que sin una información de amplia cobertura, el aprendizaje del segundo idioma puede resultar difícil.

B. Recomendaciones para trabajar con las familias

- Implicar activamente a los padres y a las familias en el programa y el entorno de la educación de la primera infancia.
- Animar y ayudar a los padres para que conozcan mejor el valor cognoscitivo que tiene para los niños el hecho de saber más de un idioma y proporcionarles estrategias para apoyar, mantener y conservar el aprendizaje de un idioma en casa.
- Reconocer que los padres y las familias deben confiar en los cuidadores y en los educadores para honrar y apoyar a sus hijos en los valores y en las normas culturales del hogar.

C. Recomendaciones para la formación profesional

- Proporcionar a los educadores de la primera infancia una formación y un desarrollo profesional en las áreas de la cultura, el lenguaje y la diversidad.
- Reclutar y apoyar a educadores de primera infancia formados en idiomas distintos al inglés.

D. Recomendaciones para los programas y modelos

- Reconocer que los niños pueden y van a adquirir el inglés incluso cuando se utiliza y respeta el idioma materno.
- Apoyar y conservar el uso del idioma materno.
- Desarrollar y proporcionar estrategias alternativas y creativas para el aprendizaje de los niños pequeños.

SUMARIO

Los educadores de la primera infancia pueden ayudar mejor a los niños lingüística y culturalmente diversos y a sus familias reconociendo y respondiendo a la importancia de la lengua y cultura materna de los niños. El apoyo administrativo del bilingüismo como un objetivo es necesario en el entorno educativo. Los modelos educativos se deberían centrar en la "cultura de la escuela" conservando y respetando al mismo tiempo la diversidad del idioma y la cultura materna que cada niño aporta al entorno de la educación de la primera infancia. Los profesionales de la primera infancia y las familias deben trabajar juntos para conseguir una atención y una educación de alta calidad para *todos* los niños.

APÉNDICE D

Organizaciones de la primera infancia

ACEI
Association for Childhood Education International
11501 Georgia Avenue, Suite 315
Wheaton, MD 20902
1-800-423-3563

ACT
Action for Children's Television
46 Austin Street
Newtonville, MA 02160

American Academy of Pediatrics
PO Box 747
Elk Grove Village, IL 60009–0747
1–800–433–9016

AMS
American Montessori Society
175 Fifth Avenue
New York, NY 10010

Canadian Association for Young Children
252 Bloor Street, W, Suite 12-155
Toronto, Ontario M5S 1V5
Canada

CDF
Children's Defense Fund.
25 E Street NW
Washington, DC 20001
1-800-424-2460
www.childrensdefense.org

Center for Child Care Workforce
733 15th Street NW, Suite 1037
Washington, DC 20005-2112
202-737-7700
www.ccw.org

Child Care Action Campaign
330 Seventh Avenue, 17th Floor
New York, NY 10001-5010

Council for Early Childhood Professional Recognition
2460 16th Street, NW
Washington, DC 20009-3575

CWLA
Child Welfare League of America, Inc.
440 First Street NW, Suite 310
Washington DC 20001-2085

DEC/CEC
Division for Early Childhood
Council for Exceptional Children
1920 Association Drive
Reston, VA 22091

Ecumenical Child Care Network
1580 North Northwest Hwy
Park Ridge, IL 60068
708-298-1612

Educational (Gender) Equity Concepts
1114 East 32nd Street
New York, NY 10017

Educators for Social Responsibility
23 Garden Street
Cambridge, MA 02138

ERIC/ECE
Educational Clearinghouse on Elementary and Early Childhood Education
805 West Pennsylvania Avenue
Urbana, IL 61801
217-333-1386
www.ericps.ed.uiuc.edu/ericeece.html

Families and Work Institute
330 Seventh Avenue, 14th Floor
New York, NY
www.familiesandwork.org

Head Start Bureau
Department of Health and Human Services
330 C Street, SW
Washington, DC 20013
www.head-start.lane

High/Scope Educational Resource Foundation
600 North River Street
Ypsilanti, MI 48197

NAEYC
National Association for the Education of Young Children
National Academy of Early Childhood Programs
National Institute for Early Childhood Professional Development
1509 16th Street, NW
Washington, DC 20036-1426
1-800-424-8777
www.naeyc.org/naeyc

National Association for Family Child Care
206 6th Avenue, Suite 900
Des Moines, IA 50209-4018
515-181-8192
www.nafcc.org

National Association of Nannies
7413 Six Forks Road, Suite 317
Raleigh, NC 27615

National Black Child Development Institute
1023 15th Street NW, Suite 600
Washington, DC 20005
www.nbcdi.org/aboutb.html

National Committee to Prevent Child Abuse
332 South Michigan Avenue, Suite 1600
Chicago, IL 60604
312-663-3520
www.childabuse.org

National Head Start Association
201 North Union Street, Suite 320
Alexandria, VA 22314
703-739-0875

NIOST
National Institute on Out-of-School Time
Wellesley College
106 Central Street
Wellesley, MA 02181
781-283-2547
www.wellesley.edu/WCW/CRW/SAC

OMEP
Organisation Mondiale pour l'Education Prescolaire
School of Education
Indiana State University
Terre Haute, IN 47809

Reggio Children USA
1341 G Street NW, Suite 400
Washington, DC 20005
202-265-9090

Stand For Children
1834 Connecticut Avenue, NW
Washington, DC 20009–5732
202-234-0095
www.stand.org/

SRCD
Society for Research in Child Development
100 North Carolina Avenue SE, Suite 1
Washington, DC 20003

SECA
Southern Early Childhood Association
PO Box 5403
Brady Station
Little Rock, AR 72215

Zero to Three/National Center for Infants, Toddlers, and Families
734 15th Street NW, Suite 1000
Washington, DC 20005
202-638-1144

WestEd Laboratory for Educational Research and Development
Center for Child and Family Studies
180 Harbour Drive, Suite 112
Sausalito, CA 94965

Glosario

Aberrante. Que se desvía de lo normal o natural; anormal, atípico.

Abandono infantil. El acto o situación de falta de atención de los padres u otros adultos hacia las necesidades físicas básicas del niño de alimentación adecuada, vestido, albergue, y atención sanitaria; el abandono infantil puede incluir también no fijarse en el niño o, en general, no prestarle suficiente atención.

Abiertas. Actividades o afirmaciones que permiten una variedad de respuestas, en contraposición con las que sólo permiten una respuesta; algo pensado para admitir variaciones.

Abogado. Quien asegura, defiende, o aboga por la causa de otro; en términos de primera infancia, un abogado es alguien que promueve los principios y las cuestiones del campo hablando a otros acerca de tales cuestiones.

Acción social. Comportamiento individual o de grupo que implica una interacción con otros individuos o grupos, especialmente acción organizada con fines de reforma social.

Acreditación. Sistema de evaluación voluntaria para centros de primera infancia. El objetivo es mejorar la calidad de la atención y la educación que se imparte a los más pequeños. La National Academy, una sección dependiente de la National Association for the Education of Young Children (NAEYC), administra la acreditación.

Acuerdo. Concepto en la teoría cognoscitiva de Piaget entendido como uno de los dos procesos que se usan para aprender e incorporar información nueva; la persona restablece lo que ya sabe para acomodar el nuevo aprendizaje. Normalmente, los niños modifican su modo de pensar según un "esquema", cuando notan que sus procedimientos habituales no toman en cuenta información nueva; es entonces cuando añaden otros patrones de conocimientos para manejar los nuevos.

Administración. Responsabilidad de un manejo juicioso de los fondos; obligación asumida por un individuo o por un organismo para actuar responsablemente al usar recursos humanos y naturales.

Agotamiento en el trabajo. Extenuación y estrés causados por el trabajo, se caracteriza por desgaste físico y de la actitud.

Alfabetización emergente. Proceso de elaboración sobre habilidades de prelectura basado en el niño como centro, de modo que la capacidad de leer evolucione a partir de las experiencias directas de los niños.

Ambiental. Fuerzas que no son aspectos innatos ni hereditarios del desarrollo; en términos de primera infancia, los aspectos ambientales del crecimiento son todas aquellas influencias de las condiciones físicas, de las relaciones interpersonales y experiencias en el mundo que interactúan con la persona para cambiar la forma en que se comporta, siente y vive.

Amplio. Incluyente, de cobertura completa, como un programa para niños que se ocupa de las necesidades físicas, intelectuales, sociales, emocionales, creativas y de salud de los niños.

Andrógino. Que tiene que ver con cualquiera de los dos sexos; asociado con la identidad, comportamiento, etc. del hombre y de la mujer.

Aprendizaje asistido/en colaboración. Tipo de experiencia de enseñanza-aprendizaje en el cual un niño es ayudado por otra persona, generalmente con más habilidades, a menudo un niño mayor o un adulto; este tipo de aprendizaje es muy apreciado en la teoría de desarrollo infantil de Vygotsky.

Aprendizaje en secuencia. Aprendizaje basado en el método de pasos consecutivos; distribución de conceptos e ideas en sucesión de etapas relacionadas de forma que lo que se aprende dé como resultado un desarrollo continuo.

Aprendizaje social. Cualquier habilidad o conocimiento adquirido que tenga que ver con interactuar con otros; en la teoría de Bandura, el aprendizaje social se obtiene cuando los niños observan a otras personas directamente o en libros y películas.

Arbitrario. Decisión basada en un juicio individual o en un capricho.

Áreas de interés. Similares a centros de aprendizaje y áreas de actividades; una manera de llamar al lugar físico de la clase o del patio, al dividir el espacio en centros separados entre los que los niños se mueven, en lugar de asignarles pupitres.

Articulación. Forma en que se emiten realmente los sonidos y las palabras.

Asimilación. Concepto en la teoría cognoscitiva de Piaget entendido como uno de los dos procesos que se emplean para aprender e incorporar conocimientos nuevos; la persona toma la nueva información y la coloca junto con lo que ya sabe para "asimilarla" intelectualmente, igual que cuando un pequeño lo primero que hace con un juguete imantado es sacudirlo, lo mismo que con otros juguetes, para conocer el nuevo objeto.

Atelerista. Persona experta en arte que trabaja como docente y enseña a los niños técnicas y habilidades en las escuelas de Reggio Emilia, Italia.

Atención después de la escuela. Programas diseñados para la atención de los niños después del día académico normal.

Atención fuera del horario escolar. Programas para niños en edad escolar que tienen lugar antes y después de su jornada escolar normal.

Atención infantil en familia. Atención infantil en un escenario pequeño, hogareño; normalmente para seis niños o menos en un domicilio.

Atención infantil financiada por empresarios. Atención infantil mantenida en alguna forma por los empleadores de los padres. La ayuda puede ser econnómica (como una prestación o subvención al empleado) o física (ofreciendo atención dentro del recinto de la empresa).

Autoatención. Descripción actual de los niños con llave (consulte el término Niños con llave).

Autoayuda. Acto de ayudarse o suplirse a sí mismo sin depender de otros; en términos de primera infancia, actividades que un niño puede hacer solo, sin ayuda de un adulto.

Autocorrección. Materiales o experiencias que se forman o establecen para que la persona que los usa pueda, automáticamente, corregir sus propios errores, sin necesidad que otra los controle o señale.

Autoestima. El valor que nos damos a nosotros mismos; cuánto nos gusta o disgusta lo que somos; respeto de sí mismo.

Autonomía. Condición de ser capaz de existir y actuar independientemente, de ser autosuficiente más que dependiente de otros.

Autorización. La autorización es el proceso de completar todos los requisitos legales, estándares y reglamentaciones para abrir instalaciones de atención infantil.

Autorregulación. Término usado para describir la capacidad de un niño para hacerse sus propios planes y guiarse a sí mismo. Disposición o parte de la personalidad (más que habilidad o comportamiento como el autocontrol), la autorregulación es una forma de vigilar la actividad propia con flexibilidad ante los cambios de circunstancias.

Bilingüismo. La adquisición de dos idiomas durante los primeros años de vida; usar o ser capaz de usar dos idiomas

Biografías de los bebés. Uno de los primeros métodos de estudio infantil, estas narraciones, normalmente en forma de diario o registro, eran escritas por los padres explicando lo que sus bebés hacían y decían.

Bucle de retroalimentación. En términos de evaluación, el bucle de retroalimentación se usa para describir el proceso por el que un evaluador da información a un profesor, que la usa, a su vez, para mejorar su habilidad docente.

Características por edades. Características del desarrollo y del comportamiento de los niños que son más comunes entre un grupo de edad determinada.

Castigo. Acto de infligir una penalización por una ofensa o comportamiento.

Cefalocaudal. Desde la cabeza (cefálico) hasta la punta del pie (caudal, de la cola o parte posterior del cuerpo), tal como se desarrollan los niños físicamente.

Centro de atención infantil. Lugar para cuidar a los niños durante gran parte de sus horas de vigilia; incluyen actividades de atención básica para comer, vestirse, descansar, ir al baño, además de tiempo de juego y aprendizaje.

Centros de actividades. Semejantes a los centros de aprendizaje y a las áreas de interés; áreas en la clase o en el patio diseñadas y dispuestas para desarrollar varias actividades. Un escenario de primera infancia ofrecerá varios centros, o lugares de trabajo, basados en los intereses de los niños y en lo que el equipo espera que aprendan en clase.

Centros de aprendizaje. Similares a las áreas de interés y a las áreas de actividad; ejes o áreas en una clase diseñados para promover el aprendizaje; se prepara el aula en áreas discretas de actividad, y los niños se mueven de una a otra área en lugar de permanecer en un pupitre o asiento asignado.

Clasista. Actitud prejuiciosa o discriminatoria basada en distinciones hechas entre clases sociales o económicas.

Cognición social. Aplicación del pensamiento al comportamiento personal y social; dar un significado a la experiencia social.

Cognición. Acto o proceso de conocer, pensar y percibir. La cognición implica habilidades perceptivas, intelectuales y emocionales que comienzan cuando el niño hace conexiones entre objetos y personas y luego amplía hasta formular representaciones mentales.

Concepto de sí mismo. Punto de vista y opinión de una persona acerca de sí mismo; en los pequeños, el concepto de sí mismo se desarrolla al interactuar con el entorno (objetos, personas, etc.); es posible deducirlo por la manera en que se conducen, enfocan las situaciones, usan materiales de expresión como arte, etc.

Conciencia de sí mismo. Conciencia de la propia personalidad o individualidad; en términos de enseñanza, capacidad para entender y valorar las propias fuerzas y debilidades.

Concreto. Referente a la experiencia inmediata de cosas o hechos reales; específico y particular en lugar de general o simbólico.

Condicionamiento clásico. La más común y básica categoría de aprendizaje en la teoría constructivista, que implica una asociación entre un estímulo y una respuesta para que ocurra una respuesta refleja (parpadeo, salivación, etc.) siempre que se activa un estímulo nuevo y neutro (una campana para luz, comida, etc.); experimentos de respuestas condicionadas que siguen el patrón del de Pavlov, llamados a veces "sustitución del estímulo".

Condicionamiento operativo. Una categoría de aprendizaje dentro de la teoría del comportamiento que implica una relación entre estímulo y respuesta. La respuesta es aprendida, en lugar de refleja, y se desarrolla gradual y cuidadosamente mediante el reforzamiento del comportamiento deseado cuando ocurre en respuesta al estímulo; comportamiento que conduce a una recompensa.

Confidencialidad profesional. Hablar, escribir o actuar con estricta privacidad, como al mantener los nombres de niños o escuelas en el anonimato cuando se discuten observaciones.

Confusión cognoscitiva. Estado de inseguridad u olvido de lo que ya se conoce, como la perplejidad ante cosas o hechos ya aprendidos.

Conocimiento lógico matemático. Una de las tres clases de conocimiento en la teoría de Piaget; el componente de la inteligencia que usa el pensamiento derivado de la lógica.

Conocimiento memorista. Forma de conocimiento aprendido por rutina o hábito y sin pensar en su significado.

Conocimiento significativo. Forma de conocimiento aprendido dentro del contexto de lo que ya se sabe; conocimiento que tiene sentido porque tienen un valor de particular importancia para el individuo.

Conocimiento social. En la teoría de Piaget, una de las tres clases de conocimientos; conocimientos aprendidos de las personas y sobre ellas, tal como la cultura familiar y étnica, el comportamiento de grupo, las costumbres sociales, etc.

Conocimiento social. Uno de los tres tipos de conocimiento en la teoría de Piaget; los conocimientos aprendidos mediante experiencias externas, sensoriales.

Conocimientos conectados. La clase de conocimientos e información que están relacionados con el niño de manera real y relevante para ese individuo; también llamados conocimientos significativos en términos de Piaget, son elaborados por Gilligan (véase el capítulo 4) y otros.

Constructivismo. Una teoría sobre el aprendizaje, desarrollada a partir de los principios de Piaget sobre el pensamiento de los niños, y puesta en práctica en programas como los de Reggio Emilia, Italia, que afirma que los individuos aprenden mediante adaptación. El modelo "constructivista" de aprendizaje postula que los niños no son receptáculos pasivos en los que se vierten los conocimientos, sino activos en construir significado, comprobar teorías, y tratar de encontrarle sentido al mundo y a ellos mismos. Los conocimientos son subjetivos, ya que cada persona crea un significado personal de las experiencias e integra las ideas nuevas en estructuras de conocimientos ya existentes.

Continuo. Algo que es continuo; una secuencia ordenada, ininterrumpida.

Controversia Naturaleza/Educación. Discusión relativa al desarrollo humano, centrada en dos puntos de vista opuestos; naturaleza se refiere a la creencia de que es lo genético de la persona, el carácter inherente el que determina el desarrollo; educación se aplica a la idea de que es la suma de experiencias y del entorno lo que determina el desarrollo.

Costumbres sociales. Normas de conducta y comportamiento determinadas por la sociedad, en contraste con las establecidas por la familia o por las preferencias personales.

Cristalización de actitudes. Asumir una forma definitiva y concreta en las actitudes propias; se refiere a la formación de un conjunto de actitudes y comportamientos firmes acerca de la raza, la etnia, los sexos y la capacidad de otros que puede ser prejuiciosa, y difícil de cambiar.

Cuaderno de registro/diario. Una técnica de observación que incluye llevar una página de notas sobre el comportamiento de los niños en un diario acumulativo.

Currículum incipiente. Proceso de planificación del curriculum a través de las observaciones de los profesores y de los intereses de los niños. Los planes emergen de los intereses y cuestiones de la vida diaria. Este enfoque se vale de la espontaneidad de los niños y de la planificación de los profesores.

Currículum individualizado. Un estudio desarrollado y dirigido a satisfacer las necesidades e intereses de un individuo, en contraste con aquel de un grupo sin consideración del niño como individuo.

Currículum integrado. Conjunto de cursos diseñados para formar un todo; coordinación de las diversas áreas de estudio, que permiten un aprendizaje continuo y armonioso.

De custodia. Tareas relativas a la vigilancia de las necesidades básicas del niño en cuanto a alimento, vestido y albergue; incluyen cuidar de que coman, se vistan, vayan al baño, descansen, y tengan protección apropiada de las penalidades físicas como las inclemencias del tiempo, los peligros, etc.

De proximal a distal. En dirección desde el centro del cuerpo (proximal) hacia el exterior (distal, lejos del centro), como se desarrolla el cuerpo de los niños.

Demografía. Los gráficos de las estadísticas de una población, en especial las que muestran el promedio de edad, de ingresos, etc.

Desarrollo bicognoscitivo. Término acuñado por Ramírez y Casteneda (véase el capítulo 4) para describir un grupo de experiencias y entornos que promueven la capacidad del niño para usar más de una forma de pensamiento o sistema lingüístico. Cada uno de nosotros crece con un estilo cognoscitivo preferido, como global o analítico, dependiente del campo o independiente de él, observando las partes en lugar de observar el todo, así como con un estilo lingüístico. Para que tenga lugar la democracia cultural, necesitamos desarrollar flexibilidad para realizar un cambio en los estilos de aprendizaje o en las formas cognoscitivas (es decir, desarrollar capacidades bicognoscitivas) y tener conciencia de estilos cognoscitivos diferentes y respetarlos.

Desarrollo específico. Área del crecimiento y de la maduración de una persona que se puede definir claramente, como el crecimiento físico, el social, el emocional, el intelectual y el creativo.

Desarrollo integrado. Crecimiento que ocurre de manera continua, interrelacionada; el progreso del niño como un todo, en lugar de por áreas separadas.

Desarrollo perceptivo motor. El crecimiento de la capacidad de una persona para moverse (motor) y percibir (perceptivo) al mismo tiempo; la actividad perceptivo motora involucra al cuerpo y la mente en conjunto, para coordinar el movimiento.

Descifrar. Convertir un código en lenguaje corriente; en términos de desarrollo del lenguaje, descifrar es el proceso de encontrar sentido a las letras o palabras impresas.

Descripción de espécimen. Técnica de observación narrativa que implica tomar notas en el momento sobre el niño ("espécimen") para describir el comportamiento.

Descripciones tipo diario. Una forma de técnica de observación que consiste en hacer un registro narrativo amplio del comportamiento, a manera de diario.

Desequilibrio. Pérdida de equilibrio, o un periodo de cambio.

Día completo. Programación escolar sin periodos prescritos para el estudio de asignaturas, sino organizado más bien en torno a diversos centros de interés entre los cuales los niños eligen para ordenar sus propias experiencias de aprendizaje.

Dialecto. Variante de un idioma, suficientemente diferente del original para ser una entidad separada, pero no lo bastante para que se la considere un idioma aparte.

Dibujos de palabras. Descripciones de niños que retratan, con palabras, normas de desarrollo; en esta obra, hay tablas por edades que describen comportamientos y características corrientes, en particular los que tienen implicaciones en la enseñanza infantil (en grupos, para la planificación del currículum, respecto a la disciplina y la conducción).

Dinámico. Enérgico o de acción efectiva; una habilidad básica es la que tiene consecuencias que motivan al niño, afectando a su desarrollo o estabilidad.

Discapacidad. Una deficiencia o incapacidad mensurable que puede ser desde moderada hasta grave. La ley sobre discapacitados (Individuals with Disabilities Act) define 13 categorías que identifican limitaciones o desafíos específicos, como deficiencias auditivas, del habla, visuales u ortopédicas. Los individuos clasificados con una deficiencia o más, pueden ser candidatos a intervención temprana y clases de educación especial.

Disciplina de afirmación de poder. Métodos de disciplina duros, punitivos que confían en el miedo de los niños al castigo en lugar de usar la razón y el entendimiento. Golpear y pegar palmadas son ejemplos de afirmación del poder.

Disciplina. Capacidad para tomar un ejemplo o seguir normas; el desarrollo del autocontrol o del control en general, como cuando se impone orden en un grupo. En términos de primera infancia, disciplina significa todo lo que los adultos hacen y dicen para influir en el comportamiento de los niños.

Disposiciones. Teoría sobre el desarrollo de la inteligencia elaborada por Gardner que se refiere a la inteligencia como sede de capacidades y habilidades diferentes.

Ebonics. Término que se usa para describir el "inglés negro" y centro de controversia del final de la década de 1990 sobre si tal lenguaje es un dialecto del inglés normal o un idioma totalmente aparte.

Ecléctico. Que elige lo que parece ser mejor de varias doctrinas, métodos o estilos; que comprende elementos extraídos de diversas fuentes.

Ecología de la familia. Concepto que considera al niño en el contexto de su impacto sobre la familia y el impacto de la familia sobre el niño; acentúa la interrelación de los distintos miembros de la familia entre sí.

Educación compensatoria. Educación destinada a proporcionar lo que se cree que falta o no se encuentra en las experiencias infantiles o en sus entornos habituales.

Educación continua. El compromiso de los maestros de aprender nuevos enfoques e ideas y de continuar desafiándose a alcanzar niveles más altos de aprendizaje y competencia.

Educación de la primera infancia. Educación en los primeros años de vida; el campo de estudio que trata principalmente del aprendizaje y de las experiencias de los niños desde la lactancia hasta la primaria (hasta aproximadamente los 8 años).

Educaring (educar y cuidar). Concepto de enseñanza como educar y cuidar; acuñado por Magda Gerber refiriéndose a personas que trabajan con lactantes y niños en edad de caminar.

Egocéntrico. Centrado en uno mismo; que se considera el centro de todas las cosas; en la teoría de Piaget, los niños pequeños piensan usándose a sí mismos como centro del universo o como si fueran todo el universo.

Eje. Lo que sirve para mantener juntos los elementos de una situación.

Elaboración. Acto de ampliar el lenguaje; desarrollar el lenguaje mediante la construcción de estructuras complicadas a partir de otras simples y añadiendo detalles.

Emociones básicas. Emociones que están presentes y son observables en un niño recién nacido o en sus primeros meses de vida; incluyen la felicidad, el interés, la sorpresa, la repugnancia, la angustia, el miedo, el enfado y la tristeza.

Emociones complejas. Las emociones que surgen en el niño después de la lactancia; incluyen vergüenza, sentimiento de culpa, envidia, y orgullo.

Enfoque centrado en el niño. El modo de establecer experiencias educativas que toma en cuenta la forma de percepción y de aprendizaje de los niños; manera de organizar la clase, el horario, y los métodos de enseñanza considerando el punto de vista del niño.

Enfoque interdisciplinario. Método de enseñanza/aprendizaje que aprovecha fuentes de y más de un campo de estudio: por ejemplo, un curso de educación que emplea conocimientos previos de los campos de la medicina, psicología y asistencia social, además de la educación en sí.

Entorno físico. Relacionado con los equipos y el material, la disposición del aula, el espacio exterior, y las instalaciones disponibles.

Entorno preparado. El medio físico e interpersonal de un escenario educativo programado y dispuesto con anterioridad pensando en el grupo de niños.

Entorno. Todas aquellas condiciones que influyen en el ambiente en el que se están los niños y las personas que están en él; los aspectos físicos, interpersonales, y temporales de un escenario de primera infancia.

Equilibrio. Equilibrar igualmente; en la teoría de Piaget, proceso de pensamiento por el que una persona contrapesa la nueva información con lo ya aprendido para que "tenga sentido".

Escala de clasificación. Técnica modificada de estudio infantil parecida a una lista de comprobación que clasifica el comportamiento por grados o rangos, como al usar los términos "siempre, a veces, nunca" para describir la frecuencia de cierto comportamiento.

Escucha activa. Técnica para guiar al niño que consiste en repetir al que habló lo que el que escucha piensa que aquél dijo.

Escuelas abiertas. Estilo de educación, desarrollado es escuelas progresistas de América y en las British infant shools, que se organiza para estimular la libertad de elección y que no usa unos papeles y estructuras predeterminados como bases de la educación; escenario educativo cuyo objetivo final y la base del currículum es desarrollar al niño individualmente más que considerarlo una suma de experiencias académicas programadas.

Escuelas de cooperativas de padres. Escenario educativo organizado por padres para sus hijos pequeños, a menudo con control y/o apoyo de los padres en el funcionamiento del programa en sí.

Escuelas piloto. Escenarios educativos cuyos objetivos incluyen estudios experimentales; escuelas para ensayar y analizar la educación y/o teorías y prácticas psicológicas, con oportunidad para experimentar, observar y practicar.

Escuelas relacionadas con las iglesias. Programas educativos adscritos a una iglesia u organización religiosa; pueden tener relación directa con la iglesia e incluir educación religiosa, emplear miembros de la iglesia como maestros, o estar ubicadas en un edificio de la iglesia y utilizar las instalaciones pagando una cuota.

Espacial. Que tiene que ver con la naturaleza del espacio, como en la conciencia del espacio alrededor del cuerpo de una persona.

Esquemas. Plan, esquema, o marco de trabajo que ayuda a preparar un patrón de organización a partir del cual actuar; en la teoría de Piaget, se usan los esquemas cognoscitivos para el pensamiento.

Esquematización. Proceso por el cual los maestros crean un diagrama basado en un tema o materia. Es una herramienta de planificación del currículum e incluye tantos recursos como los maestros puedan nombrar.

Estereotipos en función del sexo. Imagen mental típica o conjunto de actitudes que representa la opinión simplista de las capacidades o del comportamiento de una persona según su sexo; generalizar excesivamente las habilidades o el comportamiento de una persona basándose en un estándar injusto de diferencias entre los sexos.

Estética. Sensibilidad hacia lo bello; el estudio de la belleza.

Estímulo-respuesta. Tipo de aprendizaje psicológico, precisado por primera vez en la teoría del comportamiento, que conecta una respuesta y un estímulo; es decir, el tipo de aprendizaje que tiene lugar cuando se empareja algo que provoca o excita una actividad con la actividad misma, de tal forma que el estímulo (como una campana) desata una respuesta (como la salivación).

Estrés positivo. Se refiere a un nivel de esfuerzo o tensión que incentiva a una persona a estar activa y estimulada en lugar de abrumada o desalentada.

Estrés. Reacciones y comportamientos físicos o emocionales que se derivan de manejar situaciones difíciles más allá de las propias capacidades.

Estudio de imagen. Técnica modificada de estudio infantil que perfila a un individuo en un momento dado; semejante a la descripción tipo diario, el estudio de imagen es un registro narrativo del comportamiento a medida que acontece.

Ética. Teoría o sistema de principios y normas morales; lo que "está bien o está mal"; los valores propios; principios de conducta que guían tanto al maestro como a la profesión docente.

Etnocéntrico. Que tiene como centro de interés su propia raza, o considera superior la raza o cultura del grupo propio en relación con la de otros.

Evaluación ascendente. Procedimiento de evaluación en el que los empleados evalúan a sus superiores.

Evaluación auténtica. Estudio cuantitativo y cualitativo del trabajo de un niño, su actividad e interacciones, que se centra en el niño en su totalidad en el contexto de la familia, la escuela y la comunidad. Tal valoración se da en el escenario natural del niño, en el que él realiza tareas reales. Considerada como un proceso más que como un fin, la evaluación auténtica incluye reunir y organizar información a lo largo del tiempo, de múltiples fuentes, y usar una variedad de métodos.

Evaluación basada en la competencia. Evaluación en la cual se juzga o califica a un maestro por comparación con un conjunto predeterminado de habilidades, o competencias, referentes a su trabajo.

Evaluación basada en rendimiento. Evaluación basada en información específica, observable, de lo que hace realmente un maestro (rendimiento en el trabajo).

Evaluación informal. Evaluación basada en métodos e instrumentos que no se administran de manera formal, como con los tests de papel y lápiz, sino más bien mientras los sujetos están trabajando o jugando en su entorno natural.

Evaluación. Estudio para determinar o establecer importancia o calidad.

Evaluación. Valorar o determinar la importancia, disposición, o condición de algo o alguien, como al valorar las habilidades del niño, el ambiente de una clase, o la eficacia de un profesor.

Extrínseco. Originado desde el exterior; externo, que no deriva de la naturaleza esencial de uno mismo.

Filosofía. Conceptos que expresan las creencias propias fundamentales; en términos de educación de la primera infancia, las convicciones, ideas, y actitudes de nuestra profesión.

Flexibilidad. Capacidad de modificación o cambio; de pasar voluntaria o fácilmente de una idea a otra.

Fluidez. Capacidad de producir muchas ideas; flujo de ideas fácil y rápido.

Fobia. Un temor fuerte, exagerado, e ilógico a un objeto o clase de cosas, personas, etc.; una de las varias reacciones que los niños tienen con frecuencia ante el divorcio.

Fonemas. Sonidos del lenguaje; las unidades más pequeñas con sentido del habla; dos ejemplos de fonemas son /a/ (como en as) y /p/ (como en aptitud).

Generación de ideas. Proceso mental que consiste en reunir tantas ideas como sea posible sobre un tema, una persona, un suceso, etc.

Genes. Los elementos biológicos que transmiten características hereditarias.

Grupos de edad mixta. Práctica que consiste en poner a niños de varias edades, generalmente con una diferencia de un año escolar, en la misma clase. Se refiere también a una agrupación familiar, a un grupo heterogéneo, a un grupo de niños de diversas edades, a grupos verticales y a clases no graduadas.

Guardería tradicional. El núcleo central de la teoría y la práctica de la educación de primera infancia; programa destinado a niños entre los $2^1/_2$ y los 5 años de edad, que puede ser un programa de jornada parcial o completa.

Guía inductiva. Proceso de guía en el cual se hace responsables a los niños de sus acciones y se les pide que piensen en el impacto de su comportamiento sobre otras personas. Se recalcan las habilidades de razonamiento y resolución de problemas.

Habilidades sociales. Estrategias que aprenden los niños para poder responder apropiadamente en muchos entornos.

Habla privada (interior). Lenguaje que los niños usan para guiarse y dirigirse a sí mismos, además de para ayudarse a pensar acerca de su comportamiento y programar sus acciones; anteriormente denominado "habla egocéntrica", se usa como autorregulación.

Hipótesis. Conato de teoría, o suposición, hecha para sacar inferencias o ensayar conclusiones; una interpretación de una situación práctica que luego se toma como base para la acción.

Holístico. Punto de vista que toma en cuenta varios conceptos de un niño o situación para formar una descripción más amplia y completa; en términos de primera infancia, incluye la historia del niño, su condición actual, relaciones con otros e interrelaciones de desarrollo, para llegar a un retrato del niño; en medicina, este punto de vista implica tratar con las relaciones y el estado mental y emocional, etc., además de los síntomas corporales.

Horario apropiado al desarrollo. Distribución de una programación diaria para los niños que se basa en los niveles de desarrollo, tanto del grupo como de los individuos.

Inclusión total. Que proporciona el "entorno menos restrictivo" para niños con limitaciones físicas.

Inclusión. Situación en la que un niño discapacitado es integrante a tiempo completo de una clase regular con niños que se están desarrollando normalmente y con niños que tienen necesidades especiales.

Inconsciente. No consciente, sin darse cuenta, que ocurre por debajo del umbral del pensamiento consciente.

Inconspicuo. Que pasa inadvertido, como quien se queda en segundo plano mientras observa a los niños.

Independiente. No controlado ni influido por otros; que piensa por sí mismo y es autónomo.

Indiferenciado. El estado de las amistades infantiles en las que los niños no distinguen entre "amigo" y "persona con la que estoy jugando", considerado la primera etapa, que suele ir desde la lactancia hasta los años preescolares.

Indirectamente. Experimentado o realizado mediante la imaginación o la participación de otro, en lugar de hacerlo uno mismo, como aprender indirectamente acerca de algo escuchando un relato.

Ineptitud. El estado de ser o sentirse insuficiente, de no ser o tener "bastante"; si se sienten desalentados, los niños mostrarán sus sentimientos de ineptitud comportándose incorrectamente.

Inferencia. Conclusión a la que se llega razonando a partir de la evidencia o después de reunir información, ya sea directa o indirecta.

Información de partida. Descripción de la condición de un niño, maestro, o entorno que sirve como base para evaluaciones y posteriores comparaciones.

Infusión. La integración de la conciencia multicultural en el entorno del aprendizaje actual. Permite la integración de muchas perspectivas diversas a la vez que mantiene el currículum existente.

Iniciativa. Paso de iniciación; en términos de primera infancia, la energía, capacidad, y voluntad de comenzar a emprender una acción.

Integración en la corriente principal. Proceso de integración de niños discapacitados en la clase con los no discapacitados.

Inteligencia. El conglomerado de capacidades involucradas en el pensamiento (véanse detalles en el capítulo 13).

Inteligencias múltiples Teoría de la inteligencia, propuesta por Howard Gardner, que señala varias clases diferentes de inteligencia, en lugar de la noción de inteligencia medida por pruebas normalizadas, como el CI (consulte el término Disposiciones).

Interacción. Actuar uno sobre otro, como en el juego o efecto recíproco de un niño sobre otro.

Interacciones de compañerismo. Asociaciones con personas del mismo grupo de edad o con quienes uno considera iguales.

Interdependencia. Dependencia mutua, como en la relación entre la experiencia de los docentes en las áreas de disciplina y su competencia en conocer y utilizar el lenguaje apropiado para la disciplina.

Interpersonal. Relativo a o que entraña relaciones con otras personas; partes del entorno que tienen que ver con las personas en el escenario escolar.

Intervención. Tomar parte en una situación entre dos o más personas o entre una persona y un objeto; interponerse en los asuntos de otro, como cuando los maestros interactúan con los niños cuando su comportamiento reclama una acción por parte de un adulto.

Intrínseco. Que se origina dentro de una persona o cuerpo o que pertenece a su naturaleza esencial, como la motivación intrínseca, según la cual uno no necesita recompensa externa para hacer algo.

Intuición. Percepción directa de un hecho o verdad sin proceso de razonamiento; discernimiento inmediato.

Jardín de infancia. Escuela o clase para niños de 4 a 6 años; en los Estados Unidos, el jardín de infancia es el primer año de educación formal pública o el año de escolaridad anterior al primer grado.

Juego brusco. Comportamiento rudo y desordenado, pero dirigido al juego.

Juego de representación. Conocido también como juego imaginativo, es una forma normal de juego espontáneo en el que los niños usan su imaginación y su fantasía como parte del escenario y la actividad.

Juego espontáneo. Actividad no programada, elegida por uno mismo en la que participa un niño libremente.

Lateralidad. De o relativo al lado, como cuando los niños son conscientes de lo que está situado en, dirigido hacia, o que llega desde uno u otro de sus lados.

Lectura orgánica. Sistema para aprender a leer, popularizado por Sylvia Ashton-Warner, que permite a los niños construir su propio vocabulario con las palabras que escogen.

Lenguaje activo. Aspectos del desarrollo y habilidades del lenguaje que tienen que ver con la expresión: pronunciación, vocabulario y gramática, así como la expresión oral y la articulación.

Lenguaje receptivo o pasivo. Aspectos del desarrollo y la habilidad del lenguaje que tratan de la capacidad para recibir mensajes: escuchar, entender y reaccionar.

Lenguaje total. El área de desarrollo del lenguaje gráfico que se refiere a una forma particular en la que se aprende el lenguaje, en especial la lectoescritura; el lenguaje total se refiere al movimiento dentro de la educación primaria que hace hincapié en un enfoque integrado y basado en lo literario en vez de uno fonético, de habilidades de descifrado.

Límites. Fronteras del comportamiento aceptable más allá de las cuales las acciones se consideran mal comportamiento y conducta inaceptable; control absoluto que un adulto ejerce sobre el comportamiento de los niños.

Lista de comprobación. Técnica modificada de estudio infantil que utiliza una lista de elementos de comparación, como una lista de comprobación "sí/no" para la demostración de un trabajo.

Los cuatro componentes. Los cuatro componentes (Yo, Iniciativa, Independencia e Interacción) del currículum de la primera infancia para formar la autoestima.

Maduración. Proceso de crecimiento por medio del cual un cuerpo madura sin tener en cuenta ninguna intervención, como el ejercicio, la experiencia o el entorno, y con relativa independencia de ella.

Mal comportamiento. Comportamiento o conducta impropia.

Maltrato infantil. La violencia en la forma de maltrato físico, lenguaje insultante, y acoso sexual o explotación de la infancia.

Marco emocional. Estructura básica del "sentimiento" de una clase que determina el tono y las sensibilidades subyacentes que influyen en cómo se sienten o comportan las personas mientras están en clase.

Método clínico. Técnica para reunir información, derivada de los campos de terapia y asesoramiento, en la cual el adulto observa y luego interactúa con el cliente (en este caso, los niños) formulando preguntas y presentando ideas a la persona o grupo que se observa.

Método clínico. Tipo de técnica para reunir información, usado extensamente por primera vez por Jean Piaget, que implica observar a los niños y hacerles preguntas a medida que se desarrolla la situación. El objetivo de esta técnica es conseguir información acerca de cómo piensan los niños cuando se comportan con naturalidad.

Mielinización. Formación de la capa de mielina, material en la membrana de ciertas células del cerebro; el proceso de mielinización del cerebro parece ser paralelo a las etapas del desarrollo cognoscitivo de Piaget.

Miseducation. Término de David Elkind que describe el resultado final de los padres modernos que precipitan demasiado pronto a sus niños a una instrucción formal.

Modelación. Como parte de la teoría del comportamiento, la emulación es una forma de aprendizaje social que implica observar un modelo (ya sea real, filmado, o animado) e imitar su comportamiento, adquiriendo así comportamientos nuevos.

Modelo apropiado para el desarrollo (MAD). El que es conveniente para el desarrollo del niño o se ajusta a él; se refiere a los modelos didácticos basados en la observaciíón y la sensibilidad para responder a los niños como personas que aprenden con distintas capacidades de desarrollo en cuanto a rapidez de crecimiento y diferencias individuales, y no por diferentes cuantías de capacidad. También se refiere a experiencias de aprendizaje que son relevantes y respetuosas para los aspectos sociales y culturales de los niños y sus familias.

Modelo de transición. Modelo de educación que describe la interacción de un individuo con una o más personas, sobre todo en relación con la influencia de los papeles que han asumido. Este modelo implica que el papel de papá o mamá, niño o maestro tiene efecto sobre qué informaciones se enseñan y aprenden, y de qué manera.

Modelo de transmisión. Un modelo de educación que describe la transferencia de información directamente de una persona a otra, como en el sentido de pasar conocimientos directamente del maestro al niño.

Motricidad fina. Se refiere a los músculos pequeños del cuerpo y de las extremidades, como los de los dedos de las manos, los de los pies y los de la cara.

Motricidad gruesa. Relacionada con todo el cuerpo o con los músculos largos, como los de las piernas, brazos, y tronco.

Muestreo de hechos. Técnica de observación que incluye definir el hecho que se va a observar y codificarlo para registrar lo que sea importante recordar acerca de él.

Muestreo medido en tiempo. Una forma de técnica de observación que implica observar cierto comportamiento y escenarios dentro de un marco temporal prescrito.

Narraciones. Técnica importante de observación que implica el intento de registrar casi todo lo ocurrido, detallándolo cuanto sea posible, tal como sucede. Las narraciones incluyen varias subclases como las biografías de los bebés, descripciones de especímenes, descripciones de diario y cuadernos de registros o diarios.

Necesidades básicas. Condiciones, descritas por Abraham Maslow y otros humanistas, necesarias para el crecimiento; estas necesidades, como las condiciones psicológicas de seguridad y estabilidad, son cruciales para la supervivencia de una persona.

Necesidades de crecimiento. Condiciones, tal como las describen Abraham Maslow y otros humanistas, que son importantes para el bienestar de una persona; esas necesidades, como el amor y la sensación de pertenecer a un grupo, la autoestima y el respeto por los demás, las ganas de jugar, la verdad, la belleza, etc., que sin ser cruciales para la supervivencia, hacen falta para el crecimiento.

Necesidades de deficiencia. Según la teoría de Maslow, las necesidades sin las cuales alguien no tendrá recursos suficientes para sobrevivir.

Niños con llave. Niños a los que se deja en casa después de la escuela sin atención o supervisión por parte de un adulto; niños que después de la escuela son responsables de sí mismos y quizás de sus hermanos menores mientras sus padres/cuidadores no están en casa, sino normalmente trabajando; estos niños tienen una "llave" (llave de casa) que les permite entrar en una casa vacía. También se denomina "autoatención".

Niños con necesidades especiales. Niños cuyo desarrollo y/o comportamiento requiere ayuda o intervención más allá del alcance de la clase ordinaria o de las interacciones habituales de un adulto.

Niños de jardín de infancia/Kindergarteners. (1) Término moderno para describir al niño que asiste a programas de jardín de infancia; (2) término usado en el siglo XIX en América para describir a los profesionales de la primera infancia que trabajaban en jardines de infancia siguiendo el patrón de los modelos de Froebel.

Niños superdotados. Niños que tienen una inteligencia desusada, caracterizada por: aprender a leer espontáneamente; ser capaz de resolver problemas y comunicarse a un nivel muy avanzado para su edad cronológica; excelente memoria; vocabulario extenso, y enfoques no habituales de las ideas, tareas, personas.

Nivel de entrada. Nivel de desarrollo o comportamiento que muestra un niño al empezar un programa o una experiencia de grupo; normalmente consiste en una evaluación basada en una observación informal después de estar unas primeras semanas en la escuela.

No punitivo. Métodos que no incluyen o no se centran en el castigo; por ejemplo, dejar que el niño llegue a tener hambre más tarde cuando no quiere comer la merienda a su tiempo es un método no punitivo; tener hambre es la consecuencia natural y lógica del comportamiento del niño en lugar de que el profesor le imponga un castigo (como regañarlo o amenazarlo).

Norma. Un promedio o estándar general de desarrollo o logro, derivado normalmente del promedio o de la media de un grupo grande; patrón o rasgo considerado como característico del comportamiento, las habilidades, o los intereses de un grupo.

Objetividad. Cualidad o estado de ser capaz de ver lo real y realista, en oposición a lo subjetivo y basado en opiniones personales o prejuicios.

Objetivos docentes. Conjunto de metas que los maestros se ponen cuando planifican actividades para los niños; estas metas recuerdan a los docentes lo que harán para ayudar a los niños a aprender.

Organizaciones profesionales. Asociaciones fundadas con el propósito de extender los conocimientos y las oportunidades de enseñanza/aprendizaje en el campo de la educación.

Ortografía inventada. Primeros intentos de los niños de escribir las palabras tal como les suenan, basados en el conocimiento que tienen de letras y sonidos. Lejos de ser "correcto" ("scnd" por "second", "grrn" por "green", o "relly" por "really"), la ortografía inventada llega a ser más convencional con el tiempo.

Pago por mérito. Un sistema que paga bonos a los profesores por una enseñanza excelente.

Parálisis cerebral. Trastorno que resulta de un daño a cierta parte del cerebro (córtex motor); es un trastorno no progresivo (que no empeora a medida que el niño crece); normalmente la disfunción va acompañada con alguna deficiencia intelectual y de percepción.

Pedagogista. Persona formada en educación de primera infancia que se reúne semanalmente con los maestros en las escuelas de Reggio Emilia, Italia.

Pedíatra. Médico especialista en pediatría, la rama de la medicina que se ocupa de los niños, su desarrollo, cuidado y enfermedades.

Pensamiento divergente. Los procesos de pensamiento y percepción que implican tomar una línea de pensamiento o de acción diferente de lo que constituye la norma o lo común; encontrar ideas que se ramifican, en vez de converger y centrarse en una respuesta.

PIE. Un plan individualizado de educación es un proceso de planificación para la educación de niños con necesidades especiales que incluye esfuerzos conjuntos de especialistas, maestros y padres.

Pluralismo cultural. Estado o sociedad en el cual los integrantes de grupos diversos en lo étnico, racial o cultural mantienen la participación y el desarrollo de su cultura tradicional dentro de la sociedad común.

Pluralismo. (1) Una teoría que sostiene la idea de que existe más de una clase de realidad o manera correcta de percibir el mundo y actuar sobre él; (2) un estado en el cual los integrantes de grupos sociales, étnicos, raciales, o religiosos diversos participan de sus culturas tradicionales sin dejar de pertenecer a la sociedad común.

Por lo general, los niños en primer lugar tratan de colocar las experiencias nuevas en su "esquema", o categorías que ya conocen y usan.

Prácticas docentes. Periodo de "prácticas como interno" que los estudiantes experimentan cuando trabajan en una clase con supervisión, en contraposición a tener un trabajo regular como miembro del personal docente.

Precedente. Algo que se hizo o dijo y sirve como ejemplo o norma para autorizar o justificar otras acciones de la misma clase o similar; caso anterior de algo parecido.

Precursor. Que precede e indica el acercamiento de otro; predecesor o antecesor.

Prejuicios. Ideas y actitudes ya formadas acerca de otras personas, situaciones, ideas, etc., antes de oír la suficiente información o conocerla totalmente por experiencia; en términos de enseñanza, aquellas actitudes o parcialidades basadas más en experiencias personales incompletas o inexistentes que en un pensamiento maduro y razonado.

Preparación. Condición de estar listo, tal como encontrarse en el estado o en la etapa de desarrollo en la que el niño tiene la posibilidad de entender, de recibir enseñanza, o comprometerse en una actividad particular.

Prerrequisito. Algo necesario o esencial para llevar a cabo un objetivo o desarrollar una actividad; cuando los maestros de primera infancia determinan las habilidades que los niños necesitan para emprender con éxito una actividad, están poniendo en claro los prerrequisitos de esa actividad.

Procedimiento experimental. Técnica de observación que reúne los datos estableciendo una hipótesis, controlando las variables que puedan influir en el comportamiento, y comprobando la hipótesis.

Proceso de separación. Acto y procedimiento que se da cuando los padres dejan al niño en la escuela.

Profesional. Quien se ocupa y participa de una profesión y acepta las normas técnicas y éticas de esa profesión; en términos de educación de primera infancia; quien ha acumulado métodos, cursos, y experiencia docente con niños pequeños junto con actitudes de competencia, flexibilidad y aprendizaje continuado.

Propuesta de proyecto. Estudio a fondo sobre un tema o asunto en particular por uno o más niños. Exploración de temas y tópicos durante cierto número de días o semanas. Al trabajar en grupos pequeños, los niños son capaces de acomodarse a varios niveles de complejidad y comprensión para satisfacer las necesidades de todos los niños que trabajan en el proyecto.

Prosocial. Comportamientos considerados positivos y de naturaleza social, como compartir, invitar, incluir, ofrecer ayuda o amistad.

Pruebas normalizadas. Técnicas formales de valoración cuyos resultados sobre muchos niños han sido tabulados y por eso poseen estándares predeterminados, o normas, para evaluar a los niños a los que se aplican.

Psicométrico. Relacionado con la medida de características mentales, capacidades y procesos; generalmente es una valoración formal basada en tests normalizados.

Psicosocial. Temas psicológicos referentes a cómo las personas se relacionan con otras y los problemas que surgen a nivel social; modificación debida a Erikson de las teorías psicodinámicas de Freud que se centra en los problemas sociales y ambientales de la vida.

Puesta en serie. El proceso de poner en secuencia del principio al final o en una serie o sucesión en particular.

Racista. Actitudes, comportamiento, o políticas que implican u odio o intolerancia hacia otra(s) raza(s) o que incluyen la idea de que la propia raza es superior y tiene el derecho de gobernar o dominar a las demás.

Realización personal. Conjunto de principios establecidos por Abraham Maslow para el bienestar de una persona o la habilidad de llegar a su punto máximo; el estado que resulta de haber conseguido cubrir todas las necesidades básicas y de crecimiento.

Recíproca. Etapa en la capacidad de hacer amistad de los niños en la que ésta se ofrece o se siente mutuamente; especie de toma y dar o relación de doble sentido, es la etapa que más a menudo se ve al final de los últimos años de la primera infancia.

Red de relaciones. Hacer conexiones con otros que puedan favorecer oportunidades de carrera y profesionales.

Referencia social. Proceso que se usa para calibrar la propia respuesta a una situación según la reacción emocional de otra persona, como un niño que mira al maestro despuués de caerse, antes de ponerse a llorar o levantarse.

Reforzamiento negativo. Respuesta a un comportamiento que disminuye la probabilidad de que este se repita; por ejemplo, la mirada severa de un profesor puede hacer que el niño deje de susurrar en un tiempo de grupo, y de ahí en adelante es probable que evite que la acción se vuelva a producir.

Reforzamiento positivo. Una respuesta a un comportamiento que aumenta la probabilidad de que este se repita o incremente; por ejemplo, si un niño obtiene atención y elogios por gatear, es probable que gatee más — de este modo, la atención y el elogio constituyeron reforzamientos positivos de esa forma de desplazarse.

Reforzamiento. Procedimiento, como premio o castigo, que cambia la respuesta a un estímulo; acto de fomentar un comportamiento para aumentar su repetición.

Refuerzos. Premios en respuesta a un comportamiento específico, aumentando así la probabilidad de que éste se repita; los refuerzos pueden ser, por su naturaleza, sociales (elogio) o no sociales (alimento) y pueden o no ser controlados deliberadamente.

Registro continuo. Informe de comportamiento en forma de narración; esta clase de registro descriptivo de las propias observaciones implica anotar todo comportamiento a medida que sucede.

Regresión. Un proceso por el cual el cerebro reacciona ante la percepción de un peligro. El cerebro/la mente aprende de manera óptima cuando tiene un desafío apropiado; sin embargo, si la persona siente una amenaza o peligro (ya sea físico o emocional), el cerebro se vuelve menos flexible y revierte a actitudes y procedimientos primitivos (regresión).

Relación/Comportamiento según relación. El nexo de conexión que une a un niño con otra persona importante; sentimientos y comportamientos de devoción o conexión positiva.

Responsabilidad. Capacidad o condición de responder ante otro o ser responsable de explicar las condiciones exactas; los colegios, a menudo, deben dar cuenta específica de sus acciones a una institución de la que reciben fondos para asegurar al grupo que los fondos y el funcionamiento del colegio se manejan adecuadamente.

Rutinas. Procedimientos regulares; partes habituales, repetidas o regulares del día escolar; en programas de primera infancia, las rutinas son aquellas partes de la programación que permanecen constantes, como el tiempo en el interior seguido de aseo y merienda, sin tener en cuenta las actividades ofrecidas en esos periodos de tiempo.

Selección. Evaluaciones para determinar la preparación del niño para una clase, grado o experiencia particular.

Sensorial. Relacionado con los sentidos o sensaciones, como la conciencia de cómo se ve, suena, se siente, huele, sabe el mundo.

Sensoriomotor. Referido a o que funciona en ambos aspectos de la actividad corporal, el sensorial y el motor.

Sexista. Actitudes o comportamientos basados en el estereotipo tradicional de los papeles sexuales que incluye una valoración negativa o discriminación basada en el sexo de una persona.

Sin prejuicios. Locución que describe el desarrollo del currículum poniendo énfasis en una consideración incluyente de las personas y de los problemas, ampliando los principios de educación multicultural y de pluralismo.

Síndrome de Down. Anormalidad genética que da como resultado el mongolismo, una de las formas de retraso mental más común y fácilmente identificable.

Sistema de ayuda. Una red de personas que se ayudan entre sí en su trabajo y adelanto.

Socialización. Proceso de aprendizaje de habilidades, comportamientos apropiados y expectativas para formar parte de un grupo, sobre todo de la sociedad en general.

Sociocéntrico. Orientado o enfocado al propio grupo social más que hacia uno mismo.

Sociocultural. Aspectos de la teoría del desarrollo que se refieren a cuestiones sociales y culturales; elemento clave en la descripción de la teoría del desarrollo de Vygotsky.

Superhéroe. Aquellos personajes que encarnan una naturaleza superior y poderes que sobrepasan las capacidades humanas normales, como Superman, La mujer maravilla, etc.

Suplente. Sustituto, como el maestro actuando en lugar de los padres, un juguete escolar que toma el lugar de la manta en el hogar, el pulgar como chupete.

Tabula rasa. Mente no afectada aún por experiencias, sensaciones, o similares. Seggún la teoría de John Locke, el niño nacía con esta "pizarra limpia" sobre la que se escribían todas las experiencias.

Táctil. Perceptible o que puede aprenderse mediante el sentido del tacto.

Tareas de desarrollo. Las funciones o trabajo que han de realizar los niños en un punto determinado de su desarrollo.

Temporal. Referente al tiempo o a la secuencia en el tiempo; en el escenario de la primera infancia, relativo a la programación y a cómo se ordenan y pasan los periodos de tiempo, tanto en la casa como en la escuela.

Teoría behaviorista. Teoría psicológica desarrollada en los Estados Unidos en el siglo XX, que establece que todos los aspectos importantes del comportamiento y de las personas se aprenden y se pueden modificar o cambiar variando las condiciones externas.

Teoría cognoscitiva. Teoría psicológica desarrollada por Jean Piaget y otros; la teoría se centra en los procesos de pensamiento y cómo cambian con la edad y la experiencia; este punto de vista contrasta con los aspectos de estímulo y respuesta de la teoría constructivista.

Teoría de la maduración. Conjunto de ideas basadas en la noción de que la secuencia del comportamiento y la aparición de las características personales se desarrollan más a través de un proceso de crecimiento predeterminado que mediante el aprendizaje y la interacción con el medio ambiente; teoría del crecimiento y del desarrollo propuesta y apoyada por el Dr. Arnold Gesell y sus colegas.

Teoría humanista. La teoría psicológica de Abraham Maslow y otros; incluye principios de motivación y bienestar, centrándose en las necesidades, metas y éxitos de las personas.

Teoría psicodinámica. La teoría psicológica del Dr. Sigmund Freud y otros; afirma que el individuo desarrolla un núcleo de personalidad básica en la infancia y que las respuestas se derivan de la organización de la personalidad y de problemas emocionales como resultado de experiencias del entorno.

Teoría. Grupo de principios generales, ideas o propuestas para explicar algún tipo de fenómeno; en este caso, el desarrollo infantil.

Tests formales. Instrumentos de evaluación administrados en "forma de tests" en ambientes convencionales, para ser usados con grupos de niños y que pueden o no haberse desarrollado comercialmente.

Tiempos en grupo. Partes del programa en las que toda la clase o grupo está reunida durante una actividad, como música, movimiento, juegos de mímica manual, o relatos.

Transcurricular. Que puede utilizarse o aplicarse en una variedad de situaciones o actividades.

Transiciones. Cambios de un estado o actividad a otro; en términos de primera infancia, las transiciones son los momentos de cambio en la programación diaria (ya sean planeados o no), como de estar con el papá a quedarse solo en la escuela, de jugar con un juguete a elegir otro, de estar al aire libre a entrar, etc.

Unilateral. El estado de las amistades infantiles en el cual los niños consideran la amistad como de una parte solamente; es decir, unasituación de un solo sentido en la que un "amigo" es "alguien que hace lo que yo quiero que haga", que por lo común abarca los años preescolares y los iniciales de la primaria.

Valores medulares. Las cuestiones o propósitos básicos de un grupo profesional reconocidos como preocupaciones comunes a todos sus integrantes.

Virajes de comportamiento. Cambios de una conducta a otra, normalmente producidos por un cambio brusco en lo que se está haciendo; por ejemplo, de muy activo a inmóvil o de sociable a tímido.

Volátil. Que se excita con facilidad; con tendencia a estallar en acción violenta o comportamiento o lenguaje explosivo.

Vuelta a lo básico. Movimiento de las décadas de 1970 y 1980 impulsado por un deseo de que las escuelas volvieran a enseñar las habilidades "básicas" asociadas en general con el aprendizaje académico, como la lectura, la escritura y la aritmética.

Zona de desarrollo próximo. Término en la teoría sociocultural de Vygotsky que define qué niños pueden aprender. Interpersonal y dinámica, la zona se refiere al área que el niño puede dominar (habilidad, información, etc.) con la ayuda de una persona cualificada; por debajo de ella, los niños pueden aprender por sí mismos; las áreas por encima del límite quedan fuera de la capacidad del niño para aprenderlas, incluso con ayuda.

Índice de temas

Nota: Los números de página en negrita se refieren a material no incluido en esta obra.

A

B

C

Control de la progresión, 369, 371

D

E

F

G

N

O

P

T

U

V

W

Y

Z

Índice de nombres

D

E

F

S

T

U

V

W